Informe sobre el Desarrollo Mundial 2008

Agricultura para el desarrollo

Informe sobre el Desarrollo Mundial 2008

Agricultura para el desarrollo

BANCO MUNDIAL

Una coedición del Banco Mundial,
Mundi-Prensa y Mayol Ediciones, S.A.

Una publicación conjunta del Banco Mundial, Mayol Ediciones y Mundi-Prensa.

World Development Report 2008: Agriculture for Development

ISBN 978-958-8307-39-8 (Mayol Ediciones S.A.)
ISBN 978-84-8476-337-6 (Mundi-Prensa)

Traducción al castellano: Ricardo Argüello, Universidad del Rosario, Bogotá (primera y segunda partes)
Ignacio Caviedes (tercera parte).
Diseño de cubierta: Chris Lester de Rock Creek Strategic Marketing y Bill Pragluski de Critical Stages.
Imagen de la cubierta: personal del Banco Mundial. En sentido horario a partir del extremo superior izquierdo: termómetro de leche, por Lillian Foo; trillado de trigo, por Alexander Rowland; vaca holstein, por Lillian Foo; frijoles de supermercado, por Lillian Foo; mujer de la región andina con su bebé en el mercado, por Curt Carnemark/Fototeca del Banco Mundial; planta de algodón, por Arne Hoel.

Coordinación editorial: María Teresa Barajas S.
Edición y diagramación: Mayol Ediciones S.A.

Impreso y hecho en Colombia - Printed and made in Colombia
Impreso por Gráficas de la Sabana Ltda.

Contenido

PARTE II ¿Qué puede hacer la agricultura en favor del desarrollo? 81

Cuadros

Gráficos

Recuadros

Mapas

Prefacio

La agricultura es un instrumento de desarrollo fundamental para alcanzar el Objetivo de Desarrollo del Milenio de reducir la proporción de personas que padecen hambre y viven en la extrema pobreza a la mitad para 2015. Éste es el mensaje general del *Informe sobre el desarrollo mundial* de este año, la entrega número 30 de esta publicación. Tres de cada cuatro personas pobres en los países en desarrollo habitan en zonas rurales y la mayoría depende directa o indirectamente de la agricultura para su subsistencia. El presente informe contiene orientaciones destinadas a los gobiernos y la comunidad internacional acerca de cómo diseñar y poner en práctica programas de agricultura para el desarrollo que generen cambios positivos en la vida de cientos de millones de personas pobres en zonas rurales.

El informe resalta dos grandes desafíos regionales. En gran parte de África al sur del Sahara, la agricultura constituye una opción sólida para impulsar el crecimiento, superar la pobreza y mejorar la seguridad alimentaria. El aumento de la productividad agrícola resulta esencial para estimular el crecimiento de otros sectores de la economía. Sin embargo, para acelerar el crecimiento, se requiere un fuerte aumento de la productividad de los pequeños establecimientos agrícolas junto con un apoyo más eficaz para los millones de personas que se dedican a la agricultura de subsistencia, muchas de las cuales habitan en zonas alejadas. La reciente mejora en los resultados es prometedora, y en este informe se señalan muchos logros incipientes que pueden ampliarse.

En Asia, es necesario resolver la creciente disparidad de ingreso entre las zonas rurales y urbanas para superar la pobreza generalizada. Las economías asiáticas en rápido crecimiento continúan albergando a más de 600 millones de habitantes de zonas rurales que viven en la pobreza extrema y, a pesar de la migración masiva a las ciudades, la pobreza rural persistirá durante varios decenios más. Por esta razón, en el *Informe sobre el desarrollo mundial* la atención se centra en los modos de generar empleo rural mediante la diversificación hacia una agricultura de alto valor y uso intensivo de mano de obra que se vincule con un sector rural no agrícola dinámico.

En todas las regiones, con la creciente escasez de agua y tierra y las presiones adicionales que impone un mundo globalizado, el futuro de la agricultura está intrínsecamente ligado a una mejor custodia de los recursos naturales. Con las inversiones y los incentivos adecuados, la impronta ambiental de la agricultura puede reducirse y los servicios ambientales se pueden aprovechar con el fin de proteger las cuencas hidrográficas y la diversidad biológica.

En la actualidad, la rápida expansión de los mercados internos e internacionales, las innovaciones institucionales de los mercados, las finanzas y la acción colectiva y las revoluciones producidas en la biotecnología y en las tecnologías de la información ofrecen interesantes oportunidades para utilizar la agricultura como motor del desarrollo. Pero para aprovechar estas oportunidades, se necesitará la voluntad política que permita llevar adelante reformas que mejoren la gestión del sector agrícola.

En última instancia, el éxito de esta empresa dependerá de la acción concertada de la comunidad internacional para enfrentar los desafíos que se presentan. Debemos equiparar las condiciones para todos los actores que participan del comercio internacional, brindar bienes públicos globales, como tecnologías para los alimentos básicos de las zonas tropicales, ayudar a los países en desarrollo a hacer frente al cambio climático y superar amenaza de pandemias en plantas, animales y seres humanos. Están en juego los medios de subsistencia de 900 millones de personas pobres en zonas rurales, quienes también merecen ser partícipes de los beneficios de una globalización sostenible e inclusiva.

Robert B. Zoellick
Presidente
Grupo del Banco Mundial

Agradecimientos

Este informe ha sido elaborado por un equipo básico dirigido por Derek Byerlee y Alain de Janvry e integrado por Elisabeth Sadoulet, Robert Townsend e Irina Klytchnikova. El equipo contó con la colaboración de Harold Alderman, Beatriz Ávalos-Sartorio, Julio Berdegué, Regina Birner, Lynn Brown, Michael Carter, Luc Christiaensen, Marie-Hélène Collion, Klaus Deininger, Peter Hazell, Karen Macours, Michael Morris, Paula Savanti y Dina Umali-Deininger, quienes redactaron partes de este informe. El equipo también fue asistido por Noora Aberman, Jorge Agüero, Shahrooz Badkoubei, Sarah Baird, Leandre Bassole, Benjamin Davis, Nango Dembele, Ashok Gulati, Corinna Hawkes, Tidiane Kinda, Melissa Klink, Alex McCalla, Claudio Montenegro, Stefano Pagiola, Eija Pehu, Catherine Ragasa, Antti Seelaff y John Staatz.

El trabajo se realizó bajo la dirección general de François Bourguignon en colaboración con la Red de Desarrollo Sostenible. Bruce Ross-Larson fue el editor principal. Se recibieron muchos y valiosos consejos de Kym Anderson, Hans Binswanger, Karen McConnell Brooks, Mark Cackler, Manuel Chiriboga, Kevin Cleaver, Christopher Delgado, Shantayanan Devarajan, Josue Dione, Gershon Feder, Alan Harold Gelb, Ravi Kanbur, Jeffrey Lewis, Were Omamo, Keijiro Otsuka, Rajul Pandya-Lorch, Prabhu Pingali, Pierre Rondot, Kostas Stamoulis, Erik Thorbecke, C. Peter Timmer, Joachim von Braun, miembros del personal del Departamento de Agricultura y Desarrollo Rural y de la Red de Desarrollo Sostenible del Banco Mundial, funcionarios del Rimisp (Centro Latinoamericano para el Desarrollo Rural) y otras personas a las que el equipo agradece sin comprometerlas. Muchos otros, tanto funcionarios del Banco como personas ajenas a él, colaboraron con comentarios valiosos. El grupo de gestión de datos sobre el desarrollo efectuó aportes al anexo y tuvo a su cargo la elaboración de los indicadores seleccionados del desarrollo mundial.

El equipo desea también expresar su agradecimiento por el generoso apoyo recibido del fondo fiduciario programático de varios donantes, el Organismo Canadiense de Desarrollo Internacional, la Fundación Ford, el Ministerio de Asuntos Exteriores de Francia, la Plataforma mundial de donantes para el desarrollo rural, el Centro Internacional de Investigaciones para el Desarrollo, el Fondo Internacional de Desarrollo Agrícola, InWEnt (Capacity Building International), el Ministerio de Finanzas del Japón, el Programa Conocimientos para el Cambio, el Consejo de Ciencias del Grupo Consultivo sobre Investigaciones Agrícolas Internacionales, el Organismo Sueco de Cooperación para el Desarrollo Internacional, el Organismo Suizo de Desarrollo y Cooperación, el Departamento para el Desarrollo Internacional del Reino Unido, la Agencia de Estados Unidos para el Desarrollo Internacional y la Fundación William y Flora Hewlett.

El equipo sacó gran provecho de las amplias consultas realizadas. Se celebraron reuniones y talleres regionales en la ciudad de Washington y en Alemania, Australia, Canadá, Francia, India, Italia, Japón, Kenya, Malí, Noruega, Reino Unido y Suecia. Se realizaron también intercambios de opiniones en línea sobre el borrador del informe. El equipo quiere agradecer a los participantes de esos talleres, videoconferencias y debates, en los que intervinieron miembros del sector académico, investigadores, funcionarios públicos y personal de organizaciones no gubernamentales, de la sociedad civil y del sector privado.

Rebecca Sugui fue la asistente ejecutiva del equipo, mientras que Ofelia Valladolid se desempeñó como ayudante del programa y Jason Victor y Maria Hazel Macadangdang, como auxiliares del equipo. Evangeline Santo Domingo cumplió la función de auxiliar de la gestión de recursos.

Siglas y notas sobre los datos

Siglas y abreviaturas

AEP	Apoyo equivalente al productor
AIE	Agencia Internacional para la Energía
APP	Asociaciones público-privadas
BAD	Banco Asiático de Desarrollo
BAFD	Banco Africano de Desarrollo
BID	Banco Interamericano de Desarrollo
CAD	Comité de Asistencia para el Desarrollo
CIAT	Centro Internacional de Agricultura Tropical
Cimmyt	Centro Internacional para el Mejoramiento del Maíz y el Trigo
Cirad*	Investigación Agrícola para los Países en Desarrollo
Cmnucc	Convención Marco de Naciones Unidas sobre el Cambio Climático
DLC	Desarrollo Liderado por la Comunidad
DPI	Derechos de propiedad intelectual
ES	Enfoques sectoriales
FAO	Organización de Naciones Unidas para la Alimentación y la Agricultura
FATA	Fundación Africana para la Tecnología Agrícola
FIPA	Federación Internacional de Productores Agrícolas
FMI	Fondo Monetario Internacional
GAEZ*	Zonas agroecológicas mundiales
Gciai	Grupo Consultivo sobre Investigación Agrícola Internacional
GTI	Gases tipo invernadero
VIH/SIDA	Virus de inmunodeficiencia humana/Síndrome de deficiencia inmune adquirida
I&D	Investigación y Desarrollo
Icarda	Centro Internacional de Investigación Agrícola para Áreas Secas
Icraf	Centro Internacional de Investigación en Agroforestería
IDA*	Asociación para el Desarrollo Internacional
IDM	Informe sobre el Desarrollo Mundial
IFAD*	Fondo Internacional para el Desarrollo Agrícola
IFDC*	Centro Internacional para la Fertilidad del Suelo y el Desarrollo Agrícola
Ifpri*	Instituto de Investigación sobre Política Alimentaria Internacional
IIMA	Instituto Internacional para el Manejo del Agua
IM	Institución de microfinanzas
IPCC*	Panel Intergubernamental sobre el Cambio Climático
IRI*	Instituto Internacional de Investigación sobre el Clima y la Sociedad
IRRI*	Instituto Internacional de Investigación sobre el Arroz
MDM	Meta de Desarrollo del Milenio
Nepad*	Nueva Asociación para el Desarrollo de África
Nerica*	Nuevo Arroz para África
OCDE	Organización para la Cooperación y el Desarrollo Económicos
ODA*	Asistencia Oficial para el Desarrollo
OGM	Organismo genéticamente modificado
OIT	Organización Internacional de Trabajo
OMC	Organización Mundial del Comercio
OMS	Organización Mundial de la Salud
ONG	Organización no gubernamental
Pcdaa	Programa Comprensivo de Desarrollo Agrícola Africano
PIB	Producto Interno Bruto
PNUD	Programa de Naciones Unidas para el Desarrollo
PSE*	Pagos por servicios ambientales
PTF	Productividad total de los factores
Safex*	Bolsa de Futuros de Suráfrica
SFS*	Estándares sanitarios y fitosanitarios
SPG	Sistema de posicionamiento global
TIC	Tecnologías de información y telecomunicaciones
TNA	Tasa nominal de apoyo
UE	Unión Europea
UN*	Naciones Unidas
Unctad	Conferencia de Naciones Unidas sobre Comercio y Desarrollo
Usaid*	Agencia de Estados Unidos para el Desarrollo Internacional
USDA*	Departamento de Agricultura de Estados Unidos
WWF*	Fondo Mundial para la Naturaleza

* Por sus iniciales en inglés.

Código de país	Nombre del país
AGO	Angola
ARG	Argentina
AZE	Azerbaiján
BDI	Burundi
BEN	Benin
BFA	Burkina Faso
BGD	Bangladesh
BGR	Bulgaria
BLR	Bielorrusia
BOL	Bolivia
BRA	Brasil
CHL	Chile
CHN	China
CIV	Costa de Marfil
CMR	Camerún
COL	Colombia
CZE	República Checa
DOM	República Dominicana
DZA	Argelia
ECU	Ecuador
EGY	República Árabe de Egipto
ETH	Etiopía
GHA	Ghana
GIN	Guinea
GTM	Guatemala
HND	Honduras
HUN	Hungría
IDN	Indonesia
IND	India
IRN	República Islámica de Irán
KEN	Kenya
KHM	Camboya
LAO	República Popular Democrática de Laos
LKA	Sri Lanka
MAR	Marruecos
MDG	Madagascar
MEX	México

Código de país	Nombre del país
MLI	Mali
MOZ	Mozambique
MWI	Malawi
MYS	Malasia
NER	Níger
NGA	Nigeria
NPL	Nepal
PAK	Paquistán
PER	Perú
PHL	Filipinas
PNG	Papúa Nueva Guinea
POL	Polonia
PRY	Paraguay
ROM	Rumania
RUS	Federación Rusa
RWA	Ruanda
SDN	Sudán
SEN	Senegal
SLV	El Salvador
SVK	República Eslovaca
SYR	República Árabe de Siria
TCD	Chad
TGO	Togo
THA	Tailandia
TJK	Tajikistán
TUN	Túnez
TUR	Turquía
TZA	Tanzania
UGA	Uganda
UKR	Ucrania
VEN	República Bolivariana de Venezuela
VNM	Vietnam
YEM	República de Yemen
ZAF	Sudáfrica
ZAR	República Democrática del Congo
ZMB	Zambia
ZWE	Zimbabue

Notas sobre los datos

Los países incluidos en los grupos regionales y de ingreso en este Informe se listan en la tabla de Clasificación de Economías al final de los Indicadores Seleccionados del Desarrollo Mundial. Las clasificaciones por ingreso se basan en el ingreso nacional bruto (PIB) per capita; los límites para las clasificaciones por ingresos en esta edición se encuentran en la Introducción a los Indicadores Seleccionados del Desarrollo Mundial. Los promedios de los grupos reportados en las gráficas y las tablas son promedios no ponderados de los países del grupo, a menos que se mencione lo contrario.

El uso de la palabra *países* para referirse a las economías no implica juicio alguno por parte del Banco Mundial acerca del estatus legal o de otro tipo de un territorio. El término países en desarrollo incluye las economías de ingresos bajos y medios y por tanto puede incluir economías en transición de la planificación centralizada, por conveniencia. El término *países avanzados* o *países desarrollados* puede ser usado por conveniencia para denotar a los países de altos ingresos.

Las cifras en dólares se refieren a dólares corrientes de Estados Unidos, a menos que se especifique otra cosa.

Serbia y Montenegro se emplea en este Informe debido a que bien, el evento discutido ocurrió previamente a la independencia de la República de Montenegro en junio de 2006, o porque no hay datos disponibles independientes para la República de Serbia y la República de Montenegro.

Panorama general

Una mujer africana, inclinada bajo el sol con un niño atado a la espalda, desmaleza su cultivo de sorgo con un azadón en un terreno árido: una viva imagen de la pobreza rural. Para su numerosa familia y millones de personas como ella, el magro botín de la agricultura de subsistencia es la única posibilidad de sobrevivir. Pero otros, hombres y mujeres, han tomado distintos caminos para salir de la pobreza. Algunos pequeños agricultores se unen a organizaciones de productores y firman contratos con exportadores y supermercados a quienes les venden las hortalizas que producen utilizando sistemas de riego. Algunos trabajan como jornaleros para agricultores que poseen establecimientos más grandes y logran las economías de escala necesarias para abastecer a los modernos mercados de alimentos. Y otros pasan al ámbito de la economía rural no agrícola y establecen pequeñas empresas de venta de alimentos procesados.

Si bien el mundo de la agricultura es amplio, variado y cambia con rapidez, con políticas adecuadas e inversiones que las respalden en el nivel local, nacional e internacional, en la actualidad este sector ofrece nuevas oportunidades para salir de la pobreza a cientos de millones de personas de las zonas rurales. Entre los caminos que abre la agricultura para dejar atrás la pobreza se encuentran el cultivo y la cría de animales en pequeños establecimientos, el empleo en "la nueva agricultura" de productos de alto valor y la actividad empresarial y el empleo en la incipiente economía rural no agrícola.

En el siglo XXI, la agricultura sigue siendo un instrumento fundamental para el desarrollo sostenible y la reducción de la pobreza. Tres de cada cuatro personas pobres en los países en desarrollo viven en zonas rurales (2.100 millones subsisten con menos de US$2 al día y 880 millones con menos de US$1 al día) y la mayoría depende de la agricultura para su subsistencia[1]. Dado el lugar donde se ubican estas personas y lo que mejor saben hacer, resulta imperativo promover la agricultura para alcanzar el objetivo de desarrollo del milenio de reducir la pobreza y el hambre a la mitad para 2015 y continuar luchando contra éstos durante varias décadas más. La agricultura por sí sola no bastará para reducir en forma masiva la pobreza, pero ha demostrado ser especialmente eficiente en abordar la tarea. Dado que el último *Informe sobre el desarrollo mundial* dedicado a la agricultura se publicó hace 25 años, es hora de volver a colocar este sector en el centro del programa del desarrollo, teniendo en cuenta que el contexto actual de desafíos y oportunidades es extremadamente distinto[2].

La agricultura se lleva a cabo en tres mundos bien diferenciados: uno principalmente agrícola, uno en proceso de transformación y otro urbanizado. Y en cada uno de ellos, el modo en que el programa de agricultura para el desarrollo procura lograr crecimiento sostenible y reducción de la pobreza es diferente.

En los países principalmente agrícolas, entre los que se cuentan la mayoría de los de África subsahariana, la agricultura y las industrias vinculadas a ella son esenciales para el crecimiento y la reducción en gran escala de la pobreza y la falta de seguridad alimentaria. *Para utilizar la agricultura como base del crecimiento económico en los países principalmente agrícolas, se requiere una revolución de la productividad de los pequeños establecimientos agrícolas.* Dada la particularidad de la agricultura y las instituciones de África subsahariana, dicha revolución tendrá que ser distinta de la Revolución Verde que se produjo en Asia. Hallar el modo de llevarla a la práctica después de muchos años de escaso éxito sigue siendo un gran desafío. Pero las condiciones han cambiado, y son muchos los resultados favorables que se han logrado en el ámbito local y las nuevas oportunidades a partir de las cuales se puede avanzar.

En los países en proceso de transformación, que incluyen la mayoría de los de Asia meridional y oriental y de Medio Oriente y África septentrional, la creciente disparidad de ingreso entre las zonas rurales y urbanas y la persistencia de la pobreza extrema en áreas rurales son importantes fuentes de tensión social y política. El problema no puede abordarse de un modo sostenible mediante prácticas proteccionistas que aumentan el precio de los alimentos (dado que un gran número de personas pobres son compradoras netas de alimentos) o a través de subvenciones. *Para resolver las disparidades de ingreso en los países en proceso de transformación se requiere un enfoque integral que abra diversos caminos de salida de la pobreza: el paso a la agricultura de alto valor, la descentralización de la actividad económica no agrícola hacia zonas rurales y el suministro de asistencia para que parte de quienes se dedican a la agricultura pasen a otros sectores.* Esto requiere iniciativas innovadoras y un fuerte compromiso político, pero puede beneficiar a 600 millones de personas pobres de las zonas rurales de todo el mundo.

En los países urbanizados, que comprenden casi toda América Latina y gran parte de Europa y Asia central, la agricultura puede ayudar a reducir la pobreza rural que aún persiste si los pequeños agricultores se convierten en proveedores de los mercados modernos de alimentos, si se generan buenos empleos en la agricultura y la agroindustria y se introducen mercados para los servicios ambientales.

Con la creciente escasez de recursos y la acumulación de externalidades, el desarrollo agrícola y la protección ambiental están ahora estrechamente relacionados. *La gran impronta ambiental de la agricultura puede reducirse, al igual que la vulnerabilidad de los sistemas agrícolas al cambio climático. También es posible encauzar la agricultura para que brinde más servicios ambientales.* La solución no consiste en desacelerar el desarrollo agrícola, sino en buscar sistemas de producción más sostenibles. El primer paso es instalar incentivos adecuados fortaleciendo derechos de propiedad y eliminando subsidios que fomentan la degradación de los recursos naturales. También resulta esencial la adaptación al cambio climático, que afectará en mayor medida a los agricultores pobres. Y este impacto será, además, injusto, porque la contribución de los pobres a las causas que generan este fenómeno ha sido mínima.

La agricultura, entonces, ofrece posibilidades promisorias para el crecimiento, la reducción de la pobreza y la prestación de servicios ambientales, pero para que esas posibilidades se concreten también hace falta la mano visible del Estado en la tarea de brindar servicios públicos esenciales, mejorar el clima para la inversión, regular la ordenación de los recursos naturales y garantizar la obtención de resultados sociales deseables. *Para llevar adelante los programas de agricultura para el desarrollo, es necesario mejorar la gestión de la agricultura a nivel local, nacional e internacional.* El Estado deberá contar con mayor capacidad para coordinar los diversos sectores y formar asociaciones con actores privados y de la sociedad civil. Los actores del ámbito internacional deben lograr resultados en un complejo programa de acuerdos interrelacionados y bienes públicos internacionales. La potenciación de la sociedad civil, en particular de las organizaciones de productores, es esencial para mejorar la gestión en todos los niveles.

En el presente informe se abordan tres preguntas principales:

- ¿Qué puede hacer la agricultura en favor del desarrollo? La agricultura ha servido de base para el crecimiento y la reducción de la pobreza en muchos países, pero muchos más podrían beneficiarse si los gobiernos y los donantes desandaran el camino recorrido durante años de desatención en materia de políticas y solucionaran el problema de inversiones insuficientes e inadecuadas en el sector agrícola.
- ¿Qué herramientas son eficaces a la hora de utilizar la agricultura para el desarrollo? Es prioritario incrementar los recursos de los hogares pobres, elevar la productividad de los pequeños agricultores (y de la agricultura en general) y crear oportunidades en la economía rural no agrícola que los pobres puedan aprovechar.
- ¿Cuál es el mejor modo de realizar los programas de agricultura para el desarrollo? Diseñando políticas y procesos de toma de decisiones más adecuados para las condiciones económicas y sociales de cada país, movilizando apoyo político y mejorando la gestión de la agricultura.

¿Qué puede hacer la agricultura en favor del desarrollo?

La agricultura posee características que hacen de ella un instrumento singular para el desarrollo

El sector agrícola puede trabajar en coordinación con otros sectores para generar mayor crecimiento, reducir la pobreza y lograr la sostenibilidad del medio ambiente. En el presente informe, el término "agricultura" comprende los cultivos, la ganadería, la agrosilvicultura y la acuicultura. No incluye la silvicultura ni la pesca comercial puesto que dichas actividades requieren análisis muy diferentes, pero en los apartados que tratan sobre deforestación, cambio climático y servicios ambientales sí se analizan las interacciones entre la agricultura y la silvicultura.

La agricultura contribuye de muchos modos al desarrollo. La agricultura contribuye al desarrollo en su calidad de actividad económica, como medio de subsistencia y como proveedora de servicios ambientales, todo lo cual convierte al sector en una herramienta singular para el desarrollo.

- ***Como actividad económica.*** La agricultura puede ser una fuente de crecimiento para la economía nacional, crear oportunidades de inversión para el sector privado e impulsar en gran medida las industrias relacionadas con la agricultura y la economía rural no agrícola. Dos tercios del valor agregado de la agricultura se generan en los países en desarrollo. En los países agrícolas, la actividad es responsable, en promedio, del 29% del producto interno bruto (PIB) y emplea al 65% de la fuerza laboral. Las industrias y los servicios vinculados con la agricultura en las cadenas de valor a menudo representan más del 30% del PIB en los países en proceso de transformación y los urbanizados.
  La producción agrícola es importante para la seguridad alimentaria, puesto que es una fuente de ingresos para la mayoría de la población rural pobre. Es particularmente crucial en una docena de países de África subsahariana que en conjunto representan aproximadamente 200 millones de personas. Se trata de países cuya producción nacional es sumamente variable y donde los alimentos básicos son poco comercializables y las restricciones cambiarias impiden satisfacer la necesidad de alimentos mediante importaciones. Estos países están expuestos a emergencias alimentarias recurrentes y a las incertidumbres de la ayuda en alimentos. Para ellos es esencial incrementar y estabilizar la producción nacional con el fin de garantizar la seguridad alimentaria.
- ***Como medio de subsistencia.*** Se estima que la agricultura es el medio de vida del 86% de la población rural. Ofrece empleo a 1.300 millones de pequeños productores y trabajadores sin tierra, brinda "bienestar social financiado por el sector agrícola" en los casos de crisis urbanas y es la base de las comunidades rurales viables. De los 5.500 millones de habitantes del mundo en desarrollo, 3.000 millones viven en zonas rurales, es decir, casi media humanidad. De esta población rural, aproximadamente 2.500 millones pertenecen a hogares que desarrollan actividades agrícolas y 1.500 millones a hogares de pequeños agricultores[3].
  La reciente disminución de la tasa de pobreza de quienes subsisten con US$1 al día en los países en desarrollo (del 28% en 1993 al 22% en 2002) se ha debido principalmente a la reducción de la pobreza rural (del 37% al 29%), mientras que la tasa de pobreza urbana se ha mantenido casi constante (en un 13%). Más del 80% de la disminución de la pobreza rural puede atribuirse a que las condiciones en las zonas rurales han mejorado, y no a que los pobres han abandonado esas áreas. En consecuencia, y a pesar de la impresión general, la migración a las ciudades no ha sido el principal instrumento para la reducción de la pobreza en las zonas rurales (y en el mundo).
  La gran disminución del número de pobres en las zonas rurales (de 1.036 millones en 1993 a 883 millones en 2003) se ha limitado a Asia oriental y Pacífico (gráfico 1, página 3). En Asia meridional y África subsahariana, el número de pobres en las zonas rurales ha continuado aumentando y es probable que exceda la cantidad de pobres de las zonas urbanas para 2040. En estas regiones, es prioritario movilizar la agricultura en pos de la reducción de la pobreza.
- ***Como proveedor de servicios ambientales.*** Al utilizar los recursos naturales (a menudo de un modo inadecuado), la agricultura puede generar resultados ambientales positivos y negativos. Es con mucho la actividad que consume más agua, por lo que contribu-

Gráfico 1. El número de pobres en Asia meridional y en África subsahariana ha aumentado entre 1993 y 2002 (línea de pobreza: US$1 al día)

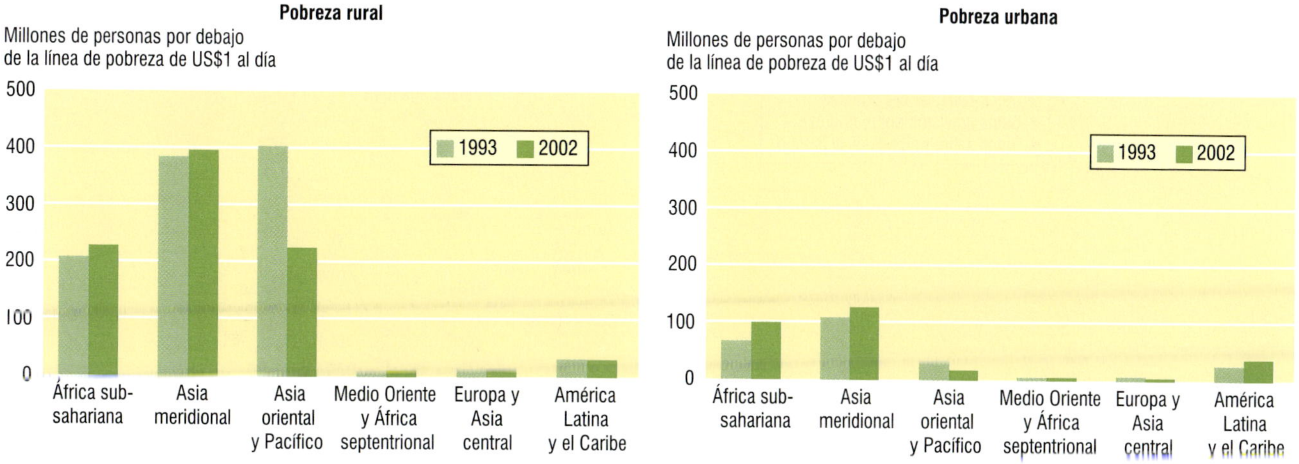

Fuente: Ravallion, Chen y Sangraula 2007.

ye a la escasez de este recurso. Tiene un papel preponderante en el agotamiento de las aguas subterráneas, la contaminación por agroquímicos, el desgaste del suelo y el cambio climático mundial, dado que es responsable de hasta un 30% de las emisiones de gases de efecto invernadero. Pero también es un proveedor fundamental de servicios ambientales, que generalmente no se reconocen ni se remuneran, como la retención del carbono, la ordenación de las cuencas hidrográficas y la preservación de la diversidad biológica. Con la creciente escasez de recursos, el cambio climático y la preocupación por los costos ambientales, no es posible continuar con el modo habitual de utilizar los recursos naturales en la agricultura. Resulta imperioso lograr que los sistemas de explotación agrícola de los pobres en las zonas rurales se vuelvan menos vulnerables al cambio climático. El manejo de los vínculos entre agricultura, conservación de los recursos naturales y medio ambiente debe ser parte integral del uso de la agricultura para fines de desarrollo.

Las contribuciones de la agricultura son distintas en los tres mundos rurales. El modo en que la agricultura contribuye al desarrollo varía de un país a otro en función de la medida en que recurren a la agricultura como fuente de crecimiento y herramienta para reducir la pobreza. La contribución de la agricultura al crecimiento y la reducción de la pobreza puede observarse al clasificar los países según la proporción del crecimiento agregado generado por la agricultura durante los últimos 15 años, y la proporción actual de la pobreza rural en el total de la pobreza, utilizando como límite la línea de pobreza de US$2 al día (gráfico 2). Como resultado, se obtiene una categorización de tres tipos de países, esto es, tres mundos rurales diferenciados (cuadro 1).

- ***Países agrícolas:*** La agricultura es la principal fuente del crecimiento y genera, en promedio, el 32% del crecimiento del PIB (principalmente porque la agricultura representa una gran proporción del PIB). La mayor parte de los pobres viven en las zonas rurales (70%). En las zonas rurales de este grupo de países habitan 417 millones de personas, principalmente en países ubicados al sur del Sahara. El 82% de la población rural subsahariana habita en países agrícolas.
- ***Países en proceso de transformación:*** La agricultura ha dejado de ser la fuente principal de crecimiento y contribuye, en promedio, sólo un 7% al crecimiento del PIB. Sin embargo, la pobreza afecta desproporcionadamente a las zonas rurales (donde habita el 82% de la población pobre). Este grupo de países, ejemplificado por China, India, Indonesia, Marruecos y Rumania, tiene una población rural de más de 2.200 millones de personas. El 98% de la población rural de Asia meridional, el 96% de la de Asia oriental y Pacífico y el 92% de la de Medio Oriente y África septentrional vive en países en proceso de transformación.
- ***Países urbanizados:*** La contribución directa de la agricultura al crecimiento económico de estas naciones es aún menor (5% en promedio) y la pobreza es principalmente urbana. Aun así, las zonas rurales albergan al 45% de los pobres, y las agroindustrias y el sector de la alimentación representan hasta un tercio del PIB. En este grupo de países, que comprende 255 millones de habitantes de zonas rurales, se incluyen la mayoría de los países de América Latina y el Caribe y muchos de Europa y Asia central. El 88% de la población rural de ambas regiones pertenece a países urbanizados.

La evolución de los países puede llevarlos de una categoría a otra. Durante los últimos 20 años, China e India pasaron de ser países agrícolas a incorporarse al grupo de los que se hallan en proceso de transformación, mientras que Indonesia se acercó a los urbanizados (gráfico 2). Además, los países presentan disparidades geográficas internas muy pronunciadas. Por ejemplo, en muchas naciones urbanizadas o en proceso de transformación existen regiones agrícolas (como Bihar en la India o Chiapas en México).

La clasificación de las regiones de los países según su potencial agrícola y su acceso a los mercados muestra que el 61% de la población rural de los países en desarrollo vive en zonas favorecidas, es decir, en zonas con riego, húmedas o semihúmedas con escaso estrés por falta de humedad y en las que el acceso a los mercados es entre regular y bueno (a menos de cinco horas de distancia de una ciudad de 5.000 habitantes o más, que oficia de mercado). Sin embargo, dos tercios de la población rural de África subsahariana viven en zonas menos favorecidas, áridas o semiáridas con escaso acceso a los mercados. En cinco países para los que se cuenta con mapas de pobreza detallados, la tasa

Gráfico 2. La contribución de la agricultura al crecimiento y la proporción de población rural entre los pobres determinan la existencia de tres tipos de países: los países agrícolas, los que se encuentran en proceso de transformación y los urbanizados

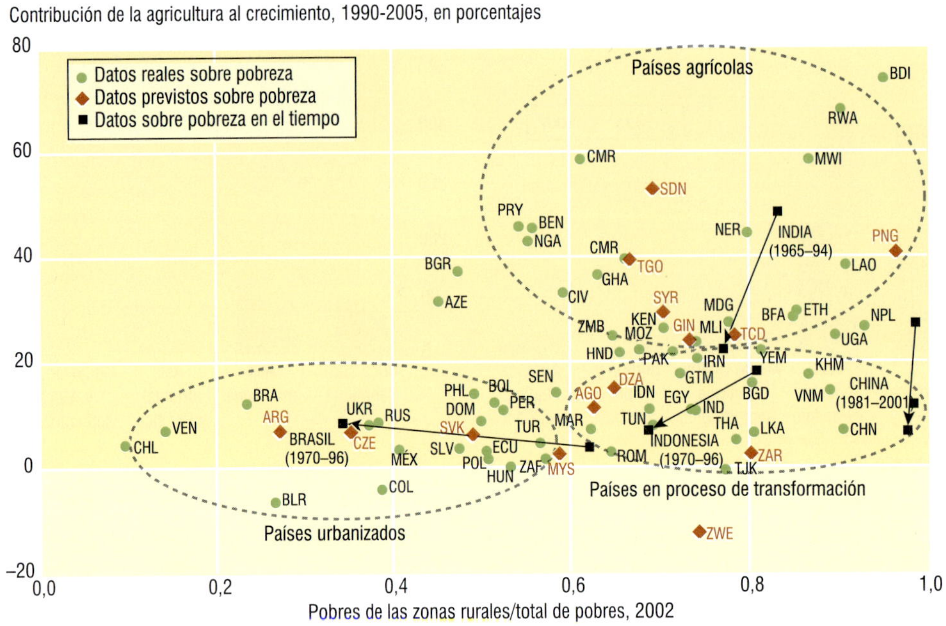

Fuente: Equipo *IDM 2008*.
Nota: Las flechas indican la trayectoria de Brasil, China, India e Indonesia. La lista de los códigos de tres letras para los países que representan se encuentran en las páginas de siglas y abreviaciones.

Cuadro 1. Características de los tres tipos de países, 2005

	Países agrícolas	Países en proceso de transformación	Países urbanizados
Población rural (en millones), 2005	417	2.220	255
Proporción de la población rural (%), 2005	68	63	26
PIB per cápita (US$ de 2000), 2005	379	1.068	3.489
Proporción de la agricultura en el PIB (%), 2005	29	13	6
Crecimiento anual del PIB agrícola, 1993-2005 (%)	4,0	2,9	2,2
Crecimiento anual del PIB no agrícola, 1993-2005 (%)	3,5	7,0	2,7
Población rural pobre (en millones), 2002	170	583	32
Tasa de pobreza rural, 2002 (%)	51	28	13

Fuentes: Ravallion, Chen y Sangraula 2007; Banco Mundial 2006y.
Nota: La línea de pobreza es US$1,08 al día, en dólares de 1993 ajustados según la paridad del poder adquisitivo.

de pobreza es más alta en las zonas menos favorecidas, pero la mayor parte de los pobres vive en zonas favorecidas. En consecuencia, para utilizar la agricultura como medio para reducir la pobreza se requiere no sólo invertir en las zonas menos favorecidas de modo de combatir la pobreza extrema, sino también dirigir los esfuerzos a la gran cantidad de pobres que habitan en las zonas favorecidas.

El mundo rural se caracteriza por la heterogeneidad. La heterogeneidad económica y social es una característica distintiva de las zonas rurales. Propietarios de grandes explotaciones comerciales coexisten con pequeños agricultores. Esta diversidad se observa también dentro de este último grupo. Los pequeños agricultores comerciales llevan los excedentes de su producción a los mercados de alimentos y participan de los beneficios de la expansión de mercados para la nueva agricultura de alto valor. Pero muchos otros se dedican a la agricultura de subsistencia, principalmente porque poseen menos activos y enfrentan condiciones desfavorables. Consumen la mayor parte de los alimentos que producen, por lo que participan en los mercados como compradores de alimentos y vendedores de mano de obra. La pertenencia a estas categorías está determinada no sólo por la posesión de activos, sino también por el género, el origen étnico y la posición social, puesto que estas condiciones suponen diverso grado de capacidad para utilizar los mismos activos y recursos a la hora de aprovechar las oportunidades.

La heterogeneidad se observa en el mercado laboral de las zonas rurales, que se compone de muchos trabajos agrícolas poco calificados y mal remunerados y un pequeño número de empleos altamente calificados que brindan a los trabajadores una salida de la pobreza. Se observa también en la economía no agrícola de las zonas rurales, donde el empleo por cuenta propia o asalariado de baja productividad convive con empleos en empresas dinámicas. Y se observa en los resultados de la migración, que permite a algunas personas de las zonas rurales salir de la pobreza, pero conduce a otras a barrios de tugurios urbanos, donde continúan sumidos en la pobreza.

Esta heterogeneidad preponderante en la agricultura y en la sociedad rural tiene importantes consecuencias para las políticas públicas en lo que respecta a la utilización de la agricultura para el desarrollo. Es probable que tras una reforma normativa en particular haya ganadores y perdedores. Cuando la liberalización del comercio eleva el precio de los alimentos, perjudica a los compradores netos (el grupo más numeroso de los pobres de las zonas rurales en países como Bolivia y Bangladesh) y beneficia a los vendedores netos (el grupo más numeroso de pobres de las zonas rurales de Camboya y Vietnam). Es necesario diferenciar las políticas según la situación y el contexto de las familias, teniendo en cuenta especialmente las prácticas vigentes relativas al género. Las políticas diferenciadas no se diseñan necesariamente para favorecer a un grupo sobre otro, sino para beneficiar a todos los hogares de un modo más eficaz en función de los costos, puesto que se adaptan a sus condiciones y necesidades, y en particular, a las de los más pobres. Lograr el equilibrio en la atención prestada a los sectores, regiones y hogares favorecidos y menos favorecidos es uno de los dilemas más difíciles en materia de políticas que enfrentan los países pobres con graves limitaciones de recursos.

La agricultura tiene un historial muy favorable en el ámbito del desarrollo

La agricultura tiene una capacidad especial para reducir la pobreza. El crecimiento agrícola tiene una capacidad especial para reducir la pobreza en todos los tipos de países. Estimaciones realizadas sobre diversos países indican que el crecimiento del PIB originado en la agricultura es al menos el doble de eficaz en reducir la pobreza que el crecimiento del PIB generado en otros sectores (gráfico 3). En el caso de China, se calcula que el crecimiento total originado en la agricultura fue 3,5 veces más eficaz en reducir la pobreza que el crecimiento generado en otros ámbitos. En América Latina, fue 2,7 veces más eficaz. El rápido crecimiento de la agricultura en la India (como consecuencia de innovaciones técnicas como la difusión de variedades de cultivo de alto rendimiento) y en China (a raíz de innovaciones institucionales, como el sistema de responsabilidad por contrato familiar y la liberalización del mercado) estuvo acompañado por una significativa reducción de la pobreza rural. Más recientemente, en Ghana, los hogares rurales fueron responsables en gran medida de la abrupta caída de la pobreza, generada en parte por el crecimiento agrícola.

La agricultura puede ser el motor principal del crecimiento general en los países agrícolas. La agricultura cuenta con un sólido historial como instrumento de reducción de la pobreza. Pero, ¿puede también ser el motor principal de una estrategia de crecimiento para los países agrícolas? Más allá de la magnitud del sector, son dos los argumentos (aplicados a los países agrícolas de África subsahariana) que respaldan la opinión de que esto es posible.

En primer lugar, en muchos de estos países los alimentos no son del todo comercializables debido a los altos costos de transacción y la prevalencia de alimentos básicos que se comercializan escasamente, como raíces, tubérculos y cereales autóctonos. Por ende, muchos de estos países deben producir su propio alimento. La productividad agrícola determina el precio de los alimentos, el cual a su vez determina los costos salariales y la competitividad de los sectores que sí participan en el comercio. La productividad de los alimentos básicos es, en consecuencia, crucial para el crecimiento.

El segundo argumento es que la ventaja comparativa de los subsectores que pueden comerciar seguirá basándose por muchos años en las actividades primarias (agricultura y minería) y en la agroindustria, debido a la dotación de recursos y el clima poco propicio para las inversiones en el sector de manufacturas. La mayor parte de las economías depende de una cartera diversa de exportaciones basadas en productos primarios procesados y sin procesar (incluido el turismo) para generar divisas. El crecimiento de los sectores comercializables y no comercializables de la agricultura también genera un sólido crecimiento en otros sectores de la economía mediante efectos multiplicadores.

Por eso, la estrategia de crecimiento de la mayoría de las economías que dependen de la agricultura deberá centrarse en activar el sector agrícola por muchos años más. Abundan los casos en que la agricultura fue la base del crecimiento en los inicios del proceso de desarrollo. El crecimiento agrícola fue el precursor de las revoluciones industriales que se difundieron, desde Inglaterra a mediados del siglo XVIII hasta Japón, a fines del siglo XIX. Más recientemente, el rápido crecimiento agrícola de China, India y Vietnam precedió al auge industrial. Tal como sucede con la pobreza, la capacidad especial de la agricultura como base para el crecimiento inicial ya ha sido demostrada.

Sin embargo, se ha desaprovechado en gran medida la capacidad de la agricultura para promover el desarrollo. Paralelamente a estos casos exitosos, son muchos los ejemplos en los que no se utiliza la agricultura para generar desarrollo. Muchos países agrícolas aún exhiben un crecimiento agrícola per cápita mínimo y poca transformación estructural (proporción decreciente de la agricultura en el PIB y mayor porcentaje de la industria y los servicios a medida que aumenta el PIB per cápita). Lo mismo sucede en amplias zonas dentro de países de todas las clases. El rápido crecimiento de la población, la disminución del tamaño de los establecimientos agrícolas, la merma en la fertilidad del suelo y las oportunidades desperdiciadas en lo que respecta a la diversificación del ingreso y la migración son factores que causan aflicciones, al tiempo que se desaprovecha la capacidad de la agricultura para generar desarrollo. La causa de esta situación radica en las políticas que gravan excesivamente la agri-

Gráfico 3. El crecimiento del PIB originado en la agricultura beneficia en mayor grado a la mitad más pobre de la población

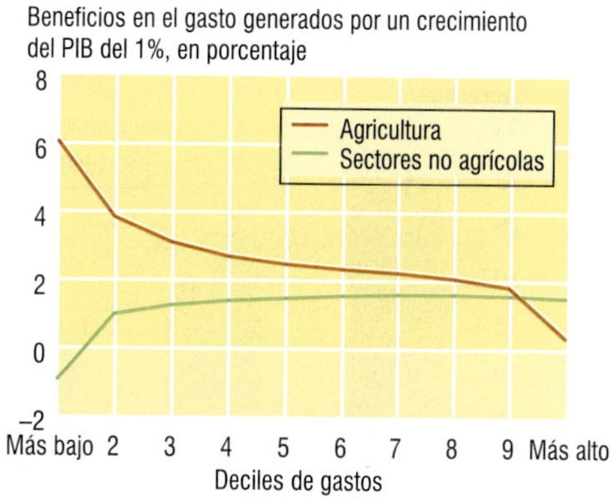

Fuente: Ligon y Sadoulet 2007.
Nota: Sobre la base de datos correspondientes a 42 países para el período 1981–2003. La diferencia en beneficios es estadísticamente significativa para la mitad inferior de los deciles de gastos.

cultura y no destinan inversiones suficientes a ese sector. Esto es reflejo de una economía política en la que prevalecen los intereses de los sectores urbanos. Si se comparan con los países en proceso de transformación exitosa cuando en ellos el porcentaje del PIB originado en la agricultura aún era alto, los países agrícolas destinan un porcentaje muy pequeño del gasto público a la agricultura, medido como porcentaje del PIB agrícola (4% en 2004 para los países agrícolas frente al 10% en 1980 para los países que actualmente están en proceso de transformación; *véase* el gráfico 4). Las presiones impuestas por frecuentes crisis de alimentos también inclinan los presupuestos públicos y las prioridades de los donantes hacia la provisión directa de alimentos antes que a inversiones que generen crecimiento y a la seguridad alimentaria producto del aumento de los ingresos. En los países donde la mayoría de los pequeños agricultores son mujeres, la imposibilidad de desplegar todo su potencial en la agricultura constituye un factor que contribuye a la baja tasa de crecimiento y la inseguridad alimentaria.

El desaprovechamiento de la agricultura como generadora de desarrollo no se circunscribe a las naciones agrícolas. En los países en proceso de transformación donde se registra un rápido crecimiento en sectores no agrícolas, por lo general la reasignación de mano de obra originalmente dedicada a la agricultura ocurre a un ritmo muy lento. Debido a ello, muchas personas pobres quedan rezagadas en las zonas rurales y aumenta la brecha de ingresos entre estas zonas y las urbanas. La población agrícola exige subsidios y protección, pero la capacidad fiscal es limitada y no puede sostener transferencias lo suficientemente cuantiosas como para reducir la brecha de ingresos. Por otro lado, los centros urbanos continúan demandando alimentos a bajo costo. Todo esto crea un dilema para quienes diseñan las políticas[4]. El costo de oportunidad de los subsidios (que en la India ascienden al triple de la inversión pública en el sector agrícola) es la disminución de bienes públicos destinados al crecimiento y de los servicios sociales en las zonas rurales. El aumento de los ingresos en la agricultura y en la economía rural no agrícola debe ser parte de la solución.

Surgen nuevas oportunidades. El mundo de la agricultura ha cambiado drásticamente desde la publicación del *Informe sobre el desarrollo mundial* de 1982 dedicado a ese sector. El nuevo contexto se caracteriza por la presencia de nuevos mercados dinámicos, innovaciones tecnológicas e institucionales de gran significación y nuevas funciones para el Estado, el sector privado y la sociedad civil. La nueva agricultura está impulsada por empresarios privados integrados en amplias cadenas de valor que vinculan a los productores con los consumidores e incluyen a numerosos pequeños agricultores con espíritu emprendedor apoyados por sus respectivas organizaciones. La agricultura dedicada a cultivos básicos y a las exportaciones de bienes primarios tradicionales también encuentra nuevos mercados a medida que se vuelve más diferenciada para satisfacer las cambiantes demandas de los consumidores y los nuevos usos (por ejemplo, biocombustibles) y se beneficia de la integración en mercados regionales. No obstante, la situación de la agricultura presenta grandes incertidumbres difíciles de prever y exige cautela en la gestión de la oferta mundial de alimentos (recuadro 1).

Una nueva visión de la agricultura al servicio del desarrollo redefine la función de los productores, el sector privado y el Estado. La producción está principalmente en manos de los pequeños agricultores, que a menudo son los productores más eficientes, en especial cuando cuentan con el apoyo de sus organizaciones. Pero cuando estas organizaciones no logran economías de escala en la producción y la comercialización, la agricultura comercial con mano de obra intensiva puede ser una forma más adecuada de producción. En estos casos, los mercados laborales eficaces y justos son una herramienta clave para reducir la pobreza en las zonas rurales. El sector privado impulsa la organización de cadenas de valor que acercan el mercado a los pequeños agricultores y a los establecimientos agrícolas comerciales. El Estado (gracias al fortalecimiento de la capacidad y las nuevas formas de gestión) corrige las fallas del mercado, regula la competencia y establece asociaciones público-privadas estratégicas para fomentar la competitividad en el sector agroindustrial y respaldar la mayor inclusión de los pequeños agricultores y trabajadores rurales. Según esta nueva visión, la agricultura asume una función destacada en el ámbito del desarrollo.

¿Qué herramientas son eficaces a la hora de utilizar la agricultura para el desarrollo?

La agricultura puede ser la principal fuente de crecimiento en los países agrícolas. Además, puede reducir la pobreza y mejorar el medio ambiente en los tres tipos de países, aunque de diversos modos.

Gráfico 4. El gasto público en el sector agrícola es más bajo en los países agrícolas, mientras que la proporción de ese sector en el PIB es la más alta

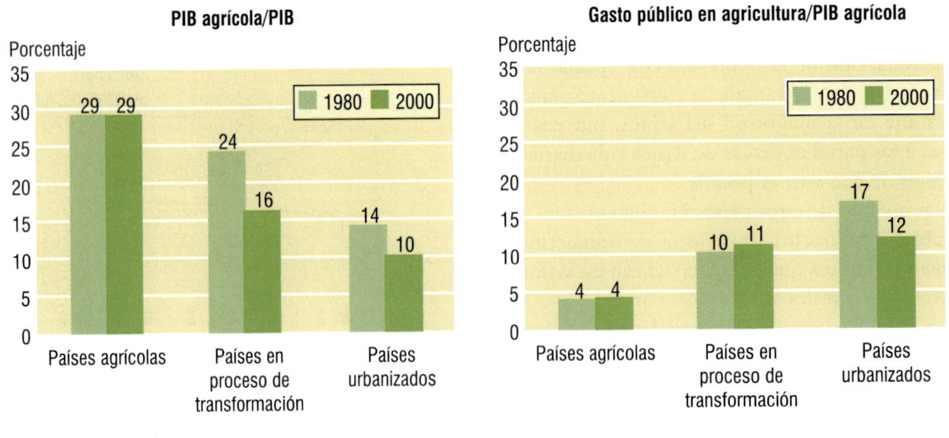

Fuente: Fan (en preparación).

RECUADRO 1. *¿Cuál es el futuro de la oferta mundial de alimentos?*

La agricultura ha logrado mayormente satisfacer la demanda mundial efectiva de alimentos. No obstante, más de 800 millones de personas padecen inseguridad alimentaria y la impronta ambiental de la agricultura ha sido enorme. Además, el futuro es cada vez más incierto.

Los modelos predicen que es posible que los precios de los alimentos en los mercados mundiales reviertan la tendencia a la baja que registran desde hace tiempo, lo que provoca creciente incertidumbre acerca de la seguridad alimentaria mundial. El cambio climático, la degradación ambiental, la creciente competencia por tierra y agua, los elevados precios de la energía y las dudas respecto de los niveles en que se adoptarán las nuevas tecnologías son factores que presentan enormes desafíos y riesgos que dificultan los pronósticos.

Con el fin de satisfacer la demanda proyectada, para 2030 la producción de cereales deberá incrementarse casi un 50%, y la de carne un 85% en relación con los valores de 2000. A esto se agrega la creciente demanda de materias primas agrícolas para la elaboración de biocombustibles, que ya ha generado un alza en los precios mundiales de los alimentos.

Para administrar la respuesta conjunta de la agricultura a la creciente demanda se requerirán políticas acertadas e inversiones sostenidas, no las prácticas habituales. El marcado aumento de las inversiones resulta particularmente urgente en África subsahariana, donde los progresos en aumentar la disponibilidad per cápita de alimentos siguen siendo lentos y donde se calcula que, de continuar con las prácticas actuales, las importaciones de alimentos aumentarán a más del doble para 2030, el impacto del cambio climático será significativo y la capacidad para enfrentarlo, mínima.

Fuente: Rosegrant y colaboradores, 2007.

Para esto es necesario mejorar la disponibilidad de activos de los pobres de las zonas rurales, hacer más competitiva y sostenible la agricultura en los establecimientos pequeños, diversificar las fuentes de ingreso orientándolas al mercado laboral y la economía rural no agrícola, y facilitar la migración exitosa hacia otros sectores.

Aumentar el acceso a los activos

Los activos con que cuenta un hogar son factores determinantes de la capacidad de sus miembros de participar en los mercados agrícolas, garantizar los medios de vida en la agricultura de subsistencia, competir como emprendedores en la economía rural no agrícola y encontrar empleo en puestos calificados. Los principales activos son la tierra, el agua y el capital humano. Sin embargo, los activos de los pobres que habitan en zonas rurales a menudo se ven contrarrestados por el crecimiento de la población, la degradación ambiental, la expropiación que realizan los intereses dominantes y el favoritismo social en las políticas y en la asignación de bienes públicos.

En ningún sitio es tan grande la falta de activos como en África subsahariana, donde el tamaño de los establecimientos agrícolas ubicados en muchas de las zonas más densamente pobladas es insosteniblemente pequeño y sigue reduciéndose, la tierra está seriamente degradada, la inversión en sistemas de riego es nimia y las deficiencias en salud y educación limitan la productividad y el acceso a mejores opciones. La presión demográfica, junto con la reducción del tamaño de los establecimientos y la escasez de agua, constituyen también grandes dificultades en muchas partes de Asia. Para mejorar la disponibilidad de activos se requieren importantes inversiones públicas en riego, salud y educación. En otros casos, se trata más bien de lograr desarrollos institucionales, por ejemplo, asegurando mejor los derechos de propiedad y elevando la calidad de la administración de tierras. Para incrementar la cantidad de activos también puede ser necesario ejercer la discriminación positiva para equiparar las posibilidades de los grupos desfavorecidos o excluidos, como las mujeres y las minorías étnicas.

Tierra. Los mercados de tierras, especialmente de arrendamiento, pueden elevar la productividad, ayudar a las familias a diversificar sus ingresos y facilitar el pasaje a sectores no agrícolas. A medida que los agricultores envejecen, las economías rurales se diversifican y la migración se acelera, es necesario contar con mercados de tierras eficientes con el fin de transferir las propiedades a los usuarios más productivos y facilitar la participación en el sector rural no agrícola y la migración a otros sectores. Sin embargo, en muchos países la poca seguridad de los derechos de propiedad, las deficiencias para hacer cumplir los contratos y las rigurosas restricciones legales limitan el desempeño de los mercados de tierras, con lo que se crean grandes ineficiencias tanto en la reasignación de tierras como de mano de obra y se refuerzan las desigualdades en el acceso a la tierra. En estos casos, son necesarias las redes de protección social y el acceso al crédito para minimizar las ventas forzadas de tierras cuando los agricultores se ven expuestos a crisis.

La reforma agraria puede promover la incorporación de los pequeños agricultores en el mercado, reducir las desigualdades en la distribución de la tierra, aumentar la eficiencia y puede organizarse de modo que se reconozcan los derechos de las mujeres. La redistribución de grandes extensiones subutilizadas para que en ellas se establezcan pequeños agricultores puede dar resultados positivos si va acompañada de reformas que garanticen la competitividad de los beneficiarios, lo cual hasta el momento ha sido difícil de lograr. En Brasil y en Sudáfrica se emplean subsidios específicos destinados a facilitar una reforma agraria basada en el mercado. Se deben recoger enseñanzas de estas experiencias para su posible aplicación en otros sitios.

Agua. El acceso al agua y al riego es un factor determinante de la productividad de la tierra y la estabilidad de las cosechas. La productividad de las tierras de regadío es más del doble de la de las tierras de secano. En África subsahariana, sólo el 4% de las tierras dedicadas a la producción cuentan con sistemas de riego, mientras que la proporción en Asia meridional es del 39% y en Asia oriental del 29%. Ante la mayor incertidumbre respecto de la agricultura de secano y la disminución de la escorrentía de los glaciares como consecuencia del cambio climático, las inversiones destinadas al almacenamiento de agua adquirirán cada vez mayor importancia. A pesar de la creciente escasez de agua y del aumento del costo de los sistemas de riego en gran escala, hay muchas oportunidades de elevar la productividad mejorando los sistemas existentes, ampliando los de pequeña envergadura y aumentando la captación de aguas.

Educación. A pesar de que la tierra y el agua son activos fundamentales en las zonas rurales, la educación es a menudo el activo más valioso con el que cuentan los pobres de estas zonas para aprovechar las oportunidades que les brinda la nueva agricultura, obtener empleos calificados, emprender actividades comerciales en la economía rural no agrícola y migrar con éxito. No obstante, los niveles educativos de las zonas rurales suelen ser abrumadoramente bajos en todo el mundo: el promedio es de cuatro años para los adultos varones y menos de tres años para las mujeres adultas de las zonas rurales de África subsahariana, Asia meridional, Medio Oriente y África septentrional. La mejora de la educación básica en estas zonas se ha demorado más que en las zonas urbanas. Cuando la demanda de educación en los hogares rurales sea escasa, ésta se puede incrementar mediante transferencias de efectivo condicionadas a la asistencia a la escuela (como en Bangladesh, Brasil y México). No obstante, resulta cada vez más claro que lo que debe mejorar más es la calidad de la educación rural. Se entiende a la educación en sentido amplio y en ella se incluye la formación profesional que puede brindar las habilidades técnicas y empresariales que resultan útiles en la nueva agricultura y en la economía rural no agrícola.

Salud. Las enfermedades ampliamente difundidas y las muertes a causa del VIH/SIDA y el paludismo pueden reducir en gran medida la productividad agrícola y diezmar los medios de subsistencia. La mayoría de las personas afectadas por el VIH trabajan en la agricultura, y las políticas agrícolas ofrecen enormes posibilidades para responder con más eficacia a la situación que plantea esta enfermedad respaldando los ajustes frente a las crisis laborales y la transmisión de conocimientos a los huérfanos. En las zonas rurales de Zambia, la disminución de la población ha sido especialmente grave entre los adultos jóvenes: se calcula que el 19% de los que en 1990 tenían entre 15 y 24 años (la edad más productiva) había muerto para el año 2000. Pero la agricultura también representa riesgos para la salud de los pobres de las zonas rurales. El riego puede aumentar la incidencia del paludismo y se calcula que la intoxicación con plaguicidas provoca 355.000 muertes por año. Las zoonosis, como la gripe aviar, surgidas de la proximidad entre personas y animales, representan una amenaza creciente a la salud humana. Una mayor coordinación de los programas agrícolas y sanitarios puede generar grandes beneficios para la productividad y el bienestar.

Lograr que la agricultura en pequeños establecimientos se vuelva más productiva y sostenible

Cuando se utiliza la agricultura para generar desarrollo, el principal camino de salida de la pobreza consiste en mejorar la productividad, la rentabilidad y la sostenibilidad de la explotación agrícola en pequeña escala. ¿Cómo se logra esto? Se puede emplear una amplia gama de instrumentos de política (muchos de los cuales se aplican de modo distinto ya sea que se trate de pequeños agricultores comerciales o de los que se dedican a la agricultura de subsistencia) para lograr lo siguiente:

- Mejorar los incentivos de precios e incrementar la calidad y cantidad de la inversión pública (capítulo 4).
- Mejorar el funcionamiento de los mercados de productos (capítulos 5 y 6).
- Ampliar el acceso a los servicios financieros y reducir la exposición a los riesgos contra los cuales se carece de seguro (capítulo 6).
- Mejorar el desempeño de las organizaciones de productores (capítulo 6).
- Promover la innovación a través de la ciencia y la tecnología (capítulo 7).
- Lograr que la agricultura sea más sostenible y provea servicios ambientales (capítulo 8).

Mejorar los incentivos de precios e incrementar la calidad y cantidad de la inversión pública. Las reformas recientes han mejorado los incentivos de precios para los productores agrícolas de los países en desarrollo, reduciendo así (aunque sin eliminar) el sesgo en contra de la agricultura que exhibían históricamente sus políticas. Entre 1980-84 y 2000-04, la tributación neta de la actividad agrícola disminuyó, en promedio, del 28% al 10% en los países agrícolas, del 15% al 4% en los países en proceso de transformación, y de una protección marginalmente negativa a una protección neta del 9% en los países urbanizados. No obstante, un bajo nivel de tributación neta oculta una protección de productos importables combinada con impuestos a los productos exportables (especialmente en los países agrícolas y los que se encuentran en proceso de transformación), y el nivel de ambos componentes puede ser alto (gráfico 5). En consecuencia, aún queda un margen considerable para lograr mayor eficiencia a través de la reforma de las políticas comerciales de los propios países en desarrollo. La liberalización de las importaciones de productos alimentarios básicos también puede provocar un efecto favorable en los pobres porque la mayoría de ellos, incluidos los pequeños agricultores, son compradores netos de alimentos. Pero muchos vendedores netos pobres (a menudo, el grupo más numeroso entre los pobres) saldrán perdiendo, y será necesario poner en marcha programas adaptados a las circunstancias particulares de cada país con el fin de suavizar la transición hacia la nueva situación del mercado.

Esta situación contrasta en forma notoria con los avances relativamente escasos en lograr la reducción del apoyo a los productores de los países miembros de la Organización para la Cooperación y el Desarrollo Económicos (OCDE). El respaldo a los productores disminuyó del 37% del valor de las entradas agrícolas brutas en el período 1986-88 al 30% en 2003-05. Se han dejado de lado prácticas de apoyo directamente relacionadas con los precios de los productos para adoptar otras formas menos distorsionadoras, como transferencias de efectivo "desconectadas" de la producción, en particular en la Unión Europea. Pero estas transferencias no siempre resultan neutrales para la producción, puesto que reducen la aversión al riesgo (efecto de riqueza) y la variabilidad del ingreso agrícola (efecto de seguro) y permiten a los bancos otorgar a los agricultores préstamos que en otras circunstancias no concederían.

Los impactos estimados de la liberalización completa del comercio en el bienestar son significativos. Al eliminar el nivel actual de protección, los países industriales generarían beneficios anuales en el bienestar de los países en desarrollo que, según se calcula, equivaldrían al quíntuplo del flujo anual de ayuda para la agricultura que se brinda actualmente. Sin embargo, este impacto variaría según el producto y según el país. Se estima que con la plena liberalización del comercio, los precios internacionales de los productos básicos agrícolas aumentan en promedio un 5,5%, mientras que los del algodón suben un 21% y los de las oleaginosas un 15%. Esto es motivo de especial preocupación en el caso de los países importadores de alimentos con fuertes restricciones cambiarias, como Burundi, Ruanda y Níger. Los países pobres exportadores de algodón u oleaginosas, como Chad, Sudán, Burkina Faso, Malí y Benin, en cambio, se beneficiarían. Los países que saldrían más beneficiados serían Brasil, Tailandia y Vietnam.

Gráfico 5. Los países en desarrollo imponen menos gravámenes a los productos agrícolas exportables

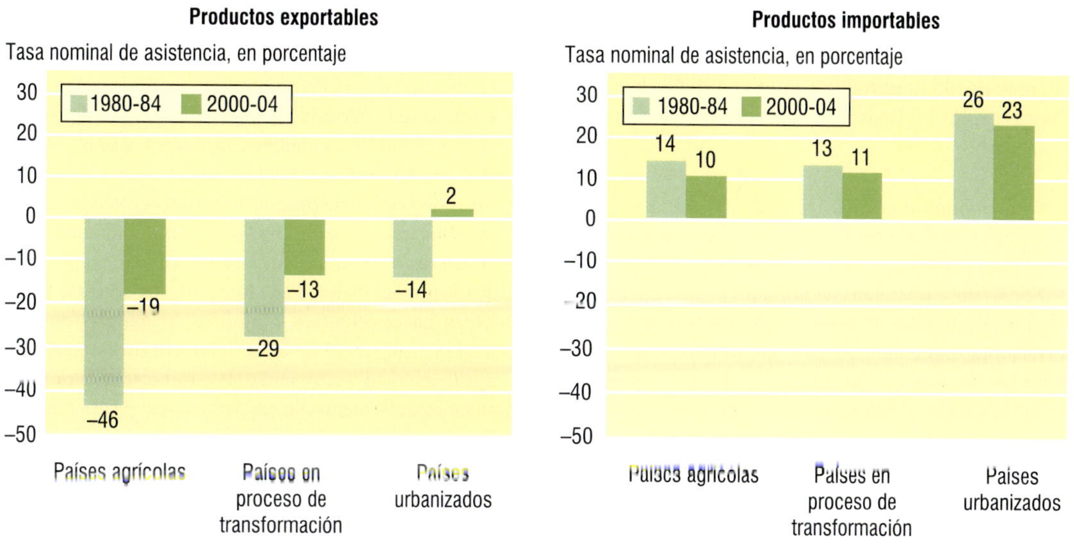

Fuente: Anderson (en preparación).
Nota: La tasa nominal de asistencia es una medida de los precios internos de la producción en relación con los precios franco frontera, tomando también en cuenta los subsidios a los insumos nacionales.

La Ronda de Doha de negociaciones comerciales debe concluir urgentemente, en especial para eliminar las distorsiones, como las subvenciones de Estados Unidos al algodón, que son perjudiciales para los países más pobres. Se necesitan políticas y programas complementarios (incluida la ayuda para el comercio) para compensar a los perdedores (programas de transferencia) y facilitar la adaptación rápida y equitativa de los pequeños agricultores a las nuevas ventajas comparativas (inversiones en bienes públicos y reformas institucionales).

La economía política determinará el ritmo y el alcance de las reformas ulteriores en lo que respecta al comercio, los precios y el gasto público. La incorporación a la Organización Mundial del Comercio (OMC) puede ayudar a inducir reformas y los medios de información locales pueden hacer públicos los costos para los contribuyentes y la incidencia desigual de los beneficios. En algunos casos, pueden resultar efectivos los mecanismos de compensación para los perdedores y los acuerdos negociados, como sucedió con las reformas de la política referida al arroz en Japón, las reformas de la Unión Europea respecto del azúcar y las que llevó adelante México en la década de 1990 en relación con los alimentos básicos. Si se vinculan las reformas agrícolas internas con reformas económicas más amplias se puede aumentar la probabilidad de éxito, como sucedió en muchos países en desarrollo en las décadas de 1980 y 1990, aunque esas reformas por lo general todavía están incompletas en el sector agrícola. Otras subvenciones, como el suministro gratuito de energía eléctrica a los agricultores en la India, permanecen estancadas en negociaciones basadas en el clientelismo que generan ineficiencia y un alto costo ambiental.

La respuesta a mejores incentivos de precios depende de la inversión pública en instituciones, servicios de apoyo e infraestructura de mercado. Sin embargo, la calidad del gasto público a menudo es baja y necesita mejorar. En algunos países, las subvenciones no estratégicas representan hasta la mitad del presupuesto público para el sector agrícola. Para movilizar apoyo político en favor de un uso más adecuado del gasto público en la agricultura, el primer paso consiste en lograr una mayor difusión y transparencia en la asignación presupuestaria y analizar sus impactos.

Mejorar el funcionamiento de los mercados de productos y de insumos. En vista de los cambios estructurales de gran envergadura producidos en los mercados agrícolas y la aparición de nuevos actores de peso, es fundamental para el desarrollo fortalecer la participación de los pequeños agricultores y garantizar que el crecimiento agrícola repercuta en la reducción de la pobreza. Existen diversas opciones en el espectro de los mercados.

Mercados de alimentos básicos. Reducir los costos de transacción y los riesgos en los mercados de alimentos básicos puede acelerar el crecimiento y beneficiar a los pobres. Más allá de las inversiones en infraestructura, entre las innovaciones prometedoras se cuentan las bolsas de productos básicos, los sistemas de información sobre el mercado por radio y mediante mensajes de texto para las zonas rurales, los resguardos de depósito y las herramientas de gestión de riesgos basadas en el mercado.

Un tema particularmente espinoso en relación con estos mercados es cómo manejar la volatilidad de los precios de alimentos básicos políticamente delicados en países en los que estos productos representan una gran proporción del gasto de los consumidores. Si el alimento básico es comercializable, en ocasiones los riesgos relativos a los precios pueden mitigarse asegurando dicho producto mediante contratos de futuros transados en bolsa. Tal es el caso de los países o comerciantes del sur de África que utilizan la bolsa de productos básicos sudafricana. La gestión de riesgos también puede mejorarse con fronteras más abiertas y mayor volumen de comercio privado, como ocurrió con éxito en Bangladesh en 1998 durante la escasez de arroz provocada por las inundaciones. Pero la mayor parte de los alimentos básicos de los países agrícolas son sólo parcialmente comercializables, y muchas naciones que sufren frecuentes catástrofes climáticas utilizan las reservas públicas de cereales para reducir la inestabilidad de los precios, con resultados dispares. Los altos riesgos de volatilidad de los precios persisten tanto para los agricultores como para los consumidores de muchos países agrícolas y, por ende, seguirá siendo importante contar con redes de protección eficaces hasta que los ingresos aumenten o mejore el funcionamiento de los mercados.

Exportaciones tradicionales a granel. La tendencia a la baja de los precios internacionales de las exportaciones tradicionales como el café y el algodón que se registra desde hace tiempo constituye una amenaza a los medios de subsistencia de millones de productores. La disminución de los impuestos y la mayor liberalización de los mercados de exportaciones han mejorado los ingresos en muchos casos. Pero estos mercados liberados requieren que el Estado asuma una nueva función, en particular, la de regular las operaciones comerciales para que sean justas y eficientes. En los lugares donde esto se ha hecho, la producción y la calidad han mejorado, como en el caso del algodón en Zambia, donde la producción se triplicó. También es sumamente importante aumentar la productividad de las exportaciones, como se pone de manifiesto en la exitosa experiencia reciente de Ghana con el cacao. Para algunos pequeños agricultores, la mejora de la calidad y el comercio justo pueden generar nuevas oportunidades de acceder a mercados más rentables.

Mercados de alto valor. La participación de los pequeños agricultores en los mercados de alto valor, ya sean internos o internacionales, también puede mejorarse, incluso en el contexto de la revolución de los supermercados que se registra en muchos países. Los mercados de alto valor para el consumo interno son los mercados agrícolas de crecimiento más rápido en la mayor parte de los países en desarrollo: se expanden a un ritmo de hasta el 6% a 7% anual, liderados por los productos ganaderos y la horticultura (gráfico 6). Las frutas y hortalizas frescas y procesadas, el pescado y sus derivados, la carne, las nueces, las especias y la floricultura representan en la actualidad el 43% de las exportaciones agroalimentarias de los países en desarrollo, y en 2004 ascendían a unos US$138.000 millones. A medida que aumentan los ingresos, los supermercados se vuelven actores más dominantes en la venta minorista de productos agrícolas: en algunos países de América Latina abarcan el 60% del mercado.

El impacto de este crecimiento en la pobreza depende del modo en que la población rural participa de los mercados de alto valor, ya sea en forma directa como productores (tal es el caso de Bangladesh) o a través del mercado laboral (como en Chile). Para aumentar la participación de los pequeños agricultores se requiere infraestructura de mercado, mejor capacidad técnica para los agricultores, instrumentos de gestión de riesgo y una acción colectiva canalizada a través de organizaciones de productores. Un desafío aún mayor es cumplir las estrictas normas sanitarias y fitosanitarias que rigen en los mercados internacionales. Para lograrlo, los sectores privado y público deberán hacer esfuerzos conjuntos en materia de políticas (legislación sobre inocuidad de los alimentos), investigación (evaluación de riesgo, prácticas recomendadas), infraestructura (establecimientos para el procesamiento de exportaciones) y supervisión (vigilancia de enfermedades).

Mercados de insumos. En África subsahariana, las deficiencias de los mercados aún son generalizadas, especialmente en el caso de las semillas y los fertilizantes, debido a los altos costos de transacción, los riesgos y las economías de escala. Como resultado, el escaso empleo de fertilizantes es uno de los principales obstáculos para el aumento de la productividad en la región. El interés renovado en las subvenciones a los fertilizantes debe centrarse en procurar soluciones sostenibles a las deficiencias del mercado. Entre las estrategias innovadoras para impulsar los mercados de insumos agrícolas se incluyen la entrega de vales para que determinados agricultores adquieran insumos y se estimule así la demanda en los mercados privados, y fondos de contrapartida para solventar algunos de los costos de inicio de las actividades que supondría la incorporación de distribuidores privados al mercado de insumos. Como todo subsidio, las subvenciones a los insumos deben emplearse con cautela puesto que suponen un alto costo de oportunidad para los bienes públicos productivos y los gastos sociales y existe el riesgo de que sean utilizadas políticamente y no se puedan revertir. Pero si se utilizan con sensatez, se pueden contrarrestar los riesgos que supone la adopción temprana de nuevas tecnologías y lograr economías de escala en los mercados para

Gráfico 6. El consumo interno y las exportaciones de productos de alto valor crecen con rapidez en los países en desarrollo

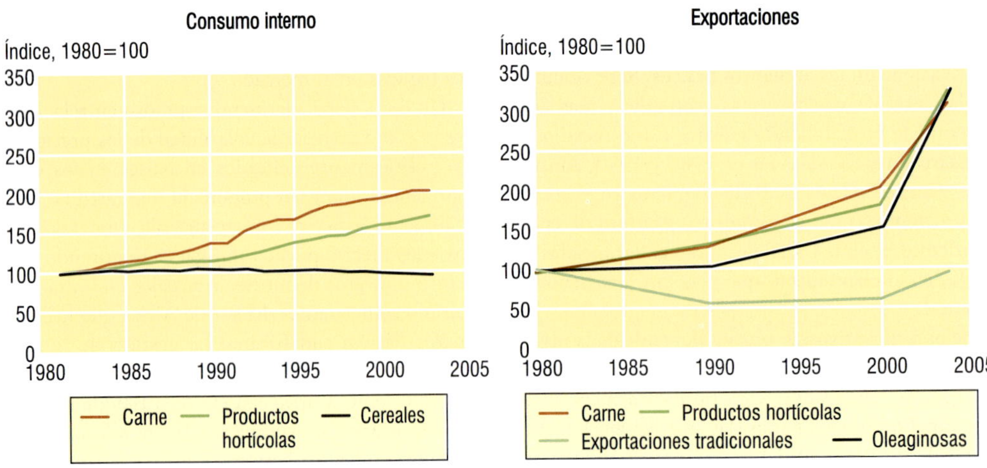

Fuente: http://faostat.fao.org, datos obtenidos en junio de 2007, y http://comtrade.un.org.

reducir los precios de los insumos. Las subvenciones deben formar parte de una estrategia general destinada a mejorar la productividad y se debe disponer de opciones creíbles para su eliminación.

Ampliar el acceso a los servicios financieros y reducir la exposición a riesgos contra los cuales se carece de seguro. Las limitaciones financieras del sector agrícola siguen siendo profusas. Además, tienen un alto costo y su distribución no es equitativa: coartan gravemente la capacidad de los pequeños agricultores de competir. Las restricciones financieras tienen origen en la carencia de bienes que puedan servir de garantía (racionamiento en función de la riqueza) y en la renuencia a poner en riesgo activos utilizándolos de garantía cuando son elementos esenciales para la subsistencia (racionalización en función del riesgo). La desaparición de las líneas de crédito especiales para la agricultura otorgadas por medio de programas públicos o bancos estatales ha dejado enormes falencias en los servicios financieros que aún no se han subsanado a pesar de las numerosas innovaciones institucionales.

Financiamiento del sector rural. La revolución de las microfinanzas, que brindan acceso al crédito sin exigir garantía formal, ha permitido a millones de personas pobres, especialmente mujeres, obtener préstamos, pero no ha alcanzado a la mayoría de las actividades agrícolas, con excepción de las de alta rotación, como la ganadería menor y la horticultura. No obstante, la gama de productos financieros de los que pueden disponer los pobres de las zonas rurales se ha ampliado e incluye ahora cuentas de ahorro, transferencias de dinero, seguros y opciones de arrendamiento financiero. Con la aparición de cadenas de suministro integradas y la explotación agrícola por contrato, se está difundiendo la intermediación financiera a través de agentes interrelacionados. Las tecnologías de la información reducen los costos de transacción y de los préstamos para las zonas rurales, por ejemplo, con la emisión de tarjetas de crédito agrícolas que se utilizan para comprar insumos o los teléfonos celulares para realizar operaciones bancarias. Las centrales de riesgo que elaboran informes sobre solvencia de las instituciones de microfinanciamiento y de los bancos comerciales del nivel inferior también ayudan a los pequeños agricultores a capitalizar la reputación que se forjan como prestatarios de esas instituciones con el fin de acceder a préstamos más comerciales y de mayor volumen. Muchas de estas innovaciones se encuentran aún en etapa experimental y, para que repercutan significativamente en la competitividad de los pequeños agricultores, hará falta evaluarlas y aplicarlas en mayor escala.

Gestión del riesgo. La exposición a los riesgos contra los cuales se carece de seguro (el resultado de desastres naturales, crisis sanitarias, cambios demográficos, volatilidad de los precios y cambios en las políticas) supone un alto costo para el bienestar y la eficiencia de los hogares rurales. Con el fin de manejar la exposición a estos riesgos, los agricultores deben abstenerse de emprender actividades que podrían generarles más ingresos. La venta de activos para sobrevivir a las crisis puede conllevar altos costos a largo plazo, puesto que la descapitalización (venta forzada de tierras o ganado) puede ser irreversible o la recuperación de la propiedad de bienes agrícolas, muy lenta. Por otro lado, la educación y la salud de los niños pueden sufrir consecuencias de largo plazo cuando, a causa de las crisis, se retira a los niños de la escuela o se los expone a períodos de malnutrición a temprana edad, con la consiguiente transferencia intergeneracional de la pobreza.

A pesar de las numerosas iniciativas, poco es lo que se ha logrado en la agricultura en pequeña escala respecto de la reducción de los riesgos contra los cuales se carece de seguros. Los sistemas de seguros administrados por el Estado han sido en gran medida ineficaces. Los seguros contra riesgo de sequía basados en índices, que se están extendiendo gracias a iniciativas privadas en la India y en otros lugares, pueden reducir los riesgos tanto para prestatarios como para prestamistas y destrabar el financiamiento agrícola. No obstante, es improbable que estas iniciativas alcancen la masa crítica a menos que intervenga alguna clase de subsidio, como mínimo para cubrir los costos de inicio de actividades.

Mejorar el desempeño de las organizaciones de productores. La acción colectiva de las organizaciones de productores puede reducir los costos de transacción, obtener cierto poder en el mercado e incrementar la participación en los foros sobre políticas a nivel nacional e internacional. Para los pequeños agricultores, estas organizaciones resultan esenciales para lograr competitividad. Se han expandido con asombrosa rapidez tanto en cantidad como en número de miembros, a menudo en un intento por llenar el vacío que dejó la retirada del Estado de los ámbitos de la comercialización, suministro de insumos y crédito, y para aprovechar la apertura democrática que permite una mayor participación de la sociedad civil en la gestión. Entre 1982 y 2002, el porcentaje de poblados donde existían organizaciones de productores aumentó de 8% a 65% en Senegal y de 21% a 91% en Burkina Faso. La red de cooperativas de productos lácteos de la India cuenta con 12,3 millones de miembros individuales, muchos de ellos campesinos sin tierras y mujeres, que producen el 22% del total de la oferta de leche del país.

A pesar de los numerosos resultados positivos, la eficacia de las organizaciones de productores a menudo se ve limitada por las restricciones legales, la escasa capacidad de gestión, el acaparamiento de las organizaciones por las élites, la exclusión de los pobres y la falta de reconocimiento de su calidad de socios plenos por parte del Estado. Los donantes y los gobiernos pueden colaborar facilitándoles del derecho de organizarse, capacitando a sus dirigentes y empoderando a los miembros más débiles, en particular a las mujeres y los agricultores jóvenes. Sin embargo, brindar este tipo de ayuda sin crear dependencia constituye todo un desafío.

Promover la innovación a través de la ciencia y la tecnología. Impulsada por el rápido crecimiento de la inversión privada en investigación y desarrollo, se está ampliando la brecha de conocimientos entre los países industriales y en desarrollo. Si se computan tanto las fuentes públicas como privadas, los países en desarrollo invierten tan sólo una novena parte de lo que los países industriales destinan a la investigación y desarrollo en agricultura como porcentaje del PIB agrícola.

Para reducir esta brecha, las políticas deben tener como prioridad incrementar considerablemente las inversiones en investigación y desarrollo. Muchas inversiones nacionales e internacionales en esta área han rendido cuantiosos frutos, con una tasa de rentabilidad interna del 43% en 700 proyectos evaluados en países en desarrollo de todas las regiones. Pero las fallas de los mercados y la gestión tanto a nivel nacional como internacional generan un grave déficit de inversiones en investigación y desarrollo y en los sistemas de innovación en general, particularmente en los países agrícolas. Mientras que, durante los últimos 20 años, las inversiones en investigación y desarrollo agrícola se triplicaron en China y la India, se incrementaron apenas una quinta parte en África subsahariana (y disminuyeron en cerca de la mitad de los países de la región)[5]. Los países africanos tienen la desventaja adicional de que la especificidad de sus características agroecológicas los vuelve menos aptos que los de otras regiones para beneficiarse de las transferencias internacionales de tecnología. Además, el reducido tamaño de muchos de estos países les impide lograr economías de escala en investigación y desarrollo en el ámbito agrícola. Los bajos niveles de inversión en investigación y desarrollo y la escasa transferencia internacional de tecnología han ido de la mano del estancamiento del rendimiento de las cosechas de cereales en África subsahariana. Esto provocó un incremento de la brecha de producción que la separa del resto del mundo (gráfico 7). Para estos países resulta esencial que aumente considerablemente la inversión y la cooperación regional para la investigación y el desarrollo.

El bajo nivel del gasto es sólo parte del problema. Muchas organizaciones públicas de investigación padecen serias limitaciones en materia de dirigencia, gestión y financiamiento que requieren atención urgente. Por otro lado, los mercados de alto valor abren nuevas oportunidades para que el sector privado promueva la innovación en la cadena de valor. Para aprovecharlas a menudo se necesita que el sector público, el privado, los agricultores y la sociedad civil formen asociaciones que puedan financiar, desarrollar y adaptar las innovaciones. En vista de la amplia gama de opciones institucionales disponibles en la actualidad, hace falta realizar más evaluaciones para determinar qué alternativas funcionan adecuadamente y en qué contextos.

Otro desafío consiste en reducir las disparidades de ingresos y de la productividad entre las regiones favorecidas y las menos favorecidas. En estas últimas se necesitan mejores tecnologías para la ordenación del suelo, el agua y el ganado, así como sistemas agrícolas más resistentes y sostenibles, incluidas variedades de cultivos más resistentes a las plagas, enfermedades y sequías. Las estrategias que aprovechan los procesos biológicos y ecológicos pueden minimizar el uso de insumos externos, especialmente de agroquímicos. Entre los ejemplos se encuentran la labranza de conservación, mejores barbechos, cultivos de cobertura para abono verde, la conservación del suelo y el control de plagas basado más en la biodiversidad y el control biológico que en el uso de plaguicidas. Dado que la mayor parte de estas tecnologías son específicas de un determinado lugar, su desarrollo y adopción requieren enfoques más descentralizados y participativos, combinados con la acción colectiva de los agricultores y las comunidades.

Gráfico 7. Se ha ampliado la brecha en la producción de cereales entre África subsahariana y otras regiones

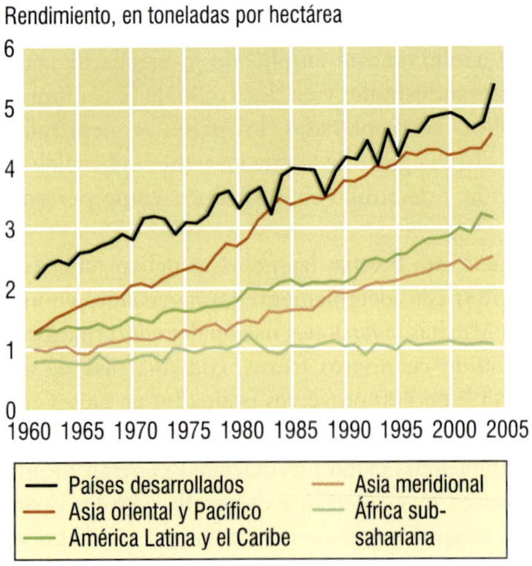

Fuente: http://faostat.fao.org, datos obtenidos en junio de 2007.

Los avances revolucionarios de la biotecnología ofrecen grandes beneficios potenciales para los productores y consumidores pobres. Sin embargo, las actuales inversiones en biotecnología, que se concentran en el sector privado y están impulsadas por intereses comerciales, han tenido un impacto limitado en la productividad de los pequeños agricultores del mundo en desarrollo, con la excepción del algodón Bt en China y la India. La escasa inversión pública en biotecnología y los lentos progresos en la regulación de los posibles riesgos para el medio ambiente y la inocuidad de los alimentos han limitado el desarrollo de organismos genéticamente modificados que podrían ayudar a los pobres. Los beneficios potenciales de estas tecnologías se desaprovecharán a menos que la comunidad internacional del desarrollo incremente en forma significativa su respaldo a los países interesados.

Lograr que la agricultura sea más sostenible y provea servicios ambientales. La impronta ambiental de la agricultura ha sido enorme, pero hay muchas oportunidades para reducirla. Desde la Cumbre para la Tierra celebrada en 1992 en Río de Janeiro, se acepta ampliamente que las cuestiones ambientales son inseparables de los temas más generales referidos a la agricultura para el desarrollo. Y el futuro de la agricultura está intrínsecamente ligado a una mejor custodia de los recursos naturales de los que depende.

Tanto la agricultura intensiva como la extensiva enfrentan problemas ambientales, aunque de distinto tipo. La intensificación de la agricultura ha generado problemas surgidos de la reducción de la diversidad biológica, la mala gestión del agua de riego, la contaminación por agroquímicos y daños a la salud y muertes por intoxicación con plaguicidas. La revolución del ganado tiene sus propios costos, en especial en las zonas densamente pobladas y cercanas a los centros urbanos, debido a la presencia de desechos animales y la propagación de enfermedades de animales como la gripe aviar. Muchas zonas menos favorecidas padecen deforestación, erosión del suelo, desertificación y degradación de pastizales y cuencas hidrográficas. En las tierras altas de África oriental, la erosión del suelo puede redundar en pérdidas de la productividad de hasta un 2% a 3% al año, además de generar efectos en otras áreas, como el entarquinamiento de los embalses.

La respuesta adecuada no consiste en desacelerar el crecimiento agrícola, sino en hallar sistemas de producción más sostenibles y lograr que la agricultura brinde más servicios ambientales. Muchas innovaciones tecnológicas e institucionales prometedoras pueden dar lugar a una agricultura más sostenible con un mínimo de concesiones en lo que respecta al crecimiento y la reducción de la pobreza. Las estrategias de ordenación del agua en las zonas de regadío deben mejorar la productividad de ese recurso, con lo cual se atenderían las necesidades de todos los usuarios (incluido el medio ambiente) y se reduciría la contaminación del agua y la extracción insostenible del agua subterránea. Para poner en marcha estas estrategias será necesario eliminar los incentivos que llevan al uso dispendioso del agua, delegar la ordenación de este recurso en las agrupaciones de usuarios locales, invertir en mejores tecnologías y regular las externalidades con más eficacia. La gestión descentralizada de los sistemas de riego tiene más posibilidades de resultar exitosa si en los marcos jurídicos se definen con claridad las funciones y los derechos de las agrupaciones de usuarios y si se fortalece la capacidad de estos grupos de administrar el riego en forma colectiva.

La mejora de las tecnologías y de los modos de gestionar los insumos de los establecimientos agrícolas modernos también puede volver más sostenible la agricultura de secano. Uno de los mayores éxitos de la explotación agrícola registrados en las últimas dos décadas es el sistema de labranza de conservación (denominado también de cultivo sin laboreo o de cero labranza). Este método se ha aplicado con buenos resultados en la agricultura comercial de América Latina, entre los pequeños agricultores de Asia meridional con sistemas de producción de arroz-trigo y en Ghana. En zonas menos favorecidas, las estrategias de ordenación de los recursos naturales por la comunidad, como el programa de ordenación de la cuenca hidrográfica de Anatolia oriental en Turquía, resultan muy prometedoras. Como indican los datos de encuestas realizadas en 20 países, la participación activa de las mujeres en las organizaciones comunitarias mejora la eficacia de la ordenación de los recursos naturales y la capacidad para resolver conflictos.

Establecer los incentivos adecuados es el primer paso hacia la ordenación sostenible de los recursos. La adopción generalizada de estrategias más sostenibles a menudo se ve obstaculizada por políticas inadecuadas de fijación de precios y subvenciones y por la imposibilidad de manejar las externalidades. Fortalecer los derechos de propiedad (como en el caso de los parques de agrosilvicultura en Níger) y establecer incentivos de largo plazo para una ordenación de los recursos naturales cuyos beneficios se extiendan más allá de los establecimientos agrícolas (como los fondos de contrapartida para la conservación del suelo) son tareas necesarias tanto en las zonas de agricultura intensiva como extensiva. Se deben reducir los incentivos inadecuados que alientan la sobreutilización de los recursos, como los subsidios a cultivos que requieren un uso intensivo de agua y generan extracción excesiva del agua subterránea.

A menudo encarar las reformas resulta dificultoso desde el punto de vista político. Una mejor medición del agua valiéndose de la tecnología (sensores remotos), una mejor calidad de los servicios de riego y mayor rendición de cuentas ante los usuarios pueden generar el apoyo político necesario para las reformas que se encuentren estancadas. Los pagos por los servicios ambientales pueden ayudar a superar las fallas del mercado en el manejo de las externalidades ambientales.

La protección de las cuencas hidrográficas y de los bosques genera servicios ambientales (agua potable, flujos de agua estables para los sistemas de riego, retención del carbono y protección de la diversidad biológica) que los beneficiarios deberían retribuir mediante pagos a quienes los suministran. El interés respecto de esta posibilidad ha ido creciendo, en especial en América Latina. En Nicaragua, estos pagos provocaron una reducción de más del 50% de la superficie de pastizales y cultivos anuales degradados en favor del silvopastoreo, practicado por agricultores pobres en la mitad de los casos. La certificación ambiental de los productos también posibilita que los consumidores paguen por la ordenación ambiental sostenible, tal como sucede con el café cultivado a la sombra o el comercializado conforme a prácticas de comercio justo.

La urgencia de abordar el cambio climático. Las personas pobres que dependen de la agricultura son las más vulnerables al cambio climático. El número creciente de cosechas fallidas y muertes entre el ganado ya representan importantes pérdidas económicas y menoscaba la seguridad alimentaria de algunas partes de África subsahariana, y se agudizarán significativamente a medida que continúe el calentamiento de la Tierra. Las sequías más frecuentes y la creciente escasez del agua pueden devastar amplias zonas tropicales y perjudicar los sistemas de riego y la provisión de agua potable de comunidades enteras compuestas por personas que ya son pobres y vulnerables. La comunidad internacional debe incrementar con urgencia el apoyo que brinda para lograr que los sistemas agrícolas de los pobres se vuelvan menos sensibles a las variaciones climáticas, en particular en África subsahariana, los Himalayas y la región andina. Sobre la base del principio de que quien contamina paga, es responsabilidad de los países más ricos compensar a los pobres por los costos de la adaptación. Hasta el momento, los compromisos mundiales asumidos en el marco de los fondos de adaptación existentes han sido de una insuficiencia flagrante.

La agricultura y la deforestación de los países en desarrollo son también una de las principales fuentes de emisión de gases de efecto invernadero: aportan aproximadamente un 22% y hasta un 30% del total de las emisiones, más de la mitad de las cuales proviene de la deforestación generada en gran medida por la expansión agrícola (se deforestan 13 millones de hectáreas por año en todo el mundo) (gráfico 8)[6]. Los mecanismos de comercialización de las emisiones de carbono encierran un potencial significativo y aún no aprovechado para reducir las emisiones generadas por el cambio en el uso de la tierra en el sector agrícola, en particular si el alcance de dichos mecanismos se extiende al financiamiento de la deforestación evitada y a la retención del carbono del suelo (por ejemplo, la labranza de conservación). A menudo, algunas mejoras en las prácticas de ordenación de la tierra y el ganado (por ejemplo, la labranza de conservación y la agrosilvicultura) resultan beneficiosas para todos: luego de las inversiones iniciales, pueden redundar en sistemas agrícolas más productivos y sostenibles.

Biocombustibles: una oportunidad y un desafío. A través de la producción de biocombustibles, estimulada por los elevados precios de la energía, han surgido nuevas oportunidades prometedoras para mitigar el cambio climático y crear nuevos y grandes mercados para la agricultura. No obstante, muy pocos de los programas actuales de biocombustibles son viables desde el punto de vista económico, y muchos representan riesgos sociales (alza del precio de los alimentos) y ambientales (deforestación). Hasta la fecha, la producción en los países industriales ha avanzado al amparo de elevados aranceles de protección sobre los biocombustibles y gracias a cuantiosas subvenciones. Estas políticas perjudican a los países en desarrollo que son, o podrían llegar a ser, productores eficientes en mercados de exportación nuevos y rentables. Los consumidores pobres también pagan precios más altos por los alimentos básicos a medida que los precios de los cereales aumentan en el mercado mundial como consecuencia directa de la utilización de esos productos para la elaboración de biocombustibles o como resultado indirecto del empleo de la tierra para usos distintos de la producción de alimentos.

Brasil es el principal productor de biocombustibles y el más eficiente, gracias a la producción de bajo costo de caña de azúcar. Sin embargo, es probable que sean muy pocos los países en desarrollo que logren ser productores eficientes con las tecnologías actuales. En lo que respecta a las políticas sobre biocombustibles, deben diseñarse normas y sistemas de certificación para mitigar el impacto

Gráfico 8. La agricultura y la deforestación contribuyen en gran medida a las emisiones de gases de efecto invernadero

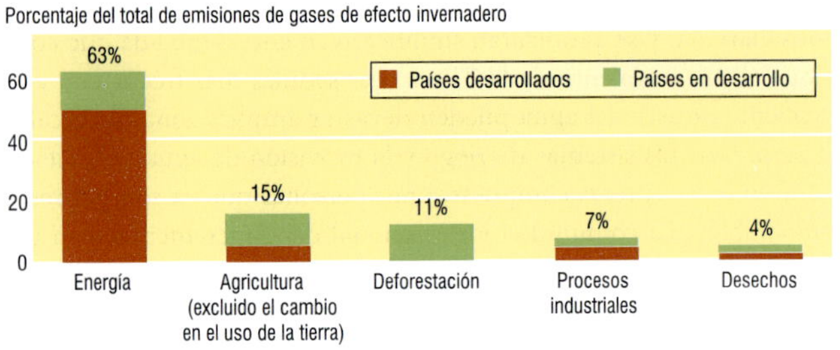

Fuente: Equipo IDM *2008*, sobre la base de los datos proporcionados por la Convención Marco de las Naciones Unidas sobre el Cambio Climático, www.unfccc.int.

ambiental potencialmente significativo de su producción. Es importante contar con un mayor volumen de inversión pública y privada para desarrollar procesos de producción más eficientes y sostenibles, a partir de materias primas que no constituyan alimentos básicos.

Más allá de la agricultura: una economía rural dinámica y lo que se necesita para participar en ella

Generar empleo en las zonas rurales. En vista del rápido crecimiento demográfico de las zonas rurales y la lenta expansión del empleo en el sector agrícola, la creación de empleos en estas áreas constituye un desafío enorme y no del todo reconocido. En Asia y en América Latina, entre el 45% y el 60% de la mano de obra rural participa del mercado laboral agrícola y de la economía rural no agrícola. Únicamente en África subsahariana el empleo por cuenta propia en el sector agrícola sigue siendo con mucho la actividad principal de la fuerza de trabajo rural, especialmente en el caso de las mujeres. Pero ante el acelerado crecimiento de la población rural y la reducción del tamaño de los establecimientos agrícolas, también allí se deberá afrontar el problema del empleo rural.

El mercado de mano de obra rural ofrece posibilidades de empleo a la población rural en la nueva agricultura y el sector rural no agrícola. Pero son las personas capacitadas quienes tienen mejores oportunidades, y las mujeres con niveles educativos más bajos se encuentran en desventaja. La migración puede representar un ascenso en la escala de ingresos para los trabajadores bien preparados y capacitados, mientras que para otros puede ser simplemente un traslado de la situación de pobreza a un entorno urbano.

La prioridad en materia de políticas es crear más empleos tanto en la agricultura como en la economía rural no agrícola. Los ingredientes básicos de una economía rural no agrícola dinámica son una agricultura en rápido crecimiento y un clima favorable para la inversión. Es fundamental vincular la economía local con mercados más amplios mediante la reducción de los costos de transacción, inversiones en infraestructura y el suministro de servicios empresariales e información sobre el mercado. Los conglomerados que se basan en actividades agrícolas (empresas de una determinada zona geográfica que se coordinan para competir en la atención a mercados dinámicos) han resultado eficaces: se han documentado profusamente las experiencias realizadas con exportaciones no tradicionales en el Valle del San Francisco en Brasil y con los productos lácteos en Perú y Ecuador.

El verdadero desafío consiste en facilitar la transición de la población rural a empleos mejor remunerados. Para incorporar a una mayor proporción de trabajadores rurales en el mercado formal y eliminar la discriminación entre hombres y mujeres hacen falta normas laborales. La educación, el desarrollo de habilidades y el espíritu empresarial son factores que pueden fomentarse, por ejemplo, mediante incentivos para que los padres eduquen mejor a sus hijos, elevando la calidad de las escuelas y brindando oportunidades educacionales que se correspondan con las necesidades de los mercados laborales emergentes.

Establecer redes de protección. Brindar asistencia social a las personas que son crónica o temporalmente pobres puede incrementar tanto la eficiencia como el bienestar. Se gana en eficiencia al reducir el costo de la gestión del riesgo y el riesgo de descapitalización como respuesta a las crisis. Se gana en bienestar mediante el respaldo a las personas crónicamente pobres a través de ayuda alimentaria o transferencias de efectivo. En Brasil, Sudáfrica y en la mayor parte de los países de Europa y Asia central, los fondos de pensiones sin afiliación para la población rural protegen a los ancianos, permiten que la transferencia de tierras a las generaciones más jóvenes se realice más tempranamente y relevan a los trabajadores de la carga financiera que supone el hacerse cargo de los ancianos. Estas políticas han demostrado tener importantes efectos beneficiosos sobre la salud y la educación de los nietos de quienes reciben estas pensiones.

Las redes de protección, como programas de salario garantizado y ayuda alimentaria o transferencias de efectivo, también funcionan como un seguro, pues protegen a los sectores más vulnerables en tiempos de crisis. Estos programas deben estar organizados de modo que no perjudiquen el mercado laboral local ni la economía de los alimentos y no creen desincentivos al trabajo para sus beneficiarios, pero sí alcancen a los más necesitados en el momento oportuno. A partir del cambio producido durante las dos últimas décadas en los programas de los gobiernos y los donantes en favor de un mayor énfasis en las transferencias como instrumento para la reducción de la pobreza, y de la mayor atención prestada a las evaluaciones del impacto, se ha aprendido mucho acerca de cómo focalizar y calibrar mejor estos programas para lograr más eficacia.

¿Cuál es la manera más adecuada de llevar a la práctica los programas de agricultura para el desarrollo?

Para un país, llevar adelante un programa de agricultura para el desarrollo implica definir qué hacer y cómo. Para determinar qué hacer se requiere un marco de políticas asentado en la conducta de los actores: los productores y sus organizaciones, el sector privado en las cadenas de valor y el Estado. Para establecer el cómo, hace falta una gestión eficaz que congregue apoyo político y capacidad de ejecución, también basada en la conducta de los actores: el Estado, la sociedad civil, el sector privado, los donantes y las instituciones internacionales.

Definir un programa de agricultura para el desarrollo

Abrir y ampliar los caminos de salida de la pobreza. Los hogares rurales desarrollan una serie de actividades agrícolas y de otro tipo que les permiten capitalizar las diversas capacidades de los miembros de la familia y diversificar los riesgos. La salida de la pobreza puede estar en la agricultura minifundista, el empleo asalariado en actividades agrícolas, el empleo asalariado o por cuenta propia en la economía rural no agrícola, la migración a zonas urbanas o una combinación de estas vías. Las diferencias de género en el acceso a los bienes y las limitaciones a la movilidad son factores de peso que determinan cuáles de estas opciones están realmente disponibles.

Con el fin de lograr que la agricultura resulte un instrumento más eficaz para respaldar el crecimiento sostenible y reducir la pobreza, se debe contar primero con un entorno sociopolítico favorable, una gestión de gobierno adecuada y bases macroeconómicas sólidas. Luego es necesario definir un programa para cada tipo de país, sobre la base de una combinación de cuatro objetivos, que forman un rombo de políticas (gráfico 9):

- *Objetivo 1.* Ampliar el acceso a los mercados y establecer cadenas de valor eficientes.
- *Objetivo 2.* Mejorar la competitividad de los pequeños agricultores y facilitarles el ingreso a los mercados.
- *Objetivo 3.* Mejorar los medios de vida de quienes trabajan en la agricultura de subsistencia y en empleos rurales no calificados.
- *Objetivo 4.* Aumentar el empleo en el sector agrícola y en la economía rural no agrícola y mejorar las capacidades.

Si desean emplear la agricultura para el desarrollo, los países deben formular programas que reúnan las siguientes características:

- *Deben existir las condiciones previas.* Sin paz social, una gestión de gobierno adecuada y bases macroeconómicas sólidas, son pocos los elementos de un programa agrícola que pueden llevarse a la práctica con eficacia. Hasta mediados de la década de 1990, en los países agrícolas, especialmente en los de África subsahariana, a menudo faltaba la premisa básica.
- *Los programas deben ser integrales.* Los programas combinan los cuatro objetivos contenidos en el rombo de políticas, en función del contexto de cada país, y en ellos se establecen los indicadores que ayudan a analizar y evaluar los avances en relación con cada objetivo.
- *Los programas deben ser diferenciados.* Los programas varían según el tipo de país y reflejan las diferencias en las prioridades y las condiciones estructurales de los tres mundos agrícolas. Los programas deben adaptarse aún más a las particularidades de cada país mediante estrategias agrícolas nacionales que incorporen la amplia participación de las partes interesadas.
- *Los programas deben ser sostenibles.* Los programas deben ser sostenibles desde el punto de vista ambiental tanto para reducir la impronta de la agricultura en el medio ambiente como para sostener el futuro crecimiento agrícola.
- *Los programas deben ser viables.* Con el fin de que se puedan poner en práctica y generen un impacto significativo, las políticas y los programas deben ser viables en lo político, accesibles desde el punto de vista financiero y deben contar con la capacidad administrativa necesaria.

Gráfico 9. Los cuatro objetivos del programa de agricultura para el desarrollo conforman un rombo de políticas

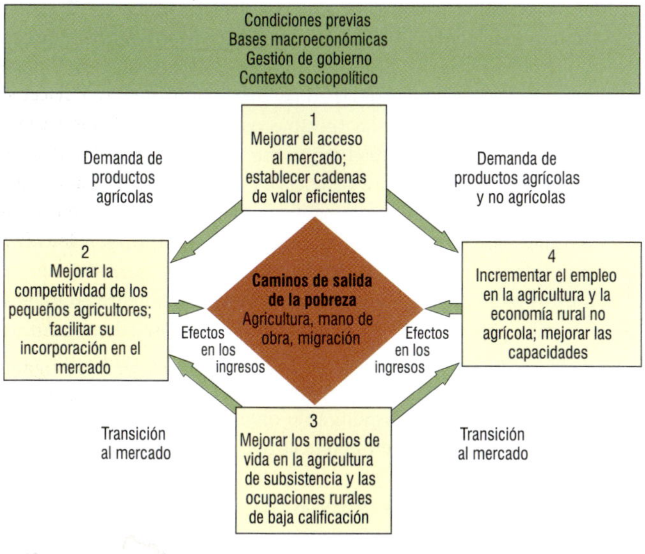

Fuente: Equipo del IDM *2008*.

Países agrícolas: lograr el crecimiento y la seguridad alimentaria. Los países de África subsahariana albergan a más del 80% de la población rural de los países agrícolas. Dado que sus alimentos son comercializables sólo en forma limitada y que su ventaja comparativa en los subsectores primarios es restringida, el crecimiento económico nacional debe basarse en un aumento de la productividad agrícola, que actuará también como instrumento para la reducción en gran escala de la pobreza y el logro de la seguridad alimentaria. Esto representa un enorme reto para los gobiernos y la comunidad internacional, pero no existen muchas alternativas para lograr el éxito en esta empresa y han surgido nuevas oportunidades que justifican una mirada optimista.

Con la mejora de las condiciones macroeconómicas de la región y de los precios de los productos básicos a partir de mediados de la década de 1990 (gráfico 10), el crecimiento agrícola aumentó del 2,3% anual en la década de 1980 al 3,8% entre 2001 y 2005. La pobreza rural comenzó a disminuir donde el sector agrícola crecía, pero el rápido aumento de la población está absorbiendo gran parte de los avances, por lo cual el crecimiento agrícola per cápita se reduce al 1,5%. Ahora es posible acelerar el crecimiento y el ritmo de disminución de la pobreza, pero harán falta compromisos, destrezas y recursos.

Las diversas condiciones locales de los países de África subsahariana dan como resultado una amplia gama de sistemas agrícolas y la dependencia de muchos tipos de alimentos básicos. Esto implica que el camino al crecimiento de la productividad aquí será considerablemente distinto del de Asia[7]. Si bien la diversidad dificulta el desarrollo de nuevas tecnologías, también ofrece un amplio abanico de oportunidades para la innovación. La dependencia de la cantidad de lluvia y del momento en que se producen las precipitaciones aumenta la vulnerabilidad a las crisis climáticas y limita la capacidad de utilizar tecnologías ya conocidas para aumentar el rendimiento de los cultivos. No obstante, existe un gran potencial aún no aprovechado para almacenar agua y utilizarla más eficazmente. Los países pequeños y sin salida al mar no pueden por sí solos lograr las economías de escala en los mercados de productos ni en la investigación y capacitación, por lo que es importante la integración regional. La baja densidad de población que hace aumentar el costo de brindar servicios de infraestructura sumada a la pérdida de recursos humanos a causa del VIH/SIDA impone restricciones adicionales.

El programa para África subsahariana debe procurar aumentar el crecimiento mejorando la competitividad de los pequeños agricultores en zonas de potencial mediano y alto, donde la rentabilidad de las inversiones es más alta, mientras que a la vez se garantizan los medios de vida y la seguridad alimentaria de quienes se dedican a la agricultura de subsistencia. Para movilizar el sector agrícola, hace

Gráfico 10. El crecimiento agrícola en África subsahariana ha aumentado a medida que mejoran las condiciones macroeconómicas

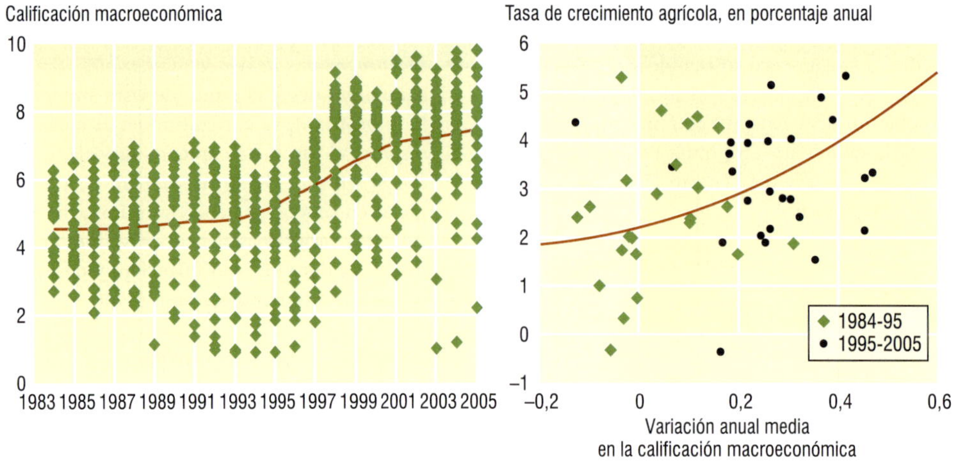

Fuente: Equipo IDM *2008*, sobre la base de datos obtenidos de la International Country Risk Guide (Guía internacional de riesgo país), http://www.icrgonline.com.
Nota: La calificación macroeconómica representa el promedio de la calificación del saldo presupuestario, la inflación y la estabilidad del tipo de cambio. Cada punto representa un país.

falta mejorar el acceso a los mercados y establecer cadenas de comercialización modernas. Se requiere una revolución de la productividad basada en los pequeños agricultores y centrada en los alimentos básicos pero que también incluya exportaciones tradicionales y no tradicionales. Se requieren, asimismo, inversiones a largo plazo en la ordenación del suelo y el agua para aumentar la capacidad de adaptación de los sistemas agrícolas, en especial entre quienes practican la agricultura de subsistencia en lugares aislados y en condiciones riesgosas. También hace falta capitalizar el crecimiento agrícola para activar la economía rural no agrícola en lo que respecta a la producción de bienes y servicios para el mercado interno. En el programa se debe reconocer el papel a menudo preponderante de las mujeres como agricultoras, elaboradoras de productos agrícolas y comerciantes en los mercados locales.

Las particularidades de África subsahariana requieren que el programa de agricultura para el desarrollo presente cuatro rasgos diferenciados. En primer lugar, un enfoque multisectorial debe captar las sinergias entre las tecnologías (semillas, fertilizantes, razas de ganado), la ordenación sostenible del agua y el suelo, los servicios institucionales (extensión agrícola, seguro, servicios financieros) y el desarrollo del capital humano (educación, salud), todos factores que se relacionan con el desarrollo del mercado. En segundo lugar, las medidas en pos del desarrollo agrícola deben descentralizarse con el fin de poder adaptarlas a las condiciones locales. Entre ellas se incluyen las estrategias impulsadas por la comunidad en las que las mujeres, que conforman la mayoría de los agricultores de la región, juegan un papel fundamental. En tercer lugar, se deben coordinar los programas de los distintos países con el fin de generar un mercado más amplio y lograr economías de escala en servicios como investigación y desarrollo. Cuarto, los programas deben tener como prioridad la conservación de los recursos naturales y la adaptación al cambio climático para sostener el crecimiento.

El programa exigirá estabilidad económica, políticas que mejoren los incentivos para los productores y el comercio y un considerable aumento de la inversión pública (en particular en esferas como infraestructura, caminos y comunicaciones), con el fin de mejorar el acceso a los mercados, y en investigación y desarrollo, de modo de abordar la cuestión de las agroecologías y los cultivos particulares de África, tal como se propone en la Nueva Alianza para el desarrollo de África. El repunte del crecimiento en la agricultura subsahariana observado recientemente se ha debido a los mejores incentivos de precios como resultado de las reformas macroeconómicas y sectoriales y al alza del precio de los productos básicos. Dado que los rápidos beneficios derivados de las reformas de los precios han sido captados en muchos países, el crecimiento futuro deberá apoyarse en mayor medida en el aumento de la productividad. La mayor predisposición de los gobiernos, el sector privado y los donantes a invertir en la agricultura de la región abre una oportunidad que no se debería dejar pasar.

Países en proceso de transformación: reducir las disparidades de ingreso entre zonas rurales y urbanas y la pobreza rural. En los países que se encuentran en proceso de transformación, en cuyas zonas rurales habitan 2.200 millones de personas, de las cuales 600 millones son pobres, los sectores no agrícolas han registrado el crecimiento más veloz de todo el mundo. El principal interés del empleo de la agricultura para el desarrollo aquí consiste en reducir las disparidades de ingreso entre las zonas rurales y urbanas y combatir la pobreza rural sin caer en las trampas que constituyen las subvenciones y la protección. Hasta el momento, estos desafíos no han sido abordados satisfactoriamente (gráfico 11). En vista de la creciente atención política que reciben estas disparidades de ingreso cada vez más amplias, son muy fuertes las presiones para aprovechar mejor las posibilidades que ofrece la agricultura para el desarrollo[8].

En estos países, la agricultura está casi exclusivamente en manos de pequeños productores. Las persistentes presiones demográficas conllevan la rápida disminución del tamaño de los establecimientos agrícolas, que se vuelven tan pequeños que corren riesgo de no sobrevivir a menos que se disponga de oportunidades de obtener ingresos fuera de ellos. La competencia por el acceso al agua es muy grande: las necesidades de este elemento aumentan y su calidad se deteriora a causa de las escorrentías. A medida que aumentan los ingresos derivados de fuentes no agrícolas, la presión por resolver las disparidades de ingreso entre zonas rurales y urbanas mediante subvenciones podría impulsar la competencia por el gasto fiscal, lo que representaría un elevado costo de oportunidad para los bienes públicos y las necesidades rurales básicas. Por otro lado, si estas disparidades se abordaran mediante la protección de las importaciones, aumentaría el costo de los alimentos y se perjudicaría a las grandes masas de consumidores pobres que son compradores netos de alimentos.

Dadas las presiones demográficas y las restricciones en lo que respecta a la tierra, en los países en proceso de transformación, los programas deben utilizar todos los caminos de salida de la pobreza a la vez: la agricultura, el empleo en este sector y en la economía rural no agrícola y la migración. Si se logra concitar la voluntad política necesaria, las perspectivas para la promoción de los ingresos rurales sin caer en las trampas que representan las subvenciones y la protección son favorables. Los mercados para productos de alto valor (en particular productos hortícolas, aves de corral, pescado y productos lácteos) se encuentran en rápida expansión y ofrecen una oportunidad para diversificar los sistemas agrícolas y desarrollar un sector de pequeños agricultores competitivo y de uso intensivo de mano de obra. Los países en proceso de transformación también tienen acceso a los mercados de exportación de productos no tradicionales puesto que tienen una ventaja comparativa en las actividades que requieren mano de obra y gestión intensivas. En muchos países se registran niveles de pobreza elevados en regiones menos favorecidas que requieren mejor infraestructura y tecnologías adaptadas específicamente.

Para hacer frente al desempleo en las zonas rurales, se puede plantear como un objetivo complementario fomentar la presencia de un sector rural no agrícola dinámico en las ciudades secundarias, que esté vinculado tanto con la agricultura como con la economía urbana. China ha llevado la industria a los poblados rurales, lo que ha diversificado los ingresos del sector. Este enfoque podría aplicarse en otros países en proceso de transformación. En todos los países que pertenecen a esta categoría, debe acelerarse la transferencia de mano de obra a los sectores dinámicos de la economía mediante cuantiosas inversiones en la capacitación de esta generación y de la próxima. Los cambios trascendentales que conlleva esta reestructuración deben ir acompañados de programas de protección social eficaces que permitan a las familias asumir el riesgo de hacer uso de las mejores alternativas que se les presentan. Si se logra resolver con éxito el problema de la disparidad en los países en proceso de transformación, el impacto en la pobreza mundial puede ser enorme.

Países urbanizados: vincular a los pequeños agricultores con los mercados modernos de alimentos y generar buenos empleos. El objetivo más amplio es capitalizar la rápida expansión de los modernos mercados internos de alimentos y los pujantes subsectores agrícolas para reducir en forma drástica la pobreza rural que aún perdura en niveles persistentemente altos. Los países urbanizados, con 32 millones de pobres en las zonas rurales (que representan el 39% del total de su población pobre), están experimentando la revolución de los supermercados en el comercio minorista de alimentos. Para los pequeños agricultores, lograr competitividad para abastecer a los supermercados es un gran desafío que requiere cumplir con estrictas normas de calidad y alcanzar economías de escala en la entrega, para lo cual resultan esenciales las organizaciones de productores eficaces[9]. En América Latina, las desigualdades excepcionalmente marcadas respecto de la propiedad de la tierra también restringen la participación de los pequeños agricultores. Si se amplía el acceso de los pequeños agricultores a los activos, en particular a la tierra, y se extiende su voz y participación en las sociedades desiguales, se puede incrementar la envergadura y la competitividad de ese sector. Más allá de la agricultura, se están poniendo en práctica estrategias territoriales destinadas a promover el empleo local mediante la vinculación de la agricultura y la agroindustria rural. Estas experiencias deben analizarse más profundamente para poder extender su aplicación. El crecimiento agrícola resulta especialmente importante para mejorar el bienestar en los bolsones de pobreza ubicados en zonas con un buen potencial agrícola. En el caso de las regiones que carecen de ese potencial, la transición hacia otros sectores y el suministro de servicios ambientales ofrecen mejores posibilidades. Con todo, el apoyo a quienes practican la agricultura de subsistencia seguirá siendo necesario durante muchos años.

Poner en práctica un programa de agricultura para el desarrollo

La puesta en marcha del programa de agricultura para el desarrollo presenta dos desafíos. Uno consiste en gestionar la economía política de los programas agrícolas para superar los sesgos y evitar que la inversión sea insuficiente o mal empleada. El otro es fortalecer la gestión de gobierno para la puesta en práctica de políticas agrícolas, en particular en los países agrícolas o en proceso de transformación donde dicha gestión es deficiente (gráfico 12).

Gráfico 11. La disparidad de ingresos entre zonas rurales y urbanas ha aumentado en la mayoría de los países en proceso de transformación

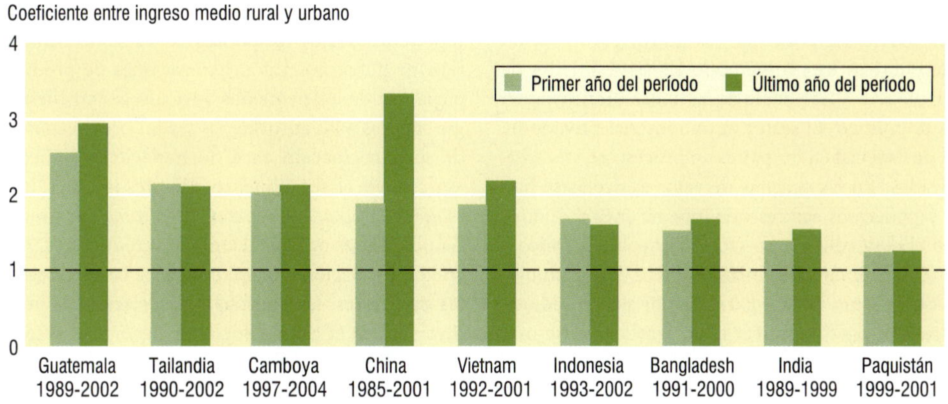

Fuente: Equipo IDM *2008*, sobre la base de encuestas de hogares representativas de los países.

Gráfico 12. La gestión de gobierno de los países agrícolas y en proceso de transformación es deficiente

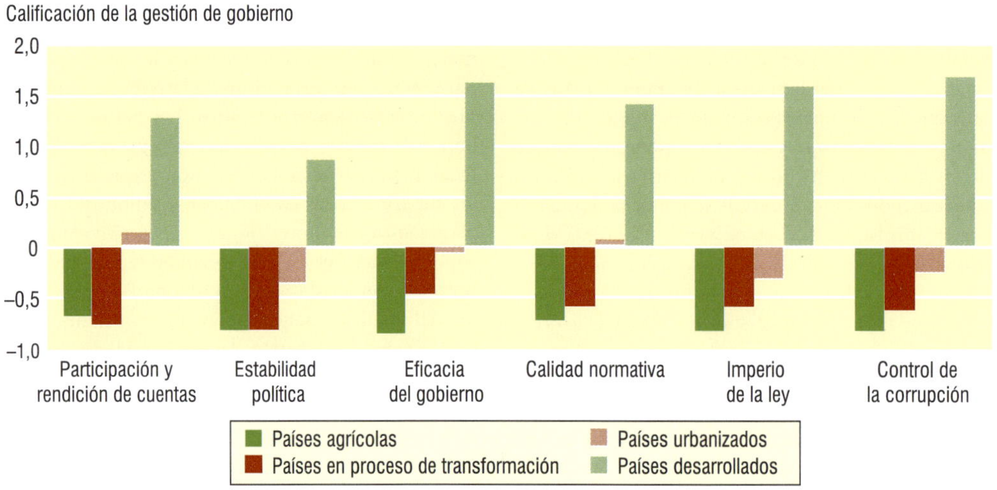

Fuente: Kaufmann, Kraay y Mastruzzi 2006.

La insuficiente atención a estos desafíos (economía política y gestión de gobierno) fue una de las razones fundamentales por las cuales no se llevaron a la práctica acabadamente varias recomendaciones clave del *Informe sobre el desarrollo mundial de 1982,* en especial las referidas a liberalización del comercio, el aumento de las inversiones en infraestructura y en investigación y desarrollo en África, y mejores servicios de salud y educación para la población rural.

El futuro de la agricultura para el desarrollo se muestra más promisorio. Las perspectivas son más favorables ahora que en 1982. El sesgo antiagrícola de las políticas macroeconómicas se ha reducido gracias a la introducción de reformas económicas más amplias. Es probable que la agricultura se beneficie con otras reformas generales en materia de gestión de gobierno que en la actualidad se consideran prioritarias, como la descentralización y las reformas de la gestión del sector público. No obstante, aún resta poner en marcha en forma generalizada reformas específicas destinadas a utilizar la agricultura para promover el desarrollo.

También hay indicios de que la economía política ha cambiado a favor de la agricultura y el desarrollo rural. Tanto las organizaciones de la sociedad civil de las zonas rurales como el sector privado que participa en las cadenas de valor agrícolas son más fuertes en la actualidad que en 1982. La democratización y la mayor participación en la formulación de políticas han aumentado las posibilidades de que los pequeños agricultores y los pobres de las zonas rurales hagan oír su voz en el ámbito político. El sector agroindustrial privado ha cobrado dinamismo, en especial en los países en proceso de transformación y los urbanizados. En las cadenas de valor agrícolas se han incorporado nuevos y poderosos actores que, por razones económicas, tienen interés en el desarrollo de un sector agrícola dinámico y próspero, y además tienen voz en los asuntos políticos. No obstante, estas mejoras en las condiciones no son garantía por sí solas de que el empleo de la agricultura para promover el desarrollo resulte más exitoso. Los pequeños agricultores deben hacer oír su voz en las cuestiones políticas y los donantes y los encargados de formular políticas deben aprovechar las nuevas oportunidades que se presentan.

Nuevas funciones del Estado. El mercado presenta deficiencias generalizadas, en especial en los países agrícolas, y se requieren políticas públicas para garantizar la obtención de los resultados sociales deseados. El Estado desempeña un papel importante en el desarrollo del mercado (suministrando bienes públicos esenciales, generando un clima propicio para las inversiones del sector privado) y en la mejora de la ordenación de los recursos naturales mediante la introducción de incentivos y la asignación de derechos de propiedad.

Para poner en práctica los programas de agricultura en favor del desarrollo, resulta imperioso fortalecer la capacidad del Estado en sus nuevas funciones de coordinador de sectores y de socio del sector privado y la sociedad civil. En la mayor parte de los países, hace falta emprender reformas de gran magnitud en los ministerios de agricultura con el objeto de redefinir sus funciones y desarrollar nuevas capacidades. Han comenzado a surgir nuevos modelos. Uganda fue pionera en la contratación de terceros para la provisión de servicios de asesoría en el ámbito agrícola y en permitir a las organizaciones de productores participar en la adjudicación de esos contratos.

Fortalecimiento de la sociedad civil y la democracia. El "tercer sector" (comunidades, organizaciones de productores y otros interesados y organizaciones no gubernamentales) puede mejorar la representación de los pobres de las zonas rurales y, con ello, la gestión de gobierno. Las organizaciones de productores pueden hacer oír la voz de los pequeños agricultores en cuestiones políticas y exigir cuentas a las autoridades y a los organismos de ejecución a través de su participación en la formulación y aplicación de las políticas agrícolas y el seguimiento del presupuesto. En Senegal, el *Conseil National de Concertation et de Coopération des Ruraux,* una entidad que reúne a varias organizaciones de productores, participa activamente en la formulación y la aplicación de las estrategias y políticas agrícolas nacionales. La libertad de asociación, la libertad de prensa y la inversión en el capital social de las organizaciones rurales, incluidas las que agrupan a mujeres, son factores importantes para este tipo de estrategias destinadas a mejorar la gestión y que actúan sobre la demanda.

Combinación de servicios centralizados y descentralizados. Al acercar el gobierno a la población rural, la descentralización tiene la capacidad de abordar los aspectos heterogéneos y localizados de la agricultura, en especial en el caso de los servicios de extensión agrícola. Pero no todos los servicios agrícolas deberían descentralizarse, puesto que algunos, como la investigación científica y la vigilancia de enfermedades de animales, tienen importantes economías de escala. La existencia de instituciones descentralizadas debe resolver el problema de su acaparamiento por parte de las élites locales y de la exclusión social que a menudo prevalecen en las sociedades agrarias. En la India, la instauración de un cupo de bancas asignadas a mujeres en los consejos locales ha contribuido a dirigir las inversiones públicas con mayor precisión a la atención de necesidades relacionadas específicamente con el género. En otros lugares, se ha reducido la corrupción mediante sistemas de seguimiento por la comunidad, auditorías gubernamentales cuyos resultados se difunden en los medios de información y el uso de tecnologías de la información y las comunicaciones para llevar registros e intercambiar información.

El desarrollo impulsado por la comunidad puede sacar provecho del potencial de las comunidades locales: sus conocimientos, creatividad y capital social. La descentralización y el desarrollo impulsado por la comunidad por lo general contribuyen al programa de la agricultura para el desarrollo en forma escalonada, al centrarse en un principio en los servicios básicos y en los bienes públicos y emprender luego actividades generadoras de ingresos una vez que las necesidades básicas han sido satisfechas. El desarrollo territorial puede ayudar a gestionar proyectos económicos con un alcance más amplio que el enfoque del desarrollo impulsado por la comunidad.

Mayor eficacia de los donantes. En los países agrícolas, los donantes tienen una influencia muy notable. En 24 países de África subsahariana, las contribuciones de los donantes representan al menos el 28% del gasto en desarrollo agrícola y en algunos otros más del 80%. Las estrategias agrícolas impulsadas por los países y las estrategias generales de reducción de pobreza brindan un marco en el que los donantes pueden coordinarse y hacer converger sus programas de apoyo al sector agrícola, utilizando los sistemas gubernamentales de gasto público y adquisiciones como mecanismos para la ejecución de los programas. En el nivel regional, el Programa general para el desarrollo de la agricultura en África establece prioridades para coordinar las inversiones de los donantes. Si bien estos esfuerzos a nivel nacional y regional brindan marcos institucionales para el apoyo de los donantes a la agricultura, el progreso en la ejecución ha sido lento.

Reforma de las instituciones internacionales. El programa de agricultura para el desarrollo no se puede llevar a cabo si no se cuenta con más y mejores compromisos internacionales. Además, las tareas primordiales que enfrenta el mundo en el siglo XXI (poner fin al hambre y la pobreza, lograr un medio ambiente sostenible, brindar seguridad y combatir las pandemias) no podrán realizarse sin la agricultura. Las cuestiones pendientes en relación con la agricultura en el ámbito internacional presentan dimensiones múltiples: establecer reglas justas para el comercio internacional, lograr acuerdos sobre normas para los productos y derechos de propiedad intelectual, ofrecer nuevas tecnologías para beneficiar a los pobres, evitar externalidades perjudiciales como las enfermedades del ganado, conservar la diversidad biológica del mundo y mitigar el cambio climático y adaptarse a él. Por su estrecho enfoque sectorial, las instituciones internacionales creadas durante el siglo XX para promover la agricultura, si bien han obtenido numerosos logros, no están adecuadamente preparadas para abordar los problemas de la actualidad (que están relacionados entre sí y son de carácter multisectorial). Se requieren reformas e innovaciones institucionales para facilitar la coordinación entre diversos organismos internacionales y con los nuevos actores del escenario mundial, como la sociedad civil, el sector empresarial y las entidades filantrópicas.

Para llevar adelante un programa mundial se necesita una combinación de mecanismos institucionales. Las entidades especializadas, como el Grupo Consultivo sobre Investigaciones Agrícolas Internacionales, la Organización de las Naciones Unidas para la Agricultura y la Alimentación y el Fondo Internacional de Desarrollo Agrícola, pueden brindar apoyo y expresar su compromiso a largo plazo mejorando su eficacia y la coordinación con otros organismos. Las redes sectoriales y dedicadas a temas específicos pueden responder a las emergencias con rapidez, por ejemplo, para el control de la gripe aviar, y aprovechar nuevas oportunidades, como la biofortificación en cultivos enriquecidos con nutrientes. En otros casos, puede dar mejores resultados incorporar ciertas prioridades mundiales (como la adaptación al cambio climático) en el aumento de la ayuda de los donantes al sector agrícola. Lograr avances en el programa internacional no sólo es cuestión de interés particular, que se difunde ampliamente en un mundo globalizado, sino también de equidad y justicia entre el mundo desarrollado y en desarrollo y entre la generación actual y las futuras.

¿Y ahora qué? Los próximos pasos para la puesta en práctica

Si el mundo tiene la firme determinación de reducir la pobreza y lograr el crecimiento sostenible, debe desplegarse la capacidad de la agricultura para fomentar el desarrollo. Pero no existen soluciones mágicas. La utilización de la agricultura como instrumento para el desarrollo es un proceso complejo. Se requieren amplias consultas en los países con el fin de adaptar los programas y definir las estrategias de ejecución. También es necesario que el sector agrícola funcione en concierto con las otras esferas y con actores en el nivel local, nacional e internacional. Hay que fortalecer la capacidad de los pequeños agricultores y de sus organizaciones, las agroindustrias privadas y el Estado. Se requieren instituciones que ayuden a la agricultura a ponerse al servicio del desarrollo y tecnologías para utilizar los recursos naturales en forma sostenible.

Y es necesario movilizar apoyo político, capacidades y recursos. Los gobiernos y los donantes reconocen cada vez más ampliamente que la agricultura debe ser una parte fundamental del programa del desarrollo, ya sea para generar crecimiento en los países agrícolas o para reducir la pobreza rural y abordar los problemas ambientales en todo el mundo. La mayor cantidad de oportunidades y la mayor disposición a invertir en agricultura que se observan en la actualidad justifican la visión optimista de que los programas de agricultura para el desarrollo pueden llevarse adelante. No debe desperdiciarse la oportunidad que se presenta, puesto que el éxito brindará enormes beneficios para la consecución de los objetivos de desarrollo del milenio y aún más allá.

PARTE I

¿Qué puede hacer la agricultura en favor del desarrollo?

Crecimiento y reducción de la pobreza en los tres mundos agrícolas

capítulo 1

Tres de cuatro personas pobres en los países en desarrollo –883 millones de personas– vivían en zonas rurales en 2002.[1] La mayoría dependían directa o indirectamente de la agricultura para su subsistencia. Por tanto, una agricultura más dinámica e inclusiva podría reducir dramáticamente la pobreza rural, ayudando a alcanzar el Objetivo de Desarrollo del Milenio relacionada con la pobreza y la nutrición.

Hay muchas historias exitosas de la agricultura como motor del crecimiento en las etapas tempranas del proceso de desarrollo y de la agricultura como una fuerza fundamental para la reducción de la pobreza. Más recientemente, el rápido crecimiento de la agricultura en China, debido al sistema de responsabilidad de los hogares, a la liberalización de los mercados y al rápido cambio tecnológico, ha sido en buena medida responsable por la disminución de la pobreza rural de 53% en 1980 a 8% en 2001 (*ver* En foco A). El crecimiento agrícola fue el precursor de la aceleración del crecimiento industrial, de forma muy parecida a la manera como las revoluciones agrícolas antecedieron a las revoluciones industriales que se expandieron a lo largo del mundo, con estaciones desde Inglaterra a mediados del siglo XVIII, hasta Japón a finales del siglo XIX.[2]

La agricultura ha ofrecido también atractivas oportunidades de negocio, como los productos de alto valor para los mercados domésticos (las explotaciones de lácteos en Kenya, la acuacultura en Bangladesh, los vegetales para supermercados en América Latina) y para los mercados internacionales (cafés especiales en Ruanda, horticultura en Chile, Guatemala y Senegal). Ha habido también éxitos en cultivos tradicionales con demandas nuevas, como las exportaciones de maíz para la alimentación animal de Laos hacia China y la caña de azúcar para biocombustibles en Brasil.

Paralelo a estos éxitos hay numerosos fracasos en conseguir que la agricultura se desarrolle. Uno de los más impactantes es el insatisfactorio desempeño de la agricultura en los países de África subsahariana, especialmente cuando se contrasta con la revolución verde en el Asia meridional (gráfico 1.1). A mediados de la década de 1980, los rendimientos en los cereales eran comparativamente bajos y la pobreza era elevada. Quince años más tarde, en Asia meridional los rendimientos se vieron incrementados en más del 50% y la pobreza había declinado en 30%. En África subsahariana los rendimientos y la pobreza permanecieron sin cambio. La seguridad alimentaria sigue siendo un desafío en la mayor parte de países de África, dado su bajo crecimiento agrícola, el rápido crecimiento poblacional, la debilidad de los ingresos de divisas y los altos costos de transacción para ligar los mercados domésticos e internacionales.

Importantes desafíos persisten para la agricultura en otras regiones igualmente. En los lugares donde el crecimiento de los sectores no agrícolas se ha acelerado, especialmente en Asia, la reasignación de trabajo hacia fuera de la agricultura se ha retardado, concentrando la pobreza en zonas rurales y ampliando las disparidades de ingresos rurales y urbanos. Esto se convierte en una fuente mayor de tensiones políticas y de inseguridad. En los lugares en donde la participación de la agricultura en la economía se ha reducido significativamente, como en América Latina, vincular a los hogares rurales pobres con los nuevos sectores agrícolas dinámicos, bien sea en calidad de pequeños propietarios o de trabajadores, sigue siendo un desafío. Adicionalmente, en todas partes la agricultura es un importante usuario y con frecuencia una causa de deterioro de los recursos naturales. A través de un mejor uso del agua y de la tierra y de proveer servicios ambientales, como la administración de cuencas, la agricultura podía hacer que el crecimiento fuera más ambientalmente sostenible.

Gráfico 1.1 Los rendimientos de los cereales aumentan y la pobreza disminuye en Asia meridional, pero éstos y la pobreza permanecen estancados en África subsahariana

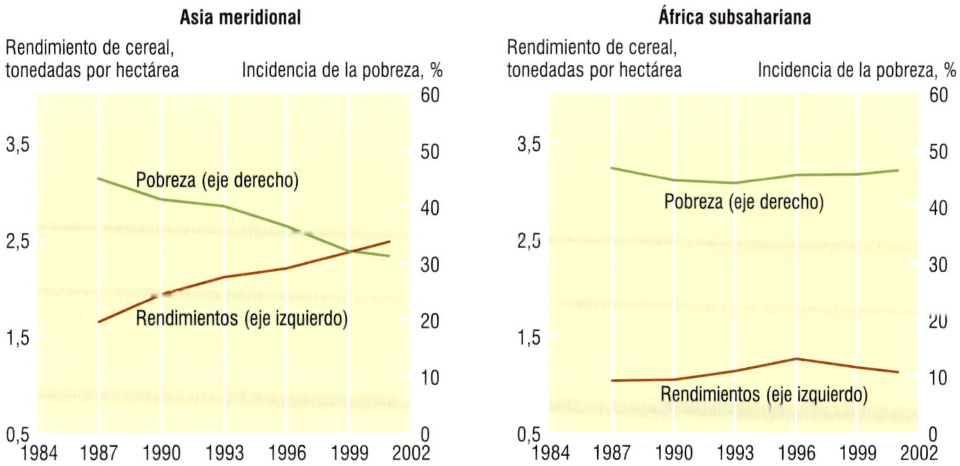

Fuentes: Ravallion y Chen 2004; Banco Mundial 2006y.

Este capítulo toma una perspectiva macro, para mostrar que en muchas dimensiones es justificado rebalancear los incentivos que enfrentan la agricultura, las manufacturas y los servicios e invertir mejor y más en la agricultura. Para el diseño apropiado de políticas diferenciales en diversos medios, este capítulo presenta una tipología de países basada en la contribución de la agricultura al crecimiento y a la reducción de la pobreza: países agrícolas, países en proceso de transformación y países urbanizados. El capítulo revisa patrones de inversión y políticas pasadas e introduce un marco de análisis para entender la economía política que se halla detrás de la toma de decisiones en materia agrícola.

La transformación estructural

El proceso de desarrollo económico es un proceso de continua redefinición del papel de la agricultura, la industria manufacturera y los servicios. Dos regularidades empíricas caracterizan esta transformación estructural. Primero, a bajos niveles de desarrollo la proporción de la agricultura en el producto interno bruto (PIB) y en el empleo es grande (hasta 50% y 85%, respectivamente), pero ésta declina a medida que los países se desarrollan (gráfico 1.2). Segundo, hay una gran y persistente brecha entre la proporción de la agricultura en el PIB y la proporción de la agricultura en la fuerza de trabajo. Estos dos hechos estilizados sugieren un papel esencial, pero en evolución, para que la agricultura impulse el crecimiento y la reducción de la pobreza.

Estos patrones de transformación estructural han sido observados históricamente en la mayoría de los países desarrollados y actualmente ocurren en los países en desarrollo que experimentan crecimiento. Sin embargo, hay notorias desviaciones. En la mayor parte de los países al sur del Sahara, a lo largo de los últimos 40 años, la proporción del trabajo y la agricultura ha disminuido dramáticamente, a pesar de que prácticamente no hay crecimiento en el PIB per cápita, como lo ilustra el caso de Nigeria (gráfico 1.2). Lo mismo es cierto para América Latina desde 1980, como lo muestra el caso de Brasil. Esto es consistente con la urbanización de la pobreza observada en estas dos regiones. En contraste, la reasignación del trabajo hacia fuera de la agricultura ha sido lenta en China, en parte debido a las restricciones sobre la movilidad laboral, la cual, dado el rápido desarrollo en el sector no agrícola, es consistente con un aumento de la brecha rural-urbana.[3]

La esencial pero declinante contribución de la agricultura al crecimiento a medida que los países se desarrollan

Muchos países pobres aún muestran altas participaciones de la agricultura en el PIB y en el empleo (en promedio 34% y 64%, respectivamente, en África subsahariana.[4] En los países en el rango de US$400 a US$1.800 de PIB per cápita, muchos de ellos en Asia, la agricultura representa el 20% del PIB y el 43% de la fuerza laboral. Estas participaciones declinan al 8% y al 22% respectivamente, en países que se encuentran en el rango entre US$1.800 y US$8.100 per cápita, muchos de ellos en Europa oriental y América Latina. Adicionando los enlaces de la agricultura hacia adelante y hacia atrás (agricultura extendida), típicamente incrementa la proporción de ésta en la economía en 50% o más, especialmente en los países de ingresos medios.[5]

La gran participación de la agricultura en las economías más pobres, sugiere que un crecimiento fuerte de la agricultura es crítico para impulsar el crecimiento económico en general. A medida que el PIB per cápita aumenta, la participación de la agricultura declina y lo mismo hace su contribución al crecimiento económico. Esto sucede en tanto que el producto agrícola aumenta simultáneamente en valor absoluto, debido a que los sectores no agrícolas crecen más rápidamente.

Cada vez más, la agricultura contribuye a dar forma a la sostenibilidad ambiental del proceso de crecimiento a lo largo del espectro del desarrollo. Es un usuario importante de recursos naturales escasos (utiliza alrededor del 85% del agua fresca de los países en

Gráfico 1.2 Conforme los países se desarrollan, las participaciones de la agricultura en el PIB y en la fuerza laboral tienden a disminuir, pero con muchos comportamientos idiosincráticos

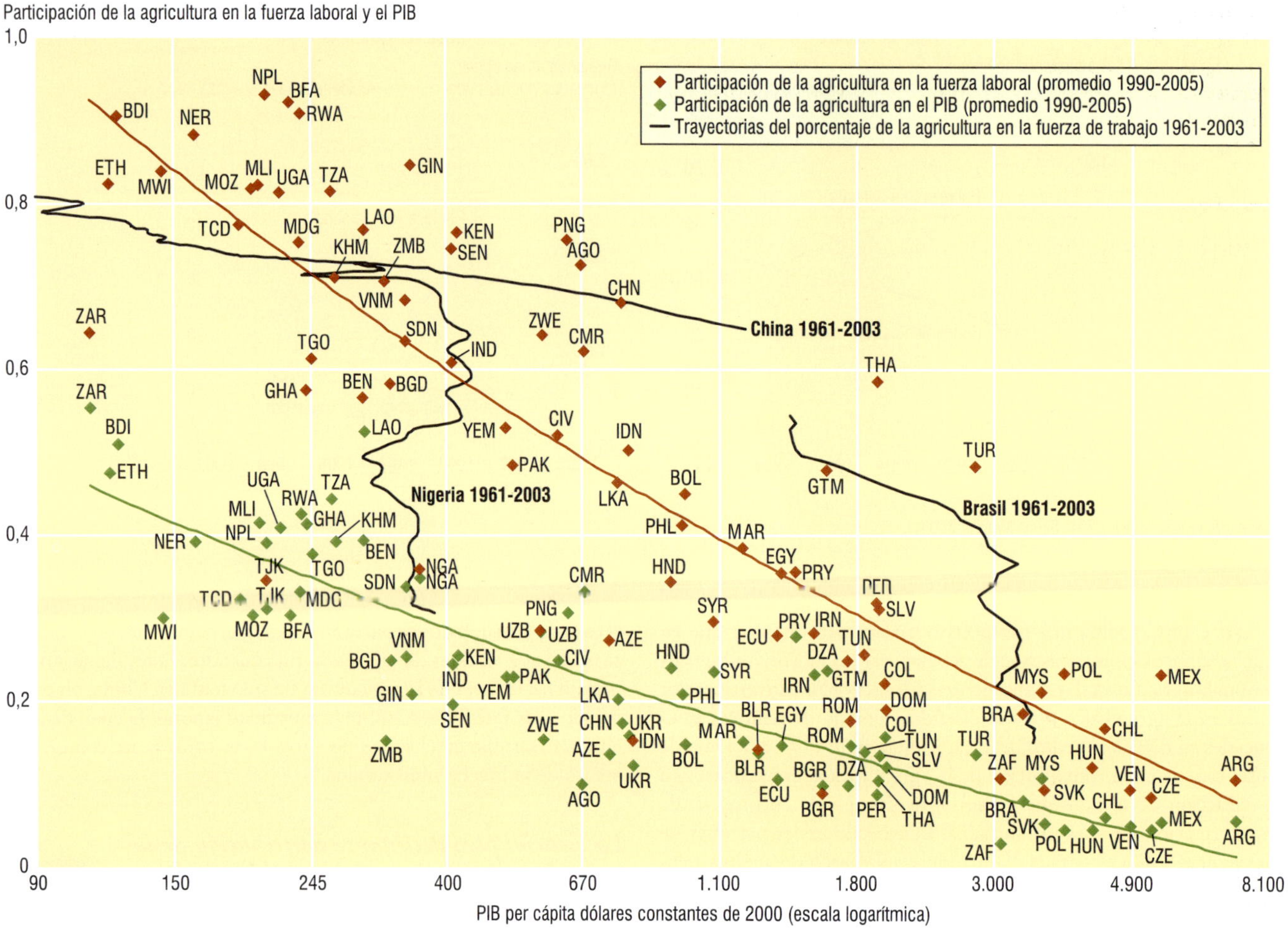

Fuente: Grupo IDM 2008, con base en datos de Banco Mundial 2006y.
Nota: La lista de los códigos de tres letras para los países que representan se encuentran en las páginas de siglas y abreviaciones.

desarrollo y del 42% de su tierra) y un, esencialmente no reconocido, proveedor de servicios ambientales (captación de carbono, administración de cuencas fluviales y reducción de la deforestación).

El poder de la agricultura para reducir la pobreza

Las grandes y persistentes brechas entre la participación de la agricultura en el PIB y en el empleo, sugieren que la pobreza está concentrada en la agricultura y en la zona rural y que, en la medida en que el crecimiento de los sectores no agrícolas se acelera, muchos de los pobres rurales siguen siendo pobres.

Que la incidencia de la pobreza entre los hogares agrícolas rurales es persistentemente más alta, es algo que se confirma a través de la micro evidencia proporcionada por numerosos estudios de país sobre la pobreza, realizados por el Banco Mundial (*ver* En foco A). Además, en los lugares donde el crecimiento no agrícola se ha acelerado, las disparidades del ingreso rural y urbano se amplían; por ejemplo, en el Asia oriental la razón de la pobreza rural a la urbana ha aumentado de alrededor de 2:1 a más de 3,5:1 entre 1993 y 2002, a pesar de un sustancial declive de la pobreza absoluta. Aún con una rápida urbanización, se espera que el mundo en desarrollo siga siendo predominantemente rural en la mayoría de regiones hasta alrededor del año 2020 (recuadro 1.1) y se proyecta que la mayoría de los pobres continúen viviendo en áreas rurales hasta 2040.[6]

La persistente concentración de la pobreza (absoluta y relativa) en áreas rurales ilustra la dificultad para redistribuir el ingreso generado fuera de la agricultura y la profunda inercia en la transformación ocupacional de las personas, conforme las economías se reestructuran. La migración desde la agricultura hacia las áreas urbanas es con frecuencia bloqueada por carencia de información, costos, brechas de conocimiento, edad y lazos familiares y sociales. En consecuencia, muchas personas permanecen en áreas rurales con expectativas insatisfechas para el mejoramiento de sus vidas, generando tensiones políticas y sociales que pueden poner en peligro el proceso de desarrollo. Un crecimiento de base amplia de la economía rural, parece esencial para reducir tanto la pobreza absoluta como la relativa.

De hecho, a partir de una descomposición simple, es posible determinar que el 81% de la reducción de la pobreza rural a nivel mundial, entre 1993-2002, puede ser adjudicada al mejoramiento de las condiciones de vida en las zonas rurales. La migración respon-

RECUADRO 1.1 *Dinámica de la población rural*

Se estima que 2.500 millones de los 3.000 millones de habitantes rurales están involucrados en la agricultura: 1.500 millones de ellos viven en hogares que son pequeños propietarios y 800 millones trabajan en pequeñas propiedades. Se espera que el tamaño de la población rural continúe creciendo hasta 2020 y decline posteriormente, debido al más bajo crecimiento de la población y a la rápida urbanización en la mayoría de países (gráfico abajo). El Asia meridional comenzará tal declinar sólo después de 2025 y África después de 2030, por temprano.

Pero las áreas rurales en América Latina y Asia oriental han comenzado ha perder población desde 1995. Sin embargo, la proporción de población que vive en áreas rurales está declinando en todos los continentes, incluyendo África.

Las poblaciones en los países en desarrollo seguirán siendo predominantemente rurales hasta 2020

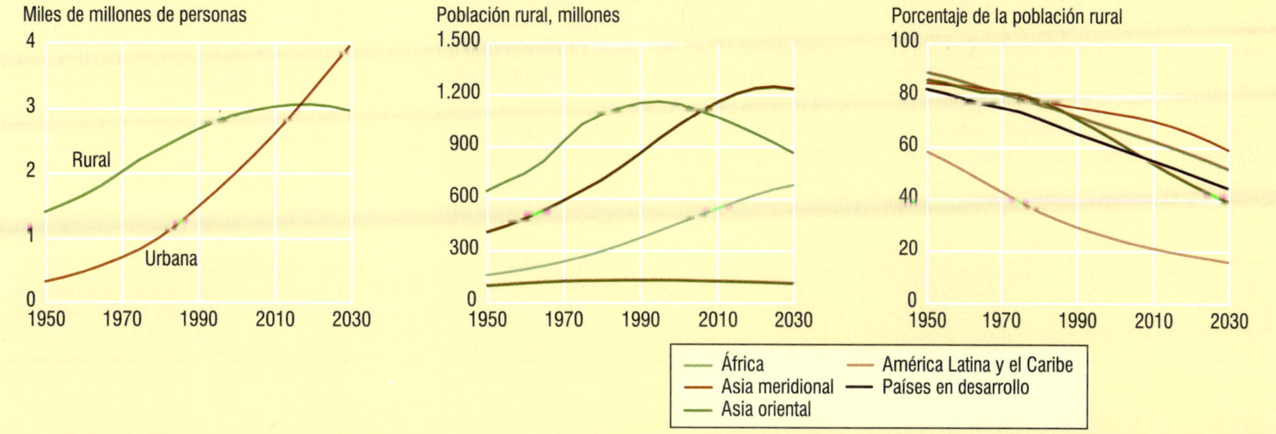

Fuente: Naciones Unidas 2004.

dió solamente por 19% de la reducción.[7] La ventaja comparativa del crecimiento agrícola para reducir la pobreza, es apoyada también por estudios econométricos. Evidencia econométrica de corte transversal entre países, indica que el crecimiento del PIB generado en la agricultura trae grandes beneficios para los pobres y es al menos dos veces más efectivo para reducir la pobreza de lo que lo es el crecimiento generado por otros sectores, controlando por el tamaño del sector (*ver* recuadro 1.2). Sin embargo, en la medida en que los países se vuelven más ricos, la superioridad de crecimiento originado en la agricultura para proveer beneficios a los pobres, parece disminuir.

Los tres mundos de la agricultura para el desarrollo

A la luz del cambiante papel de la agricultura para incentivar el crecimiento y reducir la pobreza, los países son clasificados en este informe como agrícolas, en proceso de transformación, o urbanizados, a partir del porcentaje del crecimiento que se origina en la agricultura y de la proporción de la pobreza en general (US$2,15 por día) en el sector rural. Tres grupos de economías estructuralmente diferentes emergen, cada uno con diferentes desafíos para el diseño de política agrícola (gráfico 1.3 y cuadros 1.1 y 1.2). En las economías agrícolas (la mayor parte de ellas en África subsahariana , la agricultura contribuye significativamente al crecimiento y los pobres están concentrados en las áreas rurales. El desafío central de política es ayudar a la agricultura a jugar su papel de motor del crecimiento y de reducción de la pobreza.

En las economías en transformación (la mayor parte en Asia, África septentrional y el Medio Oriente), la agricultura contribuye menos al crecimiento pero la pobreza sigue siendo predominantemente rural. La creciente brecha de ingresos rural-urbana, conjuntamente con expectativas insatisfechas, crea tensiones políticas.[8] El crecimiento en la agricultura y en la economía rural no agrícola es necesario para reducir la pobreza rural y disminuir la división rural-urbana.

En las economías urbanizadas (en su mayor parte en Europa del este y América Latina), la agricultura contribuye solamente un poco al crecimiento. La pobreza no es más un fenómeno predominantemente rural, aunque la incidencia de la pobreza, medida por el criterio de US$2 por día, es 63% más alta que en las zonas urbanas. La agricultura actúa como cualquier otro sector transable competitivo y predomina en algunas localidades. En estas economías, la agricultura puede reducir la pobreza rural remanente, por medio de la inclusión de los pobres rurales como productores directos y mediante la creación de buenos trabajos para ellos.

No hay una ruta única para que un país se mueva del Estado basado en la agricultura al urbanizado y, finalmente, al de país de alto ingreso. Sin embargo, las rutas recorridas por China (1981-85 a 1996-2001), India (1965-70 a 1989-94), Indonesia (1970-76 a 1990-96) y Brasil (1970-75 a 1990-96), son ilustrativas (gráfico 1.3). Tanto China como India se movieron desde la categoría de basados en la agricultura a la de en transformación en el curso de 15 a 25 años, pero con poco cambio en la participación de las zonas rurales en la pobreza. Indonesia, que estaba ya en la categoría de en transformación en la década de 1970, redujo aún más la proporción de pobreza rural, así como lo hizo Brasil, un país en la categoría urbanizada.

Los tres tipos de países capturan las principales características distintivas del papel de la agricultura para el crecimiento y la reducción de la pobreza, entre el espectro de países, y proporcionan un marco de análisis útil para enfocar la discusión y ayudar a formular

RECUADRO 1.2 *Evidencia transversal del efecto del crecimiento agrícola sobre la reducción de la pobreza*

Entre 42 países en desarrollo a lo largo de 1981-2003, un crecimiento del 1% originado en la agricultura, aumentó el gasto de los tres deciles más pobres de la población en al menos 2,5 veces la magnitud en que lo generó el crecimiento originado en el resto de la economía (gráfico).

Similarmente, Bravo-Ortega y Lederman (2005) encuentran que un aumento en el PIB general originado en la productividad del trabajo agrícola, es en promedio 2,9 veces más efectivo para aumentar el ingreso del quintil más pobre de la población en los países en desarrollo y 2,5 veces más efectivo en los países de América Latina, que un aumento equivalente en el PIB originado en la productividad del trabajo en el sector no agrícola. Concentrándose, en cambio, sobre la pobreza absoluta y con base en observaciones para 80 países durante el período 1980-2001, Christiaensen y Demery (2007) reportan que la ventaja comparativa de la agricultura declinó de ser 2,7 veces más efectiva en reducir la incidencia de la pobreza, medida por un dólar por día, entre el 25% más pobre de los países en la muestra, a dos veces más efectiva en el cuarto más rico de los países. Utilizando regresiones de corte transversal entre países por región y observando la pobreza definida por US$2 por día, Hasan y Quibriam (2004) encuentran mayores efectos del crecimiento agrícola sobre la reducción de la pobreza en África subsahariana y al sur de Asia, pero más grandes efectos de reducción de la pobreza originados en otros sectores en el Asia oriental y América Latina.

Las ganancias de bienestar provenientes del crecimiento originado en la agricultura son sustancialmente más grandes para los hogares en los cinco deciles de gasto más pobres

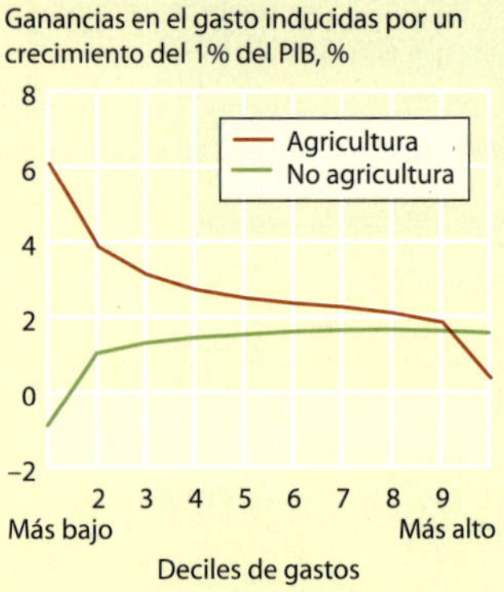

Fuente: Ligon y Sadoulet 2007.
Nota: Las dos curvas son significativamente diferentes a un nivel de confianza del 95% para los cinco deciles de gastos más bajo.

Gráfico 1.3 Los países agrícolas, en transformación y urbanizados, constituyen los tres mundos de la agricultura

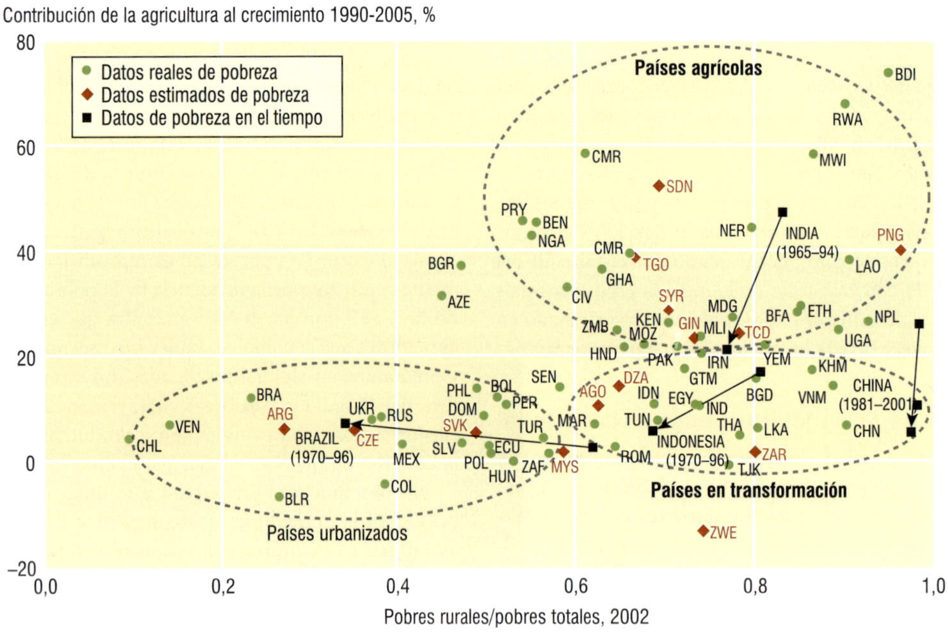

Fuente: Grupo IDM, 2008.
Nota: La contribución de la agricultura al crecimiento se define como la tasa de crecimiento de la agricultura, multiplicada por la participación promedio del sector durante el período, dividida por la tasa del crecimiento del PIB (calculada del DDP del Banco Mundial, 2006). La participación de las zonas rurales en la pobreza, señaladas con un círculo verde, provienen de Ravallion, Chen y Sangraula (2007), utilizando la línea de pobreza de US$2,15 por día. La participación de las zonas rurales en la pobreza, señaladas con un diamante naranja, son estimadas utilizando una regresión de la proporción de la participación de las zonas rurales en la pobreza, en la participación de las zonas rurales en la población, la participación de la agricultura en el PIB, el logaritmo del PIB per cápita en dólares de 2000 y *dummies* para las regiones. Las sendas dinámicas son tomadas de Ravallion y Chen (2004) para China; Banco Mundial (2000b) para India, la Comisión Económica de Naciones Unidas para América Latina y el Caribe; (http//www.eclac.org) para Brasil; y la Oficina Central de Estadísticas (http//www.bps.go.id) para Indonesia; siendo las tasas de pobreza calculadas a partir de las líneas de pobreza nacionales. Las flechas muestran las sendas para Brasil, China, India e Indonesia. La lista de los códigos de tres letras para los países que representan se encuentran en las páginas de siglas y abreviaciones.

una más amplia guía de política. Aún así sigue habiendo variaciones sustanciales entre (y al interior) de los países pertenecientes a cada tipo (recuadro 1.3).

Países agrícolas

En los países agrícolas, la mayor parte de ellos en África subsahariana, la agricultura representó alrededor de una tercera parte del crecimiento total durante 1993-2005. Más de quinientos millones de personas viven en estos países, 49% de ellas con menos de US$1 por día y 68% en las zonas rurales (cuadros 1.1 y 1.2). Simplemente por su tamaño, el sector agrícola es crítico para el desarrollo al menos en el mediano plazo. Tanto los sectores de cultivos alimenticios como la agricultura para la exportación, juegan importantes pero diferentes papeles para impulsar el crecimiento y reducir la pobreza. El sector de cultivos alimenticios es típicamente el sector más grande y produce fundamentalmente para el mercado doméstico. El sector de cultivos no alimenticios, típicamente produce para la exportación y es con frecuencia dominado por productos tradicionales, pero crecientemente incluye también nuevos subsectores dinámicos de productos de alto valor, como vegetales, flores y pescado.

El sector de cultivos alimenticios no transables. Aún con la globalización, el sector de cultivos alimenticios sigue siendo fundamentalmente no transable en partes sustanciales de los países agrícolas por dos razones. Primero, los productos cultivados localmente, como yuca, camote, sorgo, millo y teff, que no son comercializados internacionalmente (aunque algunas veces son regionalmente comercializados), con frecuencia predominan en las dietas locales. Segundo, la economía alimentaria doméstica permanece aislada de los mercados mundiales debido a los altos costos de transporte y mercadeo, especialmente en las zonas rurales altas[9] y en los países sin costas. En Etiopía, el precio del maíz puede fluctuar, desde alrededor de US$75 por tonelada (el precio de paridad de exportación) a US$225 por tonelada (el precio de paridad de importación), sin que se produzca comercio internacional. Este sector alimenticio no transable representa el 60% de la producción agrícola en Malawi y 70% en Zambia y Kenya.[10]

Cuando el sector de cultivos alimenticios es grande y no transable, las ganancias en productividad para estos cultivos aumentan la oferta agregada de alimentos y reducen sus precios. Esto mantiene los salarios nominales de los trabajadores no calificados, así como los precios de todos los insumos que tienen un gran contenido de trabajo, en niveles bajos, ayudando por tanto a hacer competitivo el sector transable no alimenticio.[11] Para los principales cultivos alimenticios en África, hay evidencia de una correlación negativa entre la producción per cápita y el precio del maíz en Etiopía y Ghana; sorgo en Burkina Faso, Mali y Sudán; yuca en Ghana; y (débilmente) millo en Burkina Faso, Mali y Sudán. Solamente Kenya, con su significativa intervención en los precios, no sigue este patrón. Sin embargo, este mecanismo de transmisión será sostenible solamente si las ganancias derivadas de la productividad total de los factores aumentan más rápidamente de lo que declinan los precios de los alimentos, de forma que la rentabilidad de los agricultores se mantenga. Si no, los agricultores pueden abandonar las tecnologías que indujeron, en principio, las ganancias de productividad.

Cuadro 1.1 Características demográficas y económicas de los tres tipos de países, 2005

	Países agrícolas	Países en transformación	Países urbanizados
Población			
Total (millones)	615	3.510	965
Rural (millones)	417	2.220	255
Porcentaje de la población rural (%)	68	63	26
Tasa de crecimiento anual de la población 1993-2005 (%)	2,5	1,4	1,0
Distribución geográfica de la población rural (%)			
África subsahariana	82,2	13,6	4,2
Asia meridional	2,2	97,8	0
Asia oriental e islas del Pacífico	0,9	96,1	2,9
Medio Oriente y África septentrional	8	92	0
Europa y Asia central	0	12	88
América Latina y el Caribe	2,2	9,7	88,1
Fuerza de trabajo (en 2004)			
Total (millones)	266	1.780	447
Agricultura (millones)	172	1.020	82
Porcentaje de la agricultura (%)	65	57	18
Economía			
PIB per cápita (US$ de 2000)	379	1.068	3.489
Crecimiento anual del PIB, 1993-2005 (%)	3,7	6,3	2.6
Agricultura			
Valor agregado agrícola per cápita (US$ de 2000)	111	142	215
Porcentaje de la agricultura en el PIB (%)	29	13	6
Contribución de la agricultura al crecimiento, 1993-2005 (%)	32	7	5
Crecimiento anual del PIB agrícola, 1993-2005 (%)	4	2,9	2,2
Crecimiento anual del PIB no agrícola, 1993-2005 (%)	3,5	7	2,7

Fuentes: Datos de fuerza de trabajo: FAO 2006a. Otros datos: Banco Mundial 2006y.
Nota: Los promedios son ponderados y se basan en 74 países con al menos 5 millones de habitantes, excepto por el valor agregado en la agricultura, el cual se basa en 71 países debido a falta de información. Los datos son para 2005 a menos que se mencione lo contrario.

Cuadro 1.2 Pobreza en los tres tipos de países, 2002

	Países agrícolas	Países en transformación	Países urbanizados
Población (millones)			
Total	494	3.250	888
Rural	335	2.100	251
Pobreza (US$2,15 por día)			
Tasa total de pobreza (%)	80	60	26
Número de pobres rurales (millones)	278	1.530	91
Participación de los pobres rurales en la pobreza total (%)	70	79	39
Tasa de pobreza rural (%)	83	73	36
Tasa de pobreza urbana (%)	73	35	22
Pobreza (US$1,08 por día)			
Tasa total de pobreza (%)	49	22	8
Número de pobres rurales (millones	170	583	32
Participación de los pobres rurales en la pobreza (%)	70	82	45
Tasa de pobreza rural (%)	51	28	13
Tasa de pobreza urbana (%)	45	11	6

Fuente: Ravallion, Chen y Sangraula, 2007.
Nota: Los promedios son ponderados y se basan en 60 países entre aquellos incluidos en el cuadro 1.1, para los cuales la pobreza está documentada en la fuente. Las líneas de pobreza están definidas en dólares de 1993 a paridad de poder adquisitivo.

Los efectos de reducción de la pobreza de incrementar la producción en el sector agrícola, dependen de la posición neta de mercado de los pobres y de la elasticidad precio de la demanda por alimentos.[12] Los hogares pobres que son compradores netos de alimentos, se benefician de menores precios en la medida en que obtienen ganancias por un menor gasto en alimentos, que exceden las pérdidas que tienen a través de un menor ingreso salarial. Los productores pobres que son vendedores netos de alimentos, en contraste, ganan únicamente si la productividad crece más rápido de lo que los precios disminuyen. Dado que la demanda por cultivos alimenticios es usualmente inelástica al precio, los productores probablemente perderán. Aún así, aumentar la productividad de los cultivos alimenticios usualmente reduce la pobreza en general, debido a que en adición a los pobres urbanos, más de la mitad de los hogares rurales pobres son típicamente compradores netos de alimentos, un hecho usualmente poco apreciado (capítulo 4).

La micro evidencia proveniente de Madagascar es ilustrativa. Aunque el arroz es usualmente transable, se ha visto que éste es efectivamente no transable en las zonas rurales de Madagascar, debido a los altos costos de transporte. El análisis de datos de censos comunales, muestra que una duplicación de los rendimientos del arroz reduce el porcentaje de inseguridad alimentaria en la comunidad en 38 puntos porcentuales y disminuye el período de hambruna en 1,7 meses (o una tercera parte). La declinación en los precios del arroz y el aumento en los salarios nominales para los trabajadores agrícolas, incrementaron los salarios reales beneficiando a los más pobres que son con frecuencia oferentes de trabajo y compradores netos de arroz. Los vendedores netos pobres también se beneficiaron, en la medida en que las ganancias de productividad excedieron la caída en los precios de los alimentos.[13] Estudios econométricos para India para el período 1958-94, donde muchos de los pobres rurales no tienen tierra, reportan que los efectos de precio y salario de la productividad de los cultivos alimenticios son más importantes para reducir la pobreza rural en el largo plazo, que los efectos directos de los ingresos no agrícolas, los cuales dominaron en el corto plazo (gráfico 1.4).

RECUADRO 1.3 *Los países grandes tienen heterogeneidad regional que replica los tres mundos de la agricultura*

En los países muy grandes, los estados individuales pueden caer en diferentes categorías. India, en conjunto un país en transformación, también tiene estados agrícolas, como Uttar Pradesh y Bihar y unos pocos estados urbanizados (figura abajo). De manera semejante, México, un país en general urbanizado, también tiene algunos estados en transformación y dos estados agrícolas. En contraste con esta heterogeneidad, todos los estados de Brasil califican como urbanizados y en China todas las provincias, excepto Hainan, están en transformación.

India, en proceso de transformación, tiene estados agrícolas y urbanizados, y México, urbanizado, tiene estados en transformación y agrícolas.

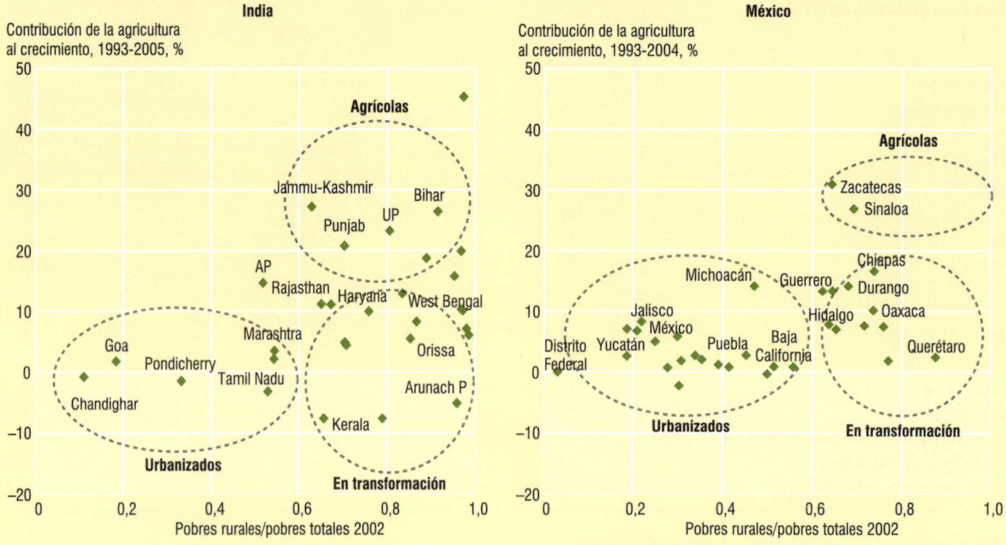

Fuentes: Organización Central de Estadísticas y Comisión de Planificación para India, Instituto Nacional de Estadística Geografía e Informática (Inegi) para México.

Gráfico 1.4 Los efectos precio y salario dominaron la elasticidad de largo plazo de la pobreza rural a los rendimientos de los cereales en la India, 1958-94

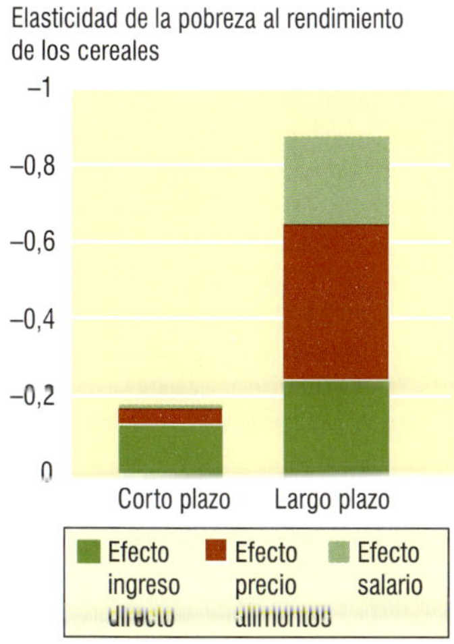

Fuente: Datt y Ravallion 1998a.
Nota: El efecto del ingreso directo incluye el originado en más altos rendimientos y empleo.

El sector agrícola transable. La globalización y los nuevos productores dinámicos (por ejemplo café en Vietnam) han aumentado la competencia para las exportaciones tradicionales. No obstante, el reciente auge de la producción de cacao por parte de pequeños productores en Ghana (de 390.000 toneladas en 2001 a 740.000 toneladas en 2006)[14], a través de nuevas plantaciones, nuevas variedades y mejoramiento genético, como respuesta a los más altos precios del mercado internacional, sugiere que muchos países africanos son competitivos en productos agrícolas primarios. El té en Kenya es otro ejemplo y existe un buen potencial para aumentar aún más los rendimientos. También se han abierto nuevos mercados para las exportaciones tradicionales, como para los cafés especiales y para los productos agrícolas no tradicionales de alto valor, como los vegetales (de Senegal), pescado (de Uganda) y flores (de Kenya).[15]

La contribución macroeconómica clave de la agricultura transable al crecimiento en general son las divisas, las cuales permiten las importaciones de insumos y de bienes de capital. Los países con recursos minerales, como Zambia, obviamente dependen menos de sus exportaciones agrícolas. Pero la mayor parte de las economías agrícolas dependen de la agricultura para una gran proporción de sus ingresos de divisas, como es el caso de las exportaciones de tabaco en Malawi.

Los efectos de reducción de la pobreza del desarrollo de la agricultura transable, dependen de la participación de los pequeños productores y hogares pobres en la producción. Las exportaciones no tradicionales intensivas en trabajo, también pueden tener sustanciales efectos locales de reducción de la pobreza mediante la generación de empleo, como sucede en Kenya y Senegal,[16] a pesar de que los cada vez más estrictos estándares alimenticios y las cada vez más verticalmente integradas cadenas de mercadeo, tienden a favorecer las granjas de tamaño medio (capítulo 5).

Enlaces con sectores fuera de la agricultura

Adicionalmente a los canales macroeconómicos que operan a través de los precios de la agricultura no transable y de las divisas obtenidas por la agricultura transable, el crecimiento de la agricultura puede estimular el crecimiento en otros sectores a través de enlaces en el consumo y la producción. Cuando los ingresos agrícolas se gastan en bienes y servicios no transables producidos domésticamente, éstos estimulan la demanda para la industria y los servicios domésticos. Los enlaces en la producción se dan hacia adelante, a través de impulsar el crecimiento en la industria de agro-procesamiento y del mercadeo de alimentos y, hacia atrás, a través de la demanda por servicios e insumos intermedios. La disponibilidad de recursos (empresarialidad, exceso de capacidad) y un clima de inversión favorable que permiten la respuesta de la oferta desde el sector no agrícola, son críticos para la efectividad de tales enlaces.

La evidencia empírica confirma estos efectos multiplicadores.[17] La fortaleza de los multiplicadores agrícolas difiere dependiendo de la estructura económica del país. Las pequeñas economías con grandes sectores transables (por ejemplo Lesotho), tienen multiplicadores más pequeños que las economías grandes con una alta proporción de la agricultura no transable en los servicios (por ejemplo, Camerún, Nigeria y Tanzania). La mayor parte de estos efectos ocurre a través del comercio y los servicios. Por tanto, la globalización y las importaciones baratas de bienes manufacturados hacia los mercados rurales –por ejemplo originarias de China, probablemente tendrán efectos limitados sobre la fortaleza de esos enlaces. También hacen posible que nuevas exportaciones basadas en el sector agrícola creen enlaces.

La agricultura como motor del crecimiento en etapas tempranas. La agricultura es un efectivo motor de crecimiento para la mayor parte de los países agrícolas, debido a que éstos necesitan producir la mayor parte de sus propios alimentos y a que probablemente tienen ventaja comparativa en la agricultura, a menos en el mediano plazo. Consideremos la producción de alimentos en primer lugar. En países de bajos ingresos, la demanda por alimentos básicos está determinada por un rápido crecimiento de la población y una alta elasticidad del ingreso. En África, la demanda por alimentos se espera que alcance US$100.000 millones en 2015, el doble de su nivel en 2000.[18] Dado que los alimentos básicos son esencialmente no transables y que se presentan frecuentes escaseces de divisas para importar cereales sustitutos, la producción de alimentos en los países agrícolas tiene que mantener el paso con la demanda doméstica (*ver* En foco C).

Consideremos ahora las exportaciones. Además de Mauricio y, más recientemente, los textiles de Kenya y Madagascar bajo acuerdos preferenciales de comercio (especialmente de la Ley para el Crecimiento y las Oportunidades Africanas), las exportaciones manufactureras no han despegado en África subsahariana. Las exportaciones africanas se concentran en productos primarios no procesados, en agudo contraste con los bienes manufacturados exportados por los países en transformación de Asia. Mientras parte de esta diferencia se relaciona con políticas macro y comerciales, la composición del comercio corresponde esencialmente a las ventajas comparativas de la mayor parte de países africanos (recuadro 1.4). Por tanto, la estrategia de crecimiento para las economías agrícolas para muchos de los años por venir, tiene que estar basada en el mejoramiento de la productividad agrícola.

¿Qué muestra la historia? Una mayor productividad en la agricultura, que genera excedentes, es gravada para financiar el desarrollo industrial y posibilita más bajos precios para los alimentos, se encontraba en la base del desarrollo temprano de Europa occidental,

RECUADRO 1.4 *La ventaja comparativa de la agricultura en África subsahariana*

La ventaja comparativa de la agricultura viene de tres fuentes:

Primero, de la dotación de factores. La mayor parte de las economías agrícolas de África son relativamente ricas en recursos naturales pero pobres en trabajo calificado, sugiriendo ventaja comparativa en productos primarios no procesados. En algunos países, una combinación de dotación de recursos naturales y de capital humano, apunta hacia una ventaja comparativa en bienes primarios procesados, aun cuando otros factores pueden haber impedido el desarrollo del sector procesador a la fecha.

Segundo, de las diferencias en productividad y en costos. Éstas son determinadas por el ambiente para los negocios, la infraestructura (vías, electricidad, comunicaciones) y las instituciones (legales, financieras, regulatorias), que influencian la eficiencia de las operaciones de firmas e industrias. El ambiente de negocios es más importante para las manufacturas y los servicios de alto valor, debido a que éstos emplean estos factores más intensivamente. Las encuestas del Banco Mundial sobre el clima de inversión, apoyan la idea de que los costos indirectos inherentes a un pobre ambiente de negocios son más elevados en promedio en África que en sus países competidores en el mundo en desarrollo.

Tercero, de las economías de escala dinámicas. La mera existencia de economías de escala, coloca a los entrantes tardíos en desventaja, al competir con países que han desarrollado ya su base industrial. Las economías agrícolas han perdido en gran medida la expansión de las industrias manufactureras intensivas en trabajo, que impulsaron el crecimiento de Asia en la década de 1980. Aún hay debate acerca de la probabilidad de que África surja como un exportador significativo de bienes manufacturados. No obstante, con base en la ventaja comparativa actual y en aparición, un diverso portafolio de exportaciones primarias procesadas y no procesadas (incluyendo servicios como el turismo), seguirá siendo la principal opción para generar divisas en el mediano plazo.

Fuente: Collier y Venables (en preparación); Effert, Gelb y Ramachandran, 2005; Wood y Mayer, 2001.

Estados Unidos y Japón y, posteriormente, en Taiwán, China, y la República de Corea.[19] Más recientemente, el rápido crecimiento de la productividad agrícola en China e India ha sido ampliamente acreditado con la iniciación de la industrialización y la generación de rápidas reducciones en la pobreza.[20] La enseñanza crítica proveniente de estas experiencias exitosas, es que los efectos adversos de la extracción de excedentes de la agricultura, cada vez fueron balanceados (o precedidos) por inversión pública en investigación científica para el desarrollo de tecnologías agrícolas y en infraestructura, incluyendo irrigación.

La prematura e inadecuadamente alta extracción de excedentes a través de un sesgo de política hacia lo urbano, combinada con la falta de inversión pública en la agricultura, a pesar de su buen potencial de crecimiento, se subrayan en la siguiente sección como las razones fundamentales para el pobre desempeño de la agricultura en muchos países basados en ésta. El crecimiento y la reducción de la pobreza en Ghana, en la década de 2000, sugiere que un robusto crecimiento agrícola es factible aún hoy día (*ver* En foco A). En países o regiones dentro de países, con pobres condiciones agroecológicas, las contribuciones de la agricultura al crecimiento serán limitadas. Aún así, la agricultura puede jugar un papel complementario importante en la reducción de la pobreza y el mejoramiento de la seguridad alimentaria (*ver* En foco C). La intensificación de la agricultura será también crítica para reversar la degradación de los recursos naturales, especialmente tierra y bosques, como base para el crecimiento sustentable de la misma. Como es ilustrado por las contrastantes experiencias de Indonesia y Nigeria, ambos grandes países exportadores de petróleo, el impulso del crecimiento agrícola es apropiado para reducir la pobreza también en países ricos en minerales (recuadro 1.5).

Países en transformación

Más de 2.000 millones de personas, alrededor de tres cuartas partes de la población rural en los países en desarrollo, vive en las zonas rurales de las economías en transformación, que comprenden la mayor parte del sur y Asia oriental, África septentrional y el Medio Oriente y algo de Europa y Asia. Aunque la agricultura contribuyó únicamente con 7% al crecimiento durante 1993-2005, ésta aun representa alrededor del 30% de la economía y emplea el 57% de la fuerza de trabajo. A pesar del rápido crecimiento y la disminución de las tasas de pobreza en muchos de estos países, la pobreza sigue siendo extendida y es esencialmente rural –más del 80% de los pobres vive en zonas rurales. Los recursos naturales también están cayendo bajo una creciente presión por la agricultura y sufren por la competencia por la tierra y el agua, por parte de las rápidamente crecientes poblaciones urbanas y de los sectores no agrícolas.

Administrando la división rural-urbana. Una característica distintiva de las economías en transformación es la ampliación de la brecha entre los ingresos rurales y urbanos. En China, la incidencia

RECUADRO 1.5 *Un papel para la agricultura en los países africanos ricos en minerales*

La agricultura representa una tercera parte de las economías de los países africanos ricos en minerales. Entre 1985 y 1999 la agricultura ha contribuido, en promedio, el doble de lo que lo ha hecho la industria al crecimiento general.[21] Sin embargo, la pobreza ha sido extendida, a pesar de que el PIB per cápita promedio es más alto que en los países pobres en minerales. Las contrastantes experiencias de Indonesia y Nigeria antes de 1997, ambos países grandes exportadores de petróleo, es diciente.

Indonesia apoyó la agricultura, indirectamente a través de devaluaciones regulares de la tasa de cambio, que proporcionaron incentivos para sus productores de bienes transables agrícolas y directamente a través de la inversión de parte de los ingresos extraordinarios del petróleo, en infraestructura rural, irrigación, crédito agrícola y subsidios a los fertilizantes. Nigeria, en contraste, explotó la agricultura directamente a través de juntas de mercadeo, e indirectamente a través de su tasa de cambio fija, la cual gravó fuertemente las exportaciones agrícolas y subsidió las importaciones baratas.

En Indonesia, la pobreza, medida por un dólar por día, disminuyó del 47% en 1981 al 14% en 1996. En Nigeria, ésta aumentó del 58% al 70% en el mismo período.[22] El diferente tratamiento dado a la agricultura explica en buena parte estos ampliamente divergentes resultados.

Fuentes: Mwabu y Thorbecke 2004; Banco Mundial 1982.

de la pobreza urbana disminuyó dos veces mas rápido que la pobreza rural entre 1980 y 2001; en Indonesia, 2,5 veces más rápido a lo largo del mismo período y en Tailandia 3,7 veces más rápido entre 1970 y 1999.[23]

Los sectores no agrícolas ahora responden por la mayor parte del crecimiento económico. Pero la transición de la población fuera de la agricultura y de las zonas rurales no mantiene el ritmo con la reestructuración de las economías en los sectores distintos a la agricultura. En China, impedimentos de política de vieja data a la movilidad laboral,[24] mantuvieron a la población rural rezagada en tanto que las economías urbanas se expandían rápidamente. En India, el bajo nivel y calidad de la educación de la mayor parte de los trabajadores rurales, es el principal responsable de su inhabilidad para encontrar trabajos en la creciente economía de los servicios.

Una respuesta de política es facilitar una más rápida absorción de la fuerza de trabajo agrícola en la economía urbana, a través de inversión en políticas de capital humano y del mercado laboral, como la capacitación vocacional, los servicios de transporte y la búsqueda de empleo (*ver* capítulo 9). Sin embargo, el rezago en el tiempo para la educación de la población es sustancial. Adicionalmente, las mismas políticas también hacen a la migración más atractiva, aumentado el inventario de desempleados urbanos y llevando hacia la congestión urbana y la urbanización de la pobreza. La complementación de estas políticas con aquellas que impulsan el crecimiento del ingreso agrícola y retrasan la migración fuera del sector tradicional, puede proporcionar importantes sinergias.[25]

El crecimiento del ingreso rural puede hacer mucho por la reducción de la pobreza en los países en transformación (*ver* En foco A). Por ejemplo, entre el 75% y el 80% de la dramática disminución de la pobreza nacional en China entre 1980-2001, fue el resultado de la reducción de la pobreza en zonas rurales. Un patrón similar se observó en Indonesia, donde el surgimiento de pueblos rurales ("urbanización sin migración") fue aún más enfatizado.[26]

Reducción de la pobreza rural mediante la nueva agricultura y el empleo no agrícola

Históricamente ha habido numerosos intentos de reducir la pobreza rural y enfrentar la creciente brecha de ingresos, mediante el aumento de la protección agrícola, frecuentemente con limitado éxito. El actual llamado para implementar subsidios a la agricultura en situaciones de débil capacidad fiscal en los países en transformación, es improbable que proporcione una solución sostenible a la pobreza rural masiva (recuadro 1.6).

El aumento en la productividad agrícola, incluyendo los rendimientos de los alimentos básicos, será crítico para contrarrestar las presiones a favor de la protección agrícola. Los alimentos básicos son aún el más grande subsector agrícola (un poco más de una tercera parte del producto en China e India y ligeramente superior a la mitad en Vietnam). En algunos países que son grandes jugadores en los mercados internacionales, continuar enfocándose en los alimentos básicos es también necesario para asegurar la seguridad alimentaria nacional. Sin embargo, el aumento de los ingresos desplaza la composición del gasto en alimentos desde los alimentos básicos y no procesados hacia dietas más variadas que incluyen alimentos procesados (capítulo 2). De esta manera, el crecimiento de la agricultura es cada vez más determinado por una demanda en rápida expansión por productos de origen animal y cultivos de alto valor, que también son más intensivos en el uso de trabajo.[27]

RECUADRO 1.6 *El apoyo a los agricultores sin una fuerte base fiscal: lecciones de Tailandia*

Antes de la década de 1960, Tailandia fue un país agrícola en el cual el arroz representaba la mayor parte de sus ingresos por exportaciones. Las exportaciones de arroz eran fuertemente gravadas, principalmente a través de un impuesto proporcional a las cantidades exportadas (la prima del arroz), que alcanzó alrededor del 30% hacia finales de la década de 1970. Este impuesto servía al doble propósito de aumentar el ingreso del gobierno dedicado a la inversión y asegurar alimentos baratos para los consumidores urbanos. En la medida en que el PIB per cápita se duplicó y las exportaciones originadas en manufacturas intensivas en trabajo aumentaron (40% al final de la década de 1970), las más amplias disparidades rural-urbanas presionaron a los políticos para implementar medidas visibles de apoyo a los agricultores.

Después de alguna inestabilidad política, el fondo de ayuda a los agricultores se estableció en 1974, alimentado en gran parte con los ingresos de la prima del arroz, derivados de fuertes incrementos en el precio mundial del grano durante la crisis mundial de alimentos de 1973-74. El fondo adelantó varios programas de apoyo a los agricultores, incluyendo apoyo a los precios a través de las compras gubernamentales de arroz. Sin embargo el programa finalizó rápidamente, en buena medida debido a que los ingresos generados por la prima del arroz cayeron a medida que declinaron los precios mundiales del grano después de la crisis alimentaria.

Este episodio ejemplifica el dilema que existe en la formulación de políticas sostenibles para enfrentar las disparidades rural-urbanas. El programa fue contradictorio porque trataba de apoyar a los agricultores, con base en el ingreso obtenido de gravarlos, sin contar con una fuerte base fiscal fuera de la agricultura. Aún si el programa hubiera funcionado, el aumento en los precios del arroz hubiera encontrado fuerte resistencia por parte de los consumidores urbanos pobres.

A medida que la economía de Tailandia progresó, la prima del arroz fue reducida de manera gradual y finalmente abolida en 1986. Nuevos programas de apoyo han sido introducidos desde entonces, como el programa de crédito a los productos agrícolas. Préstamos gubernamentales de bajo interés son otorgados contra una garantía en arroz, siendo el objetivo de ésta la cancelación de la deuda si el precio del grano no llega al nivel objetivo. Sin embargo, es improbable que tales programas sean sostenibles o suficientemente generosos para cerrar las brechas de ingreso.

Fuente: Hayami 2005.

El impacto del crecimiento del sector agrícola sobre la pobreza, entonces, depende cada vez más de que los pobres estén enlazados con estos nuevos procesos de crecimiento, bien sea como pequeños productores o como trabajadores. Las cadenas de oferta verticalmente integradas imponen particulares desafíos para ellos (*ver* capítulo 5), aunque reciente evidencia de China sugiere que los agricultores pequeños y pobres toman un papel activo en la economía hortícola en rápida expansión en ese país.[28]

Empleo no agrícola. La agricultura sola no puede aliviar la pobreza rural; el empleo rural no agrícola es también importante. El potencial de la agricultura para contribuir a la reducción de la pobreza rural difiere entre países. En China, donde la tierra es relativamente distribuida en forma equitativa, la reducción de la pobreza originada en el crecimiento del PIB a partir de la agricultura fue casi 4 veces más alta que a partir del crecimiento del PIB originado en la industria o los servicios.[29] El rápido desarrollo de la agricultura también contribuyó sustancialmente a la dramática a reducción de la pobreza en Vietnam a lo largo de los últimos 15 años y es probable que se mantenga como una importante vía para salir de la pobreza para muchos de los pobres en ese país.[30] En India e Indonesia, sin embargo, el crecimiento de los servicios rurales se estima que contribuyó al menos tanto como el crecimiento de la agricultura hacia la reducción de la pobreza.[31] Los efectos de reducción de la pobreza del crecimiento de la economía no agrícola en India, son mayores en los estados con más altos niveles iniciales de productividad agrícola y de estándares de vida rural.[32]

En muchos casos, el crecimiento en el empleo rural no agrícola sigue estando fuertemente ligado al crecimiento en la agricultura, en la medida en que ésta se convierte en un más importante oferente de bienes intermedios a otros sectores, como el de alimentos procesados (enlaces hacia adelante) (gráfico 1.5). El comercio y el transporte rurales, frecuentemente de alimentos, representan alrededor del 30% del empleo rural no agrícola.[33] Estimaciones econométricas para China rural, sugieren también significativos efectos entre sectores que van del crecimiento en la agricultura hacia el de ciertas actividades no agrícolas, habiendo una menor evidencia de enlaces en el sentido contrario.[34]

Pero con la urbanización y la globalización, el crecimiento en el empleo rural no agrícola ocurre cada vez más de forma independiente de la agricultura. En India, las regiones que tienen los más bajos crecimientos en la productividad agrícola tuvieron el más grande aumento en el sector transable rural no agrícola.[35] Cuando el capital y los bienes son móviles, los inversionistas buscan oportunidades de salarios bajos, en áreas que no incrementen sus ingresos a través de una más alta productividad agrícola. La congestión urbana y los más altos costos laborales urbanos, también estimulan la subcontratación urbana-rural en varios sectores a través del Asia oriental, tanto para el consumo doméstico como para la exportación.[36] Sin la rápida expansión del empleo rural no agrícola a través de la subcontratación en los poblados orientados a las exportaciones y en las empresas localizadas en las villas, la pobreza y la desigualdad rurales habrían sido mucho más altas en la provincia central de Hubei en China. [37]

La reducción de la pobreza a través del empleo rural no agrícola, con frecuencia es indirecta. En India y Bangladesh, relativamente pocos de los pobres tienen acceso a los empleos no agrícolas.[38] Sin embargo, a través de atraer trabajadores asalariados agrícolas no pobres, el empleo no agrícola hace presión hacia el alza en los salarios agrícolas, beneficiando a los pobres.

Países urbanizados

La agricultura representa únicamente el 6% de las economías urbanizadas y contribuye más o menos proporcionalmente al crecimiento, pero los agronegocios y la industria alimentaria y los servicios pueden representar alrededor del 30% del PIB. Aunque casi tres cuartas partes de la población de los países urbanizados vive en áreas urbanas, 45% de los pobres está en zonas rurales y 18% de la fuerza de trabajo aún labora en la agricultura. La mayor parte de países en América Latina y muchos en Europa y Asia central pertenecen a esta categoría.

La agricultura: un buen negocio, con potencial para reducir la pobreza. En los países urbanizados la agricultura actúa como cualquier otro sector transable, siendo con frecuencia económicamente importante en subregiones específicas. Proporciona oportunidades de crecimiento en subsectores con ventaja comparativa, así como servicios ambientales –teniéndose que los nuevos mercados para los biocombustibles, el comercio de captura de carbono y la preservación de la biodiversidad, abren oportunidades que están en buena medida aún por aprovechar. La principal división es ahora entre el sector tradicional rural y los sectores modernos rural y urbano. La presión para proteger a la agricultura se mantiene.

Siendo la mayor parte de la agricultura transable, los precios no disminuyen a raíz del crecimiento en la productividad y los propietarios de la tierra capturan la mayor parte del excedente. La distribución de la tierra y la intensidad de uso del trabajo en la producción, determinan los efectos de reducción de la pobreza. Cada vez más, la pobreza se reduce a través del empleo del trabajo no calificado. Buena parte de la expansión del PIB agrícola de Chile, puede ser atribuido al auge de las agroexportaciones intensivas en trabajo a lo largo de las últimas dos décadas. Los pobres rurales se benefician indirectamente, a través del empleo por parte de agricultores de gran escala y agroprocesadores, siendo la mayor parte de los trabajos tomados por mujeres. El impacto de reducción de la pobreza ha sido sustancial, a pesar de la existencia de cadenas de oferta verticalmente integradas. Cada punto porcentual de expansión del producto agrícola y de agroprocesamiento, se estima que reduce la pobreza nacional entre 0,6 y 1,2%.[39]

Sin embargo, el éxito en la agricultura no siempre reduce la pobreza. Brasil experimentó un dramático crecimiento en la agricultura durante la década de 1990, a continuación de su liberalización comercial y de mejoras en los incentivos de precios. Pero no es claro que tanto de este auge redujo la pobreza rural, debido a que el empleo agrícola disminuyó y se desplazó hacia los trabajadores asalariados de más alta calificación, en la medida en que la producción se hizo más intensiva en capital. La reducción en la pobreza rural fue predominantemente el resultado de transferencias de ingreso y del empleo en la economía rural no agrícola.[40]

El desafío de utilizar la agricultura para el desarrollo en los países urbanizados, es crear oportunidades para los pequeños agricultores para que ofrezcan producto a los mercados modernos de alimentos y

Gráfico 1.5 La proporción del procesamiento de alimentos en el valor agregado agrícola aumenta con el ingreso

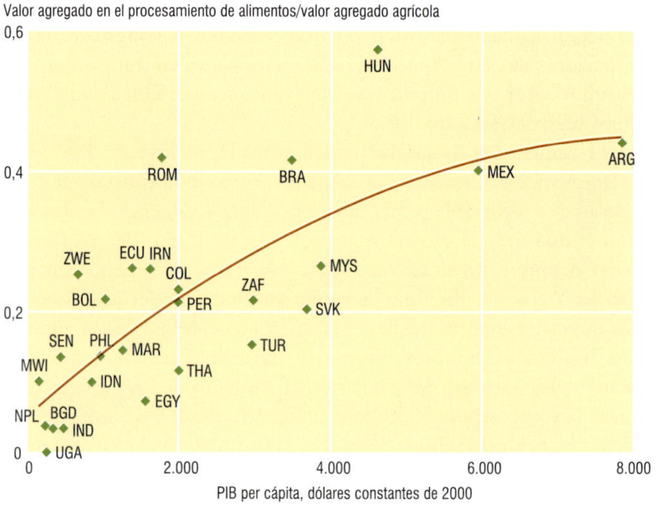

Fuente: Banco Mundial 2006y; Unido Base de Datos de Estadísticas Industriales, 2005.
Nota: La lista de los códigos de tres letras para los países que representan se encuentran en las páginas de siglas y abreviaciones.

crear buenos trabajos en la agricultura y en la economía rural no agrícola (capítulo 10). La rápida concentración que se presenta en los agronegocios y en el mercadeo al detal de los alimentos hace más agudo este desafío (capítulo 5).

El potencial de la agricultura para el desarrollo es desaprovechado

La conexión entre la agricultura y el desarrollo, puesta de presente por la evidencia revisada acá, muy frecuentemente no ha sido explotada. Ciertamente, la agricultura puede aún desempeñarse como un motor del crecimiento en la mayor parte de países al sur del Sahara, donde las poblaciones se están urbanizando lentamente sin que haya una reducción en la pobreza. Aún en los países en transformación, los desafíos de la pobreza rural y de la desigualdad de ingresos, siguen siendo elevados a pesar del espectacular crecimiento de algunos de ellos.

Cuatro hipótesis podrían explicar esta brecha entre promesa y realidad:

- El crecimiento de la productividad agrícola es intrínsecamente lento, haciendo difícil materializar el potencial de crecimiento y de reducción de pobreza de ésta.
- Las políticas macroeconómicas, de precios y comercial, discriminan indebidamente contra la agricultura.
- Ha existido un sesgo urbano en la asignación de la inversión pública, así como una mala inversión al interior de la agricultura.
- La ayuda oficial para el desarrollo, dirigida a la agricultura, ha declinado.

¿Es el sector agrícola menos productivo?

Algunos hacen referencia al frecuentemente observado menor crecimiento de la agricultura, comparado con el resto de la economía, para sostener que ésta es inherentemente menos dinámica. El argumento va hacia atrás, tan lejos como hasta Adam Smith, quien planteó que la productividad estaba limitada a crecer más lentamente en la agricultura que en la manufactura, debido a los mayores impedimentos para la especialización en la división del trabajo en la producción agrícola. Más recientemente se ha argumentado, especialmente para África, que el rápido crecimiento de la agricultura será difícil debido a una intrínsecamente desfavorable base agroecológica, la rápida degradación del suelo, la baja densidad de población, los mercados con inadecuados niveles de desempeño y la competencia del resto del mundo.[41]

En este debate es importante distinguir la tasa de crecimiento en el producto (o valor agregado) de la agricultura, de la tasa de crecimiento de alguna medida de la productividad, tal como la productividad del trabajo o la productividad total de los factores. Al comparar la tasa y fuentes de crecimiento del valor agregado de la agricultura y de los sectores no agrícolas durante los últimos 15 años, se muestra que existen diferentes patrones en los tres mundos de la agricultura (gráfico 1.6). En los países en transformación, el extraordinario dinamismo del sector no agrícola se refleja en su alto crecimiento sostenido, basado tanto en un aumento en el empleo como en la productividad del trabajo –como es evidente de esta descomposición del crecimiento. Pero las tasas de crecimiento en la agricultura y en el sector no agrícola son similares en los países agrícolas y urbanizados. Adicionalmente, la productividad del trabajo en la agricultura aumentó más rápidamente que en los sectores no agrícolas en cada una de estas dos categorías de países.

Además, la productividad total de los factores (PTF) ha aumentado más rápidamente en la agricultura que en la industria en muchos casos. Para 50 países de ingreso bajo y medio entre 1967 y 1972, el crecimiento promedio de la PTF fue de 0,5 a 1,5 puntos porcentuales más alto en la agricultura que en los sectores no agrícolas, habiéndose observado diferencias comparables a lo largo de todo el espectro del desarrollo.[42]

Estos hallazgos no deben ser tomados para sostener la superioridad del crecimiento de la PTF de la agricultura a lo largo de las últimas décadas, sino para refutar la idea de que la agricultura es un sector retrasado, en el cual la inversión y las políticas son automáticamente menos efectivas para generar crecimiento. Brasil y Chile –donde los bienes agrícolas se han convertido predominantemente en transables y donde el crecimiento de la agricultura ha excedido el de los sectores no agrícolas durante más de una década– confirman que la agricultura puede ser un sector dinámico. Pero en muchos países donde la agricultura es menos transable, es probable que crezca más lentamente que los sectores no agrícolas dada la Ley de Engel (a medida que el ingreso aumenta, la proporción de gasto hecha en alimentos disminuye).

¿Discriminan las políticas macroeconómica, de precios y comercial, contra la agricultura?

Hay importante evidencia de que un menor crecimiento de la agricultura se relaciona con un sesgo en la política macro y sectorial contra ésta. El trabajo pionero de Krueger, Schiff y Valdés (1991)[43] documentó claramente cómo 18 países gravaban a la agricultura en relación con otros sectores. Estas intervenciones indujeron una disminución del 30% en el precio relativo de los bienes agrícolas con respecto al índice de precios de los bienes no agrícolas. Este sesgo de política fue mayor en los países agrícolas en África subsahariana, con tasas de cambio sobrevaluadas, altos niveles de protección comercial a la industria e impuestos a las exportaciones agrícolas, que contribuían conjuntamente a este sesgo. Se estimó que una reducción del 10% en la tasa impositiva total al sector, incrementaría el crecimiento general anual en 0,43 puntos porcentuales.

Desde entonces, la mayor parte de los países en desarrollo ha mejorado sustancialmente en su política macroeconómica y reducido sus sesgos contra la agricultura (capítulo 4). Un índice compuesto integrado por los tres elementos básicos de una adecuada política macroeconómica (fiscal, monetaria y cambiaria) muestra una clara mejora desde mediados de la década de 1990 en la mayor parte de países africanos al sur del Sahara (gráfico 1.7). Se observa también una asociación positiva entre la mejora en este índice y el desempeño de la agricultura.

La evidencia econométrica a nivel de país, muestra que períodos de rápido crecimiento en la agricultura y de sustancial reducción en la pobreza se han dado a continuación de las reformas. En Uganda, el aumento en los precios del café –en buena medida determinado por la liberalización del mercado doméstico, pero también por la devaluación de la tasa de cambio y precios mundiales favorables– redujo sustancialmente la pobreza rural entre 1992 y 2000 mediante el incentivo a la respuesta de la oferta. Se estima que un incremento de 10% en el precio del café, reduce la tasa de incidencia de la pobreza en 6 puntos porcentuales.[44] En China, el 60% de la dramática expansión del producto agrícola y el 51% de la reducción en la pobreza rural de 33 a 11 puntos porcentuales entre 1978 y 1984 ha sido atribuido a las reformas institucionales, especialmente al sistema de responsabilidad de los hogares y a las reformas de precios.[45]

Gráfico 1.6 La productividad del trabajo ha sido una fuente de crecimiento más importante en la agricultura que en los sectores no agrícolas, 1993-2005

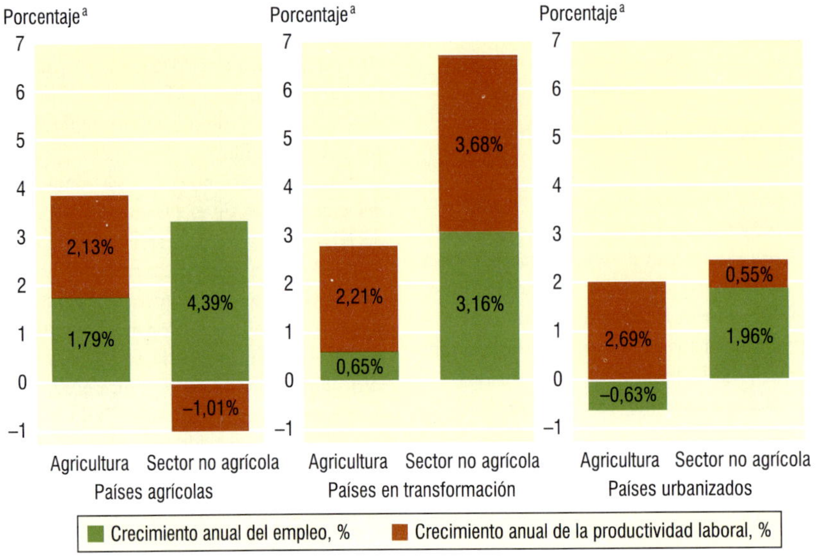

Fuente: FAO (2006a).
a. Tasa de crecimiento anual del sector (igual a la suma de las tasas de crecimiento del empleo y la productividad laboral).

Aún en los casos en que las políticas macroeconómicas y de precios han sido reformadas, las políticas comerciales internacionales –especialmente la protección y los subsidios de los países miembros de la Organización para la Cooperación y el Desarrollo Económicos (OCDE)– siguen imponiendo sustanciales costos sobre la agricultura de los países en desarrollo. En conjunto, las políticas comerciales deprimen los precios de los productos agrícolas en los mercados internacionales en promedio en un 5% (capítulo 4). A la fecha, sólo se ha hecho modesto progreso en la reforma de estas políticas y mucho depende de un resultado exitoso de la Ronda de Doha de las negociaciones comerciales.

¿Está el gasto público sesgado hacia las necesidades urbanas?

Los países exitosos han invertido en la agricultura antes de gravarla (directa e indirectamente) para financiar el desarrollo industrial.[46] Ha sido la fuerte explotación de la agricultura antes de que se hayan hecho significativas inversiones (públicas) en el desarrollo agrícola, la que ha probado ser letal, especialmente en África. Con frecuencia, el ganso ha sido asesinado antes de que pudiera poner su huevo de oro. La proporción del gasto público en la agricultura en los países agrícolas (especialmente en África), es significativamente menor (4% en 2004) que en los países en transformación durante su período de crecimiento basado en la agricultura (10% en 1980) (cuadro 1.3).

Gráfico 1.7 La política macreconómica y el crecimiento agrícola han mejorado en África subsahariana

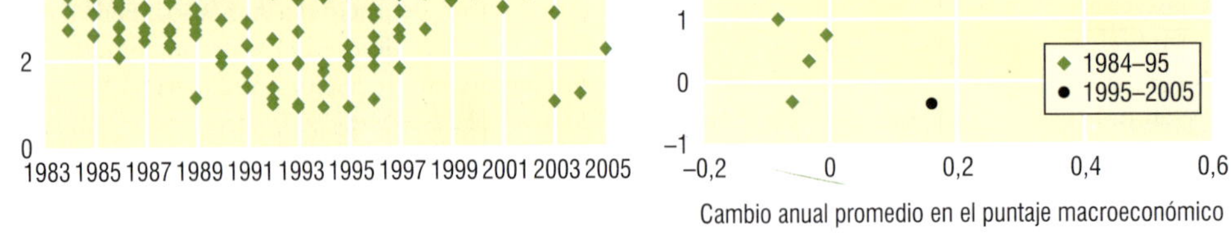

Fuente: http://www.icrgonline.com.
Nota: El puntaje macroeconómico es el promedio de los puntajes en el balance presupuestal, la inflación y la estabilidad para la tasa de cambio, proporcionado por la Guía Internacional de Riesgo-País. Cada punto representa un país.

Cuadro 1.3 El gasto público en los países agrícolas es bajo

	Países agrícolas		Países en transformación		Países urbanizados	
	1980	2004	1980	2004	1980	2004
Gasto público en la agricultura como proporción del gasto público total (%)	6,9	4,0	14,3	7,0	8,1	2,7
Gasto público en la agricultura como proporción del PIB agrícola (%)	3,7	4,0	10,2	10,6	16,9	12,1
Porcentaje de la agricultura en el PIB (%)	28,8	28,9	24,4	15,6	14,4	10,2

Fuente: Fan (en preparación).
Nota: Los datos para los países agrícolas corresponden a 14 países (12 de África subsahariana), los de los países en transformaciones provienen de 12 países y los de los países urbanizados provienen de 11 países.

Los bajos niveles de gasto en la agricultura en África subsahariana, son insuficientes para un crecimiento sostenido. El reciente llamado por parte del nuevo programa económico para el desarrollo africano, para aumentar el gasto agrícola a 10% del presupuesto nacional, está orientado a reversar esta tendencia y llevaría el gasto a un nivel que es más cercano al que generó el éxito en los países ahora en proceso de transformación.

Para evaluar la asignación óptima de inversión pública entre sectores, idealmente se necesita que los retornos al gasto entre éstos sean comparados sistemáticamente. La realización de este ideal está plagada de problemas conceptuales, metodológicos y de datos, indicando la importancia de la continuidad de una agenda de investigación en este aspecto. Se han documentado altos retornos a la extensión y la investigación agrícola y un meta-análisis reporta tasas de retorno en el rango de 35% (África subsahariana) a 50% (Asia) para un conjunto de 700 estudios, retorno muy superior al costo del dinero al cual tienen acceso los países en desarrollo (*ver* capítulo 7).[47] En tanto que los proyectos de irrigación en África subsahariana fueron con frecuencia inefectivos en las décadas de 1970 y 1980, los retornos actuales a este mismo tipo de proyectos frecuentemente alcanzan el rango del 15% al 20% comúnmente obtenido en el resto del mundo (capítulo 2).[48] La evidencia de las zonas rurales de Uganda muestra que la I&D agrícola y el desarrollo de vías rurales son inversiones rentables.[49]

La disminución de la financiación pública para la agricultura en Asia y América Latina, refleja en parte la decreciente importancia de ésta en la economía (cuadro 1.3). Ha habido recientes reversiones en varios países, sin embargo, incluyendo China, India y México,[50] motivadas por la necesidad de combatir la pobreza y de disminuir la brecha de ingresos rural-urbana.

El gasto agrícola con frecuencia ha estado sesgado hacia el subsidio a los bienes privados (fertilizantes, crédito) y a hacer transferencias socialmente regresivas. Estas son en general sustancialmente menos productivas que las inversiones en bienes públicos clave, como inversión agrícola, infraestructura rural, educación y salud.[51] El sesgo hacia los bienes privados con frecuencia empeora a la medida que el PIB per cápita de los países aumenta, como en India, donde los subsidios agrícolas aumentaron de 40% del gasto público agrícola en 1975 a 75% en 2002 (capítulo 4). La subinversión en la agricultura, especialmente pronunciada en las economías agrícolas, se mezcla adicionalmente con la mala inversión, especialmente en los países en proceso de transformación y urbanizados.

La asistencia para el desarrollo dirigida a la agricultura disminuyó dramáticamente

El porcentaje de la asistencia oficial para el desarrollo (AOD) dedicado a la agricultura[52, 53] disminuyó fuertemente a lo largo de las dos décadas pasadas, desde un tope de alrededor de 18% en 1979 hasta 3,5% (gráfico 1.8). También disminuyó en términos absolutos, desde un máximo de alrededor de 8.000 millones de dólares (de 2004) en 1985 a 3.400 millones en 2004. La más fuerte disminución se originó en las instituciones financieras multilaterales, especialmente el Banco Mundial. Al final de la década de 1970 y comienzo de la de 1980, el grueso de la AOD agrícola se dirigió a Asia, especialmente India, en apoyo de la revolución verde, aunque ésta disminuyó dramáticamente con posterioridad. La AOD total para la agricultura en Africa,[54] aumentó un tanto en la década de 1980 pero está de nuevo de regreso a su nivel de 1975, cercano a 1.200 millones de dólares. Esta disminución en la atención hacia la agricultura es muy impactante, debido a que sucedió en tanto que la pobreza rural aumentaba.

Un grupo complejo de razones explica la disminución en el apoyo de los donantes a la agricultura y al desarrollo rural: (1) la caída en los precios internacionales que hicieron a la agricultura menos rentable para los países en desarrollo; (2) el aumento en la competencia al interior de la AOD, especialmente para los sectores sociales; (3) las respuestas de emergencia a numerosas crisis; (4) la oposición de los agricultores en algunos países donantes a apoyar la agricultura en los principales mercados de destino de sus exportaciones; y (5) oposición de los grupos ambientales que percibían a la agricultura como un contribuyente a la destrucción de los recursos naturales y a la contaminación ambiental.

El fracaso de ciertos esfuerzos para el desarrollo de la agricultura también influenció las expectativas de los donantes. El "agro-escepticismo" de muchos donantes puede también haber estado relacionado con su experiencia respecto a infructuosas intervenciones pasadas en la agricultura, como los proyectos de gran escala de desarrollo rural integrado y de sistemas de extensión por capacitación y visitas, que fueron promovidos fuertemente por el Banco Mundial.[55] Una pobre compresión de la dinámica agrícola, una débil gobernanza y la tendencia de los donantes a buscar fórmulas de talla única, contribuyeron a estos fracasos. Las dificultades para la implementación son especialmente desafiantes en la agricultura, con una débil gobernanza y alta dispersión espacial de los programas. Esta experiencia subraya la necesidad de fortalecer la capacidad de los donantes y de los países recipientes para el diseño de los programas y para invertir en gobernanza y en instituciones adecuadas para una efectiva implementación (capítulo 11).

Desde 2001, el interés de los gobiernos y de los donantes en la agricultura ha aumentado, al menos en el discurso y modestamente en el apoyo. Esto está sucediendo debido a una reversión de las razones para la disminución del apoyo a la agricultura, como altos precios internacionales para los bienes agrícolas; alta prioridad para la agricultura por parte de los gobiernos de los países en desarrollo; y,

Gráfico 1.8 La asistencia oficial dirigida a la agricultura disminuyó fuertemente entre 1975 y 2004

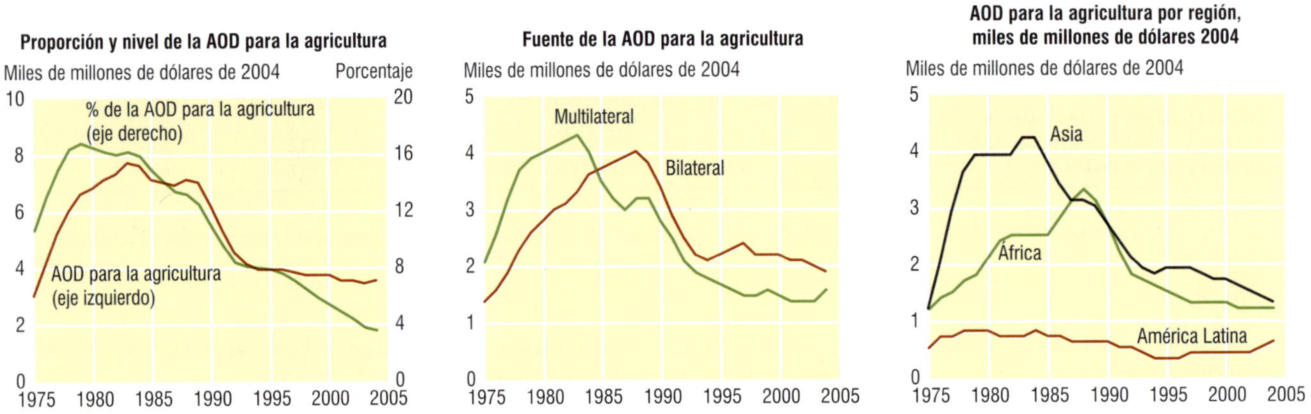

Fuente: OCDE, 2006a.
Nota: Datos suavizados mediante regresiones ponderadas localmente.

nuevas perspectivas de proyectos de desarrollo agrícola fundamentadas en la descentralización, participación y asociaciones público-privadas con una mayor probabilidad de éxito.

La economía política de la política agrícola

En tanto que las creencias sobre una baja productividad de la agricultura pueden estar cambiando bajo el peso de la evidencia y que el contexto macroeconómico definitivamente ha mejorado, se necesita una mejor comprensión de la economía política de la política agrícola, para enfrentar la continuación del rechazo, la subinversión y la mala inversión en el sector. Este entendimiento será utilizado en los capítulos 4 a 8 para interpretar los resultados de política y en los capítulos 10 y 11 para diseñar agendas de agricultura para el desarrollo, que satisfagan el criterio de factibilidad política.

El proceso de toma de decisiones de política agrícola

La toma de decisiones de política agrícola puede ser vista como el resultado de una negociación política entre los políticos y sus ciudadanos.[56] Los ciudadanos pueden ser individuos atomísticos que demandan acción política a cambio de apoyo político (votos) o pueden estar organizados en grupos de presión que defienden intereses especiales.

Objetivos del Estado y definición de política. Los políticos gozan de diferentes grados de autonomía. Ellos tienen sus propios objetivos, por ejemplo ser reelegidos o mantener legitimidad, mejorar el bienestar de sus constituyentes o perseguir alguna visión para el país. Las instituciones, como la estructura de la burocracia, las formas alternativas de representación, los mecanismos de definición de intereses y los sistemas de recompensa, condicionan sus preferencias y poder en el juego político. Hay muchos ejemplos de importantes reformas de política dirigidas por un estado con considerable autonomía en la toma de decisiones. La revolución verde en Asia, por ejemplo, ocurrió tanto en sistemas políticos democráticos como no democráticos. En India, la fuerza determinante de la revolución verde fue la voluntad política de tener autosuficiencia alimentaria, una vez el gobierno de Estados Unidos decidió, a mediados de la década de 1960, utilizar la ayuda alimentaria como un instrumento de política exterior.[57] Indonesia (bajo Suharto) es un ejemplo de un régimen de partido único que lanzó una revolución verde.

Aparentemente, los regímenes autoritarios en África han tenido menores incentivos políticos para apoyar a la agricultura de pequeña escala. Los estados africanos utilizaron tanto la conversión como el apoyo estratégico de los agricultores grandes, para eliminar la oposición a las políticas de precios agrícolas que gravaban la agricultura.[58] Hay también numerosos casos en los cuales los estados africanos hicieron serios esfuerzos para intensificar la producción agrícola pero, a diferencia de Asia, muchos se enfocaron en la producción de gran escala, sin un éxito sostenible.[59]

Las crisis económicas pueden proporcionar más autonomía a los hacedores de política para embarcarse en reformas que serían difíciles en tiempos normales. Muchas reformas del papel del Estado en la agricultura, fueron introducidas como parte de los ajustes estructurales que se hicieron inevitables a raíz de la crisis de la deuda –por ejemplo, el desmantelamiento de las juntas de mercadeo en Uganda (*ver* recuadro 4.4).

Con mayor frecuencia, los hacedores de política buscan maximizar el apoyo político dentro de sus restricciones de recursos. El apoyo político está usualmente relacionado con los cambios en bienestar inducidos por la política. Por tanto, los políticos pueden conseguir apoyo a través de favorecer grupos que están perdiendo terreno en relación con otros. Los subsidios a la agricultura fueron introducidos en la década de 1930 en Estados Unidos, cuando los ingresos agrícolas cayeron un 50% más que aquellos de sus contrapartes urbanas. Los subsidios a la electricidad en la India, se mantienen en parte como una compensación por la creciente disparidad de ingresos entre los sectores agrícola y no agrícola. Las adecuadas reformas instauradas por China en 1978, respondían al imperativo de restaurar la independencia alimentaria de China y un estándar de vida mínimo para todos sus ciudadanos. En las democracias, el voto de los agricultores puede ser muy influyente. Las elecciones de 2004 en India, por ejemplo, fueron ganadas por una coalición de partidos que prometieron solucionar el "desarreglo agrario".[60]

Acción colectiva y decisiones de política. Los grupos organizados de ciudadanos pueden tener una fuerte influencia sobre el proceso político. El poder de los grupos de presión depende de su habilidad para superar los costos de organizarse y para contrarrestar a quienes se benefician sin incurrir en estos costos. Una extensa evidencia empírica muestra que a los grupos pequeños y más concentrados geográficamente les va mejor, así como a los grupos más organizados con un liderazgo fuerte. Los grupos de presión necesitan recursos financieros para ser efectivos –por ejemplo, para contribuir a las campañas políticas. También necesitan capital humano, como sucede con la habilidad para tener influencia en la política. Finalmente, y muy importante, necesitan capital social, tal como organizaciones con una fuerte membresía, que puedan ser movilizadas para hacer manifestaciones y ejercer presión. En las economías en desarrollo, los costos de transacción de los agricultores para la acción colectiva son altos, debido al hecho de que son grupos numerosos, de naturaleza dispersa, con altos costos de transporte e información, pobres y con fuertes relaciones de patronaje con la clase terrateniente, que puede perseguir intereses opuestos. Por esta razón, los intereses de los pequeños agricultores tienden a ser pobremente representados y la política a ser sesgada hacia los intereses urbanos y los de la élite que posee tierra.

Los pobres urbanos, en contraste, no necesitan un alto grado de organización para montar una protesta pública, como es ilustrado por las revueltas alimentarias en relación con el precio del pan en Egipto. Los grupos industriales usualmente tienen más recursos financieros para influir en la política y con frecuencia pertenecen a las élites sociales cuyo capital social facilita el ejercicio de la presión. En la medida en que los países se urbanizan y se industrializan, los agricultores enfrentan menores desafíos para la acción colectiva. Su número disminuye y su acceso a los recursos aumenta, en tanto que la creciente brecha de ingreso entre los sectores agrícola y no agrícola les proporciona una causa para la acción. Históricamente, en las economías industriales los agricultores han formado grupos de presión sorprendentemente efectivos para buscar la protección a la agricultura y el otorgamiento de subsidios, los cuales han demostrado ser extremadamente difíciles de desmantelar a pesar del rápidamente decreciente número de agricultores (*ver* capítulo 4).[61]

En muchos países en desarrollo, la democratización ha aumentado las posibilidades de los pequeños agricultores para conformar organizaciones e influir en la política. En África occidental, por ejemplo, las organizaciones de productores y los parlamentos están crecientemente involucrados en la formulación de estrategias y políticas agrícolas (*ver* capítulo 11).[62] Ellos han influenciado en la toma de decisiones de política en Senegal y Mali. Si estas políticas agrícolas podrán aumentar la asignación de recursos hacia la agricultura, es algo que está por verse.

¿Por qué utilizar instrumentos ineficientes de política?

La información imperfecta acerca de los efectos de bienestar, implica que algunos instrumentos de política son *políticamente* más efectivos que otros, aun si son menos eficientes *económicamente*. Ya que los políticos maximizan su apoyo político de corto plazo antes que el bienestar de sus constituyentes, ellos prefieren los primeros instrumentos a los últimos. Por ejemplo, el apoyo a los precios es escogido sobre las transferencias directas de ingreso, debido a que la autosuficiencia es atractiva al sentimiento nacionalista de los votantes, a que los agricultores temen a un excesivamente visible estigma "bienestarista" y a que la información sobre el costo directo de las transferencias puede llevar a subsiguientes reversiones en la política. Algunos instrumentos tienen beneficios que son más fáciles de focalizar hacia los clientes políticos, como los proyectos de inversión o la ayuda alimentaria. Los ampliamente distorsionantes impuestos a las exportaciones pueden, por tanto, mantenerse para proporcionar ingresos fiscales que son susceptibles de ser utilizados para recompensar a los clientes políticos y a los grupos étnicos de apoyo.[63] Algunos instrumentos tienen costos que son fáciles de ocultar –por ejemplo, impuestos al comercio, en oposición a impuestos a la tierra y al valor agregado. El costo social neto es intercambiado por la factibilidad política y las ganancias redistributivas.

La inhabilidad para hacer compromisos creíbles en un proceso político dinámico, puede forzar aún más al gobierno hacia el uso de políticas sub-óptimas. Los grupos que pierden de la reforma, anticipan que estarán peor en el largo plazo aunque en el momento les sea prometida una compensación. La carencia de un mecanismo de compromiso que garantice la compensación, cuando hay un rezago entre la implementación de la política y sus efectos redistributivos, es un obstáculo mayor para la toma de decisiones de política.

El sesgo resultante hacia el *statu quo* ha sido utilizado para explicar la oposición a las reformas comerciales y a la eliminación de subsidios, a cambio de un mejor futuro para los servicios públicos. La descentralización y una mayor proximidad entre el electorado y los tomadores de decisiones de política pueden ser parte de la respuesta. El aumento de la autonomía de las agencias compensatorias o ligar las compensaciones a la legislación –tal como en el programa Procampo en México, para hacer las negociaciones del acuerdo de Libre Comercio en Norteamérica políticamente aceptables para los productores de bienes que compiten con las importaciones– han sido utilizadas exitosamente, con el riesgo de que haya irreversibilidad una vez los subsidios hayan sido introducidos.

Un nuevo papel para la agricultura en el desarrollo

El argumento para usar el poder de la agricultura para la reducción de la pobreza y como un motor para el crecimiento en los países agrícolas, sigue vivo en la actualidad. Su uso efectivo requiere del ajuste de las agendas de política a cada tipo de país, e igualmente al interior de los países. A pesar de sus convincentes éxitos, la agricultura no ha sido utilizada en su completo potencial en muchos países, debido a los sesgos contra la agricultura en la toma de decisiones de política y a la subinversión, frecuentemente mezclada con la mala inversión y el rechazo de los donantes, a un alto costo de sufrimiento humano. Existen nuevas oportunidades para la realización de este potencial, pero surgen también nuevos desafíos, particularmente en la búsqueda de una perspectiva de crecimiento agrícola liderada por los pequeños productores, que reconcilie las funciones económica, social y ambiental de la agricultura. Los siguientes capítulos exploran los instrumentos disponibles para utilizar la agricultura para el desarrollo y la forma de definir e implementar agendas específicas para cada tipo de país.

En foco A

La disminución de la pobreza rural ha sido un factor clave en la reducción de la pobreza total

Las tasas de pobreza en las zonas rurales han disminuido a lo largo de la última década, especialmente debido a las impresionantes ganancias en China. Sin embargo, 75% de los pobres del mundo aún viven en zonas rurales y las tasas de pobreza rural siguen siendo persistentemente altas en el Asia meridional y África subsahariana. La reducción de la pobreza rural contribuyó más del 45% a la reducción de la pobreza total entre 1993 y 2002, debiéndose solamente una pequeña proporción de ésta a la migración rural-urbana. Las brechas en los ingresos rural-urbanos se han disminuido en la mayor parte de regiones, excepto en Asia, donde la ampliación de esta brecha es una fuente de tensiones políticas y un motivo de nuevos esfuerzos para estimular el desarrollo agrícola y rural.

La pobreza está concentrada en las zonas rurales: con una línea internacional de pobreza de US$1,08 por día, el 75% de los pobres en los países en desarrollo viven en áreas rurales, en tanto que solamente el 58% de la población es rural.

Las tasas de pobreza en las zonas rurales han disminuido durante los últimos diez años, pero siguen siendo extremadamente altas (gráfico A.1). Éstas disminuyeron de 37% en 1993 a 30% en 2002 para el mundo en desarrollo en conjunto, utilizando una línea de pobreza de US$1,08 por día (recuadro A.1). Fuera de China, sin embargo, los resultados son menos impresionantes, con un declive de 35% a 32%. El número de personas pobres en las zonas rurales cayó solo ligeramente de 1.000 millones a 900 millones de personas. Con una línea de pobreza más alta (US$2,15 por día), las tasas de pobreza disminuyeron de 78% a 70% y el número de personas pobres disminuyó ligeramente de 2.200 millones a 2.100 millones de personas.

Estas tendencias mundiales esconden grandes variaciones en la evolución de la pobreza entre regiones y países. Las tasas de pobreza rural siguen siendo frustrantemente altas y tenaces en el Asia meridional (40% en 2002) y África subsahariana (51%) y el número absoluto de pobres en estas regiones ha aumentado desde 1993.

Muchos países que han tenido tasas de crecimiento agrícola considerablemente altas, han mostrado reducciones sustanciales en la pobreza rural: Vietnam con la reforma agraria y la liberalización comercial y de precios; Moldavia, con la distribución de tierras; Bangladesh, con crecientes ingresos agrícolas y rurales no agrícolas y un menor precio para el arroz, resultante para nuevas tecnologías; y Uganda, con reformas económicas y un auge resultante en la producción de café. La agricultura ha sido fundamental también para la masiva y sin precedentes reducción en la pobreza rural en China y para la menor, pero aún sustancial, disminución de largo plazo en India (recuadros A.2 y A.3). Ghana está rompiendo la historia de África subsahariana, con una reducción de la pobreza a lo largo de los últimos 15 años, siendo la disminución en la pobreza rural su más grande componente (recuadro A.4). Sin embargo, en algunos países la pobreza rural no ha disminuido a pesar del crecimiento agrícola: por ejemplo, el crecimiento agrícola de Bolivia y Brasil, concentrado en un dinámico sector orientado a las exportaciones, compuesto por explotaciones grandes. En otros países, la disminución de la pobreza rural no ha estado relacionada con la agricultura, como sucede en El Salvador y Nepal, donde ésta disminuyó principalmente debido al crecimiento de los ingresos no agrícolas y a las remesas.[1]

Se espera que la proporción de población urbana en el mundo en desarrollo llegue a 60% en 2030.[2] A esa tasa, la proporción de pobreza urbana medida por US$1,08 por día –actualmente en 25%– llegará a 39% en 2030.[3] Estas proyecciones son sólo aproximaciones, debido a que el ritmo de la urbanización dependerá de la medida y patrón del crecimiento económico en el futuro. Sin embargo, de lo que se conoce actualmente, es muy probable que la mayoría de los pobres del mundo permanezca en las zonas rurales por muchas décadas.

Gráfico A.1 Tasa de pobreza rural y número de pobres rurales (línea de pobreza de US$1,08 por día)

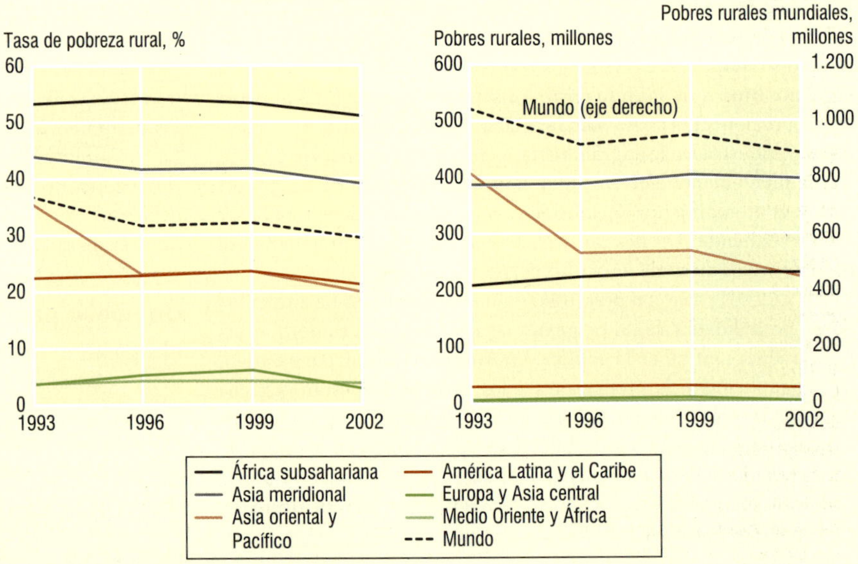

Fuente: Ravallion, Chen y Sangraula 2007.

RECUADRO A.1 *Una reestimación de los niveles internacionales de pobreza*

Las estadísticas sobre pobreza rural y urbana mundiales para el período 1993 a 2002, han sido estimadas consistentemente por primera vez por un equipo del Banco Mundial (Ravallion, Chen y Sangraula 2007). La metodología incluye un ajuste de las líneas de pobreza de US$1,08 y US$2,15 por día a paridad de poder adquisitivo de 1993 (PPA), para contabilizar el más alto costo de vida en las zonas urbanas. Con este ajuste, los nuevos estimativos de la pobreza agregada en el mundo son, sin sorpresa, más altos que estimativos previos en alrededor del 10%. Con la línea de pobreza de US$1,08, la pobreza agregada en 2002 se estima ahora en 1.183 millones, comparada con 1.067 millones reportados previamente. La reciente disminución en la pobreza agregada, publicada en otros documentos del Banco Mundial, no se refleja en este informe debido a que la desagregación rural urbana no está disponible más allá de 2002.

RECUADRO A.2 *La reducción sin precedentes de la pobreza rural en China*

La reducción de la pobreza en China durante los 25 años anteriores, no tiene precedentes. Estimativos por Ravallion y Chen (2007) indican que la pobreza cayó del 53% en 1981 al 8% en 2001, sacando alrededor de 500 millones de personas de la pobreza. La pobreza rural bajó del 76% en 1980 al 12% en 2001, representando tres cuartas partes del total. Sin embargo, la evolución de la pobreza ha sido muy desigual a lo largo del tiempo. La más fuerte reducción se dio a comienzos de la década de 1980, con algunas reversiones a finales de esa década y comienzos de la de 1990.

El papel del cambio institucional en la reducción de la pobreza

La fuerte disminución en la pobreza de 1981 a 1985, fue generada por las reformas agrícolas iniciadas en 1978. El sistema de responsabilidad de los hogares, que asignaba fuertes derechos de propiedad a las parcelas de tierra individuales a los hogares rurales, el incremento de los precios de compra utilizados por el gobierno y una parcial liberalización de precios, tuvieron todos un fuerte y positivo efecto sobre los incentivos para los agricultores individuales. En los años iniciales de las reformas, la producción y productividad agrícolas aumentaron dramáticamente, en parte debido a la adopción por parte de los agricultores de variedades híbridas de arroz de alta productividad (Lin 1992). Los ingresos rurales aumentaron en 15% por año entre 1978 y 1994 (Von Braun, Gulati y Fan 2005) y el grueso de la reducción de la pobreza nacional entre 1981 y 1985 puede ser atribuido a este conjunto de reformas agrarias.

El papel del crecimiento agrícola en la reducción de la pobreza siguió siendo importante en los años siguientes, en la medida en que las reformas crearon un sector rural no agrícola, el cual proporcionó empleo o ingreso a millones de personas cuyo trabajo no era ya necesario en las granjas. La proporción del sector rural no agrícola en el PIB aumentó desde cerca a cero en 1952 a más de una tercera parte en 2004 (Von Braun, Gulati y Fan 2005). Considerando el período completo, Ravallion y Chen (2007) concluyen que el crecimiento de la agricultura hizo más para reducir la pobreza que lo que contribuyeron la industria o los servicios.

Desigualdades en aumento

Los más altos ingresos de grandes partes de la población, se dieron a costa de un aumento en la desigualdad. A diferencia de la mayor parte de países en desarrollo, China tiene una relativamernte más alta desigualdad de los ingresos en las zonas rurales que en las urbanas (Ravallion y Chen 2007). También, hay grandes desbalances regionales y sectoriales. Las restricciones sobre la migración interna del trabajo, las políticas industriales que favorecieron las áreas costeras contra las regiones pobres del interior y sesgos en la oferta de servicios, que permitieron que la educación rural china y los sistemas de salud se deterioraran, son todos ejemplos de políticas que han contribuido a las disparidades en el desempeño económico, regional y sectorial.

Pobreza urbana y rural en China

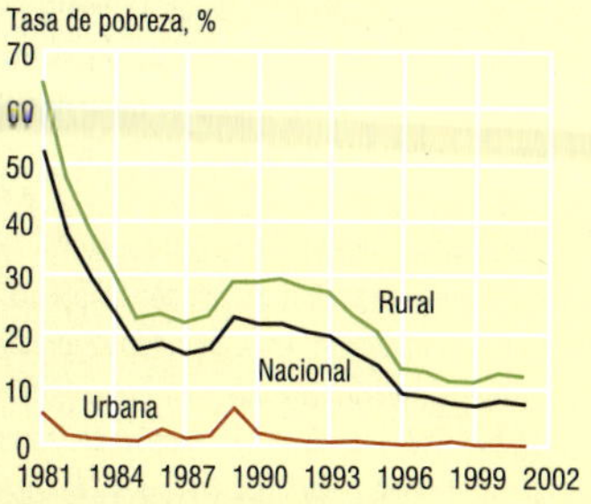

Fuente: Ravallion y Chen 2007.

RECUADRO A.3 *Reducción de la pobreza rural en India*

El papel del cambio tecnológico en la reducción de la pobreza

En las décadas de 1960 y 1970, la introducción de variedades semienanas de trigo y arroz –en la revolución verde– llevaron a dramáticos saltos en la producción agrícola y aumentaron el ingreso de los agricultores, especialmente en la zona noreste de la India. La pobreza rural cayó del 64% en 1967 al 50% en 1977 y al 34% en 1986. Una gran proporción de las ganancias vino del aumento en los salarios reales y de la disminución en los precios de los cereales. El crecimiento en el sector agrícola redujo la pobreza tanto en las áreas urbanas como rurales. Esto, es cierto también para el crecimiento del sector servicios, pero el crecimiento industrial no redujo la pobreza. La reforma agraria, el crédito rural y las políticas educativas, también jugaron su papel en las décadas de 1970 y 1980, aunque estos programas se hayan dado al costo de algo del crecimiento económico.

A comienzos de 1991, India instituyó ambiciosas reformas macroeconómicas y comerciales, que impulsaron un impresionante crecimiento en los sectores de las manufacturas y, especialmente, en el de servicios. Los datos de pobreza para 2004, comparados con los datos de 1973, muestran una continua declinación de las tasas de pobreza.

Patrones divergentes y un escenario mixto de bienestar rural

Si bien hay un patrón consistente de reducción de la pobreza a través de la mayor parte de los estados en India, el crecimiento ha sido desigual. De 1980 a 2004, los estados inicialmente pobres crecieron más lentamente, resultando en una divergencia en el ingreso tanto en términos absolutos como relativos. La rápida liberalización comercial en la década de 1990 ha diferenciado fuertemente los impactos regionales. Los distritos rurales con una más amplia concentración de industrias golpeadas por la liberalización, han tenido un más lento progreso en la reducción de la incidencia y profundidad de la pobreza, debido a la extremadamente limitada movilidad del trabajo entre regiones e industrias.

Los ingresos y gastos urbanos también aumentaron más rápidamente que los ingresos rurales, resultando en un aumento sostenido de la razón del consumo real promedio urbano a rural, desde un poco menos de 1,4 en 1983 hasta 1,7 en 2000. Aun entonces, la India ha tenido un relativamente bajo nivel de desigualdad del ingreso. Sin embargo, a pesar del impresionante crecimiento y reducción de la pobreza en la década de 1990, el panorama de las ganancias agregadas de bienestar no es claro, debido a que los resultados de salud no han mejorado. Las recientes reformas en la India, a diferencia de las de China, no fueron dirigidas a la agricultura. En la actualidad, hay una renovada focalización de la política económica en la agricultura en la India, debido a que muchos creen que el completo potencial de reducción de la pobreza que tiene la agricultura aún debe ser liberado.

Fuentes: Banco Mundial 2000b, Burgess y Pande, 2005; Chaudhuri y Ravallion, 2006; Von Braun, Gullati y Fan, 2005; Topalova, 2005; Ravallion y Dart, 1996; y Dart y Ravallion 1998a.

Pobreza urbana y rural en India

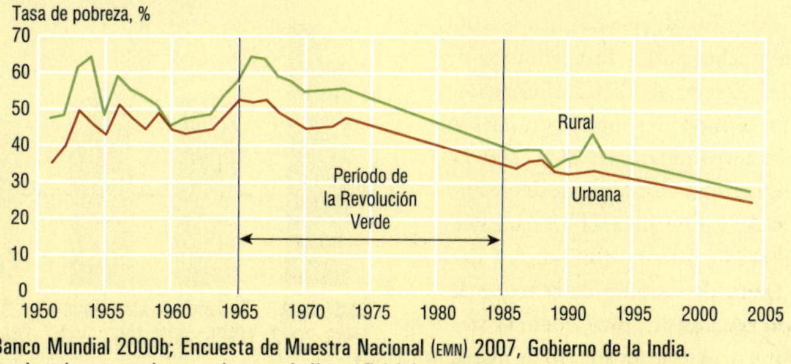

Fuentes: Banco Mundial 2000b; Encuesta de Muestra Nacional (EMN) 2007, Gobierno de la India.
Nota: Tasas de pobreza con datos en la EMN y la línea oficial de pobreza.

RECUADRO A.4 *Ghana: el éxito africano en reducción de la pobreza*

El crecimiento y reducción de la pobreza en Ghana a lo largo de los últimos 15 años, es la nueva e importante historia de éxito en África. El PIB real ha crecido a más del 4% por año desde 1980 y a más del 5% desde 2001. La tasa de pobreza cayó de 51,7% en 1991-92 a 39,5 en 1998-99 y a 28,5 en 2005-06. La pobreza cayó en alrededor de 17 puntos en las zonas urbanas y de 24 en las rurales. Si se asume que todos los migrantes rural-urbanos son pobres, se estima que un 59% de la reducción de la pobreza total se debió a la disminución de la pobreza rural. Sin embargo, ha habido un aumento en la desigualdad (el coeficiente de Gini aumentó de 0,35 a 0,39 a lo largo de los últimos 15 años), particularmente en el nivel regional, siendo Accra y las zonas boscosas las que experimentaron la mayor reducción en la pobreza comparadas con las sabanas rurales del norte.

El acelerado crecimiento de Ghana es el resultado de mejores políticas económicas y un mejor clima de inversión, así como de mayores precios para los productos básicos. Entre 2001-05, la agricultura superó el desempeño del sector servicios, creciendo al 5,7 por año, una tasa mayor a la del crecimiento general del PIB de 5,2%.

El crecimiento agrícola se ha debido, fundamentalmente, a la expansión de las áreas, siendo el aumento en los rendimientos apenas de un modesto 1%. Desde 2001 una parte significativa de las ganancias de productividad se han dado en el cacao. La producción de cacao, aunque representa solamente el 10% de los valores de producción de los cultivos y las actividades pecuarias anuales, contribuyó en alrededor del 30% al crecimiento de la agricultura. Ghana también se ha beneficiado de un fuerte crecimiento en la horticultura (casi el 9% de las exportaciones totales en 2006), determinado, principalmente, por la piña. Tanto el cacao como la piña son cultivados fundamentalmente por pequeños agricultores y la reducción de la pobreza asociada con su reciente crecimiento parece ser particularmente fuerte entre los cultivadores de tipo comercial. A pesar de esto, los recursos y la base de exportación de la economía siguen siendo poco amplios y son altamente vulnerables a choques externos. Ghana es uno de los pocos países al sur del Sahara que registran un crecimiento positivo sostenido en la producción per cápita de alimentos y que muestran una tendencia hacia la baja de los precios de los alimentos desde 1990. Sin embargo, hay evidencia de degradación ambiental y de un uso no sostenible de los recursos naturales. La producción de cultivos alimenticios y de las actividades pecuarias necesita ser intensificada para mantener las actuales tasas de crecimiento y para beneficiar a la mayor parte de la población. El crecimiento de la productividad total de los factores y del trabajo y el aumento en el uso de los fertilizantes durante los últimos 10 años son indicadores positivos de este proceso.

Pobreza urbana y rural en Ghana

Tasa de pobreza, %

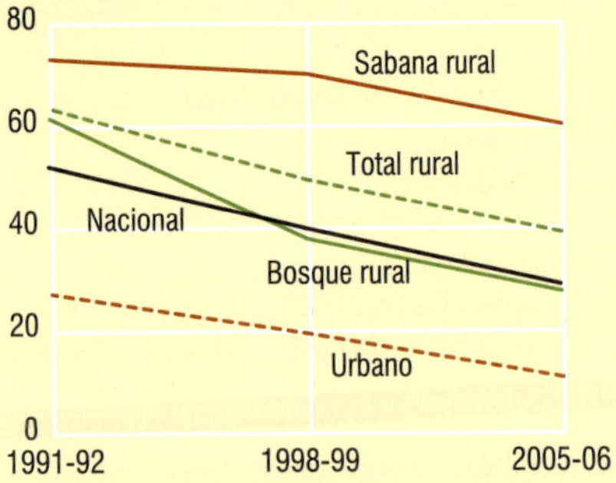

Fuentes: Bogetic y otros, 2007; Coulombe y Wodon, 2007; Jackson y Acharya, 2007.

La brecha de ingresos rural-urbana es grande y creciente en la mayoría de las economías en transformación

En casi todas partes del mundo, las tasas de pobreza rural son más altas que las urbanas y la profundidad de la pobreza es, usualmente, mayor. En 2002, la tasa de pobreza para la zona rural en los países en desarrollo (30%) fue más del doble de la correspondiente a las zonas urbanas (13%), usando la línea de pobreza de US$ 1,08 por día.[4] Aunque la brecha se ha estado cerrando en muchas partes del mundo, se ha abierto, dramáticamente, en Asia oriental y permanece estable en el Asia meridional.

Las diferencias en ingresos entre las zonas urbanas y rurales ilustran el problema de disparidad rural-urbana. En una muestra de casi setenta países, el ingreso urbano medio (consumo) es al menos 80% más alto que el ingreso rural en la mitad de los países. Las diferencias han estado aumentando en muchos países. Este aumento es más notable en el Asia en rápida transformación (gráfico A.2). En la India, los ingresos rurales y urbanos eran bastante similares en 1951, pero la brecha se ha ampliado sustancialmente desde entonces (recuadro A.3). En China, la brecha entre los ingresos urbanos y rurales disminuyó a comienzos de la época de los años de la reforma, cuando el rápido crecimiento rural lideró el crecimiento económico, pero se ha abierto de nuevo (recuadro A.2).[5]

¿A qué se debió la disminución de la pobreza en zonas rurales? ¿Desarrollo rural o migración?

Los más altos ingresos urbanos han atraído flujos de migración del campo a la ciudad. Pero ¿en qué medida las reducciones que se observan en la pobreza rural han sido ocasionadas por la migración o por una auténtica disminución de la pobreza entre los no migrantes que permanecen en las zonas rurales? La respuesta depende del patrón de migración.

Si la migración es neutra a la pobreza –esto es, los pobres y no pobres migran en la misma proporción– la auténtica disminución de la pobreza de los habitantes rurales es igual a la disminución observada en la tasa de pobreza rural. Pero si los no pobres tienen una mayor probabilidad de migrar –como se documenta en muchos países– la reducción en la pobreza entre los no migrantes es más alta que la disminución observada en la pobreza. Si se asume que todos los migrantes son pobres, esto establece un límite inferior para la auténtica reducción de la pobreza en las áreas rurales.[6]

Gráfico A.2 La desigualdad del ingreso urbano y rural ha aumentado en la mayor parte de países en transformación

Razón del ingreso medio urbano al rural

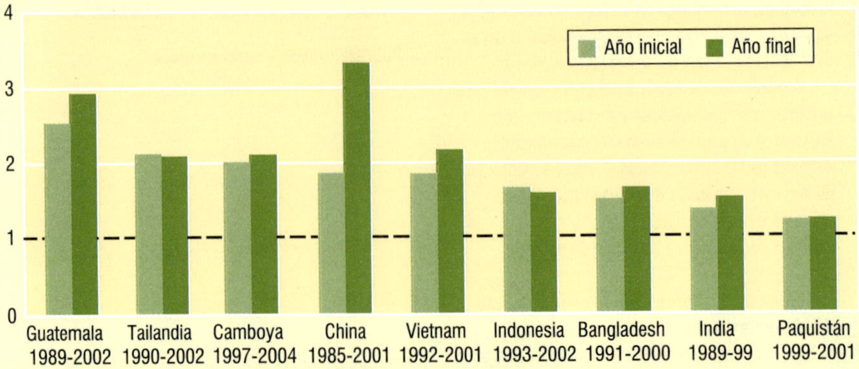

Fuente: Grupo IDM 2008 a partir de encuestas de hogares representativas nacionalmente.

Si todos aquellos que migran son pobres, el 81% de la reducción en la pobreza rural (6,9 de una reducción de 8,5 puntos porcentuales) se debe a la reducción de la pobreza entre los habitantes rurales y no a la migración (cuadro A.1). De hecho, casi la totalidad de la disminución en el Asia meridional y oriental se debe a una auténtica disminución de la pobreza en las zonas rurales. Aun cuando China sea excluida de la muestra, el 67% de la reducción en la pobreza rural se debe a causas diferentes a la migración. Hay que notar, sin embargo, que esta descomposición es un ejercicio contable y no explica las formas indirectas en las cuales la migración y el crecimiento urbano contribuyen a la reducción de la pobreza rural (como las remesas).

Cuadro A.1 Aun asumiendo que todos los migrantes son pobres, la mayor parte de la reducción de la pobreza en zonas rurales se debe a la reducción de la pobreza entre los residentes rurales

	Tasa de pobreza rural (Línea de pobreza de US$2,15 por día)		Cambio en la tasa de pobreza rural para los no migrantes	
Región	1993	2002	Migración neutral a la pobreza	Todos los migrantes pobres
África subsahariana	85,2	82,5	–2,8	–1,5
Asia meridional	87,6	86,8	–0,8	–0,4
India	91,5	88,6	–2,9	–2,7
Asia oriental y Pacífico	85,1	63,2	–21,9	–20,0
China	88,6	65,1	–23,6	–22,1
Medio Oriente y África septentrional	35,8	37,6	–1,9	6,1
Europa y Asia central	19,8	18,7	–1,1	–0,3
América Latina y Caribe	47,0	46,4	–0,8	7,8
Total	**78,2**	**69,7**	**–8,5**	**–6,9**
Excepto China	73,7	71,3	–2,4	–1,6

Fuente: Cálculos IDM con base en datos de Ravallion, Chen y Sangraula 2007.
Nota: Las tasas de pobreza fueron estimadas utilizando la línea de pobreza de US$2,15 para 1993.

Las zonas rurales contribuyen en una gran proporción a la disminución de la pobreza nacional

Entonces, ¿cuál es la contribución de la reducción de la pobreza rural a la reducción de la pobreza total? Hay dos formas de descomponer el cambio agregado en la pobreza entre 1999 y 2002 entre la contribución rural, la contribución urbana y un componente de cambio de la población (cuadro A.2).[7]

En la primera descomposición, la contribución rural es la reducción en la tasa de pobreza rural aplicada a la población rural en 2002. La contribución urbana es la reducción en la taza de pobreza urbana aplicada a la población urbana de 2002 (la población urbana de 1993 más los migrantes). La contribución de la migración rural urbana es la reducción de la pobreza correspondiente a la transición de los migrantes de la tasa de pobreza rural a la tasa de pobreza urbana.

Una segunda especificación asume que todos los migrantes son pobres. Atribuyendo la máxima contribución de la migración a la reducción de la pobreza en áreas rurales, esta descomposición proporciona un límite inferior para la auténtica reducción de la pobreza agregada que es conseguida en zonas rurales.

El límite inferior para la contribución del sector rural a la disminución de la pobreza en conjunto es de 45% y su más probable contribución es superior al 55% (cuadro A.2). Fuera de China, la contribución de las zonas rurales es probable que sea del 80% (ciertamente no menos del 52%) y en África subsahariana es más del 80%. El desarrollo rural es, entonces, esencial para reducir la pobreza y alcanzar las Metas de Desarrollo del Milenio de reducir la tasa de pobreza total a la mitad.

Heterogeneidad al interior del país: áreas menos favorecidas y pobreza

Más allá de la brecha de ingresos rural-urbana, la heterogeneidad de la pobreza al interior de los países, entre zonas rurales, es una preocupación significativa para muchas naciones. Se afirma comúnmente que las inversiones agrícolas y rurales deberían estar dirigidas a las áreas menos favorecidas debido a que los pobres se concentran en ellas. Otros están en desacuerdo con esto.[8] Recientes avances en los sistemas de información geográfica proporcionan nuevas oportunidades para responder preguntas básicas acerca de la distribución espacial de la pobreza rural en relación con la agricultura. Los métodos para estimar el bienestar a nivel de las pequeñas comunidades, a los que frecuentemente se hace referencia como "mapas de pobreza", proporcionan información básica acerca de la localización de los pobres. Esta información puede ser superpuesta con información geográfica sobre las condiciones agroecológicas y el acceso a los mercados, como se reporta en el capítulo 2.

Análisis para Brasil, Ecuador, Tailandia, Malawi y Vietnam, muestran que las tasas de pobreza tienden a ser más altas en las zonas remotas que en las

Cuadro A.2 Contribución del sector rural al cambio en la pobreza agregada

	Tasa de pobreza agregada (Línea de pobreza de US$2,15 por día)			Contribución del sector rural al cambio en la pobreza agregada	
Región	1993	2002	Cambio 1993-2002	Migración neutral a la pobreza	Todos los migrantes son pobres
África subsahariana	79,8	77,5	–2,2	81,1	44,6
Asia meridional	85,1	83,4	–1,7	32,8	17,4
India	89,1	85,6	–3,5	60,7	56,0
Asia oriental	70,6	45,6	–25,0	53,4	48,8
China	72,8	44,6	–28,3	52,0	48,8
Medio Oriente y África septentrional	23,5	23,5	0,1	n.a.	n.a.
Europa y Asia central	16,6	13,6	–3,0	14,1	3,5
América Latina y Caribe	29,6	31,7	2,1	–10,3	88,1
Total	**63,3**	**54,4**	**–8,8**	**55,5**	**45,1**
Excepto China	59,6	57,9	–1,8	78,8	52,4

Fuente: Cálculos IDM con base en datos de Ravallion, Chen y Sangraula 2007.
Nota. Las tasas de pobreza fueron estimadas utilizando la línea de pobreza de US$2,15 para 1993.
n.a. = no aplica.

zonas con mayor accesibilidad (gráfico A.3). La pobreza es también más profunda y más severa en las áreas remotas, pero al nivel de desagregación utilizado para la pobreza, no hay una relación general entre las tasas de pobreza y el potencial agrícola.[9]

Los patrones espaciales en el *número de personas pobres* (densidad de la pobreza) son, sorprendentemente, diferentes de aquellos para las *tasas de pobreza*. En todos los países estudiados, la mayoría de los pobres rurales viven en localidades con buen acceso, como se observa en Brasil (gráfico A.3).[10] Esto se debe, esencialmente, a que las zonas menos favorecidas son típicamente menos densamente pobladas que las zonas más favorecidas. En Brasil, por ejemplo, el 83% de la población rural vive en un radio de dos horas de distancia de una gran ciudad. En contraste, no hay un patrón claro entre los países para la distribución de la población pobre y el potencial de la agricultura. Mientras que en Brasil más personas pobres (75%) viven en zonas con potencial agrícola bajo y medio, en Tailandia y Camboya entre 70 y 80% viven en zonas de buen potencial agrícola.

Donde la incidencia de la pobreza no coincide con la densidad de la pobreza, hay importantes compensaciones en la focalización regional de las intervenciones de política. El más grande impacto sobre la pobreza puede conseguirse a través de incentivar el crecimiento en las regiones más favorecidas, donde la mayor parte de la población pobre vive; especialmente crecimiento que genere ingreso para los pequeños agricultores y cree empleo. Con todo, los pobres extremos localizados en las zonas más marginales son especialmente vulnerables y hasta que la migración proporcione oportunidades alternativas, el desafío es mejorar la estabilidad y perdurabilidad de las formas de ganarse la vida en esas regiones. Una preocupación con las zonas marginales es la posible existencia de trampas de pobreza geográficas. Evidencia sobre tal tipo de trampas se ha generado para China, por ejemplo.[11] En tal caso, la reducción de la pobreza rural requiere bien una perspectiva regional de gran escala o el apoyo a la migración de la población.

Gráfico A.3 Incidencia de la pobreza y características geográficas, Brasil

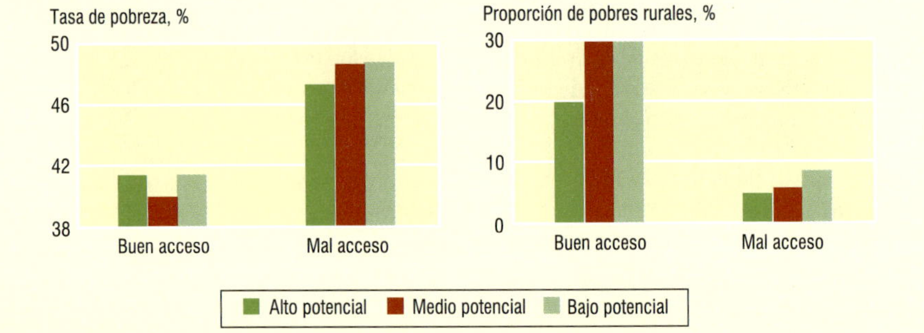

Fuente: Buys y otros, 2007.
Nota: Las áreas con alto agro-potencial son aquellas con una clasificación alta o muy alta bajo en GAEZ (Global Agro Ecological Zones), la cual tiene en cuenta clima, suelo, terreno y uso de la tierra, creada por la Organización para la Alimentación y la Agricultura e IIASA 2000. Las áreas de agro-potencial medio son aquellas con una clasificación medio o moderada en GAEZ. Las áreas con agro-potencial bajo son aquellas clasificadas como bajas, marginales o muy marginales en GAEZ. Buen acceso se define como un tiempo de viaje de no más de dos horas a la ciudad más cercana que tenga una población de 100 mil habitantes o más. La proporción de la población pobre se calcula para las zonas rurales a nivel de distrito.

capítulo 2

Desempeño, diversidad e incertidumbres de la agricultura

Una pregunta importante en la época en que se hizo el último *Informe sobre el Desarrollo Mundial* dedicado a la agricultura, en 1982, era si ésta sería capaz de proporcionar suficiente alimento para la creciente población mundial. Veinticinco años después, es claro que la agricultura mundial ha satisfecho la demanda global de alimentos y fibras. Tanto la creciente producción per cápita, como la más alta productividad y los menores precios de los productos básicos atestiguan este éxito. Sin embargo, una adecuada oferta mundial no significa que los países o los hogares tengan suficiente comida –el poder de compra importa más que la disponibilidad (*ver* En foco C). Además, el futuro de la oferta mundial de alimentos puede ser incierto: la creciente escasez de recursos, los mayores riesgos generados por el cambio climático, más altos precios para la energía, la demanda por biocombustibles y dudas acerca de la velocidad del progreso técnico, tienen todos implicaciones para el progreso de la agricultura.

Adicionalmente, el mejor desempeño de la agricultura no ha sido uniforme a lo ancho del mundo. Se tienen que dar mejoramientos para estimular el crecimiento en los países agrícolas, especialmente en África subsahariana, para permitirles alcanzar una transformación estructural sostenida (capítulo 1). Con frecuencia los costos ambientales han sido altos, comprometiendo la sostenibilidad de la producción futura y afectando los ecosistemas naturales y la salud humana.

El pobre desempeño de la agricultura en algunas zonas, se relaciona con las difíciles condiciones agroclimáticas o las bajas inversiones en infraestructura, que restringen el acceso a los mercados. El desafío de la agricultura en estas áreas menos favorecidas es intensificar sustentablemente la producción, mediante diversos sistemas agrícolas, en tanto que se mejoran la infraestructura y los mercados.

En las zonas con alto potencial, que han llevado a un aumento en la producción mundial de alimentos, especialmente en los países en proceso de transformación en Asia, el desafío es diferente: el sostenimiento del crecimiento de la productividad y el ingreso, frente a menores precios para los cereales y para las exportaciones tropicales tradicionales. El aumento de la demanda para la horticultura y los bienes pecuarios de alto valor en estas economías en rápido crecimiento, ofrece a los agricultores oportunidades para diversificarse hacia nuevos mercados.

Este capítulo subraya las tendencias, oportunidades y restricciones que surgen y que estarán determinando el desempeño futuro de la agricultura, en respuesta a cuatro desafíos: el potencial para una revolución de la productividad en África subsahariana, opciones para las áreas menos favorecidas, diversificación en las áreas favorecidas e incertidumbres mundiales. La considerable diversidad de condiciones para la producción agrícola subraya la complejidad de estos desafíos.

El crecimiento de la productividad en los países en desarrollo determinó el éxito global de la agricultura

El desempeño de la agricultura ha sido impresionante. Entre 1980 y 2004, el producto interno bruto (PIB) de la agricultura se expandió a nivel mundial al 2% por año en promedio, más que el crecimiento de la población de 1,6 por año. Este crecimiento, determinado por una productividad en aumento, llevó a una baja de los precios reales para los cereales en los mercados mundiales, de alrededor del 1,8% por año durante el mismo período.

Los países en desarrollo han liderado el crecimiento de la agricultura

Los países en desarrollo alcanzaron un crecimiento de la agricultura más rápido (2,6% por año) que el de los países industriales (0,9% por año) entre 1980 y 2004. De hecho, los países en desarrollo presentaron un impresionante 79% de crecimiento general de la agricultura durante este período. Su participación en el PIB agrícola mundial aumentó de 56% en 1980 a 65% en 2004. En contraste, solamente representaron el 21% del PIB no agrícola en 2004.[1]

Las economías en proceso de transformación de Asia, representaron las dos terceras partes del crecimiento de la agricultura en el mundo en desarrollo.[2] El factor que más contribuyó al crecimiento en Asia, y en el mundo en desarrollo en general, fueron las ganancias en productividad antes que la expansión de la tierra dedicada a la agricultura. Los rendimientos de los cereales en Asia oriental aumentaron en un notable 2,8% por año en el período de 1961-2004, cifra mucho mayor que el crecimiento de 1,8% en los países industriales (gráfico 2.1). Debido a la creciente productividad, los precios han disminuido para los cereales –especialmente para el arroz, el mayor producto básico del mundo en desarrollo– y para los productos de exportación tradicional de los países en desarrollo, como el algodón y el café.

Una mejor tecnología y una mejor política han sido las principales fuentes de crecimiento

Desde la década de 1960, los crecientes rendimientos de los cereales han estado determinados por el más amplio uso de la irrigación, las variedades mejoradas de cultivos y los fertilizantes (gráfico 2.2). Aunque las mejoras en los cultivos se han extendido más allá de las

Gráfico 2.1 Los rendimientos de los cereales aumentaron, excepto en África subsahariana

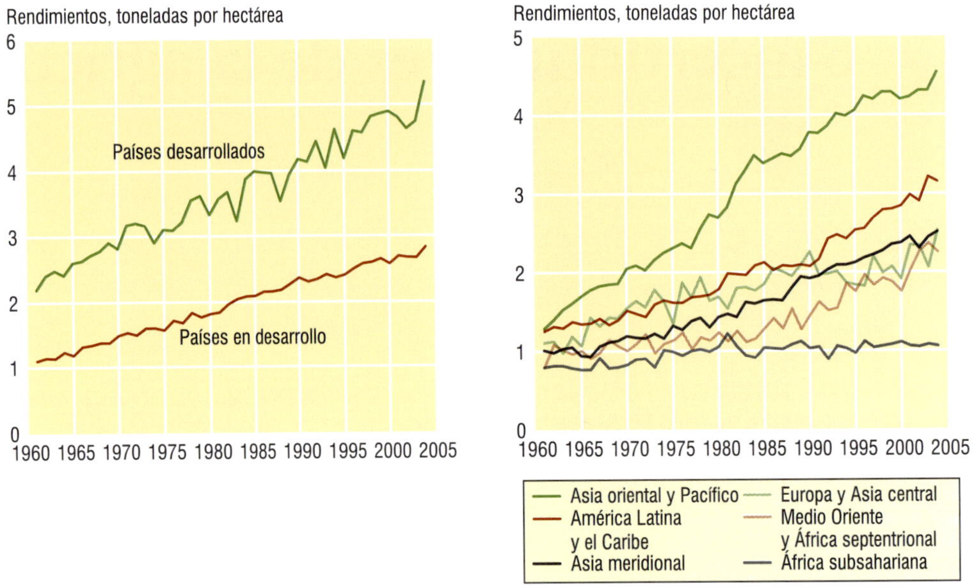

Fuente: FAO 2006a.

zonas con irrigación, hasta inmensas áreas de agricultura sin riego, los países de África subsahariana no han participado de este éxito agrícola.

Por milenios, la agricultura de Asia ha sido intensificada a través de la irrigación, la que continúa expandiéndose durante la década de 1990 y hacia la década de 2000. En la actualidad, el 39% del área cultivada en Asia meridional es irrigada, el 29% en Asia oriental y Pacífico, pero, únicamente, el 4% en África subsahariana.

Las variedades modernas de cultivos de cereales comenzaron a ser ampliamente adoptadas en la década de 1960. El área dedicada a las variedades mejoradas ha continuado expandiéndose y para 2000 estos cereales fueron sembrados en alrededor del 80% del área cultivada en Asia meridional y oriental, incrementándose desde menos del 10% en 1970. Después de un comienzo tardío, África subsahariana está también expandiendo el uso de variedades mejoradas de cereales, las cuales cubrieron el 22% del área de cereales en la zona en 2000.[3]

El uso de fertilizantes químicos también se ha expandido significativamente en la mayor parte del mundo en desarrollo, excepto en África subsahariana. La participación de los países en desarrollo en el uso mundial de fertilizantes ha aumentado de alrededor del 10% en la década de 1960 a más del 60% en la actualidad. Los agricultores asiáticos son los mayores usuarios, con un uso que se ha incrementado fuertemente desde un promedio anual de seis kilogramos por hectárea en 1961-63 a 143 kilogramos por hectárea en 2000-02,[4] más que en los países desarrollados. El mayor uso de los fertilizantes representó al menos el 20% del crecimiento de la agricultura en el mundo en desarrollo (excluyendo la agricultura en zonas secas) a lo largo de las últimas tres décadas.[5]

La expansión de las actividades pecuarias también ha contribuido a las altas tasas de crecimiento de la agricultura. Las actividades pecuarias son uno de los sectores de más rápido crecimiento en los países en desarrollo, donde ya representan una tercera parte del PIB agrícola.[6] La producción de carne se ha duplicado durante los últimos quince años, liderada por un incremento anual del 7% en la producción de aves.

La combinación de estos logros produjo un crecimiento sostenido de la productividad total de los factores (PTF), especialmente en Asia, a tasas del 1% al 2% por año.[7] El crecimiento de la PTF fue responsable de la mitad del crecimiento del producto después de 1960 en China e India y del 30% al 40% del aumento del producto en Indonesia y Tailandia, reduciendo enormemente la presión sobre una tierra cada vez más escasa.[8] Las inversiones en investigación científica, vías y capital humano hechas a partir de la década de 1960, combinadas con mejores políticas e instituciones, fueron los principales factores que hicieron posible las ganancias en productividad agrícola.[9]

Las descomposiciones de las ganancias de productividad consistentemente señalan a la inversión en investigación y desarrollo (I&D) como la mayor fuente de crecimiento.[10] Se estima que únicamente el arroz híbrido ha contribuido en la mitad de las ganancias de rendimiento del arroz en China entre 1975 y 1990.[11] Las variedades mejoradas contribuyeron un 53% a las ganancias de productividad total de los factores en el Punjab paquistaní entre 1971 y 1994. Aun en África subsahariana, el impacto de la I&D ha sido identificado como importante en su (limitado) crecimiento de la productividad.[12] La infraestructura, especialmente los caminos, ha sido también un factor importante en el crecimiento agrícola en Asia. En la India, la inversión en vías rurales contribuyó en alrededor del 25% al crecimiento en el producto agrícola en la década de 1970, con una alta rentabilidad.[13] Se ha mostrado repetidamente que la inversión en capital humano –mejor educación, salud y nutrición– aumenta la productividad agregada.[14] Un estudio para África subsahariana encontró un impacto positivo y significativo de la disponibilidad de calorías sobre la productividad agrícola, proporcionando evidencia de la interdependencia entre la mala nutrición, la hambruna y el crecimiento de la agricultura.[15]

Los cambios de política e institucionales son también, probablemente, una fuente importante de crecimiento de la productividad,

Gráfico 2.2 Los insumos modernos se han expandido rápidamente, pero se han rezagado en África subsahariana

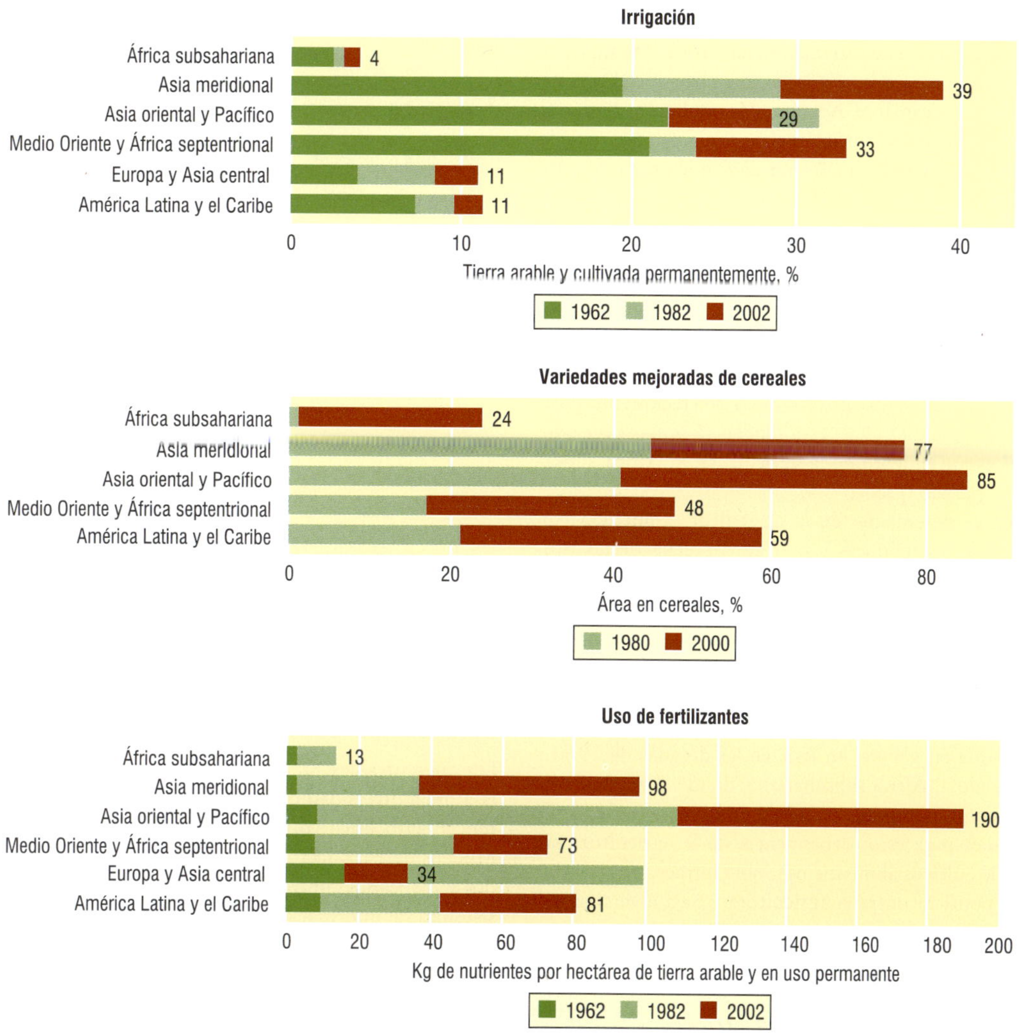

Fuente: Evenson y Gollin 2003; FAO 2006a.

aunque pocos estudios han cuantificado explícitamente sus impactos. Un estudio de este tipo se relaciona con el muy bien documentado impacto del sistema de responsabilidad de los hogares en China, en el cual la reforma institucional y de política fue el factor dominante para promover el crecimiento agrícola y reducir la pobreza rural entre 1978 y 1984.[16]

A pesar de este progreso, el crecimiento de la productividad en el largo plazo podría haber sido mayor y los costos sobre los ecosistemas y la salud reducidos, si se hubieran evitado los costos ambientales de la tecnología moderna. Tanto como una tercera parte de las ganancias en productividad originadas del progreso técnico en China y Pakistán, han sido anuladas por la degradación del suelo y del agua y esto no incluye los costos de la contaminación fuera de las zonas agrícolas.[17]

El crecimiento ha sido desigual entre regiones y países

El avance en el crecimiento agrícola en los países en desarrollo ha sido dominado por las significativas ganancias en Asia, especialmente en China. El crecimiento en África subsahariana ha promediado alrededor del 3% durante los últimos 25 años, cercano al promedio para todos los países en desarrollo. El crecimiento per cápita de la población agrícola en África subsahariana (una medida burda del ingreso agrícola) ha sido únicamente 0,9%, menos de la mitad que en cualquier otra región y bien por debajo de la región de mejor desempeño, Asia oriental y Pacífico con 3,1%. América Latina tuvo un menor crecimiento agrícola que África subsahariana, pero con su declinante población rural, el crecimiento per cápita de la población agrícola en esta región ha promediado un saludable 2,8% por año (gráfico 2.3).

En la mayor parte de los casos, los países con altas tasas de crecimiento del valor agregado agrícola per cápita de la población agrícola –como China (tasa de crecimiento anual de 3,5%), Malasia (3,1%) y Vietnam (2,4%)– tuvieron también un buen desempeño en reducción de la pobreza rural (*ver* En foco A). Pero Brasil (tasa de crecimiento promedio anual 5,3%) y Pakistán (2,4%) han sido menos exitosos en reducir la pobreza, debido principalmente a la muy alta desigualdad de la propiedad y del acceso a los activos productivos, como la tierra y el agua de irrigación.[18]

La característica distintiva de crecimiento en África subsahariana es la alta variabilidad entre países y a lo largo del tiempo. Durante los últimos 25 años, únicamente Nigeria, Mozambique, Sudán y Sudáfrica mantuvieron tasas de crecimiento agrícola per cápita de la población agrícola por encima del 2% por año, mientras que siete países tuvieron tasas por debajo del 1% por año, y otros seis países tuvieron un crecimiento per cápita negativo. Muchos países tuvieron significativos períodos de crecimiento negativo asociados con conflictos o crisis económicas.

La tasa de crecimiento del PIB agrícola per cápita de la población agrícola para la región fue cercana a cero durante el comienzo de la década de 1970 y negativa a lo largo de la década de 1980 y comienzos de la de 1990. Sin embargo, con tasas de crecimiento positivas durante los últimos diez años, esta tendencia se ha reversado, sugiriendo que el estancamiento de la agricultura en África subsahariana es cosa del pasado (gráfico 2.4).

Las mejoras en el desempeño de la agricultura coinciden con mejores políticas macroeconómicas y más altos precios de los productos básicos (capítulo 1). Sin embargo, la producción de alimentos está aún rezagada (recuadro 2.1).

Otra característica de África subsahariana son sus generalmente pobres rendimientos para los productos alimenticios básicos, aun en el período más reciente. El salto de los rendimientos de los cereales durante la revolución verde, que inició el crecimiento de la agricultura y de la economía en general en Asia en las décadas de 1960 y 1970 no ha alcanzado al África subsahariana, donde la adopción de insumos que aumentan la productividad ha sido lenta (gráfico 2.2). Hay muchas razones para esto: dependencia de la agricultura sin riego, diversidad de cultivos alimenticios, pobre infraestructura, discriminación de la política contra la agricultura y baja inversión (recuadro 2.1).

Gráfico 2.3 El crecimiento en el PIB agrícola para la población agrícola es más bajo en África subsahariana

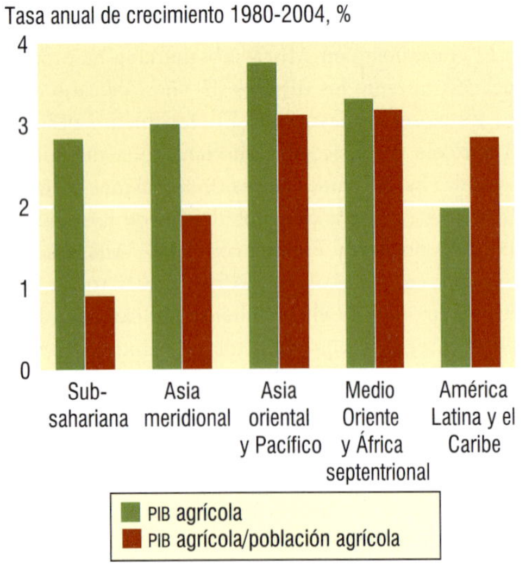

Fuente: FAO 2006a, Banco Mundial 2006y.

Gráfico 2.4 El estancamiento de la agricultura en África subsahariana puede haber terminado
(Crecimiento en el PIB agrícola per cápita de la población agrícola en África subsahariana)

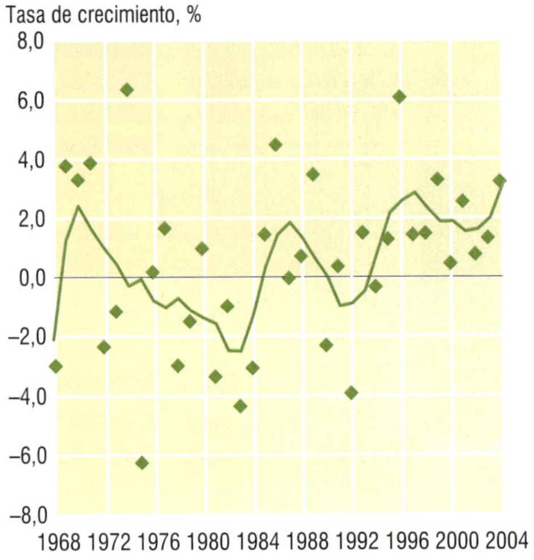

Fuente: FAO 2006a, Banco Mundial 2006y.
Nota: La línea corresponde a datos suavizados por regresiones pesadas localmente.

Las diferencias en desempeño reflejan diversas condiciones subyacentes

Los diferentes desempeños de los países y regiones, reflejan en parte la amplia diversidad de los sistemas de producción agrícola –su potencial agroclimático, su densidad de población, su infraestructura. Muchos de estos factores pueden ser ahora rápidamente cuantificados y mapeados contra las áreas agrícolas y la población, utilizando sistemas de información geográfica.

Tanto las condiciones agroecológicas como los mercados son importantes

El potencial de la agricultura, especialmente el de la agricultura sin riego, es altamente sensible a la calidad de los suelos, la temperatura y las lluvias. Dos terceras partes (1.800 millones) de la población rural en el mundo en desarrollo vive en áreas con un potencial agroecológico favorable, esto es zonas irrigadas (42% de la población rural) o áreas húmedas o semihúmedas con una humedad confiable (26% de la población rural) (mapa 2.1 y gráfico 2.4).[19] Pero una tercera parte (820 millones de personas) vive en regiones sin riego, menos favorecidas, caracterizadas por frecuente humedad que limita la producción agrícola (zonas áridas y semi–áridas del mapa 2.1). Aunque estas áreas menos favorecidas representan el 54% del área agrícola (45% del área cultivada), producen únicamente el 30% del valor de la producción agrícola total. América Latina, el Medio Oriente, y África septentrional y África subsahariana, tienen todas unas relativamente altas porciones de la población rural en áreas húmedas.

El desempeño también se relaciona con el acceso a los mercados y servicios. Las zonas rurales, por definición, son especialmente dispersas, lo cual afecta los costos de transporte, la calidad de los servicios públicos y la dependencia en la producción de subsistencia. En los países en desarrollo, el 16% de la población rural (439 millones de personas) vive en áreas con mal acceso a los mercados, requiriendo

RECUADRO 2.1 *La revolución verde en productos alimenticios básicos que nunca sucedió: la gran variedad de África subsahariana*

La expansión de la producción de alimentos ha tomado rutas bastante diferentes en Asia y en África subsahariana, donde los aumentos en los alimentos básicos fueron alcanzados, básicamente, a través de la expansión en el área cultivada como se muestra en el gráfico.

Densidad de población: ¿baja? En alguna medida, la intensificación que se presentó en África subsahariana refleja diferencias con Asia en términos de la densidad de población y disponibilidad de tierra. La densidad de población de 29 personas por kilómetro cuadrado en África subsahariana, es únicamente una décima parte de la que existe en Asia meridional. Con todo, la densidad de población en muchas áreas de África subsahariana, ha alcanzado niveles a los cuales el crecimiento a través de la expansión de la tierra bajo condiciones sin riego, no es sostenible. Cuando la densidad de población se ajusta de acuerdo con la calidad de la tierra, las densidades en buena parte de África subsahariana son similares a las de Asia. Por ejemplo, la densidad de población ajustada por la calidad de la tierra en Kenya se estima que es más alta que en Bangladesh.[20]

Infraestructura: subdesarrollada. África subsahariana es notablemente desaventajada en infraestructura, lo cual aumenta los costos de transacción y el riesgo de mercado. En parte debido a las bajas densidades de población, hay menos vías y son menos desarrolladas en África subsahariana de lo que lo eran en Asia

La expansión de la producción de cereal ha seguido distintos caminos en África subsahariana y Asia

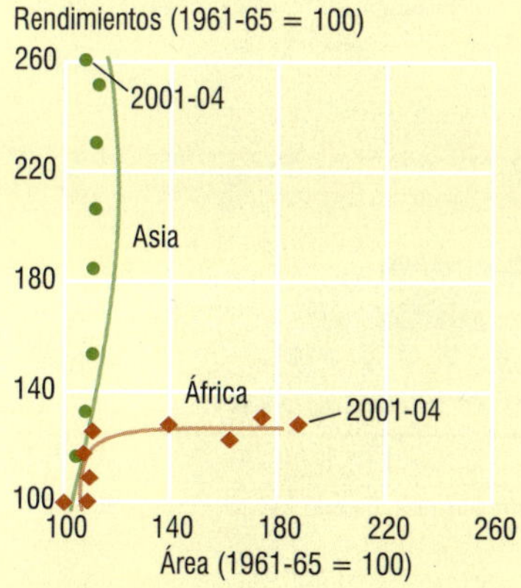

Fuente: FAO 2006a.
Nota: Cada punto representa un promedio de 5 años, comenzando con 1961-65 = 100.

al momento de la revolución verde. Los países de África subsahariana son pequeños, muchos de ellos sin costas y las barreras al comercio son relativamente altas debido a los altos costos de transporte. Como ya se mencionó, la inversión en irrigación en África subsahariana (4% del área cultivada) es solamente una fracción de la que existe en Asia (34% del área cultivada).

Geografía y agroecología: diversas. Otras razones para las diferencias en el crecimiento de la productividad agrícola incluyen las características agroecológicas intrínsecamente diferentes de África subsahariana. Los principales cereales de la revolución verde en Asia fueron el trigo y el arroz, en muy buena medida con riego. Las variadas agroecologías sin riego de África subsahariana, utilizan un amplio espectro de sistemas agrícolas y un gran número de productos básicos (desde yuca en la parte oeste y central de África al millo y el sorgo en el Sahel). ¿Qué significan tales heterogeneidades en la producción y en las condiciones agroecológicas? En África subsahariana se necesitarán variedades mejoradas para muchos productos diferentes para incrementar la productividad. Las tecnologías extranjeras con frecuencia no son directamente transferibles y se requerirán tecnologías específicas para África para mejorar la productividad agrícola de la región (capítulo 7). Con todo, la tendencia en el gasto en I&D estuvo estancada durante la década de 1990.

Uso de fertilizante: bajo. Esencialmente debido a la presencia de mercados poco desarrollados, el uso de fertilizantes en África subsahariana ha permanecido estancado a niveles muy bajos, siendo esta una de las principales razones para la baja productividad agrícola en la región en relación con Asia. En promedio, los agricultores de África subsahariana deben vender alrededor del doble de grano que los agricultores en Asia y América Latina para comprar un kilogramo de fertilizante, dado su alto precio.[21] Los bajos volúmenes de producción, los altos precios, los altos costos de transporte y la falta de desarrollo de mercados privados para los insumos, son las principales barreras para el uso de los fertilizantes en África subsahariana (capítulo 6).

Suelos: degradados. La combinación de cortos períodos de descanso de la tierra, la expansión hacia tierras más frágiles, determinada por el crecimiento de la población y la falta de uso de fertilizantes, están degradando los suelos en África subsahariana. Alrededor del 75% de la tierra agrícola está afectada por una severa extracción de los nutrientes del suelo. De acuerdo con un informe reciente del Centro Internacional para el Desarrollo de Fertilizantes, la tasa promedio de extracción de nutrientes del suelo, es de 52 kilogramos de nitrógeno-fósforo-potasio por hectárea por año, cinco veces la aplicación promedio de diez kilogramos por hectárea de nutrientes a través de fertilizantes químicos.[22] La extracción de nutrientes del suelo es mayor en las áreas con una alta densidad de población. Por ejemplo, la pérdida anual de productividad estimada en las zonas altas de Etiopía, causada por la degradación del suelo, es del 2% al 3% del PIB agrícola por año.[23] Claramente, la declinación de la fertilidad del suelo es en buena medida la razón por la cual los rendimientos en África subsahariana son bajos; luego reversar esa tendencia debe ser de alta prioridad.

Políticas: históricamente distorsionadas. Para reducir los riesgos y aumentar la rentabilidad, Asia proporcionó crédito, apoyo en precios y subsidios a los insumos a los agricultores. En África subsahariana, los gobiernos también han intervenido fuertemente en los mercados, pero la agricultura ha sido gravada más que en otras regiones –y lo sigue siendo (capítulo 4). Aunque Kenya, Malawi, Zambia y Zimbabue iniciaron revoluciones basadas en el maíz, utilizando semillas híbridas y fertilizantes, los programas han sido difíciles de sostener debido a los altos costos fiscales y frecuentes choques climáticos. Las políticas macroeconómicas y un mucho más bajo gasto público en la agricultura de lo que ha sucedido en Asia, frecuentemente han reducido los incentivos a los agentes privados y han limitado la oferta de bienes públicos, como la I&D y las vías (capítulo 1).

¿Pasando la página? Reciente evidencia sugiere que África subsahariana puede estar doblando la página. Hay muchos éxitos locales en la producción de alimentos, como el maíz en varios países de África occidental, los fríjoles en África oriental y la yuca en varios países, la expansión del uso de fertilizantes en los cultivos de maíz en Kenya determinada por las necesidades del mercado y muchas innovaciones tecnológicas prometedoras que se encuentran en las primeras etapas de adopción (capítulo 7). El desafío es cómo alcanzar ganancias en la productividad en diversos sistemas sin riego, mediante la coordinación de inversiones en la tecnología, con inversiones en instituciones e infraestructura, para promover el desarrollo de los mercados para los insumos y los bienes finales.

Fuentes: Borlaun y Dowsell 2007; Cummings 2005; Djurfeld y otros 2006; Harrigan 2003, Consejo Interacadémico 2004; Johnson, Hazell y Gulati 2003; Mosley 2002: Sánchez 2002; Spencer 1994.

cinco o más horas de viaje para llegar a un mercado de 5.000 o más habitantes (mapa 2.2). Alrededor de la mitad del área agrícola en estas zonas remotas tiene un buen potencial agrícola pero carece de infraestructura para integrarse a la economía. En África subsahariana, Medio Oriente y África septentrional, el porcentaje de población rural con pobre acceso a los mercados es mucho más alto, más del 30% (gráfico 2.5). En Asia meridional sólo el 5% de la población vive en zonas remotas y en Asia oriental y Pacífico el 17%. Un bajo acceso a

Mapa 2.1 Zonas agroecológicas en las áreas agrícolas

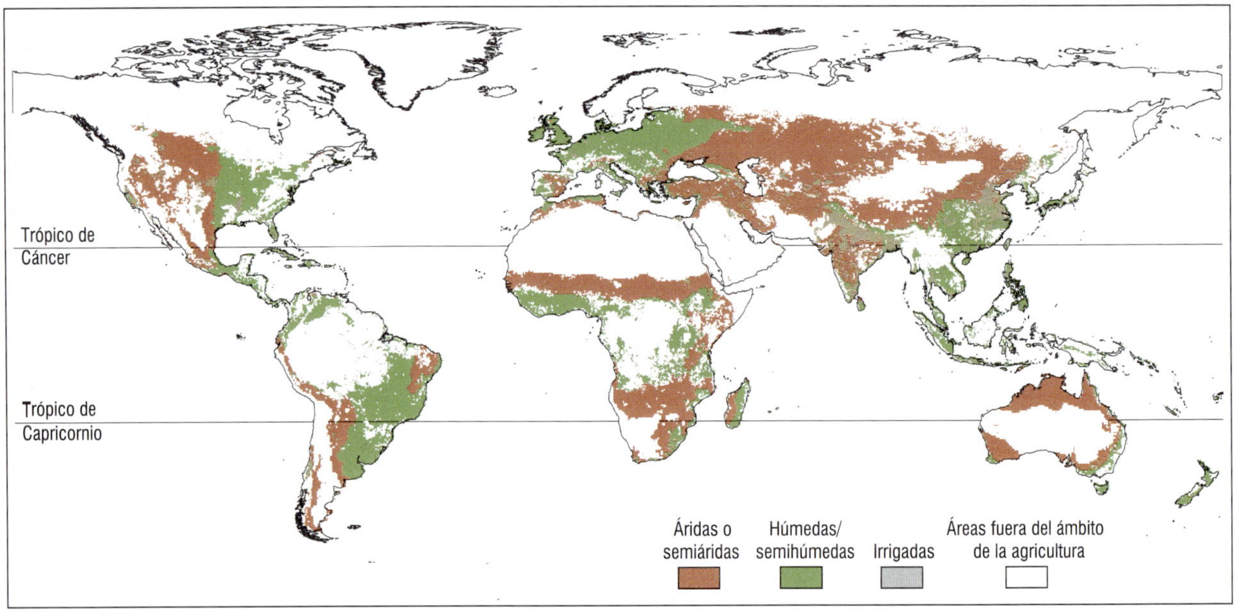

Fuente: Sebastian 2007, basado en datos de clima de GAEZ de FAO/Iiasa; los datos de áreas irrigadas GMIA provienen de la FAO y los datos de cultivos y áreas en pasto de Ramankutty/SAGE.
Nota: Las zonas agrícolas incluyen a aquellas con al menos un 10% de tierra irrigada, cultivada o con pastos.

Mapa 2.2 Acceso a mercados en zonas agrícolas de África, Asia y América Latina

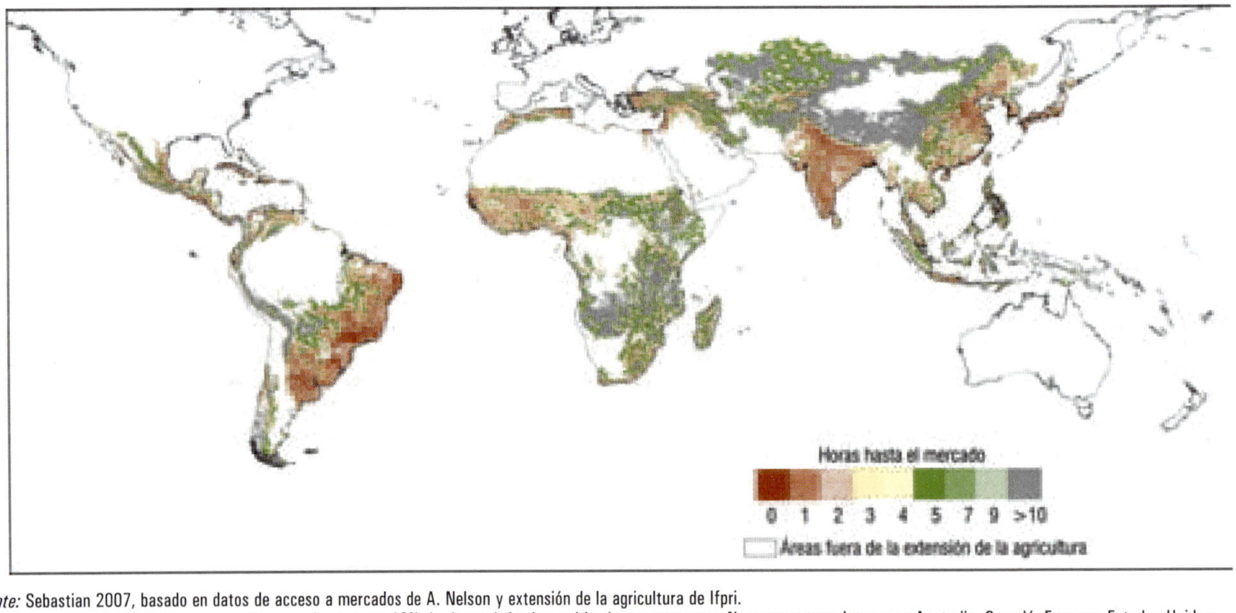

Fuente: Sebastian 2007, basado en datos de acceso a mercados de A. Nelson y extensión de la agricultura de Ifpri.
Nota: Las zonas agrícolas incluyen a aquellas con al menos un 10% de tierras irrigadas, cultivadas o con pastos. No se muestran datos para Australia, Canadá, Europa y Estados Unidos.

los mercados se refleja en baja inversión en infraestructura, con frecuencia debida a una baja densidad de población (recuadro 2.2).

Definiendo las áreas menos favorecidas

La combinación del potencial agroclimático y del acceso a los mercados, proporciona una definición de trabajo de las áreas que son menos favorecidas para la agricultura, al menos para la producción orientada al mercado. En este informe, las regiones favorecidas son aquellas que tienen irrigación o una buena precipitación pluvial, y acceso mediano o alto a los mercados. El 65% de la población rural vive en estas áreas. Las áreas menos favorecidas son de dos tipos –restringidas por pobre acceso a los mercados y limitadas por las lluvias. Casi dos terceras partes de la población rural en África subsahariana se encuentra en áreas menos favorecidas, bien sea con un bajo potencial agrícola o con un bajo acceso a los mercados, comparada con sólo el 25% para el Asia meridional. Por supuesto, muchos elementos adicionales de las áreas menos favorecidas podrían ser considerados también, incluyendo la fragilidad de la base de recursos naturales (capítulo 8) y las condiciones sociales.

RECUADRO 2.2 *Densidad de población y las definiciones de "rural"*

El acceso al mercado está cercanamente relacionado con la densidad de población. A nivel mundial, hay una enorme heterogeneidad en densidades de población. En la India, menos del 1% de la población vive en áreas con menos de 50 habitantes por kilómetro cuadrado, comparada con el 20% en Brasil y el 60% en Zambia (*ver* gráfico). La distribución de la población en Zambia es bastante desigual mientras que en Camboya es bastante similar.[25] Esto también significa que las definiciones nacionales de "rural" pueden tener muy diferentes significados en distintos países.

Las áreas rurales pueden ser definidas por el tamaño de los asentamientos, la densidad de población, la distancia a las áreas metropolitanas, la división administrativa y la importancia del sector agrícola. Brasil utiliza la división administrativa y reporta un 19% de su población como rural. La Organización para la Cooperación y el Desarrollo Económicos (OCDE) usa una densidad de población de 150 personas por kilómetro cuadrado para definir rural. Aplicar esta definición a Brasil, incrementaría su población rural al 25%. India reporta el 72% de su población como rural, pero la definición de la OCDE la reduciría a únicamente el 9%. Aun áreas fuertemente agrícolas de la India no serían rurales bajo la definición de la OCDE.

Las diferencias en densidad de población y distancia a los mercados implican muy diferentes desafíos para la infraestructura, la oferta de servicios y el desarrollo rural. Una alta densidad de población hace más barata la provisión de servicios públicos, como vías. Una baja densidad de población aumenta el costo de tales inversiones, pero suaviza las restricciones a los recursos de la tierra.

La distribución de la población dentro de un país varía ampliamente

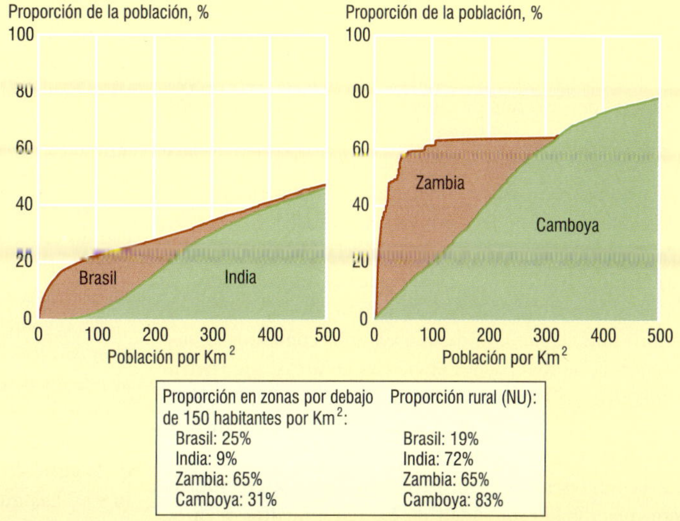

Fuentes: Red de información del Centro Internacional de Ciencias de la Tierra (Ciesin) 2006; los datos sobre la proporción de la población rural son de Naciones Unidas, 2004.

Gráfico 2.5 Hay grandes diferencias en potencial agrícola y acceso a mercados entre regiones

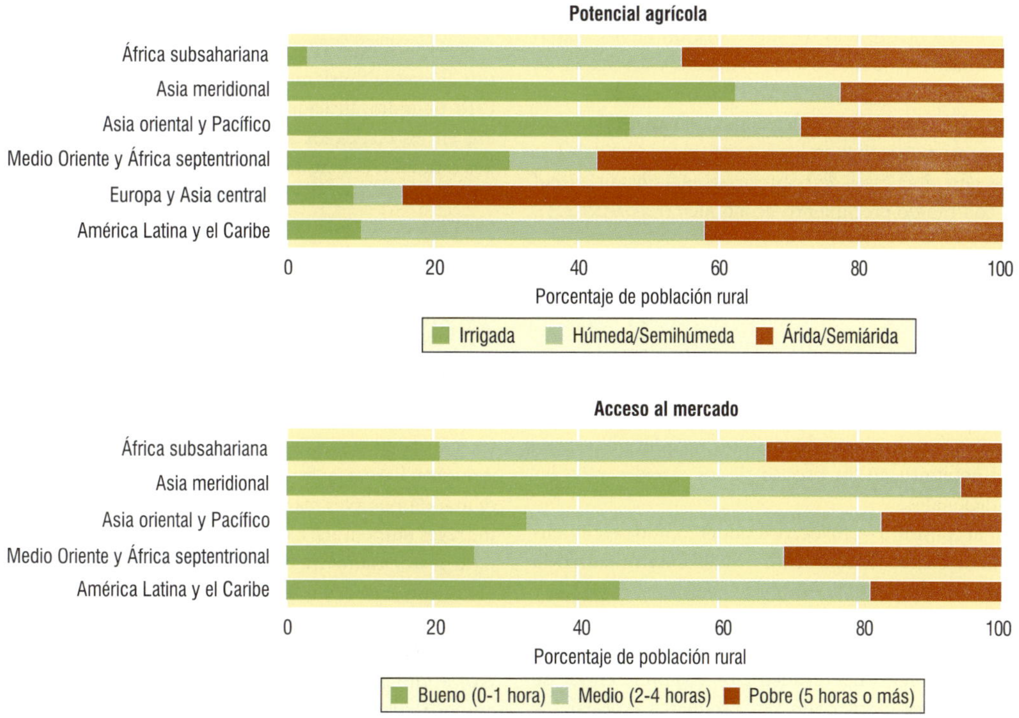

Fuente: Sebastian 2007.

Estas diferencias determinan la escogencia de estrategias y sistemas agrícolas. Por ejemplo, en Etiopía una fracción desproporcionada de la producción de vegetales se encuentra en zonas de alto acceso (63% de la producción, pero sólo el 38% de la población rural), mientras que los cereales están concentrados en las áreas menos favorables, bien sea definidas por lluvia o por acceso a mercados.[24]

Estas características no son inmutables. La inversión puede convertir las zonas menos favorecidas, con una baja precipitación o escasez de vías, en zonas de alto potencial. El factor más común es la irrigación, que ha hecho que algunos de los desiertos en el mundo florezcan, transformando los sistemas agrícolas o las formas de vida. Igualmente, la inversión en infraestructura de transporte ha permitido que los estados del interior de Brasil entren en los mercados mundiales para la soya y otros cultivos.

Para buena parte de África subsahariana, un bajo acceso a los mercados es una restricción casi tan importante (34% de la población rural) como la lluvia (45% de la población rural). En Etiopía, el 68% de la población rural vive en áreas con niveles de lluvia medio a alto, pero las familias agricultoras se encuentran, en promedio, a 10 kilómetros de la vía más cercana y a 18 kilómetros del medio de transporte público más cercano. El desafío en estos contextos es encontrar una secuencia de inversiones eficientes en áreas que tienen una baja densidad de población y poca actividad comercial. Una opción es focalizar las inversiones geográficamente, para incentivar el desarrollo de polos de crecimiento.

Adicional a la infraestructura, la inversión agrícola en nuevas variedades para mejorar la estabilidad de los rendimientos y en la administración de recursos naturales, puede ser efectiva para las zonas menos favorecidas (capítulo 8). En el largo plazo, las inversiones en capital social y humano (educación, salud y fortalecimiento institucional) para aumentar la diversificación del ingreso e incentivar la migración hacia fuera de las zonas rurales, pueden ser la mejor opción para muchas áreas (capítulo 9).

Aunque el sentido común es que la mayor parte de los pobres están en regiones menos favorecidas, la superposición de los mapas de potencial agroclimático y de acceso a los mercados y los mapas de pobreza, indica que esto no es así (*ver* En foco A). Aunque la tasa de pobreza es con frecuencia más alta en las zonas más marginales, el mayor número de gente pobre vive en las zonas más favorecidas. Las regiones rezagadas con altas tasas de pobreza, se encuentran aún al interior de países con rápido crecimiento económico (recuadro 2.3).

Oportunidades para una nueva agricultura a través de la diversificación

Los agricultores en áreas de buen potencial agrícola y con acceso a los mercados –alrededor del 60% de la población rural en el mundo en desarrollo– tienen buenas oportunidades en nuevos mercados. Mediante la diversificación hacia productos de alto valor, ellos pueden compensar el deterioro en los precios de los cereales y de las exportaciones tradicionales.

Los cambios en el consumo –provocados por el rápido crecimiento del ingreso y la creciente urbanización– están determinando la diversificación. Especialmente en las economías en transformación y urbanizadas, los patrones de consumo están desviándose de los cereales, las raíces, tubérculos y granos hacia los productos pecuarios, aceites vegetales, frutas y vegetales (gráfico 2.6). Las preferencias de los consumidores en países industriales por productos especiales y por una oferta permanente de hortalizas frescas, crean mercados globales para muchos de ellos. Los sectores hortícola, de semillas oleaginosas y pecuario, se están expandiendo con mayor rapidez, aunque también aparecen nuevos mercados para granos forrajeros, ganados y biocombustibles. La mayoría de los productos alimenticios en esta nueva agricultura son perecederos y los estándares de calidad y de seguridad son más altos, incrementando, por tanto, la integración vertical de los sistemas alimentarios.

La revolución hortícola

Las frutas y los vegetales son uno de los mercados agrícolas de mayor crecimiento en los países en desarrollo, cuya producción aumentó a una tasa de 3,6% por año para las frutas y de 5,5 para los vegetales durante 1980-2004.[26] Durante este período, el 58% del aumento en la producción hortícola mundial provino de China, el 38% del resto de países en desarrollo y el 4% restante de los países desarrollados, sugiriendo que el auge de la horticultura está beneficiando especialmente a los países en desarrollo. En la India, las frutas y los vegetales fueron el sector con el más importante crecimiento en la producción en la década de 1990.[27]

La revolución hortícola impulsa los ingresos y el empleo. En relación con los cereales, la horticultura aumenta los retornos a la tierra alrededor de diez veces y genera considerable empleo a través de la producción (alrededor de dos veces el uso de trabajo por hectárea que tienen los cereales) y de una mayor demanda por trabajos fuera de la agricultura en el procesamiento, empaque y mercadeo (capítulo 9).[28] Las mujeres obtienen muchos de estos nuevos trabajos.

Pero la horticultura también requiere que los productores se ajusten. Es intensiva en administración, implica una variedad de cultivos, un fuerte uso de insumos que emplean efectivo y químicos. Es riesgosa, debido tanto a apariciones de plagas como a la volatilidad de los precios y la producción de frutas requiere la inversión de varios años para recuperar los costos. También puede infringir considerable daño al medio ambiente. Los cultivos hortícolas representan alrededor del 28% del consumo mundial de pesticidas.[35]

La revolución hortícola, a diferencia de la revolución verde, ha sido jalonada fundamentalmente por el sector privado y el mercado. Esto tiene implicaciones para la organización de las cadenas de valor, en las cuales los agronegocios especializados y los supermercados están incrementando su participación, especialmente en los países urbanizados. Las clasificaciones y los estándares hacen más difícil para los pequeños agricultores actuar aisladamente para participar en estos mercados, dando lugar a la agricultura por contrato y a la acción colectiva o por parte de organizaciones de productores (capítulo 5).

Las revoluciones pecuaria y de acuicultura

Las revoluciones pecuaria y de acuicultura han sido más notables en los países en proceso de transformación y urbanizados, en Asia y América Latina, y han estado determinadas por el aumento de la demanda por aves, carne de cerdo, peces y huevos, a medida que los ingresos aumentan. La producción de carne de res y leche ha aumentado sostenidamente en los países con rápido crecimiento. En India, el consumo de leche prácticamente se dobló entre comienzos de la década de 1980 y finales de la década de 1990.[36]

La producción pecuaria está cambiando de ser extensiva (pastoreo) a intensiva (aves, cerdos y ganado de leche en confinamiento), aumentando la demanda por granos forrajeros, incluyendo las semillas oleaginosas. En los países en desarrollo, el 28% del consumo de

RECUADRO 2.3 *¿Por qué hay regiones rezagadas en países con alto crecimiento agrícola?*

Aún países con un fuerte crecimiento general de la agricultura tienen regiones rezagadas, donde la productividad agrícola y el ingreso de la productividad son bajos. En muchos casos estas regiones tienen un más bajo potencial agrícola o un más pobre acceso a mercados que otras regiones en el mismo país. Pero las áreas rezagadas pueden ser también el resultado de procesos sociales, mediante los cuales territorios específicos son dejados de lado por las políticas públicas o el mal gobierno. Las regiones más difíciles son aquellas que combinan pobres dotaciones agroecológicas, aislamiento y marginación social.

El noreste brasileño: bajo potencial agrícola cercano a una zona rica

El crecimiento de la agricultura en Brasil, del 5,3% por año entre 1990 y 2004, fue liderado por las exportaciones agrícolas del sur y centro del país. El crecimiento del PIB agrícola en estas zonas fue impresionante –Mato Grosso 14,8% por año, Goiás 6,8%, Paraná 6,7% y Mato Grosso do Sul 5,3% por año. Pero este desempeño no refleja la totalidad del país. A lo largo del Brasil rural que es líder mundial en varias exportaciones agrícolas, hay otro Brasil rural con una extendida pobreza y deprivación, que afectan a millones de personas en la agricultura de semisubsistencia.

El noreste de Brasil tiene las tasas de pobreza rural más altas del país (76%) y la más grande concentración de pobres rurales en América Latina.[29] Los estados en el noreste se encontraban entre aquellos con el más bajo desempeño agrícola del país para el período 1999–2004, algunos con tasas de crecimiento agrícola negativo (Ceará –4,3% por año, Río Grande Do Norte –2,3% y Sergipe –0,5%).[30]

La escasez de recursos naturales y la inestabilidad climática del noreste (con sequías que ocurren en promedio cada cinco años), son acentuadas por un frágil equilibrio de sus ecosistemas y un elevadamente desigual acceso a la tierra. Cerca de las dos terceras partes de su suelo no son aptas para la agricultura, situación que es agravada por centurias de uso (en particular para ganadería) que degradaron los suelos y limitaron su capacidad para absorber la lluvia.

Andes peruanos: zonas aisladas que no han participado del rápido crecimiento agrícola

El reciente crecimiento económico de Perú ha sido determinado por los sectores minero y agrícola, con tasas anuales de crecimiento del 7,9 y 3,8%, respectivamente, entre 1997 y 2004. El crecimiento en estos sectores ayuda a explicar por qué las áreas rurales parecen haberse desempeñado mejor que las urbanas en cuanto a reducción de la pobreza después de la crisis económica de 1998–99. Pero la reducción de la pobreza en zonas rurales ha sido desigual entre regiones geográficas.

La pobreza rural parece responder más al crecimiento en las regiones de la costa (elasticidad entre –0,9 y –1,3) y menos en la región de la sierra (elasticidad entre –0,6 y –0,9).[31] Esto puede ser explicado por la geografía de la región andina, que aisla a los poblados del resto de la economía. El terreno montañoso aumenta los costos de construcción de vías. En algunas áreas es necesario caminar varias horas para llegar al mercado, el centro de salud o la escuela pública.

La distancia a los mercados incentiva la agricultura de subsistencia, que utiliza muy pocos insumos comprados, destina un 22% del producto al consumo personal, utiliza intercambios de trabajo caracterizados por la reciprocidad y tiene pocas oportunidades de acceso a ingreso no agrícola a pesar de la baja productividad de la tierra.

Estas zonas aisladas tienen las más altas tasas de pobreza en el país (más del 65% con una línea de pobreza de US$1 por día). [32] Aun cuando el ingreso agrícola representa más del 75% del ingreso total en las áreas de los Andes, estas regiones no se han beneficiado del reciente crecimiento agrícola que se ha concentrado fundamentalmente en las regiones irrigadas de la costa.

Bihar en India: satisfaciendo los desafíos de gobernanza en áreas con alto potencial agrícola

Bihar, bien dotado con tierra fértil y recursos hídricos, tiene el potencial de alcanzar niveles de productividad equivalentes al de los estados más desarrollados de India.[33] Pero el desempeño agrícola en este estado se ha rezagado marcadamente del resto del país. La agricultura del Estado emplea el 80% de la fuerza de trabajo y genera cerca del 40% de su PIB, pero se ha desempeñado de una manera particularmente pobre y ha declinado a comienzos de la década de 1990 en un 2% por año y crecido menos del 1% por año desde 1995 –la mitad del promedio nacional.

El sector agrícola de Bihar ha estado plagado por baja productividad, lenta diversificación hacia cultivos de alto valor, una pobremente desarrollada infraestructura rural, inadecuadas inversiones para expandir y mantener el área bajo sistemas de irrigación, granjas pequeñas y fragmentadas con una extendida tenencia ilegal de la tierra, poca transparencia en el mercadeo de los productos e inadecuados servicios de investigación pública y extensión. Bihar se enfrenta a serios desafíos para mejorar el crecimiento y fortalecer la administración pública, la oferta de servicios y el clima de inversión. Los esfuerzos del gobierno para atender las necesidades de los agricultores y ofrecer servicios de apoyo, han tenido poco éxito, fundamentalmente debido a una poco clara estrategia, a una débil capacidad institucional y a la escasa rendición de cuentas, así como a preocupaciones acerca de la seguridad y la ausencia de ley. La causa de estos problemas: una estructura social semi-feudal dividida por castas. El involucramiento de la comunidad y la transferencia de responsabilidades a ésta para ofrecer tecnología agrícola y áreas con irrigación están gozando de algún éxito.[34]

granos fue destinado a alimentación animal en 2005. Pero el uso de cereales para alimentación animal está creciendo más lentamente que el incremento en la producción de carne, debido a que otros forrajes, como tortas de semillas oleaginosas y yuca, están sustituyendo a los cereales y la proporción de carne de aves en la producción total de carnes está aumentando. (La carne de ave requiere únicamente de 2 a 3 kilogramos de alimento por kilogramo de carne, comparada con diez kilogramos para la carne de res).[37]

La acuicultura es el sector de producción de alimentos de más rápido crecimiento en el mundo, creciendo a una tasa promedio anual de 10% desde mediados de la década de 1980. La acuicultura representa ahora más del 30% de la producción total de peces. Más del 90% de la producción de la acuicultura se lleva a cado en países en desarrollo y solamente China representa el 67% de la producción mundial. La acuicultura puede proporcionar una importante fuente de sustento para los pobres rurales, generando ingreso a través de ventas directas de productos y empleo en la producción de los peces y servicios, especialmente en el procesamiento. En Asia, más de 12 millones de personas están directamente empleadas en la acuicultura. En Bangladesh y Vietnam más del 50% de los trabajadores de los estanques de peces y de las plantas de procesamiento son mujeres; aunque los salarios son aún bastante bajos, son significativamente más altos que los correspondientes a las actividades agrícolas.

Las revoluciones pecuaria y de la acuicultura están incrementando la oferta de proteínas y proporcionando dietas más diversificadas. Pero los métodos intensivos de producción y las crecientes concentraciones de animales cerca a las áreas urbanas y periurbanas de los países en desarrollo, pueden aumentar la contaminación residual y

Gráfico 2.6 El consumo de comida per cápita en los países en desarrollo está cambiando a las frutas y las verduras, carne y aceites

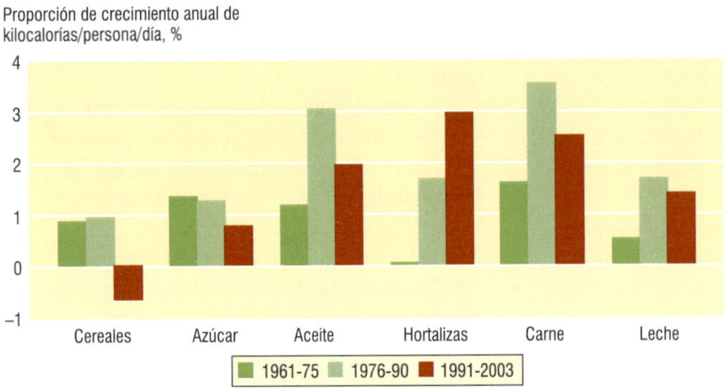

Fuente: FAO 2006a.

la incidencia de enfermedades como la tuberculosis y la fiebre aviar. El movimiento de animales vivos y de productos acuáticos hace más probable la diseminación accidental de enfermedades. La globalización puede aumentar aún más la impronta ambiental que producen la actividad pecuaria (recuadro 2.4) y acuícola, generando la necesidad de políticas para prevenir consecuencias irreversibles (capítulo 8).

Diversificación mediante los mercados de exportación

Los productos de alto valor representan también una proporción rápidamente creciente del comercio internacional de productos agrícolas. Las exportaciones de productos hortícolas, pecuarios, peces, flores cortadas y productos orgánicos, representan ahora el 47% de las exportaciones de todos los países en desarrollo, cifra bastante superior al 21% de los productos tropicales tradicionales, como café, te y algodón (gráfico 2.7). A través de un amplio rango de productos de exportación no tradicionales, los países en desarrollo están ganando una mayor participación en el mercado –en 2004 representaron el 43% del comercio mundial de frutas y vegetales (excluyendo los bananos y los cítricos).

Brasil, Chile, China y México dominan los mercados de exportación agrícola no tradicional. Pero muchos países, incluyendo algunos de África subsahariana (por ejemplo Kenya), están ahora aumentando su participación en algunos mercados seleccionados. Los países de menor desarrollo tienen una muy limitada participación –solamente Nigeria es significativa, con un 2,6% de las exportaciones mundiales en valor de fríjol verde[39]– pero ha habido otros éxitos recientes, como las flores cortadas de Etiopía. A pesar de la expansión de las exportaciones no tradicionales, los precios se han mantenido bastante altos en términos reales. Estimaciones de la elasticidad ingreso de las exportaciones para los productos de exportación no tradicional, indican que hay espacio para una mayor expansión de los mercados.[40]

Aún las exportaciones de productos tradicionales proporcionan oportunidades para entrar a los mercados de alto valor. Los mercados para productos de calidad premiun, como café, orgánicos y productos de Comercio Justo, han crecido considerablemente desde la última década, comenzando desde una base muy baja. El mercado de Comercio Justo está más desarrollado en Europa y un poco menos en Japón y en Estados Unidos. Pero el mercado para hortalizas orgánicas ha crecido fuertemente tanto en Europa (ventas al detal de US$10.500 millones en 2003) como en Estados Unidos (US$12.000 millones).[41] Existe un considerable espacio para expandir las exportaciones hacia estos mercados en crecimiento (capítulo 5).

Biocombustibles: ¿una revolución en proceso?

Los biocombustibles pueden ser la siguiente revolución. Con base en maíz, azúcar, yuca, aceite de palma y otros vegetales, los biocombustibles ofrecen nuevos y potencialmente grandes mercados para los productores agrícolas. Algunos países han incentivado agresivamente la producción de agrocombustibles, en la medida en que los precios del petróleo han aumentado y las preocupaciones acerca de la seguridad energética y del medio ambiente han aumentado. Sin embargo, la economía actual, las preocupaciones ambientales y las perspectivas de tecnologías alternativas y los alimentos para animales, hacen del crecimiento futuro de los biocombustibles algo incierto (*ver* En foco B).

Perspectivas futuras: enfrentando desafíos y crecientes incertidumbres

A pesar de que los sistemas agrícolas y alimentarios han sido exitosos a nivel mundial a lo largo de las últimas cuatro décadas, ¿pueden abastecer la demanda probable de alimentos a lo largo de los próximos 25 o 50 años? ¿Pueden responder a una rápida urbanización y cambiantes dietas? Y ¿pueden hacerlo de una manera sustentable y amistosa con el medio ambiente? ¿Cuáles son las principales incertidumbres que pueden dificultar el éxito?

Escenario "todo sigue igual"

Las proyecciones de oferta y demanda futuras de alimentos están siempre sujetas a un amplio margen de error y generalmente influenciadas por las condiciones de mercado actuales: cuando los precios son considerablemente altos, como lo son actualmente, las proyecciones tienden a ser más "pesimistas".[42] Tanto la Organización de las Naciones Unidas para la Alimentación y la Agricultura (FAO) como el Instituto de Investigación sobre Política Alimentaria (Ifpri) han divulgado recientemente proyecciones del tipo "todo sigue igual" para el período 2025-30 y para 2050, que muestran tendencias consistentes en general.[43] Estas proyecciones son inherentemente conservadoras: asumen que no hay mayores cambios en las políticas (como el comercio) o respuestas de política a las condiciones de mercado (como mayor inversión en I&D inducida por los más altos precios. Las proyecciones del impacto del cambio climático y los precios de la energía son especialmente difíciles dada las actuales incertidumbres –la línea de base del Ifpri usa escenarios "medios" para ambos.[48]

En los modelos del Ifpri, la proyección general es que el consumo mundial de alimentos se incrementará más lentamente en el futuro. El aumento en el consumo de cereales disminuirá de 1,9% por año entre 1969 y 1999 a l,3% por año entre 2000 y 2030. El crecimiento en el consumo de carne también crecerá más lentamente, de 2,9% por año a 1,7% por año (*ver* gráfico 2.8).[49] Esta desaceleración refleja dos factores: una desaceleración general del crecimiento de la población a 1% por año (casi todo el crecimiento se encuentra en los países en desarrollo) y los niveles medio a alto de consumo per cápita de alimentos que se han alcanzado ya en algunos de los países más poblados (China, por ejemplo).

En general, para los países en desarrollo el consumo per cápita de cereales para alimentación caerá ligeramente. Conjuntamente con

RECUADRO 2.4 *La huella ambiental mundial de la expansión pecuaria*

A lo largo de la década de 1994–2004 el comercio mundial de soya se duplicó. El 70% del aumento global de las exportaciones se dirigió hacia China, donde la producción total de carne aumentó de 45 a 74 millones de toneladas a lo largo de ese período, generando una rápida expansión en la demanda por granos forrajeros. Argentina y Brasil respondieron rápidamente a esa oportunidad de mercado, proporcionando más de dos terceras partes de las mayores exportaciones mundiales de soya.

El rápido crecimiento de las exportaciones de Argentina y Brasil ha sido apoyado por la introducción de nueva tierra al cultivo, frecuentemente a expensas de las selvas y de los bosques. En la región de Salta, al norte de Argentina, la mitad del área bajo cultivos de soya en 2002–2003 estaba previamente cubierta por vegetación natural. Buena parte de esta área incluía el altamente amenazado ecosistema del Chaco.[44] En Brasil, los estados de Goias, Mato Grosso y Mato Grosso do Sul duplicaron el área de cultivos de soya entre 1999–2000 y 2004–2005 cultivando 54.000 kilómetros cuadrados adicionales –un área mayor que la de Costa Rica– la mayor parte de ésta desplazando la ecológicamente importante sabana boscosa (cerrado) y la selva.[45] La tasa anual promedio de deforestación en el Amazonas entre 2000 y 2005 (22.392 kilómetros cuadrados por año) fue un 18% más alta que en los cinco años previos (19.018 kilómetros cuadrados por año), en parte por la expansión agrícola.[46] Debido a que los árboles son quemados para crear tierras abiertas en los estados de frontera de Pará, Mato Grosso, Acre y Rondonia, Brasil se ha convertido en uno de los principales emisores de gases de tipo invernadero en el mundo. Para mitigar los impactos ecológicos negativos, una alianza de compañías privadas, organizaciones no gubernamentales y el gobierno de Brasil, firmaron una moratoria de dos años para la compra de soya obtenida de tierra generada por nueva deforestación en el Amazonas.[47]

la continuación de la tendencia en la eficiencia para convertir granos forrajeros en carne, el consumo per cápita de cereales para todos los usos en los países en desarrollo se incrementará únicamente en 0,1% por año. El menor crecimiento de la demanda lleva a un más bajo crecimiento de la producción de cereales en todas las regiones. El consumo de carne también disminuye fuertemente, excepto en el Asia meridional y África subsahariana, donde el consumo de carne se incrementará a una tasa ligeramente más alta, pero partiendo de unos niveles muy bajos de consumo per cápita.

A pesar de la disminución en el crecimiento del consumo, las proyecciones actuales reversan la tendencia a la baja de largo plazo

Gráfico 2.7 Las exportaciones de alto valor se expanden rápidamente en los países en desarrollo

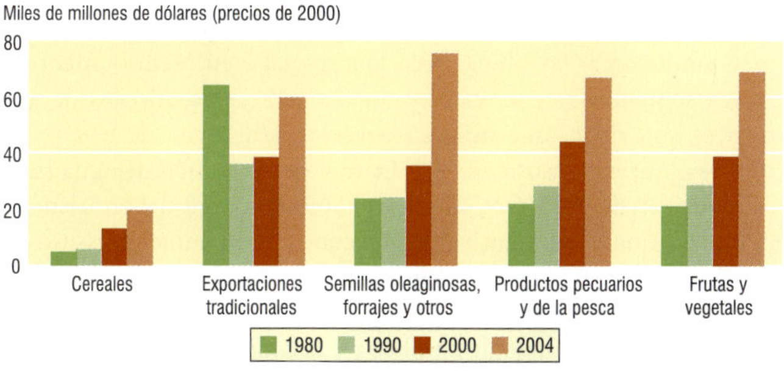

Fuente: Base de datos de Estadísticas Comerciales de Naciones Unidas (Comtrade).
Notas: Las exportaciones tradicionales incluyen cacao, té, café, caucho, tabaco, azúcar, algodón y especias.

de los precios de los cereales, de 1,6% por año observada en las décadas previas. Se proyecta que los precios de los cereales aumenten marginalmente a una tasa de 0,26% por año hasta 2030 y se aceleren a 0,82% por año entre 2030 y 2050.[50] Esta ligera tendencia al aumento en los precios de los cereales es una reversión significativa con respecto a las predicciones previas –la escasez de tierra y de agua, combinadas con un lento progreso técnico (discutido adelante) explican esta reversión.

Las proyecciones mundiales ocultan amplios desbalances de oferta y demanda en los países en desarrollo. Las importaciones netas de cereales para los países en desarrollo en Asia, África y América Latina, se proyecta que aumenten a 265 millones de toneladas en 2030, comparadas con 85 millones de toneladas en 2000. Esto refleja la continuación de una alta dependencia de las importaciones en Medio Oriente y en África septentrional y unos fuertes aumentos en las importaciones en Asia y en África subsahariana (gráfico 2.9).

Estas tendencias aumentan enormemente la importancia de los países en desarrollo en los mercados mundiales de alimentos. Los principales países exportadores son los países desarrollados y Brasil y Argentina. Se proyecta que algunos países en Europa y Asia central se conviertan en exportadores. Únicamente en África subsahariana, con altos costos de transporte y escasez de divisas extranjeras, es de preocupación para la seguridad alimentaria la creciente brecha en las importaciones. De nuevo, el mayor desafío se encuentra en África subsahariana, en donde aún en 2030 el consumo per cápita promedio de calorías se espera que esté alrededor de 2.500, inferior a las más de 3.000 calorías en otras regiones.

Los supuestos subyacentes a estas proyecciones muestran que las restricciones de oferta de tierra, agua y energía, la creciente variabilidad del clima y el cambio climático y la persistencia de los bajos niveles de inversión en investigación, determinan importantes desafíos para satisfacer la futura demanda de alimentos. Estos factores sugieren una creciente incertidumbre y el potencial para que existan más grandes y más frecuentes choques a los precios mundiales de alimentos.

Inminentes limitaciones de tierra

A través de la mayor parte de la historia, la agricultura creció mediante la utilización de una mayor cantidad de tierra, determinada por el crecimiento de la población y la expansión de los mercados. Pero en las más densamente pobladas zonas del mundo la frontera agrícola se ha cerrado. En Asia, la escasez de tierra se ha hecho aguda en la mayor parte de los países y la rápida urbanización está reduciendo el área disponible para la agricultura.[51]

Los países urbanizados de América Latina y Europa y Asia central son relativamente abundantes en tierra, debido a la más baja densidad de población y a una población agrícola en retroceso (*ver* gráfico 2.10). En América Latina hay aún espacio para una mayor expansión de la tierra agrícola, incentivada por los mercados de exportación, pero esto se da frecuentemente a expensas de disminuir selvas tropicales y subtropicales y zonas boscosas.[52] En África subsahariana el alto crecimiento de la población rural determina la expansión hacia tierra en bosques o en pasturas (creando conflictos con los usuarios tradicionales) o hacia áreas que son susceptibles de generar enfermedades humanas y animales. A pesar de esto, existe un considerable espacio para la expansión en el uso de la tierra en algunos países de África subsahariana, pero esto requerirá de grandes inversiones en infraestructura y en el control de enfermedades

Gráfico 2.8 Se proyecta un menor crecimiento del consumo de cereales y carne para los siguientes 30 años

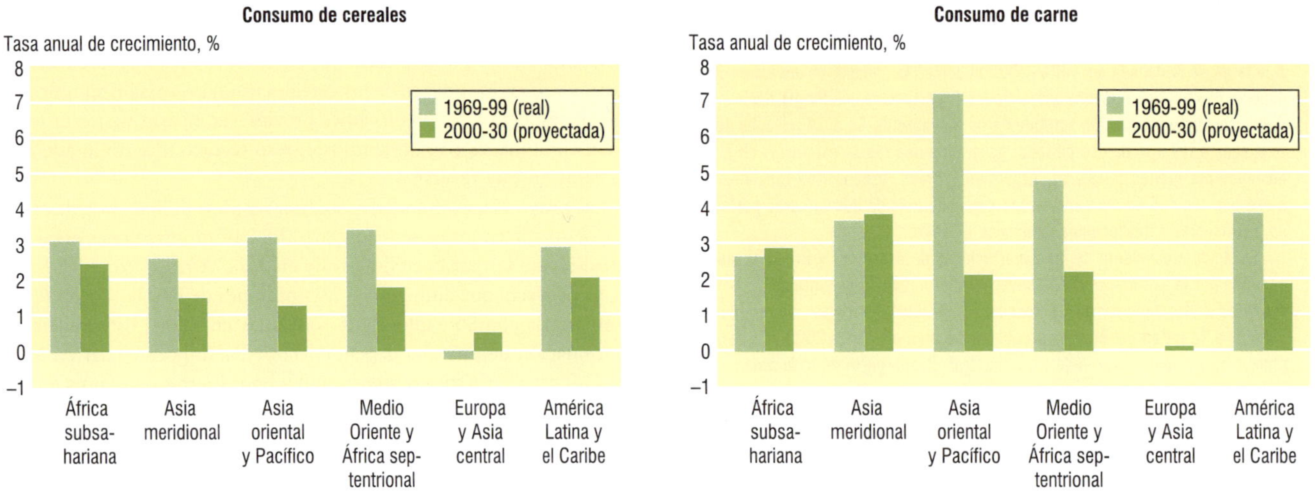

Fuente: Rosegrant y otros 2006b.
a. Incluye alimentos, forrajes y otros usos.
b. No hay datos disponibles sobre consumo de carne para Europa y Asia central en 1969-99.

humanas y animales para convertir estas tierras para una agricultura productiva.

Aún la tierra que es utilizada actualmente para la agricultura se encuentra amenazada. El crecimiento de la productividad de la tierra disponible está con frecuencia amenazado por la contaminación, la salinización y degradación de los suelos, debido a un inadecuado manejo de la intensificación, factores que reducen el potencial de los rendimientos (capítulo 8). Algunas fuentes sugieren que a nivel mundial cinco a diez millones de hectáreas de tierra agrícola se están perdiendo anualmente, debido a una severa degradación.[53] La degradación de los suelos a través de la extracción de nutrientes es un problema importante en África subsahariana, a pesar de lo cual buena parte de ésta es reversible mediante un mejor manejo del suelo y el uso de fertilizantes (*ver* recuadro 2.1).

Gráfico 2.9 Los países en desarrollo se convertirán en mercados aún mayores para los cereales exportados principalmente por países desarrollados

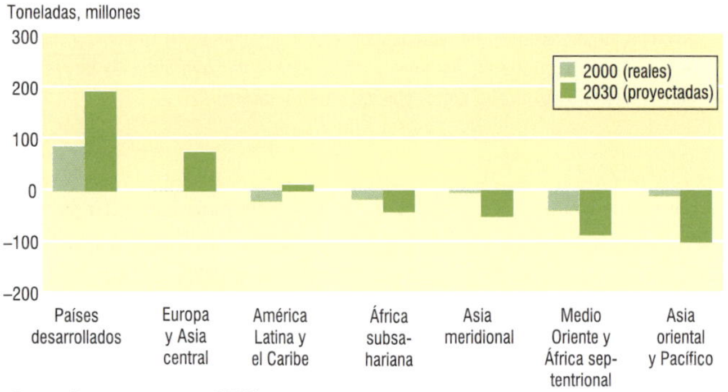

Fuente: Rosegrant y otros 2006b.
Notas: Los valores negativos indican importaciones netas de cereales y los positivos indican exportaciones netas de cereales.

Aguda escasez de agua

La agricultura utiliza el 85% del agua fresca empleada por los países en desarrollo y la agricultura irrigada representa alrededor del 40% del valor de la producción agrícola en el mundo en desarrollo.[54]

Sin irrigación, el aumento en los rendimientos y en el producto, que han alimentado a la creciente población mundial y estabilizado la producción de alimentos, no hubieran sido posibles. La demanda por agua, tanto para usos agrícolas como no agrícolas, está aumentando y la escasez de agua se está haciendo aguda en buena parte del mundo en desarrollo, limitando el futuro de la expansión de la irrigación. No se espera que aumente la disponibilidad de agua para la agricultura con irrigación en los países en desarrollo, debido a la competencia de los sectores industriales y de la población en rápido crecimiento.[55] El desarrollo de nuevas fuentes de agua es costoso, limitando el potencial para la expansión y la construcción de nuevas represas y con frecuencia implica altos costos ambientales y de reasentamiento humano.

De acuerdo con la "Evaluación comprensiva del manejo del agua en la agricultura",[56] aproximadamente 1.200 millones de personas viven en cuencas de ríos con una escasez absoluta de agua (gráfico 2.11); 478 millones viven en cuencas donde la escasez se aproxima rápidamente; 1.500 millones adicionales sufren de inadecuado acceso al agua por carencia de infraestructura o de capital humano y financiero para aprovechar los recursos disponibles (capítulo 8). Medio Oriente y África septentrional y Asia enfrentan las mayores escaseces de agua, aunque hay localidades donde hay una severa escasez de agua en todas las demás regiones.

Grandes áreas en China, Asia meridional y en Medio Oriente y África septentrional, se encuentran ahora bajo producción de alimentos con riego, que utiliza extracciones de agua de ríos y del subsuelo que son insostenibles.[57] La tasa de extracción de agua subterránea excede el 25% en China y el 56% en partes del noroeste de la India.[58] Con la expectativa de que continúe en aumento el uso de agua subterránea, frecuentemente determinada por el uso subsidiado o gratuito de la electricidad, la degradación de los acuíferos subterráneos debido al exceso de bombeo y a la contaminación, es evidente que se hará más severa (capítulo 8).[59]

Tanto África subsahariana como América Latina tienen grandes fuentes de agua sin utilizar para la agricultura. Pero aún en África

Gráfico 2.10 La tierra arable y de uso permanente per cápita para la población agrícola, está disminuyendo en África subsahariana y en Asia meridional

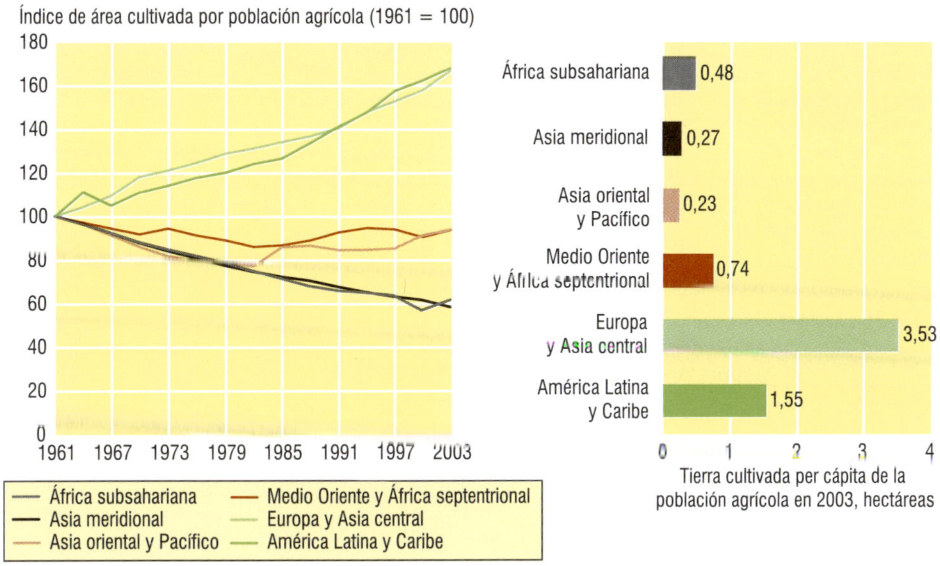

Fuente: FAO 2006a.
Nota: La tierra cultivada representa tanto la tierra arable como la cultivada permanentemente.

subsahariana, casi una cuarta parte de la población vive en países con escasez de agua y la proporción está aumentando.[60] Aún así, en la actualidad hay muchas oportunidades para la inversión económica en irrigación en África subsahariana (recuadro 2.5) y el área irrigada se proyecta que se duplicará para 2030.

En otras regiones, el énfasis en el agua para irrigación se ha desplazado ya hacia el aumento de la productividad de la extracción actual de agua a través de reformas institucionales y de la remoción de distorsiones de política en la agricultura y en el sector del manejo del agua (capítulo 8). Con el crecimiento de la productividad y un modesto incremento de las áreas irrigadas, del 0,2% anual, la producción irrigada se proyecta que representará cerca del 40% del aumento de la producción agrícola en el mundo en desarrollo para 2030.

Los efectos inciertos del cambio climático

El calentamiento global es una de las áreas de mayor incertidumbre para la agricultura. Si las emisiones continúan al ritmo actual, la temperatura mundial promedio es probable que aumente en 2° a 3°C durante los próximos 50 años, con implicaciones sobre las lluvias y la frecuencia e intensidad de los eventos climáticos extremos.[61] Los efectos no se distribuyen uniformemente. Mientras muchas regiones se han hecho ya más húmedas, partes del Sahel, el Mediterráneo, África meridional y partes del Asia meridional, se están haciendo más secas y esta tendencia continuará. La escasez de agua se incrementará en muchas áreas, particularmente en las secas zonas de África y en las zonas donde el deshielo glacial es una fuente importante de agua para la irrigación.

Con un moderado calentamiento, se espera que los rendimientos de los cultivos aumenten en las zonas temperadas y disminuyan en los trópicos. Los modelos climáticos y de cultivos predicen un aumento en la producción mundial avícola, en escenarios de calentamiento suave a medio de menos de 3°C.[63] Pero los efectos combinados de más altas temperaturas promedio, mayor variabilidad de la temperatura y la precipitación, más frecuentes e intensas sequías e inundaciones y una reducida disponibilidad de agua para la irrigación, pueden ser devastadores para la agricultura en muchas regiones tropicales (*ver* En foco F). Un tercio de la población en riesgo de hambruna se encuentra en África, un cuarto en Asia occidental y alrededor de una sexta parte en América Latina.[64]

Se predice que el impacto del cambio climático sobre los precios de los alimentos a nivel mundial será pequeño hasta 2050. Algunos modelos predicen efectos más sustanciales del cambio climático después de 2050, con mayores incrementos en la temperatura.[65] No obstante, se esperan mayores impactos en los niveles regionales. En relación con un escenario sin cambio climático, el PIB agrícola en África subsahariana (la región con el más alto impacto del cambio climático) puede contraerse en una cifra entre el 2% y el 9%.[66]

Gráfico 2.11 La escasez de agua afecta a millones de personas en Asia, Medio Oriente y África septentrional

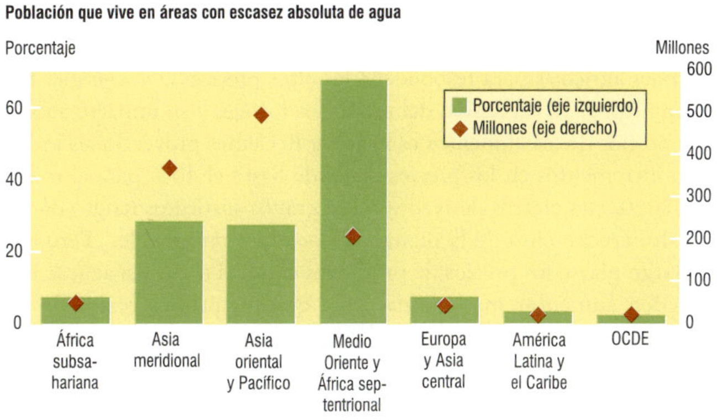

Fuente: Instituto Internacional para Manejo del Agua IIDA, análisis realizado para la Evaluación comprensiva del manejo del agua en la agricultura (2007) usando el modelo Watersim.

RECUADRO 2.5 *Existe un potencial sustancial para expandir, en la forma correcta, la irrigación en África subsahariana*

África subsahariana tiene un gran potencial desaprovechado para la irrigación. Solamente el 4% del área total cultivada se encuentra bajo irrigación y, solamente, cuatro millones de hectáreas fueron añadidas en los últimos 40 años, mucho menos que en cualquier otra región.[62] La inversión en proyectos de irrigación disminuyó de manera sostenida en la década de 1980, en parte como respuesta a las muchas inversiones fallidas en irrigación y en parte debido a pocas oportunidades de mercado y a los mayores costos de inversión comparados con otras regiones. Pero con la nueva generación de proyectos de irrigación, mejor diseñados, los costos son comparables con aquellos en otras regiones, debido a las mejoras en instituciones, tecnología y oportunidades de mercado para productos de alto valor (*ver* tabla).

Estos retornos económicos se pueden hacer efectivos únicamente si una proporción significativa del área es cultivada con productos de alto valor. Eso subraya la necesidad de hacer inversiones complementarias en caminos, servicios de extensión y acceso a los mercados. La irrigación de pequeña escala también ha mostrado éxitos recientes, especialmente en Níger y en el programa Fadama en Nigeria (capítulo 8).

Retornos a la irrigación en África subsahariana

	1970-74	1975-79	1980-84	1985-89	1990-94	1995-99
África subsahariana						
Número de proyectos	3	3	11	15	4	3
Costo por hectárea (US$ de 2000)	4.684	24.496	11.319	7.669	8.287	8.347
Tasa promedio de retorno económico (%)	10	2	6	16	17	30
Resto del mundo						
Número de proyectos	21	66	75	41	49	6
Costo por hectárea (US$ de 2000)	3.433	4.152	5.174	2.252	3.222	3.506
Tasa promedio de retorno económico (%)	19	15	15	18	21	17

Fuentes: Banco Africano de Desarrollo y otros 2007; Carter y Danel 2007 e IFAD 2005a; Instituto Internacional para Manejo del Agua (IIMA) 2005; Banco Mundial 2006t.
Nota: Tasas de retorno para proyectos de irrigación financiados externamente en África subsahariana y en el resto del mundo (dos terceras partes de los cuales fueron en Asia) entre 1970–99.

Las mayores implicaciones del cambio climático se generan para la distribución de la producción agrícola. En un mundo globalizado, parte de la adaptación se puede suplir a través del comercio si se implementan medidas que aseguren la existencia de formas alternativas de sustento para aquellos que son más afectados. Pero en buena parte de los trópicos, especialmente en las áreas al sur del Sahara afectadas negativamente por el cambio climático, el comercio puede llenar sólo parcialmente esa brecha.

Altos precios de la energía: presión sobre los precios de los alimentos desde dos ángulos

Aunque hay considerable incertidumbre acerca de los precios futuros de la energía,[67] hay poca duda acerca de que los precios de ésta serán más altos que durante los últimos 20 años y que esto incrementará los costos de producción de la agricultura, haciendo presión hacia el alza en los precios de los alimentos.

Desde el lado de la demanda, la mayor incertidumbre se encuentra en el ritmo de expansión de los biocombustibles que utilizan forrajes agrícolas para responder a los altos precios de la energía. La magnitud de la expansión del uso de los forrajes y su impacto sobre los precios de los alimentos es incierta. Recientes proyecciones indican incrementos en los precios reales de hasta el 40% para el maíz en 2020, con efectos derivados sobre granos sustitutos (trigo) dado el alto crecimiento de la demanda[68] por biocombustibles. Pero en el largo plazo, los precios de productos como el maíz y el azúcar no pueden aumentar más rápidamente que los precios reales de la energía si los biocombustibles tienen que ser competitivos, de manera que los impactos deben ser bastante más bajos.[69] Las principales incertidumbres, entonces, se relacionan con el precio del petróleo, el progreso técnico en la eficiencia de conversión de los productos agrícolas y la biomasa, y en el alcance con el cual los gobiernos subsidiarán u ordenarán la producción de biocombustibles (*ver* En foco 2).

Desde el ángulo de la demanda, la mayor parte de la producción agrícola actual es bastante intensiva en el uso de energía, ocurriendo esto en mayor medida en el mundo desarrollado que en el mundo en desarrollo. Estimativos de la FAO indican que se utilizan 6.000 megajoules (MJ) de energía fósil –igual a 160 litros de petróleo– para producir una tonelada de maíz en Estados Unidos. Una tonelada de maíz cultivada en México, bajo métodos tradicionales utiliza únicamente 180 MJ de insumos de energía, equivalentes a 4,8 litros de petróleo.[70]

La energía se requiere de forma directa para la operación de la maquinaria e indirectamente para los fertilizantes y otros químicos. Los precios de los fertilizantes, por ejemplo, están ligados a los precios de la energía debido a que el gas natural, un componente primario en la producción de los fertilizantes con nitrógeno, representa entre un 35% y un 90% de los costos de producción.[71] En Estados Unidos, los costos de energía representaron el 16% de los costos de producción agrícola en 2005. Alrededor de una tercera parte para combustible y electricidad y dos terceras partes, indirectamente, para la energía necesaria para producir fertilizantes y químicos.[72] Análisis econométricos sugieren que los precios de los granos en Estados Unidos (que determina los precios mundiales) aumentarán entre 18% y 20% de cualquier incremento en los precios del petróleo crudo, sin incluir los efectos desde el lado de la demanda a través de los biocombustibles.[73]

En los países en desarrollo, los costos de los fertilizantes son una proporción creciente de los costos de producción –18% de los costos variables para el trigo irrigado en el Punjab Indio en 2002 y 34% del costo de la soya en Mato Grosso, Brasil.[74] Unos precios marcadamente más altos para los fertilizantes, podrían tener efectos importantes sobre la agricultura en los países en desarrollo –haciendo disminuir las tasas de aplicación de los fertilizantes y los rendimientos de los cultivos y aumentando los precios de los alimentos– a menos que se hagan rápidos progresos para aprovechar fuentes de nutrientes que no dependen de los combustibles fósiles, como la fijación biológica del nitrógeno a través de la inclusión de legumbres en los sistemas agrícolas o de los avances biotecnológicos que fijan el nitrógeno en los cereales (capítulo 7).

Más allá de la puerta de la granja, otros insumos de la producción de alimentos que dependen de la energía, como el transporte y los costos de refrigeración, se verán afectados por los altos precios de la energía. El 4% de los costos de los alimentos en Estados Unidos se atribuyen a los gastos de transporte únicamente.[75] El transporte aéreo de larga distancia para los mercados alimenticios mundiales puede ser el más afectado –el combustible para aviación representa alrededor del 7% del precio detallista de una canasta de productos de alto valor en un supermercado en el Reino Unido.[76] Estos costos están estimulando el interés en los mercados locales de alimentos en los países industriales, para minimizar el "kilometraje de los alimentos"; sin embargo, no hay siempre una asociación fuerte entre la distancia que viajan los alimentos y el uso combinado de energía no renovable en la producción de éstos y en su transporte.[77]

¿Responderá la ciencia?

Con una creciente escasez de recursos, la futura producción de alimentos depende más que nunca del aumento en los rendimientos de los cultivos y de la productividad de las actividades pecuarias. Pero la perspectiva del progreso tecnológico tiene tanto elementos positivos como negativos que aumentan la incertidumbre. Para los principales cereales –arroz, trigo y maíz– las tasas de crecimiento de los rendimientos en los países en desarrollo se han desacelerado rápidamente desde la década de 1980 (gráfico 2.12); las ganancias fáciles obtenidas por el uso de insumos de la revolución verde se han logrado ya, excepto en África. Los desarrolladores de nuevas variedades de plantas continúan incrementando el potencial de los rendimientos para trigo en alrededor del 1% por año, pero la cifra es menor para el más importante cultivo alimenticio, el arroz.[78] La disminución en el gasto en I&D en muchos países, despierta preocupación acerca del ritmo de las ganancias futuras (capítulo 7).

Históricamente, una significativa parte de las ganancias en los rendimientos ha sido conseguida a través de cerrar la brecha entre los rendimientos promedios en las granjas y el potencial de rendimientos experimentales de los cultivos, hasta el punto en que los rendimientos promedio en las granjas alcanzan alrededor del 80% de los rendimientos en los campos experimentales. Las principales provincias productoras de arroz en China y la mayor parte del trigo y el maíz producidos en los países industriales han alcanzado ya este punto, de manera que la brecha se está cerrando.[79] Otras zonas productoras de arroz en Asia se encuentran bien por debajo del 80% de los rendimientos de los campos experimentales y su crecimiento en los rendimientos ha disminuido debido al deterioro del suelo y la calidad del agua y los desbalances en el uso de los nutrientes.[80]

Las brechas aprovechables en los rendimientos son especialmente altas en las zonas con potenciales medios a altos en los países agrícolas. Las demostraciones en granjas que utilizan las mejores "apuestas tecnológicas", sugieren una amplia brecha de rendimientos para el maíz en África subsahariana (gráfico 2.13). Pero el cierre de esas brechas no solamente se logra a través de transferir estas tecnologías a los agricultores, sino de establecer estructuras institucionales –especialmente mercados funcionales para los insumos y los productos, acceso al crédito e instrumentos para manejar riesgos– que los agricultores necesitan para adoptar la tecnología (capítulos 5 y 6).

El mundo se encamina hacia una nueva revolución tecnológica en agricultura, mediante el uso de nuevas herramientas de biotecnología para generar significativas ganancias de rendimientos (capítulo 7). En la actualidad, 100 millones de hectáreas de cultivos o alrededor del 8% del área cultivada, se siembran con semillas transgénicas (frecuentemente conocidas como organismos genéticamente modificados, OGM). Pero hay una considerable incertidumbre acerca de si esta revolución se convertirá en una realidad para la producción de alimentos en el mundo en desarrollo, debido a los bajos niveles de inversión pública en esta tecnología y a las controversias acerca de sus posibles riesgos (*ver* En foco E). Sin embargo, las aplicaciones de biotecnología utilizando genómica y otras herramientas no son controversiales y sus costos en descenso y más amplia aplicación, deberían asegurar la continuidad de las ganancias en rendimientos a través de una mejor resistencia a las enfermedades y tolerancia a la sequía y otras fuentes de estrés (capítulo 7).

La línea base: ¿un futuro más incierto?

Las tendencias futuras podrían verse acentuadas si varios resultados adversos tienen lugar. Los altos precios de la energía, combinados con una mayor producción de biocombustibles a partir de alimentos, podrían llevar a grandes aumentos en los precios de los alimentos mediante efectos tanto en la oferta como en la demanda. El calentamiento global podría ocurrir más rápido de lo esperado y acentuar la escasez de agua, golpeando la agricultura irrigada con más bajos rendimientos y aumentando el riesgo en la agricultura sin irrigación. El rápido crecimiento del ingreso en los países asiáticos con limitaciones de tierra y de recursos de agua, puede llevar a un aumento en la importación de alimentos que, combinados con más altos precios para la energía y los fertilizantes, hagan aumentar los precios de los alimentos. O, las tres cosas pueden suceder conjuntamente.

La interdependencia, también, implica probables balances entre pobreza, seguridad alimentaria y sustentabilidad ambiental. Por ejemplo, las restricciones a la tierra se pueden aliviar en varias regiones en respuesta a los más altos precios, pero sólo a un significativo costo ambiental.

Gráfico 2.12 Las tasas de crecimiento de los rendimientos para los principales cereales están disminuyendo en los países en desarrollo

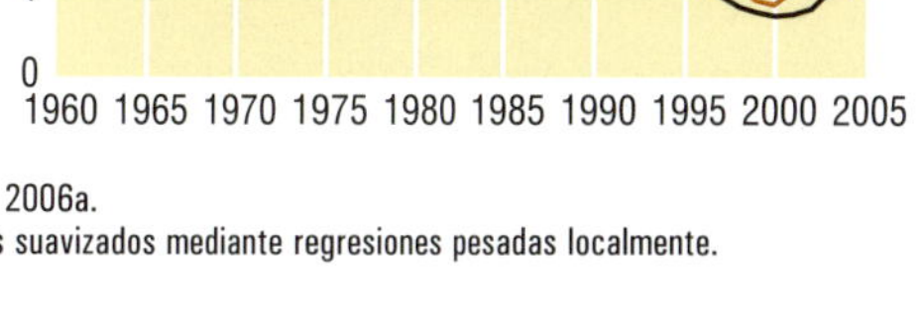

Fuente: FAO 2006a.
Nota: Datos suavizados mediante regresiones pesadas localmente.

Gráfico 2.13 Las brechas de rendimientos utilizables son altas para el maíz en África

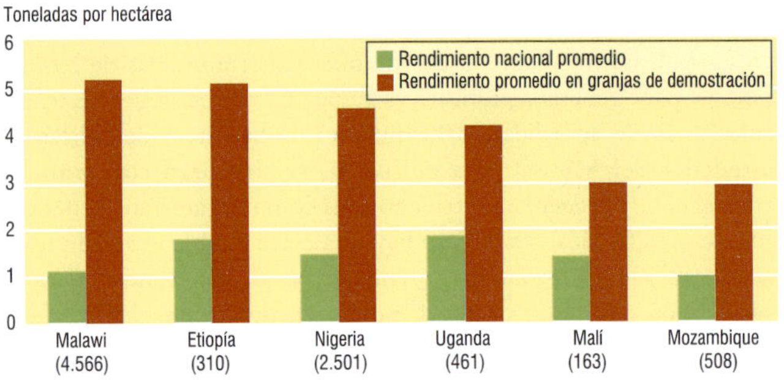

Fuente: Sasakawa, África, comunicación personal.
Notas: Número de parcelas en paréntesis. Variedades mejoradas de polinización abierta en todos los casos, excepto Nigeria la cual utiliza híbridos. Datos para 2001 para Etiopía, Mozambique, Nigeria y Uganda; 2002 para Malawi y un promedio para 2001, 2002 y 2004 para Malí.

Debido a estas incertidumbres, los choques a la producción mundial, nacional y local, pueden hacerse más frecuentes. Los países necesitarán aumentar su capacidad para manejar los choques a través de la reducción de los riesgos en la producción (mejor control del agua o variedades resistentes a las sequías), el comercio y los seguros (capítulo 5). Los países con ingresos en aumento tendrán una mejor posibilidad de manejar estos choques, debido a que los más altos precios de los alimentos tendrán un menor impacto sobre sus ingresos reales. Los países menos desarrollados serán golpeados más fuertemente.

¿Una brecha creciente entre regiones?

Se proyecta que persistan las diferencias entre países en el desempeño de la agricultura y, aún, que se hagan más profundas bajo un escenario de "todo sigue igual"; especialmente entre los países agrícolas y el resto. Al interior de África subsahariana, el continuo crecimiento de la población rural, superior al 1,8% por año en algunos países, se añade a una ya seria presión sobre la tierra disponible.[81] Conjuntamente, con unos escasos recursos naturales y una alta dependencia de la agricultura doméstica, los riesgos de inseguridad alimentaria en los países sin costas, como Burundi, Etiopía y Níger, aumentarán de manera importante a menos que se hagan esfuerzos masivos para intensificar la producción en la tierra existente.[82] Las proyecciones del Ifpri subrayan la estrecha relación entre la productividad de la agricultura y los resultados nutricionales en África subsahariana –y la urgencia de aumentar la inversión para alcanzar la Meta de Desarrollo del Milenio de disminuir el hambre a la mitad.

Conclusión: un continuo desafío de producción

¿Significa el éxito para satisfacer la rápidamente creciente demanda por alimentos durante las últimas tres décadas, que la producción de éstos no es un problema? La revisión de las tendencias de la producción agrícola y alimentaria y sus desafíos en este capítulo, sugiere cuatro razones por las cuales el problema de la producción aún hace parte de la agenda para el desarrollo.

El primero es el rezago en el desempeño de los países agrícolas, especialmente en África subsahariana, en relación con el crecimiento de la población, en un contexto en el cual la producción de alimentos es importante para la seguridad alimentaria (capítulo 1). Con una limitada transabilidad, debida al tipo de alimentos consumidos y a los altos costos de transacción, la necesidad de África subsahariana de alimentarse a sí misma, basada esencialmente en su propia producción, sigue siendo una dura realidad. Este pobre desempeño es una fuente de inseguridad alimentaria, únicamente parcialmente compensada por las importaciones de alimentos y la ayuda alimentaria.

El más rápido crecimiento de la producción de la agricultura en África subsahariana, es también esencial para el crecimiento en general y para la reducción de la pobreza en la región, como se vio en el capítulo 1. El reciente progreso para acelerar el crecimiento en África subsahariana, debe sostenerse en los países que ya experimentan un crecimiento rápido y ampliado hacia países que aún no han participado (con frecuencia en conflicto o en situación de posconflicto).

La segunda razón para una continuada atención a la producción agrícola, es el débil desempeño de la agricultura en áreas que tienen difíciles condiciones agroclimáticas o una inadecuada infraestructura que restringe el acceso a los mercados, en todos los tipos de países. En estas regiones, las formas de subsistencia dependen de la producción agrícola, bien sea como fuente de ingreso o de alimentos para el autoconsumo. El desafío es mejorar la productividad de la agricultura de subsistencia, diversificarla hacia nuevos mercados donde sea posible y abrir oportunidades para trabajos no agrícolas y la migración como rutas para salir de la pobreza (capítulo 3).

La tercera razón es que aún las áreas de alto potencial, que han liderado el aumento mundial en la producción de alimentos (como en los países en proceso de transformación en Asia) están enfrentando un triple desafío de producción. Ellas deben sostener el crecimiento de la productividad y del ingreso, en condiciones de precios a la baja para los granos y para las exportaciones tropicales tradicionales; deben aprovechar la oportunidad de diversificar hacia la horticultura de alto valor y los productos pecuarios, en respuesta a una demanda doméstica e internacional en rápido crecimiento; y deben reducir el efecto ambiental que tienen los sistemas intensivos de cultivo y de explotación pecuaria.

La última razón es más especulativa, pero importante. Aún a nivel mundial, el éxito futuro de la agricultura puede verse comprometido por una mayor escasez de recursos, mayores riesgos por el cambio climático, más altos precios de la energía, competencia por la tierra entre los alimentos y los biocombustibles y una baja inversión en el progreso técnico. Por primera vez desde la crisis mundial alimentaria de la década de 1970, los modelos globales predicen la posibilidad de que los precios de los alimentos aumenten. La oferta mundial de alimentos requiere una estrecha vigilancia y nuevas inversiones para acelerar el crecimiento de la productividad, hacer los sistemas de producción más sostenibles y adaptarse al cambio climático.

Biocombustibles: la promesa y los riesgos

Los biocombustibles ofrecen una fuente potencial de energía renovable y posiblemente nuevos mercados de gran tamaño para los productores agrícolas. Pero pocos de los actuales programas de biocombustibles son viables económicamente y la mayoría tienen costos sociales y ambientales: presionan al alza los precios de los alimentos, intensifican la competencia por la tierra y el agua y posiblemente la deforestación. Las estrategias nacionales sobre biocombustibles necesitan basarse en una completa evaluación de éstas oportunidades y costos.

Los biocombustibles pueden convertirse en grandes mercados para la agricultura, con riesgos

Con los precios del petróleo cercanos a los niveles más altos en la historia y pocos combustibles alternativos para el transporte, Brasil, la Unión Europea, Estados Unidos y varios otros países, han apoyado activamente la producción de biocombustibles líquidos (etanol y biodiesel).[1] Los impactos económicos, ambientales y sociales de los biocombustibles son ampliamente debatidos. Como fuente de energía renovable, los biocombustibles pueden ayudar a mitigar el cambio climático y reducir la dependencia del petróleo en el sector del transporte. También pueden ofrecer importantes mercados nuevos para los productores agrícolas, que podrían estimular el crecimiento rural y los ingresos agrícolas. En el lado negativo, se encuentran los riesgos ambientales y el alza en los precios de los alimentos. Estos impactos, que dependen del tipo de material cultivado (materia prima), el proceso de producción y los cambios en el uso de la tierra, tienen que ser cuidadosamente evaluados antes de extender el apoyo público a los programas de biocombustibles de gran escala.

De la producción mundial de etanol combustible, alrededor de 40.000 millones de litros en 2006, cerca del 90% fue producido en Brasil y Estados Unidos y de la producción mundial de biodiesel, un poco más de 6.000 millones de litros, el 75% fue producido en la Unión Europea –principalmente en Francia y Alemania (gráfico B.1). Brasil es el productor más competitivo y tiene el más largo historial de producción de etanol (remontándose a la década de 1930), utilizando alrededor de la mitad de la producción de caña de azúcar para generar etanol y haciendo obligatorio su consumo. Con incentivos fiscales, subsidios y consumo obligatorio para la producción de biocombustibles, Estados Unidos utilizó el 20% de su cosecha de maíz para producir etanol en 2006 (estimativo).[2]

Nuevos jugadores están emergiendo. Muchos países en desarrollo están lanzando programas de biocombustibles basados en productos agrícolas: biodiesel de palma de aceite en Indonesia y Malasia, etanol de caña de azúcar en Mozambique y varios países centroamericanos, y etanol de caña de azúcar y biodiesel de plantas como la jatropha y pongamia y de otros cultivos en India.[3] Aunque las evaluaciones del potencial económico mundial de los biocombustibles apenas comienzan, las actuales políticas de biocombustibles podrían, de acuerdo con algunos estimativos, llevar a quintuplicar la participación de los biocombustibles en el consumo de energía mundial para el transporte –partiendo de apenas un poco más de 1% actualmente a alrededor de 5% a 6% para 2020.[4]

La viabilidad económica de los biocombustibles y su impacto sobre los precios de los alimentos

Los gobiernos proporcionan apoyo sustancial a los biocombustibles, de manera que éstos puedan competir con la gasolina y el diesel convencional. Estos apoyos incluyen incentivos al consumo (reducciones en los impuestos a los combustibles), incentivos a la producción (incentivos fiscales, garantías para créditos, pagos directos de subsidios) y mandatos de requerimiento de consumo obligatorio. De acuerdo con recientes estimativos, más de 200 medidas de apoyo cuestan alrededor de US$5.500 a 7.300 millones por año en Estados Unidos, iguales a US$0,38 a US$0,49 por litro equivalente de petróleo para el etanol y a US$0,45 a US$0,57 para el biodiesel. Aun en Brasil se requirió un apoyo sostenido del gobierno a través de subsidios directos hasta épocas recientes para desarrollar una industria competitiva, a pesar de las muy particularmente favorables condiciones para el cultivo de la caña, así como a una bien desarrollada infraestructura y un alto nivel de sinergia entre la producción de azúcar y de etanol. Los productores domésticos en la Unión Europea y en Estados Unidos reciben apoyo adicional a través de altos aranceles a la importación de etanol.

¿Son los biocombustibles económicamente viables sin subsidios y protección? El precio de equilibrio para que un biocombustible dado sea económico de producir, es función de varios parámetros. Los factores determinantes más importantes son el costo del petróleo y el de los productos agrícolas, los cuales constituyen más de la mitad de los actuales costos de producción.

La producción de biocombustibles ha impulsado los precios de algunos productos agrícolas al alza. El más claro ejemplo es el maíz, cuyo precio aumentó en 23% en 2006 y en alrededor de 60% durante los últimos dos años, principalmente debido al programa de etanol de Estados Unidos.[6] Impulsado por los subsidios y la ley sobre el estándar de combustibles renovables emitida en 2005, Estados Unidos ha estado destinando más maíz para la producción de etanol. Debido a que es el mayor productor de maíz en el mundo,

Gráfico B.1 La producción de etanol combustible y biodiesel está altamente concentrada

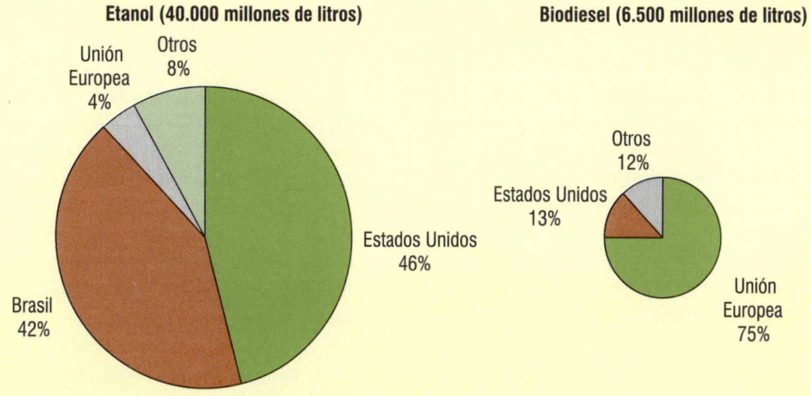

Fuente: F.O. Licht Consulting Company, comunicación personal, julio 17, 2007.
Nota: Porcentajes de la producción mundial de etanol combustible y biodiesel en 2006.

la expansión de los biocombustibles en Estados Unidos ha contribuido a una disminución en los inventarios de granos a un nivel bajo y ha hecho presión al alza sobre los precios mundiales de los cereales. Principalmente debido a la producción de biodiesel, han ocurrido similares aumentos de precios para los aceites vegetales (palma, soya y colza).[7] Es probable que la oferta de cereales se mantenga restringida en el corto plazo y que los precios reciban presión hacia el alza debido a nuevos choques sobre la oferta.[8] Sin embargo, suponiendo que no hay otro aumento importante en los precios de la energía, es probable que los precios de los productos agrícolas aumenten menos en el largo plazo, en la medida en que los agricultores respondan a los más altos precios (capítulo 2) y la producción de biocombustibles se vea moderada por unas menores ganancias debido a los mayores precios de los productos agrícolas.[9]

El aumento en los precios de los cultivos, originado en la demanda por biocombustibles, se ha colocado en el frente del debate acerca del potencial conflicto entre alimentación y combustibles. El grano requerido para llenar el tanque de combustible de un vehículo deportivo utilitario con etanol (240 kg de maíz para 100 litros de etanol), podría alimentar a una persona por un año, de manera que la competencia entre alimentación y combustibles es real. El aumento en los precios de los cereales tendrá un impacto negativo sobre muchos países importadores de alimentos. Aun en el corto plazo, los más altos precios para los alimentos básicos pueden generar significativas pérdidas de bienestar para los pobres, la mayor parte de los cuales son compradores netos de estos productos.[10] Sin embargo, muchos productores pobres podrían beneficiarse de precios más altos (capítulo 4).

La futura tecnología para los biocombustibles puede depender del desarrollo de cultivos especialmente dedicados a la producción de energía y de desechos de la producción agrícola y de madera en lugar de cultivos alimentarios, reduciendo potencialmente la presión sobre los precios de los alimentos y contribuyendo a la oferta de biocombustibles líquidos más amistosos con el medio ambiente. Pero la tecnología para desdoblar la celulosa en azúcares destilados para producir etanol o la gasificación de la biomasa no es aún viable comercialmente –y no lo será por varios años.[11] Adicionalmente, es probable que siga teniendo lugar alguna competencia por el uso de la tierra y el agua, entre cultivos dedicados a la producción de energía y los alimentarios.

Los beneficios no derivados del mercado y específicos a su contexto deben ser evaluados

La respuesta a la pregunta de si los costos financieros, las pérdidas de eficiencia y las compensaciones que se dan entre la producción de alimentos y biocombustibles, asociados con las varias medidas de apoyo a la producción de éstos, son justificados, depende de los beneficios y riesgos ambientales y sociales y de la contribución de los biocombustibles a la seguridad energética.

Potencial para fortalecer la seguridad energética: los biocombustibles producidos con la actual tecnología pueden aumentar la seguridad alimentaria únicamente de forma marginal en países individuales, debido a que, con pocas excepciones (por ejemplo el etanol en Brasil), las cosechas domésticas de los cultivos necesarios satisfacen sólo una pequeña parte de la demanda para combustibles usados en el transporte. En 2006-07, alrededor de una quinta parte de la cosecha del maíz en Estados Unidos fue utilizada para producir etanol, pero desplazó únicamente alrededor del 3% del consumo de gasolina.[12] De acuerdo con recientes proyecciones, el 30% de la cosecha de maíz en Estados Unidos sería utilizada para producción de etanol en 2010, pero aún así representaría menos del 5% del consumo de gasolina.[13] Las tecnologías de segunda generación podrían potencialmente hacer una mayor contribución a la seguridad energética.

Efectos ambientales potenciales: los beneficios ambientales mundiales de usar combustibles renovables –reduciendo la emisión de gases de tipo invernadero (GTI)– se citan frecuentemente como razón al apoyo político a la producción de biocombustibles. Aunque posiblemente son significativos, estos beneficios no pueden tomarse como garantizados. Las emisiones generadas por el cultivo de productos agrícolas (incluyendo las emisiones hechas para producir fertilizantes), la manufacturación de los biocombustibles y el transporte de éstos a los centros de consumo, así como aquellas originadas en el cambio en el uso de la tierra, también tienen que ser evaluadas.[14]

Utilizando la tierra agrícola existente, se estima que la caña de azúcar brasileña reduce las emisiones de gasolina en alrededor de 90%. El biodiesel es también relativamente eficiente, reduciendo los GTI entre 50% y 60%. En contraste, la reducción de GTI debida al etanol generado a partir de maíz en Estados Unidos, se encuentra únicamente en el rango de 10% a 30%.[15] En tales casos, es probable que las medidas de eficiencia por el lado de la demanda en el sector de transporte, sean mucho más eficientes que los biocombustibles en la reducción de GTI. El costo de reducir una tonelada de emisiones de dióxido de carbono (CO_2) a través de la producción y uso de etanol producido de maíz, puede ser tan alto como US$500 por tonelada, o 30 veces el costo de eliminar una tonelada de CO_2 a través de la bolsa climática europea.[16]

De acuerdo con la estrategia de biocombustibles de la Unión Europea para 2006, un cambio en el uso de la tierra, tal como talar bosques o drenar tierras anegadas para producir cultivos como la palma de aceite, pueden cancelar el ahorro de emisiones de GTI "por décadas".[17] La reducción de riesgos ambientales potenciales, que surgen de la producción a gran escala de los biocombustibles, podría ser posible a través de esquemas de certificación que midan y hagan visible el desempeño ambiental de los biocombustibles (por ejemplo, un índice de biocombustibles verdes para reducciones de GTI).[18] Estándares similares existen para los productos orgánicos y para la producción sostenible de productos del boque (Consejo para el Cuidado de las Selvas). Pero la efectividad de los esquemas de certificación para reducir los riesgos ambientales a partir de los biocombustibles, requerirá la completa participación de los principales productores y compradores, así como la existencia de fuertes sistemas de monitoreo.

Beneficios para los pequeños agricultores: los biocombustibles pueden beneficiar a los pequeños agricultores a través de la generación de empleo y más altos ingresos rurales, pero es muy probable que el alcance de estos impactos sea limitado. La producción de etanol con las actuales tecnologías, requiere bastantes grandes economías de escala e integración vertical y puede hacer poco para ayudar a los productores agrícolas de pequeña escala. En algunas partes de Brasil, sin embargo, las cooperativas de productores han sido exitosas en asegurar la participación de los pequeños agricultores.[19] Es probable que los biocombustibles de segunda generación, utilizando tecnologías para transformar la celulosa, requieran aún mayores economías de escala, con costos de inversión en el orden de cientos de millones de dólares únicamente para construir una planta.

Aunque la mayor parte de la producción de biocombustibles es de gran escala, la producción de biodiesel en pequeña escala con las actuales tecnologías, podría satisfacer la demanda local de energía (por ejemplo, el biodiesel utilizado para los generadores estacionarios de electricidad). Para mercados más amplios y para el biodiesel de uso para el transporte, la satisfacción de manera consistente de los estándares de calidad por parte de la producción en pequeña escala es problemática.[20]

Definiendo políticas públicas para los biocombustibles

A la fecha, la producción en los países industriales se ha desarrollado al abrigo de alta protección arancelaria para los biocombustibles y con grandes subsidios. Estas políticas son costosas para aquellos países en desarrollo que son o podrían ser productores potencialmente eficientes en nuevos mercados de exportación que sean rentables. Los consumidores pobres pueden pagar mayores precios por los alimentos básicos, en la medida en que los precios de los granos aumenten en los mercados mundiales. Los precios de los alimentos pueden aumentar directamente debido a la desviación de granos hacia los biocombustibles, o indirectamente debido a la conversión de tierra de su uso actual para producir alimentos hacia la producción de biocombustibles, cuando ésta es inducida por políticas distorsionantes.

¿Pueden los países en desarrollo, aparte de Brasil, beneficiarse de la producción de biocombustibles? Probablemente es muy poco común que, con las tecnologías de primera generación, existan condiciones económicas favorables y grandes beneficios sociales y ambientales que justifiquen el otorgamiento de subsidios significativos. En algunos casos, como en países sin costas que son importadores de petróleo y potencialmente eficientes productores de caña de azúcar, los altos costos del transporte podrían hacer económicamente viable la producción de biocombustibles aun con las actuales tecnologías.[22] Los mayores beneficios potenciales de las tecnologías de segunda generación, incluyendo la producción en pequeña escala de biodiesel, justifican sustanciales inversiones en investigación, financiadas privada y públicamente.

El desafío para los gobiernos de los países en desarrollo, es evitar el apoyo a los biocombustibles a través de incentivos distorsionantes que puedan desplazar actividades alternativas con más altos retornos –e implementar regulaciones que incentiven la creación de sistemas de certificación para reducir los riesgos ambientales. Los gobiernos necesitan evaluar cuidadosamente los beneficios económicos, ambientales y sociales y su potencial para incrementar la seguridad energética. Otras formas, frecuentemente más eficientes, de generar beneficios ambientales y sociales necesitan ser consideradas, especialmente a través de mejoramientos en la eficiencia de los combustibles.

capítulo 3 Los hogares rurales y sus alternativas para salir de la pobreza

La agricultura es una de las principales fuentes de subsistencia para las personas en los países en desarrollo; sin embargo, las zonas rurales son un gran recipiente de pobreza. Para entender cómo puede el crecimiento agrícola reducir la pobreza rural, este capítulo identifica tres vías para salir de la pobreza, caracteriza las estrategias de subsistencia de los hogares rurales e identifica los desafíos para derrotar la pobreza rural a través de estas vías.[1]

Muchos hogares rurales salen de la pobreza a través de la empresarialidad agrícola, otros a través del mercado laboral rural y de la economía rural no agrícola y otros, migrando a los poblados, ciudades u otros países. Estos tres caminos son complementarios: los ingresos no agrícolas pueden aumentar el potencial de la agricultura como ruta para salir de la pobreza y la agricultura puede facilitar las vías del mercado laboral y la migración.

El examen de lo que los individuos y hogares hacen en las zonas rurales, ayuda a despejar dos frecuentes concepciones erradas acerca de la población rural. La primera es la creencia de que los hogares rurales son todos agricultores o están todos diversificados. Al contrario, hay una considerable heterogeneidad en lo que éstos hacen y en la importancia relativa de las cosas que hacen para obtener sus ingresos. La gran mayoría de los hogares rurales está involucrada en alguna forma de actividad agrícola, pero muchos derivan una gran parte de su ingreso de actividades no agrícolas y de la migración. Los individuos participan en un amplio rango de ocupaciones, pero la diversidad ocupacional no necesariamente se traduce en una significativa diversidad de ingresos para los hogares.

La segunda concepción equivocada, es la creencia de que el tipo de actividades que los hogares realizan determina su éxito para salir de la pobreza. Esto no es así, debido a la considerable heterogeneidad que existe al interior de las actividades. Las estrategias de subsistencia en la agricultura, se caracterizan por el dualismo entre los pequeños propietarios orientados al mercado y los pequeños propietarios que están principalmente involucrados en la agricultura de subsistencia. Hay un dualismo paralelo en el mercado laboral entre los trabajos calificados y no calificados y entre la migración de altos y bajos retornos. Tampoco es siempre la diversificación un síntoma de éxito. El capítulo 9 analiza los factores que determinan la heterogeneidad en los resultados del mercado laboral y la migración, con énfasis en las medidas de política que permiten mejorar estos resultados para los pobres rurales.

Los hogares rurales diseñan estrategias de subsistencia que sean apropiadas a sus dotaciones de activos y tengan en cuenta las restricciones que les son impuestas por las fallas del mercado, las fallas del Estado, las normas sociales y la exposición al riesgo no asegurado. Ellos pueden no utilizar estos términos, pero ciertamente entienden las restricciones. Sus estrategias pueden reflejar el proceso conjunto de toma de decisiones entre los hombres y mujeres del hogar, o puede ser el resultado de una negociación cuando cada uno de los miembros del hogar busca su propia ventaja. Pero sus estrategias compensan únicamente parte de las restricciones bajo las cuales operan, dejando un importante papel para el mejoramiento a su acceso a los activos y al contexto en el cual los utilizan.[2] La clave, entonces, es fortalecer la acción colectiva y movilizar las políticas públicas, para maximizar la probabilidad de éxito de los hogares rurales para viajar a lo largo del camino para salir de la pobreza.

Los diseñadores de política, por tanto, enfrentan desafíos monumentales. Las dotaciones de activos de los hogares rurales han sido bajas durante generaciones y continúan declinando en algunos lugares. Son extendidas las fallas del mercado y del gobierno que afectan los retornos a estos activos. La presencia de choques adversos con frecuencia erosiona los ya limitados activos, y la poca habilidad de los hogares para hacer frente a los choques les induce a adoptar actividades de bajo riesgo y bajo retorno. Recientes cambios en el mercado alimentario mundial, en la ciencia y la tecnología, y en el rango de instituciones que afectan la competitividad, están creando también nuevos desafíos para la competitividad de los pequeños agricultores. Entender estos desafíos es esencial para el diseño de políticas públicas que pueden ayudar a hombres y mujeres rurales a salir de la pobreza. Los desafíos difieren a través de los países y las regiones y al interior de éstos y por tanto demandan programas específicos a sus contextos para reducir la pobreza rural.

Tres vías complementarias para salir de la pobreza: agricultura, empleo y migración

Las tasas de pobreza rural han disminuido en muchos países (*ver* En foco A). Pero, ¿como ha ocurrido esto exactamente? ¿Es que los hogares pobres abandonan las áreas rurales o que las generaciones más viejas y más pobres son reemplazadas por generaciones jóvenes y menos pobres? ¿Han sido capaces de escapar a la pobreza hogares particulares mediante el mejoramiento gradual de sus ingresos en cualquier cosa que sea lo que hagan? O, ¿ha sucedido esto por un cambio drástico en sus actividades? Las historias exitosas ayudan a ilustrar cómo los hogares rurales han salido de la pobreza a través de tres vías: la agricultura, el empleo y la migración.

En Tanzania, aquellos que fueron más exitosos para salir de la pobreza, fueron los agricultores que diversificaron sus actividades a través del cultivo de alimentos para su propio consumo y cultivos comerciales no tradicionales (vegetales, frutas, vainilla), así como la crianza de ganado. La gente que permaneció en la pobreza fueron aquellos que se apegaron a los sistemas agrícolas más tradicionales. En Uganda, salir de la pobreza estuvo ligado al mejoramiento de la productividad de la tierra y a la diversificación hacia los cultivos comerciales. Evidencia cualitativa para Níger, muestra que los desplazamientos hacia prácticas de cultivo más sostenibles por parte de agricultores de pequeña escala, llevó a una mejor conservación del suelo, un mayor ingreso de las actividades agroforestales y una menor vulnerabilidad.[3]

Algunas reformas de política han aumentado enormemente la capacidad de los pequeños empresarios agrícolas para salir de la pobreza. Esta claramente fue una de las claves para la exitosa historia de la agricultura china (*ver* En foco A). En Malawi, las reformas que redujeron la protección diferencial a las grandes propiedades, cambiaron dramáticamente la estructura de la producción agrícola. Los pequeños agricultores se diversificaron rápidamente hacia los cultivos comerciales y ahora producen 70% del tabaco burley, un importante cultivo de exportación. La expansión ayudó a muchos hogares a ascender en la escala socioeconómica. Otros se beneficiaron de un mayor comercio en cultivos alimenticios.[4]

En Vietnam, la liberalización de los mercados agrícolas indujo a muchos agricultores de subsistencia a volverse más orientados hacia el mercado (cuadro 3.1). Dos tercios de los pequeños agricultores que estaban previamente involucrados en la agricultura de subsistencia entraron al mercado. Sus tasas de pobreza cayeron drásticamente y sus ingresos casi se duplicaron, en tanto que la producción de cultivos industriales y de alto valor aumentó. Las ventas agrícolas aumentaron más para los hogares con una mayor dotación de tierra y para aquellos que estaban más cercanos a los mercados o que tenían industrias no agrícolas en sus comunidades. Los hogares involucrados en la agricultura de subsistencia que no entraron al mercado, tuvieron una mayor probabilidad de diversificar sus fuentes de ingreso fuera de la agricultura, en tanto que sus tasas de pobreza disminuían también.

En la India, el ingreso originado en el sector no agrícola –el camino laboral para salir de la pobreza– fue un importante determinante del crecimiento en las áreas rurales entre 1970 y 2000. El empleo no agrícola también ha tenido importantes efectos indirectos a través del aumento de los salarios agrícolas. En Indonesia, los hogares agrícolas que se desplazaron hacia la economía no agrícola entre 1993 y 2000 tuvieron la posibilidad de salir de la pobreza. En Tanzania, los negocios y el comercio proporcionaron una importante vía para salir de la pobreza, pero sólo para aquellos que tenían redes en comunidades bien conectadas. Adicionalmente, las remesas, tanto de la migración doméstica como internacional, han reducido la pobreza rural como ha sucedido en China y Nepal.[5] La migración puede ofrecer un camino para salir de la pobreza para aquellos que permanecen (capítulo 9).

Con frecuencia varios caminos operan a la vez. En Bangladesh y Tanzania, las vías agrícola, del empleo no agrícola y de la migración, fueron todas exitosas. En Indonesia, algunas personas salieron de la pobreza a través de la vía agrícola y otros a través de las vías no agrícolas. En 35 poblados del estado de Andhra Pradesh, la diversificación de las fuentes de ingreso está correlacionada con salir de la pobreza.[6]

Estos cuidadosos estudios, utilizando datos longitudinales, han arrojado luz acerca de las fuertes relaciones potenciales entre la reducción de la pobreza y cada uno de estos caminos. Sin embargo, establecer causalidad es difícil y no hay evidencia sistemática acerca de la importancia relativa y del éxito de estas estrategias, un resultado de los desafíos conceptuales para comprender la dinámica de la pobreza (recuadro 3.1).

Con frecuencia las vías se retroalimentan unas a otras

Los efectos complementarios de las actividades agrícolas y no agrícolas pueden ser fuertes. En Bangladesh y Ecuador los hogares agrí-

Cuadro 3.1 Cambios en la participación en el mercado entre familias agricultoras en Vietnam

	Orientados a la subsistencia 6[a]		Entrando al mercado 13[a]		Orientado al mercado 28[a]	
Características del hogar	**1992/3**	**1997/8**	**1992/3**	**1997/8**	**1992/3**	**1997/8**
Activos						
Tierra poseída (ha)	0,37	0,43	0,50	0,57	0,60	0,72
Tierra utilizada (ha)	0,55	0,43	0,59	0,58	0,71	0,75
Educación del jefe de la familia (años)	4,6	–	6,3	–	6,3	–
Contexto						
Mercado en la comunidad (%)	31	–	40	–	47	–
Empresa comercial en la comunidad (%)	34	–	43	–	42	–
Resultados						
Ingreso real per cápita (miles de dong 1998)	893	1.702	1.138	2.042	1.359	2.978
Porcentaje del ingreso agrícola en el ingreso total (%)	80	62	83	66	83	73
Porcentaje de hogares por debajo de la línea de pobreza (%)	86	62	73	48	64	37
Porcentajes del ingreso agrícola bruto por tipo de cultivo						
Alimentos básicos (%)	78	73	70	61	63	54
Cultivos de alto valor e industriales	14	13	21	31	29	39

Fuente: Grupo del IDM 2008. Utilizando VLSS 1992/93 y 1997/98.
Nota: Los hogares agricultores orientados a la autosubsistencia se definen como aquellos que venden menos del 10% de su producción agrícola en ambos años; los hogares que están entrando al mercado vendieron menos del 10% en 1992/93 y más del 25% en 1997/98; y los hogares orientados al mercado venden más del 25% en ambos años. Los hogares rurales agrícolas son aquellos que reciben más del 50% del ingreso de la agricultura.
a. Porcentaje de hogares rurales agrícolas
– = no disponible.

colas con mejor acceso a los mercados o en áreas con un mayor potencial agrícola, ganan más de la agricultura pero también se diversifican más hacia actividades no agrícolas. En Asia, las altas tasas de ahorro que surgieron de un mayor ingreso durante la revolución verde, generaron un capital disponible para inversión en actividades no agrícolas.[7] La diversificación hacia actividades no agrícolas puede relajar las restricciones de crédito y liquidez para la producción agrícola en las granjas propias y ampliar la competitividad de la granja familiar para aprovechar el camino agrícola.

Las vías agrícola, de empleo y de migración, se han retroalimentado con frecuencia. En Filipinas, la revolución verde permitió que los hijos de los beneficiarios de la reforma agraria y los grandes agricultores –especialmente las hijas– alcanzaran altos niveles de educación. Estos jóvenes altamente educados están ahora enviando grandes transferencias hacia sus hogares agrícolas. En Pakistán, las remesas de los emigrantes temporales han tenido un gran impacto sobre las compras de tierra agrícola y los emigrantes que regresan tienen una mayor probabilidad de establecer negocios no agrícolas.[8]

En tanto que las transferencias de los emigrantes hacia los hogares rurales pueden aliviar las restricciones de capital y de riesgo, la relación entre la migración y la productividad agrícola es compleja. La ausencia (temporal) de miembros del hogar, reduce la oferta de trabajo agrícola. La productividad agrícola puede, por tanto, caer en el corto plazo, pero aumentar en el largo plazo en la medida en que los hogares con migrantes se mueven hacia cultivos o actividades de cría de animales, que son menos intensivos en trabajo pero posiblemente igual de rentables.[9] La emigración de los hombres puede transferir la responsabilidad de la administración de las granjas hacia las mujeres. En la medida en que las mujeres tienen menos acceso al crédito, a los servicios de extensión y a los mercados, como es frecuentemente el caso, la productividad agrícola puede caer como resultado. La transferencia de responsabilidad puede también ser sólo parcial, limitando la posibilidad de que las mujeres tomen ventaja de las oportunidades que surgen para mejorar la competitividad.

RECUADRO 3.1 *Determinando la importancia relativa de las diferentes vías*

Salir de la pobreza es un proceso que puede tomar un tiempo muy largo. Muchos choques pueden ocurrir a lo largo de ese tiempo y las fluctuaciones en el ingreso de un hogar pueden ser similares en magnitud a los cambios que tiene su ingreso en el largo plazo. Igualmente, en el corto plazo es muy poco frecuentemente claro si los cambios observados en el ingreso reflejan movimientos transitorios hacia adentro o hacia fuera de la pobreza o tendencias de largo plazo. Solamente a través de entrevistar los mismos hogares muchas veces durante un período largo, puede ser posible medir la importancia relativa de las diferentes vías en un contexto particular.

Considere el caso de tratar de capturar los efectos completos de la vía de la migración sobre aquellos que han migrado. Cuando la gente migra, típicamente desaparece de las encuestas a menos que uno atine a rastrearla en sus nuevas localizaciones, lo cual puede ser difícil. Adicionalmente, una buena parte de la migración es realizada por gente joven, antes de que conformen hogares independientes. Por tanto, no es posible conocer si hubieran sido pobres en caso de no haber migrado (*ver* En foco A). Esto es particularmente importante debido a que muchos migrantes son bastante más educados que aquellos que permanecen en el campo y probablemente no se hubieran encontrado entre los más pobres.

Tampoco es fácil desentrañar por qué los hogares escogen una estrategia particular a partir de la cual se construye la vía exitosa. Más hogares empresariales podrían haber escogido "mejores estrategias", pero también podrían haber sido más exitosas para salir de la pobreza independientemente de las estrategias que escogieran. Algunos estudios de migración han abordado este tema de la selección y establecido los efectos de la migración sobre el nivel de pobreza de los miembros del hogar que han permanecido en el campo. Pero hacer esto para las otras vías sigue siendo un problema no resuelto.

La variación en las estrategias de generación de ingresos de los hogares rurales

Contrario a la imagen típica de los pequeños agricultores como agricultores puros, los hogares con tierra rural se apoyan en muchas actividades y fuentes de ingresos. Aparte de la agricultura, ellos participan en los mercados laborales agrícolas, en el autoempleo o empleo asalariado en la economía rural no agrícola y pueden recibir transferencias de miembros del hogar que ha emigrado.

La diversificación tiene varias dimensiones que no deben confundirse. La economía rural es diversificada, aun si muchas actividades no agrícolas están indirectamente ligadas con la agricultura. Dentro de esta economía rural diversificada, una gran parte de la diversificación del ingreso de los hogares proviene de la combinación de ingresos de diferentes miembros del hogar, cada uno especializándose en una ocupación. En Malawi, el 32% de los hogares agrícolas tiene dos fuentes de ingreso y el 42% tiene tres o más, pero entre los jefes de hogar sólo el 27% se involucra en más de una actividad. En China, el 65% de los hogares rurales opera tanto en el sector agrícola como no agrícola, en tanto que solamente un tercio de los individuos lo hacen.[10] Estos patrones implican que la diversificación de los ingresos de los hogares puede fluctuar considerablemente a lo largo del ciclo de vida de los hogares y con el número de individuos en edad de trabajar que hay en el hogar. Adicionalmente, los retornos para muchas de estas actividades son bajos y la diversidad de ocupaciones no siempre se traduce en una diversificación del ingreso: una actividad es con frecuencia la fuente predominante de ingreso.

Para diseñar políticas que ayudan a los hogares a lo largo de rutas exitosas para salir de la pobreza, es crucial entender cuáles estrategias de ingreso utilizan en la actualidad y por qué las escogen. Esto permite evaluar si las políticas deben enfocarse hacia reforzar sus actuales estrategias o ayudarles a encontrar estrategias más remunerativas. Adicionalmente, entender por qué algunos hogares siguen siendo pobres a pesar de escoger estrategias que son óptimas, dados sus activos y restricciones, ayuda a identificar las opciones de política.

Una tipología de los hogares rurales

Los hogares rurales se involucran en la agricultura, el mercado de trabajo y la migración, pero una de estas actividades usualmente predomina como fuente de ingreso. Se pueden distinguir cinco estrategias de supervivencia. Algunos hogares agrícolas derivan la mayor parte de su ingreso de involucrarse activamente en los mercados agrícolas (pequeños agricultores orientados al mercado).[11] Otros dependen fundamentalmente de la agricultura para su subsistencia, pero utilizan la mayor parte de su producto para el autoconsumo (agricultores de subsistencia).[12] Otros derivan la mayor parte de su ingreso del trabajo asalariado en la agricultura y en la economía rural no agrícola o del autoempleo no agrícola (hogares orientados al mercado de trabajo). Algunos hogares pueden escoger abandonar el sector rural por completo, o depender de la transferencias de miembros que han migrado (hogares orientados a la emigración). Finalmente los hogares diversificados combinan ingreso de la agricultura, el trabajo no agrícola y la migración.

Las fuentes de ingreso pueden ser utilizadas para clasificar los hogares rurales de acuerdo con las cinco estrategias de subsistencia (cuadro 3.2 y recuadro 3.2). La importancia relativa de cada una difiere a lo largo de los tres tipos de países: agrícolas, en proceso de transformación y urbanizados. También difiere entre regiones al interior de los países. Las estrategias lideradas por la agricultura son particularmente importantes en los países basados en ésta, donde la actividad agrícola es la principal fuente de ingreso para una gran proporción de los hogares rurales, tanto como el 71% en Nigeria y el 54% en Ghana y Madagascar. Muchos de estos hogares están orientados hacia la autosubsistencia.

En los países en proceso de transformación y urbanizados, son más comunes los hogares orientados al mercado de trabajo y la emigración. Variando la proporción de hogares orientados al mercado de trabajo entre 18% en Vietnam y 53% en Ecuador.[13] Entre estos hogares, los salarios originados en el trabajo no agrícola con frecuencia contribuyen con una gran proporción del ingreso promedio por trabajo (como en Indonesia, Pakistán y Panamá), mientras que los ingresos por autoempleo no agrícola son más importantes en los hogares orientados al mercado de trabajo en Ghana y Vietnam. En Bulgaria, Ecuador y Nepal, los salarios agrícolas son importantes para el ingreso de los hogares orientados al mercado de trabajo. A pesar de la importancia de la vía del mercado de trabajo en los países en transformación, los hogares agrícolas orientados al mercado siguen siendo el grupo más importante en Vietnam.

RECUADRO 3.2 *Construyendo medidas comparables de ingreso entre países*

El análisis de las fuentes de ingreso rural presentado acá, se basa en información sobre ingresos agregados, de la base de datos de Actividades Generadoras de Ingresos Rurales. Para cada país, los componentes de ingresos incluyen salarios (separadamente para la agricultura y la no agricultura), autoempleo, cultivos, actividades pecuarias, transferencias y una categoría final para todas las fuentes restantes no relacionadas con el trabajo (incluyendo las rentas imputadas), como se reporta en cada cuestionario de país. Todos los agregados se estiman en moneda local y son anualizados y ponderados. Algunos de los resultados de país pueden diferir de resultados previamente publicados en las evaluaciones de pobreza y de otros informes sobre los países, debido a los esfuerzos que se han hecho para asegurar la comparabilidad entre países en los resultados que se presentan acá. Los análisis que se basan en los ingresos agregados a partir de diferentes fuentes, utilizando diversas metodologías, hacen imposible comparar los resultados entre distintos países.

Mientras los cálculos estandarizados entre países aumentan la comparabilidad, el análisis de las fuentes del ingreso rural está restringido por la extendida debilidad de los datos de ingreso bruto en muchas de las encuestas analizadas. Muchas encuestas de hogares probablemente subestiman el ingreso debido a falta de reporte, a malos reportes sobre el valor del autoconsumo, estacionalidad del ingreso y a la dificultad de obtener datos confiables de ingreso de los hogares que usualmente no cuantifican sus fuente de ingreso.

Ver Davis y otros (2007) y www.fao.org/es/esa/riga para una mayor información sobre la metodología.

Cuadro 3.2 Tipología de los hogares rurales por estrategia de subsistencia en tres tipos de países

			Orientados a la agricultura						
	País	Año	Orientados al mercado	Orientados a la autosubsistencia	Total	Orientados al mercado laboral	Orientados a la migración	Diversificados	Total
			(Porcentaje de hogares rurales en cada grupo)						
Países agrícolas	Nigeria	2004	11	60	71	14	1	14	100
	Madagascar	2001	–	–	54	18	2	26	100
	Ghana	1998	13	41	54	24	3	19	100
	Malawi	2004	20	14	34	24	3	39	100
	Nepal	1996	17	8	25	29	4	42	100
	Nicaragua	2001	18	4	21	45	0	33	100
Países en proceso de transformación	Vietnam	1998	38	4	41	18	1	39	100
	Pakistán	2001	29	2	31	34	8	28	100
	Albania	2005	9	10	19	15	10	56	100
	Indonesia	2000	–	–	16	37	12	36	100
	Guatemala	2000	4	7	11	47	3	39	100
	Bangladesh	2000	4	2	6	40	6	48	100
	Panamá	2003	1	5	6	50	6	37	100
Países urbanizados	Ecuador	1998	14	11	25	53	2	19	100
	Bulgaria	2001	4	1	5	12	37	46	100

Fuente: Davis y otros 2007.
Nota: Hogar orientado a la agricultura: más del 75% del ingreso total proviene de la agricultura.
Hogar agrícola orientado al mercado: más del 50% de la producción agrícola es vendida en el mercado.
Hogar agrícola orientado a la autosubsistencia: 50% o menos de la producción agrícola es vendida en el mercado.
Hogar orientado al mercado de trabajo: más del 75% del ingreso total proviene de salarios o del autoempleo no agrícola.
Hogares orientados a la migración–transferencias: más del 75% del ingreso total proviene de transferencias u otras fuentes no laborales.
Hogar diversificado, ni la agricultura, ni el empleo, ni la migración son fuentes de ingreso que proporcionan más del 75% del ingreso total.
– = no disponible.

Aun si la mayor parte de los hogares son especializados –esto es, derivan la inmensa mayoría de ingresos de sólo una de las tres fuentes de ingreso, agricultura, trabajo o migración, una porción sustancial del resto de los hogares tiene estrategias diversificadas de ingresos. En los 15 países del cuadro 3.2, del 14% al 56% de los hogares no derivan más del 75% de su ingreso de una de estas tres fuentes sino que, en cambio, tienen un portafolio de ingresos más diversificado.[14] Estos hogares diversificados derivan entre el 20% (en Bangladesh) y el 46% (en Ghana, Malawi y Vietnam) de su ingreso de la agricultura.

Heterogeneidad de las estrategias de los hogares

La estructura de ingresos de un hogar no indica si éste está utilizando una estrategia exitosa de generación de ingresos. Cada una de las estrategias puede convertirse en un camino para salir de la pobreza, pero muchos hogares no logran mejorar su situación a lo largo del tiempo, reflejando la marcada heterogeneidad en cada una de las actividades y el hecho de que el ingreso varía ampliamente para cada una de las estrategias (gráfico 3.1).[15]

Ocupaciones rurales y fuentes de ingreso

La heterogeneidad de cada una de las estrategias de los hogares, refleja diferencias en los retornos a las diferentes actividades que realizan los hogares e individuos rurales. Las actividades económicas y las fuentes de ingreso en sí mismas, también difieren sustancialmente entre regiones, entre hogares ricos y pobres, entre hogares con diferentes dotaciones de activos y entre hombres y mujeres.

La agricultura: una ocupación importante para los hogares rurales, especialmente los pobres

La Organización de Naciones Unidas para la Alimentación y la Agricultura (FAO) estima que la agricultura proporciona empleo a 1.300 millones de personas mundialmente, el 87% de las cuales se encuentra en países en desarrollo.[16] También es una fuente importante de ingreso para los hogares rurales. Entre el 60% y el 99% de los hogares rurales deriva ingreso de la agricultura en 14 países con datos comparables (gráfico 3.2). En los países agrícolas en el gráfico 3.2, el ingreso de la agricultura y la crianza de ganado y los salarios agrícolas, generaron entre el 42% y el 75% del ingreso rural. El ingreso agrícola proviene tanto de la producción para el autoconsumo, como de las ventas de productos agrícolas al mercado. En los países en proceso de transformación y urbanizados, el porcentaje de ingreso rural que se obtiene de las actividades y los salarios agrícolas, se encuentra entre 27% y 48%. Así, la participación en las actividades agrícolas no siempre se traduce en una alta participación del ingreso por concepto de la agricultura.

Para los hogares más pobres, el ingreso y los salarios agrícolas típicamente representan una mayor parte del ingreso que para los hogares más ricos, oscilando entre el 77% en Ghana y el 59% en Guatemala (gráfico 3.3). En Asia, América Latina y algunos países de África (Malawi y Nigeria), los salarios agrícolas son más importantes para los hogares de bajos ingresos que para los de altos ingresos. El ingreso agrícola con frecuencia disminuye a medida que el gasto total aumenta (en Ghana, Guatemala y Vietnam, por ejemplo), pero es más importante para los hogares ubicados en la mitad de la distribución del ingreso en Nepal.

En la mayoría de países hay un marcado dualismo en el sector de los pequeños propietarios, entre quienes son orientados al mercado y aquellos que están involucrados en la agricultura de subsistencia. Solamente una pequeña proporción de todos los productos agrícolas que se comercializan es producida por los hogares orientados a la autosubsistencia. En Malawi, los agricultores de autosubsistencia venden alrededor del 9% de los productos agrícolas comercializados, pero en Nepal y Vietnam es menos del 2%.[17] El dualismo en las estrategias agrícolas de los hogares, usualmente refleja diferencias en las dotaciones de activos. Los agricultores con mayores dotacio-

Gráfico 3.1 El ingreso real per cápita varía ampliamente para cada estrategia de subsistencia

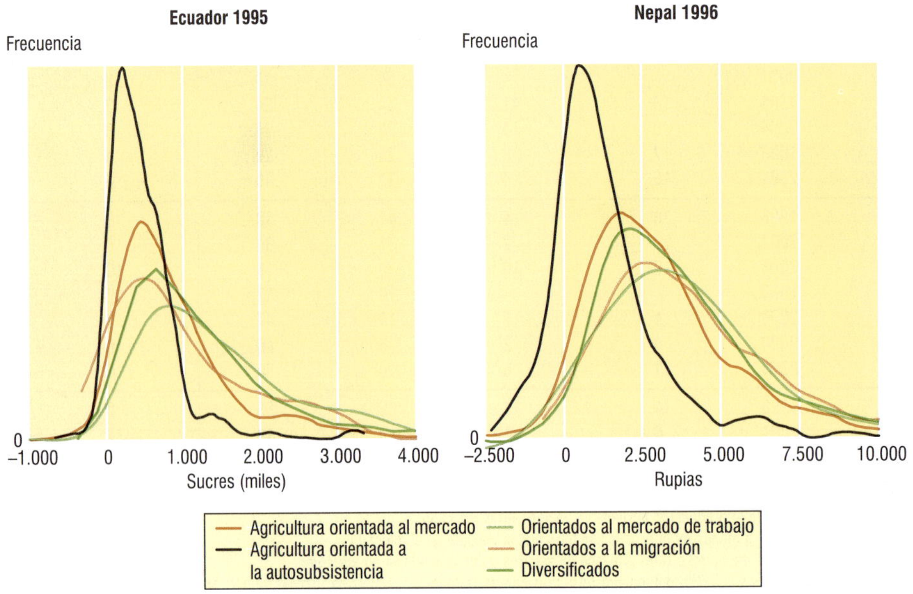

Fuente: Davis y otros 2007.

Gráfico 3.2 En la mayoría de países, la gran mayoría de hogares rurales participa en la agricultura

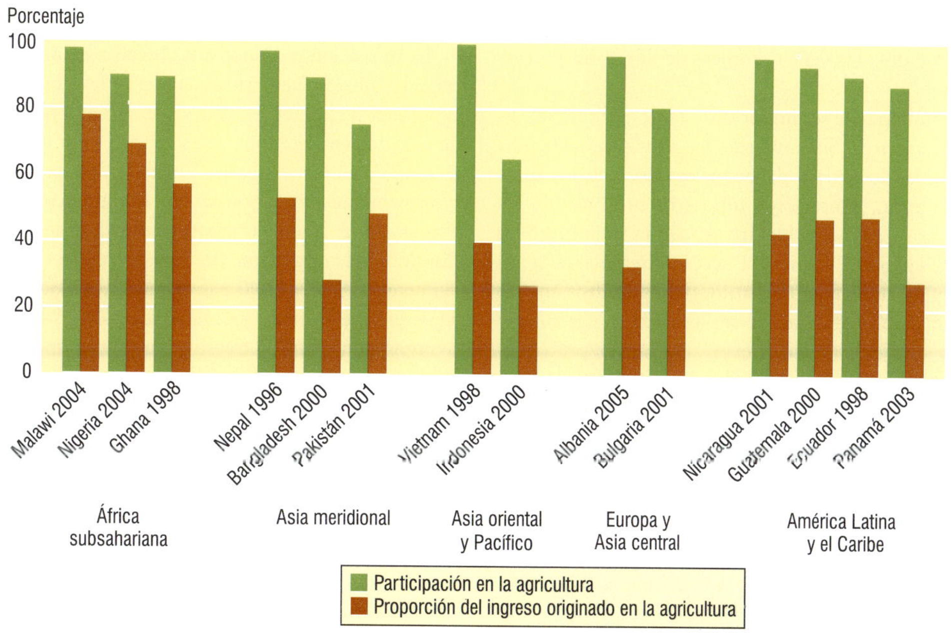

Fuente: Davis y otros 2007.

nes de tierra tienen una mayor probabilidad de estar orientados al mercado. Los agricultores orientados al mercado poseen casi el doble de tierra que los agricultores de autosubsistencia en Nicaragua y Panamá y 4 veces más en Pakistán. Las dotaciones de capital humano de los hogares rurales también están correlacionadas con su orientación al mercado. Los jefes de familia educados tienen más probabilidad de vender una mayor proporción de sus productos, en tanto que los hogares con mujeres jefes producen con mayor frecuencia para el autoconsumo.

Con todo, las dotaciones de factores no siempre son un buen predictor de la orientación al mercado. Las diferencias en las dotaciones de tierra entre los agricultores orientados al mercado y los de autosubsistencia son mucho menos pronunciadas en Bangladesh, Guatemala y Malawi. En Ghana y Nigeria, los hogares con mujeres jefes tienen una mayor probabilidad de ser orientados al mercado que a la autosubsistencia. Esto muestra que la orientación al mercado también puede ser condicionada por muchos otros factores, como la calidad de la tierra, el acceso a los mercados o la productividad o el potencial agrícola, que afecta la productividad y escogencia de cultivos y actividades pecuarias.

Al interior del hogar, la orientación al mercado puede diferir con el género del cultivador, teniendo las mujeres una mayor probabilidad de estar involucradas en la agricultura de subsistencia y una menor probabilidad de sembrar cultivos comerciales. Sin embargo, la producción a gran escala de exportaciones agrícolas no tradicionales y de alto valor, ha aumentado el salario de las mujeres en el campo y en las actividades de procesamiento y empaque. Esto, sin embargo, no sucede en todas partes. En China, por ejemplo, la evidencia sugiere que no hay feminización de la agricultura.[18]

Más en general, la participación de las mujeres en el autoempleo agrícola difiere entre regiones. En África, Europa, Asia central y algunos países de Asia oriental, las mujeres y los hombres trabajan igualmente en el autoempleo agrícola[19] (gráfico 3.4). En Mozambique, Ruanda, Uganda y Egipto, las mujeres tienen una mayor probabilidad de participar en el autoempleo agrícola. En contraste, en América Latina y Asia meridional, se reporta que las mujeres trabajan menos como autoempleadas agrícolas. Pero en estas regiones, como sucede en África, las mujeres han ampliado y profundizado su involucramiento en la producción agrícola en las últimas décadas.[20] A pesar de esto, muchas políticas de desarrollo continúan asumiendo erróneamente que los agricultores son hombres. El importante papel que juegan las mujeres en la agricultura en muchas partes del mundo, llama a prestar una mayor y urgente atención a las restricciones que hay a la producción y al mercadeo que son específicas de género.

Diversificación del ingreso y especialización en empleo asalariado y autoempleo no agrícola

Los pequeños agricultores orientados al mercado pueden ser altamente exitosos en los mercados alimentarios y en la nueva agricultura. Pero para muchos pequeños agricultores, la agricultura es una forma de vida que ofrece seguridad y complementa los ingresos que se obtienen en el mercado laboral y por las migraciones. Otros hogares rurales se especializan en el empleo asalariado o en el autoempleo no agrícola. Los hogares en regiones agrícolas prósperas pueden diversificarse hacia actividades no agrícolas para aprovechar oportunidades atractivas. Aquellos en ambientes menos favorecidos pueden cambiarse hacia actividades no agrícolas de bajo valor para enfrentar los riesgos que sufren. Los hogares con buenas dotaciones de activos pueden aprovechar las oportunidades remunerativas que aparecen en el sector no agrícola. Aquellos que carecen de tierra o de ganado pueden ser empujados hacia el empleo no agrícola de bajo valor. El ingreso obtenido en el mercado laboral puede ser también importante, en lugares donde la presión de la población sobre limitados recursos de la tierra es elevada o donde el ingreso estacional originado en la agricultura es insuficiente para la subsistencia fuera de estación, posiblemente debido a los déficit crónicos de lluvia, los precios o enfermedades.[21]

El ingreso no agrícola puede ser importante tanto para los hogares pobres como para los ricos. Sin embargo, los ricos con frecuencia dominan los nichos más lucrativos de negocios. Los pobres, careciendo de acceso al capital, educación e infraestructura, no son los principales beneficiarios de las más lucrativas fuentes de ingreso no agrícola. Esto se da, en parte, debido al acceso diferenciado a los empleos calificados y no calificados (capítulo 9). Los adultos analfabetos tienen una mayor probabilidad de ser asalariados agrícolas y autoempleados. Los adultos alfabetos tienen una mayor probabilidad de tener trabajos asalariados no agrícolas. Las cohortes más viejas tienen una menor probabilidad de trabajar como empleados asalariados no agrícolas que las cohortes más jóvenes.[22]

Escape, superación y adquisición de capital a través de la migración

En los lugares donde el acceso al empleo no agrícola es limitado o donde el clima (o la tecnología) impide el cultivo continuo, la migración estacional puede complementar el ingreso, suavizar el consumo y proteger las bases de activos de los hogares durante la estación baja. Los trabajadores migran estacionalmente hacia otras regiones en su mismo país, con frecuencia atraídos por las grandes explotaciones dedicadas a la exportación, que proporcionan ingreso fuera de temporada o durante emergencias. También pueden migrar a través de las fronteras, siendo una parte importante de la migración sur-sur de carácter estacional.[23]

Donde la migración es más o menos permanente, el ingreso derivado de ésta depende del éxito del migrante y de la razón para migrar; de manera que la migración no es una vía garantizada para salir de la pobreza (capítulo 9). Tampoco es una vía disponible para todos. Los altos costos de la migración, con frecuencia impiden que los más pobres de los pobres migren, o limita su migración a zonas cercanas donde los retornos pueden ser bajos.

La migración responde a las brechas de ingreso entre las zonas de origen y de destino. Esto puede ocurrir debido a que la gente se ve expulsada de las zonas rurales por choques negativos o por una base de recursos en deterioro –o es jalonada por atractivas oportunidades de empleo en otros lugares. En Chile, la tasa de desempleo local está positivamente correlacionada con la emigración, pero la expansión del empleo agrícola y los trabajos en el sector de agroprocesamiento han disminuido la migración. Análisis de cohortes con los censos de población entre 1990 y 2000 para Ecuador, México, Panamá y Sri Lanka, sugieren que la gente se mueve fuera de las localidades que son más remotas, con menor infraestructura y con más pobres condiciones de vida. A pesar de esto, las áreas con alto potencial agrícola pueden tener también una alta emigración, como sucede en Guatemala. Los migrantes rurales con frecuencia se van al exterior o a zonas urbanas que ofrecen mejores oportunidades de ingreso. Sin embargo, muchos escogen migrar a las zonas urbanas que están relativamente cerca o se mueven hacia otras zonas rurales (recuadro 3.3).[24]

El ingreso obtenido de las remesas enviadas por antiguos miembros del hogar, con frecuencia aumenta la tierra, el ganado y la base de capital humano de los miembros del hogar rural que permanecen en el campo. Las remesas pueden también compensar por choques de ingreso, protegiendo la base de activos productivos del hogar. Evidencia originada en el programa *Oportunidades* de México, sugiere que las transferencias publicas pueden igualmente llevar hacia inversiones en actividades productivas para el enfrentamiento del riesgo.[25]

Las transferencias públicas y privadas representan una sorprendentemente alta proporción del ingreso rural, particularmente en las economías en proceso de transformación y urbanizadas. En algunos países ha habido incrementos sustanciales en las transferencias. En Bulgaria, los hogares se volvieron más dependientes de las transferencias públicas a medida que el gasto del gobierno en protección social aumentó para compensar las dificultades económicas. En Bra-

Gráfico 3.3 Las fuentes de ingreso varían entre ricos y pobres

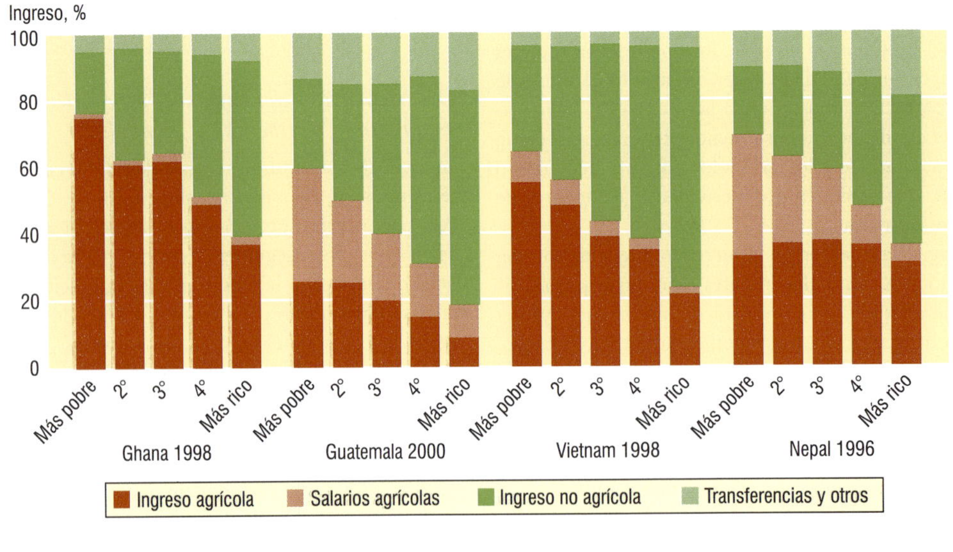

Fuente: Davis y otros 2007.
Nota: Para cada país, las columnas representan los quintiles de la distribución de gastos.

RECUADRO 3.3 *El desafío de cambios drásticos demográficos generados por la migración selectiva*

La migración puede ser una fuente importante de ingreso por remesas (el dinero enviado a casa por los miembros del hogar que se han ido para buscar trabajo), pero con frecuencia cambia drásticamente la población rural. Esto puede plantear sus propios desafíos para el desarrollo rural, debido a que la migración es selectiva. Aquellos que se van son generalmente más jóvenes, mejor educados y con mayor calificación.[26] La migración, por tanto, puede disminuir la empresarialidad y el nivel de educación entre la población que permanece.[27] Adicionalmente al cambio en la composición de la calificación y la edad de aquellos que permanecen, la migración puede cambiar la composición étnica de las poblaciones rurales. Las tasas de migración de las poblaciones nativas con frecuencia son más bajas debido a que están apegados a la tierra como territorio ancestral y debido a que pueden ser discriminados en contra en los mercados laborales. También hay claras diferencias de género en la migración, pero éstas difieren entre países aun dentro de la misma región. La migración internacional desde las áreas rurales es dominada por los hombres en Ecuador y México, pero es dominada por las mujeres en la República Dominicana, Panamá y Filipinas.[28]

Casi una cuarta parte de la cohorte entre 15-24 años para 1990 había abandonado el México rural para 2000

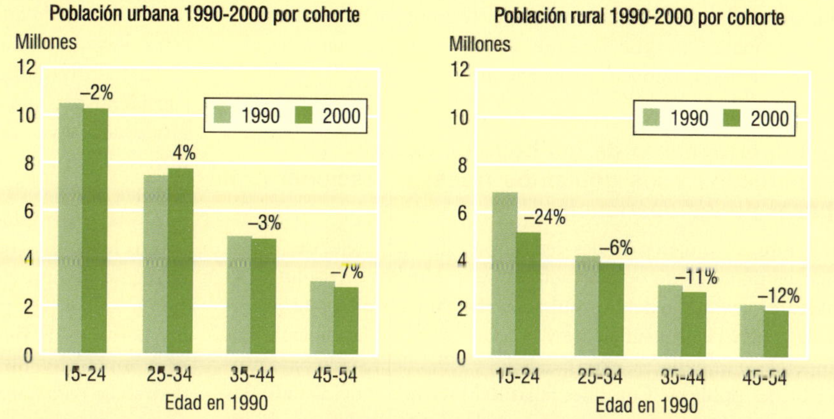

Fuente: Buck y otros (2007). A partir de información de la muestra del 10% del censo mexicano (1990 y 2000).
Nota. Las columnas representan en la misma cohorte de personas observada en los censos de 1990 y 2000, al interior de una diferencia de edad de 10 años. La población reportada para 1990 se ha corregido por localización y por la tasa de mortalidad específica de la edad de la década. El cambio residual es por tanto debido a la migración neta.

Los análisis de los censos de población de Brasil y México ilustran algunas de estas regularidades. En Brasil, entre 1995 y 2000, las mujeres y los hombres rurales en edades de 20 a 25 años tenían una mayor probabilidad de emigrar y las mujeres jóvenes migraban más que los hombres (el primer gráfico abajo). Casi una cuarta parte de aquellos en edades entre 15 y 24 años en 1990, habían abandonado el México rural para 2000, migrando hacia centros urbanos o hacia el exterior (*ver* el otro gráfico abajo). Entre las cohortes más viejas la migración fue elevada también, alcanzando de 6% a 12%. La emigración rural es mucho más común entre los hombres mexicanos que entre las mujeres (27% *versus* 21%) y entre los no nativos que entre los nativos (25% *versus* 28%). Hasta 2000, las mujeres eran más inclinadas a migrar hacia centros semiurbanos y urbanos al interior del país y los hombres hacia Estados Unidos. La migración de los nativos tiene su propia dinámica, respondiendo a los ciclos agrícolas al interior de México, aunque la migración internacional entre los grupos nativos aumentó sostenidamente en la década de 1990.

Las mujeres brasileñas jóvenes emigran más que los hombres jóvenes, y las menos educadas emigran menos

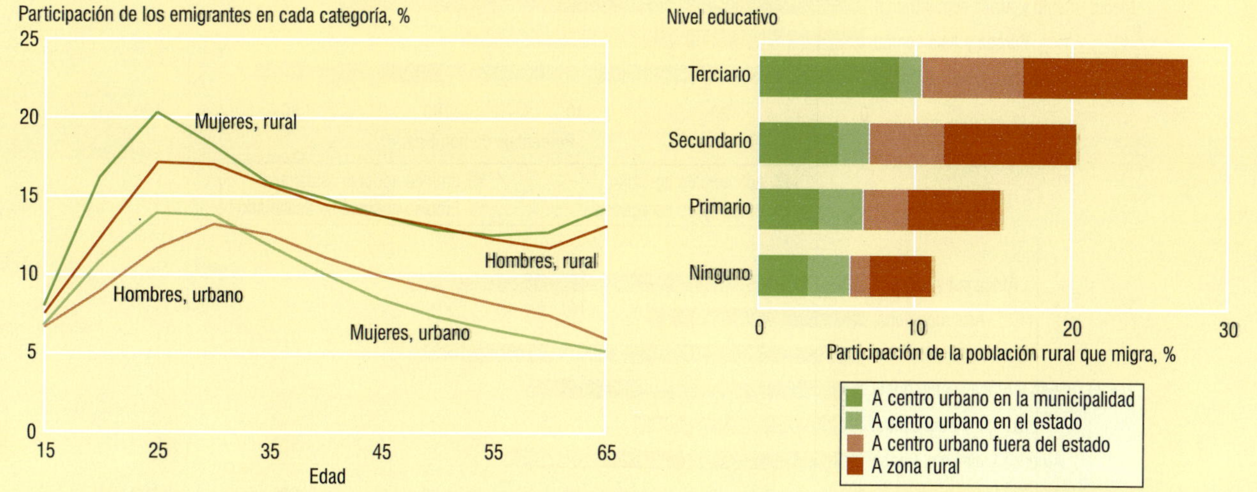

Fuente: Buck y otros 2007; López-Calva 2007; a partir de información disponible sobre residencia en 1995 en Censo de 2000 en Brasil.

sil y México, las transferencias condicionales de efectivo se han vuelto más importantes para el ingreso de los hogares rurales y son un contribuyente importante a la reducción de la pobreza rural.

La migración urbana-rural subraya el papel de la agricultura como una red de seguridad social, mostrando que muchos habitantes urbanos siguen siendo parte de una más amplia red de relaciones rurales. Durante la crisis financiera de 1997 en Indonesia y Tailandia y durante los primeros años de la transición en el Cáucaso y Asia central, la migración inversa ayudó a la gente a enfrentar los choques económicos. Hay también evidencia de una migración de retorno en algunas partes de África, relacionada con choques económicos y la epidemia de Sida. La agricultura entonces proporciona "una red de bienestar financiada agrícolamente" en los lugares en donde los servicios de bienestar público son deficientes o no existen.[29]

El comportamiento de los hogares cuando los mercados y los gobiernos fracasan: racional a pesar de las apariencias

Los hombres y mujeres rurales determinan sus estrategias de subsistencia en un contexto de mercados fallidos. Muchos mercados en el ambiente rural no generan resultados eficientes debido a altos costos de transacción, insuficiente y desigual acceso a la información, competencia imperfecta, externalidades y fallas del Estado para proveer bienes públicos. Con tales fallas del mercado y del Estado, las dotaciones iniciales de activos afectan la eficiencia del uso de los recursos y por tanto el bienestar de los hogares. Vivir en un área rural pobre puede ser en sí mismo un factor causal en perpetuar la pobreza debido a externalidades geográficas.[30] Las estrategias de los hogares rurales están condicionadas por el potencial agrícola y la disponibilidad de recursos naturales en su ambiente (capítulo 2). Reciente trabajo sobre la geografía de la pobreza, arroja luz acerca de cómo estos factores se relacionan con las estrategias y la pobreza rural (*ver* En foco A). La densidad de población y el acceso a los mercados, fuertemente correlacionados con los costos de transacción y la información asimétrica, también determina las estrategias de los hogares. Con buena información, los agricultores están mejor equipados para tomar las decisiones pertinentes y conocer acerca de las oportunidades adicionales de empleo diversificado. Las nuevas tecnologías de la información pueden ayudar a enfrentar algunas de estas desventajas informativas (capítulo 7).

Cuando las fallas del mercado coinciden, los hogares necesitan considerar sus necesidades de consumo al tomar sus decisiones de producción y viceversa. Esto puede explicar muchos aspectos de las estrategias de supervivencia de los hogares rurales, incluyendo algunas que pueden de otra manera lucir irracionales.[31] Consideremos unos pocos ejemplos.

Los hogares agrícolas que producen alimentos y cultivos comerciales, no siempre son capaces de responder a un aumento en el precio de los cultivos comerciales. Cuando los costos de transacción en los mercados de alimentos y los mercados labores funcionan de manera imperfecta, un hogar puede no ser capaz de emplear más fuerza de trabajo para aumentar la producción de cultivos comerciales, a la vez que mantiene la producción de alimentos necesaria para su propia seguridad alimentaria.[32] Por tanto, queda restringido a responder a los incentivos de precios a través del cambio tecnológico o mediante un mayor uso de fertilizantes, pero la existencia de mercados imperfectos para el capital puede limitar estas posibilidades. Como resultado, la respuesta a los incentivos de precios en los cultivos comerciales es con frecuencia limitada, disminuyendo los beneficios que se pueden obtener de las políticas de precios y comerciales, que aumentan los incentivos a los productores (capítulo 4).[33]

Gráfico 3.4 La participación reportada para las mujeres en el autoempleo agrícola en relación con los hombres, varía por región.

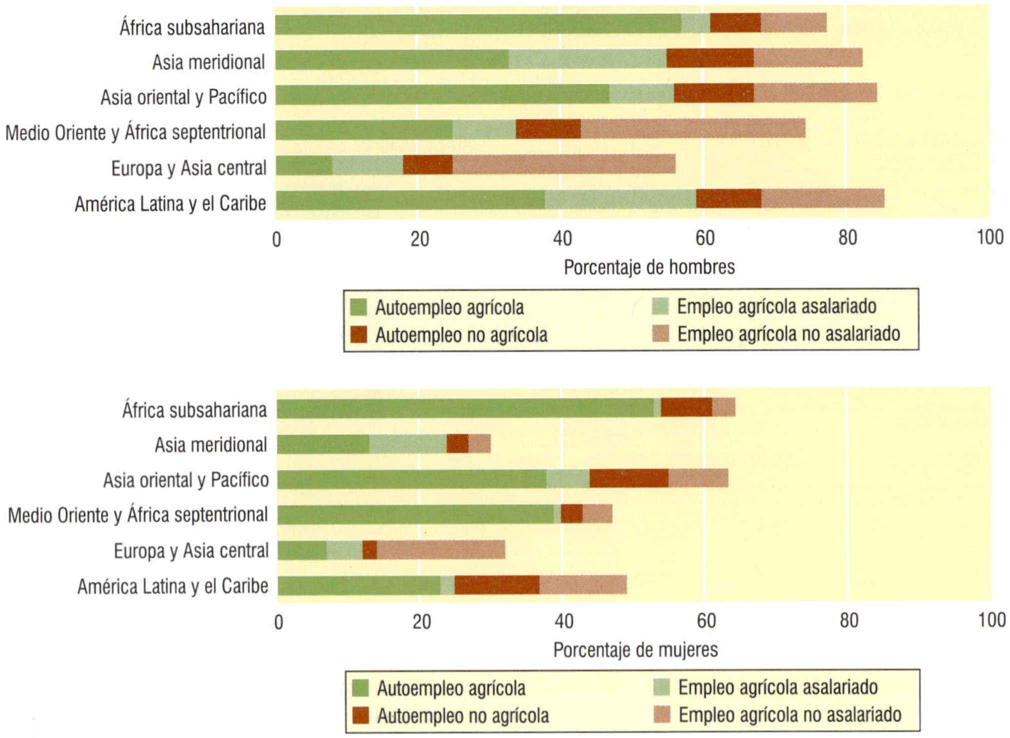

Fuente: Promedios regionales basados en encuestas de hogares disponibles para 66 países (edades de 15 a 64 años).
Nota: El grupo omitido incluye los individuos que se encuentran fuera de la fuerza de trabajo y los individuos cuya actividad económica no está definida. La actividad se refiere a la actividad principal de los individuos. Para una explicación más detallada, *ver* la nota final 19. *Ver* también grupo IDM 2008, 2007.

Las imperfecciones del mercado, combinadas con diferencias en las dotaciones de activos, incluyendo el capital social, pueden también arrojar luz sobre el proceso de adopción de tecnología (capítulo 7). Evidencia originada en Ghana, India y Monzambique, sugiere que el aprendizaje social puede ser importante para la adopción de nuevas tecnologías. Las decisiones de los agricultores están influenciadas por las experiencias de éstos al interior de su red social, la cual puede reducir la información asimétrica acerca de las nuevas tecnologías. Las nuevas tecnologías con frecuencia involucran incertidumbres acerca de la forma apropiada de ser aplicadas o de si son adecuadas para un medio ambiente en particular. En consecuencia, los patrones de adopción pueden ser lentos en la medida en que los agricultores individuales obtienen ganancias de esperar y aprender de los errores de otros. Algunas veces todos los agricultores pueden considerar que los costos de evaluación son muy altos o inciertos, escogiendo permanecer en el *statu quo,* comportamiento que puede parecer ineficiente a un extraño. Reciente evidencia de Kenya, sugiere que los hogares pueden tener también un problema para comprometerse a ahorrar y, por tanto, no reservar dinero después de la cosecha para comprar fertilizante para la siguiente estación, otra explicación para la limitada adopción de estrategias que de otra manera serían rentables.[34]

El hogar es el dominio de complejas interacciones de cooperación y juegos de poder. El poder de una mujer está afectado por su participación en la actividad económica, la cual en sí misma depende de su dotación de activos (incluyendo el capital humano) y su acceso a los activos del hogar. Las diferencias al interior del hogar en cuanto al control de los activos y del efectivo pueden, por tanto, afectar las decisiones de cultivo y de tecnología, así como la orientación del hogar hacia el mercado. Un estudio en la parte sur de Ghana, encontró que la fertilidad del suelo, la seguridad de la tenencia de las parcelas y la participación en el mercado de crédito, eran menores para las mujeres que para los hombres; en consecuencia, las mujeres tenían una menor probabilidad de cultivar piña que los hombres. Las piñas eran más rentables que los cultivos de subsistencia que las mujeres tendían a cultivar. Evidencia de Burkina Faso sugiere que la producción de los cultivos plantados tanto por hombres como mujeres puede aumentar en un 6% si una parte del trabajo y del fertilizante orgánico fuera reasignado hacia las parcelas de las mujeres.[35]

En la medida en que estos factores impiden que los hogares mantengan la fertilidad del suelo o de otra manera adopten prácticas sustentables, pueden tener importantes repercusiones para el manejo de los recursos naturales. También pueden producirse resultados insostenibles a raíz de problemas de acción colectiva, en los cuales la "tragedia de los comunes" se cierne sobre los hogares en los casos en que su subsistencia depende del acceso abierto a los recursos (capítulo 8). La evidencia empírica sugiere, sin embargo, que con frecuencia el manejo cooperativo de los recursos surge en ambientes como éstos.[36]

En muchos casos la sola acción colectiva no es capaz de corregir las fallas del mercado; por tanto hay un papel crucial para las políticas y el Estado. Sin embargo, en muchos países en desarrollo el Estado ha fracasado para jugar este papel. Al contrario, muchas políticas han ido en detrimento de las formas de vida de los hogares rurales. Gravar fiscalmente al sector agrícola, los sesgos de política favorables a las explotaciones más grandes y el fracaso para proporcionar servicios de educación y salud, restringen severamente el potencial de los hogares rurales para salir de la pobreza a través del camino de la agricultura. La reversión de tales políticas puede apoyar las actuales estrategias de los hogares o abrir el potencial para nuevas y exitosas estrategias.

Influencia mutua de las estrategias de los hogares y las normas sociales

Las normas sociales con frecuencia tienen una fuerte influencia sobre las estrategias de los hogares y sobre el papel de los hombres y las mujeres en el hogar. En Costa de Marfil, las normas sociales no solamente determinan que los cultivos alimenticios deben ser realizados por las mujeres y los cultivos comerciales por los hombres, sino también influyen sobre el uso de las ganancias obtenidas de los diferentes cultivos para los gastos del hogar.[37] Las normas sociales con frecuencia determinan que la mayor parte del cuidado de los hijos, la atención de la cocina y los deberes domésticos, sean responsabilidad de las mujeres, limitando su potencial para aprovechar las oportunidades que ofrece la nueva agricultura, el empleo rural y la migración, reforzando las desigualdades. También sucede que el aumento en la participación de las mujeres en el mercado de trabajo, combinado con estos roles tradicionales que tienen en el hogar, significa días laborales muchos más largos para las mujeres que para los hombres.

Sin embargo, en algunos contextos los salarios de las mujeres y el ingreso que generan, pueden cambiar el balance de poder y ejercer influencia al interior del hogar. El empleo de las mujeres en la creciente industria de exportación de flores en Ecuador, aumentó la participación de los hombres en los trabajos domésticos.[38] Los tradicionales patrones de asignación del tiempo también pueden verse afectados cuando los hogares se mueven hacia la producción de cultivos comerciales orientados hacia el mercado. Las divisiones de los cultivos de acuerdo con el género pueden cambiar con las tecnologías nuevas, como ocurrió con el cultivo de arroz en Gambia. En Guatemala, las escaseces de trabajo asociadas con la producción de exportaciones de alto valor, forzaron a las mujeres a reducir el tiempo que dedicaban a las actividades independientes de generación de ingresos, o al cultivo de productos bajo su propio control. Las restricciones laborales también influenciaron el tiempo que las mujeres podían asignar a los cultivos de alimentos. Cuando los hombres controlan el ingreso de los cultivos comerciales, los desbalances de poder en el hogar se pueden ver reforzados cuando se abren nuevas oportunidades de mercado.[39] Los cambios en las estrategias de los hogares, que pueden llevar hacia rutas para salir de la pobreza, no son neutrales al género.

Posición de activos de los hogares rurales: con frecuencia baja e inequitativa

Las posiciones de activos de los hogares determinan su productividad. Más en general, las dotaciones de activos de los hogares condicionan sus estrategias de subsistencia. El estatuto de educación y salud afecta el potencial de una persona para involucrarse en trabajos no agrícolas de alto valor, así como los retornos a la agricultura. La educación puede facilitar el aprendizaje de nuevas tecnologías y, dada la intensidad física de la mayor parte de trabajo agrícola, la nutrición y la salud pueden aumentar la productividad agrícola. El tamaño y calidad de las granjas condicionan la escogencia de cultivos y de tecnología y el potencial de producir un excedente comercializable. Los hogares que no tienen acceso a la tierra se ven excluidos de la vía de la agricultura. La posesión de animales de trabajo puede afectar la oportunidad de las prácticas de cultivo. Las estrategias de subsistencia descansan en las redes sociales para la generación de confianza, aprendizaje social y acción colectiva.

La carencia de una mínima dotación de activos puede, entonces, atrapar a los hogares en una situación de pobreza de largo plazo. Las dotaciones de activos de muchos hogares rurales han sido bajas por generaciones, explicando la persistencia de la pobreza rural y la explotación más intensa de los activos para muchos pequeños agricultores que desafía su posibilidad de subsistencia. Incrementar la base de activos de los pobres es un desafío mayor para los diseñadores de política al momento de implementar una estrategia agrícola para el desarrollo.

Dotación de capital humano

La dotación de capital humano de los hogares rurales tiende a ser desesperanzadoramente baja. Las brechas rural-urbanas en el logro educativo y en los resultados de salud, siguen siendo grandes en la mayoría de regiones. Los promedios regionales para África subsahariana, Asia meridional, Medio Oriente y África septentrional, muestran que los hombres adultos rurales tienen alrededor de 4 años de educación y las mujeres rurales entre 1,5 y 4 años (gráfico 3.5). Sólo en Europa y Asia central los niveles de educación son notablemente más altos. La desigualdad en el acceso a la educación según grupo étnico, es también alta en muchos países. Las diferencias entre las áreas rurales y urbanas son aún más grandes, teniendo los hombres adultos en África y América Latina rurales alrededor de 4 años menos de educación que sus contrapartes urbanas (gráfico 3.5).

En algunos países, como México, los programas de educación de adultos han aumentado las tasas de alfabetismo rural. En muchos países, las tasas de matrículas en las escuelas han aumentado considerablemente durante las últimas décadas. Con todo, las diferencias en asistencia a la escuela para los niños según categoría de riqueza y grupos étnicos, siguen siendo grandes y las diferencias de género son aún significativas en la mayoría de países. En América Latina, los retornos a la educación fueron menores para los grupos nativos; adicionalmente, la calidad de la educación es con frecuencia drásticamente más baja en las áreas rurales (capítulo 9).[40]

El acceso a servicios de salud de calidad es mucho más bajo en las zonas rurales. En muchos países el desbalance entre las zonas rurales en términos de trabajadores calificados en el sector salud es extremo. En África, solamente la mitad de la población rural tiene acceso a agua potable o a condiciones aceptables de saneamiento, y en Asia únicamente el 30%.[41] Una salud deficiente reduce la actividad agrícola y algunas prácticas agrícolas contribuyen a la generación de problemas de salud como la malaria, el envenenamiento con pesticidas y las enfermedades de origen animal (*ver* En foco H).

El SIDA tiene un fuerte impacto sobre la población rural en África, donde la mortalidad entre los adultos jóvenes aumenta rápidamente. La expectativa de vida está declinando en muchos países –en Malawi por ejemplo, de 46 años en 1987 a 37 años en 2002. La incidencia del VIH en la etapa temprana de la epidemia es con frecuencia más alta entre la población educada, disminuyendo el capital humano.[42] El SIDA también reduce la capacidad de los adultos para trabajar, desvía el trabajo de otros hacia el cuidado de los enfermos y rompe la transmisión intergeneracional del conocimiento. Todos estos factores pueden resultar en una más reducida producción agrícola. La evidencia originada en la zona rural de Kenya, sugiere que los tratamientos antirretrovirales pueden mantener la fuerza de trabajo adulta, llevando a una menor cantidad de trabajo infantil y a mejores resultados de nutrición para los niños.[43]

El SIDA también puede afectar severamente el perfil demográfico de la población rural, a través de sus efectos directos sobre la mortalidad y a través de la migración que ayuda a que la población enfrente este flagelo. En su *Informe Mundial sobre la Salud* 2003, la Organización Mundial de la Salud (OMS) (2003) reportó un desplazamiento de los huérfanos hacia las zonas rurales. Los análisis basados en los censos de población, sugieren que los países africanos con una alta prevalencia del SIDA (Botsuana, Suazilandia y Zimbabue) tienen más altas tasas de dependencia de lo que sería predecible dado su nivel de desarrollo.[45] Estos cambios en la composición de los hogares rurales es probable que afecten las estrategias de generación de ingresos de los hogares, así como el potencial de los hogares rurales para beneficiarse del crecimiento agrícola y rural. Estos cambios tienen también implicaciones para el papel de la agricultura de subsistencia en la supervivencia de los hogares (recuadro 3.4).

Gráfico 3.5 Las brechas en el nivel educativo rural-urbano son grandes

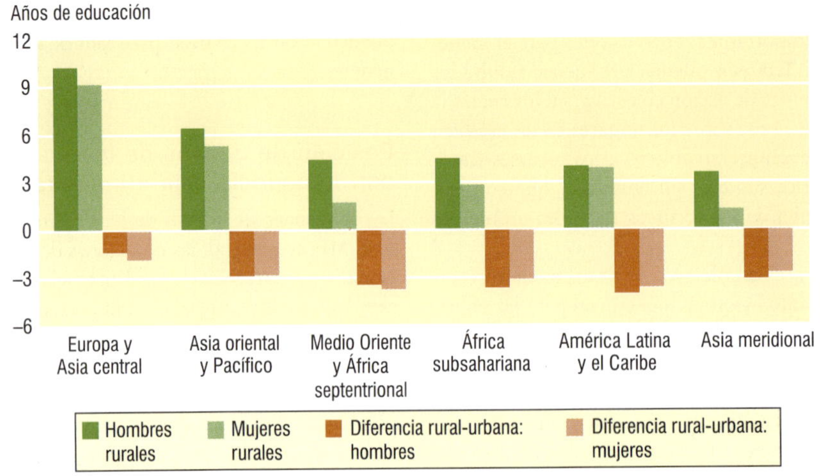

Fuente: Grupo IDM 2008.
Nota: Niveles promedio de educación para las poblaciones adultas, de 25 a 64 años de edad para países en cada región. Cálculos basados en 58 países (excluyendo China e India) que cuentan con datos de encuestas de hogares recientes, con información sobre los años de educación, ponderados con la población en 2000. *Ver* nota de soporte por el Grupo IDM 2008 (2007) para más detalles.

La presión sobre la tierra y la persistencia de distribuciones bimodales de ésta afectan la propiedad de la tierra por los hogares

En la medida en que la tierra se divide a través de la herencia en una población en crecimiento, los tamaños de las granjas se hacen más pequeños. En la India, el tamaño promedio de la propiedad cayó de 2,6 hectáreas en 1960 a 1,4 hectáreas en 2000 y sigue disminuyendo. Datos de panel que hicieron el seguimiento de jefes de hogar y sus hijos en Bangladesh, Filipinas y Tailandia en un período de alrededor de 20 años, muestran disminuciones en los tamaños promedio de las granjas y aumentos en la falta de tierra. En muchas áreas con alta densidad de población en África, los tamaños promedio de las granjas también han estado disminuyendo. Tal presión sobre la tierra en economías que se soportan aún fuertemente en la agricultura, es una fuente importante de pobreza rural y pueden también producir tensiones sociales, contribuyendo al conflicto civil.[46] Esto es cierto aun si la división de las propiedades puede haber tenido un efecto igualitario, como sugieren la disminución de los coeficientes de Gini para la tierra (menos desigualdad) para la India, Malawi y Tanzania (*ver* cuadro 3.3).

En contraste, la tierra agrícola está aún en expansión en algunos países africanos y de América Latina, y los tamaños de las propieda-

RECUADRO 3.4 *Regreso a la agricultura en Zambia. Agricultura de subsistencia, SIDA y crisis económica*

El análisis de cohortes con los datos del censo de Zambia, arroja luz acerca de los cambios de la composición de edad de las poblaciones urbanas y rurales en un país con altas tasas de prevalencia del SIDA.

La observación más impactante es la alta tasa de mortalidad entre 1990 y 2000. Debido a que la migración internacional es muy baja, el tamaño declinante de cada cohorte, indicado por las tasas de disminución tanto en las áreas urbanas como rurales, indica una alta mortalidad.

En la Zambia urbana ocurrieron importantes declinaciones de la población en todos los grupos de edad, excepto los más jóvenes. Esto contrasta con la Zambia rural donde las disminuciones son especialmente grandes entre los adultos jóvenes (19% para aquellos en edades de 15 a 24 años en 1990), indicando altas tasas de mortalidad para estos grupos.[51] Análisis similares de población, sugieren también altas tasas de mortalidad entre la población alfabeta, confirmando tendencias observadas en otros lugares de África.

Los choques económicos que indujeron la migración doméstica, ayudan a explicar las diferencias entre los patrones rural y urbano. En 2000, muchos más residentes rurales, de todos los grupos de edad, reportaron haberse desplazado desde las zonas urbanas. En contraste, más pocos residentes urbanos tenían orígenes rurales, particularmente entre los grupos de mayor edad (gráfico abajo). Esto indica que la migración neta se revirtió de rural a urbana en 1990, a urbana a rural en 2000. La migración rural a urbana se desaceleró considerablemente entre 1990 y 2000, pero la migración urbana-rural aumentó. Estos patrones han sido ligados a la carencia de oportunidades de empleo en los poblados y ciudades y al estancamiento en la (principalmente urbana) industria minera del cobre, provocada por la caída mundial en los precios de este producto.

Otra explicación para las diferencias en las tasas de declinación rural-urbana entre adultos, es la migración de retorno de gente afectada por el SIDA. Una alta proporción de los hogares rurales tiene jefes de edad avanzada (12,9% *versus* 4,8%) en zonas urbanas. Estos hogares dependen más de la agricultura de autosubsistencia y tienen considerablemente menos acceso al ingreso de fuentes no agrícolas, incluyendo las transferencias, que otros hogares rurales. La mayoría de los hogares rurales ancianos tiene huérfanos (generados por el SIDA) viviendo en ellos en promedio 0,8 huérfanos por cada hogar anciano.

Fuente: Ports 2005; Banco Mundial 2005p; cálculos del equipo IDM 2008 a partir del censo de población de Zambia.

El seguimiento de las cohortes de población de 1990 a 2000 muestra altas tasas de mortalidad, particularmente entre los adultos jóvenes

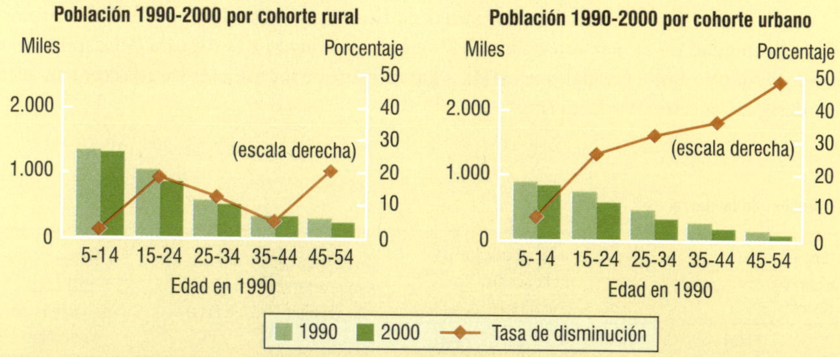

Fuente: Grupo IDM 2008, con base en censo de población de Zambia.
Nota: Las columnas representan las mismas cohortes de personas observadas en los censos de 1990 y 2000, con una diferencia de 10 años de edad. La disminución entre las dos observaciones incluye tanto la emigración neta como la muerte. Las edades se refieren a las de las cohortes en 1990.

Los patrones de migración se han revertido, con un aumento reciente de la migración rural a urbana

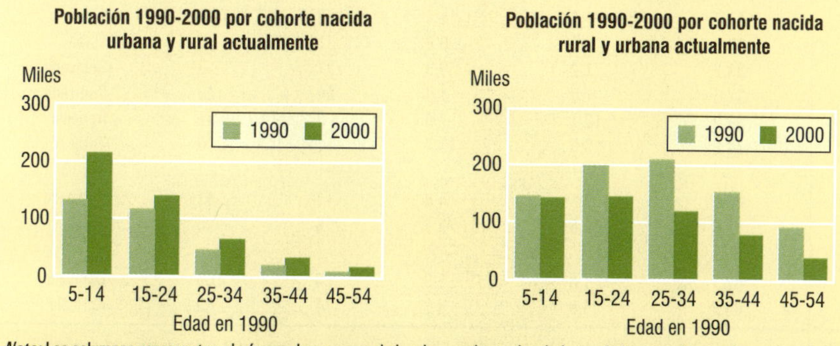

Nota: Las columnas representan el número de personas de la misma cohorte de edad y nacimiento en áreas urbanas (rurales) que vivían en áreas rurales (urbanas) en 1990 y 2000. La diferencia entre las dos observaciones incluye tanto migración como muerte.

des están aumentando (cuadro 3.3 y capítulo 2). En las regiones dedicadas a los cultivos comerciales en Mozambique, se ha encontrado que tal expansión del área reduce la pobreza.[47] Un mayor acceso a la tierra para los pobres rurales, particularmente en los lugares en donde el ingreso no agrícola y las oportunidades de migración están ausentes, es un instrumento importante para utilizar la agricultura para el desarrollo.

En América Latina y algunos países de África y Asia meridional, el desigual acceso a la tierra con frecuencia se ve perpetuado a través de mecanismos sociales –dejando a muchos hogares, frecuentemente minorías étnicas y pobladores nativos, sin acceso a la tierra o con porciones de ésta demasiado pequeñas para satisfacer sus necesidades. La mayoría de la tierra se concentra en grandes propiedades, mientras que la mayor parte de las propiedades son pequeñas.[48] Este patrón bimodal se ha incrementado en Brasil a lo largo de los últimos 30 años, donde el número de propiedades de tamaño mediano disminuyó, en tanto que el número de propiedades pequeñas y muy grandes aumentó. Las pequeñas propiedades controlan una porción declinante de la tierra, en tanto que las grandes controlan una proporción en aumento (gráfico 3.6). En Bangladesh, el número de propiedades se duplicó en 20 años y el número de propiedades menores de 0,2 hectáreas aumentó más que proporcionalmente –pero la mayoría de la tierra se encuentra en grandes propiedades.[49] Adicionalmente, una gran proporción de los hogares rurales en estas regiones, no tienen ningún acceso a la tierra.[50] La concentración de la tierra, entonces, contribuye a la disminución de los activos de los pequeños agricultores y de los hogares sin tierra.

Los mecanismos que perpetúan la inequidad en la propiedad de la tierra incluyen los mercados de tierra segmentados, cuando los derechos de propiedad son inseguros, así como el desigual acceso al capital y a otros mercados de insumos o de productos. De manera más general, la desigualdad en muchas sociedades rurales es perpetuada a través de la captura de los servicios públicos por parte de las élites; de las transferencias intergeneracionales de la pobreza a través de una baja educación, pobre salud y pobre nutrición, y una muy profundamente arraigada cultura de la pobreza (recuadro 3.5).[52]

Con frecuencia, el acceso de las mujeres a la tierra está limitado por leyes conyugales y de herencia desfavorables, normas familiares y comunitarias y desigual acceso a los mercados. Las mujeres tienen una menor probabilidad de poseer tierra y las propietarias de tierra tienden a tener una menor cantidad que los hombres. Evidencia originada en la muestra de países latinoamericanos, muestra que únicamente del 11% al 27% de todos los propietarios de tierra son mujeres. En Uganda las mujeres representan la proporción más grande de la producción agrícola pero poseen únicamente el 5% de la tierra y con frecuencia tienen derechos inseguros de tenencia sobre la tierra que utilizan.[53]

Ejemplos de algunos países arrojan luz acerca de varios de los mecanismos subyacentes. Hasta un reciente cambio legal, una mujer en Nepal no podía heredar la tierra de sus padres. En Malawi, las viudas pueden perder su tierra debido a que es arrebatada por la familia del esposo. Los derechos de las mujeres a la tierra bajo regímenes de tenencia tradicional, son mucho más débiles que los de los hombres. Evidencia de Ghana sugiere que los cambios en la propiedad individual en tales contextos, pueden en algunas ocasiones fortalecer los derechos de las mujeres a la tierra. Sin embargo, en otros casos, los programas de titulación, a través de conferir los títulos al jefe masculino del hogar, contribuyen a la ruptura del sistema tradicional que ayuda a garantizar que las mujeres casadas tengan acceso a la tierra.[54]

Cuadro 3.3 Cambios en el tamaño de la explotación y distribución de la tierra

País	Período	Distribución de la tierra (Gini)		Tamaño promedio de la granja (hectáreas)		Cambio en el número total de granjas %	Cambio en el área total %	Definición utilizada de tamaño de la granja[a]
		Comienzo	Final	Comienzo	Final			
Más pequeño tamaño de granja, más desigualdad								
Bangladesh	1977-96	43,1	48,3	1,4	0,6	103	–13	Total
Pakistán	1990-2000	53,5	54,0	3,8	3,1	31	6	Total
Tailandia	1978-93	43,5	46,7	3,8	3,4	42	27	Total
Ecuador	1974-2000	69,3	71,2	15,4	14,7	63	56	Total
Menor tamaño de granja, menor desigualdad								
India	1990-95	46,6	44,8	1,6	1,4	8	–5	Total
Egipto	1990-2000	46,5	37,8	1,0	0,8	31	5	Total
Malawi	1981-93	34,4	33,2[b]	1,2	0,8	37	–8	Cultivado
Tanzanía	1971-96	40,5	37,6	1,3	1,0	64	26	Cultivado
Chile	1975-97	60,7	58,2	10,7	7,0	6	–31	Agrícola
Panamá	1990-2001	77,1	74,5	13,8	11,7	11	–6	Total
Mayor tamaño de granja, más desigualdad								
Botswana	1982-93	39,3	40,5	3,3	4,8	–1	43	Cultivado
Brasil	1985-96	76,5	76,6	64,6	72,8	–16	–6	Total
Mayor tamaño de granja, menos desigualdad								
Togo	1983-96	47,8	42,1	1,6	2,0	64	105	Cultivado
Algeria	1973-2001	64,9	60,2	5,8	8,3	14	63	Agrícola

Fuente: Anríquez y Bonomi (2007). Cálculos basados en censos agrícolas.

a. Área total de tierra, área de tierra agrícola (arable) o área cultivada (plantada).

b. Desigualdad obtenida de la encuesta de hogares de Malawi 2004/05.

Gráfico 3.6 Las distribuciones del tamaño de las granjas con frecuencia son bimodales

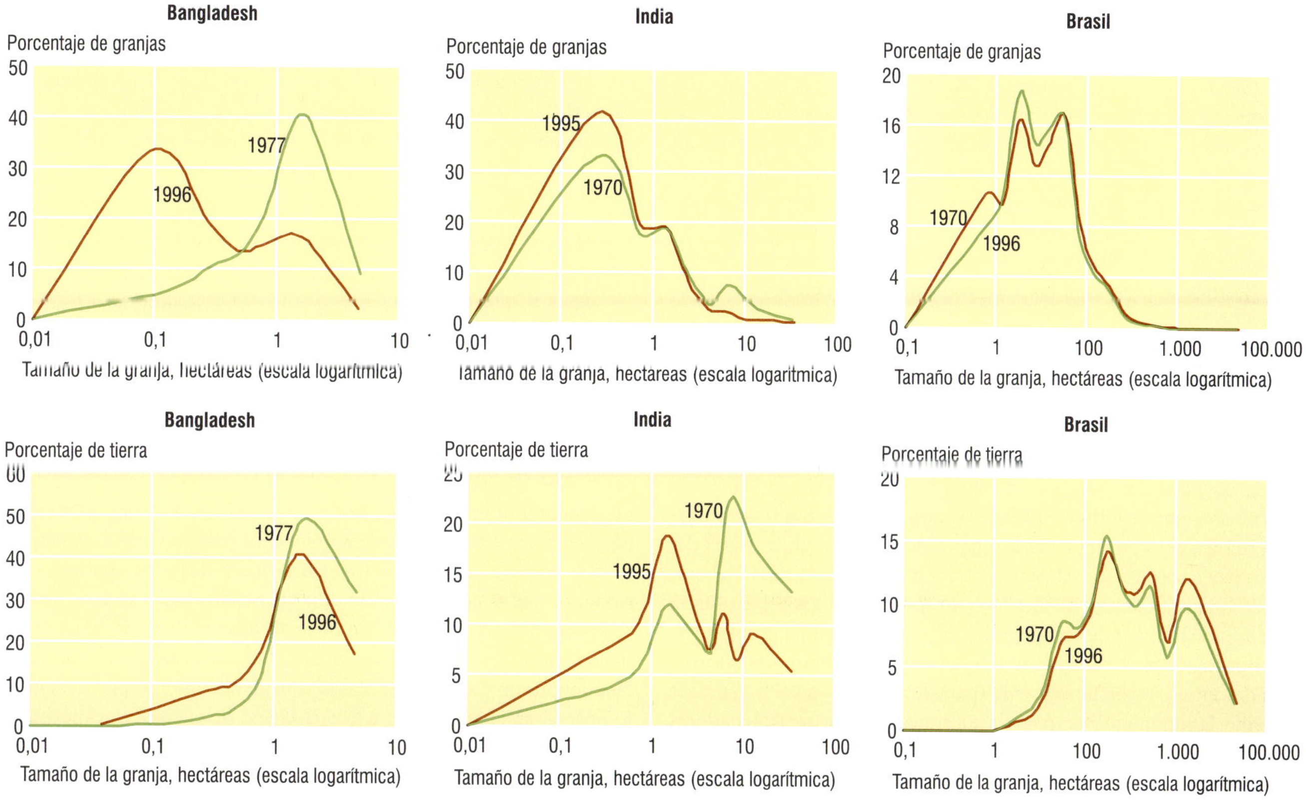

Fuente: Estimaciones basadas en censos agrícolas (Anríquez y Bonomi 2007).
Nota: El tamaño de la granja está en escala logarítmica.

RECUADRO 3.5 *Nuevas tecnologías y políticas de discriminación positiva reducen la desigualdad social en la India*

Las desigualdades entre grupos culturales, sociales y étnicos, con frecuencia reflejan diferencias en acceso a las oportunidades económicas. Considere la persistencia de las desigualdades basadas en casta en la economía india. Los miembros de las castas y tribus no privilegiadas típicamente viven en habitaciones subnormales de las aldeas, geográficamente separadas de la aldea principal. La segregación residencial significa que los bienes públicos consumidos por los miembros de las castas y tribus desaventajadas –como instalaciones de sanidad, agua potable, vías locales y aun escuelas– son distintos de aquellos consumidos por las castas en mejores condiciones y son generalmente de muy pobre calidad.

Los gobiernos pueden reducir las desigualdades mediante la focalización de fondos hacia áreas habitadas por los pobres. De hecho, muchos programas del gobierno indio requieren que los fondos se gasten en las viviendas de las castas no privilegiadas. Investigaciones recientes sugieren que tales mandatos aseguran un mayor nivel de inversión en las viviendas pobres. Sin embargo, también muestran que estas políticas no pueden reducir significativamente el sesgo que prevalece en los gobiernos de las aldeas, en el sentido de destinar una mayor cantidad de recursos hacia los complejos en las aldeas principales. El reciente cambio hacia el sistema de gobierno local *panchayat*, incluye reservar algunos puestos en el consejo para las mujeres y los miembros de las tribus y castas no privilegiadas. El nuevo énfasis en el enfoque participativo y comunitario, ha creado posibilidades para que los grupos marginales ganen poder, desafiando las normas culturales en tanto que se transforman las estructuras de la autoridad tradicional.

Nuevas tecnologías que enlazan a las aldeas con la producción, consumo y gobernanza mundiales, reducen aún más la dependencia de las normas tradicionales. La televisión y las comunicaciones han cambiado las preferencias de los consumidores locales. Los cambios tecnológicos en la agricultura, las tecnologías de información, comercio y transporte, han expandido las oportunidades para mucha población rural. El acceso a las nuevas tecnologías no necesariamente se correlaciona con las jerarquías sociales tradicionales, de manera que también puede ayudar a romper las trampas tradicionales de desigualdad. Pero también puede llevar a nuevas desigualdades, en la medida en que el acceso a la información y al capital comienzan a importar más que las normas tradicionales.

Fuentes: Mochar 2007; Rao 2007.

El ganado: un activo clave para los más pobres, particularmente en ambientes áridos y semiáridos

El ganado es con frecuencia el activo más importante, diferente a la tierra, en el portafolio de activos de los hogares rurales. En Burkina Faso y Etiopía, el ganado representa más de la mitad de la riqueza de los hogares rurales. En los ambientes áridos y semiáridos de África y Asia, el ganado puede ofrecer la única estrategia agrícola viable para los hogares (recuadro 3.6). En estos contextos, el bienestar de los hogares depende del tamaño del hato y de los choques que puedan afectarlo. La demanda en rápido crecimiento por productos pecuarios en los países en desarrollo, refuerza el valor del ganado como parte del portafolio de activos de los hogares y su potencial para reducir la pobreza.[55]

En 14 países analizados, la mayoría de los hogares rurales poseen algo de ganado, en proporciones superiores al 80% en Albania, Ecuador, Nepal y Vietnam. Aun entre los hogares más pobres, más del 40% posee ganado, excepto en Pakistán. Muchas posesiones de ganado consisten únicamente en especies menores. Menos del 40% de los hogares rurales poseen ganado vacuno. La proporción de ganado que es poseído por el quintil superior de los dueños de ganado, varía entre 42% y 93%, indicando que la tenencia de ganado tiende a ser bastante desigual. De hecho, estas desigualdades son similares a aquellas que se presentan para la propiedad de la tierra.[56]

Acceso diferencial al capital social formal e informal

La membresía en organizaciones formales e informales –y en redes comunitarias o étnicas– es un activo importante para los pobres rurales. Es importante para el acceso a los mercados de insumos y productos, a los mecanismos de seguro, para generar confianza en las transacciones e influir en las decisiones políticas. Las redes sociales también pueden impulsar la adopción de tecnología a través del aprendizaje social. La exclusión de tales redes puede limitar severamente las posibilidades de muchos y los pobres son los que tienen la mayor probabilidad de ser excluidos. El capital social no es solamente importante para los agricultores; también determina las oportunidades en el sector no agrícola (para los comerciantes o para ser referido laboralmente) y para la migración. Para los trabajadores agrícolas en grandes propiedades (con frecuencia aisladas) en Sri Lanka y en otros lugares, la carencia de redes es una restricción importante para la movilidad ascendente.[57]

Las organizaciones de productores pueden ser parte del capital social de muchos pequeños agricultores, contribuyendo a su competitividad. Entre 1982 y 2002, la proporción de poblados con organizaciones de productores aumentó de 8% a 65% en Senegal y de 21% a 91% en Burkina Faso. En conjunto, el 69% de los hogares rurales de Senegal y el 57% de los de Burkina Faso son ahora miembros de organizaciones de productores. Los datos para otros países africanos y de América Latina, aunque fragmentarios, indican también un rápido aumento en el número de tales organizaciones locales.[58]

La exclusión de las redes formales, típicamente afecta a las mujeres más que a los hombres, y las mujeres tienen una menor probabilidad de ser miembros de organizaciones de productores, estando su membresía restringida por normas culturales. Pero hay excepciones. En Senegal, las mujeres participan más que los hombres en las organizaciones de productores. En Blangladesh y la India, los grupos de autoayuda y de micropréstamos consisten primariamente de mujeres. En Andhra Pradesh los programas de reducción de la pobreza, que alcanzan a más de 8 millones de mujeres, se han construido a partir de tales grupos de autoayuda y se han afianzado, incrementando el acceso a los créditos que otorgan los grupos y al mercadeo colectivo de los productos agrícolas y de los insumos.[59]

Elevados riesgos y respuestas costosas

La agricultura es uno de los sectores más riesgosos de la actividad económica y hay una severa carencia de instrumentos efectivos para reducirlos. Los choques negativos pueden destruir los activos a través de ventas de emergencia de la tierra y del ganado. Puede tomar un largo tiempo a los hogares recuperarse de tal tipo de pérdidas. Cuando los choques de ingreso y de activos coinciden, los hogares tienen que escoger entre reducir el consumo o disminuir sus activos.[60] Esto sugiere un papel para los instrumentos de política, para incrementar la habilidad de los hogares para administrar el riesgo y para enfrentarlo cuando se ven golpeados por un choque negativo.

Los hogares rurales con frecuencia identifican los choques relacionados con el clima y con la salud como sus riesgos más grandes. Las pérdidas inmediatas de producción asociadas con la sequía pueden ser sustanciales. En Kilimanjaro, Tanzania, los agricultores que han reportado patrones de lluvia considerablemente por debajo de lo normal en el año previo a la realización de encuestas, experimentan una reducción del 50% en sus ingresos agrícolas y una reducción del 10% en su nivel de consumo. Las enfermedades y los accidentes en una familia, simultáneamente reducen el ingreso debido al tiempo de trabajo perdido y agotan los ahorros de los hogares debido a los gastos en los tratamientos médicos. Estudios realizados para África, Asia y América Latina, sugieren que los choques de salud contribuyen en más de la mitad del descenso de hogares previamente no pobres a situaciones de pobreza crónica. Los agricultores tienen también una causa de preocupación en los cambios abruptos en las reglas para la posesión de la tierra o en las regulaciones para el comercio; para ellos, el Estado puede ser una fuente adicional de riesgo no asegurado. La violencia política rural y el crimen también pueden ser la causa de pérdidas considerables de productividad agrícola, como sucede en Colombia.[61]

La falta de acceso a los mercados de crédito y de seguros hace que los productores agrícolas sean particularmente vulnerables. Los ho-

RECUADRO 3.6 *La precaria subsistencia de los pastores*

El pastoreo y el agropastoreo son los principales sistemas de producción agrícola en las áreas secas, proporcionando la base para la subsistencia de 100 a 200 millones de personas en el mundo. El número de pastores y agropastores en pobreza extrema se estima entre 35 y 90 millones. Más del 40% de los pastores vive en África subsahariana, 25% en el Medio Oriente y África septentrional, 16% en Asia oriental, 8% en el Asia meridional y 4% tanto en América Latina como en Europa y Asia central.

El pastoreo itinerante, la movilización de animales de un lugar a otro para seguir la disponibilidad de agua y de pastos, ha evolucionado a lo largo de los siglos y está bien adaptado para el sostenimiento de la vida en áreas donde la precipitación pluvial es impredecible. Con todo, la subsistencia de los pastores permanece estrechamente ligada a las condiciones del clima y por tanto es particularmente vulnerable. Las estrategias pastoriles de diversidad de los hatos, flexibilidad y movilidad, reflejan mecanismos racionales y cruciales de subsistencia en ambientes impredecibles. Tales estrategias pueden ser fortalecidas mediante acciones de política y algunos países del Sahel (Burkina Faso, Mali, Mauritania y Níger) han venido promoviendo reformas de política orientadas al reconocimiento legal de los derechos de los pastores y al mejoramiento de la administración de los recursos de las sabanas. Pero recientes esfuerzos para reservar extensas áreas de tierras marginales como parques naturales y reservas de biodiversidad, particularmente en África, presentan nuevos desafíos para el pastoreo.

Fuentes: Blech 2001; Rass 2006; Thornton y otros 2002.

gares, entonces, reducen con frecuencia su riesgo de consumo mediante la escogencia de actividades de bajo riesgo o baja tecnología, la cuales típicamente tienen menores retornos. En las áreas rurales de la India semiárida, tal tipo de autoaseguramiento produce retornos para los pobres que son un 35% inferiores de los que tendrían si no se autoaseguraran.[62]

Los choques pueden ser idiosincrásicos –cuando la experiencia de un hogar está débilmente relacionada, si lo está de alguna manera, con la de los hogares vecinos– o covariados –cuando los hogares en una misma zona geográfica o red social sufren todos choques similares. Los choques idiosincrásicos pueden surgir de variaciones micro climáticas, daños ocasionados por la fauna local o infestación de plagas, enfermedad y pérdida de propiedad a raíz de incendios o hurtos. Tal tipo de choques puede, en principio, ser administrado por seguros al interior de la localidad. En contraste, los choques covariados, surgiendo de la guerra, los desastres naturales, la inestabilidad de precios o las crisis financieras, son difíciles de asegurar localmente y requieren alguna respuesta externa coordinada. A pesar de esto, aun el riesgo idiosincrásico con frecuencia tiene efectos considerables, señalando el potencial que tiene un mejor manejo local de los riesgos.

¿Están aumentando los riesgos agrícolas? Reciente evidencia empírica sugiere que una mayor volatilidad atribuible a aparentes incrementos en la variabilidad del clima (sequía, inundación y otros desastres naturales) se ha compensado por una menor volatilidad generada por el mayor uso de la irrigación y del ganado.[63] No obstante, los costos de cada evento meteorológico o de otro desastre natural, aumentan, reflejando la expansión de la población y de los cultivos hacia área más vulnerables. Adicionalmente, los costos económicos de los eventos climáticos extremos se incrementan a medida que los sistemas de producción utilizan más capital, a menos que el capital permita el uso de tecnología que reduzcan el riesgo. Así, las mayores inversiones pueden aumentar la exposición al riesgo en los activos, un obstáculo para expandir el uso del crédito entre los hogares pobres. Esto también ayuda a explicar por qué muchos agricultores que no son pobres siguen siendo vulnerables ante los choques, en ausencia de medidas que mitiguen el riesgo.

Las áreas pobres generalmente son también las más riesgosas. Los precios tienden a ser más variables en las áreas más remotas, con frecuencia las regiones más pobres, debido al limitado acceso a los mercados y a que los mayores costos de llegar al mercado hacen más difícil compensar los choques locales de oferta y demanda. Los hogares pobres tienen menores medios para asegurarse contra el mal clima y enfrentan más desastres relacionados con éste –agravados por la desigualdad en la cobertura y efectividad de la infraestructura. Las personas en países de bajos ingresos tienen una probabilidad cuatro veces mayor de morir en desastres naturales que aquellos que viven en países de altos ingresos.[64] Los riesgos no asegurados y la pobreza, pueden entonces crear tendencias hacia una situación de empobrecimiento permanente.

Carencia de seguros y agotamiento de activos

La inhabilidad para proteger un hogar de los choques a los ingresos y los activos, puede resultar en consecuencias de largo plazo a través de generaciones, mediante la reducción de inversiones en salud, nutrición y educación. En muchas circunstancias, la recuperación de un choque es lenta y con frecuencia incompleta para el momento en que el siguiente choque ocurre. Después de un choque de ingresos, los pobres se recuperan más lentamente que los no pobres. Los hogares en una comunidad aislada en Zimbabue perdieron el 80% de su ganado vacuno en la sequía de 1992. Para 1997 el hato promedio se había recuperado al 50% de los niveles pre-sequía, pero había muy poca recuperación para los hogares que habían perdido por completo sus hatos.[65]

La recuperación después de los choques con frecuencia se da a expensas de la inversión en la siguiente generación. En adición a la más alta mortalidad infantil en los años de sequía, con frecuencia los sobrevivientes se encuentran desnutridos, lo cual a su turno afecta el futuro logro educativo y los ingresos durante el ciclo de vida. Frecuentemente, los hogares rurales también responden ante los choques por bajas lluvias y desempleo, mediante el retiro de los niños de la escuela o la disminución de su asistencia, de manera que puedan ayudar en el hogar y en los cultivos. Los niños retirados de la escuela, aun por un corto período de tiempo, tienen una menor probabilidad de regresar a ésta.[66]

Los choques negativos pueden tener efectos diferenciales según el género, y con frecuencia las mujeres (o niñas) en los hogares pobres cargan el peso más grande. La satisfacción de las necesidades actuales de consumo, después de un choque, también puede degradar el medio ambiente a costo de la subsistencia futura. Los choques pueden intensificar las presiones sobre las propiedades comunes, incrementar la caza furtiva y las intrusiones en áreas protegidas y aumentar los conflictos entre las comunidades pastorales y agrícolas.[67] De suerte que proteger a los hogares rurales contra los riesgos no asegurados es un área de política de gran atención (capítulo 6).

Los desafíos de los pequeños agricultores para competir

El potencial de la agricultura para contribuir al desarrollo y la reducción de la pobreza, depende de la productividad de las pequeñas granjas. La vasta mayoría de agricultores en los países en desarrollo son pequeños y se estima que el 85% de ellos cultivan menos de 2 hectáreas. En países tan diversos como Bangladesh, China, Egipto y Malawi, el 95% de las granjas son de menos de dos hectáreas, y en muchos otros países la gran mayoría de las granjas tiene menos de dos hectáreas.[68] La literatura que relaciona la dotación de activos de los hogares con la productividad agrícola, ha enfatizado durante largo tiempo la existencia de una relación inversa entre el tamaño de la granja y la productividad de los factores. Tanto la teoría como la evidencia empírica han mostrado que tal relación es común cuando las imperfecciones tanto en el mercado de tierra como en el de trabajo son grandes.[69] Esta relación inversa es una motivación poderosa para la implementación de políticas de acceso a la tierra que redistribuyan hacia los pequeños propietarios, aumentando tanto la eficiencia como la equidad.

La agricultura de pequeña escala –también conocida como agricultura familiar, una granja de pequeña escala operada por un hogar con limitada fuerza de trabajo contratada– sigue siendo la más común forma de organización en la agricultura, aun en los países industriales. La evidencia acerca de la superioridad de la agricultura familiar como forma de organización es sorprendente. Muchos países trataron de promover una agricultura de gran escala, creyendo que la agricultura de pequeña escala es ineficiente, atrasada y resistente al cambio. Los resultados no fueron satisfactorios y algunas veces fueron desastrosos. Los esfuerzos liderados por el Estado para intensificar la producción agrícola en África subsahariana, particularmente en el período colonial, se focalizaron sobre la agricultura de gran escala, pero no fueron sostenibles. En contraste, los países asiáticos que finalmente decidieron promover las pequeñas granjas familiares, fueron capaces de lanzar la revolución verde. Éstos comenzaron a apoyar la agricultura de pequeña escala después de que las granjas colectivas fracasaron para proporcionar incentivos adecuados para producir, como en la colectivizacion de las granjas chinas, o estuvieron al borde de una crisis de alimentos, como en la India o Indonesia. Los países que promovieron la agricultura de pequeña escala – por varias razones políticas– utilizaron la agricultura como un motor de crecimiento y como la base de su industrialización.

Aun si los agricultores pequeños utilizan sus recursos más eficientemente que los agricultores grandes, puede haber desventajas en ser pequeño. Mientras que los pequeños agricultores tienen una ventaja en superar los problemas de supervisión de los trabajadores, otros factores pueden eliminar su ventaja comparativa. Los rendimientos en la tierra asignada a cultivos pueden ser mayores en las granjas más grandes, las cuales tienden a aplicar más fertilizantes y otros insumos. La brecha puede incrementarse a lo largo del tiempo. Por ejemplo, las ganancias en los rendimientos de los cereales en granjas pequeñas, se encuentran rezagadas con respecto a las ganancias en granjas más grandes tanto en Brasil como en Chile (gráfico 3.7).

Las brechas de rendimientos pueden surgir debido a imperfecciones en los mercados de crédito y de seguros, que impiden a los pequeños agricultores la adopción de técnicas intensivas en capital que son más productivas, o vincularse a la producción de productos de más alto valor. La evidencia de Brasil indica que los cambios que se han dado en los precios a continuación de la liberalización de los mercados, favorecieron a los productores tecnológicamente más avanzados, quienes tuvieron una mejor capacidad para enfrentarse a la variabilidad de precios y de rendimientos y para satisfacer las demandas del agroprocesamiento. Las imperfecciones en el mercado de capital y de seguros, combinadas con los costos de transacción, también pueden impedir que las ventas y arrendamientos en los mercados de tierras asignen ésta a los usuarios más eficientes.[70] Adicionalmente, la competencia imperfecta en estos mercados puede favorecer la concentración de la tierra en grandes propiedades. Estas complejidades indican la necesidad de considerar conjuntamente políticas que se enfoquen hacia la tierra, el capital y el riesgo para los pequeños agricultores (capítulo 6).

En tanto que puede haber retornos constantes a escala en la producción, las economías de escala en la "nueva agricultura" con frecuencia son clave para la obtención de insumos, tecnología e información y para colocar los productos en el mercado. En la medida en que la agricultura se hace más liderada por la tecnología y el acceso a los consumidores está mediado por los agroprocesadores y los supermercados, las economías de escala representan un desafío mayor para la futura competitividad de los pequeños productores.

Todos estos diferentes mecanismos pueden revertir la ventaja laboral de las pequeñas granjas, o hacerla irrelevante, llevando a un potencial declive de la granja familiar (recuadro 3.7). La "crisis" percibida de la agricultura de pequeña escala, ha sido ejemplificada por la sucesión de suicidios de agricultores altamente endeudados en la India, el estancamiento de largo plazo de la productividad de los cultivos de alimentos en África, el papel de los agricultores pobres (nativos) en la inestabilidad política de muchos países latinoamericanos y en las crecientes disparidades de ingreso rural-urbano en el sur y este de Asia. Pero hay muchos instrumentos de política para ayudar a los pequeños agricultores a aumentar su competitividad, a condición de que los gobiernos no inclinen el campo de juego en contra de ellos.

Empresarios de pequeña escala y cooperación

La heterogeneidad en el sector de pequeños productores implica que es probable que un grupo de pequeños productores empresariales responda cuando los mercados ofrecen nuevas oportunidades. El mejor acceso a los mercados, nuevas tecnologías y mejores incentivos, pueden permitir a un número mayor de pequeños propietarios participar del mercado de productos básicos y de alto valor.

Los pequeños propietarios pueden actuar colectivamente para superar los altos costos de transacción, a través de la conformación de organizaciones de productores (capítulo 6). La cooperación entre grandes agricultores comerciales y pequeños agricultores es otra posibilidad. Los pequeños propietarios con frecuencia pueden también beneficiarse de las economías de escala en los mercados de insumos o de productos, a través del alquiler de su tierra y de trabajar en las explotaciones de mayor tamaño.[71] El aumento del poder de negociación de los pequeños agricultores en este tipo de arreglo, puede ayudar a asegurar que los beneficios son compartidos entre los pequeños agricultores y los agricultores más grandes.

Gráfico 3.7 Los rendimientos en las granjas pequeñas están rezagados con respecto a los de las granjas grandes para los alimentos básicos en Brasil y Chile

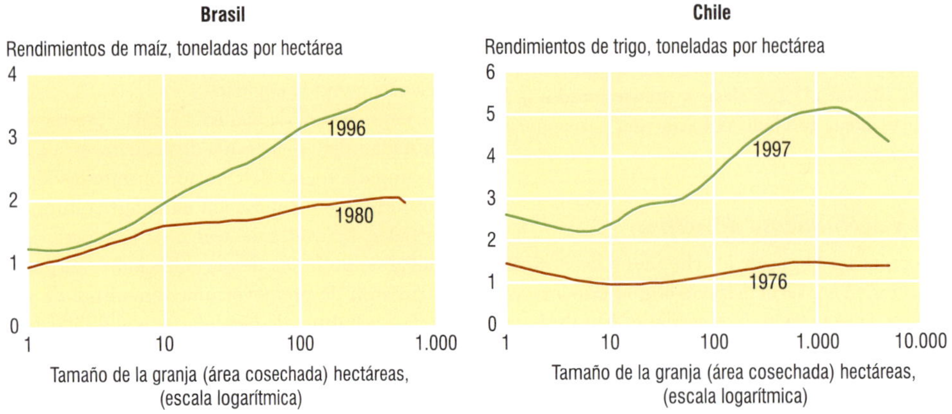

Fuente: Anríquez y Bonomi 2007.

RECUADRO 3.7 *¿Se están haciendo las granjas demasiado pequeñas?*

La presión de la población, la desigualdad en la posesión de la tierra y las normas de herencia que favorecen la fragmentación, están llevando a una rápida declinación de los tamaños de las explotaciones en muchas partes de Asia y África. En China y Bangladesh, el tamaño promedio de las granjas es de alrededor de 0,5 a 0,6 hectáreas y en Etiopia y Malawi de alrededor de 0,8 hectáreas. ¿Se han hecho "demasiado pequeñas" las granjas?

El debate sobre el tamaño de las granjas está motivado en un cierto número de preocupaciones. Primero, algunos argumentan que la relación inversa entre tamaño de la granja y eficiencia, puede no mantenerse cuando el tamaño de las granjas es muy pequeño, o, aun, que si tales granjas son eficientes éstas pueden ser muy pequeñas para que los hogares rurales escapen de la pobreza a partir del ingreso generado por la granja únicamente. Otros argumentan que las pequeñas granjas disfrazan el desempleo en los casos en que los mercados labores no funcionan apropiadamente.

La relevancia de estos argumentos depende en parte de la disponibilidad de fuentes alternativas de ingreso y del valor de las pequeñas granjas como red de seguridad. Una cuestión relacionada es si la declinación en los tamaños de las granjas amplía las brechas de ingreso rural-urbanas. En tanto que los salarios urbanos aumentan en muchos países asiáticos, la productividad del trabajo en la agricultura tiene que aumentar para evitar la ampliación de esta brecha. Una forma de lograr estas ganancias de productividad puede ser a través de la consolidación de las granjas y la mecanización.

Las políticas que activan los mercados para el arriendo y venta de la tierra, pueden promover tal consolidación. Aumentos en la desigualdad de la tierra y en la carencia de ésta, pueden coincidir con un proceso de cambio pro pobre, como en Vietnam, donde el desarrollo económico rural y la mayor diversificación de las fuentes de ingreso disminuyó pronunciadamente la pobreza. Al contrario, la inseguridad en la tenencia de la tierra puede impedir la reasignación de ésta a través de los mercados de venta o de arriendo, haciendo inobtenibles tales ganancias. En Japón, la intervención del gobierno en los mercados de arrendamiento de tierra, preserva las granjas pequeñas e ineficientes. En China, se ha adjudicado a la mayor seguridad en la tenencia de la tierra facilitar el cambio hacia la economía no agrícola. Sin tal cambio de política, la tendencia a la declinación en los tamaños de la tierra en China hubiera continuado.

En otros lugares se ha considerado la consolidación de la tierra mediante cambios en la política. No obstante, las ventajas no son siempre claras, debido a que algunos hogares pueden perder su acceso a la tierra.[72] Pero donde la consolidación ocurre a través del mercado de arrendamiento de la tierra, pueden suceder situaciones gana-gana. Alternativamente, el aumento de la productividad de las pequeñas granjas –a través de cultivos de alto valor o tecnologías de altos rendimientos para los cultivos alimenticios– puede aumentar los ingresos obtenidos de éstas.

Fuente: Anríquez y Bonomi 2007; Deininger y Jin 2003; Otsuka 2007; Ravallion y Van de Walle, en preparación.

Conclusiones

La agricultura de pequeña escala, el trabajo agrícola fuera de las granjas y la economía rural no agrícola y la migración, son tres caminos poderosos y complementarios para salir de la pobreza. Los siguientes capítulos discuten las políticas y programas que pueden abrir y ampliar estas vías, para que los pobres rurales aumenten sus niveles de activos y mejoren el medio que determina el nivel y volatilidad de los retornos a sus activos. Los capítulos 4 a 8 exploran la manera como la agricultura puede hacerse más efectiva para proporcionar una vía para salir de la pobreza. El capítulo 9 mira hacia las posibilidades que ofrece el mercado laboral agrícola, la economía rural no agrícola y la migración.

La heterogeneidad de los pequeños agricultores, algunos orientados al mercado y algunos a la agricultura de autosubsistencia, requiere de políticas agrícolas diferenciadas que no favorezcan a un grupo sobre el otro, pero que sirvan las necesidades únicas de todos los hogares en tanto que aceleran el paso desde la agricultura de autosubsistencia hacia la orientada al mercado. Recientes cambios en el mercado mundial de alimentos, en la ciencia y la tecnología y en un amplio rango de instituciones que afectan la competitividad, están creando nuevos desafíos para los pequeños empresarios agrícolas. También están abriendo nuevas oportunidades. Enfrentando estos desafíos y aprovechando estas oportunidades, los pequeños agricultores pueden escapar de la pobreza a través de la vía agrícola, especialmente cuando las políticas reviertan los sesgos tradicionales en contra de los pequeños agricultores.

En foco C

¿Cuáles son los vínculos entre la producción agrícola y la seguridad alimentaria?

En la actualidad el mundo tiene alimentos más que suficientes para todos; sin embargo, 850 millones de personas tienen inseguridad alimentaria. El logro de la seguridad alimentaria requiere unas adecuadas disponibilidad, acceso y uso de los alimentos. La agricultura juega un papel importante para generar (1) la disponibilidad mundial de alimentos (y nacional y local en algunos países agrícolas); (2) una fuente importante de ingreso para la compra de alimentos, y, (3) alimentos con un alto estatus nutricional.

A mediados de la década de 1970, en la medida en que los precios en rápido crecimiento causaron una crisis alimentaria mundial, la seguridad alimentaria surgió como concepto. La atención se fijó en primer lugar sobre la disponibilidad de alimentos, pero rápidamente se movió hacia el acceso y el uso de éstos –y, más reciente, al derecho humano a una adecuada alimentación. La Carta Internacional sobre los Derechos Económicos, Sociales y Culturales, ratificada por 153 Estados, obliga a éstos a desarrollar progresivamente el derecho a la alimentación.

La definición comúnmente aceptada de seguridad alimentaria es:

> cuando toda la gente, todo el tiempo, tiene acceso físico, social y económico a alimentos suficientes, sanos y nutritivos, para satisfacer sus necesidades dietarias y preferencias alimentarias, para mantener una vida activa y saludable.[1]

Las personas en inseguridad alimentaria crónica nunca tienen suficiente para comer. Quienes padecen de inseguridad alimentaria estacional se enfrentan, durante la temporada baja, a niveles de consumo de alimentos que son inferiores a los adecuados. Quienes sufren de inseguridad alimentaria transitoria, tienen niveles de consumo de alimentos que se encuentran por debajo del nivel aceptable, como resultado de un choque económico o natural, como las sequías, algunas veces con consecuencias de largo plazo.

Las inversiones en la agricultura son importantes para aumentar la seguridad alimentaria. Los canales son complejos y múltiples, la mayor productividad aumenta los ingresos rurales y disminuye los precios de los alimentos, haciendo éstos más accesibles a los pobres. Otras inversiones –como mejor irrigación y variedades tolerantes a las sequías– reducen la variabilidad de los precios y de ingresos a través de la mitigación del impacto de las sequías. Las ganancias de productividad son clave para la seguridad alimentaria en países con escasez de divisas extranjeras o con una infraestructura limitada para la importación de alimentos. Lo mismo aplica a los hogares con un pobre acceso a los mercados de alimentos. Los cultivos nutricionalmente mejorados proporcionan acceso a mejores dietas, en particular a través de la biofortificación, que mejora el contenido nutritivo de los productos. Las contribuciones que la agricultura hace a la seguridad alimentaria necesitan ser complementadas por programas de mediano plazo para aumentar los ingresos de los pobres, así como por redes de seguros y de asistencia, incluyendo la ayuda alimentaria, para proteger a los pobres crónicos y transitorios (capítulo 9).

Mundo seguro, hogares inseguros

El mundo en general tiene seguridad alimentaria, produciendo alimentos suficientes para satisfacer las necesidades alimenticias de la población mundial actual –aunque la futura seguridad alimentaria mundial no debe ser tomada como garantizada, debido a las incertidumbres que surgen por la creciente escasez de los recursos y el cambio climático (capítulo 2). Con todo, 850 millones de personas siguen estando desnutridas.[2] En consecuencia, la primera meta del desarrollo del milenio, incluye el objetivo de disminuir a la mitad el hambre, expresada a través de la medición de la desnutrición proporcionada por la Organización de las Naciones Unidas para la Alimentación y la Agricultura (FAO).[3]

La más alta incidencia de la desnutrición está en África subsahariana, donde una de cada tres personas sufre de hambre crónica (gráfico C.1). El más grande número de desnutridos se encuentra en Asia meridional (299 millones), seguido de cerca por Asia oriental (225 millones).

Asia oriental ha reducido la prevalencia de la desnutrición en la última década en más de 1,3% por año y Asia meridional en un 1,7% por año, pero el fracaso para reducir el número absoluto de desnutridos sigue siendo una causa de preocupación. En la década de 1970, 37 millones de personas salieron del estado de desnutrición y 100 millones adicionales lo hicieron en la década de 1980, pero en 1990 sólo 3 millones dejaron de serlo.

¿Qué es lo que determina que existan estos millones de individuos en un estado de inseguridad alimentaria? La seguridad alimentaria depende de una disponibilidad adecuada y estable de alimentos, acceso a alimentos adecuados y apropiados y un uso y salud adecuados, que aseguren que los consumidores individuales disfrutan de los beneficios nutricionales completos de los alimentos disponibles y asequibles. La disponibilidad es necesaria pero no es suficiente para asegurar el acceso, el cual es necesario pero no suficiente para un uso efectivo.

Gráfico C.1 La desnutrición es más alta en África subsahariana

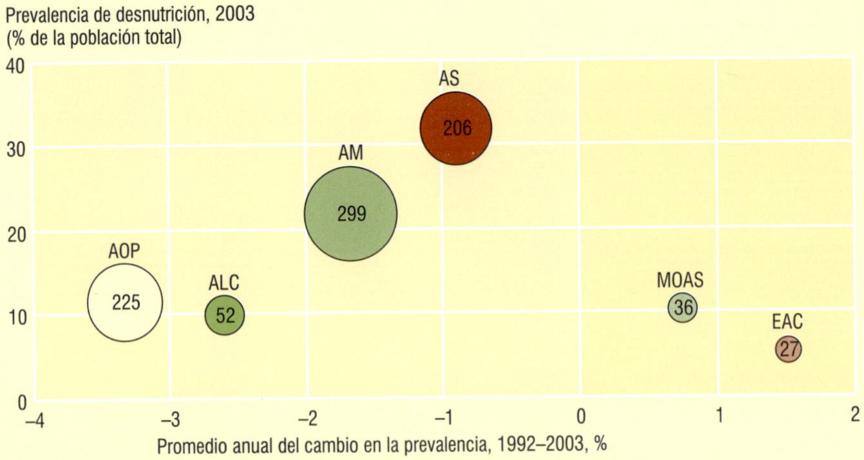

Fuente: http://faostat.fao.org; FAO 2006c.
Nota: El tamaño de las burbujas representa millones de personas desnutridas. AOP: Asia oriental y Pacífico. ALC: América Latina y el Caribe. AM: Asia meridional. AS: África subsahariana. MOAS: Medio Oriente y África septentrional. EAC: Europa y Asia central.

Disponibilidad de alimentos. Producir suficiente para comer

Los aumentos de precios de la crisis de alimentos de mitad de la década de 1970, fueron exacerbados por unas bajas reservas de divisas extranjeras, que limitaron las importaciones de alimentos en muchos países con déficit alimentario. Este aumento en los precios llevó a muchos países a mirar hacia adentro, procurando la autosuficiencia alimentaria a través de la producción doméstica. Pero en la actualidad, con más profundos mercados internacionales, menores precios reales y más países con tasas de cambio convertibles, el comercio puede estabilizar la disponibilidad y los precios de los alimentos, para la mayor parte de países (capítulo 5). También, la mayor parte de los países han diversificado sus bases de exportaciones, aumentando su capacidad para importar.

Sin embargo, la disponibilidad de alimentos es aún una preocupación en varios países agrícolas. Muchos países tienen una producción doméstica per cápita de alimentos básicos en disminución.[4] Burundi, Etiopía, Kenya, Madagascar, Nigeria, Sudán, Tanzania y Zambia, tuvieron todos tasas negativas de crecimiento anual per cápita de alimentos básicos del orden de –1,0 a –1,7% para 1995-2004. Adicionalmente, la producción de alimentos básicos en muchos países agrícolas depende esencialmente de las lluvias y experimenta grandes fluctuaciones debido a la variabilidad del clima. En Sudán, por ejemplo, el coeficiente de variación de la producción doméstica de alimentos básicos es 25%. Esto significa que una caída de al menos el 25% en la producción promedio ocurre cada 6 años. Muchos otros países tienen igualmente altos coeficientes. Níger y Malawi, 18%; Ruanda, 15% y Burkina Faso, Chad, Kenya, Uganda y la República de Yemen más de 10%.

El estancamiento o la disminución de la producción doméstica y las grandes fluctuaciones, claramente aumentan el problema potencial de la disponibilidad de alimentos a nivel nacional. ¿Puede este problema ser enfrentado a través de las importaciones? En muchos países la respuesta es sí. En otros países, sin embargo, los principales alimentos básicos consumidos tienen un bajo nivel de transabilidad y son difícilmente cormecializados internacionalmente (capítulo 1). La carencia de infraestructura impone altos costos para que los alimentos lleguen a las zonas aisladas, aun cuando la ciudad capital y las ciudades costeras pueden ser bien atendidas por los mercados internacionales.

Aparte de los problemás de transabilidad –con adecuada infraestructura y bienes comercializados internacionalmente– la baja disponibildad de divisas internacionales con frecuencia limita la capacidad para importar. Considere el caso de Etiopía, que tendría que importar en promedio el 8% de su consumo de alimentos básicos (asumiendo que no hay ayuda alimentaria) para mantener sus actuales niveles. Adicionalmente, una caída del 9% en la producción, que ocurre en promedio cada 6 años, no podría ser compensada por una duplicación de las importaciones. Pero en la ausencia de ayuda alimentaria, Etiopía estaría gastando ya 16% de sus ingresos de moneda extranjera en importaciones de alimentos, dejando muy poco espacio para el necesario aumento en las importaciones.

Casi todos los países agrícolas son importadores netos de alimentos básicos, importando en promedio un 14% de su consumo total a lo largo de los últimos diez años y alcanzando altos niveles de dependencia, superiores al 40% en Guinea-Bissau, Haití y la República de Yemen. Con tales niveles de dependencia y con importaciones de alimentos que con frecuencia representan más del 20% de la disponibilidad de divisas extranjeras, las fluctuaciones de los precios mundiales colocan un estrés adicional sobre la capacidad de importar y, por tanto, sobre la disponibilidad doméstica de alimentos. La variabilidad de los precios internacionales sigue siendo alta, con un coeficiente de variación de alrededor de 20%.

Debido a la baja elasticidad precio de la demanda para los alimentos básicos y a la poca profundidad de los mercados, los problemas de disponibilidad de alimentos (debidos a la baja producción doméstica o a la carencia de importaciones) se traducen en altos picos en los precios domésticos y en reducciones en los ingresos rurales de los consumidores pobres (muchos de los cuales son agricultores). Aun en países que están involucrados en el comercio, los costos de transporte y de mercadeo resultan en una gran brecha entre los precios de paridad de importación y exportación, entre los que los precios domésticos fluctúan sin que se active el comercio. La variabilidad de precios, que es ya alta aun en las ciudades capitales con la mayor parte de mercado liberalizado, es acentuada en las regiones internas y más remotas.

Acceso a los alimentos. Tener suficiente para comer

Sin embargo, para la mayor parte de la población desnutrida, la carencia de acceso a los alimentos es un problema mayor que la disponibilidad de éstos. Amartya Sen, premio Nobel de Literatura, escribió: "el hambre consiste en que algunas personas no tienen suficiente alimento para comer y no en que no haya suficientes alimentos para comer".[5] La ironía es que la mayor parte de quienes padecen inseguridad alimentaria viven en áreas rurales en donde los alimentos son producidos. Sin embargo, ellos son compradores netos antes que vendedores netos (capítulo 4). La pobreza restringe su acceso a los alimentos en los mercados. De acuerdo con el grupo de trabajo de Naciones Unidas sobre el hambre, alrededor de la mitad de la población con hambre son pequeños agricultores; una quinta parte carecen de tierra; y una décima parte son agropastoriales, pescadores artesanales y usuarios de los productos de los bosques; la restante quinta parte vive en áreas urbanas.[6] *En la actualidad, la habilidad de la agricultura para generar ingresos para los pobres, particularmente las mujeres, es más importante para la seguridad alimentaria que su habilidad para aumentar la oferta local de alimentos.* Las mujeres, más que los hombres, gastan su ingreso en alimentos. En Guatemala, la cantidad gastada en alimentos por los hogares cuyos ingresos provenientes de las exportaciones agrícolas no tradicionales son controlados por las mujeres, fue el doble que el de los hogares en los cuales los hombres controlan los ingresos.[7]

La India se ha movido de tener déficit alimentarios a superávit; reduciendo la pobreza significativamente y alcanzando un nivel de ingreso per cápita más alto que la mayor parte de lugares en África subsahariana. Sin embargo, sigue siendo el hogar de 210 millones de personas desnutridas y del 39% de los niños del mundo con bajo peso. Bangladesh, la India y Nepal, ocupan tres de las cuatro más altas posiciones en el escalafón mundial de niños con bajo peso. Etiopía es el cuarto, con la misma incidencia de niños de bajo peso de la India. Muchos consideran que el estatus inferior de las mujeres en el Asia meridional, en alguna medida ha anulado los beneficios de seguridad alimentaria generados por la reducción en la pobreza que se ha dado a raíz del desarrollo agrícola.

Uso de los alimentos. Acabando el hambre oculta

La utilización de los alimentos traduce la seguridad alimentaria en seguridad nutricional. La mala nutrición tiene significativas consecuencias económicas, que llevan a pérdidas de productividad individual equivalentes al 10% de las ganancias durante del ciclo de vida y a pérdidas del producto interno bruto (PIB) de entre 2% y 3%, en los países más afectados.[9] Pero la desnutrición no es únicamente una consecuencia del limitado acceso a calorías. Los alimentos no solo deben estar disponibles y accesibles sino que también deben ser de la calidad y diversidad adecuadas (en términos de energía y micronutrientes), deben ser preparados de manera adecuada y consumidos por un cuerpo saludable, en la medida en que las enfermedades disminuyen la habilidad del organismo para convertir el consumo de alimentos en una nutrición adecuada.

La carencia de diversidad dietaria y una pobre calidad de la dieta, llevan a una mala ingesta de micronutrientes o al hambre oculta,[10] aun cuando el consumo de energía sea suficiente. El hambre oculta puede causar enfermedad, ceguera y muerte prematura, así como impedir el desarrollo cognitivo de quienes sobreviven. En el curso de los siguientes 12 meses, la desnutrición matará a 1 millón de niños antes de llegar a la edad de 5 años.[11] La deficiencia de hierro entre las trabajadoras agrícolas femeninas en Sierra Leona costará a la economía 100 millones de dólares en los próximos 5 años.[12]

Auque la mayor producción de bienes hortícolas y pecuarios ha sido el principal camino de la agricultura para mejorar la calidad de la dieta, la agricultura ahora ofrece un camino adicional para enfrentar el hambre oculta. La biofortificación está ampliando las variedades de alimentos básicos y mejorando la calidad de la dieta con más altos niveles de vitaminas y minerales, a través de la producción convencional de nuevas variedades y la biotecnología.

En el futuro, la agricultura continuará jugando un papel central para enfrentar el problema de la inseguridad alimentaria. Puede mantener e incrementar la producción mundial de alimentos, asegurando la disponibilidad de éstos. Puede ser el medio primario para generar ingreso para los pobres, asegurando su acceso a los alimentos. También puede, a través de nuevas y mejoradas variedades de cultivos, mejorar la calidad y la diversidad de la dieta y reforzar el enlace entre la seguridad alimentaria y la seguridad nutricional.

PARTE II

¿Qué puede hacer la agricultura en favor del desarrollo?

Reformar las políticas de comercio, de precios y de subvenciones

capítulo 4

La agricultura es causa de conflicto en las negociaciones comerciales internacionales, así como en los debates domésticos sobre políticas de precios y subvenciones. Con frecuencia es la causa de demoras en las negociaciones multilaterales, como ha sido en las Rondas de Uruguay y Doha. Es una fuente de tensión política, especialmente en países en proceso de transformación y es un área desafiante para el diálogo político con los interesados en el desarrollo, particularmente en los países más pobres. Las reformas son usualmente sensibles desde el punto de visto político, tocan intereses arraigados y, por tanto, son con frecuencia difíciles de lograr. Sin embargo, se pueden obtener significativas ganancias al conseguir una mayor reforma en las políticas comercial, de precios y de subvenciones. Tales ganancias, no obstante, no se obtienen fácilmente dado que las reformas requieren el abordaje de difíciles decisiones de política económica. Las reformas generan tanto ganadores como perdedores.

Las políticas agrícolas varían ampliamente entre países. Estos, históricamente han tendido a cambiar de gravar de manera neta a subsidiar la agricultura a medida que el ingreso per cápita aumenta (capítulo 1).[1] Los países de bajos ingresos tienden a imponer relativamente altas tasas de impuestos a la agricultura en el sector exportador, como una importante fuente de ingreso fiscal, en tanto que los países desarrollados tienen a subsidiar fuertemente a los agricultores. Estas diferencias pueden crear frecuentemente un sesgo político en contra de los pobres tanto en los mercados domésticos como internacionales.

Los costos económicos y sociales de las actuales políticas comerciales, de precios y de subvenciones, en la agricultura mundial, son elevados. Éstos presionan a la baja los precios internacionales en alrededor de un 5% en promedio (mucho más para algunos bienes) y actúan en contra del crecimiento del producto agrícola para los países en desarrollo. Estas políticas consumen una proporción importante del presupuesto del gobierno y lo desvían de la realización de inversiones que pueden incentivar el crecimiento. Aunque se han reducido a lo largo de las últimas dos décadas, especialmente en los países en desarrollo, estos costos económicos y sociales siguen siendo significativos y perpetúan las disparidades mundiales del ingreso. La corrección de estas fallas de política y de inversión puede acelerar el crecimiento y reducir la pobreza.

Este capítulo revisa los recientes cambios de política en los países desarrollados y en desarrollo; las ganancias potenciales de unas mayores reformas; quiénes ganan y quiénes pierden con las reformas, y el ritmo, secuencia y apoyo complementarios, necesarios para avanzar estas reformas de manera que se fortalezca el crecimiento y se reduzca la pobreza. El marco de economía política del capítulo 1 ayuda a entender los determinantes de las decisiones de política para algunos casos seleccionados –y las formas de mejorar aún más los incentivos comerciales y de precios, y la eficiencia del gasto público.

Protección agrícola y subsidios en los países desarrollados

Se ha prestado mucha atención a reducir los impactos negativos de las políticas de los países desarrollados sobre los países en desarrollo –particularmente a través de esfuerzos para abrir los mercados y para eliminar las políticas de subsidios de los países desarrollados, que han inducido una mayor producción y hecho disminuir los precios mundiales (recuadro 4.1). El aumento en la protección agrícola en los países desarrollados y las preocupaciones acerca de su impacto sobre los países en desarrollo más pobres, impulsó esfuerzos internacionales en la década de 1980 para reducir las distorsiones de precios en los mercados mundiales. Al comienzo de la Ronda Uruguay de negociaciones comerciales en 1986, algunos países exportadores agrícolas conformaron el Grupo de Cairns y se aseguraron de que los miembros del Acuerdo General sobre Aranceles y Comercio (GATT) colocaran el comercio agrícola y la reforma de subsidios como una de las prioridades de la Agenda de la Ronda Uruguay. Los países en desarrollo también conformaron el Grupo G-20 para el momento de la conferencia ministerial de Cancún en la Ronda de Doha en 2003, para asegurar reducciones en la protección de los países desarrollados.

RECUADRO 4.1 *Tipos de instrumentos que distorsionan el comercio*

Hay tres tipos de instrumentos de política que distorsionan el comercio: acceso a mercados, subvenciones a la exportación y apoyo doméstico.

Acceso a mercados: éstos incluyen los aranceles y cuotas a la importación que protegen a los productores locales de la competencia con las importaciones. La protección induce que la producción local sea más grande de lo que sería a precios de mercado, a expensas de los productores y exportadores internacionales.

Subvenciones a la exportación: éstos incluyen los pagos gubernamentales que cubren algunos de los costos de los exportadores, como los gastos de mercadeo, los costos de transporte doméstico especial y los pagos a los exportadores domésticos, que hacen que la producción local sea competitiva.

Apoyo doméstico: éste incluye el apoyo directo a los productores, ligado al tipo, precio y volumen de la producción. Dependiendo del nivel de apoyo, la producción local es usualmente más alta y las importaciones que compiten más bajas de lo que serían en ausencia de subsidios.

El avance en la reforma es lento y hay poco cambio en las medidas de apoyo en general

Los países miembros de la Organización para la Cooperación y el Desarrollo Económicos (OCDE) están reformando sus políticas agrícolas, pero al avance es lento. El apoyo promedio a los productores agrícolas ha caído del 37% del valor bruto de los ingresos agrícolas en 1986-88 (al comienzo de la Ronda Uruguay) al 30% en 2003-05. Este estimativo, referido como el Subsidio Equivalente al Productor (SEP) mide el valor monetario anual de las transferencias brutas de los consumidores y contribuyentes hacia los productores agrícolas, medido a nivel de la granja, como proporción del valor bruto de los ingresos de ésta. Se origina en las medidas de política que apoyan la agricultura, independientemente de su naturaleza, objetivos o impactos, sobre la producción o el ingreso agrícola.[2] En tanto que la disminución de 7 puntos porcentuales en este nivel de apoyo es un avance, la cantidad de apoyo ha aumentado a lo largo del mismo período de US$242.000 millones a US$273.000 millones.

Más del 90% del valor en dólares del apoyo agrícola en los países de la OCDE es proporcionado por la Unión Europea (ella sola proporciona alrededor de la mitad), Japón, Estados Unidos y la República de Corea. En los cuatro casos, el SEP sigue siendo alto (gráfico 4.1). En contraste, dos países de la OCDE –Australia y Nueva Zelanda– proporcionan muy poco apoyo a sus agricultores.

Los países de la OCDE han incrementado el acceso preferencial a sus mercados, para algunos países en desarrollo. Por ejemplo, en 2000, Estados Unidos firmó la Ley para el Desarrollo y las Oportunidades Africanas, que ofrece acceso preferencial a los productos africanos al mercado de Estados Unidos. La Unión Europea continúa proporcionando extensivo acceso preferencial no recíproco a sus mercados para los países de África subsahariana, el Caribe y el Pacífico, bajo el acuerdo de Cotonou. En 2001 la Unión Europea también proporcionó acceso libre de impuestos y de cuotas a sus mercados a los países denominados por Naciones Unidas como de menor desarrollo, bajo la iniciativa "Todo menos armas", aunque excluyó los servicios y dilató la apertura de mercados sensibles como el de banano, arroz y azúcar.

El apoyo a los precios para los agricultores en los países de la OCDE genera incentivos para producir más. El reciente cambio para separar o desconectar el apoyo proporcionado del tipo, volumen y precio de los productos generados, es un esfuerzo para reducir los efectos distorsionantes del comercio sobre la producción actual o futura, en tanto que se mantiene el apoyo a los agricultores. El 28% del SEP en 2003-05 fue desconectado de la producción y el uso de insumos, un aumento con respecto al 9% en 1986-88 (gráfico 4.1).

Gráfico 4.1 El avance para reducir el apoyo total a los productores agrícolas ha sido lento en los países de la OCDE pero ha habido algún cambio hacia el uso de pagos "desconectados" menos distorsionantes

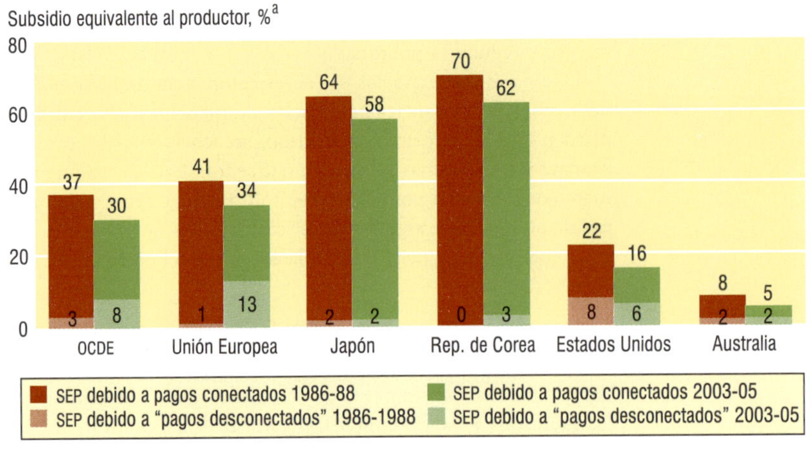

Fuente: OCDE 2006b.
Nota: Los pagos conectados incluyen el apoyo a los precios de mercado y los atados al nivel de producto y al uso de insumos. Los países de la OCDE incluyen la Unión Europea, Australia, Canadá, Islandia, Japón, República de Corea, México, Nueva Zelanda, Noruega, Suiza, Turquía y Estados Unidos.
a. Transferencias a los productores agrícolas como porcentaje del valor bruto de los ingresos agrícolas.

Los pagos desconectados son menos distorsionantes que las formas de apoyo que están ligadas a la producción, como la protección arancelaria, pero pueden aún influenciar la producción. Éstos pueden reducir la aversión de los agricultores al riesgo (efecto riqueza) y reducir la variabilidad del ingreso agrícola (efecto seguro). Con frecuencia los bancos ofrecen a los agricultores préstamos que no harían a otros prestatarios, manteniendo a los agricultores en el negocio.[4]

La mayoría de los programas de pagos desconectados no tiene límite de tiempo, como sucede en la Unión Europea y Turquía. Estados Unidos tenía un programa con un tiempo límite en la Ley Agrícola de 1996, pero esto no se hizo cumplir. El programa de ayudas desconectadas de México inicialmente tenía un límite de tiempo; éste se suponía que expiraría cuando el proceso de implementación del Acuerdo de Libre Comercio de América del Norte fuera finalizado en 2008, pero el gobierno ha anunciado ya que el programa será mantenido de alguna manera. A menos que estos programas tengan límites en el tiempo y un compromiso creíble por parte de los gobiernos para adherir a ellos, los pagos desconectados corren el riesgo de convertirse en más distorsionantes y más costosos de lo que es comúnmente asumido. Adicionalmente, los programas de apoyo ligados a la producción, que continúan simultáneamente con los programas desconectados, pueden disminuir significativamente los efectos menos distorsionantes de los programas desconectados.

El avance que se ha hecho para desconectar las ayudas ha variado significativamente entre productos, encontrándose el mayor progreso en los granos –aunque recientes iniciativas para expandir el uso de biocombustibles en países de la OCDE pueden revertir indirectamente algo de este avance. En la actualidad se necesita un cambio rápido hacia el apoyo menos distorsionante de tipo desconectado para los productos de exportación que son importantes para los países en desarrollo, en particular el algodón. Ha habido algunos cambios recientes en las políticas para arroz, azúcar y algodón en Japón, la Unión Europea y Estados Unidos, respectivamente, y todos se encuentran en una etapa temprana de implementación.

Los factores de economía política son importantes para una mayor reforma

Los factores de economía política en cada país han determinado el ritmo y alcance de las reformas. Las políticas algodoneras de Estados Unidos, del azúcar en la Unión Europea y del arroz en Japón, indican que el impacto de la Organización Mundial de Comercio (OMC) para inducir la reforma es real y que la presión de los medios de comunicación puede complementarlo (recuadro 4.2). Los casos muestran que las reformas no son fáciles y con frecuencia requieren compromisos negociados y esquemas de compensación para los perdedores, para poder alcanzar un acuerdo acerca de ulteriores reducciones de los altos niveles de protección agrícola (como en las reformas a la política arrocera en Japón y a la política azucarera en la Unión Europea).

Cargas fiscales a la agricultura en los países en desarrollo

Las políticas en los países en desarrollo también han obstaculizado los incentivos para los productores agrícolas. Históricamente, las políticas macroeconómicas han gravado a la agricultura más que lo que las políticas agrícolas lo han hecho, pero las dos han sido importantes en los países más pobres. El gravamen indirecto a la agricultura, a través de tasas de cambio sobrevaluadas y protección industrial, fue casi tres veces el valor del impuesto directo sobre el sector, al momento del último Informe sobre el Desarrollo Mundial dedicado a la agricultura (1982). En un estudio que incluyó 16 países actualmente en desarrollo desde la década de 1960 hasta mediados de la década de 1980, se estimó que las cargas fiscales directas promedio eran equivalentes al 12% de los precios a los productores agrícolas, y que las cargas indirectas eran 24%. Las altas tasas con que se grava la agricultura han sido asociadas con el bajo crecimiento del sector –y un menor crecimiento de la economía en general.[5] Los países en desarrollo más pobres han gravado más la agricultura, y la reinversión de los ingresos fiscales en la agricultura fue baja e ineficiente (capítulo 1).

Con las reformas de las décadas de 1980 y 1990 para restaurar el balance macroeconómico, mejorar la asignación de recursos y recuperar el crecimiento en muchos de los países más pobres, tanto las cargas directas como indirectas se redujeron. Las reformas de las tasas de cambio sobrevaluadas, que gravaban las exportaciones agrícolas (usualmente exportadas a la tasa oficial) y subsidiaban las importaciones de alimentos, se reflejan en la enorme reducción de la prima asociada a las divisas extranjeras en los mercados paralelos en los países en desarrollo. Para 59 países en desarrollo, la prima promedio, ponderada por comercio, cayó de más de 140% en la década de 1960 a 80% en las de 1970 y 1980 y a sólo 9% a comienzos de la década de 1990, encontrándose altas variaciones entre países.[6]

Los países agrícolas están gravando menos la agricultura

En los países basados en la agricultura, las reformas, particularmente en África subsahariana, han reducido a menos de la mitad las cargas netas a la agricultura, desde el 28% hasta el 10% entre 1980-84 y 2000-04 (promedio simple de los países incluidos en la gráfica 4.2). La metodología utilizada para medir el cambio en el nivel de cargas fiscales netas en los países en desarrollo, utiliza el cálculo de una tasa nominal de apoyo a los agricultores (recuadro 4.3). Nueve de los once países en un estudio reciente, tenían menores cargas netas en el segundo período (gráfica 4.2). Sólo Nigeria y Zambia tenían más altas cargas netas entre los dos períodos, siendo la más alta la de 2000-04 en Costa de Marfil (alrededor de –40% la tasa nominal de apoyo).

A pesar del ajuste macroeconómico, los precios domésticos reales para las exportaciones agrícolas, en estos países, no cambiaron mucho en promedio durante la década de 1980, en la medida en que las mejoras macroeconómicas escasamente compensaron las disminuciones en los precios mundiales para los bienes agrícolas básicos. La situación cambió durante la década de 1990 –cuando precios internacionales más favorables, la continuación de las reformas macroeconómicas y las reformas en el sector agrícola, condujeron a mayores aumentos en los precios domésticos reales para las exportaciones agrícolas.[7] Los más fuertes incentivos de precios explican parte del más alto crecimiento agrícola en muchos de los países desde mediados de la década de 1990 (capítulo 1).

Las tasas nominales agregadas de apoyo, enmascaran significativas diferencias en las cargas y la protección entre las importaciones y las exportaciones agrícolas y entre productos. Una tasa nominal de asistencia promedio cercana a cero a nivel del país, simplemente indica que no hay cargas netas, pero puede ser el resultado del uso de altos aranceles que compensan altos impuestos a las exportaciones. En promedio, entre 1980-84 y 2000-04, los países agrícolas

RECUADRO 4.2 *La economía política de las reformas agrícolas de los países desarrollados*

Los subsidios y aranceles agrícolas para el arroz y el azúcar, agregados para todos los países, se estima que representan alrededor del 20% y 18%, respectivamente, del costo mundial de todas las políticas comerciales agrícolas –los más altos entre todos los productos. Aunque el costo equivalente mundial de los subsidios y aranceles para el algodón es mucho más bajo, el costo absoluto para los países en desarrollo es alto y se estima en US$283 millones por año. Para África subsahariana, los subsidios y aranceles al algodón en los países desarrollados, representan alrededor del 20% del costo total de las políticas comerciales para todas las mercancías.

Reforma de la política arrocera japonesa: compromisos negociados para acordar un apoyo desconectado

Japón protege a los productores de arroz, una fuente tradicional de apoyo político, a través de un arancel *ad valorem* equivalente del 78% a las importaciones. En 2007, Japón introdujo un pago directo a los agricultores que es menos distorsionante, vinculado al tamaño de la granja y no a la producción. Se espera que este pago sea negociado contra una disminución de los aranceles –haciendo los pagos un poco más grandes de un cierto tamaño, de manera que se focalicen sobre los agricultores "de tiempo completo" antes que sobre los de "tiempo parcial". El nuevo esquema es percibido como una alternativa menos distorsionante a la protección en frontera y como un mecanismo para inducir una mayor escala de producción.

¿Por qué los políticos estuvieron de acuerdo con el esquema propuesto a pesar del aparente riesgo de que éste minara el apoyo político que obtienen de las zonas rurales? Por tres factores. Primero, las cada vez más fuertes voces de los sectores no agrícolas de la economía. Segundo, la presión de los medios de comunicación: el temor a un creciente aislamiento de Japón en la comunidad económica global debido a sus políticas arroceras. Finalmente, la percepción de que la agricultura debe ser parte de más amplias reformas económicas.

El sistema de protección de la agricultura se ha mantenido en pie gracias a una fuerte coalición proagrícola del Ministerio de Agricultura, Bosques y Pesca; el gobernante Partido Democrático Liberal y las cooperativas agrícolas japonesas, las cuales implementan los programas de subsidios a la agricultura. Pero el Ministerio de Agricultura, Bosques y Pesca ha cambiado gradualmente hacia la adopción de políticas más orientadas al mercado. El Partido Liberal Democrático ha cambiado su balance de interés hacia las áreas urbanas, debido al creciente apoyo que ha recibido de las ciudades en elecciones recientes, una indicación de que los grupos no agrícolas están ganando capital político en este terreno.

En tanto que la reforma parece inevitable, la oposición por parte de las cooperativas agrícolas japonesas, lleva a un compromiso acerca de la cobertura del esquema de pagos directos, expandido para incluir pagos directos a agricultores de tiempo parcial si están organizados en alguna unidad agrícola colectiva. Aunque sea percibido como un debilitamiento de los esfuerzos para el cambio estructural, pareció necesario llegar a un acuerdo para un programa de reforma en tanto que no minara, aunque posiblemente hiciera más lento, el cambio que debe darse al final hacia una producción de mayor escala. Los agricultores de mayor escala están ya abandonando el sistema de mercadeo de las cooperativas agrícolas japonesas y se espera que estas deserciones se aceleren bajo el efecto del programa de pagos directos, reduciendo el poder político de las cooperativas agrícolas y su resistencia a la reforma.

Reforma de la política azucarera de la Unión Europea: compensación y reestructuración para complementar la reforma

Los precios domésticos del azúcar de la Unión Europea –apoyados por altos aranceles– son tres veces más altos que los niveles de los mercados mundiales, aumentando los incentivos para producir azúcar en la Unión Europea y deprimiendo el precio mundial de este producto a expensas de muchos exportadores de países en desarrollo. Sin embargo, algunos países de África, el Caribe y el Pacífico se benefician de estos mayores precios, bajo los acuerdos comerciales "Todo menos armas".

La Unión Europea acordó reformar su régimen azucarero en febrero de 2006; las reformas comenzaron el julio de 2006 y se extienden por un período de cuatro años. Si se implementan completamente, las reformas cambiarían radicalmente el régimen azucarero, que ha estado en pie por casi cuarenta años. Durante años, la política se ha enfrentado al descontento de la industria procesadora de alimentos, que paga tres veces el precio mundial del azúcar. Sin embargo, dos factores han llevado al inicio de las reformas. Primero, el sistema de subsidios a las exportaciones de azúcar de la Unión Europea, no cumplía con los compromisos adquiridos ante la OMC. Segundo, la iniciativa "Todo menos armas" fue introducida en 2001 para abrir su mercado azucarero a las importaciones sin aranceles y sin cuota, originadas de los cincuenta países menos desarrollados del mundo a partir de 2009. Se esperaba que esto llevara a un aumento en las importaciones y a la desestabilización del régimen azucarero de la Unión Europea a menos que el precio de la azúcar se redujera. Adicionalmente a estos factores determinantes se suma la campaña de una coalición de organizaciones no gubernamentales internacionales, que enfatizó acerca de los efectos negativos de la política azucarera de la Unión Europea para los países en desarrollo. La reforma se hizo imperativa.

En tanto que el equilibrio político se volteó contra los productores de azúcar, se implementaron medidas para enfrentar la pérdida esperada de ingresos que la reforma introduciría y para compensar la oposición de los productores. La financiación de la compensación y la reestructuración (hecha parcialmente por los productores) para incentivar a los productores no competitivos a abandonar la industria, se acordó en febrero de 2006. Se espera que los agricultores de la Unión Europea reciban una compensación por el equivalente a un promedio del 62% de la disminución de los precios, que será eliminada a lo largo de un período de cuatro años.

El fondo de reestructuración para cuatro años tiene tres objetivos principales: incentivar a los productores menos competitivos a dejar la industria, enfrentar los impactos sociales y ambientales de los cierres de fábricas y ayudar a las regiones más afectadas a desarrollar nuevos negocios, que se encuentren en línea con los fondos de la Unión Europea para el Desarrollo Estructural y Agrícola. Los países de África, el Caribe y el Pacífico, que recibieron precios superiores a los del mercado mundial por su cuota de azúcar producida para venta en el mercado de la Unión Europea, fueron elegibles para un plan de asistencia por 40 millones de euros en 2006.

Reforma de la política algodonera en Estados Unidos: la presión de la OMC y de los medios de información locales para contrarrestar el poder del cabildeo de la industria

Estados Unidos representa el 40% de las exportaciones mundiales de algodón y el 20% de la producción mundial. Los subsidios han sido equivalentes en valor a alrededor de dos terceras partes el valor de mercado de la producción durante el período 2000-05. La producción adicional de Estados Unidos, incentivada por estos subsidios, se estima que ha reducido el precio mundial del algodón entre 10% y15%, a un costo significativo para los países en desarrollo.

Las políticas algodoneras de Estados Unidos están fuertemente influenciadas por un poderoso grupo de interés, el Consejo Algodonero de América (que representa los 24.721 cultivadores de algodón, de acuerdo con el censo de 2002, así como los hiladores, exportadores, banqueros y/o proveedores). El Consejo es uno de los cuerpos de cabildeo más poderosos en Estados Unidos a nivel de producto, obteniendo un apoyo desproporcionadamente más alto en relación con otros sectores, particularmente desde que se instauró la ley agrícola de 1996 (un promedio equivalente a US$120.000 por año por agricultor).

Cuatro países productores de algodón en el oeste africano (Benin, Burkina Faso, Chad y Malí) elevaron una propuesta conjunta a la OMC en mayo de 2003, a través de la cual demandaban la eliminación del apoyo al sector algodonero en Estados Unidos, China y la Unión Europea, y el pago de compensación por los daños recibidos hasta que se eliminara por completo el apoyo. Brasil inició un caso comprensivo contra Estados Unidos por no cumplir con su obligación ante la OMC, en materia de subvenciones en algodón. En marzo de 2005, el cuerpo de resolución de disputas de la OMC determinó que Estados Unidos tenía que colocar sus medidas de subsidios al algodón en línea con sus obligaciones ante la OMC. Estados Unidos hizo ajustes en respuesta a la decisión de la OMC, pero en diciembre de 2006 Brasil expresó formalmente su insatisfacción con el alcance de los cambios de política y pidió el establecimiento de un panel en la OMC para determinar si ese país se encontraba "fuera de cumplimiento con el fallo original". La etapa de cumplimiento de este caso está en curso actualmente. En tanto que la reducción en los subsidios al algodón en Estados Unidos fue una respuesta al caso legal elevado ante la OMC, los medios de comunicación en Estados Unidos y grupos inclinados a la reforma, presionaron también al Congreso para reducir este apoyo.

Fuentes: Anderson, Martin y Van der Mensburgghe 2006a; Anderson y Valenzuela, en preparación; Masayoshi Honma, Yujiro Hamai, Dan Sumner, Don Mitchell y John Baffes, todos comunicación personal, 2007.

RECUADRO 4.3 *Tasas nominales de apoyo*

La tasa nominal de apoyo a los agricultores, se define como el precio de su producto en el mercado doméstico (más cualquier subsidio directo a la producción) menos su precio en frontera, expresado como porcentaje del precio en frontera (ajustando por los costos de transporte, diferencias de calidad, etc). La tasa nominal mide las diferencias en los precios de la producción, pero puede haber también distorsiones por el lado de los insumos. Para capturar estas distorsiones donde son importantes, la tasa nominal se ajusta (expresada como un precio equivalente de la producción) para reflejar los subsidios directos a los insumos y las diferencias entre los precios internacionales de éstos y los precios que los agricultores pagan por ellos. Si un país distorsiona su mercado de divisas, se hacen esfuerzos para contabilizar la diferencia entre la tasa de cambio utilizada por los importadores (que se asume igual a la tasa de cambio paralela) y los exportadores (un promedio ponderado de la tasa de cambio paralela y la oficial) y una tasa de cambio de equilibrio estimada.

Fuente: Anderson (en preparación).

Gráfico 4.2 Para los países agrícolas, la carga fiscal neta a la agricultura cayó en 9 de 11 países

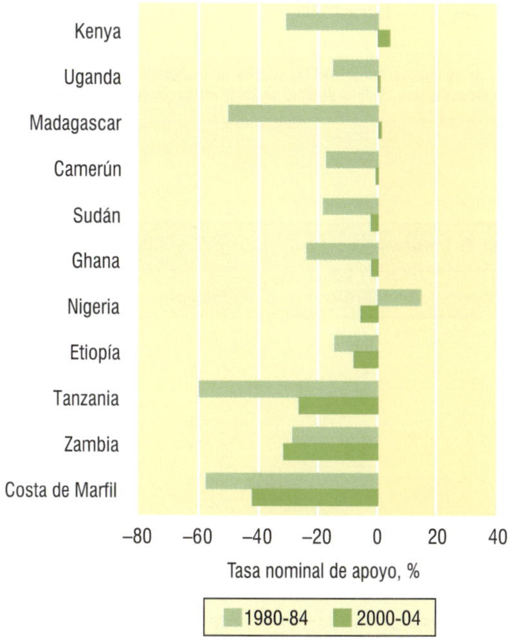

Fuente: Anderson (en preparación).

disminuyeron la protección para los bienes agrícolas importables, desde un arancel equivalente al 14% hasta el 10% y ha habido una significativa reducción en los impuestos a los exportables, desde 46% hacia 19% (gráfico 4.3).

La mayor parte de la disminución en las cargas es el resultado de mejores políticas macroeconómicas. Para los países agrícolas, el tabaco, ciertas nueces y el cacao, eran aún fuertemente gravados durante 2000-04. Las cargas netas para el café disminuyeron de 53% a 7% y para el algodón han disminuido de 32% a 15% entre los dos períodos. El azúcar ha cambiado de ser fuertemente gravado (tasa nominal de apoyo de –36% en 1980-84) a ser fuertemente protegido (72% en 2000-04) (cuadro 4.1).

Los países en proceso de transformación y urbanizados están protegiendo más la agricultura

Las cargas netas en los países en proceso de transformación disminuyeron en promedio del 15% al 4%, aunque con significativas variaciones entre ellos (promedio simple para los países incluidos en el gráfico 4.4). Algunos países cambiaron hacia una mayor protección del sector (Indonesia, la India, Malasia y Tailandia), en tanto que otros continuaron gravándolo aunque a menores niveles que en la década de 1980 (como en Egipto y Senegal) (gráfico 4.4). Zimbabue es el único país de este grupo que tenía una alta carga de tasas netas sobre el sector, debido principalmente a una muy elevada sobrevaluación de la moneda. También ha habido un cambio significativo en la tasa relativa de apoyo a la agricultura *versus* el sector no agrícola en algunos países, que enfrentan el desafío de mantener los sesgos sectoriales bajo control (recuadro 4.4).

También hay diferencias entre importaciones y exportaciones agrícolas. En promedio, entre 1980-84 y 2000-04, los países en transformación redujeron ligeramente sus niveles de protección para los bienes importables agrícolas, desde un arancel equivalente del 13% hasta el 11% y redujeron los impuestos a los exportables del 29% al 13% (gráfico 4.3).

En los países urbanizados, las cargas netas promedio se modificaron de ser marginalmente negativas en 1980-84 a una tasa de protección neta de 9% en 2000-04 (promedio simple de los países incluidos en el gráfico 4.5) El estimativo de la carga neta para los países de América Latina, particularmente en el primer período, puede subestimar el nivel real de las cargas debido a que la sobrevaluación de la moneda no fue incluida en los estimativos.[8] (La tasa de cambio oficial fue utilizada para ambos períodos). Cinco de siete países analizados (Argentina, Chile, Colombia, República Dominicana y Filipinas) tenían más alta protección o menores cargas en 2000-04 que en 1980-84 (gráfico 4.5). El arroz y el azúcar son los productos con los mayores niveles de protección en los países urbanizados (cuadro

4.1). Entre 1980-84 y 2000-04, los países urbanizados disminuyeron moderadamente sus niveles de protección para los productos agrícolas importables desde un arancel promedio equivalente de 26% al 23% y se movieron de un impuesto a los exportables del 40% a un subsidio equivalente al 2% (gráfico 4.3).

Los países urbanizados en Europa oriental y central han incrementado en promedio la protección agrícola.[9] (Las estadísticas comparadas no se incluyen en los gráficos, debido a que los datos disponibles más antiguos son de 1992). La protección neta ha aumentado en promedio de 4% en 1992-93 a 31% en 2000-23 (promedio simple entre países).[10] Hay grandes diferencias entre éstos; por ejemplo, Estonia, Letonia y Lituania, impusieron al sector un impuesto equivalente de alrededor de 30% en 1992-93, mientras que Eslovenia lo protegió. Entre 1992-93 y 2002-03, la protección a las importaciones agrícolas aumentó de un arancel equivalente promedio de 13% al 38%. Las exportaciones fueron gravadas como promedio en 2% en 1993 pero en 2002-03 fueron protegidas con un arancel equivalente promedio de 24%. El aumento en la protección es en parte consecuencia del acceso a la Unión Europea por parte de muchos de estos países durante el período analizado, resultando en un cambio hacia los más altos niveles de protección usados por ésta.

Aún hay espacio para más ganancias de eficiencia

En tanto que en la actualidad hay una menor explotación de los agricultores por parte de las políticas de precios domésticos en los países en desarrollo que en la década de 1980, ésta no ha desaparecido. Las cargas netas a la agricultura son bajas en casi todos los países. Pero la desagregación de las cargas netas entre productos exportables y competidores con las importaciones, muestra que las exportaciones siguen siendo fuertemente gravadas en muchos países en tanto que algunas importaciones son fuertemente protegidas. Esto sugiere que hay espacio para más ganancias de bienestar. La ampliación de las reformas debería diseñarse en el contexto del nivel de desarrollo de un país. Muchos países en desarrollo, donde la agricultura constituye una proporción elevada del producto interno bruto

Gráfico 4.3 Los países en desarrollo están gravando menos los bienes exportables

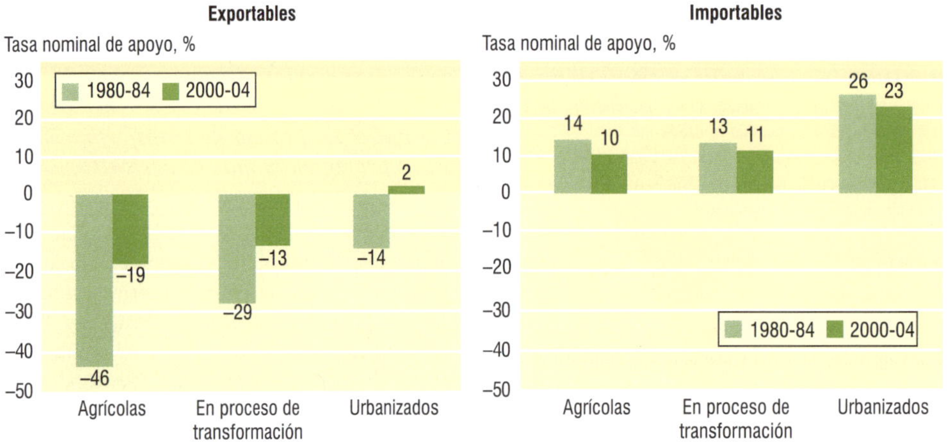

Fuente: Anderson (en preparación).
Nota: Los países utilizados para cada categoría se muestran en los gráficos 4.2, 4.4, y 4.5, respectivamente. Los agregados son promedios simples no ponderados. Los promedios ponderados muestran un patrón similar, aunque la TNA para los exportables en los países en transformación en 2000-04 fue cercana a cero, dado el dominio de China en las ponderaciones. La ponderación por valor también redujo las TNA para los importables en los países urbanizados entre los dos períodos.

Cuadro 4.1 Tasas nominales de apoyo por producto en los países en desarrollo (porcentaje)

	Agrícolas		En proceso de transformación		Urbanizados	
Producto	1980-84	2000-04	1980-84	2000-04	1980-84	2000-04
Azúcar	–36	76	33	35	–11	52
Arroz	–4	5	–12	4	–4	44
Trigo	–12	–3	–4	8	8	–8
Café	–53	–7	–	–	–38	4
Maíz	–11	–7	–23	8	–14	–1
Algodón	–32	–15	–20	–2	–	–
Cacao	–51	–36	–	–	–	–
Cacahuetes	–19	–38	9	9	–	–
Tabaco	–49	–50	–	–	–	–

Fuente: Anderson (en preparación).
Nota: La tasa nominal de apoyo está ponderada por el valor de la producción entre países, al interior de cada una de las tres categorías, y los estimativos han sido incluidos únicamente si se contaba con información para tres o más países.
– = no disponible.

Gráfico 4.4 De 10, 9 países en transformación incrementaron la protección o redujeron la carga fiscal

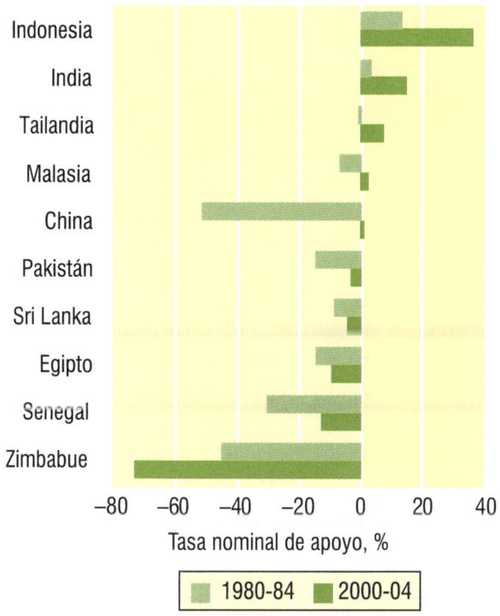

Fuente: Anderson (por aparecer).

Gráfico 4.5 De 7, 5 países urbanizados aumentaron la protección o disminuyeron la carga fiscal

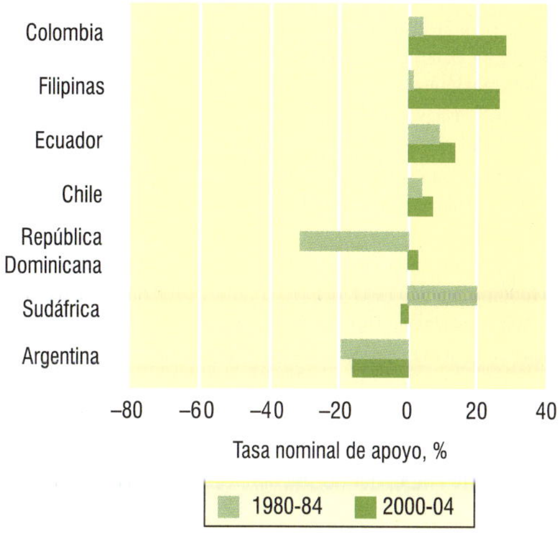

Fuente: Anderson (en preparación).

(PIB), necesitarán seguir gravando la agricultura (aunque no desproporcionadamente) para generar un excedente utilizable para más amplios programas de desarrollo (*ver* la sección sobre apoyo de transición).

Los factores de economía política son importantes para una ampliación de la reforma

Las reformas agrícolas en muchos de estos países, particularmente para los agrícolas, se dieron después de las reformas macroeconómicas

RECUADRO 4.4 *Significativo progreso en la reducción del sesgo antiagrícola en China e India*

En la medida en que los países en desarrollo se hacen más ricos, generalmente protegen más la agricultura. Tanto China como la India han reducido sustancialmente su sesgo antiagrícola a lo largo de las tres últimas décadas, no sólo directa sino indirectamente, a través de disminuciones en la protección a la industria (gráficos abajo). Cuando se comparan con las economías más avanzadas del noreste de Asia cuando éstas tenían niveles de ingreso pér capita comparables, las tendencias son sorprendentemente similares. China ha reducido su sesgo antiagrícola en una etapa de desarrollo económico posterior que India, pero el apoyo a la agricultura en relación con los sectores no agrícolas (medido a través del índice de tasa relativa de apoyo [TRA]) ha tenido una tendencia ascendente en ambos países. China consolidó sus aranceles agrícolas a niveles relativamente bajos cuando accedió a la OMC en 2001. El desafío ahora es mantener los sesgos sectoriales en un nivel bajo y no seguir la tendencia hacia proteger fuertemente la agricultura como lo han hecho otros países cuando alcanzaron niveles similares de desarrollo.

India. Apoyo a los transables, 1965-2004

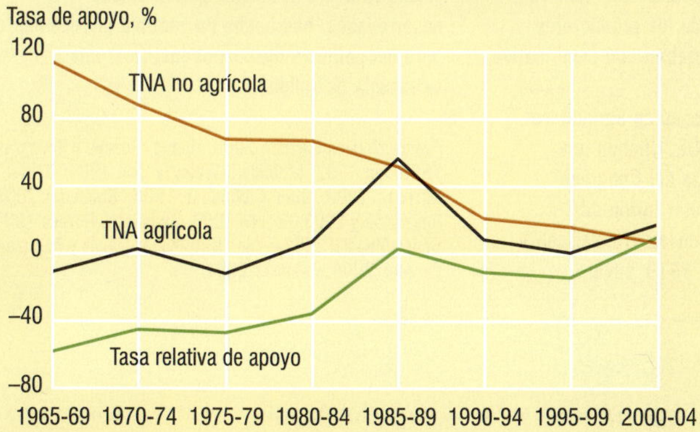

China. Apoyo a los transables, 1980-2005

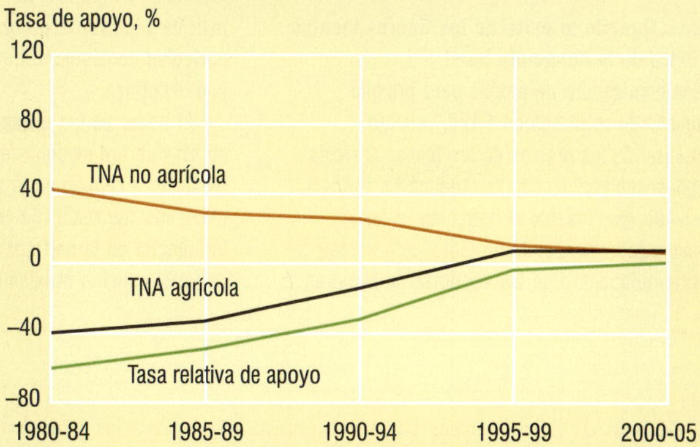

Fuente: Anderson (en preparación).

Nota: La tasa relativa de apoyo a la agricultura es 100* [(100 + TNAag[t]) / (100 + TNAnoag[t])−1] en donde TNAag[t] es la tasa nominal de apoyo a los productores de bienes agrícolas transables y TNAnoag[t] es la tasa nominal de apoyo a los transables no agrícolas (principalmente minería y manufacturas). El índice está limitado por abajo en −100 y toma valor cero cuando los sectores transables agrícolas y no agrícolas tienen idénticas tasas nominales de apoyo.

RECUADRO 4.5 *La economía política de las reformas agrícolas de los países en desarrollo*

Tres ejemplos, uno para cada categoría de países, ilustran la economía política de la reforma en los países en desarrollo. En Uganda (agrícola) y China (en transformación) la carga fiscal neta a la agricultura disminuyó significativamente entre 1980–84 y 2000–04, en tanto que en México (urbanizado) hubo un cambio hacia la protección a lo largo del mismo período.

Uganda: liderazgo y una ventana de oportunidad

Las reformas agrícolas en Uganda eliminaron los monopolios de la Junta de Mercadeo de Café y de la Junta de Mercadeo de Hilasa en 1991 y de la Junta de Mercadeo de Productos Frescos en 1993 –todas habían gravado fuertemente la agricultura. Se eliminaron también las restricciones a la movilización de productos entre distritos. Las reformas aumentaron significativamente la proporción del precio en frontera que recibían los agricultores y contribuyeron a la amplia disminución que se presentó en la década de 1990 en el porcentaje de personas que se situaban por debajo de la línea nacional de pobreza.

Estas reformas siguieron a un conjunto más amplio de reformas macroeconómicas, llevadas a cabo por el gobierno del Movimiento Nacional de Resistencia, que llegó al poder en 1986. Las reformas macroeconómicas (a través de la reducción de una moneda sobrevaluada) tuvieron un mayor impacto sobre los precios de los productos agrícolas que las reformas agrícolas, aunque las dos fueron significativas. A continuación de una lucha armada por el poder, la legitimidad popular conformó la base del régimen, permitiendo al presidente la búsqueda de reformas difíciles y potencialmente impopulares, incluyendo la de la agricultura. Los grupos con intereses inveterados en asuntos de mercadeo perdieron su peso político en el cambio de régimen.

China: ligando el éxito de los líderes locales al éxito de la economía local

China implementó un amplio pero gradual conjunto de reformas en 1978, primero aumentando los precios de los bienes agrícolas, luego descolectivizando la producción agrícola, haciendo responsable al hogar agrícola; y finalmente comenzando un lento pero sostenido desmantelamiento de los sistemas de compras y de provisión de insumos manejados por el Estado. En respuesta, la economía rural despegó, la agricultura floreció y la productividad casi se duplicó. El número de pobres rurales cayó de más de 300 millones a menos de 50 millones.

¿Por qué fue China capaz de tomar estas difíciles decisiones cuando los líderes en muchas otras naciones dudan?

Buena parte de la presión para la reforma se originó en el fracaso de las políticas y en el pobre desempeño de la agricultura. Los líderes chinos estaban comprometidos con la meta de convertirse en un país seguro e independiente. Había también el imperativo de preocuparse acerca de la equidad y proporcionar a los ciudadanos un estándar mínimo de vida. La planificación central estaba probando que no era eficiente.

Las reformas de descentralización de China significativamente ataron la suerte de los líderes locales al éxito de la economía local. Por tanto, las iniciativas de política que estaban atadas a los ingresos locales, al gasto local en inversión y que ataban los salarios a los aumentos en el producto agrícola y a la transformación de la economía hacia la industrialización rural, tenían apoyo local. El hecho de que las reformas fueran introducidas en un proceso gradual de experimentación y aprendizaje local redujo los riesgos políticos asociados con éstas. Adicionalmente, la presión de las bases, desarrollada en el proceso, ayudó a los reformadores en el gobierno chino a ganar la batalla contra los críticos conservadores de las reformas.

México: balance delicado entre programas complementarios para facilitar la reforma de la política agrícola y la trampa de la protección

Durante la década de 1990, a continuación del Acuerdo de Libre Comercio de América del Norte, que estableció la (gradual) eliminación de aranceles y barreras no arancelarias a las importaciones agrícolas para 2008, el gobierno mexicano implementó amplias reformas de política agrícola, orientadas hacia el mercado. Las reformas se diseñaron de manera que debilitaran una oposición política importante por parte de los productores agrícolas domésticos, que contaban con significativo poder político.

El poder de las organizaciones de agricultores en México fue evidente en 2002. Cuando una intrusión a caballo en el edificio del Congreso mexicano fue realizada como una forma de influenciar en la política. El mensaje, reminiscente de la Revolución Mexicana de 1910, tuvo resultado con la negociación del Acuerdo Nacional para el Campo, que aumentó enormemente los recursos públicos canalizados hacia las zonas rurales.

Las reformas de la década de 1990 eliminaron las empresas comercializadoras del Estado para los productos agrícolas y los mecanismos de apoyo a los precios. En cambio, proveyeron a los productores comerciales con servicios de mercadeo y de información de mercados para el manejo del riesgo en los precios e instituyeron precios de apoyo con pagos compensatorios basados en ingresos objetivo. El gobierno complementó el apoyo a los mercados con pagos desconectados por hectárea a los productores de granos básicos y semillas oleaginosas, bajo un programa nuevo llamado Procampo. Igualmente, el gobierno fortaleció los derechos a la propiedad de la tierra en las áreas rurales. Importantes transferencias de fondos y programas basados en crédito subsidiado, apoyaron la transición del sector agrícola hacia una mayor eficiencia y competitividad mundial, a través de la Alianza Contigo. En 2004, aproximadamente el 80% de los US$3.700 millones de presupuesto del Ministerio de Agricultura fueron dedicados al apoyo en el mercadeo, Procampo y la Alianza Contigo. Aproximadamente una tercera parte del gasto público mexicano para el desarrollo rural.

Las reformas no han eliminado las distorsiones en la asignación de factores de producción. Las intervenciones en el mercado bajo el nuevo régimen de política, en tanto que han aumentado de manera importante el papel del sector privado, han perpetuado, o aun exacerbado, tales distorsiones, impidiendo el ajuste hacia un uso más eficiente de los recursos públicos y privados. Aunque las intervenciones fueron inicialmente implementadas como medidas temporales para facilitar el ajuste hacia un sector alimentario basado en el mercado, los intereses económicos creados por estas intervenciones y los subsidios a la exportación en los países desarrollados, han hecho no factible políticamente para los políticos mexicanos justificar una estrategia de salida.

Fuente: Avalos-Sartorio 2006; Huang, Rozelle y Rosegrant 1999; Lin 1992; McMillan, Waley y Zhu 1989; Opolot y Kuteesa 2006; Qian y Wingast 1996; Robinson 2005; Rosenzweig 2003; Rozelle 1996; Swinnen y Rozelle 2006; Banco Mundial 2002a; Yan 1996; Yunez-Naude y Barceinas Paredes 2004; Zahinser 2004.

de la década de 1980. Éstas fueron fuertemente apoyadas por donantes externos a través de la asesoría de política y los préstamos condicionales. Otros elementos importantes de las reformas, reflejando la economía política de los países (recuadro 4.5), incluyen el liderazgo y el aprovechamiento de una ventana de oportunidad (como en Uganda), atar la suerte de los líderes locales a la de la economía local, construir sobre el apoyo local, utilizar el acceso a la OMC (como en China) y la negociación de políticas complementarias para apoyar el libre comercio (como en México).

Las reformas no son fáciles, debido a que como consecuencia de ellas hay tanto ganadores como perdedores. La reducción de las altas cargas fiscales y de los sesgos de protección en los países de desarrollo, requiere comprender los aspectos de economía política de la reforma. El poder de los actores externos es real, como se demuestra a través del impacto del acceso a la OMC sobre la protección en los países en proceso de transformación y urbanizados y a través del impacto de la asistencia extranjera sobre las cargas fiscales en los países agrícolas. Sin embargo, cambios duraderos ocurren únicamente con el apoyo de una fuerte base doméstica. El fortalecimiento de las bases locales para construir coaliciones para impulsar las reformas de política faltantes puede ayudar –particularmente en la medida en que los sistemas políticos se hacen más abiertos y competitivos.

Ganancias estimadas de la liberalización comercial

La reforma de la política agrícola, tanto en países desarrollados como en desarrollo, ofrece significativas ganancias potenciales de bienestar, incluida la reforma comercial. La magnitud de los costos de las actuales políticas comerciales y las correspondientes ganancias potenciales de unas mayores reformas, han sido cuantificadas a través de simulaciones con modelos mundiales de equilibrio general computable. Esos modelos se basan en una representación simplificada pero consistente de la producción, ingreso y demanda en cada país o grupo de países y de los mercados internacionales. Aunque los modelos necesitan de fuertes supuestos, siguen siendo una poderosa herramienta para el análisis de los escenarios del comercio mundial (recuadro 4.6).

Los costos de las actuales políticas comerciales para los países en desarrollo son sustanciales

Los costos mundiales de bienestar de las actuales políticas comerciales recaen tanto en los países desarrollados como en desarrollo. Estimativos recientes muestran que los costos mundiales de los aranceles y subsidios al comercio, alcanzarían entre US$100.000 millones y US$300.000 millones por año para 2015.[11] Alrededor de dos terceras partes de los costos se estima que se originan de los aranceles y subsidios agrícolas (el resto originándose de aranceles y subsidios en otros sectores), cifra mucho más alta que el porcentaje que el comercio mundial de productos agrícolas y alimentos procesados tiene en el PIB mundial, que es del orden del 6% y 9%, respectivamente. En tanto que estos costos son una proporción modesta del PIB para los países en desarrollo, los mismos son sustanciales en relación con los actuales flujos de ayuda para el desarrollo agrícola. Las políticas agrícolas de los países desarrollados cuestan a los países en desarrollo alrededor de US$17.000 millones por año –un costo equivalente a alrededor de cinco veces los actuales niveles de la ayuda internacional para el desarrollo destinada a la agricultura.[12]

Se estima que los países en desarrollo tienen una participación del 30% en los costos de bienestar de las actuales políticas comerciales, bien sean originados en las políticas agrícolas o en las de otros sectores (cuadro 4.2). Estos relativamente más bajos costos absolutos para los países en desarrollo, se traducen en un porcentaje mas alto del ingreso debido a que sus economías son más pequeñas. Como grupo, el costo estimado para 2015 es de 0,8% del PIB real –pero para algunos países se estima que pueden ser mucho más altos: 5,2% para Vietnam y 3,2% para Tailandia. Tanto para la liberalización agrícola como no agrícola, la mitad de los costos que recaen en los países en desarrollo se estima que se originan en las políticas de los países desarrollados y la otra mitad en las políticas de los países en desarrollo como grupo (cuadro 4.2).

Se estima que más del 90% de los costos mundiales se originan en restricciones en el acceso a mercados, a través de aranceles, antes que en subsidios a la exportación o en ayudas domésticas. Sin embargo, su importancia relativa varía significativamente por producto.[13] Por ejemplo, lo contrario es cierto para el algodón, donde el 89% de los costos se espera que se originen de los subsidios a la exportación y los programas de ayudas domésticas y el 11% se origine en los aranceles.[14]

Las reformas comerciales ofrecen un espacio significativo para reducir los costos mundiales de las actuales políticas, mediante el aumento de los precios agrícolas internacionales, los cuales se espera

RECUADRO 4.6 *Simulando los efectos de la liberación comercial con modelos globales*

Los modelos de equilibrio general utilizados en diferentes estudios para analizar los escenarios del comercio mundial son conceptualmente similares: desagregan el mundo en un cierto número de países o grupos de países, modelan la oferta y la demanda para un número importante de productos, derivan la demanda por importaciones y la oferta de exportaciones y hallan los precios de equilibrio mundiales que vacían el mercado internacional. El modelo Linkage, por ejemplo, comprende 27 regiones o países, con un enfoque hacia la identificación de los más grandes exportadores e importadores de productos y cuenta con 25 sectores, de los cuales 13 son agrícolas o alimentarios. Una de las grandes fortalezas de los modelos de equilibrio general es que imponen consistencia: todas las exportaciones son importadas por algún país, el empleo total nunca excede la oferta de trabajo y todo el consumo es satisfecho por producción o importaciones. Sin embargo, deben apoyarse en fuertes supuestos –particularmente en relación con los ajustes en los cambios en las políticas comerciales que son determinados por elasticidades clave de oferta y demanda, para las cuales la validación empírica es con frecuencia inadecuada. Algunas de las características clave de los modelos son el grado de transabilidad de los productos en cada país, el cual determina la transmisión de los precios internacionales hacia los domésticos; la respuesta de la oferta a los cambios de precios, la cual depende de la disponibilidad de recursos en el país y de la flexibilidad para reasignar recursos entre los sectores de producción, y la caracterización de la estructura competitiva del mercado.

Se presta particular atención a la modelización de las fuentes de distorsiones de precios, incluyendo los aranceles bilaterales y los subsidios domésticos a la agricultura, pero la modelización de los efectos distorsionantes de medidas específicas como los aranceles cuota, varias formas de restricciones cuantitativas y el así llamado apoyo desconectado es extremadamente difícil a un nivel global. Hay poca evidencia empírica sobre la cual basar la especificación de los efectos de inversión y productividad y por tanto éstos son esencialmente ignorados (aunque presumiblemente podrían ser importantes). El nivel de desagregación por grupo de ingreso dentro de los países también tiende a ser bajo, si hay alguno. Como lo reconocen los autores, los diferentes supuestos que subyacen a estos modelos, pueden llevar a grandes sobre o subestimaciones de los impactos de las reformas al comercio de bienes sobre el ingreso real neto de los hogares, aunque hay mucho más consenso acerca de los impactos estructurales. Con todo, no hay una alternativa real al uso de estos modelos cuando se trata de analizar reformas que tienen muchos efectos indirectos y la comparación entre los resultados de distintos modelos es importante para tener algun sentido acerca de su validez.

Fuente: François y Martin, 2007; Hertel y otros 2006; Van der Mensbrugghe 2006.

Cuadro 4.2 Distribución estimada de los costos de las actuales políticas comerciales

(porcentaje de los costos de las actuales políticas comerciales en 2015 en relación con el escenario de completa liberalización comercial)

	Distribución de costos de bienestar		
	Países en desarrollo	Países desarrollados	Total
Fuente de los costos de bienestar:			
Políticas de países en desarrollo			
Agricultura y alimentos	9,8	6,6	16,4
Otros sectores	5,2	23,0	28,2
Políticas de países desarrollados			
Agricultura y alimentos	9,1	38,0	47,0
Otros sectores	5,9	2,4	8,4
Políticas comerciales de todos los países (suma de las anteriores)	30,0	70,0	100,0
Costo en PIB real	0,8	0,6	0,7

Fuente: Anderson, Martin y van der Mensbrugghe 2006a.

Nota: El escenario de completa liberalización comercial se basa en estimativos de los aranceles bilaterales y de los subsidios domésticos y a las exportaciones en 2001. Las preferencias comerciales bilaterales están incluidas.

que aumenten la participación que tienen los países en desarrollo en el comercio agrícola y las tasas de crecimiento de la producción agrícola en conjunto. Sin embargo, no todos los países en desarrollo ganarán.

De las reformas comerciales se esperan importantes aumentos en los precios para algunos productos: ganancia para los exportadores, pérdida para los importadores

De acuerdo con un estudio del Banco Mundial en 2006, se estima que la completa liberalización comercial aumentará los precios internacionales en promedio 5,5% para los productos agrícolas básicos y 1,3% para los alimentos procesados.[15] Se estima que los países en desarrollo ganen 9 puntos porcentuales en su participación en las exportaciones agrícolas mundiales –aumentando de 54% a 65%.

Pero en estos resultados agregados se esconden grandes diferencias entre productos y, por tanto, entre países. Los más grandes aumentos estimados en los precios son para el algodón y las semillas oleaginosas (gráfico 4.6), conjuntamente con ganancias significativas en el comercio para los países que exportan estos productos (gráfico 4.7). Se estima que la liberalización del algodón y las semillas oleaginosas induciría un cambio en la producción mundial hacia los países en desarrollo, con aún mayor cambio en la participación en las exportaciones. Se estima que la participación de los países en desarrollo en las exportaciones aumentaría de 49% a 83% para el algodón y del 55% al 82% para las semillas oleaginosas. La dirección del cambio en los precios internacionales es clara, pero la magnitud de los cambios en precios difiere entre estudios. Por ejemplo, una revisión de 11 estudios que estiman cambios en los precios internacionales del algodón generados a partir de una completa liberalización comercial, sugiere un aumento promedio del precio del 10%[16] (cifra más baja que el 21% estimado en el estudio de 2006 del Banco Mundial) y los estimativos de los aumentos en los precios de los cereales oscilan entre 4% y 8%.[17]

Los subsidios a la producción de semillas oleaginosas en la OCDE y los aranceles a la importación en algunos países en desarrollo, son las principales causas de la pérdida de participación en el comercio mundial para los países en desarrollo como grupo. En tanto que los aranceles de los países de la OCDE para las semillas oleaginosas son bajos, muchos países proporcionan apoyo a la producción doméstica a través de subsidios agrícolas. La India y China, los más grandes importadores de semillas oleaginosas, imponen significativos aranceles a las importaciones. La completa liberalización comercial se estima que aumentaría los precios internacionales de las semillas oleaginosas, y la producción en América Latina y África subsahariana reduciría la producción de estos bienes en los países de la OCDE (debido a la eliminación de los subsidios), teniendo un reducido efecto agregado en el sur y este de Asia, como quiera que los efectos de unos más bajos aranceles a la importación sobre los precios (principalmente en la India y China) serían compensados por unos más altos precios internacionales.[18]

Los subsidios a la producción de algodón en la OCDE, principalmente en Estados Unidos, reducen de manera significativa la participación de las exportaciones de algodón originadas en los países de desarrollo. Muchos países en desarrollo proporcionan también una significativa ayuda a los productores de algodón (por ejemplo, China) y aplican aranceles a la importación de hasta el 10% (Argentina, Brasil, Egipto, la India y Uzbekistán).[19] La completa liberalización

Gráfico 4.6 Aumentos estimados de los precios internacionales reales como resultado de una completa liberalización comercial

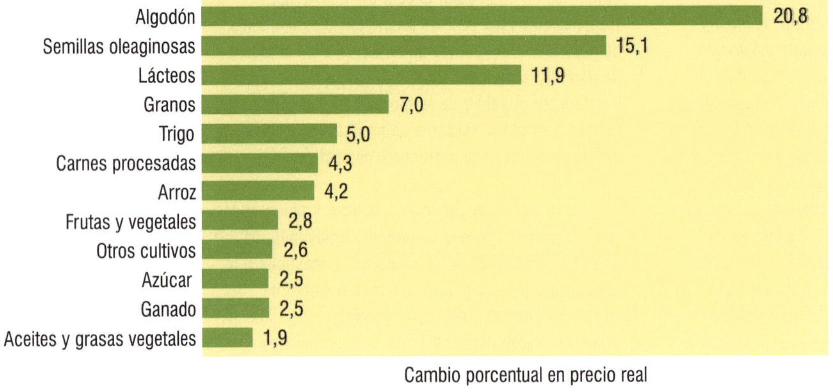

Fuente: Anverso, Martin y Van der Mensbrugghe 2006a.

Gráfico 4.7 Ganancias en la participación estimada de los países en desarrollo en el comercio

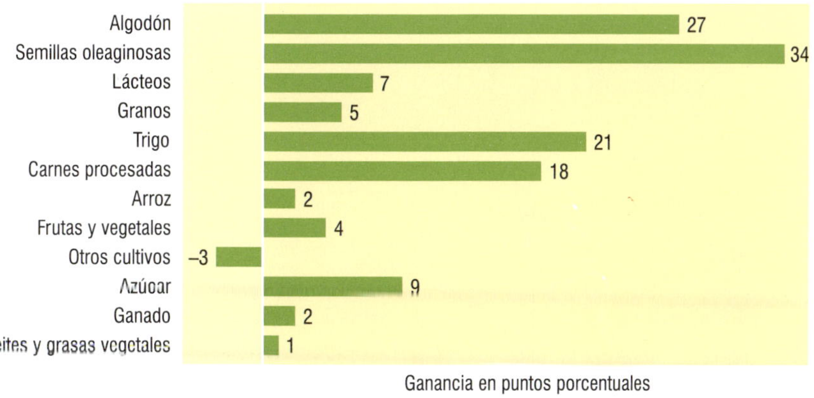

Fuente: Anverso, Martin y Van der Mensbrugghe 2006a.

comercial aumentaría los precios internacionales y la producción en África subsahariana. Se estima que las exportaciones de algodón del oeste de África aumentarían en un 60%.[20] La eliminación de los subsidios al algodón en Estados Unidos únicamente, se calcula que aumentaría los ingresos de los productores de este producto en el oeste de África entre el 8% y el 20%.[21] También que la producción en los países de la OCDE disminuiría significativamente en la ausencia de los actuales subsidios a la producción.

Con la expectativa de que los precios mundiales de los alimentos incrementarían, existe una particular preocupación por los países en desarrollo que son importadores netos de alimentos.[22] Debido a que muchos de los países más pobres dedican la mayor parte de sus ingresos a las importaciones de cereales, éstos pueden sufrir de pérdidas generales de bienestar a pesar de las ganancias que se obtienen de los aumentos en los precios en los bienes no alimenticios, como el algodón.[23]

Casi todos los países agrícolas son importadores netos de cereales, gastan una proporción importante de sus ingresos por exportaciones en importar cereales –más del 10% durante los últimos 10 años en Benin, Burundi, Etiopía, Mozambique, Níger, Ruanda y Sudán y 20% en Burkina Faso. Un aumento en los precios de los cereales de alrededor del 5% (el cambio esperable de una completa liberalización comercial) afectaría negativamente a estos importadores de cereales. El cambio esperado en los precios en el largo plazo es pequeño en relación con los movimientos de los precios de los cereales en el corto plazo, como sucede en el caso del maíz en el cual ha habido un aumento de más del 50% en los precios internacionales durante los últimos 2 años. Un aumento en los precios de los cereales también podría acentuar los problemas asociados con las fluctuaciones en la producción doméstica (con un enfoque a la seguridad alimentaria). Con todo, muchos de los mismos países son exportadores netos de semillas oleaginosas y algodón. Sudán recibe un promedio del 12% de sus divisas extranjeras de las exportaciones de semillas oleaginosas y un 7% de sus exportaciones de algodón. En el curso de los últimos 10 años, las exportaciones de algodón han representado en promedio el 40% de las exportaciones totales de Benin, 25% de las de Chad y Malí (aunque estas participaciones han estado disminuyendo) y de 30% a 60% para Burkina Faso. Las reformas comerciales que aumentan el precio del algodón y las semillas oleaginosas simultáneamente con el de los cereales, parecerían más que compensar a estos países por las pérdidas de divisas generadas en las importaciones de cereales. Existen, sin embargo, países importadores netos de alimentos que producen muy poco o ningún algodón y semillas oleaginosas –como Burundi, Kenya, Níger y Ruanda– y éstos seguirían siendo vulnerables a los aumentos en los precios de los cereales. Se podrían necesitar inversiones adicionales en la agricultura doméstica para aumentar la producción de alimentos básicos en el caso de los países más vulnerables.

Un más rápido crecimiento del producto agrícola en América Latina y África subsahariana

En el estudio del Banco Mundial, se estima que el crecimiento del producto agrícola en los países en desarrollo aumentaría de una tasa anual de 3,9% en el escenario base, a una de 4,2% en el escenario de completa liberalización comercial, un aumento del 8% en la tasa de crecimiento o un aumento de 4,3% en el producto agrícola a lo largo de un período de 10 años. América Latina y África subsahariana, comparten las mayores ganancias en tanto que los países desarrollados, Asia meridional y Europa y Asia central se estima que en promedio perderían (gráfico 4.8).

Se estima que la mayoría de las ganancias para los países en desarrollo se originarían en ganancias de deficiencia.[24] Por tanto, se necesitará apoyo en inversiones complementarias para facilitar los ajustes requeridos para aprovechar estas ganancias de eficiencia originadas en las reformas comerciales.

La pobreza disminuye en muchos países, pero no en todos

No todos ganarán de la liberalización del comercio agrícola; habrá ganadores entre y al interior de los países en desarrollo. Rastrear los efectos generales de bienestar originados en la reforma comercial hacia la pobreza, requiere una perspectiva comprensiva que vincula un modelo de equilibrio general amplio con datos detallados de encuestas de hogares. Un estudio reciente de 15 países en desarrollo toma esta vía.[25]

Varias regularidades generales surgen del estudio. La remoción de las políticas agrícolas distorsionantes del comercio en los países desarrollados, tiene efectos mixtos en los términos de intercambio para los países en desarrollo. Los términos de intercambio mejoran

Gráfico 4.8 Se espera que América Latina y África subsahariana tengan un más alto crecimiento del producto agrícola bajo las reformas comerciales mundiales

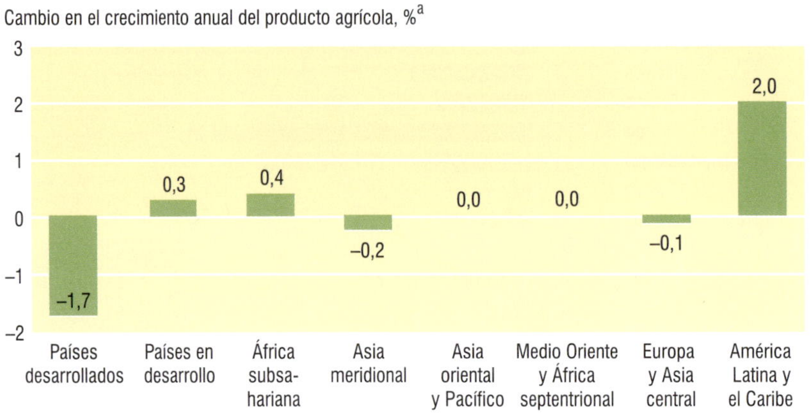

Fuente: Derivado de Anderson, Martin y Van der Mensbrugghe 2006a.
a. Diferencia entre el crecimiento promedio anual estimado para la agricultura en 2015 bajo completa liberalización en 2005 y la línea de base sin liberalización.

para los países en desarrollo que exportan productos que son actualmente protegidos por los países desarrollados, pero empeoran para los importadores netos de estos productos. Los restantes cambios en el bienestar nacional, usualmente siguen la dirección de estos cambios en los términos de intercambio, pero los cambios en la pobreza con frecuencia no siguen este patrón. Una disminución en la pobreza puede ocurrir aun cuando los términos de intercambio empeoren (como se estima para Bangladesh) y viceversa (como se estima para Vietnam) (cuadro 4.3). En contraste con el dominio que tienen los efectos en los términos de intercambio originados en las reformas de los países desarrollados, las ganancias originadas en las reformas al comercio agrícola de los países en desarrollo se estima que se originan principalmente en ganancias de deficiencia a partir de la reforma en sus propios países. Se estima que estas ganancias tienen efectos positivos para la reducción de la pobreza. Sin embargo, la magnitud de estos efectos varía entre países, dependiendo del tamaño de las distorsiones que existen actualmente.

La transmisión de las reformas al comercio mundial hacia la reducción de la pobreza, involucra muchos canales y los efectos específicos son tan variados como los países mismos. Se estima que algunos países en desarrollo se beneficiarán de importantes mejoras en los términos de intercambio, surgidas a raíz de las reformas en los países desarrollados, como Brasil (que es competitivo en productos agrícolas fuertemente protegidos, como azúcar, semillas oleaginosas y carnes) y Tailandia (un exportador de arroz) (cuadro 4.3). Las mejoras en los términos de intercambio se traducen en niveles más altos de bienestar en Tailandia que en Brasil, conforme el primero depende más del comercio. Se estima que los términos de intercambio empeoren para países como Bangladesh (importador de algodón, trigo y semillas oleaginosas) y Mozambique (importador de trigo y arroz, y un exportador de productos marinos, cuyo precio internacional se espera que disminuya con las reformas comerciales mundiales.

El efecto sobre la pobreza de los cambios en los términos de intercambio originados en las reformas agrícolas de los países desa-

Cuadro 4.3 Efectos ilustrativos sobre la pobreza, originados de la reforma comercial agrícola en países desarrollados y en desarrollo

	Brasil	Tailandia	Vietnam	México	Mozambique	Bangladesh
Los países desarrollados liberalizan						
Cambio en:						
Términos de intercambio (%)	4,9	1,1	0,3	−0,2	−0,4	−0,5
Bienestar (%)	0,7	0,8	0,2	−0,2	−0,6	−0,2
Pobreza (%)	−1,8	−6,6	0,2	0,3	0,1	−0,2
Los países en desarrollo liberalizan						
Cambio en:						
Términos de intercambio (%)	0,6	0	−0,4	−0,3	−0,6	−0,4
Bienestar (%)	0,1	0,5	1,1	0,1	1,8	0,3
Pobreza (%)	−0,2	−4,6	−1,7	0,6	−1,1	−0,2
Tanto los países desarrollados como en desarrollo liberalizan						
Cambio en:						
Pobreza medida por 1 dólar por día (%)	−1,9	−11,2	−1,5	0,9	1,0	−0,3
Pobreza medida por 1 dólar por día (miles de personas)	−445	−133	−23	86	−62	−128

Fuente: Hertel y otros, 2007.
Nota: Seis de los 15 países se presentan en el cuadro arriba, seleccionados para ilustrar las diferentes magnitudes de transmisión desde los términos de intercambio hacia el bienestar y la reducción de la pobreza entre países. De los 15 países estudiados, se estimó que dos experimentan un aumento en la pobreza a raíz de la liberalización en el comercio agrícola tanto en países desarrollados como en desarrollo.

rrollados, depende de dónde estén localizados los pobres, qué hagan para ganar su subsistencia y qué consumen. Por ejemplo, se estima que hay pequeños cambios en los términos de intercambio para Tailandia pero que éstos llevarán a unos impactos mayores sobre la pobreza, si se comparan con Brasil. La razón: una tercera parte de quienes que viven en pobreza extrema (con menos de un dólar por día) en Brasil, viven fundamentalmente de las transferencias y pierden de los incrementos en los bienes de los alimentos, los cuales más que compensan las ganancias de empleo y de ingreso de las otras dos terceras partes de quienes se encuentran en pobreza extrema, principalmente trabajadores agrícolas no calificados y autoempleados. En contraste, quienes están en pobreza extrema en Tailandia, son predominantemente hogares rurales con fuentes de ingresos diversificadas y se estima que ganarán de los aumentos en los precios. En Bangladesh, la pérdida estimada en los términos de intercambio, se traduce en más bajos niveles de pobreza en la medida en que los pobres dependen fuertemente del ingreso asalariado no calificado y se benefician de unos más bajos precios para los alimentos.

Se estima que las reformas al comercio agrícola en los países en desarrollo tengan un impacto mucho más bajo sobre sus propios términos de intercambio que los cambios en las políticas de los países desarrollados (cuadro 4.3). La eliminación de los aranceles de los países en desarrollo, disminuye el precio de los alimentos para los consumidores pobres y el ingreso de los productores excedentarios de alimentos. Por ejemplo, se estima que la pobreza de los hogares rurales en México aumentará a raíz de las disminuciones en los aranceles domésticos. En contraste, en Vietnam tanto los ingresos reales agrícolas como los salarios reales se estima que aumentarán como resultado de las reformas, generando reducciones amplias en la pobreza.

En conjunto, cuando las reformas comerciales agrícolas para los países desarrollados y en desarrollo se toman conjuntamente, la dimensión en la cual la pobreza disminuye tiende a verse aumentada –y la proporción de la población que estaba en una situación de pobreza disminuye.

Ganadores y perdedores entre los pobres al interior de los países

Una preocupación particular con las políticas comerciales para los bienes alimenticios básicos, es su potencial impacto de bienestar sobre los pobres. En tanto que la mayoría de los pobres son compradores netos de alimentos, otros son vendedores netos. Cualquier cambio en el precio, por tanto, producirá ganadores y perdedores entre los pobres. Considerar únicamente el efecto sobre la pobreza media (como se presenta en el cuadro 4.3) puede ocultar importantes consecuencias de la reforma de política sobre la pobreza entre hogares (recuadro 4.7). La distribución de los ganadores y perdedores es especifica para los países.

El grado en que se transmiten los precios internacionales hacia los hogares rurales es importante para la evaluación del impacto de los precios de los alimentos sobre el bienestar de los hogares. El grado de transmisión varía significativamente entre países, siendo afectado por los costos de transacción y la transabilidad al interior del país. Por ejemplo, un reciente estudio sobre ocho países en desarrollo indica una baja transmisión de precios hacia los agricultores en Colombia, Egipto, Ghana, Indonesia y Madagascar. Sin embargo, en Argentina, Chile y México, alrededor del 60% de la variabilidad de los precios domésticos puede ser explicada por cambios en los precios internacionales.[27] Los cambios en los precios a nivel de los hogares determinan la magnitud de los impactos de bienestar.[28]

Más allá de los efectos de primer orden de los precios de los alimentos, la liberalización comercial afecta a los pobres a través de la creación y pérdida de mercados y a través de efectos de empleo y salario, inducidos por los cambios en los precios.[29] En muchos países, como Malí y Burkina Faso, un gran número de pequeños productores produce tanto alimentos como bienes para la exportación y puede beneficiarse de la liberalización comercial, la cual puede resultar en el aumento de los precios de los cereales y del algodón. La habilidad de los agricultores para responder a las nuevas oportunidades del mercado, depende de factores diferentes al precio, como la infraestructura de mercadeo, las instituciones y los servicios. En Vietnam, una reforma comercial amplia a comienzos de la década de 1990, indujo una gran respuesta en la oferta y una ganancia de bienestar para los agricultores pobres.[30]

Los cambios al alza o a la baja en los precios de los alimentos básicos y de otros productos agrícolas, también pueden inducir cambios en el empleo y en los salarios. La dirección y magnitud de estos efectos son específicos a los casos y dependen de las condiciones del mercado laboral. En países con una alta proporción de población rural sin tierra que trabaja de manera asalariada en la agricultura, como en Asia meridional, los impactos en el mercado laboral pueden ser significativos. Un estudio sobre Bangladesh concluyó que el hogar promedio sin tierra pierde a raíz del aumento en el precio del arroz en el corto plazo, pero gana en el largo plazo a medida que los salarios aumentan a lo largo del tiempo.[31] Un resultado opuesto se obtiene en México, donde las reformas de la década de 1990 indujeron una disminución en los salarios del trabajo no calificado y de los ingresos de las ganancias agrícolas, que eliminaron las ganancias obtenidas de precios más bajos para los bienes de consumo.[32] Descomposiciones del ingreso en Vietnam, Bangladesh y Uganda, revelan que los efectos en el mercado laboral son canales efectivamente importantes a través de los cuales las reformas comerciales afectan el bienestar.[33]

El espacio para lograr ganancias potenciales

El avance de la liberalización comercial mundial no es fácil, como lo demuestran las rondas de negociaciones comerciales de Uruguay y Doha. Los intereses creados defienden con fortaleza muchas políticas actuales y son resistentes al cambio. La mayor parte de las reformas de política en el pasado se han originado en esfuerzos de reforma unilateral, los cuales continuarán siendo importantes en el futuro, pero los acuerdos multilaterales y regionales seguirán siendo instrumentos importantes para eliminar las distorsiones en los mercados internacionales y regionales.[34]

Acuerdos multilaterales: la Ronda de Doha

La Ronda para el Desarrollo de negociaciones comerciales de Doha, proporciona la oportunidad de conseguir al menos parte de las ganancias potenciales de una completa liberalización comercial. Mientras las ganancias potenciales de una completa liberalización comercial, como proporción del PIB, son mayores para los países en desarrollo que para los países desarrollados (recuadro 4.2), los impactos estimados de un potencial acuerdo de Doha sugieren que las ganancias serían más pequeñas para los países en desarrollo.[35] Parte

RECUADRO 4.7 *Compradores y vendedores netos de alimentos básicos al interior de un país*

La vulnerabilidad de los pobres ante los aumentos en los precios de los alimentos varía entre países (cuadro abajo). En Bolivia y Etiopía, la dieta incluye alimentos básicos como papa, soya y teff que no son comercializados por estos países en los mercados internacionales. Como resultado, los pobres son menos vulnerables a los precios de los cereales importados. En los otros cinco países en la tabla, los productos transables (arroz, trigo, maíz y fríjol) representan entre el 40% y el 64% del gasto en alimentos. En Bangladesh más del 50% de los pobres pertenecen a hogares rurales sin tierra y gastan un 27% de su presupuesto total en las compras de arroz. Los pobres en Bangladesh son los más vulnerables a aumentos en los precios del arroz. Únicamente el 8% de los pobres son vendedores netos de alimentos, de manera que el efecto agregado sobre el bienestar de un cambio en los precios del arroz, está dominado por su impacto sobre los compradores netos. Zambia tiene pocos pobres sin tierra pero muchos pequeños productores que son compradores netos y se ven afectados por cambios en los precios de maíz y trigo importados.

En contraste, Camboya, Madagascar y Vietnam, tienen muchos pequeños agricultores que son vendedores netos de alimentos básicos. En la medida en que las ventas de arroz (y de maíz en Madagascar) representan una alta proporción del ingreso de los hogares en estos países –hasta 70% en Madagascar– los vendedores netos son sensibles a cualquier cambio en los precios del arroz. Las ganancias en el ingreso agregado para los vendedores, de un aumento en los precios del arroz más que compensan las pérdidas para los compradores. Similarmente, el 35% de los hogares rurales pobres en Marruecos son vendedores netos y pierden más en el agregado que los compradores netos a raíz de disminuciones en los precios de los cereales.[26]

La mayoría de los pobres rurales no son vendedores netos de alimentos básicos transables

	Bolivia 2002	Etiopía 2000	Bangladesh 2001	Zambia 1998	Camboya 1999	Madagascar 2001	Vietnam 1998
Participación de los productos básicos comercializados internacionalmente en el consumo de alimentos de los pobres (%)	25,5	24,1	41,2	40,4	56,3	62,7	64,4
Distribución de los pobres (%)							
Urbanos (compradores)	50,9	22,3	14,9	30,0	8,4	17,9	6,1
Rurales sin tierra (compradores)	7,2	–	53,3	7,4	11,5	14,8	5,8
Pequeños productores compradores netos	29,1	30,1	18,8	28,8	25,8	18,9	35,1
Pequeños productores autosuficientes	7,1	39,5	4,6	20,8	18,0	27,3	19,4
Pequeños productores vendedores netos	5,6	8,0	8,4	13,0	36,3	21,1	33,6
	100,0	100,0	100,0	100,0	100,0	100,0	100,0
Proporción de compras netas a las ventas de alimentos básicos, por grupos específicos de pobres (% del gasto total de los grupos específicos)							
Compra por comprador neto urbano	12,0	9,4	22,7	11,5	5,9	4,8	13,1
Compra por comprador neto rural	12,9	28,4	27,3	18,9	20,8	10,7	19,9
Compra por vendedor neto	37,6	35,1	39,7	21,0	39,0	70,3	37,4
Proporción de compras netas en las ventas conjuntas de alimentos básicos para todos los pobres (% del gasto total para todos los pobres)							
Compra por todos los pobres compradores netos	11,3	10,2	22,0	10,3	8,1	3,6	8,8
Ventas por todos los pobres vendedores netos	1,4	2,8	4,0	2,3	14,4	18,4	12,5

Fuente: Cálculo de los autores con base en datos proporcionados por Ataman Aksoy y Alyn Isik-Dikmelik, comunicación personal.
Nota: Los datos pertenecen únicamente a la población por debajo de las líneas nacionales de pobreza.
Los bienes básicos transables incluyen arroz, trigo, maíz y fríjol, se excluyen alimentos básicos como yuca, papa, plátano, sorgo y teff.
– = no disponible.

de la razón descansa en que la Ronda de Doha hace un mayor énfasis en la eliminación de los subsidios a las exportaciones y en la reducción de las subvenciones domésticas que en la reducción de los aranceles tanto en los países desarrollados como en desarrollo. Se espera que la reducción en los aranceles tenga un mayor impacto sobre el bienestar mundial y la reducción de la pobreza, que la reducción de los subsidios en los países desarrollados, aunque las dos son importantes.[36] Hay excepciones (por ejemplo, algodón), en las cuales la reducción en los subsidios a la exportación se espera que tenga mayores impactos y donde se obtendrían importantes ganancias a partir de la Ronda de Doha.[37]

La suspensión de las negociaciones comerciales de la Ronda de Doha entre julio de 2006 y enero de 2007 y el escaso progreso que ha seguido a la reanudación de las conversaciones, hacen surgir importantes preguntas acerca de las perspectivas para una mayor reforma a través de los acuerdos multilaterales. Hay varios posibles escenarios.

Un acuerdo en la Ronda de Doha. El contenido es importante. El mejor resultado sería un acuerdo sobre ulteriores reformas, particularmente sobre productos agrícolas que son importantes para los países más pobres, como el algodón. El impacto dependería de lo siguiente:

- La medida en la cual los aranceles aplicados o reales se encuentran por debajo de sus tasas máximas acordadas ante la OMC. Las actuales tasas aplicadas están generalmente debajo de las tasas límite, requiriendo mayores recortes en las tasas límite para que se produzcan reducciones efectivas en las tasas aplicadas. Los aranceles promedio consolidados son casi el doble que los niveles de aranceles aplicados en los países desarrollados y alrededor de dos y media veces los aranceles aplicados en los países en desarrollo.[38]
- El nivel de reducción a los subsidios en los países desarrollados para algunos productos clave de exportación, como el algodón.

En la medida en que los programas de apoyo doméstico representan alrededor del 89% de los costos mundiales de bienestar para la política comercial del algodón, la reducción de estos subsidios podría representar una ganancia importante para los países en desarrollo, particularmente para los países productores de algodón en África subsahariana. De nuevo, los límites acordados en la OMC exceden enormemente los actuales niveles de apoyo.

- El tratamiento a los "productos sensibles", el cual si no es fuertemente restringido puede hacer perder el impacto de las reformas. Los países desarrollados están buscando menores reducciones de aranceles y de subsidios para productos sensibles autoseleccionados, que las que implicaría un recorte a través de una fórmula general. Los estimativos muestran que si solamente el 1% de todas las posiciones arancelarias en la Unión Europea fueran excluidas, la reducción general promedio en aranceles estimada bajo la Ronda de Doha, sin excepción, podría reducirse a la mitad.[39] La propuesta de Estados Unidos es limitar los productos sensibles al 1% del total de líneas arancelarias, en tanto que la propuesta de la Unión Europea es 8%.
- El tratamiento a los "productos especiales". Los países en desarrollo están buscando menores reducciones de aranceles, o no reducciones en absoluto, para productos especiales –considerados importantes para la seguridad alimentaria, para la subsistencia y el desarrollo rural. El impacto potencial de cualquier excepción es probable que sea específico al país. Los compradores netos de alimentos, especialmente los muy pobres, muy probablemente se verán perjudicados por los aranceles a los bienes alimentarios, que aumentan sus precios por encima de lo que sería sin éstos (recuadro 4.7). Los vendedores netos se beneficiarían. Algunos países en desarrollo que exportan productos que pueden ser considerados "especiales" por otros países, se preocupan acerca de las potenciales restricciones que habría para al acceso al mercado para estos productos en los países en desarrollo. Estos factores necesitan ser considerados en cualquier acuerdo de productos especiales. (*Ver* también la sección sobre apoyo a transición).
- El trato especial y diferenciado para los países en desarrollo. A los países en desarrollo se les requiere realizar menores reducciones en protección que a los países desarrollados bajo la actual ronda de negociaciones internacionales (bajo los acuerdos de trato especial y diferenciado). En tanto que la reforma al comercio agrícola en los países desarrollados es probable que tenga un mayor impacto sobre muchos países que las reformas de los países en desarrollo, estas últimas pueden reducir potencialmente la pobreza de una manera más consistente entre un mayor número de países en desarrollo –y las dos son importantes.[40]

Como se sigue de lo anterior, un acuerdo de Doha podría capturar algunos de los beneficios de una completa liberalización si el acuerdo disminuyera los aranceles significativamente por debajo de sus niveles actuales, si redujera los subsidios de los países desarrollados en los puntos donde importan más para los países en desarrollo (como el algodón), limitara el número de posiciones arancelarias para productos sensibles y reflejara el estatus de comprador neto de los pobres en los acuerdos para productos especiales.

Escenarios en ausencia de un acuerdo. En ausencia de un acuerdo para la Ronda de Doha, los países en desarrollo podrían necesitar el uso de acuerdos bilaterales y regionales para hacer progresar las reformas. Un mayor número de acuerdos bilaterales y regionales de comercio para la agricultura serían menos eficientes y más costosos que una mayor reforma mundial, posiblemente dilatándola y complicándola. Pero los acuerdos regionales pueden con frecuencia ser útiles para abordar temas que no se encuentran en la agenda multilateral (*ver* más adelante).

El peor resultado del fracaso de la Ronda de Roha sería un retroceso hacia la protección mundial, incluyendo los países en desarrollo, echando atrás las pasadas ganancias de eficiencia y los impactos sobre la reducción de la pobreza. Los subsidios en la OCDE están ya induciendo a algunos países en desarrollo a argumentar a favor de mayores tasas de protección para un conjunto de productos agrícolas (como sucedió en la cumbre de seguridad alimentaria en África subsahariana en 2006).

Acuerdos regionales de comercio

Como quiera que el comercio entre países en desarrollo es una proporción creciente de su comercio total, el mejoramiento del acceso de los países en desarrollo a los mercados de estos mismos países puede tener un impacto significativo.

Los acuerdos regionales pueden abordar problemas de acción colectiva regional que no se encuentran en la agenda de las discusiones multilaterales de comercio. Por ejemplo, los acuerdos regionales pueden reducir las tensiones políticas y tomar ventaja de las economías de escala para la provisión de infraestructura. Una mayor integración regional y apertura de los mercados regionales, pueden ser importantes en regiones con muchos países pequeños (por ejemplo, África subsahariana).[41]

Más de una tercera parte del comercio mundial es entre países que tienen alguna forma de acuerdo regional recíproco de comercio.[42] Estos acuerdos han sido usualmente más fáciles de lograr que los acuerdos multilaterales, debido a que tienen un menor número de participantes involucrados y a que usualmente van más allá de las reducciones de aranceles, hacia la reducción de impedimentos asociados con el cruce de fronteras, regulaciones y estándares. No todos estos acuerdos crean nuevos comercio e inversión –algunos en cambio lo desvían. (Por ejemplo, países con una alta protección externa en frontera pueden efectivamente reducir el comercio de los miembros en general, aunque el comercio dentro del grupo se aumente).

Los países africanos tienen cuatro acuerdos regionales de comercio en promedio y los países latinoamericanos tienen siete, agregando una gran complejidad al comercio. Una reciente revisión del Banco Mundial a los acuerdos regionales, concluyó que los acuerdos que tienen una mayor probabilidad de aumentar los ingresos nacionales son aquellos con un arancel externo de "nación más favorecida" bajo, menores excepciones sectoriales y de productos, reglas no restrictivas para las normas de origen, medidas para facilitar el comercio, reglas para la regulación de la inversión y la propiedad intelectual que son apropiadas para su contexto de desarrollo y cronogramas de implementación que se efectúan conforme a lo programado.[43] La implementación de los acuerdos ha probado ser difícil en muchos países: cantidades de documentos formales legalizan el libre movimiento de los bienes a través de las fronteras, pero la implementación sigue siendo débil. Se necesitan esfuerzos para asegurar una armonización de políticas, reducir las barreras no arancelarias, reducir las formalidades en frontera y la corrupción, enfrentar los problemas de transferencias de divisas y capitalizar las economías de escala en la provisión de infraestructura.

Apoyo para la transición

Se puede necesitar apoyo de transición para facilitar mayores reformas y el ajuste del sector. Temas importantes son el papel de la protección de transición, la habilidad para cambiar hacia formas alternativas de generación de ingresos y el necesario gasto público para apoyar la transición.

Argumentos a favor y en contra de la protección a los alimentos básicos en países en desarrollo

Políticas de la OCDE. Ha habido recientes llamados por parte de algunos países en desarrollo para implementar protección transitoria ante las importaciones, en respuesta a las actuales políticas comerciales de la OCDE. Los argumentos consisten en que la protección en la OCDE reduce los precios internacionales por debajo de su tendencia de largo plazo, lo cual perjudica la competitividad de los sectores alimenticios que compiten con las importaciones y lleva a una descapitalización de la agricultura y hacia la migración rural-urbana. Por tanto, se argumenta, la protección ante las importaciones se justifica para mantener las industrias domésticas.

Sin embargo hay varios contraargumentos. La distorsión promedio en los precios mundiales originada en las políticas comerciales, es de alrededor del 5% para los alimentos básicos, como se discutió en otra parte en este capítulo. Este efecto de largo plazo es pequeño en relación con los recientes cambios en los precios, reflejados en el aumento de más del 50% del precio mundial del maíz a lo largo de los últimos dos años. Adicionalmente, debido a los costos de infraestructura y transporte, la transmisión de los precios mundiales de los alimentos básicos hacia los productores domésticos es muy imperfecta, especialmente en los países agrícolas.[44] De hecho, la mayor parte de los alimentos básicos en la mayoría de países agrícolas, no son comercializados internacionalmente, sino sólo localmente y en la región (*ver* En foco C). De manera que el efecto general de las distorsiones comerciales sobre los ingresos agrícolas de los productores de alimentos básicos en los países en desarrollo más pobres, es probable que sea pequeño.

En el caso de los productos alimenticios básicos transables con una alta transmisión de precios, se puede justificar la argumentación por una mayor protección de corto plazo, donde quiera que exista una alta probabilidad de que una mejor protección de los mercados mundiales en el corto a mediano plazo, podría llevar a que los precios aumenten y donde la industria doméstica podría ser claramente competitiva si no hubiera precios distorsionados. Pero aún en estos casos, la protección sería modesta (esto es, de una magnitud cercana al aumento esperado de los precios mundiales, que para el caso de los cereales es entre 5% y 10%). Las dificultades políticas para ajustar los instrumentos de política una vez las distorsiones comerciales se han eliminado, deben ser tomadas en consideración. En consecuencia, se deben especificar estrategias creíbles de salida si se introducen medidas de protección.

Seguridad alimentaria. Aparte de los argumentos acerca de los precios mundiales distorsionados, en ocasiones se argumenta a favor de proteger las industrias domésticas de bienes alimenticios básicos a nombre de la seguridad alimentaria. Esto debe ser considerado con cuidado. Primero, los consumidores sufren el costo de la protección, particularmente los consumidores pobres que gastan una alta proporción de su ingreso en alimentos básicos y muchos habitantes rurales pobres son compradores netos de alimentos en diferentes países (*ver* recuadro 4.7). Segundo, la pobreza y un poder de compra insuficiente, antes que la carencia de alimentos, es usualmente la principal causa de la inseguridad alimentaria, aunque hay importantes excepciones en los países agrícolas (En foco C). Por ejemplo, en 2004 Indonesia instituyó una prohibición temporal para importar arroz –que ahora se ha convertido en permanente– para aumentar la producción doméstica. Dos terceras partes de los pobres son consumidores netos de arroz y se ven perjudicados por los aumentos en el precio del grano, inducidos por la prohibición. Los impactos de esta prohibición han sido identificados como la principal causa para el incremento de la tasa de pobreza del 16% en 2005 al 18% en 2006.[45]

Si una industria está ya protegida, una rápida liberalización para un sector que constituye una parte grande y transable de la economía, puede generar un significativo desempleo y dificultades en el corto plazo, especialmente para los pobres, quienes carecen de los activos o el conocimiento para tomar ventaja de las nuevas oportunidades.[46] En este caso, es imperativo incluir ayuda de transición para los grupos vulnerables, con el fin de asegurarse que se beneficien del crecimiento y que mantienen el apoyo político para la reforma comercial (*ver* más adelante). Para aquellos con activos productivos, este apoyo transicional debería ser provisto no solamente como apoyo al ingreso (como en Procampo en México), sino también facilitar la transición hacia actividades competitivas.

Políticas de salvaguardia. Los gobiernos que puedan requerir una red de seguridad para aumentar su nivel de bienestar cuando liberalizan sus mercados y reducen los aranceles aplicados, pueden considerar la utilización de bandas de precios para reducir la exposición a la variabilidad de los precios mundiales, si tales políticas de salvaguardia son permitidas en la nueva ronda de negociaciones de la OMC. Los precios piso implementados a través de un incremento temporal en los impuestos a las importaciones, pueden ayudar a prevenir una presión extrema para los productores en los años en que los precios mundiales son extremadamente bajos. Análogamente, la reducción temporal en aranceles puede implementarse cuando los precios mundiales son muy altos. (Debe reconocerse, sin embargo, que la habilidad de este mecanismo para reducir significativamente la volatilidad de los precios hacia arriba es limitada, a menos que haya una significativa protección arancelaria inicial, la cual no es probable que sea ni eficiente ni equitativa.) Para minimizar los costos económicos de tales esquemas de impuestos variables y para asegurar que no se conviertan en aumentos permanentes en la protección, es importante tener reglas claramente definidas para las intervenciones de salvaguardia, que impidan que puedan ser capturadas por intereses particulares y aseguren que los aumentos temporales en los aranceles sean infrecuentes y de corta duración.[47] A la fecha, hay unos pocos, si alguno, ejemplos exitosos de utilización de tal tipo de salvaguardias y algunos ejemplos en los cuales éstas no han funcionado bien. En resumen, la política comercial para los productos básicos debe reconocer que la protección a la producción doméstica no es pro-pobre. La protección tampoco es tan eficiente en ayudar a los agricultores como políticas alternativas como el aumento en el acceso a los activos y la inversión en investigación que incrementa la productividad, la educación, los servicios de extensión y la infraestructura rural. Sin embargo, reconociendo la sensibilidad política de estos mercados y la especificidad de los impactos de política a los distintos países, proporcionar flexibilidad dentro de las reglas de comercio tiene sentido si esto es hecho de manera que incentiva el cambio hacia la liberalización de los mercados.

La transición hacia formas fiscales alternativas

Una mayor reducción de la protección frente a las importaciones y de los impuestos a las exportaciones de productos agrícolas, puede plantear un dilema fiscal para muchos países agrícolas que dependen de estos ingresos para la inversión pública. En África subsahariana, los impuestos al comercio representan alrededor de una cuarta parte del total de ingresos del gobierno; en los países en desarrollo de Asia y el Pacífico, éstos representan alrededor del 15%.[48] La agricultura sigue siendo el sector dominante en la mayor parte de países agrícolas y por tanto deberá continuar contribuyendo al ingreso de los gobiernos nacionales y locales –de manera consistente con su actual nivel de desarrollo económico. Cuatro principios clave para orientar las cargas fiscales a la agricultura, resaltadas en un análisis previo para África, siguen siendo válidos:[49] deben ser no discriminatorias, reducir las pérdidas de eficiencia, considerar la efectividad de la recolección de ingresos fiscales y la capacidad de implementación.

La agricultura no debe ser gravada a una tasa más alta que otros sectores y los impuestos a la agricultura deben ser integrados con los ingresos generales al valor agregado, a las ganancias y al ingreso. Los impuestos a la producción y a los insumos deben ser minimizados. Los impuestos a la tierra pueden minimizar las pérdidas de eficiencia e inducir la producción, aunque éstos generalmente no existen en los países agrícolas. Los impuestos a la producción pueden ser reemplazados por impuestos al consumo (impuestos a las ventas o al valor agregado), en países con la capacidad administrativa para implementarlos.[50] La capacidad para implementar nuevos sistemas deberá ser construida a lo largo de muchos años. Entre tanto, puede ser necesario apoyarse parcialmente en los impuestos a los productos y a los insumos para obtener ingresos fiscales.

Evidencias recientes muestran un cuadro mixto acerca de cambiar esas fuentes alternativas de ingreso fiscal, pero proporcionan lecciones acerca de cómo lidiar con las pérdidas de ingreso por comercio. Los países desarrollados han recuperado todo el ingreso perdido por las anteriores reformas comerciales. Los países de ingreso medio han recuperado de 45 a 60 centavos por cada dólar de ingreso perdido. Los países de bajos ingresos han recuperado únicamente 30 centavos por cada dólar de ingreso perdido. La experiencia entre países de bajos ingresos varía ampliamente. Malawi, Uganda y Senegal, han logrado recuperar la mayor parte de las pérdidas de ingreso. ¿Qué ha hecho esto posible? Los esfuerzos para ampliar la base fiscal mediante la reducción de las excepciones, la simplificación de las estructuras impositivas y el mejoramiento de la administración de los ingresos pueden ayudar, así como lo hacen los impuestos a las ventas y al valor agregado con una base amplia.[51] En contraste, los sistemas al valor agregado con múltiples tasas y excepciones y una débil capacidad administrativa han llevado a una baja recuperación. La reforma comercial puede necesitar ser secuencial, con reformas complementarias a los impuestos domésticos y con significativos mejoramientos en la calidad del gasto público en la agricultura.

Políticas y gasto público para apoyar la transición

Con frecuencia se discute sobre la liberalización comercial sin considerar el importante papel de las políticas y programas complementarios, para facilitar la transición y apoyar a los perdedores. Las políticas complementarias incluyen la inversión pública y otras políticas que faciliten su respuesta ante las nuevas señales del mercado, para conseguir un crecimiento de largo plazo (discutido en la siguiente sección). Es necesario reconocer la heterogeneidad de los grupos adversamente afectados, examinar sus características demográficas y geográficas distintivas y analizar la magnitud de las pérdidas y ganancias potenciales. El apoyo de transición puede incluir lo siguiente:

- *Donaciones para facilitar los cambios en la producción*. Un ejemplo es el programa turco para la reducción de los subsidios agrícolas. Se pagaron ayudas por hectárea a los agricultores, para facilitar su transición de la producción de tabaco y avellanas hacia alternativas más eficientes como maíz, soya, girasol y vegetales. Se proporcionó apoyo complementario para mejorar la eficiencia de los canales de mercadeo cooperativo.[52]
- *Transferencias en efectivo y redes de seguridad social.* Para apoyar a quienes se encuentran en pobreza extrema y financiar los necesarios ajustes, el gobierno puede realizar pagos en efectivo y proporcionar redes de seguridad social, como lo ha hecho México a través del programa Procampo (*ver* recuadro 4.5).[53] Sin embargo, las transferencias en efectivo para compensar a los perdedores son insuficientes para inducir un respuesta en la oferta. Se necesitan inversiones focalizadas como infraestructura y servicios de extensión, para mejorar la productividad o la educación y facilitar la transición (*ver* siguiente sección).[54]

El desafío es asegurar un adecuado balance entre el apoyo complementario al ingreso para la transición y los programas públicos centrales que impulsan el crecimiento agrícola de largo plazo y la reducción de la pobreza. Los riesgos de caer en la protección y en las trampas de subsidios, inducidos por una atención dominante al apoyo de transición a expensas de crecimiento de largo plazo son elevados. Los programas de gobernanza que pueden limitar la capacidad para implementar estos programas también deben ser abordados (capítulo 11).

Inversión pública para el desarrollo de largo plazo

La magnitud de la respuesta de la oferta de los pequeños agricultores a las reformas comercial y de precios depende, entre otros factores, de la infraestructura rural (irrigación, vías, transporte, energía y telecomunicaciones), mercados, finanzas rurales e investigación.[55] Donde éstas son deficientes, se necesitarán inversiones complementarias para tomar ventaja de las reformas comerciales. Igualmente, si estos factores, diferentes a los precios, se han implementado, pero las políticas macroeconómica y sectoriales domésticas deprimen los incentivos para producir, la respuesta de la oferta puede ser limitada. En muchos países, particularmente los agrícolas, estos factores diferentes a los precios se encuentran poco desarrollados y necesitan una inversión significativa, particularmente en la infraestructura de mercados, instituciones, investigación y extensión y administración de recursos naturales. En el largo plazo, estas inversiones es probable que sean más importantes que las reformas comerciales para utilizar la agricultura para el desarrollo. Los detalles sobre las prioridades de inversión serán el tema de los capítulos siguientes.

Con frecuencia el gasto público ha sido desviado de estas necesarias inversiones de largo plazo hacia los subsidios agrícolas. Los subsidios son usualmente ineficientes desde el punto de vista económico y con frecuencia promueven el desperdicio de los recursos a un alto costo para los agricultores, en términos de crecimiento e ingresos perdidos. En los lugares donde las inversiones de capital de largo plazo han sido realizadas, muy pocos recursos se han asignado a su operación y mantenimiento, de forma que se asegure la sostenibilidad de estas inversiones.

Los subsidios a la agricultura se definen acá como los pagos hechos del presupuesto público para proveer bienes esencialmente de tipo privado como los insumos agrícolas. Los subsidios pueden ayudar a superar fallas temporales del mercado como parte de una estrategia más amplia, superar los costos fijos de la infraestructura y reducir el riesgo (capítulo 6). Pero muy raramente han sido utilizados para estos propósitos, han beneficiado sobre todo a los agricultores más ricos y con frecuencia son difíciles de eliminar una vez se han establecido –todo esto llevando a un uso ineficiente e inequitativo de los recursos. Por tanto, la calidad del gasto público –la eficiencia del uso de los recursos– es con frecuencia un tema aún más importante que abordar a este nivel.

La ineficiencia del gasto actual

Una alta proporción del gasto público ha sido utilizada para la proporción de bienes privados a un alto costo. Las revisiones realizadas sobre el gasto público, sugieren que las asignaciones de presupuesto agrícola hacia los bienes privados son altas: 37% en Argentina (2003), 43% en Indonesia (2006), 75% en la India (2002) y 75% en Ucrania (2005). Las transferencias a las agencias paraestatales y los subsidios en Kenya en 2002/03 y en Zambia en 2003/04 alrededor del 80% del gasto distinto a salarios, se destinó a subsidios a los agricultores para los fertilizantes y los precios del maíz.

La asignación de subsidios con frecuencia desvía los fondos de inversiones de alto retorno en bienes públicos. En Zambia, solamente el 15% del presupuesto agrícola en 2003/04 fue asignado a investigación, servicios de extensión e infraestructura rural –inversiones que han mostrado altos niveles de retorno (capítulo 7). La reasignación del gasto hecho en subsidios privados para la producción de bienes públicos puede aumentar el crecimiento.[56] Sin embargo, aunque estos subsidios son económicamente ineficientes, con frecuencia son políticamente útiles. Por tanto, el mejoramiento y la eficiencia del uso de los recursos requieren abordar las presiones originadas en la economía política que determina la asignación de los recursos (recuadro 4.8).

En la India, la tendencia ha sido retirarse de las inversiones en bienes públicos y moverse hacia los subsidios. Los gastos públicos para la agricultura en general han permanecido a un nivel del 11% del PIB agrícola, en tanto que la proporción de subsidios para fertilizantes y electricidad (*ver* recuadro 4.8) y para el apoyo a los precios de los cereales, el agua y el crédito, ha aumentado permanentemente –a expensas de la inversión en bienes públicos, como la investigación y el desarrollo, la irrigación y las vías rurales. El gasto agrícola es alrededor de cuatro veces más alto en subsidios que en bienes públicos (gráfico 4.9). Adicionalmente, los retornos a los subsidios en la India han disminuido.[57] Estos hallazgos y los resultados de un estudio relacionado, sugieren que existe el potencial para obtener significativas ganancias de eficiencia de la reasignación de los gastos públicos para la agricultura en la India.[58]

Reformas para mejorar la eficiencia del gasto público rural

Entender por qué el gasto público rural es asignado a intervenciones improductivas, requiere comprender la economía de las políticas gubernamentales. Las variables institucionales, demográficas y económicas conjuntamente, dan forma al tamaño y calidad del gasto público. Un factor que afecta la calidad es la información. La carencia de un programa formal de evaluaciones del gasto –combinado con la falta de acceso a la información pública sobre los gastos y sus beneficiarios– diluyen la efectividad de cualquier mecanismo de rendición de cuentas que pudiera haber sido provisto por la presencia de supervisión y corrección políticas, una prensa libre, u organizaciones de la sociedad civil bien intencionadas. Con tales brechas de información, los debates públicos acerca de las políticas públicas tienden a ser manipulados por los grupos de intereses especiales. Las evaluaciones rigurosas, su amplia disminución y su creciente transparencia podrían reducir esta brecha de información.

Los grupos especiales de interés también influencian los patrones de gasto público. En América Latina, la proporción de subsidios rurales proporcionada por los gobiernos es mayor donde hay una mayor desigualdad del ingreso.[59] Los sectores económicos o los grupos de productores que controlan una gran proporción de las riqueza nacional, también tienen los medios para influenciar las políticas públicas para su beneficio. Si la falta de efectividad del gasto público es un resultado de la influencia de los grupos de intereses especiales, la solución puede ser ligar la implementación del presupuesto a un sistema de toma de decisiones participativas, en el cual los hogares rurales pobres tengan participación (capítulo 11). Esto podría funcionar mejor para los gastos locales, donde la descentralización administrativa acompaña a la democratización política.[60] Con todo, el desafío es evitar la captura por parte de las élites y hasta ahora la evidencia del efecto de la descentralización sobre la corrupción es mixta.[61]

Conclusiones

Recientes reformas de política han mejorado los incentivos de precios para los productores agrícolas en los países en desarrollo. Las cargas netas a la agricultura entre estos países, en promedio han disminuido fuertemente. Entre 1980-84 y 2000-04, éstas disminuyeron del 28% al 10% en los países agrícolas, del 15% al 4% en los países en transformación y de ser marginalmente negativas a una protección neta del 9% en los países urbanizados. Pero los cambios en la carga fiscal neta en algunos países, son el resultado del aumento en la protección de las importaciones agrícolas y de la continuación de las cargas fiscales para las exportaciones. Estas diferencias sugieren que existe un considerable espacio para mayores mejoras

Gráfico 4.9 En la India los subsidios han aumentado en tanto que las inversiones en bienes públicos han declinado

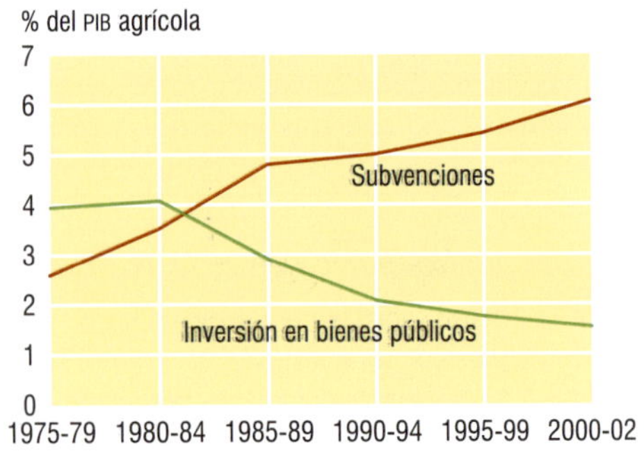

Fuente: Chand y Kumar 2004.

RECUADRO 4.8 *Ejemplos de subsidios en la India y Zambia*

Subsidios a la electricidad para la agricultura en la India: ¿puede una mayor rendición local de cuentas inducir las reformas?

Con el 55% a 60% de la tierra irrigada en la India siendo provista por yacimientos acuíferos, la electricidad para el bombeo es un insumo importante. La mayoría de los gobiernos estatales proporcionan electricidad a los agricultores a una tasa plana subsidiada –frecuentemente gratuita. Pero la calidad de servicio es pobre debido a la limitada y errática oferta y las fluctuaciones del voltaje, las que pueden resultar en pérdidas de cultivos debido a la imposibilidad de regar y a los daños en el equipo de bombeo.

Los subsidios a la electricidad para la agricultura son también costosos fiscalmente, y ambientalmente perjudiciales. Los subsidios eléctricos a la agricultura en Punjab en 2002/03 representaron el 7% de los gastos del Estado. Junto con otras políticas que promueven la siembra de cultivos intensivos en agua, como el arroz, los subsidios a la electricidad contribuyen a una sobreexplotación del agua subterránea. Alrededor del 60% de los recursos de agua subterránea del Estado están ya sobreexplotados, en condiciones en que las tasas de extracción exceden las tasas de recuperación –una situación claramente no sostenible.

El aumento de los precios de la electricidad y la introducción de medidores son medidas técnicas y económicamente adecuadas pero no son políticamente factibles, hasta ahora. Los agricultores grandes obviamente se benefician más del subsidio y además poseen influencia política, pero hay elementos adicionales a los subsidios.

Su introducción se dio a continuación de unas masivas protestas de los agricultores contra los aumentos de los precios de la electricidad en la década de 1980. En la actualidad, la continuación de estos subsidios responde a la creciente disparidad de ingresos entre los sectores agrícolas y no agrícolas, empeorados por la relativamente baja tasa de crecimiento de la agricultura en la India. Proporcionar electricidad gratuita es un instrumento políticamente conveniente para transferir ingreso hacia el sector agrícola. A diferencia de otros instrumentos de política, no requiere ser implementado por la (frecuentemente ineficiente) administración pública. Los agricultores que compran el agua de los propietarios de las bombas –una considerable proporción de los agricultores en la mayor parte de los estados– potencialmente se beneficia del subsidio también, lo cual aumenta el atractivo de este instrumento de política para los políticos que desean ganar las elecciones estatales.

Abordar conjuntamente la calidad de la oferta de electricidad y su costo es un elemento clave para la reforma de la política de subsidios. Sin embargo, debido a los amplios hurtos de energía y pérdida de ésta, los estados carecen de credibilidad para ofrecer un mejor servicio, a cambio de precios más altos. Una opción sería descentralizar la oferta de energía hacia los gobiernos locales o grupos comunitarios, apoyándose en la rendición local de cuentas para mejorar la calidad de la electricidad. La captura por parte de las élites debe aún ser prevenida, pero esta opción, orientada a la comunidad, tiene el potencial de romper el *impasse* político. Esto ejemplifica el tipo de elecciones que hay que hacer entre el costo potencial de la eficiencia y las pérdidas de las economías de escala, al tener generación descentralizada o no hacer ningún progreso en absoluto.

Subsidios a los fertilizantes en Zambia: débiles coaliciones opositoras

Alrededor del 5% del presupuesto nacional de Zambia va a la agricultura. En el año fiscal 2005, más de la mitad del presupuesto agrícola fue destinado al programa de apoyo a los fertilizantes (37%) y al mercadeo de cosechas (para maíz) bajo la agencia de reserva alimentaria (15%). Solamente el 3% del presupuesto fue al desarrollo de irrigación y a infraestructura rural y el 11% a costos operativos, los cuales incluían la investigación agrícola y la extensión. El gasto en investigación y desarrollo agrícolas cayó del 1,2% del PIB en 1985 a alrededor de 0,5% en 2000.

¿Por qué es el gasto en los subsidios a los fertilizantes tan alto? No hay grupos poderosos que podrían beneficiarse de su eliminación, a pesar de ser éste un uso económicamente productivo de los recursos públicos. Esto contrasta con las reformas iniciales en la trilla de maíz, donde el sector privado ganó significativamente de la privatización y apoyó fuertemente la reforma. Bajo el programa de fertilizantes, los comerciantes frecuentemente se benefician.

Una encuesta de hogares de 2002/03, mostró que solamente el 29% de los agricultores adquirían fertilizante, 59% de ellos a través de distribuidores privados y 36% de ellos a través del Programa de Apoyo a los Fertilizantes del Gobierno. Los dos grupos tenían un más alto ingreso y riqueza, y estaban localizados cercanamente a las vías y a los centros de distrito. Sin embargo, aquellos que recibían el fertilizante a través del programa de gobierno, eran predominantemente empleados del servicio civil, en un programa dirigido a atender a los pobres. Los parlamentarios también se beneficiaban algunas veces, informando a los agricultores que no había necesidad de repagar los créditos por los fertilizantes recibidos.

Los costos económicos del programa son elevados –tanto por un menor gasto en áreas de más alta productividad, como la investigación agrícola, la extensión y la infraestructura, como por una menor diversificación hacia cultivos diferentes al maíz.

Fuente: Bentema y otros 2004; Birner, Sharma y Palaniswamy 2006; Govereh y otros 2006; Pletcher 2000; Banco Mundial 2003d.

en la política, que pueden tener impactos distributivos potenciales al interior de los países. En contraste, ha habido relativamente poco avance en la disminución del apoyo a los productores en los países de la OCDE. Sin embargo, ha habido un distanciamiento (desconexión) con respecto a la ayuda ligada directamente a los precios de los productos, sus volúmenes y las áreas plantadas, hacia otras formas menos distorsionantes, como transferencias en efectivo, particularmente en la Unión Europea.

Los impactos estimados de una completa liberalización comercial son sustanciales para el crecimiento del comercio de los países en desarrollo y su producción agrícola. Se espera que una completa liberalización del comercio aumente los precios de los productos básicos en 5% en promedio, la participación de los países en desarrollo en el comercio agrícola mundial en alrededor de 9 puntos porcentuales y el crecimiento del producto agrícola de países en desarrollo en un promedio de 0,3% por año. Los países urbanizados, particularmente aquellos en América Latina, con una ventaja comparativa en muchos de los productos que son actualmente protegidos, estarían entre los principales beneficiarios. No todo mundo ganaría de la liberalización. Los agricultores que son vendedores netos se beneficiarían, en tanto que los hogares que son compradores netos de alimentos pueden perder debido a los más altos precios de éstos si sus salarios u otros ingresos no aumentan lo suficiente para compensarlos.

Una mayor liberalización del comercio en los países en desarrollo, puede necesitar de una implementación secuencial con reformas fiscales para reducir las pérdidas de ingresos de los impuestos al comercio y con subsiguiente gasto público en los sectores agrícolas en estos países. Las políticas y programas complementarios son necesarios para compensar a los perdedores en los países en desarrollo y para facilitar un ajuste rápido y equitativo ante las ventajas comparativas que surgen. La respuesta de la oferta a las reformas comerciales depende de las inversiones públicas en bienes públicos centrales, como irrigación, vías, investigación y desarrollo, educación y el apoyo institucional asociado. Pero las inversiones públicas en la agricultura con frecuencia están sesgadas hacia los subsidios de tipo regresivo. Hay un considerable espacio para mejorar la eficiencia de los recursos públicos mediante el aumento de la inversión en bienes públicos de alta prioridad. Se necesitan acciones para aumentar la información, rendición de cuentas y compromiso. Las brechas de información en el conocimiento público acerca de la asignación de los presupuestos y del impacto del gasto público en la agricultura tienen que ser cerradas a través de una mayor publicidad y transparencia de la asignación del presupuesto y su evaluación.

La economía política determina el ritmo y extensión de la reforma y tiene que ser abordada tanto en los países en desarrollo como desarrollados. La construcción de coaliciones para apoyar y sostener las reformas puede ayudar. La OMC ha inducido las reformas y los medios de comunicación locales han jugado un papel de apoyo (como en el caso de la industria de algodón en Estados Unidos). En algunos casos, se pueden necesitar compromisos negociados y esquemas de compensación para los perdedores –como en las nuevas reformas en la política arrocera en Japón, la reforma al sector del azúcar en la Unión Europea y las reformas de la década de 1990 en México. La vinculación de las reformas agrícolas domésticas a un más amplio conjunto de reformas en la economía, pueden fortalecer las coaliciones que apoyan la reforma y aumentar la probabilidad de su avance, como ha sucedido en muchos países en desarrollo en las décadas de 1980 y 1990.

Elementos clave en la futura agenda son el mantenimiento de unos precios correctos a través de la reforma comercial y doméstica, asegurar que las reformas fiscales complementarias reemplazan los ingresos perdidos en el comercio para hacer reinversión en el sector, asegurarse de que la calidad del gasto público mejora, proporcionar apoyo a los programas complementarios para facilitar la transición e invertir masivamente en bienes públicos clave para lograr un crecimiento sostenido de largo plazo. Todo esto requiere un enfoque comprensivo más allá de los precios y del ajuste; los gobiernos deben enfocarse en el mejoramiento de la infraestructura de mercados, las instituciones y los servicios de apoyo –tópicos que se tratarán en los capítulos siguientes.

capítulo 5

Llevar la agricultura al mercado

Importantes cambios en los mercados domésticos y mundiales están creando grandes oportunidades para los agricultores y los empresarios agrícolas. La demanda por productos primarios y procesados de alto valor está aumentando rápidamente, determinada por el aumento en los ingresos, la mayor urbanización, un comercio más libre, la inversión extranjera y el avance de la tecnología. Estos desarrollos están expandiendo las oportunidades de mercado, lo cual es importante para un más rápido crecimiento de la agricultura y del sector rural no agrícola y para un mayor empleo e ingreso rurales. Sin embargo, los nuevos mercados demandan calidad, entregas oportunas y economías de escala, planteando desafíos especiales para los pequeños agricultores.

En muchos países agrícolas y en proceso de transformación, los alimentos básicos siguen siendo una actividad importante para una proporción grande de hogares, muchos de ellos pobres. Pero el desempeño del mercado de alimentos básicos con frecuencia se ve obstaculizado por una pobre infraestructura, unos inadecuados servicios de apoyo e instituciones débiles, que hacen elevar los costos de transacción y la volatilidad de los precios. La forma como los mercados de productos básicos funcionan afecta, entonces, las formas de subsistencia, el bienestar y la seguridad alimentaria, especialmente de los hogares pobres.

Unos sistemas de mercadeo agrícola que operen adecuadamente, pueden reducir el costo de los alimentos y la incertidumbre de la oferta, mejorando la seguridad alimentaria de hogares pobres y no pobres. Mediante una conexión más cercana de los agricultores y los consumidores, los sistemas de mercadeo transmiten señales a los agricultores acerca de nuevas oportunidades de mercado y guían su producción para que satisfagan las cambiantes preferencias de los consumidores por cantidad, calidad, variedad e inocuidad.

Los mercados eficientes requieren buena gobernanza y políticas públicas –infraestructura, instituciones y servicios que proporcionen información de mercados, establezcan clasificaciones y estándares, administren riesgos y hagan cumplir los contratos– un desafío que permanece para muchos países. Sin embargo, contar únicamente con mercados eficientes no promueve resultados equitativos, de manera que los pequeños productores pueden requerir la construcción de su propio poder de negociación a través de las organizaciones de productores, asistidas por las políticas públicas.

La naturaleza y ritmo de los desarrollos en el mercado difiere entre productos alimenticios básicos (cereales), productos tradicionales de exportación a granel (café, cacao, té, algodón) y productos de alto valor para los mercados domésticos y de exportación (lácteos, carnes, frutas, vegetales). Este capítulo examina las nuevas oportunidades y desafíos que enfrentan los pequeños agricultores en los mercados para cada uno de estos importantes grupos de productos. Subraya el amplio conjunto de iniciativas privadas, públicas y de la sociedad civil, que se han intentado para hacer que los mercados funcionen mejor para el desarrollo y la reducción de la pobreza.

Alimentos básicos: mejorando el mercadeo y la administración del riesgo

El mercado para los alimentos básicos continúa siendo, de lejos, el más importante para muchos países agrícolas y en proceso de transformación, debido a que éstos representan un porcentaje importante de los gastos en alimentos de los hogares y generan el grueso del producto interno bruto agrícola (PIB). El crecimiento de la población impulsa la demanda, suplementado por la rápidamente creciente demanda por productos para la alimentación animal en países de ingresos medios. Los altos costos de transacción, el desperdicio y pérdidas de productos, los amplios márgenes de comercialización, la pobre integración de los mercados, el limitado acceso al financiamiento de la comercialización y unas débiles instituciones regulatorias, inhiben los mercados para los productos básicos. La generación de mejores mercados para estos productos tiene amplias implicaciones para el crecimiento agrícola, debido a que aumentan los precios en la puerta de la granja, permiten construir confianza en los agricultores acerca de su confiabilidad y a los agricultores diversificarse hacia productos de más alto valor.

En los países agrícolas y en proceso de transformación, son de común presencia tanto los comercializadores de tamaño pequeño como distintas capas de intermediarios en el mercadeo de los productos básicos y de otros productos agrícolas (gráfico 5.1). Siendo con frecuencia negocios unipersonales que manejan varios productos, los comerciantes e intermediarios tienden a autofinanciarse debido al limitado acceso que tienen al crédito. Ellos maximizan los retornos a su capital de trabajo a través de la rápida rotación de pequeñas cantidades de producto y del mantenimiento de bajos niveles de almacenamiento. Las calidades de los productos raramente se encuentran estandarizadas así como tampoco lo están los pesos y las medidas, haciendo de la inspección personal por parte de los compradores un factor esencial. Esto requiere que los comerciantes viajen extensivamente, aumentando los costos de transacción.

El mejoramiento y modernización del sistema de mercadeo puede aumentar la eficiencia del mercado, mejorar la competitividad frente a las importaciones y reducir las pérdidas y los riesgos. La modernización del mercado, más allá de los mejoramientos en el

Gráfico 5.1 Los mercados del maíz en Ghana se caracterizan por diversas capas de intermediarios

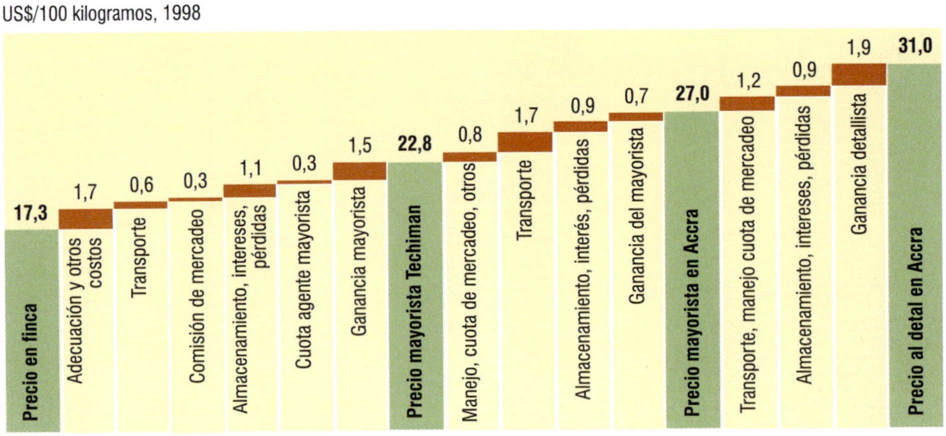

Fuente: Instituto de Recursos Naturales, comunicación personal, 2006.

transporte básico, incluye los sistemas de información de mercados, las bolsas de productos y el manejo del riesgo en los precios.

Conexiones viales deficientes

La existencia de una inadecuada infraestructura de transporte y de servicios en las zonas rurales, incrementa los costos del mercadeo en detrimento de los mercados locales y las exportaciones. Este es particularmente el caso en África, donde menos del 50% de la población rural vive cerca de una vía que funcione en todas las estaciones del año. Encuestas a comerciantes en Benin, Madagascar y Malawi, encuentran que los costos de transporte representan entre 50% y 60% del costo total de mercadeo.[1] El mejoramiento de las conexiones viales es entonces crítico para fortalecer el enlace entre los agricultores y la economía rural con los mercados locales, regionales e internacionales (recuadro 5.1).

Sistemas de información de mercados

La información de mercados mantiene a los agricultores y a los comerciantes en sintonía con las demandas y las cambiantes preferencias de los consumidores, guiando la producción, el mercadeo y la inversión. La información de mercados incluye precios oportunos y confiables, contactos con compradores, canales de distribución, tendencias en compradores y productores, regulaciones a la importación, perfiles de competidores, especificaciones de clasificaciones y estándares, consejo sobre manejo poscosecha y recomendaciones para almacenamiento y transporte.[2]

Los sistemas públicos de información de mercados con frecuencia han sido desilusionantes, diseminando la información de manera muy lenta, en la forma incorrecta, o con una frecuencia muy baja para ser de uso real para los participantes en el mercado.[3] Varias aproximaciones innovadoras se encuentran en prueba en diferentes partes del mundo, construidas a partir de los avances en la tecnología de las comunicaciones (radio, telefonía celular, televisión, internet) y en la liberalización de las telecomunicaciones y la transmisión de señales. En la India, el Ministerio de Agricultura opera la AgMark Net, que recolecta información de precios en los mercados mayoristas a nivel nacional y la disemina a través de la internet. El sector privado en India está invirtiendo en infraestructura de telecomunicaciones, como redes de telefonía móvil y kioscos rurales conectados a la Internet, lo cual ayuda al fortalecimiento de la información de mercados, la extensión y otros servicios a los agricultores. En África occidental, una asociación público-privada estableció TradeNet, una plataforma de comercio que permite a compradores y vendedores entrar en contacto a través de la internet y teléfonos celulares (recuadro 5.2).

Los sistemas de información de mercados también diseminan información de precios en Kenya, Mozambique y Senegal, utilizando una mezcla de Internet, servicios de mensajes cortos (SMC), correo de voz, radio y/o carteleras de mercado.[4] En Mali y Uganda se transmite información de precios a través de emisiones locales de radio en FM.[5] Es muy temprano para juzgar la viabilidad de largo plazo y el impacto de estos servicios, pero la evidencia anecdótica sugiere que existe interés entre los agricultores (con un uso creciente de SMC) y la disponibilidad de las compañías de telefonía móvil para invertir en estos sistemas, apoyados por financiación inicial de donantes. Los nuevos sistemas tienen el potencial de reducir significativamente los costos de transacción, especialmente los costos de búsqueda y transporte, y ameritan una continuada investigación y evaluación.

Bolsas de productos: rápidas y de bajo costo

Las bolsas de productos ofrecen un mecanismo rápido y de bajo costo para la formación de precios, la comercialización y la resolución de disputas contractuales. Una bolsa física es con frecuencia un primer paso hacia formas más sofisticadas de contratos de comercialización –inicialmente contratos para entrega futura y, posiblemente más tarde, contratos de futuros, opciones y *swaps*. China, la India, Sudáfrica y Tailandia tienen bolsas de futuros agrícolas que facilitan un amplio rango de transacciones, de financiación y manejo del riesgo.[6] Los cuatro tienen grandes mercados domésticos y sectores financieros bastante bien desarrollados.

Las bolsas de futuros para productos básicos en la India se expandieron rápidamente luego de que el gobierno eliminó la prohibición a sus operaciones en 2004.[7] Existen tres bolsas electrónicas nacionales de futuros y 21 regionales para cereales, azúcar, algodón, papas, semillas oleaginosas y especias.[8] El volumen transado totalizó US$8,7 mil millones en las tres bolsas nacionales en un período de dos semanas, en septiembre de 2005.[9] La bolsa de futuros de Sudáfrica (Safex)

RECUADRO 5.1 *Impacto de la infraestructura vial en los mercados y la productividad*

El desarrollo de vías rurales tiene el potencial de reducir los costos de transporte y generar actividad de mercado. En Vietnam, la rehabilitación de caminos aumentó la variedad de bienes que los hogares vendían en el mercado (primariamente frutas, vegetales y carne) e incentivó una mayor participación en el comercio y los servicios. En Georgia, la construcción y rehabilitación de caminos incrementaron las oportunidades de empleo no agrícola y femenino. En Madagascar, las simulaciones sugieren que una reducción del 50% en el tiempo de viaje por kilómetro de vía, podría incrementar la producción de arroz en 1%.

Sin embargo, estos efectos están mediados por las condiciones geográficas, políticas y económicas específicas. Se pueden requerir insumos o políticas complementarias para alcanzar los beneficios plenos del mejoramiento de las vías. Aun si se generan ganancias agregadas en el nivel de producto, muy probablemente habrá perdedores también. De qué forma uno pondera las ganancias y pérdidas y si la pobreza disminuye es en últimas una pregunta empírica. Trabajos recientes, utilizando métodos de evaluación de impacto, muestran resultados mixtos, sugiriendo que para ser efectiva, la política de vías rurales necesita adaptarse al contexto y condiciones específicas.

La política debería enfocarse más en el papel complementario de las vías rurales. En el pasado, las políticas se han fijado en la oferta de vías rurales como un catalizador del desarrollo y la actividad de los mercados. Unas deficientes condiciones de las vías, con frecuencia coinciden con la presencia de otros cuellos de botella que inhiben la productividad agrícola y el desarrollo económico, incluyendo las pobres dotaciones agroclimáticas, la baja densidad de población, la ineficiencia de servicios de transporte, los bajos niveles educativos, la carencia de electricidad y fallas en los mercados del riesgo, crédito y otros. Los beneficios derivados de las vías dependen fuertemente de las interacciones con otra infraestructura y con las características geográficas, comunitarias y de los hogares Por ejemplo, un estudio en Vietnam encontró que de 4 a 6 años después de la rehabilitación de los caminos, los servicios de transporte terrestre tenían una mayor probabilidad de responder dónde se habían establecido mercados y dónde los desastres naturales eran relativamente poco frecuentes. La política necesita tomar en consideración más que la ausencia o pobre condición de las vías, antes de decidir que una de éstas es crítica. En cada caso específico, la política debería preguntarse si las vías son el instrumento correcto para superar las restricciones para conseguir un determinado resultado de bienestar y, de serlo, qué otras iniciativas e inversiones se necesitan.

Las heterogeneidades entre hogares determinarán quiénes ganan y quiénes pierden. Manteniendo las características de las comunidades constantes, algunos hogares estarán en una mejor posición para aprovechar una nueva vía gracias a sus dotaciones y la naturaleza de sus ocupaciones. Los hogares difieren en cuanto a lo que ellos compran y venden y, por tanto, en qué tanto pueden ganar o perder de cambios inducidos en los precios debido a las mejores vías.

Los hogares pobres tienen una mayor probabilidad de depender de la producción de bienes y servicios no transables, que, en realidad, pueden terminar siendo desplazados por el incremento de la competencia que es fomentado por las mejores vías. Por otra parte, los mejoramientos en las vías tienen un efecto sobre el ingreso general, que puede generar demanda por servicios originados en oferentes pobres. El efecto neto de esto es una pregunta empírica. El cuadro que emerge de más recientes y metodológicamente más rigurosas evaluaciones de impacto, es complejo. En Nepal, un mejor acceso a los mercados benefició a los pobres y a los no pobres, pero las ganancias proporcionales fueron mayores para los no pobres. Dercon y otros (2006) encuentran que el acceso a caminos utilizables en todas las temporadas en 15 poblados de Etiopía, redujo la incidencia de la pobreza en 6,7%. Dada la heterogeneidad de los impactos, se requiere una mayor atención en la selección de los beneficiarios, reconociendo que existen costos implícitos. Adicionalmente, las vías pueden necesitar ser provistas como parte de un paquete de intervenciones que ayudan a que ciertos grupos se beneficien más de lo que lo harían sin él y que se necesiten compensaciones o protecciones para aquellos que pueden perder.

El ambiente de gobernanza e institucional es también importante para determinar los impactos. Los fondos para los proyectos viales pueden terminar no financiando lo que se quería financiar y por tanto pueden no tener impacto. Los gastos en infraestructura presentan oportunidades de captura y de desviación de recursos. Esto puede cambiar cuando los incentivos cambian. Un estudio encontró que la amenaza de una auditoría a los proyectos viales en Indonesia, incrementó significativamente las cantidades que efectivamente se gastaban en trabajo y en materiales de construcción para los caminos, llevando por tanto la calidad de las vías a un punto más cercano al originalmente deseado. La fungibilidad puede también atenuar los impactos, en la medida en que la ayuda o la financiación del gobierno central para proyectos viales puede sustituir el gasto de los gobiernos locales en infraestructura. Finalmente, la carencia de arreglos de financiación e institucionales para el mantenimiento de rutina, puede reducir significativamente los impactos de las vías recientemente renovadas.

Qué tan importantes son las vías, depende de un conjunto de factores. Por supuesto, las vías importan para el desarrollo económico, pero qué tanto lo hagan depende de un número de factores. Se necesitan aproximaciones compatibles con la forma como las instituciones locales trabajan en la práctica, incluyendo lo que éstas son capaces de realizar. Esto puede requerir la confección de un paquete completo de inversiones en distintos sectores (caminos e inversiones complementarias) y de cambios de políticas que aseguren un más alto impacto en la eficiencia así como unos resultados de pobreza y equidad más deseables.

Fuentes: Limao y Venables 2001; Van der Walle 2007.

ofrece contratos de futuros para maíz blanco y amarillo, trigo, girasol y soya y tranzó más de 1,9 millones de contratos en 2006. Los comerciantes en toda África subsahariana utilizan Safex como un punto de referencia para los precios de las transacciones físicas. En 2006 el gobierno de Malawi utilizó una opción de compra basada en Safex para protegerse del riesgo de los incrementos en los precios internacionales cuando una mala cosecha hubiera requerido la realización de significativas importaciones.[10]

El comercio de futuros requiere buenas estructuras financieras y legales y de políticas gubernamentales de apoyo. Los beneficios disminuyen si los mercados para los pequeños agricultores están separados de la bolsa por altos costos de transporte o de transacción, o por diferencias de calidad. El establecimiento de bolsas en África es desafiante debido a la continua intervención del gobierno en los mercados de los cereales, a lo pequeño de los mercados y a los débiles sistemas de almacenamiento y de clasificaciones y estándares.

Administración del riesgo en precios: ¿un papel para los gobiernos?

Debido a la vulnerabilidad de los productores y consumidores pobres ante choques en los precios para los alimentos básicos, los gobiernos con frecuencia buscan estabilizar los precios, contrarrestando así los esfuerzos para liberalizar los mercados. La variabilidad en los precios mundiales de los granos sigue siendo significativa, con coeficientes de variación del 20%-30% para arroz, trigo y maíz blanco.

RECUADRO 5.2 *Usos innovadores de las tecnologías de información para conectar a los agricultores y los mercados en la India y África occidental*

E-Choupal y sus kioscos rurales de internet. Entre 2000 y 2007 la división de agronegocios de la empresa ITC Limited estableció 6.400 kioscos de internet, llamados E-Choupal, en nueve estados indios con una cobertura de alrededor de 8.000 poblados y 4 millones de agricultores. ITC establece una instalación de internet en una aldea y nombra y capacita a un operador (*sanchalak*) de entre los agricultores de la villa. El *sanchalak* opera el computador para permitir a los agricultores obtener información gratuita sobre los precios de los mercados locales y mundiales, el clima y las prácticas agrícolas. Los E-Choupal también permiten a los agricultores comprar un conjunto de bienes de consumo y de insumos y servicios agrícolas (provistos por otras compañías).

El E-Choupal sirve como un centro de compras para 13 productos agrícolas por parte de ITC, actuando el *sanchalak* como un agente comisionista en la compra de los bienes y en la organización de su envío a ITC. En 2006/07 ITC compró alrededor de 2 millones de toneladas de trigo, soya, café, camarones y frijoles valorados en alrededor de 400 millones de dólares a través de la red E-Choupal. Estas compras directas disminuyeron los costos de mercadeo tanto para los agricultores como para ITC. Esto mejoró la transparencia de los precios y permitió una mejor clasificación de los productos. También permitió a los agricultores obtener una porción más grande del precio final.

TradeNet, una plataforma comercial de África occidental con internet y teléfonos móviles
TradeNet, una plataforma comercial con base en Ghana, permite a los usuarios suscribirse a un servicio de mensajes cortos (SMC) de alerta para productos y mercados de su escogencia y recibir avisos instantáneos de oferta de compra o venta tan pronto como cualquiera dentro de la red ha hecho la solicitud en su teléfono móvil. Los usuarios también pueden solicitar y recibir precios en tiempo real para más de 80 productos en 400 mercados a través de África occidental. Los usuarios individuales pueden promocionar sus productos y ofertas en sitios de internet gratuitos con su propia dirección de internet y los grupos de agricultores y comerciantes pueden establecer páginas *web* para administrar todos estos servicios para sus miembros.

La Organización de Productores y Comerciantes Agrícolas de Ghana (www.tradenet.biz/gapto) es un beneficiario importante. En 2006 llevó a cabo negocios por un valor de US$60.000 con otras organizaciones de productores y comerciantes en Burkina Faso, Mali y Nigeria. Estos negocios involucraron la compra de tomates, cebollas y papas sin participación de intermediarios, reduciendo los costos de transacción sustancialmente.

Fuente: comunicación personal con Kofi Debrah 2007; de Maagd y Moore 2006; comunicación personal con Shivakumar 2007.

La inestabilidad de los precios domésticos tiende a ser elevada en África, especialmente, en los países sin costas (como Etiopía), donde la brecha entre los precios de exportación y de paridad de importación es grande y las sequías aumentan el impacto de los choques domésticos (gráfico 5.2).[11]

Se continúa debatiendo el papel que es apropiado para el gobierno en el manejo del riesgo en precios para los productos alimenticios. Los oponentes de la intervención gubernamental notan que las políticas de estabilización de precios, con frecuencia llevan a decisiones de producciones económicamente ineficientes y a disminuir los incentivos a la búsqueda de tecnologías que reduzcan los costos y a la innovación institucional. Con mayor frecuencia, las agencias gubernamentales que implementan las políticas son víctimas de ineficiencias, corrupción e intereses inveterados, que resultan en altos costos fiscales.[12] Los proponentes de la intervención gubernamental, en contraste, muestran que los efectos netos de bienestar de la inestabilidad de los precios de los alimentos pueden ser significativos para el crecimiento económico y para la seguridad alimentaria y nutricional de los hogares.[13]

Otro punto de vista es que la naturaleza y extensión de las intervenciones para estabilización de precios, dependerán de factores específicos a los países.[14] La estabilización de los precios de los alimentos es más relevante en países de bajos ingresos, donde los productos alimentarios constituyen una proporción elevada de los ingresos de

Gráfico 5.2 Los precios mayoristas en Etiopía fluctúan al interior de una amplia banda de precios de paridad de importación y exportación

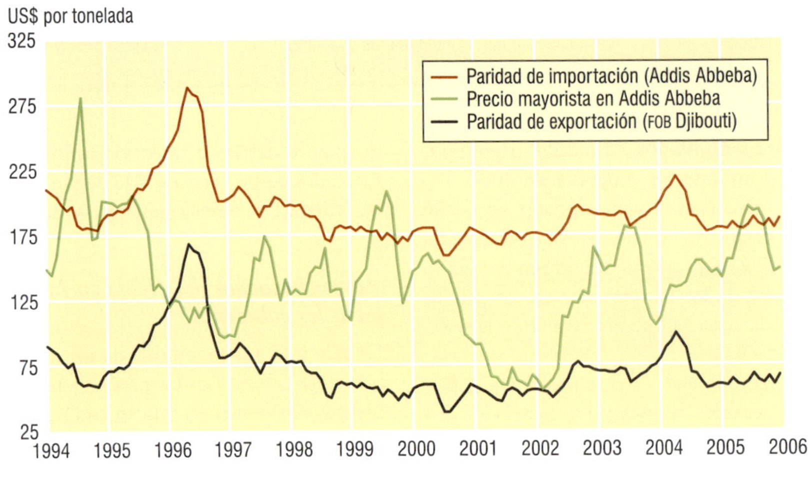

Fuente: Rashid, Assefa y Ayele 2006.

los productores pobres y de los gastos de los consumidores pobres, un producto básico predomina, la producción doméstica es altamente variable y la escasez de infraestructura y la localización restringen la transabilidad de los bienes.

Las lecciones adquiridas a lo largo de varias décadas, sugieren que el diseño de intervenciones para manejar el riesgo de precios en los productos alimenticios deben ser parte de una estrategia a largo plazo, que haga énfasis en medidas para aumentar la productividad de éstos, mejorar la eficiencia de los mercados (infraestructura, información de mercado, clasificación y estándares, almacenamiento) y minimice el impacto de los choques de precios (seguros climáticos y redes de seguridad) (capítulo 6).[15] La liberalización del comercio, especialmente mediante la promoción del comercio regional, puede ser una fuente de "ganancias rápidas" para reducir la volatilidad de los precios, especialmente en países de tamaño pequeño y medio (recuadro 5.3).

Muchos países en desarrollo tienen agencias para el mantenimiento de reservas estratégicas de propiedad pública, con el ánimo de reducir la inestabilidad de los precios. Sin embargo, estas agencias con frecuencia desestabilizan los precios a través de intervenciones impredecibles en el mercado, el cierre de fronteras y la realización de importaciones inoportunas.[16] Se necesitan salvaguardias para prevenir estas situaciones. Éstas incluyen una autonomía comercial del tipo de la de un banco central; alta capacidad analítica y manejo profesional; operaciones de mercado transparentes y estrictas, basadas en reglas, que sirvan a un objetivo claramente definido y compras y almacenamiento para el sector privado.[17]

RECUADRO 5.3 *Estabilización de precios a través del comercio internacional: ahorro de US$200 millones en Bangladesh*

Para estabilizar los precios domésticos y la disponibilidad de alimentos, muchos países han acumulado grandes inventarios nacionales a manera de reservas de emergencia. Pero los desarrollos del mercado y la liberalización comercial proporcionan otra opción, potencialmente menos costosa y más efectiva.

En la medida en que las inundaciones se extendieron a través de buena parte de Bangladesh a mediados de 1998, los precios del arroz aumentaron a nivel de paridad con los precios de importación (el precio de exportación del arroz en el país exportador más el transporte y los costos normales de mercadeo). La liberalización del comercio de arroz indujo masivas importaciones de este bien por parte de cientos de pequeños comerciantes. Las importaciones privadas de arroz, estimadas en 2,42 millones de toneladas fueron 6,1 veces más grandes que la distribución de arroz por parte del gobierno. Si el gobierno hubiera importado este grano, el costo adicional de despachar el arroz importado a los puntos de distribución local hubiera sido de 50 a 100 millones de dólares. Si el gobierno hubiera subsidiado este arroz mediante su venta al precio utilizado para las pocas ventas gubernamentales en centros urbanos, el costo fiscal total hubiera estado entre 160 y 210 millones de dólares.

Esta política de liberalización comercial ayudó al gobierno a estabilizar los precios sin grandes inventarios gubernamentales. Otros factores fueron también importantes. La gran expansión en las cosechas de invierno del arroz *boro* y del trigo a lo largo de más de dos décadas, ayudaron a reducir la importancia de la cosecha de arroz durante la temporada del monzón dentro del total de la producción doméstica y a minimizar el tiempo entre las principales cosechas domésticas. Adicionalmente, las importaciones a gran escala no hubieran sido posibles sin la existencia de infraestructura de mercadeo, particularmente caminos y puentes. Tampoco hubieran sido posibles sin políticas promercado, incluyendo la eliminación de límites a los inventarios privados y de las restricciones a la movilización y al acceso a las divisas extranjeras.

Fuente: Del Ninno y otros 2001; Dorosh 2001.

Productos de exportación tradicional a granel: manteniendo la competitividad internacional

El mantenimiento de la competitividad internacional para las exportaciones agrícolas a granel, es un desafío mayor para muchos países de bajo ingreso, especialmente en África. La competitividad es importante, debido a que las exportaciones de café, cacao, té, algodón y otros productos a granel, son su fuente principal de divisas extranjeras. Para Benin, Burkina Faso, Burundi y Mali, un producto de este tipo representa más de la mitad del valor total de las exportaciones.

Los productores, sin embargo, se enfrentan a una tendencia de largo plazo hacia la baja de los precios, en la medida en que la oferta mundial supera a la demanda (gráfico 5.3). El incremento en la productividad entre productores y exportadores tradicionales y la entrada de nuevos jugadores, como Vietnam en café y té, ha aumentado adicionalmente la oferta.[18] El aumento de la productividad para compensar por la disminución de los precios, ha ayudado a algunos países en el corto plazo pero ha añadido una mayor presión de largo plazo a la baja en los precios mundiales, en tanto que el consumo se ha estancado en los principales mercados (países occidentales) y es de limitado crecimiento en "nuevos" mercados (Europa oriental, Medio Oriente y la antigua Unión Soviética).[19] Los subsidios al algodón en países miembros de la Organización para la Cooperación y el Desarrollo Económicos (OCDE) han disminuido aún más los precios (capítulo 4). Las proyecciones hechas para café, cacao y té, indican que la tendencia a la baja de los precios continuará.[20]

Un importante desafío es la disminución de la demanda mundial para las calidades de mayor precio de cacao, café y té, en la medida en que la demanda se desplaza hacia productos de más baja calidad. Los avances tecnológicos en las tecnologías de procesamiento y en el transporte a granel, han permitido que los procesadores internacionales de cacao utilicen, y compensen de manera eficiente, granos de menor calidad.[21] Los avances en la tecnología y el tostado del café robusta, de baja calidad, permiten su sustitución por cafés arábigos de más alta calidad. Los cambios en las preferencias de los consumidores, como el desplazamiento hacia cafés instantáneos y saborizados y los tés convenientes, desplazan, aún más, la demanda hacia productos de más baja calidad. El algodón es la excepción, debido a que la importancia que se adjudica a la calidad de la fibra ha aumentado en años recientes, con el más amplio uso de máquinas hiladoras de alta velocidad que demandan mejores calidades.

Los mercados de especialidades (orgánicos, *gourmet*, Comercio Justo) ofrecen un mercado alternativo de altos precios, pero éste representa sólo una pequeña proporción del mercado mundial (*ver* sección sobre mercados especiales). En la actualidad, el sector de cafés especiales representa, únicamente, alrededor del 6% al 8% del consumo mundial.[22] Muchos países, como Tanzania y su café especial Kilimanjaro o iniciativa Kilicafé, están enfocándose hacia estos mercados para expandir sus exportaciones e incrementar sus ingresos.[23]

Gráfico 5.3 Los precios mundiales para las exportaciones tradicionales a granel continúan declinando

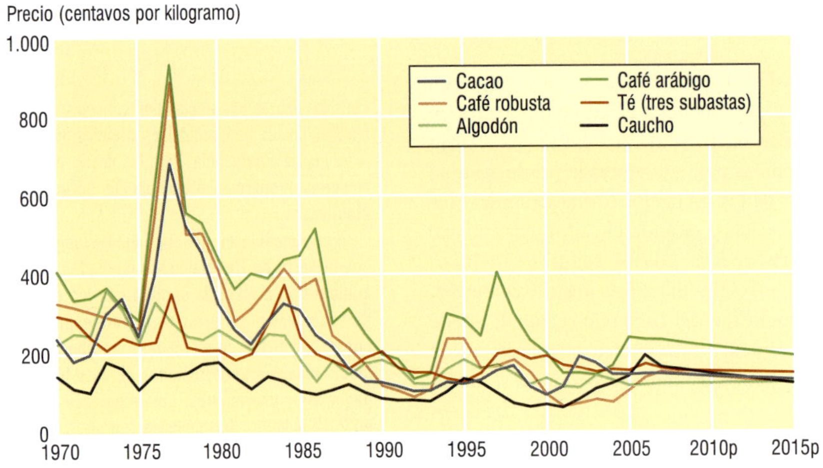

Fuente: Grupo de Datos Banco Mundial.
Nota: Los precios están en dólares constantes de 1990. Los precios desde 2007 en adelante son proyectados.

Diferentes caminos para la liberalización de los mercados domésticos

Los mercados de exportación de productos a granel en África fueron tradicionalmente controlados por agencias paraestatales, las cuales frecuentemente tenían poder monopólico para el mercadeo doméstico, la exportación y la provisión de insumos a los agricultores (semilla, fertilizante, crédito, servicios de extensión). Las paraestatales también se orientaron hacia la estabilización de los precios recibidos por los agricultores. En muchas instancias, los arreglos de coordinación vertical en la producción y el mercadeo permitieron a los agricultores superar fallas en los mercados de insumos, crédito y seguros. También aseguraron una oferta estable de productos de calidad para la exportación. Pero las agencias fueron ampliamente criticadas por sus ineficiencias y sus problemas de administración, que llevaron al pago de menores precios a los agricultores y al aumento de los costos fiscales para el gobierno.[24] Para reversar estas fallas, los mercados de productos a granel en muchos países de África fueron liberalizados en las décadas de 1980 y 1990 y muchas agencias paraestatales fueron eliminadas o reestructuradas.

Los países africanos que reestructuraron sus mercados de productos a granel, siguieron diferentes caminos, oscilando desde la reestructuración de la propiedad de las paraestatales para incluir al sector privado y a los agricultores (por ejemplo, algodón en Burkina Faso) pasando por la zonificación de los mercados (por ejemplo, algodón en Ghana) y llegando a la completa liberalización del mercado (algodón en Uganda y cacao y café en Camerún y Costa de Marfil).[25] En conjunto, los programas de liberalización generaron beneficios inmediatos: un influjo de capital privado, administración y experticia en el mercadeo; aumento en la competencia en el mercado, reduciendo los costos de transacción, aumentando los precios recibidos por los agricultores y, típicamente, llevando hacia un pago más rápido de los cultivos comprados.[26] Un estudio encontró que el 85% de los productores de café en Tanzania, se encontraban en mejores condiciones en la medida en que las ganancias originadas en los más altos precios de sus productos sobrecompensaron las pérdidas derivadas de un menor acceso al crédito a través de recursos públicos.[27]

Después de la liberalización: enfrentando problemas de segunda generación

En muchos países, la reestructuración del mercado trajo consigo problemas de segunda generación, claramente ilustrados por el algodón en los principales países productores de África. La ausencia de un claro marco legal y regulatorio que proporcionara guía para el comportamiento del sector privado y los agricultores, en el contexto de una libre competencia en el mercado, o el débil esfuerzo para hacer cumplir los contratos, crearon confusión y permitieron que algunas malas prácticas persistieran (recuadro 5.4). Para ayudar a que los comerciantes privados pudieran hacer cumplir los contratos, Costa de Marfil y Zambia adoptaron esquemas de zonificación para regular el mercadeo del algodón, que han funcionado razonablemente bien.[28] Sin embargo, la competencia de nuevos compradores en Zimbabue y Tanzania debilitó la calidad del esfuerzo para hacer cumplir los contratos.[29]

¿Qué es lo que ha contribuido a generar estos problemas de segunda generación? Las debilidades y la falta de credibilidad de las instituciones públicas para hacer cumplir reglas apropiadas de comportamiento para el sector privado son parte de estos factores. La intervención pública en materia de clasificaciones y estándares y en el cumplimiento de los contratos, es esencial para que los mercados privados funcionen. La liberalización también hizo evidente el subdesarrollo de los sistemas de financiamiento rural, los cuales necesitan ser abordados (capítulo 6). La experiencia africana también subraya el potencial de las asociaciones y organizaciones profesionales (grupos de agricultores en Tanzania) para superar la falta de visión de largo plazo de agricultores y compradores individuales.[30] En Burkina Faso, la privatización parcial ha proporcionado a los agricultores una mayor propiedad pero ha llevado a unos altos costos fiscales (recuadro 5.4).

Mercados urbanos de más alto valor: ligando a los productores con las cadenas de oferta modernas

Unos mayores ingresos, la urbanización de la población, la mayor participación de la mujer en la fuerza de trabajo y una más amplia

RECUADRO 5.4 *Zambia y Burkina Faso: experiencia contrastante en la liberalización del mercado doméstico de algodón*

Zambia. La producción se triplica después de ciertas mejoras. El sector algodonero de Zambia continúa evolucionando después de la liberalización del mercado, con significativos impactos sobre la productividad y la calidad. En 1995 el gobierno vendió la Compañía de hilazas de Zambia, la paraestatal gubernamental, a compañías privadas, Clark Cotton y Lornho, posteriormente adquirida por Dunavant. Para asegurar el acceso de los agricultores participantes a los servicios de extensión y a los insumos (con préstamo), las dos compañías implementaron esquemas de cultivo contratando con pequeños agricultores. Los costos de los insumos eran pagados por los agricultores contra la venta de la semilla de algodón. Pero la rápida entrada de otros compradores creó una sobrecapacidad para el desmotado y una fiera competencia entre compradores. Los esquemas de aprovisionamiento comenzaron a fracasar debido a la rampante venta paralela, por parte de los agricultores, hacia otros comerciantes que ofrecían más altos precios sin exigir clasificación y sin castigar la falta de pago de los créditos para insumos. En la medida en que la falta de pago aumentó, el costo del crédito se incrementó, lo cual llevó a un aumento de las deudas insolutas o a retiros del programa de cultivo. La producción en 2000 era menos de la mitad de lo que fue en 1998.

Después de 2000 muchos agentes y compradores salieron de la industria dejando dos compañías dominantes. Dunavant utilizó distribuidores para mejorar el repago de los créditos. Los distribuidores eran responsables de identificar los agricultores, proporcionar los insumos y la asistencia técnica y recolectar el producto en representación de Dunavant. La remuneración del distribuidor estaba directamente ligada a la cantidad de crédito que recuperaba, con una base creciente. Dunavant estableció puntos de inspección en todas las estaciones de compra para hacer cumplir los estándares de calidad. La producción nacional se triplicó entre 2000 y 2003 y el repago de los créditos mejoró de alrededor del 65% a más del 90%. En la actualidad hay más de 300.000 productores de algodón en Zambia.

Burkina Faso. Pérdidas por 128 millones de dólares

El gobierno trató de reducir las ineficiencias a través de cambiar la estructura de propiedad de Sofitex, la paraestatal algodonera, en 1999. Permitió a los productores, representados por la Union Nationale des Producteurs de Coton du Burkina Faso, tomar control del 30% de la propiedad, empoderando a los agricultores para supervisar la administración de Sofitex y asegurar una administración profesional. Pero los cambios institucionales en Sofitex no mejoraron su posición financiera. El apoyo y estabilización de los precios domésticos del algodón, en la medida en que los precios mundiales declinaron, generó pérdidas financieras por 128 millones de dólares entre 2004/05 y 2006/07.

Fuente: Bonjean, Combes y Sturgess 2003; Proyecto de Investigación y Seguridad Alimentaria 2000; comunicación personal con Christopher Gilbert 2007; Tschirley, Zulu y Shaffer 2004.

penetración de los medios de comunicación, son factores que jalonan la demanda por productos de más alto valor, semiprocesados y procesados y productos convenientes (gráfico 5.4). Estos factores están también aumentando la atención de los consumidores hacia la calidad e inocuidad de los alimentos. Las dietas se están globalizando también, encontrándose que las preferencias de los consumidores locales son influenciadas por los gustos internacionales. Estas tendencias abren nuevos mercados para una amplia gama de productos agrícolas de más alto valor e incentivan la evolución de los sistemas de mercadeo en muchos países en desarrollo, mediante la entrada y rápido crecimiento de cadenas de supermercados y de industrias de procesamiento de alimentos y de servicios alimenticios.

Para muchos países en desarrollo, la revolución de los supermercados se inició entre comienzos y mitad de la década de 1990. Para principios de la década de 2000, las ventas de alimentos en supermercados excedieron el 50% de las ventas totales al detal en muchos países de América Latina y en los principales centros urbanos en otros lugares (gráfico 5.5). La significativa inversión extranjera directa por parte de cadenas multinacionales de supermercados en los países en desarrollo, bien sea directamente o a través de *joint ventures* con firmas locales, ha acelerado, notablemente, esta expansión.

La cambiante demanda de los consumidores está también determinando el crecimiento de las industrias de procesamiento de alimentos y de servicios alimentarios. Los alimentos procesados representan alrededor del 80% de las ventas mundiales, estimadas en US$3,2 trillones en 2002.[31] Aunque el gasto en alimentos procesados es aún bajo en los países en desarrollo (US$143 per cápita por año en países de ingreso medio de rango bajo y US$63 per cápita en países de bajos ingresos), está creciendo más rápidamente en estos países –28% por año en países de ingreso medio del rango bajo y 13% por año en países de bajos ingresos. "Comer fuera" se está haciendo también popular. Por ejemplo, el gasto en servicios alimentarios ahora representa alrededor del 22% de los gastos en alimentos en Brasil e Indonesia y del 15% del gasto urbano en alimentos en China.

Gráfico 5.4 Los gastos en consumo de alimentos en Indonesia están cambiando de los cereales a los alimentos de alto valor y preparados

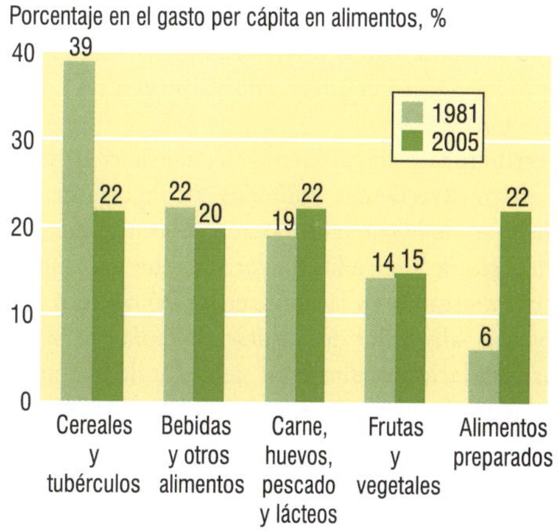

Fuente: Badan Pusat Statistik Indonesia, http://www.bps.go.id.

Obstáculos de infraestructura

La perecibilidad de la mayor parte de productos agrícolas de alto valor requiere un cuidadoso manejo, instalaciones especiales (empacadoras, almacenamiento en frío y transporte refrigerado) y un rápido despacho hacia los consumidores para mantener la calidad y reducir pérdidas físicas y nutricionales. En muchos países en

Gráfico 5.5 El aumento en los ingresos per cápita determina el crecimiento de los supermercados

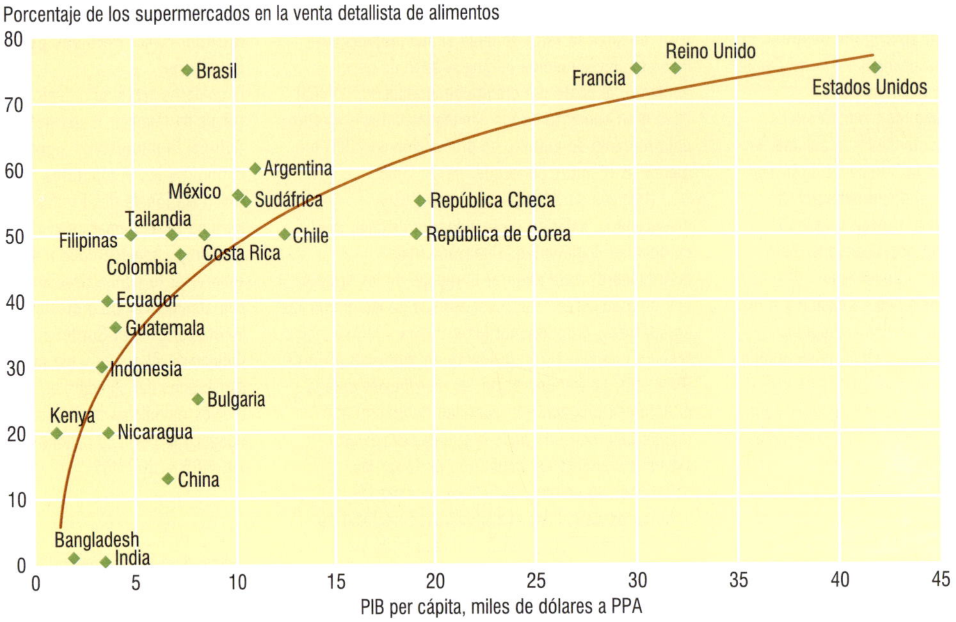

Fuente: Reardon y Berdegué 2006; Banco Mundial 2006y.

desarrollo, la larga cadena de oferta, el bajo acceso a vías y electricidad y los inadecuados servicios de infraestructura en los mercados físicos, aumentan los costos de transacción y generan deterioro de la calidad y altas pérdidas de manejo. Se estima que en la India las pérdidas poscosecha de frutas y vegetales llegan a ser alrededor del 40% de la producción total anual, equivalentes a un año de consumo del Reino Unido.[32]

La infraestructura e instalaciones de mercado en los países en desarrollo son con frecuencia limitadas y congestionadas, aumentando la dificultad de la comercialización de los productos perecederos. Una encuesta de mercados mayoristas que manejan productos frescos en cuatro estados en la India, encontró que el 17% no tenía puestos cubiertos, alrededor de la mitad no tenía caminos pavimentados en sus instalaciones, alrededor del 40% de los puestos no tenían electricidad y, únicamente, el 6% de los mercados tenían alguna instalación para el almacenamiento en frío.[33] En Tamil Nadu, India, un estudio relacionado encontró que los agricultores más ricos tienden a capturar una fracción desproporcionada de los beneficios derivados de las instalaciones, en los altamente congestionados mercados mayoristas.[34] Sin embargo, las inversiones en instalaciones para el mercado serían pro-pobres debido a que las ventas por parte de los agricultores pobres se incrementarían proporcionalmente más que aquellas de los agricultores ricos.

Sistemas modernos de compra

El crecimiento de los supermercados, en la mayor parte de los países, sigue un patrón similar de difusión a través del espacio, los segmentos de consumo y la categoría de productos.[35] A partir de una base en las grandes ciudades, los supermercados inicialmente se expandieron hacia ciudades intermedias y poblados y, posteriormente, hacia pequeños pueblos en áreas rurales –en respuesta a la competencia en el mercado y a la saturación. Frecuentemente se enfocan inicialmente en los consumidores de altos ingresos (nacionales y extranjeros), seguidos por la clase media y, posteriormente, hacia los hogares urbanos de más bajo ingreso.

Los alimentos procesados (enlatados, secos y empacados) dominan la selección en los supermercados en las primeras etapas, hecho que está motivado por las economías de escala en la compra y las relaciones directas con los productores de estos alimentos. La selección de productos se expande gradualmente hacia alimentos semiprocesados (lácteos, carnes y frutas). La última categoría que se añade son las frutas y vegetales frescos, en la medida en que las preferencias de los consumidores por los productos frescos y la proximidad y conveniencia de los pequeños expendios de estos bienes y los mercados locales ofrecen una alternativa competitiva. Las frutas y vegetales frescos, generalmente representan la menor proporción de las ventas de un supermercado y los expendios pequeños y mercados locales, con mucha probabilidad, seguirán siendo importantes canales de mercadeo para estos productos en los próximos años.[36]

Las significativas ineficiencias que existen en los sistemas tradicionales de mercadeo al por mayor y la competencia, incentivan a los supermercados, procesadores de alimentos y proveedores de servicios alimentarios a utilizar cadenas de oferta para reducir los costos de coordinación, capturar economías de escala y aumentar la seguridad y calidad de los alimentos. Estas prácticas están cambiando profundamente la estructura de la producción y el mercadeo al por mayor en muchos países en desarrollo. Estudios recientes muestran que los sistemas de compras cambian de manera más temprana para los productos procesados, la carne y los lácteos, extendiéndose finalmente hacia las frutas y vegetales frescos.[37]

Las compras toman muchas formas, variando de acuerdo con la cadena de supermercados, el producto y el país.[38] Éstas pueden involucrar las compras centralizadas, con cambios que van desde compras fragmentadas por almacén hacia la operación de un centro de distribución que atiende un distrito completo (como en China), el mercado mayorista (como en México), o una región completa (como en América Central). Pueden también involucrar el cambio desde comprar en mercados tradicionales al por mayor, hacia las compras a mayoristas especializados y a firmas de logística (como en América Central y Asia oriental) o hacia la contratación directa (como en Asia oriental y en Europa oriental) –para disminuir costos de transacción, coordinación y búsqueda y asegurar un mayor control sobre la calidad y confiabilidad de la oferta.[39] La compañía china Resourses Enterprise estima que está ahorrando alrededor del 40% de los costos de distribución, mediante la combinación de una logística moderna con un sistema centralizado de distribución en sus dos nuevos grandes centros en la zona sur de China.[40]

Los sistemas modernos de compras también pueden involucrar la contratación con procesadores y agricultores o la utilización de listas de proveedores preferenciales. Ésto es hecho con frecuencia en lugares donde los agricultores o los procesadores están agrupados o son individualmente grandes (como en Filipinas, Rusia y Tailandia).[41] Los contratos proporcionan incentivos para los oferentes, para permanecer con el comprador e invertir en activos que satisfacen las especificaciones que tienen para los productos los expendedores detallistas. Estos arreglos pueden incluir la asistencia directa o indirecta hacia los agricultores para invertir en capacitación, administración, insumos y equipo básico.

Los sistemas modernos de compras también implican, con frecuencia, el uso de estándares privados y su cumplimiento –estándares que sirven dos funciones principales.[42] Éstos pueden ayudar a coordinar las cadenas de oferta a través de la estandarización de los requerimientos de los productos entre oferentes de distintas regiones o países, incentivando la eficiencia y disminuyendo los costos de transacción. También ayudan a asegurar que los estándares públicos de seguridad alimentaria se cumplen en todos los mercados que son atendidos por la cadena detallista o por la firma de procesamiento de alimentos, distinguiendo sus productos de aquellos de los competidores a través de señalización.[43] En la medida en que estos estándares privados son más ampliamente adoptados, hay una creciente preocupación acerca de la capacidad que tienen los pequeños agricultores para satisfacerlos.

Impacto sobre pequeños productores y vendedores al detal

La modernización de los sistemas de compra afecta a los agricultores de manera diferente entre países y productos. Algunos estudios recientes sobre productos seleccionados, encuentran que los sistemas modernos de compra excluyen a los agricultores pobres en activos. Los agentes compradores de los supermercados prefieren suplirse de agricultores de tamaño grande a medio en la medida en que esto es posible (por ejemplo, de tomates en México y papas en Indonesia). Si los agricultores de tamaño grande y medio tienen suficientes cantidades, los pequeños agricultores no son incluidos.[44] En los lugares donde los pequeños agricultores son la estructura dominante, los supermercados no tienen opción distinta a comprar los productos de ellos. Los supermercados también pueden descansar en los pequeños agricultores para satisfacer la demanda de los consumidores para productos especiales o de nicho, que únicamente los pequeños agricultores que tienen abundante fuerza de trabajo producen. Algunas veces los supermercados necesitan una herramienta de publicidad para promocionar las ventas entre los consumidores socialmente conscientes: "compramos localmente, de pequeños agricultores".[45]

El determinante más importante de la participación de los pequeños agricultores no es siempre el tamaño de la granja. En cambio, puede ser el acceso a los activos físicos, humanos y sociales: educación, irrigación, transporte, vías y otros activos físicos como bombas, cadenas de frío, invernaderos, agua de buena calidad para irrigación (libre de contaminantes), vehículos y cobertizos para empaque.[46] Una eficiente organización de productores –otro activo importante– puede también ayudar a los pequeños agricultores a entrar en las cadenas de oferta de alto valor.

La mayoría de los agricultores que carecen de estos activos son excluidos.[47] En Guatemala, los cultivadores de lechuga que participan en las cadenas modernas de oferta tienen un tamaño de granja el doble (dos hectáreas *versus* una) y un 40% mas de educación que los agricultores que no participan y tienen una probabilidad casi el doble de tener irrigación, de casi cuatro veces de tener un vehículo y de dos veces de estar en proximidad a una vía pavimentada y de pertenecer a una organización de agricultores. Los agricultores que participan utilizan prácticas mucho más intensivas en trabajo, debido a los requerimientos de los cultivos, la selección y el empaque. Y puesto que tienen una mayor probabilidad de hacer dos ciclos de cultivo por año, los agricultores que participan contratan 2,5 veces más trabajo (típicamente de hogares locales pobres inactivos). De manera que aun si los pequeños agricultores no participan directamente, se pueden beneficiar a través del empleo agrícola (capítulo 9). Estudios sobre cultivadores de tomate en Indonesia y cultivadores de kale en Kenya encuentran resultados similares.

La participación en las cadenas modernas de oferta puede aumentar el ingreso de un agricultor entre el 10% y el 100% (Guatemala, Indonesia, Kenya).[48] Estudios recientes sobre agricultores bajo contrato, muestran que éstos tienen ingresos significativamente más altos que otros agricultores.[49] Debido a que los agricultores que participan tienden a capturar beneficios sustanciales, el retorno de asistir a los agricultores de manera que puedan hacer las necesarias "inversiones mínimas" puede ser elevado.

Algunos estudios han encontrado que las más pequeñas firmas de procesamiento han sido dejadas de lado por las cadenas de oferta, en tanto que los procesadores de tamaño medio y grande son preferidos para los contratos de largo plazo.[50] El número de almacenes pequeños de venta al detal con frecuencia ha disminuido con el aumento de la participación de los supermercados en el mercado –con implicaciones para el empleo. En la Argentina urbana entre 1984 y 1993, el período más intenso del despegue de los supermercados, el número de pequeñas tiendas de alimentos disminuyó de 209.000 a 145.000.[51] Pero la competencia también está llevando a algunos pequeños almacenes al detal y procesadores a crecer y a actualizar sus servicios (como en la India).[52]

Ayudando a los pequeños agricultores a satisfacer los requerimientos del mercado

El gobierno y el sector privado pueden ayudar a los pequeños agricultores a expandirse y a actualizar el rango de activos y prácticas que realizan para satisfacer los nuevos requerimientos de los supermercados y otras cadenas coordinadas de oferta (cuadro 5.1) Las opciones incluyen inversiones en bienes públicos para aumentar la productividad de los agricultores y su conectividad a los mercados, cambios de política para facilitar el desarrollo del comercio y los mercados y esfuerzos público-privados para promover la acción colectiva y construir capacidad técnica, de manera que los agricultores puedan satisfacer los nuevos estándares.

Cuadro 5.1 Opciones públicas y privadas para fortalecer el enlace de los agricultores con el mercado

Área	Sector público		Sector privado
	Inversiones públicas	Políticas ambientales	
Carencia de acceso a los mercados	Inversión en educación e infraestructura rural (vías, mercados, electricidad, irrigación); apoyo a la formación de organizaciones de productores.	Liberalización del comercio doméstico. Impulso del desarrollo de los mercados de insumos y crédito.	Asistencia de los agricultores en la formación de organizaciones de productores.
Débil capacidad técnica	Apoyo a la extensión orientada al mercado.	Desarrollo de un ambiente para que surja la extensión privada.	Proporcionar extensión e insumos clave a los agricultores.
Cumplimiento de los estándares de calidad	Apoyo a la capacitación de agricultores en buenas prácticas agrícolas para el mejoramiento de la calidad y la inocuidad de los alimentos.	Establecimiento de calidades y estándares.	Suministrar insumos y capacitación a los agricultores sobre el manejo de la calidad y la inocuidad de los alimentos.
Cumplimiento de las condiciones de contratación	Capacitación a firmas en el diseño de contratos y administración, capacitación a agricultores sobre sus derechos y obligaciones.	Fomento de las instituciones para la resolución de disputas; fortalecimiento de las organizaciones de productores.	Incentivar la confianza; desarrollar contratos que sean autorreforzables.
Exposición de los agricultores al riesgo	Impulso al desarrollo de bolsas de productos y de futuros; capacitación a las firmas en el uso de instrumentos de mercado para la administración del riesgo.	Creación de un ambiente favorable para el mercado de seguros.	Utilización de contratos que compartan el riesgo igualmente entre las partes; asistencia de los agricultores para el acceso a los seguros.

Algunos supermercados y procesadores, o sus agentes, ayudan a los agricultores a superar sus restricciones de activos y a mejorar su imagen de negocios, mediante la provisión de asistencia técnica, en algunas instancias a través de asociaciones público-privadas.[53] Algunos ejemplos de esto incluyen programas conjuntos de extensión entre personal de campo de los supermercados y oficiales de los servicios de extensión de los gobiernos, asistencia técnica para la adquisición de insumos y la obtención de certificaciones y la capacitación para el mejoramiento de la calidad e inocuidad de los productos.

Otros supermercados y procesadores se involucran en contratos de producción, los cuales algunas veces incluyen la provisión de insumos, créditos y servicios de extensión (por ejemplo en Madagascar y Eslovaquia).[54] Para muchos agricultores pequeños, estos contratos son el único medio para adquirir insumos y utilizar servicios de apoyo. A través de la provisión de insumos y el aseguramiento de mercados y precios, las firmas contratantes participan en los riesgos de producción y mercadeo con los agricultores. La reducción de estos riesgos ayuda a estabilizar el ingreso de los agricultores, lo cual es crítico en ausencia de mercados de seguros. La asistencia técnica para los agricultores también genera beneficios indirectos, en la medida en que los agricultores utilizan las mejores prácticas empleadas en los cultivos contratados, para otros productos, aumentando su productividad.

Los supermercados también realizan compras a través de proveedores preferenciales o mayoristas, que contratan con organizaciones de productores o agricultores comerciales "líderes", que, a su vez, suplementan su propia producción con la de otros agricultores individuales pequeños (recuadro 5.5). Las organizaciones de productores o los agricultores líderes proporcionan asistencia técnica para asegurar la calidad, cantidad y oportunidad de la oferta. Adicionalmente, los proveedores preferenciales o los mayoristas, con frecuencia esperan que las organizaciones de productores o los agricultores líderes preparen los productos (lavado, selección, clasificación, empaque y etiquetado) de suerte que queden listos para ser colocados en los estantes de los supermercados.

Muchas organizaciones de productores no tienen la capacidad de proporcionar a sus miembros la asistencia técnica requerida para asegurar el cumplimiento colectivo de las condiciones de calidad, cantidad y oportunidad (capítulo 6). Un bien focalizado apoyo técnico y financiero por parte de donantes, gobiernos u organizaciones no gubernamentales, es con frecuencia necesario para que las organizaciones de productores puedan superar estos obstáculos iniciales y se conviertan en empresarios profesionales.[55] El apoyo debe ser proporcionado con un compromiso de largo plazo, con una clara estrategia de retiro y una perspectiva de apoderamiento de los beneficiarios (capítulo 6).

Exportaciones de más alto valor: satisfaciendo los estándares

Las exportaciones agrícolas se han diversificado significativamente en las dos últimas décadas, particularmente hacia los productos frescos y procesados de alto valor, impulsados por los cambiantes gustos de los consumidores y los avances en la producción, transporte y otras tecnologías de las cadenas de oferta (capítulo 2). Unas barreras arancelarias comparativamente bajas y en disminución y la oferta permanente a lo largo del año, también han aumentado la competitividad de las exportaciones de los países en desarrollo.[56] Frutas y vegetales frescos y procesados, pescado y productos de pescado, carne, nueces, especies y la floricultura representan alrededor del 47% de las exportaciones agrícolas de los países en desarrollo, las cuales en 2004 llegaron a ser de US$138.000 millones (capítulo 2). El continuado crecimiento de estas exportaciones de alto valor requerirá de eficientes cadenas de valor, particularmente de transporte doméstico, manejo y empaque, que representan una gran proporción de los costos finales (gráfico 5.6).

Satisfaciendo los estándares fitosanitarios

Para los productos agroalimentarios, los estándares sanitarios y fitosanitarios (ESF) normalizan el comercio internacional para enfrentar

RECUADRO 5.5 *Conectando los pequeños agricultores con las cadenas de alto valor: tres perspectivas*

Filipinas: un agricultor líder y aglomeraciones de pequeños agricultores

NorminVeggies es una asociación de múltiples participantes que suministra vegetales a la industria de comidas rápidas, supermercados y procesadores en Filipinas. En diciembre de 2003 esta asociación inició Normincorp, una compañía de mercadeo que liga a los agricultores directamente con los productores, a cambio de una cuota de facilitación de 6%. El agricultor, responsable por el producto, tiene la propiedad sobre el mismo a lo largo de toda la cadena. Normincorp conforma agrupaciones de producción: un grupo de 10 agricultores pequeños aliados con un agricultor comercial líder que ayuda a iniciar la producción de buena calidad. Los agrupamientos se comprometen a llevar a cabo un plan común de producción y mercadeo para un producto particular y un mercado identificado. El agricultor líder coordina los procesos de producción de los agricultores del conglomerado y es responsable de darles capacitación para asegurar que se obtiene la calidad especificada por el mercado. Normincorp se ha convertido en el proveedor preferido por varios clientes, gracias a su habilidad para responder a los cambios en los requerimientos de los mercados. La empresa duplicó sus ventas mensuales de vegetales mixtos –de 30 a 40 toneladas cuando comenzó a operar en mayo de 2006 a 80 toneladas dos meses después.

China: mercadeo de los agricultores a través de una cooperativa

Con el apoyo del gobierno local, un grupo de productores de pequeña escala registró la marca "Yulin" para sus sandías, estandarizando la producción a través de la plantación coordinada, la inspección de calidad y el empaque. Los agricultores formaron la cooperativa de Ruoheng para asegurar la propiedad de sus técnicas y expandir su red de mercadeo. La cooperativa vende directamente a mayoristas (40%), supermercados (25%), y detallistas (35%), quienes compran a la cooperativa debido a que pueden suministrar grandes volúmenes sobre una base regular y oportuna, y asegura el cumplimiento de los estándares de inocuidad y calidad. La imagen de calidad de la marca de sandías "Yulin" genera un precio más alto que el de otras sandías (3,0 yuan por kilogramo *versus* 1,2 yuan por kilogramo), aumentando el ingreso de los miembros de la cooperativa. Con su éxito de mercadeo, la membresía de la cooperativa ha aumentado de 29 a 152 y su área cultivada ha aumentado de 0,2 hectáreas en 1992 a miles de hectáreas en 2005, en tanto que su capitalización total alcanzó 21 millones de RMB en 2005.

Croacia: un supermercado asiste a los agricultores para la obtención de créditos de inversión

En Croacia la cadena de supermercados Konzum estableció programas de proveedores preferidos para la compra de fresas. La cadena alienta a los proveedores a usar irrigación e invernaderos, con el fin de reducir la estacionalidad de la producción y mejorar la calidad del producto. Tales inversiones requieren un capital significativo, que la mayoría de los agricultores no tiene y no poseen suficiente colateral para garantizar un crédito bancario. Por esta razón, Konzum negoció con los bancos locales el uso de los contratos de los agricultores con el supermercado como una "garantía sustituta".

Fuentes: Concepción, Digal y Uy 2006; Dries, Reardon y Swinnen 2004; Zuhui, Qiao y Yu 2006.

los riesgos de inocuidad alimentaria y de salud agrícola, asociados con pestes (moscas de las frutas), enfermedades generadas por los alimentos y de tipo zoonótico (fiebre aftosa y enfermedad de las vacas locas) y patógenos microbiales y otros contaminantes (micotoxinas y pesticidas). El rápido crecimiento y diversificación de las exportaciones agrícolas han llamado la atención acerca de qué tan ampliamente divergen los estándares para la seguridad alimentaria, animal y de las plantas entre países –y sobre las diferentes capacidades de los gobiernos y las cadenas comerciales de oferta para administrarlos.

En reacción ante las periódicas "alarmas alimentarias", en los países industrializados, conjuntamente con un mejor conocimiento científico y una más amplia preocupación del público acerca de estos riesgos, muchos países han hecho más estrictos sus ESF o han extendido su cobertura hacia nuevas áreas. Posteriormente, se introdujeron estándares públicos para asegurar una competencia justa, reducir los costos de información a los consumidores (alimentos orgánicos) y promover la competencia con base en la calidad.[57] En paralelo, el sector privado desarrolló estándares y protocolos de oferta para asegurar el cumplimiento de las regulaciones oficiales, o remediar brechas percibidas en tales regulaciones, diferenciar sus marcas en un mercado competitivo y, adicionalmente, administrar sus riesgos comerciales y de reputación.[58] Estos estándares tienden a mezclar la seguridad alimentaria y las preocupaciones por la administración de la calidad –o a tener protocolos que combinen parámetros de inocuidad de los alimentos, ambientales y sociales (trabajo infantil, condiciones de trabajo, bienestar de los animales). Un ejemplo son los protocolos desarrollados por los expendedores detallistas europeos, grupo de trabajo para las buenas prácticas agrícolas, el cual incluye 33 compañías de ventas al detal y de servicios alimentarios en Europa y Japón.[59]

Una preocupación de los países en desarrollo es la proliferación y estrictez de las medidas de inocuidad alimentaria y de salud que están siendo adoptadas en los mercados de exportación. Muchos temen que el surgimiento de estándares será discriminatorio y proteccionista. A los países en desarrollo les preocupa que puedan ser excluidos de los mercados de exportación debido a su carencia de

Gráfico 5.6 Transporte, manejo y empaque son los mayores costos para las exportaciones de guisantes en Bangladesh

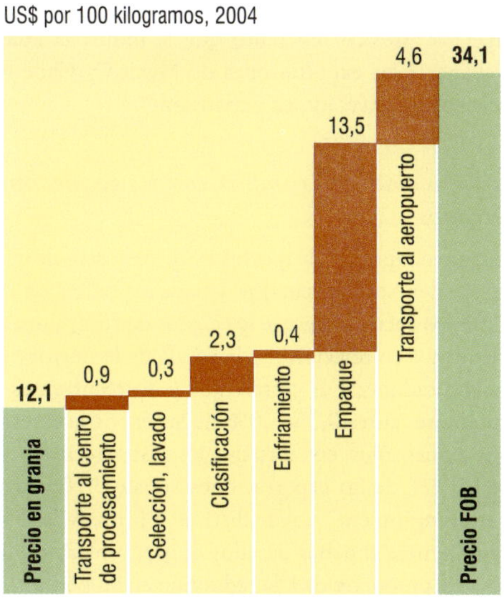

Fuente: Datos de Global Development Solutions LLC 2004.

capacidades administrativas y técnicas al interior del país, que les permitan cumplir con estos requerimientos o que el costo de cumplimiento pueda erosionar sus ventajas comparativas. Los estándares podrían marginar, adicionalmente, a participantes económicamente débiles, incluyendo los países más pequeños, empresas y agricultores. Tanto la evidencia anecdótica como la investigación, proporcionan alguna evidencia que apoya esta perspectiva de los "estándares como barreras".[60]

Una visión alternativa subraya las oportunidades implícitas en el evolutivo ambiente de los estándares y la posibilidad de capitalizar sobre ellos.[61] Estándares públicos y privados comunes entre mercados internacionales pueden reducir los costos de transacción. Los estándares pueden, también, proporcionar incentivos para modernizar las cadenas de oferta en los países en desarrollo y ayudar a clarificar las funciones necesarias y apropiadas de la administración del riesgo por parte del gobierno. Una mayor atención a las buenas prácticas en agricultura y en el procesamiento de los alimentos, puede no solamente aumentar la competitividad de las exportaciones sino también generar beneficios ramificados hacia los consumidores domésticos. Aunque es inevitable que haya ganadores y perdedores, esta visión sugiere que una mejor capacidad de cumplir con estándares más estrictos puede proporcionar la base para un más sostenible y rentable desarrollo de las exportaciones agroalimentarias en el largo plazo.

Hay un acuerdo general acerca de que los ESF afectan el comercio agroalimentario, pero no hay consenso acerca de la importancia relativa de las medidas individuales en relación con otras medidas distorsionantes del comercio o sobre los efectos netos agregados de estas medidas. La carencia de consenso no es sorprendente, debido a que estimar el impacto de estos estándares presenta enormes dificultades empíricas. Varios estudios basados en modelos econométricos, han estimado muy grandes pérdidas potenciales en el comercio.[62] En contraste, la mayor parte de estudios industriales identifican un conjunto de factores competitivos que afectan el comercio (de los cuales los estándares son sólo uno) y típicamente apuntan a que hay "ganadores" y "perdedores", y no hacia disminuciones absolutas en el comercio. Cuando la industria guatemalteca de frambuesas enfrentó dificultades oficiales y privadas para el acceso a los mercados, a continuación de un brote de enfermedades por estos productos en Estados Unidos, muchos operadores líderes cambiaron su base de producción hacia México. En tanto que la industria guatemalteca nunca se recuperó, las exportaciones de México y Chile han continuado supliendo un mercado en expansión.[63]

Sufragando los costos de cumplir con los requerimientos de los mercados

A pesar de la preocupación de que los ESF y los costos de cumplir con las normas pueden ser desventajosos para los países en desarrollo, recientes estudios encuentran que los costos de cumplimiento[64] tienden a ser pequeños en relación con la escala de la mayor parte de las industrias exportadoras. Los costos fijos y no recurrentes representan, generalmente, entre 0,5 y 5,0% de las exportaciones en un período de tres a cinco años, en tanto que los costos recurrentes tienden a ser entre 1 y 3% de las exportaciones anuales.[65] Concentrarse en los costos de cumplimiento puede distraer a los países de los beneficios que se obtienen, muchos de ellos de largo plazo e intangibles. Las ganancias de productividad, la reducción en las pérdidas, la mayor seguridad de los trabajadores, los beneficios ambientales y el valor de tener un acceso a mercados continuado, pueden ser subestimados o no contabilizados como beneficios. El cumplimiento también puede generar beneficios ramificados hacia los consumidores domésticos, originados en una mayor conciencia acerca de los riesgos de la inocuidad alimentaria y el acceso a productos más seguros.

El trabajo empírico acerca del impacto de unos estándares más estrictos sobre la participación de los pequeños productores en las cadenas de oferta de más alto valor, muestra una visión mixta. En teoría, hay economías de escala en la transabilidad de los productos, la certificación y las pruebas, que tienden a proporcionar una ventaja competitiva para las unidades de producción más grandes. Sin embargo, existen ejemplos de muchos países donde, debido a los límites para la adquisición de tierra u otras características de la estructura agraria, los pequeños agricultores continúan siendo el proveedor dominante para las firmas exportadoras.[66] En consecuencia, se han desarrollado reglas institucionales para manejar los riesgos presentes y los costos de transacción de generar exportaciones con estándares precisos a partir de pequeños agricultores.

Es también importante el gran aumento en las oportunidades de trabajo no agrícola que se generan con unas mayores exportaciones agroalimentarias. En Senegal, a pesar de que existen estrictos estándares de exportación, llevaron a desplazarse de una agricultura de contrato con pequeños agricultores hacia una producción integrada de gran escala, las mayores exportaciones hortícolas aumentaron los ingresos y redujeron la pobreza regional en alrededor de 12 puntos porcentuales y la pobreza extrema en un 50%.[67] Los hogares pobres se beneficiaron más a través de los mercados laborales que a través de los mercados de productos (recuadro 5.6).

Apreciando los beneficios y las alternativas

Los abastecedores de los países en desarrollo raramente enfrentan alternativas todo o nada cuando determinan los cambios y las inversiones que deben hacer para cumplir con los estándares que surgen. Ellos tienen un amplio rango de escogencia. Uno es el cumplimiento –adoptando medidas para satisfacer los estándares. Otro es manifestarse –buscando influenciar las reglas del juego. Un tercero es redireccionar –buscando otros mercados y países o modificando la mezcla de productos.[68] Los oferentes necesitan considerar los costos y ventajas de diferentes productos y segmentos de mercado. En algunos casos, puede haber mejores y más rentables oportunidades de servir al mercado doméstico, un mercado regional o segmentos de mercado de los países industriales, que imponen estándares menos estrictos o que permiten un mayor tiempo para implementarlos. Enfrentar los desafíos que surgen de los ESF para la exportación, requiere del esfuerzo conjunto público y privado. El sector público puede tomar el liderazgo en la política (legislación sobre estándares e inocuidad alimentaria), en la investigación acerca de la evaluación de riesgo y las prácticas de buen manejo y en la vigilancia de enfermedades (cuadro 5.2). El sector privado puede tomar el liderazgo en generar conciencia, capacitación y cumplimiento con los requerimientos de la inocuidad alimentaria y el uso de químicos agrícolas, bien sea individual o colectivamente a través de asociaciones comerciales.

Hay una creciente evidencia de que los países que se mantienen en la frontera de los requerimientos técnicos y comerciales y anticipan futuros cambios, se han reposicionado en segmentos de mercado más remunerativos.[69] Para fortalecer la capacidad local de satisfacer estos estándares, los países en desarrollo pueden recurrir al apoyo de

RECUADRO 5.6 *Ganancias de empleo y reducción de la pobreza en Senegal rural*

Las exportaciones de frutas y vegetales frescos de Senegal hacia la Unión Europea (UE) aumentaron significativamente durante los últimos 15 años, a pesar de que los estándares sanitarios y fitosanitarios se han hecho más estrictos. La mayor exportación de Senegal son los guisantes, que representan el 42% de las exportaciones de vegetales y frutas frescas, más que duplicándose desde 3.000 toneladas métricas en 1991 hasta 7.000 toneladas métricas en 2005. Los cambiantes ESF de la UE han hecho presión sobre los exportadores para que inviertan más con el fin de cumplir esos estándares e incrementen la coordinación vertical con los compradores hacia abajo en la cadena (para asegurar los mercados) y con los proveedores hacia arriba en la cadena (para garantizar la inocuidad de los alimentos, la calidad y la producción). La mayor integración vertical ha llevado a un desplazamiento de la contratación con pequeños agricultores, hacia la producción de gran escala en granjas agroindustriales.

La incidencia de la agricultura por contrato disminuyó (del 23% de hogares participando a 10%) pero el empleo en las grandes granjas aumentó (de 10% de hogares a 34%). Mientras la agricultura por contrato favorecía a los agricultores más grandes, los hogares más pobres participaban como trabajadores agrícolas. La participación en la producción de frutas y vegetales frescos para la exportación, bien sea como trabajador o como agricultor por contrato, aumentó los ingresos de los hogares (gráficos). Los trabajadores de las granjas estatales tenían ingresos entre 1,2 y 2,3 millones de francos CFA más altos que los hogares que no participaban, en tanto que los agricultores por contrato tenían ingresos entre 2,4 millones y 4,1 millones de francos CFA más altos.

Participación de los hogares en la producción de guisantes para exportación en Senegal

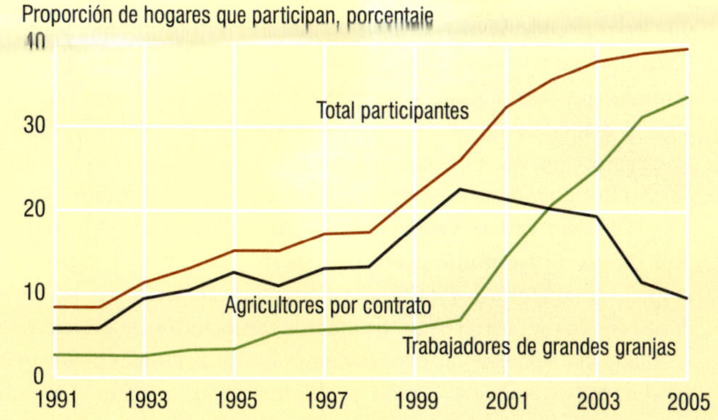

Incidencia de la pobreza y la pobreza extrema de los hogares participantes, 2005

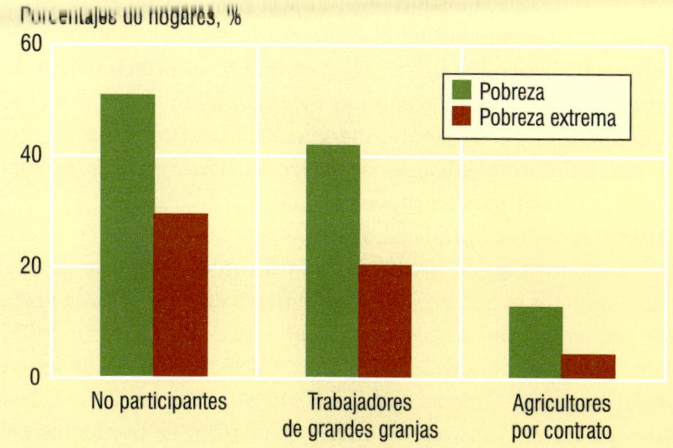

Fuente: Maertens y Swinnen 2006.

Cuadro 5.2 Funciones de los sectores público y privado para incrementar el cumplimiento con los ESF relacionados con el comercio y la capacidad en el manejo de la calidad

Sector público	Sector privado
Ambiente de política y regulatorio Buscar el diálogo internacional; adoptar legislación doméstica sobre inocuidad alimentaria y estándares que sea consistente con las condiciones y preferencias locales, la OMC y otras obligaciones comerciales.	**Buenas prácticas administrativas** Implementar prácticas administrativas apropiadas (análisis de riesgo y control de puntos críticos, "buenas" prácticas agrícolas); obtener certificación formal donde sea viable.
Evaluación y administración del riesgo Fortalecer los sistemas nacionales o subnacionales para la vigilancia de plagas, enfermedades animales y mercados; apoyar la investigación sobre la inocuidad de los alimentos y preocupaciones por la sanidad agrícola.	**Trazabilidad** Desarrollar sistemas y procedimientos para hacer posible la trazabilidad de las materias primas y de los productos intermedios y finales.
Aumento de la conciencia y promoción de buenas prácticas Apoyar las campañas para aumentar la conciencia de los consumidores acerca de la inocuidad de los alimentos; promover una buena higiene agrícola y prácticas de procesamiento de alimentos que estén integradas a programas de extensión; invertir en infraestructura apropiada para laboratorios; acreditar los laboratorios privados.	**Desarrollar servicios de evaluación, de capacitación, asesoría y conformidad** Fortalecer el capital humano, infraestructura física y los sistemas administrativos para ofrecer servicios de apoyo a la agricultura, la industria y el gobierno, relacionados con la administración de la calidad y la inocuidad de los alimentos.
Inversiones en infraestructura Mejorar la oferta de agua, la sanidad y las instalaciones de mercadeo.	**Acción colectiva y autorregulación** Autorregularse a través de la adopción y vigilancia de "códigos de conducta" de la industria; alertar al gobierno acerca de asuntos importantes que surjan; solicitar servicios efectivos del gobierno.

Fuente: Adaptado de Banco Mundial (2007e).

la Organización para el Desarrollo de Estándares y el Comercio, un programa mundial orientado a proporcionar asistencia financiera y técnica a los países, con el fin de que fortalezcan su conocimiento y capacidad para analizar e implementar ESF y para mejorar su situación de salud humana, animal y vegetal.[70]

Diferenciación de productos en los mercados de especialidades

La "diferenciación", de algunos productos agrícolas tradicionales, abre mercados alternativos para productos de más alto valor originados en los países en desarrollo. Las indicaciones geográficas (rótulos como el café Blue Mountain de Jamaica) que aprovechan el conocimiento local y condiciones agroecológicas especiales para establecer una identidad de marca, son un ejemplo. Los productos orgánicos, de Comercio Justo y certificados por la Rainforest Alliance, son otros. Los productos orgánicos son cultivados sin el uso de pesticidas convencionales, fertilizantes artificiales o agua de desecho –y procesados sin radiación ionizante o aditivos.[71] El Comercio Justo busca una mayor equidad en el comercio internacional y trata de contribuir al desarrollo sustentable mediante el ofrecimiento de mejores condiciones de mercado y el aseguramiento de los derechos para productores y trabajadores marginales.[72] Los productos certificados por Rainforest Alliance, satisfacen estrictos estándares ambientales y sociales para su producción.

Las ventas al detal, principalmente las que satisfacen la creciente demanda en los países de altos ingresos, y las áreas cultivadas de este tipo de productos se han expandido significativamente. El área plantada en cultivos orgánicos, alcanzó 31 millones de hectáreas en 2005, en tanto que las ventas al detal llegaron a US$23,9 mil millones en la Unión Europea, Canadá, Estados Unidos y Asia en 2006.[73] Los mayores países en desarrollo que son productores de productos orgánicos son China y los países latinoamericanos de ingresos medios. Los países al sur del Sahara representan una gran proporción de la producción de algodón orgánico, en tanto que Asia y América Latina dominan la producción de café y cacao orgánicos. Las ventas al detal de productos certificados de Comercio Justo en países de altos ingresos, llegaron a US$1,4 mil millones en 2005. Los bananos y el café son los productos más ampliamente comerciados bajo Comercio Justo.[74]

Comercio Justo: ¿qué tan justo?

La mayoría de estudios de caso subrayan el impacto positivo del Comercio Justo sobre los precios de los productores, sus ingresos y bienestar. Algunos beneficios del Comercio Justo incluyen la construcción de capacidad (servicios de apoyo, mejores informaciones de mercados y concientización), el empoderamiento de actores locales, la disminución de los desbalances de género y la proporción de claros beneficios ambientales.[75] Hay preocupaciones, sin embargo, acerca de la sostenibilidad del Comercio Justo. Los productores en algunos países en desarrollo enfrentan problemas de racionamiento, debido a que los precios de Comercio Justo se determinan por encima de los precios del mercado, y la oferta potencial excede a la demanda. También hay preocupación acerca de los efectos de largo plazo sobre la inversión, productividad y eficiencia de los canales de Comercio Justo. Pero pocas evaluaciones se han llevado a cabo.

Estudios recientes muestran que los costos y márgenes para el café vendido por el canal de Comercio Justo son elevados y que los intermediarios, no los agricultores, reciben la mayor proporción de la prima de precios. Un estimativo indica que los productores reciben el 43% de la prima de precios pagada por los consumidores de café tostado de Comercio Justo y el 42% para el café soluble.[76] El más alto costo de procesamiento y mercadeo se explica, en parte, debido a las deseconomías de escala, relacionadas con los pequeños volúmenes y los altos costos asociados: certificación de actores en la cadena de oferta, cuotas de membresía, publicidad y promociones.[77]

Saturación del mercado: ¿más producción a menores precios?

También hay preocupación acerca de la saturación de los mercados de exportación para las exportaciones de alto valor, en la medida en que los países en desarrollo se "montan" en el mismo tren exportador, efecto al que frecuentemente se refiere como el problema de "agregación" o "falacia de composición". Si todos los países y especialmente los países grandes, tratan de aumentar sustancialmente sus exportaciones de un producto, existe el riesgo de que encontrarán un mayor nivel de protección en los países industrializados –o de que los términos de intercambio se deteriorarán tanto, que los beneficios derivados de cualquier aumento en el volumen exportado serán más que compensados por precios más bajos. En tanto que hay alguna evidencia de que los países en desarrollo enfrentan tendencias proteccionistas por parte de los países industriales (y algunos en desarrollo) cuando las exportaciones sobrepasan un límite, las normas definidas por la Organización Mundial de Comercio reducen este riesgo. El riesgo de protección es más bajo para los productos tropicales con una limitada competencia doméstica en los países desarrollados y es mayor en productos temperados de estación.[78]

Una expansión de las exportaciones no tradicionales de los países en desarrollo podría crear un problema de agregación si muchos países expanden rápidamente la producción, posiblemente en un nivel tal que los ingresos por exportaciones disminuyan. El potencial para que esto ocurra es mayor en los mercados para productos alimenticios básicos no procesados.[79] La potencial competencia que es generada por grandes productores eficientes –como Brasil y China– también puede ser significativa.[80] La Organización de las Naciones Unidas para la Alimentación y la Agricultura, estima que un aumento en las exportaciones chinas de arvejas verdes es probable que reduzca los precios mundiales, con efectos adversos sobre los ingresos por exportaciones de otros países en desarrollo.[81] De manera que, bajo algunas circunstancias, si la expansión de las exportaciones agrícolas por parte de algunos participantes es muy marcada, puede disminuir el potencial del mercado.

Se requiere mantener una mirada atenta sobre los productos de exportación que son dominados por uno o dos países –o cuando países más pequeños expanden simultáneamente su participación en los mercados de exportación.[82] Esto enfatiza la necesidad de que las agencias de promoción de exportaciones en los países en desarrollo construyan mayores capacidades en inteligencia de mercados.

Conclusión

Los mercados son buenos para la eficiencia y se ha hecho mucho progreso en el desarrollo de los mismos, especialmente bajo el liderazgo del sector privado. Pero mayores ganancias de eficiencia requerirán el apoyo del sector público para ofrecer los bienes públicos necesarios, incentivar la innovación institucional y asegurar la competitividad. Debido a que mercados eficientes no siempre aseguran resultados socialmente deseables, con frecuencia se necesitan políticas complementarias para garantizar la participación de los pequeños productores.

Una gran agenda de actividades sigue siendo importante para el mejoramiento del desempeño de los sistemas de mercadeo en los países en desarrollo. Las inversiones públicas para expandir el acceso a la infraestructura y los servicios rurales –como las vías rurales y los servicios de transporte y los mercados físicos, las comunicaciones y la electricidad– serán críticos para reducir los costos de transacción y las pérdidas físicas y para incrementar la transparencia y competitividad de los mercados tradicionales. Las innovaciones técnicas e institucionales para reducir los costos de transporte y los riesgos, también encierran ganancias prometedoras, especialmente a través del más amplio uso de las tecnologías de la información (teléfonos móviles, la internet y las bolsas de productos) y los arreglos de coordinación vertical con agricultores individuales u organizaciones de productores.

Una rápidamente creciente demanda local e internacional por productos agrícolas de alto valor, abre importantes oportunidades de crecimiento para el sector agrícola en los países en desarrollo. Sin embargo, los modernos sistemas de compra para las cadenas integradas de oferta y los supermercados, que utilizan estrictos estándares de inocuidad alimentaria, generan preocupaciones acerca de cómo lograr que los países en desarrollo en general, y los pequeños agricultores en particular, participen de esas oportunidades de crecimiento. La experiencia internacional subraya los respectivos papeles del gobierno y el sector privado para enfrentar estos desafíos. Un área prioritaria para la acción pública es el establecimiento de un ambiente de política que sea facilitador (política de competencia, cumplimiento de los contratos, establecimiento de clasificaciones y estándares, legislación de inocuidad alimentaria). También involucrará el desarrollo de instituciones públicas creíbles para velar por el cumplimiento de las regulaciones y para prevenir el comportamiento oportunista y anticompetitivo en los sistemas de mercadeo. Las asociaciones público-privadas pueden también ser importantes para adelantar investigación y la construcción de capacidad para desarrollar buenas prácticas agrícolas, satisfacer nuevos ESF domésticos e internacionales y capacitar y asistir a los agricultores que los adopten.

El sector público puede facilitar el acceso de los pequeños agricultores a las mayores oportunidades ofrecidas por el desarrollo de los mercados. Un mejor acceso a los activos por parte de los pequeños agricultores (como ha sido claramente visto en las preferencias de adquisición por parte de los supermercados), la creación de reglas claras del juego y de fuertes organizaciones de productores para adquirir escala y poder de mercado, son elementos necesarios. Las oportunidades ofrecidas por estos importantes cambios en los mercados, trabajarán a favor de los pobres únicamente si estas políticas complementarias son implementadas.

El sector privado puede hacer posible que los pequeños agricultores participen como socios en los sistemas modernos de compras de productos y exportaciones. Puede establecer arreglos innovadores de coordinación vertical con los agricultores o grupos de productores. Puede facilitar el acceso de los agricultores al crédito, insumos, servicios de extensión y certificación. Puede proporcionar capacitación a los agricultores en buenas prácticas agrícolas para cumplir con los estándares de calidad, inocuidad y sanitarios a nivel internacional.

Agronegocios para al desarrollo

Un sector de agronegocios privado y dinámico, que enlace a los agricultores y a los consumidores, puede ser un importante determinante del crecimiento en los sectores agrícola y rural no agrícola. Sin embargo, la creciente concentración de los agronegocios puede reducir su eficiencia y su impacto para reducir la pobreza. Un mejor clima de inversión para las empresas pequeñas y medianas puede mejorar la competitividad. Las iniciativas focalizadas en asociaciones entre los sectores público y privado y de responsabilidad social corporativa, son instrumentos para la promoción de la participación de los pequeños agricultores.

Los agronegocios son el eslabón de las cadenas de valor agroalimentarias fuera de la granja. Proveen insumos al sector agrícola y lo ligan con los consumidores a través del manejo, procesamiento, transporte y distribución de alimentos y otros productores agrícolas.[1] De esta forma, hay fuertes sinergias entre los agronegocios y el desempeño de la agricultura para el desarrollo. Agronegocios dinámicos y eficientes impulsan el crecimiento agrícola, a la par que un fuerte enlace entre los agronegocios y los pequeños agricultores puede reducir la pobreza rural.

Los agronegocios tienen una gran y creciente proporción del producto interno bruto (PIB) en los países en desarrollo (gráfico D.1). Aunque la agricultura declina de un 40% del PIB a menos del 10% a medida que el PIB per cápita aumenta, los agronegocios (incluyendo el comercio agrícola y los servicios de distribución) típicamente aumentan de menos del 20% del PIB a más del 30% antes de volver a disminuir, a medida que las economías se convierten en industriales (13% en Estados Unidos).[2]

Los agronegocios comprenden diversas agroempresas privadas, la mayoría de las cuales son pequeñas, localizadas más que todo en poblados rurales y operadas por hogares que con frecuencia tienen al trabajo asalariado y la agricultura como otras fuentes de ingreso.[3] Las agroempresas medianas y grandes están principalmente basadas en las zonas urbanas, debido a los requerimientos de escala e infraestructura. Las empresas grandes con frecuencia están dominadas por corporaciones multinacionales, que se han consolidado a través de la integración vertical y horizontal.[4]

En años recientes, influenciada por los cambios en la demanda de los consumidores y por rápidas innovaciones tecnológicas e institucionales, la estructura de los agronegocios ha cambiado dramáticamente y su desempeño ha sido muy dinámico. Dos desafíos mayores deben ser enfrentados al considerar el papel de los agronegocios para el desarrollo: las fuerzas del mercado no garantizan la competitividad ni garantizan la participación de los pequeños propietarios, ambas condiciones esenciales para ligar el crecimiento agrícola con el desarrollo. Por estas razones, promover la competitividad e incentivar la participación de los pequeños agricultores son dos prioridades de la agenda de la agricultura para el desarrollo (capítulo 10). Las dos se complementan una a la otra, en la medida en que las empresas competitivas pequeñas y medianas en zonas rurales pueden vincular a los pequeños propietarios con las cadenas de valor y la demanda urbana.

Gráfico D.1 La participación relativa de la agricultura y los agronegocios en el PIB, cambia a medida que los ingresos aumentan

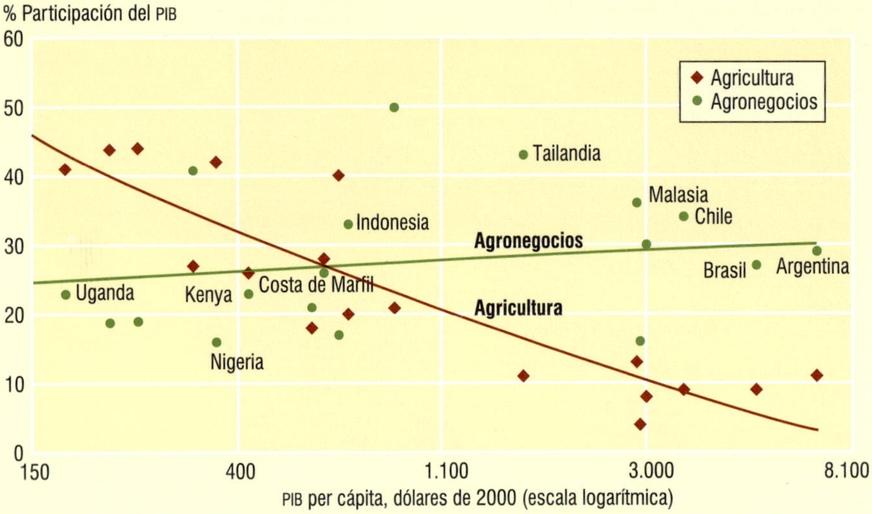

Fuente: Grupo IDM 2008. Datos de Jaffee (1999) citado en Banco Mundial (2003f); y de Pryor y Holt (1999).
Nota: Los agronegocios incluyen el valor agregado para las industrias relacionadas con el agro y para los servicios de comercio y distribución agrícola. Los datos pertenecen a Argentina, Brasil, Camerún, Chile, Costa de Marfil, Ghana, India, Indonesia, Kenya, Malasia, México, Nigeria, Republica de Corea, Sudáfrica, Tanzania, Tailandia, Uganda y Zimbabue.

La revolución de los agronegocios: ¿tiene costos de oportunidad?

Creciente concentración en el sector de agronegocios

Determinado por las ganancias que surgen de las economías de escala en la globalización de la cadena alimentaria, las agroempresas multinacionales cada vez más dominan el sector de agronegocios a lo largo de la cadena de valor. Proporcionan insumos como pesticidas, semillas y tecnologías genéticas para cultivos, que se han consolidado horizontal y verticalmente en un pequeño número de firmas multinacionales (cuadro D.1). Desde el punto de vista del mercadeo, unas pocas empresas multinacionales están ampliamente diversificadas, desde las semillas, alimentos para animales y fertilizantes, hasta el manejo de productos y el procesamiento de endulzantes y biocombustibles. Las firmas procesadoras de alimentos están integradas hacia atrás con los adecuadores del producto primario y hacia adelante con la cadena de distribución al detal. Las ventas al detal han sido transformadas por la "revolución de los supermercados" (capítulo 5). Las cadenas de oferta nacionales, regionales y mundiales, han sido cambiadas radicalmente, evitando los mercados tradicionales donde los pequeños productores venden a los mercados locales y a los comerciantes. Los supermercados controlan del 60% al 70% de las ventas de alimentos en Argentina y Brasil y se están expandiendo rápidamente en China, la India y África urbana. Aunque estas tendencias a la consolidación de los agronegocios han estado en marcha durante años en los países industriales, ahora sea están haciendo comunes también en los países en desarrollo.[5]

En 2004 la participación en el mercado para las cuatro más grandes compañías de agroquímicos y semillas[6] (la razón de concentración de las cuatro primeras, o CR4), alcanzó el 60% para los agroquimicos[7] y 33% para las semillas, aumentando desde 47% y 23% en 1997, respectivamente.[8] El índice CR4 en las patentes de biotecnología fue de 38% en 2004 (cuadro D.1). En algunos subsectores, la concentración mundial es bastante más alta –en 2004 una sola compañía tenía el 91% del área mundial plantada en soya transgénica.[9] En general se cree que cuando el CR4 de una industria excede el 40%, la competitividad del mercado comienza a declinar,[10] llevando a unas más amplias brechas entre lo que los consumidores pagan y los productores reciben por su producto.[11]

La alta concentración en los agronegocios nacionales es evidente en el café, té y cacao. El café es producido por un número estimado de 25 millones de agricultores y trabajadores agrícolas; sin embargo, los comercializadores internacionales tienen un CR4 del 40% y los tostadores de café tienen un CR4 del 45%. Hay un número estimado de 500 millones de consumidores.

La participación del precio al detal que es retenido por los países productores de café –Brasil, Colombia, Indonesia y Vietnam representan el 44% de la producción mundial– disminuyó de un tercio a comienzo de la década de 1990 al 20% en 2002, en tanto que el valor de las ventas al detal se duplicó. Similares grados de concentración se observan en la cadena de valor del té, donde tres compañías controlan más del 80% del mercado mundial. El cacao tiene un CR4 del 40% para los comercializadores internacionales, 51% para los molinos de cacao y el 50% para los fabricantes de dulcería. La participación de los países en desarrollo en la cadena de valor cayó de alrededor de 60% en 1970-72 a alrededor de 28% en 1998-2000.[12]

La concentración amplía la brecha entre los precios mundiales y domésticos en los mercados del trigo, arroz y azúcar, la cual se ha más que duplicado entre 1974 y 1994. Una de las principales razones para estas más amplias brechas, es el poder de mercado de las compañías comercializadoras internacionales.[13]

Balanceando la inversión privada y la competitividad

El diseño y la implementación de políticas para inducir un mayor grado de competencia en el sector de agronegocios no es fácil y tiene costos. Los controles y los requerimientos administrativos aumentan los costos de transacción, los riesgos comerciales y políticos, y las oportunidades para la búsqueda de rentas. Las intervenciones destinadas a proteger a los participantes débiles en el mercado puede hacer más daño que bien –los consumidores, pequeños agricultores y pequeñas empresas pueden perder si las empresas privadas deciden retirarse o trasladar los mayores costos de transacción hacia ellos. Pero el apoyo para el desarrollo de las agroempresas puede aumentar el grado de competencia a través de favorecer la entrada de pequeñas y medianas empresas y de facilitar la inclusión de los pequeños agricultores.

Desarrollo de agroempresas de pequeño y mediano tamaño

Pueden seguirse dos enfoques complementarios para apoyar el desarrollo de las agroempresas para la competitividad y la participación. Uno es mejorar el clima de inversión para inducir la entrada de inversionistas privados, particularmente Pymes. Encuestas acerca del clima de inversión en zonas rurales en Indonesia, Nicaragua, Sri Lanka y Tanzania, indican que la carencia de finanzas rurales, infraestructura, y negocios y servicios públicos, es particularmente restrictiva.[14] El otro enfoque se centra en los cuellos de botella para el desarrollo de las agroempresas pequeñas y medianas, particularmente en las cadenas de valor.

Mejorar el clima de inversión

Los cuatro principales componentes del clima de inversión pueden contribuir. El primero es asegurar un ambiente de política macroeconómica adecuado. El segundo es proporcionar bienes públicos, como infraestructura. El tercero es tener un marco legal y regulatorio que incremente la competencia, la integridad de los negocios y las prácticas justas. El cuarto es tener acceso a los servicios financieros privados, las instituciones de compartimiento de riesgo y los servicios de desarrollo de negocios.

Las reglas y regulaciones para los derechos de propiedad intelectual, las condiciones de empleo, la contratación y los estándares para los productos, también afectan la rentabilidad de las agroempresas y la distribución de los beneficios que se obtienen del desarrollo de los agronegocios. Las barreras a la entrada para el establecimiento de nuevos negocios, son particularmente fuertes para las firmas pequeñas, las cuales sufren más de un inadecuado acceso a los servicios financieros y de débiles destrezas administrativas.[15]

Cuadro D.1 Principales abastecedores de insumos agrícolas y concentración creciente

	Agroquímicos		Semillas		Biotecnología	
Compañía	Ventas en 2004 ($ millones)	Participación en el mercado (%)	Ventas en 2004 ($ millones)	Participación en el mercado (%)	Número de patentes en Estados Unidos[a]	Participación en las patentes (%)
Monsanto	3.180	10	3.118	12	605	14
Dupont/Pionner	2.249	7	2.624	10	562	13
Syngenta	6.030	18	1.239	5	302	7
Bayer Crop Sciences	6.155	19	387	2	173	4
BASF	4.165	13	–	–	–	–
Dow Agrosciences	3.368	10	–	–	130	3
Limagrain	–	–	1.239	5	–	–
Otros/Privado	7.519	23	16.593	66	1.425	34
Sector público	–	–	–	–	1.037	24
Concentración del mercado[b]						
CR4 (2004)	60		33		38	
CR4 (1997)[c]	47		23			

Fuentes: Unctad 2006[b]; Federación Internacional de Semillas en http://www.worldseed.org.
a. Número de patentes biotecnológicas agrícolas en Estados Unidos, registradas durante el período 1982-2001.
b. La concentración en el mercado está medida por la razón de concentración CR4, la cual indica la participación en el mercado de las cuatro firmas más grandes.
c. Fulton y Giannakas 2001.
– No disponible.

Enfrentar los cuellos de botella

Los instrumentos para resolver los cuellos de botella que enfrenta el desarrollo de las pequeñas y medianas empresas incluyen el otorgamiento de fondos compartidos; fondos de riesgo en asociaciones público-privadas; acceso preferencial a los servicios financieros; garantías parciales a los créditos; incentivos fiscales y asistencia en la formación de redes de agroindustria. Para el desarrollo de pequeñas agroempresas en las zonas rurales, el foco ha estado usualmente puesto en las intervenciones directas antes que en el mejoramiento del clima de inversión, el cual hubiera podido tener un más amplio y más sostenido impacto. La razón es que los ministerios de agricultura no tienen mandato en temas genéricos relacionados con el clima de inversión, en tanto que los ministerios con mandatos en el área de políticas económicas tienen un limitado interés en las cadenas de valor agrícola en las zonas rurales.[16]

Hay algún debate acerca de los fondos compartidos para promover los agronegocios, debido a que ellos han estado ligados a distorsiones del mercado y favoritismo y a que no siempre han promovido Pymes orientadas al crecimiento. Pero éstos han tenido algún éxito en aumentar la capacidad de los pequeños propietarios para vincularse a las cadenas de valor (recuadro D.1). Los fondos compartidos son mejor utilizados para aprovechar oportunidades de negocio que pueden ser rentables en el largo plazo, pero que enfrentan altos costos de inicio. La vigilancia por parte de juntas independientes de revisión es esencial para asegurar la equidad y transparencia en el uso de estos fondos.

Responsabilidad social corporativa

La inclusión de los pequeños agricultores en la cadena de valor agroalimentaria también puede darse a través de iniciativas de los agronegocios, que están motivadas por algo más que las ganancias. Las agroempresas mundiales pueden utilizar sus recursos y experticia para ayudar a desarrollar cadenas agroalimentarias de valor y promover la participación de los pequeños agricultores. Hay una creciente tendencia entre las grandes empresas a buscar líneas de negocios que no solamente sean atractivas a los intereses corporativos, sino que también proporcionen un retorno social, frecuentemente beneficiando a los más pobres de los pobres. Estas actividades pueden tomar una variedad de formas, dependiendo de su recompensa económica directa, pero existen grandes asociaciones público-privadas o de la sociedad civil, donde el líder es el sector privado.

En un extremo del espectro se encuentran los programas que proporcionan beneficios sociales pero no generan un retorno de corto plazo para la empresa, a pesar de que pueden incentivar el desarrollo del mercado para la industria en la cual la firma está involucrada. Un ejemplo son los programas para el desarrollo del suministro de leche y lácteos en las escuelas, financiados por la Oficina de Desarrollo de TetraPak Food, con el objetivo de mejorar la salud y el desempeño académico de los niños, en tanto que se crea demanda para los productos lácteos y se apoya la participación de pequeños agricultores.[17]

En el otro extremo del espectro se encuentran programas que proporcionan fuertes beneficios para los pobres, a la par que permiten a las empresas llegar a su punto de equilibrio con las ganancias reinvertidas. Un ejemplo es el proyecto de producción de yogurt del Grupo Danone en cooperación con el Grupo Grameen en Bangladesh. Éste suministra préstamos y asistencia técnica a pequeños agricultores para adquirir vacas para leche e invierte en una planta de procesamiento para productos lácteos, que satisface las necesidades nutricionales locales y crea empleo en el procesamiento y la distribución.[18]

En el punto medio se encuentran las asociaciones público-privadas que pueden ser ventajosas para los inversionistas pero que inicialmente no generan un retorno a la actividad. La Corporación Mars está tomando el liderazgo en Indonesia en co-invertir con el sector público y otros donantes, en un programa de investigación y desarrollo para promover la calidad del cacao y una oferta sustentable, en tanto que paga a los pequeños agricultores una prima por generar una mejor calidad del producto.[19]

RECUADRO D.1 *Abriendo los mercados de exportación a productores de cacao orgánico de pequeña escala en República Dominicana*

El Fondo para enlace de negocios (BLCF) del Departamento Británico para el Desarrollo Internacional (DFID), proporciona fondos para compartir los costos en la promoción de enlaces entre negocios, el desarrollo de mercados y el impacto pro-pobre para pequeños agricultores. En República Dominicana, una donación del BLCF en 2002, con una del sector privado, financió un proyecto a dos años de producción de chocolate orgánico, que mejoró la competitividad de pequeños productores de cacao orgánico mediante la obtención de precios más altos y más estables para su producto. El programa creó un fuerte relacionamiento hacia arriba y hacia abajo en la cadena de valor y forjó nuevos enlaces entre la Asociación de Pequeños Productores de Cacao y los compradores europeos de cacao. El proyecto también creó un producto de mejor calidad, que abrió nuevos tipos de mercado para los productores de cacao *gourmet.* Estas inversiones pagaron un diferencial de US$405 por tonelada para productores de pequeña escala, generaron un aumento del 25% en el empleo, beneficiando a las mujeres, diseminaron el uso de los computadores y la tecnología de internet en las comunidades e incrementaron el poder de compra de la comunidad en general –todo a favor de la reducción de la pobreza.

Fuente: www.businesslinkageschallengefund.org.

capítulo 6 Apoyar la competitividad de los pequeños productores a través de innovaciones institucionales

Los ajustes estructurales de la década de 1980, desmantelaron el elaborado sistema de agencias públicas que proporcionaba a los agricultores acceso a la tierra, crédito, seguros, insumos y organizaciones cooperativas. La expectativa era que remover el Estado liberaría al mercado para que los actores privados tomaran a su cargo estas funciones –reduciendo sus costos, mejorando su calidad y eliminando su sesgo regresivo. Con mucha frecuencia esto no sucedió. En algunos lugares el retiro del Estado fue, en el mejor de los casos, tentativo, limitando la entrada del sector privado. En otras partes, el sector privado surgió sólo lenta y parcialmente –principalmente sirviendo a los agricultores comerciales, pero dejando a muchos pequeños agricultores expuestos a las extendidas fallas del mercado, a altos costos de transacción y riesgos y a carencia de servicios. La existencia de mercados incompletos y de brechas institucionales, impusieron elevados costos en crecimiento perdido y en disminuciones de bienestar para los pequeños agricultores, amenazaron su competitividad y en muchos casos su supervivencia.

Los últimos 10 años han presenciado una amplia efervescencia de innovaciones institucionales, destinadas a subsanar los déficit en los mercados de tierra, los servicios financieros, los mercados de insumos y las organizaciones de productores. Aunque ha habido significativo progreso, esta reconstrucción institucional de la agricultura es aún incompleta, especialmente para los pequeños agricultores y las áreas más marginales. El progreso en este sentido requiere más claridad acerca de los roles del Estado y del sector privado –y más análisis acerca de qué funciona bien y cómo puede ser mejorado. Este capítulo documenta cómo:

- Nuevos mecanismos pueden aumentar la seguridad sobre los derechos de propiedad, facilitar la reasignación de la tierra a medida que los hogares rurales ajustan sus estrategias de subsistencia o se marchan para la ciudad y facilitar el acceso a la tierra para quienes no la tienen.
- Innovaciones en los servicios financieros pueden proporcionar a los pequeños agricultores un mejor acceso al crédito, instrumentos de ahorro, mecanismos de transferencia de dinero, pagos remotos y alquileres.
- Mecanismos de seguros indexados al clima pueden proporcionar nuevas formas de reducir los problemas de información imperfecta para mitigar los riesgos de los agricultores.
- Las innovaciones institucionales pueden también promover una mayor eficiencia en los mercados de insumos, en la medida en que nuevos distribuidores locales de bienes agrícolas han surgido y se han intentado subsidios que funcionan con incentivos de mercado.
- Las organizaciones de productores pueden involucrarse en una más efectiva acción colectiva para tener acceso a los servicios, alcanzar economías de escala en los mercados y adquirir influencia en la toma de decisiones de política.

Políticas de tierras para desarrollar derechos seguros y reasignar recursos

Las instituciones que gobiernan los derechos y la propiedad a la tierra, afectan la eficiencia de su uso. Si aquellos que cultivan carecen de derechos seguros a la tierra, tienen menos incentivos para hacer esfuerzos para usarla de manera productiva y sustentable o para llevar a cabo inversiones relacionadas con ésta. Si las mujeres –quienes cultivan buena parte de la tierra en África– tienen pocos derechos implícitos, los hogares tienden a producir menos de lo que su base de activos permitiría en otras circunstancias. Los derechos de propiedad seguros y no ambiguos también permiten la aparición de mercados para transferir la tierra hacia usos y usuarios más productivos. Los sistemas eficientes de administración de la tierra facilitan la inversión agrícola y disminuyen los costos del crédito, mediante el aumento del uso de la tierra como garantía, reduciendo por tanto el riesgo para las instituciones financieras.

Las instituciones que gobiernan el acceso a la tierra tienen una larga historia de adaptación a factores sociales, naturales y económicos. Su diversidad refleja el valor de la tierra no solo como un factor de producción sino como una fuente de estatus, identidad cultural y poder político. El diseño de derechos de propiedad que apoyen un uso eficiente de la tierra y reconozcan la multiplicidad de derechos, particularmente para las mujeres y los grupos nativos, es un tema altamente complejo que requiere de mayor exploración. Las políticas de tierras con frecuencia fueron adoptadas menos con la intención de aumentar la eficiencia que con la de asegurar los intereses de los grupos dominantes, haciendo de la tierra un tema con carga política. Esta sección aborda la forma como algunas innovaciones institucionales y tecnológicas recientes, pueden ayudar a lidiar con estos legados, aumentar la seguridad de la tenencia y proporcionar una base amplia de acceso a la tierra, para maximizar su contribución a la competitividad agrícola y al desarrollo económico.

Fortalecer la seguridad de la tenencia

Proporcionar a los propietarios o usuarios de la tierra seguridad contra la desposesión, aumenta su competitividad a través de incentivar la inversión relacionada con ésta, como numerosos estudios muestran.[1] Las primeras intervenciones para mejorar la seguridad de la tenencia, se enfocaron casi exclusivamente en la titulación individual pero ésta puede debilitar o excluir los derechos comunales, secundarios y de las mujeres. Adicionalmente, el proceso de titulación puede ser utilizado para la apropiación de tierras por parte de las élites locales y de los burócratas. De esta suerte, aunque la titulación individual es aún apropiada en muchos casos, necesita ser complementada por nuevas aproximaciones para asegurar la tenencia.

Reconocimiento de la tenencia tradicional. En muchos países, vastas extensiones de tierra mantenidas bajo tenencia tradicional no gozan de protección legal, con frecuencia debido a legislación que se origina en períodos coloniales. Por ejemplo, muchas jurisdicciones africanas consideran la mayor parte de la tierra como "del Estado". Aquellos que han cultivado esta tierra por generaciones, reciben únicamente derechos precarios de tenencia y pueden perder su tierra –digamos, para hacer posibles inversiones "estratégicas"– con muy poca o sin ninguna compensación. A lo largo de la última década, un gran número de países africanos adoptaron una oleada de nuevas leyes sobre la tierra, que reconocen la tenencia tradicional, hacen admisibles formas más sutiles (orales) de evidencia sobre los derechos a la tierra, fortalecen estos derechos para las mujeres y establecen instituciones descentralizadas relacionadas con ésta.[2] Con un mayor conocimiento de tales leyes, las inversiones relacionadas con la tierra y la productividad aumentaron, como sugiere la evidencia de Uganda. Con menos de una tercera parte de los hogares teniendo información acerca de la ley, mayores esfuerzos para diseminar la información hubieran podido tener un mayor impacto.[3]

Las tierras comunales y la propiedad común de los recursos, incluyendo las tierras para pastoreo y las nativas, son casos especiales de tenencia tradicional. Adicionalmente a su valor productivo, con frecuencia son importantes como redes de seguridad social para los pobres, debido a los valores culturales que están involucrados en ellas. Pero son vulnerables a la degradación y a la apropiación por parte de jefes poderosos, extraños y burócratas. Aumentar el acceso y el nivel de productividad de tales recursos puede ser logrado a través de:

- La formalización de las leyes tradicionales, de manera que sean participativas y reflejen la diversidad de la construcción étnica, histórica y social de la tierra.[4] El trazado de límites legales válidos, identificando los derechos existentes que pueden superponerse o ser de naturaleza estacional (entre pastores y agricultores sedentarios) y registrarlos de la manera apropiada.
- Incorporar las decisiones cotidianas de administración en un cuerpo que sea responsable y funcione transparentemente –por ejemplo, en la forma de un grupo de usuarios legalmente incorporado, con reglas claras para la resolución de conflictos que sean respetadas por todos los involucrados.
- Evolucionar hacia tipos posibles más formales de tenencia, a través de procesos bien definidos y transparentes. En México, parcelas de tierra individuales certificadas en las comunidades ejidales, pueden hacer la tierra completa y libremente transferible, a través de un voto calificado de la asamblea. Pero el hecho de que menos del 15% de los ejidos escojan la titulación completa muestra que muchos usuarios perciben que los beneficios de mantener las relaciones comunales pueden ser mayores que aquellos que surgen de la individualización de los derechos.

Documentar los derechos a la tierra. Mientras el reconocimiento legal de los derechos existentes es un primer paso indispensable, con frecuencia hay demanda para demarcar las parcelas y emitir certificados que reduzcan las disputas de límites y faciliten las transacciones con ésta. Los altos estándares de inspección y sus costos asociados bajo las tecnologías tradicionales –entre US$20 y US$60 por parcela[5]– han sido un obstáculo importante para una más amplia implementación. Pero los recientes avances en la tecnología –particularmente la más amplia disponibilidad de imágenes satelitales y los sistemas de posicionamiento global portátiles (GPS), junto con algunos arreglos institucionales que colocan a los actores locales a cargo de adjudicaciones sistemáticas– pueden reducir enormemente el costo de emitir certificados acerca de los límites de las parcelas con una precisión razonable. La experiencia apunta hacia una considerable demanda para este tipo de programas de certificación de la tierra, como sucede en Etiopía (recuadro 6.1).

En los lugares donde las mujeres tienen un papel principal en la agricultura, sus derechos a la tierra afectan la productividad y la inversión.[6] Adicionalmente, siendo la tierra un activo clave, los derechos a ésta son críticos para el poder negociador de las mujeres al interior del hogar, sus más amplias oportunidades económicas y su seguridad de largo plazo, en casos de divorcio o muerte de un miembro de la familia. El reconocimiento de las consecuencias adversas de la discriminación contra las mujeres en esta área, ha llevado a cambios en las provisiones constitucionales y a una legislación más específica, que requiere la igualdad general entre hombres y mujeres, ordena la emisión de títulos conjuntos, modifica la legislación sobre la herencia y asegura la representación femenina en las instituciones para la administración de la tierra.[8]

Tales tipos de medidas pueden tener un impacto positivo. Sin embargo, las reformas legales que colisionan con los arreglos tradicionales de poder se pueden hacer cumplir pausadamente. Varios ejemplos, una buena parte de ellos en Asia y en América Latina, muestran que para minimizar los enfrentamientos, una mezcla de mediación y de generación de conciencia puede complementar otros programas, para permitir que los poseedores de la tierra efectivamente ejerzan sus derechos. Por ejemplo, el sistema ejidal en México incluye ahora un mecanismo de mediación para proteger los derechos de propiedad de las mujeres. En Nicaragua, un programa para titulación de derechos a la tierra con los nombres de ambos cónyuges, incluyó consultas con la población indígena para clarificar tanto los derechos comunales como colectivos.

Expandir las opciones para la resolución de conflictos. En muchos países en desarrollo, una gran porción de los casos llevados a la justicia involucran la resolución de disputas relacionadas con la tierra. Aparte de saturar los tribunales y de obstaculizar la inversión, los conflictos no resueltos pueden disminuir la productividad del uso de la tierra. En el caso de Uganda, la productividad de parcelas bajo disputas era menos de una tercera parte de la correspondiente a parcelas sin disputas.[9] Las instituciones tradicionales pueden resolver algunas disputas localizadas, pero no están bien equipadas para abordar las que involucran grupos pertenecientes a diferentes comunidades –por ejemplo entre nómadas y agricultores sedentarios, entre límites étnicos o entre los individuos y el Estado. Las instituciones tradicionales también tienden a estar bajo el control de los hombres y a favor de éstos en las disputas con las mujeres, tal como en las relacionadas con los derechos de herencia.[10] La expansión de las opciones para resolver sistemáticamente fuera de las cortes los conflic-

RECUADRO 6.1 *Beneficios de la certificación de la tierra liderada por la comunidad en Etiopía*

Gracias a los prometedores resultados de la emisión de certificados de uso de la tierra para alrededor de 632.000 hogares en Tigray en 1998/99, otras regiones de Etiopía se han embarcado en esfuerzos de certificación de gran escala, emitiendo certificados de uso de la tierra para alrededor de 6 millones de hogares (18 millones de parcelas en 2003–05).

El proceso comienza con campañas locales de concientización, algunas veces con la distribución de material escrito, seguido de elecciones de comités de uso de la tierra en cada aldea. Después de un período de capacitación, estos comités resuelven los conflictos existentes, refiriendo a los tribunales los casos que no pueden ser solucionados por medios amigables. Esto es seguido por la demarcación y medición de las parcelas que no sufren de disputas, en presencia de los vecinos, y se emiten los certificados de uso de la tierra que, para las parejas casadas, incluyen los nombres y las fotografías de ambos cónyuges[7] pero no incluyen un mapa o indicación de los límites de la parcela.

Debido a que la tierra sigue siendo propiedad del Estado y sufre de fuertes restricciones para su transferencia, los certificados documentan únicamente los derechos de uso hereditario. Aun así, más del 80% de las personas que respondieron una encuesta nacional, indicaron que la certificación redujo conflictos y que les incentivó a invertir en árboles y conservación del suelo, al arrendamiento de la tierra y a mejorar la situación de las mujeres. Ellas también opinaron que tener un certificado aumentaría la posibilidad de obtener compensación en casos en que la tierra fuera tomada de ellos. Muchos esperan que la demarcación de la tierra comunal reduzca la intrusión (78%) y aumente la conservación del suelo (66%).

Un estimativo burdo sitúa el costo de los certificados en únicamente US$1 por parcela, en gran parte debido a que los insumos locales para la resolución de conflictos y la medición, son provistos voluntariamente por los comités locales de uso de la tierra. Añadir el uso de instrumentos portátiles de GPS, con una exactitud de menos de un metro para registrar los límites de las parcelas, hubiera aumentado los costos en alrededor de US$0,60. En la medida en que la tecnología moderna hace que prácticas de menor costo sean factibles, la certificación sistemática podría ayudar a implementar una nueva legislación para la tierra en África y en otros lugares. Sin embargo, sin mecanismos para mantener actualizados los registros, el efecto puede ser de corta duración. Estimativos para la región de Amhara, sugieren que la actualización debería ser posible a un costo de US$0,65 por transacción.

La demanda por certificados es fuerte: 95% de los hogares fuera del programa desearían tener un certificado, 99% de aquellos con certificado estarían dispuestos a pagar en promedio US$1,40 para reponer un certificado perdido y al 90% (la mayor parte de ellos con disponibilidad a pagar) les gustaría tener un mapa de la parcela.

Aunque es posible que el impacto positivo de los certificados se verá reducido por las actuales políticas que restringen el arrendamiento de la tierra y que prohíben darla como garantía o venderla, la certificación puede ser un paso adelante dentro de un proceso más amplio de reforma a las políticas de tierras.

Fuente: Deininger y otros 2007.

tos en relación con la tierra puede tener grandes beneficios, especialmente para los pobres y para las mujeres, quienes de otra manera sólo muy raramente son capaces de hacer cumplir sus derechos legales, como se ha demostrado en Etiopía y en la India.[11]

Modernización de la administración de la tierra. En muchos países, la administración de la tierra es uno de los servicios públicos más corruptos. Las irregularidades y el fraude abierto son frecuentes en la asignación y administración de las tierras públicas. Las rentas involucradas pueden ser sustanciales. En la India, los sobornos pagados anualmente por los usuarios de los servicios de administración de la tierra se estiman en US$700 millones,[12] tres cuartas partes del gasto público en ciencia, tecnología y medio ambiente. En Kenya, la apropiación de tierras por oficiales públicos, sistemática entre 1980 y 2005, fue "una de las más pronunciadas manifestaciones de corrupción y decadencia moral en nuestra sociedad".[13] La tecnología moderna y las asociaciones con el sector privado pueden generar rápidos beneficios. Un ejemplo: la computarización de registros en el estado indio de Karnataka se estima que ha ahorrado a los usuarios US$16 millones en sobornos.[14] El registro automático y la valoración asociada de la tierra, permitieron la contratación externa con el sector privado, lo cual mejoró significativamente el acceso al servicio y redujo los derechos de timbre de un 14% al 8%, en tanto que cuadruplicó el ingreso fiscal de US$120 millones a US$480 millones.

Las instituciones para la administración de la tierra serán viables en el largo plazo e independientes de la presión política, únicamente si pueden mantener sus operaciones financieramente, sin cobrar a los usuarios más de lo que éstos están dispuestos a pagar. Aunque las reformas para hacer que éstas sean más eficientes son bien conocidas, y su efectividad se ha mostrado repetidamente (recuadro 6.2), la implementación de las mismas enfrenta fuerte resistencia por parte de los intereses que son beneficiados por el *statu quo*.

Acceso a la tierra

Habilitar los mercados para arrendamiento de la tierra. Conseguir que los mercados para la tierra funcionen, es fundamental en los lugares en donde surgen nuevas opciones para que los hogares diversifiquen sus formas de subsistencia y eventualmente abandonen la agricultura. En los países desarrollados, alrededor del 50% de la tierra agrícola es arrendada, con frecuencia bajo contratos sofisticados.

RECUADRO 6.2 *Mejorando la eficiencia de los servicios de administración de tierras en Georgia*

Georgia estableció una agencia nacional única para la administración de tierras, hizo disponible toda la información pública en Internet, colocó agrimensores licenciados privados a cargo de las mediciones y redujo drásticamente la burocracia (de 2.100 a 600), a la par que aumentó los salarios ocho veces. Para mantener el sistema de registro independiente financieramente, se revisó la ley de registro, se estableció un mecanismo de consulta legal gratuito y se ajustó la estructura de tarifas.

El tiempo requerido para obtener el registro de una propiedad disminuyó de 39 a 9 días y el costo asociado se redujo de 2,4% a 0,6% del valor de la propiedad, beneficiando a los usuarios de la tierra –lo cual es evidenciado por la mayor actividad en el mercado de arrendamiento y venta de tierras y la mayor cantidad de garantías y de créditos otorgados por prestamistas privados y agrícolas.

Fuente: Dabrundashvili 2006.

En la mayor parte de países en desarrollo, en contraste, los mercados para el arriendo de la tierra están atrofiados. Sin embargo, el arrendamiento de la tierra está aumentando en lugares en donde no ha sido practicado extensivamente con anterioridad –como en Europa oriental;[16] en Vietnam, donde la participación de la tierra arrendada se cuadruplicó hasta llegar a 16% en cinco años;[17] y en China, en donde al arrendamiento permitió a las comunidades rurales responder a la migración de gran escala (recuadro 6.3)

Cuando la tenencia de la tierra es insegura o existen restricciones que constriñen el arrendamiento de ésta, las transacciones de arrendamiento que benefician la productividad no se materializarán completamente o los pobres pueden resultar excluidos. En República Dominicana, Nicaragua y Vietnam, la inseguridad en la propiedad de la tierra redujo la propensión hacia el arrendamiento y limitó las transacciones a algunas redes sociales preexistentes.[18] En Etiopía, el temor a perder la tierra, conjuntamente con algunas restricciones explícitas al arrendamiento, fue la principal razón para el desempeño sub-óptimo de los mercados de arrendamiento.[19] En la India, restricciones a la tenencia de la tierra reducen la productividad y la equidad (recuadro 6.4). Reemplazar estas condiciones con políticas que faciliten el arrendamiento, mejoraría el acceso a la tierra para aquellos que permanecen en el sector rural.

Fortalecer los mercados para la venta de la tierra. Los mercados para la adquisición de tierra aumentan los incentivos a la inversión y proporcionan una base para utilizarla como colateral en los mercados de crédito. Sin embargo, en imperfecciones existentes en otros mercados y las expectativas de aumentos futuros en el precio de la tierra, afectan los mercados para la venta de ésta más que los mercados para el arrendamiento, implicando que las ventas no necesariamente transfieren la tierra hacia los productores más productivos. Históricamente, la mayor parte de las ventas de tierra han ocurrido bajo situaciones de zozobra, bajo el requerimiento a los propietarios que no han pagado sus créditos de cederla a los prestamistas, quienes pueden amasar unas enormes cantidades de la misma.[20]

Los datos sobre las ventas de tierra a lo largo de 20 años en la India, revelan algunas características peculiares de los mercados para la venta de ésta:

- La tierra pasó a manos de mejores cultivadores y de hogares con abundancia de tierra hacia hogares con escasez de ésta, permitiendo que quienes tenían escasez de tierra mejoraran su bienestar sin empeorar el de quienes la vendieron. Sin embargo, los mercados para las tierras no son profundos, se ven más afectados por los eventos del ciclo de vida de los hogares y son menos redistributivos que el del arrendamiento.
- Los choques climáticos aumentaron la probabilidad de ventas de tierra bajo condiciones de inseguridad, aunque esto fue mitigado por las redes de seguridad locales (garantías de empleo) y el acceso al crédito por parte de los bancos.[21]
- Aunque los límites a la propiedad de la tierra impuestos por la "reforma" pueden haber jugado un papel, las ventas y compras de tierra hicieron más que la reforma agraria para disminuir la inequidad en la propiedad de la tierra en la India.[22]

Esto proporciona muy poca justificación para las medidas de política que restringen las ventas de tierra, especialmente debido a que éstas tienden a hacer que las transacciones se hagan de manera soterrada y limiten el acceso al crédito formal, sin abordar los problemas subyacentes de asimetría de poder, información y acceso al asegura-

RECUADRO 6.3 *Cómo puede el arrendamiento de la tierra aumentar la productividad y la equidad en China*

Los mercados de arrendamiento de tierra pueden contribuir mucho a la diversificación rural y al crecimiento del ingreso en una economía en rápido crecimiento; observemos el caso de China. Después de la introducción del sistema de responsabilidad de los hogares en 1978, los derechos de uso de la tierra fueron asignados sobre una base per cápita, llevando a una estructura igualitaria de "propiedad de la tierra", en la cual ésta funciona también como una red de seguridad social. Aunque los hogares poseen contratos para 15 años de uso de la tierra, la reasignación administrativa –en clara violación de las obligaciones contractuales– se practicó regularmente como respuesta al crecimiento de la población, o para colocar tierra a disposición de usos no agrícolas. Sin embargo, con los migrantes rural-urbanos triplicándose de un 5% del total de la fuerza laboral en 1988 a 17% (o 125 millones de migrantes) en 2000, las limitaciones de confiar exclusivamente en reasignaciones administrativas se hicieron obvias.

Los arrendamientos descentralizados de la tierra que complementaron y eventualmente reemplazaron a las reasignaciones administrativas, han demostrado ser igual de equitativos pero significativamente más productivos. Una muestra nacional, con información de las dos partes en las transacciones de tierras, resalta el impacto del arrendamiento de éstas sobre las estructuras ocupacionales, la productividad y el bienestar:

- El arrendamiento transformó la estructura ocupacional. En tanto que casi 60% de aquellos que arrendaron su tierra, dependían de la agricultura como su fuente principal de ingreso antes de entrar en el mercado de arrendamiento, sólo 17% continúo dependiendo en esa medida –en tanto que 55% migraron (aumentando desde 20%) y 29% se involucraron en la actividad local no agrícola (aumentando desde 23%).
- El arrendamiento de la tierra también aumentó la productividad. El ingreso neto obtenido de las parcelas arrendadas aumentó alrededor de 60%, apoyando la noción de que los mercados de arrendamiento, mediante la transferencia de la tierra de agricultores con baja habilidad o poco interés en la agricultura hacia mejores agricultores, pueden aumentar el bienestar rural. Los arrendatarios –quienes generalmente tenían menos tierra, más trabajo familiar y menores niveles de activos y educación– recibieron alrededor de dos terceras partes de las ganancias y el resto fue a los propietarios en la forma de rentas.
- El ingreso neto, tanto para arrendatarios como para arrendadores, aumentó –respectivamente en 25% y en 45% (en parte debido al ingreso de los emigrantes)– en una forma muy equitativa.

Esto muestra la importancia de unos mercados de arrendamiento de la tierra en buen funcionamiento, en un contexto de fuerte crecimiento no agrícola y migración. Pero muchos productores pueden sentirse aún restringidos debido a unos derechos de propiedad inseguros. Para permitir que los mercados de la tierra respondan mejor a las necesidades de una economía cambiante, iniciativas recientes, especialmente en la Ley de Contratación de Tierra Rural de 2003, apuntan al fortalecimiento de los derechos de propiedad de los agricultores y a reducir el espacio para que haya intervención discrecional por parte de oficiales de gobierno.

Fuentes: Benjamín y Brandt 2002; Brandt, Rozelle y Turner 2004; Cai 2003; Deininger y Jin 2005; Kung y Liu 1997.

RECUADRO 6.4 *Mercados de arrendamiento y el impacto de sus restricciones en la India*

Donde los poseedores de la tierra tienen pocas alternativas, los propietarios de ésta utilizan el arrendamiento para extraer tanto excedente como les es posible. Esto llevó a los diseñadores de política en la India a imponer techos a los arrendamientos, para proteger a los arrendatarios y a prohibir el arrendamiento en muchos estados. Como resultado parcial, la actividad de arrendamiento de tierra reportada en la India disminuyó abruptamente, de 26% en 1971 a menos de 12% en 2001, en dirección contraria a la tendencia en otros países. A pesar de esto, el arrendamiento continúa siendo un medio importante de acceso a la tierra. En 2001, el número de hogares que arrendaron tierra fue mayor que el número total de éstos que se han beneficiado de las reformas agrarias desde la independencia.

Los supuestos implícitos en las intervenciones en los mercados de arrendamiento de la tierra pueden haber dejado de ser válidos, como una encuesta nacional que permite comparaciones en el tiempo y lo sugiere. En lugar de generar aparcería inversa, los mercados de arrendamiento ayudan a los hogares con escasez de tierra, abundancia de trabajo y conocimientos agrícolas pero poca educación –37% de ellos sin tierra– a arrendar tierra de los hogares ricos y abundantes en ésta, que deciden emplearse en el sector no agrícola. Más elevados ingresos en los poblados, aumentan la propensión a arrendar debido a que los hogares más ricos tienen una mayor probabilidad de moverse fuera de la agricultura y arrendar su tierra.

El impacto sobre la equidad de las restricciones al arrendamiento, se muestra a través de comparar el producto marginal de un día de trabajo en el cultivo agrícola por cuenta propia (Rs 150 para hombres y mujeres) con los salarios diarios en el mercado laboral casual (Rs 46 para los hombres y Rs 34 para las mujeres). La (estadísticamente significativa) diferencia, implica que, aun después de sustraer los pagos hechos al terrateniente, el arrendamiento puede mejorar el bienestar del hogar de manera considerable. La discriminación de género en los mercados laborales casuales puede hacer el arrendamiento particularmente atractivo para las mujeres, de manera consistente con la evidencia anecdótica acerca del uso por parte de las mujeres rurales de grupos de autoayuda para arrendar tierra, frecuentemente en contra de la ley. Finalmente la eliminación de las restricciones al arrendamiento de la tierra podría facilitar el movimiento hacia la economía rural no agrícola.

Fuente: Deininger, Jin y Nagarajan 2006.

miento. Las redes de seguridad y otras medidas, incluida la redistribución de tierras, son más apropiadas que las restricciones a las ventas para lidiar con estos problemas y prevenir la venta bajo situaciones de presión. Los impuestos a la tierra pueden doblegar la demanda especulativa e incentivar un mejor uso de la misma, en tanto que proporcionan ingreso a los gobiernos locales para cumplir sus funciones.[23]

Hacer más efectiva la reforma agraria. En países con una muy desigual propiedad de la tierra, los mercados para ésta no son una panacea para enfrentar las desigualdades estructurales que reducen su productividad e impiden el desarrollo.[24] Para superar estas desigualdades, se necesitan formas de redistribución de los activos, como la reforma agraria. En el Japón de la posguerra, la República de Corea y Taiwán (China), se mostró que la reforma agraria puede mejorar la equidad y el desempeño económico. Sin embargo, existen muchos casos en los que la reforma agraria no pudo ser completamente implementada o incluso tuvo consecuencias negativas. Las expulsiones de propietarios o los cambios en el uso de la tierra, que sucedieron con anterioridad a la legislación que hubiera proporcionado una mayor seguridad a los poseedores de ésta o permitido la expropiación para la tierra subutilizada, con frecuencia llevaron a que los beneficiarios prospectivos estuvieran en peores condiciones o propiciaron que los propietarios de la tierra recurrieran a técnicas menos eficientes.[25]

Si la tierra se transfiere a través de una reforma agraria redistributiva, para que los nuevos propietarios se hagan competitivos es esencial que haya mejoramiento en el acceso a los conocimientos administrativos, la tecnología, el crédito y los mercados. Algunas reformas de tenencia han probado ser altamente efectivas,[26] pero se necesita el uso de medidas para clarificar los derechos de propiedad, con el fin de evitar los desincentivos a la inversión. La reforma agraria a través de mercados de intercambio apoyados por fondos gratuitos y asistencia técnica a beneficiarios seleccionados, se ha mostrado prometedora, siendo Brasil el innovador líder, pero esta aproximación requiere un mayor análisis de sus costos e impactos. Para ser efectivo, cualquier enfoque de reforma agraria debe estar integrado dentro de una estrategia más amplia de desarrollo rural –utilizando reglas transparentes, ofreciendo derechos de propiedad claros e incondicionales y mejorando los incentivos para maximizar las ganancias de productividad. Efectivamente, ésta puede aumentar el acceso a la tierra por parte de los pobres rurales, pero para reducir la pobreza y aumentar la eficiencia, la reforma requiere el compromiso del gobierno de ir más allá de la provisión de acceso, para asegurar la competitividad y sostenibilidad de los beneficiarios como pequeños agricultores orientados al mercado.

Servicios financieros para pequeños agricultores

La habilidad de las empresas agrícolas y de los hogares rurales para invertir a largo plazo y para tomar decisiones calculadas de flujos de ingresos riesgosos y afectados con algún tipo de patrón temporal, es determinada por los servicios financieros de la economía. A pesar del rápido desarrollo de los servicios financieros, la mayoría de los pequeños agricultores en el mundo sigue sin tener acceso a los servicios que necesitan para competir y mejorar su subsistencia. Un más amplio acceso a los servicios financieros –productos de ahorro y crédito y transacciones financieras y servicios de transferencia para las remesas– expandirían sus oportunidades para una más eficiente adopción de tecnología y asignación de recursos.

Los servicios financieros son ofrecidos a las poblaciones rurales por organizaciones que existen a lo largo de un continuo que va de lo informal a lo formal, siendo con frecuencia difuso el límite entre las categorías. En general, las instituciones financieras formales tienen licencias y están supervisadas por una autoridad central. Éstas incluyen los bancos comerciales públicos y privados; los bancos agrícolas o de desarrollo rural de propiedad del Estado, las cooperativas de ahorro y crédito, los bancos de micro-finanzas y las compañías de alquiler especializadas, de vivienda y de finanzas del consumidor. Los oferentes informarles de servicios financieros incluyen las asociaciones de ahorro y crédito rotatorio, los prestamistas, las casas de empeño, los negocios que proporcionan financiamiento a sus clientes, amigos y parientes. En medio de estos dos extremos se encuentran organizaciones no gubernamentales (ONG) financieras, grupos de autoayuda, pequeñas cooperativas financieras y uniones crediticias.

Eliminar las agudas restricciones financieras que perpetúan la pobreza

Las restricciones financieras son más agudas en la agricultura y actividades relacionadas que en muchos otros sectores, reflejando tanto la naturaleza de la actividad agrícola como el tamaño promedio de las firmas. Los contratos financieros en zonas rurales involucran costos de transacción y riesgos más altos que los del medio urbano, debido a la mayor dispersión espacial de la producción, las menores densidades poblacionales, la generalmente baja calidad de la infraestructura y la estacionalidad, y con frecuencia alta variabilidad de las actividades de producción rural. Por tanto, los bancos y otros intermediarios financieros tradicionales con ánimo de lucro, tienden a limitar sus actividades a las áreas urbanas y a las áreas de la economía rural más densamente pobladas, más ricas y más comerciales. Los costos de operación allí son más bajos, los tamaños de los créditos suficientemente grandes para cubrir los costos fijos de transacción y los contratos legales se pueden hacer cumplir más fácilmente.

La realidad rural: pocos hogares y firmas pequeñas pueden satisfacer su necesidad de crédito y otros servicios financieros. En la India, una reciente encuesta a 6.000 hogares en dos estados, mostró que el 87% de los agricultores marginales encuestados no tenían acceso al crédito formal y que 71% no tenían acceso a una cuenta de ahorros en una institución financiera formal.[27] Las instituciones financieras informales sirven a las comunidades rurales pero tienden a fragmentarse de acuerdo con la localización del hogar, la propiedad de activos o la membresía a redes de afinidad o etnia, aspectos todos que afectan los costos de transacción de la contratación, el tamaño de las posibles transacciones y la tasas de interés que se cobran.[28] Hay, por tanto, una tremenda necesidad de innovaciones financieras que puedan colocar a los pequeños agricultores en posición de acceder gradualmente a los mercados financieros –así como de innovaciones que puedan complementar los servicios financieros mediante la administración de los riesgos sistemáticos que dificultan su oferta.

Los costos de las restricciones financieras para los pequeños agricultores son elevados –en oportunidades desperdiciadas y en su exposición al riesgo. En las zonas rurales de Honduras, Nicaragua y Perú, la población con restricción de acceso al crédito constituye alrededor del 40% de todos los productores agrícolas. Los productores que carecen del crédito utilizan en promedio solamente del 50% al 75% de los insumos comprados por parte de los productores que no tienen restricciones y generan ingresos netos (retornos a la tierra y al trabajo familiar) entre el 60% y el 90% de aquellos que no tienen restricciones (gráfico 6.1).[29] En Europa central y oriental, cerca del 50% de los pequeños agricultores en cinco países, reportan que las restricciones financieras son la mayor barrera que enfrentan para el crecimiento y expansión de sus empresas.[30]

La raíz del problema es que los prestamistas tienden a ofrecer sólo un menú limitado de productos, principalmente con muy fuertes requerimientos de garantías. Los agricultores más ricos pueden obtener préstamos más grandes a un menor costo por parte de los prestamistas locales, debido a que ellos pueden de manera creíble comprometer sus activos o flujos futuros de ingresos. Los hogares pobres en activos, en contraste, se ven limitados a obtener préstamos considerablemente menores a tasas mucho más altas, debido a que tienen que recurrir a prestamistas que deben reemplazar las garantías por una costosa supervisión. Los agricultores pobres pueden también renunciar a los créditos, aun si califican a ellos, debido a que no desean afrontar el riesgo de perder las garantías, lo que ha

Gráfico 6.1 Los hogares rurales con restricciones de crédito utilizan menos insumos y tienen más bajos ingresos

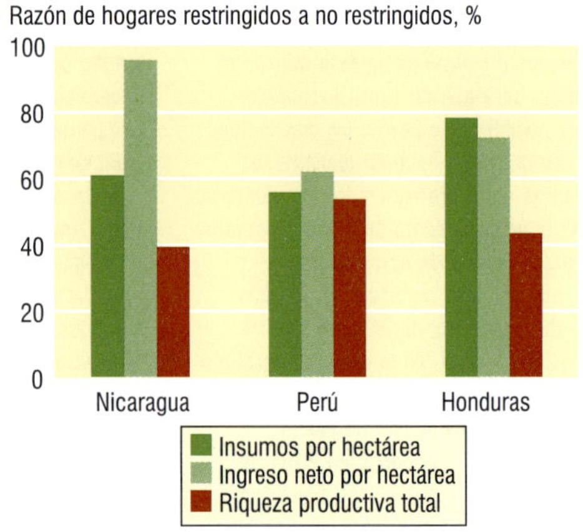

Fuente: Boucher, Carter y Guirkinger, 2006.

dado en conocerse como "racionamiento por riesgo".[31] En los estudios de Honduras, Nicaragua y Perú, el 20%, 40% y 50% de los prestatarios que tienen restricciones de crédito, respectivamente, sufren de racionamiento por riesgo. El acceso al crédito y a los seguros está entonces fuertemente ligado, conceptual y empíricamente, y debe ser mejorado conjuntamente para mejorar el acceso al crédito.

El acceso sesgado al crédito puede obstaculizar el empleo y contribuir al empeoramiento de la distribución del ingreso. Las políticas de mercado de tierras también se pueden hacer menos efectivas si hay restricciones de los mercados financieros que tengan un sesgo por la riqueza.

Adaptar las microfinanzas para llegar a los pequeños agricultores

Lo inadecuado de los mercados financieros rurales refleja riesgos y costos reales de transacción, que no pueden eliminarse simplemente con el deseo o con la legislación. Se requieren innovaciones para permitir formas más flexibles de préstamos, en tanto que se garantiza que los prestatarios repagan sus créditos.

Una aproximación para resolver estos problemas se desprende de los esfuerzos pioneros del Banco Grameen. Las instituciones de microfinanzas (IM) amplían el menú de contratos disponibles, con nuevos arreglos que reemplazan las garantías. Con frecuencia tienen directrices que favorecen a grupos excluidos del crédito a través de otros canales –particularmente mujeres. Muchas IM prestan a grupos locales cuyos miembros se seleccionan unos a otros y comparten la responsabilidad para el repago de los créditos, de manera que el capital social local sustituye a la riqueza como garantía. Las IM con frecuencia se focalizan en las áreas rurales donde el capital social es más fuerte.

Esta responsabilidad compartida crea poderosos incentivos para una rigurosa selección por parte de los pares y puede funcionar bien donde los créditos se utilizan para una diversidad de actividades (de alta rotación). Sin embargo, funciona menos bien para las actividades de cultivo donde todos los productores están sujetos a un conjunto común de riesgos por clima (cuando alguno no puede pagar, con frecuencia ninguno puede hacerlo) y donde los períodos de gestación de los proyectos son largos y comparten el mismo horizonte temporal. El riesgo climático disminuye también la estabilidad financiera de las IM locales y, más explícitamente, limita su participación en el crédito a la agricultura para reducir la exposición al riesgo. Además, muchas organizaciones de microfinanzas tienen criterios de focalización para un tamaño máximo de propiedad de la tierra, que puede restringir su nivel de préstamos a las actividades agrícolas.

Con el fin de atender a los desabastecidos mercados agrícolas, las IM han comenzado a innovar.[32] Fundea, en Guatemala, ha ofrecido créditos individuales a productores agrícolas de tomates de corto ciclo y otros vegetales. Ha adoptado la perspectiva de cadena de valor para financiar insumos y productos, utilizando los cultivos en curso como garantía. Caja los Andes, en Bolivia, comenzó a aceptar activos no estándar como garantía y a prestar a agricultores que se encuentran bien diversificados en un rango de actividades agrícolas y no agrícolas.[33] En 2006 se convirtió en banco, Banco los Andes Procrédito, y los créditos agrícolas ahora constituyen un 10% de su portafolio.

En resumen, mientras que el crédito de microfinanzas para la agricultura es aún pequeño, hay signos esperanzadores de que la innovación permitirá que el movimiento de las microfinanzas llene parcialmente el vacío en la agricultura, al menos para productores con pequeñas empresas involucradas en actividades de alto valor, particularmente en la cría de animales y en la horticultura. Existe una fuerte fundamentación para el apoyo de política pública para la búsqueda y pruebas piloto de innovaciones tecnológicas e institucionales que reduzcan los costos y los riesgos de hacer negocios. Muchas de las innovaciones recientemente creadas, pueden tener el carácter de bien público, debido a que las innovaciones de un prestamista pueden ser rápidamente adoptadas por otro. Esto justifica el apoyo público a iniciativas prometedoras que les permita alcanzar escala y hacerse financieramente viables dentro de unos períodos de tiempo predeterminados.

La reforma de las regulaciones financieras, conjuntamente con una mejor infraestructura financiera, puede también incentivar el acceso a estos servicios en muchos países. Cuarenta países en desarrollo y en proceso de transición, aún tienen techos a las tasas de interés que hacen difíciles a las IM sobrevivir sin recurrir al cobro de tarifas no transparentes.[34] Otras regulaciones hacen prácticamente imposible para las IM movilizar ahorros y aceptar depósitos. Reconociendo esto, la India recientemente instauró una nueva ley de microfinanzas, que reduce la cantidad de capital que se requería a las IM tener antes de poder tomar depósitos. Tales reformas necesitan balancear la protección de los depósitos de los pequeños ahorradores, con un menú más amplio de las oportunidades que éstos poseen. Una posibilidad es un esquema de seguro bien estructurado para los depósitos.

Reforma de los servicios financieros para pequeños agricultores y la economía rural no agrícola

Sin embargo, las IM no pueden proporcionar la mayor parte de las finanzas rurales. La promoción, mejoramiento, o aun la creación, de instituciones rurales para apoyar un amplio rango de transacciones rurales financieras, sigue siendo uno de los desafíos fundamentales que enfrentan los gobiernos de los países en desarrollo. El rango de alternativa es amplio. Las instituciones de crédito agrícola apoyadas por el gobierno han sido exitosas en muchas economías ahora desarrolladas, como la República de Corea y Taiwán (China). Pero en muchos países en desarrollo, los esfuerzos del gobierno para mejorar los mercados rurales financieros tienen el récord de hacer más daño que bien, distorsionando fuertemente los precios en el mercado; reprimiendo y desplazando las actividades financieras privadas; y creando burocracias centralizadas, ineficientes y con frecuencia exageradas, que son capturadas por la política.[35] Por tanto, no es sorprendente que los bancos públicos, agrícolas y de desarrollo hayan sido objeto de fuertes críticas en la década de 1980.[36] Bolivia y Perú simplemente cerraron sus bancos agrícolas tradicionales, en tanto que Gambia y muchas de las antiguas repúblicas soviéticas vendieron y privatizaron todo o parte de su programa de banca estatal.[37]

Reforma de los bancos agrícolas públicos. A menos que los bancos agrícolas de propiedad del Estado sufran una radical transformación en sus esquemas de gobernanza, que les permita blindarse contra la captura política, es improbable que funcionen de una manera comercialmente sostenible y que sirvan a las necesidades de los pequeños agricultores. Lo que se necesita es alguna forma de privatización. Banrural, en Guatemala, muestra cómo unas firmes restricciones presupuestales y apropiados mecanismos de gobernanza, pueden crear una institución público-privada que satisfaga las necesidades de la finanzas rurales y agrícolas (recuadro 6.5). Otras reformas a prestamistas apoyados por el Estado han producido algunos de los programas de finanzas orientadas a la agricultura más exitosos, incluyendo el Banco Rakyat en Indonesia y BAAC en Tailandia.

El construir a partir de bancos públicos existentes (pero posiblemente fracasados) ofrece la oportunidad de utilizar su red de sucursales para establecer presencia y tomar ventaja de la escala y dispersión espacial para reducir costos. La reestructuración exitosa y posterior privatización del antiguo Banco Agrícola de Mongolia (rebautizado KhanBank en 2006) y de NMB en Tanzania, demuestran el potencial que tiene una infraestructura de sucursales existentes, una administración y vigilancia innovadoras e independientes y fuertes barreras a la interferencia política, para transformar las instituciones financieras. Pero tal transformación es difícilmente automática o está asegurada, debido a que los bancos estatales siguen siendo vulnerables a captura por la política. Elementos clave de la reforma incluyen aquellos requeridos para mejorar la gobernanza y responsabilidad de muchas funciones del Estado: transparencia y profesionalización. Los objetivos financieros deben ser promovidos mediante incentivos claros para la administración y los empleados, que aten sus remuneraciones al desempeño financiero de las sucursales.

Provisión de servicios financieros a través de grupos de autoayuda y cooperativas financieras. En varios estados de la India, ha surgido un movimiento separado, basado en grupos femeninos de autoayuda a nivel de los poblados y sus federaciones a niveles de poblado, mandal y distrito. Estos grupos, estimados en 2.2 millones, captan ahorro de sus miembros y los depositan en bancos rurales o los prestan a sus miembros. Después de demostrar su capacidad para recuperar préstamos a lo largo de un período de 6 meses, los bancos rurales típicamente apalancan los ahorros de un grupo por un factor de 4, proporcionando capital adicional que es utilizado especialmente para propósitos agrícolas. Con frecuencia es más fácil para los grupos de autoayuda obtener créditos de lo que lo es para los agricultores más grandes, muchos de ellos clientes pobres para los bancos rurales. Siendo los grupos de autoayuda responsables de las actividades de

RECUADRO 6.5 *Banrural S.A: de banco agrario de bajo desempeño a institución financiera público-privada rentable*

En Guatemala, Banrural S.A. muestra que las metas financieras y de desarrollo pueden combinarse y que un banco grande puede seguir siendo altamente rentable mientras ofrece servicios financieros a clientes pobres, rurales y agrícolas. Banrural fue creado en 1997, cuando Guatemala cerró Bandesa, su banco agrícola público de bajo desempeño. Con 200.000 clientes de crédito, Banrural tenía una tasa de no pago de menos de 1,5%. Con 1 millón de cuentas de ahorro, facilita la transferencia de más de US$1.300 millones en remesas. Trabaja fundamentalmente fuera de la ciudad de Guatemala, la mitad de sus clientes son mujeres y proporciona artefactos biométricos y multilingües para atender a sus clientes nativos analfabetos.

Modelo innovador de gobernanza. Banrural está controlado por accionistas privados. El sector público posee menos del 30% de las acciones y no provee subsidios directos. El restante 70% se divide entre cinco tipos de acciones, cada uno representado en la junta de directores. Los 10 asientos de la junta se dividen entre el sector público (3), los sindicatos (la mayor parte sindicatos de productores agrícolas, no de uniones de crédito) (2), organizaciones mayas (2), ONG (1), pequeñas y medianas empresas (incluyendo organizaciones de microfinanzas) (1) y el público en general y antiguos empleados de Bandesa (1). Cada grupo elige sus propios directores y puede vender acciones solamente a otros miembros del grupo. Este inusual modelo de gobernanza ha empoderado a los accionistas privados y balanceado las metas de rentabilidad y desarrollo rural. Es sostenible debido a que la junta y la composición accionaría no pueden ser alteradas significativamente en el tiempo.

Focalización en áreas rurales y clientes pobres. Las ganancias de Banrural provienen de un alto volumen de pequeñas transacciones, la mayor parte en áreas rurales. Habiendo aprendido las lecciones de la revolución de las microfinanzas, y adapta tecnologías financieras a su clientela –los oficiales de crédito visitan a los clientes, las decisiones se basan en una evaluación de los negocios y de los flujos de ingresos de los hogares y el uso de garantías tradicionales es limitado– sin perder su identidad como banco. Su portafolio de crédito hacia la agricultura se ha más que duplicado desde cuando fue privatizado. Para aumentar su cobertura hacia los pequeños agricultores y microempresas rurales, Banrural funciona como un banco de segundo piso, proporcionando líneas de crédito a más de 150 instituciones, como uniones crediticias y ONG financieras. Para construir fuertes lazos comunitarios, proporciona atención de salud y becas y apoya actividades comunitarias.

Fuente: Trivelli 2007.

selección, procesamiento y recuperación de los créditos, los costos de transacción para los créditos se reducen enormemente.

Las cooperativas financieras y sus redes están reemergiendo como instituciones prometedoras en las finanzas rurales en muchos países, combinando las ventajas de la proximidad con las herramientas modernas de administración.[38] Basadas localmente, sus costos de transacción son típicamente más bajos que los de otras instituciones financieras. Pero debido a que son miembros de una red más grande, pueden ofrecer la variedad y volumen de servicios financieros que los clientes rurales requieren y pueden juntar tanto los riesgos como los costos. En Burkina Faso, RCPB, la más grande red de cooperativas financieras, está estableciendo puntos de servicio rural y muy pequeñas uniones crediticias basadas en los poblados, administradas y financiadas por cooperativas financieras en los poblados más grandes.

Expandir el alcance de las finanzas rurales. Las tecnologías de información ofrecen un amplio espectro de formas nuevas para extender los servicios financieros a las aéreas rurales, tanto para las cadenas de valor como para la agricultura de manera más general. El uso de teléfonos móviles para los servicios bancarios está siendo explorado por Wizzit en Sudáfrica y por Globe Telecom y Smart en Filipinas. Los teléfonos pueden utilizarse para pagar compras en almacenes y transferir fondos, reduciendo significativamente los costos de transacción. Con marcos legales apropiados en funcionamiento, la banca móvil podría ser uno de los mayores avances para extender su alcance hacia los consumidores pobres.[40] Los servicios bancarios sin sucursales –utilizando oficinas de correo, almacenes, estaciones de venta de combustible y proveedores de insumos– son otro enfoque exitoso para llegar a los clientes rurales a un bajo costo. Brasil, la India, Kenya, Filipinas y Sudáfrica, demuestran su viabilidad financiera, aunque hay algunos temas pendientes en la regulación de tales iniciativas.[41]

Los servicios rurales de alquiler son otra forma de opción financiera para los empresarios rurales, tanto en la agricultura como en la economía rural no agrícola. Los proveedores comerciales en México, Pakistán y Uganda, muestran que los mecanismos de alquiler pueden financiar la adquisición de activos productivos.[42] Operando en la actualidad de manera rentable, estos proveedores comerciales se han beneficiado de acceso a fondos provistos por el gobierno y por donantes para iniciar sus operaciones, demostrando los beneficios potenciales de las asociaciones público-privadas.

Financiación a través de agentes interconectados. Aun otra forma de aumentar el acceso de la agricultura al capital, es la intermediación financiera a través de agentes interconectados en las cadenas de valor (oferentes de insumos y procesadores de productos) (capítulo 5). Con frecuencia estos agentes tienen una mejor capacidad para supervisar de una manera eficiente el comportamiento de las explotaciones agrícolas (eliminando las asimetrías de información), reduciendo así los costos de supervisión y haciendo posible que las instituciones financieras acepten formas no estándar de riqueza como garantía, como los cultivos o, para el caso de la financiación para el almacenamiento, las cosechas.[43]

Se necesita más trabajo para determinar si estas prácticas (con frecuencia espacialmente monopolísticas) ofrecen financiación a tasas competitivas y si los costos de transacción continúan sesgándolos en contra de los pequeños agricultores. Como se mencionó, algunas IM y cooperativas han comenzado ellas mismas a adoptar esta forma de préstamo asegurado. Pero, en muchas instancias, su éxito ha sido disminuido debido a marcos legales inadecuados, que con frecuencia impiden el uso de activos menos convencionales como garantía (como contratos con los proveedores de insumos para un cultivo en proceso).[44] Una forma adicional de disminuir el crédito con garantías es la existencia de sistemas legales que fracasan en la provisión de reglas claras para el establecimiento de derechos prioritarios sobre los activos y para una rápida recuperación en caso de falta de pago. Sin garantías, los riesgos elevados no siempre pueden ser compensados por altas primas en las tasas de interés, de manera que muchos pequeños agricultores simplemente son racionados del mercado de crédito.

Garantías de reputación a través de oficinas de reporte de microcrédito. Las oficinas de reporte de microcrédito, que establecen reputaciones individuales, pueden ayudar a los pequeños agricultores a utilizar su pasada historia crediticia como activo. Un pequeño agricultor comienza a establecer una historia crediticia en el sector de IM, con frecuencia utilizando crédito para propósitos no agrícolas. En algunas instancias, los registros de ahorro son también aceptados como prueba de un buen comportamiento financiero. La oficina de crédito establece una señal confiable y transmisible de la reputación del prestatario. Equipado con esta señal, un prestatario puede entonces ser capaz de ascender por la escala crediticia, moviéndose del crédito para usos y estructuras temporales restrictivas, hacia contratos crediticios estándar suscritos con instituciones que tienen la capacidad de manejar el portafolio de riesgo y las estructuras temporales necesarias para otorgar créditos agrícolas.

Para que una cadena crediticia funcione, deben suceder dos cosas. Primero, el reporte de crédito debe ayudar a los prestamistas a seleccionar a los clientes y a inducirlos a repagar los créditos. Esta condición se hace más esencial en la medida en que la competencia entre prestamistas aumenta. Segundo, se requiere información sobre el valor crediticio de un prestatario y su reputación debe aumentar, partiendo desde los prestamistas comerciales del sector IM. Un estudio de una oficina de crédito que incluye IM en Guatemala, muestra que las dos cosas pueden suceder.[45] Sin embargo, la historia crediticia de un cliente se refiere a los riesgos relacionados con el comportamiento financiero del prestatario –pero no se refiere, y no puede hacerlo, a los riesgos del negocio relacionados con el clima y los precios en la agricultura.

Seguros para la administración del riesgo

El riesgo distorsiona las inversiones y pone los activos en peligro. Los seguros pueden ayudar a los agricultores a tomar más riesgos en la producción y a prevenir choques que pueden disminuir sus activos. También pueden reducir las tasas de interés necesarias para contrarrestar el riesgo de falta de pago y para aumentar la disponibilidad de crédito agrícola, al hacer que los comerciantes y otros intermediarios estén más dispuestos a colocar sus activos en un portafolio de créditos agrícolas.[46] En adición a aumentar la oferta de crédito agrícola, los seguros pueden hacer que los prestatarios potenciales estén más dispuestos a enfrentar el riesgo asociado con créditos que utilizan garantías convencionales. Como es costumbre, existen costos asociados. Los seguros son costosos y llevan a unos costos generales más altos cuando se agregan a un crédito.

Los individuos y las redes locales pueden hacer mucho para administrar el riesgo, pero tales estrategias con frecuencia fracasan ante el riesgo sistemático, que se encuentra más allá de la capacidad de administración de los individuos y de la comunidad. Las innovaciones para enfrentar el riesgo sistemático pueden complementar la capacidad local para manejar los riesgos idiosincrásicos. Al hacer esto, la expectativa es que las innovaciones darán apoyo a un patrón más productivo y sostenible de inversión en capital agrícola y humano.

Respuestas individuales y comunitarias ante el riesgo

Un elemento de cualquier estrategia para enfrentar el costo del riesgo, es expandir las oportunidades de administración de riesgo de los hogares. Las comunidades pueden desarrollar sistemas informales de aseguramiento mutuo y préstamos contingentes para responder a choques que se desprenden de normas tradicionales[47] y de información local. Por ejemplo, los grupos de pastores en Kenya proporcionan ganado a los vecinos que han perdido una porción de sus hatos, como una forma de pagar ayudas anteriores y de crear obligaciones futuras.[48] Pero estos sistemas tienden a fracasar para las familias pobres por diferentes razones. Una, es la limitación inherente para asegurarse frente a choques covariados: los vecinos de alguien no pueden proporcionar asistencia si ellos también sufren del choque. Otro, es que tales sistemas involucran costos de transacción en la búsqueda de socios, actividades de coordinación y supervisión de los arreglos recíprocos. En la medida en que estos costos aumentan, el tamaño óptimo de una red de apoyo mutuo se reduce, reduciendo también el compartimiento del riesgo. Adicionalmente, los individuos tienden a formar redes con otros de su misma casta, etnia y género, así como de una base similar de activos. El seguro mutuo, aunque útil, tiende a ser más débil para los más pobres y a fallar cuando es más necesario.

Administración del riesgo a través de las microfinanzas

Como se discutió, la ausencia de seguros limita el acceso al crédito. Por el contrario, un crédito accesible puede ayudar a que los hogares suavicen su consumo y eviten ventas de activos bajo condiciones no favorables. Pero, ¿no deberían los hogares ahorrar en anticipación a las necesidades futuras y usar sus ahorros como una forma de autoaseguramiento? Los hogares, por supuesto, ahorran granos y efectivo, pero menos de lo que podría esperarse. Así como hay restricciones para el crédito, los hogares tienen límites para el ahorro debido a las bajas tasas reales de interés (a veces negativas), preocupaciones de seguridad e inaccesibilidad a los bancos. Adicionalmente, las obligaciones familiares y los roles de género impiden la acumulación de efectivo. Desde el punto de vista de la oferta, muchos bancos encuentran que los costos de transacción y de regulación, hacen que los pequeños depósitos no sean rentables. Las IM abordan parcialmente este problema. Adicionalmente a su bien conocida extensión del crédito hacia los hogares que tienen garantías limitadas, muchas IM ofrecen formas seguras y convenientes de ahorrar pequeñas cantidades, requiriendo con frecuencia una historia de ahorro antes de otorgar un primer crédito.

Las IM pueden jugar un papel adicional en la administración del riesgo: pueden reducir los costos de mercadeo y supervisión del aseguramiento al servir como intermediarios para el aseguramiento de sus clientes. Con frecuencia las IM requieren el aseguramiento de los activos comprados cuando se ha tomado un crédito de ellas –por ejemplo, asegurarse contra la pérdida de una vaca. También pueden requerir de sus clientes el asegurarse contra factores externos que interfieren con su habilidad para repagar los créditos según lo programado u ofrecer seguro de protección al préstamo, para asegurarse que las deudas no son trasmitidas a los sobrevivientes.

Las IM pueden servir como intermediarios para otros tipos de seguro que cubren riesgos individuales, aprovechando su habilidad para captar de manera regular pequeñas cantidades y en línea con el proceso de transformación de algunas IM desde instituciones crediticias hasta ser proveedores de un amplio rango de servicios financieros, incluyendo las cuentas de ahorros. Los costos marginales de los sistemas de captación se reducen cuando ya hay redes de empleados operando, abriendo la posibilidad de proporcionar seguro de vida y de incapacidad, así como seguros de salud y para los cultivos. De hecho, las vidas de más de 1.6 millones de africanos fueron aseguradas en 2004 a través de un producto de microaseguramiento rentable, mercadeado a través de 26 IM administradas por ONG, 24 de ellas en Uganda.[49]

Satisfaciendo la promesa de seguro indexado al riesgo climático

Las IM no necesariamente pueden enfrentar el riesgo moral o la selección adversa, dos obstáculos centrales para la provisión de aseguramiento. Una innovación que puede hacerlo es el aseguramiento ligado a un indicador objetivo del clima, tal como la precipitación pluvial o la temperatura. Debido a que el clima no se ve afectado por el comportamiento individual, el aseguramiento indexado puede enfrentar tanto los costos de supervisión como el riesgo moral. La escogencia de indicador depende tanto del tipo de cobertura como del costo y disponibilidad de los datos para estimar la probabilidad de tener que hacer pagos. La precipitación pluvial acumulada o la fecha de inicio de la temporada de lluvias, con frecuencia son propuestas como indicadores; el número de días con temperaturas arriba o abajo de un nivel límite es también de uso común.

Una preocupación es el riesgo básico –la correspondencia entre el indicador y las pérdidas efectivas que son incurridas por el tenedor de una póliza. Entre más específico es el indicador, menor es el riesgo básico y más adecuado será para satisfacer las necesidades de los agricultores. Pero un rango diverso de productos –incluyendo contratos individuales de precipitación para las etapas de siembra, mantenimiento y cosecha– puede hacer más difícil su mercadeo, debido a que con frecuencia los individuos encuentran difícil evaluar las probabilidades de un evento. Adicionalmente, enfrentar los choques individuales aumenta los costos de supervisión. Por tanto, el aseguramiento basado en índices puede tener su más grande potencial en enfrentar choques covariados amplios. Se han intentado varias aproximaciones para adaptar el aseguramiento indexado a diversas condiciones. Debido a que se encuentran aún en las etapas piloto, no hay disponibilidad de una evaluación definitiva acerca de su sostenibilidad o de su impacto sobre el racionamiento del crédito, el uso de insumos y la escogencia de portafolio. En México se determina la oportunidad de ofrecer asistencia a los pequeños agricultores después de choques relacionados con el clima, sobre la base de un índice climático. La cantidad pagada se basa en indicadores *proxy* de la pobreza crónica. En 2006, el 28% del área cultivada sin riego estaba cubierta a través de un contrato de aseguramiento con los gobiernos federal y estatal, siendo la disponibilidad de estaciones de medición del clima la principal limitación. En Mongolia, en contraste, se promueve el aseguramiento privado del ganado, en tanto que el gobierno proporciona el reaseguramiento para compartir el riesgo entre los pastores, las compañías de seguros y éste (recuadro 6.6). En Malawi, el seguro indexado al clima, cubre los préstamos necesarios para financiar semillas mejoradas y fertilizantes, estando los pagos del seguro dirigidos directamente hacia los bancos para cancelar los créditos de los agricultores. En la India, Basix, una IM, hace intermediación entre las compañías de seguros y sus clientes. La entrada de inversionistas privados y el número de clientes que vuelven a aplicar por seguro climático no subsidiado, indica el potencial para un mercado privado.

Definir el papel del gobierno en el aseguramiento agrícola

El historial del aseguramiento agrícola ofrecido directamente por los gobiernos no es satisfactorio. En Brasil, los costos exceden a las primas en más de un 300%.[50] Sin embargo, los gobiernos pueden jugar un papel en la inducción de los servicios de aseguramiento. En Tanzania lo que los agricultores estaban dispuestos a pagar por el seguro, era menos que el costo actuarial justo de proveer cobertura, particularmente entre los agricultores de bajo ingreso.[51] De hecho, la tendencia de los hogares más ricos a asegurarse más es un patrón general, con implicaciones para la distribución del ingreso.[52] Esto puede justificar los subsidios focalizados para los costos variables, de manera que induzcan el aprendizaje, especialmente cuando las primas de seguros son menos costosas que la asistencia *ex post.* Los subsidios pueden también compensar los costos fijos de establecer un mercado.

Los gobiernos también pueden mejorar la mitigación *ex post* del riesgo, mediante el mejoramiento de los datos necesarios para la provisión privada de un mercado de seguros. Por ejemplo, los aseguradores pueden no ser capaces de estimar los costos de eventos de ocurrencia muy extraña: un evento que ocurre con una probabilidad de 1 en 100 es difícil de distinguir de uno que ocurre con una probabilidad de 1 en 80. Similarmente, los riesgos son difíciles de cuantificar en un ambiente climático o económico cambiante. Por tanto, los aseguradores pueden requerir primas más altas para acomodarse

RECUADRO 6.6 *Seguro ganadero basado en índices en Mongolia*

Desde 2005, Mongolia ha probado un esquema de seguro para ganadería basado en índices, para compartir el riesgo entre pastores, compañías de seguros y el gobierno. El proyecto combina el autoaseguramiento, el aseguramiento basado en el mercado y el aseguramiento social. Los pastores sufragan las pequeñas pérdidas que no afectan la factibilidad de sus negocios (autoaseguramiento), en tanto que las pérdidas más grandes son transferidas a la industria aseguradora privada (aseguramiento de mercado a través de un producto básico de aseguramiento). Sin embargo, este no es un programa puramente comercial. El gobierno sufraga la última capa de pérdidas catastróficas (aseguramiento social a través de un producto de respuesta a los desastres).

Los pastores pagan una prima de mercado por el producto de aseguramiento básico, la cual paga a los pastores individuales cuando quiera que la tasa de mortalidad del ganado en una localidad exceda un cierto límite. Conforme el exceso de mortalidad refleja una combinación de veranos secos y ventosos y de inviernos fríos y con alta precipitación de nieve, el índice de aseguramiento está ligado no a un evento climático sino a los datos históricos sobre la mortalidad del ganado. Los pagos del seguro, por tanto, no están directamente ligados a las pérdidas individuales de los pastores; en cambio, los pagos están basados en la mortalidad local. Esto debe evitar o reducir el riesgo moral y la selección adversa –y reducir costos.

Un elemento clave de este enfoque es poseer buenos datos para desarrollar el índice de mortalidad del ganado. Mongolia tiene una serie de tiempo de 33 años sobre la mortalidad de animales adultos para todas las regiones, las cuatro mayores especies de animales (vacunos y yak, caballos, ovejas, cabras). El índice de mortalidad proporciona la base para determinar las tasas específicas de mortalidad que determinan el pago de las indemnizaciones.

Fuente: Banco Mundial 2000l.

a las ambigüedades de tales riesgos. Cuando los gobiernos reúnen información que puede ser empleada para el aseguramiento basado en índices, proporcionan un bien público que puede mejorar la eficiencia de los mercados y reducir sus costos.

Desarrollo de mercados eficientes para los insumos

La productividad agrícola ha crecido rápidamente en los lugares donde las variedades modernas y los fertilizantes han sido ampliamente adoptados, pero no en los sitios donde la adopción se ha estancado (capítulo 2). En la mayoría de Asia y parte de América Latina, la promoción del uso de semillas y fertilizantes fue acompañada por inversiones complementarias en irrigación, vías rurales, infraestructura de mercadeo, servicios financieros y otros factores, que hicieron rentable la utilización de semillas y fertilizantes y allanaron la vía para unos mercados comerciales de insumos más dinámicos. Pero a lo largo de la mayor parte de África, estas inversiones complementarias son pequeñas, o no existen, y los mercados privados de insumos aún están por surgir en gran escala. Iniciativas recientes para desarrollar mercados para semillas y fertilizantes, proporcionan lecciones que pueden informar el futuro diseño de políticas.

Desafíos especiales en los mercados de semillas y fertilizantes

¿Por qué es tan difícil desarrollar mercados eficientes para semillas y fertilizantes? Para comenzar, la demanda por ambos insumos es muy variable en el tiempo y en el espacio. En los países en desarrollo, la demanda por semillas es más fuerte cuando los agricultores cultivan híbridos, cuyas semillas deben ser reemplazadas regularmente. Es más débil cuando los agricultores siembran variedades cuyas semillas pueden ser guardadas de la cosecha y replantadas durante varias estaciones de siembra. Adicionalmente, la calidad de la semilla que se encuentra en los mercados puede ser desconocida, en la medida en que ésta no puede ser determinada a través de inspección visual.

De manera similar, la demanda por fertilizante utilizado en cultivos no comerciales es generalmente débil e inestable por muchas de las mismas razones: carencia de conocimiento, asimetría de información, restricciones de liquidez, riesgo e incertidumbre y altos costos de oportunidad.[53] La rentabilidad tiende a pesar fuertemente sobre las decisiones de los agricultores, debido a que el costo del fertilizante con frecuencia representa una gran proporción de los costos de producción en efectivo.[54] Cuando los factores de costo y los factores de riesgo actúan simultáneamente, como lo hacen en la mayor parte de ambientes que dependen de la lluvia, el impacto sobre la demanda de los fertilizantes puede ser significativo.[55]

¿Cómo afectan las características distintivas de la demanda por semillas y fertilizantes la oferta? Los incentivos para que las firmas privadas inviertan en la producción y distribución de semillas, dependen de la rentabilidad potencial de estas actividades. En los países industriales, donde los incentivos económicos (y el creciente uso de los derechos de propiedad intelectual) hacen más probable que los agricultores compren de manera regular las semillas, la multiplicación de plantas es hecha principalmente por las compañías productoras de semillas. Pero en la agricultura de pequeños agricultores en países en desarrollo, las compañías de semillas dependen de los programas de investigación pública para proporcionar nuevas variedades. Esto hace que la línea de producción de nuevos productos sea incierta. Con frecuencia las compañías privadas de semillas encuentran incentivos para atender las necesidades de los agricultores orientados al mercado, cuando la tecnología predominante para las semillas es en híbridos, cuando la producción de semillas en las granjas es difícil, o cuando los mercados para los productos demandan un producto homogéneo que depende de una semilla genéticamente uniforme y de alta calidad.[56] Cuando estas condiciones están ausentes, como es frecuentemente el caso en los sistemas agrícolas de pequeños productores, los incentivos para las compañías privadas de semillas son bajos.

En el caso de los fertilizantes, una demanda estacionalmente variable y geográficamente dispersa desincentiva a los oferentes potenciales debido a que los mercados son pequeños, haciendo que las compras con bajos costos sean difíciles. La producción, importación y transporte de fertilizantes puede involucrar importantes economías de escala.[57] La importación de fertilizantes, por ejemplo, es más eficiente en lotes de 25.000 toneladas, considerablemente por encima de la demanda anual de muchos países de África subsahariana. Los costos de transporte son particularmente elevados en África, debido a la generalmente pobre infraestructura vial y de ferrocarriles. A causa de los costos de transporte doméstico, el uso de fertilizantes es más alto en los países africanos con costas que en los que no las tienen.[58] En Malawi, Nigeria y Zambia, los costos de transporte internacional y doméstico representan alrededor de una tercera parte del precio del producto en la granja (gráfico 6.2).

En adición a los altos costos de logística, se tiene altos costos de financiación. Las compras de fertilizantes típicamente involucran grandes volúmenes y puede pasar un año o más entre el momento en que se hacen pagos adelantados a un oferente y el momento en que el producto se recibe para la venta al detal. Así como los productores enfrentan riesgos, también los hacen los oferentes de insumos. Si llueve de manera muy temprana en la estación, las ventas de fertilizantes pueden desplomarse en la medida en que los agricultores disminuyen la escala de la plantación. Si las lluvias no son suficientes en la parte posterior de la estación, la recuperación de los créditos puede hacerse difícil en la medida en que los agricultores experimentan fracasos con los cultivos y son incapaces de repagar sus créditos.

Promoviendo el uso de semillas y fertilizantes en África

Dadas las fallas de mercado que llevan a un uso subóptimo de las semillas y los fertilizantes, los gobiernos con frecuencia intervienen para distribuirlos directamente. Los programas de distribución liderados por el gobierno han aumentado con frecuencia el uso de insumos, pero los costos fiscales y administrativos son inusualmente altos y el desempeño es errático.[59] Recientes cortes en los esquemas públicos de multiplicación de semilla y en los programas públicos de distribución de éstas, han ahorrado dinero a los gobiernos, pero las compañías privadas no siempre han intervenido para cerrar esta brecha, dejando muchos pequeños agricultores sin acceso confiable a las semillas.

Usualmente, las iniciativas para promover el uso de los fertilizantes han incentivado las importaciones que son más eficientes. Muchos países subsaharianos no tienen acceso a las materias primas para fabricar fertilizantes y sólo unos pocos tienen mercados domésticos suficientemente grandes para sostener una fábrica de tamaño eficiente. Las iniciativas del gobierno con frecuencia han buscado hacer que el fertilizante sea más asequible a nivel de las granjas, más comúnmente a través de subsidios, los cuales están gozando de una nueva popularidad.[60] Sin embargo, los subsidios siguen siendo controversiales, en

Gráfico 6.2 Los costos de transporte representan alrededor de una tercera parte del precio de la úrea en la puerta de la granja en los países africanos, 2005

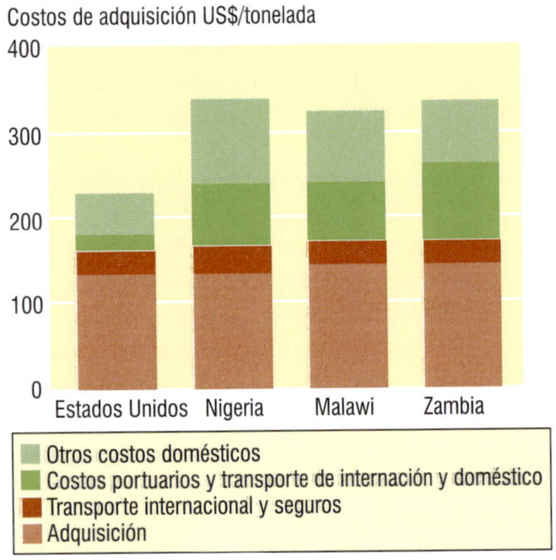

Fuente: Gregory y Bumb 2006.

parte debido a su alto costo. Para citar un caso posiblemente extremo, en Zambia el 37% del presupuesto público para la agricultura en 2005, fue destinado a los subsidios a los fertilizantes (grafico 6.3). Los subsidios igualmente han aumentado la inequidad debido a que benefician especialmente a los agricultores más grandes.[61]

Hay situaciones en las cuales el fertilizante puede ser subsidiado productivamente, pero éstas necesitan ser cuidadosamente identificadas (recuadro 6.7). Cuando se utilizan como parte de una estrategia más amplia para enfrentar las restricciones que operan sobre la oferta y la demanda, unos subsidios bien diseñados a los fertilizantes pueden ayudar a superar temporalmente las fallas del mercado. Pero éstos deben ser "amistosos con el mercado", contribuyendo al desarrollo de mercados para los insumos liderados por el sector privado cuando sean viables.[62] Los subsidios amistosos con el mercado deben estar focalizados hacia los agricultores pobres para incentivar el uso incremental de fertilizantes por parte de aquellos que de otra manera no los utilizarían. En la medida en que los volúmenes aumentan, el precio de mercado de los fertilizantes convergerá hacia su verdadero precio económico y reducirá la necesidad de los subsidios.

Los subsidios a los fertilizantes que son amistosos con el mercado, pueden justificarse pero las condiciones para utilizarlos de manera eficiente son demandantes. Éstos deben estimular la nueva demanda por fertilizantes sin desplazar las ventas comerciales existentes; deben incentivar la competencia en los canales de distribución de los mismos, y ser temporales, introducidos por un período de tiempo limitado, con una clara programación para ser eliminados cuando han logrado su propósito. Los subsidios a los fertilizantes utilizados como una medida de red de seguridad en ambientes de producción marginal pueden ser recomendados sólo muy raramente, debido a que otros instrumentos para proporcionar apoyo a los ingresos o para garantizar la seguridad alimentaria, serán casi siempre más efectivos.

¿Cuáles vías son prometedoras?

Debido a que las intervenciones públicas en los mercados de semillas y fertilizantes fracasan con frecuencia, la atención se está desplazando hacia nuevos enfoques para establecer sistemas de distribución de insumos sostenibles y liderados por el sector privado. ¿Qué puede hacerse para superar la débil demanda y la inadecuada oferta de semillas y fertilizantes?

Desde el punto de vista de la demanda, con frecuencia los esfuerzos para incentivar un mayor uso de las semillas y los fertilizantes se han enfocado en el fortalecimiento de la habilidad de los agricultores para adquirir los insumos. Para estimular el desarrollo del mercado, se han distribuido bonos en lugar de los insumos mismos. En Malawi, bajo un esquema conocido como Insumos por Activos, se han distribuido bonos únicamente a aquellos que han participado en proyectos de trabajos públicos, proporcionando algún tipo de autofocalización debido a que los agricultores más ricos tienen una menor probabilidad de participar en la construcción de vías. Los bonos eran redimibles con los distribuidores locales de productos agrícolas, lo cual fortaleció la demanda efectiva por los insumos y aumentó las ventas –y las ganancias– de los distribuidores privados.[63] Más recientemente, el gobierno de Malawi ha buscado aumentar la demanda significativamente, a través de la distribución a gran escala de cupones (alrededor de 3,5 millones en 2006/07), con los que los agricultores deben pagar un precio en efectivo cuando los rediman, equivalente a alrededor de una tercera parte del precio detallista del fertilizante. Con la ayuda de un clima favorable, la producción agregada de maíz aumentó notablemente después de que el programa fue implementado, pero sus costos presupuestales han sido muy elevados y difíciles de controlar y ha habido algún nivel de desplazamiento de las ventas comerciales de fertilizantes a los pequeños agricultores.

En un esquema piloto experimental en Kenya, los bonos para fertilizantes fueron vendidos a los agricultores al momento de la cosecha como un mecanismo de compromiso para asegurar que los fondos estuvieran reservados para los fertilizantes y no fueran desviados para satisfacer otras demandas –con buenos resultados.[64] En Mali y Nigeria, se proporcionaron donaciones complementarias a las organizaciones de productores durante el período inicial de uso, para la prueba y aprendizaje de nuevas tecnologías.[65]

Desde el punto de vista de la oferta, los centros internacionales de investigación del CGIAR han promocionado asociaciones en el este y sur de África entre programas públicos de multiplicación de plantas con los productores privados de semillas. En África occi-

Gráfico 6.3 Más de una tercera parte del presupuesto público para la agricultura en Zambia 2004/05 se destinó a subsidios para los fertilizantes

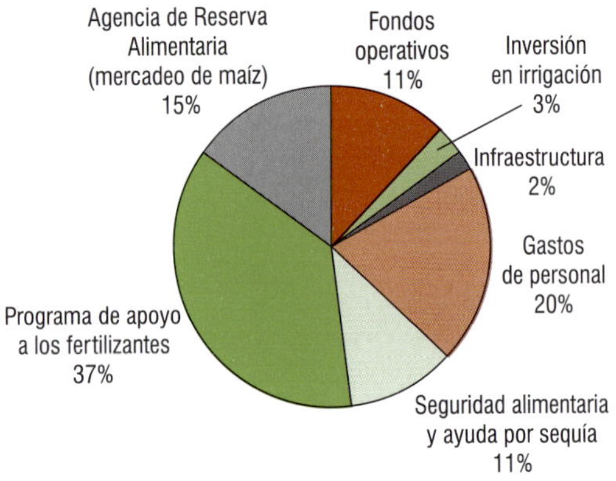

Fuente: Jayne y otros 2006a.

RECUADRO 6.7 *¿Existe una justificación para los subsidios a los fertilizantes?*

Los programas de subsidios a los fertilizantes han tratado de dar solución al bajo uso de los fertilizantes por parte de agricultores de pequeña escala en África. Se pueden citar varios beneficios para justificar los subsidios –económicos (aumentos en la productividad real), ambientales (reducción en la degradación de la tierra) y sociales (disminución de la pobreza o ayuda de emergencia). A pesar de tener varias dificultades obvias –alto costo, difícil focalización y desplazamiento de ventas comerciales– los subsidios a los fertilizantes siguen teniendo un fuerte apoyo por parte de agricultores y políticos, quienes perciben a los primeros como una importante base política.

Dos preguntas deben abordarse al considerar si los subsidios son apropiados para promover un mayor uso de los fertilizantes. Primera, ¿pueden los subsidios a los fertilizantes traer beneficios económicos a las sociedades cuando éstos exceden sus costos? Segunda, ¿hay circunstancias en las que los subsidios se justifican para alcanzar metas sociales antes que económicas?

Eficiencia

Los subsidios a los fertilizantes pueden traer beneficios económicos a la sociedad en diversas formas:

- Pueden iniciar mercados para los fertilizantes, mediante la compensación de los altos costos iniciales de distribución, hasta que el mercado se expande, se aprovechan las economías de escala y los precios disminuyen.
- Pueden estimular la adopción, mediante el incentivo a los agricultores para utilizar fertilizantes y aprender acerca de sus beneficios creando externalidades positivas para otros.
- Pueden superar mercados imperfectos o inexistentes de crédito o aseguramiento para los agricultores, que hacen que éstos usen cantidades subóptimas de fertilizantes.
- Pueden compensar impuestos o controles de precios a la producción, que hacen financieramente no rentable el uso de los fertilizantes, cuando la remoción de estos impuestos o controles de precios no es factible.
- Pueden generar externalidades ambientales asociadas con una mayor fertilidad del suelo reduciendo la erosión de éste, la deforestación y la emisión de carbono.

En la práctica, ha sido difícil implementar los subsidios y evitar sus indeseables efectos de mercado y distributivos.

Bienestar

Si no fuera económico utilizar fertilizantes, aun cuando los mercados de insumos, productos, finanzas y de riesgo estén funcionando bien ¿habría una justificación para utilizar subsidios para lograr objetivos no económicos o redes de seguridad social, como la seguridad alimentaria o el apoyo de emergencia a los ingresos? En este caso, los subsidios a los fertilizantes tendrían que proporcionar la opción más efectiva para alcanzar el objetivo social deseado, en comparación con alternativas como ayuda alimentaria, alimentos por trabajo y transferencias en efectivo.

Que el apoyo a los fertilizantes sea más barato que la ayuda alimentaria, depende de los costos relativos que tiene para el gobierno adquirir los fertilizantes y los alimentos, y distribuirlos a los hogares en necesidad. También depende de la producción adicional de alimentos que se generaría por dólar de fertilizante distribuido y aplicado por los agricultores –y de otros ahorros de costos asociados con el apoyo a los fertilizantes, como evitar los costos de transporte y de manipulación de la granja al mercado, en que se incurre cuando los agricultores deben vender una porción de su cosecha para pagar los créditos para los fertilizantes.

El apoyo a los fertilizantes sería apropiado si los mercados de alimentos no funcionaran adecuadamente. Sin embargo, las transferencias en efectivo, que permiten a los hogares las compras de alimentos, pueden ser más apropiadas si los mercados de alimentos funcionan bien, especialmente en áreas marginales donde los retornos a los fertilizantes, en producción de alimentos, son riesgosos.

Fuente: Conely y Urdí 2001; Foster y Rosenzweig 1995; Gramlich 1990; Pedro Sánchez, comunicación personal, 2007.

dental, Sasakawa Global 2000 ha apoyado a productores privados de semillas de pequeña escala, mediante la provisión de capacitación técnica, servicios de consejería de negocios y acceso al crédito. En Kenya, Malawi y Uganda, la Fundación Rockefeller se ha unido con ONG locales para construir redes de distribuidores rurales de productos agrícolas (recuadro 6.8).[66] En Angola, Mozambique y otros países, donde los agricultores han perdido sus inventarios de semillas durante los conflictos civiles, ONG como Semillas de Esperanza han financiado ferias de semillas e intercambios de éstas para suplementar la distribución de semillas de emer gencia.[67]

Otra vía para mejorar los sistemas de oferta de insumos, es fortalecer la capacidad de las organizaciones de productores, para tomar responsabilidad de las etapas finales de la distribución. Para los pequeños agricultores, las compras de insumos en volumen y la organización de la distribución a través de sus propias organizaciones, es una forma de compensar la inadecuada provisión a través del sector privado. Para los oferentes de insumos, la relación con las organizaciones de productores presenta considerables ventajas con respecto a entenderse con agricultores geográficamente dispersos, quienes individualmente compran sólo muy pequeñas cantidades de insumos. En Etiopía, las organizaciones de productores están tomando la distribución detallista de fertilizantes de las compañías gubernamentales y paraestatales.

Éstos y otros esfuerzos innovadores para estimular un mayor uso de las semillas mejoradas y de los fertilizantes, proporcionan lecciones acerca del apoyo por el Estado y los donantes hacia los mercados de insumos agrícolas liderados por el sector privado. El avance en el mejoramiento de los sistemas de distribución de semillas y fertilizantes no será sostenible, sin embargo, a menos que haya una demanda fuerte y efectiva de ambos insumos, asegurable únicamente si la inversión en semillas y fertilizantes es rentable para los agricultores. Este será el caso sólo si ellos tienen acceso a mercados confiables para la venta de sus productos a precios remunerativos (capítulos 4 y 5). El desarrollo de mercados de insumos debe ir mano a mano con el desarrollo de los mercados para los productos y con el vínculo de los agricultores a estos mercados.

Organizaciones de productores en un contexto de cadenas de valor y globalización

Un próspero sector de pequeños agricultores es una de las piezas fundamentales de una estrategia de agricultura para el desarrollo. Sin embargo, los pequeños agricultores típicamente enfrentan altos costos de transacción y tienen un pobre poder de negociación en los mercados de factores y productos. Tienen acceso limitado a los servicios públicos y con frecuencia sus voces no son escuchadas en foros de política donde se deciden los temas que afectan su supervivencia.

En un mundo crecientemente determinado por las cadenas de valor y las reglas de la globalización, la competitividad es una condición para la sobrevivencia. Para enfrentar esta situación, los pequeños agricultores han formado varios tipos de organización de productores para competir mejor. Estas organizaciones se han expandido rápidamente en los países en desarrollo y hay éxitos dispersos en tres frentes: mercados, servicios públicos y participación. Sin embargo, el mundo de las cadenas de valor y las fuerzas del mercado global está creando nuevos desafíos para estas organizaciones. El reto para las organizaciones es cómo responder; para los gobiernos y donantes, es cómo asistirlas sin minar su autonomía.

Las organizaciones de productores han aumentado rápidamente en los países en desarrollo

Las organizaciones de productores son organizaciones basadas en su membresía o federaciones de organizaciones con líderes elegidos, que deben responder ante sus constituyentes. Éstas toman varias formas legales, como cooperativas, asociaciones y sociedades.[68] Sus funciones pueden ser agrupadas en tres categorías:

- Organizaciones específicas por productos, focalizadas en la prestación de servicios económicos y en la defensa de los intereses de sus miembros para un producto particular, como cacao, café o algodón.
- Organizaciones de defensa para representar los intereses de los productores, como sindicatos nacionales de productores.
- Organizaciones multipropósito, que responden a diversas necesidades económicas y sociales de sus miembros, con frecuencia ante la ausencia de gobiernos locales o de servicios públicos efectivos.

En los países industrializados, las organizaciones de productores han sido fundamentales para el éxito de la agricultura familiar, que sigue siendo actualmente la forma dominante de organización de la producción. En Estados Unidos, las cooperativas lácteas controlan alrededor del 80% de la producción y la mayor parte de los productores de cultivos especiales en California están organizados en cooperativas.[69] En Francia, 9 de 10 productores pertenecen al menos a una cooperativa, las que tienen participaciones en el mercado de alrededor del 60% para los insumos, 57% para los productos y 35% en el procesamiento.[70]

En la década de 1960, muchos gobiernos de países en desarrollo iniciaron programas de desarrollo cooperativo, frecuentemente para asegurar cuotas para cultivos comerciales y para distribuir créditos e insumos subsidiados. Las cooperativas estaban en gran medida controladas por el gobierno y sus empleados hacían parte de éste. En consecuencia, los agricultores las consideraban como un brazo extendido del sector público y no como instituciones que eran de su propiedad. Esta forma de cooperativa fue muy raramente exitosa. La interferencia de la política y la captura por parte de las élites, resultaron en un pobre desempeño de éstas y desacreditaron el movimiento. Por ejemplo, en el caso de las cooperativas indias de caña de azúcar, los grandes cultivadores deprimieron los precios del producto en detrimento de los pequeños agricultores. Esto generó ingresos retenidos al interior de las cooperativas, que los grandes agricultores podían entonces extraer a través de distintos medios.

La situación cambió radicalmente en la década de 1980. La liberalización política abrió oportunidades para que los productores se convirtieran en jugadores activos a través de las organizaciones de su propiedad. El ajuste estructural desvinculó al Estado de muchas actividades y servicios productivos. En contra de las expectativas, el desmantelamiento de las agencias paraestatales, llevó sólo a una muy limitada entrada de proveedores privados, la mayor parte en áreas de alto potencial. Los pequeños agricultores tornaron entonces hacia las organizaciones de productores, para compensar por el retiro de los servicios privados y la carencia de alternativas privadas. Donde prevaleció la interferencia del gobierno y las cooperativas, los agricultores con frecuencia las evitaron y crearon asociaciones.

Como se mencionó en el capítulo 3, las organizaciones de productores se han extendido rápidamente. Se estima que 250 millones de agricultores en los países en desarrollo pertenecen a alguna orga-

RECUADRO 6.8 *Convirtiendo a los proveedores detallistas de insumos rurales en agrodistribuidores en África*

La Fundación Rockefeller ha liderado el desarrollo de cadenas de oferta de insumos agrícolas en Kenya, Malawi y Uganda. Trabajando con asociados globales como el Centro Internacional para Desarrollo de Fertilizantes (CIDF) y organizaciones locales, ha sido pionera en:

- La capacitación de detallistas rurales para desarrollar sus conocimientos técnicos, de producto y de administración de negocios. Después de ser capacitados, los detallistas se convierten en agrodistribuidores certificados.
- Vincular a los agrodistribuidores certificados con empresas importantes de oferta de insumos agrícolas, utilizando garantías parciales de crédito que cubren el 50% del riesgo de no pago.
- Reempaque de semillas y fertilizantes en pequeños empaques (tan pequeños como 1 kilogramo de semillas y 2 kilogramos de fertilizantes) para aumentar el acceso de los agricultores.
- Organización de los agrodistribuidores en grupos de compras, para facilitar las compras en volumen a los proveedores. Los miembros del grupo proporcionan garantías conjuntas para el repago.

Estos esfuerzos para fortalecer las redes de distribución rural están comenzando a dar fruto. En Malawi, una encuesta reciente de mercados rurales, mostró que la mayoría de los agricultores compran los insumos de los agrodistribuidores locales y no de la agencia de desarrollo agrícola y mercadeo de propiedad del gobierno o de grandes distribuidores comerciales en las zonas urbanas.

Gracias a la expansión en el número de agrodistribuidores, las distancias que deben desplazarse los pequeños agricultores para la búsqueda de sus insumos, han disminuido drásticamente en muchos distritos. Igualmente la variedad, volumen, calidad y precio de los insumos agrícolas ofrecidos en zonas rurales ha mejorado significativamente.

Entre tanto, la tasa de no pago para las garantías de crédito fue menor de 1% en los primeros 3 años del programa. La baja tasa de no pago es atribuida a la alta calidad de la capacitación técnica y de administración de negocios dada a los agrodistribuidores y a su accionar conjunto para garantizar el repago. Como resultado de una mayor participación en las ventas de semillas y fertilizantes, los agrodistribuidores se han convertido en importantes nodos de extensión y varias compañías de semillas, fertilizantes y agroquímicos ahora utilizan a los agrodistribuidores para realizar demostraciones de nuevas tecnologías.

Fuente: Morris y otros 2007; Kelly, Adesina y Gordon 2003; Centro Internacional de Desarrollo de Fertilizantes (CIDF) 2005.

nización.[72] Los productores están organizándose también a los niveles regional e internacional (recuadro 6.9). Estas organizaciones hacen posible que los productores participen en organismos de consulta a nivel regional e internacional.

Las organizaciones de productores se involucran en un amplio conjunto de actividades que son revisadas en el informe. Participan en negociaciones comerciales y en el diseño de políticas agrícolas domésticas (capítulo 4), mejoran los términos de acceso a los mercados de productos (capítulo 5) e insumos (atrás), apoyan la generación y adopción de innovaciones tecnológicas y la diversificación hacia nuevas actividades (capítulo 7) y contribuyen a la administración de los recursos naturales (capítulo 8). Son una pieza fundamental de los programas de agricultura para el desarrollo (capítulo 10) y están involucradas activamente en la gobernanza participativa, particularmente en relación con las perspectivas de descentralización y de desarrollo liderados por las comunidades (capítulo 11).[73] Entre las más conocidas organizaciones de productores, se encuentran las redes de Cooperativas Lácteas de la India y la Federación Nacional de Cafeteros de Colombia. En 2005, las cooperativas lácteas de la India, con 12.3 millones de miembros, representaron el 22% de la leche producida en ese país. El 60% de los miembros de la cooperativa no poseen tierra, son muy pequeños agricultores o son mujeres. (Las mujeres representan el 25% de la membresía).[74] Creada en 1927, la Federación Nacional de Cafeteros de Colombia tiene 310.000 miembros, la mayor parte de ellos pequeños agricultores (menos de 2 hectáreas) y proporciona servicios de producción y mercadeo a 500.000 productores de café. Utiliza sus ingresos para contribuir al Fondo Nacional del Café, el cual financia investigación y extensión e invierte en servicios (educación y salud) e infraestructura básica (vías rurales, electrificación) para las comunidades de caficultores.[75]

Las organizaciones de productores enfrentan muchos desafíos

Las organizaciones de productores se han expandido rápidamente, pero su existencia no garantiza su efectividad. Para esto, necesitan enfrentar cinco desafíos principales tanto internos como externos a la organización.[76]

Resolución de conflictos entre eficiencia y equidad. Las organizaciones de productores, típicamente operan en el contexto de comunidades rurales donde son sujeto de las normas y valores de inclusión y solidaridad social. Esto puede chocar con los requerimientos de organizaciones profesionales y orientadas a los negocios, que deben ayudar a sus miembros a competir para sobrevivir en el mercado. En nombre de la inclusión, las organizaciones tienen dificultad para excluir a los miembros que no cumplan con sus obligaciones. En nombre de la solidaridad, están presionadas para subvencionar a los miembros de más pobre desempeño a expensas de los que se desempeñan mejor, debilitando así la recompensa a la eficiencia y la innovación. Con frecuencia, también enfrentan presión para proporcionar bienes públicos a la comunidad, drenando así sus recursos.[77] Un análisis de 410 organizaciones de productores en Chile, muestra que las que han tenido éxito tienen estrictas reglas y son orientadas al desempeño. Las reglas asignan costos y beneficios a cada miembro, con base en su desempeño agrícola y las condiciones del mercado, hacen cumplir los acuerdos entre la organización y los individuos y reducen los costos de transacción de la negociación, supervisión y cumplimiento de los acuerdos entre la organización y los miembros.[78]

Lidiar con una membresía heterogénea. Las organizaciones de productores tienen que representar los intereses de una membresía crecientemente diversa (capítulo 3). Esto crea un desafío mayor para el logro de una representación justa a lo largo de un muy amplio espectro de intereses. Los líderes tienden a ser los hombres mayores, los agricultores de mayor escala y los miembros de la élite rural. Con todo, las organizaciones tienen que asegurar que los intereses de los pequeños agricultores, las mujeres y los productores jóvenes, son representados justamente y sus necesidades adecuadamente atendidas. Hay un papel importante para los servicios sociales públicos y las ONG pueden ayudar a aumentar la capacidad de los miembros más débiles para adquirir conocimientos y para lograr ser escuchados en las organizaciones. Es importante establecer mecanismos más trasparentes de toma de decisiones, así como sistemas de información y comunicación, utilizando medios y tecnologías de información que empoderen a los miembros más nuevos y más débiles, mejoren la gobernanza de las organizaciones y hagan cumplir la rendición de cuentas de los líderes hacia sus miembros.

Desarrollo de capacidad administrativa para las cadenas de alto valor. La globalización y las cadenas integradas de oferta, generan nuevas demandas para los administradores de las organizaciones de productores. Los administradores deben tratar con cadenas de oferta más sofisticadas a nivel nacional e internacional, que imponen requisitos estrictos y cambiantes (capítulo 5). Éstas deben coordinar las ofertas de sus miembros, para satisfacer las demandas de estas cadenas de valor –logrando escalas y oportunidad en el suministro; satisfaciendo los estándares sanitarios y fitosanitarios, y satisfaciendo las especificaciones demandadas por los procesadores, exportadores y supermercados.[79]

RECUADRO 6.9 *Organizaciones de productores con membresía internacional*

La Federación Internacional de Productores Agrícolas (FIPA) fue fundada en 1946. Para satisfacer las necesidades de las organizaciones agrícolas de los países en desarrollo, en 2000 creó AgriCord, una alianza de agencias agrícolas que ofrece programas para fortalecer a las organizaciones agrícolas miembros de la FIPA. Bajo el programa de construcción de capacidad de AgriCord, las organizaciones de agricultores de los países industriales ayudan a fortalecer a sus colegas en los países en desarrollo. La FIPA representa a 115 organizaciones nacionales de 80 países y los países en desarrollo ahora conforman la mayoría de la membresía de la FIPA. Es el único foro mundial para agricultores de países industriales y en desarrollo para intercambio de ideas y para el establecimiento de prioridades comunes. Tiene estatus consultivo con el Consejo Económico y Social de Naciones Unidas y con el CGIAR.

Vía Campesina, una red internacional de 92 federaciones o sindicatos, fue creada en 1992 para coordinar organizaciones de productores pequeños y medianos, trabajadores agrícolas, mujeres rurales productoras y comunidades nativas de África, América, Asia y Europa. Está orientada a influenciar en la toma de decisiones por parte de los gobiernos y las organizaciones multilaterales, en relación con las políticas económicas y agrícolas que afectan a sus miembros y al fortalecimiento de la participación de las mujeres.

Fuentes: www.ifap.org/en/index.html; www.viacampesina.org.

También en esta dimensión los gobiernos y los donantes tienen un papel importante que jugar en el apoyo de la construcción de capacidad en un amplio rango de áreas: administración, inteligencia de mercados, aspectos técnicos de la producción, compra y distribución de insumos, satisfacción de estándares sanitarios y fitosanitarios y en el involucramiento en el análisis de política, el diálogo y las negociaciones. Los donantes también han estado involucrados en el fortalecimiento de las capacidades administrativas de los líderes y en el establecimiento de sistemas transparentes de administración financiera.

Participación en negociaciones de alto nivel. Las organizaciones de productores que participan en discusiones técnicas de alto nivel, como las negociaciones comerciales mundiales, necesitan nuevos conocimientos técnicos y de comunicación.[80] Adicionalmente, los expertos que representan a las organizaciones deben permanecer fieles a los intereses de los miembros nacionales y locales, un desafío difícil para las organizaciones superiores que cubren un amplio rango de intereses. Esto requiere el mantenimiento de canales de comunicación abierta con sus membresías a los niveles local, regional y nacional. Los gobiernos y los donantes pueden incrementar la efectividad de la participación en las organizaciones de productores en estas consultas, ayudándoles a obtener un acceso igualitario a la información, en la búsqueda de consejo profesional para un mejor entendimiento de las consecuencias de las políticas que son objeto de discusión y en el reclutamiento de expertos para preparar sus insumos para el diálogo de política.

Enfrentar un ambiente externo con frecuencia desfavorable. Independientemente de qué tan efectivas son internamente para satisfacer los cuatro desafíos anteriores, las organizaciones de productores no pueden promover exitosamente los intereses de los pequeños agricultores, sin establecer un ambiente legal, regulatorio y de política, que garantice la autonomía de la organización. Esto requiere cambiar la mentalidad de los diseñadores de política y de los funcionarios de las agencias de gobierno acerca de las organizaciones. Las organizaciones deben ser reconocidas como actores plenos, no como instrumentos de las políticas diseñadas e implementadas sin tener consulta con ellas, ni como canales para implementar las agendas de los donantes. Los servicios públicos deben estar orientados para asociarse con las organizaciones, mediante mecanismos que permitan negociaciones equitativas entre éstas y otros sectores. La interferencia de los gobiernos en la administración de las cooperativas debe ser eliminada, un proceso difícil que requiere confrontar intereses creados a nivel individual y político. El apoyo de los donantes a las cooperativas lácteas de la India fue motivado en parte por el objetivo de mejorar su eficiencia, a través de eliminar la interferencia del gobierno. Aunque se hizo un considerable progreso en este sentido, el objetivo no había sido completamente logrado al cabo de dos décadas de apoyo.[82] Por tanto, un uso efectivo de las organizaciones de productores como parte de una agenda de agricultura para el desarrollo, requiere un Estado fuerte y proactivo que establezca las condiciones favorables para que esto suceda.

Apoyo a las organizaciones de productores para empoderarlas

Los gobiernos y los donantes han apoyado a las organizaciones de productores, con frecuencia a través de ONG especializadas. Muchas organizaciones de productores en países industriales apoyan organizaciones en los países en desarrollo a través de ONG financiadas por las cuotas de los miembros.

Sin embargo, invertir en capital social no es fácil. Para que sea efectivo, el apoyo debe ser comprometido en el largo plazo pero con una clara estrategia de retiro. El apoyo del gobierno y de los donantes, bien sea financiero, administrativo o técnico, puede ser una espada de doble filo, que crea dependencia y mina las organizaciones en lugar de empoderarlas, dependiendo de la forma como este apoyo es provisto.[83] Aunque no hay una guía acerca de cuál es la mejor forma de proporcionar apoyo, una aproximación que ha probado ser efectiva es el uso de fondos por demanda, en los cuales las organizaciones de productores seleccionan las actividades y proveedores de servicios, como sucede en Senegal y Mali.[84] Otra aproximación, introducida por el Programa de Generación de Políticas Participativas, financiado por la ayuda holandesa, apoya los enlaces entre las organizaciones de productores y universidades que pueden proporcionar investigación de política para determinar la posición propuesta para las organizaciones de productores. La Academia de Agricultores Africanos proporciona cursos de capacitación diseñados para satisfacer las necesidades de los líderes agrícolas en las áreas de política agrícola y comercio internacional y regional. Éstas y otras aproximaciones para empoderar las organizaciones de productores, requieren de mayor experimentación y análisis sólidos de impacto para que sean más efectivas.

Innovaciones institucionales. Todavía un trabajo en progreso

A pesar de la reciente efervescencia de innovaciones institucionales a lo largo de un amplio rango de países y mercados, siguen existiendo amplias brechas institucionales en el apoyo para la competitividad de los pequeños agricultores. Los mercados de tierras son aún incompletos e ineficientes. Los mercados financieros están aún afectados por asimetrías de acceso y de información. El aseguramiento contra el riesgo está disponible únicamente para unos pocos individuos y comunidades. Los mercados de insumos son ineficientes como resultado de su pequeña escala y están distorsionados por subsidios que tienden a beneficiar más a los propietarios de mayores extensiones de tierra. Las organizaciones de productores están sólo comenzando a representar los intereses de los pequeños agricultores pobres. Con tanto más por hacer, el capítulo cierra con una nota no de satisfacción con los logros sino de trabajo en progreso, habiendo mucho por hacer y urgencia por hacerlo, de manera que se reduzcan las ineficiencias, inequidades y costos humanos de las brechas institucionales que subsisten.

capítulo 7 Innovar mediante la ciencia y la tecnología

Los desafíos tecnológicos que enfrenta la agricultura en el siglo XXI son posiblemente aún más fuertes que aquellos de décadas pasadas. Con la creciente escasez de tierra y agua, las ganancias de productividad serán la principal fuente de crecimiento de la agricultura y el medio primario para satisfacer una mayor demanda de productos alimenticios y agrícolas. Con la globalización y las nuevas cadenas de oferta, los agricultores y los países necesitan innovar continuamente para responder a las cambiantes demandas de los mercados y seguir siendo competitivos. Con el cambio climático, tendrán que adaptarse gradualmente. Todas las regiones, especialmente los sistemas heterogéneos y riesgosos que dependen de la lluvia en África subsahariana, necesitan tecnologías sostenibles que aumentan la productividad, estabilidad y perdurabilidad de los sistemas de producción.[1] Estos cambios implican que la tecnología para el desarrollo debe ir mucho más allá del mero incremento de los rendimientos, hacia el ahorro de agua y energía, la reducción del riesgo, el mejoramiento de la calidad de los productos, la protección del medio ambiente y ser adecuadas a las diferencias de género.

La ciencia también está cambiando rápidamente. Los avances revolucionarios en las ciencias biológicas y de la información, tienen el potencial para incrementar la competitividad de los pequeños agricultores orientados al mercado y superar la sequía y la enfermedad, en sistemas de producción que son importantes para los pobres. Consideremos el caso gana-gana del algodón transgénico resistente a los insectos: ha reducido las pérdidas de rendimientos, aumentado las ganancias de los agricultores y reducido enormemente el uso de pesticidas por parte de millones de pequeños agricultores. Sin embargo, los beneficios de la biotecnología, determinados por empresas multinacionales privadas interesadas en la agricultura comercial, aún necesitan ser dirigidos con seguridad hacia las necesidades de los pobres.

El ambiente institucional para la innovación tecnológica está cambiando rápidamente también –es más complejo, involucra sistemas plurales y múltiples fuentes de innovación. El nuevo mundo de la agricultura está abriendo espacio para un amplio rango de actores en la innovación, incluyendo los agricultores, el sector privado y las organizaciones de la sociedad civil. El enlace del progreso tecnológico con la innovación institucional y los mercados, para involucrar a este diverso conjunto de actores, se encuentra en el corazón del futuro crecimiento de la productividad.

Estos cambios enfocan la atención sobre más amplios sistemas de innovación. Con el desarrollo de los mercados, la innovación se hace menos determinada por la ciencia (el lado de la oferta) y más por los mercados (el lado de la demanda). Las nuevas perspectivas lideradas por la demanda enfatizan el poder de los usuarios –agricultores hombres y mujeres, consumidores e intereses fuera de la agricultura– en el establecimiento de la agenda de investigación, la importancia de ésta en la cadena de valor que va "de la granja a la mesa". La innovación para la nueva agricultura requiere retroalimentación, aprendizaje y acción colectiva entre este más amplio conjunto de actores.

Este capítulo revisa el desempeño reciente de la ciencia y la innovación tecnológica desde tres perspectivas:

- Los recientes impactos y nuevos desafíos de las tecnologías biológicas y de administración.
- Las inversiones en investigación y desarrollo (I&D) para generar nuevas tecnologías, dando particular atención a la creciente brecha entre países industriales y en desarrollo, y al interior de los mismos países en desarrollo.
- Los arreglos institucionales que surgen y hacen a las inversiones en innovación, incluyendo la extensión, más eficientes y efectivas para satisfacer las demandas del mercado a través de la acción colectiva y el involucramiento de los agricultores.

La principal conclusión es que las inversiones en la I&D agrícola han convertido a la mayor parte de la agricultura del mundo en desarrollo en un sector dinámico, en el cual la rápida innovación tecnológica acelera el crecimiento y reduce la pobreza. Sin embargo, fallas en los mercados globales y nacionales continúan induciendo una seria subinversión en I&D y en los sistemas relacionados de extensión, especialmente en los países agrícolas de África. Aumentar la inversión pública y privada en I&D y fortalecer las instituciones y asociaciones con el sector privado, agricultores y organizaciones de la sociedad civil, es ahora esencial para evaluar la demanda de los usuarios por I&D, aumentar la respuesta y competitividad en el mercado, y asegurar que los pobres se beneficien. Estas inversiones e innovaciones institucionales serán aún más importantes en el futuro, en el cual los mercados cambian rápidamente, la escasez de recursos aumenta y hay mayor incertidumbre.

El mejoramiento genético ha sido enormemente exitoso, pero no en todas partes

La agricultura es un proceso biológico, de allí que la innovación tecnológica en la agricultura sea diferente a otros sectores. Las décadas de 1950 y 1960 mostraron que las tecnologías para el mejoramiento genético, como el desarrollo de cultivos y animales, con frecuencia eran específicos a la localidad y generalmente no se transferían bien del norte temperado al sur tropical. Desde la década de

1960, la investigación orientada a adaptar variedades mejoradas y razas animales a las condiciones subtropicales y tropicales, ha generado altos retornos e impactos en pro de los pobres. Los rápidos avances en las ciencias biológicas y de la información prometen aún mayores impactos, que están por ser aprovechados para el beneficio de los pobres (*ver* En foco E).

Magia lenta: la continua difusión de variedades mejoradas

Desde la década de 1960, el mejoramiento científico de las plantas, que desarrolló variedades mejoradas adecuadas para los pequeños agricultores en áreas subtropicales y tropicales –la revolución verde– ha sido una de las mayores historias de éxito para el desarrollo (gráfico 7.1). Inicialmente avanzada por las variedades semienanas de arroz y trigo, y variedades mejoradas de maíz originadas en los centros internacionales de investigación agrícola del Grupo Consultivo sobre Investigación Internacional Agrícola (CGIAR), los programas públicos de mejoramiento de plantas en los países en desarrollo han liberado más de 8.000 variedades mejoradas de cultivos durante los últimos 40 años.[2] Las compañías privadas de semillas también se han convertido en fuentes significativas de variedades híbridas mejoradas de algunos cultivos para los pequeños agricultores, especialmente maíz.

La contribución de las variedades mejoradas de plantas al crecimiento y los rendimientos desde 1980, ha sido aún mayor que en las décadas de la revolución verde. Se estima que en las décadas de 1980 y 1990, las variedades mejoradas representaron hasta el 50% del crecimiento en los rendimientos, comparado con 21% en las dos décadas precedentes. Los consumidores pobres han sido los principales beneficiarios. Sin estas ganancias en rendimientos, los precios mundiales de los cereales hubieran sido entre 18% y 21% más altos en 2000, la disponibilidad per cápita de calorías en los países en desarrollo hubiera sido entre 4% y 7% más baja, entre 13 y 15 millones de niños más habrían sido clasificados como desnutridos y muchas más hectáreas de bosques y otros ecosistemas frágiles habrían sido puestas bajo cultivo.[3]

Sostenidos mejoramientos genéticos para nuevas generaciones de variedades –y su difusión más allá de las áreas irrigadas y sin irrigación pero con buen control de aguas– han contribuido a las continuas ganancias de rendimientos. Por ejemplo, las variedades mejoradas se plantan ahora en el 80% del área para cereales en la India, únicamente la mitad de la cual es irrigada.[4] Nuevas generaciones de variedades mejoradas de trigo han proporcionado un incremento anual de 1% en los rendimientos y el área mundial plantada con ellas se ha más que duplicado desde 1981, más que todo en áreas sin irrigación.[5]

No todos los agricultores han sido transformados por esta "magia lenta".[6] África subsahariana ha experimentado una muy incompleta adopción, habiendo muchos países que no tienen casi área cultivada con variedades mejoradas. ¿Por qué la tan limitada revolución verde en África subsahariana?[7] La más amplia mezcla de cultivos de la región, las complejidades agroecológicas y la heterogeneidad de la misma, la carencia de infraestructura, mercado e instituciones de apoyo y las diferencias de género en la responsabilidad en el trabajo y en el acceso a los activos, son todos factores que han contribuido (capítulo 2).[8]

La experiencia reciente en África subsahariana ofrece una mayor promesa. Después de un comienzo tardío, las variedades mejoradas tienen finalmente un impacto sobre algunos alimentos básicos:

- *Maíz.* Variedades mejoradas e híbridos de maíz fueron adoptados ampliamente por pequeños agricultores en muchos países africanos en la década de 1980, alcanzando una cobertura casi universal en unos pocos países, como Zimbabue. Sin embargo, buena parte de este logro fue hecho posible mediante fuertes subvenciones a los insumos y a los precios, subvenciones que no eran sostenibles.[9] Con todo, una sustancial proporción del área de maíz fue plantada con variedades mejoradas e híbridos en 2006 en Kenya (80%), Malawi (30%), Tanzania (28%), Zambia (49%) y Zimbabue (73%).[10]
- *Yuca.* Variedades mejoradas de yuca, resistentes a las enfermedades, han sido adoptadas llegando a más de la mitad del área plantada en Nigeria, el productor más grande del mundo. La yuca ha sido el alimento básico de más rápido crecimiento en África y como quiera que es un alimento para los pobres, el impacto de las ganancias de productividad es especialmente en pro de ellos.[11]
- *Arroz.* El nuevo arroz para África –combinando el potencial de altos rendimientos del arroz asiático, con la resistencia del arroz africano a la maleza, plagas, enfermedades y estrés por agua– fue liberado para los agricultores en 1996. Aumentando los rendimientos bajo condiciones de bajos insumos, es cultivado en alrededor de 200.000 hectáreas en África.[12] Sin embargo, su adopción es aún modesta debido a la insuficiente diseminación, capacitación y extensión.
- *Fríjol.* Se ha reportado que en África oriental, central y del sur, cerca de 10 millones de agricultores, la mayor parte mujeres, están cultivando y consumiendo nuevas variedades de fríjol (*Phaseolus vulgaris*), muchas con múltiples resistencias al estrés.[13]

Un desarrollo institucional complementario en regiones de baja e incierta pluviosidad y potencial marginal de producción, es la selección participativa de variedades y de mejoramiento, que involucra a los agricultores en las etapas tempranas del desarrollo de las plantas. Los enfoques descentralizados y participativos permiten a los agricultores seleccionar y adaptar tecnologías al suelo y a los patrones locales de lluvias y a las condiciones sociales y económicas, utilizando conocimiento nativo. Entre 1997 y 2004, el Programa de Investigación en Cebada del Centro Internacional de Investigación Agrícola para Áreas Secas en Siria, transformó su operación de 8.000 parcelas plantadas y evaluadas en estación experimental a 8.000 parcelas plantadas en los campos de los agricultores y evaluadas por ellos.[14] Se encontró que el desarrollo participativo de plantas y la selección de variedades, aceleraba el desarrollo de las variedades y la diseminación en 4 a 7 años, la mitad de los 10 a 15 años empleados en los programas convencionales de desarrollo de plantas.[15]

En las zonas muy pobres y dependientes de la lluvia para el cultivo de arroz en Asia meridional, que no fueron afectadas por la revolución verde, el mejoramiento participativo de plantas ahora está generando rendimientos con una fuerte adopción temprana de variedades seleccionadas por los agricultores, que proporcionan rendimientos 40% más altos en las parcelas de los agricultores.[16] El enfoque necesita ser más ampliamente probado en los heterogéneos ambientes dependientes de la lluvia, donde involucrar a los agricultores en la selección de variedades, especialmente a las mujeres, ha mostrado éxitos tempranos para fríjol, maíz y arroz.[17] La eficiencia del enfoque para un uso más amplio también necesita ser evaluada.

Sin embargo, descansar únicamente en las variedades mejoradas, no producirá una revolución verde en las áreas menos favorecidas; la baja fertilidad del suelo y la carencia de control sobre el agua, son

Gráfico 7.1 Las variedades mejoradas han sido ampliamente adoptadas, excepto en África subsahariana

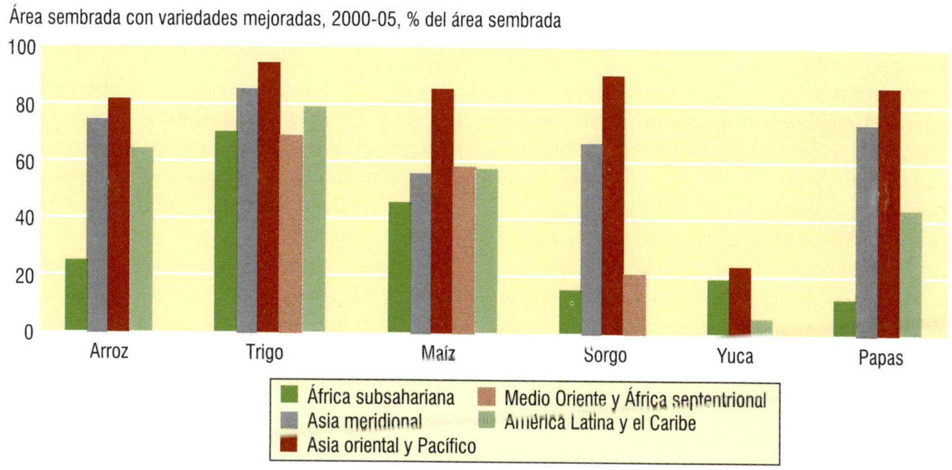

Fuente: Grupo IDM 2008, con base en Evenson 2003; http//www.faostat.fao.org; IRRI, comunicación personal 2007; Cimmyt, comunicación personal 2007
Notas: Las variedades mejoradas de arroz y trigo son variedades semienanas desarrolladas primero en lo que vino a ser conocido como la revolución verde. Los datos corresponden al período 2000-05, excepto para maíz en algunos países de África subsahariana, donde corresponden a 1997.

las principales restricciones que son difíciles de superar a través del mejoramiento genético. En el lenguaje de los científicos de cultivos, tanto la G (genotipo) como la A (el ambiente y la administración del cultivo) tienen que cambiar para explotar las interacciones positivas de la G x A que caracterizan a una revolución verde.

Riesgo de rendimientos y la Reina Roja

La estabilidad de los rendimientos es importante para todos los agricultores, pero especialmente para aquellos que están orientados a la autosubsistencia, cuya seguridad alimentaria y forma de vida son vulnerables a los brotes de plagas y enfermedades, sequías y otras fuentes de estrés. Las variedades mejoradas pueden hacer más estables los rendimientos. Un estudio reciente concluyó que la variabilidad en los rendimientos de los cereales, medida como el coeficiente de variación alrededor de la tendencia durante los pasados 40 años, ha disminuido en los países en desarrollo, disminución que está estadísticamente asociada con la diseminación de variedades mejoradas, aun después de controlar por una mayor irrigación y otros insumos.[18] Los beneficios anuales de una mejor estabilidad de los rendimientos, únicamente en el maíz y el trigo, se estiman en alrededor de US$300 millones –más que el gasto anual en investigación para desarrollo de maíz en el mundo en desarrollo.

La estabilidad de los rendimientos de las variedades mejoradas refleja en buena medida los esfuerzos duraderos en la generación de plantas con resistencia a enfermedades y plagas. Aun cuando las variedades mejoradas son generadas para resistir una enfermedad, éstas deben reemplazarse periódicamente para asegurarse contra el ataque de nuevas trazas de patógenos. Sin inversión en tal "mantenimiento de la investigación", los rendimientos disminuirían –una situación mejor descrita por la Reina Roja en *Alicia en el País de las Maravillas:* "Ahora bien, tú ves, que toma todo lo rápido que puedas correr el poderte mantener en el mismo lugar".[19] De una tercera parte a la mitad de toda la inversión actual en I&D para el desarrollo de plantas puede ser para mantenimiento, dejando unos recursos reducidos para hacer avances en la productividad.[20]

La falta de inversión en mantenimiento de la investigación, puede amenazar la oferta local de alimentos y algunas veces tiene significación global. Consideremos la dramática reciente aparición de Ug99, una nueva traza de polvillo del tallo en el trigo (*Puccinia graminis tritici*), el segundo más importante alimento básico a nivel mundial. El polvillo del tallo es catastrófico debido a que puede causar una casi completa pérdida de las cosechas en amplias áreas. El Ug99 apareció primero en 1999 en Uganda y ahora se ha diseminado ampliamente en las áreas de cultivo de trigo en Kenya y Etiopía; en 2007 fue encontrado en Yemen. A partir de experiencias previas, se espera que el Ug99 sea transportado por el viento a través del Medio Oriente hacia las zonas de cultivo de trigo en Asia meridional y posiblemente Europa y las Américas. Dada la poca base de resistencia genética a la enfermedad en las variedades existentes de trigo, la diseminación del Ug99 podría generar pérdidas devastadoras en algunas de las canastas mundiales de alimentos.[21] El último ataque del polvillo del tallo en Estados Unidos, en 1953 y 1954, ocasionó una pérdida de rendimientos del 40% con un valor de US$3.000 millones de hoy.[22] A través de un nuevo esfuerzo internacional, los generadores de plantas y los patólogos deberían ser capaces de evitar una epidemia global mediante la selección de genotipos resistentes y su colocación en los campos de cultivo.

Los agricultores que utilizan variedades tradicionales también son vulnerables a ataques esporádicos de enfermedades como sucede con el reciente ataque de marchitamiento bacterial (Banana *Xanthomonas* wilt) en África oriental. La enfermedad amenaza la subsistencia y la seguridad alimentaria de millones de personas, que dependen del cultivo de banano en la región de los grandes lagos –un área que contiene el más alto nivel de consumo de banano per cápita en el mundo.[23] En Uganda, donde los bananos son un alimento básico, la pérdida potencial nacional se estima en US$360 millones por año.[24] Una variedad genéticamente manipulada con resistencia a la enfermedad es un hallazgo fundamental, pero aplicarla depende de que Uganda establezca regulaciones de bioseguridad (*ver* En foco E).[25] Estas crisis recurrentes son llamados de alerta para desarrollar estrategias apropiadas de mantenimiento de la investigación, conjuntamente con coordinación, vigilancia y financiación globales.

El progreso en el desarrollo de variedades que tienen buen desempeño bajo sequía, calor, inundación y salinidad, ha sido generalmente más lento que para generar resistencia a las enfermedades y a las plagas. El Centro internacional para el mejoramiento del maíz y el trigo (Cimmyt), después de más de 30 años de investigación para producir variedades e híbridos de maíz tolerantes a la sequía, está ahora obteniendo resultados en África oriental y del sur. Evaluados en comparación con los híbridos existentes, los nuevos tienen rendimientos un 20% superiores bajo condiciones de sequía.[26] Igualmente, recientes evidencias señalan hacia importantes ganancias de rendimientos en el desarrollo de trigo para ambientes secos y con estrés por calor.[27] Se han identificado también nuevas variedades de arroz, capaces de sobrevivir la inundación.[28] Tales avances en tolerancia a la sequía, calor e inundación, serán especialmente importantes en adaptarse al cambio climático.

Sin embargo grandes áreas con los más importantes cultivos alimenticios, son plantadas cada año con relativamente pocas variedades mejoradas y una uniformidad genética que puede hacer a los cultivos vulnerables a importantes pérdidas de rendimientos. Hay alguna evidencia de que la uniformidad genética aumenta el riesgo en los rendimientos, aunque también pueda producir más altos rendimientos.[29] En décadas recientes, el mundo ha evitado en buena medida desastres mayores como consecuencia de la uniformidad genética, en parte debido a la frecuente rotación de variedades, la cual trae consigo nuevas fuentes de resistencia. Aún así, se necesita una más amplia conservación y uso de recursos genéticos (capítulo 11).

Más allá de los cultivos: mejoramiento genético de ganado y peces

Los avances en la genética de animales y peces, combinados con una mejor salud y alimentación animales, han sido la base de la revolución ganadera en los países en desarrollo (capítulo 2). Razas mejoradas de cerdos y aves han sido adoptadas a través de transferencias privadas directas originadas en el norte.[30] Estas ganancias se hacen evidentes en la productividad animal. A lo largo del período 1980-2005 en el mundo en desarrollo, el crecimiento anual de una nidada de pollos con un peso total vivo de 1.000 kilogramos aumentó de 1.290 kilogramos a 1.900 kilogramos y el de los cerdos mejoró de 140 kilogramos a 330 kilogramos de peso vivo.[31]

El cruzamiento de vacas lecheras con razas exóticas ha mejorado la subsistencia de pequeños agricultores en áreas de alto potencial en los trópicos. Alrededor de 100 millones de vacunos y cerdos son criados anualmente en el mundo en desarrollo utilizando inseminación artificial.[32] Finalmente, gracias en buena medida a la inseminación artificial, alrededor de 1,8 millones de pequeños agricultores en las zonas altas de África oriental, obtienen una parte significativa de su subsistencia de más altos rendimientos de leche obtenidos del mejoramiento genético del ganado lechero.[33]

De manera similar para los peces, la tilapia genéticamente mejorada está cambiando la acuacultura en uno de los sectores de más rápido crecimiento en la agricultura asiática. En 2003, variedades mejoradas de un único proyecto –para el mejoramiento genético de la tilapia criada artificialmente (GIFT)– representaron el 68% de los alevinos totales de tilapia producidos en Filipinas, 46% en Tailandia y 17% en Vietnam. Los menores costos de producción de pescado por kilogramo, altas tasas de sobrevivencia, altos pesos promedio por pescado y rendimientos entre 9% y 54% más altos que para las variedades existentes, explican el rápido despegue de las variedades derivadas del mejoramiento genético de la tilapia cultivada.[34]

A pesar de esto, el mejoramiento genético en animales y peces ha llegado a únicamente una pequeña proporción de agricultores de los países en desarrollo, debido en parte a restricciones en los sistemas de distribución de estas tecnologías. Los servicios de desarrollo de ganado en buena parte del mundo en desarrollo todavía son generalmente subsidiados, desplazando al sector privado. Una mayor investigación para la reducción de los costos de estas tecnologías y mayores reformas de política e institucionales para asegurar una diseminación más eficiente y amplia, hará posible que el mundo en desarrollo capture el beneficio completo de estas prometedoras tecnologías.

¿Una revolución biotecnológica en proceso?

La biotecnología agrícola tiene el potencial para generar un gran impacto en muchas facetas de la agricultura –productividad vegetal y animal, estabilidad de los rendimientos, sustentabilidad ambiental y características del consumo importantes para los pobres. Las biotecnologías de primera generación incluyen el cultivo de tejidos vegetales para la micropropagación y la producción de materiales de cultivo libres de virus, el diagnóstico molecular de enfermedades de los cultivos y los animales, y la transferencia de embriones en el ganado. Considerablemente baratas y fáciles de aplicar, estas tecnologías han sido adoptadas ya en muchos países en desarrollo. Por ejemplo, patatas dulces libres de enfermedades, desarrolladas con base en cultivo de tejidos, han sido adoptadas en 500.000 hectáreas en la provincia de Shandong en China, generando aumentos en los rendimientos del orden de 30% a 40%,[35] en tanto que pruebas diagnósticas basadas en biotecnología avanzada han ayudado a erradicar el virus de la morriña en el ganado vacuno.

Las biotecnologías de segunda generación, basadas en la biología molecular, utilizan la genómica para mejorar la información acerca de los genes que son importantes para una traza particular. Esto permite el desarrollo de marcadores moleculares para ayudar a seleccionar líneas mejoradas para el desarrollo convencional de variedades (denominadas selección asistida por marcadores). Tales marcadores están "acelerando el desarrollo", generando millo belloso moderadamente resistente al moho en la India; ganado vacuno con tolerancia a la enfermedad africana del sueño y arroz resistente a la enfermedad bacterial de las hojas en Filipinas.[36] En la medida en que los costos de la selección asistida por marcadores continúan disminuyendo, es probable que se conviertan en un procedimiento estándar en las herramientas de los generadores de nuevas plantas, mejorando sustancialmente la eficiencia de los desarrollos convencionales.

La más controvertida de las biotecnologías mejoradas es la transgénica, o los organismos genéticamente modificados, comúnmente conocidos como OGM (*ver* En foco E). La tecnología transgénica es una herramienta para el "desarrollo de precisión", transfiriendo un gen o un conjunto de genes que conllevan trazas específicas al interior o entre especies. Alrededor de 9 millones de pequeños agricultores, principalmente en China e India, han adoptado el algodón transgénico Bt para resistencia a los insectos. Éste ha reducido ya las pérdidas de rendimientos ocasionadas por insectos, aumentado los ingresos de los agricultores y reducido significativamente el uso de pesticidas en la India y China. Sin embargo, la tecnología transgénica sigue siendo controvertida debido a los riesgos potenciales percibidos para el medio ambiente y la salud.

Por tanto, la biotecnología es muy prometedora pero las actuales inversiones se concentran especialmente en el sector privado, determinadas por intereses comerciales y no están focalizadas en las necesidades de los pobres. Por esta razón es urgente aumentar la inversión *pública* en la obtención de trazas y cultivos a nivel de internacional y nacional –y para mejorar la capacidad de evaluar los riesgos y regular estas tecnologías en formas que sean eficientes e inspiren la confianza pública en ellas. Los beneficios potenciales para los pobres, derivados de estas tecnologías, se perderán a menos que la comunidad internacional para el desarrollo aumente fuertemente su apoyo a los países interesados (*ver* En foco E).

Las tecnologías de administración y sistemas necesitan complementar el mejoramiento genético

Buena parte de la I&D está enfocada en el mejoramiento del manejo de los sistemas de cultivos, ganados y recursos naturales. El CGIAR invierte alrededor del 35% de sus recursos en sistemas de producción sustentables, el doble del 18% que invierte en mejoramiento genético.[37] Buena parte de este trabajo ha enfatizado en la administración del suelo y del agua, y en enfoques agroecológicos que exploten procesos biológicos y económicos para reducir el uso de insumos no renovables, especialmente químicos agrícolas.[38] Ejemplos de esto incluyen la labranza de conservación, barbechos y suelos mejorados, cultivos de cobertura que usan abono verde, conservación del suelo y control de plagas utilizando la biodiversidad y el control biológico más que los pesticidas.

Labranza cero

Una de las revoluciones tecnológicas más dramáticas en el manejo de los cultivos, es la labranza de conservación (o labranza cero), la cual minimiza o elimina la labranza y mantiene los residuos de los cultivos como cobertura del suelo. Tiene muchas ventajas con respecto a la labranza convencional: aumenta la rentabilidad a partir del ahorro en trabajo y energía, conserva el suelo, aumenta la tolerancia a la sequía y reduce las emisiones de gases de efecto invernadero. Sin embargo, hace más complejo el control de malezas, plagas y enfermedades y usualmente requiere algún uso de herbicidas.

En América Latina (principalmente en Argentina y Brasil) la labranza cero se utiliza en más de 40 millones de hectáreas, alrededor del 43% de la tierra arable.[39] Originalmente adoptada por agricultores grandes y de tamaño medio, la práctica se ha difundido hacia los pequeños agricultores en la parte sur de Brasil. Redes de investigadores, proveedores de insumos, compañías químicas y agricultores han utilizado la investigación participativa e interacciones formales e informales para integrar varias partes de la tecnología (rotaciones, semillas, químicos y maquinaria) y adaptarlos a las condiciones locales. La técnica fue también utilizada por un número estimado de 100 000 pequeños agricultores en Ghana en la década pasada.[41] También está siendo rápidamente adoptada en los sistemas irrigados trigo-arroz, de la planicie Indo-Ganges (recuadro 7.1)

Legumbres y fertilidad del suelo

Otra tecnología ahorradora de insumos y conservadora de recursos, consiste en la introducción de legumbres mejoradas en los sistemas de cultivos para proporcionar múltiples beneficios, más notoriamente la fijación biológica del nitrógeno, que reduce la necesidad de fertilizantes químicos (especialmente si la legumbre ha sido inoculada con el *Rhizobium* que fija el nitrógeno). Buena parte de las ganancias de rendimientos en la producción de cereales en Australia a lo largo de los últimos 60 años, se origina en sistemas de rotación que incluyen legumbres.[42] En África meridional, árboles "fertilizantes" de rápido crecimiento, como *Gliricidia*, *Sesbania* y *Tephrosia*, han mejorado la fertilidad del suelo, la materia orgánica de éste, la infiltración del agua y la capacidad de carga. Otros beneficios comprenden la reducción en la erosión del suelo y la producción de leña y forraje para animales (recuadro 7.2).[43] Sin embargo, estas tecnologías son bastante específicas a la localización y a la investigación para adaptarlas a sistemas agrícolas definidos por los suelos, la presión sobre la tierra y la disponibilidad de trabajo (diferenciado entre hombres y mujeres) se les debe dar gran prioridad con el fin de enfrentar el severo agotamiento de los nutrientes del suelo en África subsahariana.

RECUADRO 7.1 *Cuando cero significa mucho: los beneficios de la labranza cero en los sistemas arroz-trigo en Asia meridional*

Los sistemas arroz-trigo en Asia meridional, la base de la seguridad alimentaria se encuentra en peligro (capítulo 8). Experimentos de largo plazo muestran que los rendimientos de los cultivos están estancados y que la calidad del suelo y del agua están declinando. En respuesta, el Consorcio Arroz-Trigo de la Planicie Indo-Ganges de Asia meridional –una red de científicos internacionales, científicos nacionales, agentes de extensión, fabricantes privados de maquinaria y organizaciones no gubernamentales– ha desarrollado y promovido la agricultura de labranza cero.

Aunque la labranza cero es parte de un sistema de manejo agrícola más amplio, que involucra muchas prácticas agrícolas, una parte fundamental del sistema promovido por el Consorcio es la siembra de trigo inmediatamente después del arroz, sin labranza, de manera que las semillas del trigo germinan utilizando la humedad residual del cultivo previo de arroz. Un aspecto notable del enfoque ha sido trabajar con productores locales de maquinaria y agricultores para adaptar los arados a las condiciones locales.

La agricultura de labranza cero aumenta los rendimientos del trigo mediante una siembra oportuna y reduce los costos de producción hasta en un 10%. Reduce el uso de agua en alrededor de 1 millón de litros por hectárea (un ahorro de 20% a 35%). Mejora la estructura del suelo, la fertilidad y las propiedades biológicas y reduce la incidencia de hierbas y algunas otras plagas. La labranza cero con el trigo a continuación del arroz, es actualmente la tecnología de conservación de recursos más ampliamente adoptada en la Planicie Indo-Ganges, especialmente en la India, con alrededor de 0,8 millones de hectáreas sembradas en 2004 utilizando el método. Se estima que la investigación sobre labranza cero para los sistemas arroz-trigo en la India, tiene una tasa de retorno de 57%, a partir de una inversión de US$3,5 millones.[40]

El trabajo por venir debe considerar el hecho de que las mujeres contribuyen más de la mitad del trabajo en el sistema arroz-trigo, especialmente para el manejo del ganado. Esto tiene implicaciones importantes para el involucramiento de las mujeres en la selección de las semillas y en las prácticas de manejo de los forrajes para el sistema.

Fuente: Malik, Yadav y Singh 2005; Paris, 2003.

RECUADRO 7.2 *Utilizando legumbres para mejorar la fertilidad del suelo*

La baja fertilidad en buena parte del suelo africano y el bajo (algunas veces en disminución) uso de fertilizantes minerales, han incrementado el interés de los agricultores en sistemas de fertilización del suelo basados en la agroforestería. Los principales métodos son un descanso rotacional o un cultivo asociado permanente de árboles fijadores de nitrógeno. Los sistemas se han diseminado principalmente en la región subhúmeda del sur de África, donde han más que duplicado los rendimientos del maíz e incrementado los retornos netos a la tierra y al trabajo. En Zambia, los beneficios financieros a los cerca de 80.000 agricultores que practican los descansos mejorados fueron de casi US$2 millones para 2005/06. Las tecnologías con frecuencia trabajan mejor en combinación con unas dosis adecuadas de fertilizante mineral. Para los 12 millones de pequeños agricultores de maíz en el oriente y sur de África, los descansos rotacionales y los cultivos intercalados permanentes, ofrecen considerables oportunidades de largo plazo para realizar una administración integrada de la fertilidad del suelo, que mantenga los suelos africanos productivos y sanos.

Fuente: Grupo Consultivo del Consejo Internacional de Investigación Científica Agrícola (CGIAR) 2006a.

Manejo de plagas

En el otro extremo del espectro, la investigación que reduce el uso de pesticidas peligrosos puede generar beneficios gana-gana para la rentabilidad, el medio ambiente y la salud humana, en sistemas intensivos. El manejo integrado de plagas utiliza una combinación de prácticas, especialmente información mejorada sobre las poblaciones de plagas y predadores, para estimar las pérdidas inducidas por las plagas y ajustar las dosis de pesticidas en consecuencia. A pesar de los notables ejemplos de manejo integrado de plagas, la adopción con frecuencia ha sido limitada debido a su complejidad (capítulo 8).

Sin embargo, el control biológico de las plagas algunas veces puede tener impactos espectaculares, que con frecuencia no requieren de la toma de acción por parte de los agricultores. Uno de los casos mejor documentados es el control del gusano moteado de la yuca en África subsahariana, el cual fue introducido accidentalmente con un material de plantación originario de América Latina en la década de 1970, ocasionando significativas pérdidas económicas.[44] El Instituto Internacional para la Agricultura Tropical respondió a la crisis seleccionando, criando y distribuyendo en 20 países, una avispa parasitoide que es el enemigo natural del gusano moteado. El control biológico provisto por la avispa fue tan efectivo que el gusano moteado de la yuca está ahora en su mayor parte bajo control. Aun utilizando los supuestos más conservadores, el retorno a esta inversión en investigación ha sido extremadamente alto (un valor presente neto estimado en US$9.000 millones).[45]

Combinaciones

El más grande impacto sobre la productividad se obtiene a través de enfoques de producción ecológica, que combinan variedades mejoradas y varias tecnologías de administración, integración cultivos-ganado y tecnologías mecánicas para explotar sus efectos sinérgicos.[46] Por ejemplo, en Ghana la labranza cero es combinada con descansos del suelo basados en legumbres mejoradas y variedades de maíz.[47] En el oriente de África, el manejo integrado de plagas de bajo insumo ha sido desarrollado mediante la siembra de *Desmodium* (una planta leguminosa fijadora de nitrógeno que puede ser utilizada para alimentación del ganado) entre las filas de maíz para eliminar la estriga, una hierba parásita especialmente dañina.[48] Una perspectiva integrada similar, que involucra variedades mejoradas, fijación biológica del nitrógeno, cultivos de cubierta y maquinaria adaptada a labranza cero, ha sido vital para la competitividad mundial de la soya brasileña.[49] Con el avance de las cadenas de valor, tales tecnologías deben frecuentemente integrar también la calidad del producto y el procesamiento agrícola.

La necesidad de tecnologías más adaptadas

A pesar de que la I&D para la producción y la administración de recursos tiene un gran potencial, el éxito ha sido mixto; siendo la labranza cero el éxito más notorio. Aún se necesitan con urgencia tecnologías adaptadas para conservar y hacer un uso eficiente del agua escasa, controlar la erosión y restaurar la fertilidad del suelo para los pequeños agricultores en las áreas menos favorecidas. Sin embargo, tales tecnologías complejas con frecuencia son intensivas en trabajo y tierra, y pueden ser poco atractivas para los agricultores donde el costo laboral es alto, la tierra es escasa o las tazas de descuento para los ingresos futuros son muy altas o los retornos son riesgosos. Estas preocupaciones son especialmente importantes para las mujeres agricultoras, que carecen de acceso a los activos y a los servicios y quienes tienen patrones estacionales específicos de utilización del trabajo. Aunque las tecnologías están orientadas a los agricultores pobres, la historia muestra más altos niveles de adopción por parte de los agricultores más ricos.[50]

Las tecnologías de administración y de sistemas pueden requerir un considerable apoyo institucional para ser ampliamente adoptadas (capítulo 8). Muchas de ellas involucran la interacción de varios actores –como la acción colectiva entre agricultores vecinos– así como apoyo técnico, aprendizaje, interacciones agricultor a agricultor y compartimiento del conocimiento, como sucede con la labranza de conservación en Brasil. Adicionalmente, muchas tecnologías tienen impactos positivos sobre el medio ambiente que no son capturados en los beneficios privados por parte de los agricultores que las adoptan y pueden requerir el pago de servicios ambientales para incentivar su adopción (capítulo 8).

La naturaleza integradora de las perspectivas de administración y agroecológica, también afecta la forma en que la I&D es llevada a cabo. Debido a que son específicas a la localidad, la participación de los agricultores y de las comunidades en la I&D, caracteriza las mayores historias exitosas de estas tecnologías. La especificidad a la localidad también reduce el potencial de diseminación de tecnologías de otras regiones –así que a pesar de una sustancial inversión por parte del CGIAR, la evidencia acerca de estos impactos es limitada.[51]

Por estas razones, multiplicar las tecnologías de administración y sistemas no será fácil. Las redes de científicos, agricultores, firmas privadas y ONG toman tiempo para desarrollarse y para ser inclusivas y efectivas. También toma tiempo desarrollar el "alfabetismo ecológico" para aplicar exitosamente muchas de estas tecnologías (capítulo 8). Pero los avances en los sistemas de información geográfica y los sensores remotos a través de satélites, están abriendo nuevas formas de sintetizar complejas y diversas bases de datos espaciales, creando nuevas oportunidades para colaboración entre científicos, tomadores de decisiones de política y agricultores.

Invirtiendo más en I&D

Los mejoramientos en la productividad agrícola han estado estrechamente ligados a las inversiones en I&D agrícola (capítulo 2).[52] Los estimativos publicados acerca de casi 700 tasas de retorno a inversiones en I&D y servicios de extensión en el mundo en desarrollo, muestran un promedio de 43% por año.[53] Los retornos son altos en todas las regiones, incluyendo África subsahariana (gráfico 7.2). Aun tomando en consideración el sesgo de selección en los estudios de evaluación y otros temas metodológicos,[54] hay poca duda de que la inversión en I&D puede ser un éxito notable. Los altos retornos en relación con el costo del capital también indican que la ciencia agrícola está fuertemente subfinanciada.

¿Por qué está subfinanciada la I&D?

La inversión pública es especialmente importante para la financiación de la I&D agrícola donde los mercados fallan, debido a la dificultad para apropiarse los beneficios. Las semillas de muchas variedades mejoradas pueden ser reutilizadas por los agricultores y vendidas o compartidas con los vecinos (no excluibles). La información sobre las prácticas mejoradas de manejo puede ser libremente intercambiada (no rivales). Los derechos de propiedad intelectual (DPI) han superado parcialmente estas fallas del mercado en los países industriales, pero pocas tecnologías de importancia para los agricultores pobres pueden ser protegidas económicamente mediante los DPI (recuadro 7.3). Una importante excepción es la inversión del sector privado en semillas híbridas de unos pocos cultivos, donde la propiedad intelectual puede ser protegida mediante secreto comercial. Los agricultores deben comprar la semilla híbrida frecuentemente para mantener su ventaja en los rendimientos, proporcionando un mercado estable para las compañías privadas de semillas.

Los de mejor desempeño, y los otros. Por estas razones, la inversión privada en I&D para países en desarrollo ha sido muy limitada –94% de la I&D agrícola en el mundo en desarrollo es llevada a cabo por el sector público.[55] Pero aun el crecimiento en el gasto público en I&D, después de haber aumentado rápidamente en las décadas de 1960 y 1970, se ha desacelerado fuertemente en la mayor parte de regiones durante la década pasada o más, abriendo una división de conocimiento entre los países pobres y ricos, y al interior del mundo en desarrollo entre un puñado de países con mejor desempeño y la mayoría de los otros.

Los países en desarrollo como grupo, invirtieron el 0,56% de su producto doméstico bruto en I&D agrícola en 2000 (incluyendo las contribuciones de los donantes), únicamente alrededor de una quinta parte del 5,16% que los países desarrollados invierten. Parte de esta disparidad se debe a que la inversión privada constituye un poco más de la mitad del gasto en I&D en los países industriales, pero únicamente 6% en el mundo en desarrollo. Con todo, la intensidad del gasto público (en relación con el PIB agrícola) es cinco veces más alta en los países industriales (cuadro 7.1).

Unos pocos países en desarrollo –notoriamente China, la India y en menor medida Brasil– han aumentado rápidamente su gasto en I&D agrícola a lo largo de las últimas dos décadas. Su participación en el gasto público de los países en desarrollo en I&D agrícola, aumentó de una tercera parte en 1981 a casi la mitad en 2000. Incluyendo el gasto en ciencia y tecnología para todos los sectores, estos tres países representaron el 63% del total –lo cual es significativo debido a que una proporción creciente de la I&D agrícola es llevada a cabo en organizaciones de ciencia y tecnología en general.[56] El sector privado también tiene una presencia creciente en estos países, donde la expansión de los mercados para los insumos agrícolas proporciona incentivos a la inversión.

Entre tanto, muchos países agrícolas están rezagándose o disminuyendo la cantidad gastada en I&D. En la década de 1990, el gasto público en I&D en África subsahariana disminuyó en cerca de la mitad de los 27 países que cuentan con información y la proporción del PIB agrícola invertido en I&D cayó en promedio para el conjunto de la región.[57]

Política, precios y efectos derivados. ¿Por qué continúa la subinversión en I&D, dada la bien documentada alta tasa de retorno a la inversión? Hay tres razones principales: primera, la economía política de las decisiones sobre el gasto público, tiende a enfatizar los retornos de corto plazo y los subsidios que son "políticamente visibles" (capítulo 4), en tanto que las inversiones en I&D agrícola son tanto de largo plazo (10 años o más) como riesgosas. Adicionalmente, en los países agrícolas, el poder político de los agricultores es bajo de cualquier manera (capítulo 1). Segundo, tanto las distorsiones comercia-

Gráfico 7.2 Los retornos estimados a la inversión en I&D agrícola son altos en todas las regiones[a], con un promedio de 43%

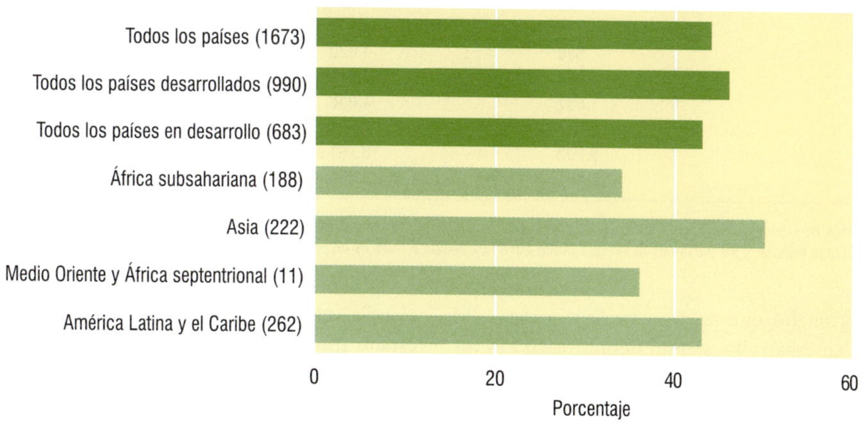

Fuente: Alston y otros 2000.

[a] Con base en estudios llevados a cabo entre 1953 y 1997. Número de observaciones entre paréntesis.

RECUADRO 7.3 *Más estrictos DPI en los países en desarrollo: efectos sobre los pequeños agricultores*

En el marco del Acuerdo sobre Derechos de Propiedad Intelectual Relacionados con el comercio de la Organización Mundial de Comercio (OMC), a los países miembros se les requiere la implementación de DPI, incluyendo los correspondientes a las variedades de plantas y a las invenciones en biotecnología. El tipo más común de protección es a través de los derechos de variedades de plantas. Un puñado de países en desarrollo proporciona también protección a las patentes.

Muchos países en desarrollo han elegido seguir el modelo desarrollado en 1978 por los países industriales, la Convención para la Protección de Nuevas Variedades de Plantas –conocida por la agencia que la implementa, la Unión Internacional para la Protección de Nuevas Variedades de Plantas (UPOV), que armonizó las condiciones y normas para la protección de nuevas variedades, en tanto que dio a los agricultores el derecho a guardar e intercambiar semillas. Otros países (por ejemplo la India y Tailandia) reconocen explícitamente marcos de derechos para los agricultores para guardar e intercambiar semillas (derivados del Acuerdo Internacional de 2004 de la Organización de Nacionales Unidas para la Agricultura y la Alimentación [FAO]) y a compartir los beneficios que surgen del uso de los recursos genéticos de los agricultores y del conocimiento nativo (basados en la Convención de Diversidad Biológica de 1993).

Los acuerdos bilaterales y regionales de comercio norte-sur, con frecuencia presionan a los países en desarrollo a adoptar formas de protección más estrictas –como las basadas en la Convención de 1991 de UPOV, que hace ilegal la venta y el intercambio de semillas protegidas.

Poco impacto hasta el momento

Una revisión reciente de los impactos de unas más estrictas DPI sobre las industrias de semillas en China, Colombia, la India, Kenya y Uganda, encontró un relativamente poco impacto a la fecha, principalmente debido a que los DPI están aún en proceso de desarrollo en la mayor parte de países. A pesar de que las limitaciones al intercambio de semillas conservadas por los agricultores, parece un obstáculo significativo para los pequeños agricultores, no hay indicaciones de que tales reglas se han hecho cumplir. De hecho, en general no es económico hacer cumplir tales reglas en relación con los alimentos básicos cultivados por los pequeños agricultores. Igualmente, las ventajas potenciales de las DPI no deben ser sobreestimadas en la mayor parte de países en desarrollo. En relación con temas más amplios del clima de inversión, las DPI no parecen ser críticas para el desarrollo inicial de un sector privado productor de semillas, pero pueden ayudar a apoyar una industria comercial de semillas en maduración.

Cómo pueden los países hacer más

A pesar de esto, los países pueden hacer más para adaptar la legislación de DPI a sus necesidades, en el marco de las guías de los actuales acuerdos internacionales. Por ejemplo, un país puede proporcionar fuerte protección para los cultivos comerciales como un incentivo a la inversión privada, en tanto que excluye o proporciona una débil protección a los cultivos de alimentos básicos importantes para los agricultores orientados a la autosubsistencia, donde la conservación de semillas y su intercambio son parte integral de las prácticas agrícolas.

Sólo unos pocos países en desarrollo, con grandes sectores comerciales o con potencial en I&D biotecnológica privada, deben considerar la utilización de DPI más estrictos, como UPOV 1991 y más fuertes leyes de patentes. Los derechos de protección a las variedades de plantas también necesitan ser introducidos en otros sistemas regulatorios, como las leyes de certificación de semillas, las leyes de bioseguridad y otros DPI, como las marcas y secretos comerciales. En cualquier caso, es necesario un rápido crecimiento de la capacidad del sector público, de las firmas privadas y de los agricultores, para diseñar y construir sistemas creíbles y efectivos de DPI que satisfagan las necesidades del país.

Fuentes: Oxfam Internacional 2007b: Tripp, Louwaarse Eaton 2007; Banco Mundial 2006k.

Cuadro 7.1 Gasto público total en I&D agrícola por región, 1981 y 2000

	Gasto público en I&D agrícola		Gasto en I&D como % del PIB agrícola	
	1981	2000		
	Millones de dólares de 2000		1981	2000
África subsahariana	1.196	1.461	0,84	0,72
Asia y Pacífico	3.047	7.523	0,36	0,41
China	1.049	3.150	0,41	0,40
India	533	1.858	0,18	0,34
Asia oriental y África septentrional	764	1.382	0,61	0,66
América Latina y Caribe	1.897	2.454	0,88	1,15
Brasil	690	1.020	1,15	1,81
Países en desarrollo	6.094	12.819	0,52	0,53
Japón	1.832	1.658	1,45	3,62
Estados Unidos	2.533	3.828	1,31	2,65
Países desarrollados	8.293	10.191	1,41	2,36
Total	**15.197**	**23.010**	**0,79**	**0,80**

Fuentes: Base de datos de Indicadores de Ciencia y Tecnología agrícola, http://www.asti.cgiar.org; Pardey y otros 2007.
Nota: Los estimativos excluyen a Europa oriental y los países de la antigua Unión Soviética debido a falta de disponibilidad de datos.

les como las políticas nacionales que reducen los incentivos a los agricultores en los países en desarrollo, son un desincentivo a la inversión pública y privada en I&D (capítulo 4).[58]

Tercero, debido a que los beneficios de buena parte de la I&D pública se difunden hacia otros países, puede no tener mucho sentido económico que los países pequeños gasten sus recursos escasos en ciencia agrícola en su propia representación; muchas naciones han estado aprovechando gratuitamente los esfuerzos de otras pocas. Los centros internacionales de investigación agrícola del CGIAR fueron creados específicamente para proporcionar efectos derivados en muchas áreas de la tecnología.[59] Un poco más de la mitad de todos los beneficios de la I&D son generados por tales efectos de dispersión.[60]

Sin embargo, depender en el futuro de estos efectos de difusión para obtener aumentos en la productividad implica riesgos.[61] La privatización de la I&D restringe el acceso a las tecnologías de propiedad y al compartimiento del conocimiento científico. Las fuentes tradicionales de efectos de difusión para el crecimiento de la productividad –los sistemas de I&D pública en los países en desarrollo y el CGIAR– han desplazado sus prioridades de la investigación que aumenta la productividad hacia aquella que se focaliza en el medio ambiente, la seguridad alimentaria y la calidad.[62] En algunas regiones, especialmente en África subsahariana, hay menor potencial de capturar los efectos de diseminación debido a las relativamente únicas condiciones agroclimáticas y de los cultivos (recuadro 7.4).

Formas de aumentar la inversión en I&D

El aumento de la financiación pública de la I&D requerirá de un mayor apoyo político a la agricultura, particularmente para financiar bienes públicos. La formación de coaliciones de productores y agronegocios alrededor de productos particulares o de cadenas de valor, puede ser la forma más efectiva de hacer cabildeo por una mayor financiación pública y para que los productores y los agronegocios cofinancien la I&D. Adicionalmente, se necesitarán reformas institucionales, discutidas a continuación, para hacer más atractiva y más efectiva la inversión en organizaciones públicas en I&D.

Otra forma de aumentar la inversión es eliminar las barreras a la inversión privada en I&D. Una restricción para la inversión privada en I&D es el débil clima de inversión para los inversionistas privados en general (*ver* En foco D). Una segunda, es la débil demanda por parte de los pequeños agricultores por tecnologías mejoradas debido al riesgo, las restricciones de crédito y al pobre acceso a la información. Una tercera, es que los sistemas y tecnologías de producción en buena parte del mundo en desarrollo hacen difícil cumplir los DPI. Adicionalmente a éstas, existen restricciones a la importación de tecnologías por parte del sector privado y fuertes barreras regulatorias para la liberación de nuevas tecnologías, como variedades desarrolladas por el sector privado.[63]

Se podría hacer más para estimular la inversión privada en I&D, mediante el mejoramiento del ambiente para la innovación privada

RECUADRO 7.4 *El desafío de la I&D agrícola en África subsahariana*

Además de un gasto estancado en I&D, África subsahariana enfrenta desafíos específicos que agregan urgencia al aumento en el gasto en I&D agrícola, extensión y servicios asociados:

- El potencial para capturar efectos derivados de la tecnología desarrollada fuera de la región es menor en África subsahariana que en otras regiones. Esto se debe en parte a que los cultivos realizados en África subsahariana son más diversos y tienen muchos de los así llamados cultivos huérfanos, donde hay muy poca I&D mundial pública o privada (por ejemplo yuca, ñame, millo, plátano, té) y en parte debido a la "distancia agroecológica". Utilizando un índice de distancia agroecológica –cero para representar la carencia de potencial para efectos derivados de los países de altos ingresos, donde la mayor parte de la I&D es llevada a cabo y 1 para un potencial perfecto de efectos derivados– Pardey y otros (2007) estiman que un índice promedio para los países africanos es de 0,05 comparado con 0,27 par todos los países en desarrollo. Por tanto, las tecnologías importadas de otros continentes con frecuencia no se desempeñan bien.
- Hay considerable heterogeneidad al interior de África, resultante de los sistemas de producción dependientes de las lluvias, que reduce el potencial para los efectos derivados entre los países en la región.
- Debido al pequeño tamaño de los países, los sistemas de investigación agrícola en África subsahariana están fragmentados en alrededor de 400 distintas agencias de investigación, casi 4 veces el número de las que hay en la India y 8 veces las de Estados Unidos (cuadro abajo). Esto impide el logro de economías de escala en la investigación.
- La investigación por científico es especialmente baja en África subsahariana. Con cerca de un 50% más de científicos que en la India y alrededor de una tercera parte más que en Estados Unidos, toda África subsahariana gasta únicamente alrededor de la mitad de lo que la India gasta y menos de una cuarta parte de lo que lo hace Estados Unidos. Únicamente una cuarta parte de los científicos africanos tiene PhD, comparado con la mayor parte de científicos en la India y Estados Unidos.
- Los complejos desafíos agrícolas en África subsahariana, requieren la combinación del mejoramiento genético con énfasis en las plagas, enfermedades y sequías, con mejoramientos del manejo del suelo y del agua, y con tecnologías ahorradoras de trabajo en áreas de baja densidad poblacional o serios niveles de infección de VIH/SIDA.

Estos problemas son superables. Primero, Australia, otro continente seco, tecnológicamente distante de otras regiones, tiene una de las más altas intensidades de inversión pública en I&D en el mundo (más del 4% del PIB agrícola) y tiene un sector agrícola productivo y competitivo. Segundo, los efectos derivados pueden ser mejor focalizados a una escala mundial –por ejemplo, las tierras altas de los países de África oriental, como Etiopía y Kenya, tienen mezclas de productos y condiciones agroecológicas similares a las de México. Tercero, el crecimiento de las organizaciones regionales de investigación en África puede ayudar a alcanzar economías de escala y de cobertura.

Comparación entre los sistemas de investigación de África subsahariana, la India y Estados Unidos, alrededor de 2000

	África subsahariana	India	Estados Unidos
Área arable y permanentemente cultivada (millones de hectáreas)	147	160	175
Número de agencias públicas de investigación agrícola	390	120	51
Número de científicos de tiempo completo equivalente	12.224	8.100	9.368
Porcentaje de científicos con PhD	25	63	100
Gasto público anual en I&D agrícola (millones de dólares de 1999)	1.085	1.860	3.465
Gasto por científico (miles de dólares de 1999)	89	230	370

Fuentes: FAO 2006a; Pal y Byerlee 2006; Pardey y otros 2007.

–por ejemplo, a través de más fuertes DPI para invenciones relacionadas con cultivos comerciales (*ver* recuadro 7.3) y menores barreras a la importación y prueba de tecnologías. Otro enfoque es hacer la financiación pública para I&D competida y abierta a las firmas privadas, para implementar investigación hecha usualmente con cofinanciación privada. Los fondos competitivos se han vuelto comunes, especialmente en América Latina, y algunos fondos tienen el objetivo específico de financiar la innovación privada (como Fontec en Chile, por ejemplo). Aun otra perspectiva, es el establecimiento de un fondo de compra o premio para recompensar a los desarrolladores de tecnologías específicas, como variedades resistentes a una enfermedad particular.[64] Los premios fueron utilizados históricamente para promover invenciones, como una forma exacta de medir la longitud.[65] La recompensa puede también estar atada a los beneficios económicos que se generen en realidad.[66]

Arreglos institucionales para incrementar la eficiencia y efectividad de los sistemas de I&D

Aunque las organizaciones públicas de investigación dominan en la mayor parte de países en desarrollo, su eficiencia y efectividad en el cambiante mundo actual son cuestionadas. Las reformas institucionales para la I&D pública fueron abordadas en el *Informe sobre el Desarrollo Mundial 2002*. Estas incluían la creación de cuerpos autónomos y bien gobernados o de corporaciones públicas, como Embrapa (la corporación pública para investigación agrícola de Brasil); el mejoramiento de su efectividad para evaluar y responder a las demandas de los agricultores; y el aumento de la financiación competitiva a través de mecanismos para este fin. Para tener éxito, estas reformas deben estar acompañadas de un compromiso de largo plazo para la construcción de capacidad (recuadro 7.5), que ha tenido buenos resultados en los ahora fuertes sistemas de investigación pública en Brasil, China e India. Un desafío para los sistemas públicos de investigación en África, es atraer y retener científicos, que operan en el mercado mundial, especialmente mujeres científicas –quienes representan solamente el 21% del total (*ver* En foco G).[67]

Las universidades de investigación también son utilizadas para el desarrollo científico apoyado públicamente. Los mecanismos competitivos de financiación han aumentado el papel de las universidades en las I&D agrícola en algunos países. Por ejemplo, entre el 30% y el 50% de las donaciones competitivas para la I&D agrícola en Brasil, Chile, Ecuador y México han sido canalizadas hacia las universidades.[68] Adicionalmente, las universidades preparan a las próximas generaciones de científicos. Una política comprensiva de ciencia agrícola es necesaria para enfrentar la continua debilidad de los sistemas universitarios, especialmente en los países agrícolas (*ver* En foco G).

En tanto que la inversión de organizaciones públicas en I&D sigue siendo importante, el sector público no puede hacerlo solo. Enfoques liderados por la ciencia y sistema lineales de investigación-extensión-agricultor –en los cuales los sistemas públicos de investigación generan tecnologías que son diseminadas a través de sistemas de extensión, esencialmente de carácter público, a los agricultores– trabajaron bien en algunos contextos (la revolución verde). No obstante, trabajan menos bien para satisfacer las rápidamente cambiantes demandas de los mercados en la actualidad, especialmente para productos de alto valor y de valor agregado. Tampoco son adecuados para contextos más heterogéneos, como en las zonas dependientes de las lluvias en África subsahariana, donde se necesitan enfoques más comprensivos para asegurar el desarrollo y adopción de las innovaciones tecnológicas.

Para mejorar la eficiencia y efectividad de la I&D, están surgiendo de manera importante acciones colectivas y asociaciones que involucran una variedad de actores en el marco de un sistema de innovación. Tal marco reconoce las múltiples fuentes de la innovación y sus múltiples actores, como desarrolladores y usuarios de las tecnologías en una interacción de doble vía (no lineal). Tales sistemas tienen muchas ventajas. Pueden agrupar activos complementarios, como propiedad intelectual, recursos genéticos y herramientas de investigación. Pueden lograr economías de escala y de cobertura. Pueden facilitar la transferencia de tecnología a través de arreglos con distribuidores privados de insumos. Pueden promover cadenas integradas de valor y fomentar mecanismos para expresar las demandas de los consumidores y los agricultores por tecnologías y características de los productos.

Asociaciones globales y regionales para obtener economías de escala

Los elevados costos fijos de una parte de la investigación actual, requieren de economías de escala en la I&D. Esto coloca a los países y organizaciones de investigación pequeñas y medianas en desventaja

RECUADRO 7.5 *Desarrollo de capacidad a largo plazo en Ghana*

El Proyecto de Desarrollo de Granos en Ghana es una de las pocas historias de éxito de apoyo de donantes de largo plazo en África, para fortalecer la investigación y extensión nacional para la producción de alimentos. Ghana es también uno de los pocos países con incrementos sostenidos en la producción per cápita de alimentos. El proyecto se enfoca primariamente al aumento de la producción de maíz y garbanzos a través de variedades bien adaptadas y prácticas de manejo para cada una de las zonas agroecológicas de Ghana. Una característica especial fue el entrenamiento a nivel de posgrado de alrededor de 50 científicos, la casi totalidad de los cuales regresaron al proyecto.

La producción anual de maíz se incrementó de 380.000 toneladas en 1979, cuando el proyecto comenzó, a más de 1 millón de toneladas para la época de finalización del proyecto en 1998. Los rendimientos del maíz aumentaron 40%, desde 1,1 toneladas por hectáreas a 1,5 toneladas.

El enfoque de abajo hacia arriba del proyecto, integró agricultores a todas las etapas de la investigación e incluyó la evaluación socioeconómica de la tecnología. Complementado por programas de extensión de gran escala, apoyados por la ONG Sasakawa Global 2000, más de la mitad de los agricultores dedicados al maíz en Ghana habían adoptado variedades mejoradas, fertilizantes y métodos de siembra para 1998. Sin embargo, después de la eliminación de los subsidios a los fertilizantes, el uso de éstos disminuyó en 25% desafiando la sostenibilidad del enfoque. La adopción por parte de las mujeres agricultoras (39%) fue significativamente más baja que entre los hombres (59%) reflejando diferencias en el acceso a los activos y servicios, y especialmente los sesgos en la extensión.

Fuentes: Agencia para el Desarrollo Internacional de Canadá, comunicación personal 2006; Morris, Tripp y Dankyi 1999.

para algunos tipos de investigación. Muchos países en desarrollo pueden ser muy pequeños para alcanzar una escala eficiente en la I&D agrícola, con la excepción de la investigación adaptativa. Un desafío para lograr la eficiencia global en la ciencia agrícola, y para muchos de los más pequeños países, es desarrollar instituciones para financiar y organizar la investigación sobre una base multinacional.[69]

El CGIAR fue creado para facilitar tales efectos de diseminación mediante la producción de bienes públicos internacionales que benefician a los pobres. Su acción colectiva, con 64 financiadores y 15 centros internacionales, ha sido una de las historias mundiales de éxito en la agricultura. El sistema CGIAR es crítico para que los países agrícolas pequeños sufraguen el costo de la I&D, pero aun los países industriales se benefician de él. Su éxito futuro depende del incremento de su financiación básica y de una focalización estricta de sus prioridades (capítulo 11).

La cooperación internacional en I&D va bastante más allá del CGIAR. Las crecientes capacidades en los países grandes con sistemas dinámicos de I&D, como Brasil, China e India, representan un recurso subutilizado para la cooperación sur-sur, que otros países en desarrollo pueden aprovechar con una modesta financiación. Nuevos arreglos colaborativos entre países en desarrollo pueden hacer esto posible. Fontagro, el Fondo Regional para Tecnología Agrícola de América Latina y el Caribe, es un ejemplo. Creado en 1998 como un consorcio de 13 países, Fontagro asigna competitivamente fondos donados a organizaciones de la región, logrando economías de escala y de alcance para unas prioridades preestablecidas de investigación.[70] Enfoques similares están siendo implementados a través del Foro para la Investigación Agrícola en África y en varias asociaciones subregionales. El Fondo Latinoamericano para el Arroz Bajo Riego, que incluye miembros del sector público y privado y de organizaciones de productores en 13 países, financia la investigación regional y el mejoramiento del arroz.

Asociaciones público-privadas

Dada la dominancia de los sistemas públicos de I&D en los países en desarrollo, y el papel global del sector privado en la I&D y en el desarrollo de las cadenas de valor, las asociaciones público-privadas (APP) ofrecen un gran potencial y están proliferando.

Colocar la biotecnología a disposición de los pequeños agricultores. Un tipo de APP hace que los productos de la biotecnología estén disponibles para los pequeños agricultores en el mundo en desarrollo, en áreas donde el sector privado tiene poco interés comercial. Las asociaciones para biotecnología pueden enlazar factores globales y locales a través de complejos arreglos que reflejan sus activos (cuadro 7.2) –el CGIAR tiene 14 de tales asociaciones.[71] Algunas asociaciones también reflejan el ascenso de nuevas organizaciones filantrópicas, como la Fundación Gates y fundaciones (Fundación Syngenta) asociadas con compañías privadas de biotecnología, que proporcionan tanto nuevas fuentes de financiamiento privado como acceso a herramientas y tecnologías de investigación.

A pesar de ser prometedoras, las APP de este tipo han mostrado ser lentas para ofrecer resultados en el campo, debido a los altos costos de transacción en la negociación de acuerdos de propiedad intelectual (recuadro 7.6), a información asimétrica sobre las posiciones de activos y de negociación, a choques entre las culturas pública y privada, y a carencia de confianza mutua, que resultan en fallas de coordinación entre actores.[72]

Innovación en las cadenas de valor. Un segundo tipo de asociación está siendo estimulado por los nuevos mercados para los productos de alto valor y las cadenas de oferta. En estas cadenas, la innovación puede ser menos dependiente de la I&D local, debido a que la tecnología para muchos productos de alto valor es menos específica a la localidad de lo que sucede para los cultivos tradicionales (por ejemplo, horticultura en invernaderos y producción láctea en confinamiento). Un sistema dinámico de investigación incluye negocios privados, agricultores, procesadores, cuerpos reguladores y organizaciones de I&D, operando en asociaciones, redes o consorcios.

Los diseñadores de política pueden facilitar estas APP, mediante la proporción de incentivos a la innovación a través de fondos competitivos que cofinancian tanto la I&D como las innovaciones para

Cuadro 7.2 Activos de los sectores público y privado para la investigación agrobiotecnológica

Institución/Firma	Activos científicos y de conocimiento	Otros activos
Empresas multinacionales de investigación (firmas de ciencias de la vida)	Genes, modelos de genes, herramientas, fuentes relacionadas de información. Capacidad de investigación biotecnológica	Acceso a mercados internacionales y redes de mercadeo Acceso a mercados internacionales de capital Economías de tamaño de mercado Conocimiento de DPI
Centros internacionales de investigación agrícola (CGIAR)	Colecciones de germoplasma y recursos de información Programas e infraestructura para desarrollo convencional Capacidad de investigación aplicada/adaptativa	Acceso a redes de investigación regional/global Acceso a financiación de donantes bilaterales/multilaterales Integridad reputacional generalmente fuerte
Institutos internacionales de investigación agrícola en países de tamaño medio	Conocimiento y materiales locales/nacionales Programas e infraestructura de desarrollo convencional	Programas e infraestructura para el despacho y diseminación de semillas Integridad reputacional generalmente fuerte
Empresas locales	Conocimiento y materiales locales/nacionales Capacidad de investigación aplicada/adaptativa	Infraestructura para distribución y mercadeo de semillas.

Fuente: Adaptado de Byerlee y Fischer (2002) y Spielman y von Grebmer (2004).
Nota: Por simplicidad, los institutos avanzados de investigación y otros actores del sistema mundial de investigación son excluidos de este cuadro.

pruebas piloto, usualmente en asociación con actores privados: agricultores, procesadores u otros agronegocios. El Proyecto Nacional de Innovación Agrícola de la India, apoyará alrededor de 15 cadenas de valor, como las de biocombustibles y ganado, en aproximadamente US$5 millones cada una, a través de este enfoque. La coordinación también puede ser facilitada a lo largo de la cadena de valor, a través de la formalización de los cuerpos de coordinación o consorcios de participantes en una cadena de valor específica.

Hacer que la I&D responda más a los agricultores y al mercado

Las asociaciones formales de I&D con organizaciones de agricultores, están orientadas a fortalecer la demanda por innovación mediante la participación de los agricultores en la toma de decisiones. La acción colectiva de este tipo, puede identificar restricciones, aunar el conocimiento nativo y agregar demandas tecnológicas. Estas asociaciones ayudan a aumentar el tamaño de la investigación adaptativa, la prueba y la diseminación –y a facilitar el acceso a los insumos, mercados y financiación para las nuevas tecnologías.

Las organizaciones de agricultores (capítulo 6), han demostrado un fuerte interés en tales asociaciones. Un enfoque empodera a los agricultores mediante su inclusión formal en los consejos de administración de las organizaciones de investigación. Esto en general produce resultados únicamente si el sistema es descentralizado y los agricultores tienen interés en controlar la asignación de recursos –dándoles el poder de aprobar proyectos y programas de investigación, como en México (recuadro 7.7).

Los agricultores tienen aun más influencia donde ellos financian una proporción significativa de la I&D. Los ejemplos mejor conocidos de este enfoque utilizan impuestos a los cultivos comerciales, como algodón o café, administrados por una organización de productores basada en el producto (para investigación en té en Tanzania e investigación en café en Colombia, por ejemplo). Ampliamente utilizados en los países industriales, impuestos han sido subutilizados en los países en desarrollo, a pesar de su potencial para solucionar la subinversión y mejorar la orientación de la investigación por la demanda y su efectividad.[74] En la mayor parte de los casos, los impuestos son 0,5% o menos del valor de la producción. Si están aparejados con la financiación pública, como sucede en Australia y Uruguay,[75] pueden permitir un significativo aumento de la intensidad de investigación en los países en desarrollo. Aun donde los impuestos no son factibles,[76] los donantes y los gobiernos pueden canalizar una mayor financiación a través de las organizaciones de agricultores, especialmente para investigación adaptativa –como en Mali, donde Comisiones Regionales de Usuarios administran fondos para la investigación adaptativa.

Las asociaciones más exitosas combinan organizaciones de productores con cadenas de valor y APP, para integrar las demandas de los mercados (recuadro 7.8). Los fondos para financiar estas asociaciones se están haciendo cada vez más disponibles. En Senegal, las organizaciones de productores tienen fuerte poder de decisión en el Fondo de Investigación Agrícola Nacional, el cual financia la investigación llevada a cabo en asociación con actores privados y para el desarrollo.

Un gran desafío para integrar las organizaciones de agricultores a la innovación tecnológica, es que sus líderes se encuentran en una situación de desventaja educativa y social en relación con los científicos y a los asesores técnicos. Esta brecha es aún más pronunciada para los grupos pobres marginales y las mujeres. Usualmente se requiere la construcción de capacidad y un financiamiento focalizados, para empoderar a los miembros más débiles y asegurar que los líderes agrícolas representen de manera justa sus intereses.

RECUADRO 7.6 *Las opciones de DPI para proporcionar a los pobres acceso a la ciencia moderna*

La creciente proporción de herramientas y tecnologías protegidas por la propiedad intelectual en el mundo desarrollado –por parte tanto del sector público como privado– representa un desafío mayor para direccionarla en beneficio de los pobres.

Para muchos países, el hecho de que un gen o herramienta sea protegido en los países ricos puede no ser un problema en la medida en que las DPI son relevantes únicamente para el país que otorgue derechos de patentes o derechos a las variedades de plantas (a menos que un producto derivado del gen o la herramienta sea exportado a un país que tiene DPI). Como quiera que muchos países pequeños y menos desarrollados no son mercados comerciales atractivos para las compañías privadas, pocas patentes son llevadas hacia estos países. Los países pueden decidir unilateralmente utilizar un gen o herramienta particular si pueden obtenerlo físicamente (mediante la obtención de semillas con el gen deseado).

La protección de patentes es más común entre los países más grandes y en crecimiento. Para todos los países, el acceso oportuno a las nuevas herramientas y tecnologías, así como el conocimiento tácito requerido para utilizarlas efectivamente, aumenta el valor de un acuerdo formal para tener acceso.

Algunos enfoques innovadores para adquirir ciencia de propiedad particular –o al menos para reducir los costos de transacción para hacerlo– para el beneficio de los pequeños agricultores en el mundo en desarrollo, incluyen los siguientes:

- *La segmentación del mercado y las licencias humanitarias* reconocen que muchas tecnologías pueden beneficiar a los agricultores pobres quienes no son un mercado atractivo para las firmas privadas. El arroz dorado con un mayor contenido de vitamina A es un ejemplo: las patentes han sido negociadas para uso humanitario para agricultores en el mundo en desarrollo con ingresos inferiores a US$10.000 por año.
- *El recurso para la propiedad intelectual pública en la agricultura*, es un consorcio de organizaciones públicas de I&D que incentiva compartir la propiedad intelectual en el sector público y proporciona licencias para uso humanitario en el mundo en desarrollo.
- *Información biológica para la sociedad abierta*, fomenta el desarrollo colaborativo de "fuente abierta" para tecnologías clave, como herramientas para la transformación genética, que se colocan a disposición libre de los países en desarrollo. Es también una distribuidora de bases de datos de las oficinas de DPI para reducir los costos de transacción para adquirir propiedad intelectual.
- *La Fundación Africana para la Tecnología Agrícola*, distribuye la adquisición de propiedad intelectual para pequeños agricultores en África, caso por caso, sobre una base humanitaria. La Fundación arregló la asociación de Cimmyt, Instituto de Investigación Agrícola de Kenya. BASF (un productor privado de agroquímicos), el Foro para la Administración de Recursos Orgánicos y Tecnologías Agrícolas, compañías de semillas y ONG, para hacer que la tecnología de herbicidas que eliminan el Striga en el maíz estuviera disponible para los pequeños agricultores en Kenya.

Fuentes: Fundación Africana para la Tecnología Agrícola (FATA) 2004; Wright y Pardey 2006.

RECUADRO 7.7 *Los agricultores mexicanos lideran la investigación a través de las Fundaciones Produce*

Las Fundaciones Produce[73], ONG lideradas por agricultores, fueron creadas en México en 1996 para la consecución de fondos adicionales para los institutos nacionales de investigación agrícola que tenían escasez de fondos y para dar a los productores un papel en la financiación y focalizar la I&D agrícola. Las fundaciones ayudan a establecer prioridades y aprueban y cofinancian proyectos de investigación en cada estado.

En 1998, las 32 fundaciones (una para cada estado) crearon una oficina coordinadora nacional para ayudarles a convertirse en jugadores clave en el sistema de innovación agrícola de México. En la actualidad hacen cabildeo exitosamente por la I&D agrícola.

Las fundaciones tienen lazos formales con instituciones de investigación y educativas así como con el Consejo de Nacional de Ciencia y Tecnología. También administran un fondo que tiene un mecanismo que le permite reunir recursos de los gobiernos y los productores.

Sin embargo, las fundaciones son el enclave de los agricultores comerciales. Los intentos de integrar a los pequeños agricultores han fracasado debido a los altos costos de transacción de tratar con agricultores individuales y a las dificultades para identificar a los pequeños productores que tienen orientación hacia la agricultura comercial, el principal énfasis de Produce.

Fuentes: Ekboir y otros 2006.

Hacer un mejor uso de la tecnología: innovaciones en extensión y en TIC

Existe un acuerdo general acerca de las considerables brechas de productividad y rentabilidad existentes en la mayor parte de sistemas agrícolas de pequeños productores, en relación con lo que es económicamente obtenible (capítulo 2).[77] La falta de acceso a los insumos y al crédito, y la imposibilidad de enfrentar los riesgos, explican parte de las brechas (capítulo 6). Pero una razón importante es la presencia de brechas de información y conocimientos que restringen la adopción de tecnologías y técnicas de manejo disponibles, o que reducen su eficiencia técnica cuando son adoptadas. De aquí el reciente énfasis en nuevos enfoques hacia sistemas de extensión liderados por la demanda y hacia la aplicación de nuevas tecnologías de información y comunicación para reducir estas brechas.

Nuevos enfoques de extensión liderados por la demanda

La extensión agrícola ayuda a los agricultores a aprender cómo aumentar su productividad, elevar sus ingresos y colaborar con otros agricultores, con los agronegocios y con la investigación agrícola. En consecuencia, los programas de extensión están cambiando de la prescripción de prácticas tecnológicas (modelo de distribución) hacia enfocarse más en la construcción de capacidad entre los pobladores rurales, para identificar y tomar ventaja de las oportunidades disponibles, tanto técnicas como económicas (modelo de empoderamiento). Para llevar a cabo este papel tan amplio, los agentes de extensión deben ser entrenados en áreas más allá de la técnica agrícola, para construir conocimiento para movilizar a los agricultores, aprovechar la inteligencia de mercados y administrar negocios agrícolas y no agrícolas (*ver* En foco G).

Los servicios públicos han dominado los servicios de extensión. El gasto público para extensión excede el que se hace en investigación agrícola en la mayor parte de países en desarrollo. Sin embargo, la financiación y producción pública de éstos enfrentan profundos problemas de incentivos de los servidores públicos, en términos de responsabilidad hacia sus clientes, débil compromiso político hacia la extensión y hacia la agricultura más en general, desactualización de los trabajadores de extensión con respecto al surgimiento de nuevas tecnologías y otros desarrollos, una severa carencia de sostenibilidad fiscal en muchos países y una débil evidencia acerca de su impacto.

Uno de los esfuerzos más influyentes para "arreglar" la extensión pública fue el modelo de capacitación y visita (CV) de organizar la extensión, promovida por el Banco Mundial entre 1975 y 1995 en más de 70 países. El enfoque de CV estaba orientado a mejorar el desempeño de los sistemas de extensión, a través del fortalecimiento de su administración y de la formulación de mensajes específicos regulares de extensión. Sin embargo, el sistema de CV exacerbó otras debilidades, especialmente la sostenibilidad fiscal y la carencia de una rendición de cuentas real. El resultado: un amplio fracaso de las estructuras introducidas.[78]

De centralizado a descentralizado. En la década de 1990, muchos gobiernos dejaron de utilizar sistemas centralizados y transfirieron hacia los gobiernos locales la responsabilidad de ofrecer la extensión y, en algunos casos, financiarla, junto con esfuerzos más amplios para descentralizar el gobierno (capítulo 11). Las ventajas esperadas son un mejoramiento en el acceso a la información local y una mejor movilización del capital social para la acción colectiva. También debe mejorar la rendición de cuentas, en la medida en que los agentes de extensión reportan a los beneficiarios locales o se convierten en empleados del gobierno local, el cual –si es elegido democráticamente– estaría dispuesto a recibir una retroalimentación positiva sobre el servicio a través del cliente-votante. Aunque estas son buenas razones para descentralizar la extensión, dificultades generales con ésta, así como el riesgo de captura política local, han comprometido en algunos casos el avance para ofrecer unos servicios de asesoría más efectivos.[79]

Un prometedor elemento adicional, crecientemente adoptado, es involucrar a los agricultores en la gobernanza descentralizada. Desde 2000, tanto las Agencias de Administración Tecnológica Agrícola (AATA) en la India, como el Programa Nacional Agrícola y Ganadero en Kenya, han establecido foros de beneficiarios desde el nivel nacional hasta el nivel de distrito y subdistrito, para planear y establecer prioridades para las actividades de extensión. Los dos promueven los grupos de interés de agricultores, alrededor de cultivos y actividades ganaderas específicas, el aprendizaje de agricultor a agricultor, el compartimiento de conocimiento y las asociaciones de mercadeo con el sector privado. Con base en evaluaciones favorables de la primera fase (incluyendo un aumento estimado de 25% en los ingresos de los agricultores en la mayor parte de distritos AATA, bastante más del 5% obtenido en la mayor parte de distritos vecinos) los dos programas están siendo expandidos a nivel nacional y se encuentran iniciativas similares en varios otros países, como Tanzania.[80]

Combinar público y privado. Otros enfoques nuevos reconocen los significativos atributos de bien privado de muchos servicios de extensión, como la asesoría técnica ofrecida por procesadores y mayoristas a agricultores que producen bienes de alto valor y productos de origen animal bajo contrato. Los sistemas combinados público-privados, involucran a organizaciones de agricultores, ONG y agencias públicas que contratan los servicios de extensión. Los diferentes

RECUADRO 7.8 *Agregando valor a un cultivo campesino: yuca en Colombia y Ghana*

La yuca, tradicionalmente vista como un cultivo de subsistencia para los pobres, está surgiendo como un enlace estratégico en las cadenas de valor industrial en Colombia, Ghana y muchos otros países. Asociaciones público-privadas de agricultores facilitan esta transformación a través de una mayor coordinación a lo largo de la cadena de valor –y a través de la I&D en el marco del contexto más amplio de nuevos productos y mercados y mayor competitividad.

En Ghana, el Proyecto de Despegue Sostenible de la Yuca como un Producto Industrial, estableció sistemas que ligan a los agricultores, especialmente a las mujeres, a nuevos mercados para los productos de la yuca, como la harina, productos para el horneado y pegantes para madera. El Instituto de Investigación Alimentaria local y usuarios industriales, colaboraron para organizar más de 100 participantes en una cadena de valor de producción y secado de yuca en áreas rurales, cernido y molido en instalaciones centrales y distribución a procesadores industriales.

En Colombia, el Centro Internacional para la Agricultura Tropical, estructuró su primera investigación sobre yuca alrededor de hojuelas secas de yuca para la industria de alimentación animal. Entre 1980 y 1993, 101 cooperativas y 37 plantas privadas de procesamiento fueron construidas. Para 1993 estas instalaciones producían 35.000 toneladas de yuca seca con un valor estimado de US$6.2 millones.

Desde 2004, el Ministerio de Agricultura y Desarrollo Rural ha incluido explícitamente la yuca en convocatorias competitivas para proyectos de I&D, con el fin de estimular una mayor innovación y mantener la competitividad en las cadenas de valor. Clones de alto valor con mayor calidad nutricional, mutaciones nuevas de almidón y azúcar de yuca, han sido identificadas e integradas a las cadenas de valor para las industrias de alimentación animal, almidones y etanol, respectivamente.

Fuente: Banco Mundial (2006h).

enfoques ahora se aplican con frecuencia uno al lado del otro, lo que representa un cambio del enfoque de mejor práctica o "talla única" hacia el enfoque de lo "más adecuado" a las condiciones sociales y de mercado particulares. Por ejemplo, los enfoques basados en el financiamiento público, pero con la participación de los gobiernos locales, el sector privado, las ONG y las organizaciones de productores, en el suministro de la extensión, pueden ser más relevantes para los agricultores orientados a la autosubsistencia (cuadro 7.3). Con la comercialización de la agricultura, varias formas de cofinanciación resultan apropiadas, llegando hasta la completa privatización de algunos servicios. En todos estos esfuerzos para que los sistemas de innovación agrícola sean más orientados a la demanda, hay necesidad de prestar atención a la forma como los requerimientos de las mujeres pueden ser mejor representados, acomodando sus restricciones de tiempo (en, por ejemplo, su participación en las organizaciones de agricultores) y empleándolas en servicios de asesoría para aumentar la efectividad en la entrega de los servicios.[81]

Como sucede en el caso de la investigación, la construcción de la demanda es parte de un sistema de extensión exitoso. La administración puede convertirse en responsabilidad de las organizaciones de agricultores o agronegocios antes que de los gobiernos locales. La extensión puede ser aún financiada públicamente, pero los fondos pueden fluir a través de las organizaciones de agricultores que tienen capacidad de controlar la asignación de recursos (grafico 7.3). Las organizaciones de agricultores, a su vez, pueden contratar los servicios de extensión a proveedores privados y ONG, como en los servicios nacionales de asesoría agrícola en Uganda, que son percibidos por los agricultores como funcionando adecuadamente.[82] Otro enfoque es tener a una compañía privada y al sistema de extensión del Estado financiado conjuntamente y proporcionando servicios de ase-

Cuadro 7.3 Formas de proporcionar y financiar servicios de asesoría agrícola

	Fuente de financiamiento para el servicio				
Proveedor del servicio	**Sector público**	**Agricultores**	**Firmas privadas**	**ONG**	**Organizaciones de productores (OP)**
Sector público	Servicios públicos de asesoría sectorial con descentralización	Servicios basados en tarifas	..	ONG contrata empleados de los servicios de extensión pública	OP contrata empleados de los servicios públicos de extensión
Empresas privadas	Contratación de proveedores del servicio con fondos públicos	Servicios basados en tarifas o mediante distribuidores de insumos	Información proporcionada con ventas de insumos o mercadeo de productos	..	OP contrata empleados de proveedores privados del servicio
ONG	Contratación de proveedores del servicio con fondos públicos	Servicios basados en tarifas	..	ONG contrata empleados y proporciona servicios	..
Organizaciones de productores	Fondos públicos administrados por organizaciones de productores		..	..	OP contrata empleados de extensión para proporcional servicios a los miembros

Fuente: Birner y otros (2006).
.. = despreciable en la práctica.

Gráfico 7.3 Los enfoques tradicional y nuevo para financiar servicios de extensión

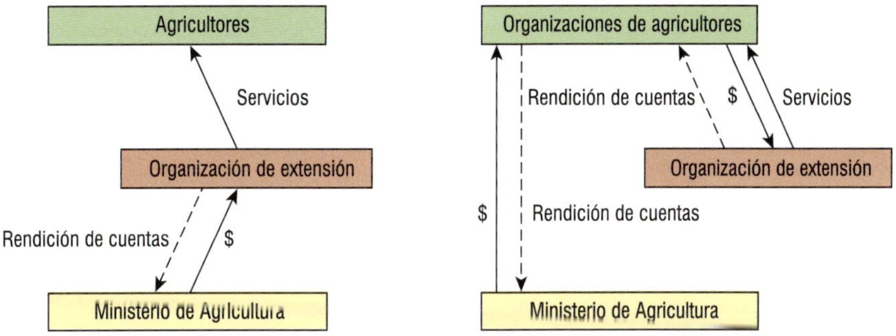

Fuente: [illegible]hipeta 2008

[illegible], especialmente para los insumos agroquímicos como sucede en Madhya Pradesh, India.[83]

Agricultor a agricultor. Los métodos de extensión también se han hecho muy diversos, incluyendo la extensión de agricultor a agricultor. Las redes informales entre agricultores han sido siempre canales poderosos para el intercambio de información y de semillas. Varios programas están formalizando y enlazando tales redes para compartir el conocimiento y el aprendizaje. El Programa Campesino a Campesino en Nicaragua y la red Mviwata en Tanzania proporcionan cobertura nacional a través del enfoque agricultor a agricultor.[84]

Un enfoque relacionado es la Escuela Parcela del Agricultor, originalmente diseñada como una forma de presentar el manejo integrado de plagas a los agricultores de arroz irrigado en Asia. Las escuelas han sido frecuentemente introducidas sobre la base de programas piloto en alrededor de 80 países en desarrollo y su alcance se ha ampliado a otros tipos de tecnología.[85] Las evaluaciones de impacto, aún limitadas, han mostrado que el enfoque puede mejorar significativamente el conocimiento de los agricultores acerca de nuevas opciones de tecnología, pero las escuelas no han demostrado la eficiencia de costos que se esperaba de ellas para la presentación del servicio.[86] Esto puede deberse a que la compleja información sobre manejo, como la involucrada en el manejo integrado de plagas, no se transmite tan fácilmente de agricultor a agricultor como la información sobre semillas de variedades mejoradas. También se debe a que los beneficios derivados de los conocimientos adquiridos sobre el manejo, deben ser observados en el largo plazo.

De regreso a los programas de trabajo. Los servicios de extensión agrícola, después de un período de abandono, están de nuevo de regreso en los programas de trabajo para el desarrollo, con un sentido de entusiasmo acerca de muchas de las innovaciones institucionales que han surgido. Claramente hay mucho que hacer para llevar los necesarios servicios de extensión a los pequeños agricultores alrededor del mundo, especialmente a los grupos más pobres. Entender qué funciona bien en las diversas circunstancias del mundo en desarrollo sigue siendo un desafío. Se requieren una mayor evaluación, aprendizaje y compartimiento del conocimiento, para capitalizar sobre este renovado ímpetu.

Nuevas herramientas de TIC a nivel de la granja

La disminución en los costos de las TIC está proporcionando a los agricultores y a los pobladores rurales en los países en desarrollo mucho mayor acceso a la información. En China, 83% de las aldeas tienen ahora teléfonos fijos y el 56% tienen cobertura de telefonía móvil. En la India, 77% de las aldeas tienen teléfonos fijos y [illegible] tienen cobertura de telefonía móvil. La cobertura de telefonía móvil en la India se está expandiendo a una velocidad asombrosa –en un solo día en 2006, Nokia vendió más de 400.000 nuevos teléfonos móviles y las suscripciones nuevas son en promedio de 6 millones por mes, muchas en áreas rulares.

En África, alrededor del 9% de la población tiene teléfonos móviles en redes que pueden alcanzar el 60% de la población. En Uganda, 80% de las comunidades tienen cobertura de telefonía móvil y 5% de los hogares poseen teléfonos móviles.[87] La más amplia cobertura, más que la posesión de teléfonos individuales móviles, induce la participación en el mercado mediante la reducción de los costos de transacción para el mercadeo de los cultivos y aumenta los precios, especialmente para los bienes perecederos.[88] La Bolsa de Productos Agrícolas de Kenya y Safaricom Limited recopilan y diseminan información actual y confiable sobre precios para los agricultores de Kenya a través de un proveedor de servicios de mensajes cortos de bajo costo.

Los agricultores utilizan también la TIC para la asesoría de extensión desde un amplio rango de fuentes, pero toma tiempo desarrollar servicios liderados por la demanda. A operadores privados y una ONG en la India, llegan decenas de miles de agricultores y se están ampliando rápidamente (recuadro 7.9). Los computadores están siendo ahora enlazados a través de redes de telefonía móvil, lo que permite expandir enormemente el alcance de la información. El "computador portátil de US$100", próximo a ser lanzado, puede ser el heraldo de aún más importante papel de las TIC.[89]

Las políticas para mejorar el acceso a las TIC en las áreas rurales, necesitan enfocarse tanto en el contenido y en la educación como en la infraestructura. La educación es uno de los factores clave que afecta el retorno a las TIC en la producción agrícola, conjuntamente con la electricidad, las vías y modelos apropiados de negocio.[90] La creación de contenido local necesita estar vinculada a innovaciones institucionales para proporcionar servicios de extensión que respondan a las necesidades de los agricultores.

El camino hacia adelante

La innovación científica y tecnológica es crítica en cuatro frentes para que los programas de agricultura para el desarrollo tengan éxito. Primero, a nivel global, la ciencia se hará aún más importante para satisfacer la creciente demanda de cara al aumento en las restricciones

RECUADRO 7.9 *Agronegocios privados y ONG: liderando la provisión de TIC a los agricultores en la India*

Compañías privadas y ONG indias son líderes mundiales en la provisión de información a los agricultores, como resultado parcial del meteórico ascenso de la India como líder mundial en TIC. Los e-Choupals (capítulo 5) proporcionan en la actualidad información sobre el clima y técnicas agrícolas en lenguajes locales, en adición a información sobre precios de mercado.

La Fundación de Investigación M.S. Swaminathan estableció Centros de Conocimiento en Pondicherry en 1997. Con el apoyo de la Organización India para la Investigación Espacial, los centros en cada aldea están conectados vía satélite a un centro en Villanur. Éstos son manejados por grupos de autoayuda femenina, los cuales reciben préstamos de microcrédito y capacitación para iniciar pequeños negocios, como la producción de champiñones y biopesticidas. Los grupos de autoayuda utilizan los computadores de los centros para manejar la contabilidad de sus negocios y coordinar sus actividades, utilizando enlaces de video con otras aldeas.

Los agricultores pueden utilizar los centros para tener acceso a bases de datos sobre información técnica, desarrollados por el centro con ayuda de expertos de instituciones agrícolas locales en su propio lenguaje. Los productores de lácteos, por ejemplo, han recibido capacitación en algunos centros utilizando aplicaciones de toque de pantalla desarrolladas por la escuela local de veterinaria. Una alianza de más de 80 organizaciones de asociados extiende el concepto a lo ancho de la India.

Fuente: Fundación de Investigación M.S. Swaminathan (MSSRF) 2005.

de recursos y en los costos de la energía. Segundo, en todos los países, la ciencia y la innovación son centrales para mantener la competitividad en el mercado tanto doméstico como global. Tercera, el potencial de la ciencia para enfrentar la pobreza tanto en regiones favorecidas como menos favorecidas está aún por ser plenamente aprovechado. Adecuar las tecnologías a la creciente heterogeneidad entre los agricultores y a las necesidades diferenciadas de agricultores hombres y mujeres, continúa siendo un desafío científico e institucional. Cuarto, la ciencia será crítica para adaptarse y mitigar el cambio climático y enfrentar de manera más general los problemas ambientales.

En tanto que es probable que las actuales políticas de I&D dejen a muchos países en desarrollo como huérfanos de la tecnología agrícola en las décadas por venir, la necesidad de aumentar la financiación para la I&D agrícola a través del mundo en desarrollo no puede ser suficientemente recalcada. Sin más inversión, muchos países pueden continuar perdiendo terreno en su habilidad para adaptar el nuevo conocimiento y tecnologías desarrolladas en otros lugares y asegurar su competitividad. La mayor urgencia es revertir el estancamiento en el financiamiento de la I&D agrícola y ampliar los sistemas de conocimiento en África subsahariana. Esta reversión puede ser determinada por el liderazgo y el financiamiento nacional, pero requerirá de un incremento sustancial y sostenido del apoyo por parte de las organizaciones regionales e internacionales.

La continuidad del avance, especialmente en extender los beneficios de la I&D a los países agrícolas y a las regiones menos favorecidas en otros lugares, depende de la investigación en estos medios acerca del mejoramiento en el maneo de los cultivos, suelo, agua y ganado y del desarrollo de sistemas agrícolas más sustentables y flexibles. Estas innovaciones tecnológicas, con frecuencia específicas a la localidad, deben ser combinadas con innovaciones institucionales que aseguren que los mercados de insumos y productos, los servicios financieros y las organizaciones de productores, existan y hagan posible un crecimiento de la productividad con una base amplia.

El bajo gasto en I&D es únicamente parte del problema. Muchas organizaciones públicas de investigación enfrentan serias restricciones institucionales que inhiben su efectividad y por tanto su habilidad para obtener fondos. De la misma manera, los sistemas de extensión agrícola de viejo estilo están cediendo espacio a una variedad de enfoques nuevos para el financiamiento y la oferta, que involucran múltiples factores. El surgimiento de mercados de más alto valor está creando nuevas oportunidades en el sector privado para impulsar la innovación a lo largo de la cadena de valor, involucrando la cooperación entre el sector público, el sector privado, los agricultores y las organizaciones de la sociedad civil. Lo que se necesita ahora es una mejor comprensión de qué es lo que funciona, en qué contexto y ampliar los éxitos que están surgiendo.

En foco E

Capturando los beneficios de los organismos genéticamente modificados para los pobres

Los transgénicos u organismos genéticamente modificados (OGM), son el resultado de transferir uno o más genes, usualmente de una especie salvaje o una bacteria, a una planta para cultivo. En 2006, agricultores en 22 países sembraron semillas transgénicas en alrededor de 100 millones de hectáreas, más o menos el 8% del área mundial cultivada (gráfico E.1) Aunque los transgénicos han sido adoptados más rápidamente en la agricultura comercial, tienen un considerable potencial para mejorar la productividad de los sistemas agrícolas de pequeños productores y proporcionar alimentos más nutritivos para los consumidores pobres en los países en desarrollo. Sin embargo, los riesgos ambientales, de inocuidad alimentaria y social de los transgénicos, son controversiales y se necesita el establecimiento de sistemas regulatorios eficientes que inspiren la confianza pública para evaluar los riesgos y beneficios caso por caso.

Adopción rápida de algodón Bt

Los agricultores en los países en desarrollo han estado adoptando transgénicos desde 1996, fundamentalmente como resultado de un efecto derivado de la investigación y desarrollo privados (I&D) en los países industriales. Sin embargo, su uso ha estado limitado en varios países a algunos cultivos (soya y maíz, utilizados para alimentación animal, y algodón), características (resistencia a los insecticidas y tolerancia a los herbicidas) y a países con agricultura comercial (Argentina y Brasil). El único transgénico ampliamente adoptado por pequeños agricultores ha sido el algodón Bt, con resistencia al insecticida. Un número estimado de 9.2 millones de agricultores, principalmente en China e India, sembraron algodón Bt en 7.3 millones de hectáreas en 2006.[1]

La rápida adopción de algodón Bt en China e India, atestigua su rentabilidad para la mayor parte de agricultores. Los estudios disponibles a nivel de granjas, esencialmente documentan la existencia de más altos ingresos por la adopción del algodón Bt y documentan también sustanciales beneficios ambientales y de salud a través de un más bajo uso de pesticidas. Sin embargo, los impactos varían entre años, ambientes institucionales y zonas agroecológicas.[2] En algunos estudios, los agricultores en China registraron un aumento de US$470 por hectárea en ingreso neto (340%), esencialmente debido a una reducción de dos terceras partes en la aplicación de pesticidas (cuadro E.1).[3] Pero algunos informes indican reducciones mucho más pequeñas en el uso de pesticidas y variación regional en los beneficios.[4] En conjunto, China representa un caso exitoso en términos de productividad, ingresos de los agricultores y equidad. El bajo costo de las semillas apoyó la rápida y extensiva adopción del algodón Bt en China, gracias a variedades desarrolladas públicamente y al desarrollo descentralizado que hizo posible la transferencia de la característica Bt a las variedades adaptadas localmente.[5]

De la misma manera, los agricultores indios que siembran algodón Bt utilizaron menos insecticidas y obtuvieron significativos aumentos de rendimientos,[6] con la ventaja adicional de rendimientos más estables.[7] En tanto que el algodón Bt ha sido rápida y exitosamente adoptado en Gujarat,, Maharashtra, Karnataka y Tamil Nadu, los agricultores en Andhra Pradesh inicialmente experimentaron pérdidas, fundamentalmente debido al uso de variedades pobremente adaptadas.[8]

Progreso lento en alimentos

Los cultivos transgénicos de alimentos no han sido ampliamente adoptados por los pequeños agricultores en el mundo en desarrollo. Desde 2001, Sudáfrica (especialmente agricultores de gran escala) ha estado produciendo maíz blanco Bt utilizado para consumo humano, cubriendo más del 44% de su área total en maíz blanco en 2006.[9] Filipinas ha aprobado un maíz Bt transgénico, fundamentalmente para alimentación animal. China permite el cultivo y uso de vegetales transgénicos desarrollados públicamente.

A pesar de la limitada adopción, el interés en los cultivos transgénicos alimenticios sigue siendo alto y una ola de productos de segunda generación está abriéndose camino hacia el mercado. Arroz, berenjena, mostaza, yuca, banano, papa dulce, lenteja y lupino transgénicos, han sido aprobados para pruebas de campo en uno o más países. Igualmente, muchos cultivos alimenticios transgénicos se encuentran en proceso de investigación pública en los países en desarrollo.[10]

Muchas de estas tecnologías prometen sustanciales beneficios para los productores y consumidores pobres. Las más notables son las características del principal alimento básico en el mundo, el arroz, que incluyen resistencia a plagas y enfermedades, mayor contenido de vitamina A (arroz dorado) y tolerancia a la salinidad y a la inundación. Pruebas avanzadas de campo para arroz Bt en China, muestran más altos rendimientos y una reducción del 80% en el uso de pesticidas.[11] Los beneficios de salud estimados para el arroz dorado son enormes, debido a que el arroz es el alimento básico de muchos de los pobres del mundo, que sufren de deficiencia de vitamina A. Solamente en la India, 0,2 a 1,4 millones de años de vida[12] pueden ser ahorrados anualmente a través de la propagación del consumo del arroz dorado; esto sería más eficiente que los actuales programas suplementarios para proporcionar vitamina A.[13] A pesar de lo prometedor, las proyecciones hechas en la década de 1990 acerca de que las variedades transgénicas de arroz estarían disponibles para los agricultores en 2000, fueron demasiado optimistas.[14]

África es la que menos se ha beneficiado de los cultivos transgénicos, en parte debido a que cultivos alimenticios importantes localmente,

Gráfico E.1 La adopción de transgénicos está en aumento en la mayoría de regiones, pero no en África ni en Europa[a]

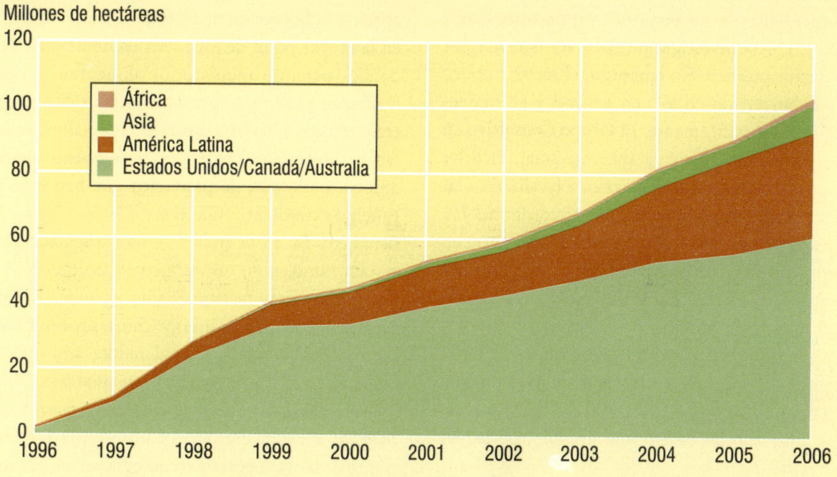

Fuente: James 2006.

a. El área plantada con transgénicos en Europa es de alrededor de 200.000 hectáreas, principalmente en Rumania y España.

Cuadro E.1 Beneficios económicos y ambientales del algodón Bt

	Argentina[a]	China[a]	India[b]	México[a]	Sudáfrica[c]
Rendimientos adicionales (%)	33	19	26	11	65
Ingresos adicionales (%)	31	340	47	12	198
Reducción de aspersiones de químicos (número)	2,4	–	2,7	2,2	–
Reducción de costos por manejo de plagas (%)	47	67	73	77	58

Nota: las cifras se basan en encuestas a nivel de granjas en importantes regiones productoras de algodón en cada país.
[a] adaptado FAO 2004e.
[b] Qaim y otros 2006; otros estudios recientes incluyen Gandhi y Namboodiri 2006; quienes reportan tendencias similares excepto por un más alto incremento en los ingresos (88%).
[c] Benett, Morse e Isamel 2006; otros estudios señalan la alta variabilidad de los rendimientos (Gouse, Kirsten y Jenkins 2003; Gouse y otros 2005; Hofs, Fok y Vaissayre 2006).
— = no disponible.

como el sorgo y la yuca han atraído menor atención de las firmas comerciales biotecnológicas.[15] Los transgénicos pueden reducir el impacto de varios de los intratables problemas de África, como las enfermedades de los animales, la sequía y la striga (una devastadora hierba parásita), mucho más rápidamente de que si fueran integrados a programas de desarrollo. Un estudio reciente mostró que los bananos transgénicos resistentes a enfermedades podrían ser adoptados por los agricultores más pobres, particularmente dadas las altas pérdidas actuales por enfermedad.[16]

¿Por qué el lento progreso en los transgénicos?

Hay al menos cinco razones para el lento progreso en el desarrollo de alimentos básicos transgénicos:

Abandono de características pro-pobre y cultivos huérfanos. La inversión en I&D para transgénicos está concentrada fundamentalmente en el sector privado y es determinada por los intereses comerciales y los de los países industriales. Debido a que el sector privado no puede apropiarse de los beneficios de la I&D destinada a los cultivos alimenticios de los pequeños productores (capítulo 7), esta investigación debe ser liderada por el sector público. Sin embargo, el sector público ha subinvertido en I&D en general y en biotecnología específicamente. El Grupo Consultivo en Investigación Agrícola Internacional, el líder mundial en investigación agrícola focalizada a las necesidades de los pobres, gasta alrededor del 7% de su presupuesto (cerca de US$35 millones) en biotecnología, únicamente parte de ella para transgénicos.[17] Brasil, China e India, tienen grandes programas públicos de biotecnología, los cuales conjuntamente pueden gastar varias veces esta cantidad.[18] Pero estas cifras son aún pequeñas en comparación con los US$1.500 millones que gastan cada año las cuatro más grandes compañías privadas.[19]

Riesgos. Las continuas preocupaciones acerca de los posibles riesgos de inocuidad alimentaria y ambiental, han desacelerado la liberación de transgénicos en muchos países. Estas preocupaciones han persistido a pesar de que la evidencia científica disponible a la fecha acerca de la inocuidad alimentaria, indica que los transgénicos que están actualmente en el mercado son tan seguros como las variedades convencionales.[20] Análogamente, la evidencia científica y la experiencia de 10 años de uso comercial, no apoyan la idea de que se cause daño ambiental a partir del cultivo comercial de productos transgénicos, como sucedería de una transferencia de los genes empleados a variedades salvajes similares, cuando se aplican las salvaguardias apropiadas.[21] A pesar de este buen desempeño, los riesgos y beneficios ambientales necesitan ser evaluados caso por caso, comparando los riesgos potenciales con las tecnologías alternativas y tomando en consideración la característica específica y el contexto agroecológico en el cual será utilizada. La percepción pública sobre los riesgos puede ser tan importante como la evaluación objetiva del riesgo basada en evidencia científica, para asegurar la aceptación de las tecnologías.

Débil capacidad regulatoria. La capacidad de los organismos de regulación para evaluar los riesgos ambientales y de inocuidad alimentaria y aprobar la liberación de transgénicos, es limitada en la mayor parte de los países en desarrollo. Los débiles sistemas regulatorios alimentan la desconfianza pública e incitan a la oposición a los transgénicos. Una baja capacidad regulatoria es un factor fundamental en el desaceleramiento de las aprobaciones, aun de productos que han sufrido pruebas extensivas, como el arroz Bt en China y la berenjena Bt en la India.[22] Una capacidad débil resulta también en un uso generalizado de semillas transgénicas no autorizadas en muchos ambientes (algodón en la India y China, soya en Brasil en los años pasados), lo cual reduce aún más la confianza pública en el sistema regulatorio.

Acceso limitado a las tecnologías con propiedad restringida. En la medida en que una proporción creciente de herramientas y tecnologías genéticas son protegidas por la propiedad intelectual y esencialmente controladas por un pequeño grupo de compañías multinacionales, el costo de transacción de obtener acuerdos y licencias de transferencias de materiales puede hacer más lenta la investigación pública y la liberación de transgénicos (capítulo 7).

Complejidad del comercio en transgénicos. Algunos países se preocupan acerca de los efectos sobre la salud de las importaciones de alimentos transgénicos, incluyendo la ayuda alimentaria. Los exportadores temen la pérdida de mercados en el exterior y a una marca "libre de OGM". Éstos deben considerar los costos de diferenciar el almacenamiento y transporte de transgénicos de las variedades convencionales y obtener permisos para el consumo de los transgénicos en el país importador. Sin embargo, los países y agricultores que sean lentos en adoptar los transgénicos pueden perder su competitividad en los mercados globales, si los transgénicos que reducen costos, como el algodón Bt, son ampliamente adoptados en los grandes países exportadores.[24]

Un camino hacia adelante

Las actuales controversias mundiales y juegos de poder entre grupos de interés que apoyan cada lado en el debate sobre los transgénicos generan mucha incertidumbre, estancan la inversión en I&D, impiden una evaluación objetiva de la tecnología y desincentivan su adopción y uso en los países en desarrollo.[25] Una importante oportunidad de contribuir a los programas de desarrollo agrícola en pro de los pobres se perderá si los riesgos y beneficios potenciales de los transgénicos no pueden ser evaluados objetivamente sobre la base de la mejor evidencia científica disponible y tomando en consideración las percepciones públicas sobre el riesgo.

La introducción de los transgénicos requiere de un sistema regulatorio eficiente y transparente, que tenga idoneidad y competencia para manejar su liberación y uso. La divulgación de información, el etiquetado, donde esto sea factible, y los procesos de consulta, son críticos para encauzar el apoyo público hacia los transgénicos. Una fuerte capacidad regulatoria no necesariamente significa estándares más estrictos para los riesgos. Por el contrario, reguladores competentes pueden implantar requerimientos de información para la aprobación a un nivel adecuado para obtener seguridad, con base en el conocimiento de las características y el ecosistema en el cual será introducida. Altas barreras regulatorias pueden imponer altos costos a la sociedad, restringiendo o desacelerando el acceso a tecnologías benéficas. Las altas barreras pueden también restringir la competencia en el mercado de semillas y reducir las opciones para los agricultores, debido a que las organizaciones de investigación pública y las compañías nacionales de semillas pueden no estar en capacidad de pagar el alto costo de los permisos regulatorios (estimados en más de

US$1millón) para las primeras variedades de algodón Bt en la India.

Para el establecimiento de los estándares regulatorios, las instancias decisorias deben sopesar las percepciones públicas sobre el riesgo y los grados de tolerancia a éste, que difieren entre sociedades. A pesar de la ausencia de riesgos probados, el enfoque cautelativo plantea una evaluación amplia de los riesgos y beneficios potenciales de la tecnología en los más amplios sistemas alimenticios y ecológicos. La evaluación del riesgo debe también considerar las consecuencias y riesgos de *no* usar los transgénicos.[26] Por ejemplo, los transgénicos ofrecen una herramienta poderosa para el mejoramiento nutricional que puede salvar vidas (arroz dorado) o ayudar a los agricultores a adaptarse al cambio climático a través de una más rápida integración de genes con tolerancia a la sequía y a la inundación. En últimas, los países y sociedades deben evaluar los beneficios y riesgos para sí mismos y tomar sus propias decisiones. La comunidad para el desarrollo internacional debe estar presta a responder al llamado de los países para el acceso a tecnologías modernas, como en la reciente declaración de la Unión Africana.[27] También debe estar preparada para satisfacer los requerimientos de financiación para el desarrollo de transgénicos seguros, con características pro pobre, y para sufragar los altos costos iniciales de sus pruebas y liberación. Si una nueva ola de tecnologías seguras y pro pobre es desarrollada y aceptada, los costos regulatorios deben reducirse radicalmente.

capítulo 8 Hacer los sistemas agrícolas más sustentables ambientalmente

La revolución verde duplicó la producción de cereales en Asia entre 1970 y 1995, a pesar de lo cual el área total cultivada se incrementó únicamente en 4%.[1] Tal intensificación de la agricultura ha satisfecho la demanda mundial de alimentos y reducido el hambre y la pobreza (capítulos 2 y 7). Mediante la dramática reducción de la expansión del área cultivada, la intensificación agrícola también ha preservado los bosques, tierras pantanosas, la biodiversidad y los servicios que éstas proveen a los ecosistemas.[2]

Pero la intensificación ha traído sus propios problemas ambientales. En los sistemas intensivos de cultivo, el excesivo e inapropiado uso de agroquímicos contamina las fuentes de agua, envenena la gente y degrada los ecosistemas. La irrigación no controlada ha contribuido a la creciente escasez del agua, al insostenible bombeo de aguas subterráneas y a la degradación de la mejor tierra agrícola. Los sistemas intensivos de cría de animales, parte de la continua revolución ganadera, también presentan problemas ambientales y de salud. Las altas concentraciones de ganado en o cerca a las áreas urbanas, producen desperdicios y pueden diseminar enfermedades animales, como la tuberculosis y la gripe aviar, con riesgos para la salud humana.

En áreas no afectadas por la revolución verde ha habido poca, si alguna, intensificación; en cambio, la agricultura ha crecido a través de la extensificación –vinculando más tierra a los cultivos. Esto ha llevado a problemas ambientales de una naturaleza diferente –principalmente a la degradación y pérdida de bosques, tierras pantanosas, suelos y pasturas. Cada año alrededor de 13 millones de hectáreas de bosques tropicales son degradados o desaparecen, principalmente a causa de la agricultura. Alrededor de 10% o 20% de las tierras secas pueden sufrir de degradación de los suelos (o desertización).[3]

La degradación local del capital natural tiene impactos directos sobre la productividad de la agricultura, debido a que degrada la base para la futura producción agrícola a través de la erosión del suelo y el agotamiento de los nutrientes de éste (cuadro 8.1). Estimativos sobre la magnitud e impacto de la degradación del suelo sobre la productividad son sujeto de debate, pero en lugares críticos, como las zonas altas de Etiopía, la degradación puede ser suficientemente elevada para anular las ganancias del cambio tecnológico.

Los problemas que surgen de la producción agrícola se extienden fuera de los campos de cultivo o de las pasturas: contaminación del agua, decantación de los reservorios ocasionada por la erosión del suelo, explotación de yacimientos acuíferos subterráneos, deforestación, pérdida de biodiversidad y difusión de enfermedades animales. Aunque los agricultores y los pastores tienen fuertes incentivos para enfrentar problemas locales, tienen débiles incentivos para mitigar los efectos que se producen fuera de éstos. Evitar tales externalidades requiere mecanismos regulatorios, soluciones negociadas y/o pagos de transferencias entre aquellos que causan el daño y aquellos que son afectados por éste, posiblemente involucrando números elevados de personas separadas en el espacio, el tiempo e intereses. Esto ha probado ser bastante difícil en la mayor parte de países pobres, debido a la debilidad general de las instituciones públicas y del sistema legal. Algunos problemas, como la difusión de enfermedades animales y el cambio climático, requieren cooperación a nivel global (capítulo 11). Externalidades intergeneracionales negativas, aún menos tratables, surgen cuando los agricultores utilizan en la actualidad los recursos con muy poca consideración por la herencia de éstos que dejan para las futuras generaciones.

Los problemas ambientales se manifiestan de diferentes maneras en los sistemas agrícolas intensivos y extensivos. (*Ver* capítulo 2 para definiciones y mapas sobre los mayores sistemas agrícolas). Los sistemas intensivos en áreas de alto potencial tienen una ventaja: su ambiente natural es usualmente muy resistente y no se daña fácilmente. Sin embargo, el elevado uso de insumos externos con frecuencia hace que estos sistemas sean fuentes de contaminación corriente abajo, a través de la escorrentía de fertilizantes, pesticidas y desechos animales, e incrementan los niveles de salinidad del agua. Por el contrario, las áreas que poseen sistemas extensivos son frágiles y se dañan con facilidad. Un bajo uso de insumos significa que los sistemas extensivos no son una fuente mayor de contaminación, pero el cultivo en pendientes pronunciadas y suelos frágiles puede ocasionar una sustancial erosión, ocasionando daños en las áreas corriente abajo.

Determinantes de la degradación de los recursos

Parte de la degradación de los recursos en zonas rurales tiene poco que ver con la agricultura. La tala de bosques, la minería y el turismo también degradan los recursos a través de la deforestación, conversión de ecosistemas naturales a otros usos y contaminación. Adicionalmente, muchos agricultores y pastores no degradan su tierra o manejan inadecuadamente sus recursos naturales. Buena parte de la producción agrícola es sustentable y en algunos casos extensas áreas han estado bajo cultivo continuo durante siglos, si no milenios. En otros casos, como en la región de Machakos en Kenya, las áreas que alguna vez estuvieron degradadas han sido restauradas y los rendimientos de los cultivos se han recobrado.[4] Aún en áreas que se había pensado que no eran adecuadamente manejadas, con frecuencia un análisis más detallado revela que los agricultores realizan una

Cuadro 8.1 Los problemas ambientales de la agricultura en la localidad y fuera de ella

	Efectos en la localidad	Efectos fuera de la localidad (externalidades)	Efectos globales (externalidades)
Agricultura intensiva (áreas de alto potencial)	Degradación del suelo (salinización pérdida de materia orgánica)	Agotamiento del agua subterránea Contaminación con agroquímicos Pérdida de biodiversidad local	Emisión de gases tipo invernadero Enfermedades animales Pérdida *in situ* de diversidad genética de cultivos
Agricultura extensiva (áreas menos favorecidas)	Agotamiento de nutrientes Efectos locales de la erosión del suelo	Efectos corriente debajo de la erosión del suelo (sedimentación de reservorios) Cambio hidrológico (por ejemplo, pérdida de retención del agua en las áreas corriente arriba) Degradación de las pasturas en áreas de propiedad común	Reducción de la capacidad de captura de carbono por deforestación y emisiones de dióxido de carbono de fuegos forestales Pérdida de biodiversidad
Nivel de cooperación típicamente requerido	Ninguno (individual u hogar)	Comunidad, fuente de agua, cuenca, nivel local, regional, nacional	Global

variedad de acciones de conservación. Sin embargo, la agricultura y las actividades pastoriles con frecuencia son los principales determinantes de la degradación.

La superación de los problemas ambientales en la agricultura, requiere de una buena comprensión de los incentivos privados de los usuarios individuales de los recursos y de las formas para manejar los recursos de una manera más exitosa desde el punto de vista de la sociedad. Muchos factores afectan los incentivos privados para la administración de los recursos, incluyendo información, precios, subsidios, tasas de interés, acceso a mercados, riesgo, derechos de propiedad, tecnología y acción colectiva (*ver* cuadro 8.1). Resultando con frecuencia en degradación de los recursos, tanto localmente como en otros lugares, estos factores pueden ser modificados a través de cambios de política e inversión pública, aunque fuerzas globales están cambiando los determinantes de la degradación de los recursos en nuevas formas. Los mercados globales pueden dejar una impronta ambiental global, como el impacto de la demanda asiática por soya para la alimentación animal sobre la deforestación en el Amazonas (capítulo 2). Adicionalmente, el cambio climático está aumentando los riesgos de la producción para muchos sistemas agrícolas, reduciendo la capacidad de los agricultores y de las sociedades rurales para manejar estos riesgos por su propia cuenta.

Dos determinantes que son difíciles de manejar son la pobreza y la población. Es más probable que la pobreza sea un determinante de la degradación de los recursos en las regiones menos favorecidas, donde suelos frágiles y de baja calidad deben proporcionar la base para unas crecientes densidades de población. Pero aún en estas áreas, la relación puede ser compleja e indeterminada.[5] En otros contextos, los pobres típicamente controlan solamente una pequeña porción de los recursos totales y por tanto son contribuyentes menores a la degradación. En su propio derecho, entonces, reducir la pobreza muy raramente revertirá la degradación de los recursos. A pesar de esto, los pobres y las mujeres son típicamente los más afectados por la degradación de los recursos donde quiera que ésta ocurra, debido a que tienen menores activos y opciones para enfrentarla y dependen más de la propiedad común de los recursos.[6]

La presión de la población tiene impactos mixtos sobre la degradación de los recursos, dependiendo fundamentalmente de la tecnología disponible. Como observó Malthus en la Inglaterra del siglo XVIII, la presión de la población, en ausencia de avances tecnológicos, lleva a la intrusión de la agricultura en áreas cada vez más marginales, reduciendo los rendimientos promedio, degradando los recursos y empeorando la pobreza. Sin embargo, cuando hay disponibles tecnologías e instituciones adecuadas, el crecimiento poblacional puede llevar a su adopción y a sostener mejoramientos en las condiciones de los recursos y en los rendimientos. Debido a que muchas técnicas para la administración de los recursos naturales son intensivas en trabajo (por ejemplo, construir terrazas o curvas de nivel, o construir estructuras de irrigación), el crecimiento poblacional puede en realidad permitir su implementación debido a que disminuye los costos de la fuerza laboral.[7]

Cuando se combinan la presión de la población con altos niveles iniciales de pobreza y pocas opciones de tecnología para incrementar la productividad, la degradación y la pobreza pueden incrementarse continuamente.[8] Esto está sucediendo en algunas áreas de África, donde muchas granjas son en la actualidad muy pequeñas para sostener una familia, el crecimiento de los rendimientos se ha estancado y las oportunidades no agrícolas son escasas. Estas áreas bajo presión pueden convertirse en los campos de cultivo para el conflicto civil, desplazando refugiados ambientales y dificultando los esfuerzos para llegar a los muy pobres y vulnerables.[9]

Con estos antecedentes, tornamos ahora hacia estrategias para lograr un desarrollo más sustentable en los sistemas agrícolas intensivos y extensivos. Los desafíos clave en las zonas irrigadas son utilizar menos agua, frente a la creciente escasez de ésta; suspender la explotación no sostenible del agua subterránea, y prevenir la degradación de la tierra irrigada a través de la saturación, salinización y agotamiento de los nutrientes. En las áreas de agricultura intensiva en general (áreas irrigadas y áreas de alto potencial dependientes de las lluvias), es necesario administrar los insumos modernos como semillas, fertilizantes, pesticidas y agua para mantener altos rendimientos sin perjudicar el medio ambiente. En los sistemas intensivos de explotación animal, particularmente en áreas urbanas y periurbanas, el manejo de los desechos animales y de los riesgos de enfermedad necesita mejorarse. En las regiones menos favorecidas, con sistemas agrícolas extensivos, el desarrollo debe apoyar las formas de subsistencia de los habitantes locales y ser aún compatible con otros servicios ambientales sobre una frágil base de recursos. Tanto en las áreas de alto potencial como en las menos favorecidas, se pueden utilizar los pagos por servicios ambientales cuando los beneficios sociales nacionales y globales exceden el costo de oportunidad del uso actual de la tierra y los costos de administración de los programas.

Mejorar la administración del agua de uso agrícola

La agricultura utiliza el 85% del agua consumida en los países en desarrollo, principalmente en irrigación. Aunque la agricultura irrigada representa únicamente alrededor de 18% del área cultivada en el mundo en desarrollo, produce alrededor del 40% del valor del producto agrícola.[10]

El mantenimiento de una elevada productividad de la tierra irrigada es clave para alimentar buena parte del mundo en desarrollo; no obstante, las trayectorias futuras son preocupantes (capítulo 2). Muchos países han experimentado serias y cada vez peores escaseces de agua. En muchas cuencas acuíferas la oferta de agua fresca es hoy día completamente utilizada y la demanda urbana, industrial y ambiental por el agua está aumentando, incrementando el estrés por agua. Mundialmente, se estima que entre el 15% y el 35% de la utilización del agua para la agricultura irrigada es insostenible –el uso del agua excede su oferta renovable.[11] Se estima que 1.400 millones de personas[12] viven en cuencas con un alto estrés ambiental, donde el uso del agua excede los niveles mínimos de recarga (mapa 8.1). Como resultado de los usos excesivos, ríos importantes como el Ganges, el Amarillo, el Amu Darya, el Syr Darya, el Chao Phraya, el Colorado y el Grande, es posible que no lleguen al mar durante parte del año. Otras consecuencias bien conocidas de la irrigación no sostenible son la degradación del mar Aral en Asia central y la disminución del lago Chad en África occidental y del lago Chapala en México central.

El uso intensivo de aguas subterráneas para la irrigación se expandió rápidamente con la adopción de tecnologías de extracción y bombeo mecánico. En el subcontinente indio, la utilización de aguas subterráneas ha aumentado de menos de 20 km cúbicos a más de 250 km cúbicos por año desde la década de 1950.[13] Las más grandes áreas bajo irrigación con agua subterránea en los países en desarrollo se encuentran China e India. En relación con el área total cultivada, la dependencia del agua subterránea es mayor en el Medio Oriente y Asia meridional (gráfico 8.1). Pero debido a la naturaleza de acceso abierto del agua subterránea, ésta sufre de agotamiento; contaminación por parte de usuarios municipales, industriales y agrícolas; e intrusión de agua salina. En los lugares donde el uso del agua subterránea es más intensivo, la recarga de las fuentes acuíferas tiende a ser muy pequeña para hacerla sostenible.[14]

Los recursos de agua subterránea están siendo sobreutilizados en una medida tal que los niveles freáticos en muchas fuentes acuíferas han caído a puntos en los cuales el bombeo es difícil y muy costoso. Los pequeños agricultores con poco acceso a mecanismos costosos de bombeo y frecuentemente con derechos inseguros de acceso al agua, son los más afectados. La intrusión de sal, resultante del exceso de bombeo –la forma más común de contaminación del agua subterránea– lleva a pérdidas de grandes áreas agrícolas. En el acuífero costero de Hermosillo en México, la utilización anual de agua, 3 a 4 veces superior a la tasa de recarga, resultó en una disminución de 30 metros en el nivel freático y la intrusión de agua salinizada aumentó a una tasa de 1 km por año, llevando a que las grandes firmas de agronegocios se relocalizaran en otras regiones.[15] La disminución en los niveles freáticos aumenta la vulnerabilidad de las fuentes acuíferas costeras ante el cambio climático, en la medida en que la intrusión salina se hace peor en las fuentes acuíferas agotadas a medida que el nivel del mar aumenta.

La inadecuada administración del agua está llevando también a la degradación de la tierra en zonas irrigadas a través de la salinización

Mapa 8.1 La sobreexplotación ha causado un severo estrés por agua en muchas cuencas de ríos

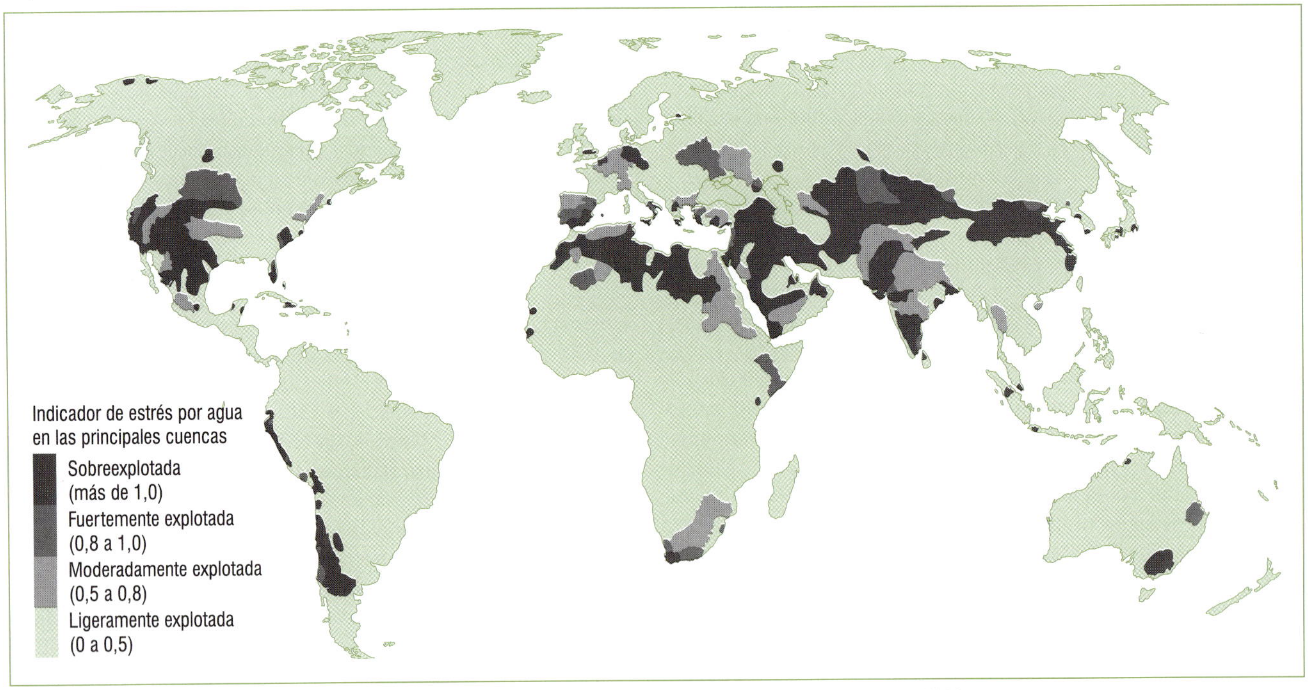

Fuente: Datos de Smakhtin, Revenga y Döll 2004; mapa reimpreso con autorización del programa de Naciones Unidas para el Desarrollo 2006.
Nota: El indicador ambiental de estrés por agua es el uso total de agua en relación con la disponibilidad de ésta, después de tomar en consideración los requerimientos de agua ambiental (los flujos mínimos para mantener las especies de peces y acuáticas y el mantenimiento del canal de los ríos, la inundación de las tierras pantanosas y la vegetación riparia).

Gráfico 8.1 La dependencia de la irrigación con aguas subterráneas es mayor en Medio Oriente y en Asia meridional

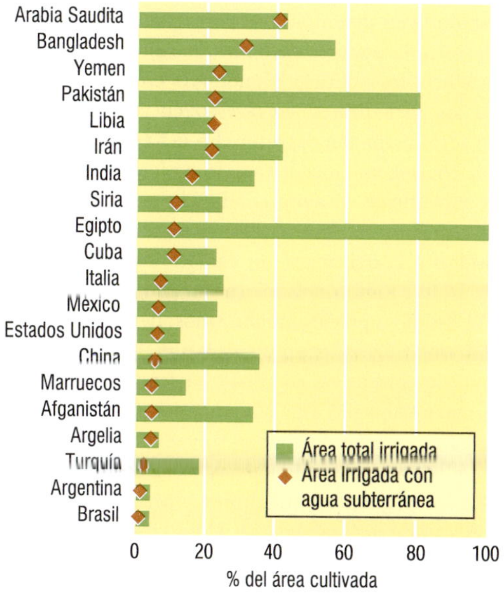

Fuentes: FAO Aquastat, base de datos disponible en http://www.fao.org/ag/agl/aglw/aquastat/main/index.stm y Comisión Internacional de Irrigación y Drenaje disponible en http://www.icid.org/index-e.html.

y la saturación. La saturación usualmente ocurre en ambientes húmedos o en áreas irrigadas con excesiva irrigación e insuficiente drenaje (por ejemplo, la irrigación no medida del valle y el delta del Nilo en Egipto). La salinización es un problema importante en áreas áridas y semiáridas (por ejemplo, los grandes perímetros irrigados de Pakistán y de la cuenca del mar Aral). Cerca del 40% de la tierra irrigada en las áreas secas de Asia se piensa que está afectada por la salinización.[16] El resultado es una disminución en la productividad y una pérdida de tierra agrícola. Una mejor administración del agua e inversiones en las granjas, como la nivelación del suelo y los drenajes, pueden rectificar estos problemas, pero esto con frecuencia requiere de sustanciales inversiones públicas en infraestructura fuera de las granjas, fuertes instituciones para la administración del agua, acción colectiva y una buena comprensión de la hidrología. Con el aumento de la competencia por el agua, el espacio para una mayor expansión de la irrigación es limitado (con pocas excepciones, como en África subsahariana). Por tanto, la agricultura debe satisfacer la futura demanda de alimentos a través de mejoramientos en la productividad del agua, tanto en áreas irrigadas como dependientes de la lluvia (capítulo 2). Las proyecciones indican que las mejoras en los rendimientos en las áreas irrigadas existentes, antes que una mayor expansión, serán la mayor fuente de crecimiento en la agricultura irrigada (capítulo 2).[17] Enfrentar el desafío de la escasez de agua, requerirá un manejo integrado del uso de ésta a nivel de las cuencas de los ríos para conseguir una mejor asignación entre sectores y una mayor eficiencia en su uso al interior de los sistemas de irrigación. Los detalles de las políticas deben adaptarse a las condiciones locales, pero en general deben incluir una combinación de enfoques de administración integrada del agua, mejor tecnología y reforma institucional y de política.

Hacia un manejo integrado del agua en la agricultura irrigada

Durante buena parte del siglo XX, el énfasis se colocó en la construcción de infraestructura para aumentar la utilización del agua. A partir de entonces, la creciente interconexión entre usuarios que compiten por el agua y los ecosistemas acuáticos, ha llevado a un severo estrés ambiental en muchas cuencas, donde el flujo que queda después de los desvíos que se hacen hacia el uso industrial, municipal y agrícola, han sido con frecuencia insuficientes para mantener la salud de los ecosistemas ribereños y de los acuíferos subterráneos. Un más eficiente uso del agua en la irrigación y una mejor asignación de ésta son clave para satisfacer estas demandas en crecimiento.

Las intervenciones locales pueden tener consecuencias inesperadas en otros lugares de las cuencas. Por ejemplo, los mejoramientos en eficiencia, como el alineamiento de los canales y la microirrigación, pueden reducir la cantidad de agua disponible para los usuarios corriente abajo y el tamaño de los flujos ambientales, debido a que los mejoramientos en la eficiencia con frecuencia resulta en una expansión de las áreas irrigadas.[18] Un mayor uso del agua y una mayor utilización del agua subterránea pueden tener efectos similares sobre otros usuarios en la cuenca. Para evitar inversiones y políticas mal orientadas, se está haciendo cada vez más importante la cuantificación del impacto de las intervenciones locales al interior de la más amplia hidrología del sistema en su conjunto.[19]

El manejo adaptativo –un enfoque para la restauración de los ríos que reconoce explícitamente la incertidumbre acerca de la respuesta de los ecosistemas naturales ante las intervenciones de política– puede ayudar a mitigar la degradación ambiental y la pérdida de pantanos y hábitat para las especies salvajes, aun en cuencas bajo severo estrés. Por ejemplo, la restauración de los flujos ambientales ha tenido resultados prometedores en la parte norte del mar Aral, a pesar de la sinigual complejidad hidrológica y masivo daño ambiental generado por el excesivo uso pasado del agua para la irrigación (recuadro 8.1).

El aumento en la incertidumbre climática y la variabilidad hidrológica incrementan la urgencia de los enfoques de planificación integrada, la cual es evidente en las regiones áridas con irrigación de gran escala. En Marruecos, las represas fueron diseñadas sobre la base de los patrones de lluvias pasados, pero en un inusualmente intenso período de sequía el volumen del agua almacenada fue insuficiente, resultando en una importante escasez de ésta.[20] Los esquemas costosos de irrigación son por tanto utilizados sustancialmente por debajo de su potencial y su modificación para permitir la utilización de tecnologías que ahorran agua, como la irrigación por goteo, aumentan los costos. Debido a que se espera que los cambios en las lluvias, originados en el cambio climático, tengan efectos similares en otras partes de África, la experiencia de Marruecos se constituye en una forma de precaución para países que planifiquen hacer nuevas inversiones en irrigación en áreas que son proclives a la sequía. De acuerdo con recientes predicciones, una mayor variabilidad en la precipitación afectará significativamente la superficie de agua a lo largo de una cuarta parte del continente.[21]

Debido a que el cambio climático está disminuyendo las montañas glaciares, los sistemas de irrigación en el corto plazo no recibirán suficiente escorrentía de agua glaciar en los Andes, Nepal y parte de China –o pueden recibirla en el momento inadecuado debido a un descongelamiento temprano. Se requieren inversiones adicionales para almacenar y ahorrar agua. La inclusión del riesgo climático en el diseño de sistemas de irrigación y en la planificación de largo plazo puede reducir significativamente la necesidad de ajustes posteriores más costosos.

Mejorar la productividad del agua de irrigación

La escasez física del agua puede ser un hecho normal en las regiones más áridas, pero es acentuada por las políticas que inducen a un mayor uso del agua y al desarrollo exagerado de infraestructura hidráulica. En particular, con frecuencia la expansión de la agricultura bajo irrigación se ha hecho a expensas de otros usuarios del agua, de la biodiversidad y de los servicios de los ecosistemas, dañando la pesca y las zonas pantanosas. Las rigideces burocráticas, las subvenciones a los precios del agua provista a los agricultores y el fracaso en reconocer o en tomar en consideración las externalidades contribuyen al problema.

Muchos sistemas grandes de irrigación padecen de inflexibilidad en los sistemas de distribución del agua, que restringen la respuesta de los agricultores a las oportunidades cambiantes de los mercados y de los ingresos e incentivan un uso insostenible del agua subterránea y superficial. La modernización de estos sistemas requiere una combinación de inversiones físicas, incentivos económicos y cambio institucional. La reingeniería de muchos esquemas de irrigación basados en canales, para facilitar una administración más flexible del agua en el campo, puede incentivar a los agricultores a sembrar una mayor diversidad de cultivos y ajustar mejor la oferta de agua a las necesidades de éstos. Con una más confiable oferta de agua, los agricultores estarán más dispuestos a compartir el costo de los servicios. Las lecciones derivadas de la experiencia mundial muestran que los modelos descentralizados de gobernanza en el sector de irrigación, usualmente a través de asociaciones de usuarios del agua, son más exitosos que las agencias gubernamentales en la recuperación de los costos. Aunque la descentralización tiende a resultar en un mejor mantenimiento, sus resultados de eficiencia y productividad han sido ambiguos.[22]

La reforma institucional de los esquemas de irrigación a gran escala es un desafío en todas partes, pero hay algunas experiencias positivas. En la década de 1970, la Oficina del Níger, un gran esquema de irrigación en Mali, estaba desorganizada como resultado de una administración jerárquica altamente centralizada.[23] En la década de 1980, el gobierno se embarcó en un conjunto de reformas que tuvieron éxito únicamente cuando se redefinió la misión de la agencia de irrigación –introduciendo fuertes incentivos para el sector privado en su administración, empoderando los agricultores y construyendo una fuerte coalición de los usuarios (capítulo 11). La mayor eficiencia del esquema cuadriplicó los rendimientos y la producción total aumentó en un factor de 5,8 entre 1982 y 2000. Atraída por las oportunidades de empleo, la población del área aumentó en un factor de 3,5 y la pobreza cayó más que en otras áreas.[24]

Con frecuencia las políticas económicas crean incentivos inadecuados para los agricultores, en la escogencia de tecnología y de prácticas de administración del agua. En la agricultura irrigada, los subsidios a la energía han incentivado la explotación del agua subterránea y la subvención al agua conducida por canales lleva a los agricultores a utilizar cultivos menos eficientes en el uso del agua.

Los subsidios a la irrigación por canales, la energía y los fertilizantes en la India, conjuntamente con la compra de los productos por parte del Estado a precios garantizados, llevaron a los agricultores a sobreproducir arroz, trigo y cultivos de bajo valor, utilizando técnicas de cultivo intensivas en agua y haciendo un excesivo uso del agua subterránea (capítulo 4).[25] Más de una quinta parte de los yacimientos acuíferos subterráneos son sobreexplotados en tres de los cuatro Estados líderes de la revolución verde, afectando desproporcionadamente a los pequeños agricultores y ocasionando daños en la oferta de agua potable (gráfico 8.2). Unos cobros más realistas por el agua y la energía no sólo ayudarían a corregir los incentivos para utilizar el agua eficientemente, sino que también posibilitarían a las agencias que proporcionan estos recursos el cubrir de una mejor manera sus costos de operación y mantenimiento, y mejorar la calidad del servicio.

Sin embargo, la remoción de las subvenciones a los servicios de irrigación ha demostrado ser difícil. Una mejor determinación de precios y recuperación de costos son objetivos explícitos de muchas políticas y proyectos de irrigación, pero ha habido escaso progreso en este campo.[26] El uso de tasas por volumen para el agua de irrigación ha enfrentado obstáculos en muchos países en desarrollo –las excepciones son Armenia, Irán, Jordania, Marruecos, Sudáfrica y Túnez. Aun en los lugares donde el precio por volumen ha sido aceptado como principio, la recuperación de los costos es menor a la esperada debido a la evasión de los pagos, la alteración de los medidores y a problemas de medición.[27]

El uso de tecnologías innovadoras puede mejorar la calidad de los servicios de irrigación y facilitar la recuperación de los costos. Por ejemplo, actualmente es posible una medición más confiable del uso del agua en la irrigación, con la automatización de los canales[28] o con datos satelitales. El cambio del control manual de los canales al control automatizado para la irrigación, como se aplica en Austra-

RECUADRO 8.1 *Restauración del mar Aral del norte, mediante la duplicación del flujo del Syr Darya*

La expansión insostenible del cultivo de algodón y el inadecuado manejo del agua en la cuenca del mar Aral, produjeron un desastre ambiental importante. A finales de la década de 1980, el mar Aral se había disminuido tanto que estaba dividido en dos, y en la década de 1990 buena parte de la tierra alrededor del mismo estaba salinizada.

En 1999, Kazajstán comenzó a restaurarlo. Se construyó un dique de 13 kilómetros al sur del río Syr Darya para elevar el nivel de la parte norte del mar y reducir su salinidad. Se creyó que tomaría 10 años aumentar el nivel del agua.

Sin embargo, sólo 7 meses después de haber terminado la construcción del dique, el nivel objetivo se había alcanzado y el agua sobrante comenzó a fluir por los escapes hacia el sur. Los niveles del agua han aumentado en promedio 4 metros. Los peces locales, los cultivos y la ganadería han comenzado a recuperarse, y el microclima se ha hecho menos árido. Las perspectivas económicas para las comunidades locales lucen positivas de nuevo –por primera vez en más de 30 años.

La clave para esta transformación: un manejo integrado para la restauración del río Syr Darya. La rehabilitación de represas, drenajes y bancadas a lo largo del río en Kazajstán, las cuales se habían degradado a continuación del colapso de la Unión Soviética, duplicaron el flujo del río y mejoraron su potencial para la generación de energía eléctrica. Para la parte norte del Aral, el éxito dependía de la identificación de inversiones nacionales puntuales que contribuirían a planes regionales o multipaís más amplios.

Fuente: Pala 2006; Banco Mundial 2006q.

lia, puede ser una posibilidad en algunos países en desarrollo.[29] Las tecnologías de sensores remotos pueden medir las cantidades de agua efectivamente aplicadas en los campos, bien sea desde aguas superficiales o desde fuentes subterráneas.[30] Aunque estas tecnologías requieren inversiones iniciales sustanciales, pueden ser más eficientes que otras alternativas.[31]

Las reformas económicas que ocurren en sectores diferentes al del agua y tienen influencia sobre los precios relativos de los productos, con frecuencia tienen un impacto importante en la productividad del agua en la agricultura. En la región de Punjab en la India, bien conocida por la sobreexplotación del agua subterránea, las políticas de apoyo a los precios mínimos del arroz aumentaron el atractivo financiero de éste en relación con cultivos que son menos intensivos en agua. De la misma manera, muchos países escasos en agua en el Medio Oriente y África septentrional, apoyan la producción de trigo irrigado, a expensas de otros cultivos hortícolas que podrían generar un más alto retorno al uso del agua. El empleo de políticas comerciales más liberales podría incentivar también una especialización más eficiente –productos con altos requerimientos de agua serían importados de lugares con una mayor disponibilidad de ésta y las regiones con escasez de agua se especializarían en cultivos menos intensivos en agua y de más alto valor. La secuencia de las reformas en el sector del agua y unas más amplias reformas económicas se hacen decisivamente importantes si se busca que unas más amplias reformas transformen la constelación de fuerzas políticas y generen apoyo para reformas en el sector del agua, que de otra manera se estancan.

Uso de los mercados de agua cuando los derechos a ésta son seguros

Teóricamente, los mercados para la asignación del agua entre sectores y al interior de esquemas de irrigación, son el instrumento económicamente más eficiente para mejorar la productividad del agua. Con frecuencia los mercados locales del agua se han desarrollado naturalmente en los sitios donde el control social y la infraestructura hidráulica lo hacen posible (por ejemplo, turnos transables para el agua en los sistemas de irrigación tradicional en Asia meridional o el comercio de agua subterránea en Jordania y Pakistán). Sin embargo, es improbable que los mercados reasignen el agua en gran escala en los países en desarrollo en el futuro cercano.[32] Hasta el momento, los grandes mercados para el agua han estado restringidos a los países que cuentan con fuertes marcos institucionales y derechos seguros al agua (esto es, derechos individuales o colectivos al agua), como en Chile y México. El comercio de agua por Internet, especialmente entre agricultores y usuarios urbanos, es posible en la actualidad en California.

Gráfico 8.2 Las fuentes de agua subterránea en la India están siendo agotadas

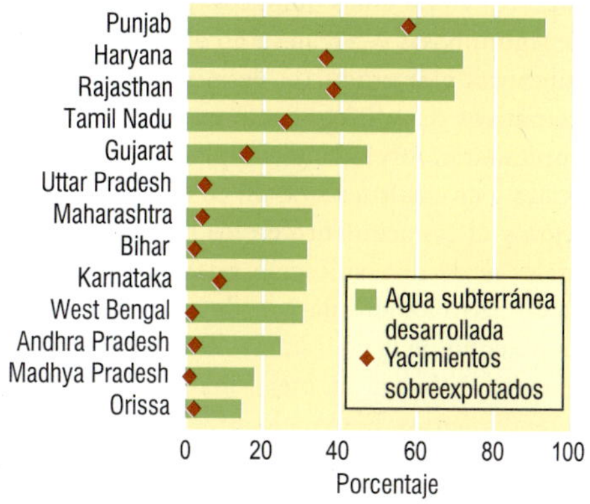

Fuente: Banco Mundial 2003d.
Nota: Agua subterránea desarrollada "es el porcentaje de toda el agua subterránea disponible en el Estado". Yacimientos sobreexplotados "es el porcentaje de los bloques administrativos en los cuales la extracción de agua subterránea excede su recarga".

En la medida en que el agua se hace más escasa, es probable que aumente el interés en los merados de agua debido a que éstos pueden asignarla de manera eficiente entre sus diferentes usuarios. La experiencia temprana con mercados formales de agua muestra que se necesita utilizar una variedad de enfoques, dependiendo de las instituciones locales, las normas culturales, las condiciones hidrológicas y la capacidad de mover el agua a grandes distancias. El diseño de los mercados de agua también debe tomar en consideración la creciente frecuencia de las sequías, como consecuencia del cambio climático y la posibilidad del racionamiento del agua. Un proceso flexible de asignación de ésta, a través del cual las asignaciones del agua dependan de su disponibilidad real puede ser necesario.

La existencia de derechos al agua que sean percibidos como justos y respondiendo a las necesidades de todos sus usuarios, son una precondición para la introducción exitosa de los mercados de agua. La inequidad en los derechos al agua con frecuencia está implícita en los derechos tradicionales a ésta, en la distribución de los derechos a la tierra y en el acceso a la irrigación. Por ejemplo, las mujeres son con frecuencia excluidas de la construcción y mantenimiento de las obras de irrigación, una forma común a través de la cual los participantes obtienen derechos en el sistema.[33] Con una mayor presión sobre los recursos de agua, se hace particularmente importante el asegurar los derechos a ésta por parte de los grupo nativos, pastores, pequeños agricultores y mujeres.

Los intereses conflictivos de los usuarios en las partes altas y bajas en la corriente, complican la asignación de los derechos al agua. Los desacuerdos locales pueden ser resueltos mediante enfoques comunitarios para la administración de los recursos compartidos, pero lograr un acuerdo entre los usuarios arriba y abajo en la corriente en una gran escala, particularmente en el contexto de cuerpos de agua transfronterizos, es bastante más complicado. De manera similar, hacer cumplir los derechos al agua subterránea es desafiante debido a la dificultad para monitorear su extracción.

Aprovechar las ventanas de oportunidad para hacer posibles las reformas

Muchos cambios en la administración de la irrigación –desde la asignación de los derechos al agua hasta las reformas de las agencias administradoras– son políticamente discutidos. Intentos pasados de reforma han fracasado con frecuencia, o han quedado incompletos, debido al exceso de optimismo acerca de la voluntad o de la capacidad de las burocracias locales para adelantar las reformas y acerca del tiempo y el costo de las inversiones necesarias. En Indonesia, Madagascar y Pakistán, las estrategias de reforma que ignoraron la realidad política tuvieron un muy lento avance.[34]

La reforma de los sistemas de irrigación y de la asignación del agua es inherentemente un proceso político. Por ejemplo, las burocracias para la administración del agua se pueden oponer a la devolución de la responsabilidad y a tener una mayor rendición de cuentas con respecto a los usuarios de ésta. Cuando las reformas tienen líderes políticos, así como técnicos, tienen una mayor probabilidad de tener éxito. En Chile, Mali, Namibia y Sudáfrica, las reformas institucionales para el agua tuvieron éxito en una buena medida debido a que eran parte de un más amplio paquete de reformas políticas y económicas con un fuerte apoyo político.[35] En Mali el presidente lideró la reforma de la Oficina del Níger (capítulo 11). En Marruecos, el liderazgo de los ministerios de finanzas y de asuntos económicos fue instrumental en la construcción de consenso y en la creación de una ventana de oportunidad para llevar a cabo las reformas.[36] Aun Estados centralizados con limitados mecanismos de rendición de cuentas en el sector (Argelia, la República Árabe de Egipto y la República de Yemen, por ejemplo) están comenzando a liberar información hacia el público, a involucrar a grupos de ciudadanos y a instaurar cambios que incrementan la rendición de cuentas de los sistemas de irrigación administrados públicamente.[37]

Un adecuado marco legal y una clara división de responsabilidades entre el sector público y privado y los usuarios del agua, es esencial para una exitosa devolución de la administración a los usuarios de la misma, incluyendo la capacidad de establecer presupuestos, definir el tipo de servicios que se proveerán y recolectar los pagos.[38] La representación de las mujeres agricultoras en las asociaciones de usuarios y la capacitación por género de los empleados de las asociaciones, pueden mejorar su desempeño. El apoyarse en las organizaciones no gubernamentales femeninas y en la participación de las mujeres en los trabajos de construcción y rehabilitación, ha ayudado a lograr una activa participación de éstas en las asociaciones de usuarios del agua en algunos casos exitosos, como en República Dominicana.[39]

Hacer verde la revolución verde

Un notorio cambio hacia la agricultura con alto uso de insumos se encuentra detrás de la intensificación de la agricultura en las áreas irrigadas y en las áreas de altos potenciales que son dependientes de la lluvia en los países en proceso de transformación y urbanizados. Ejemplificada por la revolución verde, la agricultura con alto uso de insumos típicamente involucra el uso de monocultivos y de un paquete de semillas de variedades modernas, fertilizantes y pesticidas.

Aparte de su éxito en el aumento dramático de la producción de alimentos y en evitar la conversión de enormes cantidades de tierra adicional hacia la agricultura, la agricultura intensiva en insumos ha generado serios problemas ambientales. La mala administración del agua de irrigación ya fue discutida. Problemas adicionales fuera de las localidades surgen del uso poco juicioso de los fertilizantes y los pesticidas: contaminación del agua, daño indirecto a ecosistemas mayores cuando el exceso de nitrato de la agricultura entra en los sistemas de aguas; inadvertido envenenamiento con pesticidas de humanos, animales y plantas e insectos a quienes no están dirigidas las fumigaciones.[40] La escorrentía de nutrientes de los fertilizantes empleados en la agricultura se ha convertido en un problema importante en los sistemas intensivos de Asia, generando un florecimiento de las algas y destruyendo las zonas pantanosas y el hábitat de la vida salvaje.

Igualmente alarmante ha sido la creciente evidencia de que la productividad de muchos de estos sistemas intensivos no puede ser sostenida utilizando los actuales enfoques de manejo. Hay una creciente evidencia de que la degradación del suelo y de la salud, y el crecimiento de plagas y malezas están disminuyendo el crecimiento de la productividad. Estas tendencias han sido mejor documentadas en los sistemas intensivos arroz-trigo de Asia meridional (recuadro 8.2).

RECUADRO 8.2 *Degradación de los recursos en los sistemas arroz-trigo de Asia meridional*

El sistema arroz-trigo cubre 12 millones de hectáreas en la planicie Indo-Ganges de la India y Pakistán, proporcionando una porción significativa de los granos alimenticios comercializados en los dos países. Sin embargo, el monocultivo intensivo y continuo del arroz (estación de verano) y trigo (estación de invierno) ha llevado a una seria degradación del suelo y del agua, que ha impedido muchas de las ganancias de productividad de la revolución verde. La salinización del suelo, la extracción de nutrientes de éste y la disminución de la materia orgánica, son exacerbadas por el agotamiento de los yacimientos subterráneos de agua y el crecimiento de las poblaciones de plagas y hierbas, y la resistencia a los pesticidas. En el Punjab, en la India, el uso extensivo de fertilizantes de nitrógeno y pesticidas, ha aumentado también la concentración de nitratos y residuos de pesticidas en el agua, alimentos humanos y alimentos para animales, con frecuencia por encima de los límites tolerables. Los resultados de experimentos a largo plazo en la India y de análisis econométricos de datos de productividad en el tiempo y entre distritos en el Punjab de Pakistán, revelan que la degradación del suelo y de la calidad del agua puede haber eliminado muchas de las ganancias generadas por la adopción de variedades mejoradas y otras tecnologías

Fuente: **Ali y Byerlee 2002; Kataki, Hobbs y Adhikary 2001.**

La agricultura intensiva en insumos también ha reducido la biodiversidad en los ambientes locales y la diversidad genética en el tipo de cultivos que se utilizan.[41] Las variedades modernas de cultivos con frecuencia conllevan fuentes similares de resistencia genética al estrés en la producción, aunque esto está siendo contrarrestado por una más rápida rotación de variedades y por un mayor nivel de gasto en enfoques para el desarrollo de plantas que amplían la base genética o adaptan materiales para mantenerse adelante de las plagas y enfermedades en continua evolución (capítulo 7).[42] La preservación de los recursos genéticos vegetales y animales a través de bancos genéticos *ex situ*, es apoyada a través de iniciativas mundiales (capítulo 11) y se ha convertido en una aún mayor prioridad debido a la necesidad de adaptarse al cambio climático.

Enfrentados a estos problemas relacionados con los recursos, los agricultores necesitan asistencia para afinar sus sistemas de cultivo y sus prácticas de manejo de éstos a las condiciones locales. El uso de sistemas más diversificados puede con frecuencia reducir la necesidad de fertilizantes y pesticidas químicos (por ejemplo, sistemas intercalados de leguminosas y cereales); no obstante, los subsidios a la energía, fertilizantes y al producto, desincentivan un cambio hacia patrones alternativos de cultivo, como en el Punjab en la India.[43] También se necesitarán inversiones complementarias en infraestructura de mercado y en instituciones, así como en la diseminación de la investigación y el conocimiento en los lugares donde los beneficios ambientales de la diversificación pueden inclinar el balance a favor del uso de patrones alternativos de cultivo.

El costo ambiental de la contaminación por fertilizantes y pesticidas puede ser reducido con un mejor manejo de estos insumos, sin sacrificar los rendimientos. El manejo integrado de plagas, que combina principios agroecológicos con un juicioso uso de los pesticidas, puede aumentar los rendimientos y reducir el daño ambiental (recuadro 8.3).[44] Otras mejoras basadas en el conocimiento del manejo de los cultivos que son de tipo gana-gana para los agricultores, incluyen el uso de variedades resistentes a las plagas, una mejor opor-

RECUADRO 8.3 *Manejo integrado de plagas para el control del gusano andino de la papa en Perú*

Un pulgón nocturno y el gusano andino de la papa son amenazas mayores para la producción de papa, reduciendo los rendimientos entre una tercera parte y la mitad. Para ayudar a los agricultores, el Centro Internacional de la Papa y asociados peruanos, iniciaron una investigación adaptativa en granja, en dos comunidades cultivadoras de papa en los Andes en 1991.

La investigación introdujo varias prácticas de manejo integrado de plagas:

- Control químico con insecticidas seleccionados.
- Control agronómico, ajustando el tiempo de cosecha, el manejo del suelo y la labranza después de la cosecha.
- Control mecánico, tal como cubiertas para el transporte, zanjas alrededor de los campos de papa, barreras vegetales y la eliminación de plantas espontáneas
- Control biológico, utilizando el hongo *Beauveria*
- Captura manual de insectos adultos y utilización de pollos para comer las larvas.

Aunque los agricultores no adoptaron todas las prácticas, un estudio hecho antes y después mostró que los agricultores podrían reducir sustancialmente el daño y aumentar su ingreso neto en promedio en US$154 por hectárea. Un análisis de costo-beneficio utilizando datos de encuestas mostró una tasa interna de retorno de 30%, incluyendo todos los costos de investigación y desarrollo y una vida del servicio durante 20 años.

Fuentes: Panel para la evaluación de impacto de TAC, Spia 1999. Waibel y Pemsl 1999.

tunidad y aplicación de fertilizantes y agua, la agricultura de precisión (utilizando sistemas de información geográfica [SIG]), y agricultura de labranza cero (capítulo 7).[45]

A pesar de la promesa involucrada en las prácticas integradas de manejo, los agricultores han sido lentos para adoptarlas. Una razón para esto son los subsidios al agua y fertilizantes que algunos gobiernos aún proporcionan para los sistemas intensivos. Al hacer los insumos menos costosos, los subsidios incentivan a los agricultores a desperdiciar en su uso. Otra razón es que muchas de las prácticas mejoradas son intensivas en conocimiento y requieren de sistemas de investigación y extensión que puedan generar y transferir conocimientos y destrezas de toma de decisiones hacia los agricultores, antes que proveerles con una receta de recomendaciones a lo largo de extensas áreas.[46] Los agricultores también necesitan una mayor alfabetización ecológica para tener una mejor comprensión de las interacciones que hay en los ecosistemas complejos –un objetivo de muchas escuelas de campo de agricultores sobre los enfoques de manejo integrado (capítulo 7). Una tercera razón es la externalidad negativa de buena parte del daño ambiental producido en los sistemas agrícolas intensivos en insumos. Mediante la creación de una brecha entre los intereses privados de los agricultores y el más amplio valor social de los servicios ambientales que degradan, los sistemas pueden llevar a una significativa degradación fuera de las localidades, a menos de que se cambien los incentivos mediante las cargas fiscales a los pesticidas o una efectiva regulación de la contaminación, por ejemplo.

Sin embargo, hay nuevas fuerzas en acción induciendo a muchos agricultores a utilizar sistemas intensivos de una manera más sustentable. Hay una demanda en rápida expansión por productos orgánicos o con otro tipo de certificados ambientales (capítulo 5). Los altos estándares de salud, calidad y ambientales de las cadenas de oferta y de los supermercados que han surgido, también compelen a los agricultores a cambiarse hacia prácticas agrícolas mejores y más sustentables. La gobernanza descentralizada permite un mayor acceso a la información local y al uso del capital social local para regular las externalidades. La sociedad civil tiene la capacidad de proveer asistencia técnica y ayudar a organizar a los agricultores y comunidades para satisfacer los más altos estándares ambientales. Las organizaciones comunitarias y las cooperativas de productores se encontraron en el corazón de la reciente expansión de la exportación de productos orgánicos en África oriental.[47]

Administración de sistemas ganaderos intensivos

Determinado por el crecimiento en la demanda por carne, leche y huevos, los sistemas ganaderos intensivos han florecido en el mundo en desarrollo, como consecuencia directa del creciente ingreso per cápita y la urbanización (capítulo 2). Esta intensificación ha sido asistida por el cambio tecnológico, particularmente en el desarrollo de animales, la nutrición y la salud. Los resultados –animales más productivos; mayores unidades de producción que capturan economías de escala y una mayor integración a lo largo de la cadena de mercadeo, mejorando la calidad y disminuyendo los costos de mercadeo y transporte. La intensificación de la ganadería también ha generado problemas ambientales, ligados al movimiento desde una producción dispersa en áreas rurales hacia unidades ganaderas especializadas en las áreas urbanas y periurbanas, como sucede ahora a gran escala en buena parte de Asia. Las mayores amenazas ambientales son la contaminación del agua y el suelo con residuos animales, especialmente nitrógeno, fósforo y metales pesados altamente tóxicos, como cadmio, cobre y zinc. Las densas poblaciones de animales también añaden significativamente a los riesgos de diseminar enfermedades animales y altas pérdidas económicas. Algunas de estas enfermedades son también una amenaza para los humanos, especialmente en los lugares donde las densas poblaciones de animales y de humanos entran en contacto cercano.

Es necesario que las estrategias para administrar los problemas ambientales y de salud de los sistemas ganaderos intensivos alteren este patrón de concentración urbana. Las áreas que pueden absorber las más altas densidades de ganado se identifican mediante tecnología SIG, sobreponiendo los actuales sistemas agrícolas y sus balances nutricionales con zonas ecológicamente sensibles, con presencia de densidades de población humana e infraestructura.[48] Inducir a las empresas a reubicarse hacia áreas más adecuadas ambientalmente, requiere tanto instrumentos del tipo de "regulación y control" como "basados en el mercado". Las medidas de regulación y control pueden incluir limitar el tamaño de las granjas ganaderas (Noruega), limitar la densidad de animales por granja (Alemania) e introducir distancias mínimas entre granja (España) o entre granjas y el flujo de agua más cercano (Brasil). Los instrumentos basados en el mercado, incluyen devoluciones de impuestos por reubicación (Tailandia, recuadro 8.4), impuestos ambientales sobre las granjas ganaderas urbanas y apoyo a la inversión para la construcción de infraestructura en las granjas con el fin de reducir las fugas de nutrientes (países de la Organización para la Cooperación y el Desarrollo Económicos [OCED]). Sistemas de cuotas transables para la producción de desechos animales, conjuntamente con sistemas de compra por parte de los gobiernos para reducir la presión animal en conjunto, han funcionado en Holanda.[49]

Una causa del reciente surgimiento de enfermedades como la gripe aviar, es la mezcla de sistemas de producción tradicionales e intensivos en zonas que son densamente pobladas por personas y animales, como ocurre en las zonas urbanas y periurbanas (*ver* En foco H).[50] Aunque la epidemiología de la gripe aviar aún no es suficientemente clara, su difusión en Asia oriental parece haber sido acelerada por esta mezcla. Los sistemas tradicionales de crianza de aves, concentrados alrededor de áreas urbanas, permiten la circulación continua del virus –aunque a un bajo nivel–, en tanto que las más grandes operaciones intensivas cercanas a las áreas urbanas, con un considerable movimiento de alimentos, animales y personas, permiten que el virus crezca y se disperse.

Revertir la degradación en áreas menos favorecidas

Muchas áreas menos favorecidas han ganado poco de los pasados éxitos agrícolas para aumentar los rendimientos. Las áreas menos favorecidas incluyen tierras con un bajo potencial agrícola debido a un mal clima, suelo y topografía; también cubren áreas que pueden tener un alto potencial agrícola pero que son subexplotadas debido al limitado acceso a la infraestructura y a los mercados, la baja densidad de población o la marginalización social o política (capítulo 2). Las áreas menos favorecidas representan el 54% del área agrícola y el 31% de la población rural de los países en desarrollo (capítulo 2). Muchas de estas áreas son regiones de colinas y montañas (zonas altas) o zonas áridas o semi-áridas (zonas secas). En su mayor parte están caracterizadas por la agricultura extensiva, la degradación de recursos y la pobreza. Las áreas de asentamientos en los bosques tropicales, aunque menores en su extensión y población, son también otra importante categoría desde el punto de vista ambiental, en las que la deforestación contribuye a la reducción de la captura mundial de carbón y al cambio climático.

Las regiones menos favorecidas comprenden un amplio conjunto de sistemas agrícolas poco intensivos en insumos, incluyendo el pastoreo migratorio en las áreas áridas, los sistemas agropastorales en las áreas secas, la producción integrada de cultivos, árboles y ganado en áreas montañosas y altas; y el cultivo administrado secundario de tipo bosque-barbecho en las márgenes de los bosques.[53] Muchos son ambientalmente frágiles, sus suelos, vegetación y apariencia fácilmente degradadas. Algunos, especialmente las áreas altas y de bosques, también protegen las fuentes de agua, regulan los flujos de agua en los más grandes sistemas de cuencas de los ríos, capturan grandes cantidades de carbono por encima y debajo del suelo y son el hospedaje de una rica variedad de biodiversidad. Muy pocos de estos beneficios ambientales son valorados por el mercado.

La degradación del suelo y la deforestación en las áreas menos favorecidas reduce la productividad agrícola y genera la pérdida de otros valiosos servicios de los ecosistemas, incluyendo el hábitat para la biodiversidad. La degradación de la tierra es más severa en lugares claves como las cimas de las montañas de los Himalayas; las áreas pendientes de los Andes, el sur de China y el sureste de Asia. Las áreas de pastos en África y Asia central y occidental, y las tierras áridas del Sahel. La mayor parte de la degradación del suelo es el resultado de la erosión por viento y agua.[54] La extracción de nutrientes del suelo, resultante del acortamiento de los períodos de descanso y del muy bajo uso de fertilizantes, es endémica a través de la mayor parte de África subsahariana. El sobrepastoreo y la degradación de las áreas de pastoreo es amplio en buena parte de la estepa de África, en el Medio Oriente, en Asia central y el Sahel.

Los estimativos acerca de la extensión mundial de la degradación del suelo y de su impacto sobre la productividad son escasos y debatidos. Para África subsahariana, los estimativos sobre pérdida de productividad se encuentran generalmente en el rango del 1% por año o menos,[55] pero en áreas extensas de Kenya, Etiopía y Uganda, son más elevados. De acuerdo con datos de espectrometría casi infrarroja, alrededor del 56% de la tierra está entre moderada y severamente degradada en la cuenca del río Nyando en Kenya.[56] A una escala nacional, el costo de la degradación de la tierra en Kenya se puede traducir en pérdidas de 3,8% del producto interno bruto.[57] La degradación del suelo tiende a ser un problema mayor en las cuencas altas con pendientes pronunciadas. El pastoreo intensivo ha llevado a la erosión y a la pérdida del 5% del área productiva en Lesoto en el curso de alrededor de 30 años[58] y en la región del este de

RECUADRO 8.4 *Administrando la intensificación avícola en Tailandia*

Tailandia, un jugador importante en el mercado mundial de carne de aves (más de 500 millones de toneladas de exportaciones en 2003), ha controlado muchos de los riesgos de enfermedad. Un sistema de zonificación e impuestos redujo significativamente la concentración de la avicultura en las áreas periurbanas en menos de una década (gráfico). Los agricultores cercanos a Bangkok tienen que pagar impuestos altos, en tanto que aquellos fuera de la zona gozaron de un estatus libre de impuestos.[51]

La influenza aviar altamente patogénica fue también controlada, aunque no ha sido completamente erradicada. A continuación de un brote a finales de 2003, el gobierno tailandés desarrolló zonas libres de enfermedad con un control a la movilidad de animales de 24 horas y una alta bioseguridad –con miles de inspectores yendo puerta a puerta en busca de animales enfermos.[52]

Los grandes exportadores se movieron hacia la carne cocinada. La incidencia de la influenza aviar altamente patogénica disminuyó, pero dos brotes en agosto de 2006 –en aves de crianza tradicional y en una pequeña unidad comercial con una baja bioseguridad– enfatizan la necesidad de mantener la vigilancia.

Tailandia está moviendo la concentración de la avicultura lejos de Bangkok

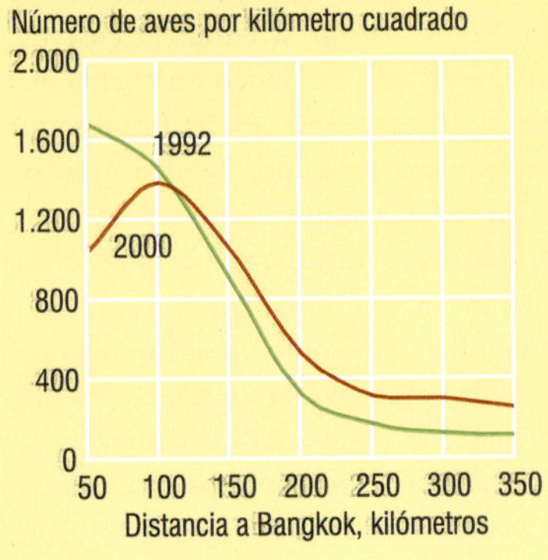

Fuente: Steinfeld y otros 2006.

Anatolia en Turquía, la erosión afecta a más del 70% de la tierra cultivada y de las pasturas.

La erosión del suelo en las cuencas altas genera la sedimentación corriente abajo y la salinización secundaria (mediante sales en el agua de irrigación) en muchas zonas irrigadas. Por ejemplo, en la región de Tigray en Etiopía, la erosión del suelo en las zonas altas productoras de agua, disminuyó a la mitad la capacidad de almacenamiento de los reservorios en un plazo de 5 años después de su construcción. En Marruecos, la erosión del suelo redujo la capacidad de almacenamiento de 34 grandes reservorios en alrededor de 0,5% por año. De acuerdo con un conjunto de estimativos, el costo de reemplazo de la capacidad de almacenamiento perdida por la sedimentación a nivel mundial, podría alcanzar US$13.000 millones por año.[59]

La expansión de la frontera agrícola es la causa principal de la deforestación, aun cuando no toda la conversión y degradación de la cubierta forestal está asociada con la agricultura extensiva. La deforestación ocurre más rápidamente en las selvas húmedas tropicales que permanecen en el Amazonas, oeste de África y partes del sureste de Asia (mapa 8.2). La deforestación en tierras mixtas[60] (donde pequeños núcleos de bosques están rodeados por sistemas agrícolas de cultivos extensivos, frecuentemente cerca de la proximidad de los centros urbanos) es una pequeña contribución a la pérdida general de bosques, pero éstos son importantes hábitats para la biodiversidad y corredores biológicos.[61]

Debido a que la mitad de todas las especies subsisten primordialmente en escenarios agrícolas fuera de las áreas protegidas, la diversidad puede ser preservada únicamente a través de iniciativas de los agricultores. Esta dependencia de la biodiversidad en el paisaje agrícola es explícitamente reconocida en el concepto de ecoagricultura (un enfoque integrado para la agricultura, la conservación y la subsistencia rural en el contexto del escenario rural y los ecosistemas).[62]

En muchas regiones menos favorecidas el crecimiento poblacional está ejerciendo enorme presión sobre la base de recursos naturales. Hasta hace unas pocas décadas, los recursos naturales eran comúnmente abundantes y, una vez utilizados, podían recobrarse a través del barbecho y la agricultura itinerante. Muchas de las tierras más frágiles no eran cultivadas en absoluto o eran pastoreadas por pastores nómadas. Los bosques dispersos proporcionaban formas de vida de caza y recolección para las poblaciones nativas. En la actualidad, muchas de estas tierras soportan densidades de población moderadas a altas, proporcionando alimento, combustible, agua y alojamiento. Sin incrementos adecuados en la productividad de la tierra o de los animales para asegurar su supervivencia, los agricultores expanden su área de cultivo mediante el acortamiento de los períodos de descanso y la limpia de nuevas tierras –buena parte de la cual es ambientalmente frágil y fácilmente degradable– y agregan ganado a las ya sobrecargadas áreas pastoriles. Algunas veces la intensifi-

Mapa 8.2 Muchos lugares críticos de deforestación se encuentran en áreas tropicales

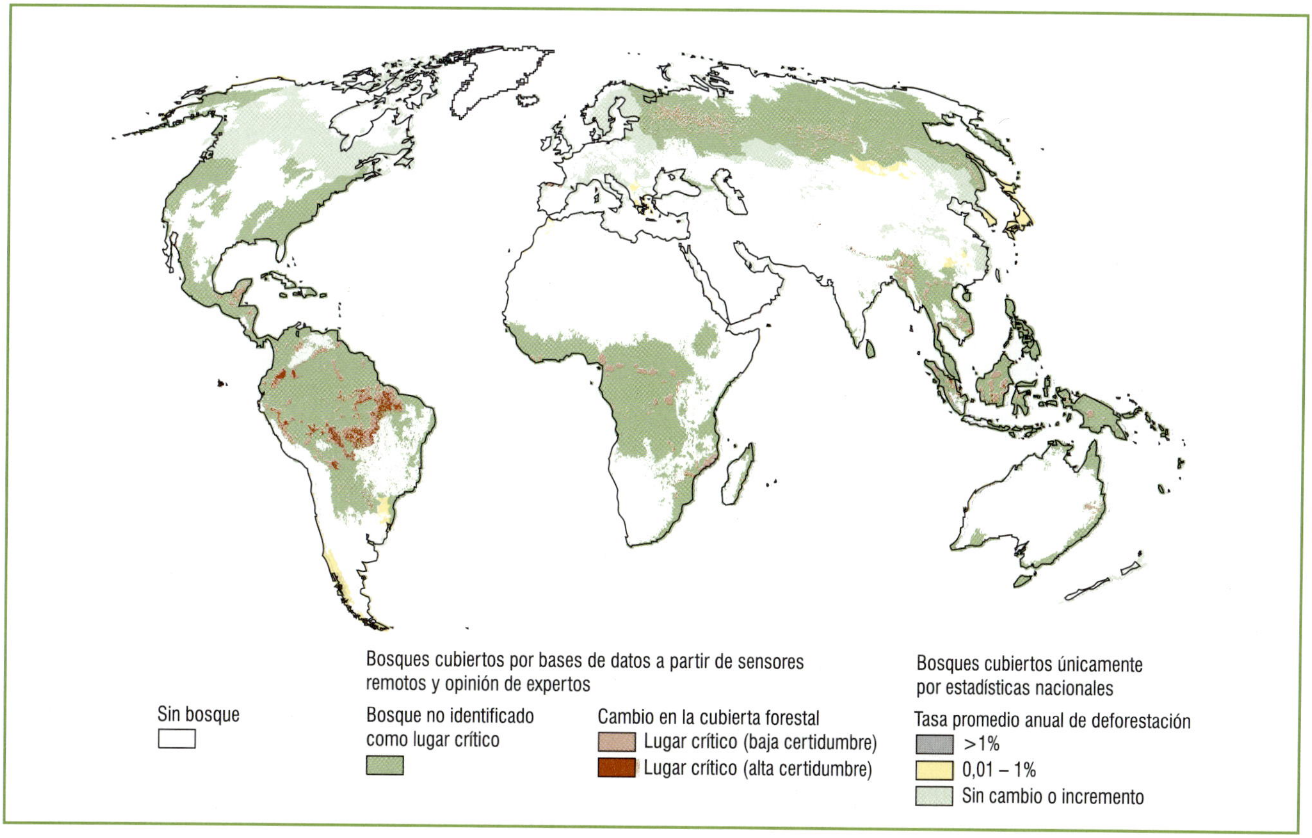

Fuentes: Lepers y otros 2005. Reimpreso con autorización © Instituto Americano de Ciencias Biológicas.
Nota: Las áreas se definen como lugares críticos cuando las tasas de deforestación exceden unos valores críticos, estimados a partir de los datos disponibles de deforestación y de opinión de expertos.

cación puede ayudar a reducir esta presión (recuadro 8.5). En los países en proceso de transformación y urbanizados, la emigración es una importante opción de supervivencia, pero dos consecuencias de ésta son el aumento del número de mujeres agricultoras y un envejecimiento general de la fuerza de trabajo agrícola en muchas de estas áreas (capítulo 3).

Estrategias para las áreas menos favorecidas

Las intervenciones de política pública para reducir la pobreza y preservar el medio ambiente son necesarias en muchas regiones menos favorecidas. Muchas de tales intervenciones han sido despreciadas debido a la percepción de que las tasas de retorno a la inversión pública son más altas en áreas de alto potencial –como fue cierto en la etapas tempranas de la revolución verde en Asia y puede ser cierto en África actualmente. Pero las inversiones públicas en vías, educación, irrigación y algunos tipos de investigación y desarrollo pueden generar tasas de retorno competitivas[63] y producir resultados positivos para la pobreza y el medio ambiente en las áreas menos favorecidas. Sin embargo, algunas intervenciones de política orientadas a la reducción de la pobreza pueden resultar en importantes efectos cruzados entre la pobreza y el medio ambiente –el desarrollo de nuevas vías es una causa importante de la deforestación.[64]

Las formas de intervención política deben depender del tipo de región menos favorecida a la que se focalizan y del contexto económico nacional. La diversidad en varias áreas es considerable. Las opciones incluyen incentivar una mayor emigración, promover la diversificación del ingreso hacia actividades no agrícolas, aumentar el gasto recurrente en redes de seguridad social, el apoyo al desarrollo de la agricultura más intensiva donde es rentable hacerlo e introducir pagos por servicios ambientales. Las opciones no agrícolas son generalmente más viables en países en proceso de transformación y urbanizados con dinámicos sectores no agrícolas –y menos en países pobres basados en la agricultura con economías estancadas.

El desarrollo agrícola en las regiones menos favorecidas está restringido en diferente grado por suelos frágiles, pendientes y ya degradados; lluvias erráticas y escasas; pobre acceso a los mercados y altos costos de transporte. Típicamente se requiere un cambio hacia sistemas de producción agrícola más intensivos, que puedan aumentar la productividad y reducir o revertir la necesidad de una mayor expansión del área de cultivo. El desafío es hacer esto de una manera rentable en tanto que se asegura el uso sustentable de los recursos a nivel local y se evitan las externalidades ambientales negativas a una escala más amplia.

Las estrategias para estas áreas necesitan basarse en dos intervenciones centrales: (1) mejorar las tecnologías para el manejo sustentable de la tierra, el agua y los recursos de biodiversidad; y (2) colocar a las comunidades locales en la silla del conductor para administrar los recursos ambientales. Ambos enfoques necesitan un ambiente propicio de política para tener éxito.

Mejorar las tecnologías para el manejo sustentable de los recursos. La baja productividad de la mayor parte de áreas menos favorecidas requiere de avances mayores en la tecnología para asegurar la rentabilidad, revertir la degradación de los recursos y mejorar las formas de sustento. Después de años de abandono, las regiones menos favorecidas han atraído recientemente una mayor atención por parte de la I&D agrícola realizada por agencias públicas, no gubernamentales y privadas (capítulo 7). Los esfuerzos iniciales se orientaron a las prácticas para el manejo de los recursos naturales que conservaran el agua escasa, controlaran la erosión y restauraran la fertilidad del suelo, utilizando pocos insumos externos (fertilizantes). Muchas de estas prácticas son complejas y específicas a la localidad.

RECUADRO 8.5 *Cuatro trayectorias: bosques en desaparición o resurgimiento, miseria o crecimiento*

La expansión de la frontera agrícola hacia las áreas boscosas ha sido generada por diversos factores, incluyendo la presión poblacional, pobreza, condiciones de mercado, construcción de vías y oportunidades de empleo no agrícola. La construcción de nuevas vías importantes son otra poderosa fuerza determinante de la deforestación. La intensificación de la agricultura puede ayudar a reducir la presión sobre la cubierta forestal, pero el resultado depende de la forma como estos factores interactúan. Algunas veces las oportunidades del mercado hacen rentable continuar la expansión hacia las áreas boscosas, a pesar de la intensificación de los campos existentes. Cuatro trayectorias son posibles.

Deforestación con intensificación. La intensificación puede ayudar a desacelerar la deforestación si la geografía o unos mercados laborales inflexibles impiden una mayor expansión hacia las áreas boscosas. Por ejemplo, la intensificación del cultivo del arroz en los valles en Filipinas absorbió el exceso de fuerza de trabajo de las granjas en las laderas, permitiendo que los bosques se recuperaran.[65] Pero la deforestación puede continuar aún con la intensificación. El área boscosa siguió disminuyendo en la zona india de Terai cuando la revolución verde aumentó el valor de colocar una mayor cantidad de tierra en uso agrícola, hasta que hubo una prohibición en 1980 para cortar bosques para uso agrícola. La expansión de los cultivos de soya en los márgenes de las selvas brasileñas es otro ejemplo de fuerzas económicas globales en acción.

Deforestación con empobrecimiento. Cuando el uso de la tierra demuestra ser insostenible –la fertilidad del suelo disminuye y el ingreso agrícola decae– el recrecimiento natural de los bosques puede no ocurrir. En consecuencia, la población abandona la tierra, como sucedió con millones de hectáreas de pasto *imperata* en el sureste de Asia y grandes áreas de pasturas aparentemente abandonadas cerca de Belem, Brasil. Si este tipo de uso insostenible del uso se combina con un alta presión poblacional, el resultado es empobrecimiento y aumento de la miseria como en Madagascar.

Reforestación con intensificación. Es probable que la reforestación acompañe a la intensificación cuando el agotamiento de los bosques lleva a la escasez de madera, aumentando el valor de éstos; y cuando las mejores condiciones de tenencia hacen posible que los hogares y las comunidades administren los bosques. El resultado: un mosaico de zonas de cultivos y bosques administrados como en algunos lugares de Kenya, Tanzania y el Sahel.

Reforestación con abandono de las áreas rurales. Los bosques están resurgiendo en algunas regiones, combinados con la emigración (Europa oriental, Japón, Norteamérica y más recientemente Europa oriental y central). Varios países en desarrollo parecen estar haciendo esta transición de la conversión a la agricultura y hacia el recrecimiento de los bosques, incluyendo partes de Asia (China, República de Corea, Malasia peninsular y posiblemente partes de la India y Vietnam), América Central (Costa Rica y República Dominicana), Cuba y Marruecos.[66]

Fuente: Banco Mundial 2007i.

El desarrollo de plantas se ha centrado en variedades que son más tolerantes a las sequías y a las pobres condiciones del suelo y tienen una mayor resistencia a plagas y a enfermedades. Estas mejoras pueden introducir significativas ganancias en la productividad y serán más importantes en la medida que los agricultores tratan de adaptarse al cambio climático. El mejoramiento de la resistencia a las plagas y las enfermedades es particularmente importante para estabilizar los rendimientos y hacer que los sistemas agrícolas sean más perdurables.

El manejo integrado del suelo y el agua en las cuencas ha recibido insuficiente atención de política, a pesar de que puede resultar en un notable mejoramiento en la productividad agrícola en muchas áreas menos favorecidas.[67] Un mejor manejo del agua, los suelos y los cultivos, puede más que duplicar la productividad en las áreas dependientes de las lluvias que actualmente tienen bajos rendimientos.[68] La inversión en la producción de agua y en la irrigación de pequeña escala son, en muchas circunstancias, de carácter catalítico –reduciendo las barreras a la adopción de prácticas para el manejo del suelo y los cultivos, que de otra manera son costosos, a través del incremento de su rentabilidad.

La aparición de la tecnología de bombeo accionado por viento y por electricidad en la década de 1990, se encontraba detrás de la exitosa transformación del triángulo de pobreza de Asia meridional –Bangladesh, la zona oriental de la India y la región de Terai en Nepal. El control de la irrigación por parte de los agricultores, utilizando tecnologías de bajo costo –desviación de corrientes fluviales, ascenso con bombas pequeñas (manual o por cuerdas) desde ríos o fuentes de agua pandas y la inundación estacional– también ha gozado de éxito local en África, especialmente para la horticultura de alto valor (en Burkina Faso, Nigeria y Tanzania, por ejemplo). Sin embargo, estos proyectos requieren capital social y acción comunitaria.

Los grupos de agricultores usuarios fueron clave para el éxito del Segundo Proyecto de Desarrollo Nacional Fadama en Nigeria, el cual invirtió en equipo de irrigación, otros activos agrícolas, infraestructura rural y servicios de asesoría. Los ingresos de los participantes en este proyecto, liderado por las comunidades, han aumentado en más de 50% en promedio entre 2004 y 2006. En la zona de las sabanas secas, donde los agricultores invirtieron principalmente en irrigación de pequeña escala, los ingresos promedio aumentaron en casi 80%.[69]

La incorporación de los árboles en los sistemas agrícolas (agroforestería) es otro enfoque prometedor que ha tenido ya impactos importantes en muchas áreas montañosas y agropastoriles de África. Nuevas oportunidades de mercado han llevado a la expansión de la producción de frutas y nueces por parte de pequeños agricultores. En Kenya, los árboles frutales contribuyen alrededor del 10% al ingreso total del hogar independientemente de su riqueza y alrededor del 60% de toda la leña y el carbón provienen de granjas. Los sistemas de fertilidad del suelo basados en la agroforestería (principalmente a través de un barbecho rotacional o de un cultivo permanente intercalado de árboles fijadores de nitrógeno) han más que duplicado los rendimientos y han aumentado los retornos netos a la tierra y el trabajo en la región del sur de África (capítulo 7).

La intensificación ganadera utilizando producción integrada agroforestal-ganadera en áreas menos favorecidas, es otro enfoque con elevados retornos potenciales. La restricción común para la intensificación de los sistemas tradicionales de ganadería es la carencia de alimento.[70] Para enfrentar esto, los agricultores están mejorando el manejo de los pastos (rotación de áreas, sistemas silvopastoriles), produciendo cultivos leguminosos para cobertura y utilizando residuos de los cultivos y subproductos industriales (pacas en África septentrional, semilla de algodón en el occidente de África y árboles forrajeros en Nigeria). Ya se han adoptado arbustos forrajeros de alta calidad que son fáciles de cultivar y generan retornos netos de US$40 por cabeza de ganado por año, por parte de alrededor de 100.000 pequeños productores de lácteos en África oriental; existe el potencial para expandir esta práctica a otros 2 millones de pequeños productores.[71] En Nigeria, las áreas de parques bajo agroforestería han llevado a una notoria recuperación de los suelos degradados y proporcionado alimento para animales en alrededor de 5 a 6 millones de hectáreas (recuadro 8.6).

La agricultura de conservación es otra tecnología de manejo sustentable de la tierra que ha sido adaptada a un amplio rango de condiciones (capítulo 7). En el Sahel, la plantación de árboles y el simple arreglo de bajo costo de rocas (colocar rocas alrededor de los contornos de las pendientes para retener el agua de lluvia y el suelo al interior del área cultivo) retienen los nutrientes del suelo y reducen la erosión, llevando a más altos y más elevados rendimientos e ingresos.[72] En las laderas pendientes en la región de Chiapas en México, la combinación de labranza de conservación y el uso de broza ha incrementado los retornos netos a la tierra y al trabajo.[73]

La adopción de estas diferentes prácticas ha sido mixta.[74] Algunas prácticas de manejo de los recursos naturales, simplemente no ofrecen suficientes ganancias en productividad de la tierra y el trabajo para justificar la inversión.[75] Muchas son intensivas en trabajo e incompatibles con la escasez estacional de trabajo, la población en proceso de envejecimiento y el creciente papel de las mujeres agricultoras. Los barbechos, terrazas y desechos verdes (cultivos sembrados especialmente por su materia orgánica y nutrientes, que son plantados en lugar de cosechados) mantienen tierra fuera de la producción de cultivos y la producción de compost y el manejo de los desechos compite con las necesidades del hogar por energía obtenida de una escasa materia orgánica. El manejo de los recursos naturales es también intensivo en conocimiento y los agricultores pueden no tener acceso a un servicio de extensión agrícola o capacitación apropiados. El aprendizaje de los vecinos resulta ser no muy efectivo en el caso de las prácticas complejas de administración de los recursos naturales.[76]

Las inversiones en el manejo de los recursos naturales, a diferencia de aquellas realizadas en insumos para una sola estación, como el fertilizante y las semillas mejoradas, son de largo plazo y requieren derechos de propiedad seguros de largo plazo sobre los recursos. Los agricultores serán reticentes a plantar árboles, por ejemplo, si tienen incertidumbre acerca de su capacidad para retener la posesión de éstos y capturar los eventuales beneficios (como sucede en Nigeria). Es más probable que las comunidades inviertan en el mejoramiento de áreas comunes de pastoreo y de producción de madera si tienen derechos seguros al uso de estos recursos y pueden excluir o controlar el acceso a extraños (como en las zonas altas de Tigray en Etiopía).[77] La formalización de los derechos individuales o comunitarios de la tierra es importante, como lo es el acceso al crédito para las inversiones a largo plazo (capítulo 6).

Colocar a las comunidades locales en la silla del conductor. La adopción de muchas prácticas de manejo de los recursos naturales requiere acción colectiva al nivel comunitario o a niveles más altos. Ha habido una verdadera explosión de organizaciones comunitarias para

RECUADRO 8.6 *La agroforestería en los parques en Níger hace retroceder el desierto y restaurar los medios de subsistencia*

Una serie de sequías en el Sahel en las décadas de 1970 y 1980, acompañadas por un fuerte crecimiento de la población, llevaron a una severa degradación de la tierra y a la pérdida de árboles, animales y formas de subsistencia en Níger. La crisis ecológica y económica incentivó la búsqueda de soluciones, involucrando autoridades, expertos técnicos y comunidades, con resultados sorprendentes. La densidad de árboles y de arbustos ha aumentado entre 10 y 20 veces desde 1975 en varias aldeas encuestadas en las zonas de Maradi, Tahoua y Zinder en Níger. En los últimos 20 años, la cobertura boscosa ha aumentado en alrededor de 5 a 6 millones de hectáreas sin recurrir a costosas plantaciones de árboles en gran escala. (Al costo anterior de US$1.000 por hectárea, la agroforestería en los parques a esta escala hubiera costado de US$5.000 a US$6.000 millones).

Una clave para esta transformación fue la transición de la propiedad estatal de los árboles al reconocimiento *de facto* de los derechos de propiedad individual. En lugar de cortar los árboles en sus campos, que en el pasado pertenecían al Estado, los agricultores comenzaron a tratarlos como activos valiosos. Se desarrollaron parques de agroforestería integrada (sistemas de producción cultivo-leña-ganado), incluyendo Gao (*Faidherbia albida*) baobab y otros árboles y arbustos. Los habitantes de las aldeas reportaron mejoras en la fertilidad del suelo y en las formas de subsistencia a pesar del débil desempeño económico del país. El número de ovejas y cabras aumentó gracias al forraje obtenido del Gao. Las mujeres han sido las principales beneficiarias debido a que poseen la mayor parte del ganado. El tiempo dedicado a la recolección de leña, una tarea tradicionalmente femenina, ha disminuido de alrededor de 2 y media horas por día a media hora. En las aldeas en donde los hatos de ganado no aumentaron, la disponibilidad de agua –no la carencia de alimentos– es la principal restricción reportada. Las ventas de madera se han convertido en una fuente importante de ingresos en las zonas rurales en las aldeas encuestadas, especialmente para los pobres.

Fuentes: Larwanou, Abdoulaye y Reij 2006; Polgreen 2007; Mc Gahuey y Winterbottom, comunicación personal, 2007, Reij, comunicación personal, 2007.

la administración de recursos naturales en años recientes, determinada en buena medida por ONG que se han vuelto activas en muchas regiones menos favorecidas. También ha sido incentivada por algunas agencias de desarrollo internacional (como el Fondo Internacional para el Desarrollo Agrícola [IFAD]) para empoderar a los pobres, particularmente a las mujeres y asegurar que participen de las nuevas oportunidades de crecimiento, como sucede en el muy exitoso proyecto de las zonas altas del sur de Perú.[78] Algunos gobiernos han tornado a las comunidades locales para que tomen papeles que anteriormente eran cumplidos –usualmente de forma inadecuada– por el Estado, tal como la administración de bosques en la India, las sabanas en el Medio Oriente y África septentrional y las pasturas en el período de transición de la planificación centralizada en Mongolia.

Los enfoque participativos, involucrando a los agricultores y las comunidades, son especialmente importantes para la administración de los recursos naturales, debido a la enorme biodiversidad agroecológica de las áreas menos favorecidas y a la necesidad de seleccionar y adaptar la tecnología para satisfacer las necesidades y condiciones locales. Los enfoques comunitarios pueden proporcionar derechos de propiedad seguros y facilitar la acción colectiva para mejorar el manejo de los recursos naturales. También pueden ayudar a administrar las externalidades locales y a mediar entre la población local y las actividades de los proyectos del gobierno, donantes y ONG.

Las organizaciones comunitarias que representan los intereses de un diverso grupo de participantes, incluyendo los pastores, mujeres y grupos nativos, tienden a ser más efectivas para la resolución de los conflictos relacionados con el uso de los recursos naturales que las autoridades centrales.[79] Algunas de las más exitosas organizaciones son lideradas por mujeres. La participación activa de las mujeres es importante debido a que ellas tienden a depender más de los recursos naturales de las áreas comunales, tanto como agricultoras como recolectoras de leña, forraje y agua.[80] La participación de las mujeres en organizaciones comunitarias para la administración de los recursos naturales mejora su efectividad. Los resultados de encuestas para 33 programas rurales en 20 países, encontraron altos niveles de colaboración, solidaridad y resolución de conflictos en organizaciones comunitarias que incluían a las mujeres.[81]

Con frecuencia, la acción colectiva para el manejo de los recursos necesita darse a nivel local, requiriendo la colaboración de grupos locales o aun de comunidades enteras.[82] Por ejemplo, hacer contornos a las laderas de las montañas para controlar la erosión del suelo y mantener el agua, requiere una inversión coordinada y la celebración de acuerdos para compartir el agua por parte de todos los agricultores en la misma ladera. El desarrollo de las cuencas requiere la colaboración de todos los beneficiarios en ésta y eso puede involucrar a una o más comunidades completas. Sin embargo, asegurar una amplia participación y resultados sustentables es desafiante, debido a que los programas de administración de cuencas con frecuencia generan ganadores y perdedores. Las intervenciones para conservación, como el cierre de áreas comunes, pueden generar pérdidas de ingresos al menos en el corto plazo, particularmente para los pobres (como sucede en Turquía, recuadro 8.7). El crecimiento de las organizaciones comunitarias está probando ser un desafío para los ministerios de gobierno responsables de la agricultura y los recursos naturales, debido a que éstos muy raras veces cuentan con la cultura organizacional o los recursos humanos necesarios para apoyar enfoques participativos. Puede necesitarse crear nuevas estructuras de especialistas, que actúen transversalmente entre disciplinas y ministerios relevantes. Alternativamente, se pueden contratar organizaciones del sector privado y de la sociedad civil para enlazar las políticas y procedimientos centrales con las prácticas en el campo.

El apoyo a la capacitación y al liderazgo por parte de actores externos (ONG) ha sido exitoso con frecuencia para llenar el vacío de conocimientos de liderazgo y técnicos en la comunidad, y en los ministerios de gobierno, aun en el contexto de un vacío institucional en el período de transición en Mongolia (recuadro 8.7).

Intervenciones bien intencionadas para disminuir la pobreza en áreas menos favorecidas, pueden, en ocasiones, producir resultados indeseables y socavar las formas tradicionales de administrar los recursos naturales de propiedad común. Por ejemplo, los intentos del gobierno por ayudar a las comunidades de pastores a manejar las sequías y las áreas de pastoreo en los sistemas agropastoriles del Medio Oriente y África septentrional, terminaron en una mayor degradación de la tierra de cultivo y de pastoreo (recuadro 8.8).

RECUADRO 8.7 *Dos historias de manejo liderado por la comunidad, cuencas y pasturas*

Los costos cruzados entre la sostenibilidad ambiental y el ingreso en la Anatolia oriental
La erosión del suelo es uno de los más serios problemas que afectan la sostenibilidad de la agricultura en Turquía, debido a que tanto como una tercera parte de la tierra cultivada y áreas extensivas para el pastoreo y pasturas montañosas, tienen fuertes pendientes. Alrededor de 16 millones de hectáreas, o más del 70% de la tierra cultivada y en pasturas en Turquía, están afectadas por la erosión, especialmente en la zona alta de la cuenca del Eufrates en Anatolia oriental. Los sistemas de ganadería extensiva son los principales culpables. El inadecuado manejo de las pasturas ha llevado a una extensiva degradación del suelo, limitando la posibilidad de la regeneración natural de los bosques y contribuyendo a un importante aumento de la sedimentación del suelo.

El proyecto para la rehabilitación de la cuenca de Anatolia oriental, que cuenta con una fuerte participación de la comunidad, ha ayudado a disminuir la degradación del suelo y de los bosques en la región. El proyecto cerró el pastoreo en los bosques, construyó terrazas y reforestó las laderas degradadas, intensificó la producción de ganado y de productos hortícolas en el Valle y compensó por la pérdida de ingreso generada por el abandono de los sistemas de ganadería extensiva. Sin tomar en consideración los eventuales beneficios de una menor sedimentación corriente abajo, el proyecto tuvo una tasa estimada de retorno de alrededor del 16% y es ampliamente considerado como exitoso.

Muchos hogares vieron aumentar sus ingresos, pero el impacto del proyecto sobre la pobreza ha sido ambiguo. Los principales beneficiarios de la irrigación en pequeña escala son hogares con acceso a los manantiales, la principal fuente de agua en el área del proyecto. La mayoría del ganado es de propiedad de los hogares más ricos, que cuentan con una mayor cantidad de tierra y una mayor habilidad para cambiar hacia los sistemas de ganadería intensiva. Los beneficios inmediatos del proyecto han sido vinculados a la propiedad de la tierra y de las fuentes de agua, en tanto que el ingreso generado en los bosques por la recolección de leña y las ventas de madera –del cual los pobres se benefician en cierta medida– será recibido únicamente en el largo plazo, después de la restauración de la cubierta forestal en las laderas de las montañas.

La reconciliación de la sostenibilidad ambiental con la generación de ingresos para los pobres ha sido difícil debido a la incertidumbre acerca del tamaño y el horizonte de tiempo de los beneficios finales de la conservación y del acceso desigual a los recursos productivos en áreas de agricultura intensiva. Después de la disposición inicial de las comunidades para acordar cerrar los bosques a cambio de unos beneficios compensatorios inmediatos, se espera que la presión para reabrir las áreas cerradas para pastar se incrementará.

La coadministración de las pasturas aumenta el ingreso de los pastores en Mongolia
Mongolia tiene el área de pastura comunitaria contigua más grande que queda en el mundo –hogar para 172.000 familias de pastores. Las pasturas nunca han sido de propiedad privada, pero las normas tradicionales determinaban el sistema de administración tradicional de éstas, antes del período de la planificación centralizada. Con la transición hacia la economía de mercado, se reintrodujo la propiedad privada del ganado pero no fue administrada a través de las instituciones tradicionales. El rápido crecimiento del número de familias de pastores (más que duplicándose entre 1992 y 1999) y del ganado, en alrededor de 30%, han ocasionado una severa degradación de las pasturas. El sobrepastoreo y la desertización pueden afectar alrededor del 76% de las áreas de pastura. Un exitoso enfoque de coadministración entre el Estado y las comunidades ha recibido apoyo legal y tecnológico activo por parte del gobierno y de las ONG (utilizando SIG y mapeos comunitarios) y ha comenzado a llenar el vacío institucional en la administración de las pasturas.

La adopción de prácticas de administración de las pasturas basadas en la comunidad, tiende a ser mayor en las áreas con una limitada capacidad de pastoreo, lejanas de las ciudades y de los centros de mercado y en comunidades de pastores con fuertes relaciones sociales. El tema problemático es la resolución de las disputas entre los pastores de diferentes comunidades. Como ha sugerido una encuesta de algunos sitios seleccionados, los ingresos han aumentado entre 9% y 67% durante los tres años transcurridos después del inicio del proyecto. Se reporta igualmente que el mejoramiento y la protección de los campos comunitarios de heno, el establecimiento de fondos para el heno y los forrajes y la preparación de forrajes adicionales para el invierno han ayudado a reducir las pérdidas de animales en un promedio de 6% a 12%.

Fuentes: Banco Mundial 2004f; Ykhanbaid y Bulgan 2006.

Así, a pesar de ser prometedores, los enfoques comunitarios no son una panacea en sí mismos. La pérdida aguda de recursos, el conflicto social irreconciliable, la falta de capacidad, o simplemente la ausencia de una comunidad válida, con frecuencia hacen necesarias intervenciones más centralizadas o al menos el apoyo de agencias externas. La resolución de los intereses conflictivos de los pastores y los agricultores en muchas zonas secas (como en Sudán, Líbano y Mongolia), o la administración y control de los recursos del agua más allá de la cuenca inmediata, puede requerir más de lo que los enfoques comunitarios pueden proporcionar. Es mucho lo que queda por aprender acerca de las condiciones para que éstos sean exitosos y puedan ser implementados a mayor escala.

Dadas las grandes externalidades en las regiones menos favorecidas, la promoción de la agricultura sustentable y la reducción de la pobreza no siempre generan degradación ambiental. Hay pocos enfoques tecnológicos o liderados por la comunidad para resolver las contradicciones que con frecuencia se dan entre la reducción de la pobreza y la degradación ambiental –las soluciones requieren de mecanismos mucho más efectivos para administrar las externalidades ambientales, incluyendo el pago por los servicios ambientales.

Pago por los servicios ambientales

Los paisajes agrícolas, tanto en las áreas menos favorecidas como en las de alto potencial, producen un amplio rango de servicios ambientales valiosos, como la captura de carbono, protección de la biodiversidad, regulación de los flujos de agua y el suministro de agua limpia corriente abajo. Sin embargo, los agricultores no reciben compensación por la provisión de estos servicios y, por tanto, tienden a subproducirlos. Muchos enfoques para aumentar los servicios ambientales se basan en demostrar a los agricultores "lo que es correcto hacer" –olvidando esto es "lo que es correcto hacer" para otros y no necesariamente para los agricultores. Otros enfoques han tratado de regular lo que los agricultores pueden y no pueden hacer. Ningún enfoque ha funcionado bien o ha sido sostenible en el tiempo. Ocasionalmente, tecnologías de tipo gana-gana pueden generar tanto altos retornos para los agricultores como altos niveles de servicios ambientales, pero éstas son pocas y poco frecuentes y pueden no seguir siendo de tipo gana-gana en el tiempo a medida que los precios cambian.[83]

La línea de fondo es que si la sociedad desea que los agricultores lleven a cabo prácticas de manejo de los recursos naturales que ge-

RECUADRO 8.8 *Administrando la sequía y el ganado en áreas de pastoreo del Medio Oriente y África septentrional*

La mayor parte de la tierra agrícola en el Medio Oriente y África septentrional recibe menos de 400 milímetros anuales de lluvia y está dedicada a sistemas de cebada-ovejas que utilizan la tierra disponible para cultivos y las vastas áreas de pastoreo de las estepas. Las sociedades agropastoriles tienen sus propias estrategias para enfrentar la sequía, un factor significativo desde hace mucho tiempo en la región. Las prácticas de pastoreo móvil o trashumante, reducen los riesgos de tener insuficiente forraje en cualquier localidad. Los acuerdos para pastoreo recíproco con comunidades más distantes, proporcionan acceso a sus recursos en los años de sequía. Los tamaños de los hatos y de los inventarios son ajustados al tamaño disponible de los recursos de pasturas. Los animales adicionales pueden ser fácilmente liquidados en una sequía, bien sea para obtener alimentos o efectivo. Los agricultores de la cebada y los pastores de ovejas diversifican hacia otros cultivos y hacia ocupaciones no agrícolas, particularmente a lo largo de la migración estacional para el empleo no agrícola.

Estas estrategias de riesgo han permitido administrar los choques de las sequías y hecho posible que las comunidades de pastores sobrevivan durante muchos siglos. Las interacciones entre las sequías y los sistemas de administración tradicional, también han servido para mantener el tamaño de los hatos en equilibrio con la productividad de las pasturas, evitando la degradación de largo plazo de las áreas de pastoreo. Sin embargo, la habilidad para manejar los choques de las sequías ha disminuido con el crecimiento de la población, en la medida en que una mayor cantidad de gente busca subsistir a partir de los pobres recursos de estas áreas y también debido a las más frecuentes y prolongadas sequías asociadas con el calentamiento global. Las sequías implican ahora significativas pérdidas de ganado, llevan a muchos agricultores y pastores hacia la pobreza e impiden las inversiones en un mejor manejo de los recursos naturales.

Los gobiernos de la región han intervenido para ayudar a administrar las pérdidas por las sequías, pero usualmente sobre la base de ayuda para la crisis una vez que la sequía se ha presentado y sin dar mucha consideración a las consecuencias de largo plazo. Las intervenciones más importantes son subsidios para la alimentación del ganado y condonaciones de deudas, las dos contribuyendo a degradar los recursos.

Los subsidios a la alimentación (sobre todo cebada) han sido bastante exitosos para proteger la cantidad de ganado y la producción durante las sequías. Sin embargo, también han acelerado la degradación de las pasturas en el largo plazo, a través de distorsionar el proceso tradicional de ajustar el tamaño de los hatos a las variaciones climáticas interanuales. El tamaño de los hatos ha aumentado fuertemente en los últimos años y las prácticas de pastoreo han cambiado; muchos de los animales no abandonan las estepas durante la estación seca sino que se les transporta su alimento y agua hacia esas zonas. Esto lleva a un sobrepastoreo durante la estación seca, reduce la siembra natural de especies anuales de pasturas, perjudica el suelo y contribuye a la erosión eólica, particularmente en las áreas cercanas a los lugares de provisión de agua y alimento. Los altos precios de compra gubernamental para la cebada también han incentivado la intrusión del cultivo mecanizado de este producto hacia las pasturas donde ésta no puede ser sostenida.

En tanto que la reprogramación sistemática del crédito a los agricultores proporciona un tipo de alivio de corto plazo, este enfoque ha probado ser de mayor beneficio para las grandes granjas –y contribuye al crónicamente débil desempeño de recuperación de los créditos por parte de los bancos de desarrollo agrícola de la región. Mejores alternativas de intervención que necesitan explorarse, serían formas simples de aseguramiento para la sequía, avisos tempranos de la llegada de la sequía, y redes de seguridad social para los pobres.

Fuente: Hazell, Oram, y Chaherli 2001.

neren beneficios fuera de las zonas agrícolas, la sociedad necesita compensarlos. Esto ha sido intentado en pequeñas escalas mediante la provisión de préstamos condonables para la inversión, utilizando programas de alimentos por trabajo para actividades de conservación, como la plantación de árboles, y proveyendo insumos como semillas sin costo. Sin embargo, usualmente estos esfuerzos proporcionan únicamente recompensas de corto plazo y los incentivos que crean desaparecen tan pronto como la recompensa termina. Los beneficios de estos programas de corto plazo han sido, en el mejor de los casos, temporales. El enfoque que ha surgido para pagar por los servicios ambientales (PSE) intenta solucionar este problema.

El PSE es un enfoque de conservación basado en el mercado, en los principios gemelos de que aquellos que se benefician de los servicios ambientales (como los usuarios de agua limpia) deben pagar por ello y aquellos que generan dichos servicios deben ser compensados por proveerlos.[84] En un mecanismo PSE, los proveedores del servicio reciben pagos condicionados a la provisión de los servicios ambientales deseados (o por la adopción de una práctica que se cree que genera esos servicios). La participación es voluntaria. El enfoque PSE es atractivo en la medida en que (1) genera nueva financiación, la cual no estaría disponible de otra manera para la conservación; (2) puede ser sustentable, en la medida en que depende del interés mutuo de los usuarios y proveedores del servicio y no de la voluntad de los gobiernos o de las agencias donantes; y (3) es eficiente si genera servicios cuyos beneficios exceden los costos para proveerlos.

Ha habido un fuerte interés en los programas PSE en años recientes, particularmente en América Latina. Costa Rica tiene el programa más antiguo, creado en 1997, el que al final de 2005 estaba pagando por la conservación de los bosques en alrededor de 270.000 hectáreas o cerca del 10% del área de bosques. México creó un programa similar en 2002 y a finales de 2005 éste pagaba por la conservación de alrededor de 540.000 hectáreas (o cerca del 1% del área en bosques).[85] La mayor parte de esquemas PSE en los países en desarrollo se han enfocado en la conservación de los bosques, pero está creciendo el interés para aplicar este enfoque en las áreas agrícolas. Un proyecto piloto para las pasturas degradadas en Colombia, Costa Rica y Nicaragua, ha inducido cambios sustanciales en el uso de la tierra, logrando transformar las pasturas degradadas en sistemas silvopastoriles (en los cuales los árboles y el ganado son producidos conjuntamente) (gráfico 8.3).[86] A pesar de las prácticas costosas y técnicamente desafiantes, los hogares pobres están participando activamente.

Los usuarios del agua son la fuente más significativa de financiación para los esquemas de tipo PSA, principalmente a través de esquemas descentralizados y específicos a cuencas particulares, pero también a través de programas nacionales (como en México). Los usuarios del agua que pagan por la conservación de cuencas a través de mecanismos PSE son sistemas de agua doméstica, productores de energía hidroeléctrica, sistemas de irrigación y embotelladores. El potencial para los pagos relacionados con cuencas puede expandirse significativamente con una mejor comprensión de los efectos que los

Gráfico 8.3 Con los PSA, las pasturas degradadas se han reconvertido para un uso sustentable de la tierra en Nicaragua

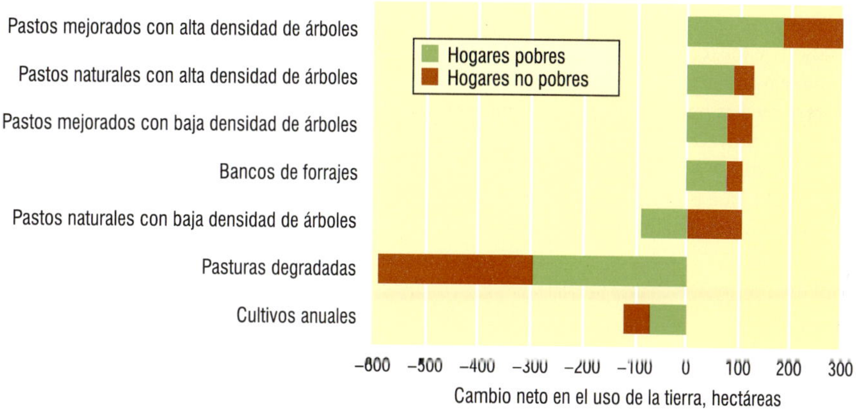

Fuente: Cálculos a partir de datos de mapeo del Proyecto Silvopastoril por Pagiola y otros (en preparación).
Notas: Cambios en el uso de la tierra por parte de participantes pobres y no pobres del Proyecto Silvopastoril en Matiguás Río Blanco, Nicaragua (2003-05). No se muestran las áreas convertidas a otros usos con un cambio en el uso neto de la tierra de menos de 30 hectáreas. Los pobres han sido definidos como hogares por debajo de la línea de pobreza nacional, a partir de datos de encuestas de hogares sobre ingreso originado de cualquier fuente.

cambios en el uso de la tierra corriente arriba tienen sobre los servicios de agua corriente abajo.

Los pagos por captura de carbono –bajo el Mecanismo de Desarrollo Limpio o el mercado (detallista) voluntario– son otra gran fuente potencial de financiación para los PSE (capítulo 11). Los agricultores de pequeña escala se pueden beneficiar de los pagos por captura de carbono, pero esto requiere la existencia de organizaciones comunitarias locales fuertes, capaces de desarrollar un sistema adecuado de supervisión y verificación. El proyecto *Scolel Té* en la región de Chiapas en México, movilizó organizaciones comunitarias locales y de agricultores, para comercializar la captura de carbono a través de la agroforestería. Del precio de venta de $3.30 dólares por tonelada de dióxido de carbono, el 60% iba directamente a los agricultores, aumentando los ingresos familiares en un promedio de US$300 a US$1.800 por año.[87] Sin embargo, muchos obstáculos, incluyendo altos costos de transacción (40% en este caso) y la necesidad de coordinar las actividades de muchos pequeños agricultores para generar cantidades significativas de captura de carbono, limitan la participación de los pequeños agricultores en este mercado.

Para que los sistemas de pagos se puedan utilizar de manera más amplia, tendrán que asegurar que la base de financiación es sostenible en el largo plazo, ligando directamente a los usuarios y a los proveedores del servicio. Esto es más fácil cuando apenas hay uno o dos usuarios del servicio con una amenaza ambiental real o potencial –y cuando las causas y efectos entre las actividades agrícolas y el resultado ambiental son suficientemente conocidas. Las cuencas pequeñas con una planta generadora de energía hidroeléctrica corriente abajo (usualmente más vulnerable a la sedimentación) o con oferentes de agua para uso doméstico (afectados por la contaminación y la sedimentación), son buenos candidatos. Cuencas grandes con múltiples usuarios, donde el impacto corriente abajo es el resultado del impacto acumulado de una enorme cantidad de usos corriente arriba no son buenos candidatos. La utilización de las PSE para la conservación de la biodiversidad es difícil también debido a la carencia de beneficiarios con fuertes intereses financieros.

Conclusiones

Desde la Cumbre de la Tierra en Río en 1992, es generalmente aceptado que los programas agrícolas y ambientales son inseparables. La degradación de los recursos naturales socava la base para la producción agrícola y aumenta su vulnerabilidad al riesgo, imponiendo elevadas pérdidas económicas como consecuencia de un uso no sustentable de los recursos naturales. Los programas de agricultura para el desarrollo no serán exitosos sin un uso más sustentable de los recursos naturales –agua, bosques, conservación del suelo, cultivos genéticamente diversos y variedades animales y otros servicios de los ecosistemas. Al mismo tiempo, la agricultura es con frecuencia el principal punto de entrada para la realización de intervenciones orientadas a la protección del medio ambiente. Es el mayor usuario de la tierra y el agua, una fuente importante de emisión de gases de tipo invernadero y la principal causa de la conversión de los ecosistemas naturales y de la pérdida de biodiversidad. Los intrincados enlaces entre los programas de agricultura y de medio ambiente requieren de un enfoque integrado de política.

La gran impronta ambiental de la agricultura sobre los recursos naturales sigue siendo extendida; sin embargo, hay muchas oportunidades para reducirla. Generar los incentivos correctos es el primer paso hacia la sustentabilidad. El mejoramiento en el manejo de los recursos naturales, tanto en áreas agrícolas intensivas como extensivas, requiere la eliminación de las políticas de precios y subsidios que envían señales equivocadas a los agricultores, el fortalecimiento de los derechos de propiedad, la provisión de apoyo a largo plazo para la administración de los recursos naturales y el desarrollo de instrumentos que ayuden a administrar los mayores riesgos climáticos.

Se encuentran disponibles mejores tecnologías y formas de administrar el agua y los insumos agrícolas modernos para hacer la agricultura intensiva más sustentable. Pero su adopción amplia es obstaculizada por las inapropiadas políticas de precios, la insuficiente capacitación de los agricultores y el fracaso para administrar las externalidades negativas. En las regiones menos favorecidas, están surgiendo nuevas y prometedoras tecnologías, pero su adopción es complicada por la cantidad de tiempo que transcurre antes de que se generen sus resultados y por la necesidad de acción colectiva. Uno de los desarrollos recientes más prometedores, ha sido la devolución del control de la administración de los recursos naturales a las organizaciones locales para su manejo comunitario.

Por el lado positivo, existen muchas oportunidades de orientar el potencial de la agricultura como proveedor de servicios ambientales. El surgimiento de nuevos mercados y programas para pagar por los servicios ambientales, es un enfoque prometedor que debería ser buscado por los gobiernos locales y nacionales así como por la comunidad internacional. La agricultura tiene un papel central para la mitigación del cambio climático y la protección de la biodiversidad y la financiación de la captura de carbono puede convertirse en una fuente importante de financiación para estos bienes públicos globales (capítulo 11). Sin embargo, en muchos casos el desarrollo de mercados para servicios ambientales al nivel local, en los cuales hay una gran cercanía entre proveedores y consumidores de estos servicios, puede ser un enfoque más prometedor que establecer esquemas nacionales de pagos cuando la gobernanza y la capacidad fiscal son débiles.

En foco F

Adaptación y mitigación del cambio climático en la agricultura

El cambio climático tendrá consecuencias profundas para la agricultura, las cuales afectarán desproporcionadamente a los pobres. Un mayor riesgo de fracaso de los cultivos y de muertes de ganado, está imponiendo ya pérdidas económicas y minando la seguridad alimentaria y es probable que las dos se hagan más severas a medida que el calentamiento global continúa. Se necesitan urgentemente medidas de adaptación para reducir los efectos adversos del cambio climático, facilitadas por una acción internacional concertada y una planeación estratégica nacional. Como fuente importante de emisiones de gases de tipo invernadero, la agricultura tiene también un importante potencial no aprovechado para reducir emisiones a través de una menor deforestación y de cambios en las prácticas de uso de la tierra y agrícolas. Sin embargo, para que esto se logre, los actuales mecanismos de financiación mundial de la captura de carbono necesitan cambiar.

Impacto del cambio climático

Los impactos del cambio climático sobre la agricultura pueden ser devastadores en muchas áreas. Muchas regiones enfrentan ya estos impactos, los cuales se harán progresivamente más severos a medida que las temperaturas medias aumenten y el clima se haga más variable (capítulo 2).

La evidencia científica acerca de la seriedad de la amenaza del clima para la agricultura es clara actualmente, pero su magnitud exacta es incierta debido a las complejas interacciones y procesos de retroalimentación en el ecosistema y la economía. Cinco factores principales afectarán la productividad agrícola: cambios en temperatura, precipitación, fertilización con dióxido de carbono, variabilidad climática y escorrentía de agua superficial. Inicialmente el crecimiento de las concentraciones atmosféricas de carbono beneficiará el crecimiento de los cultivos y esto puede compensar pérdidas de rendimientos ocasionadas por estrés por calor y agua, pero en la práctica esta "fertilización por carbono" puede ser más pequeña de lo que se ha estimado previamente a partir de datos experimentales.[1]

De acuerdo con estimativos entre moderados y medios acerca del aumento de las temperaturas globales (de 1°C a 3°C) los modelos de cultivos y climas estiman un impacto pequeño sobre la producción agrícola mundial, debido a que los impactos negativos en los países tropicales, fundamentalmente en desarrollo, pueden ser compensados por ganancias en los países de clima moderado, generalmente industriales.[2] En los países tropicales, aun un calentamiento moderado (1°C para el trigo y el maíz y 2°C para el arroz) puede reducir significativamente los rendimientos, debido a que muchos cultivos se encuentran ya en el límite de su tolerancia al calor.

Para incrementos en la temperatura por encima de 3°C, se espera que las pérdidas de rendimientos ocurran en todas partes y que sean particularmente severas en las regiones tropicales. En partes de África, Asia y Centroamérica, los rendimientos del trigo y del maíz podrían disminuir entre 20% y 40% en la medida en que la temperatura aumente entre 3°C y 4°C, aun asumiendo ajustes a nivel de las explotaciones ante las más altas temperaturas promedio.[3] Con una completa fertilización por CO_2 las pérdidas podrían ser de alrededor de la mitad. Los rendimientos del arroz también podrían disminuir, aunque menos que los del trigo y el maíz.

Los anteriores son estimativos conservadores, debido a que no consideran las pérdidas de cultivos y de ganado que surgen de más intensas sequías e inundaciones, cambios en la fuga de agua superficial y efectos límites en la respuesta del crecimiento de los cultivos a los cambios de temperatura.[5] La agricultura en algunos países en desarrollo podría también ser perjudicada por inundaciones y salinización ocasionadas por el aumento a nivel del mar y la intrusión de agua salada en los acuíferos subterráneos.[6] Unos menores niveles de precipitación reducen la disponibilidad de agua para la irrigación obtenida de fuentes superficiales y subterráneas en algunas áreas. El acceso al agua superficial perenne, puede ser particularmente vulnerable en las regiones semiáridas especialmente en partes de África y en áreas irrigadas dependientes del descongelamiento de glaciares. Se espera que entre 75 y 250 millones de personas experimenten un mayor estrés por agua en África.[7] En todas las regiones afectadas los pobres serán desproporcionadamente vulnerables a sus efectos, debido a su dependencia de la agricultura y a su menor capacidad para adaptarse.

Adaptación al cambio climático

Es urgente la adaptación de los sistemas agrícolas al cambio climático, debido a que su impacto ya es evidente y la tendencia continuará aún si las emisiones de GTH se estabilizan a los niveles actuales. La adaptación puede reducir sustancialmente los impactos económicos adversos.

Los agricultores están adaptándose ya. De acuerdo con recientes datos de encuestas para 11 países africanos, ellos están plantando diferentes variedades, modificando las fechas de siembra y adaptando prácticas para acortar la época de crecimiento.[8] Pero en algunos países, más de una tercera parte de los hogares que perciben una mayor variabilidad climática o más altas temperaturas, no reportan cambios en sus prácticas agrícolas. Las barreras a la adaptación varían por país, pero para la mayor parte de agricultores la barrera más importante reportada es la carencia de crédito o ahorro.[9] Los agricultores en Etiopía, Kenya y Senegal también señalan la carencia de acceso al agua.[10]

En países con una severa restricción de recursos, los agricultores no serán capaces de adaptarse al cambio climático sin ayuda externa. Los pobres necesitarán ayuda adicional para adaptarse, especialmente en lugares donde los costos son elevados.

El sector público puede facilitar la adaptación a través de medidas como los seguros para cultivos y ganado, las redes de seguridad social y la investigación y diseminación de cultivos resistentes a inundaciones, calor y sequía. Es probable que nuevos esquemas de irrigación en áreas agrícolas secas sean particularmente efectivos, especialmente cuando se combinen con reformas complementarias y un mejor acceso a los mercados para productos de alto valor.[11] Sin embargo, debe ser tomada en consideración la mayor variabilidad de las lluvias y de los flujos superficiales de agua en el diseño de nuevos esquemas de irrigación y en la alimentación de los existentes. El costo de modificar los esquemas de irrigación, especialmente cuando éstos dependen de hielos glaciares (como en los Andes, Nepal y partes de China) o de la regulación de los flujos de agua desde tierras de gran altitud, puede ser del orden de millones si no de miles de millones de dólares.[12]

Una mejor información sobre el clima es otra forma potencialmente efectiva de adaptarse al cambio climático.[13] Consideremos un programa de apoyo agrometeorológico en Mali. Iniciado en 1982 en respuesta a la sequía en el Sahel, una oportuna información sobre el clima y la asesoría técnica ayudaron a los agricultores a manejar de mejor manera el riesgo y a reducir el impacto económico de las sequías.[14]

La mayor incertidumbre del cambio climático puede ser enfrentada a través de la planeación de contingencia entre sectores. Muchos de los países menos desarrollados están preparando planes nacionales de adaptación para identificar las prioridades inmediatas para mejorar su grado de preparación ante el cambio climático.[15] Impulsar el tema del cambio climático de una manera más amplia en la agenda económica, en lugar de tomar un enfoque agrícola estrecho, será crucial para la implementación de estos planes.[16]

Los costos de adaptarse al cambio climático –estimados en decenas de millones de dólares en países en desarrollo– exceden enormemente los recursos disponibles, requiriendo transferencias significativas desde los países industrializados. Las contribuciones de los fondos de adaptación existentes se encuentran en el orden de US$150 a US$300 millones por año.[17] El Acuerdo de Nairobi, recientemente anunciado para adaptarse al cambio climático, es un paso en la dirección correcta pero no se espera que proporcione ni siquiera una décima parte de las sumas requeridas. La comunidad internacional necesita diseñar nuevos mecanismos para proporcionar un amplio rango de bienes públicos globales, incluyendo información y pronósticos climáticos, investigación y desarrollo de cultivos adaptados a los nuevos patrones climáticos y técnicas para reducir la degradación de la tierra. Muchas de estas medidas son de tipo gana-gana, como el desarrollo de variedades resistentes a la sequía y a las inundaciones, el mejoramiento de la información climática o la planificación para enfrentar la variabilidad hidrológica en las nuevas inversiones en irrigación. Debido al enorme rezago que hay entre el desarrollo de tecnologías y sistemas de información y su adopción en el campo, las inversiones para apoyar la adaptación necesitan ser adelantadas ahora. Los impuestos al carbono, basados en el principio del contaminador paga, pueden ser una fuente importante de ingresos para este propósito.

Mitigando el cambio climático a través de la agricultura

Los cultivos y el ganado emiten CO_2, metano, óxido nitroso y otros gases, haciendo a la agricultura una fuente importante de emisiones de GTH (gráfico F.1). De acuerdo con los inventarios de emisiones que los gobiernos envían a la Convención Marco de Naciones Unidas para el Cambio Climático, la agricultura representa alrededor del 15% de las emisiones mundiales de GTH. Agregando las emisiones originadas en la deforestación en los países en desarrollo (la agricultura es la causa principal de la deforestación), aumenta su contribución global a 26% y hasta 35% a las emisiones de GTH. Alrededor del 80% de las emisiones totales originadas en la agricultura, incluyendo la deforestación provienen de países en desarrollo (gráfico F.1).[18]

La agricultura contribuye con alrededor de la mitad de las emisiones globales de dos de los más potentes gases de tipo invernadero diferentes al carbono: óxido nitroso y metano. Las emisiones de óxido nitroso desde los suelos (de la aplicación de fertilizantes y abonos orgánicos) y de metano, de la fragmentación entérica en la producción de ganado, representan cada una alrededor de una tercera parte de las emisiones de gases distintos al carbono que hace la agricultura y se proyecta que aumente.[19] El resto de las emisiones diferentes a dióxido de carbono proviene de la quema de biomasa, de la producción de arroz y del manejo de los abonos orgánicos. La agricultura es también un contribuyente importante a la reducción de la captura de carbono (almacenamiento) a través del cambio en el uso de la tierra (esto es, la pérdida de materia orgánica de suelo en campos de cultivo y pasturas y la conversión de bosques para la agricultura) aunque los estimativos cuantitativos son inciertos.

Las emisiones de bióxido de carbono originadas en cambios en el uso de la tierra agrícola, pueden ser reducidas mediante el desaceleramiento de la deforestación. Las oportunidades para esta reducción a través del comercio de carbono son grandes en principio, debido a los generalmente bajos retornos generados por la conversión de bosques para usos agrícolas. En un extremo, la conversión de los bosques a pasturas tradicionales en Acre, Brasil, produce un valor presente neto de los ingresos futuros de US$2 por hectárea en el valor de la tierra, al costo de una pérdida de 145 toneladas de carbono acumulado, el equivalente a menos de US$0.01 por tonelada de CO_2. El valor correspondiente para la conversión de bosques a plantaciones intensivas de cacao en Camerún, es de US$3 por tonelada de CO_2.[20] Un precio de alrededor de US$27 por tonelada de CO_2 en los mercados de carbono (comparable al precio del mercado de mayo de 2007 para los permisos de emisión de carbono negociados en la Bolsa Climática Europea para 2008-10) podría detener la conversión de 5 millones de kilómetros cuadrados de bosques para 2050.[21]

Otros enfoques prometedores son cambios en el manejo de la tierra agrícola (labranza de conservación, agroforestería y rehabilitación de tierra degradada para cultivos y pasturas, mejoramiento general de la nutrición y de la genética del ganando rumiante, las tecnologías para almacenamiento y captura de desechos animales y la conversión de emisiones en biogás). Muchos de estos enfoques generan resultados gana-gana en términos de una mayor productividad, mejor administración de los recursos naturales o de producción de subproductos valiosos, como bioenergía. Otros requieren una inversión sustancial a nivel global, como el desarrollo de variedades de arroz y razas de ganado de baja emisión. No es claro aún que éstas puedan ser alternativas más eficientes para reducir las emisiones de GTH mediante el aumento en la eficiencia en los sectores de transporte y de energía.[22]

La naturaleza de bien público de la investigación en esta área, requiere del apoyo internacional para encontrar soluciones innovadoras, eficientes para reducir las emisiones del ganado y de los campos de arroz; por ejemplo, mediante la generación de variedades de plantas y de razas animales de baja emisión y mediante el uso de biotecnologías avanzadas. La agricultura también puede reducir el cambio climático a través de una mayor producción de bioenergía para el transporte y las necesidades energéticas. Mucho depende de la emisión total de GTH a lo largo del ciclo entero de producción, desde el cultivo de los alimentos para los animales hasta su uso final –el cual puede contrarrestar mucha de la captura de carbono realizada a través de la producción de biocombustibles (*ver* En foco B).

Las finanzas del carbono pueden apoyar la mitigación

El mercado en surgimiento para el comercio de emisiones de carbono, ofrece nuevas posibilidades para que la agricultura se beneficie de usos

Gráfico F.1 La agricultura y la deforestación asociada son fuentes importantes de emisiones de GTH

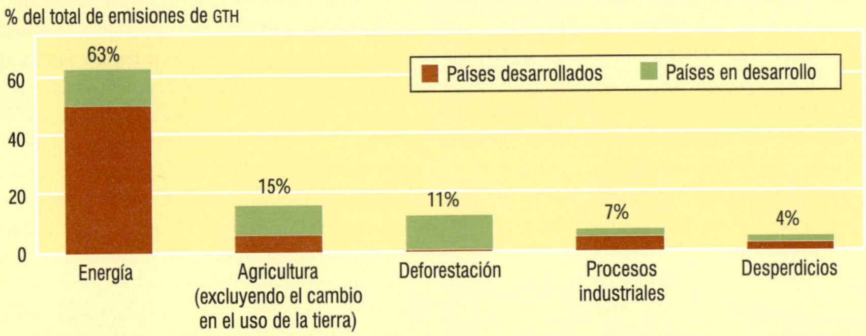

Fuente: Gupo IDM 2008 con base en datos de la Convención Marco de Naciones Unidas para el Cambio Climático, www.unfccc.int.
Nota: Estos son los últimos datos disponibles para los países en desarrollo como grupo y sólo son posibles comparaciones consistentes utilizando datos de la Cmnucc para 1994. Hay un amplio rango de incertidumbre acerca de las misiones brutas originadas en el cambio en el uso de la tierra (principalmente por la deforestación). El mejor estimativo de la contribución a las emisiones totales por el cambio en el uso de la tierra es 20% (con un rango entre 10% y 30%) del total de las emisiones globales durante la década de 1990 (Watson y otros 2000). La Cmnucc estima las emisiones totales originadas en la deforestación con base en inventarios de emisiones reportados por los países en desarrollo (11,4%), lo cual es un estimativo de bajo rango.

de la tierra que capturan este elemento. El principal obstáculo para el logro de unos más amplios beneficios originados en el principal mecanismo para estos pagos –el Mecanismo de Desarrollo Limpio (MDL) del Protocolo de Kyoto– es su limitada cobertura de la aforestación y aforestación (capítulo 11). En el protocolo no se incluyeron incentivos para que los países en desarrollo preservaran los bosques, a pesar del hecho de que la deforestación contribuye con cerca de una quinta parte a las emisiones globales de GTH, fundamentalmente a través de la intrusión de la agricultura en los bosques.

Las negociaciones para el período posterior a 2012 deberían corregir esta importante falla. Éstas podrían también explorar la implantación de créditos para la captura de carbono en los suelos (por ejemplo a través de la labranza de conservación), para los biocombustibles "verdes" y para la agroforestería en las zonas agrícolas. Se necesitan también incentivos para la inversión en ciencia y tecnología para desarrollar tecnologías de bajas emisiones, como razas de ganado que emitan menos metano. La medición remota vía satélite para vigilar los resultados en el campo es un nuevo enfoque promisorio.[23]

Para la mitigación, un futuro tratado climático necesitará una mejor estructura de incentivos para generar una completa participación y cumplimiento. Para la adaptación, debido a una desfavorable distribución de los beneficios, la comunidad internacional enfrenta desafíos mayores para obtener la cooperación y financiamiento de los países industriales, que no ven un beneficio directo en contribuir. Sin embargo, la manifestación del cambio climático está aumentando la urgencia y la voluntad a nivel mundial para enfrentar tanto la adaptación como la mitigación (capítulo 11).

capítulo 9

Ir más allá de la granja

Las áreas rurales, en la mayor parte del mundo en desarrollo, enfrentan un formidable desafío de empleo. Aun con la migración a las ciudades, las poblaciones rurales continúan creciendo, algunas veces muy rápidamente como sucede en África subsahariana y Asia meridional. La contribución que se hace cada año a la fuerza laboral rural, requiere ampliar el empleo en la agricultura o en la economía rural no agrícola o migrar a la economía urbana.

El mercado laboral rural ofrece empleo en los sectores agrícola y no agrícola, en el autoempleo y en el trabajo asalariado, al trabajo calificado y no calificado. La agricultura emplea muchos trabajadores asalariados –20% de la fuerza laboral del sector. Los dinámicos sectores de cultivos de alto valor y de explotaciones pecuarias, son intensivos en trabajo y tienen un buen potencial para el crecimiento del empleo. No obstante, las condiciones laborales en la agricultura no siempre llevan a mejoramientos importantes en el bienestar, en parte debido a la naturaleza del proceso de producción y en parte debido a la carencia de una regulación apropiada. El trabajo rural no agrícola está aumentando rápidamente e incluye numerosas actividades comerciales de baja productividad en mercados locales muy débiles. Sin embargo, la dinámica de los subsectores no agrícolas, ligados a la agricultura o a la economía urbana, ofrece oportunidades para los trabajadores calificados.

Los salarios en la agricultura son bajos, más bajos que en el promedio de los otros sectores. Esta diferencia es fundamentalmente el resultado de la composición de los trabajadores en cuanto a calificación. Los trabajadores no calificados en autoempleos de baja productividad en la economía rural no agrícola, también devengan muy bajos ingresos. Los trabajadores educados encuentran trabajos de alta paga, bien sea localmente o en ciudades secundarias.

Siendo el trabajo el principal activo de los pobres, los hogares sin tierra o casi sin tierra, tienen que vender su trabajo en las actividades agrícolas o no agrícolas o abandonar las áreas rurales. Por tanto, hacer del mercado laboral rural una vía más efectiva para salir de la pobreza, es un desafío mayor de política, que sigue siendo pobremente comprendido y lamentablemente ignorado en la toma de decisiones.

Un programa activo de política para el mercado laboral rural en la agricultura y en otros sectores, puede producir reducciones sostenidas de largo plazo en la pobreza rural. No obstante, posiblemente sea más importante un mejor clima de inversión rural para la agricultura y la economía rural no agrícola. Sin embargo, mejorar este clima no será suficiente. Son esenciales también las inversiones en educación y capacitación, para convertir el trabajo no calificado en calificado. Los trabajadores calificados pueden tomar ventaja de mejores oportunidades locales o migrar. Para aquellos que no pueden hacerlo, únicamente la protección social puede aliviar su pobreza.

Empleo rural: un desafío intimidante

En la India, la fuerza laboral rural crece a una tasa de 1,5% por año, añadiendo 4 millones de nuevos trabajadores anualmente. En Bangladesh, 1 millón de personas se unen a la fuerza de trabajo rural cada año. Millones de trabajadores ya empleados en las áreas rurales se encuentran atrapados en trabajos de bajos ingresos.

La brecha entre el número de nuevos trabajadores rurales y de nuevos trabajos en la agricultura, está aumentando en África subsahariana, Asia meridional y Medio Oriente y África septentrional –y sigue siendo amplia en las otras regiones (gráfico 9.1).

Las mejoras en la productividad agrícola aun pueden generar más y mejores trabajos en la mayor parte de países en desarrollo. Sin embargo, debido a la baja elasticidad de la demanda por alimentos, la fuerza de trabajo agrícola declinará en el largo plazo, no solamente en términos relativos sino absolutos, como está sucediendo ya en América Latina y el Caribe, y en Europa y Asia central. Los meros avances agrícolas no satisfarán el desafío del empleo rural. La economía rural no agrícola tendrá que ser también una fuente clave de nuevos trabajos.

La diversidad de actividades en las áreas rurales lleva a una correspondiente diversificación en las fuentes de ingreso (cuadro 9.1). En la mayoría de países, las actividades no agrícolas representan entre el 30% y el 50% de los ingresos de las áreas rurales. Como se reporta en el capítulo 3, esto no necesariamente significa que los hogares individuales tengan fuentes diversas de ingresos, únicamente que los hogares difieren en estas fuentes.

La estructura del empleo rural muestra sorprendentes diferencias entre regiones en desarrollo (cuadro 9.2). El trabajo fuera de las granjas en actividades agrícolas y no agrícolas utiliza entre el 47% y el 49% de los adultos masculinos en América Latina y el Caribe, Asia meridional, Medio Oriente y África septentrional y 38% en Asia oriental y el Pacífico.[1] En África subsahariana emplea el 20% de los adultos masculinos.

El trabajo fuera de las granjas es también importante para las mujeres, empleando un 25% de las mujeres rurales adultas en Asia oriental y el Pacífico, Europa y Asia central y América Latina y el Caribe. En Asia meridional el 11% de las mujeres participan en el mercado de trabajo asalariado agrícola y lo hacen aún menos en las actividades rurales no agrícolas. Esto contrasta con Asia oriental y el Pacífico y América Latina y el Caribe, donde las mujeres participan menos frecuentemente en el mercado laboral asalariado agrícola y

Gráfico 9.1 La agricultura no es suficiente para absorber los nuevos trabajadores rurales

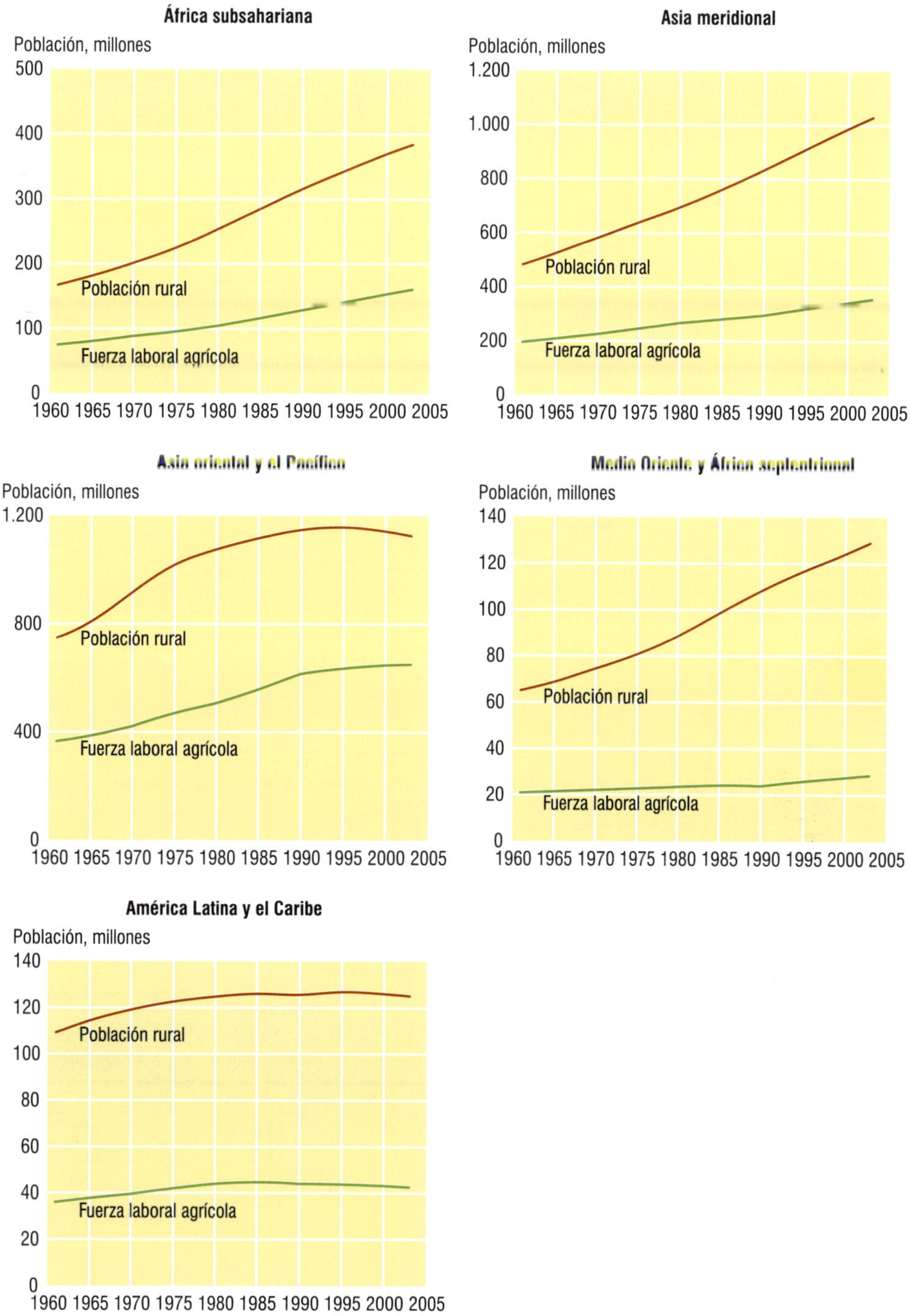

Fuente: FAO 2006a.
Nota: Debido a que los datos sobre la fuerza laboral rural no están disponibles, se utilizó la tasa de crecimiento de la población rural como una *proxy* para el crecimiento de la fuerza laboral.

más en la economía rural no agrícola. En África subsahariana, las estadísticas originadas en encuestas nacionales de hogares reportan un bajo nivel salarial para las mujeres, pero una literatura en surgimiento sugiere que muchas mujeres, particularmente las pobres, se apoyen recientemente en el trabajo asalariado agrícola.[2]

La oferta de trabajo femenino es tanto una decisión del hogar como un determinante del balance de poder al interior del mismo.[3] Al cambiar el balance de poder en la medida en que las mujeres entran en la fuerza de trabajo, cambian a su vez las decisiones de los hogares. Una sociedad tradicional en la cual las mujeres no trabajan fuera de la granja puede permanecer de esta forma por un tiempo largo, aun cuando las condiciones fuera del hogar, como los salarios femeninos, estén cambiando. Pero una vez las mujeres comienzan a trabajar, el cambio puede ser muy rápido, encontrándose que canti-

Cuadro 9.1 Las diversas fuentes de ingresos de los hogares rurales

	Participación en el ingreso				
	Ingreso agrícola		Ingreso no agrícola		
	Autoempleo	Salario	Salario	Autoempleo	Transferencias y otros
África subsahariana					
Etiopía 1999	0,74	← 0,03[b] →		0,05	0,18
Ghana 1998[a]	0,55	0,02	0,15	0,22	0,05
Malawi 2004[a]	0,67	0,08	0,12	0,10	0,04
Nigeria 2004[a]	0,55	0,13	0,19	0,12	0,01
Zambia 2003	0,65	← 0,06[b] →		0,10	0,17
Asia meridional					
Bangladesh 2000[a]	0,15	0,13	0,21	0,22	0,29
Nepal 1996[a]	0,35	0,18	0,19	0,15	0,14
Pakistán 2001[a]	0,43	0,06	0,24	0,12	0,17
Asia oriental y el Pacífico					
Indonesia 2000[a]	0,17	0,09	0,34	0,23	0,16
Vietnam 1998[a]	0,35	0,04	0,08	0,49	0,04
Europa y Asia central					
Azerbaijan 2001	0,53	← 0,27[b] →			0,20
Albania 2005[a]	0,29	0,04	0,25	0,21	0,23
Bulgaria 2001[a]	0,18	0,18	0,19	0	0,45
Kirguizistán 1998	0,42	← 0,20[b] →		0,09	0,30
América Latina y el Caribe					
Ecuador 1998[a]	0,29	0,18	0,25	0,24	0,04
El Salvador 2001	0,17	0,09	0,32	0,23	0,18
Guatemala 2000[a]	0,25	0,22	0,21	0,14	0,19
Nicaragua 2001[a]	0,22	0,21	0,31	0,17	0,10
Panamá 2003[a]	0,13	0,15	0,44	0,16	0,12
Perú 1997	0,49	0,07	← 0,44[b] →		–

Fuentes: Banco Mundial (2005p) para Zambia, Banco Mundial (2005n) para Etiopía, Banco Mundial (2003e) para Kirguizistán, Banco Mundial (2003a) para Azerbaiyán, Banco Mundial (2005k) para El Salvador, Escobal (2001) para Perú, Davis y otros (2007) para el resto de países.
a. Utilizando metodologías comparables para el cálculo de los ingresos (*ver* recuadro 3.2)
b. Puede incluir dos o más fuentes de ingreso
— = no disponible.

Cuadro 9.2 Empleo rural por sector o actividad, países seleccionados
% de adultos

Sector de actividad	África subsahariana	Asia meridional	Asia oriental y el Pacífico (excluye China)	Medio Oriente y África septentrional	Europa y Asia central	América Latina y el Caribe
Hombres						
Agricultura, autoempleado	56,6	33,1	46,8	24,6	8,5	38,4
Agricultura, asalariado	4,0	21,8	9,4	94	10,1	20,9
No agrícola, autoempleado	6,9	11,8	11,5	8,8	7,4	9,2
No agrícola, asalariado	8,6	15,4	17,4	30,9	31,3	17,2
No activo o no reporta	21,7	14,6	14,4	26,0	27,5	13,4
Mujeres						
Agricultura, autoempleada	53,5	12,7	38,4	38,6	6,9	22,8
Agricultura, asalariada	1,4	11,4	5,7	1,0	5,4	2,3
No agrícola, autoempleada	6,8	2,9	11,3	2,8	1,6	11,7
No agrícola, asalariada	2,8	2,7	8,4	3,9	18,1	11,5
No activa o no reporta	32,7	64,3	35,5	53,3	46,9	51,2

Fuente: Equipo IDM 2008.
Nota: Los datos corresponden a 2000 o el año más reciente, con base en encuestas representativas de hogares para 66 países que representan el 55% de la población de África subsahariana, 97% en Asia meridional, 66% en Asia oriental y el Pacífico (excluyendo China), 74% en Europa y Asia central, 47% en Medio Oriente y África septentrional, 85% en América Latina y el Caribe. *Ver* nota 19, capítulo 2 para la metodología y lista de países.

dades de mujeres salen de sus hogares para estar activas en el mercado laboral. Esto sugiere que puede haber una elevada retribución a intervenciones de una sola ocasión por parte de los gobiernos o de las organizaciones no gubernamentales, que apoyan la entrada de las mujeres a la fuerza de trabajo. Una vez ésta ha comenzado, permanecerá en la medida en que se establece un patrón que se autoalimenta.

Empleo asalariado agrícola

La agricultura es un gran y creciente empleador de trabajo asalariado

Estimar el número correcto de trabajadores pagos en la agricultura es difícil, debido a que en muchos contextos los trabajos agrícolas complementan el autoempleo. Datos de las encuestas de fuerza laboral y de censos de población que clasifican a los trabajadores de acuerdo con su actividad principal, típicamente no capturan un gran número de trabajadores asalariados casuales. En África rural, por ejemplo, recientes estudios en profundidad sugieren que la participación en el mercado laboral agrícola es más grande de lo que las encuestas de hogares a gran escala sugieren,[4] siendo el empleo asalariado agrícola particularmente importante para los hogares pobres y relativamente desposeídos de tierra. Los datos de todas las regiones sugieren una correlación positiva entre el ingreso nacional per cápita y la participación del trabajo asalariado en el empleo agrícola (gráfico 9.2).

Estos agregados regionales esconden amplias diferencias entre países. En Bolivia y Perú, el trabajo asalariado representa menos del 15% de la fuerza laboral agrícola. En Chile y Costa Rica, en contraste, los asalariados predominan excediendo el 60%. En la India, más de 100 millones de trabajadores, casi la mitad de la fuerza de trabajo agrícola, se encuentran en el trabajo asalariado agrícola.[5]

El número de trabajadores asalariados agrícolas y su proporción en la fuerza laboral agrícola está creciendo en la mayor parte de regiones (gráfico 9.3).[6] En la India, la proporción de trabajadores asalariados aumentó del 42% al 47% entre 1987-1988 y 1993-1994, teniendo muy poco cambio desde entonces.[7] En contraste, la proporción de trabajo asalariado parece estar disminuyendo en algunos países latinoamericanos. En Brasil esto ha sido atribuido a la prevalencia de los contratos laborales informales (*ver* adelante).[8]

La naturaleza de la agricultura afecta la demanda por trabajo y el tipo de contratos

Varios factores, únicos a la agricultura –incluyendo la estacionalidad, los riesgos inherentes a la producción agrícola y problemas de agente-principal– afectan la demanda por trabajo agrícola. En la agricultura brasileña, la estacionalidad del empleo formal ha aumentado desde 1999 hasta alcanzar una variación de más del 20% al interior de un año (gráfico 9.4). En Chile, los ingresos promedio para los trabajadores en la industria de las frutas, varían entre 50% y 60% entre la estación pico y la estación baja.[9] Allí, los hombres que están más involucrados en las operaciones de campo tienden a permanecer en la fuerza laboral a lo largo del año, pero la participación de las mujeres, que está más ligada al procesamiento de la cosecha, cae en cerca de un 30% de la estación pico a la estación baja. Las mujeres tienen altas tasas de desempleo, excediendo el 50%, sobre una base diaria, durante la estación baja.

La producción agrícola está también sujeta a sequías, inundaciones, plagas y fluctuaciones de precios. Estos choques (aun si están asegurados, afectan la demanda y oferta por trabajo en formas que se exacerban una a la otra). La demanda por trabajo disminuye; la oferta de trabajo por parte de pequeños agricultores, aumenta para

Gráfico 9.2 La proporción de trabajadores asalariados en el empleo agrícola aumenta con el ingreso per cápita

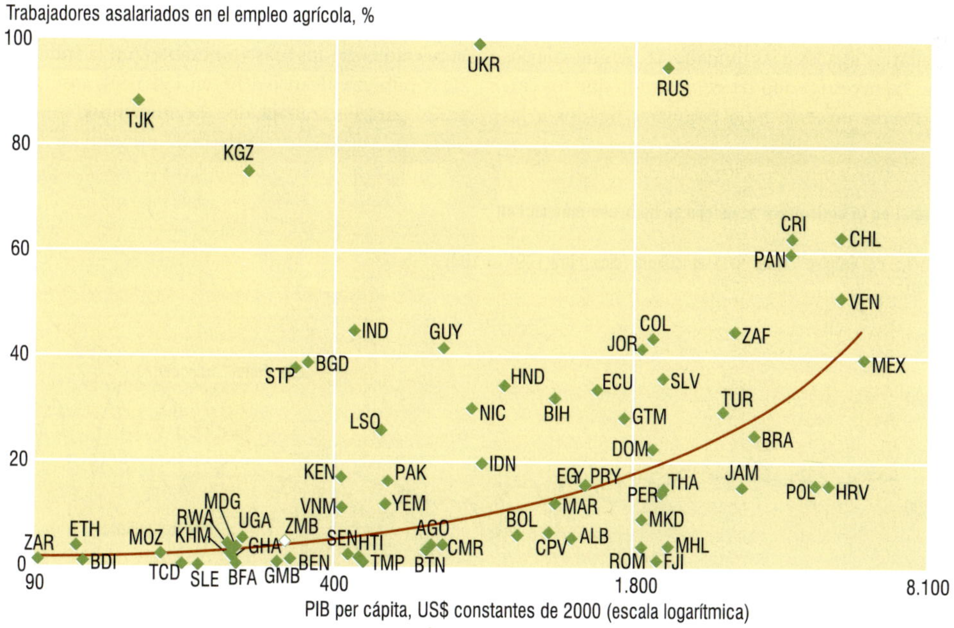

Fuentes: Equipo IDM 2008; Banco Mundial 2006z.
Nota: Ver cuadro 9.2. La lista de códigos de 3 letras y los países que representan se encuentra en la lista de siglas.

Gráfico 9.3 La proporción de trabajo asalariado en el empleo agrícola está aumentando en muchos países

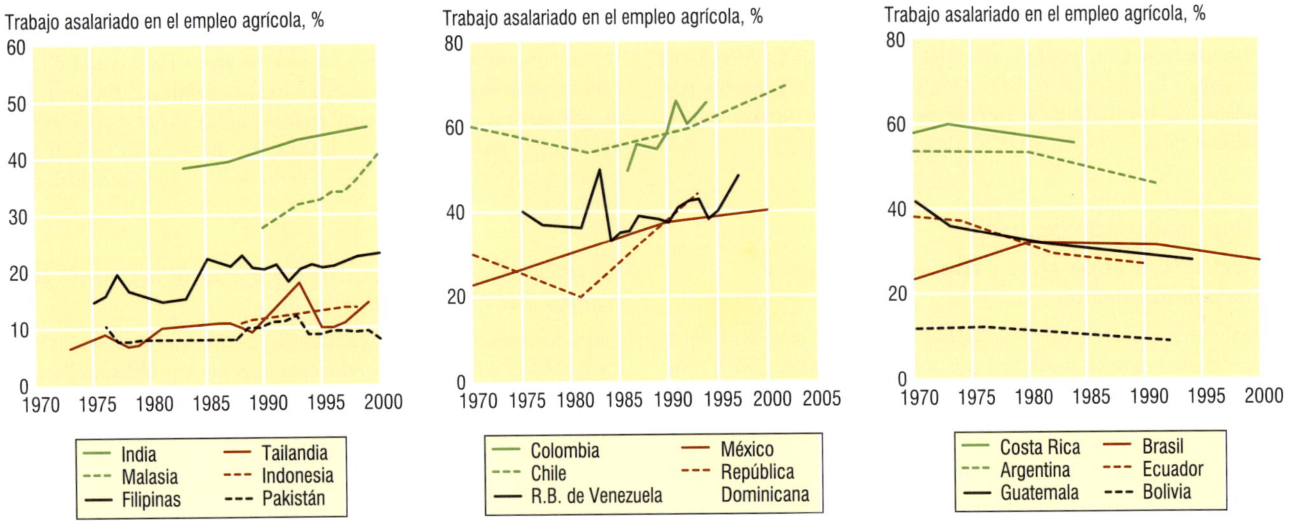

Fuentes: Datos censales (Argentina, Bolivia, Brasil, Chile, Costa Rica, República Dominicana, Ecuador, Guatemala, México). Encuestas de Fuerza Laboral (Colombia, Indonesia, Malasia, Filipinas, Pakistán, Tailandia y Venezuela), tomadas del sitio *web* de la Organización Internacional del Trabajo en http://www.ilo.org. Datos de la Encuesta de la Muestra Nacional reportados en Glinkskaya y Jalan 2005.

compensar la caída en los ingresos en las granjas.[10] En consecuencia, los salarios varían ampliamente con las condiciones climáticas y otros riesgos agrícolas. En Bangladesh, el salario real agrícola cayó en un 50% durante la sequía de 1974. En la India, un análisis de 257 distritos entre 1956 y 1987, muestran que los salarios son muy sensibles a los choques por lluvias. Los salarios responden menos en áreas con servicios financieros más desarrollados y con un mejor acceso a otros mercados, donde los trabajadores pueden encontrar empleo.[11]

Por su naturaleza, la agricultura hace difícil la supervisión de los contratos. Sin una vigilancia significativa, es difícil observar el esfuerzo laboral o inferir el esfuerzo realizado del resultado conseguido. Para superar este problema de agencia, varios arreglos contractuales surgen para crear los incentivos laborales apropiados para los trabajadores. Uno es ofrecer salarios ligados a las unidades antes que salarios diarios para la cosecha. La investigación ha demostrado que los trabajadores ofrecen un mayor esfuerzo bajo esquemas ligados a las unidades que cuando trabajan con salarios diarios.[12] Pero los salarios ligados a las unidades también significan que los ingresos laborales varían entre trabajadores con base en su habilidad para ofrecer esfuerzo laboral; los trabajadores con pobres condiciones físicas ganan menos.

Sin embargo, en regiones dinámicas el incremento de las oportunidades en el sector no agrícola ha aumentado los costos de los contratos laborales de largo plazo, reduciendo su prevalencia. En la India se ha observado un considerable declive en el número de trabajadores permanentes; la mayoría del empleo asalariado agrícola es ahora temporal. La proporción de trabajadores temporales aumentó del 65% en 1972 al 80% en 2002 entre los asalariados masculinos y del 89% a 92% entre las mujeres.[3] Los trabajadores temporales se encuentran entre los más vulnerables, en la India, su tasa de incidencia de la pobreza alcanzó 49% en 1993-94, casi tres veces el 17% registrado para los trabajadores permanentes.[14]

Gráfico 9.4 El empleo formal en la agricultura brasileña se ha hecho más cíclico

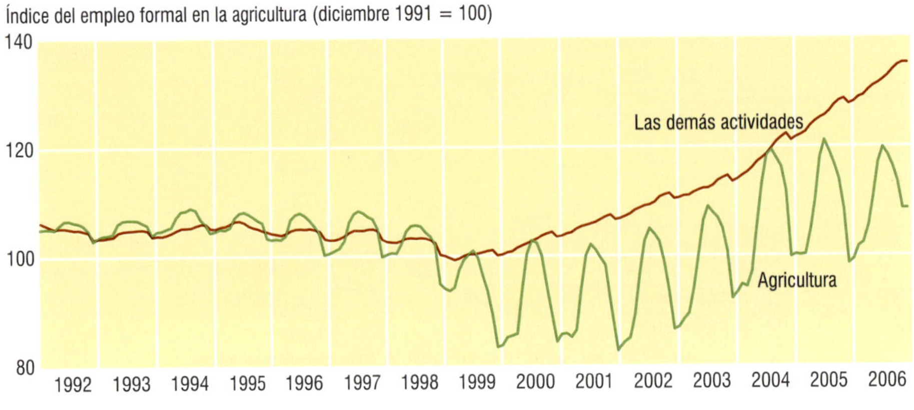

Fuente: Carneiro 2003, actualizado.

Las condiciones de trabajo en la agricultura son particularmente desfavorables

Los trabajadores asalariados agrícolas enfrentan significativos peligros ocupacionales, de seguridad y ambientales, raramente cubiertos por la protección laboral.[15] Estos trabajadores también son pobremente protegidos por las leyes laborales nacionales. La agricultura es frecuentemente excluida de la legislación laboral, como quiera que la mayor parte de las leyes laborales se enfocan al empleo industrial. Aun cuando las leyes estén en los libros, una escasa familiaridad con éstas por parte de empleadores y trabajadores y un pobre esfuerzo para hacer cumplir la ley, minan el cumplimiento de éstas en las áreas rurales.

Las condiciones en la agricultura pueden ser azarosas. De acuerdo con la Organización Internacional del Trabajo (OIT) la agricultura es una de las tres ocupaciones más peligrosas, conjuntamente con la minería y la construcción. Alrededor de la mitad de los 335.000 accidentes fatales que se estima ocurren en el lugar de trabajo por año, ocurren en agricultura.[16] Los trabajadores asalariados agrícolas se enfrentan a la exposición a pesticidas tóxicos, a enfermedades transmitidas por el ganado y a maquinaria peligrosa, pero carecen de la capacitación adecuada y de equipo de protección. Los trabajadores temporales con frecuencia reciben aún menos capacitación e instrucción y tienen un mayor riesgo de sufrir heridas o morir. Debido a que las condiciones de trabajo y de vivienda son con frecuencia inseparables en los ambientes rurales, la exposición a los pesticidas se extiende más allá del trabajo hasta el resto del hogar (*ver* En foco H).

Balancear la flexibilidad para la contratación por parte de los empleadores y la existencia de protecciones básicas para los trabajadores ha sido un tema evasivo. En Brasil, la legislación laboral aplica tanto a los mercados urbanos como rurales y ambos están sujetos al mismo código laboral. En la década de 1990 a los trabajadores se les ordenó hacer contribuciones directas a la seguridad social, 36% de su pago neto. A pesar de que las contribuciones adicionales incluían pagos que beneficiarían directamente a los trabajadores –como el pago de un decimotercer mes por año, vacaciones mínimas pagas e indemnización por despido– los trabajadores percibieron que una gran parte de este impuesto tenía un valor menor a su costo. En consecuencia, las cooperativas informales para trabajos temporales proliferaron y los miembros de las cooperativas renunciaron a sus beneficios a cambio de un mayor salario neto para llevar a casa y pagos en especie.[17]

Los esquemas de contratación laboral pueden reducir la volatilidad del empleo para los trabajadores agrícolas, pero sus prácticas de empleo se beneficiarían si hubiera una mayor regulación. Los contratistas no regulados pueden tomar ventaja de los trabajadores al deducir sus comisiones, retener sus salarios, imponer pagos por deudas y cargar sobrecostos por transporte, vivienda y alimentación.[18]

Adaptar las regulaciones laborales a las condiciones del empleo agrícola y rural

¿Deben las regulaciones laborales tratar el empleo en las actividades agrícolas y rurales no agrícolas de manera diferente? El *Informe sobre el Desarrollo Mundial 2005* enfatizó que las regulaciones onerosas perjudican a los grupos vulnerables. Allí se argumentó que el objetivo principal de las políticas en la legislación laboral debe ser beneficiar a los trabajadores, especialmente los pobres y generar más empleo, bien sea formal o informal, para los menos calificados. Como un propósito secundario, la regulación laboral debe ser consistente con la incorporación de una mayor proporción de trabajadores al sector formal, el cual proporciona una mejor protección para los trabajadores, una pensión y seguridad de salud; mejora las conexiones con el mercado de crédito e incentiva las inversiones a largo plazo por parte de las firmas en sus trabajadores, a través de su capacitación en el trabajo. El desafío de política es incentivar la formalidad en tanto que se mantiene la flexibilidad.

Las regulaciones en el mercado laboral, particularmente en los países de ingresos medios, pueden reducir indeseablemente la demanda por empleo e incentivar la informalidad a través de la imposición de elevados salarios mínimos, elevados pagos por despidos y un "impuesto implícito al trabajo" –la brecha entre lo que el empleador paga y lo que el trabajador percibe como su verdadero beneficio. Por ejemplo, en Brasil, México, Nicaragua y Polonia, hay un fuerte impuesto implícito sobre el trabajo rural asociado con el paso del empleo informal al formal.[19]

Otra fuerza que lleva a empleadores y trabajadores a buscarse en el mercado informal, son los menores límites legales sobre los salarios formales. Los salarios mínimos, en la medida en que son obligatorios, deprimen el empleo formal de trabajadores de productividad baja y marginal –los no capacitados y los jóvenes– y esto puede tener diferentes efectos en los mercados urbanos y rurales. Por ejemplo, en Nicaragua los salarios mínimos son obligatorios en cualquier sector de la economía, posiblemente excepto en el empleo gubernamental; sin embargo, el empleo formal del trabajo rural y agrícola es particularmente afectado.[20] La evidencia muestra que los salarios mínimos se determinan en un nivel muy alto en relación con la distribución general de los ingresos. En respuesta, los trabajadores de productividad baja y marginal se dirigen al sector informal, debido a que los negocios que operan en el sector formal es probable que se rijan por las leyes de salario mínimo.

Las fuentes de empleo en la agricultura están cambiando con la revolución de productos de alto valor

Estimular el crecimiento del empleo en la agricultura sigue siendo una alta prioridad en países con un sector agrícola grande. La revolución verde en Asia, inicialmente estimuló la demanda por trabajo y redujo la pobreza a través del empleo durante todo el año y altos salarios reales.[21] Sin embargo, la adopción posterior de la siembra directa, los tractores y trilladoras, llevó a una subsecuente disminución en el empleo agrícola en la India y Filipinas. La revolución de los productos de alto valor está creando una segunda ola de crecimiento del empleo. La horticultura, la ganadería y otras actividades de alto valor, ofrecen un potencial considerable para la generación de empleo y el crecimiento de la productividad (recuadro 9.1). Por ejemplo, la producción de vegetales puede requerir hasta cinco veces más trabajo que los cereales (gráfico 9.5). En México, la producción de tomate requiere 122 días de trabajo por hectárea, cuatro veces los 29 días por hectárea que requiere el maíz. Ejemplos similares se pueden encontrar en las exportaciones de espárragos en Perú y en las exportaciones de frutas en Chile.[22]

La revolución de los productos de alto valor y la expansión de las exportaciones están cambiando también la estructura del empleo en la agricultura. En Chile, las reformas de la década de 1970 fueron acompañadas de un aumento en los trabajadores agrícolas asalariados hasta el 68% de la fuerza de trabajo agrícola, un porcentaje que ha estado aumentando desde 1990 y que actualmente excede aquel que corresponde a los trabajadores asalariados en la economía no

RECUADRO 9.1 *Desarrollo hortícola en Maharashtra*

El programa de Desarrollo Hortícola de Maharashtra en la India, generó empleo a través de diversificar la agricultura hacia la horticultura y los cultivos de alto valor. Proporcionó subsidios del 100% de los salarios y de los insumos materiales a los agricultores marginales y pequeños, las castas excluidas, las tribus excluidas y otras minorías étnicas. Todos los demás agricultores recibieron subsidios del 100% para los salarios y 75% para los insumos materiales. Otras inversiones públicas incluyeron más de 150 invernaderos para material de plantación de alta calidad, un sitio *web* informativo, una vía expresa Pune-Mumbai y una renovación de las instalaciones de aeropuertos y puertos. Los desarrollos de infraestructura hicieron competitivos los productos de Maharashtra tanto local como internacionalmente. El sector privado contribuyó también más de 1.600 invernaderos; proveyó fertilizantes, agroquímicos y semillas mejoradas; e invirtió en infraestructura de mercadeo.

Entre 1996 y 2006, el programa creó alrededor de 213 millones de días persona de trabajo u 807.000 años persona. Desde 1989 a 2001, representó el 96% del aumento en el área sembrada de frutas en Maharashtra. Se creó empleo más permanente de tiempo completo para ocupar los requerimientos laborales anuales de las operaciones en los huertos frutícolas. La demanda por trabajo aumentó en todo Maharashtra en las áreas complementarias de transporte, empaque y almacenamiento.

Fuente: Banco Mundial 2003c.

agrícola. La proporción y tasa de aumento de los trabajadores asalariados en la fuerza de trabajo agrícola es más alta en las regiones que gozan de un auge hortícola orientado a las exportaciones. En contraste, áreas con un mayor énfasis en las actividades tradicionales (trigo, lácteos y carne) han experimentado una disminución de los trabajadores asalariados desde 1990.[23]

Creciente empleo rural no agrícola

La agricultura sigue siendo la columna vertebral de la mayor parte de las economías rurales, pero el empleo rural se está diversificando hacia fuera de la agricultura (*ver* cuadro 9.1). En algunos países latinoamericanos, las actividades rurales no agrícolas crecieron a más del 10% por año entre 1980 y el comienzo de la década de 2000. En Chile, aumentaron del 25% del empleo rural total en 1960 al 49% en 2002 y en Brasil del 14% al 31%.[24] Indonesia pasó por un período de rápido crecimiento en la proporción del empleo rural no agrícola previo a la crisis financiera de 1997 (desde 30% en 1990 a 40% en 1995), antes de caer al 32% en 2003. En Bangladesh, el empleo rural no agrícola aumentó a una tasa anual de 0,7% durante la década de 1990, en tanto que el empleo agrícola creció a una tasa de 0,1%.[25]

El empleo no agrícola tiende a ser más importante para las mujeres que para los hombres en América Latina (*ver* cuadro 9.2). En Chile, en 1960 el empleo femenino representaba más del 20% de todo el empleo no agrícola, cuatro veces su participación en el empleo agrícola. Para 2002, las proporciones habían aumentado al 30% para el sector no agrícola y al 7% para el sector agrícola. En contraste, el empleo no agrícola favorece a los hombres en África subsahariana, Asia oriental y el Pacífico y particularmente al Asia meridional, donde las tendencias en el empelo femenino se ven afectadas por las oportunidades que están disponibles para los hombres en el hogar. En la medida en que más hombres se mueven hacia el trabajo no agrícola, las mujeres satisfacen las demandas por trabajo agrícola resultando en una feminización de trabajo agrícola.[26]

Las empresas rurales no agrícolas se orientan principalmente al autoempleo, concentrándose en el comercio

El comercio al detal y los servicios representan entre el 60% y el 75% del empleo asalariado no agrícola a través de las regiones (gráfico 9.6). El comercio detallista es predominantemente de autoempleo y los servicios son esencialmente empleo asalariado. El sector manufacturero es generalmente pequeño y está confinado principalmente al agroprocesamiento, pero crece a medida que las actividades rurales no agrícolas se hacen más importantes y los enlaces rural-urbanos se desarrollan (capítulo 1).

Las actividades rurales no agrícolas están transformando la estructura del empleo en las áreas rurales. La mayor parte de empresas

Gráfico 9.5 Los requerimientos de trabajo son considerablemente más altos para los vegetales que para los cereales

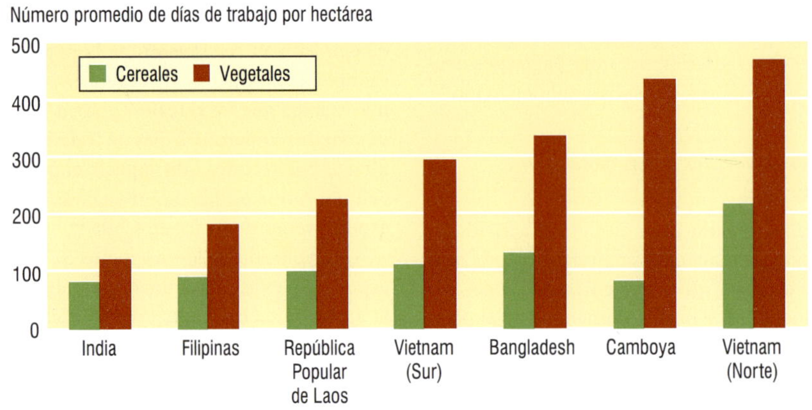

Fuente: Weinberger y Lumpkin 2005.

son pequeñas, dependiendo un 80% a un 90% de ellas exclusivamente del trabajo familiar, como es ilustrado en la distribución del empleo en Indonesia (gráfico 9.7).[27] En Sri Lanka, el número promedio de trabajadores en una empresa rural no agrícola es 2,4, en tanto que el 79% de las firmas tienen solamente uno o dos trabajadores. En Tanzania, el 58% de las firmas son empresas unipersonales y en Bangladesh el 45% lo son. En consecuencia, a la fecha, la forma como este sector beneficia el empleo en el trabajo rural asalariado es mínimo comparado con el autoempleo.

El clima de inversión rural revela las principales restricciones que tienen las empresas

La economía rural ofrece beneficios a los inversionistas en algunas áreas, debido al bajo costo del trabajo y de la tierra y la reducida congestión. Pero las Evaluaciones de Clima de Inversión Rural revelan también significativas restricciones a la inversión.[28] Entre éstas se encuentran el pobre acceso al crédito y su alto costo, la inadecuada oferta de electricidad, la baja calidad de las vías y la infraestructura y los significativos costos operativos asociados con el paso desde la informalidad hacia empresas formales más grandes. El clima de inversión es también perjudicado por unas débiles estructuras de gobernanza en las áreas rurales y por una carencia de instituciones legales que funcionen adecuadamente.

Otra restricción importante parece ser la baja demanda del mercado, una consecuencia del mercado esencialmente local al cual se enfrentan las empresas rurales. La carencia de demanda por bienes y servicios es percibida como la mayor restricción en Indonesia y Vietnam y es la segunda mayor restricción en Pakistán. La mayor parte de los negocios compran y venden localmente y tienen poco acceso a los mercados externos. En Tanzania, Nicaragua y Pakistán, más del 70% venden sus productos en la misma localidad. En Nicaragua, el 73% de la compra de insumos se hace en la firma de la comunidad. En consecuencia, las empresas rurales no agrícolas se desempeñan mejor en áreas densamente pobladas donde la demanda es mayor.

Gráfico 9.6 El comercio detallista y los servicios dominan el empleo asalariado no agrícola

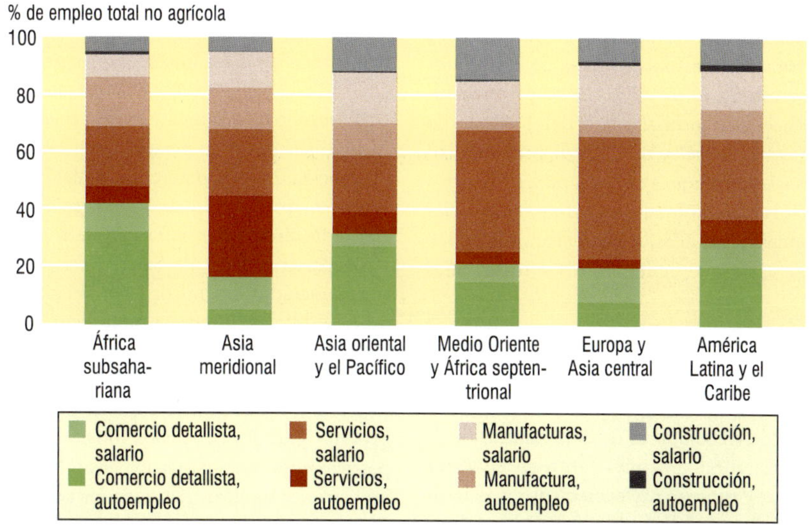

Fuente: Equipo IDM 2008.
Nota: Ver nota de la tabla 9.2.

Gráfico 9.7 La mayor parte de las empresas rurales no agrícolas tienen únicamente uno o dos trabajadores, fundamentalmente autoempleados, Indonesia 2005

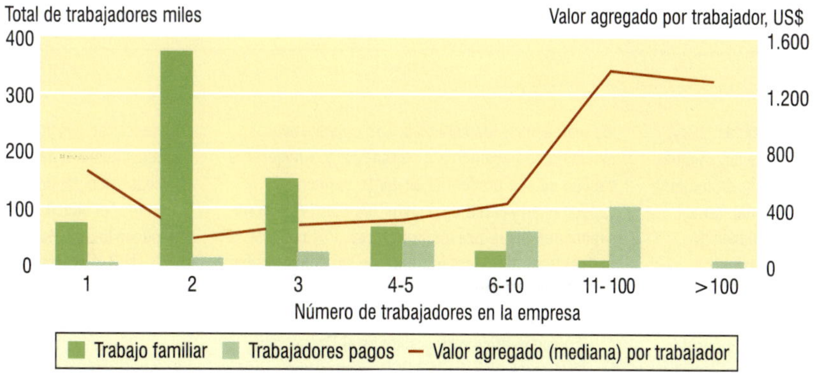

Fuente: Equipo IDM 2008, utilizando datos de la evaluación de Clima de Inversión Rural.

El abordaje de estas restricciones plantea dilemas. Si la demanda es muy local, la producción adicional inducida por un mayor acceso a las finanzas y unos menores costos de capital reducirá los precios, deteriorando así los ingresos y reforzando la intensa competencia en estos mercados saturados. La expansión de los mercados a través de enlazarse a la economía general es por tanto esencial para desarrollar la economía rural no agrícola. Los mejoramientos en infraestructura pueden tanto reducir los costos de los insumos como abrir mercados más amplios para las empresas locales (capítulo 5). No obstante, el mejoramiento de la infraestructura es probable que produzca ganadores que prosperarán en un ambiente más grande y perdedores que no pueden competir.

La dependencia de las empresas no agrícolas respecto a los mercados locales, liga su rentabilidad a las condiciones de la agricultura local. Así, los mismos factores que restringen la demanda agrícola restringen también el crecimiento del sector rural no agrícola. El bajo nivel de empleo en el agroprocesamiento en todos los países encuestados, sugiere que los enlaces hacia delante entre la agricultura y el sector no agrícola no son tan grandes como podrían serlo.

La juventud de las empresas es otra preocupación: una tercera parte de ellas tiene menos de dos años de operación y la mitad de ellas tiene menos de tres. Esta poca edad puede reflejar una dinámica tasa de creación de empresas –o una elevada tasa de fracaso de los negocios. En Vietnam, la tasa anual de sobrevivencia de las empresas familiares no agrícolas se estima en un 83%. La empresa de un hogar promedio tiene entonces una probabilidad del 17% de no encontrarse en operación un año después y un 45% de probabilidad de fracaso en el curso de tres años. Enfoques exitosos para el desarrollo de las empresas no agrícolas, como los liderados por la Asociación de Mujeres Autoempleadas de la India, revelan el amplio apoyo que se necesita para ayudar a los microempresarios a tener éxito (recuadro 9.2)

Generación de mayores oportunidades de empleo rural en y fuera de la granja

La demanda por trabajo, aun de trabajadores de bajo salario, no se incrementará sin una economía rural dinámica tanto en el sector agrícola como en el no agrícola. Posiblemente el elemento más básico de política para una economía rural dinámica, es un buen clima de inversión. Para mejorar el clima de inversión, los gobiernos pueden asegurar los derechos de propiedad; invertir en vías, electricidad y otra infraestructura; eliminar intervenciones de precios que son adversas a los productos rurales; desarrollar enfoques innovadores para la prestación de servicios de crédito y financieros; y ayudar en la coordinación de los actores públicos y privados para incentivar el desarrollo de conglomerados industriales basados en el agro.

Con una mayor inversión y la expansión de las actividades económicas rurales aumenta el potencial para trabajos de mayor remuneración, particularmente fuera de la agricultura. Las tecnologías que aumentan la productividad en las granjas pueden impulsar los ingresos. En la medida en que los pobres tienen una mayor probabilidad de permanecer en la agricultura, aumentar los salarios para los trabajadores agrícolas ofrece el más grande potencial para sacar a millones de personas de la pobreza, particularmente en África.

El mejoramiento en el clima de inversión (especialmente aquel que genera trabajos rurales no agrícolas) es más fácil en las áreas con mayores densidades de población (infraestructura de menor costo) y unas mayores dotaciones de recursos naturales (negocios generados en la agricultura). Esto aplica tanto a los trabajos agrícolas como no agrícolas. Sin embargo, muchas áreas carecen de estas condiciones, de manera que las intervenciones deben ajustarse para responder a estas diferencias. Para las regiones menos favorecidas, el menú de modalidades de intervención es limitado, especialmente cuando hay presupuestos gubernamentales escasos. Las inversiones públicas en infraestructura son críticas. Adicionalmente, los servicios a los negocios, los incentivos fiscales y los subsidios para el desarrollo (como los subsidios a los bosques y a la fertilidad del suelo en Chile) pueden incentivar a los inversionistas privados a invertir en nuevos negocios.

El incentivo a la dinámica de las economías rurales puede enfocarse también desde la perspectiva territorial. Este enfoque incluye la promoción de conglomerados locales basados en la agricultura, donde los productores agrícolas y las agroindustrias en una actividad especializada interactúan para competir mejor. La región de Petrolina-Juazeiro en el valle de San Francisco en Brasil, muestra cómo los conglomerados dinámicos pueden crear enlaces con los servicios e industrias locales, e incentivar la demanda por trabajo más allá de la agricultura. Allí, la inversión en irrigación y la cooperación entre empresarios comerciales y beneficiarios de la reforma agraria en la producción y mercadeo de cultivos de alto valor para la exportación, produjo grandes beneficios directos para los pequeños productores participantes, una masiva expansión del empleo en la agricultura y en industrias y servicios relacionados con ésta, ganancias salariales basadas en un más fuerte poder de negociación de los sindicatos y fuerte reducción de la pobreza.[29] El desarrollo territorial exitoso apunta hacia la innovación como un determinante del crecimiento local, así como hacia el fortalecimiento de los efectos derivados a nivel local, a través de un mayor acceso a mercados dinámicos y del fortalecimiento de los enlaces entre agricultores, industria y servicios.

RECUADRO 9.2 *Una cooperativa de mujeres en la India*

La Asociación de Mujeres Autoempleadas (SEWA) fue conformada en 1972 en Ahmed-abad. Siendo inicialmente una pequeña organización de mujeres pobres trabajando en el sector informal, SEWA tiene en la actualidad más de 1,2 millones de miembros en toda India. Los miembros se involucran en SEWA a través de sindicatos o cooperativas. Los sindicatos, tanto en áreas urbanas como rurales, ayudan a sus miembros a tener acceso a un tratamiento justo, a la justicia, los mercados y los servicios. Las cooperativas ayudan a sus miembros a mercadear y a mejorar la calidad de sus productos en tanto reciben capacitación acerca de nuevas técnicas y de cómo expandirse hacia nuevos productos. Por ejemplo, SEWA ha mostrado a los productores de sal cómo producir sal industrial de más alto valor en lugar de sal comestible de bajo valor.

La cooperativa más grande es el Banco SEWA. En 2004 tenía más de 250.000 cuentas con depósitos que totalizaban US$14,4 millones. Ha incentivado a miles de mujeres pobres ha ahorrar regularmente sus ingresos a través de programas como "el banco de la puerta de al lado" y ofrece pequeños préstamos que en promedio alcanzan a US$73. Los miembros de la organización prefieren la tasa de interés del 20% que carga el banco a la explotación de los prestamistas.

Fuente: Banco Mundial, 2006i.

Salarios e ingresos en el mercado laboral rural

Los salarios son más altos en el sector rural no agrícola que en la agricultura, esencialmente debido a las diferencias en calificación

Los salarios son considerablemente más altos en el empleo rural no agrícola que en el empelo asalariado agrícola (gráfico 9.8). En México, el salario promedio en el sector no agrícola es 56% más alto que en la agricultura. Ambos sectores frecuentemente exhiben una distribución bimodal en los salarios, revelando la presencia de dualismo.

¿Qué tanto refleja esta diferencia de salario simplemente el hecho de que los trabajadores menos calificados se emplean en el sector agrícola? Para los trabajadores no calificados (definidos como trabajadores sin escolaridad), buena parte de la diferencia de la distribución es eliminada, especialmente en Uganda e India (gráfico 9.9). Aun la diferencia restante en la distribución de los salarios, es incapaz de probar que haya una diferencia sectorial fundamental en la compensación al trabajo, debido a que los trabajadores escogen su sector de actividad y al hacerlo pueden seleccionar el sector de acuerdo con otras destrezas no capturadas por la educación.

En el sector rural no agrícola, los salarios de los hombres son más altos que los de las mujeres, aunque la diferencia es pequeña en África, donde el empleo se da principalmente en empresas muy pequeñas. Los salarios femeninos son más heterogéneos que los salarios masculinos y tienden a demostrar una distribución más bimodal. En la India, el salario promedio para el trabajo temporal agrícola es un 30% menor para las mujeres que para los hombres, 20% menor para el mismo tipo de tarea. La diferencia en la distribución de las actividades, en la cual los hombres realizan las actividades mejor remuneradas como el arado y la excavación para la extracción de agua, representa el resto de la diferencia entre los salarios prome-

Gráfico 9.8 Los salarios son mucho más elevados en el empleo rural no agrícola que en el empleo agrícola en la India, México y Uganda

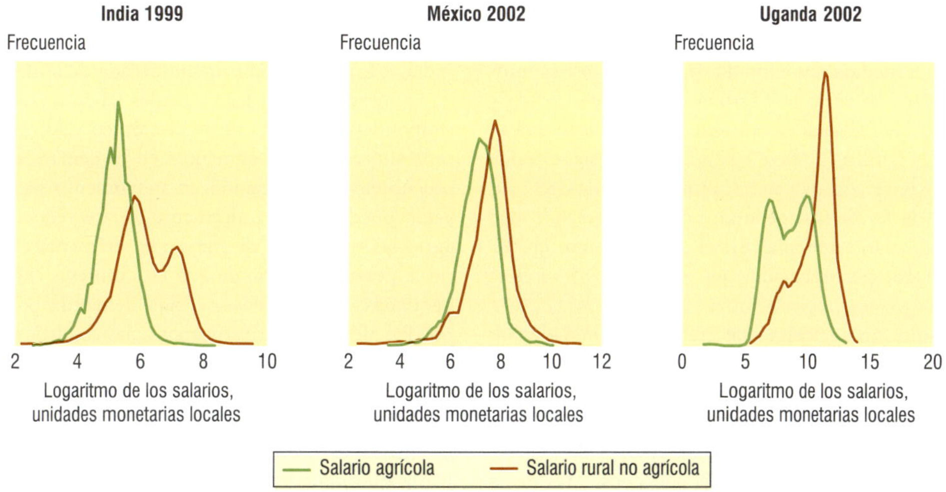

Fuente: Equipo IDM 2008.
Nota: Ver nota para el cuadro 9.2.

Gráfico 9.9 Para los trabajadores sin educación, los salarios en el empleo agrícola y rural no agrícola no son muy diferentes

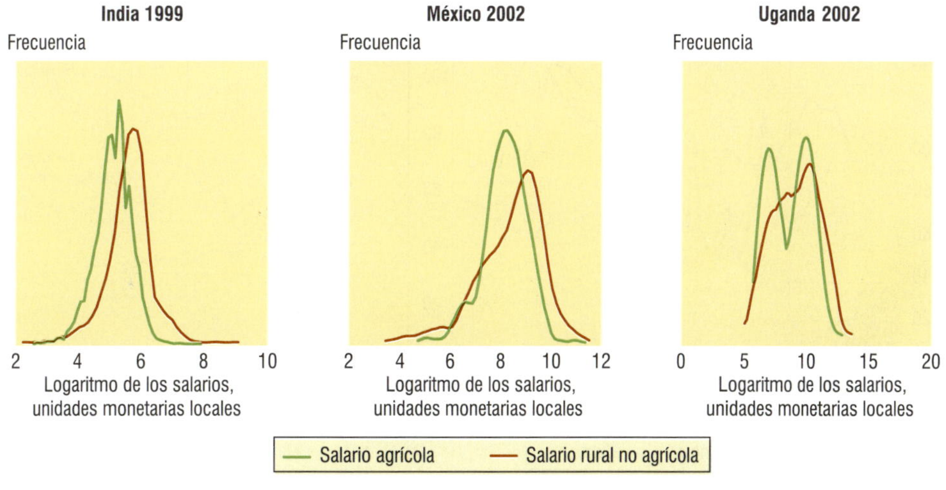

Fuente: Equipo IDM 2008.
Nota: Ver nota para el cuadro 9.2.

dio.[30] En México, los salarios son más bajos para las mujeres con menor educación que para los hombres con el mismo nivel de educación. Sin embargo, a niveles más altos de educación, la distribución de los salarios luce muy similar entre géneros.

Los salarios en la agricultura han estado disminuyendo en América Latina y aumentando en Asia

Hay evidencia de que entre muchos países latinoamericanos, los salarios agrícolas han estado disminuyendo. Los trabajadores en Brasil han perdido una tercera parte de su ingreso a lo largo de los últimos 30 años (gráfico 9.10). En México, entre 1988 y 1996, los trabajadores temporales perdieron el 30% de su poder de compra y no lo han recuperado desde entonces. En contraste, los salarios reales han aumentado en la mayor parte de países de Asia y África (gráfico 9.11).

Los ingresos generados en las empresas rurales no agrícolas operadas por su propietario son heterogéneos

¿Es el autoempleo en el sector rural no agrícola un refugio, que disfraza el desempleo, o una buena fuente de ingresos? El valor agregado por trabajador, una medida aproximada de los ingresos, es muy heterogéneo en el sector no agrícola y esto es reflejado en la distribución de la productividad laboral en empresas que emplean únicamente miembros de la familia (gráfico 9.12). En Indonesia, el valor agregado anual medio por trabajador en estas empresas es de US$230. Tanto como el 59% de las firmas, generan un valor agregado por trabajador inferior al salario agrícola. En el otro extremo, el 7% genera un valor agregado por trabajador que es al menos 5 veces el salario agrícola.

Las empresas rurales no agrícolas que crean oportunidades de empleo, usualmente exhiben una más alta productividad laboral. En Indonesia, la productividad laboral en las firmas con más de 10 trabajadores es de US$1.400, más de seis veces la que se obtiene de firmas pequeñas de dos o más trabajadores. Los trabajadores en estas empresas más grandes también son más educados. Más de la mitad de ellos han terminado la escuela secundaria y casi ninguno cuenta con educación primaria completa. Los empleados de estas firmas más grandes también constituyen el pico más alto de la distribución salarial, como se muestra en el gráfico 9.8. La evidencia de Bangladesh también sugiere que las empresas rurales no agrícolas tienen un mejor desempeño en áreas con un mejor acceso a los mercados, servicios de infraestructura y educación.[31]

Oferta de trabajo: migración y la economía urbana

Los resultados del trabajo rural están íntimamente relacionados con las condiciones laborales en otros sectores de la economía

Los salarios reflejan la oferta y demanda de trabajo. Por el lado de la oferta, los trabajadores son móviles y responden a las opciones de mercado en las actividades agrícolas y rurales no agrícolas y a aquellas en la economía urbana, para quienes viajan o migran. Esta movilidad vincula a los sectores al interior de las áreas rurales así como a las economías urbana y rural. Un sector no agrícola estancado inhibe el movimiento fuera de la agricultura, en economías donde ésta está estancada (como en África subsahariana), así como también en economías donde la productividad agrícola es alta (en Punjab, India, a lo largo de la primera década de la revolución verde).

La integración de los mercados laborales también debilita la correspondencia directa entre el empleo y los ingresos al interior de cada subsector. Los aumentos en la demanda de trabajo agrícola, probablemente reflejando un movimiento hacia productos de alto valor, pueden tener únicamente efectos reducidos sobre los salarios agrícolas si la oferta de trabajo es altamente elástica. Por el contrario, a pesar del hecho de que las empresas rurales no agrícolas son pequeñas, exhibiendo una baja demanda por trabajo asalariado, pueden afectar significativamente las condiciones del mercado laboral. Cualquier aumento en las oportunidades no agrícolas implica una reducción potencial en la oferta de trabajadores agrícolas, aumentando los salarios. Por tanto, las medidas de política que incentivan el empleo no agrícola, aun en pequeñas empresas, es probable que generen beneficios encadenados hacia los trabajadores rurales.

Gráfico 9.10 Los salarios agrícolas han estado disminuyendo en la mayor parte de países latinoamericanos

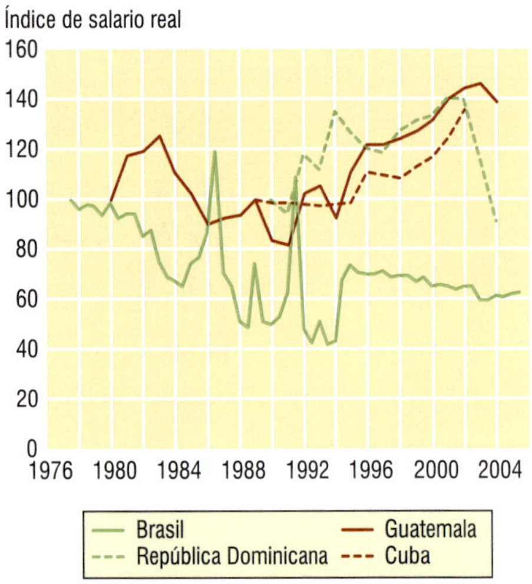

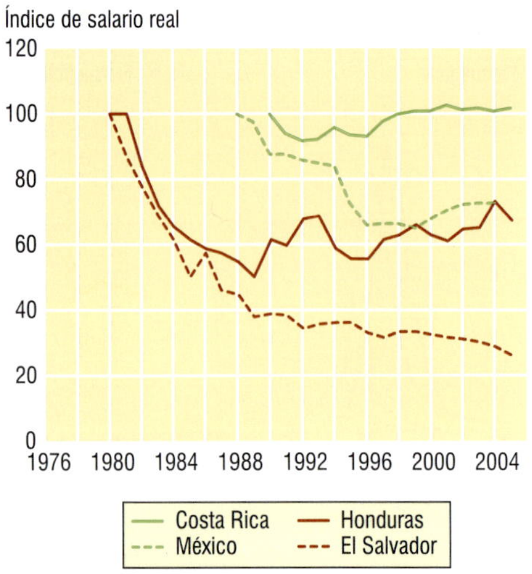

Fuentes: Brasil: Fundación Getulio Vargas Estadísticas Agrícolas; otros países: Cepal, Anuario Estadístico para América Latina y el Caribe, varios años.
Nota: Los salarios nominales son deflactados por el índice nacional de precios al consumidor.

Gráfico 9.11 Los salarios agrícolas han aumentado en la mayor parte de países asiáticos y africanos

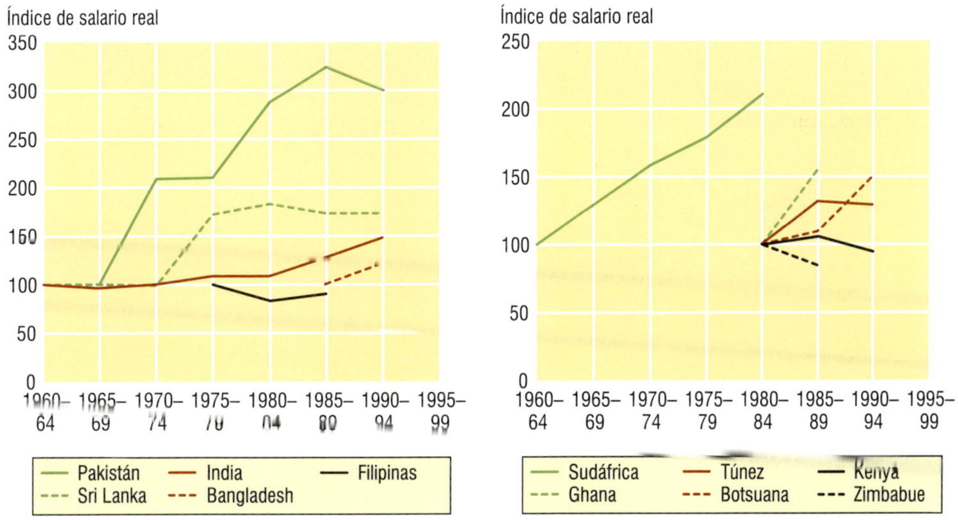

Fuentes: Rama y Artecona 2002.
Nota: Índice basado en los salarios diarios para trabajadores temporales, hombres y mujeres, deflactados por el índice de precios al consumidor.

El rol de los poblados regionales dinámicos y de las pequeñas ciudades, para el mercado laboral rural es difícil de exagerar. El empleo no agrícola en áreas rurales depende de la proximidad a centros rurales grandes y a ciudades pequeñas intermedias. En México, el dinamismo del empleo es más fuerte en la cercanía de los centros urbanos y disminuye hasta que se alcanza una distancia de 150 kilómetros, más allá de la cual la influencia urbana desaparece (gráfico 9.13). La proximidad es particularmente importante para las manufacturas. En municipalidades aisladas, hay un crecimiento sustancialmente mayor del sector de los servicios que del manufacturero, a medida que la agricultura local crea una demanda por los servicios locales.[32] En Indonesia, aun al interior de las áreas rurales, el empleo asalariado como porcentaje del empleo total no agrícola aumenta con el tamaño del poblado. Estos resultados apuntan hacia el papel de los centros urbanos pequeños e intermedios como motores del crecimiento del empleo no agrícola en las áreas rurales.

Migración y la economía rural no agrícola como puente

La migración a las áreas urbanas en busca de más altos ingresos es común y es una vía potencial para salir de la pobreza. Ésta induce una presión al alza en los salarios en las áreas con altas tasas de emigración.[33] Este aumento en los salarios puede tener un efecto positivo sobre la participación de la fuerza de trabajo de los no migrantes, debido a la necesidad de reemplazar a los trabajadores migrantes. Por otra parte, las remesas pueden crear un incentivo para reducir la oferta de trabajo de los no migrantes, a través de un incremento en el salario de reserva. En particular, las remesas pueden reducir la participación de las mujeres en la fuerza laboral a favor de la producción doméstica. Un estudio de las remesas enviadas por migrantes mexicanos a Estados Unidos, encontró que las mujeres de Estados con altas tasas de migrantes tienen una menor probabilidad de trabajar fuera de casa.[34] Se encuentra evidencia similar acerca de sus horas de trabajo; sin embargo, no hay efecto sobre la participación de los hombres en la fuerza laboral ni sobre las horas trabajadas.

La migración es más intensa en las economías en proceso de expansión y urbanizadas, donde las áreas urbanas en crecimiento ofrecen mayores oportunidades de empleo (capítulo 1). Un número estimado de 575 millones de personas migraron de las áreas rurales a las urbanas en los países en desarrollo a lo largo de los últimos 25 años.[35] De estos, 400 millones vivían en países en proceso de transformación, donde los flujos migratorios aumentaron a casi 20 millones por año entre el 2000 y el 2005. Los flujos migratorios como proporción de la población rural, han sido tradicionalmente más altos en las economías urbanizadas pero han estado disminuyendo

Gráfico 9.12 La productividad en el autoempleo rural no agrícola en Indonesia es heterogénea

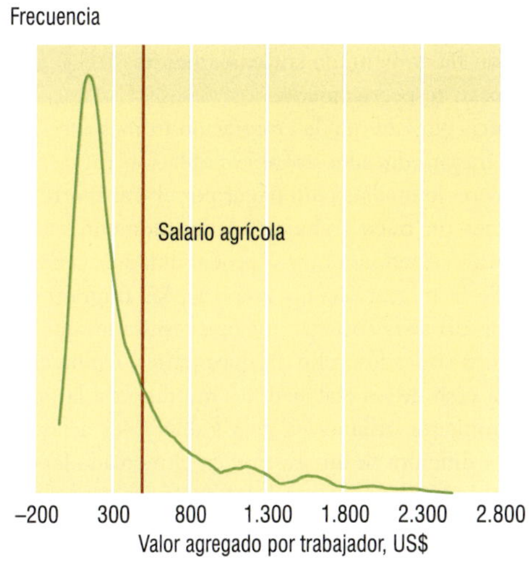

Fuente: Equipo IDM 2008, utilizando datos de la encuesta de clima de inversión rural para Indonesia, (Banco Mundial 2006j).
Nota: La productividad laboral se calcula para las empresas rurales no agrícolas que no tienen trabajadores pagos. El salario anual agrícola se calcula a partir del promedio de los salarios diarios a nivel de las aldeas, multiplicados por 11 meses y 22 días por mes.

Gráfico 9.13 El crecimiento del empleo en las manufacturas y los servicios es una función de la distancia a los centros urbanos de más de 250.000 habitantes

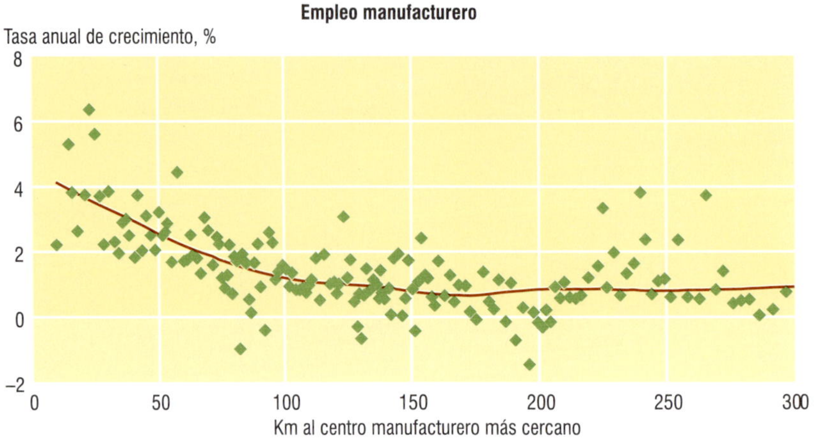

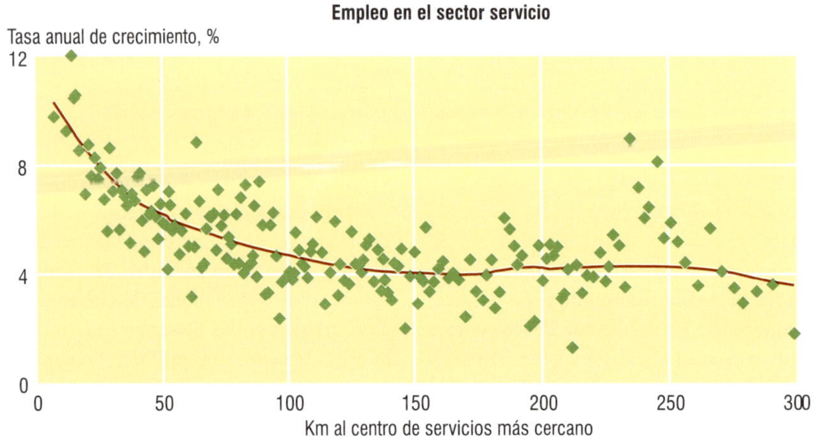

Fuente: Araújo, de Janvry y Sadoulet 2002.
Notas: Las observaciones se refieren a municipalidades con una población menor a 15.000 habitantes en la ciudad principal. El crecimiento se refiere al periodo intercensal 1990-2000.

durante el período 2000-2005, hacia una tasa anual de 1,25%. En las economías en proceso de transformación y agrícolas, el flujo anual de emigración ha aumentado sostenidamente a 0,8% y 0,7% de la población rural, respectivamente.

La evidencia sugiere que la emigración es más accesible para los más ricos y mejor educados entre la población rural, en tanto que migrar requiere de medios para pagar por el transporte y educación para encontrar un buen trabajo.[36] Adicionalmente, los migrantes mejor educados tienen una mayor probabilidad de tener un resultado exitoso de la migración. En Filipinas, los migrantes femeninos hacia las áreas urbanas obtienen mejores resultados que los hombres que son menos educados.[37] En algunos países, China en particular, el limitado acceso de los trabajadores migrantes a la protección social en el ambiente urbano les deja vulnerables a las dificultades económicas y dificulta su integración en el mercado laboral urbano. El trabajo temporal y la informalidad son persistentes para ellos.

El sector rural no agrícola puede relacionar el trabajo agrícola con un más productivo empleo en las áreas urbanas. Para los hogares rurales más pobres, la migración hacia ciudades pequeñas e intermedias puede ofrecer un mayor potencial que hacia las grandes ciudades. En Indonesia, entre 1993 y 2000, los migrantes hacia trabajos no agrícolas en las áreas urbanas, estaban desempeñando ya trabajos no agrícolas en las áreas rurales y tendían a estar entre los trabajadores en mejores condiciones en el sector rural no agrícola.[38] Inicialmente, las personas que no estaban en las mejores condiciones y se movieron distancias relativamente pequeñas (al interior del subdistrito) tendieron a tener un fuerte crecimiento del ingreso, pero las ganancias subsiguientes de ingresos fueron más limitadas.

Dadas tales restricciones, una de las mejores perspectivas para reducir la pobreza rural es el potencial de que los residentes rurales participen en la economía urbana a través del desplazamiento, en tanto que mantienen su residencia rural y su base en la agricultura.[39] En la zona noreste de Tailandia, la mayor disponibilidad de trabajos no agrícolas en ciudades cercanas, llevó un significativo aumento en el ingreso. Reflejando una mayor integración entre los mercados laborales rural y urbano, la disparidad entre los salarios urbanos y rurales está declinando en muchas economías. En México, la razón del salario rural a urbano aumentó de 28% en 1992 a 40% en 2002. En la India, en tanto que los salarios agrícolas siguen siendo bajos, hay evidencia de convergencia entre los salarios rurales no agrícolas para los trabajadores temporales y los salarios urbanos.

Escolaridad, capacitación y transición hacia el mercado laboral

La mayor línea divisoria entre los trabajos de altos y bajos niveles de salario es la calificación. Los adultos educados tienen mayor probabilidad de tener trabajos asalariados no agrícolas y de migrar. Son los trabajadores más jóvenes, mejor educados y con mayor capacitación los que abandonan las áreas rurales para encontrar mayores oportunidades de ingreso en el exterior o en las áreas urbanas (capítulo 3). La gran oferta laboral para trabajos agrícolas, resultante especialmente de la inhabilidad de los trabajadores no calificados para moverse hacia el empleo calificado, subraya la persistencia de la pobreza y de la desigualdad que surgen cuando el empleo calificado despega fuera de la agricultura en los países en proceso de transformación.[40]

Las áreas rurales exhiben muy bajos niveles de educación

Los trabajadores rurales tienen menos educación que los urbanos. Los hombres rurales tienen un promedio de cuatro años de educación en África subsahariana, Asia meridional, Medio Oriente y África septentrional, y América Latina y el Caribe y apenas un poco más de seis años en Asia oriental y el Pacífico (capítulo 3). Estos promedios son de dos a cuatro años menos que en las áreas urbanas. El nivel de educación de las mujeres es aún más bajo, con promedios por debajo de dos años en Asia meridional y en Medio Oriente y África septentrional. Muy altas disparidades en el capital humano se observan también entre la China rural y urbana.[41]

Estos bajos promedios reflejan el envejecimiento de la población rural y ocultan el progreso que se ha hecho durante las últimas décadas (gráfico 9.14). Sin embargo, sigue existiendo una significativa brecha en la escolaridad entre zonas rurales y urbanas en la mayoría de países en desarrollo. Aun en países que han experimentado enormes mejoras en la educación, como México y Kenya, el nivel de educación entre los jóvenes en las áreas rurales está aún apenas por encima de la primaria y es mucho más bajo en otros países (cuadro 9.3).

Los bajos niveles de educación en la fuerza laboral rural tienden a reproducirse a lo largo de las generaciones –padres con bajos niveles de escolaridad tienden a tener hijos con bajos niveles de escolaridad, quienes después tienen menores oportunidades de obtener más altos ingresos. La pobreza puede afectar la habilidad para continuar educándose –y de esta manera es un factor directo en la reducción de la inversión de los hogares en la educación. La pobreza y la baja educación entonces se transmiten entre generaciones.

Los retornos a la educación son bajos en el empleo agrícola y más elevados en la economía rural no agrícola y las ciudades

Un determinante primario de estas brechas de escolaridad es la baja tasa de retorno a la escolaridad en la agricultura tradicional. En Bukidnon, Filipinas –donde la mayoría del empleo se encuentra en la cosecha y se paga sobre la base de unidad recolectada– un aumento en el nivel de escolaridad no tiene efectos sobre los salarios.[42] Resultados similares se encuentran en muchos otros contextos.

Sin embargo, como fue famosamente argumentado por T.W. Schultz (1975), las tasas de retorno son más altas en contextos dinámicos, donde el cambio tecnológico y un ambiente más complejo requieren la toma de decisiones más difíciles. Durante la revolución verde en la India, la educación tuvo más altos retornos en las regiones con mayores tasas de adopción de las nuevas semillas.[43] En Taiwán (China), la educación fue también más valiosa para la producción en áreas con una mayor inestabilidad climática.[44] De manera similar, el retorno a la escolaridad en las economías en rápido crecimiento es significativo. Para los adultos en Indonesia, el retorno a un año adicional en educación se estima en 13%, un valor cercano a otros estimativos internacionales.[45]

También existe una amplia evidencia acerca de una correlación entre educación y acceso y retorno del empleo no agrícola. En China e India, una mejor educación hace posible a los trabajadores rurales encontrar empleo no agrícola de más alto pago, en tanto que la carencia de educación tiende a forzarlos hacia el empleo agrícola o hacia el empleo no agrícola de bajo ingreso como máximo.[46] Similarmente, en Ghana, Perú y Pakistán, los retornos fueron mayores en las actividades no agrícolas que en las agrícolas.[47] Reflejando estos estudios, los retornos a la educación entre países son consistentemente más altos en las áreas urbanas que en los mercados rurales, particularmente a niveles superiores de la escuela básica.[48] Estudios en Bolivia y Turquía muestran también retornos a la educación que son mayores en la cercanía de los centros urbanos, sugiriendo que las oportunidades no agrícolas aumentan el valor de la escolaridad.

Estos mayores retornos en la economía no agrícola, influenciarán las decisiones de escolaridad de los hogares rurales, si existe el potencial de emplearse. En Filipinas y Tailandia, los hogares rurales invierten una porción importante de su ingreso adicional en la escolaridad de los hijos, quienes posteriormente se involucran en trabajos rurales no agrícolas o migran hacia las ciudades para buscar un empleo más lucrativo.[49] En la India, la migración rural-urbana incrementa significativamente la tasa de retorno a la escolaridad rural, cuando se trata de niveles superiores a la escuela media. Los padres rurales parecen conocer esto: las tasas de retorno de las zonas urbanas afectan las decisiones de dar escolaridad a sus hijos a niveles superiores.[50]

El bajo nivel de la escolaridad rural puede también reflejar la baja calidad de las escuelas rurales, en relación con aquellas en las áreas urbanas.[51] Las diferencias rural-urbanas en la calidad de las escuelas se manifiestan a sí mismas en diferencias en la infraestructura de las escuelas, las cuales resultan en diferencias significativas en el logro escolar entre zonas rurales y urbanas (*ver* En foco G).

Los resultados del mercado laboral rural pueden mejorarse mediante programas activos dirigidos a éste

Los programas activos para el mercado laboral pueden apoyar a los hogares rurales para encontrar mejores oportunidades de empleo, ayudando por tanto a los hogares en su transición para salir de la pobreza. Un programa de búsqueda de trabajo para migrantes en China, proporcionó empleo no agrícola a alrededor de 200.000 trabajadores de las zonas altas a lo largo de 6 años, incluyendo aproximadamente 110.000 trabajadores migrantes interprovinciales. El programa estableció un sistema voluntario de facilitación de la movilidad laboral rural; proporcionó capacitación en el trabajo a través de las empresas (paga a través de deducciones de nómina), y estableció un sistema computarizado de búsqueda de trabajo determinado por la demanda que enfatizaba en los mercados locales, supervisando la seguridad de los trabajadores y sus condiciones de vida y reportando cualquier tipo de abuso u ofensa. El programa fue extraordinariamente efectivo para expandir el conocimiento de los pobres en las

Gráfico 9.14 Años promedio de educación en áreas rurales según edad

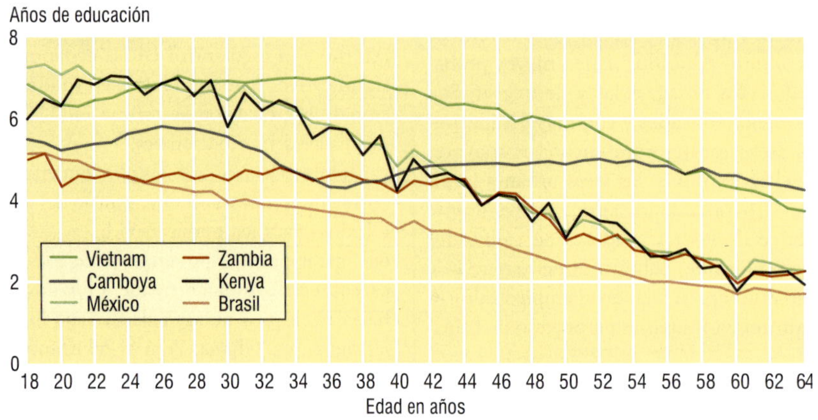

Fuente: Datos del censo de población para Brasil (2000), Camboya (1998), México (2000), Vietnam (1999) y Zambia (2000).

zonas altas acerca del empleo no agrícola y el acceso a éste y fue un instrumento poderoso para la reducción de la pobreza. También ayudó en las perspectivas de los migrantes acerca de su vida y les abrió mayores aspiraciones. Esto fue claramente así para las mujeres migrantes (alrededor de una cuarta parte de todos los trabajadores migrantes); ellas tuvieron una mayor confianza y autoestima, menores cargas laborales (al retornar a sus aldeas locales y una mayor independencia económica).[52]

Un programa en Andhra Pradesh proporciona opciones de empleo a los jóvenes rurales más vulnerables, ligándolos a trabajos en áreas semiurbanas o al nivel local, después de un programa de entrenamiento de tres meses en el cual representantes de la industria actúan como mentores. En 2005-06 este programa creó más de 10.000 trabajos en áreas semiurbanas, llevando a la obtención de ingresos sustancialmente más altos de los que el mercado local podría proporcionar. A nivel local más de 5.000 trabajos fueron creados, especialmente en la industria de textiles, muchos de ellos para mujeres. Ligar la capacitación a la colocación es una de las claves del éxito de este programa.

La inversión en educación rompe el ciclo de pobreza

Hay dos lados en la inversión en capital humano. Por el lado de la demanda, existe el problema de los incentivos de los padres a invertir más en la educación de sus hijos. Por el lado de la oferta, existe el problema de mejorar la disponibilidad y calidad de las escuelas. En la práctica, hay un problema administrativo adicional: los dos lados son generalmente manejados por diferentes ministerios, uno de bienestar social y uno de educación.

La demanda por escolaridad responde a menores costos tanto en términos de gastos escolares (matrículas, vestuario, libros, etc.) y el costo de oportunidad de viajar a localidades distantes utilizando vías en mal estado y de no tener a los hijos para que realicen trabajos productivos. Estos costos para las familias pueden ser disminuidos. La reciente eliminación de las matrículas escolares para la educación primaria en Kenya y Uganda, indujo a incrementos importantes en la matrícula escolar. En Uganda, el programa de educación primaria gratuita que comenzó en 1997, tuvo importantes impactos sobre las tasas de logro para los estudiantes de 4° y 5° grado pertenecientes a hogares pobres, especialmente las niñas.[53] Pero la educación primaria gratuita puede no ser suficiente para que los niños pobres asistan a la escuela, debido a otros costos.

Las transferencias condicionales de efectivo, a través de las cuales la atención regular a la escuela es una condición para que los padres reciban las transferencias, se está expandiendo en muchos países. Después de un programa inicial de transferencias condicionales en especie en Bangladesh (Alimentos por Educación) estos programas se han desarrollado rápidamente en países de ingreso medio, como México (Oportunidades) y Brasil (Bolsa Familia).[54] Estos programas reducen la pobreza actual a través de las transferencias en efectivo y reducen la pobreza futura a través de una mayor inversión en la escolaridad de los niños pobres. Cuando son exitosos, pueden ser una inversión, que hecha en una generación, quiebra la herencia intergeneracional de la pobreza. Aunque son costosos, estos programas de transferencias han sido exitosos en países de ingresos medios y se están implementando en muchos otros países. Sin embargo, adaptarlos a los países de bajos ingresos con una pobreza extensa y débiles sistemas de escolaridad y de registro civil, sigue siendo un desafío no explorado. Es necesario invertir en la oferta de educación y balancear el lado de la oferta con las inversiones por el lado de la demanda, para aumentar el logro educativo. En México, los programas de transferencias condicionales en efectivo fueron focalizados a comunidades rurales suficientemente bien dotadas con instalaciones escolares. Se encontró que la distancia a la escuela era un factor correlacionado importante con el despegue del programa.[55] El siguiente paso fue extender las instalaciones escolares a todas las áreas rurales. Mejorar la calidad de la educación también es esencial. Un ejemplo notorio es el programa Escuela Nueva en Colombia, en el cual existe involucramiento de la comunidad y se han mejorado el currículo, la capacitación de los maestros y la administración. El programa tiene un horario flexible para acomodarse a las actividades rurales y su componente de capacitación de maestros aborda las necesidades de cada comunidad. Una mayor atención a la calidad de las escuelas puede incrementar significativamente los retornos a la educación.

Se necesitan esfuerzos continuados para reducir el trabajo infantil

En el corto plazo, las familias ganan del trabajo infantil; por tanto hay pérdidas de corto plazo en el bienestar de las familias rurales cuando

Cuadro 9.3 Años promedio de educación para la población rural entre 18 y 25 años, países seleccionados

	África subsahariana	Asia meridional	Asia oriental y el Pacífico (exc. China)	Medio Oriente y África septentrional	Europa y Asia central	América Latina y el Caribe
Urbano						
Hombres	8,5	7,3	10,1	9,3	10,6	8,7
Mujeres	7,6	6,5	10,1	9,2	11,1	8,9
Rural						
Hombres	5,5	5,3	8,0	6,8	9,7	5,7
Mujeres	4,3	3,0	7,7	5,0	10,0	5,8

Fuente: Equipo IDM 2008.
Nota: Los cálculos sobre el nivel educativo promedio para la población entre 18 y 25 años están basados en 58 países (excluyendo China e India), a partir de encuestas de hogares recientes con información sobre los años de educación, ponderado por la población en el año 2000. *Ver* el estudio de apoyo por el Equipo IDM 2008 (2007) para obtener detalles.

existen sanciones al trabajo infantil. Sin embargo, para el desarrollo el mayor costo del trabajo infantil es una educación futura más baja y la persistencia de la pobreza de largo plazo (recuadro 9.3). Las propuestas de política para reducir el trabajo infantil han incluido restricciones y prohibiciones al empleo y aun sanciones comerciales. Pero estos tipos de política es más probable que controlen el trabajo asalariado para los niños y no el trabajo familiar no pago. Las transferencias condicionales en efectivo o en especie, que incrementan los retornos a la escolaridad, son muy exitosas para la reducción del trabajo infantil.[56] En Ecuador, el Programa Bono de Desarrollo Humano, redujo el trabajo infantil en un estimado de 17 puntos porcentuales. Brasil enfrenta explícitamente el trabajo infantil en las condiciones para apoyo en su Programa para Erradicar el Trabajo Infantil.

Proporcionar redes de seguridad para reducir la vulnerabilidad

Pensiones rurales no contributivas

Los pobres y los desaventajados dejados atrás por la migración pueden requerir formas adicionales de apoyo en el ingreso. Brasil, Bolivia, Sudáfrica y muchos países en Europa y Asia central han introducido pensiones rurales no contributivas.[57] Éstas generan ganancias de bienestar para los beneficiarios y efectos encadenados sobre la educación y la nutrición de los miembros de la familia. Sin embargo, mantienen también a las firmas y a los trabajadores en el sector informal y hay un costo adicional al tener menos población contribuyendo a la producción.[58]

RECUADRO 9.3 *Trabajo infantil: común en la agricultura*

La OIT estimó el número de trabajadores infantiles en 218 millones en 2004. La mayoría ayudan a sus familias en el hogar, la granja o el negocio familiar. 60% de ellos se encuentran en Asia y 52% son niños. Aunque únicamente el 23% de los niños económicamente activos se encuentran en África subsahariana, las tasas de participación son más elevadas allí, estimándose en alrededor de 30% para los jóvenes en edad de 5 a 14 años. El trabajo infantil puede incluir la prostitución y el tráfico de drogas, pero a escala mundial estas actividades involucran un número bajo de individuos.

En comparación con el 19% para las áreas urbanas de los países en desarrollo, el 31% de los niños en edades de 5 a 14 años en las áreas rurales, reportaron estar trabajando, el 9,8% de ellos trabaja fuera del negocio familiar y el 1,2% recibe pago.[59] Incluyendo el trabajo y las actividades domésticas, el 26% de los niños rurales trabajaron 20 o más horas por semana y el 9% trabajó 40 o más horas. La prevalencia del trabajo no pago en áreas rurales es aproximadamente el doble de la que existe en áreas urbanas. No todo el trabajo infantil es perjudicial y el ingreso generado por la actividad económica de los niños es una fuente necesaria para los hogares rurales pobres. Sin embargo, comparaciones entre más de 40 países revelan una asociación negativa entre el trabajo infantil y la asistencia a la escuela.

En 9 países latinoamericanos, los estudiantes de 3° y 4° grado que trabajaban el mayor número de horas fuera de casa, tenían un desempeño menor en la escuela. Evidencia originada en Ghana, Nicaragua y Pakistán, muestra similares efectos adversos del trabajo sobre la escolaridad. El más insatisfactorio desempeño escolar atribuible al trabajo infantil puede tener consecuencias permanentes en términos de bajos ingresos. En Brasil, los hombres que han entrado a la fuerza laboral antes de los 12 años ganan 20% menos por hora. Los niños con un padre que haya trabajado desde niño tienen una mayor probabilidad de trabajar a edades tempranas, manteniendo todos los demás atributos del hogar constantes. Retardar la edad en que los niños entran a la fuerza de trabajo implica, en consecuencia, demorar la entrada al mercado laboral para la siguiente generación.

En Brasil, el Programa para Erradicar el Trabajo Infantil requiere que los niños rurales asistan a la escuela y que los padres estén de acuerdo en que sus hijos no trabajen. El Programa ha disminuido sustancialmente la incidencia del trabajo infantil en tres estados (gráfico). En Bahía, el programa redujo el trabajo infantil en más de 23 puntos porcentuales.

Programa brasileño para la eliminación del trabajo infantil

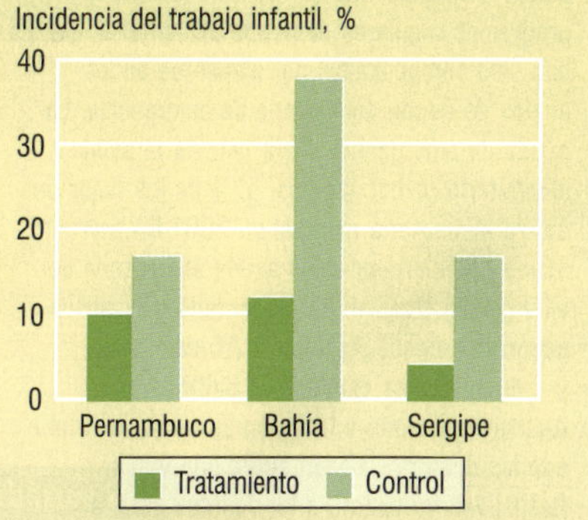

Fuente: Edmonds y Pavnink 2005; Emerson y Portela Souza 2003; Gunnarsson, Orazem y Sedlacek 2005; Ilahi, Orazem y Sedlacek 2005; Yap, Sedlacek y Orazem 2001.

Las transferencias privadas, especialmente las remesas, también pueden proporcionar ingresos en las áreas rurales. Las sumas pueden ser enormes –se estiman US$60.000 millones en 2006 únicamente en América Latina– creando una gran fuente potencial de inversión en las economías locales. Sin embargo, los costos de transacción para la transferencia de fondos son muy altos y con frecuencia exceden el 20%. La reducción de estas tarifas en 5 puntos porcentuales podría generar ahorros anuales de US$3.000 millones para los trabajadores que envían dinero a casa.[60] Las políticas también deben orientarse a reducir los costos de transacción sobre las remesas e incentivar la inversión en la economía local.

Diseñar redes de seguridad ajustables para responder a los choques

Con frecuencia las redes de seguridad están focalizadas hacia aquellos con pocos activos, incluyendo el trabajo familiar. Sin embargo, éstas también tienen una función de aseguramiento. Idealmente, aumentan los gastos cuando el ingreso o la producción disminuye.[61] En muchos casos, las redes de seguridad pueden ser procíclicas, debido a que los choques económicos con frecuencia reducen los ingresos fiscales en la misma medida en que requieren de un aumento en los gastos. Para contrarrestar esto, se necesita que las redes de seguridad sean flexibles, rápidas y eficientes. Tanto en Argentina como en México a mediados de la década de 1990, las crisis económicas redujeron el gasto social justo cuando la pobreza estaba aumentando. La India, México y Filipinas, tienen ahora fondos de reserva o destinan impuestos específicos para sus programas de alivio. Esta financiación es más flexible que la asistencia de los donantes, pero aun en estos últimos casos la tendencia es hacia una mayor flexibilidad (recuadro 9.4). Adicionalmente a una financiación con buen nivel de respuesta, la identificación de los beneficiarios y el desembolso de los fondos debe ser rápido para que se mantenga el carácter contracíclico de las redes. Para asegurar una operación fluida de las redes de seguridad cuando necesitan incrementarse rápidamente, los programas deben ser establecidos antes de que los choques ocurran. En el largo plazo, las redes de seguridad tienen que ser disminuidas cuando la crisis atenúa.

Aunque hay una extensa experiencia con transferencias focalizadas sobre la base de pobreza crónica, la focalización *ex post* para mitigar las consecuencias de los choques requiere de una implementación diferente. Dados los costos de recolectar indicadores que reflejen el efecto de los choques para uso de corto plazo, los programas pueden considerar el uso de la autofocalización comunitaria o la autofocalización personal. Los trabajos públicos y los subsidios comunitarios para cereales consumidos generalmente por los pobres, son ejemplos de autofocalización.

Los trabajos públicos con frecuencia tienen tanto una financiación escalable como una autofocalización adaptativa. El Esquema de Garantías de Empleo en Maharashtra, India, proporciona tal tipo de empleo; una importante red de seguridad social para reducir el costo de la administración del riesgo y proteger los activos de las familias en el evento de choques. El empleo en este programa contracíclico se expandió al 62% en respuesta a la sequía de 1982. Similarmente, el programa Trabajar en Argentina, aumentó el ingreso actual de los participantes.[63] Los programas de trabajo público también ofrecen una oportunidad para que los trabajadores rurales con poca calificación adquieran experiencia laboral en tanto que construyen infraestructura rural. Alrededor de la mitad de los participantes en el Programa Trabajar sintieron que el programa mejoró sus posibilidades de obtener un trabajo, dos terceras partes consideraron que les dio un conocimiento valorado por el mercado y una tercera parte dijo que expandió sus contactos en el mercado laboral. México utiliza un seguro comercial para lograr la financiación contracíclica de sus programas de trabajos públicos nacionales y subnacionales.

La utilización de inventarios y la alimentación suplementaria, la provisión de agua y el cuidado veterinario son otros programas contraciclícos para las comunidades pastoriles. En Kenya, la respuesta ante la sequía incluye subsidio de transporte que proporciona un piso para los precios locales del ganado e impide una situación per-

RECUADRO 9.4 *El cambio gradual pero incompleto hacia la ayuda alimentaria basada en transferencias en efectivo*

Los volúmenes de ayuda alimentaria se encuentran en sus niveles más bajos en el largo plazo, reflejando fuertes reducciones en los programas regulares de ayuda alimentaria, que no han sido compensadas por alimentos en los envíos de ayuda alimentaria de emergencia. La ayuda de emergencia ahora domina la ayuda alimentaria global: más del 57% de los flujos de ayuda alimentaria mundial en 2001-04 fueron ayuda de emergencia. La ayuda alimentaria de emergencia también ha presentado un cambio geográfico desde Asia hacia África.

Importantes cambios de política en Australia, Canadá y la Unión Europea, ilustran que los donantes tienen ahora una mayor flexibilidad en cuanto a las fuentes para la ayuda alimentaria. En 1996, la Unión Europea creó la línea presupuestaria para seguridad alimentaria, que eliminó restricciones que ataban el otorgamiento de la ayuda alimentaria a los oferentes europeos. Siendo un cambio significativo con respecto al pasado, éste incentivó un mayor número de compras locales y regionales. En tanto que las compras locales pueden en algunas ocasiones desestabilizar los precios, se estima que estás son entre un 30% y un 50% menos caras que la compra y despacho hechos desde los países donantes.[62] La ayuda alimentaria en especie y las transferencias en efectivo están sujetas a mala focalización y corrupción, pero la ayuda en especie implica mayores costos de distribución. Las compras locales pueden facilitar unas más rápidas respuestas a las crisis mediante una reducción importante del tiempo de despacho.

En la actualidad, la mayor parte de países en Europa otorgan casi la totalidad de su ayuda alimentaria en efectivo para hacer compras regionales por parte de organizaciones no gubernamentales y del Programa Mundial de Alimentos. En 2005, un volumen récord de 2,55 millones de toneladas métricas de ayuda alimentaria fueron originadas a través de compras locales y regionales en los países en desarrollo. Adicionalmente a la Unión Europea, Australia y Canadá han relajado sus normas de compra para la ayuda alimentaria y se han movido hacia programas basados en transferencias en efectivo. Más de la mitad de la ayuda alimentaria de los dos países es comprada localmente.

A pesar de estos cambios, Estados Unidos, que representa más de la mitad de la ayuda alimentaria mundial, sigue apoyándose en las compras domésticas de alimentos. En años recientes, las propuestas hechas para relajar las reglas de compras domésticas han sido bloqueadas bajo la presión de una coalición de agronegocios, compañías navieras y organizaciones no gubernamentales para el desarrollo y la asistencia. La política continúa disipando la presión para la reforma.

versa en la cual los precios en disminución para los animales aumentan las ventas de éstos en condiciones azarosas. El disparador de este apoyo está esencialmente fundamentado en una razón mínima de precios del ganado a los cereales. Aun así, la evidencia del norte de Kenya sugiere que las intervenciones que preservan la riqueza ganadera de los pastores vulnerables, tiene una mayor relación beneficio-costo que intervenciones más convencionales de utilización de inventarios –y los subsidios de transporte relacionados. La provisión de servicios veterinarios, de alimentación suplementaria y de agua suplementaria, tiene beneficios en una escala de 2,6 a 5,3 veces sus costos.[64]

Una palabra final sobre mercados laborales rurales y migración: la necesidad de atención de política

En la medida en que la agricultura se intensifica y diversifica y las economías se desarrollan, la existencia de mercados laborales rurales y de migración que funcionen adecuadamente, es crucial para reducir la pobreza rural y disminuir las disparidades de ingreso rural-urbano. Sin embargo, sorprendentemente poca atención de política se ha prestado a la estructura, conducta y desempeño de los mercados laborales rurales y a la forma como éstos pueden facilitar una transición exitosa fuera de la agricultura. Con certeza, se necesita especial atención para proporcionar capacitación a los trabajadores para conseguir buenos trabajos, ajustar la legislación laboral para que los proteja pero que no disminuya el empleo y ayudar a los migrantes a encontrar buen empleo en otros lugares. Se requieren intervenciones también por el lado de la demanda en el mercado laboral, especialmente un mejor clima de inversión y redes de seguridad para los desaventajados. Comparado con otros aspectos de la economía rural, queda aún mucho para ser explorado para poder entender cómo mejorar los mercados laborales rurales.

En foco G

Educación y conocimientos para el desarrollo rural

El mundo rural está cambiando rápidamente y la gente joven necesita prepararse para aprovechar nuevas oportunidades. La agricultura está cambiando también, al paso de nuevas tecnologías, productos, mercados y ambientes de negocios. Mucha de la población rural necesitará vincularse a las actividades no agrícolas o migrar hacia las zonas urbanas. Para aprovechar estas oportunidades todos necesitarán conocimientos que difieren de aquellos que tenían sus padres; sin embargo, los sistemas educativos y de capacitación no están listos para enfrentar este desafío.

Conocimientos básicos y más para los jóvenes rurales

A lo largo del mundo en desarrollo, el desafío de proporcionar educación apropiada y conocimientos relevantes a los jóvenes debe ser satisfecho –es necesario proporcionar una educación básica que les motive a estudiar, capacitación que les proporcione conocimientos para el mercado laboral y oportunidades para que algunos busquen una educación superior.

Mejorar la calidad de la educación básica

A pesar del progreso hecho durante la última década par aumentar el acceso al sistema escolar en el mundo en desarrollo, los niveles educativos, medidos como el número de años de escolaridad, son aún bajos en muchos países (capítulo 3). Con frecuencia el bajo logro escolar en las zonas rurales es atribuido al trabajo en las granjas; en estas áreas, los niños faltan a la escuela o la abandonan para ayudar con el trabajo de la granja o del hogar. Sin embargo, estudios sobre el trabajo infantil muestran que de los niños en edades entre 5 y 14 años que no se encuentran en la escuela, el 37% no trabaja y un 32% adicional únicamente realiza trabajo doméstico.[1] Otras razones para abandonar la escuela, incluyen la incapacidad de sufragar los costos de atención, la distancia de la escuela, un currículo o un lenguaje incompatible con las condiciones locales, la creencia de que la educación no es necesaria y una pobre calidad escolar. El mejoramiento en la educación básica en áreas rurales, bien sea la educación primaria en África o la secundaria en América Latina, es esencial para energizar el proceso de desarrollo rural.

La baja calidad de las escuelas rurales disminuye su atractivo y los beneficios de la escolaridad. El informe Probe sobre escuelas públicas en la India rural mostró que la infraestructura física era notoriamente inadecuada y que un 82% de las escuelas necesitaban reparaciones.[2] Con frecuencia los libros no están disponibles y el ausentismo de los profesores tiende a ser alto. Un estudio sobre las escuelas primaras en 6 países en desarrollo, encontró que el 19% de los profesores estuvieron ausentes en un día dado y que el 23% estuvieron ausentes en escuelas rurales en la India, Indonesia y Perú.[3] En la actualidad, los profesores no están bien preparados y tienen una paga baja y la violencia y el acoso son comunes. El reporte Probe encontró que a muchos niños no les gustaba la escuela debido a que eran maltratados o discriminados y en muchos países el temor a la violencia lleva a que los niños abandonen la escuela.[4]

La baja calidad de las escuelas significa poco aprendizaje –no es poco común encontrar estudiantes de quinto grado que no pueden leer y escribir–[5] y los bajos niveles de logro educativo reducen las posibilidades de conseguir empleo.

Conocimientos para el trabajo

Encontrar y mantener un empleo requiere de conocimientos ocupacionales amplios o de conocimientos específicos a un trabajo, adquiridos en las instituciones de capacitación o en el trabajo. En la economía global actual en rápida evolución, estos conocimientos incluyen capacidades personales como flexibilidad, recursividad y comunicación.

Escuela vocacional. Las escuelas vocacionales están orientadas a preparar a los estudiantes para entrar en el mercado laboral. En los países en desarrollo, el sector de educación vocacional tiende a ser más pequeño (22% de la matrícula estudiantil) que en los países de la Organización para la Cooperación y el Desarrollo Económicos y está orientado hacia niveles educativos más bajos, como la escuela secundaria baja.[6] Con frecuencia también carece de coordinación, estando los centros de entrenamiento vocacional dispersos bajo el control de distintos ministerios. Los programas que tienen participación privada en la administración de las instituciones (Senar en Brasil) y en el diseño de los currículos (los Centros Comunitarios para el Desarrollo de Conocimientos en Namibia), han sido los más efectivos para satisfacer las demandas del mercado laboral.

El Senar es administrado por una asociación de empleadores agrícolas y miembros de las cooperativas agrícolas conforman su junta directiva.[7] Una de las características más exitosas de Senar es la integración de la capacitación ocupacional y la promoción social en la misma organización. El proceso de aprendizaje está relacionado con el trabajo rural y las condiciones de vida y a las mujeres rurales se les da preferencia para los programas de promoción social, incluyendo la capacitación en la protección contra productos tóxicos utilizados en la agricultura.

En Namibia, siete Centros Comunitarios de Desarrollo del Conocimiento, imparten conocimientos básicos que permiten a los jóvenes generar ingreso a través del empleo asalariado o el autoempleo. Los centros son instituciones de capacitación que varían sus cursos de capacitación básica en la medida en que las oportunidades de generación de ingreso cambian en la economía local. Para alinearse con las necesidades del mercado, expertos llevan a cabo evaluaciones del mismo, que cubren los intereses ocupacionales de los jóvenes, los planes locales de desarrollo y las necesidades de los empleadores y negocios tanto en los sectores formal como informal.[8]

Capacitación en la empresa. Las empresas también proporcionan capacitación, disponible únicamente para aquellos que tienen trabajos formales, usualmente aquellos con niveles más altos de educación. Las pequeñas empresas capacitan menos frecuentemente y con frecuencia utilizan aprendices, lo cual puede perpetuar los conocimientos tradicionales que pueden no ser útiles en unos mercados cambiantes.

Los programas de entrenamiento para las firmas en mercados de nicho con buenas perspectivas de crecimiento, han aumentado la productividad y el ingreso de las empresas mediante la actualización de la tecnología y de las destrezas administrativas. En Madagascar, la capacitación está focalizada hacia oferentes pequeños de bienes intermedios para el procesamiento y la exportación. Otros ejemplos incluyen el programa Promoción de Capacitación Integrada para la Empresarialidad en Tanzanía y el Consejo de Oportunidades de Industrialización en Ghana.[10]

Educación superior

La transición hacia la educación superior, la cual es particularmente difícil y costosa para los jóvenes rurales, requiere de apoyo. El Programa mexicano Jóvenes con Oportunidades ofrece a los jóvenes que están en la escuela, una cuenta de ahorros en la cual pueden acumular puntos entre los grados 9 y 12. El dinero puede ser utilizado una vez hayan completado el grado 12 para continuar estudios, abrir un negocio, mejorar la vivienda o comprar un seguro de salud. El programa provee entonces incentivos para que los niños se gradúen de la escuela secundaria y facilita su tránsito hacia la educación superior.

Segundas oportunidades

Muchos países operan programas para lograr que los jóvenes que han abandonado la escuela regresen a ella o asistan a cursos de capacitación informal –y para que los jóvenes analfabetos entren a programas de alfabetización. Sin embargo, pocos países tienen un sistema de segundas oportunidades que satisfaga las diversas necesidades de la población joven que ha abandonado la escuela en distintos momentos y que provenga de diferentes ambientes socioeconómicos. Los programas exitosos están ligados al sistema escolar, tienen información de las demandas del mercado laboral y son proporcionados sobre una base flexible de tiempo parcial, que puede acomodar las responsabilidades en el trabajo y con la familia.

Las escuelas de segunda oportunidad en Marruecos están focalizadas a los 2,2 millones de niños entre 8 y 16 años de edad que jamás han entrado a la escuela o que la han abandonado antes de terminar el ciclo obligatorio. Más de tres cuartas partes de ellos viven en áreas rurales y alrededor del 45% son niñas. El Ministerio de Educación conforma asociaciones con organizaciones no gubernamentales, en las cuales el Ministerio proporciona la financiación, facilitadores para la capacitación y provee materiales educativos y las ONG vinculan graduados jóvenes como facilitadores, o matriculan alumnos, buscan fondos adicionales y administran los programas locales.[12]

Educación en administración para los empresarios para la "nueva agricultura"

Los empresarios en la nueva agricultura necesitan los conocimientos y competencias para operar en mercados abiertos y exigentes. Aunque las técnicas agronómicas avanzadas siguen siendo esenciales, los empresarios necesitan también una mejor comprensión del lado administrativo de sus operaciones. Necesitan más y mejor información de mercados y una mejor comprensión de sus costos e ingresos, de las inversiones requeridas y de las cadenas de valor en las cuales operan.

Para ayudar a los estudiantes a afianzarse en la nueva agricultura, algunas universidades africanas incentivan el desarrollo de negocios. La Universidad de Swazilandia y el Colegio Agrícola de Botsuana, ofrecen proyectos empresariales prácticos. Los programas de negocios se ponen en práctica a través de un fondo de crédito rotativo en el cual los estudiantes retienen el 75% de las ganancias. En Mali, una organización de investigación agrícola, Institute d'Economie Rurale y una institución educativa superior, Institut Polytechnique Rurale, se han unido para establecer la incubadora de negocios de Mali para llegar a los empresarios agrícolas a integrar las tecnologías modernas a los sistemas agrícolas locales.[13]

La Universidad Earth[14] en Costa Rica, prepara graduados para comenzar empresas agrícolas, enfatizando los valores relacionados con el desarrollo, el manejo ambiental y el servicio comunitario.[15] La Universidad Makerere en Uganda está en proceso de adaptar el enfoque de la Universidad Earth. En Chile, los Centros Administrativos operados por organizaciones de agricultores, apoyan la toma de decisiones, y el desarrollo de capacidades empresariales y administrativas entre familias granjeras individuales y organizaciones de productores orientadas al mercado.[16]

Profesionales e investigadores agrícolas

La nueva agricultura también necesita más y mejor entrenados investigadores y profesionales agrícolas.[17] Pero las estructuras educativas y de capacitación no siempre están a la altura de esta tarea.

El inventario de recursos humanos en África subsahariana se encuentra severamente agotado. Entre los 27 países africanos, la mitad han presenciado una disminución en el número de investigadores agrícolas en la década de 1990 (capítulo 7).[18] Sólo uno de 4 investigadores africanos actualmente posee un título de doctorado. El gran potencial de las mujeres profesionales para actualizar los sistemas agrícolas sigue siendo esencialmente desaprovechado, en tanto que las mujeres conforman apenas el 18% de los científicos agrícolas africanos.[19] La fuga de cerebros en el caso de funcionarios de rango alto y el número de vacantes no satisfechas, son hechos ampliamente reportados en las agencias de investigación y universidades. Con demasiada frecuencia, la escasez de funcionarios está mezclada con la pérdida de vidas a causa del VIH/SIDA. Durante más de una década, los donantes han vuelto sus espaldas a la financiación de la educación superior y a la capacitación en el exterior para la agricultura. Es necesaria una nueva generación de profesionales agrícolas para volver a completar este inventario de recursos humanos en disminución y para aprovechar las cambiantes oportunidades asociadas con el aumento en la producción liderada por el mercado.

Los esfuerzos para revitalizar la educación agrícola deben concentrarse en la actualización de los currículos, la transformación de las prácticas de docencia y el aumento del número de graduados en todos los niveles de postsecundaria. La mayor parte de las instituciones de ecuación agrícola ofrecen currículos enfocados de manera estrecha sobre la producción de cultivos y ganados predominantes. La reforma a los currículos debe introducir una mayor flexibilidad institucional, de cara al rápido cambio y al mayor nivel de respuesta que debe darse a empleadores y beneficiarios. Un esfuerzo para corregir estas deficiencias es la actualización profesional desarrollada para trabajadores de la extensión por una docena de universidades anglófonas y francófonas con la asistencia del Fondo Africano Sasakawa para la Educación para la Extensión. Enfocándose hacia profesionales en mitad de su carrera, el programa ofrece un currículo interdisciplinario reformado, orientado hacia un grado profesional en ciencia y a grados en maestría científica, con énfasis en la transferencia de tecnología, métodos participativos y al respeto por el conocimiento local.[20]

En el caso de la educación agrícola superior, la prioridad debe ser otorgada a una campaña importante de desarrollo de los funcionarios. En la década de 1960, el gobierno brasileño envío 1.000 empleados académicos a realizar estudios agrícolas en el exterior. En la década de 1970 la Empresa Brasileña Agrícola de Investigación Científica (VIH) envío 500 investigadores agrícolas al exterior para obtener títulos doctorales.[21] Estos son los profesionales que han guiado el impresionante crecimiento y diversificación de las exportaciones brasileñas agrícolas durante las últimas tres décadas.

Los programas agresivos de desarrollo del capital humano han pagado dividendos de largo plazo en los casos de Brasil, India, Malasia y otros países. ¿No es entonces posible que África siga un camino similar? Debido al retiro de empleados e investigadores académicos de alto nivel, África debe lanzar una vigorosa campaña de capital humano con el propósito de proporcionar entrenamiento doctoral a 1.000 nuevos estudiantes en agricultura en los próximos años,[22] debiendo ser al menos la mitad de estas becas otorgadas a mujeres. La iniciativa de becas femeninas iniciada por la Universidad de Makerere en Uganda y financiada por la Corporación Carnegie puede ser un modelo para esto.

El entrenamiento doctoral puede ser llevado a cabo en los centros africanos existentes con fortaleza en las disciplinas agrícolas, como el Centro Africano para el Mejoramiento de Cultivos en Pietermaritzburg, Sudáfrica, la Universidad Jomo Kenyatta para Agricultura y Tecnología en Kenya, la École Nationale Superieure d'Agriculture en Senegal. Alternativamente, puede ser llevado a cabo en universidades generales africanas donde los departamentos de negocios, economías, ciencias biológicas o ciencias pueden complementar las disciplinas agrícolas.

Debido a la interdependencia del conocimiento entre disciplinas, puede ser mejor capacitar a los especialistas agrícolas en universidades generales, en las cuales hay interacción cercana con especialistas de otros departamentos, en lugar de tratar las ciencias agrícolas y la economía agrícola como disciplinas aisladas en universidades agrícolas. Este cambio necesita suceder ahora, iniciando con inversiones en los programas de posgrado en universidades locales.

Donde la capacitación local no sea factible en algunas disciplinas, los estudiantes pueden obtener capacitación doctoral en lugares en el extranjero que sean eficientes o a través de programas "sándwich" que combinen capacitación local relevante con el acceso a fuentes de conocimiento internacional, instrucción en métodos de investigación y exposición a un amplio rango de tecnologías modernas. Una mayor movilidad sur-sur de estudiantes, también ha facilitado el acceso a los programas de posgrado a estudiantes en países sin la necesaria infraestructura universitaria.

En África subsahariana, la segunda destinación más importante para los estudiantes (después de Europa occidental) es Sudáfrica –9 de 10 estudiantes que han estudiado en el exterior al interior de la región van a Sudáfrica. En Asia oriental, el 40% de los estudiantes que se movilizan permanecen en el interior de la región.[23] La Universidad de Psetoria, en Sudáfrica, y la Universidad de Filipinas, en Los Baños, son centros importantes para estudiantes extranjeros en ciencias agrícolas.

Debido al largo tiempo que se necesita para preparar una nueva generación de científicos y profesionales agrícolas, se requiere acción urgente en la actualidad para diseñar, financiar e implementar programas que combinen la actualización de las universidades locales, el apoyo a los centros regionales de excelencia en investigación y docencia y la oferta de capacitación eficiente de alto nivel al exterior de la región.

En foco H

La relación de doble vía entre agricultura y salud

La agricultura puede implicar amenazas importantes a la salud, a través de una mayor incidencia de la malaria ligada a la irrigación, el intoxicamiento por pesticidas y las enfermedades transmisibles de las granjas de animales a los humanos en los sistemas intensivos de ganadería. Así mismo, algunos de los principales problemas de salud del mundo en desarrollo, como el SIDA *y la malaria, pueden tener efectos desastrosos sobre la agricultura, a través de la pérdida de trabajo, conocimiento y activos. Por tanto, coordinar las intervenciones en la agricultura y en la salud puede generar significativas ganancias de bienestar para los pobres en los países en desarrollo.*

La agricultura afecta la salud y la salud afecta la agricultura. La agricultura apoya la salud a través de proporcionar alimentos y nutrición para la población mundial y mediante la generación de ingreso que puede ser utilizado en la atención a la salud. Sin embargo, la producción agrícola y el consumo de alimentos también pueden incrementar los riesgos de enfermedades relacionadas con el agua (malaria) y originadas en los alimentos –así como riesgos de salud ligados a sistemas y prácticas agrícolas específicas, como enfermedades animales infecciosas (gripe aviar, brucelosis) intoxicación por pesticidas y aflatoxicosis.[1]

La enfermedad y muerte originada por SIDA, malaria, tuberculosis y otras enfermedades, reduce la productividad agrícola a través de la pérdida de trabajo, conocimiento de adultos productivos y activos para enfrentar la enfermedad. Debido a que la mayor parte de los pobres del mundo trabajan en la agricultura y a que los pobres sufren desproporcionadamente por la mala salud y las enfermedades, el tener una visión integrada de la agricultura y la salud es necesario para enfrentar la pobreza y promover la agricultura para el desarrollo.

La carencia de coordinación en la toma de decisiones de política entre la agricultura y la salud[2] perjudica los esfuerzos para superar la mala salud entre los pobres rurales y acorta el espacio para el papel que puede jugar la agricultura en el alivio de muchos de los más serios problemas de salud a nivel mundial. Esto incluye condiciones como la malaria, el intoxicamiento por pesticidas, el SIDA y las enfermedades transmitidas de los animales a los humanos. El importante enlace entre la seguridad alimentaria y la nutrición se discutió en otra parte (En foco C).

Malaria

Cada año, un número estimado entre 300 y 500 millones de personas enferman de malaria y más de 1 millón mueren por ella, muchas de éstas niños.[3] Las características de los sistemas de producción agrícola, como la rotación de cultivos, la presencia de ganado y la proximidad de las aldeas a los campos de cultivo y las fuentes de agua, afectan el riesgo de adquirir malaria. En particular, la irrigación puede crear condiciones que favorecen los vectores parasíticos y facilitan la transmisión de la enfermedad.[4] En Etiopía, investigadores encontraron que la prevalencia de malaria era más alta en aquellas aldeas cercanas a las microempresas promovidas por el gobierno.[5] No obstante, en Tanzania la malaria era menos prevalente en las zonas irrigadas, donde el cultivo del arroz mejoró los ingresos de manera que los hogares podían comprar mosquiteros tratados con insecticidas.[6]

El impacto de la malaria sobre la productividad agrícola tiene una larga historia. En la primera mitad del siglo XX, fue el principal problema de salud pública en Italia, de manera muy parecida a como lo es actualmente en muchos países en desarrollo. Las ausencias resultantes de la enfermedad y la muerte eran comunes durante la estación agrícola, dejando millones de hectáreas de las tierras más fértiles de Italia sin utilización.[7] En el mundo en desarrollo, la malaria continúa teniendo serios impactos negativos sobre la productividad. Un estudio sobre agricultores involucrados en la producción intensiva de vegetales en Costa de Marfil, mostró que los que padecían malaria producían alrededor de la mitad de los rendimientos y la mitad de los ingresos que obtenían los agricultores sanos.[8]

La malaria puede ser controlada mediante la modificación o la manipulación de los sistemas de agua en la agricultura. A comienzo de la década de 1900, un mejor mantenimiento y mejoras en los sistemas de irrigación y drenaje, redujeron los casos de malaria en más de la mitad en la República Árabe de Egipto, la India e Indonesia.[9] Un estudio de caso en la India en 1940-41, mostró que la irrigación intermitente de los campos de arroz reducía el contagio de la malaria del 48% al 4%. En la actualidad, hay muchas opciones para mitigar los efectos negativos de la irrigación, en tanto que se mantiene la productividad agrícola. Éstas incluyen la provisión de conocimiento específico a la localidad acerca de técnicas de drenaje, la inundación y sequía intermitente de los campos de arroz, la alternación de arroz con un cultivo seco y la utilización de ganado como "sebo" para los mosquitos.[10]

Intoxicación por pesticidas

Los pesticidas pueden aumentar la productividad agrícola, pero cuando son manejados de manera inadecuada son tóxicos para los humanos y otras especies. En adición a las preocupaciones sobre la inocuidad alimentaria, la intoxicación no intencional por exposición a pesticidas, mata un número estimado de 355.000 personas cada año, dos terceras partes de los cuales se encuentran en países en desarrollo.[11] Los costos del tratamiento médico, el trabajo perdido y una más baja productividad de largo plazo pueden ser elevados.

Muchos agricultores en los países en desarrollo hacen un uso excesivo de los pesticidas y no toman las precauciones adecuadas debido a que no comprenden los riesgos y temen obtener cosechas más pequeñas. Haciendo las cosas peor, los países en desarrollo muy raramente tienen sistemas regulatorios fuertes para los químicos peligrosos. Pesticidas que son prohibidos o restringidos en países industriales, son ampliamente utilizados en países en desarrollo.[12]

Las percepciones de los agricultores acerca del uso apropiado de los pesticidas varían con el medio ambiente y la cultura. Es común en América Latina que los agricultores crean que la exposición a los pesticidas aumenta su tolerancia y les hace más fuertes y más capaces de trabajar, llevando con frecuencia a exposiciones muy altas. En una comunidad cultivadora de papas en Carchi, Ecuador, los investigadores documentaron 171 casos de envenenamiento por pesticidas por cada 100.000 personas por año al final de la década de 1990 –entre los más altos en el mundo. El envenenamiento por pesticidas fue la segunda principal causa de muerte para los hombres (19%) y la cuarta para las mujeres (13%). Los altos costos de la atención de salud y la pérdida de tiempo de trabajo más que compensan los beneficios del uso de los pesticidas. Los agricultores que se han focalizado en la prevención o supresión natural de las plagas y utilizaron los pesticidas únicamente cuando eran necesarios, redujeron sustancialmente la exposición en tanto que mantuvieron los rendimientos y aumentaron la rentabilidad.[13]

En Filipinas, en 1989-91, los agricultores aplicaron comúnmente dos dosis de insecticida[14] por estación de siembra, elevando sus costos de salud en un promedio de 70% por encima de aquellos que no utilizaron pesticidas. Los beneficios en rendimientos derivados del uso de pesticidas, fueron más que compensados por los costos de las enfermedades.[15]

Para limitar los costos económicos y de salud del uso de pesticidas, los diseñadores de política pueden financiar campañas de capacitación e información y reducir el acceso a los agroquímicos más peligrosos a través de la prohibición o de los impuestos a su uso. El control natural y el manejo integrado de plagas muestran también alguna promesa. En Nicaragua, los agricultores capacitados para el uso apropiado de pesticidas sufrieron de una menor exposición después de dos años y tuvieron retornos netos más altos que aquellos que no recibieron capacitación.[16]

VIH y SIDA

En 2006, un número estimado de 39,5 millones de personas en el mundo eran portadores del VIH y un número de 2.9 millones murieron por SIDA.[17] La mayoría de la gente afectada por el VIH y el SIDA depende de la agricultura y sus medios de subsistencia se ven perjudicados por la enfermedad en muchos países. En la mayoría de países subsaharianos, el SIDA demanda un replanteamiento de las políticas de desarrollo y partes del sur de Asia pueden enfrentar una situación similar si la epidemia continúa sin mengua.[18]

La enfermedad y muerte ocasionadas por el VIH y el SIDA, reducen la productividad y los ingresos agrícolas. Un estudio en 1997 sobre la productividad de los trabajadores en una explotación de té en Kenya, encontró que el producto medio diario de los trabajadores ceropositivos era 23% menos que el de los trabajadores sanos en los mismos campos.[19] Un estudio de hogares rurales en Mozambique, mostró que un hogar que sufriera la enfermedad de un hombre adulto o su muerte, potencialmente debido a una enfermedad relacionada con el VIH, experimentaba una reducción significativa de la producción de alimentos, en relación con otras categorías de hogares. Esto representa un choque mayor para los hogares que dependen de la producción de subsistencia y que se encuentran ya a niveles inferiores a los recomendados de ingesta de alimentos (gráfico H1).

El VIH/SIDA también reduce la capacidad del servicio civil agrícola. Entre 1996 y 2000, en Kenya el 58% de todas las muertes de funcionarios del Ministerio de Agricultura fueron relacionadas con el SIDA.[20] El Ministerio de Agricultura de Mozambique proyecta que puede perder entre el 20% y 24% de sus funcionarios por VIH/SIDA entre 2004 y 2010. Unos menores ingresos y productividad agrícola, pueden aumentar también el riesgo de contraer VIH. Enfrentando formas de subsistencia inseguras, algunos miembros del hogar migran para encontrar trabajo o para involucrarse en el sexo comercial. Muchos estudios muestran una correlación significativa entre la prevalencia del VIH y la migración, sugiriendo que la movilidad aumenta la probabilidad de un comportamiento riesgoso.[21]

Gráfico H.1. La producción de alimentos básicos disminuye en Mozambique después de una enfermedad relacionada con el SIDA o de una muerte

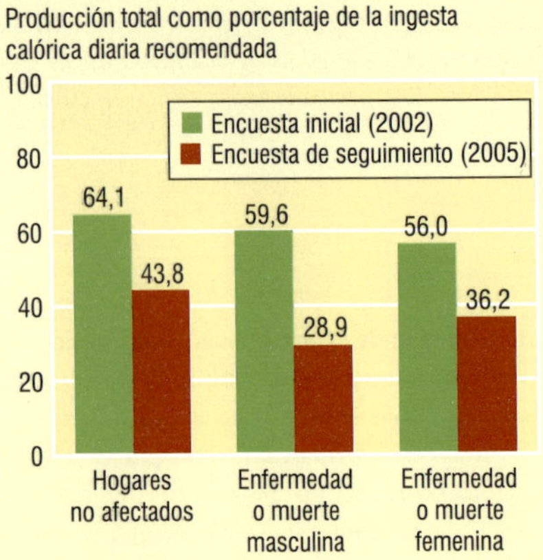

Fuente: Datos de Donovan y Massinque (2007), comparando la producción de kilocalorías de los hogares afectados por la enfermedad o muerte de un adulto, probablemente relacionada con el SIDA, con la correspondiente a los hogares no afectados por éstas en las zonas rurales de Mozambique.
Nota: Debido a que estos son agricultores de subsistencia, la producción puede ser empleada como una medida del consumo. La ingesta diaria recomendada de kilocalorías es igual a la producción mediana por hogar (Kcal/día/adulto equivalente), dividida por el consumo recomendado (3 kcal/día/adulto equivalente).

Hay un amplio espacio para que la política agrícola dé una mejor respuesta al VIH y profundice las metas tanto en salud como agrícolas. La promoción de tecnologías y cultivos ahorradores de trabajo, es una forma de enfrentar la pérdida de trabajo resultante de la mortalidad relacionada con el SIDA en la agricultura. Sin embargo, para los pequeños agricultores más pobres, las principales restricciones sobre su subsistencia pueden ser la tierra y el efectivo antes que el trabajo. De manera que las transferencias en efectivo para ayudarles a contratar trabajo, una tenencia más segura de la tierra para las mujeres y la expansión de los servicios de extensión agrícola para incluir a las mujeres y a los huérfanos, pueden tener un mayor impacto sobre el bienestar.[22]

Los programas focalizados pueden capitalizar en las relaciones entre el SIDA y las formas de vida agrícolas. Para superar la carencia de tierra y de trabajo que con frecuencia enfrentan los hogares afectados por el SIDA, el Programa de Recuperación de Formas de Subsistencia a través de la Agricultura, implementado en Lesotho en 2002 por CARE y el Ministerio de Agricultura, promueve la producción de cultivos con alto contenido nutricional en pequeñas parcelas y tierras cercanas al hogar. De los participantes, el 53% reportó que había estabilizado o incrementado su producción de alimentos.[23] Otro programa en Monzambique, proporciona a los huérfanos o a los niños vulnerables en áreas con alta prevalencia de VIH, cruciales conocimientos agrícolas y de calidad de vida, así como comidas diarias nutritivas. Programas similares han sido probados en Kenya, Namibia, Zuazilandia y Zimbabue.[24]

El ascenso de amenazas de enfermedad de origen animal.

La revolución ganadera de los países en desarrollo, ha estado asociada con el crecimiento sin precedentes de grandes concentraciones de animales en áreas urbanas y periurbanas, con implicaciones importantes para la salud humana y animal. De las 1.415 especies de organismos infecciosos que se sabe que son patógenos para los humanos, el 61% son de origen animal o transmisibles de los animales a los humanos. De las 175 especies patógenas de organismos infecciosos considerados como en "surgimiento" (o resurgimiento) en los humanos, 75% son de origen animal. Los pobres están especialmente expuestos debido a la proximidad de sus espacios de vivienda a las granjas de animales.[25]

Las enfermedades de origen animal de significancia en los países en desarrollo, pertenecen a tres categorías con base en la forma de transmisión: originadas en alimentos (cisticercosis, brucelosis, tuberculosis), infecciosas (influenza aviar, tuberculosis) y originadas en vectores (rabia o tripanosomosis).

Las enfermedades animales han sido durante largo tiempo un problema económico mayor. Las pérdidas originadas en muertes de animales a raíz de la traza H5N1 de la influenza aviar altamente patógena y los costos de controlarla, se encuentran en el orden de las decenas de miles de millones de dólares. A partir de finales de 2003 la traza H5N1 de la influenza aviar ha sido responsable de 4.544 casos documentados de brotes en la avicultura en 36 países, asociados con 269 casos humanos y 163 muertes (a enero de 2007). El virus no es fácilmente transmitido hacia y entre los humanos. Sin embargo, la gran preocupación es que podría mutar, bien sea entre huéspedes animales o humanos, y hacerse fácilmente transmisible de humanos a humanos, aumentando la posibilidad de una pandemia desastrosa.

El método primario para controlar las enfermedades animales, es la rápida identificación de animales enfermos y de otros que pueden haber estado en contacto con éstos, reduciendo la carga viral. Las vacunas son costosas y difíciles de implementar en las condiciones que tienen los países en desarrollo.[26] De esta manera, controlar las enfermedades zoonóticas en el vector animal es un aspecto crítico.[27] La clave es responder rápida y comprensivamente una vez la enfermedad aparece en los animales.[28] Esto requiere no solamente de técnicos capacitados sino también de incentivos para revelar y disponer de los animales enfermos.

PARTE III

¿En qué forma pueden implementarse mejor las agendas de agricultura para el desarrollo?

capítulo 10

Agendas nacionales emergentes para los tres mundos de la agricultura

Dado que el crecimiento agrícola tiene capacidades tan únicas para reducir la pobreza, ¿por qué no se ha materializado más consistentemente en los países en desarrollo? La pobreza cayó en forma vertiginosa en China, la India, Vietnam y otros países cuando hicieron grandes esfuerzos de crecimiento agrícola, de la misma manera que el despegue industrial y los mayores ingresos siguieron inmediatamente después de los grandes esfuerzos en el crecimiento agrícola de Japón y la República de Corea. Aun así la agricultura se ha utilizado muy poco para el crecimiento y la seguridad alimentaria en los países agrícolas de hoy, con altos costos sociales. Sus capacidades plenas de reducir la pobreza rural se han utilizado también muy poco en los países en desarrollo en transformación y urbanizados, que tienen grandes poblaciones de campesinos pobres.

Los capítulos 4 a 8 sugieren algunas de las razones de la subutilización de la agricultura para el desarrollo, entre las que se encuentran las siguientes: 1) reformas incompletas y dispares del régimen de comercio internacional (en particular en los países miembros de la Organización para la Cooperación y el Desarrollo Económicos (OCDE); 2) prejuicios menores, pero continuos en las políticas contra la agricultura en muchos países en desarrollo; 3) inversiones inferiores a las normales y deficientes de recursos públicos en agricultura y los donantes vuelven la espalda a la agricultura demasiado temprano; 4) desarrollo institucional incompleto (en especial para los pequeños agricultores) después de la desescalada del Estado en la agricultura; 5) retrasos en la emisión y adopción de nuevas llegadas de innovaciones tecnológicas; y 6) el agotamiento de los recursos naturales y el aumento en el cambio climático, que socava las ganancias en productividad. Para cada una de estas causas se presentan remedios elaborados en esos capítulos.

Pero las enseñanzas del pasado no siempre pueden aplicarse al futuro, especialmente en un contexto marcado por nuevas oportunidades mayores y los desafíos nuevos pueden invalidar los modelos viejos. En adición, las agendas de agricultura para el desarrollo deben especificarse según el contexto, reflejando tanto las condiciones generales del tipo de país como las locales. El presente capítulo retoma algunas de estas posibilidades y desafíos, y propone un enfoque en agricultura para el desarrollo para los tres mundos de la agricultura. Los aspectos de implementación de estas agendas se tratan en el capítulo 11.

Nuevas posibilidades y desafíos

Nuevas posibilidades

Las reformas en las políticas macroeconómicas, regímenes de comercio y políticas de mercadeo en muchos de los países más pobres en los años noventa han ocasionado mejores incentivos de inversión para los agricultores, comerciantes privados y procesadores del agro más activos y mayores rendimientos a la inversión pública y privada en la agricultura y en las áreas rurales (*ver* capítulo 4). El número de conflictos armados ha declinado y muchos países han adoptado formas más democráticas y descentralizadas de gobernabilidad. La globalización abre nuevas posibilidades de exportación e incrementa los flujos de capital extranjero y tecnología. Poderosas cadenas de valor integran los mercados a escala mundial y ha surgido una nueva agricultura de productos de valor alto, impulsada por cambios en la demanda del consumidor. Los mercados regionales se abren también a los cultivos de alimentos tradicionales, como en África occidental y el Mercosur (*ver* capítulo 5).

Las innovaciones institucionales ofrecen mecanismos más eficientes –si bien todavía incompletos– de acceso a la tierra, servicios financieros e insumos y organizaciones más efectivas de productores (*ver* capítulo 6). Las nuevas tecnologías en biología e información ofrecen potencial de ganancias significativas en la productividad, si pueden implementarse los protocolos de bioseguridad y sistemas de información rural necesarios para su uso con el fin de explotarlas (*ver* capítulo 7). Enfoques mejores a la administración de los recursos naturales aumentan la sostenibilidad y reducen los costos externos (*ver* capítulo 8).

Aun los países más pobres del África subsahariana han logrado numerosos éxitos locales en la agricultura en las décadas pasadas y más después de 1990, gracias al mejoramiento en el entorno macroeconómico.[1] Algunos gobiernos de esa región, lo mismo que China e India le han dado una mayor prioridad a la agricultura, prometiendo asignar mayores presupuestos para ella. Los donantes han declarado también sus intenciones de invertir más en la agricultura y algunos están cumpliendo su promesa. Estos nuevos compromisos son ahora necesarios a fin de sostener y aumentar en forma gradual los resultados exitosos.

Nuevos desafíos

Será difícil elevar la productividad agrícola para que la agricultura se desempeñe mejor como instrumento para el desarrollo, en particular en algunos de los países más pobres, que son los que más la requieren. La larga tendencia descendente en los precios internacionales de los bienes básicos pone en peligro la rentabilidad de muchos sistemas de producción con los niveles actuales de productividad. Con el cierre de las fronteras terrestres en gran parte del mundo en desarrollo y presiones demográficas fuertes continuas, serán más fundamentales las ganancias en la productividad de la tierra y su administración sostenible. Los precios más altos de la energía desafían el futuro de la intensificación agrícola basada en derivados del petróleo, como los fertilizantes de nitrógeno. En adición, la llegada de nuevas ondas de innovación tecnológica puede retrasarse con las menores inversiones en investigación y desarrollo, y la falta de protección para orientar la adopción de los transgénicos.

El cambio climático y la creciente escasez de agua agregarán un costo adicional al uso eficiente del agua y a los sistemas de cultivo flexibles. El cambo climático será más grave en algunos de los países más pobres, los que están menos preparados para adaptarse. En estos países, el manejo del agua es el menos desarrollado y se cuenta con menores recursos de financiación para investigación científica que genere nuevas tecnologías de adaptación.

Cualquier crecimiento agrícola futuro no solo debe ser doblemente verde (productivo y ambientalmente amigable) sino también incluir a los pequeños agricultores, en especial a las mujeres. Esto presenta desafíos formidables, con mayores economías de escala para vincular cadenas de valor, particularmente supermercados y mercados de exportación de alto valor. El crecimiento agrícola debe proveer buenos puestos de trabajo para los agricultores sin tierra y los marginados, pero muchas innovaciones ahorran mano de obra y los puestos de trabajo siguen siendo estacionales y no calificados. Debe abrir posibilidades de inversión en la economía rural no agrícola a través de un mejor clima de inversiones, pero requiere nuevas destrezas para que los campesinos pobres tengan acceso a ellas. Y no existe la ilusión de que sólo con mejores políticas, instituciones e inversiones en agricultura se pueda reducir la pobreza. Se requieren enfoques multisectoriales integrales para coordinar las contribuciones de la agricultura con inversiones en otros sectores, dando lugar a temas complejos de prioridades en las inversiones, compensaciones políticas en los procesos presupuestales y coordinación intersectorial en la implementación (*ver* capítulo 11).

Abordar la economía política de las agendas de economía para la agricultura seguirá siendo difícil. Un primer desafío en economía política es otorgar vocería a las coaliciones en pro de los agricultores en los países agrícolas que pueda movilizar el apoyo público para el crecimiento agrícola basado en el pequeño agricultor. Un segundo desafío en economía política es el de evitar las trampas del subsidio y la protección al atender las disparidades de ingresos rurales-urbanos y la pobreza en los países de transformación y urbanizados, invirtiendo más en bienes públicos y redes de seguridad. Nuevos actores privados pueden agregar vocería y apoyo político para mejorar los incentivos agrícolas.

El enfoque propuesto

Un enfoque de agricultura para el desarrollo surge con varios rasgos generales, aplicando las enseñanzas del pasado y apreciando las nuevas oportunidades y los nuevos desafíos. Depende de condiciones previas, como fundamentos macroeconómicos sanos y estabilidad sociopolítica. Es integral al movilizar muchos actores del mundo de la agricultura –pequeños agricultores y sus organizaciones, agronegocios, empresarios privados de cadenas de valor, el Estado con nuevos valores y funciones y la sociedad civil– y al equilibrar múltiples objetivos de políticas (*ver* recuadro 10.1). Se diferencia entre los tipos y necesidades de los países por ser ambientalmente sustentable y de implementación factible.

Condiciones previas. La estabilidad política y económica es necesaria para el crecimiento agrícola y, sin estabilidad, pocas de las demás partes de una agenda de agricultura pueden implementarse, lo que constituye una premisa que han cumplido cada vez más los países agrícolas después de mediados de los años noventa.

Integrales. Las estrategias deberían reflejar cuatro objetivos en un "rombo de políticas" que fije prioridades en la agenda de agricultura para el desarrollo (*ver* recuadro 10.1). El primero es establecer mercados eficientes y cadenas de valor. El segundo acelerar la entrada de los pequeños agricultores a los mercados agrícolas y aumentar la capacidad de innovación y competitividad del pequeño agricultor. El tercero, mejorar los medios de vida y la seguridad alimentaria en la agricultura de subsistencia y las ocupaciones rurales de baja calificación. El cuarto, aumentar las oportunidades de empleo e inversión en la economía rural al tiempo que se mejoran las destrezas para permitir que los pobres rurales aprovechen estas oportunidades o emigren en forma exitosa. En conjunto, impulsan las tres rutas para salir de la pobreza: agricultura, empleo rural y migración.

Diferenciadas. Las agendas de la agricultura para el desarrollo difieren para las economías de base agrícola, en transformación y urbanizadas. En los países agrícolas, el objetivo general es acelerar el crecimiento, reducir la pobreza y proveer seguridad alimenticia. En los países en proceso de transformación, es reducir las desigualdades de ingreso rural-urbano y la pobreza rural extrema. En los países urbanizados, es vincular a los pequeños agricultores con los nuevos mercados internos de alimentos –en particular los supermercados–

RECUADRO 10.1 *Los cuatro objetivos de las políticas de la agenda agricultura para el desarrollo forman un rombo de políticas*

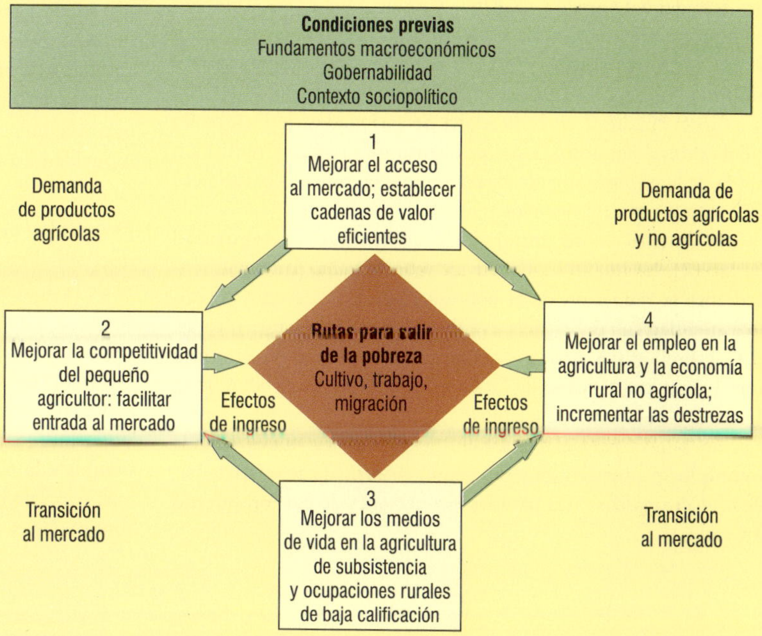

Fuente: Equipo del IDM 2008.

1. *Mejorar el acceso al mercado y establecer cadenas de valor eficientes*. Las cadenas de valor vinculan la demanda de los mercados agrícolas con los pequeños productores agrícolas y crean puestos de trabajo junto con encadenamientos en la agricultura. Las intervenciones de políticas para facilitar el desarrollo de cadenas de valor incluyen el mejoramiento del clima general de inversiones y la formación de asociaciones público-privadas estratégicas.
2. *Aumentar la competitividad del pequeño agricultor y facilitar su entrada al mercado*. Los pequeños agricultores pueden ser competitivos y fuente de innovación con suficiente dotación de activos y en contextos favorables que les permitan mercadear un excedente. Las intervenciones de políticas para mejorar su competitividad y rentabilidad incluyen reformas comerciales para un mayor acceso al mercado, mejor infraestructura y tecnología, servicios financieros e insumos adecuados y organizaciones efectivas de productores para lograr acceso a los servicios, mercados y formulación de políticas.
   Inducir una transición desde la subsistencia al mercado requiere aumentar el acceso a los activos para los hogares de los pequeños agricultores, en particular a la tierra, las destrezas empresariales y el capital social. Requiere también infraestructura para abrir regiones con potencial agrícola, pero acceso deficiente al mercado y mecanismos de gestión de riesgos.
3. *Mejorar los medios de vida en la agricultura de subsistencia y ocupaciones rurales de baja calificación*. Los medios de vida de los agricultores de subsistencia pueden mejorarse de cuatro maneras: la primera, mejorando la productividad de la tierra (con mayores rendimientos en las parcelas pequeñas) y la productividad laboral (elevar los ingresos laborales agrícolas y liberar mano de obra para empleos no agrícolas). La segunda, aumentando la flexibilidad de los sistemas de cultivo para reducir el riesgo y la inseguridad en los alimentos, especialmente mediante la mejor gestión de los recursos naturales. La tercera, mejorando el valor nutritivo de los alimentos producidos para el consumo en el hogar. Y la cuarta, diversificando el ingreso en los mercados laborales agrícolas y la economía rural no agrícola para tener acceso a ingresos de dinero y reducir la vulnerabilidad. Mejorar los medios de vida de subsistencia de los pequeños agricultores y trabajadores no calificados requiere a menudo también ayuda en alimentos, transferencias de efectivo y pensiones para los ancianos. Estas mejoras exigen inversiones masivas en capital humano para la próxima generación con el fin de evitar las transferencias intergeneracionales de pobreza asociadas con los niveles educativos deprimentes de las áreas rurales.
4. *Incrementar las oportunidades de empleo en los mercados laborales rurales y mejorar las destrezas*. En el lado de la oferta del mercado laboral, las destrezas nuevas son importantes para ganar acceso a fuentes de empleo más remunerativas. En el lado de la demanda, las oportunidades de inversión y empleo para el trabajador calificado pueden mejorarse en el sector rural no agrícola mediante un mejor clima para las inversiones y el desarrollo territorial, y en la agricultura por medio del empleo en tareas técnicamente exigentes, en particular en actividades de alto valor. El trabajador calificado tiene también mayor probabilidad de ser impulsado a la migración exitosa. Preparar a las personas para emigrar de la agricultura es la otra cara de la transformación estructural de la economía cuando crece la agricultura.

y crear ciertos puestos de trabajo remunerativos. Las condiciones estructurales difieren también para cada tipo de país.

Sostenibles. Con el desarrollo y la protección ambiental vinculados inseparablemente, el diseño y la implementación de la agenda deben asegurar la sostenibilidad ambiental. Los incentivos a la producción, las instituciones y las tecnologías deben alinearse para una mejor gestión de los recursos naturales y mejorar la provisión de los servicios ambientales.

Factibles. Las políticas y programas no se implementarán ni causarán impactos significativos si no son factibles políticamente, si la capacidad administrativa de implementar es débil y si los recursos financieros son inadecuados.

Aunque los tres mundos de la agricultura ofrecen una tipología general de países, ocultan también una diversidad considerable entre los países de cada mundo. Por ello, las agendas de agricultura para el desarrollo deben ajustarse para ser específicas de cada país.

Países basados en la agricultura. Acelerar el crecimiento, reducir la pobreza y proveer seguridad alimentaria

Los países del África subsahariana representan el 89% de la población de los países basados en la agricultura, por lo que son el foco de esta subsección. Con la ayuda de políticas macroeconómicas y sectoriales mejoradas y precios más altos de los bienes básicos, el crecimiento real del PIB agrícola en África subsahariana se ha acelerado de 2,3% por año en la década de 1980, a 3,3% en la de 1990 y a 3,8% por año entre 2000 y 2005. La pobreza rural ha empezado a disminuir en 10 de los 13 países analizados en el período de 1990 a 2005 (*véase* el cuadro 2 en Indicadores Seleccionados de Desarrollo Mundial, al final del libro). Un crecimiento más rápido y reducción sostenida de la pobreza son alcanzables ahora en muchos países pero exigirán compromiso y recursos.

La agricultura es de importancia crítica para la seguridad alimentaria en los hogares en el África subsahariana, principalmente mediante la reducción de la pobreza. Pero los mercados de alimentos atienden con deficiencia a millones de pequeños agricultores, en el Comprehensive Africa Agricultural Development Program (Caadp, Programa Africano de Desarrollo Agrícola Integral) (*ver* recuadro 10.2) de la New Partnership for Africa's Development (Nepad, Asociación Nueva para el Desarrollo de África). La nueva agenda para cumplir el objetivo general, según se articula más adelante, puede ofrecer una base útil para las evaluaciones de país propuestas en el Caadp.

Rasgos estructurales de países agrícolas

Deben considerarse los rasgos estructurales de los países agrícolas al diseñar la agenda para cumplir los objetivos de crecimiento, la reducción de la pobreza y la seguridad alimentaria. Sin embargo, la diversidad de los países del África subsahariana y de las regiones al interior de los países es enorme en términos de tamaño, potencial agrícola, enlaces de transporte, dependencia de recursos naturales y capacidad estatal.

Diversidad de condiciones locales. La ruta al crecimiento de la productividad en el África subsahariana será considerablemente distinta de la de Asia (*ver* capítulo 2). Diversas agroecologías producen un rango amplio de sistemas de cultivo, de los cuales ocho –maíz, arroz, trigo, millo, sorgo, yuca, batata y bananos/plátanos- son artículos básicos principales en África, comparados con solo dos en Asia durante su revolución verde, el arroz y el trigo.[2] Además, el ganado es importante en la mayoría de sistemas de cultivo. La heterogeneidad complica la tarea científica de descubrimiento de tecnologías nuevas, pero ofrece también campo de acción para un rango amplio de innovaciones.

RECUADRO 10.2 *El Programa Africano de Desarrollo Agrícola Integral*

El Caadp desarrollado por la Unión Africana a través de su iniciativa Nepad aspira ayudar a los países africanos a alcanzar una ruta más alta de crecimiento económico mediante el desarrollo impulsado por la agricultura que elimine el hambre, reduzca la pobreza y la inseguridad alimenticia y habilite la expansión de las exportaciones. El Caadp aporta un marco común (más que un conjunto de programas supranacionales) que se refleja en los principios y objetivos básicos definidos y establecidos por el Africa Heads of State and Governments (Jefes de Estado y Gobiernos de África), con el fin de: i) orientar las estrategias y programas de inversión de los países, ii) permitir el aprendizaje y la revisión de pares regionales y iii) facilitar mayor alineación y armonización de los esfuerzos para el desarrollo.

Los principios y objetivos principales que definen el marco del Caadp son los siguientes:

- Crecimiento impulsado por la agricultura como estrategia principal para cumplir el Objetivo de Desarrollo del Milenio de reducción de la pobreza.
- Tasa de crecimiento agrícola de 6% anual promedio a nivel nacional.
- Asignación del 10% de los presupuestos nacionales al sector agrícola (contra el 6% actual).
- Uso de complementariedades regionales y cooperación para fomentar el crecimiento.
- Eficiencia en políticas, diálogo, revisión y responsabilidad, principios compartidos por todos los programas de Nepad.
- Asociaciones y alianzas que incluyan agricultores, agronegocios y comunidades de la sociedad civil.
- Implementación en los países individuales, coordinación de comunidades económicas regionales y facilitación por parte del secretariado del Nepad.

En consistencia con los principios del Nepad de propiedad y responsabilidad, el proceso del Caadp a nivel de países se inicia con una base impulsada por la demanda, por medio de consultas con comunidades económicas regionales y sus países miembros. Es un proceso de tres partes:

- Se completa la evaluación en un país del progreso y desempeño con respecto a los objetivos y principios del Caadp. La evaluación incluye identificar los vacíos en la alineación de políticas, estrategias e inversiones, inclusive la asistencia para el desarrollo sobre los objetivos de crecimiento y gasto.
- Se establece un Caadp compacto en un país que incluye acciones y compromisos necesarios por parte de los gobiernos nacionales, el sector privado, la comunidad agrícola y los socios en el desarrollo activo en el país, para llenar los vacíos identificados en la evaluación del país. El compacto orienta las políticas del país y las respuestas de inversiones para cumplir los objetivos del crecimiento agrícola del 6%, la planeación en la asistencia del desarrollo para apoyar los esfuerzos del país y las asociaciones público-privadas, lo mismo que alianzas de negocio a negocio para aumentar y sostener las inversiones necesarias en los agronegocios y los sectores de los cultivos.
- Se conforman el diálogo de políticas y los acuerdos de revisión para hacer seguimiento a los compromisos y al progreso, incluidos acuerdos nacionales para coordinación y revisión, y mecanismos y capacidades para facilitar la transición a la planeación e implementación de políticas basadas en la evidencia y orientadas a los resultados.

El marco compartido del Caadp alrededor de principios y objetivos comunes puede contribuir a estimular y ampliar la base de comparación de desempeños, el aprendizaje mutuo y la armonización de los esfuerzos de desarrollo del país.

En la actualidad, dos de las principales comunidades económicas regionales –el Common Market for Eastern and Southern Africa (Comesa, Mercado Común de África Oriental y Meridional) y la Economic Community of West African States (Ecowas, Comunidad Económica de Estados de África Occidental), que juntas cubren alrededor del 40% de los países africanos– han adoptado un fuerte liderazgo y propiedad de la agenda y trabajan ya con sus estados miembros para acelerar su implementación. Unos 12 países de las dos regiones se preparan para discusiones de mesa redonda que siguen al proceso de tres partes descrito. Se espera que el proceso termine en las dos regiones para finales de 2008.

Fuente: Secretariado del Nepad, 2005, 2006.

La agricultura subsahariana depende abrumadoramente de la oportunidad y cantidad de las lluvias. Sólo el 4% de la tierra cultivable se irriga, lo que es menos de la cuarta parte de la de la India al amanecer de su revolución verde a principios de los años sesenta. La dependencia de la lluvia no solo aumenta la heterogeneidad de los sistemas de cultivo, sino también la vulnerabilidad a los vaivenes del tiempo y limita la capacidad de explotar tecnologías conocidas sobre mejora de rendimientos. Aunque los sistemas de cultivo actuales están en su mayoría alimentados por la lluvia, el continente tiene potencial significativo para almacenaje del agua y su mejor administración.

Países pequeños y rodeados de tierra. La mayoría de los países agrícolas del África subsahariana son pequeños, lo que dificulta que logren economías de escala en investigación, capacitación y diseño de políticas. Países pequeños implican mercados pequeños, a menos que se integren mejor los mercados regionales. Cerca del 40% de la población de África vive en países rodeados de tierra, en contraste con sólo el 12% en otras partes del mundo en desarrollo.[3] Estos países se encuentran con costos de transporte que, en promedio, son 50% más altos que en un típico país costero.[4] Los costos de transporte representaron más o menos un tercio del precio en puerta de granja de los fertilizantes en Malawi, Zambia y Nigeria (*ver* capítulo 6). Los costos de transporte altos hacen también que muchos bienes básicos sean comerciables en forma imperfecta, aumentando las fluctuaciones de precios y otros riesgos relacionados para los agricultores, agentes comerciales y consumidores.

Conflicto y posconflicto. Más de la mitad de los conflictos mundiales en 1999 tuvieron lugar en el África subsahariana.[5] Aunque el número de conflictos ha disminuido en los últimos años, los impactos negativos en el crecimiento y la pobreza todavía son significativos.[6] Muchos de los países en conflicto tienen una rica base de recursos agrícolas y la reducción del conflicto ofrece campo de acción para el crecimiento rápido. Por ejemplo, en Mozambique en los 10 años siguientes a la guerra civil, el ingreso per cápita aumentó 70%, contra 4% en la década anterior y el valor agregado agrícola aumentó 60%.[7]

Baja densidad de población. Las grandes distancias y las bajas densidades de población en muchos países de África subsahariana hacen costosos el comercio, la infraestructura y la prestación de servicios. Estos factores retardan el desarrollo agrícola directamente aumentando los costos de transporte, inhibiendo la adopción de tecnología, elevando los costos de los servicios agrícolas y sociales, y desacelerando el surgimiento de mercados competitivos de productos, factores y de crédito.[8] A la inversa, áreas de baja densidad de población con buen potencial agrícola representan reservas no explotadas para su expansión continua, subrayando la prioridad de buenas políticas sobre tierras y de inversión en infraestructura.

Recursos humanos. La base de capital humano de las universidades africanas y la profesión agrícola, más generalmente, están envejeciendo como resultado de la disminución del apoyo a la capacitación en los últimos 20 años. La epidemia del VIH/SIDA está debilitando adicionalmente la capacidad de personal profesional y agricultores (*ver* En foco H). En contraste, logros mayores en educación primaria rural están asegurando una generación venidera de pequeños agricultores y empresarios no agricultores alfabetizados y con destrezas en aritmética.

Agenda para países agrícolas

Aparejar la contribución potencial de la agricultura al desarrollo africano exigirá que se triunfe en dos áreas prioritarias: mejorar la competitividad de los pequeños agricultores en áreas de potencial alto y medio, donde los rendimientos a la inversión son mayores, y seleccionar inversiones en tecnologías agrícolas y administración de recursos naturales para mejorar los medios de vida, la seguridad alimentaria y la flexibilidad ambiental en entornos remotos y riesgosos (*ver* gráfico 10.1). Un enfoque equilibrado de transferencias e inversiones para el crecimiento de la productividad es necesario para alcanzar la seguridad alimenticia nacional y de los hogares. Los prerrequisitos para el éxito son la estabilidad macroeconómica y la paz. Se necesitará un esfuerzo continuo para consolidar, profundizar y sostener las reformas de políticas macroeconómicas y sectoriales. Los objetivos son los siguientes:

- Mejorar el acceso a los mercados y desarrollar cadenas modernas de mercados.
- Lograr una revolución en la productividad en gran escala y sostenible basada en el pequeño agricultor para la agricultura africana, con el mayor interés puesto en ayudar a agricultores de subsistencia a entrar al mercado, y fomentar la administración sostenible de los recursos.
- Obtener la seguridad alimentaria y mejorar los medios de vida de quienes siguen como agricultores de subsistencia, incluida la mejora de la flexibilidad de los sistemas de cultivo con respecto al cambio climático.
- Capitalizar el crecimiento agrícola para desarrollar el sector rural no agrícola.

Formación de mercados y cadenas de valor. Dada la diversidad espacial de la agricultura africana, el enfoque de bienes básicos de crecimiento más rápido variará en forma sustancial según la zona agroecológica y la facilidad de acceso a los mercados. La estrategia debe equilibrar los productos básicos, las exportaciones a granel tradicionales y los productos de más alto valor, incluido el ganado, con diferentes grupos de pequeños agricultores que probablemente par-

Gráfico 10.1 Rombo de políticas para países agrícolas

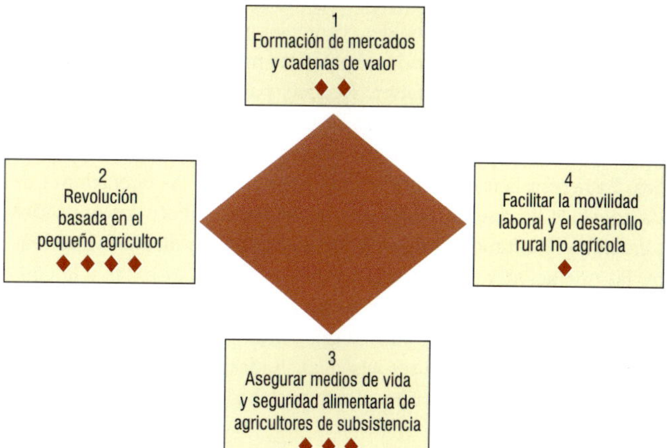

Fuente: equipo del IDM 2008.
Nota: El número de rombos indica la prioridad relativa para la atención de políticas, asignando 10 puntos a través de los objetivos.

ticipen en cada uno. El crecimiento debe derivarse fundamentalmente de la mejor capacidad de los agricultores de entender dónde están sus mejores posibilidades, en vez de en prescripciones centralizadas o soluciones estandarizadas. Los cultivos de productos básicos dominan la producción actual y continuarán así en el futuro cercano para satisfacer la demanda creciente. Las exportaciones no tradicionales, aun si crecen rápidamente, causarán sólo un impacto pequeño en el crecimiento y empleo agrícola agregados pues su participación en la economía agrícola es aún modesta.[9] Tanto las exportaciones no tradicionales como las tradicionales son importantes, como lo son los mercados regionales de exportación para alimentos básicos y ganado. En todos los casos, la eficiencia de las cadenas de valor puede mejorar sustancialmente.

El crecimiento agrícola se asegurará y sostendrá sólo si los mercados funcionan mejor y esto puede lograrse mediante asociaciones público-privadas innovadoras para desarrollar cadenas de mercado que exploten nuevas oportunidades de mercados (*ver* capítulos 5, 6 y 7). El progreso en la reforma de los mercados de productos en África fue significativo en los años noventa y se requiere progreso continuo a partir de ese progreso inicial, particularmente facilitando el comercio regional. En muchos países, se requieren mercados de insumos de mejor funcionamiento al menos tanto como la expansión de los mercados de productos, con el fin de aumentar la productividad agrícola (*ver* capítulo 6). Fortalecer los mercados requiere inversiones "duras" (físicas) en infraestructura, con atención particular a vías y comunicaciones, e inversiones "suaves" (institucionales) para regulación, gestión de riesgos, extensión, información de mercado y organizaciones productoras de buen desempeño.

Los mercados no funcionarán si no se atiende el déficit de infraestructura masivo. Las vías rurales para conectar a los agricultores con los pueblos son la primera prioridad, en particular para facilitar la entrada al mercado de pequeños agricultores en áreas de buen potencial agrícola. La integración regional de mercados demanda también desarrollo coordinado de infraestructura entre los países y asociaciones de comerciantes efectivas que puedan circular información sobre los mercados y combatir la corrupción en el transporte y las aduanas.

Varios riesgos, como políticas públicas impredecibles, costos transaccionales altos y caprichos del tiempo, aumentan la volatilidad de los precios en los mercados ligeros. Mejor información de mercado y programas de extensión de mercadeo pueden reducir estos riesgos y herramientas adicionales, como instrumentos y opciones de protección, se están poniendo en prácticas piloto para pequeños agricultores en unos pocos países. Muchos países sujetos a frecuentes sacudidas climáticas administran las reservas públicas de granos para disminuir la inestabilidad de los precios, con resultados muy variados. Es necesaria la protección para asegurar que las operaciones de las agencias de reservas alimenticias no desestabilicen los mercados –incluidas la autonomía de tipo "banco central" a distancia prudente, las operaciones de mercado basadas en reglas estrictas y la contratación de operaciones con el sector privado. Pero el alto riesgo de la volatilidad de precios continúa existiendo para agricultores y consumidores en muchos países agrícolas. Redes efectivas de seguridad son fundamentales hasta que aumenten los ingresos o mejore el desempeño del mercado.

Una revolución de productividad en la agricultura basada en el pequeño agricultor. Grandes brechas entre los rendimientos actuales y lo que se puede lograr económicamente con mejores servicios de apoyo, especialmente en áreas de potencial alto (*ver* capítulo 2), ofrecen confianza en que puedan cumplirse los objetivos ambiciosos de crecimiento. Acelerar su adopción requiere mejores incentivos, inversiones en investigación agrícola y sistemas de extensión, acceso a servicios financieros, subsidios "conscientes del mercado" (*market smart*) para estimular los mercados de insumos y mecanismos mejores de gestión de riesgos (*ver* capítulos 6 y 7).

Tanto las tecnologías como el diseño de servicios de apoyo institucional necesitarán enfoques descentralizados para atender la heterogeneidad de sistemas agrícolas alimentados por la lluvia. La necesidad de adaptar tecnologías y servicios a las condiciones locales y de construir varios servicios de apoyo simultáneamente implica un enfoque distinto al aplicado durante la revolución verde en Asia Meridional. En Uganda, la extensión descentralizada impulsada por los agricultores con una fuerte orientación al mercado está mejorando las tasas de adopción. Sin embargo, la necesidad de descentralización se extiende más allá de los servicios agrícolas, cuando áreas rurales más vibrantes deben ser atendidas por gobiernos locales más competentes y mejor financiados, con mayor participación de organizaciones de la sociedad civil.

La mayor productividad no es posible sin atención urgente a la mejor administración del suelo y el agua. El África subsahariana debe reemplazar los nutrientes del suelo que ha minado por décadas. Los agricultores africanos aplican menos de 10 kilogramos de fertilizante por hectárea, contra más de 100 kilogramos en Asia meridional. Deben aumentarse progresivamente programas para desarrollar mercados eficientes de fertilizantes y sistemas de agroforestería para recargar la fertilidad del suelo mediante legumbres (*ver* capítulos 6, 7 y 8). La liberación de mercados de fertilizantes ha producido una notable expansión del uso de fertilizantes por agricultores pequeños en Kenya y la agroforestería en Zambia ha mejorado la conservación y los rendimientos del suelo.

En inversiones pasadas en irrigación en África subsahariana se utilizaron tecnologías costosas, difíciles de mantener y muy dependientes de la administración del sector público. Hoy, los nuevos enfoques ofrecen perspectivas mejores. Irrigación de costos menores y a pequeña escala y esquemas mayores efectivos en costos están expandiendo ya el área irrigada y puede esperarse más en el futuro (*ver* capítulo 8). Ejemplos de ello incluyen las reformas institucionales para la gestión de irrigación en gran escala en Malí, que aumentó en forma significativa los ingresos de los agricultores de arroz y vegetales y los esquemas fadama de Nigeria, basados en tecnologías de pequeña escala.[10] Puede lograrse también una gestión efectiva del agua en sistemas alimentados por ella y se les debe prestar mayor interés.

Debe abandonarse el estancamiento de la inversión en la investigación agrícola y los servicios de asesoría para producir tecnologías mejores y de mayor adaptación general (*ver* capítulo 7). Ejemplos recientes de generación de tecnologías, incluidas las variedades de yuca resistentes al virus mosaic de África oriental, el maíz tolerante a la sequía en África meridional y New Rice for Africa (Nerica, arroz nuevo para África) han producido rendimientos significativos. La mayor inversión en investigación debe ir pareja con la continuación de las reformas en la investigación agrícola y los sistemas de extensión, el reemplazo de la cohorte de científicos agrícolas que ingresan al retiro y asociaciones más fuertes con organizaciones de productores y el sector privado. Esfuerzos internacionales y regionales de investigación como los que se realizan a través de Cgiar y el Forum for Agricultural Research (Foro para la Investigación Agrícola) en África, son cada vez más importantes. La financiación competitiva de innovación junto con las cadenas de valor constituye una forma de asegurar que la tecnología se vincule en forma estrecha con las demandas y servicios del mercado.

Expandir las exportaciones agrícolas. Los productos básicos de alimentación formarán la base de una revolución de pequeños agricultores en la mayoría de los casos, pero el África subsahariana tiene considerable potencial de expandir las exportaciones a los mercados internacionales. Tanto la OCDE como los gobiernos africanos tienen que hacer más para promover el crecimiento de las exportaciones agrícolas. Las barreras comerciales de los países industriales siguen imponiendo altos costos a los agricultores africanos para cultivos clave de exportación como el algodón (*ver* capítulo 4) y alimentos procesados. Los países africanos siguen gravando las exportaciones agrícolas y donde se han liberado los mercados de exportación, generalmente han mejorado los ingresos (por ejemplo, el algodón en Zambia y el café en Uganda). Estos mercados liberados requieren una nueva función del gobierno, particularmente la de facilitar el acceso a la tecnología para mejorar la productividad y asegurar operaciones eficientes y justas en el sistema de comercialización.

Los mercados regionales ofrecen perspectivas excelentes de crecimiento. Deben reducirse las barreras comerciales en las fronteras de modo que los productores y los consumidores africanos puedan beneficiarse con la participación en mercados mayores. Considérese Tradenet, una asociación de comerciantes de granos en África occidental que utiliza tecnologías de información innovadoras para compartir información de precios y facilitar el comercio fronterizo entre sus miembros (*ver* capítulo 5).

Productos de horticultura y ganadería de valor alto, e intensivos en mano de obra para mercados domésticos y regionales, ofrecen fuertes oportunidades de crecimiento. Pero deben superarse los problemas de comercialización y coordinación para estos productos más perecederos y sensibles a la calidad. La participación de los pequeños agricultores en este crecimiento dependerá de la acción colectiva, como fue el caso del café especial para exportación en Ruanda y los productos lácteos para los mercados locales en Kenya. En otros casos, como las exportaciones de fríjol verde de Senegal, los cultivos a pequeña escala pueden estar en mejor situación de obtener economías de escala en comercialización y el mercado laboral es el vehículo principal por el que las ganancias en productividad se traducen a reducción de la pobreza rural. Aun así, se le ha prestado atención insuficiente al desempeño de los mercados laborales rurales.

Asegurar el medio de vida y la seguridad alimentaria de los agricultores de subsistencia. No todos los pequeños agricultores podrán salir de la pobreza con sus cultivos. Para aquellos que tienen acceso limitado a los recursos y las oportunidades del mercado, el mejoramiento de la productividad en la agricultura de subsistencia puede permitirles asegurar su consumo alimenticio y su salud, y eventualmente pasarse a cultivos orientados al mercado u otros trabajos de mayor remuneración. Entre tanto, sus mayores necesidades son las tecnologías que les ayuden a estabilizar los rendimientos, como las variedades resistentes a enfermedades, que demandan poca adquisición de insumos (*ver* capítulo 7), sistemas flexibles de cultivos basados en prácticas como cultivos hidropónicos (*water harvesting*), para reducir sus riesgos y mejor acceso al empleo en ganadería pequeña y trabajo fuera de los cultivos.

La sostenibilidad de la tierra y la administración del agua son importantes para mejorar la productividad y reducir los riesgos de la producción. Tecnologías de pequeña escala (bombas de pedal) y mejores técnicas de administración del suelo y el agua (cultivos hidropónicos, agroforestería y discos adyacentes en el arado (tied ridges) se están adoptando extensivamente en algunas áreas. Nuevas formas de gestión de riesgos presentan también alguna promesa. Los seguros indexados con base en el estado del tiempo pueden reducir los riesgos y cobertura de los créditos para financiar nuevas tecnologías se están explorando en Malawi. Asegurar la competencia y adoptar cambios técnicos e institucionales de reducción de costos en el sistema de comercialización de alimentos, pueden asegurar también precios menores y más estables, que son especialmente importantes para los hogares de subsistencia, muchos de los cuales son compradores netos de alimentos.

Más allá de la agricultura por medio de la movilidad laboral y el desarrollo rural no agrícola. La mayor movilidad laboral geográfica y el mejoramiento de las destrezas de las generaciones jóvenes son centrales para reducir la pobreza rural. A causa del VIH/SIDA y la malaria, los mejores servicios de salud y educación deben ser parte integral de un conjunto general de redes de seguridad que protejan los activos de los pobres y de los que están cerca de serlo contra sequías, enfermedades y la muerte de un miembro de la familia (*ver* capítulo 9). Los programas de Food for Education (Alimentos para la Educación) en el Sahel, que ofrecen incentivos para que las familias mantengan a sus niños en el colegio durante las sequías, son algunos ejemplos.[11]

El crecimiento agrícola exitoso se desborda hacia la economía no agrícola con la mayor demanda de productos de industrias rurales no agrícolas, especialmente el procesamiento de productos agrícolas y las actividades de valor agregado. Climas de inversión rural lo bastante atractivos para traer capital de remesas y ahorros generados localmente magnifican estos resultados y crean empleo muy necesitado.

En adición a reformas políticas e institucionales, la agenda anterior requiere niveles significativamente superiores de inversión. El gasto público en agricultura en los países agrícolas es actualmente menos de la mitad del de los países en proceso de transformación y urbanizados como proporción del PIB agrícola (*ver* capítulo 1) y menos de la mitad del objetivo de Nepad de 10% de los presupuestos nacionales. Aunque pueden obtenerse ganancias en eficiencia con el gasto actual, son necesarios mayores niveles de gasto, inclusive de parte de los donantes. En adición, gran parte de las necesidades de inversión deberán suplirlas los ahorros rurales y la inversión del sector privado, siendo el clima de inversiones un factor determinante importante.

Países en transformación. Reducir la brecha rural-urbana de ingresos y la pobreza rural

Los países en proceso de transformación representan con mucho la mayor parte del mundo agrícola, con una población rural de 2.200 millones de personas y pobreza rural masiva (unos 600 millones de pobladores rurales por debajo de la línea de pobreza de US$1 al día, la mitad del total mundial). Este mundo comprende el 98% de la población rural en Asia meridional, el 96% en Asia oriental y Pacífico y el 92% en el Medio Oriente y África septentrional. Un agobiante 81% de los pobres de esos países vive en áreas rurales.

Los países en proceso de transformación han sido los de crecimiento más rápido, sobrepasando el crecimiento del producto interno bruto

(PIB) el 6% anual desde 1990, y creciendo China, la India y Vietnam recientemente a más de 8%. Sin embargo, el crecimiento ha sido impulsado por los sectores de manufacturas y servicios. El crecimiento agrícola se desaceleró a 2,9% anual entre 1993 y 2005, después del crecimiento inducido por la revolución verde en los años setenta y ochenta de 3,3%. La agricultura representó sólo el 7% del crecimiento total del PIB entre 1993 y 2005.

El crecimiento más lento en el sector agrícola, un sector no agrícola de rápido crecimiento y mercados laborales fuertemente segmentados por destrezas laborales han ampliado la brecha rural-urbana de ingresos, añadiendo presión política para invertir en agricultura y desarrollo rural.

El crecimiento rápido de los ingresos urbanos y la demanda de productos de valor alto son los mayores impulsores del crecimiento agrícola rápido y la reducción de la pobreza en estos países, aunque el crecimiento sostenible de la productividad en los bienes básicos de alimentos requiere atención continua. Están creciendo de manera rápida los mercados para productos de valor más alto, por ejemplo, en un 6% al año para los de horticultura en la India. Muchos de estos mercados tienen potencial sustancial de mayor expansión aún. El consumo per cápita de vegetales es de sólo 33 kilogramos por año en la India, contra 66 en China y 76 en Japón. Los productos de ganadería y acuacultura también continuarán creciendo rápidamente. Los países de este grupo podrían hacer más para llegar a los mercados globales en expansión, capitalizando la combinación ganadora de sofisticación tecnológica y mano de obra barata. La región del Medio Oriente y África septentrional tiene una ventaja geográfica natural en estos mercados y las exportaciones agrícolas han crecido un 4,4% anual desde 1993.

El objetivo general de agricultura para el desarrollo en los países de transformación es reducir la pobreza rural masiva y las desigualdades de ingreso rural-urbanas.

Rasgos estructurales de los países en proceso de transformación

Deben tenerse en cuenta los rasgos estructurales específicos al diseñar la agenda de agricultura para el desarrollo para estos países, los cuales presentan también una amplia diversidad de rasgos específicos de cada país y de la región (*ver* recuadro 10.3).

Las presiones demográficas y el menor tamaño de las granjas. En Asia, el tamaño promedio de la granja es ya bastante pequeño: en Bangladesh, China y las áreas del delta en Vietnam, el tamaño promedio es de sólo 0,4 a 0,5 hectáreas (*ver* capítulo 3). En Asia meridional, continuará la disminución porque la población rural está creciendo a 1,5% por año y no se espera que llegue a su máximo hasta por lo menos 2020.[14] Debido a que los cultivos en pequeña

RECUADRO 10.3 *Medio Oriente y África septentrional. Agricultura para puestos de trabajo y como red de seguridad*

La región del Medio Oriente y África septentrional (MENA, por sus iniciales en inglés) es un ejemplo de que la agricultura sigue siendo un mayor empleador, incluso en desproporción en relación con su participación en la economía. Entre 1993 y 2003, mientras la participación de la agricultura en el PIB permaneció en el 14%, su participación de empleo bajó de 34% a 28%. Sin embargo, en términos absolutos, la fuerza laboral agrícola siguió creciendo a 1,2% por año.

Una población rural creciente significa disponibilidad de tierra per cápita en declive. En algunos países, el campo de acción para mejorar la productividad de la tierra es limitado, de modo que los mayores aumentos en el ingreso de cultivos per cápita tendrán que provenir de trabajo que sale de la agricultura. La productividad de la tierra en Túnez es solamente 40% menor que la de España, en tanto que su relación tierra-trabajo es 70% menor.

La agricultura es el empleador de último recurso para quienes disponen de capital humano y movilidad mínimos: los ancianos, los de menor educación y las mujeres. En Túnez, en 1995, el agricultor promedio tenía 53 años de edad y el 88% no había asistido al colegio más allá de la primaria. En la República Árabe de Egipto, los hombres tienen mayor probabilidad de ir a cultivar cuando el empleo en otros sectores es más difícil de conseguir, esto es, durante la primera edad adulta (de 15 a 24 años de edad) y después de los 55 años.

El empleo agrícola es también una posibilidad para los hogares afectados por el conflicto. La primera Guerra del Golfo Pérsico redujo el producto petrolero de Irak en 95% y su producto no petrolero en 72%, mientras el producto agrícola cayó sólo 18%. Según datos de la Universidad Bir Zeit, el porcentaje de la población de la Banca Occidental y la Franja de Gaza que se vinculó de tiempo parcial aumentó de 16,8% a 32,6% al iniciarse la segunda intifada.

La función de red de seguridad de la agricultura atrae niveles altos de apoyo estatal, pero éste tiende a dirigirse a protección y subsidios en lugar de crecimiento de productividad y fuentes nuevas de ingreso. De los 12 países de MENA,[12] 11 le suministran protección comercial a la agricultura, 11 apoyo doméstico a los precios, 9 crédito subsidiado y 9 subsidios energéticos. Estas políticas distorsionan las elecciones de los cultivos y benefician mayormente a los grandes terratenientes. Por ejemplo, en Egipto, sólo el 9,7% de los subsidios al agua llegan a la cuarta parte más pobre de los hogares.

La agricultura utiliza 80% del agua escasa de MENA en un tiempo de preocupación sobre la disponibilidad de agua para las ciudades y la industria. Gran parte de ella se utiliza para irrigar cereales, para los cuales los rendimientos del metro cúbico son la décima parte de los cultivos de alto valor como los vegetales. De los 3,4 millones de hectáreas irrigadas de Egipto, 1,9 millones son de trigo y arroz. Subsidios de energía, apoyos a los precios y protección comercial estimulan el uso no económico del agua.

La cercanía a la Unión Europea (UE) y los mercados del Golfo crean oportunidades para exportaciones de frutas y vegetales de valor alto. Los pimientos de Gaza se venden a 2,0 NIS por kilo pero llegan a 5,5 NIS por kilo con los mayoristas que exportan a la UE. Mientras tanto, los precios bajaron en casa por falta de integración a los mercados internacionales: el precio real del tomate cayó 29% en el período 1993-2003 en toda la región.[13]

El desafío para los gobiernos es apoyar el papel dual de la agricultura como fuente de trabajos y como red de seguridad mediante las siguientes acciones:

- Implementar una generación de programas de apoyo al ingreso rural dirigida a los vulnerables.
- Apoyar cadenas de suministro orientadas a la calidad para penetrar en mercados de alto valor, con apoyo de comercialización privada e infraestructura pública rural.
- Eliminar distorsiones del mercado que desalientan los cultivos de alto valor e inducen el uso improductivo del agua.
- Proporcionar a los jóvenes rurales acceso a las destrezas para que puedan obtener medios de vida decentes no agrícolas.

Fuentes: Assad, El-Hamidi y Ahmed 2000; FAO 2004a, 2006a, 2007a; Mirza 2004; Shetty 2006; Banco Mundial 2006b, 2006w y 2005h.

escala son intensivos en mano de obra, una cuestión de importancia crítica es la de si los países asiáticos densamente poblados pueden producir eficientemente cereales y otros bienes alimenticios básicos en granjas de ese tamaño, especialmente si aumentan los salarios rurales.

El crecimiento demográfico y el menor tamaño de las granjas ejercen presión en el empleo rural. La India tiene 80 millones de agricultores marginales con posiciones de activos bajos, que recurren al trabajo no agrícola para su supervivencia.[15] En adición, millones de hogares rurales sin tierra dependen del empleo salarial agrícola, de los cuales solamente en la India llegan a 82 millones. El empleo remunerativo para una población rural floreciente es uno de los mayores desafíos del momento, en especial en Asia meridional y el Medio Oriente y África septentrional, donde el empleo rural no agrícola (y el trabajo no calificado, en general) está creciendo lentamente.

Escasez de agua. La provisión de agua fresca está ya utilizada por completo en muchos países y aumentar gradualmente la demanda para uso industrial, urbano y ambiental reducirá la disponibilidad de agua para la agricultura. La escasez de agua aguda en particular es ya muy aguda y se proyecta que empeore con el cambio climático y la mayor demanda en el Medio Oriente, África septentrional y grandes partes de la India y China (*ver* capítulos 2 y 8). La alta dependencia de la irrigación de agua subterránea en muchos países ha llevado al bombeo excesivo, cayendo las mesas de agua subterránea en los acuíferos con baja recarga y deteriorando la calidad de ésta.

Áreas de retraso. Algunas áreas rurales han prosperado con el crecimiento económico general, pero otras se han estancado con altos niveles de pobreza. Se encuentran áreas de retraso en el interior de China, varios estados en la India oriental y central, las áreas de la altiplanicie de Vietnam y áreas más secas de África septentrional. Las causas son variadas: potencial agrícola pobre, baja inversión en vías e irrigación, gobernabilidad deficiente y marginación social (*ver* capítulo 2). Sin embargo, algunas de estas áreas tienen buen potencial para el crecimiento agrícola y podrían ser futuros graneros (como la India oriental). El desafío es superar los cuellos de botella de economía política en la liberación de restricciones al crecimiento en estas áreas.

Economía política de las políticas agrícolas. La presión política de los agricultores para reducir la brecha rural-urbana de ingresos mediante medidas de protección y subsidios va en aumento (*ver* capítulo 4). Debido al gran número de personas pobres, proteger los precios de los alimentos con el fin de elevar los ingresos de los agricultores medianos y grandes puede representar costos altos para los consumidores pobres, incluida la mayoría de los agricultores pequeños, que son compradores netos de alimentos. La evidencia reciente de Indonesia ilustra este costo de oportunidad: una prohibición a las importaciones de arroz para impedir bajas en los precios de los productores fue la causa principal del aumento en la pobreza de 16% en 2005 a 18% en 2006.[16] Otra forma de apoyar los ingresos de los agricultores es a través de subsidios a insumos como el agua y los fertilizantes, los cuales no sólo son regresivos en la distribución de los beneficios a los agricultores grandes, sino que distorsionan también las prioridades fiscales y las alejan de los bienes públicos centrales, como la infraestructura rural, especialmente con espacios fiscales limitados en estos países y causan problemas al medio ambiente (*ver* capítulo 4). La captura de la política por parte de agricultores grandes se arraiga en países con democracias bien establecidas, como la India y en países con formas menos democráticas de gobierno, como las existentes en varios países del Medio Oriente y África septentrional (*ver* el recuadro 10.3).

Agenda para los países en proceso de transformación

Los objetivos de políticas para los países en proceso de transformación son los siguientes (*ver* gráfico 10.2):

- Promover actividades de alto valor para diversificar los cultivos de los pequeños agricultores y alejarlos de bienes básicos intensivos en tierra cuando aumenten los ingresos urbanos y cambien las dietas alimenticias.
- Extender la revolución verde en bienes básicos de alimentación a áreas eludidas por el progreso tecnológico y con grandes números de personas pobres, inclusive muchos de los extremamente pobres, y proporcionar redes de seguridad. Promover actividades de ganadería entre los carentes de tierra y los pequeños agricultores como sustituto de la tierra.
- Proveer infraestructura para apoyar la diversificación de la agricultura y de las economías rurales.
- Promover la economía rural no agrícola para afrontar el problema del empleo rural e invertir en forma masiva en destrezas para que las personas migren a los sectores de crecimiento rápido de la economía.

De la revolución verde a la nueva agricultura. Aunque la revolución verde fue principalmente impulsada y apoyada por el Estado, la revolución que se despliega en agricultura de alto valor la impulsa el sector privado, con colaboración del Estado. Para productos muy perecederos, infraestructura, crédito e instituciones que vinculen a los agricultores con los procesadores de alimentos y las cadenas al detal (la conexión granja-empresa-tenedor), existen economías de escala en el procesamiento y comercialización con la fragmentación y reducción del tamaño de la granja, de manera que innovaciones institucionales como los cultivos por contrato puedan disminuir los costos y riesgos transaccionales de los pequeños agricultores, cuya vinculación con los procesadores y minoristas puede también crear acceso a mayor capital financiero a través de los bancos, y ofrecer tecnología, extensión y arreglos de recompra, a la vez que se controla la seguridad alimentaria.

Que esto puede hacerse en economías de pequeños agricultores lo demuestran con claridad las mayores exportaciones de agricultura de alto valor de los países en proceso de transformación (*ver* capítulo 2). Pero la forma en que se distribuyen los beneficios a lo largo de la cadena de valor depende del poder de negociación de los distintos participantes. Los pequeños agricultores pueden negociar mejor como grupo que como individuos, de modo que una de las primeras prioridades es facilitar la acción colectiva por medio de organizaciones de productores con el fin de lograr economías de escala en la comercialización y negociar mejores precios (*ver* capítulo 6).

Aunque la diversificación hacia productos de alto valor ofrece las mejores perspectivas para el crecimiento agrícola, éste dependerá del crecimiento continuo de la productividad en los bienes alimenticios básicos para liberar recursos. En muchas áreas, los mercados de bienes alimenticios básicos no están lo bastante desarrollados, de modo que su producción para el consumo personal es una estrategia de reducción de riesgo. Países muy grandes (como China e India) producen necesariamente también la mayor parte de su consumo.

Gráfico 10.2 Rombo de políticas para países en proceso de transformación

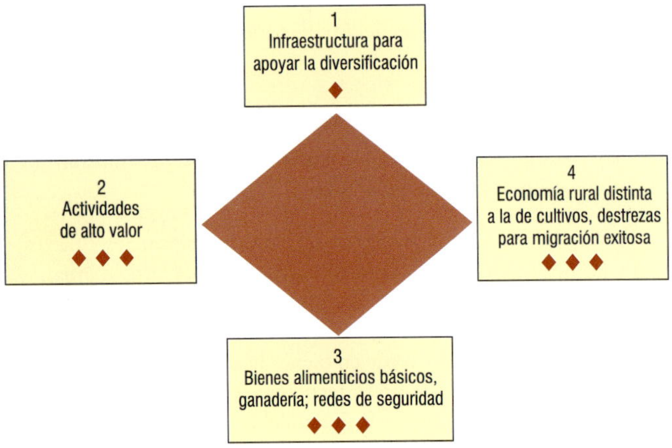

Fuente: equipo del IDM 2008.
Nota: el número de rombos indica la prioridad relativa para la atención de políticas, asignando 10 puntos a través de los objetivos.

Tanto la revolución del alto valor como la extensión de la revolución verde a áreas menos favorecidas requieren mejor administración del agua, en vista de su creciente escasez y el deterioro de su calidad. Enfoques integrados pueden manejar la competencia por el agua entre usuarios múltiples, en especial en áreas de tensión debida al agua (*ver* capítulo 8). Reformar las instituciones encargadas de la irrigación, eliminar las distorsiones de las políticas, como los subsidios en agua y electricidad, y proveer un entorno de apoyo para el comercio y las políticas macroeconómicas son pasos importantes para el mejoramiento de la productividad del agua y satisfacer las demandas competidoras. Las reformas de base general requieren líderes fuertes y asignaciones equitativas de derecho al agua para superar los obstáculos políticos. A medida que empeora la escasez, entrarán en juego los mercados de agua cuyo surgimiento y regulación eventual necesitará apoyo. Por ejemplo, Jordania ha formalizado el mercado informal mediante el registro, licenciamiento y medición de los pozos, asignando cuotas individuales.

Hacer más sostenibles los sistemas intensivos. Reducir la huella ambiental de sistemas agrícolas intensivos, en especial la polución de agroquímicos y residuos animales, es una medida prioritaria para mejorar tanto el ambiente como la salud humana y también para reducir los obstáculos al crecimiento de la productividad que representan la degradación de la tierra y el agua. Prácticas agrícolas más sostenibles necesitarán una combinación juiciosa de fijar incentivos correctos (precios de insumos y productos), aplicación de tecnologías mejoradas de gestión, como el manejo integrado de plagas y nutrientes, y mejor regulación.

Extender la revolución verde a las áreas retrasadas. Con el cambio a la nueva agricultura y al menor tamaño de las granjas en áreas de potencial alto, extender la revolución verde a las regiones menos favorecidas puede asegurar el medio de vida de los agricultores de subsistencia y llevarlos al mercado. El crecimiento de la productividad en estas regiones depende de las mayores inversiones en irrigación y control del agua, investigación agrícola y nuevos enfoques para la extensión, apoyados por reformas en la fijación de precios y la comercialización de granos.

Con soporte y organización apropiados, aun los agricultores a muy pequeña escala y los que casi carecen de tierra pueden mejorar su medio de vida, especialmente en ganadería. El éxito de la India en la producción de leche se ha basado en la acción colectiva de agricultores marginados a través de la Indian Dairy Cooperatives Network (Red India de Cooperativas de Lácteos) (*ver* capítulo 5). Los pequeños agricultores, en particular las mujeres, han sido participantes importantes en los éxitos recientes de la acuacultura y la cría de aves de corral en Bangladesh.

Desarrollo rural no agrícola y vinculado a las poblaciones. Con exceso de población en la agricultura, el retraso en la creación de puestos de trabajo urbanos y la congestión urbana, una prioridad es promover el empleo rural no agrícola en poblaciones secundarias y fortalecer los enlaces rural-urbanos. Por ejemplo, la movilidad laboral se inhibió por falta de mercados eficientes de tierras en China o por restricciones al arrendamiento de la tierra en la India. El mercado de tierras es clave para consolidar pequeñas granjas en operaciones eficientes y desplazar mano de obra a actividades distintas al cultivo y a la migración. Otra posibilidad es el desarrollo regional y territorial de polos agrícolas con procesamiento y empaque de productos de alto valor. En países densamente poblados, las industrias con base urbana impulsarán el sector rural no agrícola. Así, inversiones en infraestructura y destrezas, y mejoras en el clima de inversiones, son las prioridades en las políticas.

Destrezas para la migración exitosa. El movimiento hacia fuera de la agricultura, ya sea al sector rural no agrícola o hacia la migración a áreas urbanas, depende de una mayor educación y de la mejor calidad de ésta. Se requieren inversiones masivas en capital humano con el fin de preparar a la próxima generación para que salga de la agricultura. Programas que ofrezcan transferencias condicionales, como las subvenciones en efectivo condicionadas a la asistencia al colegio en Bangladesh, pueden aumentar la demanda de educación, pero fracasarán a menos que mejore mucho la calidad de la educación rural (*ver* En foco G).

Redes de seguridad para los retrasados. Los países en proceso de transformación tienen la mayor concentración de pobres del mundo, de modo que puede reducirse la pobreza, mejorar el clima de inversiones rurales y restaurar los recursos naturales degradados mediante el apoyo directo por medio de esquemas de empleo bien diseñados y manejados en las áreas rurales, inclusive infraestructura rural, vertientes de agua, limpieza de canales y estanques. La India ha lanzado uno de los programas más grandes –el National Rural Employment Scheme (Esquema Nacional de Empleo Rural)– creando infraestructura básica en áreas rurales con el fin de elevar la productividad tanto en los cultivos como fuera de ellos. Protege a las familias agricultoras de repentinos fracasos en los cultivos causados por sequías y otros traumas. Mecanismos significativos de control y responsabilidad y evaluaciones rigurosas deben asegurar el uso efectivo y equitativo de los recursos.

Países urbanizados. Vincular a los pequeños agricultores con los nuevos mercados de alimentos y ofrecer buenos puestos de trabajo

La agricultura representa una proporción pequeña del crecimiento nacional en los países urbanizados: el 5% desde 1993 hasta 2005.

Pero varios subsectores de la agricultura con ventajas comparativas fuertes presentan un crecimiento sostenido espectacular, por ejemplo, la soya y los biocombustibles en Brasil, las frutas y el salmón en Chile y los vegetales en Guatemala, y el sector de los agronegocios es grande. La agricultura continúa siendo la fuente dominante de crecimiento y reducción de la pobreza para muchas áreas subnacionales. El 88% de la población rural de América Latina, Europa y Asia central vive en países urbanizados.

Los mercados internos de alimentos se están transformando, en particular debido a la revolución de los supermercados. Cuando la agricultura comercial se expande, impulsada por economías de escala asociadas con la mecanización y la comercialización, el mercado laboral rural en la agricultura y la economía rural no agrícola son más importantes para vincular las ganancias en productividad de la agricultura a la reducción de la pobreza rural.

El objetivo general de utilizar la agricultura para el desarrollo es promover la inclusión de los pequeños agricultores en los nuevos mercados de alimentos y ofrecer buenos puestos de trabajo en la agricultura y la economía rural no agrícola.

Rasgos estructurales de los países urbanizados

La revolución del supermercado. En América Latina y el Caribe, y en Europa y Asia central, los mayores ingresos y la rápida urbanización[17] han aumentado la demanda de productos de valor más alto, creciendo los mercados internos de alimentos aun más rápido que en los países desarrollados.[18] El consumo interno es la principal fuente de demanda de agricultura en América Latina, absorbiendo tres cuartas partes del producto y el 60% de las ventas minoristas internas se canaliza a través de supermercados. Un tema importante en el uso de la agricultura para el desarrollo es empeñarse en mantener el vínculo entre los mercados modernos de alimentos y su oferta nacional en un contexto de cadenas globalizadas de alimentos.

Las exportaciones tradicionales continúan siendo importantes, representando el 80% de las exportaciones agrícolas de la región,[19] ofreciendo nuevos mercados cuando se hacen cada vez menos dependientes de bienes básicos para ajustarse a los diferentes gustos de los consumidores. Las exportaciones de alto valor se han estado expandiendo con rapidez, pasando los pequeños agricultores a nichos de mercado, en particular para el café orgánico y *Fair Trade* (Comercio Justo), dominados en el comercio mundial por América Latina.[20] Pero para los pequeños agricultores, a pesar de los enormes desafíos para mantenerse competitivos, el nuevo mercado interno de alimentos ofrece las oportunidades de mercado más dinámicas.

Pobreza rural y desigualdad obstinadamente altas. La paradoja en América Latina es que mientras la agricultura ha funcionado relativamente bien como sector productivo con un crecimiento anual sostenido de 2,5% en el valor agregado agrícola en los últimos 40 años, a los pobladores rurales no les ha ido bien. La pobreza rural sigue atascada en 58 millones[21] (con una línea de pobreza de US$2 por día) y la tasa de pobreza rural en 2002 fue de 46%, proporción que prácticamente no ha variado en los últimos 10 años. Además, la tasa de pobreza urbana de 28% ha venido subiendo, reforzada por la intensa migración rural-urbana que absorbió 15% de la población rural en el período 1993-2002.

Las poblaciones rurales también están cambiando. La migración es selectiva, dejando atrás una población caracterizada por la feminización, la pérdida de los más educados, el envejecimiento y una proporción creciente de indígenas. El mercado laboral agrícola y la economía rural no agrícola representan el 70% de los ingresos rurales y emplean el 55% de la fuerza laboral rural activa. Aun así, muchos pequeños agricultores siguen parcialmente vinculados a cultivos de subsistencia hasta que son absorbidos por la economía de mercado agrícola como productores, o se emplean en la agricultura o la economía rural no agrícola, o emigran.[22] Ellos se mantienen en desventaja en cultivos de subsistencia por falta de activos para ingresar a los mercados de nuevos productos y falta de destrezas para conseguir trabajos mejores o migrar a las ciudades.

A esto se agregan dos rasgos estructurales: grandes regiones menos favorecidas con gran cantidad de habitantes rurales en pobreza extrema dependientes de la agricultura (las planicies mesoamericana y andina y el noreste de Brasil) y una desigualdad obstinadamente alta que restringe severamente el acceso a los activos y la participación en la formulación de políticas para los pobres rurales.

Gobernabilidad débil. En gran parte de América Latina existen mercados modernos, pero un factor mayor limitante para la agenda de agricultura para el desarrollo, como en otras regiones, es la debilidad de la gobernabilidad de la agricultura y las áreas rurales.[23] Las agendas de la agricultura para el desarrollo son multisectoriales y multidimensionales, pero las organizaciones públicas siguen segmentadas. Los ministros de agricultura carecen de la capacidad para promover una visión y estrategia amplias para una agenda integral, coordinar los proveedores de servicios, regular el desempeño del mercado y equilibrar las amplias asimetrías sociales.[24] La descentralización todavía es incompleta, los gobiernos locales carecen de capacidad y recursos, y los mecanismos de responsabilidad difícilmente se han implementado. Las organizaciones de la sociedad civil que representan a los pobres rurales aún tienen muy poca vocería, se mantienen calladas sin participación más efectiva en la desigualdad social profundamente arraigada.

Los países de Europa oriental y Asia central, también urbanizados en forma importante, presentan varios rasgos que los distinguen de América Latina. Estos rasgos distintivos provienen de su historia de planeación central y transiciones incompletas a economías de mercado (*ver* recuadro 10.4).

Agenda para los países urbanizados

Tras el ajuste estructural de los años ochenta, los países latinoamericanos se han estado esforzando para acelerar el crecimiento en subsectores competitivos de la agricultura, apoyados por la inversión pública para inducir la inversión privada en la agricultura (pero con malas inversiones significativas en subsidios). Esto se ha complementado con asistencia social prestada mediante transferencias de efectivo (a menudo condicionales) dirigidas a los pobres crónicos y a sectores regionales de pobreza. En Brasil, en el contexto de una agricultura en auge, las transferencias de seguridad social y la economía rural no agrícola fueron las fuentes de más rápido crecimiento de ingresos para los hogares rurales en el período 1991-2000.[25] Al terminar efectivamente el ajuste estructural en el nivel macro, este enfoque, basado en el crecimiento y las redes de seguridad, ha sido costoso, creando insatisfacción en Brasil y en todo el continente.

Muchos países han tornado a un enfoque alternativo, buscando reducir la pobreza rural aumentando la obtención de ingresos en la agricultura y la economía rural no agrícola en oposición a la asistencia social, intentando con ello reconciliar el crecimiento con la re-

RECUADRO 10.4 *Rasgos especiales de la agricultura en Europa y Asia central*

La producción agrícola y la demanda alimenticia se distorsionaron masivamente con la planeación central comunista impuesta desde los años veinte en la antigua Unión Soviética y desde los años cincuenta en Europa central y oriental. Las distorsiones resultaron de los derechos de propiedad colectiva, la organización forzada de la producción en granjas colectivas de gran escala y granjas estatales, el control central de la producción, asignación, procesamiento, provisión de insumos y comercialización, como también de la distorsión de precios y los sistemas de comercio y tipo de cambio controlados por el Estado. Subsidios directos a empresas de procesamiento y comercio mantuvieron bajos los precios al consumidor, y los de los insumos agrícolas y los del productor, altos.

La caída del Muro de Berlín y la desintegración de la Unión Soviética cambiaron dramáticamente las políticas agrícolas y de alimentos en los años noventa. Se liberaron los precios, los tipos de cambio y las políticas comerciales, se recortaron los subsidios, se introdujeron duras restricciones presupuestales, se privatizaron los derechos de propiedad en todo el sector agroalimenticio y se desplazaron las decisiones de producción a las empresas y los hogares.

La liberación y privatización de granjas y empresas de alimentos causaron inicialmente caídas drásticas en la producción y el consumo, pero desde mediados de la década de 1990 mejores incentivos y reformas de las instituciones han llevado a la recuperación y al crecimiento sostenido de la productividad. La pobreza aumentaba mientras el valor agregado agrícola caía, pero desde entonces ha disminuido notablemente con la recuperación de la agricultura (*ver* el gráfico).

Hoy la situación varía tremendamente a través de la región. Diez países de Europa central y oriental, después de reformas institucionales drásticas, se han integrado en la Common Agricultural Policy of the European Union (Política Agrícola Común de la Unión Europea). El crecimiento de la productividad se ha beneficiado con la inversión extranjera masiva en el sector alimenticio, con excedentes para grandes granjas corporativas y granjas familiares más pequeñas.

En el Cáucaso y partes de Asia central, regiones con ingresos bajos y pobreza rural alta, la agricultura se ha desplazado hacia el cultivo de pequeños agricultores en tierras que recibieron las familias bajo programas de distribución de tierras. Los mejores incentivos a la mano de obra en estas granjas pequeñas han inducido ganancias en la productividad. La principal restricción a la competitividad de los pequeños agricultores es el acceso al crédito y a los mercados de insumos y productos.

En grandes partes de Kazajstán, la Federación Rusa y Ucrania todavía predominan las grandes haciendas y en algunas regiones la concentración de la tierra ha adquirido formas extremas, con la posesión de fincas integrada verticalmente controlando vastas áreas de terreno (principalmente granos) en Kazajstán y Rusia. La secuela de la crisis financiera rusa (que mejoró los términos de comercio) y el crecimiento de los ingresos del gobierno por exportaciones de minerales y petróleo (que aumentaron las transferencias oficiales a las granjas y áreas rurales y cortaron los atrasos en los pagos) han sido el principal motor del fuerte crecimiento en el producto y la productividad desde 2000. La integración vertical en la agricultura, con inyecciones de capital de empresas locales y extranjeras ayudó también.

Bielorrusia, Uzbekistán y Turkmenistán se encuentran en el principio del proceso de las reformas del mercado. Su principal temario es el de formar instituciones para que sea competitivo el cultivo de los pequeños agricultores.

Fuente: Swinnen y Rozelle 2006.

La recuperación en la agricultura de Europa oriental y Asia central va acompañada de una aguda caída en la pobreza rural

En Europa y Asia central
Valor agregado de la agricultura

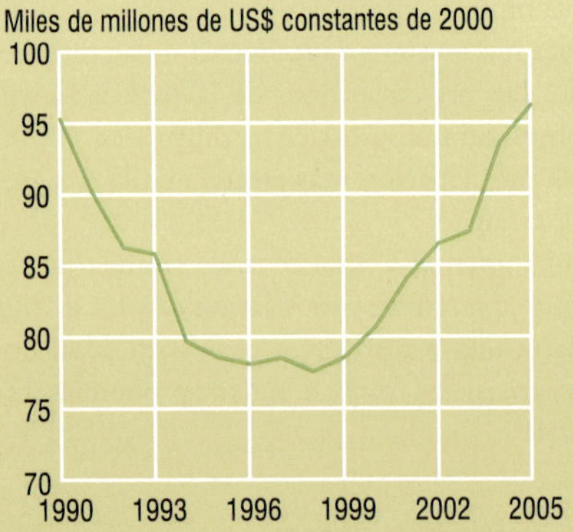

En Europa y Asia central
Índice de pobreza (US$2 por día)

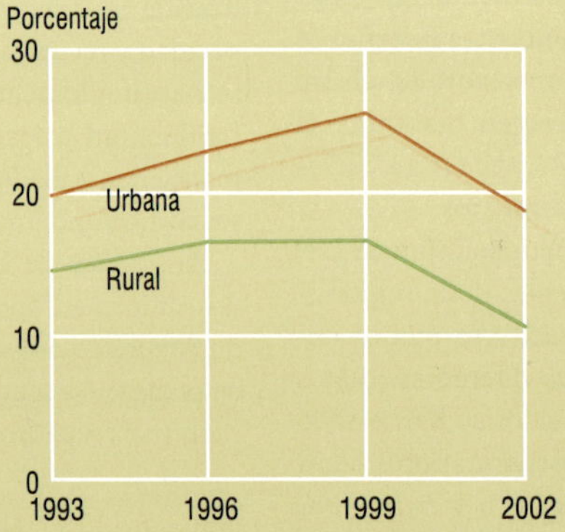

Fuentes: Ravallion, Chen y Sangraula 2007; Banco Mundial 2006y.

ducción de la pobreza y dependiendo menos al mismo tiempo de la protección social. En Ecuador, el Programa de Reducción de la Pobreza y Desarrollo Local Rural (Prolocal) se basa en aumentar el acceso de los pobres rurales a los activos, mejorando el contexto para su uso con énfasis en el desarrollo territorial y ofreciendo protección social. En Perú, el programa *Sierra Exportadora* se basa también en aumentar el acceso a los activos, apoyando instituciones rurales para la competitividad y ofreciendo protección social.[26]

En este nuevo modelo, los objetivos de políticas son como sigue (*ver* gráfico 10.3):[27]

- Incluir a los pequeños agricultores en los nuevos mercados de alimentos, lo que requiere, entre otros instrumentos, mayor acceso a la tierra y destrezas para la nueva agricultura.
- Mejorar la productividad en la agricultura de subsistencia y ofrecer asistencia social, junto con pagos por servicios ambientales para crear incentivos por la conservación.
- Seguir un enfoque territorial para la promoción de la economía rural no agrícola y mejorar las destrezas para dar acceso a los puestos de trabajo y oportunidades de inversión que ofrece el crecimiento de la economía rural no agrícola.

Aumentar el acceso a los activos para la nueva agricultura. Aumentar la participación de los pequeños agricultores en los mercados internos dinámicos de alimentos requiere prestar atención especial a las desigualdades profundamente arraigadas en el acceso a los activos y servicios públicos, desigualdades que desafían su competitividad.[28] Los pequeños agricultores que están todavía en los márgenes

Gráfico 10.3 Rombo de políticas para países urbanizados

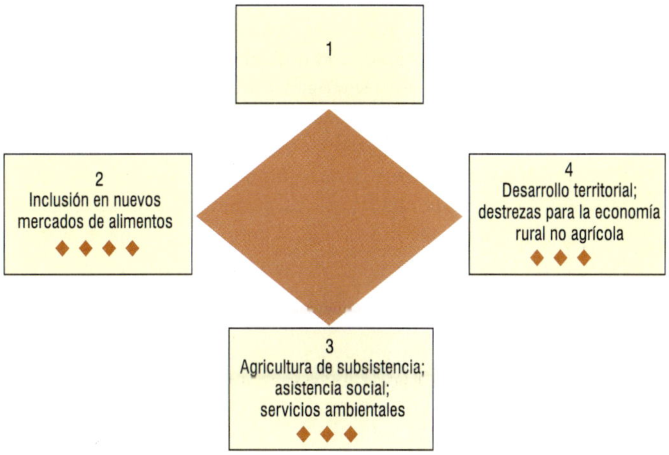

Fuente: equipo del IDM 2008.
Nota: El número de rombos indica la prioridad relativa para la atención de políticas, asignando 10 puntos a través de los objetivos.

de los mercados pueden aprovechar las nuevas oportunidades mediante un mayor acceso a la tierra, la investigación, la capacitación, la asistencia técnica, los servicios financieros y las organizaciones de cultivadores. Las organizaciones de productores y el cultivo por contrato son esenciales para que estos pequeños agricultores formen parte de las cadenas de valor y satisfagan la demanda de los supermercados. También de importancia son las asociaciones público-privadas, con un sector de agronegocios activo en la organización de pequeños agricultores como proveedores competitivos en estos mercados.

Mejorar los medios de vida en la agricultura de subsistencia y ofrecer asistencia social. El cultivo de subsistencia puede ser un patrón que se mantiene en la larga transición de la salida del cultivo familiar de baja productividad. Algunos agricultores de subsistencia pueden convertirse en pequeños agricultores viables, diversificando sus ingresos para mejorar su bienestar, pero la parte agrícola de sus ingresos (autoempleo) en muchas circunstancias tiene poco potencial de crecimiento. Existen, sin embargo, claros beneficios sociales en la inversión en la parte agrícola de sus ingresos por dos razones: es crítico para su seguridad alimentaria y nutrición básica, y sostiene su ingreso en ausencia de mejores opciones de empleo. Las inversiones requeridas incluyen sistemas de cultivo más flexibles y mejor cobertura de necesidades nutricionales con base en la producción del hogar. El mejoramiento de los medios de vida requiere además asistencia social, en especial pensiones para quienes tienen demasiada edad para reentrenarse. Los programas de pensiones rurales no contributivas se han expandido rápidamente, ayudando a la generación más joven a ganar acceso más temprano a la tierra y combatiendo la migración selectiva de los más empresariales fuera de la agricultura.

Ofrecer servicios ambientales. Los países de América Latina y el Caribe, y de Europa y Asia central han empezado a establecer mecanismos reguladores para proteger su medio ambiente e introducir pagos por los servicios ambientales. La regulación debe afianzarse en una mucho mejor gobernabilidad y los esquemas de pago deben hacerse sostenibles financieramente, responsables ante quienes compran los servicios, y expandirse al continente.

Desarrollo territorial para crear puestos de trabajo rurales. La economía rural no agrícola es fuente de autoempleo y empleo salarial, pero es en gran parte dual, con trabajos de alta y baja calificación y empresas de bajo valor agregado. La promoción de destrezas para puestos de trabajo de alta productividad puede también ofrecer una ruta para salir de la pobreza. Los países latinoamericanos persiguen distintamente un enfoque territorial promoviendo polos de empresas complementarias en lugares geográficos seleccionados. Los sistemas locales de producción agrícola pueden capitalizar las ventajas comparativas de la agroecología de un territorio, la proximidad a los centros urbanos o el bagaje institucional, cultural o histórico. Los proyectos de desarrollo motivados en los territorios van más allá del desarrollo impulsado por la comunidad para crear nuevas oportunidades económicas basadas en economías de escala, sinergias locales y acceso al mercado. Este enfoque territorial del desarrollo rural se busca también en Europa oriental, con base en los enlaces rurales con los pueblos y ciudades pequeñas.

La reducción de la pobreza basada en la obtención de ingresos requiere una revaloración de los mecanismos de gobernabilidad, las instituciones y los agentes, muchos de los cuales se encuentran en desarreglo. Deben rediseñarse los ministerios de agricultura con el fin de que correspondan a las nuevas funciones del Estado y la transformación de la agricultura en cadenas de valor. La sociedad civil debe comprometerse como participante activo en la gobernabilidad a pesar de los patrones por mucho tiempo establecidos de exclusión social arraigada en profundas desigualdades.[29] Esta es una agenda enorme (*ver* capítulo 11) y mejorar la gobernabilidad en la agricultura y las áreas rurales debe constituir una prioridad, para lo que se requiere experimentación y aprendizaje.

Factibilidad política, administrativa y financiera

Una implementación efectiva requiere evaluar la factibilidad de los instrumentos de las políticas e inversiones que constituyen las agendas propuestas. La factibilidad varía significativamente según los instrumentos, pero también según el tipo de país, en particular su capacidad de implementar reformas. Es necesario comprender los probables impedimentos políticos, administrativos y financieros a las reformas para una implementación exitosa. Distintos instrumentos tienen diferentes niveles de factibilidad política, administrativa y financiera, ofreciendo lineamientos para configurar agendas de agricultura para el desarrollo.

Factibilidad política

La reforma de las políticas de precios y comerciales, y la reforma agraria y de irrigación, aunque visibles y capaces de lograr apoyo político, siempre tienen ganadores y perdedores, y el conflicto entre ellos dificulta la toma de decisiones. La investigación agrícola tiene menos compensaciones, pero sus impactos son a menudo menos inmediatos y visibles que los de otras inversiones. Los programas de educación y alimentación no tienen perdedores o tienen muy pocos, son de gran visibilidad y usualmente cuentan con gran apoyo político, pero los costos restringen su implementación.

¿Qué puede hacerse para mejorar la factibilidad política? Cuando existen ganadores y perdedores identificables de una reforma, se puede utilizar en las estrategias la evidencia basada en la investigación para la información y el debate, identificar programas complementarios de apoyo factibles administrativamente con el fin de ayudar a los perdedores a mudarse a otras fuentes de ingreso, y ofrecer compensaciones, como se hizo en el programa Procampo de México para que el North American Free Trade Agreement (Nafta, Acuerdo Norteamericano de Libre Comercio) fuera factible políticamente, mediante transferencias de efectivo desacopladas. Cuando las reformas tienen consecuencias retrasadas o menos ciertas son importantes los mecanismos de compromiso para un apoyo futuro. Uganda legisló la extensión y las reformas de investigación mediante una Nacional Agricultural Advisory Act (Ley Nacional de Asesoría Agrícola) y una National Agricultural Research Act (Ley Nacional de Investigación Agrícola), que comprometieron al gobierno a financiarlas e implementarlas.

Capacidad administrativa

La capacidad de implementación es con mucha frecuencia baja, en particular en los países de base agrícola. En muchos diseños de programas se ha asumido una capacidad de implementación mucho mayor de la real. En otros se ha situado una capacidad temporal para asistir la implementación en lugar de fortalecer la capacidad existente, y el resultado ha sido el de inversiones insostenibles que frustran las buenas agendas. La enseñanza es que se deben alinear los programas a largo plazo en forma más estrecha con la capacidad existente al tiempo que se presta el apoyo para fortalecer la capacidad (*ver* capítulo 11).

Disponibilidad financiera

Muchos instrumentos propuestos no son factibles financieramente dentro de las asignaciones presupuestales actuales. Aun con mayor eficiencia en el gasto corriente, será necesario aumentar las asignaciones presupuestales del gobierno para la agricultura. Los programas de infraestructura (como irrigación y vías) son los más costosos y los países agrícolas requieren grandes incrementos en su asignación presupuestal corriente y asociaciones público-privadas innovadoras para realizar estas inversiones. En Tanzania se experimenta con la provisión de fondos complementarios con base competitiva a los gobiernos locales para financiar esquemas de irrigación a mediana escala y se está concentrando el gasto público nacional en inducir inversión privada para la irrigación. Los programas de alimentos y transferencias de dinero son costosos también y requieren un direccionamiento eficiente y opciones verosímiles de salida para que sean costeables.

Reconocer los dilemas de las políticas

¿Tienen estas agendas de agricultura para el desarrollo mayor probabilidad de éxito que en el pasado? Las lecciones de la experiencia, situadas en una perspectiva de cambios trascendentales en los tres mundos de la agricultura, junto a nuevas posibilidades y desafíos, ofrecen una orientación útil. La probabilidad de éxito al utilizar la agricultura para el desarrollo puede mejorarse formulando agendas integrales, diferenciadas, sostenibles ambientalmente y diseñadas de acuerdo con la factibilidad política, la capacidad administrativa y la disponibilidad financiera. Dichas agendas se basan en los agentes asociados con cada objetivo del rombo de políticas, a saber: 1) el sector de los agronegocios y las cadenas de valor, 2) los pequeños agricultores orientados al mercado y sus organizaciones, 3) una gran masa de agricultores de subsistencia con ocupaciones diversificadas y 4) trabajadores en el mercado laboral agrícola y la economía rural no agrícola. En cada caso, deberán atenderse compensaciones fundamentales al definir agendas de agricultura para el desarrollo, presentando dilemas difíciles de políticas de resolución en el campo de la economía política.

Para los países de base agrícola, el dilema de las políticas es el balance entre atender directamente la seguridad alimentaria concentrándose en cultivos de subsistencia mediante sistemas de cultivo flexibles y redes de seguridad, como ayuda alimentaria, y concentrarse en los actores más empresariales y áreas favorecidas que puedan asegurar el crecimiento y prestar seguridad alimentaria mediante alimentos más baratos, y mejores oportunidades de empleo. Las presiones inmediatas de la pobreza y la crisis de los alimentos dirigen el gasto público y las prioridades de los donantes hacia las redes de seguridad. Pero una mayor estabilidad política y económica y mejores instrumentos de políticas pueden cambiar las agendas de las transferencias al crecimiento. Compromisos nuevos del gobierno y los donantes, de invertir en el crecimiento agrícola, señalan un mayor interés en la obtención de ingresos en oposición a las transferencias. Un aumento mayor de la ayuda extranjera y de las asignaciones presupuestales del país a la agricultura pueden proveer los recursos necesarios para escapar de la trampa de la ayuda alimentaria y moverse hacia el crecimiento y la reducción de la pobreza sostenibles.

Para los países en proceso de transformación, el dilema de las políticas está en la elección de los instrumentos para atender el problema de la desigualdad rural-urbana de ingresos. Las demandas de los agricultores por asistencia en los ingresos y las respuestas de los políticos para ganar votos se han encontrado en terrenos clientelistas, recurriendo a los subsidios como el instrumento preferido, logrando ganancias en la redistribución a costos altos en términos de sacrificio en crecimiento, salud pública y educación deficientes, y bajas inversiones en infraestructura y otros bienes públicos. La alternativa es elevar la obtención de ingresos agrícolas en los hogares rurales mediante la diversificación y la modernización en la economía rural no agrícola, a través de salarios o autoempleo y en preparación para migrar exitosamente a los mercados laborales urbanos. Aquí, nuevamente, los movimientos recientes se han hecho pasando de las transferencias (en forma modesta) a la mayor productividad en la generación de ingresos (en parte con el impulso de los agronegocios).

Para las economías urbanizadas, el dilema de las políticas está entre el crecimiento rápido de un sector agrícola de tamaño mediano a grande (en ocasiones muy grande, no siendo raras las granjas de entre 15.000 y 30.000 hectáreas, como en Matto Grosso) acompañado de una red de seguridad social extensiva para compensar a los perdedores y los excluidos, y la obtención de ingresos en el sector de pequeños agricultores que puedan competir en los mercados modernos de alimentos y las exportaciones no tradicionales. La diversificación de ingresos en la economía rural no agrícola es efectiva para consolidar la competitividad del cultivo familiar en los países occidentales y asiáticos. Este último enfoque para el bienestar rural requiere considerable voluntad política y deben formarse instituciones para apoyar la competitividad del pequeño agricultor y expandirse los programas de acceso a la tierra para combatir las desigualdades persistentes. Los pequeños agricultores deben tener mayor vocería desafiando la estructura social tradicional.

Se comprende mejor ahora lo que debe hacerse. Están disponibles enfoques poderosos para mejorar la probabilidad de éxito de las agendas de la agricultura para el desarrollo. Existen signos de que las soluciones se están alejando del lado de las transferencias y acercándose al de la obtención de ingresos de los pobres, el principal poder de la agricultura en el desarrollo. El buen gobierno –con estabilidad macroeconómica, apoyo político y capacidad administrativa– es en todos los casos la clave del éxito.

capítulo

11 Fortalecer la gobernabilidad: de local a global

La agricultura sigue siendo uno de los instrumentos más promisorios para reducir la pobreza mundial, como se ha mostrado a lo largo del presente *Informe*. En el capítulo 10 se identificaron los elementos principales de las agendas de la agricultura para el desarrollo. En el presente capítulo se discute el papel crucial de la gobernabilidad en el apoyo de esas agendas: ¿Cuáles son los papeles del Estado, el sector privado y la sociedad civil en la promoción de la agricultura para el desarrollo? ¿Cómo pueden mejorarse el diseño y la implementación de políticas agrícolas? ¿Qué pueden aportar la descentralización y el desarrollo dirigido por la comunidad (CDD)? ¿Cómo pueden los donantes hacer más efectiva su asistencia en el desarrollo para la agricultura? ¿Qué puede hacer la comunidad internacional para que sea realidad la agenda global de agricultura para el desarrollo?

Los instrumentos de políticas esbozados en el capítulo anterior que gozan de fuerte apoyo político, como la provisión de infraestructura, servicios y redes de seguridad social, demandan capacidad administrativa y recursos fiscales. Esquemas de irrigación que nunca funcionaron y sistemas de extensión agrícola destruidos, constituyen ejemplos comunes de este problema. Instrumentos de políticas que no presentan estos problemas, como la remoción de subsidios que benefician principalmente a los grandes agricultores, son difíciles de conseguir (*ver* capítulo 4). Este dilema se agrava con los desafíos de gobernabilidad de los países en desarrollo: la inestabilidad política y económica, la limitación de la vocería y la responsabilidad, la baja capacidad del Estado, la corrupción y una debilidad en la imposición de la ley (*ver* gráfico 11.1).

Los problemas de gobernabilidad tienden a ser más severos en los países agrícolas, en los que el Estado tiene importancia especial para atender las fallas del mercado. Con mucha frecuencia estos países se ven afligidos por los problemas de los conflictos y los posteriores a ellos que se presentan en la reconstrucción de la agricultura. Muchos países encuentran problemas de gobernabilidad específicos en las áreas rurales, como estructuras políticas y sociales de profundo arraigo que están a menudo ligadas a un acceso desigual de la tierra, que perpetúan las severas desigualdades y pueden conducir a conflictos sociales violentos (*ver* recuadro 11.1).[1] Mientras tales conflictos fundamentales –que a menudo amenazan las vidas de las personas– continúen sin resolverse, el uso de una agricultura para el desarrollo será un objetivo distante.

La gobernabilidad es esencial para cumplir una agenda de agricultura para el desarrollo. De hecho, los problemas de gobernabilidad constituyen una razón principal de que no se implementen muchas de las recomendaciones del *Informe sobre el Desarrollo Mundial* de 1982

Gráfico 11.1 Los países agrícolas y en transformación presentan bajos puntajes en gobernabilidad

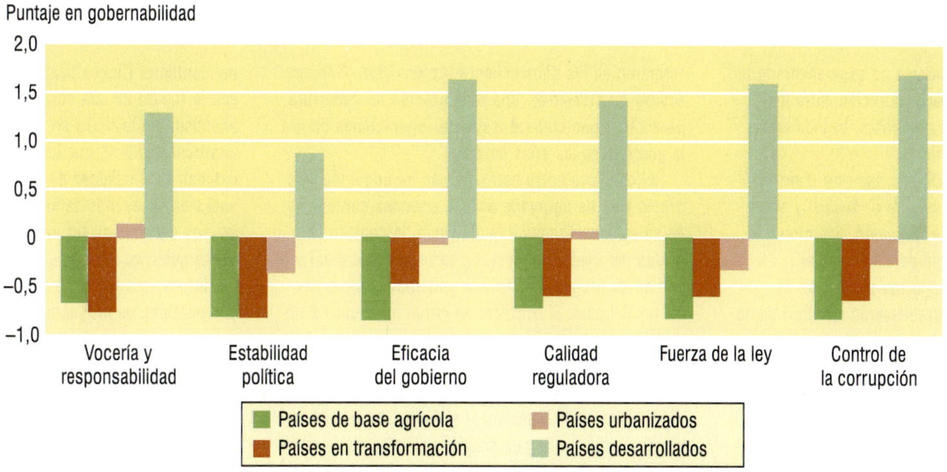

Fuente: Kauffman, Kraay y Mastruzzi (2006).
Nota: Los indicadores de gobernabilidad incluyen las opiniones sobre la calidad de gobernabilidad de un gran número de empresas, ciudadanos y expertos encuestados en países desarrollados y en desarrollo.

sobre la agricultura. Hoy, las perspectivas de superar los problemas de gobernabilidad son más promisorias de lo que fueron en 1982, pues el mundo ha tornado su atención a la gobernabilidad. Los procesos en curso de democratización, participación de la sociedad civil, el mayor peso de los agronegocios, las reformas de gestión del sector público, el control de la corrupción y la descentralización, mantienen un gran potencial de mejorar el desempeño agrícola. El porcentaje de países que experimentan inestabilidad política y conflictos ha disminuido desde principios de los años noventa.[2] La estabilidad macroeconómica ha mejorado considerablemente, especialmente en África, que era la que más carecía de ella (*ver* capítulo 1). La creciente integración regional y la concepción de reformas de instituciones globales mantienen también la promesa de la agenda de la agricultura para el desarrollo.

Existe evidencia de que la economía política ha estado cambiando a favor de utilizar la agricultura para el desarrollo. Tanto la sociedad civil como el sector privado son más fuertes que en 1982. La democratización y el surgimiento del diseño de políticas participativas han aumentado las posibilidades de los pequeños agricultores y los pobres rurales de hacer más fuerte su vocería política. Nuevos actores privados poderosos políticamente han ingresado a las cadenas de valor agrícolas y tienen interés económico en un sector agrícola dinámico y próspero.

Aun así no puede darse por garantizado el éxito. La agricultura puede beneficiarse con mejoras generales en la gobernabilidad, pero su complejidad y diversidad requieren esfuerzos especiales. Aumentar la vocería y la responsabilidad en las áreas rurales continúa siendo un desafío, aun en los sistemas democráticos. Las mujeres del campo se enfrentan a desafíos particulares para que se las escuche. No es fácil seleccionar la combinación correcta de instrumentos de políticas aunque se haya producido una mayor responsabilidad política. Grupos de interés agrícola mejor organizados demandan instrumentos de políticas ineficaces, como el mantenimiento de los precios. Las reformas del sector público y la descentralización, que son más efectivas en la promoción de la agenda de la agricultura para el desarrollo, son en gran parte específicas para cada país y contexto. En adición, las reformas de gobernabilidad global deben tener en cuenta los problemas especiales de la agricultura. En el presente capítulo se discute lo que puede hacerse para fortalecer la gobernabilidad en vista de estos desafíos.

Cambio de papeles: el Estado, el sector privado y la sociedad civil

El Estado nación sigue siendo responsable de crear y habilitar un entorno para la agenda de la agricultura para el desarrollo, pues sólo el Estado puede establecer las condiciones fundamentales para que el sector privado y la sociedad civil prosperen, a saber: estabilidad macroeconómica y política, seguridad y la fuerza de la ley. Aunque estas dimensiones de la gobernabilidad no sean específicas de la agricultura, pocas de las reformas que sí lo son y que se discuten aquí pueden implementarse si no están funcionando.

Superar las fallas del mercado y evitar fallas del gobierno

Aun cuando la agricultura sea una actividad en gran medida privada, las fallas del mercado penetran debido al poder monopolista, externalidades en la gestión de los recursos naturales, economías de escala en las cadenas de suministro, la no posibilidad de exclusión en la investigación y desarrollo (I&D) y asimetrías de información en las transacciones del mercado. A las fallas se agregan la heterogeneidad, el aislamiento, la dispersión espacial, la carencia de activos que sirvan como garantía y la vulnerabilidad a los cambios climáticos que ocasionan costos de transacción y riesgos altos. Los gobiernos intentan superar tales fallas del mercado con regulación, desarrollo institucional, inversiones en bienes públicos y transferencias.

La mayor parte de los gobiernos ha respondido también a las fallas del mercado proporcionando servicios privados en agricultura, distribución de insumos, provisión de crédito y productos de comercialización, a menudo a través de entidades paraestatales. Aunque muchos países han tenido éxito notable con esto –lo que los habilitó para lanzar la revolución verde– los resultados han sido con mucha frecuencia negativos y, en algunos casos, desastrosos. Los resultados son pobres porque las intervenciones del sector público a menudo están mal informadas, se implementan con deficiencia y están sujetas a la búsqueda de beneficios mediante manipulaciones, y a la corrupción, lo que conduce a los fracasos del gobierno.

RECUADRO 11.1 *Los conflictos sobre la tierra desplazan a millones de personas en Colombia*

Desde el siglo XIX Colombia ha experimentado un conflicto interno de larga duración entre los campesinos y los terratenientes, basado en el acceso desigual a la tierra.

Dos fuerzas guerrilleras, las FARC (*Fuerzas Armadas Revolucionarias de Colombia*) y el ELN (*Ejército de Liberación Nacional*), lideraron inicialmente segmentos particulares del campesinado colombiano por problemas de tierras. Las FARC se establecieron en 1966 como respuesta a un ataque patrocinado por el gobierno a una campaña por la reforma agraria. El ELN se inició como movimiento ideológico motivado por la revolución cubana para combatir a favor de los pobres y los sin tierra. Como respuesta a las fuerzas guerrilleras campesinas y en representación de los terratenientes, se formaron en los años ochenta las AUC (*Autodefensas Unidas de Colombia*), una organización de cobertura paramilitar que empezó a realizar operaciones contra la guerrilla en los años noventa.

El conflicto entre estos grupos ha adquirido vida propia y se ha agravado por las enormes cantidades de dinero canalizadas a la violencia, la captura de rentas por medio de recursos naturales (petróleo) y el tráfico de drogas, haciendo ingobernables diversas partes del país. El conflicto en curso ha llevado a un desastre humanitario de enormes proporciones. Estimados del Banco Mundial para 1999/2000 sitúan el número de colombianos desplazados resultantes del conflicto en 1.8 millones, el mayor del mundo en términos absolutos. Los desplazamientos masivos menoscaban los intentos del gobierno de mejorar las oportunidades y atender la desigualdad, que es la raíz del conflicto. Dichos conflicto y desplazamiento son la fuente de una contrarreforma agraria: el abandono de la tierra de personas desplazadas internamente (PDI), que los cálculos recientes estiman en 4 millones de hectáreas en Colombia, casi tres veces más de lo que se ha redistribuido en tres décadas de reformas agrarias auspiciadas por el gobierno. Puesto que a la tierra abandonada por las PDI rara vez se le da uso eficaz, se asocia con pérdidas de productividad que debilitan aún más las condiciones económicas rurales y la competitividad agrícola, atrapando efectivamente a esas regiones en un círculo vicioso de violencia y bajo desempeño económico.

Fuente: Deininger, Ibáñez y Querubín (2007); Banco Mundial (2002b).

En vista de tales problemas, las intervenciones estatales fuertes se redujeron por ajustes estructurales en los años ochenta y noventa, que hicieron énfasis en el papel primario del mercado. El énfasis en "los precios deberían ser los correctos" y en mejorar el entorno macroeconómico causaron efectos positivos importantes para la agricultura, tal como la reducción de su carga fiscal (*ver* capítulo 4), pero dejó muchas fallas de mercado sin resolver, creando problemas de segunda generación (*ver* capítulo 5), en especial donde un sector privado débil no podía llenar el vacío.

Hoy existe acuerdo general en que el Estado debe invertir en bienes públicos centrales, como I&D agrícola, vías rurales, derechos de propiedad y el cumplimiento de reglas y contratos, aun en economías de gran desarrollo. Más allá de proveer estos bienes públicos centrales, el Estado debe facilitar, coordinar y regular, si bien se debate el grado de activismo estatal en estos papeles. La agenda de agricultura para el desarrollo asigna un papel fuerte también a las políticas públicas para promover la reducción de la pobreza y la equidad, incluida la equidad de género, construyendo activos productivos y proveyendo redes de seguridad.

¿Cómo pueden superarse los fracasos del gobierno en la implementación de esta agenda, en especial en los países agrícolas donde la necesidad de atender las fallas del mercado es mayor? Las burocracias agrícolas remanentes después del ajuste estructural son particularmente débiles, de modo que la capacidad de la administración agrícola debe fortalecerse con reformas a la gobernabilidad. Pero a la postre el nivel de participación estatal en la agricultura es resultado de procesos políticos que dependen de prioridades políticas y valores ideológicos.

Papeles nuevos para el Estado: coordinar, facilitar y regular

La necesidad de coordinación por parte del sector público ha aumentado al crecer la cadena de suministro de alimentos. Ocurren fallas de coordinación cuando los agricultores o los procesadores se aíslan o desconectan, o cuando otros actores no realizan inversiones complementarias en diferentes etapas de la cadena de suministros. Pueden haber aumentado después de la salida de entidades paraestatales en el África subsahariana, donde la infraestructura deficiente, los riesgos altos y los costos de transacción también altos desalientan la inversión privada. En tales situaciones, acciones coordinadas públicas, privadas y de la sociedad civil pueden reducir los costos transaccionales y los riesgos para la inversión privada en los servicios esenciales para los pequeños agricultores (*ver* capítulos 5 y 6).

La implementación de la agenda de la agricultura para el desarrollo requiere además coordinación entre los ministerios. Esta agenda es ampliamente multisectorial, abarcando temas no sólo de producción agrícola, sino también seguridad alimentaria, bioseguridad, salud animal, salud y nutrición humana, infraestructura física, servicios ambientales, intercambio y comercio, gestión de desastres naturales, equidad de géneros y redes de seguridad. Estos temas son de la jurisdicción de distintos ministerios y aun la producción de cultivos, irrigación, ganadería, pesca y alimentos las manejan ministerios especializados, los que deben vincularse a un amplio rango de partes interesadas, incluidos el sector privado, la sociedad civil y los donantes, en la formulación de estrategias integradas. En consecuencia, los autores de las políticas y la burocracia requieren nuevas destrezas como facilitadores y coordinadores.

También la regulación es ahora de mayor importancia y complejidad. Se pide a los Estados regular la bioseguridad, la seguridad alimentaria, la clasificación y los estándares, la protección de la propiedad intelectual, la calidad de los insumos agrícolas, la extracción de aguas subterráneas y la protección ambiental. La privatización de los mercados agrícolas requiere marcos reguladores apropiados con el fin de mantener la competitividad (*ver* capítulo 5). En adición, docenas de acuerdos internacionales obligan a los países a imponer muchas regulaciones, aunque ello sea costoso. Sin embargo, la regulación no es sólo una función del sector público. El sector privado puede –y con mucha frecuencia lo hace– comprometerse con autorregulación y adoptar prácticas de responsabilidad social corporativa que apoyan la agenda de agricultura para el desarrollo.

La sociedad civil: otra forma de fortalecer la gobernabilidad

El tercer sector comprende organizaciones de productores y otras organizaciones de la sociedad civil y puede contribuir a superar las fallas del mercado en la agricultura y evitar las del gobierno. La acción colectiva a través de organizaciones de productores puede facilitar las economías de escala, por ejemplo en provisión de insumos, extensión, mercadeo y administración de recursos de propiedad común, como cauces de agua y sistemas de irrigación. Y las competencias propias de muchas organizaciones no gubernamentales (ONG) pueden aprovecharse para prestar servicios, en especial en los niveles de los gobiernos locales y la comunidad. Las ONG pueden vincularse a un entorno estándar, como el etiquetado de comercio justo. Pero la acción colectiva puede fallar también cuando excluye a grupos desfavorecidos, llegando los beneficios sólo a las élites locales.

Una sociedad civil dinámica fortalece la gobernabilidad del sector público otorgando vocería política a los pequeños agricultores, mujeres rurales y trabajadores agrícolas (*ver* capítulo 1). Las organizaciones de la sociedad civil pueden hacer seguimiento al diseño de políticas agrícolas, al presupuesto y a la implementación de las políticas. La sociedad civil puede responsabilizar a los autores de las políticas y a la administración pública y crear incentivos para el cambio. Sin embargo, para hacer todo esto, son de la mayor importancia la libertad de asociación, el derecho a la información y la libertad de prensa.

A la postre, la mejor gobernabilidad es resultado de un proceso político y social a largo plazo, condicionado por la historia de un país y de una región, incrustado en sus instituciones e impulsado por sus movimientos sociales. Son los ciudadanos de un país y sus líderes quienes reforman la gobernabilidad. Los donantes sólo pueden apoyar estas reformas.

Procesos de políticas agrícolas

Formar coaliciones

El compromiso político con la agenda de agricultura para el desarrollo requiere la formación de coaliciones de partes interesadas que apoyen esta agenda. En el nivel nacional, los ministerios de agricultura pueden colaborar a la formación de tales coaliciones, pero deben superar retos importantes, uno de los cuales es el de coordinar diferentes ministerios. Dado que los intereses sectoriales a menudo predominan sobre los objetivos generales de desarrollo, puede ser de mucha ayuda la creación de mecanismos interministeriales de alto nivel, como sucede en Uganda (*ver* recuadro 11.2). Otro reto es el de gestionar procesos participativos que incluyan un amplio rango de participantes, incluidos los donantes. Un reto relacionado es el de evitar la toma por parte de grandes agricultores, que usualmente tienen mayor influencia en los ministerios de agricultura que los pequeños agricultores y asegurar la vocería de grupos desfavorecidos, inclusive las mujeres, los grupos tribales y los jóvenes.

Aunque los ministerios de agricultura puedan coordinar a las partes interesadas, las organizaciones de productores son participantes importantes en las coaliciones a favor de la agricultura (*ver* recuadro 11.2) y son más efectivas si se unen con los parlamentarios, las ONG y los académicos. Los agronegocios pueden ser uno de los socios importantes en dichas coaliciones, en especial en los países en proceso de transformación y urbanizados (*ver* En foco D). En la India, el sector de los agronegocios es una de las fuerzas impulsoras defensoras del mayor gasto público en agricultura, sabiendo que se beneficiará con el crecimiento agrícola acelerado. El sector privado, por ejemplo, puede utilizar su pericia y peso político con el fin de promover reformas a través de diálogos público-privados. Un ejemplo es el del Working Group on Agriculture and Agribusiness (Grupo de Trabajo sobre Agricultura y Negocios del Agro) en el Cambodia's Government-Private Sector Forum (Foro de Gobierno-Sector Privado de Camboya). El sector privado puede contribuir también a la reforma de las políticas comerciales, como en el caso de la Philippines Task Force (Grupo de Trabajo de Filipinas) en el Agreement on Agriculture Renegotiations (Grupo de trabajo sobre la Renegociación del Acuerdo sobre la Agricultura) de la Organización Mundial de Comercio (OMC).[3]

Sin embargo, el desafío para la formación de coaliciones a favor de la agricultura es evitar crear presión política por "inversión desatinada" o resistir las reformas (*ver* capítulo 4). Crear coaliciones políticas que apoyen los derechos de los trabajadores agrícolas es también otro desafío. Los trabajadores temporales y mujeres empleadas en el sector chileno de las frutas tienen menos derechos laborales que los de los empleados en el resto de la economía. Un número pequeño de corporaciones controla el grueso de las exportaciones chilenas de frutas y han logrado oponerse a las reformas de los derechos laborales.[4]

Fortalecer la participación y la deliberación

En línea con un creciente interés en la democracia deliberativa, la formulación de políticas de desarrollo agrícola incluye cada vez más a las partes interesadas y al público general. La participación puede crear apoyo político a favor de la agenda de agricultura para el desarrollo. En dicha participación, desde luego, se contraen costos transaccionales, pero se identifican políticas y programas mejor ajustados a las necesidades específicas del país y las organizaciones de pequeños agricultores pueden fortalecer la participación. Senegal muestra cómo en las organizaciones de productores, incluidas las que representan a mujeres campesinas, se pueden formar organizaciones de cobertura para aumentar su vocería en el diseño de las políticas nacionales y afectar los resultados de éstas (*ver* recuadro 11.3).

La participación típicamente incluye talleres para los participantes. En la India, la "planeación de escenarios" comprometió a los participantes en discusiones sobre la reforma del sistema de investigación agrícola, provocando que científicos y otras personas hicieran consideraciones aparte de sus ocupaciones de cada día y de su competencia técnica.[5] Un rango mucho más amplio de enfoques puede fortalecer la vocería de los participantes y los pobres rurales. En los "jurados de ciudadanos", personas legas deliberan sobre temas controvertidos y la ONG Global Voices (Voces Globales) utiliza tecnologías de información y comunicaciones (TIC) para vincular a miles de ciudadanos a reuniones en el ayuntamiento para deliberar sobre políticas específicas.

Utilizar la evidencia para seleccionar políticas y promover su reforma

No es suficiente con solo crear compromiso político para la agenda de la agricultura para el desarrollo y los países deben seleccionar la combinación apropiada de instrumentos de políticas que satisfaga sus necesidades y prioridades (*ver* capítulo 10). El diseño de políticas basado en la evidencia, que implica investigación rigurosa, y control y evaluación sólidos, puede facilitar esta selección y utilizar diseño aleatorio para evaluar intervenciones de políticas, como en el ampliamente citado programa *Oportunidades*, de transferencias condicionales de dinero de México. El Congreso mexicano exige una evaluación bianual de impacto de los proyectos federales como parte de un enfoque basado en resultados para el diseño e implementación de políticas. La clave es desarrollar mecanismos efectivos para

RECUADRO 11.2 *Convirtiendo la visión en práctica: la opinión de un antiguo ministro sobre el Plan de Modernización de la Agricultura de Uganda*

El Plan de Modernización de la Agricultura es la estrategia de Uganda para la reducción de la pobreza aumentando los ingresos de los hogares rurales, la seguridad alimentaria y el empleo, y transformando la agricultura de subsistencia en agricultura comercial. Un Comité de Dirección Nacional de participantes clave encabezado por el Ministerio de Finanzas coordina el Plan. El Plan opera bajo 13 ministerios y agencias oficiales y también gobiernos locales, el sector privado, la sociedad civil y los socios para el desarrollo.

El plan se basa en la visión de utilizar la agricultura para el desarrollo y el progreso ha sido continuo, pero más lento de lo esperado. El cambio institucional es lento, siempre problemático, no se observa con facilidad y se ha menospreciado, lo que ha dificultado la intensificación de las reformas.

Los cambios en el liderazgo político, políticas incoherentes y conflicto de intereses de ministerios presentan retos adicionales. De hecho, operar en un entorno multisectorial requiere cambios en la disposición mental y las capacidades. El programa de Apoyo Sectorial para la Reducción de la Pobreza hizo que los procesos presupuestales fueran participativos, pero cada ministerio está restringido aún por los límites de gasto impuestos por el Ministerio de Finanzas, lo que dificulta la financiación de los servicios planeados.

No se ha comprendido bien el marco multisectorial del Plan, lo que ha ocasionado una integración dispareja entre los distintos ministerios de línea. Los departamentos se utilizan más para proyectos que para un enfoque de programas que requiere presupuesto e implementación entre los sectores. Acostumbrados a prácticas centralizadas los funcionarios oficiales están devolviendo ahora responsabilidades, aun cuando descentralizar las finanzas continúe siendo un reto.

La implementación requiere paciencia, consistencia y aceptación de los participantes clave para asegurar una financiación apropiada (los miembros del parlamento toman las decisiones finales sobre el presupuesto). A pesar de la lentitud del progreso en varios campos, en general el Plan está empezando a tener éxito.

Fuente: Kisamba Mugerwa, comunicación personal, 2007.

RECUADRO 11.3 *Facultar a las organizaciones de productores y desarrollar una visión para la agricultura en Senegal*

En marzo de 2002, el nuevo presidente de Senegal, Abdoulade Waye, anunció que los senegaleses debían tener una gran visión de la agricultura, la cual se construiría mediante más de dos años de consultas con socios para el desarrollo, organizaciones de la sociedad civil, grupos de productores y ministerios del gobierno. El resultado es la *Loi d'Orientation Agro-Silvo-Pastorale* (Ley de agroforestería y ganadería) de Senegal, una visión sobre cómo modernizar la agricultura en los próximos 20 años. La ley otorga reconocimiento legal a las reformas institucionales de servicios descentralizados, sensibles y responsables ante los productores y organizaciones de agricultores. Su principal objetivo es la reducción de la pobreza y la disminución de las desigualdades entre las poblaciones urbana y rural y entre los hombres y las mujeres.

Uno de los grupos más activos en la elaboración de la ley fue la organización de cobertura nacional de organizaciones de productores agrícolas, CNCR (*Conseil Nacional de Concertation et de Coopération des Ruraux* (Consejo Nacional de Cooperación de Rurales; *ver* recuadro 6.10). Para garantizar que la ley reflejara la opinión de los pequeños agricultores, el CNCR sostuvo 35 consultas a nivel local, 11 a nivel regional y 1 a nivel nacional. La mayoría de las proposiciones del proyecto de ley fueron recomendadas por el CNCR, al que frecuentemente se hace referencia en él, indicando el capital político de los productores agrícolas.

En 2004 la Asamblea Nacional aprobó el proyecto. El Ministerio de Agricultura, entonces se vinculó a una vasta campaña de comunicaciones para difundir la ley y un texto adaptado con ilustraciones y explicaciones. El texto se tradujo a los seis lenguajes nacionales del país: jola, mandinke, pulaar, serer, soninke y wolof.

Gran parte del éxito cabe atribuirla al CNCR. Los líderes de las organizaciones de productores crearon el CNCR en 1993 con apoyo de organizaciones internacionales para organizar las federaciones disparejas de organizaciones de productores, mejorar la comunicación y la cooperación entre los grupos de productores y asegurar que los productores se expresaran con una sola voz al vincularse al Estado y a otros socios en el desarrollo. Para consultar organizaciones de productores de origen popular, el CNCR utiliza los foros locales que establecieron las organizaciones en un proyecto financiado por donantes. Estos foros locales han sido instrumentales para incluir a los agricultores en las discusiones sobre políticas en el nivel local y la difusión de la información. Hoy, el CNCR abarca 22 federaciones que incluyen agricultura, ganadería, mujeres, pesca y bosques. Es además miembro de la *Réseau des Organisations Paysannes et de Producteurs Agricoles* (Roppa), una red de organizaciones de campesinos y productores agrícolas de África occidental, activa en el diseño de políticas regionales de agricultura.

Fuentes: Resnick 2006; Banco Mundial 2006c.

interiorizar los resultados de la evaluación en un proceso de aprendizaje y cambio.

La evidencia basada en la investigación puede construir apoyo político y posibilitar los cambios en las políticas.[6] La liberación en Vietnam de las políticas sobre arroz en el período 1995-1997 la promovió un estudio que mostró que la liberación no reduciría la seguridad alimentaria y tendría efectos benéficos en los precios de los cultivos y la pobreza, atendiendo preocupaciones básicas de los oponentes de la reforma.[7] Los donantes utilizan las evaluaciones de pobreza e impacto social para promover el diálogo de políticas sobre reformas agrícolas, como sucedió con una reforma del sector algodonero en Burkina Faso. Dichas evaluaciones combinan el análisis cuantitativo con el cualitativo –e incluyen participantes locales y expertos en identificación de ganadores y perdedores de reformas propuestas– para llegar a estrategias de reformas aceptables socialmente. Otro ejemplo interesante es el de Rural Lens (Lente Rural) de Canadá, una ley que introduce la evaluación obligatoria del impacto social de las políticas que afecten poblaciones rurales.

Coordinar políticas agrícolas y presupuestos

Coodinar las estrategias y políticas agrícolas con los presupuestos es importante para evitar inversiones insuficientes y erradas. La inversión representa un mayor desafío para los países agrícolas, dados los considerables recursos financieros requeridos por la agenda de agricultura para el desarrollo. La financiación de donantes puede ayudar a cumplir estos requisitos, pero aumentar la base de los ingresos internos y mejorar la planeación y manejo del presupuesto son responsabilidades nacionales. Marcos de gasto a mediano plazo, basados en presupuestos por programas con objetivos claros, costeo específico y planeación transparente ponen en línea los recursos financieros con las prioridades. Vietnam es un pionero en el uso de evaluaciones basadas en la evidencia para garantizar que la agricultura se incluya en forma apropiada en sus planes de gasto a mediano plazo (*ver* recuadro 11.4).

En los países de transformación y urbanizados, el reto es con mucha frecuencia crear apoyo político para reasignar recursos presupuestales de subsidios improductivos y poco equitativos a instrumentos de políticas más efectivos. En 10 países latinoamericanos, la proporción de los subsidios no sociales en el gasto público en el sector rural fue, en promedio, 48% entre 1985 y 2000.[8] Puede crearse apoyo político para la reforma aumentando la transparencia sobre los efectos distributivos de dichas políticas para formar coaliciones nuevas a favor de la reforma, pasando gradualmente a subsidios dirigidos y empaquetar y secuenciar las reformas en formas que reduzcan la oposición (*ver* capítulo 4).

Fortalecer los parlamentos

En las democracias, se espera que los parlamentos sean uno de los principales participantes en el diseño de las políticas y el presupuesto agrícolas. Aun así, en las democracias nuevas, especialmente en África, los parlamentarios con mucha frecuencia carecen de recursos, información y personal de apoyo para comprometerse en la formulación de estrategias, políticas y presupuestos agrícolas. Fortalecer la capacidad de los comités parlamentarios a cargo de la agricultura, el desarrollo rural y las finanzas puede así construir apoyo para la agenda de la agricultura para el desarrollo. Por ejemplo, la dificultad del Ministerio de Agricultura de Uganda para informar, comprometer y persuadir a los parlamentarios de los méritos de su Plan de Modernización de la Agricultura (*ver* recuadro 11.2), es uno de los principales retos para asegurar financiación adecuada de algunos de sus servicios públicos centrales.

Promover la integración regional

Coordinar las políticas agrícolas en el nivel regional en los países puede producir sinergias y economías de escala para realizar la agen-

RECUADRO 11.4 *El progreso de Vietnam en la coordinación de presupuestos y prioridades del sector*

Como parte de la reforma de la administración pública de Vietnam en 2002, el Ministerio de Agricultura y Desarrollo Rural reorganizó su estructura y sus funciones. Desde entonces ha orientado más al mercado en forma continua, reorganizando las funciones y competencias de su personal y realineando y reenfocando su gasto público en prioridades nuevas. El ministerio está desarrollando un marco de gastos a mediano plazo con desempeño claro e indicadores de resultados y preparando planes de gastos renovables a tres años y anuales. Recientemente inició evaluaciones basadas en la evidencia de su estrategia de desarrollo rural y proyectos de inversión seleccionados. Estas reformas deben intensificarse y mantenerse a medida que se esfuerzan en mejorar la gestión del gasto a nivel local, dada la descentralización reciente del gasto público.

Fuente: Banco Mundial 2006a.

da de la agricultura para el desarrollo. La integración regional puede también fortalecer la gobernabilidad en apoyo de la agricultura. La experiencia de África occidental ilustra las oportunidades y los desafíos (*ver* recuadro 11.5).

Reformas a la gobernabilidad para mejor implementación de políticas

Fortalecer la gobernabilidad es esencial no sólo para el diseño de políticas, sino también para implementar las agendas agrícolas con efectividad y utilizar con eficiencia los recursos públicos. Para mejorar la gobernabilidad en la implementación de políticas es útil distinguir los enfoques del lado de la demanda de los del lado de la oferta (*ver* gráfico 11.2), identificando combinaciones de enfoques políticamente factibles y ajustarse a las condiciones del país.

Reformar los ministerios de desarrollo agrícola y rural

Aunque la participación directa del Estado pueda reducirse –por ejemplo, mediante subcontratación– sigue siendo esencial una administración agrícola eficaz en la búsqueda de la agenda de la agricultura para el desarrollo. Los ministerios de agricultura requieren nuevas destrezas y estructuras de administración para cumplir sus nuevas funciones. Por ejemplo, mientras la subcontratación de la extensión agrícola reduce la necesidad de manejar grandes números de personal de extensión directamente, requiere también nuevas destrezas, como las de seleccionar y administrar contratos, garantizar la calidad de los servicios de extensión contratados, controlar la corrupción en las adquisiciones y colaborar con las organizaciones de agricultores en el manejo de los contratos.

Se necesitan reformas internas para mejorar la coordinación entre los ministerios de alimentación, agricultura y desarrollo rural y otros ministerios sectoriales. Se han ensayado varios modelos de coordinación pero las soluciones deben ser específicas de cada país. México combinó sus ministerios de agricultura y desarrollo rural, mientras que Brasil los separó. Uganda estableció un cuerpo coordinador presidido por el Ministerio de Finanzas (*ver* recuadro 11.2).

Puesto que los ministerios agrícolas forman parte de la administración pública y están sujetos a las regulaciones generales del servicio civil, las reformas internas esenciales, como los ajustes en la estructura de salarios y sistemas de selección de personal, son a menudo posibles sólo como parte de las reformas generales del sector público. Aunque la reforma de la administración pública ha hecho parte de la agenda durante largo tiempo, hay algunos enfoques nuevos innovadores. La India está progresando con el uso del *e-government* (gobierno electrónico) para registros de tierras. El Salvador, México y Malasia someten las agencias oficiales a la certificación de gestión ISO 9000 de la International Organization for Standarization (Organización Internacional para la Estandarización). La certificación se basa en la orientación al desempeño y la satisfacción del cliente.

RECUADRO 11.5 *Integración regional: oportunidades y desafíos en África occidental*

Los países de África occidental se interconectan en numerosos procesos regionales dirigidos a reducir los costos transaccionales y conseguir economías de escala y ventajas de polos empresariales a través de un gran número de países pequeños. Algunos participan en el African Peer Review Mechanism (Mecanismo Africano de Revisión de Pares), un enfoque regional para mejorar la gobernabilidad. La Economic Community of West African Status (Ecowas, Comunidad Económica de Estados de África Occidental) se ocupa de la prevención y resolución de conflictos, lo que es importante para el desarrollo de la agricultura. Los países francófonos de África occidental miembros de la African Economic and Monetary Union (Uemoa, Unión Africana Económica y Monetaria) tienen una sola moneda y una unión aduanera. Los países miembros del Permanent Inter-State Committee for Drought Control (Comité Interestatal Permanente para el Control de Sequías) en el Sahel ahorran costos en regulaciones mediante la Common Regulation for the Registration of Pesticides (Regulación Común para el Registro de Pesticidas). Los sistemas nacionales de investigación agrícola de 21 países de África occidental y central obtienen economías de escala en la reproducción de cultivos mediante su colaboración en el West and Central African Council for Agricultural Research and Development (Consejo de África Occidental y Central para la Investigación y Desarrollo Agrícola). Los agricultores de África occidental, incluidos los pequeños, se organizan también a nivel regional: *Réseau des Organisations Paysannes et de Producteurs Agricoles* (Roppa), la red regional de organizaciones de productores agrícolas de África occidental (*ver* recuadro 11.3) es activa en el diseño de políticas agrícolas regionales y en el desarrollo de una estrategia de investigación agrícola regional.

Pero la integración regional tiene sus retos. Más de 40 organizaciones trabajan en la integración económica en África occidental y aun las mayores encuentran problemas en la coordinación y alineación de sus políticas agrícolas. Ecowas ha tomado el liderazgo al implementar el Comprehensive Africa Agriculture Development Program (Programa Integral de Desarrollo Agrícola de África) de la New Partnership for Africa's Development (Asociación Nueva para el Desarrollo de África) en África occidental. Este programa debe armonizarse con las políticas agrícolas de Uemoa y con las de cada país miembro. En adición, debe alinear las políticas agrícolas regionales con presupuestos apropiados, asegurando y controlando su implementación.

Fuentes: African Capacity Building Foundation 2006; consulta del IDM en Bamako, abril 2 y 3 2007.

Gráfico 11.2 Se requieren buenos ajustes a las condiciones específicas de cada país en los enfoques de los lados de la demanda y la oferta con el fin de mejorar la gobernabilidad del sector agrícola

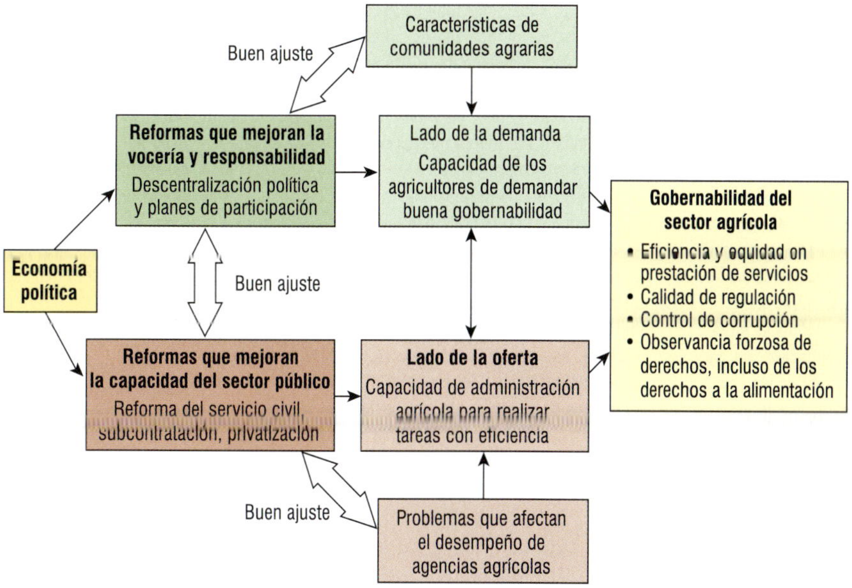

Fuente: Birner y Palaniswamy (en preparación).
Nota: Las flechas de "buen ajuste" en el gráfico indican que las estrategias para mejorar la gobernabilidad deben ser específicas del contexto, teniendo en cuenta, por ejemplo, las características de las comunidades locales (lado de la demanda) o los problemas específicos que afectan el desempeño de las agencias agrícolas (lado de la oferta). Además, los enfoques de los lados de la oferta y la demanda deben estar bien coordinados.

Reformas internas se requieren para integrar los géneros a las actividades habituales en los ministerios de agricultura. Tales reformas deben asegurar la contratación y el progreso de las mujeres en los ministerios agrícolas, y también supervisar la implementación de políticas, programas y servicios sensibles al género.

Las reformas internas de la administración pública enfrentan desafíos políticos mayores, en especial si despiden personal y pasan de sistemas remunerativos basados en la antigüedad a los basados en el desempeño. En situaciones en las que las reformas generales no están próximas, es a menudo aconsejable distribuir la reforma de la administración pública y reformas piloto en agencias oficiales clave.

Cualquiera que sea la ruta de reforma que se escoja, crear un servicio público orientado a la misión y a los resultados, con personal desde el nivel más alto hasta el más bajo comprometido con la agenda de agricultura para el desarrollo, requiere visión y liderazgo de los agentes de cambio y líderes de la reforma (*ver* recuadro 11.6).

Revertir las fronteras del Estado

En capítulos anteriores se han discutido las reformas del sector público que revierten las fronteras del Estado:

- La *contratación* es adecuada para funciones que requieren financiación pública pero no necesariamente provisión pública. Se utiliza cada vez más para servicios de asesoría agrícola, como en Uganda (*ver* capítulo 7).
- Las *asociaciones público-privadas* van más allá de la subcontratación, creando responsabilidades conjuntas para la financiación y provisión de servicios agrícolas e infraestructura, como Banrural, que ofrece servicios financieros a pequeños agricultores en Guatemala (*ver* capítulo 6). No todos estos programas son adecuados para dirigirse a los pobres, pero pueden liberar recursos públicos, que entonces pueden dirigirse hacia los pobres bajo otros acuerdos institucionales.
- Las *asociaciones público-privadas-sociedad civil* que incluyen organizaciones del tercer sector, junto con agencias del sector público y negocios privados, por ejemplo Sustainable Uptake of Cassava (Consumo Sostenible de Yuca) de Ghana, como proyecto de producto industrial (*ver* capítulo 7).
- La *devolución de la autoridad de gestión a grupos de usuarios* se aplica generalmente en gestión de recursos naturales e irrigación. Las oportunidades y desafíos de la devolución a grupos de usuarios son comparables a los de CDD, que se discute adelante.
- La *privatización* funciona mejor para aquellos servicios que no requieren participación estatal. Los servicios de veterinaria ofrecen un buen ejemplo. En 10 países del África subsahariana, el número de veterinarios privados aumentó de 70 a mediados de los años ochenta a 1.780 en 2004.[9] Al mismo tiempo, los veterinarios del sector público siguen en su función.
- Las *cooperativas de servicios*, conformadas y poseídas por los productores, pueden ofrecer servicios agrícolas a los pobres. En la India, las cooperativas de productos lácteos ofrecen servicios a más de 12 millones de hogares, beneficiando a las mujeres en particular por su papel en la producción de lácteos (*ver* capítulo 6).

Crear responsabilidad. Rutas largas y cortas

Las reformas internas de la administración agrícola y la reversión de las fronteras del Estado constituyen enfoques del lado de la oferta. Para llevar a cabo tales reformas de modo que funcionen para los

RECUADRO 11.6 *Hacer una revolución verde mediante visión y liderazgo*

La revolución verde de la India fue posible sólo porque los líderes políticos y administrativos abordaron las fallas del mercado y habilitaron a grandes números de pequeños agricultores para que intensificaran su producción. Contó con el apoyo político completo del primer ministro, pero requirió también la visión y liderazgo de funcionarios de alta competencia en la administración pública. El ministro de Agricultura de 1964 a 1967, C. Subramaniam, creyó en el papel de la ciencia y en la capacidad de los pequeños agricultores de modernizar la agricultura y persuadió a los escépticos en el parlamento y en la comisión de planeación, de esa función. Encabezó la reforma de las instituciones y políticas para apoyar la agricultura, superando toda clase de obstáculos administrativos y reguladores. La visión y el liderazgo se necesitan también para que la agricultura intensiva sea sustentable ambientalmente. M.S. Swaminathan, el líder científico de la revolución verde de la India, marca nuevos rumbos ahora en una "revolución siempre verde".

El esquema de irrigación de la Office du Niger, que cubre 60.000 hectáreas en Malí (*ver* capítulo 8) muestra que los éxitos de la revolución verde son posibles también en África. Los rendimientos del arroz allí se cuadruplicaron entre 1982 y 2002, en parte gracias a la revolución institucional de largo alcance, que facultó a los agricultores para participar en la administración del esquema a través de contratos de ejecución de tres partes con validez de tres años. La agencia de la Office du Niger es responsable ante los agricultores y comités conjuntos de personal, y los agricultores fijan las prioridades y subcontratan el mantenimiento, a su costo. El ministro de Desarrollo Rural, Boubacar Sada Sy y el gerente de la agencia, Traoré, asumieron el liderazgo para estimular a los pequeños agricultores a intensificar su producción. Como en la India, los líderes de la reforma en la administración pública contaron con el apoyo total de sus primeros ministros.

Fuentes: Aw y Diemer, 2005; Subramaniam 1995; Swaminathan 1993.

pobres, es importante combinarlas con enfoques del lado de la demanda que fortalezcan la capacidad de la gente rural de demandar mejores servicios agrícolas y responsabilizar a los proveedores de los servicios. Por ejemplo, en Etiopía, las ONG están evaluando la satisfacción de los agricultores con los servicios de asesoría y de irrigación efectuando el plan piloto Citizen Report Card (Tarjeta de Informe del Ciudadano).

Otro enfoque promisorio incluye a las organizaciones de productores en las juntas administradoras de, por ejemplo, organizaciones de investigación agrícola. Junto a estas "rutas cortas" de hacer responsables a los proveedores de servicios ante los agricultores, está la "ruta larga": los agricultores pueden utilizar el cabildeo y el voto para inducir a quienes toman las decisiones a dar los pasos para mejorar el desempeño de los servicios agrícolas.[10] Liberar el voto rural reduciendo la compra de votos y promoviendo la competencia entre los partidos contribuye a hacer que esta ruta sea más efectiva. Es esencial también informar al electorado sobre el desempeño en los servicios a través de medios accesibles.

Generar responsabilidad ante las mujeres rurales requiere esfuerzos especiales, como puestos para representantes femeninas en las juntas de administración y el uso de tarjetas de informe sin discriminación de géneros. Promover las asociaciones de mujeres rurales puede ayudarles a utilizar ambas rutas, la corta y la larga, para generar responsabilidad.

Crear agencias reguladoras eficaces para la agricultura

Las agencias reguladoras eficaces crean un clima de inversiones facilitador para el sector privado y las organizaciones de agricultores. La regulación agrícola debe atender los objetivos generales de desarrollo, como el de garantizar la seguridad alimentaria y la salud pública, cumplir las metas ambientales y proteger a los trabajadores agrícolas. La subcontratación y la privatización requieren agencias para asumir nuevas tareas de regulación, como la auditoría y la regulación antimonopolios.

Al establecer la regulación debe conseguirse un balance apropiado entre los distintos grupos de interés, evitando tanto la regulación excesiva como la falta de ella, en especial si existen riesgos e incertidumbres, por ejemplo, con una tecnología nueva. Las agencias reguladoras deben reformarse para responder a este desafío y evitar los intereses políticos y especiales. Las soluciones deben ser específicas para cada país, pero crear agencias reguladoras independientes y estimular la participación del público en la regulación muchas veces ofrece buenas perspectivas. También es importante invertir en la capacidad de hacer cumplir la regulación agrícola, de lo cual la certificación de las semillas es un ejemplo. En Tamil Nadu, India, los agricultores sufrieron considerables pérdidas de ingreso porque recibieron semillas de algodón Bt falsificadas.[11] Poner en vigor mecanismos de ejecución y resolución justa de conflictos es un componente integral de la regulación eficaz.

Controlar la corrupción en la agricultura

La corrupción entorpece la agenda de agricultura para el desarrollo. La de administración de la tierra es con mucha frecuencia una de las agencias de gobierno más corruptas (*ver* capítulo 6). Grandes proyectos de infraestructura agrícola, como los de irrigación, son propensos también a la corrupción, lo mismo que la asignación del agua en los sistemas públicos de irrigación.[12] Las empresas sobornan a los reguladores, como sucedió en la regulación de la biotecnología en Indonesia y la de pesticidas en la India.[13] Mientras más implicado esté el Estado en la provisión de insumos, como fertilizantes y crédito, y en la comercialización de productos agrícolas, mayor es el potencial de corrupción. Por esa razón revertir algunas funciones del Estado puede reducir la corrupción.

Tanto los enfoques del lado de la demanda como los del lado de la oferta pueden superar la corrupción en la agricultura. La administración del gasto público y reformas en las adquisiciones son enfoques típicos del lado de la oferta que a menudo forman parte de la reforma general del sector público. Un ejemplo exitoso del lado de la demanda es el del control de los precios de los alimentos en las compras racionadas que hacen los grupos de mujeres en la India.[14] Un estudio de estrategias para reducir la corrupción en proyectos de vías aldeanas aplicó un diseño experimental aleatorio para comparar auditorías sociales, un enfoque del lado de la demanda, y auditorías oficiales, un enfoque del lado de la oferta. El estudio sugiere que el control de origen popular reduce más el robo cuando los miembros de la comunidad tienen intereses privados sustanciales en el resultado.[15] Según otro estudio, las auditorías oficiales son más efectivas cuando se publican a través de la prensa local o la radio.[16] Las tecnologías nuevas, en especial las TIC (*e-government*) pueden reducir el alcance de la corrupción, como es el caso de los registros de tierra computarizados en Karnataka (*ver* capítulo 6). A pesar de dicha evidencia, estudios sobre estrategias para combatir la corrupción en la agricultura son más bien escasos y mayor investigación ayudaría a identificar lo que sí funciona, dónde y por qué, en especial si va a aumentar la inversión pública en agricultura.

Descentralización y gobernabilidad local

La descentralización –la transferencia de autoridad política, administrativa y fiscal a los niveles inferiores del gobierno– es una reforma de gobernabilidad que puede apoyar a la agenda de agricultura para el desarrollo. Al llevar el gobierno más cerca de la gente, promete hacer el diseño y la implementación de las políticas más sensibles a las necesidades de los pueblos (a menudo privados de derechos) en las áreas rurales. Puede corregir fallas del gobierno en la agricultura asegurando un mayor acceso a la información local y movilizando el capital social local para el cumplimiento de las políticas. Ayuda a resolver los problemas de coordinación en la agenda de la agricultura para el desarrollo. Además, ofrece la promesa particular de mejores políticas de ajuste para cumplir con las diversas condiciones locales de la agricultura africana, siempre que puedan desarrollarse la capacidad y la responsabilidad suficientes en el nivel local (*ver* capítulo 10).

La descentralización se ha generalizado y, de hecho, el 80% de todos los países en desarrollo han experimentado con alguna de sus formas y el 70% de los países del África subsahariana han buscado la descentralización política.[17] Aun así, los organismos elegidos localmente tienen todavía un radio de acción limitado pues la descentralización fiscal se ha rezagado en relación con la política y la descentralización administrativa de la prestación de los servicios rurales varía ampliamente según el país.

Identificar niveles apropiados de descentralización

El principio de subsidiariedad ofrece la base de un marco de referencia para identificar niveles apropiados de descentralización para las funciones en la agricultura. Las funciones públicas de importancia estratégica –como garantizar la seguridad alimentaria y controlar las epidemias– deben seguir como responsabilidades nacionales, aun cuando su implementación demande considerable capacidad administrativa en los niveles intermedio y local. Para la investigación agrícola, el nivel apropiado de descentralización, por razones de eficiencia, puede ser el de las zonas ecológicas en lugar de los niveles administrativos, aunque no necesariamente para el apoyo político, lo que ilustra las compensaciones al identificar el nivel apropiado de descentralización. La extensión agrícola, que confronta la heterogeneidad local y una clientela dispersa, se organiza a menudo mejor en los niveles más inferiores de gobierno y en estrecha interacción con organizaciones comunitarias.

Merecen especial atención los mecanismos de capacidad y responsabilidad para ofrecer un bien o servicio. En muchos países agrícolas se producen déficit tanto centrales como locales, lo que hace que sea esencial invertir en capacidad y responsabilidad en distintos niveles de gobierno, dependiendo de las funciones agrícolas que se descentralicen y las mejores perspectivas a largo plazo de crear capacidad y responsabilidad.

La descentralización es un proceso político que desplaza el poder y la autoridad. Como otros ministerios, el de agricultura a nivel central con mucha frecuencia se resiste a la transferencia de sus recursos fiscales y personal a los gobiernos locales. Esta resistencia limita las posibilidades de los organismos locales electos creados por la descentralización política para ser participantes activos en la agenda de la agricultura para el desarrollo. A menudo es esencial crear apoyo político para la reforma con el fin de completar una agenda inconclusa y llevar a término la promesa de la descentralización.

Aumentar las contribuciones fiscales de los gobiernos locales

Uno de los objetivos de la descentralización fiscal es el de mejorar la generación de ingresos mientras se responsabiliza a los gobiernos locales ante sus contribuyentes, pero los gobiernos subnacionales aún contribuyen poco a los recursos. En México, los gobiernos estatales contribuyeron con el 16% en promedio de los recursos para la agricultura, ganadería y los programas de desarrollo rural (durante el período 1996-2004), proviniendo el resto de transferencias centrales ligadas. En Uganda, el ingreso generado localmente es menos del 10% de los fondos administrados por los consejos locales, proviniendo el resto de transferencias del gobierno central, la mayor parte de las cuales son subvenciones condicionales de destino específico (84% en 2000-1001).[18]

Los esfuerzos de los gobiernos locales para elevar el ingreso local (especialmente por medio de impuestos a la producción) han agregado ocasionalmente una carga impositiva significativa a la agricultura con poco beneficio, como sucedió en Tanzania[19] y Uganda.[20] En China, también, los funcionarios locales habían impuesto en el pasado una multitud de tarifas a las poblaciones rurales, lo que condujo a grandes protestas. Las autoridades centrales respondieron en 2004 prohibiendo a los funcionarios locales imponer tarifas a los campesinos y aboliendo la tributación agrícola, pero sin compensar totalmente a los gobiernos locales, lo que condujo a una crisis del gasto público local.[21] Para mejorar la capacidad fiscal de los gobiernos locales se necesitarán servicios de titulación para los activos de bienes raíces, bases tributarias más elásticas, fondos para compartir los ingresos de las regiones en mejores condiciones con las más pobres y fondos de cofinanciación para favorecer inversiones o grupos específicos como los de personas muy pobres.

Dar prioridad a las agendas de agricultura

Las instituciones de los gobiernos locales deben fijar prioridades, pero, ¿qué prioridad deberían asignar a una agenda de agricultura para el desarrollo? Naturalmente, el liderazgo político local es importante, pero el diseño institucional de las instituciones de los gobiernos locales también lo es. Provisiones especiales pueden reducir el abuso de las élites y la exclusión social. En la India, los *panchayati raj* (consejos aldeanos) reservan puestos programados para las mujeres y miembros de castas y tribus. En un estudio de los efectos de reservar puestos para las mujeres en dos estados indios se encontró que esta participación aumentó la inversión en el tipo de infraestructura pertinente a las mujeres.[22] La experiencia de varios países de Asia meridional muestra que las concejalas son más eficaces si se ofrece capacitación en sensibilidad al género a concejales masculinos y femeninos.[23]

La descentralización hacia gobiernos locales no necesariamente hace que aumente el gasto público en agricultura y aun puede hacer que disminuya en el corto plazo, en especial si no se satisfacen las necesidades más básicas del pueblo. La descentralización en Bolivia, estipulada en la Ley de Participación Popular de 1994, hizo aumentar significativamente el gasto público en educación, infraestructura rural y agua e higiene, pero la inversión promedio en agricultura disminuyó en proporción a la inversión total.[24]

El cambio en el gasto público después de la descentralización no es mala noticia para la agenda de agricultura para el desarrollo, que reconoce a la salud, la educación y la infraestructura rural como condiciones previas para utilizarla. Pero los gobiernos locales necesitan capacidad de administrar la agenda específica de la agricultura a medida que cobra importancia con el tiempo. Por ejemplo, a menudo descuidan la extensión agrícola por ser menos viable que la infraestructura física y la asocian así con menor recompensa electoral. Mejorar la capacidad de la administración local para manejar la extensión en consulta con organizaciones locales de productores y con apoyo de departamentos agrícolas centrales puede aumentar la importancia y calidad de este servicio a los agricultores.

Desarrollo impulsado por la comunidad

Definido ampliamente, el DIC da a los grupos comunitarios y gobiernos locales el control de las decisiones sobre la planeación y los recursos de inversión. Se relaciona así con la descentralización y los dos enfoques pueden ir de la mano. El DIC moviliza los grupos comunitarios y los implica directamente en las decisiones sobre gasto público aprovechando su creatividad, capacidades y capital social. Los gobiernos locales pocas veces llegan a ese nivel, especialmente en las primeras fases de la descentralización. Sin embargo, el DIC tiene problemas y hay mucho que aprender aún sobre el diseño e implementación de proyectos de DIC para la agricultura.

Implementar agendas de agricultura para el desarrollo localmente

A semejanza de los gobiernos locales, las comunidades típicamente se concentran primero en satisfacer las necesidades básicas de salud, educación e infraestructura. Pero una vez se dirigen a actividades de generación de ingresos, los proyectos de agricultura, incluidos los que vinculan los pequeños agricultores a mercados de alto valor, representan una elección importante. Los proyectos de generación de ingresos a menudo proporcionan bienes privados, como ganadería, en lugar de bienes públicos, como instalaciones para la salud. Por eso, a menudo se implementan con grupos de productores, más que con toda la comunidad. Tales proyectos deben tener provisiones especiales para evitar que sean aprovechados sólo por las élites. Se necesitan formas perspicaces de proporcionar préstamos y garantías para evitar menoscabar las finanzas agrícolas y las entidades de microcrédito. Por ejemplo, el desarrollo de cauces de agua impulsadas por la comunidad en la India meridional combina préstamos con el suministro de capital semilla como subvenciones a los aldeanos más pobres.[25]

Los proyectos impulsados por la comunidad en el noreste de Brasil que promueven la generación de ingresos agrícolas muestran que el éxito depende no sólo de la capacidad de la comunidad sino también de la demanda del mercado, la asistencia técnica y la formación de capacidades. Los proyectos de mayor éxito son los que se exponen poco a los riesgos del mercado, como los esquemas pequeños de irrigación. Los proyectos más complejos dependen más de la asistencia técnica y la capacitación para tener éxito, requiriendo una complementariedad efectiva entre el DIC y los enfoques sectoriales.[26]

Desarrollar responsabilidad a nivel comunitario

El desarrollo de la responsabilidad es una condición importante para habilitar a las comunidades para implementar agendas de agricultura para el desarrollo en gran escala. De la misma forma que los mercados y los estados, las comunidades también pueden fracasar. Dado que no tienen estructuras formales de autoridad y responsabilidad, pueden sufrir el ataque del abuso de poder, la exclusión social, el conservatismo social y el conflicto. De ahí que en los proyectos de DIC se inviertan recursos significativos para cambiar las prácticas comunitarias estimulando flujos de información de mayor transparencia, participación comunitaria general y sensible a los géneros en la toma de decisiones locales y control participativo de instituciones locales. La responsabilidad evoluciona con el tiempo y se requieren soluciones para que sea específica al contexto de cada país y a las condiciones locales. Cuando se emparejan con flujos predecibles de recursos, las operaciones de DIC pueden modificar la dinámica de la comunidad más allá del radio de acción del proyecto y de su marco temporal.

Estimular la evaluación y el aprendizaje

Habiendo sido inicialmente una idea visionaria, el DIC se ha convertido en una realidad en gran escala. En más del 9% de los préstamos del Banco Mundial se utiliza esta forma de desarrollo. La experiencia muestra que el DIC puede acelerar la puesta en marcha de los proyectos, aumentar su efectividad en costos, hacer más eficientes las transferencias fiscales, mejorar la calidad de la infraestructura y aumentar los ingresos de la agricultura. Se ha adquirido considerable experiencia en el progreso gradual,[27] pero para sacar conclusiones definitivas se requieren evaluaciones de impacto más rigurosas.[28] La experimentación, evaluación y aprendizaje adicionales mostrarán lo que es posible lograr con el DIC para apoyar la agenda de agricultura para el desarrollo y cómo se puede lograr en forma más efectiva.

Efectividad de la ayuda para los programas agrícolas

Las instituciones financieras internacionales, las agencias de desarrollo bilaterales y multilaterales, las ONG internacionales y otros socios para el desarrollo tienen su función en la realización de la agenda de agricultura para el desarrollo y es esencial una mayor financiación de parte de los donantes para financiarla, pero la ayuda para el desarrollo ya constituye una gran parte del presupuesto agrícola en la mayoría de las economías agrícolas. Para 24 países del África subsahariana la ayuda oficial para el desarrollo (AOD) representa en promedio el 28% del gasto total en agricultura,[29] y para Mozambique, Níger y Ruanda la AOD representa más del 80%.[30] Con una dependencia tan alta, la ayuda para el desarrollo tiene que ser eficaz, fortaleciendo en lugar de socavar los esfuerzos de los países para mejorar la gobernabilidad en la agricultura.

Fallas de los donantes y desafíos de la gobernabilidad

Puesto que los donantes son responsables ante los electores de sus respectivos países, tienen motivos para apoyar los proyectos y programas que se les puedan atribuir, lo cual con mucha frecuencia conduce a intervenciones fragmentadas, superpuestas, discontinuas y en ocasiones contradictorias. En Etiopía, casi el 20% de los donantes estaba apoyando más de 100 proyectos agrícolas en 2005, con altos costos transaccionales y duplicación de esfuerzos. En Malawi, debido a las políticas agrícolas inconsistentes de donantes y la modificación de prioridades por parte del gobierno, se han rediseñado varias veces los programas nacionales de seguridad alimentaria.[31]

Preocupados con la efectividad de la ayuda, los donantes ahora utilizan indicadores de buena gobernabilidad como criterio para seleccionar países que califican para la ayuda para el desarrollo. Esta práctica presenta un dilema para la agenda de la agricultura para el desarrollo porque los países agrícolas suelen ser menos elegibles para la ayuda. Además, los grandes flujos de ayuda implican otros retos de gobernabilidad, creando espacio para la corrupción y haciendo a los gobiernos menos responsables ante sus electores y parlamentos. La protección agrícola en los países donantes puede socavar la asistencia disponible para la agricultura en los países en desarrollo, creando un problema de gobernabilidad con el que se encuentran los países donantes, a saber, el de la incoherencia en las políticas (*ver* capítulo 4).

Iniciativas globales y regionales

La comunidad global de desarrollo –países donantes y socios por igual– se ha comprometido con los principios de la Declaration on Aid Effectiveness (Declaración sobre Eficacia de la Ayuda) de París, firmada en 2005: fortalecer la propiedad nacional y el liderazgo del gobierno, alinear el apoyo de los donantes con las prioridades y procedimientos del gobierno, armonizar los procesos de gobiernos y donantes, administrar los recursos con base en la obtención de resultados en el desarrollo y asegurar la responsabilidad mutua.

Varias iniciativas apoyan estos principios en el desarrollo rural. La Global Donor Platform for Rural Development (Plataforma Global de Donantes para el Desarrollo Rural), una red de 29 agencias de donantes y de desarrollo, apoya a los donantes y gobiernos receptores en la preparación e implementación de programas agrícolas conjuntos bajo el marco de eficacia de la ayuda del Development Assistance Committee (Comité de Ayuda para el Desarrollo) de la Organización para la Cooperación y el Desarrollo Económicos (OCDE). La plataforma aglutina experiencias prácticas y deriva lineamientos para el manejo de programas agrícolas. La Regional Unit for Technical Assistance (RUTA, Unidad Regional de Asistencia Técnica), una red regional para mejorar la eficacia de la ayuda en América Central, apoya intercambios entre los países y ofrece asesoría de expertos a los gobiernos. TerrÁfrica, una asociación de gobiernos africanos, organizaciones regionales, sociedad civil, organizaciones científicas y donantes bilaterales y multilaterales, tiene como meta ofrecer apoyo armonizado para prácticas de gestión de tierras sostenibles en África. La Neuchâtel Initiative (Iniciativa Neuchatel), un grupo informal de representantes de donantes bilaterales y multilaterales, desarrolla puntos de vista y lineamientos comunes para el apoyo de servicios de asesoría agrícola.[32]

Liderazgo del gobierno, apropiación por el país y enfoques sectoriales

El liderazgo del gobierno y la apropiación por el país constituyen requisitos previos para la eficacia de la ayuda, y según ellos se requiere que los socios para el desarrollo pongan en línea su ayuda con las estrategias de desarrollo agrícola de los países. Alinear la ayuda para el desarrollo con la estrategia sectorial que posee un país es un concepto inherente también al enfoque sectorial (SWAp) desarrollado originalmente para la salud y la educación.[33] Según este enfoque, el gobierno y los donantes acuerdan apoyar un programa coherente de desarrollo del sector agrícola, emparejado con reformas políticas e institucionales. Si se diseñan, dividen en fases e implementan apropiadamente, de acuerdo con las prioridades y capacidades del gobierno, los SWAp ofrecen una forma de alinear el apoyo de los donantes con los sistemas de gasto público y adquisiciones del gobierno.

En Uganda, una estrategia coherente de reducción de pobreza liderada por el país tuvo el apoyo de una estrategia agrícola responsable y reformas institucionales (*ver* recuadro 11.2). La administración de los flujos de ayuda para una estrategia de gastos coherente a favor de los pobres, incluidos los de áreas rurales, ha dado como resultado compromisos de los donantes estables a largo plazo.[34] En Tanzania, el liderazgo del gobierno ha superado la fragmentación (17 donantes bilaterales y multilaterales apoyaron la agricultura en 2003) principalmente mediante la "canasta de fondos" (*basket funding*) guiada por un programa de desarrollo agrícola acordado.

El programa sectorial Prorural de Nicaragua, lanzado en 2005, aborda algunas de las dificultades típicas de los SWAp. El gobierno, el sector privado y 15 donantes –ofreciendo más del 90% de la ayuda de donantes para la agricultura– firmaron un Código de Conducta para promover el liderazgo, la armonización y la alineación en el país. Un fondo común, configurado en 2006, combina las contribuciones de las agencias donantes en una cuenta única utilizada para las prioridades definidas por las entidades nicaragüenses. Aunque se trata de un buen principio, los costos de transacción iniciales han sido altos y, hasta el momento, sólo cuatro donantes han contribuido a la cuenta única.

Un enfoque más definido en los resultados

Con los incrementos predecibles en la ayuda, los donantes deben hacer más para prestarla eficazmente. Se requieren incentivos para lograr resultados. Por ejemplo, en Tanzania y Uganda el desempeño en la implementación incide en las asignaciones presupuestales, recibiendo más recursos las áreas e instituciones que presentan un buen historial en la consecución de los resultados acordados.[35]

La calidad del apoyo de los donantes a la agricultura también ha venido mejorando. La proporción de los préstamos de apoyo del Banco Mundial para la agricultura con calificación de satisfactorio o más que satisfactorio del Independent Evaluation Group (Grupo Independiente de Evaluación) aumentó de 57% en 1992 a 88% en 2005. Aun así, serán necesarios mayor experimentación, aprendizaje y ajuste para el aumento gradual del apoyo para la agenda de la agricultura para el desarrollo, utilizando una variedad de mecanismos, como créditos ajustables según los programas y créditos para aprendizaje e innovación.[36] Los resultados de evaluación buenos serán de la mayor importancia para el aumento gradual.

Progreso en la agenda global

La puesta en práctica de la agenda para la agricultura para el desarrollo requiere algo más que mejor gobernabilidad y coordinación de los donantes. Es esencial la acción a nivel global para que tengan éxito las agendas en los países en un entorno global dinámico. También es esencial el progreso en la agricultura para responder a los grandes desafíos globales del siglo XXI, que incluyen el medio ambiente, la salud, la pobreza y la seguridad. La nueva agenda global para la agricultura tiene nuevos temas y nuevos objetivos, impulsados por nuevos actores, abarcando todos los sectores. Pero las instituciones y mecanismos para implementar y financiar la agenda global se están rezagando con respecto a estos desarrollos nuevos. ¿Cómo pueden reformarse para responder a las nuevas realidades políticas y económicas?

Una agenda global para la agricultura en el siglo XXI

La agenda global identificada en el presente *Informe* (*ver* capítulos 4 a 9) responde a los cambios rápidos de los sistemas de alimentación y agricultura y de las estructuras económicas, a la necesidad de reducir la pobreza y al reto de la sostenibilidad del medio ambiente.

Alcanzar justicia y equidad globales. Los Objetivos de Desarrollo del Milenio, establecidos por los jefes de Estado en la Cumbre del Milenio de la ONU en 2000 constituyen la orientación más general para la justicia y la equidad globales. Cuatro de estos objetivos –pobreza y hambre, equidad de géneros, sostenibilidad ambiental e intercambio equitativo en el comercio internacional– se relacionan en forma estrecha con la agenda de la agricultura para el desarrollo. La ayuda internacional para el desarrollo es uno de los principales instrumentos para realizar la justicia y la equidad globales, pero otros esfuerzos son de igual importancia. Por ejemplo, los subsidios a las exportaciones y la protección de las importaciones por parte de los países más ricos perjudican el potencial de los países pobres de usar la agricultura para el desarrollo (*ver* capítulo 4). Las emisiones de gases de invernadero (GHG) de los países ricos ya están socavando la productividad de los sistemas agrícolas esenciales para la supervivencia de los pobres (*ver* En foco F).

Hacer I&D global para los pobres en una era de privatización. La I&D agrícola es un elemento importante de la agenda global, pues muchos tipos de investigación agrícola tienen economías de escala, necesitando acción colectiva para aprovecharlas y producir resultados tecnológicos a favor de los pobres, en especial para cultivos huérfanos (yuca, millo, frijoles) y ganadería (cabras). La I&D es también importante para hacer posible que la agricultura mitigue y se adapte al cambio climático. La revolución de la biología molecular está acelerando las posibilidades de aumentar la productividad, pero su impulso proviene de empresas multinacionales del sector privado. Para que estas tecnologías beneficien a los pobres, es esencial incrementar la inversión pública en investigación, con el fin de establecer protocolos y regulaciones eficaces de bioseguridad y proveer acceso a los países en desarrollo a genes y técnicas protegidas por derechos de propiedad intelectual (*ver* capítulo 7).

Conservar los recursos genéticos para la seguridad alimentaria futura

Los recursos genéticos y las semillas han sido la base de algunas de las intervenciones agrícolas de mayor éxito en la promoción del crecimiento y la reducción de la pobreza (*ver* capítulo 7). Conservar la rica herencia de cultivos y de diversidad genética animal es esencial para la seguridad alimentaria global en el futuro. Bancos de genes y recursos *in situ* que ofrezcan acceso justo a todos los países y compartan equitativamente los beneficios constituyen un bien público global que requiere acción colectiva global.

Reducir los costos transfronterizos de las enfermedades animales y de planta pandémicas y de las especies invasoras. Las enfermedades de plantas y animales y las especies invasoras se han difundido debido a la explosión de los viajes y el comercio internacional y la mayor intensidad de los sistemas agrícolas. Los costos de estas enfermedades pueden llegar a ser potencialmente muy altos si éstas se difunden y llegan a ser de predominio global, como la Influenza Aviar Altamente Patógena, que presenta enormes riesgos para la salud humana. Existen buenas razones para la cooperación internacional tanto para controlar enfermedades infecciosas de plantas y ganado en su origen, como para impedir su difusión a otros países en formas que reduzcan alteraciones al comercio de productos agrícolas. El mundo también parece no estar lo bastante preparado para la amenaza del bioterrorismo que puede afectar los sistemas de alimentos y agrícolas.

Ejercer la administración ambiental global para el desarrollo sostenible. La 2002 Earth Summit (Cumbre de la Tierra 2002) en Río casó la agenda de sostenibilidad ambiental con la agenda más general para el desarrollo (*ver* capítulo 8). Dado que las soluciones regionales o locales son insuficientes usualmente, se requiere la acción colectiva global para desacelerar la desertificación, la deforestación y la pérdida de biodiversidad. La provisión de alimentos para 9.000 millones de habitantes en 2050 y la agitación de la producción de biocombustibles intensifcarán aún más la competencia por los preciosos recursos de agua y tierra.

Administrar los bienes comunes globales. Cambio climático. El cambio climático ilustra la falla en la gestión del recurso de propiedad común más importante del mundo, su atmósfera. Se acepta ya que el calentamiento global será más severo en las regiones cercanas al ecuador causando impactos mayores en los campesinos pobres (*ver* En foco F). Aunque se ha logrado mucho con la Framework Convention on Climate Change (Convención Marco sobre Cambio Climático) y su Protocolo de Kyoto algunos países mayores contaminantes le han dado –hasta recientemente– baja prioridad a la reducción del cambio climático, ofreciendo un ejemplo de "aprovechamiento gratuito" (*free-riding*). Los costos económicos de la inacción global serán enormes. La agricultura es el sector más vulnerable al cambio climático y las pérdidas en cultivos y ganados ya están imponiendo costos económicos altos a los pobres, menoscabando la seguridad alimentaria. Sin embargo, la agricultura presenta también grandes posibilidades para reducir las emisiones globales de gases de invernadero mediante la retención de carbono, mejor administración del ganado y reducción de las tasas de deforestación y degradación de bosques.

Reducir los costos transaccionales del comercio mediante reglas y estándares. La reducción de las barreras y los costos transaccionales en el comercio internacional exige reglas de juego claras que regulen una amplia variedad de políticas públicas establecidas a nivel nacional, inclusive las sanitarias y fitosanitarias, y grados y estándares para productos específicos (*ver* capítulo 5).

La necesidad de una mejor coordinación

Muchos de estos temas se interrelacionan, lo que es un sello de la nueva agenda global. Las enfermedades animales se relacionan con los estándares sanitarios para el comercio, la salud y el medio ambiente. Los recursos genéticos se relacionan con la gestión eficiente de investigación agrícola internacional, los resultados de las tecnologías, la gestión de la propiedad intelectual y la capacidad de controlar las enfermedades de las plantas. Casi todos los temas tienen ahora dimensiones ambientales, de pobreza y de género, y muchos se cruzan con la salud humana y el comercio. Todo esto intensifica la necesidad de esfuerzos coordinados a través de sectores e instituciones.

Participantes nuevos y funciones modificadas radicalmente para los existentes

La Organización de las Naciones Unidas para la Alimentación y la Agricultura (FAO) fue una de las primeras entidades globales creadas al final de la Segunda Guerra Mundial, reconociéndose la necesidad de asegurar alimentación adecuada para todos como condición previa para la seguridad y la paz. Con la creación del Consultative Group on International Agricultural Development (Cgiar, Grupo Consultivo sobre Desarrollo Agrícola Internacional) en 1971, la comunidad internacional declaró la ciencia y tecnología agrícolas como bien público global (*ver* capítulo 7).

Los esfuerzos para estandarizar las reglas, incluidas las del comercio de bienes agrícolas, llevaron a la creación de la OMC y una variedad de entidades de fijación de estándares, como la World Organization for Animal Health (OIE, Organización Mundial para la Salud Animal) y el Codex Alimentarius (*ver* cuadro 11.1).

Las entidades globales y los acuerdos para la protección del medio ambiente se crearon en forma paralela a las de agricultura, desarrollo y comercio, inicialmente con poco reconocimiento entre ellas. Actores agrícolas tradicionales como la FAO, mantuvieron una función de liderazgo en áreas importantes a pesar de una disminución de personal tecnológico, pero representaron un papel más bien limitado en las negociaciones de las convenciones globales sobre biodiversidad, cambio climático y desertificación firmadas en la Cumbre de la Tierra en Río de Janeiro en 1992.

Las organizaciones tradicionales intergubernamentales especializadas, diseñadas para una agenda más sencilla en un tiempo anterior, no se ajustaron bien a la nueva agenda de actividades multisectoriales ni tampoco se han ajustado al rápido aumento de nuevos participantes.

En los años noventa, participantes nuevos, en especial una comunidad internacional vibrante de ONG, ingresó a la arena global presionando a los gobiernos a avanzar en la agenda de desarrollo global y complementando iniciativas públicas con sus propias intervenciones, en particular para seguridad alimentaria, medio ambiente, justicia y equidad globales. Los presupuestos de algunas de las más influyentes de estas organizaciones –Oxfam, el Fondo Mundial para la Naturaleza (WWF), y CARE– son comparables o aun sobrepasan al de la FAO.[37] Los participantes nuevos son activos en la defensa y aprovechan financiación privada y mixta para bienes públicos globales, que ha aumentado drásticamente en la última década.

Las fundaciones Rockefeller y Ford fueron de las primeras organizaciones de filantropía en apoyar el desarrollo agrícola, empezando en México en 1942 y luego encabezando el establecimiento de los centros de investigación internacional del Cgiar. Recientemente, la Gates Foundation ha venido a ser uno de los mayores donantes a la agenda agrícola, principalmente en África subsahariana y las fundaciones Google y Clinton están ingresando a la agricultura también.

El alcance global de los agronegocios ha modificado drásticamente la dinámica de la agenda global, en especial a través de cadenas integradas de suministro, concentraciones globales en algunas industrias y el predominio de I&D privada en algunas áreas (*ver* En foco D). Redes de negocios privados como África Business Roundtable han empezado a promover la inversión en la agricultura.

Actores nuevos del mundo en desarrollo empiezan a participar. China tiene una estrategia para apoyar la agricultura africana,[38] e India proporciona asistencia técnica a varios países de África. Embrapa (Empresa Brasileira de Pesquisa Agropecuaria), la corporación pública brasileña para I&D agrícola, abrió recientemente Embrapa África para ofrecer asistencia técnica y capacitación a científicos ghaneses.

Programas de agricultura para el desarrollo en el nuevo contexto global

Dada la complejidad y el número de temas nuevos, fuerzas mayores de actividades multisectoriales y nuevos participantes, la entrega de una agenda de agricultura para el desarrollo constituye un desafío muy grande, que está más allá de la capacidad de la actual arquitectura institucional internacional. Sin embargo, muchas experiencias concretas pueden ofrecer enseñanzas útiles para seguir adelante (*ver* recuadro 11.7).

Los requisitos de factibilidad e institucionales difieren considerablemente, dependiendo del bien público global que se provea (*ver* recuadros 11.7 y 11.8). Algunos, como I&D y establecimientos de estándares, requieren instituciones bastante especializadas y compromisos de financiación a largo plazo. Otros, como el combate de enfermedades transmitidas internacionalmente, requieren mecanismos flexibles para respuestas inmediatas y coordinación intersectorial. Pueden disolverse si se cumple su propósito, como el de la erradicación de la peste bovina. Otros elementos de la agenda global, como combatir el cambio climático y la gestión de recursos naturales de importancia global, requieren una participación efectiva de organizaciones agrícolas en un entorno institucional intersectorial mucho más amplio y a largo plazo.

Reformar la gobernabilidad global. La necesidad de reformar las instituciones globales se reconoce ampliamente y están sobre la mesa varias opciones de reforma, las que van desde reformas de gestión y operación hasta mejoras en la eficiencia de las agencias de la ONU, incluida la FAO, para consolidar las muchas agencias de la ONU en solo tres: una para el desarrollo, una para asuntos humanitarios y una para el medio ambiente. La reforma de agencias internacionales es un proceso geopolítico complejo que tomará considerable tiempo y esfuerzo.

No bastará con simplemente reformar algunos elementos de los sistemas de gobernabilidad global. Se necesitan mecanismos nuevos para responder a los tres grandes desafíos que confronta la gobernabilidad global de la agricultura: ofrecer apoyo político, coordinar los sectores y asegurar la financiación apropiada. La dificultad de estos desafíos depende del elemento específico de la agenda. La controversia política es una restricción mayor para establecer reglas de comercio internacional, pero no para la I&D agrícola convencional. Fijar estándares internacionales de alimentos es relativamente económico, en tanto que los requisitos financieros son un gran obstáculo para una mejor gestión de los recursos naturales. Aquellos elementos de la agenda global que se confrontan con los tres grandes desafíos –las controversias políticas, las necesidades de coordinación intersectorial y los costos altos– son particularmente difíciles de realizar. El combate del cambio climático es un ejemplo a la mano.

Cuadro 11.1 Tipos de organizaciones globales y redes pertinentes a la agricultura

Sector/especialización	Organizaciones intergubernamentales	Otras organizaciones
Organizaciones especializadas en el sector agrícola	Organización de las Naciones Unidas para la Alimentación y la Agricultura International Fund for Agricultural Development World Organization for Animal Health World Food Program Global Donor Platform for Rural Development (including bilateral donors)	Redes globales de organizaciones de agricultores (por ejemplo, International Federation of Agricultural Producers, Via Campesina)[a] Empresas multinacionales de agronegocios (por ejemplo, Monsanto, Dow Chemicals)[b] Cadenas de supermercados[b] Consultative Group on International Agricultural Development[c]
Organizaciones intersectoriales y redes que incluyen agricultura	Codex Alimentarius	HarvestPlusc
Organizaciones de desarrollo y agencias de financiación con programas agrícolas	Programa de las Naciones Unidas para el Desarrollo	Fundaciones privadas y agencias de financiación (por ejemplo, Rockefeller; Gates Foundation)[a] Organizaciones de desarrollo no gubernamentales (por ejemplo, Oxfam, CARE, Catholic Relief Services)[a]
Organizaciones ambientales especializadas	United Nations Environment Programme Intergovernmental Panel on Climate Change Global Environmental Facility	ONG ambientales (por ejemplo, World Wide Fund for Nature, Greenpeace)[a] International Union for the Conservation of Naturec
Organizaciones especializadas en otros sectores	Organización Mundial de la Salud Organización Mundial del Comercio Organización Internacional de Estandarización United Nations Development Fund for Women	Empresas multinacionales farmacéuticas y de biotecnología[b] International Organization for Standardizationc
Organismos de gobernabilidad global general	Cumbre del G8; G8+5 Secretariado, Asamblea y Consejo Económico y Social de las Naciones Unidas	

Fuente: equipo IDM 2008.
a. Organizaciones no gubernamentales y redes.
b. Empresas del sector privado.
c. Organizaciones con afiliación mixta (gubernamentales y/o sociedad civil y/o sector privado).

Abordar la coordinación. Las fallas en la coordinación para los bienes públicos globales, asociadas con los distintos intereses de los países, las opiniones sobre estándares reguladores, mecanismos ineficaces de gobernabilidad y acuerdos internacionales incoherentes o inconsistentes, aumentan los costos transaccionales de la gobernabilidad global. Aunque los nuevos participantes tienen un papel importante en el avance de la agenda global, también se agregan a los retos de coordinación.

El alcance de las fallas de coordinación ha aumentado también con la proliferación de acuerdos internacionales, muchos ocasionados por preocupaciones específicas y desarrollados sin participación efectiva de partes interesadas de la agricultura. Ha sido un mayor desafío el de armonizar los acuerdos internacionales que rigen el uso e intercambio de recursos genéticos de plantas, cuando estos recursos están cubiertos en acuerdos sobre conservación y uso, comercio y derechos de propiedad intelectual, el medio ambiente y la cultura, y el conocimiento tradicional (*ver* recuadro 11.7).[40] Acuerdos superpuestos e inconsistentes agobian a los países en desarrollo con capacidad débil de implementación. Conglomerar acuerdos que traten sobre temas relacionados es un camino para superar esta inconsistencia.[41]

Las redes globales de temas específicos y asociaciones de viejos y nuevos actores son una opción institucional importante para aprovechar oportunidades nuevas y reaccionar a temas apremiantes de limitaciones de tiempo. Ejemplos de tales asociaciones son los programas nuevos de biofortificación y el Fondo Global para el Control de la Influenza Aviar Altamente Patógena. Tales redes pragmáticas y flexibles pueden movilizarse rápidamente algunas veces, como también los nuevos fondos para permitir su funcionamiento.

Sin embargo, la proliferación de asociaciones globales conlleva nuevos retos. Entre los primeros temas está el de mantener bajos los costos transaccionales de coordinar muchos participantes y sostener la financiación dentro de estructuras débiles de gobernabilidad.[42] Las redes compiten por los mismos fondos no sólo entre sí sino también con las organizaciones tradicionales.[43] Así, es importante utilizar las asociaciones globales para aquellas áreas en las que tienen una clara ventaja comparativa.

Aumentar los compromisos financieros: la economía política de la (in)acción global. La economía política de la acción global, vinculada a intereses políticos e incentivos nacionales, determina las perspectivas para la reforma de instituciones globales y para financiar la agenda global. Las coaliciones que apoyan la agenda de la agricultura para el desarrollo deben superar los retos políticos inherentes en algunos elementos de la agenda global y asegurar la financiación apropiada. Cuando los países industriales tienen un fuerte interés propio, el progreso es obviamente más fácil, como sucedió con la Influenza Aviar Altamente Patógena.[44] El elemento significativo del interés propio sugiere que podrían proveerse fondos adicionales más allá de los canales de la ayuda normal para el desarrollo acudiendo directamente a los presupuestos de los ministerios de agricultura.

Cuando los países industriales tienen menor interés propio, apalancar apoyo financiero adecuado ha demostrado ser difícil. Existe una fuerte evidencia de que la comunidad global está masivamente

RECUADRO 11.7 *Entrega de bienes públicos internacionales*

Investigación agrícola

El Cgiar es una de las más exitosas innovaciones institucionales globales del siglo XX. Se trata de un esfuerzo colectivo con gobernabilidad informal, que se inició con 18 miembros (aportantes), un presupuesto de US$100 millones (en dólares de EUA de 2007) y cuatro centros de investigación en 1971. Desde entonces ha crecido a 64 miembros, 25 de los cuales son países en desarrollo, con un presupuesto de US$451 millones (14% de países en desarrollo), apoyando 15 centros de investigación. La inversión en el Cgiar ha producido muy buenos rendimientos.[39] El sistema ayuda a los países a obtener beneficios por economías de escala en I&D (*ver* capítulo 7).

No obstante, la financiación y el enfoque del Cgiar se han convertido en temas de debate sobre su pertinencia. Ha habido un cambio hacia los pagos a corto plazo específicos de países en actividades de desarrollo, dirigidos por preferencias de donantes individuales en lugar de acción colectiva. Estas actividades se realizan a expensas de inversiones estratégicas en bienes públicos internacionales con pagos a largo plazo, como la conservación y mejora de recursos genéticos, biotecnología, reproducción de plantas y gestión de recursos naturales.

El Cgiar debe interactuar también con un rango de nuevos participantes, un buen ejemplo de los cuales es el Harvest Plus Program, que utiliza reproducción de cultivos convencionales para producir cultivos con contenido aumentado de micronutrientes. El programa ilustra formas nuevas de hacer negocios: ofrece financiación a 10 centros del Cgiar y colabora con universidades, agencias oficiales y ONG tanto en países desarrollados como en desarrollo. El programa funciona en 20 países en desarrollo y ha atraído US$52.2 millones en subvenciones, inclusive US$28.5 millones de la Gates Foundation.

Recursos genéticos

El creciente movimiento para administrar los terrenos comunes de recursos genéticos incitó el International Treaty on Plant Genetic Resources for Food and Agricultura (Tratado Internacional sobre Recursos Genéticos de Plantas para Alimentación y Agricultura), que promueve la conservación y el uso sustentable de recursos genéticos de plantas y los beneficios compartidos justos y equitativos resultantes de su uso para la alimentación y la agricultura. Para apoyar esto, Biodiversity Internacional y la FAO fundaron en 2004 el Global Crop Diversity Trust (Fondo Global de Diversidad de Cultivos) con el fin de desarrollar y promover un sistema global de conservación genética para cultivos importantes cubiertos por el tratado. El fondo tiene un objetivo de US$250 millones en dotaciones, con más de US$115 millones comprometidos a la fecha.

El tratado se negoció por siete años como respuesta a la Convención sobre Biodiversidad y en armonía con ella. Otros acuerdos internacionales afectan también el intercambio y conservación de recursos genéticos, entre los que se encuentran el acuerdo de Trade Related Aspects of Intellectual Property Rights (Trips, Aspectos Relativos al Comercio de los Derechos de Propiedad Intelectual) de la OMC, la Convention on Biodiversity, el Intergovernmental Committee on Genetic Resources, Traditional Knowledge and Folklore (Conocimiento Tradicional y Folclor) bajo la Organización de Derechos de Propiedad Intelectual. La armonización de los acuerdos constituye un reto actualmente pues se han desarrollado en distintos sectores por funcionarios oficiales de diferentes ministerios (comercio, agricultura, medio ambiente y cultura).

Seguridad y calidad alimenticias

Codex Alimentarius, dirigido por la FAO y la OMS, es un ejemplo duradero de cooperación internacional entre agencias de los sectores público y privado sobre estándares alimenticios, prácticas de rotulación, higiene y aditivos. La Internacional Organization for Standarization (ISO), una red no gubernamental de 157 entidades nacionales de estándares que se unieron para acordar estándares internacionales comparables, tiene secciones sobre agricultura y tecnología de alimentos.

El Sanitary and Phytosanitary Measures Agreement de la OMC define reglas transparentes y estándares que rigen los movimientos entre fronteras de los productos. Se ha alcanzado un progreso modesto dado que los países tienen distintos valores y riesgos asociados con los productos de alimentación, llevando a diferencias en sus intereses en la fijación de reglas y estándares. El sector privado ha introducido también una riqueza de estándares nuevos. Aun así los esfuerzos para armonizar estándares ofrecen rendimientos potencialmente muy grandes. Es importante el apoyo para un buen trabajo analítico con el fin de comprender los beneficios, costos y riesgos para las negociaciones internacionales informadas.

Difusión transfronteriza de enfermedades animales

Un ejemplo notable de colaboración internacional en el control de enfermedades es la eliminación casi completa de la peste bovina, una enfermedad viral muy contagiosa que ataca al ganado. A principios de los años ochenta, la enfermedad se había ensañado en África, produciendo pérdidas estimadas en US$ 2.000 millones sólo en Nigeria entre 1979 y 1983 y diseminándose en gran parte de Asia y entrando a Europa. Se creó el Global Rinderpest Eradication Programme (Programa Global de Erradicación de Peste Bovina) –dirigido por organizaciones regionales apoyadas por la FAO y otras organizaciones donantes– para coordinar la erradicación mundial de la peste bovina para 2010 por medio de la colaboración de trabajadores de salud animal comunitaria, pastores, ONG y gobiernos en una vigilancia y programas de vacunación sistemáticos. Hoy, la peste bovina está cerca de ser erradicada, aunque todavía preocupa la posible circulación del virus en el ecosistema somalí. La relación beneficio-costo del programa se estima entre 1,4 y 2,6.

La respuesta de los países industriales para reducir el riesgo de epidemia y transmisión de enfermedades, ha sido fuerte donde hay riesgos para la salud humana. Compromisos con el Global Fund for Control of Highly Pathogenic Avian Influenza se acercan ya a US$2.500 millones, pero la respuesta de los donantes en general ha sido reactiva y no proactiva en dar apoyo a largo plazo a los sistemas de vigilancia y alerta temprana en los países en desarrollo.

Fuentes: http://www.sciro.au; Cgiar 2006; Global Crop Diversity Trust 2006; Mariner, Roedor y Admassu 2002; Pardey y otros 2006; Perrings y Gadgil 2006; Pinstrup-Andersen 2006; Raitzer 2003; Unnevehr 2004; Banco Mundial 2004a.

invirtiendo menores cantidades de las necesarias en bienes públicos globales para la alimentación y la agricultura y en efectos localizados de externalidades globales.[45] La financiación parece ser más difícil para temas que tienen rendimientos a largo plazo, como ciencia y tecnología, recursos genéticos y cambio climático.

Los elementos más exigentes de la agenda global no pueden abordarse sin reconocer que el desarrollo sostenible es a la postre una cuestión de equidad y justicia globales, lo cual es particularmente obvio en el caso del cambio climático: los países más ricos tienen mayor responsabilidad por el calentamiento global en el presente, habiendo utilizado excesivamente los bienes comunes atmosféricos globales, aunque a menudo inadvertidamente. Aun así, muchos de los agricultores más pobres son más vulnerables al cambio climático.[46] Con base en el principio de que el contaminante debe pagar, los países más ricos tienen una responsabilidad de colaborar en los esfuerzos de adaptación de los países en desarrollo vulnerables. Los recursos financieros comprometidos hasta el momento están muy por debajo de las necesidades (*ver* recuadro 11.8).

Sin embargo, existe razón aun para la esperanza: en la cumbre de Heiligendamm, los países del G8 anunciaron que "tendrían como objetivo disminuir por lo menos a la mitad las emisiones globales de CO_2 para 2050".[47] Instrumentos basados en el mercado, en particular el comercio de carbón, han empezado ya a tener un papel importante en la reducción del cambio climático y si se pueden resolver los problemas institucionales de vincular a los pequeños agricultores con los mercados globales de carbón, la reducción del cambio climático podría incluso ser una oportunidad importante de ingresos para ellos (*ver* recuadro 11.8).

Mejorar el liderazgo y la capacidad de los países en desarrollo. Algunos acuerdos complejos técnicamente, como el Acuerdo sobre Derechos de Propiedad Intelectual relacionados con el Comercio (Aspic) se desarrollaron con poca participación de los países en desarrollo, a pesar de las implicaciones de largo alcance que tiene para ellos. La capacidad de negociación y técnica de los países en desarrollo debe fortalecerse con el fin de atender sus necesidades. De 2001 a 2004, la OMC aumentó su apoyo a los países en desarrollo para políticas y regulaciones comerciales de US$2.5 millones a US$18.9 millones, ayudando a los países a negociar, reformar y prepararse para la integración en el sistema de comercio multilateral. La mayor participación de los países en desarrollo en la financiación de los bienes públicos globales puede aumentar también su participación en la gobernabilidad y propiedad, como sucede en el Cgiar (*ver* recuadro 11.7).

Apoyar el trabajo analítico y la defensa. Mejores datos y certidumbre científica sobre los costos de fallas en el suministro de bienes públicos globales particulares –en combinación con una defensa vigorosa– pueden generar apoyo para la agenda global. En vista de las asimetrías de información, el trabajo analítico es importante para informar a los participantes sobre los beneficios y costos de la acción –o inacción– global.[48] Los participantes no estatales y los medios destacan ahora políticas en los países industriales que perjudican a los países en desarrollo. Un ejemplo es la presión para la reforma del comercio agrícola dirigida por Oxfam, una ONG internacional que está causando impacto en el acuerdo sobre el azúcar en la Unión Europea (UE) (*ver* capítulo 4). Las evaluaciones del Intergovernmental Panel on Climate Change (IPCC, Panel Intergubernamental sobre Cambio Climático) y la reciente Stern Review[49] han contribuido a despertar la conciencia sobre los costos de la inacción. Dicho análisis puede aprovechar el altruismo y apoyo de los países industriales para los bienes públicos globales, aun si los principales beneficiarios son los países pobres.

Seguir adelante en la mejor gobernabilidad para la agricultura

Tres tipos de problemas de gobernabilidad pueden entorpecer la agenda de la agricultura para el desarrollo. La falta de estabilidad macroeconómica y política limita el potencial de desarrollo del sector. Los problemas de economía política llevan a prejuicios sobre

RECUADRO 11.8 *Financiación global para la adaptación y reducción del cambio climático. La urgencia de atender las necesidades de los países vulnerables y los agricultores de pequeña escala*

Sin inversiones significativas en adaptación, el cambio climático socavará el progreso en el logro de los ODM en los países en desarrollo vulnerables y afectará especialmente a los pequeños agricultores del África subsahariana y algunas otras regiones. Aunque no hay disponibilidad de datos específicos sobre las necesidades de fondos para la adaptación en el sector agrícola –un sector especialmente sensible al cambio climático– es probable que sean grandes en relación con los flujos totales de ayuda actual para el sector. Las fuentes de fondos actuales para la adaptación son tres fondos creados por los Acuerdos de Marruecos en 2001 dentro de la Convención Marco de las Naciones Unidas sobre el Cambio Climático (Unfccc), el Fondo Especial para el Cambio Climático, el Fondo de Adaptación (financiado con un tributo de 2% sobre el Clean Development Mechanism, Mecanismo para el Desarrollo Limpio), el Fondo para los Países Menos Desarrollados y el programa Global Environmental Facility (GEF) sobre cambio climático. Sin embargo, los recursos financieros que han comprometido los países industriales hasta el momento, son una fracción pequeña de lo que se necesitará para financiar la adaptación en los países en desarrollo vulnerables. Los acuerdos futuros podrían añadir más fuentes de fondos, como un gravamen al comercio de emisiones.

Proyectos de reducción de gases de invernadero en los países en desarrollo son financiados por el CDM de la Unfccc, pero podrían acordarse otras fuentes de fondos aun antes de la negociación de un nuevo tratado climático que suceda al acuerdo de Kyoto. Una fracción muy pequeña del total de fondos de CDM se relaciona con la agricultura (3% de los fondos de 2006 para proyectos de biomasa, 2% para residuos animales y sólo 1% para silvicultura agrícola) y la participación del mercado de África es de sólo el 3%. La inclusión para evitar deforestación y retención de carbón del suelo (por ejemplo, mediante labranza de conservación) en el CDM –ninguno de los cuales es actualmente elegible– o acuerdo sobre nuevas fuentes de fondos para incluirlos en mercados de carbón, abrirían más posibilidades para la participación de países agrícolas en el África subsahariana y otras regiones, en especial si pueden ser inclusivos de pequeños agricultores. La recientemente anunciada Forest Carbon Partnership Facility piloto del Banco Mundial se ha diseñado para superar los desafíos en la implementación por pagos de carbón para evitar la deforestación (sea a través del CDM o no) y pavimentar el camino para que la agricultura tenga un papel activo en la reducción de las emisiones de gases de invernadero por la deforestación y la degradación de bosques.

Asegurar que los pequeños agricultores se beneficien con los programas de adaptación y reducción es clave para lograr equidad y justicia al combatir el cambio climático. Los retos de vincular a los pequeños agricultores con mercados globales de carbón son en muchas formas similares a los de vincularlos con otros mercados nuevos y los enfoques para lograr este objetivo presentados en el capítulo 5 son igualmente pertinentes. Como lo muestra un proyecto piloto de financiación de carbón que incluyó pequeños agricultores en la región de Chiapas en México (*ver* capítulo 8), la formación de organizaciones de productores, el énfasis en fortalecer la capacidad y la participación de las ONG pueden tener un papel clave en la reducción de los costos transaccionales. También será de ayuda la tecnología innovadora para monitorear emisiones de carbono, como los métodos basados en GIS. Es de importancia la participación comunitaria efectiva y la inclusión de los grupos más vulnerables en los procesos consultivos y el desarrollo de estrategias de adaptación serán necesarios para garantizar que los programas de adaptación no eludan a los hogares más pobres, que son los más vulnerables a los riesgos del clima.

Fuentes: Schneider y Lane 2006; Mace 2006; Stern 2006; Capoor y Ambrosi 2007; Banco Mundial 2006g; Oxfam International 2007a.

políticas y a la inversión insuficiente y desatinada en la agricultura. Los problemas de recursos y capacidad del Estado causan fracasos en la implementación de la agenda de políticas, en especial en los países agrícolas.

La estabilidad macroeconómica y política ha mejorado en muchos países. Los prejuicios en contra de la agricultura han disminuido como consecuencia de las reformas económicas. En adición, es probable que la agricultura se beneficie con las reformas de gobernabilidad general que son prioritarias ahora en la agenda e incluyen la descentralización, la gestión del sector público basada en resultados, el *e government*, mayores derechos a la información y mecanismos nuevos de responsabilidad.

La evidencia sugiere que la economía política ha estado cambiando a favor del desarrollo agrícola y rural. Tanto la sociedad civil como el sector privado son más fuertes. La democratización y el surgimiento de la toma de decisiones participativa han aumentado las posibilidades de los pequeños agricultores y los campesinos pobres de elevar su voz en el campo político. Los países están pasando leyes que promueven la equidad rural, como México y Senegal. Actores privados nuevos y poderosos han ingresado a las cadenas de valor agrícolas y con mucha frecuencia tienen un interés económico en un sector agrícola dinámico y próspero.

Con todo, no puede asumirse que la agenda de la agricultura para el desarrollo tendrá éxito aun si las condiciones son mejores ahora. Los autores de las políticas y las partes interesadas en todos los niveles, desde los locales hasta el global, deben hacer esfuerzos especiales para aprehender estas oportunidades de realizar la agenda. Para utilizar el nuevo espacio político creado por la democratización y la descentralización y ejercer la vocería política, los pequeños agricultores y los campesinos pobres deben formar organizaciones más efectivas. Para fortalecer la capacidad de implementación de políticas, los países deben identificar la combinación de reformas de gobernabilidad de los lados de la demanda y de la oferta que se ajusten mejor a sus condiciones específicas. Se requieren innovaciones institucionales con el fin de coordinar mejor la agenda de la agricultura a través de los distintos sectores.

Las estrategias sólidas de desarrollo agrícola requieren capacidad más fuerte de análisis y evaluación de las políticas y un compromiso con la toma de decisiones basada en la evidencia. Por último, como lo indican los éxitos del pasado, el uso de la agricultura para el desarrollo exige visión y liderazgo.

La agenda global de la agricultura para el desarrollo requiere instituciones especializadas que tengan apoyo y compromiso a largo plazo, como el Cgiar y los organismos de fijación de estándares. Requiere redes intersectoriales de temas específicos que puedan aprovechar las oportunidades nuevas y reaccionar con rapidez a emergencias. Requiere además mecanismos nuevos para asegurar que la agenda esté bien coordinada e integrada a las tareas generales del siglo XXI, entre las que están la eliminación del hambre y la pobreza, el combate contra las enfermedades pandémicas, el sostenimiento del medio ambiente, la reducción del cambio climático y la adaptación a él, y la provisión de seguridad. Los desafíos para cumplir la agenda internacional son considerables, pero en un mundo global y en un planeta pequeño, existe interés mutuo considerable para apoyar la agenda de la agricultura para el desarrollo de cada país. Responder a esos desafíos es a la postre una cuestión de equidad y justicia entre el norte y el sur y entre la generación presente y las futuras.

Nota bibliográfica

Para el presente Informe se ha utilizado una amplia gama de documentos del Banco Mundial y numerosas fuentes externas. Los documentos de antecedentes y notas fueron preparados por Cirad (Agricultural Research for Developing Countries), Úrsula Aldana, Harold Alderman, Mubarik Ali, Julián Alston, Jock R. Anderson, Gustavo Anríquez, John Baffes, Arturo Barrera, Kaushik Basu, Julio A. Berdegué, Dirk Bezemer, Estelle Biénabe, Eran Binenbaum, Genny Bonomi, Norman Borlaug, Colin Bradford, Sumiter S. Broca, Steven Buck, Piet Buys, Gero Carletto, Romain Charnay, Carol Chehab, Shaohua Chen, Manuel Chiriboga, Gilles Cliché, Hugo Contreras, Katia Covarrubias, Octavio Damiani, Jose Eli da Veiga, Benoit Daviron, Benjamin Davis, Junior Davis, Alan de Brauw, Niama Nango Dembélé, Priya Deshingkar, Octavio Díaz, Stefania DiGiuseppe, Andrew Dorward, Chris Dowswell, Svetlana Edmeades, Germán Escobar, Cathy Farnworth, John Farrington, Céline Ferre, Michel Fok, William Foster, Rachel Gardner, Paul Glewwe, Michael Goodman, Peter Hazell, Spencer Henson, Chang-Tai Hsieh, Terry Hurley, Jenni James, Esteban Jara, David R. Just, Panayotis Karfakis, Larry Karp, Jonathan Kydd, Peter Lanjouw, Susana Lastarria-Cornhiel, Qiang Li, Ethan Ligon, Chengfang Liu, Luis Felipe López-Calva, Niels P. Louwaars, Mark Lundy, Sarah Lyon, Shiva Makki, Carlos Mladinic, Félix Modrego, Siwa Msangi, Hideyuki Nakagawa, Roberto Martínez Nogueira, Susan Olivia, Jorge Ortega, Keijiro Otsuka, Philip G. Pardey, Eija Pehu, Prabhu Pingali, Per Pinstrup-Andersen, Carlos Pomareda, Colin Poulton, Jules Pretty, Felicity Proctor, Julián Quan, Esteban Quiñones, Catherine Ragasa, Vijayendra Rao, Martin Ravallion, Thomas Reardon, Claudia Ringler, Rudi Rocha, Cristián Rodríguez, Lourdes Rodríguez-Chamussy, Mark W. Rosegrant, Scott Rozelle, Elisabeth Sadoulet, William Saint, Prem Sangraula, Ramiro Sanhueza, Denis Sautier, Alexander Schejtman, Kate Sebastian, John M. Staatz, Kostas Stamoulis, Timothy Sulser, Nabs Suma, Luca Tasciotti, Timothy Thomas, Isabelle Vagneron, Alberto Valdés, Cornelius van der Meer, Dominique van Der Walle, Hester Vermeulen, Thomas Walker, Steve Wiggins, John Wilkinson, Mette Wik, Paul Winters, Stanley Wood, Jim Woodhill, Takashi Yamano, Alberto Zezza y Linxiu Zhang.

Los documentos de antecedentes utilizados están disponibles en la World Wide Web, www.worldbank.org/wdr2008 o a través de la oficina del Informe sobre el Desarrollo Mundial. Los puntos de vista expresados en esos documentos no son necesariamente los del Banco Mundial ni los del presente Informe.

Muchas personas y organizaciones dentro y fuera del Banco Mundial ofrecieron comentarios al equipo. Las siguientes personas y/o entidades aportaron comentarios, orientaciones y contribuciones valiosas: Asya Akhlaque, Kym Anderson, Richard Anson, Asian Farmers Association, Doyle Baker, Shawki Barghouti, Brad Barham, Chris Barrett, Priya Basu, Peter Bazeley, Pierre Bélanger, Deepak Bhattasali, Hans Binswanger, Pierre-Marie Bosc, Daniel Bradley, Karen McConnell Brooks, Michael Bruentrup, Mark E. Cackler, Michael Carter, Rocío Castro, Hernán Ceballos, Robert Chapman, Robert S. Chase, B. Chinsinga, Ken Chomitz, Cirad (Agricultural Research Developing Countries), C.S. Clark, Cordaid (Países Bajos), Eric Crawford, Dana Dalrymple, Salah Darghouth, Charlotte De Fraiture, Cornelis de Haan, Klaus Deininger, Freddy Destrait, Jean-Jacques Dethier, Xinshen Diao, Eugenio Díaz-Bonilla, Gerhard Dieterle, Charles E. Di Leva, Ariel Dinar, Josué Dioné, Shanthi Divakaran, Dutch Actors involved in Agriculture and Development, Mark Dutz, Carl Eicher, Allison Evans, Marcel Fafchamps, Shenggen Fan, Jean Fares, Hilary Sims Feldstein, Erick Fernandes, Tony Fischer, Ade Freeman, German Development Organizations, Andrew D. Goodland, Ashok Gulati, Jim Harvey, Yujiro Hayami, Willem Heemskerk, Richard Henry, Hans Herren, Ulrich Hess, Melissa Hidrobo, John Hoddinott, Heike Hoeffler, Masayoshi Honma, International Federation of Agricultural Producers, International Crops Research Institute for the Semi-Arid Tropics, International Food Policy Research Institute, International Livestock Research Institute, Steven Jaffee, Willem G. Janssen, Ravi Kanbur, Kapil Kapoor, Rabih H. Karaky, Omar Karapasan, Amir Kassam, Roy Katayama, John Kerr, Nadim Khouri, Renate Kloeppinger-Todd, Anjini Kochar, Masami Kojima, Sergey Kononov, Bonwoo Koo, Holger A. Kray, Alexander Kremer, Jean Marcel Laferrière, Eric Lambin, Florence Lasbennes, Daniel Lederman, Luis-Felipe López Calva, Mark Lundy, Kseniya Lvovsky, Eric Manes, William Martin, Alex McCalla, Marie-Rose Mercoiret, Jeanot Minla Mfou'ou, Stephen D. Mink, Donald Mitchell, Michael Morris, Megumi Muto, Ijaz Nabi, Rakesh Nangia, John Nash, David Nielson, Ian Noble, Bonny Ntare, Organizaciones holandesas de desarrollo, Steven Were Omamo, Bernardo Ospina, G.B. Oxfam, Stefano P. Pagiola, Lucian Peppelenbos, Guillermo Perry, Denis Pesche, Francisco Pichón, Catherine R. Ragasa, Dhushyanth Raju, Karl Rich, Sherman Robinson, Pierre Rondot, Jim Ryan, Paulo Santos, Alexander Sarris, Carlos Sere, Shekhar Shah, Melinda Smale, Jimmy Smith, Steve Staal, Chris Sturgess, Daniel Sumner, Brent Swallow, Johan Swinnen, Erik Thorbecke, C. Peter Timmer, Rob Tripp, Manfred van Eckert, Frans van Hoof, Anthony Venables, Walter Vergara, Bertus Wennink, Melissa Williams, Alan Winters-Nelson, Jim Woodhill y Vittoria Zaffarano. Estamos muy agradecidos con más de 100 personas que enviaron comentarios por medio de la *e-consultation*. Las siguientes personas aportaron diversa asistencia valiosa: Gytis Kanchas, Polly Means, Nacer Mohamed Megherbi, Shunalini Sarkar y Roula I. Yazigi. Merrell J. Tuck-Primdahl y Kavita Watsa asistieron al equipo con consultas y difusión de medios. A pesar de los esfuerzos para compilar una lista completa, podemos haber omitido en forma involuntaria a algunos colaboradores; el equipo pide disculpas por cualquier omisión y reitera su gratitud a todas las personas que contribuyeron al Informe.

Documentos de antecedentes

Ali, Mubarik. "Horticulture Revolution for the Poor: Nature, Challenges and Opportunities".

Alderman, Harold. "Managing Risk to Increase Efficiency and Reduce Poverty".

Anderson, Jock R. "Agricultural Advisory Services".
Anríquez, Gustavo y Genny Bonomi. "Long-Term Farming and Rural Demographic Trends".
Berdegué, Julio, Alexander Schejtman, Manuel Chiriboga, Félix Modrego, Romain Charnay y Jorge Ortega. "Towards National and Global Agendas for Agriculture for Development: Latin America and the Caribbean".
Bezemer, Dirk y Peter Hazell. "The Agricultural Exit Problem; An Empirical Assessment".
Buck, Steven, Céline Ferré, Rachel Gardner, Hideyuki Nakagawa, Lourdes Rodríguez-Chamussy y Elisabeth Sadoulet. "Pattern of Rural Population Movements in Mexico, Brazil, and Zambia".
Buys, Piet, Céline Ferré, Peter Lanjouw y Timothy Thomas. "Rural Poverty and Geography: Towards Some Stylized Facts in the Developing World".
Chiriboga, Manuel, Romain Charnay y Carol Chehab. "Women in Agriculture: Some Results of Household Surveys Data Analysis".
Damiani, Octavio. "Rural Development from a Territorial Perspective: Case Studies in Asia and Latin America".
Daviron, Benoit e Isabelle Vagneron. "Fair Trade: A Quick Assessment".
Davis, Benjamin, Paul Winters, Gero Carletto, Katia Covarrubias, Esteban Quiñones, Alberto Zezza, Kostas Stamoulis, Genny Bonomi y Stefania DiGiuseppe. "Rural Income Generating Activities: A Cross Country Comparison".
Deshingkar, Priya y John Farrington. "Rural Labour Markets and Migration in South Asia: Evidence from India and Bangladesh".
Dorward, Andrew, Jonathan Kydd y Colin Poulton. "Traditional Domestic Markets and Marketing Systems for Agricultural Products".
Escobar, Germán, Carlos Mladinic, Ramiro Sanhueza y Octavio Díaz. "Rural Territorial Development: The Milk Territory in Southern Chile".
Farnworth, Cathy y Michael Goodman. "Growing Ethical Networks: The Fair Trade Market for Raw and Processed Agricultural Products (in Five Parts), with Associated Studies on Africa and Latin America".
Hazell, Peter, Colin Poulton, Steve Wiggins y Andrew Dorward. "The Future of Small Farms: Synthesis Paper".
Henson, Spencer. "New Markets and Their Supporting Institutions: Opportunities and Constraints for Demand Growth".
Just, David R. "A Review of Behavioral Risk Research with Special Application to Developing Countries".
Karp, Larry. "Income Distribution and the Allocation of Public Agricultural Investment in Developing Countries".
———. "Managing Migration from the Traditional to Modern Sector in Developing Countries".
Lastarria-Cornhiel, Susana. "Feminization of Agriculture: Trends and Driving Forces".
Ligon, Ethan y Elisabeth Sadoulet. "Estimating the Effects of Aggregate Agricultural Growth on the Distribution of Expenditures".
López-Calva, Luis Felipe. "Migration in Rural Mexico: From Tlapanalan to Manhatitlan".
Martínez Nogueira, Roberto. "New Roles of the Public Sector for an Agriculture for Development Agenda".
Modrego, Félix, Romain Charnay, Esteban Jara, Hugo Contreras y Cristian Rodríguez. "Small Farmers in Developing Countries: Some Results of Household Surveys Data Analysis".
Otsuka, Keijiro y Takashi Yamano. "The Role of Rural Labor Markets in Poverty Reduction: Evidence from Asia and East Africa".
Pardey, Philip G., Julian Alston, Jenni James, Paul Glewwe, Eran Binenbaum, Terry Hurley y Stanley Wood. "Science, Technology and Skills".
Pehu, Eija y Catherine R. Ragasa. "Agricultural Biotechnology". Pomareda, Carlos. "Contract Agriculture: Lessons from Experiences in Costa Rica".
Poulton, Colin. "Bulk Export Commodities: Trends and Challenges".
Pretty, Jules. "Agroecological Approaches to Agricultural Development".
Quan, Julian, Junior Davis y Felicity Proctor. "Rural Development from a Territorial Perspective: Lessons and Potential in Sub-Saharan Africa".
Ravallion, Martin, Shaohua Chen y Prem Sangraula. "New Evidence on the Urbanization of Global Poverty".
Reardon, Thomas y Julio Berdegué. "The Retail-Led Transformation of Agrifood Systems and its Implications for Development Policies".
Rosegrant, Mark W., Siwa Msangni, Timothy Sulser y Claudia Ringler. 2006b. "Future Scenarios for Agriculture: Plausible Futures to 2030 and Key Trends in Agricultural Growth".
Sautier, Denis, Hester Vermeulen, Michel Fok y Estelle Biénabe. "Case Studies of Agri-Processing and Contract Agriculture in Africa".
Schejtman, Alexander, Julio Berdegué y Félix Modrego. "Income Diversification through Agricultural Development".
Sebastian, Kate. "GIS/Spatial Analysis Contribution to 2008 WDR: Technical Notes on Data & Methodologies".
Staatz, John y Niama Nango Dembele. "Agriculture for Development in Sub-Saharan Africa".
Valdés, Alberto y William Foster. "Making the Labor Market a Way out of Rural Poverty. Rural and Agricultural Labor Markets in Latin America and the Caribbean".
Walker, Thomas. "Participatory Varietal Selection, Participatory Plant Breeding, and Varietal Change".
Wik, Mette, Prabhu Pingali y Sumiter Broca. "Global Agricultural Performance: Past Trends and Future Prospects".
Wilkinson, John y Rudi Rocha. "Agri-Processing and Developing Countries".
Zezza, Alberto, Paul Winters, Benjamin Davis, Gero Carletto, Katia Covarrubias, Esteban Quiñones, Kostas Stamoulis, Panayotis Karfakis, Luca Tasciotti, Stefania DiGiuseppe y Genny Bonomi. "Rural Household Access to Assets and Agrarian Institutions: A Cross Country Comparison".
Zhang, Linxiu, Scott Rozelle, Chengfang Liu, Susan Olivia, Alan de Brauw y Qiang Li. "Feminization of Agriculture in China: Debunking the Myth and Measuring the Consequence of Women Participation in Agriculture".

Notas de antecedentes

Cirad (Agricultural Research for Developing Countries). "Experiences with the Development and Diffusion of Conservation Agriculture in Ashanti and Brong Ahafo Regions of Ghana".
Baffes, John. "The Political Economy of the US Cotton Program".
Basu, Kaushik. "How Poor Farmers Behave".
Borlaug, Norman y C. Dowswell. "In Search of an African Green Revolution: Looking Beyond Asia".
Bradford, Colin. "Food and Agriculture in Global Governance".
Edmeades, Svetlana. "Main Messages and Supporting Evidence for Public Expenditure on Agriculture".
Hsieh, Chang-Tai y Elisabeth Sadoulet. "Agriculture and Development".
Louwaars, Niels P. "International Policy: the Seeds of Confusion".
Makki, Shiva S. "Global Actors and Market Concentration in Agribusiness".
Otsuka, Keijiro. "The Asian Farm Size Dilemma".
Pinstrup-Andersen, Per. "The Organization of International Agricultural Research".
Rao, V. "Culture is Changing in India's Villages".
Saint, William. "Growing the People who can Make African Agriculture Grow: Human Capital Development for African Agriculture".
Van der Meer, Cornelius L. J. "Agricultural Development, Private Sector Development and Rural Livelihoods: About Synergies".
Van der Walle, Dominique. "Impacts of Road Infrastructure on Markets and Productivity".
Equipo del *Informe de Desarrollo Mundial 2008*. "Income and Employment from a Cross-section of Household Surveys".

Notas

Panorama general

1. Las últimas cifras mundiales sobre pobreza rural son de 2002.
2. Banco Mundial, 1982.
3. Para la mayor parte del mundo en desarrollo, los pequeños agricultores se definen como aquellos que operan una granja de 2 has. o menos.
4. Hayami, 2005.
5. Pardey y otros, 2006.
6. El mejor estimativo de la contribución de las emisiones por cambios en el uso de la tierra (principalmente por deforestación) es 20%, con un rango probable de 10% a 30% (Watson y otros, 2000).
7. Staatz y Dembele, 2007.
8. Vyas, 2007.
9. Reardon y Berdegué, 2006.

Capítulo 1

1. Definida como la sobrevivencia con un ingreso inferior a US$1.08 diarios a paridad de poder adquisitivo de 1993 (Ravallion, Chen y Sangraula, 2007). El último año para el cual hay datos disponibles sobre pobreza rural es 2002.
2. Bairoch, 1973.
3. Ravallion y Chen, 2007; Banco Mundial, 2007c.
4. Excluyendo Sudáfrica.
5. De Ferranti y otros, 2005.
6. Ravallion, Chen y Sangraula, 2007.
7. Esta descomposición hace abstracción de los efectos indirectos de la urbanización sobre la pobreza rural, a través de remesas y de cambios en los salarios rurales a causa de mercados laborales rurales más inelásticos (*ver* En foco A). No obstante, también asume, conservadoramente, que todos los migrantes rural-urbanos son pobres, lo que es improbable debido a que éstos son usualmente más educados y empresariales (*ver* capítulo 9).
8. Schultz, 1978; Hayami, 2005, y de Gorter y Swinnen, 2002, enfatizan particularmente la importancia de la hipótesis del ingreso relativo (en oposición a la pobreza absoluta) para comprender la toma de decisiones de política agrícola.
9. Delgado, Minot y Tiongco, 2005.
10. Con base en matrices de contabilidad social construidas para estos países por el Instituto de Investigación en Política Alimentaria Internacional para comienzos de la década de 2000.
11. Este se denomina el efecto "bien salario real" (Hsieh y Sadoulet, 2007).
12. Christiaensen y Demery, 2007; Ravallion, 1990.
13. Minten y Barrett por aparecer.
14. El consenso es que el aumento se debe fundamentalmente a un aumento real en la producción de cacao de Ghana y no sólo a un aumento en el contrabando desde Costa de Marfil, debido a las diferencias de precios.
15. El pescado es actualmente la segunda exportación más grande de Uganda (Kiggundu, 2006). Kenya se ha convertido en el tercer exportador mundial más grande de flores.
16. Humphrey, McCulloch y Ota, 2004; Maertens y Swinnen, 2006.
17. Dorosh y Haggblade, 2003; Haggblade, Hazell y Reardon, por aparecer. No obstante, su cuantificación sigue siendo difícil debido a problemas de simultaneidad. La evidencia de series de tiempo de países con una agricultura en rápido crecimiento rastrea en impacto de muchos cambios simultáneamente. Pocos datos de panel están disponibles y producen resultados ambiguos. La mayoría de intentos de cuantificar los enlaces del crecimiento agrícola, por tanto, se basan en simulaciones con modelos que inevitablemente recurren a fuertes supuestos de comportamiento.
18. Diao y otros, 2003.
19. Varios analistas de alta reputación han argumentado que Corea es un claro ejemplo de un país que *no* invirtió en el aumento de la productividad agrícola antes de iniciar una rápida industrialización (Amsden, 1989; Ban, Moon y Perkins, 1980). Esta interpretación se basa en el fenomenal crecimiento coreano después de la guerra civil, que fue resultado de la rápida industrialización en lo fundamental. Sin embargo, un análisis cuidadoso muestra que éste fue precedido por importantes inversiones en infraestructura rural (principalmente vías), irrigación, fertilizantes y semillas de variedades de alto rendimiento, durante la primera mitad del siglo XX, generando importantes condiciones que contribuyeron al despegue industrial posterior (Kang y Ramachandran, 1999).
20. Datt y Ravallion, 1998b; Fan 1991; Rosegrant y Hazell, 2001; Timmer, 2002.
21. Diao y otros, 2003.
22. http://iresearch.worldbank.org/PovcalNet/jsp/index.jsp.
23. Con base en líneas de pobreza definidas en cada país (Warr, 2001).
24. El *hukou* o sistema de registro de hogares, ha sido crecientemente flexibilizado durante los últimos años.
25. McCulloch, Weisbrod y Timmer, 2007; Ravallion y Chen, 2007.
26. Dong, 2006; Mellor, 1999.
27. Wang y otros, 2006.
28. Fields, 2005; Karp, 2007b.
29. Ravallion y Chen, 2007.
30. Bonschab y Klump, 2006; van de Walle y Cratty, 2004.
31. Ravallion y Datt, 1996; Suryahadi, Suryadarma y Sumarto, 2006; Warr, 2001.
32. Ravallion y Datt, 2002.
33. Haggblade, Hazell y Reardon, por aparecer.
34. Ravallion, 2005.
35. Foster y Rosenzweig, 2004.
36. Hayami, 1998.
37. de Janvry, Sadoulet y Nong, 2007. *Ver* Amsden, 1991, Hayami, Kikuchi y Marciano, 1996 y Kikuchi, 1998 para estudios de caso para Taiwán, China y Filipinas.
38. Hossain, 2004; Kijima y Lanjouw, 2005.
39. Anríquez y López, 2007.
40. De Ferranti y otros, 2005; Ferreira, Leite y Litchfield, 2006; Figueiredo, Helfand y Levine, 2007; Paes de Barros, 2003.
41. Ellis, 2005; Maxwell, 2005.

42. Martin y Mitra, 2001.
43. Krueger, Schiff y Valdés, 1991.
44. Deininger y Okidi, 2003.
45. Fan, Zhang y Zhang, 2004.
46. Thorbecke y Wan Jr., 2004; Teranishi, 1997. Los niveles óptimos de gravamen en contextos donde la agricultura (más frecuentemente las exportaciones agrícolas) forman la base de los ingresos por impuestos y por divisas, se discuten en Banco Mundial, 2000a.
47. Alston y otros, 2000.
48. Inocencio y otros, 2005.
49. Fan y Chan-Kang, 2004.
50. En China, el gasto público en la agricultura se incrementó en 15% por año entre 1995 y 2005, comparado con el virtual estancamiento de la primera mitad de la década de 1990 (Onceavo Plan Quinquenal Chino). Gobierno de India: Comisión de Planificación, 2006; Banco Mundial, 2004d.
51. López y Galinato, 2006.
52. La normatividad estadística de la Organización para la Cooperación y el Desarrollo Económicos/Comité de Asistencia para el Desarrollo (OCDE/CAD) no incluye el "desarrollo rural" en la "agricultura" (sino que es clasificada como ayuda multisectorial) o "ayuda alimentaria" (una subcategoría del programa general de asistencia). La reciente tendencia hacia enfoques basados en programas y proyectos multisectoriales no se refleja acá.
53. El Sistema de Reporte de Acreedores de la OCDE (CRS) reporta *compromisos*, no los fondos efectivamente desembolsados.
54. Esto incluye tanto África subsahariana como del norte.
55. Anderson, Feder y Ganguly, 2006.
56. de Gorter y Swinnen, 2002.
57. Sin embargo, el consenso político sobre seguridad alimentaria en sí mismo no fue suficiente para hacer que la revolución verde tuviera lugar. La autobiografía de C. Subramaniam, el ministro de agricultura de la época, revela cuánto liderazgo tomó el persuadir a los escépticos, incluidos parlamentarios, de que modernizar la agricultura india sobre la base de la ciencia y la tecnología era factible. (Visvanathan, 2003).
58. Bates, 1981.
59. Djurfeldt, Jirstroml y Larsson, 2005, resaltan que dos creencias de política mantenidas por las élites urbanas dominantes fueron importantes para esta decisión de política: (1) que los pequeños agricultores son resistentes al cambio y (2) que la producción de gran escala es superior. Estas creencias eran comunes también en la India, antes de la revolución verde, pero hubo fuertes incentivos políticos para incluir a los pequeños productores en los esfuerzos en curso para mejorar la producción de alimentos (Swaminathan, 1993).
60. Suri, 2006.
61. Anderson, 2004.
62. Mercoiret, 2005.
63. Bates, 1981.

En foco A

1. Byerlee, Diao y Jackson, 2005.
2. Naciones Unidas, 2006.
3. Ravallion, Chen y Sangraula, 2007.
4. Ravallion, Chen y Sangraula, 2007.
5. Yang, 1999; Ravallion y Chen, 2007.
6. La contribución de la migración a la reducción total de la pobreza se calcula acá utilizando la línea de pobreza de US$2.15 en lugar de la línea de pobreza extrema de US $1.08, debido a que no es realista pensar que todos los migrantes son pobres extremos.
7. Las ecuaciones para esa descomposición son como sigue:

Migración neutra a la pobreza:

$$H_t - H_{t-1} = \underbrace{S^r_t\left(H^r_t - H^r_{t-1}\right)}_{\text{Contribución rural}} + \underbrace{S^u_t\left(H^u_t - H^u_{t-1}\right)}_{\text{Contribución urbana}} + \underbrace{\left(H^u_{t-1} - H^r_{t-1}\right)\left(S^u_t - S^u_{t-1}\right)}_{\text{Migración urbana-rural}}$$

Todos los migrantes son pobres:

$$H_t - H_{t-1} = \underbrace{S^r_t H^r_t - S^r_{t-1} H^r_{t-1} + \left(S^r_{t-1} + S^r_t\right)}_{\text{Contribución rural}} + \underbrace{S^u_{t-1} H^u_t - S^u_{t-1} H^u_{t-1}}_{\text{Contribución urbana (en población urbana)}} + \underbrace{\left(S^u_t - S^u_{t-1}\right)\left(H^u_t - 1\right)}_{\text{Contribución urbana (en migración)}}$$

Donde *H*, H^u y H^r son respectivamente las tasas de pobreza total, urbana y rural, S^u and S^r son respectivamente las proporciones de población urbana y rural y el subíndice *t* denota el tiempo.
8. Renkow, 2005.
9. Sólo en Ecuador las tasas de pobreza son menores en áreas con un mayor potencial agrícola. En Camboya y Kenya, las tasas de pobreza son altas en todas partes y no parecen ser menores en áreas favorables. Minot, Baulch y Epprecht, 2003 para Vietnam; Benson, Chamberlin y Rhinehart, 2005 para Malawi; Buys y otros, 2007 para los otros países.
10. En Tailandia, casi el 50% de todos los pobres vive en áreas con alto potencial agrícola y buen acceso a las grandes ciudades y, por tanto, a los mercados. Un estudio reciente para América Central encontró también que una alta proporción de los pobres vive en áreas con buena accesibilidad en Guatemala y Nicaragua (Banco Mundial, 2004e)
11. Jalan y Ravallion, 2002.

Capítulo 2

1. Wik, Pingali y Broca, 2007.
2. Esta capítulo presenta datos de acuerdo con las regiones del Banco Mundial, que pueden ser relacionados con la tipología introducida en el capítulo 1, de la siguiente forma: agrícolas: África subsahariana (ASS); en proceso de transformación: Asia meridional (SA), Asia oriental y el Pacífico (EAP) y Medio Oriente y África septentrional (MONA); urbanizados: Europa oriental y Asia central (EEAC) y América Latina y Caribe (ALC) (ver cuadro 1.1)
3. Evenson y Gollin, 2003; IRRI comunicación personal y Cimmyt comunicación personal.
4. FAO, 2006a.
5. Con base en estudios de descomposición del crecimiento agrícola por Fan y Pardey, 1997, Huang y Rozelle, 1995, McKinsey y Evenson, 2003 y Mundlak, Larson y Butzer, 2004.
6. Bruinsma, 2003.
7. Ruttan, 2002; Timmer, 2002.
8. Mundlak, Larson y Butzer, 2004.
9. Con base en estudios de descomposición del crecimiento agrícola por Fan y Pardey, 1997, Huang y Rozelle, 1995, McKinsey y Evenson, 2003 y Mundlak, Larson y Butzer, 2004..
10. Fan, Zhang y Zhang, 2002; McKinsey y Evenson, 2003; Rozelle y otros, 2003.
11. Huang y Rozelle, 1996.
12. Lusigi y Thirtle, 1997; Thirtle, Hadley y Towsend, 1995.
13. Binswanger, Khandker y Rosenzweig, 1993; Fan, Zhang y Zhang, 2002; Mundlak, Larson y Butzer, 2004.
14. Foster y Rosenzweig, 1996.
15. Frisvold y Ingram, 1995.
16. Fan, Zhang y Zhang, 2004.
17. Ali y Byerlee, 2002; Huang y Rozelle, 1995.
18. Banco Mundial, 2006r.
19. Un período confiable de crecimiento se define como mayor a 150 días.
20. Binswanger y Pingali, 1988.
21. Morris y otros, 2007.
22. Henao y Baanante, 2006.
23. Köhlin, 2006.
24. Chamberlin, Pender y Yu, 2006.
25. Algunas de las diferencias entre los ejemplos de países citados acá, pueden ser el resultado de diferencias en el nivel de desagregación de los datos de densidad de población, sin embargo, la heterogeneidad puede encontrarse a lo largo de una amplia variedad de países, independientemente de la calidad de los datos.

26. Con base en Ali, 2006.

27. Joshi, Singh Birthal y Minot, 2006.

28. Ali, 2006.

29. Banco Mundial, 2007a.

30. PIB agrícola en reales constantes de 2000 (Instituto de Pesquisa Económica Aplicada (IPEA), 2006.)

31. Banco Mundial, 2005j.

32. Aldana, 2006.

33. Banco Mundial, 2006f.

34. Banco Mundial, 2006e.

35. Ali, 2006; Dinham, 2003.

36. Delgado y otros, 1999.

37. De Haan y otros, 2001.

38. Banco Mundial, 2007b.

39. FAO, 2004d.

40. FAO, 2004d.

41. FAO, 2004d.

42. Belasco, 2006.

43. Bruinsma, 2003; FAO, 2006d; Rosegrant y otros, 2006b.

44. Banco Mundial, 2006d.

45. Banco Mundial, 2007i.

46. Barreto y otros, 2006.

47. Sauven, 2006.

48. Descripción del caso de referencia del Ifpri: el caso de referencia en el modelo del Ifpri es un escenario sin políticas nuevas. Supone un mundo en desarrollo a lo largo de las próximas décadas como es actualmente, sin anticipar intervenciones deliberadas que requieran el uso de políticas nuevas o intensificadas en respuesta a desarrollos proyectados. Las proyecciones de población se toman de las proyecciones variantes medianas de Naciones Unidas (2004), en las cuales la población mundial crece de un poco menos de 6.100 millones en 2000 a más de 8.200 millones en 2050. Para el crecimiento económico se siguen de cerca los supuestos del escenario TechnoGarden de la Evaluación del Ecosistema del Milenio (2005), pero con ajustes para alinearla con las proyecciones de mediano plazo del Banco Mundial. Los valores para la productividad agrícola se basan en la Evaluación del Ecosistema del Milenio (escenario TechnoGarden) y de las proyecciones del reciente reporte intermedio de la FAO a 2030/2050 (FAO, 2006d). Se presume que las condiciones de comercio prevalecientes actualmente continuarán hasta 2050. Las proyecciones para los requerimientos de agua, capacidad de expansión de infraestructura y eficiencia de uso del agua, se llevan a cabo con el modelo Impact-Water, del Ifpri. La producción y uso de energía están más o menos coordinadas con el escenario de referencia 2004 de la Agencia Internacional para la Energía (AIE) –un escenario que se encuentra en un punto medio en el rango de proyecciones disponibles. Los datos sobre cambio climático se desarrollaron a través de un trabajo colaborativo con el Modelo Integrado para Evaluar el Ambiente Mundial (Image-2) de la Agencia Holandesa de Evaluación Ambiental, basado en datos a menor escala de la Unidad de Investigación Climática de la Universidad de East Anglia. Los impactos del cambio climático en el escenario de referencia, son comparables con escenarios medios como el IPCCB2. Para las simulaciones del mundo de referencia, se usa el valor de la sensibilidad media del clima del Tercer Reporte de Evaluación (un aumento de 2,5°C en la temperatura global durante los próximos 50 años), que ha sido ajustado ligeramente en el último reporte del Panel Intergubernamental sobre Cambio Climático (IPCC, 2001) a un nivel de 3,0°C (IPCC, 2007a).

49. Las cifras sobre el crecimiento pasado de la demanda por carne y cereales son de la FAO.

50. Rosegrant y otros, 2006b.

51. Cassman y otros, 2003.

52. Banco Mundial, 2007i.

53. Scherr y Yadav 1996.

54. Sebastian, 2007.

55. Evaluación Comprensiva del Manejo del Agua en la Agricultura, 2007; Evaluación Internacional de la Ciencia y Tecnología Agrícola para el Desarrollo (Iaastd, 2007); Programa de Naciones Unidas para el Desarrollo, 2006.

56. Evaluación Comprensiva del Manejo del Agua en la Agricultura, 2007.

57. Programa de Naciones Unidas para el Desarrollo, 2006.

58. Banco Mundial, 2006t.

59. Evaluación Comprensiva del Manejo del Agua en la Agricultura, 2007.

60. Programa de Naciones Unidas para el Desarrollo, 2006.

61. Stern, 2006.

62. Banco Africano de Desarrollo y otros, 2007.

63. Parry, Rosenzweig y Livermore, 2007; Warren, 2006.

64. Estimativos preparados por Warren, 2006, para Stern, 2006, con base en el modelo integrado cultivo-clima y socioeconómico, desarrollado por el Instituto Internacional para Análisis de Sistemas Aplicados. Estos resultados asumen un alto grado de adaptación, comercio internacional y ausencia de fertilización por CO_2. Los estimativos varían de acuerdo con los escenarios de emisiones de gases de tipo invernadero del reporte especial sobre emisiones, el desarrollo tecnológico, el crecimiento económico y las condiciones socioeconómicas, desarrollados por el IPCC.

65. Darwin y otros, 1995, reportados en Schmidhuber y Tubiello por aparecer; Fischer, Shah y Velthuizen 2002; Reilly y otros, 1996.

66. Fischer, Shah y Velthuizen 2002, son reportados por Schmidhuber y Tubiello, por aparecer.

67. El Banco Mundial proyecta que los precios reales del petróleo caerán en alrededor de la mitad entre 2006 y 2015. Otros, como la Agencia Internacional para la Energía en París, esperan que los precios reales del petróleo crudo permanecerán alrededor de los actuales niveles para las próximas décadas.

68. Rosegrant y otros, 2006a.

69. Schmidhuber, 2007.

70. FAO, 2000.

71. Servicio de Investigación del Congreso de E.U., 2004.

72. Departamento de Agricultura de E.U. (USDA), 2006.

73. Baffes, 2006.

74. Departamento de Agricultura de E.U: Servicio de Investigación Económica, 2004.

75. Servicio de Investigación del Congreso de E.U., 2004.

76. Lucas, Jones y Hines, 2006.

77. Murray, 2007.

78. Cassman y otros, 2003; Reynolds y Borlaug, 2006.

79. Bruinsma, 2003.

80. Cassman y otros, 2003.

81. Alexandratos, 2005.

82. Alexandratos, 2005.

En foco B

1. Las actuales tecnologías utilizan materias primas como azúcar y maíz para etanol y colza, soya y aceite de palma para biodiesel.

2. Departamento de Agricultura de E.U. (USDA), 2007.

3. Garten Rothkopf (firma de asesoría internacional), 2007.

4. Agencia Internacional de Energía (AIE) 2004; Garten Rothkopf (firma de asesoría internacional), 2007.

5. Koplow, 2006.

6. Banco Mundial, 2007d.

7. Departamento de Agricultura de E.U. (USDA), 2007.

8. Banco Mundial, 2007d.

9. Schmidhuber, 2007.

10. Banco Mundial, 2007d.

11. Las tecnolgías para etanol celulósico pueden producir sustanciales beneficios sociales y ambientales; sin embargo, en la mayoría de casos están a 10 o 15 años (si llegan a estar) de ser comercialmente viables, como quie-

ra que son empleadas actualmente sólo sobre la base de pruebas (Agencia Internacional de Energía, 2004). Las tecnologías son probadas a escala de plantas piloto en procesos individuales, pero no están integradas. Escalar el proceso integrado puede tomar al menos una década.

12. Departamento de Agricultura de E.U. (USDA), 2007.

13. Departamento de Agricultura de E.U. (USDA), 2007.

14. En el extremo, transportar etanol desde los estados del medio oeste de E.U. hacia las ciudades costeras, en vez de transportar gasolina por oleoductos, consumiría considerablemente más energía, en forma de diesel.

15. Farrell y otros, 2006; Hill y otros, 2006; Kartha, 2006; revisión de estudios reportados por el Worldwatch Institute, 2006 y Kojima, Mitchell y Ward, 2006.

16. Koplow, 2006.

17. Comisión de las Comunidades Europeas, 2006.

18. Turner y otros, 2007.

19. Fboms (Fórum Brasileiro de ONG e Movimentos Sociais), 2006.

20. Worldwatch Institute, 2006.

21. Conferencia de Naciones Unidas sobre Comercio y Desarrollo (Unctad), 2006b; Worldwatch Institute, 2006.

22. Kojima, Mitchell y Ward, 2006.

Capítulo 3

1. En este capítulo, se definen los hogares rurales como aquellos en áreas definidas como "rurales" de acuerdo con las definiciones específicas por país (*ver* capítulo 2).

2. En el capítulo 2 se discutió sobre los bienes públicos que determinan parcialmente el contexto rural (vías, acceso a mercados, ambiente agroecológico) y afectan los retornos a los activos.

3. De Weerdt, 2006; Krishna y otros, 2006; Larwanou, Abdoulaye y Reij, 2006.

4. Peters, 2006; Banco Mundial, 2006n.

5. Du, Park y Wang, 2005; Foster y Rosenzweig, 2004; Kijima y Lanjouw, 2004; Lanjouw, 2007; Lokshin, Bontch-Osmolovski y Glinskaya, 2007; McCulloch, Weisbrod y Timmer, 2007.

6. Beegle, De Weerdt y Dercon, 2006; De Weerdt, 2006; Krishna, 2006b; McCulloch, Weisbrod y Timmer, 2007; Nargis y Hossain, 2006.

7. Davis y otros, 2007; Deichmann, Shilpi y Vakis, 2006; Haggblade, Hazell y Reardon, 2005.

8. Mansuri, 2007b; Quisumbing, Estudillo y Otsuka, 2004.

9. Lucas, 1987; Mansuri, 2007b; McCarthy y otros, 2006; Rozelle, Taylor y de Brauw, 1999.

10. Knight y Song, 2003 para China y Banco Mundial, 2006n para Malawi. Cálculos para México basados en Enigh (Encuesta Nacional de Ingresos y Gastos de los Hogares, 2004).

11. No se consideran los agricultores comerciales de gran escala, debido a que el capítulo se centra en las vías para salir de la pobreza.

12. Estos hogares no son necesariamente autárquicos y al interior de los agricultores de subsistencia puede haber tanto compradores como vendedores netos de alimentos (*ver* capítulo 4). La mayoría de estos hogares se involucran en mercados de alimentos, trabajo o bienes manufacturados, pero en formas más limitadas que otros.

13. Se debe notar que esta cuantificación no refleja confiablemente todos los aspectos de la migración como estrategia de subsistencia, debido a que aquellos hogares que escogen salir no son capturados en las encuestas. La clasificación captura los hogares que han permanecido pero derivan la mayor parte de su ingreso de transferencias públicas y privadas. Muchos de éstos son hogares de mayor edad y con mujeres cabeza de familia. Adicionalmente a estos hogares, la migración es una estrategia de subsistencia clave para muchas personas jóvenes y educadas que dejan las zonas rurales.

14. La proporción de hogares diversificados es lógicamente mayor cuando se consideran separadamente el trabajo asalariado agrícola, el trabajo asalariado no agrícola y el autoempleo no agrícola, como fuentes separadas de ingreso.

15. Utilizamos el término "dualismo" para hacer énfasis en el fuerte contraste que existe entre actividades, reconociendo que existe un continuo en las implicaciones (como niveles de ingreso) entre tipos duales.

16. http://faostat.fao.org.

17. Sin embargo, en Ghana y Nigeria, donde la gran mayoría de agricultores están orientados a la autosubsistencia, estos agricultores venden una porción más grande de la producción total que es llevada al mercado por todos los tipos de hogar (54% y 32%, respectivamente).

18. Deere, 2005; Dolan y Sorby, 2003; Newman 2001; Zhang y otros, 2007. *Ver* también capítulo 9.

19. Los promedios regionales se calcularon utilizando las encuestas de hogares y de fuerza de trabajo disponibles en cada región. Para cada país se usaron encuestas a partir de 2000 o el año más cercano disponible y la población se ajustó a la de 2000 (como es reportada por N.U.). Los cálculos para Asia oriental y el Pacífico (EAP) excluyen China pero incluyen Camboya, Fidji, Indonesia, Islas Marshall, Timor-Este y Vietnam, que representan el 66% de la población del Asia oriental fuera de China. Asia meridional (SA) incluye Bangladesh, Bután, la India y Pakistan, que representan el 97% de la población de la región. África subsahariana (ASS) incluye Angola, Benin, Burundi, Burkina Faso, Camerún, Cabo Verde, Chad, la República Democrática del Congo, Etiopía, Ghana, Gambia, Kenya, Lesoto, Madagascar, Mozambique, Ruanda, Senegal, Sierra Leona, Sao Tome y Príncipe, Sudáfrica, Uganda y Zambia, que representan el 55% de la población de la región. América Latina y Caribe incluye Bolivia, Brasil, Chile, Colombia, Costa Rica, República Dominicana, Ecuador, Guatemala, Guyana, Haití, Honduras, Jamaica, México, Nicaragua, Perú, Panamá, Paraguay y El Salvador, que representan el 85% de la población de la región. Medio Oriente y África septentrional (MONA) incluye Egipto, Jordania, Marruecos y Yemen, que representan el 47% de la población de la región. Europa y Asia central (EAC) incluye Albania, Bosnia y Herzegovina, Croacia, Kirguizistán, Macedonia, Polonia, Rumania, Rusia, Tajikistán, Turquía y Ucrania, que representan el 74% de la población de la región. *Ver* Grupo Informe sobre el Desarrollo Mundial 2008, 2007.

20. Katz, 2003; Lastarria-Cornhiel, 2006; Ramachandran, 2006. Notar que el autoempleo femenino en la agricultura puede no ser bien capturado en las encuestas. Por ejemplo, Deere, 2005, discute varias razones para que haya un sesgo al sub-reporte en América Latina.

21. Barrett y otros, 2005; Haggblade, Hazell y Reardon, por aparecer; Otsuka y Yamano, 2006.

22. Con base en análisis de encuestas de hogares para 66 países (ver nota al pie 33 y Grupo Informe sobre el Desarrollo Mundial 2008, 2007, sobre las fuentes). *Ver* también Davis y otros, 2007; Reardon y otros, por aparecer.

23. de Brauw y Harigaya, por aparecer; Macours y Vakis, 2006; Ratha y Shah, 2006; Rogaly y Rafique, 2003; Banco Mundial, 2005a.

24. Anríquez y Bonomi, 2007; Anríquez, 2003; Lohmar, Rozelle y Zhao, 2001; Banco Mundial, 2006s; Banco Mundial, 2005a.

25. Otsuka y Yamano, 2006, presenta evidencia de Bangladesh, Filipinas y Tailandia.

26. No obstante la selección, el efecto general de la migración sobre el nivel de educación puede ser positivo debido a un efecto incentivo positivo (*ver* Stark, Helmenstein y Prskawetz, 1997, para un modelo teórico y Boucher, Stark y Taylor, 2005, para evidencia empírica de México rural) y debido al uso de las remesas para cubrir los costos escolares de otros miembros del hogar.

27. Anríquez y Bonomi, 2007.

28. de Janvry y otros, 2006; Gertler, Martínez y Rubio-Codina, 2006; Mansuri, 2007a; Taylor y Mora, 2006; Yang, 2006; Yang y Choi, por aparecer.

29. Frankenberg, Smith y Thomas, 2003; Macours y Swinnen, 2006; Owen, 1966.

30. Jalan y Ravallion, 2002.

31. de Janvry y Sadoulet, 2006b; Singh, Squire y Strauss, 1986.

32. Las imperfecciones del mercado laboral pueden ser el resultado de salarios que son superiores al de equilibrio competitivo para garantizar una ingesta suficiente de calorías (Leibenstein, 1986).

33. de Janvry, Fafchamps y Sadoulet, 1991; Von Braun, Hotchkiss y Innmink, 1989.

34. Bandiera y Rasul, 2006; Basu, 2006b; Conley y Udry, 2004; Duflo, Kremer y Robinson, 2006; Foster y Rosenzweig, 1995.

35. Basu, 2006a; Bourguignon y Chiappori, 1994; Carter y Katz, 1997; Goldstein y Udry, 2006; McPeak y Doss, 2006; Udry, 1996; Udry y otros, 1995.

36. Baland y Platteau, 1996; McCarthy, 2004; Ostrom, 1990.

37. Duflo y Udry, 2004.

38. Los hombres aún trabajan sólo tres cuartas partes el tiempo que las mujeres trabajan, reflejando responsabilidades en el hogar asignadas culturalmente (Newman, 2001).

39. Katz, 1995; Von Braun, Hotchkiss y Innmink, 1989; Von Braun y Webb ,1989; Warner y Campbell, 2000.

40. Hall y Patrinos, 2006; Banco Mundial, 2003i; Zezza y otros, 2007.

41. Banco Mundial, 2003i.

42. Jayne y otros, 2006b. Sin embargo, en un estudio sobre Uganda rural, de Walque, 2004, encontró que este patrón se revierte debido a que los más educados parecen responder mejor a las campañas educativas y aprender más rápido cómo protegerse a sí mismos. Aún así, la pérdida de adultos activos, aún si no tienen educación formal, puede llevar a una pérdida de conocimiento para la producción de cultivos de alto (Yamano y Jayne, 2004).

43. Gillespie, 2006; Thirumurthy, Graff-Zivin y Goldstein, 2005.

44. Revisando evidencia de 40 países subsaharianos, Monasch y Boerma, 2004, encuentran que los huérfanos del SIDA tienen una mayor probabilidad de estar en zonas rurales en algunos países pero no en otros.

45. Anríquez y Bonomi, 2007.

46. Andre y Platteau, 1998; de Janvry, Sadoulet y Finan, 2005; Otsuka y Yamano, 2006.

47. Benfica, 2006.

48. Cuando la mayoría de las granjas son pequeñas, pero la mayor parte de la tierra está en las granjas grandes, la moda de la distribución de granjas por tamaño es baja en tanto que la moda de la distribución de la tierra agrícola total es mucho mayor, por tanto las distribuciones son bimodales. Esta bimodalidad de las distribuciones de la tierra fue discutida por primera vez por Johnston y Kilby, 1975, quienes indicaron que para la mayoría de países la estructura unimodal es más productiva debido a que iguala el producto marginal del trabajo entre granjas. Más recientemente, Vollrath, 2007, mostró una relación negativa robusta entre desigualdad en la tierra y productividad agrícola.

49. Parte del aparente incremento del número de granjas pequeñas en Bangladesh, es el resultado de un cambio en la metodología del censo agrícola, ya que el censo de 1977 no incluyó las parcelas por debajo de un cierto límite de tamaño (Anríquez y Bonomi, 2007).

50. Zezza y otros, 2007.

51. Esto puede inferirse del hecho de que el tamaño de esta cohorte de edad disminuye tanto en zonas urbanas como rurales. De forma que la disminución en zonas rurales no es resultado de la migración rural-urbana. De hecho, si algo sucede, la evidencia sugiere una migración inversa en años recientes.

52. Boucher, Barham y Carter, 2005; De Ferranti y otros, 2004; Macours, de Janvry y Sadoulet, 2004; Rao y Walton, 2004.

53. Agarwal, 1994; Deere y Doss, 2006; Deere y León 2003; Banco Mundial, 2005k.

54. Jacobs, 2002; Quisumbing y otros, 2001; Banco Mundial, 2006n.

55. Fafchamps, Udry y Czukas, 1998; Lybbert y otros, 2004; Rogg, 2006; Seré, 2006.

56. Davis y otros, 2007; Zezza y otros, 2007.

57. Fafchamps y Minten, 2002; La Ferrara, 2003; Munshi, 2003; Putnam, Leonardi y Nanetti, 1993; Banco Mundial, 2006s.

58. Agoua, Mercoiret y Ouikoun, 2000; Bernard y otros, 2006; Kaburie y Ruvuga, 2006.

59. de Janvry y Sadoulet, 2004; Society for Elimination of Rural Poverty (SERP), 2006.

60. Carter y Barrett, 2006; Dercon, 2004; Hoddinott, 2006; Lybbert y otros, 2004; McPeak, 2004.

61. Christiaensen y Sarris, 2007; Christiaensen y Subbarao, 2005; Dercon, Hoddinott y Woldehanna, 2005; González y López, 2007; Krishna, 2006a.

62. Alderman y Paxson, 1992; Binswanger y Rosenzweig, 1993; Fafchamps y Pender, 1997.

63. Gaiha y Thapa, por aparecer; Rasmussen, 2004; Santos, 2006.

64. Gaiha y Thapa, por aparecer.

65. Cavendish, 1999.

66. Alderman, Hoddinott y Kinsey, 2006; de Janvry y otros, 2006; Jensen, 2000; Thomas y otros, 2004.

67. Barrett, 2007; Behrman y Deolalikar, 1990; Dercon y Krishnan, 2000; Fafchamps, 1998.

68. Anríquez y Bonomi, 2007; Von Braun, 2003.

69. Berry y Cline, 1979; Carter, 1984. En tanto que algunos han argumentado que las diferencias en calidad de la tierra o características no observadas de las parcelas, pueden explicar la relación inversa (Assuncao y Braido, por aparecer; Benjamin 1995), otros han mostrado que la relación inversa persiste aun después de controlar por la calidad de la tierra y otras características de las parcelas (Heltberg, 1998; Kimhi, 2006).

70. Feder, 1985; Kevane, 1996; Banco Mundial, 2003g; Zimmerman y Carter, 2003. Las fallas de los mercados de seguros y crédito con frecuencia coinciden debido a condiciones comunes subyacentes, como dispersión espacial, heterogeneidad, estacionalidad y riesgo covariado (Binswanger y McIntire, 1987; Binswanger y Rosenzweig, 1993).

71. Karp, 2007a.

72. Análogamente, existen importantes costos cruzados relacionados con las políticas de consolidación orientadas a reducir la fragmentación de la granja de u hogar en múltiples parcelas pequeñas. Mientras la consolidación puede disminuir los costos de transacción, puede aumentar el riesgo (por ejemplo, las parcelas que están separadas geográficamente tienen una menor probabilidad de ser golpeadas por la misma plaga). Adicionalmente, las políticas de consolidación dejan espacio para la captura por parte de las élites y los mecanismos justos y transparentes para la reasignación de la tierra entre diferentes hogares pueden ser difíciles de diseñar e implementar. Las políticas que obligan a un tamaño mínimo de parcela pueden dar como resultado distorsiones importantes, que conllevan un costo potencial de eficiencia y equidad (Vranken y otros, 2007).

En foco C

1. FAO, 2002.

2. FAO, 2006c.

3. Derivado de la hoja de balance de alimentos cultivados en un país, aumentada con los alimentos importados y la ayuda alimentaria y deducida por pérdidas de almacenamiento, las cantidades empleadas para semilla y alimento para animales y las exportaciones –la medida es ajustada por una función de desigualdad para producir un estimativo del número de individuos desnutridos. En este sentido, captura la disponibilidad de alimentos ajustada por acceso.

4. Los alimentos básicos se definen como cereales, leguminosas, raíces y tubérculos.

5. Sen, 1981.

6. Sánchez y otros, 2005.

7. Katz, 1994.

8. FAO, 2006c; Fondo de Naciones Unidas para la Infancia (Unicef), 2007.

9. Alderman, 2005.

10. Este término refleja el hecho de que, excepto en casos severos, el impacto de la mala nutrición por micronutrientes es invisible, a diferencia de la deficiencia de energía que resulta en personas de baja talla y peso.

11. http://www.gainhealth.org.
12. Darnton-Hill y otros, 2005.

Capítulo 4

1. Hayami y Godo, 2004.
2. OCDE, 2006b.
3. OCDE, 2006b.
4. Baffes y de Gorter, 2005.
5. Schiff y Valdés, 1992.
6. Derivado de Easterly, 2006.
7. Townsend, 1999.
8. En contraste, los efectos de la sobrevaluación de la moneda fueron incluidos en los estimativos de los gravámenes netos para los países agrícolas y en proceso de transformación, donde las primas en el mercado para las divisas extranjeras fueron históricamente grandes.
9. Los países incluidos en el análisis son Bulgaria, República Checa, Estonia, Hungría, Letonia, Lituania, Polonia, Rumania, Eslovaquia y Eslovenia.
10. Anderson, por aparecer.
11. Anderson y Martin, 2005; Bouët, 2006a; Polaski, 2006. Incluir los estimativos de la carga fiscal doméstica agrícola probablemente añadiría a los costos. Bouët, 2006b, revisó 15 estudios que evalúan el impacto de la completa liberalización comercial, que son indicativos de los costos de las actuales políticas. En tanto que los estimativos de los costos implícitos difieren, los papeles relativos de las fuentes de las distorsiones y la distribución de los costos entre regiones son similares entres estudios. Los costos implícitos de bienestar de las actuales políticas comerciales agrícolas como porcentaje de los costos de todas las políticas comerciales, tenían una mediana de 66% para 10 estudios; se estimó que el 38% de los costos se originaban en los países en desarrollo (estimativo mediano para 15 estudios); las políticas de los países desarrollados representan el 55% de estos costos, en 8 estudios; en promedio, los aranceles representan más del 90% del costo de las políticas comerciales agrícolas en 4 estudios.
12. El costo de US$17.000 millones es una conversión al PIB y precios de 2005 de la fracción estática del estimativo de US$26.000 millones a 2015 de Anderson, Martin y van der Mensbrugghe, 2006b. Otros estudios proporcionan estimativos más altos o más bajos (*ver* nota al pie 11).
13. Anderson, Martin y Valenzuela, 2006; Francois, Van Meijl y Van Tongeren, 2005; Hertel y Keeney, 2005,.
14. Anderson y Valenzuela, por aparecer.
15. Anderson, Martin y van der Mensbrugghe, 2006a.
16. Baffes, 2007.
17. Anderson, Martin y van der Mensbrugghe, 2006a; FAO, 2005b.
18. Aziz y otros, 2001.
19. Baffes, 2005.
20. Anderson y Valenzuela, por aparecer.
21. Alston, Sumner y Brunke, 2007.
22. Panagariya 2005; Tangerman, 2005.
23. Ashraf, McMillan y Zwane, 2005.
24. Anderson, Martin y van der Mensbrugghe, 2006a.
25. Hertel y otros, 2007.
26. Ravallion y Lokshin, 2004.
27. Baffes y Gardner, 2003.
28. Ivanic y Martin, 2006.
29. Hertel y Reimer, 2005; Winters, 2002.
30. Minot y Goletti, 2000.
31. Ravallion, 1990.
32. Nicita, 2004.
33. Bussolo y otros, 2006; Isik-Dikmelik, 2006; Klytchnikova y Diop, 2006.
34. Martin y Ng, 2004.
35. Anderson, Martin y van der Mensbrugghe, 2006a Martin y Anderson, 2006; Polaski 2006.
36. Anderson, Martin y Valenzuela, 2006; Hertel y Keeney, 2005.
37. Anderson y Valenzuela, por aparecer.
38. Laborde y Martin, 2006.
39. Martin y Anderson, 2006.
40. Hertel y otros, 2007.
41. Staatz y Dembele, 2007; Banco Mundial, 2004c.
42. Banco Mundial, 2004c.
43. Banco Mundial, 2004c.
44. Baffes y Gardner, 2003.
45. Winters, 2006.
46. FAO, 2006b; Winters, 2006.
47. Foster y Valdés, 2005.
48. Baunsgaard y Keen, 2005.
49. Banco Mundial, 2000a.
50. Los impuestos al consumo son teóricamente más eficientes que los impuestos al comercio. Un ejemplo simplificado de una reducción del 1% en el arancel a un bien de consumo final que sea reemplazado con un aumento correspondiente del 1% en el impuesto doméstico al consumo del mismo bien, puede proporcionar una ilustración útil. El precio enfrentado por los consumidores y los ingresos fiscales no cambiarán, pero los productores domésticos enfrentarán precios más cercanos a los niveles mundiales.
51. Fondo Monetario Internacional, 2005.
52. Banco Mundial, 2004b.
53. Ashraf, McMillan y Zwane, 2005.
54. Coady, Dorosh y Minten, 2007.
55. Binswanger, 1989; Schiff y Montenegro, 1997.
56. López y Galinato, 2006.
57. Fan, Sukhadeo y Rao, 2004.
58. Chand y Kumar ,2004.
59. Allcott, Lederman y López, 2006; Esteban y Ray, 2006.
60. *Ver* Bardhan, 2002, para una discussion sobre las ventajas y desventajas de la descentralización.
61. Lederman, Loayza y Soares, 2006.

Capítulo 5

1. Fafchamps, Minten y Gabre-Madhin, 2005.
2. Kohls y Uhl, 1985.
3. Shepherd, 1997.
4. Estos están siendo implementados por las Bolsas de Productos de Kenya y Malawi, el Sistema de Información de Mercados Agrícolas (SIMA) de Mozambique; y por Manobi que está expandiendo recientemente estas actividades a Burkina Faso, Ghana, Mali, Tanzania, Uganda y Zambia (*ver* http://www.manobi.sn/sites/?M=6&SM=20&IDPresse=22).
5. Fafchamps, Minten y Gabre-Madhin, 2005; Kleih, Okoboi, y Janowski, 2004; Temu y Msuya, 2004.
6. Gabre-Madhin y Goggin, 2005; Conferencia de Naciones Unidas sobre Comercio y Desarrollo (Unctad), 2006a.
7. El comercio para entrega futura y de contratos de futuros en la India estaba limitado a unos pocos bienes (como semillas oleaginosas, azúcar y algodón) después de que los mercados de futuros en general fueran prohibidos en 1952. En 2004, la prohibición del comercio en futuros se eliminó para 54 productos (Banco Mundial, 2005f), pero fue reintroducida para el trigo en 2006.
8. Narender, 2006; Sahadevan, 2005.
9. Estas incluyeron la negociación quincenal de contratos de futuros para semilla de guar, garbanzos, legumbres negras, aceite de soya, azúcar de caña, goma de guar y lentejas (Narender, 2006).
10. Dana, Gilbert y Shim, 2006; Dana, Gravelet-Blondin y Sturgess, 2007; Dorward, Kydd y Poulton, 2006.
11. Avalos-Sartorio, 2006; Hazell, Sheilds y Sheilds, 2005; Mitchell y Le Vallee, 2005.
12. Cummings, Rashid y Gulati, 2006; Dorward, Kydd y Poulton, 2006; Umali-Deininger y Deininger, 2001.

13. Dawe, 2001; Myers, 2006; Timmer, 2002.

14. Dorward, Kydd y Poulton, 2006.

15. Byerlee, Jayne y Myers, 2006.

16. A pesar de tener estas reservas, Malawi distorsionó el comercio doméstico al imponer una prohibición a las exportaciones, que bloqueó otras medidas de estabilización de precios.

17. Banco Mundial, 2006p.

18. La amplia adopción de variedades de algodón genéticamente modificado en los más importantes países productores, como Australia, China y Estados Unidos, fue un factor que contribuyó de forma importante a los aumentos en el producto y la productividad mundiales (Poulton, 2007).

19. Poulton, 2007.

20. Mayer y Fajarnes, 2005.

21. En Camerún, esto llevó a la "homogeneización" de los granos de cacao exportados, siendo la mayor parte del cacao exportado de calidad "fermentado justo" antes que "bien fermentado", de mayor calidad, y a una disminución de la prima de precio pagada a los granos de alta calidad (Tollens y Gilbert, 2003).

22. Baffes, Lewin y Varangis, 2005; Tollens y Gilbert, 2003.

23. Killicafe, una empresa de propiedad de los agricultores, facilita el mercadeo y proporciona asistencia técnica a sus miembros para mejorar la productividad y la calidad. Sus exportaciones de cafés especiales exceden los US$500.000 anualmente. El mejoramiento de la calidad permitió a los agricultores recibir una prima en precio del 70% (www.technoserve.org/news/TZCoffeeSectorBrief.pdf).

24. Akiyama, Baffes y Varangis, 2001.

25. Akiyama y otros, 2003; Bonjean, Combes y Sturgess, 2003.

26. Akiyama, Baffes y Varangis, 2001; Shepherd y Farolfi, 1999.

27. Winter-Nelson y Temu, 2002.

28. Bonjean, Combes y Sturgess, 2003; Poulton 2007; Tschirley, Zulu y Shaffer, 2004.

29. Poulton, 2007.

30. Bonjean, Combes y Sturgess, 2003.

31. Regmi y Gehlar, 2005.

32. CII-McKinsey & Co. 1997.

33. Encuesta de mercadeo con cobertura de 78 mercados mayoristas que manejan mangos, tomates, papas, tumeric y maíz, en Tamil Nadu, Maharashtra, Orissa y Uttar Pradesh, India (Banco Mundial, 2007f).

34. Shilpi y Umali-Deininger, 2006.

35. Reardon y Berdegué, 2006.

36. Asociación Nacional de Tiendas de Autoservicios y Distribuidoras (Antad), 2005; Goldman y Vanhonacker, 2006; Reardon, Pingali y Stamoulis, 2006.

37. *Ver* Reardon y Berdegué, 2002, para América Latina; Berdegué y otros, 2005, para América Central; Dries, Reardon y Swinnen, 2004, para Europa central y oriental; Schwentesius y Gómez, 2002, para México; Reardon y Farina, 2002, para Brasil y Weatherspoon y Reardon, 2003 para África.

38. Reardon y Berdegué, 2006.

39. Berdegué y otros, 2005; Boselie, Henson y Weatherspoon, 2003; Dries, Reardon y Swinnen 2004; Natawidjaja y otros, 2006.

40. Se han obtenido cifras similares para Costa Rica y Brasil (Reardon y Berdegué, 2006).

41. Boselie, Henson y Weatherspoon, 2003; Dries y Reardon, 2005; Manalili, 2005.

42. Reardon y Berdegué, 2006; Reardon y otros, 1999.

43. Los detallistas modernos en Vietnam señalaron a sus consumidores sus procedimientos de aseguramiento de la inocuidad de los alimentos en su cadena de oferta, durante y después de la crisis de la influenza aviar, lo que les procuró muchos consumidores que antes eran atendidos por los mercados informales en Ciudad Ho Chi Minh (Phan y Reardon, 2006).

44. Estos estudios examinaron los casos del tomate en Guatemala (Hernández, Reardon y Berdegué, 2007), Indonesia (Natawidjaja y otros, 2006) y Nicaragua (Balsevich, Berdegué y Reardon, 2006); kale en Kenya (Neven, Odera y Reardon, 2006); lechuga en Guatemala (Flores, Reardon y Hernández, 2006); guayabas en México (Berdegué y otros, 2006a); y vegetales en China (Wang y otros, 2006).

45. Berdegué y otros, 2003; Dries, Reardon y Swinnen, 2004.

46. Reardon y Timmer, 2006.

47. Reardon y Berdegué, 2002; Reardon y Timmer, 2006.

48. Flores, Reardon y Hernández, 2006.

49. Por ejemplo, agricultores cultivando maní en Senegal (Warning y Key, 2002), pollo en la India (Ramaswami, Birthal y Joshi, 2006) y maíz en Indonesia (Simmons, Winters y Patrick, 2005).

50. Balsevich, Berdegué y Reardon, 2006; Dries y Reardon, 2005; Hu y otros, 2004.

51. Gutman, 1997. Rodríguez y otros, 2002, mencionan que en tanto que los almacenes pequeños de línea general quebraron rápidamente, aquellos en nichos especializados, particularmente panadería, pescado fresco, carne y frutas y vegetales, fueron más capaces de competir.

52. Mukherjee y Patel, 2005.

53. Algunos ejemplos son Xincheng y SanLu en China (Hu y otros, 2004), Homegrown en Kenya (Boselie, Henson y Weatherspoon, 2003), Konzum en Croacia (Dries, Reardon y Swinnen, 2004), Hortifruit en América Central (Berdegué y otros, 2003) e ITC en la India (DeMaagd y Moore, 2006).

54. Minten, Randrianarison y Swinnen, 2006; Swinnen y Maertens, 2005.

55. Reardon y Berdegué, 2002.

56. Banco Mundial, 2005d.

57. Buzby, Frenzen y Rasco, 2001; Henson, 2006.

58. Unnevehr, 2003.

59. http://www.eurepgap.org/Languages/English/about.html.

60. Henson y Caswell, 1999; Jha, 2002; OCDE, 2003; Wilson y Abiola, 2003.

61. Jaffee y Henson, 2004; Banco Mundial, 2005d.

62. Otsuki, Wilson y Sewadeh, 2001 es ampliamente referenciado.

63. Calvin, Flores y Foster, 2003.

64. Los costos de cumplimiento son los costos adicionales en que se incurre necesariamente por parte del gobierno y los agentes privados, para cumplir los requerimientos para satisfacer un estándar determinado en un mercado externo dado. Pueden incluir ampliaciones o actualizaciones de los sistemas oficiales de vigilancia o inspección, inversión en instalaciones para laboratorios de prueba, cambios en procesos o tecnologías de producción o manufactura, renovaciones de infraestructura en granjas o fábricas y costos de prueba.

65. Umali-Deininger y Sur, 2006; Banco Mundial, 2005c.

66. *Ver* Jaffee, 2005, para especies indias, Minten, Randrianarison, y Swinnen, 2006, para vegetales en Madagascar, Manarungsan, Naewbanij y Rerngjakrabhet, 2005, para vegetales en Tailandia y Dries, Reardon y Swinnen, 2004, para varios ejemplos en Europa oriental.

67. Maertens y Swinnen, 2006.

68. Banco Mundial, 2005f.

69. Banco Mundial, 2005d.

70. La Facilidad para Estándares y Desarrollo del Comercio, proporciona apoyo financiero para la preparación y ejecución de proyectos para países en desarrollo que buscan cumplir los estándares SFS y, por tanto, ganar o mantener acceso al mercado (Standards y Trade Development Facility, http://www.standardsfacility.org).

71. En el caso de los animales, orgánico significa que fueron criados sin el uso rutinario de antibióticos y sin el uso de hormonas para el crecimiento. A todos los niveles, los alimentos orgánicos son producidos sin el uso de organismos genéticamente modificados.

72. Farnworth y Goodman, 2007.

73. Dimitri y Oberholtzer, 2006; Federación Internacional de Movimientos de Agricultura Orgánica (Ifoam), 2006.

74. Farnworth y Goodman, 2007; Henson, 2006.
75. Becchetti y Costantino, 2006; Murray, Raynolds y Taylor, 2006; Utting-Chamorro, 2005.
76. Mendoza y Bastiaensen, 2003; Zehner, 2002.
77. Lernoud y Fonseca, 2004.
78. Henson, 2006.
79. Akiyama y Larson, 1994; FAO, 2004d.
80. Las exportaciones chinas de productos agrícolas de alto valor casi se duplicaron, de US$4.200 millones en 1994 a US$8.000 millones en 2004, mientras que sus exportaciones de alimentos procesados más que se triplicaron, de US$2.600 millones a US$8.000 millones.
81. FAO, 2004d.
82. Henson, 2006.

En foco D

1. FAO, 2007b.
2. Banco Mundial, 2003f
3. Freeman y Estrada-Valle, 2003.
4. van der Meer, 2007.
5. Reardon, Henson y Berdegué, por aparecer.
6. Los principales agroquímicos incluyen herbicidas, insecticidas, fungicidas y otros químicos empleados en la agricultura.
7. Mercier Querido Farina y dos Santos Viegas ,2003.
8. da Silveira y Borges, 2007.
9. ETC Group Communiqué, 2005.
10. Tirole, 1998.
11. Murphy, 2006.
12. FAO, 2004b; Organización Internacional del Café, 2007; Organización Internacional del Cacao (ICO), 2006; Vorley, 2003.
13. Morisset, 1998.
14. Banco Mundial, 2006v
15. van der Meer, 2007.
16. http://www.tetrapak.com.
17. http://www.danone.com; http://www.grameen-info.org.
18. http://www.cocoasustainability.mars.com/News/article5.htm.

Capítulo 6

1. Ayalew, Dercon y Gautam, 2005; Deininger y Jin, 2006; Place y Otsuka, 2002.
2. Alden-Wily, 2003.
3. Deininger, Ayalew y Yamano, 2006.
4. Chauveau y otros, 2006.
5. Burns, 2006.
6. Goldstein y Udry, 2006.
7. En los casos de poligamia, las esposas que siguen a la primera reciben su propio certificado individual.
8. Deere y León, 2001.
9. Deininger y Castagnini, 2006.
10. Khadiagala, 2001.
11. Raju, Akella y Deininger, 2006.
12. Transparencia Internacional India, 2005.
13. Gobierno de Kenya, 2004.
14. Lobo y Balakrishnan, 2002.
15. Banco Mundial, 2007e.
16. Swinnen y Vranken, 2006.
17. Deininger y Jin, 2003.
18. Deininger y Chamorro, 2004; Deininger y Jin, 2007; Macours, de Janvry y Sadoulet, 2004.
19. Deininger, Ayalew y Alemu, 2006.
20. Cain, 1981; Kranton y Swamy, 1999; Banco Mundial, 2003h.
21. Nagarajan, Deininger y Jin, por aparecer.
22. Bardhan y Mookherjee, 2006.
23. Bird y Slack, 2004.
24. Banerjee y Iyer, 2005; Nugent y Robinson, 2002.
25. Appu, 1996; Deininger, 1999; Lutz, Heath y Binswanger, 1996.
26. Banerjee, Gertler y Ghatak, 2002.
27. Banco Mundial, 2007f.
28. Zeller, 2003.
29. Boucher, Carter y Guirkinger, 2006.
30. Sarris, Savastano y Tritten, 2004.
31. Boucher, Carter y Guirkinger, 2006.
32. Peck Christen y Pearce, 2005.
33. Pearce y otros, 2005.
34. Grupo Consultivo para Asistir a los Pobres (CGAP), 2004.
35. Adams, Graham y Von Pischke, 1984.
36. El *Informe sobre el Desarrolo Mundial 1989: Sistemas Financieros y Desarrollo* hizo una fuerte crítica de estos programas. Hacia el final de la década, la mayoría de donantes y gobiernos estaban levantando las políticas de represión financiera y contrayendo fuertemente los programas de crédito agrícola liderados por el Estado (Banco Mundial, 1989).
37. Coffey, 1998.
38. Cuevas y Fischer, 2006; Nair y Kloeppinger-Todd, 2007; Banco Mundial, 2007g.
39. Aeshliman, 2007.
40. Grupo Consultivo para Asistir a los Pobres (CGAP), 2006b.
41. Grupo Consultivo para Asistir a los Pobres (CGAP), 2006a.
42. Nair y Kloeppinger-Todd, 2006.
43. Conning, 2005.
44. Fleisig y De la Peña, 2003.
45. de Janvry, McIntosh y Sadoulet, 2006.
46. Hess, 2003; Skees y Barnett, 2006.
47. Just, 2006.
48. McPeak, 2006.
49. McCord, Botero y McCord, 2005.
50. Hazell, 1992.
51. Sarris, Karfakis y Christiaensen, 2006.
52. Gine, Townsend y Vickery, 2006.
53. Los factores que afectan la demanda por fertilizantes se discuten en Kelly, 2006.
54. Yanggen y otros, 1998.
55. Para una discusión acerca de cómo el riesgo afecta las decisiones de uso de los fertilizantes, *ver* Anderson y Hardaker, 2003.
56. Morris, 1998.
57. Para una discusión acerca de los desafíos de logística que enfrentan los distribuidores de fertilizantes, *ver* Gregory y Bumb, 2006.
58. Jayne y otros, 2003; Kherallah y otros, 2002.
59. Para iniciativas en África subsahariana, *ver* Minot y otros, 2006 y Morris y otros, 2007.
60. FAO, 2005a; Centro Internacional para la Fertilidad del Suelo y el Desarrollo Agrícola, 2003.
61. Crawford, Jayne y Kelly, 2006.
62. Borlaug y Dowswell, 2007.
63. Kelly, Adesina y Gordon, 2003.
64. Duflo, Kremer y Robinson, 2006.
65. Van der Meer y Noordam, 2004.
66. Otras iniciativas para apoyar a los distribuidores empresariales de insumos en África incluyen Semillas para el Desarrollo (http://www.sodp.org/) y Capital Agrícola Africano (http://www.aac.co.ke/).
67. Bramel y Remington, 2005.
68. Una asociación en una organización sin ánimo de lucro que permite a sus miembros colaborar para la prestación de servicios, el intercambio de información y la representación. En algunos países, las organizaciones profesionales se refieren a sí mismas como "sociedades" en vez de asociaciones. Una cooperativa se involucra en actividades comerciales colectivas, como la

compra de insumos o la venta de los productos de los miembros. Los beneficios se distribuyen a cada miembro en proporción al volumen de transacciones que tiene con la cooperativa y no en proporción a su contribución al capital; la contribución al capital se remunera con una tasa de interés fija, con límites de acuerdo con la cantidad. Las cooperativas se benefician de un régimen fiscal especial, distinto al de las empresas y con frecuencia son exentas de impuestos.

69. Consejo Internacional para el Desarrollo Cooperativo, 2007. Nombres bien conocidos de cooperativas incluyen marcas como Land O'Lakes, Welch's, Sunkist, Blue Diamond y Ocean Spray.

70. Mauget y Koulytchizky, 2003.

71. Banerjee y otros, 2001.

72. http://www.agro-info.net.

73. Mercoiret, Pesche y Bosc, 2006.

74. Sitio web de la Junta Nacional de Desarrollo Lechero (http://www.nddb.org).

75. http://www.juanvaldez.com/.

76. Chen y otros, por aparecer; Mercoiret, Pesche y Bosc, 2006; Stockbridge 2003.

77. Bernard, de Janvry y Sadoulet, 2005.

78. Berdegué, 2001.

79. Berdegué, 2001.

80. Brock y McGee, 2004.

81. Hussi y otros, 1993.

82. Para 1995, el 20% de las cooperativas y sindicatos de los poblados no eran libres de fijar los precios a los consumidores y el 13% no era libre de fijar los precios a los productores. 24% de los sindicatos y 7% de las cooperativas de las aldeas estaban experimentando interferencias en la contratación de personal o en la remoción de personal redundante y 24% de los sindicatos aún tenía personas designadas políticamente en sus juntas (Departamento de Evaluación de Operaciones del Banco Mundial, 1998).

83. Collion y Rondot, 2001; Mercoiret, Pesche y Bosc, 2006.

84. Banco Mundial, 2006c.

Capítulo 7

1. Conway, 1999.

2. Evenson y Gollin, 2003.

3. Evenson y Rosegrant, 2003.

4. *Ver* el sitio *web* en http://www.indiastat.com.

5. Reynolds y Borlaug, 2006.

6. "Magia lenta" se refiere al retorno de largo plazo pero elevado de la inversión en I&D (Pardey y Beintema, 2001).

7. La adopción es elevada para el trigo, que es un cultivo importante sólo en Etiopía.

8. Consejo Inter Académico 2004; Quisumbing, 1996.

9. Byerlee y Eicher, 1997.

10. Cimmyt, comunicación personal.

11. Falusi y Afolami, 2000; Nweke, Spencer y Lynman, 2002.

12. Centro Africano del Arroz, comunicación personal, 2007; Kijima, Sserunkuuma y Otsuka, 2006.

13. Centro Internacional para la Agricultura Tropical (CIAT), 2006.

14. Joshi y otros, 1996.

15. Walker, 2007.

16. Joshi y otros, 1996; Walker, 2007.

17. Sperling, Loevinsohn y Ntabomvura, 1993; Walker, 2007.

18. Gollin, 2006.

19. Blackeslee, 1987.

20. El mantenimiento de la investigación es esencial también para la productividad del ganado. En Sudáfrica, las pérdidas por enfermedades del ganado se relacionan estrechamente con los gastos en salud animal. Estudios previos que ignoraron este mantenimiento, encontraron bajos retornos para el mejoramiento del ganado en Sudáfrica. No obstante, cuando se toman en consideración los efectos del mantenimiento, los retornos a la investigación ganadera son de alrededor del 40% (Townsend y Thirtle, 2001).

21. Stokstad, 2007.

22. Long y Hughes, 2001.

23. *Ver* http://www.promusa.org.

24. Kamuze, 2004.

25. Karamura y otros, 2006.

26. Cimmyt, 2006.

27. Lantican, Pingali y Rajaram, 2003.

28. Xu y otros, 2006.

29. Smale y Drucker, por aparecer.

30. Narrod y Pray, 2001.

31. Steinfeld y otros, 2006.

32. Thibier y Wagner, 2002.

33. Leksmono y otros, 2006.

34. Banco Asiático de Desarrollo, 2005; Dey y otros, 2000.

35. Fuglie y otros, 2002.

36. McGaw, Witcombe y Hash, 1997; Gibson, 2002; Pablico, 2006.

37. Banco Mundial, 2004h.

38. Pretty, 2006.

39. *Ver* http://www.rolf-derpsch.com/siembradirecta.htm.

40. Consejo Científico del Grupo Consultivo sobre Investigación Agrícola Internacional (Cgiar), 2006b.

41. Centro Francés de Investigación Agrícola para el Desarrollo Internacional, 2006.

42. Angus, 2001.

43. Consejo Científico del Grupo Consultivo sobre Investigación Agrícola Internacional (Cgiar), 2006a.

44. Waibel y Pemsl, 1999.

45. Zeddies y otros, 2001.

46. Consejo Interacadémico, 2004.

47. Cirad, 2006.

48. *Ver* sitio *web* en http://www.icipe.org.

49. Banco Mundial, 2006u.

50. Tripp, 2006.

51. Barrett, 2003.

52. Esta sección se basa fundamentalmente en Pardey y otros, 2007.

53. Alston y otros, 2000.

54. Muchos de estos estudios no consideran la difusión tecnológica desde otros países (Maredia y Byerlee, 2000). Pero estudios econométricos y meta estudios que incluyen los costos de todos los programas, exitosos o no, y la difusión, muestran altos retornos (Alston y otros, 2000; Raitzer, 2003).

55. Pardey y otros, 2007.

56. Pardey y otros, 2007.

57. Beintema y Stads, 2006.

58. Alston y Pardey, 1993; Hayami, Kikuchi y Morooka, 1989.

59. Byerlee y Traxler, 2001; Maredia y Byerlee, 2000.

60. Alston, 2002.

61. Pardey y otros, 2007.

62. Gardner y Lesser, 2003; Pardey y otros, 2007.

63. Gisselquist, Nash y Pray, 2002.

64. Kremer y Zwane, 2005.

65. Sobel, 1996.

66. Masters, 2005.

67. Eicher, 2006.

68. Banco Mundial, 2005g.

69. Byerlee y Traxler, 2001.

70. *Ver* sitio *web* en http://www.fontagro.org.

71. Spielman, Hartwich y von Grebmer, 2006.

72. Pardey y otros, 2007.

73. Hasta donde vi, esta nota no existe en el texto In Spanish, Produce means "farm, go farm!"

74. Kangasniemi, 2002. Cuando se emplean, con frecuencia ha habido poca rendición de cuentas de los científicos financiados hacia los agricultores.

75. Uruguay, con la agricultura comercial, ha implementado legalmente un impuesto de 0,4% para toda la investigación agrícola, complementada por una suma igual proporcionada por el gobierno (*ver* Allegri, 2002).

76. Los impuestos son factibles para productos que pasan por una cadena estrecha de procesamiento o mercadeo o donde los productores están concentrados y bien organizados. No son aplicables a productos básicos tradicionales, como la yuca.

77. Christiaensen y Demery, 2007.

78. Anderson, Feder y Ganguly, 2006.

79. Anderson, 2007; Qamar, 2002.

80. Singh, 2007.

81. Blackden y otros, 2006; Doss y Morris, 2001; Moore y otros, 2001.

82. Ekwamu y Brown, 2005; Ellis y otros, 2006.

83. Sulaiman V. y Hall, 2002.

84. Cuéllar y Kandel, 2006; Uliwa y Fischer, 2004.

85. van den Berg y Jiggins, 2007.

86. Feder, Murgai y Quizon, 2004; Godtland y otros, 2004; Tripp, Wijeratne y Piyadasa, 2005.

87. International Telecommunication Union (ITU), 2006.

88. Muto, 2006.

89. Sullivan, 2005.

90 Lio y Liu, 2006.

En foco E

1. James, 2006.

2. FAO, 2004e; Smale y otros, 2006.

3. Huang y otros, 2002; Qaim, 2005.

4. Fok, Liang y Wu, 2005; Pemsl, Waibel y Gutiérrez, 2005; Yang y otros, 2005.

5. Pray y otros, 2002; Sakiko, 2007; Smale y otros, 2006.

6. Gandhi y Namboodiri, 2006.

7. Hubo una reducción observada en el coeficiente de variación de los rendimientos en pruebas de campo en granja en la India, de 0,69 para el algodón convencional a 0,57 para el transgénico (Qaim, 2003).

8. Bennett, Morse e Ismael, 2006; Gandhi y Namboodiri, 2006; Herring, 2007; Qaim y otros, 2006; Stone, 2007.

9. James, 2006.

10. En un estudio del Instituto de Investigación sobre Política Alimentaria Internacional sobre 15 países en desarrollo, los programas de investigación pública para cultivos transgénicos incluían 201 eventos de transformación genética en 45 cultivos diferentes (Cohen, 2005). Adicionalmente, la Iniciativa Grandes Desafíos de Salud Mundial, una asociación público-privada, tiene proyectos de investigación en marcha sobre productos básicos como banano, arroz, sorgo y yuca, para incrementar el nivel de micronutrientes.

11. Huang y otros, 2005.

12. Los años de vida se calculan como el número de beneficiarios multiplicado por el promedio esperado de años adicionales de vida por beneficiario.

13. Stein, Sachdev y Qaim, 2006.

14. Byerlee, 1996.

15. Eicher, Maredia y Sithole-Niang, 2006.

16. Edmeades y Smale, 2006

17. Pingali, 2007; Spielman, Cohen y Zambrano, 2006.

18. Byerlee y Fischer, 2002; Pingali, 2007.

19. Spielman, Cohen y Zambrano, 2006.

20. Brookes y Barfoot, 2006; Consejo Internacional para la Ciencia, 2003; Grupo de Trabajo del Instituto Internacional de Ciencias de la Vida (ILSI), Comité Internacional para la Biotecnología Alimentaria, 2001; The Royal Society, 2002.

21. FAO, 2004e; Sanvido y otros, 2006.

22. Pray y otros, 2006.

23. El movimiento transfronterizo de transgénicos es regulado por el Protocolo de Cartagena bajo la Convención sobre Biodiversidad, pero se centra sobre los organismos vivos modificados, como las semillas destinadas a pruebas y a producción comercial.

24. Gruere y Bouët, 2006; Nielson y Anderson, 2001.

25. Bernauer, 2003.

26. Barrett y Brunk, 2007.

27. Secretariado de la Nueva Asociación para el Desarrollo de África, 2006.

Capítulo 8

1. Rosegrant y Hazell, 2001.

2. Los estimativos sugieren que el mejoramiento del germoplasma, esencialmente a través de la revolución verde, ahorró alrededor de 80 millones de hectáreas de tierra en los países en desarrollo a lo largo de la década de 1990 (Nelson y Maredia, 2007).

3. Evaluación del Ecosistema del Milenio, 2005.

4. Tiffen, Mortimore y Gichuki, 1994 y Pagiola, 1994, muestran en Kitui/Machakos en Kenya, que aun medidas costosas de conservación, como terrazas, han sido ampliamente adoptadas por los agricultores pobres sin acceso a los mercados formales de crédito.

5. Ruben y Pender, 2004.

6. Jackson, 1993.

7. Boserup, 1965; Tiffen, Mortimore y Gichuki, 1994.

8. Cleaver y Schreiber, 1994; Place, Pender y Ehui, 2006.

9. Messer, Cohen y Marchione, 2001.

10. Evaluación Comprensiva del Manejo del Agua en la Agricultura, 2007; Hazell y Wood, por aparecer; Sebastian, 2007.

11. Evaluación del Ecosistema del Milenio, 2005.

12. Programa de Desarrollo de Naciones Unidas, 2006.

13. Shah y otros, 2003.

14. Evaluación Comprensiva del Manejo del Agua en la Agricultura, 2007.

15. Howe, 2002.

16. Evaluación del Ecosistema del Milenio, 2005.

17. Evaluación Comprensiva del Manejo del Agua en la Agricultura, 2007; Evaluación Internacional de la Ciencia y Tecnología Agrícola para el Desarrollo (Iaastd), 2007; Rockström y Barron, 2007.

18. Feuillette, 2001; García-Mollá, 2000; Moench y otros, 2003.

19. Evaluación Comprensiva del Manejo del Agua en la Agricultura, 2007; Banco Mundial 2006t.

20. Banco Mundial, 2005h.

21. de Wit y Stankiewicz, 2006.

22. Banco Mundial, 2006l.

23. Aw y Diemer, 2005.

24. Banco Mundial, 2006o.

25. Gulati, Meinzen-Dick y Raju, 2005.

26. Dinar, 2007.

27. Banco Mundial, 2006x.

28. Un ejemplo de un sistema de canal automatizado es la tecnología de Control Total de Canal, que incluye compuertas y otras estructuras de regulación controladas de forma remota por un lugar que alberga un computador. Una característica de esta innovadora tecnología es la habilidad para controlar y medir de forma precisa el flujo de agua.

29. Nayar y Aughton, 2007.

30. Pongkijvorasin y Roumasset, 2007.

31. Bastiaanssen y Hellegers, 2007.

32. Molle y Berkoff, 2006.

33. Backeberg, 2005; Kuriakose y otros, 2005; Programa de Desarrollo de Naciones Unidas, 2006; Banco Mundial, 2006x; Zwarteveen, 1997.
34. Banco Mundial 2006x.
35. Aw y Diemer, 2005; Saleth y Dinar, 2005.
36. Banco Mundial, 2005h.
37. Banco Mundial, 2003b.
38. Banco Mundial, 2006l.
39. Fondo Internacional para el Desarrollo Agrícola (IFAD), 2001.
40. Evaluación del Ecosistema del Milenio, 2005.
41. Fowler y Hodgkin, 2004; McNeely y Scherr, 2003.
42. Heisey y otros, 1997.
43. Banco Mundial, 2003d.
44. Pingali y Rosengrant, 1994; Susmita, Meisner y Wheeler, 2007.
45. Pretty, 2006.
46. Pingali, Hossaim y Gerpacio, 1997.
47. Forss y Lundström, 2004; Forss y Sterky, 2000.
48. Steinfeld y otros, 2006.
49. Banco Mundial, 2005i.
50. Gilbert y otros, 2006.
51. FAO, 2007c.
52. Gilbert y otros, 2006.
53. Dixon, Gibbon, Gulliver, 2001.
54. Scherr y Yadav, 1996.
55. Bojo, 1996.
56. Cohen, Shepherd y Walsh, 2005
57. Cohen, Brown y Shepherd, 2006.
58. Banco Mundial, 2007h.
59. Palmieri y otros, 2003.
60. El área de bosques en las tierras mixtas es alrededor del 16% de la cubierta total de bosque en áreas tropicales, calculado por Banco Mundial, 2007i.
61. Banco Mundial, 2007i.
62. Scherr y McNeely, 2006.
63. Fan y Hazell, 2001.
64. Banco Mundial, 2007i.
65. Shively y Pagiola, 2004.
66. Rudel, 2005.
67. Banco Mundial, 2007h.
68. Rockström y Barron, 2007.
69. Nkonya y otros, 2007.
70. McIntire, Bouzart y Pingali, 1992.
71. Icraf, comunicación personal, 2007.
72. de Graaff, 1996; Helben, 2006; Reij y Steeds, 2003.
73. Erenstein, 1999.
74. *Ver* Tripp, 2006, y Ruben y Pender, 2004, para revisiones de utilidad.
75. Pender, Place y Ehui, 2006.
76. Tripp, 2006.
77. Gebremedhin, Pender y Tesfaye, 2006.
78. Fondo Internacional para el Desarrollo Agrícola (IFAD), 2005b.
79. Uphoff, 2001.
80. Jackson, 1993.
81. Westermann, Ashby y Pretty, 2005.
82. Knox, Meinzen-Dick y Hazell, 2002.
83. Como se muestra en un estudio reciente del Consejo Científico del Grupo Consultivo sobre Investigación Agrícola Internacional (Cgiar), 2006[a], más poderosas opciones gana-gana son evasivas.
84. Pagiola y Platais, por aparecer.
85. Pagiola y Platais, por aparecer.
86. Pagiola y otros, por aparecer.
87. Tipper, 2004.

En foco F

1. Long y otros, 2007.
2. Stern 2006; Parry, Rosenzweig y Livermore, 2007.
3. Estimativos por Warren, 2006, con base en datos preparados por Parry otros, 2004. Escenario sin efecto fertilización por CO_2.
4. Long y otros, 2007.
5. Los rendimientos de los cultivos son particularmente sensible al estrés por calor durante la etapa de florecencia, de forma que un pequeño aumento de la temperatura, si ocurre durante esta etapa crítica, puede tener un impacto más grande sobre los rendimientos y esto no está contemplado en las predicciones del modelo de cultivos y clima (Challinor y otros, 2006; Schlenker y Roberts, 2006).
6. Dasgupta y otros, 2007.
7. Panel Intergubernamental sobre Cambio Climático (IPCC), 2007a.
8. Encuesta a 9.500 agricultores en 11 países africanos, llevada a cabo bajo el proyecto "Impactos del Cambio Climático sobre y Adaptación de los Sistemas Agroecológicos en África", financiado por la Facilidad para el Medio Ambiente Mundial (GEF).
9. Maddison, 2006.
10. Evidencia muy similar emerge de otra encuesta del Centro de Economía y Política Ambiental en África, a 727 agricultores en la cuenca del río Limpopo en Sudáfrica, (Gbetibouo, 2006).
11. Kurukulasuriya y otros, 2006; Banco Africano de Desarrollo y otros, 2007.
12. Vergara y otros, por aparecer; Vergara, 2005.
13. Arndt, Hazell y Robinson, 2000.
14. Instituto Internacional de Investigación sobre el Clima y la Sociedad (IRI) y otros, 2007.
15. Esta iniciativa fue financiada por el Fondo para los Países Menos Desarrollados, implementado por la GEF.
16. Stern, 2006.
17. Stern, 2006.
18. Stern, 2006.
19. Panel Intergubernamental sobre Cambio Climático, 2007b.
20. Banco Mundial, 2007i, usando datos Tomich y otros, 2005. Estos estimativos consideran sólo los ingresos perdidos por los propietarios de la tierra por la reconversión y asumen que el trabajo desplazado puede encontrar empleo alternativo al salario actual.
21. Sathaye y otros, por aparecer, citado en Banco Mundial, 2007i.
22. Steinfeld y otros, 2006; Stern, 2006.
23. Banco Mundial, 2007i.

Capítulo 9

1. La medición de la participación de la fuerza laboral y asignar los trabajadores a un sector específico es difícil por razones inherentes al patrón de actividad de los hogares rurales. Muchas mujeres declaran que no participan en la fuerza de trabajo si consideran que su actividad principal es el cuidado del hogar, aun si son activas en la granja o en el negocio del hogar. Adicionalmente, para evitar doble contabilización, las estadísticas reportan sólo la actividad principal de los trabajadores. La participación total en cualquier sector de actividad o tipo de empleo es así subestimada. El subreporte asimétrico de los trabajadores asalariados puede ocurrir si cultivar su propia tierra es considerada la actividad principal, aun si no es la principal fuente de ingreso. Siguiendo una terminología común, no agrícola se refiere a empleo en sectores no agrícolas, sea autoempleo o empleo asalariado. El empleo fuera de la granja incluye el empleo asalariado agrícola y el empleo o agrícola.
2. Cramer y Sender, 1999; Erlebach, 2006; Sender, Oya y Cramer, por aparecer.
3. Basu, 2006a
4. Cramer y Sender, 1999; Erlebach 2006; Johnston, 1997; Sender, Oya y Cramer, por aparecer.
5. Deshingkar y Farrington, 2006.

6. Hurst, Termine y Karl, 2005.
7. Glinkskaya y Jalan, 2005.
8. Banco Mundial, 2003g.
9. Jarvis y Vera-Toscano, 2004.
10. Kochar, 1997.
11. Jayachandran, 2006.
12. Foster y Rosenzweig, 1994.
13. Sundaram y Tendulkar, 2007.
14. Dev, 2002.
15. Hurst, Termine y Karl 2005, citando a Olney y otros, 2002.
16. Hurst, Termine y Karl, 2005.
17. Valdés y Foster, 2006.
18. Hurst, Termine y Karl, 2005.
19. Para Brasil, México y Nicaragua, *ver* Valdés y Foster, 2006. Para Polonia, *ver* Banco Mundial, 2001. En el caso de Polonia este impuesto también aplica a los ingresos urbanos.
20. Ureta, 2002.
21. Jayaraman y Lanjouw, 1999; Otsuka y [illegible], [illegible]
22. Escobal, Reardon y Agreda, 2000; Jarvis y Vera-Toscano, 2004.
23. Valdés y Foster, 2006.
24. Valdés y Foster, 2006.
25. Haggblade, Hazell y Reardon, por aparecer.
26. Hurst, Termine y Karl, 2005.
27. Encuestas de Evaluación de Clima de Inversión Rural para Bangladesh, Indonesia, Nicaragua, Paquistán, Sri Lanka y Tanzania; y 2004 VLSS para Tanzania, disponible en línea en http://iresearch.worldbank.org/InvestmentClimate/.
28. El Programa de Evaluación del Clima de Inversión Rural del Banco Mundial, se ha expandido hasta ahora a Bangladesh, Indonesia, Nicaragua, Paquistán, Sri Lanka y Tanzania. Diseñado para ser la contraparte de las *Encuestas de Clima de Inversión* del Banco, las Encuestas de Clima de Inversión Rural recogen información sobre empresas rurales no agrícolas y percepciones sobre las principales trabas a su operación y desarrollo.
29. Damiani, 2007.
30. Sundaram y Tendulkar, 2007.
31. Banco Mundial, 2004g.
32. Araújo, de Janvry y Sadoulet, 2002.
33. Hanson, 2005.
34. Hanson, 2005.
35. Los estimativos son calculados asumiendo que, en ausencia de migración, las tasas naturales de población para las zonas urbanas y rurales son iguales, proporcionando así una medida conservadora de la migración. La reclasificación de áreas rurales en urbanas no ha sido tomada en cuenta, aunque puede representar algo de la urbanización, independientemente de la migración.
36. *Ver,* por ejemplo Hoddinott, 1994, Lanzona, 1998, Li y Zahniser, 2002, Matsumoto, Kijima y Yamano, 2006 y Zhao, 1999.
37. Quisumbing y McNiven, 2005.
38. McCulloch, Weisbrod y Timmer, 2007.
39. Otsuka y Yamano, 2006; Satterthwaite y Tacoli, 2003.
40. Banerjee y Newman, 1993.
41. Banco Mundial, 2007c.
42. Otsuka y Yamano, 2006.
43. Foster y Rosenzweig, 1993.
44. Gurgand, 2003.
45. Duflo, 2001.
46. de Brauw y otros, 2002; Du, Park y Wang, 2005; Kashisa y Palanichamy, 2006.
47. Fafchamps y Quisumbing, 1999; Jolliffe, 2004; Laszlo, 2004.
48. Orazem y King, por aparecer.
49. Cherdchuchai, 2006; Quisumbing, Estudillo y Otsuka, 2004; Takahashi, 2006.
50. Kochar, 2000.
51. Hanushek y Woessmann, 2007; OCDE, 2004; Banco Mundial, 2006z.
52. Banco Mundial, 2005e.
53. Nishimura Yamano y Sasaoka, por aparecer.
54. Rawlings y Rubio, 2005.
55. de Janvry y Sadoulet, 2006a; Rugh y Bossert, 1998.
56. Ravallion y Wodon, 2000; Schady y Araújo, 2006; Schultz, 2001.
57. Las pensiones no contributivas aplicadas en Bolivia (Bonosol) cubren tanto las zonas urbanas como las rurales.
58. Levy2007.
59. Edmonds, por aparecer, usando datos de la Encuestas de Indicadores Múltiples de Conglomerados; http://www.childinfo.org/MICS2/MICSDataSet.htm.
60. Ratha, 2005.
61. Alderman y Haque, 2006.
62. Clay, Riley y Urey, 2004.
63. Galasso, Ravallion y Salvia, 2004; Ravallion y otros, 2005.
64. Morton y otros, 2006.

En foco G

1. Edmonds y Pavcnink, 2005.
2. De y Dreze ,1999.
3. Chaudhury y otros, 2006.
4. Banco Mundial, 2006z.
5. De y Dreze, 1999.
6. Organización Educacional, Científica y Cultural de Naciones Unidas, 2006.
7. FAO y Unesco, 2003.
8. Johanson y Adams, 2004.
9. Johanson y Adams, 2004.
10. Johanson y Adams, 2004.
11. http://www.oportunidades.gob.mx.
12. FAO y Unesco, 2003.
13. Muir-Leresche, 2003.
14. Universidad Earth (Escuela de Agricultura de la Región Tropical Húmeda), localizada en Costa Rica –una universidad privada sin ánimo de lucro dedicada a la educación en ciencias agrícolas y recursos naturales.
15. Juma, 2006.
16. Barrera, 2007.
17. Sección basada en Saint, 2007.
18. Instituto de Investigación sobre Política Alimentaria Internacional (Ifpri), 2004.
19. Stads y Beintema, 2006.
20. www.saa-tokyo.org/english.
21. Eicher, 2006.
22. Eicher, 2006.
23. Organización Educacional, Científica y Cultural de Naciones Unidas, 2006.

En foco H

1. Hawkes y Ruel, 2006; Perry y otros, 2002.
2. Lipton y de Kadt, 1988.
3. Organización Mundial de la Salud (Oficina Regional para África), 2006.
4. Mutero y otros, 2005; Snowden 2006; Keiser y otros, 2005.
5. Amarcher y otros, 2004.
6. Mutero, McCartney y Boelee, 2006.
7. Snowden, 2006.
8. Este estudio comparó agricultores que se quejaron de síntomas similares a los de la malaria durante dos o más días en un mes, con otros que los manifestaron por un día o no tuvieron (Girardin y otros, 2004).
9. Keiser, Singer y Utzinger, 2005.

10. van der Hoek, 2003; Mutero y otros, 2005.
11. Organización Mundial de la Salud (OMS), 2003.
12. Goldman y Tran, 2002.
13. Yanggen y otros, 2003; Cole, Carpio y León, 2000.
14. Los efectos del uso de herbicidas sobre la salud no fueron significativos en la estimación de los resultados. Esto puede deberse al mucho más elevado número de intoxicaciones con insecticidas, comparados con los ocasionados por herbicidas (Pingali, Márquez y Palis, 1994).
15. Pingali, Márquez y Palis, 1994; Rola y Pingali, 1993.
16. Hruska y Corriols, 2002.
17. Programa Conjunto de Naciones Unidas para el HIV/SIDA (Unaids), 2006.
18. Binswanger, 2006.
19. Gillespie y Kadiyala, 2005
20. Staatz y Dembele, 2007.
21. Gillespie y Kadiyala, 2005.
22. Jayne y otros, 2006b.
23. Abbot y otros, 2005.
24. Gillespie, 2006.
25. Taylor, Latham y Woolhouse, 2001.
26. Coordinador de Naciones Unidas del Sistema para la Influenza y Banco Mundial, 2007.
27. Zinsstag y otros, 2007.
28. Banco Mundial y otros, 2006.

Capítulo 10

1. Gabre-Madhin y Haggblade, 2004.
2. FAO, 2006a.
3. Collier, 2006; Staatz y Dembele, 2007.
4. Limao y Venables, 2001.
5. International Institute of Strategic Studies (IISS), 2000.
6. Ndulu, 2007.
7. Staaz y Dembele, 2007.
8. Hayami y Platteau, 1997.
9. Diao y otros, 2003; Staatz y Dembele, 2007.
10. Pender y Nkonya, 2007.
11. Staatz y Dembele, 2007.
12. Argelia, República Árabe de Egipto, República Islámica de Irán, Irak, Jordania, Líbano, Libia, Marruecos, República Árabe Siria, Franja Occidental y Gaza y República del Yemen.
13. FAO, 2006a.
14. Vyas, 2007.
15. Vyas, 2007.
16. Banco Mundial, 2006m.
17. El 80% de la población, según las definiciones de urbano de los países, pero sólo el 56% utilizando la definición de la OCDE basada en la densidad de población (De Ferranti y otros, 2005).
18. Wilkinson y Rocha, 2006.
19. Comisión Económica de las Naciones Unidas para América Latina y el Caribe (Cepal), 2006; FAO, 2004c.
20. Farnworth y Goodman, 2007; Henson, 2006; Lyon, 2006.
21. Ravallion, Chen y Sangraula, 2007.
22. Berdegué y otros, 2006b.
23. De Ferranti y otros, 2004.
24. Martínez Nogueira, 2007.
25. Helfand y Levine, 2005.
26. Pichon, 2007.
27. Banco Interamericano de Desarrollo, 2005.
28. Banco Mundial, 2005o.
29. Martínez Nogueira, 2007.

Capítulo 11

1. *Ver* Binswanger, Deininger y Feder, 1995 sobre una revisión histórica de los desafíos de gobernabilidad que surgen de las relaciones sobre la tierra.
2. Goldstone y otros, 2005.
3. Herzog y Wright, 2006.
4. Julio Berdegué, comunicación personal, 2007.
5. Rica Rajalahti y Willem Janssen, comunicación personal, 2007.
6. Sabatier y Jenkins-Smith, 1993.
7. Ryan, 1999.
8. López y Galinato, 2006.
9. C. de Haan, comunicación personal, 2007.
10. Banco Mundial, 2003i.
11. Sharma, 2007.
12. Huppert y Wolf, 2002; Rinaudo, 2002; Wade, 1982, 1984.
13. BBC News, 2005; Fredriksson y Svensson, 2003.
14. Ackerman, 2004.
15. Olken, 2007.
16. Finan y Ferraz, 2005.
17. Work, 2002.
18. Bahiigwa, Rugby y Woodhouse, 2005.
19. Brossio, 2000.
20. Bahiigwa, Mdoe y Ellis, 2005.
21. Lin, Tao y Liu, 2007.
22. Chattopadhyay y Duflo, 2004.
23. Asian Development Bank, 2004.
24. Faguet, 2004.
25. Hayward, 2006.
26. Zyl, Sonn y Costa, 2000.
27. Binswanger, de próxima publicación; Binswanger y Nguyen, 2006.
28. Wassenich y Whiteside, 2004; Banco Mundial, 2005m.
29. OCDE, 2006a.
30. Si se utilizan datos de desembolsos en lugar de fondos comprometidos, el porcentaje sería inferior. Sin embargo, las bases de datos disponibles sobre desembolsos están incompletas o no se han desagregado por sectores.
31. Blackie y otros, 2006; Chinsinga, 2007; Evans, Cabral y Vadnjal, 2006; Harrigan, 2003.
32. *Ver* http://www.donorplatform.org; http://www.ruta.org y http://www.neuchatelinitiative.net.
33. Los SWAPP tienen el propósito de integrar toda la financiación significativa en una sola política y programa de gastos bajo el liderazgo del gobierno y adoptar enfoques comunes a través del sector, dependiendo de los procedimientos oficiales para desembolsar y dar cuenta de todos los fondos (Foster, Brown y Naschold, 2000).
34. Mosley y Suleiman, 2007.
35. Banco Mundial, 2005b.
36. Banco Mundial, 2005b.
37. Alex McCalla, comunicación personal, 2007.
38. Foro sobre cooperación China-África en http://www.fmprc.gov.cn/eng/; República Popular de China, 2006.
39. Raitzer, 2003.
40. Oberthür, 2002.
41. Louwaars, 2007.
42. Lele y Gerrard, 2003.
43. Banco Mundial, 2004a.
44. Winter-Nelson y Rich, 2006.
45. Lele y Gerrard, 2003; Raitzer y Kelley, de próxima publicación.
46. Stern, 2006.
47. http://www.g-8.de/nn_92452/Content/EN/Artikel/__g8-summit/2007-06-07-g8-klimaschutz__en.html.
48. Unnevehr, 2004.
49. Stern, 2006.

Referencias

Los documentos reproducidos de manera informal que, en general, no se encuentran en las bibliotecas se han señalado con la palabra "procesado".

Abbot, Joanne, P. J. Lerotholi, Makojang Mahao, and Mosele Lenka. 2005. "From Condoms to Cabbages: Rethinking Agricultural Interventions to Mitigate the Impacts of HIV/AIDS in Lesotho". Paper presented at the HIV/AIDS and Food Nutrition *Security Conference*. January 14. Durban, South Africa.

Ackerman, John. 2004. "Co-Governance for Accountability: Beyond 'Exit' and 'Voice'". *World Development* 32(3):447-63.

Adams, Dale W., Douglas H. Graham, and J. D. Von Pischke, eds. 1984. *Undermining Rural Development with Cheap Credit.* Boulder, CO: Westview Press.

Aeshliman, Chet. 2007. "Study of the RCPB Network of Financial Cooperatives in Burkina Faso". World Bank. Washington, DC. Processed.

African Agricultural Technology Foundation (AATF). 2004. *Fight Striga with Ua Kayongo Hybrid Maize!* Nairobi, Kenya: African Agricultural Technology Foundation.

African Capacity Building Foundation (ACBF). 2006. *A Survey of Capacity Needs of Africa's Regional Economic Communities.* Harare: African Capacity Building Foundation.

African Development Bank, Food and Agriculture Organization, International Fund for Agricultural Development, International Water Management Institute, and World Bank. 2007. "Investment in Agricultural Water for Poverty Reduction and Economic Growth in Sub-Saharan Africa". African Development Bank; Food and Agricultural Organization; International Fund for Agricultural Development; International Water Management Institute; World Bank. Washington, DC. Processed.

Agarwal, Bina. 1994. *A Field of One's Own: Gender and Land Rights in South Asia.* New York: Cambridge University Press.

Agoua, Florentin, Marie-Rose Mercoiret, and M. Ouikoun. 2000. *Le Renforcement des Organisations Paysannes du Zou (Bénin).* Montpellier: Cirad.

Akiyama, Takamasa, John Baffes, Donald Larson, and Panos Varangis. 2003. "Commodity Market Reform in Africa: Some Recent Experience". Washington, DC: World Bank Policy Research Working Paper Series 2995.

Akiyama, Takamasa, John Baffes, and P. Varangis. 2001. "Market Reforms: Lessons from Country and Commodity Experiences". In Takamasa Akiyamasa, John Baffes, Donald Larson, and P. Varangis, (eds.), *Commodity Market Reforms: Lessons of Two Decades.* Washington, DC: World Bank.

Akiyama, Takamasa, and Donald Larson. 1994. "The Adding-Up Problem: Strategies for Primary Commodity Exports in Sub-Saharan Africa". Washington, DC: World Bank Policy Research Working Paper Series 1245.

Aldana, Ursula. 2006. "The Importance of Agriculture in Isolated Areas in the Peruvian Andes". Background Note for the WDR 2008.

Alden-Wily, Liz. 2003. "Governance and Land Relations. A Review of Decentralization of Land Administration and Management in Africa". London: International Institute for Environment and Development (IIED) Issues Paper 120.

Alderman, Harold. 2005. "Linkages Between Poverty Reduction Strategies and Child Nutrition: An Asian Perspective". *Economic and Political Weekly* 40(46):4837-42.

Alderman, Harold, and Trina Haque. 2006. "Countercyclical Safety Nets for the Poor and Vulnerable". *Food Policy* 31(4):372-83.

Alderman, Harold, John Hoddinott, and Bill Kinsey. 2006. "Long Term Consequences of Early Childhood Malnutrition". *Oxford Economic Papers* 58(3):450–74.

Alderman, Harold, and Christina H. Paxson. 1992. "Do the Poor Insure? A Synthesis of the Literature on Risk and Consumption in Developing Countries". Washington, DC: World Bank Policy Research Working Paper Series 1008.

Alexandratos, Nikos. 2005. "Countries with Rapid Population Growth and Resource Constraints: Issues of Food, Agriculture and Development". *Population and Development Review* 31(2):237-58.

Ali, Mubarik. 2006. "Horticulture Revolution for the Poor: Nature, Challenges and Opportunities". Background paper for the WDR 2008.

Ali, Mubarik, and Derek Byerlee. 2002. "Productivity Growth and Resource Degradation in Pakistan's Punjab: A Decomposition Analysis". *Economic Development and Cultural Change* 50(4):839-63.

Allcott, Hunt, Daniel Lederman, and Ramón López. 2006. "Political Institutions, Inequality, and Agricultural Growth: The Public Expenditure Connection". Washington, DC: World Bank Policy Research Working Paper Series 3902.

Allegri, Mario. 2002. "Partnership of Producer and Government Financing to Reform Agricultural Research in Uruguay". In Derek Byerlee and Ruben G. Echeverria, (eds.), *Agricultural Research Policy in an Era of Privatization.* Wallingford Oxon, U.K.: CABI Publishing.

Alston, Julian M, Connie Chan-Kang, Michele C. Marra, Philip G. Pardey, and T. J. Wyatt. 2000. *A Meta-Analysis of* Rates of Return to Agricultural R&D: Ex Pede Herculem? Washington, DC: International Food Policy Research Institute (IFPRI).

Alston, Julian M. 2002. "Spillovers". *Australian Journal of Agricultural and Resource Economics* 46(3):315-46.

Alston, Julian M. y Philip G. Pardey. 1993. "Market Distortions and Technological Progress in Agriculture". *Technological Forecasting and Social Change* 43(3-4):301-19.

Alston, Julian M., Daniel Sumner y Henrich Brunke. 2007. *Impacts of Reduction in US Cotton Subsidies on West African Cotton Producers.* Boston, Mass.: Oxfam.

Amarcher, Gregorio, Lire Ersado, Donald Leo Grebner y William Hyde. 2004. "Disease, Microdams and Natural Resources in Tigray, Ethiopia: Impacts on Productivity and Labour Supplies". *Journal of Development Studies* 40(6):122-45.

Amsden, Alice H. 1989. *Asia's Next Giant: South Korea and Late Industrialization.* Nueva York: Oxford University Press.

———. 1991. "Big Business and Urban Congestion in Taiwan: the Origins of Small Enterprise and Regionally Decentralized Industry (Respectively)". *World Development* 19(9):1121-35.

Anderson, Jock R. 2007. "Agricultural Advisory Services". Documento de antecedentes para el WDR 2008.

Anderson, Jock R., Gershon Feder y Sushma Ganguly. 2006. "The Rise and Fall of Training and Visit Extension: An Asian Mini-drama with an African Epilogue". En A. W. Van den Ban y R. K. Samanta, (eds.), *Changing Roles of Agricultural Extension in Asian Nations.* Nueva Delhi: B. R. Publishing Corporation.

Anderson, Jock R. y J. B. Hardaker. 2003. "Risk Aversion in Economic Decision Making: Pragmatic Guides for Consistent Choice by Natural Resource Managers". En J. Wesseler, H. P. Weikard y R. Weaver, (eds.), *Risk and Uncertainty in Environmental Economics*. Cheltenham, R.U.: Edward Elgar Publishing Ltd.

Anderson, Kym. 2004. "Subsidies and Trade Barriers". In B. Lomborg, (eds.), *Global Crises, Global Solutions*. Cambridge and Nueva York: Cambridge University Press.

———. (eds.) De próxima publicación. *"Distortions to Agricultural Incentives: A Global Perspective"*. Londres, R.U. y Washington, DC: Palgrave Macmillan y Banco Mundial.

Anderson, Kym y Will Martin, eds. 2005. *Agricultural Trade Reform and the Doha Development Agenda*. Nueva York, NY y Washington, DC: Palgrave Macmillan & Banco Mundial.

Anderson, Kym, Will Martin y Ernesto Valenzuela. 2006. "The Relative Importance of Global Agricultural Subsidies and Market Access". *World Trade Review* 5(3):357-76.

Anderson, Kym, Will Martin y Dominique van der Mensbrugghe. 2006a. "Distortions to World Trade: Impacts on Agricultural Markets and Farm Incomes". *Review of Agricultural Economics* 28(2):168-94.

Anderson, Kym, William Martin y Dominique van der Mensbrugghe. 2006b. "Doha Merchandise Trade Reform: What is at Stake for Developing Countries?" *World Bank Economic Review* 20(2):168-95.

Anderson, Kym y Ernesto Valenzuela. De próxima publicación. "The World Trade Organization's Doha Cotton Initiative: A Tale of Two Issues". *World Economy*. Andre, Catherine y Jean-Philippe Platteau. 1998. "Land Relations Under Unbearable Stress: Rwanda Caught in the Malthusian Trap". *Journal of Economic Behavior and Organization* 34(1):1-47.

Angus, J. F. 2001. "Nitrogen Supply and Demand in Australian Agriculture". *Australian Journal of Experimental Agriculture* 41(3):277-88.

Anríquez, Gustavo. 2003. *The Viability of Rural Communities in Chile: A Migration Analysis at the Community Level*. Roma: Organización de las N.U. para la Agricultura y la Alimentación (FAO).

Anríquez, Gustavo y Genny Bonomi. 2007. "Long-Term Farming and Rural Demographic Trends". Documento de antecedentes para el IDM 2008.

Anríquez, Gustavo y Ramón López. 2007. "Agricultural Growth and Poverty in an Archetypical Middle Income Country: Chile 1987-2003". *Agricultural Economics* 36(2):191-202.

Appu, P. S. 1996. *Land Reforms in India: A Survey of Policy, Legislation and Implementation*. Nueva Delhi: Vikas Publishing House.

Araújo, Caridad, Alain de Janvry y Elisabeth Sadoulet. 2002. "Geography of Poverty, Territorial Growth and Rural Development". University of California at Berkeley. Berkeley. Procesado.

Arndt, Channing, Peter Hazell y Sherman Robinson. 2000. "Economic Value of Climate Forecasts for Agricultural Systems in Africa". En Mannava V.K.Sivakumar y James Hansen, (eds.), *Climate Prediction and Agriculture: Advances and Challenges*. Berlín, Nueva York: Springer.

Ashraf, Nava, Margaret S. McMillan y Alix Peterson Zwane. 2005. "My Policies or Yours: Have OECD Agricultural Policies Affected Incomes in Developing Countries?" Cambridge, Mass.: National Bureau of Economic Research - serie de documentos de trabajo 11289.

Asian Development Bank. 2004. *Gender and Governance Issues in Local Government*. Manila: Asian Development Bank.

———. 2005. *An Impact Evaluation on the Development of Genetically Improved Farmed Tilapia and their Dissemination in Selected Countries*. Manila: Asian Development Bank.

Asosiación Nacional de Tiendas de Autoservicios y Distribuidoras (Antad). 2005. *Tipo de establecimiento donde se compre categoría de producto, 1993-1998 vs. 2001-2005*. Ciudad México: Antad.

Assaad, Ragui, Fatma El-Hamidi y Akhter Ahmed. 2000. "The Determinants of Employment Status in Egypt". Washington, DC: International Food Policy Research Institute (Ifpri), Food, Consumption and Nutrition Division, Documento para discusión, serie 88.

Assuncao, Juliano J. y Luis H. B. Braido. De próxima publicación. "Testing Household-Specifi c Explanations for the Inverse Productivity Relationship". *American Journal of Agricultural Economics*.

Avalos-Sartorio, Beatriz. 2006. "What Can We Learn from Past Price Stabilization Policies and Market Reform in Mexico?" *Food Policy* 31(4):313-27.

Aw, Djibril y Geert Diemer. 2005. *Making a Large Irrigation Scheme Work: A Case Study from Mali*. Washington, DC: Banco Mundial.

Ayalew, Daniel, Stefan Dercon y Madhur Gautam. 2005. "Property Rights in a Very Poor Country: Tenure Insecurity and Investment in Ethiopia". Oxford University: Global Poverty Research Group - serie de documentos de trabajo GPRG-WPS-021. WDR08_23_references.indd 285 9/10/07 3:02:03 PM.

Aziz, Elbehri, Linwood Hoffman, Mark Ash y Erik Dohlman. 2001. "Global Impacts of Zero-For-Zero Trade Policy in the World Oilseed Market: A Quantitative Assessment". West Lafayette, En: Global Trade Analysis Project (GTAP) Resource 711.

Backeberg, Gerhard R. 2005. "Water Institutional Reforms in South Africa". *Water Policy* 7(2005):107-23.

Baffes, John. 2005. "Cotton: Market Setting, Trade Policiesy Issues". En Ataman Aksoy y John C. Beghin, (eds.), *Global Agricultural Trade and Developing Countries*. Washington, DC: Banco Mundial.

———. 2006. "Oil Spills over to other Commodities". Banco Mundial. Washington, DC. Procesado.

———. 2007. "The Political Economy of the US Cotton Program". Nota de antecedentes para el IDM 2008.

Baffes, John y Harry de Gorter. 2005. "Disciplining Agricultural Support through Decoupling". Washington, DC: Investigación de políticas, Banco Mundial, serie de documentos de trabajo 3533.

Baffes, John y Bruce Gardner. 2003. "The Transmission of World Commodity Prices to Domestic Markets Under Policy Reforms in Developing Countries". *Policy Reform* 6(3):158-80.

Baffes, John, B. Lewin y P. Varangis. 2005. "Coffee: Market Settings and Policies". En M. Astman Aksoy y John C. Beghin, (eds.), *Global Agricultural Trade and Developing Countries*. Washington, DC: Banco Mundial.

Bahiigwa, Godfrey, Ntengua Mdoe y Frank Ellis. 2005. "Livelihoods Research Findings and Agriculture-Led Growth". *Institute of Development Studies (IDS) Bulletin* 36(2):115-20.

Bahiigwa, Godfrey, Dan Rigby y Philip Woodhouse. 2005. "Right Target, Wrong Mechanism? Agricultural Modernization and Poverty Reduction in Uganda". *World Development* 33(3):481-96.

Bairoch, Paul. 1973. "Agriculture and the Industrial Revolution, 1700-1914 (vol. 3)". En Carlo M. Cipolla, (eds.), *The Fontana Economic History of Europe: The Industrial Revolution*. Londres: Collinis/Fontana.

Baland, Jean-Mariey Jean-Philippe Platteau. 1996. *Halting Degradation of Natural Resources: Is There a Role for Rural Communities?* Roma: Organización de las N.U. para la Agricultura y la Alimentación (FAO).

Balsevich, Fernando, Julio Berdegué y Thomas Reardon. 2006. "Supermarkets, New-Generation Wholesalers, Tomato Farmersy NGOs in Nicaragua". Ann Harbor, MI: Department of Agricultural Economics, Michigan State University, Documento del personal 2006-03.

Ban, Sung Hwan, Pal Yong Moon y Dwight H. Perkins. 1980. *Rural Development (in the Republic of Korea)*. Cambridge, Mass.: Harvard University Press.

Bandiera, Oriana e Imran Rasul. 2006. "Social Networks and Technology Adoption in Northern Mozambique". *Economic Journal* 116(514):862-902.

Banco Mundial. 1982. *World Development Report 1982: Agriculture and Economic Development*. Washington, DC: Oxford University Press para el Banco Mundial.

———. 1989. *World Development Report 1989. Financial Systems and Development*. Nueva York: Oxford University Press.

———. 2000a. *Can Africa Claim the 21st Century?* Washington, DC: Banco Mundial.

———. 2000b. *India's Policies to Reduce Poverty and Accelerate Sustainable Development*. Washington, DC: Banco Mundial.

———. 2001. *Poland: The Functioning of the Labor, Land and Financial Markets: Opportunities and Constraint for Farming Sector Restructuring*. Washington, DC: Banco Mundial.

———. 2002a. *China's Poverty Report*. Washington, DC: Banco Mundial.

———. 2002b. *World Development Indicators 2002*. Washington, DC: Banco Mundial.

———. 2003a. *Azerbaijan Republic: Poverty Assessment*. Washington, DC: Banco Mundial.

———. 2003b. *Better Governance for Development in the Middle East and North Africa: Enhancing Inclusiveness and Accountability*. Washington, DC: Banco Mundial.

———. 2003c. *India's Promoting Agricultural Growth in Maharashtra*. Washington, DC: Banco Mundial, South Asia Rural Development Unit, Report No, 25415-IN, Volume I.

———. 2003d. *India: Revitalizing Punjab's Agriculture*. Nueva Delhi: Banco Mundial.

———. 2003e. *Kyrgyz Republic: Enhancing Pro-Poor Growth*. Washington, DC: Banco Mundial.

———. 2003f. *Promoting Agro-Enterprise and Agro-Food Systems Development in Developing and Transition Countries*. Washington, DC: Banco Mundial.

———. 2003g. *Rural Poverty Alleviation in Brazil. Toward an Integrated Strategy*. Washington, DC: Banco Mundial.

———. 2003h. *World Bank Policy Research Report 2003. Land Policies for Growth and Poverty Reduction*. Nueva York: Oxford University Press.

———. 2003i. *Informe sobre el Desarrollo Mundial: Servicios para los pobres*. Bogotá; Banco Mundial y Alfaomega.

———. 2004a. *Addressing the Challenges of Globalization. An Independent Evaluation of the World Bank's Approach to Global Programs*. Washington, DC: Banco Mundial, Operations Evaluation Department.

———. 2004b. *Agriculture Investment Sourcebook*. Washington, DC: Banco Mundial.

———. 2004c. *Global Economic Prospects 2005: Trade, Regionalism, and Development*. Washington, DC: Banco Mundial.

———. 2004d. *Mexico: Public Expenditure Review*. Washington, DC: Banco Mundial.

———. 2004e. *Nicaragua: Drivers of Sustainable Rural Growth and Poverty Reduction in Central America Nicaragua*. Washington, DC: Banco Mundial, informe 31193-NI.

———. 2004f. *Project Performance Assessment Report: Turkey, Eastern Anatolia Watershed Rehabilitation Project*. Washington, DC: Banco Mundial, Operations Evaluation Department.

———. 2004g. *Promoting the Rural Non-Farm Sector in Bangladesh. Report 29719-BD*. Washington, DC: Banco Mundial.

———. 2004h. *The Cgiar at 31: An Independent Meta-Evaluation of the Consultative Group on International Agricultural Research*. Washington, DC: Banco Mundial, OED.

———. 2005a. *Drivers of Sustainable Rural Growth and Poverty Reduction in Central America*. Washington, DC: Banco Mundial.

———. 2005b. *Enabling Country Capacity to Achieve Results*. Washington, DC: Banco Mundial.

———. 2005c. *Food Safety and Agricultural Health Standards and Developing Country Exports: Re-thinking the Impacts and the Policy Agenda*. Washington, DC: Banco Mundial.

———. 2005d. *Food Safety and Agricultural Health Standards: Challenges and Opportunities for Developing Country Exports*. Washington, DC: Banco Mundial, Poverty Reduction and Economic Management Sector Unit.

———. 2005e. *Implementation Completion Report for the Qinba Mountains Poverty Reduction Project*. Washington, DC: Banco Mundial.

———. 2005f. *India Re-energizing the Agricultural Sector to Sustain Growth and Reduce Poverty*. Nueva Delhi: Oxford University Press.

———. 2005g. *Institutional Innovation Experiences in Agricultural Innovation Systems in Latin America and the Caribbean*. Washington, DC: Banco Mundial.

———. 2005h. *Making the Most of Scarcity: Accountability for Better Water Management Results in the Middle East and North Africa*. Washington, DC: Banco Mundial, Middle East and North Africa Region Development Report on Water.

———. 2005i. *Managing the Livestock Revolution: Policy and Technology to Address the Negative Impacts of a Fast-Growing Sector*. Washington, DC: Banco Mundial.

———. 2005j. *Opportunities for All Peru Poverty Assessment*. Washington, DC: Banco Mundial, informe No. 29825-PE.

———. 2005k. *Pro-Poor Growth in the 1990s: Lessons and Insights from 14 Countries*. Washington, DC: Banco Mundial.

———. 2005l. *Project Appraisal Document for Mongolia Index-Based Livestock Insurance Project*. Washington, DC: Banco Mundial, informe No. 3220-MN.

———. 2005m. *The Effectiveness of World Bank Support for Community- Based and -Driven Development: An OED Evaluation*. Washington, DC: Banco Mundial.

———. 2005n. *Well Being and Poverty in Ethiopia: The Role of Agriculture and Agency*. Washington, DC: Banco Mundial, informe No. 29468-ET.

———. 2005o. *World Development Report 2006: Equity and Development*. Nueva York: Oxford University Press.

———. 2005p. *Zambia Poverty and Vulnerability Assessment*. Washington, DC: Banco Mundial.

———. 2006a. *Accelerating Vietnam's Rural Development: Growth, Equity and Diversifi cation*. Washington, DC: Banco Mundial ARD.

———. 2006b. "Agricultural and Rural Development". Banco Mundial. Washington, DC. Procesado.

———. 2006c. *Agricultural Services and Producer Organizations Project*. Washington, DC: Banco Mundial, Implementation Completion, informe No. 35062.

———. 2006d. *Argentina: Agriculture and Rural Development*. Washington, DC: Banco Mundial.

———. 2006e. *Bihar Agriculture: Building on Emerging Models of 'Success'*. Washington, DC: Banco Mundial.

———. 2006f. *Bihar: Towards a Development Strategy*. Washington, DC: Banco Mundial.

———. 2006g. *Clean Energy and Development: Towards an Investment Framework*. Washington, DC: Banco Mundial, Environmentally and Socially Sustainable Development and Infrastructure Vice Presidencies.

———. 2006h. *Enhancing Agricultural Innovation: How to Go Beyond the Strengthening of Research Systems*. Washington, DC: Banco Mundial, Agriculture and Rural Development.

———. 2006i. *India's Employment Challenge: Creating Jobs, Helping Workers*. Washington, DC: Banco Mundial.

———. 2006j. *Indonesia Rural Investment Climate Assessment Report, Revitalizing the Rural Economy: An Assessment of the Investment Climate Faced by Non-farm Enterprises at the District Level*. Yakarta: Banco Mundial.

———. 2006k. *Intellectual Property Rights: Designing Regimes to Support Plant Breeding in Developing Countries*. Washington, DC: Banco Mundial.

———. 2006l. *Irrigation Management Transfer: Lessons from Global Experience*. Washington, DC: Banco Mundial.

———. 2006m. *Making the New Indonesia Work for the Poor*. Washington, DC: Banco Mundial.

———. 2006n. *Malawi Poverty and Vulnerability Assessment: Investing in our Future*. Washington, DC: Banco Mundial.

———. 2006o. *Mali: From Sector Diagnostics Toward an Integrated Growth Strategy: A Country Economic Memorandum*. Washington, DC: Banco Mundial.

———. 2006p. *Managing Food Price Risks and Instability in an Environment of Market Liberalization*. Washington, DC: Banco Mundial, Agriculture and Rural Development Department.

———. 2006q. *Miraculous Catch in Kazakhstan's Northern Aral Sea*. Washington, DC: Banco Mundial.

———. 2006r. *Pakistan: Promoting Rural Growth and Poverty Reduction*. Washington, DC: Banco Mundial.

———. 2006s. *Poverty Assessment for Sri Lanka: Engendering Growth with Equity: Opportunities and Challenges*. Washington, DC: Banco Mundial.

———. 2006t. *Reengaging in Agricultural Water Management: Challenges and Options*. Washington, DC: Banco Mundial.

———. 2006u. *Sustainable Land Management: Challenges, Opportunitiesy Trade-Offs*. Washington, DC: Banco Mundial.

———. 2006v. *The Rural Investment Climate: It Differs and It Matters*. Washington, DC: Banco Mundial, Agriculture and Rural Development Department, informe No. 36543 GLB.

———. 2006w. *Tunisia: Agricultural Sector Review*. Washington, DC: Banco Mundial.

———. 2006x. *Water Management in Agriculture: 10 Years of Assistance*. Washington, DC: Banco Mundial.

———. 2006y. *World Development Indicators*. Washington, DC: Banco Mundial.

———. 2006z. *Informe sobre el Desarrollo Mundial 2007: Desarrollo y la nueva generación*: Banco Mundial y Mayol Ediciones.

———. 2007a. *Brazil Measuring Poverty Using Household Consumption*. Washington, DC: Banco Mundial, informe No. 36358-BR.

———. 2007b. *Changing the Face of the Waters: The Promise and Challenge of Sustainable Aquaculture*. Washington, DC: Banco Mundial.

———. 2007c. *From Poor Areas to Poor People: China's Evolving Poverty Reduction Agenda*. Washington, DC: Banco Mundial, Poverty Reduction and Economic Management: East Asia and Pacific Region.

———. 2007d. *Global Development Finance: The Globalization of Corporate Finance in Developing Countries*. Washington, DC: Banco Mundial.

———. 2007e. *India: Land Policies for Growth and Poverty Reduction*. Nueva Delhi, India: World Bank Agriculture and Rural Development Sector Unit South Asia Region and Oxford University Press.

———. 2007f. *India: Taking Agriculture to the Market*. Washington, DC: Banco Mundial, South Asia Sustainable Development Department, informe interno No. 35953-IN.

———. 2007g. "Reaching Rural Areas with Financial Services: A Fresh Look at Financial Cooperatives". Banco Mundial. Washington, DC. Procesado.

———. 2007h. *Watershed Management Approaches, Policies and Operations: Lessons for Scaling-Up*. Washington, DC: Banco Mundial, Energy, Transport and Water Department.

———. 2007i. *¿Realidades antagónicas? Expansión agrícola, reducción de la pobreza y medio ambiente en los bosques tropicales*. Bogotá: Banco Mundial y Mayol Ediciones.

Banco Mundial, Organización de las N.U. para la Agricultura y la Alimentación (FAO), International Food Policy Research Institute (Ifpri) y Organización Mundial de la Salud (OMS). 2006. *Enhancing Control of Highly Pathogenic Avian Influenza in developing Countries through Compensation: Issues and Good Practice*. Washington, DC: Banco Mundial.

Banco Mundial, Operations Evaluation Department. 1998. *India: The Dairy Revolution*. Washington, DC: Banco Mundial.

Banerjee, Abhijit, Paul Gertler y Maitreesh Ghatak. 2002. "Empowerment and Efficiency: Tenancy Reform in West Bengal". *Journal of Political Economy* 110(2):238-80.

Banerjee, Abhijit y Lakshmi Iyer. 2005. "History, Institutionsy Economic Performance: The Legacy of Colonial Land Tenure Systems in India". *American Economic Review* 95(4):1190–213.

Banerjee, Abhijit, Dilip Mookherjee, Kaivan D. Munshi y Debraj Ray. 2001. "Inequality, Control Rightsy Rent Seeking: Sugar Cooperatives in Maharashtra". *Journal of Political Economy* 109(1):138-90.

Banerjee, Abhijit y Andrew F. Newman. 1993. "Occupational Choice and the Process of Development". *Journal of Political Economy* 101(2):274-98.

Bardhan, Pranab. 2002. "Decentralization of Governance and Development". *Journal of Economic Perspectives* 16(4):185-205.

Bardhan, Pranab y Dilip Mookherjee. 2006. "Land Reform, Decentralized Governancey Rural Development in West Bengal". Documento presentado en la Conference on Challenges of Economic Policy Reform in Asia. Mayo 31. Stanford, CA.

Barrera, Arturo. 2007. "The Management Centers in Chile". Centro Latinoamericano para el Desarrollo Rural (Rimisp). Santiago de Chile. Procesado.

Barreto, Paulo, Carlos Souza, Ruth Nogueron, Anthony Anderson y Rodney Salomào Salomao. 2006. *Human Pressure on the Brazilian Amazon Forests*. Washington, DC: World Resources Institute.

Barrett, Christopher B. 2003. *Natural Resources Management Research In The Cgiar: A Meta-Evaluation*. Washington, DC: Banco Mundial - Operations Evaluation Department.

———. 2007. "Poverty Traps and Resource Dynamics in Smallholder Agrarian Systems". Washington, DC: Usaid, Strategies and Analysis for Growth and Access (SAGA) febrero 2007.

Barrett, Christopher B., Mesfin Bezuneh, Daniel C. Clay y Thomas Reardon. 2005. "Heterogeneous Constraints, Incentives and Income Diversifi cation Strategies in Rural Africa". *Quarterly Journal of International Agriculture* 44(1):37-60.

Barrett, K. y G. Brunk. 2007. "A Precautionary Framework for Biotechnology". En I. Taylor, (eds.), *Genetically Engineered Crops: Interim Policies, Uncertain Legislation*. Nueva York: Haworth Food and Agricultural Product Press.

Bastiaanssen, G. M. y Petra J. G. J. Hellegers. 2007. "Satellite Measurements to Assess and Charge for Groundwater Abstraction". En Ariel Dinar, Sarwat Abdel Dayem y Jonathan Agwe, (eds.), *The Role of Technology and Institutions in the Cost Recovery of Irrigation and Drainage Projects*. Washington, DC: Banco Mundial, documento para discusión No. 33 sobre agricultura y desarrollo rural.

Basu, Kaushik. 2006a. "Gender and Say: A Model of Household Behavior with Endogenous Balance of Power". *Economic Journal* 116(511):558-80.

———. 2006b. "How Poor Farmers Behave". Nota de antecedentes para el IDM 2008.

Bates, Robert H. 1981. *Markets and States in Tropical Africa: The Political Basis of Agricultural Policies*. Berkeley, CA: University of California Press.

Baunsgaard, T. y Michael Keen. 2005. "Tax Revenue and (or ?) Trade Liberalization". Washington, DC: Fondo Monetario Internacional - serie de documentos de trabajo 05/112.

BBC News. 2005. "Monsanto Fined $1.5m for Bribery". BBC *News Online*, enero 7.

Becchetti, Leonardo y Marco Costantino. 2006. "The Effects of Fair Trade on Marginalised Producers: An Impact Analysis on Kenyan Farmers". Palma de Mallorca: Society for the Study of Economic Inequality, documento de trabajo 41.

Beegle, Kathleen, Joachim De Weerdt y Stefan Dercon. 2006. "Poverty and Wealth Dynamics in Tanzania: Evidence from a Tracking Survey". Banco Mundial. Washington, DC. Procesado.

Behrman, Jere R. y Anil B. Deolalikar. 1990. "The Intrahousehold Demand for Nutrients in Rural South India: Individual Estimates, Fixed Effectsy Permanent Income". *Journal of Human Resources* 25(4):665-96.

Beintema, Nienke, Eduardo Castelo-Magalhaes, Howard Elliot y Mick Mwala. 2004. "Zambia". Washington, DC: Ifpri Agricultural Science and Technology Indicators Country Brief 18.

Beintema, Nienke M. y Gert-Jan Stads. 2006. *Agricultural R&D in Sub-saharan Africa: An Era of Stagnation*. Washington, DC: International Food Policy Research Institute (Ifpri).

Belasco, Warren. 2006. *Meals to Come: A History of the Future of Food*. Berkeley: University of California Press.

Benfica, Rui M. S. 2006. "An Analysis of Income Poverty Effects in Cash Cropping Economies in Rural Mozambique: Blending Econometrics and Economy-Wide Models". Tesis de doctorado. Michigan State University.

Benjamin, Dwayne. 1995. "Can Unobserved Land Quality Explain the Inverse Productivity Relationship?" *Journal of Development Economics* 46(1):51-84.

Benjamin, Dwayne y Loren Brandt. 2002. "Property Rights, Labour Marketsy Effi ciency in a Transition Economy: The Case of Rural China". *Canadian Journal of Economics* 35(4):688-716.

Bennett, Richard, Stephen Morse y Yousouf Ismael. 2006. "The Economic Impact of Genetically Modified Cotton on South African Smallholders: Yield, Profit and Health Effects". *Journal of Development Studies* 42(4):662-77.

Benson, Todd, Jordan Chamberlin e Ingrid Rhinehart. 2005. "An Investigation of the Spatial Determinants of the Local Prevalence of Poverty in Rural Malawi". *Food Policy* 30(5-6):532-50.

Berdegué, Julio. 2001. "Cooperating to Compete. Peasant Associative Business Firms in Chile". Tesis de doctorado. Wageningen University and Research Centre, Department of Social Sciences, Communication and Innovation Group, Wageningen. Países Bajos.

Berdegué, Julio, Fernando Balsevich, Luis Flores y Thomas Reardon. 2003. "The Rise of Supermarkets in Central America: Implications for Private Standards fro Quality and Safety of Fresh Fruit and Vegetables". Michigan State University. East Lansing, MI. Procesado.

———. 2005. "Central American Supermarkets' Private Standards of Quality and Safety in Procurement of Fresh Fruits and Vegetables". *Food Policy* 30(3):254-69.

Berdegué, Julio, Thomas Reardon, F. Balsevich, R. Martínez, R. Medina, M. Aguirre y F. Echánove. 2006a. "Supermarkets and Miocacán Guava Farmers in Mexico". East Lansing, MI: Michigan State University, Department of Agricultural Economics, Documento del personal 2006-16.

Berdegué, Julio, Alexander Schejtman, Manuel Chiriboga, Félix Modrego, Romain Charnay y Jorge Ortega. 2006b. "Towards National and Global Agendas: Latin America and the Caribbean". Documento de antecedentes para el IDM 2008.

Bernard, Tanguy, Marie-Hélène Collion, Alain de Janvry, Pierre Rondot y Elisabeth Sadoulet. 2006. *Can Peasant Organizations Make a Difference in African Rural Development? A Study for Senegal and Burkina Faso*. Berkeley, CA: University of California at Berkeley.

Bernard, Tanguy, Alain de Janvry y Elisabeth Sadoulet. 2005. "When Does Community Conservatism Constrain Village Organizations?" University of California at Berkeley. Berkeley, CA. Procesado.

Bernauer, Thomas. 2003. *Genes, Tradey Regulation: The Seeds of Confl ict in Food Biotechnology*. Princeton, NJ: Princeton University Press.

Berry, R. Albert y William R. Cline. 1979. *Agrarian Structure and Productivity in Developing Countries*. Baltimore, MD: Johns Hopkins University Press.

Binswanger, Hans P. 1989. "The Policy Response of Agriculture". En S. Fischer y D. de Tray, (eds.), *Proceedings of the World Bank Annual Conference on Development Economics 1989*. Washington, DC: Banco Mundial.

———. 2006. "Food and Agricultural Policy to Mitigate The Impact of HIV/AIDS". Documento presentado en la Conference of the International Association of Agricultural Economists (IAAE). Agosto 12. Gold Coast, Australia.

———. De próxima publicación. "Empowering Rural People for Their Own Development". En Keijiro Otsuka y Kaliappa Kalirajan (eds.) *Contributions of Agricultural Economics to Critical Policy Issues*. Malden, MA: Blackwell.

Binswanger, Hans P., Klaus Deininger y Gershon Feder. 1995. "Power, Distortions, Revolt and Reform in Agricultural Land Relations". En Jere Behrman y T. N. Srinivasan, (eds.), *Handbook of Development Economics, Volume 3, Part 2: 2659-772*. Amsterdam: Elsevier Science.

Binswanger, Hans P., Shahidur R. Khandker y Mark R. Rosenzweig. 1993. "How Infrastructure and Financial Institutions Affect Agricultural Output and Investment in India". *Journal of Development Economics* 41(2):337-66.

Binswanger, Hans P. y John McIntire. 1987. "Behavioral and Material Determinants of Production Relations in Land-Abundant Tropical Agriculture". *Economic Development and Cultural Change* 36(1):73-99.

Binswanger, Hans P. y Tuu-Van Nguyen. 2006. *Scaling up Community-Driven Development: A Step-By-Step Guide*. Washington, DC: Banco Mundial.

Binswanger, Hans P. y Prabhu Pingali. 1988. "Technological Priorities for Farming in sub-Saharan Africa". *World Bank Research Observer* 3(1):81-98.

Binswanger, Hans P. y Mark R. Rosenzweig. 1993. "Wealth, Weather Risk And The Composition And Profitability of Agricultural Investments". *Economic Journal* 103(416):56-78.

Bird, Richard M. y Enid Slack. 2004. *International Handbook of Land and Property Taxation*. Cheltenham, R.U. y Northampton, Mass.: Edward Elgar Publishing.

Birner, Regina, Kristin Davis, John Pender, Ephraim Nkonya, Ponniah Anandajayasekeram, Javier Ekboir, Adiel Mbabu, David Spielman, Daniela Horna, Samuel Benin y Marc J. Cohen. 2006. "From 'Best Practice' to 'Best Fit': A Framework for Analyzing Pluralistic Agricultural Advisory Services Worldwide". Washington, DC: International Food Policy Research Institute (Ifpri), Development Strategy and Governance Division - documento para discusión, serie 37.

Birner, Regina y Netura Palaniswamy. De próxima publicación. "Public Administration Reform and Rural Service Provision: A Comparison of India and China". En Shenggen Fan y Lei Zhang (eds.) *Poverty Reduction Strategy in the New Millennium Emerging Issues, Experiences and Lessons*. Beijing: China Financial and Economic Publishing House.

Birner, Regina, Neeru Sharma y Palaniswamy. 2006. "The Political Economy of Electricity Supply to Agriculture in Andhra Pradesh and Punjab". International Food Policy Research Institute (Ifpri). Washington, DC. Procesado.

Blackden, Mark, Sudharshan Canagarajah, Stephan Klasen y David Lawson. 2006. "Gender and Growth in Sub-Saharan Africa: Issues and Evidence". Washington, DC y Gottingen: World Institute for Development Economics Research (Wider) - serie de documentos de trabajo 2006/37.

Blackeslee, L. 1987. "Measuring the Requirements and Benefi ts of Productivity Maintenance Research". En University of Minnesota, (eds.), *Evaluating Agricultural Research and Productivity* St. Paul, MN: Minnesota Agricultural Experiment Station.

Blackie, M. J., V. A. Kelly, P. H. Thangata y M. Wilkson. 2006. "Agricultural Sustainability in Malawi: Transforming Fertilizer Subsidies from a Short-Run Fix for Food Insecurity to an Instrument of Agricultural Development, Technical and Policy Considerations". Documento presentado en la International Association of Agricultural Economists Conference. Agosto 12. Gold Coast, Australia.

Blench, R. M. 2001. "You Can't Go Home Again: Pastoralism in the New Millennium". Roma: FAO: Serie sobre salud animal y producción, No. 150.

Bogetic, Zeljko, Maurizio Bussolo, Xiao Ye, Dennis Medvedev, Quentin Wodon y Daniel Boakye. 2007. "Ghana's Growth Story: How to Accelerate Growth and Achieve MDGs?" Banco Mundial. Washington, DC. Procesado.

Bojo, Jan. 1996. "The Costs of Land Degradation in Sub-Saharan Africa". *Ecological Economics* 16(2):161-73.

Bonjean, Catherine Araujo, Jean-Louis Combes y Chris Sturgess. 2003. "Preserving Vertical Coordination in the West African Cotton Sector". University of Auvergne. Clermont Ferrand, Francia. Procesado.

Bonschab, Thomas y Rainer Klump. 2006. "Operationalizing Pro-Poor Growth: Case Study Vietnam". University of Frankfurt. Frankfurt. Procesado.

Borlaug, Norman y C. Dowswell. 2007. "In Search of an African Green Revolution: Looking Beyond Asia". Nota de antecedentes para el IDM 2008.

Boselie, David, Spencer Henson y Dave Weatherspoon. 2003. "Supermarket Procurement Practices in Developing Countries: Redefining the Roles of the Public and Private Sectors". *American Journal of Agricultural Economics* 85(5):1155-61.

Boserup, Ester. 1965. *The Conditions of Agricultural Growth: The Economics of Agrarian Change under Population Pressure*. Chicago: Aldine.

Boucher, Stephen R., Bradford L. Barham y Michael R. Carter. 2005. "The Impact of 'Market-Friendly' Reforms on Credit and Land Markets in Honduras and Nicaragua". *World Development* 33(1):107-28.

Boucher, Stephen R., Oded Stark y J. Edward Taylor. 2005. "A Gain with a Drain? Evidence from Rural Mexico on the New Economics of the Brain Drain". Davis, CA: Department of Agricultural & Resource Economics, UCD. ARE - serie de documentos de trabajo 05-005.

Boucher, Stephen, Michael R. Carter y Catherine Guirkinger. 2006. "Risk Rationing and Wealth Effects in Credit Markets". University of California, Davis: Department of Agricultural and Resource Economics - serie de documentos de trabajo 05-010.

Bouët, Antoine. 2006a. "How Much will Trade Liberalization Help the Poor?: Comparing Global Trade Models". Washington, DC: International Food Policy Research Institute Research (Ifpri), Resumen de investigación 5.

———. 2006b. "What Can the Poor Expect from Trade Liberalization? Opening the "Black Box" of Trade Modeling". Washington, DC: International Food Policy Research Institute (Ifpri), Markets, Trade and Institutions (MTID), Documento para discusión, serie 93.

Bourguignon, Francois y Pierre-André Chiappori. 1994. "The Collective Approach to Household Behavior". En R. Bludell, I. Preston eI. Walker, (eds.), *The Measurement of Household Welfare*. Cambridge: Cambridge University Press.

Bramel, P. J. y . Remington. 2005. *CRS Seed Vouchers and Fairs: A Meta-Analysis of their Use in Zimbabwe, Ethiopia and Gambia*. Nairobi, Kenya: Catholic Relief Services.

Brandt, Lorent, Scott Rozelle y atthew A. Turner. 2004. "Local Government Behavior and Property Right Formation in Rural China". *Journal of Institutional and Theoretical Economics* 160(4):627-62.

Bravo-Ortega, Claudio y aniel Lederman. 2005. "Agriculture and National Welfare around the World: Causality and International Heterogeneity since

1960". Washington, DC: World Bank Policy Research - serie de documentos de trabajo 3499.

Brock, Karen y osemary McGee. 2004. "Mapping Trade Policy: Understanding the Challenges of Civil Society Participation". Brighton University: Brighton Institute of Development Studies (IDS) - serie de documentos de trabajo 225.

Brookes, Graham y Peter Barfoot. 2006. "Global Impact of Biotech Crops: Socio-Economic and Environmental Effects in the First Ten Years of Commercial Use". *AgBioForum* 9(3):138-51.

Brosio, Giorgio. 2000. "Decentralization in Africa". Fondo Monetario Internacional, Washington, DC. Procesado.

Bruinsma, Jelle. 2003. *World Agriculture: Towards 2015/2030, An FAO Perspective*. Roma: FAO: Earthscan.

Buck, Steven, Céline Ferré, Rachel Gardner, Hideyuki Nakagawa, Lourdes Rodríguez-Chamussy y Elisabeth Sadoulet. 2007. "Pattern of Rural Population Movements in Mexico, Brazily Zambia". Documento de antecedentes para el IDM 2008.

Burgess, Robin y Rohini Pande. 2005. "Do Rural Banks Matter? Evidence from the Indian Social Banking Experiment". *American Economic Review* 95(3):780-95.

Burns, T. A. 2006. *Land Administration: Indicators of Success and Future Challenges*. Washington DC: Banco Mundial, Agriculture & Rural Development Department.

Bussolo, Maurizio, Olivier Godart, Jann Lay y Rainer Thiele. 2006. "The Impact of Commodity Price Changes on Rural Households: The Case of Coffee in Uganda". Washington, DC: World Bankl Policy Research - serie de documentos de trabajo 4088.

Buys, Piet, Céline Ferré, Peter Lanjouw y Timothy Thomas. 2007. "Rural Poverty and Geography: Towards Some Stylized Facts in the Developing World". Documento de antecedentes para el IDM 2008.

Buzby, Jean, Paul Frenzen y Barbara Rasco. 2001. *Product Liability and Microbial Food-Borne Illness*. Washington, DC: U.S. Dept. of Agriculture, Economic Research Service.

Byerlee, Derek. 1996. "Modern Varieties, Productivityy Sustainability: Recent Experience and Emerging Challenges". *World Development* 24(4):697-718.

Byerlee, Derek, Xinshen Diao y Chris Jackson. 2005. *Agriculture, Rural Development and Pro-poor Growth: Country Experiences in the Post Reform Area*. Washington, DC: Banco Mundial, Agriculture and Rural Development - Documento para discusión, serie 21.

Byerlee, Derek Carl K. Eicher. 1997. "Introduction: Africa's Food Crisis". En Derek Byerlee and Carl K. Eicher, (eds.), *Africa's Emerging Maize Revolution*. Boulder, CO: Lynne Rienner Publishers.

Byerlee, Derek y Ken Fischer. 2002. "Accessing Modern Science: Policy and Institutional Options for Agricultural Biotechnology in Developing Countries". *World Development* 30(6):931-48.

Byerlee, Derek, Thomas S. Jayne y Robert J. Myers. 2006. "Managing Food Price Risks and Instability in a Liberalizing Market Environment: Overview and Policy Options". *Food Policy* 31(4):275-87.

Byerlee, Derek y Greg Traxler. 2001. "The Role of Technology Spillovers and Economies of Size in the Effi cient Design of Agricultural Research Systems". En Julian M. Alston, Philip G. Pardey y Michael J. Taylor, (eds.), *Agricultural Science Policy: Changing Global Agendas*. Baltimore, MD: Johns Hopkins University Press.

Cai, Yongshun. 2003. "Collective Ownership or Cadres' Ownership? The Non-agricultural Use of Farmland in China". *China Quarterly* 175(2003):662-80.

Cain, Mead. 1981. "Risk and Insurance: Perspectives on Fertility and Agrarian Change in India and Bangladesh". *Population and Development Review* 7(3):435-74.

Calvin, Linda, Luis Flores y William Foster. 2003. "Case Study: Guatemalan Raspberries and Cyclospora". En Laurian J. Unnevehr, (eds.), *Food Safety in Food Security and Food Trade*. Washington, DC: International Food Policy Research Institute (Ifpri).

Capoor, Karan y Philippe Ambrosi. 2007. *State and Trends of the Carbon Market 2007*. Washington, DC: Banco Mundial.

Carneiro, Francisco G. 2003. "An Assessment of Rural Labor Markets in the 1900's". En Banco Mundial, (eds.), *Rural Poverty Alleviation in Brazil: Toward an Integrated Strategy*. Washington, DC: Banco Mundial.

Carter, Michael R. 1984. "Identification of the Inverse Relationship Between Farm Size and Productivity: An Empirical Analysis of Peasant Agricultural Production". *Oxford Economic Papers* 36(1):131-45.

Carter, Michael R. y Christopher B. Barrett. 2006. "The Economics of Poverty Traps and Persistent Poverty: An Asset-Based Approach". *Journal of Development Studies* 42(2):178-99.

Carter, Michael R. y Elizabeth Katz. 1997. "Separate Spheres and the Conjugal Contract: Understanding Gender-Biased Development". En Lawrence Haddad, John Hoddinotty Harold Alderman, (eds.), *Intrahousehold Resource Allocation in Developing Countries: Methods, Models and Policy*. Baltimore, MD: Johns Hopkins University Press.

Carter, Richard y Kerstin Danert. 2006. "Planning for Small-Scale Irrigation Intervention". Londres, R.U.: FARM-Africa - serie de documentos de trabajo 4.

Cassman, Kenneth, Achim Dobermann, Daniel Walters y Haishum Yan. 2003. "Meeting Cereal Demand while Protecting Natural Resources and Improving Environmental Quality". *Annual Review of Environmental Resources* 28:315-58.

Cavendish, William. 1999. *Incomes and Poverty in Rural Zimbabwe during Adjustment: the Case of Shindi Ward, Chivi Communal Area, 1993/4 to 1996/7*. Oxford, R.U.: Centre for the Study of African Economies. Center for International Earth Science Information Network (Ciesin). 2006. *Global Rural-Urban Mapping Project (Grump) Database*. Nueva York, NY: Columbia University, Center for International Earth Science Information Network (Ciesin).

Challinor, A. J., T. R. Wheeler, T. M. Osborne y J. M. Slingo. 2006. "Assessing the Vulnerability of Crop Productivity to Climate Change Thresholds Using an Integrated Crop-Climate Model". En Hans Joachim Schellnhuber, Wolfang Cramer, Nebojsa Nakicenovic, Tom Wigleyy Gary Yohe, (eds.), *Avoiding Dangerous Climate Change*. Cambridge, R.U.: Cambridge University Press.

Chamberlin, Jordan, John Pender y Bingxin Yu. 2006. "Development Domains for Ethiopia: Capturing the Geographical Context of Smallholder Development Options". Washington, DC: International Food Policy Research Institute (Ifpri), Development Strategy and Governance Division - Documento para discusión, serie 43/159.

Chand, Ramesh y Parmod Kumar. 2004. "Determinants of Capital Formation and Agriculture Growth: Some New Explorations". *Economic and Political Weekly* 39(52):5611-6.

Chattopadhyay, Raghavendra y Esther Duflo. 2004. "Women as Policy Makers: Evidence from a Randomized Policy Experiment in India". *Econometrica* 72(5):1408-43.

Chaudhuri, Shubham y Martin Ravallion. 2006. "Partially Awakened Giants: Uneven Growth in China and India". Washington, DC: World Bank Policy Research – Serie de documentos de trabajo No. 4069.

Chaudhury, Nazmul, Jeffrey Hammer, Michael Kremer, Karthik Muralidharan y F. Halzey Rogers. 2006. "Missing in Action: Teacher and Health Worker Absence in Developing Countries". *Journal of Economic Perspectives* 20(1):91-116.

Chauveau, J. P., J. P. Colin, J. P. Jacob, P. Lavigne-Delville y P. Y. Le Meur. 2006. *Changes in Land Access and Governance in West Africa: Markets, Social Mediationsy Public Policies*. Londres: International Institute for Environment and Development.

Chen, Martha, Renana Jhabvala, Ravi Kanbur y Carol Richards. (eds.) De próxima publicación. *"Membership-based Organizations of the Poor: Concepts, Experience and Policy"*. Londres: Routledge.

Cherdchuchai, Supattra. 2006. "Income Mobility and Child Schooling in Rural Thailand: An Analysis of Panel Data in 1987 and 2004". Tesis de doctorado. National Graduate Research Institute for Policy Analysis.

Chinsinga, Blessings. 2007. *Reclaiming Policy Space: Lessons from Malawi's Fertilizer Subsidy Programme*. Brighton, R.U.: Future Agricultures, Institute of Development Studies.

Chipeta, Sanne. 2006. *Demand-driven Agricultural Advisory Services*. Lindau: Neuchatel Group.

Christiaensen, Luc y Lionel Demery. 2007. *Down to Earth: Agriculture and Poverty Reduction in Africa, Directions in Development*. Washington, DC: Banco Mundial.

Christiaensen, Luc y Alexander Sarris. 2007. "Household Vulnerability and Insurance Against Commodity Risks: Evidence from Rural Tanzania". Roma: Organización de las N.U. para la Agricultura y la Alimentación (FAO), Trade Technical Paper 10.

Christiaensen, Luc y Kalanidhi Subbarao. 2005. "Toward an Understanding of Household Vulnerability in Rural Kenya". *Journal of African Economies* 14(4):520–58.

CII-McKinsey & Co. 1997. *Modernizing the Indian Food Chain, Food & Agriculture Integrated Development Action Plan (Faida)*. Nueva Delhi: CII and McKinsey & Co.

Cimmyt. 2006. "Winning in the Long Run". International Maize and Wheat Improvement Center *(Cimmyt)*, México. Dic., 2006.

Cirad (Centre de coopération internationale en recherche agronomique, pour le développement). 2006. "Experiences with the Development and Diffusion of Conservation Agriculture in Ashanti and Brong Ahafo Regions of Ghana". Nota de antecedentes para el IDM 2008.

Clay, E., B. Riley y I. Urey. 2004. *The Development Effectiveness of Food Aid And The Effects of its Tying Status*. Paris: Organisation for Economic Cooperation and Development, Development Assistance Committee, Working Party on Aid Effectiveness and Donor Practices, Report DCD/DAC/EFF(2004)9.

Cleaver, Kevin M. y Gotz A. Schreiber. 1994. *Reversing the Spiral: The Population Agriculturey Environment Nexus in Sub-Saharan Africa*. Washington, DC: Banco Mundial.

Coady, David, Paul Dorosh y Bart Minten. 2007. "Evaluating Alternative Approaches to Poverty Alleviation in Madagascar: Rice Tariffs versus Targeted Transfers". Banco Mundial. Washington, DC. Procesado.

Coffey, Elizabeth. 1998. *Agricultural Finance: Getting the Policies Right*. Roma, Italy: Organización de las N.U. para la Agricultura y la Alimentación (FAO)/ Deutsche Gesellschaft für Technische Zusammenarbeit (GTZ).

Cohen, Joel. 2005. "Poorer Nations Turn to Publicly Developed GM Crops". *Nature Biotechnology* 23(1):27-33.

Cohen, M. J., K. D. Shepherd y M. G. Walsh. 2005. "Empirical Reformulation of the Universal Soil Loss Equation for Erosion Risk Assessment in a Tropical Watershed". *Geoderma* 124(3-4):235-52.

Cohen, Matthew J., Mark T. Brown y Keith D. Shepherd. 2006. "Estimating the Environmental Costs of Soil Erosion at Multiple Scales in Kenya Using Energy Synthesis". *Agriculture, Ecosystems and Environment* 114(2-4):248-69.

Cole, Donald C., Fernando Carpio y Ninfa León. 2000. "Economic Burden of Illness from Pesticide Poisonings in Highland Ecuador". *Revista Panamericana de la Salud* 8(3):196-201.

Collier, Paul. 2006. "Africa: Geography and Growth". Center for the Study of African Economies. Department of Economics, Oxford University, Oxford R.U.

Collier, Paul y Anthony J. Venables. De próxima publicación. "Rethinking Trade Preferences: How Africa Can Diversity its Exports". *World Economy*.

Collion, Marie-Hélèney Pierre Rondot. 2001. *Investing in Rural Producer Organizations for Sustainable Agriculture*. Washington DC: Banco Mundial.

Comisión Económica de las Naciones Unidas para América Latina y el Caribe (Cepal). 2006. *Anuario Estadístico de América Latina y el Caribe*. Santiago de Chile: Comisión Económica de las Naciones Unidas para América Latina y el Caribe (Cepal).

Commission of the European Communities. 2006. *Commission Staff Working Document. Annex to the Communication from the Commission. An EU Strategy for Biofuels. Impact Assessment*. Brussels: Commission of the European Communities.

Comprehensive Assessment of Water Management in Agriculture. 2007. *Water for Food, Water for Life: A Comprehensive Assessment of Water Management in Agriculture*. Londres and Colombo: Earthscan and International Water Management Institute (IWMI).

Concepcion, Sylvia, Larry Digaly Joan Uy. 2006. *Keys to Inclusion of Small Farmers in Dynamic Vegetable Markets: The Case of Normin Veggies in the Philippines*. Londres: International Institute for Economic Development, Regoverning Markets Program.

Conferencia de las Naciones Unidas para el Comercio y Desarrollo (Unctad). 2006a. *Overview of Commodity Exchanges in the World*. Geneva: Unctad.

———. 2006b. *The Emerging Biofuels Market: Regulatory, Trade and Development Implications*. Geneva: Unctad.

———. 2006c. *Tracking the Trend Towards Market Concentration: The Case of the Agricultural Input Industry*. Nueva York: Unctad Secretariat.

Conley, Timothy G. y Christopher Udry. 2001. "Social Learning Through Networks: The Adoption of New Agricultural Technologies in Ghana". *American Journal of Agricultural Economics* 83(3):668-73.

———. 2004. "Learning About a New Technology: Pineapple in Ghana". New Haven, CT: Yale University, Economic Growth Center - serie de documentos de trabajo 817.

Conning, Jonathan. 2005. "Ventas Piratas: Product Market Competition and the Depth of Lending Relationships in a Rural Credit Market in Chile". Hunter College. Nueva York. Procesado.

Consultative Group on International Agricultural Research (Cgiar). 2006 "Executive Summary of the 2006 Cgiar Financial Results". Secretariado del Cgiar. Washington, DC. Procesado.

Consultative Group on International Agricultural Research Science Council (Cgiar). 2006a. *Natural Resources Management Research Impacts: Evidence from the Cgiar*. Washington, DC: Consultative Group on International Agricultural Research (Cgiar).

———. 2006b. *When Zero Means Plenty: The Impact of Zero Tillage in India*. Roma: Science Council Secretariat.

Consultative Group to Assist the Poor (CGAP). 2004. "The Impact of Interest Rate Ceilings on Microfinance". Washington, DC: Consultative Group to Assist the Poor (CGAP), Resumen del donante 18.

———. 2006a. "Use of Agents in Branchless Banking for the Poor: Rewards, Risks and Regulation". Washington, DC: Consultative Group to Assist the Poor (CGAP), Focus Note 38.

———. 2006b. "Using Technology to Build Inclusive Financial Systems". Washington, DC: Consultative Group to Assist the Poor (CGAP), Focus Note 32.

Conway, Gordon. 1999. *The Doubly Green Revolution: Food for All in the Twenty-First Century*. Ithaca, NY: Cornell University Press.

Coulombe, Harold y Quentin Wodon. 2007. "Poverty, Livelihoodsy Access to Basic Services in Ghana: An Overview". Banco Mundial. Washington, DC. Procesado.

Cramer, C. y J. Sender. 1999. "Poverty, Wage Labor and Agricultural Change in Rural Eastern and Southern Africa". International Fund for Agricultural Development (IFAD). Roma. Procesado.

Crawford, Eric Winthrop, Thomas S. Jayne y Valerie Auserehl Kelly. 2006. "Alternative Approaches for Promoting Fertilizer Use in Africa". Washington, DC: Banco Mundial, Agriculture and Rural Development – Documento para discusión 22.

Cuéllar, Nelson y Susan Kandel. 2006. *Lecciones del Programa Campesino a Campesino de Siuna, Nicaragua. Contexto, Logros y Desafíos*. San Salvador: Programa Salvadoreño de Investigación sobre Desarrollo y Medio Ambiente (Prisma).

Cuevas, Carlos E. y Klaus P. Fischer. 2006. "Cooperative Financial Institutions; Issues of Governance, Regulations and Supervision". Washington, DC: Documento de trabajo del Banco Mundial 82.

Cummings, Ralph Jr. 2005. "Lessons Learned from Asian Successes in Getting Economic Development Moving: The 'Three Is' of Government Commitment". Procesado.

Cummings, Ralph Jr., Shahidur Rashid y Ashok Gulati. 2006. "Grain Price Stabilization Experiences in Asia: What Have We Learned". *Food Policy* 31(4):302-12.

Da Silveira, J. M. F. J. e I. C. Borges. 2007. "Brazil: Confronting the Challenges of Global Competition and Protecting Biodiversity". En Sakiko Fukuda-Parr, (eds.), *The Gene Revolution: GM Crops and Unequal Development*. Londres: Earthscan.

Dabrundashvili, Tea. 2006. "Rights Registration System Reform in Georgia". Documento presentado en la Expert Meeting on Good Governance in Land Tenure and Administration. septiembre 25. Roma.

Damiani, Octavio. 2007. "Rural Development from a Territorial Perspective: Case Studies in Asia and Latin America". Documento de antecedentes para el IDM 2008.

Dana, Julie, Christopher Gilbert y Euna Shim. 2006. "Hedging Grain Price Risk in the SADC: Case Studies of Malawi and Zambia". *Food Policy* 31(4):357-71.

Dana, Julie, Rod Gravelet-Blondin y Chris Sturgess. 2007. *Safex Agricultural Products: A Division of the Johannesburg Stock Exchange*. Sandown, Sudáfrica: South African Futures Exchange.

Darnton-Hill, Ian, Patrick Webb, Phillip W. J. Harvey, Joseph M. Hunt, Nita Dalmiya, Mickey Chopra, Madeleine J. Ball, Martin W. Bloem y Bruno de Benoist. 2005. "Micronutrients Deficiencies and Gender: Social and Economic Costs". *American Journal of Clinical Nutrition* 81(5):1198S-1205S.

Darwin, Roy, Marinos Tsigas, Jan Lewandrowski y Anton Raneses. 1995. *World Agriculture and Climate Change: Economic Adaptation*. Washington, DC: USDA, Economic Research Services (ERS).

Dasgupta, Susmita, Benoit Laplante, Craig Meisner, David Wheeler y Jianping Yan. 2007. "The Impact of Sea Level Rise on Developing Countries: A Comparative Analysis". Washington, DC: World Bank Policy Research - serie de documentos de trabajo 4136.

Datt, Gauravy Martin Ravallion. 1998a. "Farm Productivity and Rural Poverty in India". *Journal of Development Studies* 34(4):62-85.

———. 1998b. "Why Have Some Indian States Done Better than Others in Reducing Rural Poverty?" *Economica* 65(257):17-38.

Davis, Benjamin, Paul Winters, Gero Carletto, Katia Covarrubias, Esteban Quiñones, Alberto Zezza, Kostas Stamoulis, Genny Bonomi y Stefania DiGiuseppe. 2007. "Rural Income Generating Activities: A Cross Country Comparison". Documento de antecedentes para el IDM 2008.

Dawe, David. 2001. "How Far Down the Path to Free Trade? The Importance of Rice Price Stabilization in Developing Asia". *Food Policy* 26(2):163-75.

De Brauw, Alan y Tomoko Harigaya. De próxima publicación. "Seasonal Migration and Improving Living Standards in Vietnam". *American Journal of Agricultural Economics*.

De Brauw, Alan, Jikung Huang, Scott Rozelle, Linxiu Zhang y Yigang Zhang. 2002. "The Evolution of China's Rural Labor Markets During the Reforms". *Journal of Comparative Economics* 30(2):328-53.

De Ferranti, David, Guillermo Perry, Francisco Ferreira y Michael Walton. 2004. *Inequality in Latin America: Breaking with History?* Washington, DC: Banco Mundial.

De Ferranti, David, Guillermo E. Perry, William Foster, Daniel Lederman y Alberto Valdés. 2005. *Beyond the City: The Rural Contribution to Development*. Washington, DC: Banco Mundial.

De Gorter, Harry y Johan Swinnen. 2002. "Political Economy of Agricultural Policy". En Bruce Gardner y Rausser Gordon, (eds.), *Handbook of Agricultural Economics*. Amsterdam: Elsevier.

De Graaff, J. 1996. "The Price of Soil Erosion: An Economic Evaluation of Soil Conservation and Watershed Development, Mansholt Studies 3". Wageningen, Países Bajos: Mansholt Studies 4.

De Haan, Cornelis, Tjaart Schillhorn Van Veen, Brian Brandenburg, Jerome Gauthier, Francois Le Gall, Robin Mearns y Michel Simeon. 2001. *Livestock Development: Implications for Rural Poverty, the Environment and Global Food Security*. Washington, DC: Banco Mundial.

De Janvry, Alain, Marcel Fafchamps y Elisabeth Sadoulet. 1991. "Peasant Household Behavior with Missing Markets: Some Paradoxes Explained". *Economic Journal* 101(409):1400–17.

De Janvry, Alain, Frederico Finan, Elisabeth Sadoulet y Renos Vakis. 2006. "Can Conditional Cash Transfer Programs Serve As Safety Nets In Keeping Children At School And From Working When Exposed To Shocks?" *Journal of Development Economics* 79(2):348-73.

De Janvry, Alain, Craig McIntoshy Elisabeth Sadoulet. 2006. "From Private to Public Reputation in Microfinance Lending: An Experiment in Borrower Response". University of California at Berkeley. Berkeley, CA. Procesado.

De Janvry, Alainy Elisabeth Sadoulet. 2004. *Organisations Paysannes et Developpement Rural au Senegal*. Washington, DC: Banco Mundial.

———. 2006a. "Making Conditional Transfer Programs more Efficient: Designing for Maximum Effect of the Conditionality". *World Bank Economic Review* 20(1):1-29.

———. 2006b. "Progress in the Modeling of Rural Households' Behavior under Market Failures". En Alain de Janvry y Ravi Kanbur, (eds.), *Poverty, Inequality and Development: Essays in Honor of Erik Thorbecke*. Nueva York: Kluwer Publishing.

De Janvry, Alain, Elisabeth Sadoulet y Frederico Finan. 2005. "Measuring the Income Generating Potential of Land in Rural Mexico". *Journal of Development Economics* 77(1):27-51.

De Janvry, Alain, Elisabeth Sadoulet y Zhu Nong. 2007. "The Role of Non-Farm Incomes in Reducing Rural Poverty and Inequality in China". Berkeley, CA: University of California, Department of Agricultural and Resources Economics - serie de documentos de trabajo 1001.

De Walque, Damien. 2004. "How Does the Impact of an HIV/ AIDS Information Campaign Vary with Educational Attainment? Evidence from Rural Uganda". Washington, DC: World Bank Policy Research - serie de documentos de trabajo 3289.

De Weerdt, Joachim. 2006. *Moving out of Poverty in Tanzania's Kagera Region*. Bukoba, Tanzania: Economic Development Initiatives.

De Wit, Maarteny Jacek Stankiewicz. 2006. "Changes in Surface Water Supply Across Africa with Predicted Climate Change". *Science* 311(5769):1917-21.

De, Anuradha y Jean Dreze. 1999. *Public Report on Basic Education in India*. Nueva York, NY: Oxford University Press.

Deere, Carmen Diana. 2005. "The Feminization of Agriculture? Economic Restructuring in Rural Latin America". Ginebra: United Nations Research Institute for Social Development, Documento ocasional 1.

Deere, Carmen Diana y Cheryl R. Doss. 2006. "Gender and the Distribution of Wealth in Developing Countries". Nueva York, NY: United Nations University (UNU), World Institute for Development Economic Research (Wider) – serie de documentos para investigación 2006/115.

Deere, Carmen Diana y Magdalena León. 2001. *Empowering Women: Land and Property Rights in Latin America*. Pittsburgh: University of Pittsburgh Press.

———. 2003. "The Gender Asset Gap: Land in Latin America". *World Development* 31(6):925-47.

Deichmann, Uwe, Forhad Shilpi y Renos Vakis. 2006. "Spatial Specialization and Farm-Nonfarm Linkages". Banco Mundial. Washington, DC. Procesado.

Deininger, Klaus. 1999. "Making Negotiated Land Reform Work: Initial Experience from Colombia, Brazil and South Africa". *World Development* 27(4):651-72.

Deininger, Klaus, Daniel Ayalew Ali, Stein Holden y Jaap Zevenbergen. 2007. "Rural Land Certifi cation in Ethiopia: Process, Initial Impacty Implications for Other African Countries". World Bank, Washington, DC: World Bank Policy Research – documento de trabajo 4218.

Deininger, Klaus, Daniel Ayalew y Tekie Alemu. 2006. "Land Rental in Ethiopia: Marshallian Inefficiency or Factor Market Imperfections and Tenure Insecurity as Binding Constraints?" Banco Mundial. Washington DC. Procesado.

Deininger, Klaus, Daniel Ayalew y Takashi Yamano. 2006. "Legal Knowledge and Economic Development: The Case of Land Rights in Uganda". Washington DC: Banco Mundial: World Bank Policy Research - serie de documentos de trabajo 3868.

Deininger, Klaus y Raffaella Castagnini. 2006. "Incidence and Impact of Land Conflict in Uganda". *Journal of Economic Behavior & Organization* 60(3):321-45.

Deininger, Klaus y Juan Sebastián Chamorro. 2004. "Investment and Equity Effects of Land Regularization: the Case of Nicaragua". *Agricultural Economics* 30(2):101-16.

Deininger, Klaus, Ana María Ibáñez y Pablo Querubín. 2007. "Determinants of Internal Displacement and the Desire to Return: Micro-Level Evidence from Colombia". Banco Mundial. Washington, DC. Procesado.

Deininger, Klaus y S. Jin. 2007. "Does Tenure Security Affect Land Market Outcomes: Evidence from Vietnam". Banco Mundial, Washington, D.C. Procesado.

Deininger, Klaus y Songqing Jin. 2003. "Land Sales and Rental Markets in Transition: Evidence from Rural Vietnam". Washington, DC: World Bank Policy Research - serie de documentos de trabajo 3013.

———. 2005. "The Potential of Land Markets in the Process of Economic Development: Evidence from China". *Journal of Development Economics* 78(1):241-70.

———. 2006. "Tenure Security and Land-Related Investment: Evidence from Ethiopia". *European Economic Review* 50(5):1245-77.

Deininger, Klaus, Songqing Jin y Hari K. Nagarajan. 2006. "Efficiency and Equity Impacts of Rural Land Market Restrictions: Evidence from India". Washington, DC: World Bank Policy Research - serie de documentos de trabajo 3013.

Deininger, Klaus y John Okidi. 2003. "Growth and Poverty Reduction in Uganda, 1999-2000: Panel Data Evidence". *Development Policy Review* 21(7):481-509.

Del Ninno, Carlo, Paul Dorosh, Lisa C. Smith y Dilip K. Roy. 2001. "The 1998 Floods in Bangladesh: Disaster Impacts, Household Coping Strategies and Response". Washington, DC: International Food Policy Research Institute, informe de investigación No. 122.

Delgado, Christopher, Nicholas Minot y Marites Tiongco. 2005. "Evidence and Implications of Non-Tradability of Food Staples in Tanzania 1983-98". *Journal of Development Studies* 41(3):376-93.

Delgado, Christopher, Mark Rosengrant, Henning Steinfeld, Simeon Ehui y Claude Courbois. 1999. "Livestock to 2020: The Next Food Revolution". Roma: FAO, Food, Agriculture and the Environment, documento para discusión No. 28.

DeMaagd, K. y S. Moore. 2006. "Using IT to Open Previously Unprofi table Markets". Documento presentado al Annual Hawaii International Conference on System Sciences (HICSS'06). Enero 4. Hawaii.

Dercon, Stefan. 2004. "Growth and Shocks: Evidence from Rural Ethiopia". *Journal of Development Studies* 74(2):308-29.

Dercon, Stefan, Daniel O. Gilligan, John Hoddinott y Tassew Woldehanna. 2006. "The Impact of Roads and Agricultural Extension on Crop Income, Consumption and Poverty in Fifteen Ethiopian Villages". Documento presentado en el 2006 International Food Policy Research Institute (Ifpri) Ethiopian Strategy Support Program Seminar. Junio 6. Addis Abeba.

Dercon, Stefan, John Hoddinott y Tassew Woldehanna. 2005. "Shocks and Consumption in 15 Ethiopian Villages". *Journal of African Economies* 14(4):558-85.

Dercon, Stefan y Pramila Krishnan. 2000. "In Sickness and in Health: Risk Sharing Within Households in Ethiopia". *Journal of Political Economy* 108(4):688-727.

Deshingkar, Priya y John Farrington. 2006. "Rural Labour Markets and Migration in South Asia: Evidence from India and Bangladesh". Documento de antecedentes para el IDM 2008.

Dev, S. Mahendra. 2002. "Pro-poor Growth in India's Employment Challenge: What Do We Know about the Employment Effects of Growth 1980-2000?" Hyderabad: Centre for Economic and Social Studies 161.

Dey, Madan Mohan, Ambekar E. Eknath, Li Sifa, Mohammad Hussain, Tran Mai Thien, Nguyen Van Hao, Simeona Aypa y Nuanmanee Pongthana. 2000. "Performance and Nature of Genetically Improved Farmed Tilapia: A Bioeconomic Analysis". *Aquaculture Economics and Management* 4(1-2):83-106.

Diao, Xinshen, Paul Dorosh, Shaikh Mahfuzur Rahman, Siet Meijer, Mark Rosegrant, Yukitsugu Yanoma y Weibo Li. 2003. "Market Opportunities for African Agriculture: An Examination of Demand-side Constraints on Agricultural Growth". Washington, DC: International Food Policy Research Institute (Ifpri), Development Strategy and Governance Division - documento para discusión, serie 1.

Dimitri, Carolyn y Lydia Oberholtzer. 2006. *EU and US Organic Markets Face Strong Demand Under Different Policies*. Washington, DC: United States Department of Agriculture (USDA).

Dinar, Ariel. 2007. "Cost Recovery of Irrigation and Drainage Projects: Wishful Thinking or Difficult Reality?" En Ariel Dinar, Sarwat Abdel Dayemy Jonathan Agwe, (eds.), *The Role of Technology and Institutions in the Cost Recovery of Irrigation and Drainage Projects*. Washington, DC: Banco Mundial.

Dinham, Barbara. 2003. "Growing Vegetables in Developing Countries for Local Urban Populations and Export Markets: Problems Confronting Small-scale Producers". *Pest Management Science* 59(5):575-82.

Djurfeldt, G. Holmen H., M. Jirstroml y R. Larsson, eds. 2005. *The African Food Crisis: Lessons from the Asian Green Revolution*. Wallingford: CABI Publishing.

Djurfeldt, Göran, Hans Holmén, Magnus Jirström y Rolf Larsson. 2006. *Addressing Food Crisis in Africa: What Can Subsaharan Africa Learn from Asian Experiences in Addressing its Food Crisis? Estocolmo*: Swedish International Development Cooperation Agency (SIDA).

Dolan, Catherine y Kristina Sorby. 2003. "Gender and Employment in High-Value Agriculture Industries". Washington, DC: Banco Mundial, Agriculture and Rural Development – documento de trabajo 7.

Dong, Fengxia. 2006. "The Outlook for Asian Dairy Markets: The Role of Demographics, Incomey Prices". *Food Policy* 31(3):260-71.

Donovan, Cynthia y Jacquelino Massingue. 2007. "Illness, Deathy Macronutrients: Adequacy of Rural Mozambican Household Production of Macronutrients in the Face of HIV/AIDS". Michigan State University. East Lansing. Procesado.

Dorosh, Paul. 2001. "Trade Liberalization and National Food Security: Rice Trade between Bangladesh and India". *World Development* 29(4):673-89.

Dorosh, Paul y Steven Haggblade. 2003. "Growth Linkages, Price Effects and Income Distribution in Sub-Saharan Africa". *Journal of African Economies* 12(2):207-35.

Dorwardyrew, Jonathan Kydd y Colin Poulton. 2006. "Traditional Domestic Markets and Marketing Systems for Agricultural Products". Documento de antecedentes para el IDM 2008.

Doss, Cheryl R. y Michael L. Morris. 2001. "How Does Gender Affect the Adoption of Agricultural Innovations? The Case of Improved Maize Technology in Ghana". *Agricultural Economics* 25(1):27-39.

Dries, Liesbeth y Thomas Reardon. 2005. *Central and Eastern Europe: Impact of Food Retail Investments on the Food Chain*. Roma: FAO Investment Centre/European Bank for Reconstruction and Development Cooperation Programme.

Dries, Liesbeth, Thomas Reardon y Johan F. M. Swinnen. 2004. "The Rapid Rise of Supermarkets in Central and Eastern Europe: Implications for the Agrifood Sector and Rural Development". *Development Policy Review* 22(5):525-56.

Du, Yang, Albert Park y Sangui Wang. 2005. "Migration and Rural Poverty in China". *Journal of Comparative Economics* 33(4):688-709.

Duflo, Esther. 2001. "Schooling and Labor Market Consequences of School Construction in Indonesia: Evidence from an Unusual Policy Experiment". *American Economic Review* 91:795-813.

Duflo, Esther, Michael Kremer y Jonathan Robinson. 2006. "Why Don't Farmers Use Fertilizer: Evidence from Field Experiments in Western Kenya". Massachusetts Institute of Technology & MIT Economics Department. Cambridge, Mass. Procesado.

Duflo, Esther y Christopher Udry. 2004. "Intrahousehold Resource Allocation in Cote d'Ivoire: Social Norms, Separate Accounts and Consumption Choices". Cambridge, Mass.: National Bureau of Economic Research – documento de trabajo, No. 10498.

Duxon, John A., Aidan Gulliver y David P. Gibbon. 2001. *Farming Systems and Poverty: Improving Farmers' Livelihoods in a Changing World*. Roma y Washington, DC: Organización de las Naciones Unidas para la Agricultura y la Alimentación (FAO) y Banco Mundial.

Easterly, William. 2006. *Global Development Network Growth Database*. Washington, DC: Banco Mundial.

Edmeades, Svetlana y Melinda Smale. 2006. "A Trait-based Model of the Potential Demand for a Genetically Engineered Food Crop in a Developing Economy". *Agricultural Economics* 35(3):351-61.

Edmonds, E. De próxima publicación. "Child Labor". In John Strauss and T. Paul Schultz (eds.) *Handbook of Development Economics, Volume 4*. Amsterdam: Elsevier.

Edmonds, Eric V. y Nina Pavcnink. 2005. "Child Labor in the Global Economy". *Journal of Economic Perspectives* 19(1):198-220.

Eicher, Carl K. 2006. "The Evolution of Agricultural Education and Training: Global Insights of Relevance for Africa". East Lansing, MI, Department of Agricultural Economics, Michigan State University: Documento del personal 2006-26.

Eicher, Carl K., Karim Maredia y Idah Sithole-Niang. 2006. "Crop Biotechnology and the African Farmer". *Food Policy* 31(6):504-27.

Eifert, Benn, Alan Gelb y Vijaya Ramachandran. 2005. "Business Environment and Comparative Advantage in Africa: Evidence from the Investment Climate Data". Washington, DC: Center for Global Development - serie de documentos de trabajo 56.

Ekboir, Javier M., Gabriela Dutrénit, Griselda Martínez-V., Arturo Torres-Vargas y Alexandre Vera-Cruz. 2006. "Las Fundaciones Produce a diez años de su creación: Pensando en el futuro". Washington, DC: International Food Policy Research Institute (Ifpri), International Service for National Agricultural Research (Isnar) - Documento para discusión, serie 10.

Ekwamu, Adipala y Melissa Brown. 2005. "Four years of Naads Implementation: Programme Outcomes and Impact". En Uganda's Ministry of Agriculture Animal Industry and Fisheries, (eds.), *Proceedings of the Mid-Term Review of the National Agricultural Advisory Services*. Kampala, Uganda: Ministry of Agriculture Animal Industry and Fisheries.

Ellis, Frank. 2005. "Small-Farms, Livelihood Diversificationy Rural-Urban Transitions: Strategic Issues in Sub-Saharan Africa". Documento presentado en el Future of Small Farms Workshop. Junio 26. Wye, Kent, R.U.

Ellis, Frank, Sarah Ssewanyana, Bereket Kebede y Eddie Allison. 2006. "Patterns and Changes in Rural Livelihoods in Uganda 2001-05: Findings of the Ladder 2 Project". UK Department for International Development (DFID). Londres. Procesado.

Emerson, Patrick M. y André Portela Souza. 2003. "Is There a Child Labor Trap? Intergenerational Persistence of Child Labor in Brazil". Washington, DC: World Bank Social Protection – documento para discusión No. 515.

Erenstein, O. C. A. 1999. "The Economics of Soil Conservation in Developing Countries: The Case Study of Crop Residue Mulching". Tesis de doctorado. Wageningen University.

Equipo del Informe Sobre el Desarrollo Mundial 2008. 2007. "Income and Employment from a Cross-section of Household Surveys". Nota de antecedentes para el IDM 2008.

Erlebach, Richard W. 2006. "The Importance of Wage Labor in the Struggle to Escape Poverty: Evidence from Rwanda". University of London. Londres. Procesado.

Escobal, Javier. 2001. "The Determinants of Nonfarm Income Diversification in Rural Peru". *World Development* 29(3):497-508.

Escobal, Javier, Thomas Reardon y Víctor Agreda. 2000. "Endogenous Institutional Innovation and Agro-industrialization on the Peruvian Coast". *Agricultural Economics* 23(3):267-77.

Esteban, Joan y Debraj Ray. 2006. "Inequality, Lobbyingy Resource Allocation". *American Economic Review* 96(1):257-79.

ETC Group Communiqué. 2005. *Global Seed Industry Concentration-2005*. Ottawa: ETC Group.

Evans, A., L. Cabral y D. Vadnjal. 2006. "Sector-Wide Approaches in Agriculture and Rural Development, Phase I: A Desk Review of Experience, Issues and Challenges". Global Donor Platform for Rural Development. Bonn, Alemania. Procesado.

Evenson, Robert E. 2003. "Production Impacts of Crop Genetic Improvement". En Robert E. Evenson and Douglas Gollin, (eds.), *Crop Variety Improvement and its Effect on Productivity: The Impact of International Agricultural Research*. Wallingford, Oxon: CABI Publishing.

Evenson, Robert E. y Douglas Gollin. 2003. "Assessing the Impact of the Green Revolution, 1960 to 2000". *Science* 300(5620):758-62.

Evenson, Robert E. y Mark Rosegrant. 2003. "The Economic Consequences of Crop Genetic Improvement Programmes". En Robert E. Evenson and Douglas Gollin, (eds.), *Crop Variety Improvement and its Effect on Productivity: The Impact of International Agricultural Research*. Wallingford, Oxon: CABI Publishing.

Fafchamps, Marcel. 1998. "The Tragedy of the Commons, Livestock Cycles and Sustainability". *Journal of African Economies* 7(3):384-423.

Fafchamps, Marcel y Bart Minten. 2002. "Returns to Social Network Capital Among Traders". *Oxford Economic Papers* 54(2):173-206.

Fafchamps, Marcel, Bart Minten y Eleni Gabre-Madhin. 2005. "Increasing Returns and Market Efficiency in Agricultural Trade". *Journal of Development Economics* 78(2):406-42.

Fafchamps, Marcel y John Pender. 1997. "Precautionary Saving, Credit Constraintsy Irreversible Investment: Theory and Evidence from Semi-Arid India". *Journal of Business and Economic Statistics* 15(2):180-94.

Fafchamps, Marcel y Agnes R. Quisumbing. 1999. "Human Capital, Productivityy Labor Allocation in Rural Pakistan". *Journal of Human Resources* 34(2):368-406.

Fafchamps, Marcel, Christopher Udry y Katherine Czukas. 1998. "Drought and Saving in West Africa: Are Livestock a Buffer Stock?" *Journal of Development Economics* 55(2):273-305.

Faguet, Jean-Paul. 2004. "Does Decentralization Increase Government Responsiveness to Local Needs? Evidence from Bolivia". *Journal of Public Economics* 88(3-4):867-93.

Falusi, A. O. y C. A. Afolami. 2000. "Effect of Technology Change and Commercialization on Income Equity in Nigeria: The Case of Improved Cassava". Documento presentado en el Assessing the Impact of Agricultural Research on Poverty Alleviation Workshop. Septiembre 14. San José, Costa Rica.

Fan, Shenggen. De próxima publicación. *Public Expenditures, Growthy Poverty in Developing Countries: Issues, Methods and Findings*. Baltimore, MD: Johns Hopkins University Press.

———. 1991. "Effects of Technological Change and Institutional Reform on Production Growth in Chinese Agriculture". *American Journal of Agricultural Economics* 73(2):266-75.

Fan, Shenggen y Connie Chan-Kang. 2004. "Returns to Investment in Less-favored Areas in Developing Countries: A Synthesis of Evidence and Implications for Africa". *Food Policy* 29(4):431-44.

Fan, Shenggen y Peter Hazell. 2001. "Returns to Public Investments in the Less-favored Areas of India and China". *American Journal of Agricultural Economics* 83(5):1217-22.

Fan, Shenggen y Philip G. Pardey. 1997. "Research, Productivity and Output Growth in Chinese Agriculture". *Journal of Development Economics* 53(1):115-37.

Fan, Shenggen, Thorat Sukhadeo y Neetha Rao. 2004. "Investment, Subsidiesy Pro-poor Growth in Rural India". Documento presentado en el Institutions and Economic Policies for Pro-Poor Agricultural Growth in Africa and South Asia Seminar. Marzo 29. Washington, DC.

Fan, Shenggen, Linxiu Zhang y Xiaobo Zhang. 2002. "Growth, Inequality and Poverty in Rural China: The Role of Public Investment". Washington, DC: International Food Policy
Research Institute (Ifpri), Environment and Production Technology Division – documento para discusión No. 66.

Fan, Shenggen C., Linxiu Zhang y Xiaobo Zhang. 2004. "Reforms, Investmenty Poverty in Rural China". *Economic Development and Cultural Change* 52(2):395-422.

FAO. 2000. "The Energy and Agriculture Nexus". Roma: Organización de las N.U. para la Agricultura y la Alimentación (FAO), Environment and Natural Resources – documento de trabajo No. 4.

———. 2002. *State of Food Insecurity in the World 2001*. Roma: Organización de las N.U. para la Agricultura y la Alimentación (FAO).

———. 2004a. *Report of the Food Security Assessment: West Bank and Gaza Strip*. Roma: Organización de las N.U. para la Agricultura y la Alimentación (FAO).

———. 2004b. *State of Agricultural Commodity Markets*. Roma: Organización de las N.U. para la Agricultura y la Alimentación (FAO).

———. 2004c. *Tendencias y Desafíos en la agricultura, los montes y la pesca en America Latina y el Caribe*. Santiago de Chile: Organización de las N.U. para la Agricultura y la Alimentación (FAO).

———. 2004d. *The Market for Non-Traditional Agricultural Exports*. Roma: Organización de las N.U. para la Agricultura y la Alimentación (FAO).

———. 2004e. *The State of Food and Agriculture 2003-2004: Agricultural Biotechnology-Meeting the Needs of the Poor?* Roma: Organización de las N.U. para la Agricultura y la Alimentación (FAO).

———. 2005a. *Increasing Fertilizer Use and Farmer Access in Sub-Saharan Africa: A Literature Review*. Roma: Organización de las N.U. para la Agricultura y la Alimentación (FAO).

———. 2005b. *The State of Food and Agriculture 2005*. Roma: Organización de las N.U. para la Agricultura y la Alimentación (FAO).

———. 2006a. "Faostat". Rome, Organización de las N.U. para la Agricultura y la Alimentación (FAO).

———. 2006b. *State of Agricultural Commodity Markets*. Roma: Organización de las N.U. para la Agricultura y la Alimentación (FAO).

———. 2006c. *State of Food Insecurity in the World 2006*. Roma: Organización de las N.U. para la Agricultura y la Alimentación (FAO).

———. 2006d. *World Agriculture: Towards 2030/2050. Interim Report.* Roma: Organización de las N.U. para la Agricultura y la Alimentación (FAO).

———. 2007a. "Aquastat". Roma, Organización de las N.U. para la Agricultura y la Alimentación (FAO).

———. 2007b. *Challenges of Agribusiness and Agro-Industry Development.* Roma: Organización de las N.U. para la Agricultura y la Alimentación (FAO), Committee on Agriculture.

———. 2007c. "Pollution from Industrial Livestock Production Livestock". Roma: Organización de las N.U. para la Agricultura y la Alimentación (FAO), Livestock Policy Brief 2.

FAO y Unesco. 2003. *Education for Rural Development: Towards New Policy Responses.* Roma y París: FAO y Unesco.

Farnworth, Cathy y Michael Goodman. 2007. "Growing Ethical Networks: The Fair Trade Market for Raw and Procesado Agricultural Products (in Five Parts), with Associated Case Studies on Africa and Latin America". Documento de antecedentes para el IDM 2008.

Farrell, Alexander E., Richard J. Plevin, Brian T. Turneryrew D. Jones, Michael O'Hare y Daniel M. Kammen. 2006. "Ethanol Can Contribute to Energy and Environmental Goals". *Science* 311(5760):506-8

Fboms (Fórum Brasileiro de ONGs e Movimentos Sociais). 2006. *Agribusiness and Biofuels: an Explosive Mixture. Impacts of Monoculture Expansion on Bioenergy Production in Brazil.* Río de Janeiro: Nucleo Amigos da Terra/Brasil and Heinrich Boell Foundation.

Feder, Gershon. 1985. "The Relation between Farm Size and Farm Productivity The Role of Family Labor, Supervisiony Credit Constraints". *Journal of Development Economics* 18(2-3):297-313.

Feder, Gershon, Rinku Murgai y Jaime B. Quizon. 2004. "Sending Farmers Back to School: The Impact of Farmer Field Schools in Indonesia". *Review of Agricultural Economics* 26(1):45-62.

Ferreira, Francisco, Phillippe Leite y Julie Litchfield. 2006. "The Rise and Fall of Inequality in Brazil, 1981-2004". Washington, DC: World Bank Policy Research - serie de documentos de trabajo 3867.

Feuillette, Sarah. 2001. "Vers une Gestion de la Demande sur une Nappe en Accès Libre: Exploration des Interactions Ressources usages par les Systèmes Multi-agents; Application à la Nappe de Kairouan, Tunisie Centrale". Tesis de doctorado. Université de Montpellier II.

Fields, Gary. 2005. "Welfare Economic Analysis of Labor Market Policies in the Harris-Todaro Model". *Journal of Development Economics* 76(1):127-46.

Figueiredo, Francisco, Steven Helfand y Edward Levine. 2007. "Income versus Consumption Measures of Poverty and Inequality in Brazil". University of California at Riverside, Economics Department. Riverside, CA. Procesado.

Finan, Frederico y Claudio Ferraz. 2005. "Exposing Corrupt Politicians: The Effect of Brazil's Publicly Released Audits on Electoral Outcomes". Berkeley, CA: University of California, Institute of Governmental Studies WP2005-53.

Fischer, Günther, Mahendra Shah y Harrij van Velthuizen. 2002. *Climate Change and Agricultural Vulnerability.* Johanesburgo: International Institute for Applied Systems Analysis (Iiasa), Report for the World Summit on Sustainable Development.

Fleisig, Heywoody Nuria de la Peña. 2003. *Legal and Regulatory Requirements for Effective Rural Financial Markets.* Washington, DC: Center for the Economic Analysis of Law.

Flores, L., Thomas Reardon y R. Hernández. 2006. "Supermarkets, New-generation Wholesalers, Farmers Organizations, Contract Farmingy Lettuce in Guatemala: Participation by and Effects on Small Farmers". East Lansing, MI: Michigan State University, Department of Agricultural Economics, Documento del personal 2006-07.

Fok, M., W. Liang y Y. Wu. 2005. "Diffusion du Coton Génétiquement Modifi é en Chine : Leçons sur les Facteurs et Limites d'un Succès". *Economie Rurale* 285(2005):5-32.

Fondo de las Naciones Unidas para la Infancia (Unicef). 2007. *State of the World's Children.* París: Unicef.

Food Security Research Project (FSRP). 2000. "Improving Smallholder & Agribusiness Opportunities in Zambia's Cotton Sector: Key Challenges & Options". Lusaka, Zambia: Food Security Research Project, documento de trabajo no. 1.

Forss, Kim y Mikael Lundström. 2004. "An Evaluation of the Program "Export Promotion of Organic Products from Africa", Phase II". Swedish Agency for International Development Cooperation (SIDA). Strängnäs. Procesado.

Forss, Kim y Emma Sterky. 2000. *Export Promotion of Organic Products from Africa: An Evaluation of Epopa.* Estocolmo: Swedish Agency for International Development Cooperation (SIDA).

Fosteryrew D. y Mark R. Rosenzweig. 1993. "Information, Learning and Wage Rate in Low-income Rural Areas". *Journal of Human Resources* 28(4):758-90.

———. 1994. "A Test of Moral Hazard in the Labor Market: Effort, Health and Calorie Consumption". *Review of Economic and Statistics* 76(2):213-27.

———. 1995. "Learning by Doing and Learning from Others: Human Capital and Technical Change in Agriculture". *Journal of Political Economy* 103(6):1176-209.

———. 1996. "Technical Change and Human Capital Returns and Investments. Evidence from the Green Revolution". *American Economic Review* 86(4):931-53.

2004. "Agricultural Productivity Growth, Rural Economic Diversityy Economic Reforms: India, 1970-2000". *Economic Development and Cultural Change* 52(3):508-42.

Foster, Mick, Adrienne Brown y Félix Naschold. 2000. "What's Different About Agricultural SWAps?" Documento presentado en la DFID Natural Resources Advisors Conference. Julio. Londres.

Foster, William y Alberto Valdés. 2005. "The Merits of a Special Safeguard: Price Floor Mechanism under Doha for Developing Countries". Documento presentado en el Workshop on Managing Food Price Instability and Risk. Febrero 28. Washington, DC.

Fowler, Cary y Toby Hodgkin. 2004. "Plant Genetic Resources for Food and Agriculture: Assessing Global Availability". *Annual Review of Environment and Resources* 29(10):143-79.

François, Joseph y Will Martin. 2007. "Great Expectations: Ex-Ante Assessment of the Welfare Impacts of Trade Reforms". Banco Mundial. Washington, DC. Procesado.

François, Joseph, H. Van Meijl y Frank Van Tongeren. 2005. "Trade Liberalization in the Doha Round". *Economic Policy* 20(42):348-91.

Frankenberg, Elizabeth, James P. Smith y Duncan Thomas. 2003. "Economic Shocks, Wealth and Welfare". *Journal of Human Resources* 38(2):280–321.

Fredriksson, Per G. y Jakob Svensson. 2003. "Political Instability, Corruption and Policy Formation: The Case of Environmental Policy". *Journal of Public Economics* 87(7-8):1383-405.

Freeman, H. Ade y Juan Estrada-Valle. 2003. "Linking Research and Rural Innovation to Sustainable Development". Documento presentado en el2nd Triennial Global Forum on Agricultural Research (GFAR). Mayo 22. Dakar, Senegal.

Frisvold, George y Kevin Ingram. 1995. "Sources of Agricultural Productivity Growth and Stagnation in Sub-Saharan Africa". *Agricultural Economics* 13(1):51-61.

Fuglie, Keith O., Liming Zhang, Luis F. Salazar y Thomas Walker. 2002. *Economic Impact of Virus-Free Sweet Potato Seed in Shandong Province, China.* Lima, Perú: International Potato Center (CIP).

Fulton, Murray y Konstanstino Giannakas. 2001. "Agricultural Biotechnology and Industry Structure". *AgBioForum* 4(2):137-51.

Gabre-Madhin, Eleni Z. e Ian Goggin. 2005. "Does Ethiopia Need a Commodity Exchange? An Integrated Approach to Market Development". Addis Abbeba: Ethiopian Development Research Institute, - serie de documentos de trabajo 4.

Gabre-Madhin, Eleni Z.y Steven Haggblade. 2004. "Successes in African Agriculture: Results of an Expert Survey". *World Development* 32(5):745-66.

Gaiha, Raghav y Ganesh Thapa. De próxima publicación. *Natural Disasters, Vulnerability and Mortalities: A Cross-country Analysis.* Roma: International Fund for Agricultural Development (IFAD).

Galasso, Emanuela, Martin Ravallion y Agustín Salvia. 2004. "Assisting the Transition from Workfare to Work: A Randomized Experiment". *Industrial and Labor Relations Review* 57(5):128-42.

Gandhi, Vasant P. y N. V. Namboodiri. 2006. "The Adoption and Economics of Bt Cotton in India: Preliminary Results from a Study". Ahmedabad: Indian Institute of Management (IIMA) – serie de documentos de trabajo 2006-09-04.

García-Mollá, M. 2000. "Análisis de la influencia de los costes en el consumo de agua en la agricultura valenciana: caracterización de las entidades asociativas para riego". Tesis de doctorado. Universidad Politécnica de Valencia.

Gardner, Bruce y William Lesser. 2003. "International Agricultural Research as a Global Public Good". *American Journal of Agricultural Economics* 85(3):692-97.

Garten Rothkopf (empresa de asesoría internacional). 2007. *A Blueprint for Green Energy in the Americas: Strategic Analysis of Opportunities for Brazil and the Hemisphere*. Washington, DC: Preparado para el Banco Interamericano de Desarrollo por Garten Rothkopf.

Gbetibouo, G. 2006. "Understanding Farmers' Perceptions and Adaptations to Climate Change and Variability: The Case of the Limpopo Basin Farmers, South Africa". Documento presentado en el International Food Policy Research Institute (Ifpri) Seminar. Washington, DC.

Gebremedhin, Berhanu, John Pender y Girmay Tesfaye. 2006. "Community Natural Resource Management in the Highlands of Ethiopia". En John Pender, Frank Place y Simeon Ehui, (eds.), *Strategies for Sustainable Land Management in the East African Highlands*. Washington, DC: International Food Policy Research Institute (Ifpri).

Gertler, Paul, Sebastian Martínez y Marta Rubio-Codina. 2006. "Investing Cash Transfer to Raise Long Term Living Standards". Washington, DC: World Bank Policy Research - serie de documentos de trabajo 3994.

Gibson, J. P. 2002. "Appendix 13, Role of Genetically Determined Resistance of Livestock to Disease in the Developing World: Potential Impacts and Researchable Issues". En B. D. Perry, T. F. Randolph, J. J. McDermott, K. R. Sones y P. K. Thornton, (eds.), *Investing in Animal Health Research to Alleviate Poverty*. Nairobi, Kenia: International Livelihood Research Institute (ILRI).

Gilbert, Marius, Prasit Chaitaweesub, Tippawon Parakamawongsa, Sith Premashthira, Thanawat Tiensin, Wantanee Kakpravidh, Hans Wagner y Jan Slingenbergh. 2006. "Freegrazing Ducks and Highly Pathogenic Avian Influenza, Thailand". *Emerging Infectious Diseases* 12(2):227-34.

Gillespie, Stuart. 2006a. *AIDS, Povertyy Hunger: Challenges and Responses*. Washington, DC: International Food Policy Research Institute (Ifpri).

Gillespie, Suneetha y Stuart Kadiyala. 2005. *HIV/AIDS and Food and Nutrition Security: From Evidence to Action*. Washington, DC: International Food Policy Research Institute (Ifpri).

Gine, Xavier, Robert Townsend y James Vickery. 2006. "Rainfall Insurance Participation in Rural India". Banco Mundial. Washington, DC. Procesado.

Girardin, O., D. Dao, B. G. Koudou, C. Essé, G. Cissé, Tano Yao, E. K. N'Goran, A. B. Tschannen, G. Bordmann, B. Lehmann, C. Nsabimana, J. Keiser, G. F. Killen, B. H. Singer, M. Tanner y J. Utzinger. 2004. "Opportunities and Limiting Factors of Intensive Vegetable Farming in Malaria Endemic Cote d'Ivoire". *Acta Tropica* 89(2):108-23.

Gisselquist, David, John Nash y Carl E. Pray. 2002. "Deregulating the Transfer of Agricultural Technology: Lessons from Bangladesh, India, Turkeyy Zimbabwe". *World Bank Research Observer* 17(2):237-65.

Glinkskaya, Elena y Jyotsna Jalan. 2005. "Quality of Informal Jobs in India". Banco MUndial. Washington, DC. Procesado.

Global Crop Diversity Trust. 2006. *Global Crop Diversity Trust Pledges*. Roma, Italia: Global Crop Diversity Trust.

Godtland, Erin M., Elisabeth Sadoulet, Alain de Janvry, Rinku Murgai y Oscar Ortiz. 2004. "The Impact of Farmer Field Schools on Knowledge and Productivity: A Study of Potato Farmers in the Peruvian Andes". *Economic Development and Cultural Change* 53(1):63-92.

Goldman, Ariel y Wilfred Vanhonacker. 2006. "The Food Retail System in China: Strategic Dilemmas and Lessons for Retail Internationalization/Modernization". Documento presentado en el Globalizing Retail Workshop. January 17. University of Surrey.

Goldman, Lynn y Nga Tran. 2002. *Toxics and Poverty: The Impact of Toxic Substances on the Poor in Developing Countries*. Washington, DC: Banco Mundial.

Goldstein, Markus y Christopher Udry. 2006. "The Profits of Power: Land Rights and Agricultural Investment in Ghana". New Haven, CT: Yale University, Economic Growth Center Documento para discusión, serie 929.

Goldstone, Jack a., Robert H. Bates, Ted R. Gurr, Michael Lustig, Monty G. Marshall, Jay Ulfelder y Mark Woodward. 2005. "A Global Forecasting Model of Political Instability". Documento presentado en la Annual Meeting of the American Political Science Association. Septiembre 1. Washington, DC.

Gollin, Douglas. 2006. *Impacts of International Research on Intertemporal Yield Stability in Wheat and Maize: An Economic Assessment*. Mexico: International Maize and Wheat Improvement Center (Cimmyt).

González, María A. y Rigoberto A. López. 2007. "Political Violence and Farm Household Efficiency in Colombia". *Economic Development and Cultural Change* 55(2):367-92.

Gouse, M., J. Kirsten y L Jenkins. 2003. "Bt Cotton in South Africa: Adoption and the Impact on Farm Incomes Amongst Small-scale and Large-scale Farmers". *Agrekon* 42(1):15-28.

Gouse, M., J. Kirsten, B. Shankar y C. Thirtle. 2005. "Bt Cotton in Kwa Zulu Natal: Technology Triumph but Institutional Failure". *AgBiotechNet* 7(134): 1-7.

Govereh, Jones, J. J. Shawa, E. Malawo y Thom S. Jayne. 2006. "Raising the Productivity of Public Investments in Zambia's Agricultural Sector". Lansing, MI: Michigan State University, International Development Collaborative - serie de documentos de trabajo ZM-FSRP-WP-20.

Government of India: Planning Commission. 2006. *Towards Faster and More Inclusive Growth, An Approach to the 11th Five Year Plan*. Nueva Delhi: Government of India: Planning Commission.

Government of Kenya. 2004. *Report of the Commission of Inquiry into the Illegal/Irregular Allocation of Public Land*. Nairobi: Government Printer.

Gramlich, Edward M. 1990. *A Guide to Benefit-cost Analysis*. Englewood Cliffs, NJ: Prentice-Hall.

Gregory, D. I. y B. L. Bumb. 2006. "Factors Affecting Supply of Fertilizer in Sub-Saharan Africa". Washington, DC: Banco Mundial, Agriculture and Rural Development – documento para discussion No. 24.

Gruere, G. y A. Bouët. 2006. "International Trade and Economy-wide Effects". En M. Smale, G. Gruere, J. Falck-Zepeda, A. Bouët, D. Horna, M. Cartel, P. Zambranoy N. Niane, (eds.), *Assessing the Potential Economic Impact of Bt Cotton in West Africa: Preliminary Findings and Elements of a Proposed Methodology*. Washington, DC: International Food Policy Research Institute (Ifpri).

Gulati, Ashok, Ruth Meinzen-Dick y K. V. Raju. 2005. *Institutional Reforms in Indian Irrigation*. Nueva Delhi: International Food Policy Research Institute (Ifpri) and Sage Publications.

Gunnarsson, Victoria, Peter F. Orazem y Guilherme Sedlacek. 2005. "Changing Patterns of Child Labor around the World since 1950: The Roles of Income Growth, Parental Literacy and Agriculture". Washington, DC: Banco Mundial, Human Development Network, Social Protection – documento para discusión No. 0510.

Gurgand, Marc. 2003. "Farmer Education and the Weather: Evidence from Taiwan, China". *Journal of Development Economics* 71(1):51-70.

Gutman, Graciela. 1997. *Transformaciones recientes en la distribución de alimentos en la Argentina*. Buenos Aires: Secretaría de Agricultura, Ganadería, Pesca y Alimentación.

Haggblade, Steven, Peter Hazell y Thomas Reardon. (eds.) De próxima publicación. "*Transforming the Rural Nonfarm Economy: Opportunities and Threats in the Developing World*". Baltimore, MD: Johns Hopkins University Press.

———. 2005. "The Rural Nonfarm Economy: Pathway Out of Poverty or Pathway In?" Documento presentado en la Future of Small Farms Conference. Junio 25. Wye, R.U.

Hall, Gillette y Harry Anthony Patrinos, eds. 2006. *Indigenous Peoples, Povertyy Human Development in Latin America*. Nueva York, NY: Palgrave MacMillan.

Hanson, Gordon H. 2005. "Emigration, Labor Supply and Earnings in Mexico". En George Borjas, (eds.), *Mexican Immigration*. Chicago: University of Chicago Press and the National Bureau of Economic Research.

Hanushek, Eric A. y Ludger Woessmann. 2007. "The Role of Education Quality for Economic Growth". Washington, DC: World Bank Policy Research - serie de documentos de trabajo 4122.

Harrigan, Jane. 2003. "U-Turns and Full Circles: Two Decades of Agricultural Reforms in Malawi 1981-2000". *World Development* 31(5):847-63.

Hasan, Rana y M. G. Quibria. 2004. "Industry Matters for Poverty: A Critique of Agricultural Fundamentalism". *Kyklos* 57(2):253-64.

Hawkes, Corinna y Marie T. Ruel. 2006. "Overview: Understanding the Links between Agriculture and Health". Washington, DC: International Food Policy Research Institute (Ifpri), 2020 Vision Briefs 13.

Hayami, Yujiro, eds. 1998. *Toward the Rural Based Development of Commerce and Industry: Selected Experiences from East Asia*. Washington, DC: Banco Mundial, World Bank Economic Development Institute.

———. 2005. "An Emerging Agriculture Problem in High- Performing Asian Economies". Documento presentado en la 5th Conference of the Asian Society of Agricultural Economists (Discurso presidencial). Agosto 29. Zahedan, Irán.

Hayami, Yujiro y Yoshihisa Godo. 2004. "The Three Agricultural Problems in the Disequilibrium of World Agriculture". *Asian Journal of Agriculture and Development* 1(1):3-16.

Hayami, Yujiro, Masao Kikuchi y Esther B. Marciano. 1996. "Structure of Rural-Based Industrialization: Metal Craft Manufacturing in the Philippines". Manila, Filipinas: IRRI Social Sciences Division – documento para discusión No. 5/96.

Hayami, Yujiro, Masao Kikuchi y Kasuko Morooka. 1989. "Market Price Response of World Rice Research". *Agricultural Economics* 3(4):333-43.

Hayami, Yujiro y Jean-Philippe Platteau. 1997. "Resource Endowments and Agricultural Development: Africa vs. Asia". En M. Aoki and Yujiro Hayami, (eds.), *The Institutional Foundation of Economic Development in East Asia*. Londres: Macmillan.

Hayward, N. 2006. "Social Funds Innovations Notes Series". Washington, DC: Banco Mundial – nota de resumen No. 3.

Hazell, Peter, Peter Oram y Nabil Chaherli. 2001. "Managing Livestock in Drought-Prone Areas of the Middle East and North Africa: Policy Issues". In Hans Löfgren, (eds.), *Food and Agriculture in the Middle East: Research in Middle East Economics, vol. 5*. Nueva York: Elsevier Science.

Hazell, Peter, G. Sheilds y D. Sheilds. 2005. "The Nature and Extent of Domestic Sources of Food Price Stability and Risk". Documento presentado en el Managing Food Price Instability in Low Income Countries Workshop. Washington, DC.

Hazell, Peter y Stanley Wood. De próxima publicación. "The Political and Social Drivers for Future Developments in Global Agriculture". *Philosophical Transactions of the Royal Society of Londres (Special Issue)*.

Hazell, Peter. 1992. "The Appropriate Role of Agricultural Insurance in Developing Countries". *Journal of International Development* 4(6):567-81.

Heisey, Paul W., Melinda Smale, Derek Byerlee y Edward Souza. 1997. "Wheat Rusts and the Costs of Genetic Diversity in the Punjab of Pakistan". *American Journal of Agricultural Economics* 79(3):726-37.

Helben, Sophie. 2006. "Africa's Land Degradation 'Can Be Reversed'". *SciDevNet*, September 4.

Helfand, Steven y Edward S. Levine. 2005. "What Explains the Decline in Brazilian Rural Poverty in the 1990s?" University of California, Economics Department. Riverside, CA. Procesado.

Heltberg, Rasmus. 1998. "Rural Market Imperfections and the Farm Size-productivity Relationship: Evidence from Pakistan". *World Development* 26(10):1807-26.

Henao, Julio y Carlos Baanante. 2006. *Agricultural Production and Soil Nutrient Mining in Africa: Implications for Resource Conservation and Policy Development*. Muscle Shoals, AL: International Center for Soil Fertility and Agricultural Development.

Henson, Spencer. 2006. "New Markets and Their Supporting Institutions: Opportunities and Constraints for Demand Growth". Documento de antecedentes para el IDM 2008.

Henson, Spencer y Julie Caswell. 1999. "Food Safety Regulation: An Overview of Contemporary Issues". *Food Policy* 24(6):588-603.

Hernández, Ricardo, Thomas Reardon y Julio Berdegué. 2007. "Supermarkets, Wholesalers, and Tomato Growers in Guatemala". *Agricultural Economics* 36(3):281-90.

Herring, Ronald J. 2007. "The Genomics Revolution and Development Studies: Science, Poverty and Politics". *Journal of Development Studies* 43(1):1-30.

Hertel, Thomas y Roman Keeney. 2005. "What's at Stake: the Relative Importance of Import Barriers, Export Subsidiesy Domestic Support". En T. Hertel y L. A. Winters, (eds.), *Putting Development Back into the Doha Agenda: Poverty Impacts of a WTO Agreement*. Washington, DC: Banco Mundial.

Hertel, Thomas W., Roman Keeney, Maros Ivanic y L. Alan Winters. 2007. "Why Isn't the DOHA Development Agenda more Poverty-Friendly?" Purdue University. Procesado.

Hertel, Thomas W. y Jeffrey J. Reimer. 2005. "Predicting the Poverty Impacts of Trade Reform". *Journal of International Trade and Economic Development* 14(4):377-405.

Herzog, B. y A. Wright. 2006. *The PPD Handbook. A Toolkit for Business Environment Reformers*. Washington, DC: Banco Mundial, DFID, IFC, OECD Development Centre.

Hess, Ulrich. 2003. "Innovative Financial Services for Rural India: Monsoon-indexed Lending and Insurance for Smallholders". Washington, DC: Banco Mundial, Agricultural and Rural Development – documento de trabajo No. 9.

Hill, Jason, Nelson Erik, David Tilman, Stephen Polasky y Douglas Tiffany. 2006. "Environmental, Economic and Energetic Costs and Benefits of Biodiesel and Ethanol Biofuels". *PNAS* 103(30):11206-10.

Hoddinott, John. 1994. "A Model of Migration and Remittances Applied to Western Kenya". *Oxford Economic Papers* 46(3):458-76.

———. 2006. "Shocks and their Consequences within and across Households in Rural Zimbabwe". *Journal of Development Studies* 42(2):301-21.

Hofs, Jean-Luc, Michael Fok y Maurice Vaissayre. 2006. "Impact of Bt Cotton Adoption in Pesticide Use by Smallholders: A 2-year Survey in Makhatini Flats (South Africa)". *Crop Protection* 25(2006):984-88.

Hossain, Mahabub. 2004. "Rural Non-Farm Economy in Bangladesh: A View from Household Surveys". Dhaka: Centre for Policy Dialogue, documento occasional No. 40.

Howe, Charles W. 2002. "Policy Issues and Institutional Impediments in the Management of Groundwater: Lessons from Case Studies". *Environment and Development Economics* 7(2004):625-41.

Hruska, Allan y Marianela Corriols. 2002. "The Impact of Training in Integrated Pest Management among Nicaraguan Maize Farmers: Increased Net Returns and Reduced Health Risk". *International Journal of Occupation and Environmental Health* 8(3):191-200.

Hsieh, Chang-Tai y Elisabeth Sadoulet. 2007. "Agriculture and Development". Nota de antecedentes para el IDM 2008.

Hu, Dinghuan, Thomas Reardon, Scott Rozelle, C. Peter Timmer y Honglin Wang. 2004. "The Emergence of Supermarkets with Chinese Characteristics: Challenges and Opportunities for China's Agricultural Development". *Development Policy Review* 22(5):557-86.

Huang, Jikun, Ruifa Hu, Cuihui Fan, Carl E. Pray y Scott Rozelle. 2002. "Bt Cotton Benefits, Costsy Impacts in China". *AgBioForum* 5(4):153-66.

Huang, Jikun, Ruifa Hu, Scott Rozelle y Carl Pray. 2005. "Insect-Resistant GM Rice in Farmers' Fields: Assessing Productivity and Health Effects in China". *Science* 308(5722):688-90.

Huang, Jikun y Scott Rozelle. 1995. "Environmental Stress and Grain Yields in China". *American Journal of Agricultural Economics* 77(4):853-64.

———. 1996. "Technological Change: Rediscovering the Engine of Productivity Growth in China's Rural Economy". *Journal of Development Economics* 49(2):337-69.

Huang, Jikun, Scott Rozelle y Mark W. Rosegrant. 1999. "China's Food Economy to the 21st Century: Supply, Demand, and Trade". *Journal of Economic Development and Cultural Change* 47(4):737-66.

Humphrey, John, Neil McCulloch y Masako Ota. 2004. "The Impact of European Market Changes on Employment in the Kenyan Horticulture Sector". *Journal of International Development* 16(1):63-80.

Huppert, Walter y Birgitta Wolff. 2002. "Principal-agent Problems in Irrigation: Inviting Rent-seeking and Corruption". *Quarterly Journal of International Agriculture* 41(1-2):98-118.

Hurst, Peter, Paola Termine y Marilee Karl. 2005. *Agricultural Workers and Their Contribution to Sustainable Agriculture and Rural Development*. Roma: Organización de las N.U. para la Agricultura y la Alimentación (FAO), Organización Internacional del Trabajo (OIT), Internacional Union of Food, Agricultural, Hotel, Restaurant, Catering, Tobacco and Allied Workers' Associations (IUF).

Hussi, Pekka, Josette Murphy, Ole Lindberg y Lyle Brenneman. 1993. "The Development of Cooperatives and other Rural Organizations". Washington DC: Banco Mundial –Documento técnico No. 199.

Ilahi, Nadeem, Peter F. Orazem y Guilherme Sedlacek. 2005. "How Does Working as a Child Affect Wages, Income and Poverty as an Adult?" Washington, DC: Banco Mundial, Social Protection - Documento para discusión, serie 0514.

Inocencio, A., M. Kikuchi, M. Tonosaki, A. Maruyama y H. Sally. 2005. *Costs of Irrigation Projects: A Comparison of Sub-Saharan Africa and other Developing Regions and Finding Options to Reduce Costs*. Pretoria: African Development Bank. Informe final para el Collaborative Programme on Investments in Agricultural Water Management in Sub Saharan Africa: Diagnosis of Trends and Opportunities.

Instituto de Pesquisa Económica Aplicada (IPEA). 2006. "Ipeadata". Brasilia, Brasil, Instituto de Pesquisa Económica Aplicada (IPEA).

Banco Interamericano de Desarrollo. 2005. "Draft Rural Development Strategy". Banco Interamericano de Desarrollo. Washington, DC. Procesado.

InterAcademy Council. 2004. *Realizing the Promise and Potential of African Agriculture. Science and Technology Strategies for Improving Agricultural Productivity and Food Security in Africa*. Amsterdam, Países Bajos: InterAcademy Council.

Intergovernmental Panel on Climate Change (IPCC). 2001. *Third Assessment Report: Climate Change 2001*. Ginebra: Intergovernmental Panel on Climate Change (IPCC).

———. 2007a. *Climate Change 2007: Impacts, Adaptationy Vulnerability. Working Group II Contribution to the Intergovernmental Panel on Climate Change Fourth Assessment Report*. Ginebra, Suiza: Intergovernmental Panel on Climate Change (IPCC).

———. 2007b. *Climate Change 2007: Impacts, Adaptationy Vulnerability. Working Group III Contribution to the Intergovernmental Panel on Climate Change Fourth Assessment Report*. Ginebra, Suiza: Intergovernmental Panel on Climate Change (IPCC).

International Assessment of Agricultural Science and Technology for Development (Iaastd). 2007. *Global Report*. Washington, DC: International Assessment of Agricultural Science and Technology for Development (Iaastd).

International Center for Soil Fertility and Agricultural Development. 2003. *Input Subsidies and Agricultural Development: Issues and Options for Developing and Transitional Economies*.

Muscle Shoals, AL: International Center for Soil Fertility and Agricultural Development. International Center for Tropical Agriculture (CIAT). 2006. *Pan-Africa Bean Research Alliance (Pabra)*. Cali, Colombia: International Center for Tropical Agriculture (CIAT).

International Cocoa Organization (ICO). 2006. *Assessment of the Movements of Global Supply and Demand*. Londres, R.U.: International Cocoa Organization (ICO).

International Coffee Organization. 2007. "Coffee Statistics". Londres, R.U., International Coffee Organization.

International Council for Science. 2003. *New Genetics, Food and Agriculture: Scientific Discoveries—Societal Dilemmas*. Paris: International Council for Science (ICSU).

International Energy Agency (IEA). 2004. *Biofuels for Transport. An International Perspective*. París: International Energy Agency.

International Federation of Organic Agriculture Movements (Ifoam). 2006. *The World of Organic Agriculture: Statistics and Emerging Trends 2006*. Bonn: International Federation of Organic Agriculture Movements (Ifoam).

International Fertilizer Development Centre (IFDC). 2005. *Malawi Agricultural Input Markets (AIMS) Development Project: End of the Project Report*. Muscle Shoals, AL: International Fertilizer Development Centre (IFDC).

International Food Policy Research Institute (Ifpri). 2004. "Agricultural Science and Technology Indicators". Washington, DC, International Food Policy Research Institute (Ifpri).

International Fund for Agricultural Development (IFAD). 2001. *Thematic Study on Water User Associations in IFAD Projects. Vol. 1 Main Report*. Roma: International Fund for Agricultural Development.

———. 2005a. *Agricultural Water Development for Poverty Reduction in Eastern and Southern Africa*. Roma: International Fund for Agricultural Development.

———. 2005b. *Management of Natural Resources in the Southern Highlands Projects (Marenass)*. Roma: International Fund for Agricultural Development.

International Institute of Strategic Studies (IISS). 2000. *The Military Balance*. Londres: Brassey's. Fondo Monetario Internacional. 2005. *Dealing with the Revenue Consequences of Trade Reform*. Washington, DC: Fondo Monetario Internacional, Documento de antecedentes para la Review of Fund Work on Trade preparado por el Fiscal Affairs Department. International Research Institute for Climate and Society (IRI), Global Climate Observing System (GCOS), United Kingdom's Department for International Development (DfID) y ONU.

Economic Commission for Africa (ECA). 2007. *A Gap Analysis for the Implementation of the Global Climate Observing System Programme in Africa*. Nueva York: Columbia University.

International Telecommunication Union (ITU). 2006. *World Telecommunications/ICT Development Report 2006: Measuring ICT for Social and Economic Development*. Geneva: International Telecommunication Union.

International Water Management Institute (IWMI). 2005. *Lessons from Irrigation Investment Experiences: Cost-Reducing and Performance-Enhancing Options for Sub-Saharan Africa*. Pretoria: IWMI.

Isik-Dikmelik, Aylin. 2006. "Trade Reforms and Welfare: An Ex- Post Decomposition of Income in Vietnam". Washington, DC: World Bank Policy Research - serie de documentos de trabajo 4049.

Ivanic, Maros y Will Martin. 2006. "Potential Implications of Agricultural Special Products for Poverty in Low-Income Countries". Institute for Agriculture and Trade Policy. Minéapolis, MN. Procesado.

Jackson, Cecile. 1993. "Doing What Comes Naturally? Women and Environment in Development". *World Development* 21(12):1947-63.

Jackson, Chris y Gayatri Acharya. 2007. "Ghana's Agricultural Potential: How to Raise Agricultural Output and Productivity?" Banco Mundial. Washington, DC. Procesado.

Jacobs, Susie. 2002. "Land Reform: Still a Goal Worth Pursuing for Rural Women?" *Journal of International Development* 14(6):887-98.

Jaffee, Steven. 2005. "Delivering and Taking the Heat: Indian Spices and Evolving Product and Process Standards". Washington, DC: Banco Mundial, Agricultural and Rural Development –documento para discusión No. 19.

Jaffee, Steven y Spencer Henson. 2004. "Standards and Agrofood Exports from Developing Countries: Rebalancing the Debate". Washington, D.C: Banco Mundial, Policy Research - serie de documentos de trabajo 3348.

Jalan, Jyotsna y Martin Ravallion. 2002. "Geographic Poverty Traps? A Micro-Model of Consumption Growth in Rural China". *Journal of Applied Econometrics* 17(4):328-46.

James, Clive. 2006. *Global Status of Commercialized Biotech/GM Crops: 2006*. Ithaca, NY: International Service for the Acquisition of Agri-biotech Applications (Isaaa).

Jarvis, Novell y Esperanza Vera-Toscano. 2004. "Seasonal Adjustment in a Market for Female Agricultural Workers". *American Journal of Agricultural Economics* 86(1):254-66.

Jayachandran, Seema. 2006. "Selling Labor Low: Wage Responses to Productivity Shocks in Developing Countries". *Journal of Political Economy* 114(3):538-75.

Jayaraman, Rajshri y Peter Lanjouw. 1999. "The Evolution of Poverty and Inequality in Indian Villages". *World Bank Research Observer* 14(1):1-30.

Jayne, T. S., J. Govereh, M. Wanzala y M. Demeke. 2003. "Fertilizer Market Development: A Comparative Analysis of Ethiopia, Kenya y Zambia". *Food Policy* 28(4):293-316.

Jayne, T. S., J. Govereh, Z. Xu, J. Ariga y E. Mghenyi. 2006a. "Factors Affecting Small Farmers' Use of Improved Maize Technologies: Evidence from Kenya and Zambia". Documento presentado en la Annual Meeting of the International Association of Agricultural Economists (IAAE). August 12a. Gold Coast, Queensland, Australia.

Jayne, Thomas S., Villarreal Marcela, Prabhu Pingali y Guenter Hemrich. 2006b. "HIV/AIDS and the Agricultural Sector in Eastern and Southern Africa:

Anticipating the Consequences". En Stuart Gillespie, (eds.), *AIDS, Povertyy Hunger: Challenges and Responses.* Washington, DC: International Food Policy Research Institute (Ifpri).

Jensen, Robert. 2000. "Agricultural Volatility and Investments in Children". *American Economic Review* 90(2):398-404.

Jha, Veena. 2002. "Strengthening Developing Countries' Capacities to Respond to Health, Sanitary and Environmental Requirements: A Scoping Paper for Selected Developing Countries". Geneva: Unctad, - serie de documentos de trabajo 1.

Johanson, Richard K. y Arvil V. Adams. 2004. *Skills Development in Sub-Saharan Africa*. Washington, DC: Banco Mundial.

Johnson, Michael, Peter Hazelly Ashok Gulati. 2003. "The Role of Intermediate Factor Markets in Asia's Green Revolution: Lessons for Africa?" *American Journal of Agricultural Economics* 85(5):1211-16.

Johnston, Bruce F. y Peter Kilby. 1975. *Agriculture and Structural Transformation: Economic Strategies in Late-developing Countries*. Londres, R.U.: Oxford University Press.

Johnston, D. 1997. "Migration and Poverty in Lesotho: A Case Study of Female Farm Labourers". University of Londres. Londres. Procesado.

Jolliffe, Dean. 2004. "The Impact of Education in Rural Ghana: Examining Household Labor Allocation and Returns On and Off the Farm". *Journal of Development Economics* 73(1):287-314.

Joshi, K. D., A. Joshi, J. R. Witcombe y B. R. Sthapit. 1996. "Farmer Participatory Crop Improvement: Varietal Selection and Breeding Methods and Their Impact on Biodiversity". *Experimental Agriculture* 32(4):445-60.

Joshi, P. K., Pratap Singh Birthal y Nicholas Minot. 2006. "Sources of Agricultural Growth in India: Role of Diversification Towards High-Value Crops". Washington, DC: International Food Policy Research Institute (Ifpri), MTID – documento para discusión No. 98.

Juma, Calestous. 2006. "Reinventing African Economies: Technological Innovation and the Sustainability Transition". Documento presentado en el John Pesek Colloquium on Sustainable Agriculture. Iowa State University.

Just, David R. 2006. "A Review of Behavioral Risk Research with Special Application to Developing Countries". Documento de antecedentes para el IDM 2008.

Kaburie, Laurent y Stephen Ruvuga. 2006. "Networking for Agriculture Innovation: The Mviwata National Network of Farmers' Groups in Tanzania". *Bulletin* 10(30):78-85.

Kamuze, Gertrude. 2004. "Banana Wilt Getting Out of Hand– Experts". *The East African*, August 23.

Kang, Kenneth y Vijaya Ramachandran. 1999. "Economic Transformation in Korea: Rapid Growth without an Agricultural Revolution?" *Economic Development and Cultural Change* 47(4):783-801.

Kangasniemi, Jaakko.2002. "Financing Agricultural Research by Producers' Organizations in Africa". En Derek Byerlee y Rubén G. Echeverría, (eds.), *Agricultural Research Policy in an Era of Privatization.* Wallingford, Oxon: CABI Publishing.

Karamura, Eldad, Moses Osiru, Guy Blomme, Charlotte Lusty y Claudine Picq. 2006. "Developing a Regional Strategy to Address the Outbreak of Banana *Xanthomonas* Wilt in East and Central Africa". Documento presentado en el Banana Xanthomonas Wilt Regional Preparedness and Strategy Development Workshop. Febrero 14. Kampala, Uganda.

Karp, Larry. 2007a. "Income Distribution and the Allocation of Public Agricultural Investment in Developing Countries". Documento de antecedentes para el IDM 2008.

———. 2007b. "Managing Migration from the Traditional to Modern Sector in Developing Countries". Documento de antecedentes para el IDM 2008.

Kartha, Sivan. 2006. "Environmental Effects of Bioenergy". En Peter Hazell y R. K. Pachauri, (eds.), *Bioenergy and Agriculture: Promises and Challenges.* Washington, DC: International Food Policy Research Institute (Ifpri).

Kashisa, K. y Venkatesa Palanichamy. 2006. "Income Dynamics in Tamil Nadu, India, from 1971 to 2003: Changing Roles of Land and Human Capital". *Agricultural Economics* 35:437-48.

Kataki, P., P.R. Hobbs y B. Adhikary. 2001. The Rice-Wheat Cropping System of South Asia: Trends, Constraints and Productivity–A Prologue. Journal of Crop Production, Volume 3 (2):1-26.

Katz, Elizabeth. 1995. "Gender and Trade Within the Household: Observations from Rural Guatemala". *World Development* 23(2):327-42.

———. 2003. "The Changing Role of Women in the Rural Economies of Latin America". En Benjamin Davis, (eds.), *Current and Emerging Issues for Economic Analysis and Policy Research, Volume I: Latin America and the Caribbean.* Roma: Organización de las N.U. para la Agricultura y la Alimentación (FAO).

Katz, Elizabeth G. 1994. "The Impact of Non-traditional Export Agriculture on Income and Food Availability in Guatemala: An Intra-household Perspective ". *Food and Nutrition Bulletin* 15(4):295-302.

Kaufmann, Daniel, Aart Kraay y Massimo Mastruzzi. 2006. "Governance Matters V: Aggregate and Individual Governance Indicators for 1996-2005". Washington, DC: World Bank Policy Research - serie de documentos de trabajo 4012.

Keeney, Roman, Maros Ivanic, Thomas Warren Hertel y L. Alan Winters. 2007. "Why Isn't Doha Development Agenda More Poverty Friendly?" West Lafayette, IN: Purdue University, Center for Global Trade Analysis, Department of Agricultural Economics, GTAP - serie de documentos de trabajo 2292.

Keiser, Jennifer, Marcia Caldas de Castro, Michael F. Maltese, Robert Bos, Marcel Tanner, Burton H. Singer y Jürg Utzinger. 2005. "Effect of Irrigation and Large Dams on the Burden of Malaria on a Global and Regional Scale". *American Journal of Tropical Medicine and Hygiene* 72(4):392-406.

Keiser, Jennifer, Burton H. Singer y Jürg Utzinger. 2005. "Reducing the Burden of Malaria in Different Eco-epidemiological Settings with Environmental Management: A Systematic Review". *Lancet Infectuous Diseases* 5(11):695-708.

Kelly, Valerie, Akinwumi A. Adesina y Ann Gordon. 2003. "Expanding Access to Agricultural Inputs in Africa: A Review of Recent Market Development Experience". *Food Policy* 28(4):378-404.

Kelly, Valery A. 2006. "Factors Affecting Demand for Fertilizer in Sub-Saharan Africa". Washington, DC: Banco Mundial, Agriculture and Rural Development – documento para discusión No. 23.

Kevane, Michael. 1996. "Agrarian Structure and Agricultural Practice: Typology and Application to Western Sudan". *American Journal of Agricultural Economics* 78(1):236-45.

Khadiagala, Lynn S. 2001. "The Failure of Popular Justice in Uganda: Local Councils and Women's Property Rights". *Development and Change* 32(1):55-76.

Kherallah, Mylene, Christopher Delgado, Eleni Gabre-Madhin, Nicholas Minot y Michael Johnson. 2002. *Reforming Agricultural Markets in Africa*. Baltimore, MD: International Food Policy Research Institute (Ifpri)/John Hopkins University Press.

Kiggundu, Rose. 2006. "Technological Change in Uganda's Fishery Exports". En Vandana Chandra, (eds.), *Technology, Adaptation and Exports: How Some Developing Countries Got It Right.* Washington, DC: Banco Mundial.

Kijima, Yoko y Peter Lanjouw. 2004. "Agricultural Wages, Non-farm Employment and Poverty in Rural India". Banco Mundial. Washington, DC. Procesado.

———. 2005. "Economic Diversification and Poverty in Rural India". *Indian Journal of Labor Economics* 48(2):348-74.

Kijima, Yoko, Dick Sserunkuuma y Keijiro Otsuka. 2006. "How Revolutionary is the 'Nerica Revolution'? Evidence from Uganda". *Developing Economies* 44(2):252-67.

Kikuchi, M. 1998. "Export-Oriented Garment Industries in the Rural Philippines". En Yujiro Hayami, (eds.), *Toward the Rural-Based Development of Commerce and Industry.* Washington, DC: Banco Mundial.

Kimhi, Ayal. 2006. "Plot Size and Maize Productivity in Zambia: Is There an Inverse Relationship?" *Agricultural Economics* 35(1):1-9.

Kleih, Ulrich, G. Okoboi y M. Janowski. 2004. "Farmers' and Traders' Sources of Market Information in Lira District". *Uganda Journal of Agricultural Economics* 9(2004):693-700.

Klytchnikova, Irina y Ndiame Diop. 2006. "Trade Reforms, Farm Productivity and Poverty in Bangladesh". Washington, DC: World Bank Policy Research - serie de documentos de trabajo 3980.

Knight, John y Lina Song. 2003. "Chinese Peasant Choices: Migration, Rural Industry, or Farming?" *Oxford Development Studies* 31(2):123-48.

Knox, Anna, Ruth Meinzen-Dick y Peter Hazell. 2002. "Property Rights, Collective Actiony Technologies for Natural Resource Management: A Conceptual Framework". En Anna Knox, Ruth Meinzen-Dick y Peter Hazell, (eds.), *Innovation in Natural Resource Management: The Role of Property Rights and Collective Action in Developing Countries.* Baltimore, MD: Johns Hopkins University Press.

Kochar, Anjini. 1997. "Smoothing Consumption by Smoothing Income: Hours-of-Work Response to Idiosyncratic Agricultural Shocks in Rural India". *Review of Economic and Statistics* 81(1):50–61.

———. 2000. "Migration and Schooling Rates of Return". Stanford University. Stanford, CA. Procesado.

Kochar, Anjini, Kesar Singh y Sukhwinder Singh. 2006. *Targeting Public Goods to the Poor in a Segregated Economy: An Empirical Analysis of Central Mandates in Rural India*. Palo Alto, CA: Stanford University Press.

Köhlin, G. 2006. "Aspects of Land Degradation in Lagging Regions: Extent, Driving Forces, Responses and Further Research with Special Reference to Ethiopia". Documento presentado en el World Development Report Agriculture and Development International Policy Workshop. Septiembre 4. Berlín.

Kohls, Richard L. y Joseph N. Uhl. 1985. *Marketing of Agricultural Products*. Nueva York: MacMillan Publishing Company.

Kojima, Masami, Donald Mitchell y William Ward. 2006. *Considering Trade Policies for Liquid Biofuels*. Washington, DC: Banco Mundial.

Koplow, Doug. 2006. *Biofuels—At What Cost? Government Support for Ethanol and Biodiesel in the United States*. Ginebra: Global Subsidies Initiative of the International Institute for Sustainable Development Report.

Kranton, Rachel E. y Anand V. Swamy. 1999. "The Hazards of Piecemeal Reform: British Civil Courts and the Credit Market in Colonial India". *Journal of Development Economics* 58(1):1-24.

Kremer, Michael y Alix Peterson Zwane. 2005. "Encouraging Private Sector Research for Tropical Agriculture". *World Development* 33(1):87-105.

Krishna, Anirudh. 2006a. "For Reducing Poverty Faster: Target Reasons Before People". Duke University. Durham, NC. Procesado.

———. 2006b. "Pathways Out of and Into Poverty in 36 Villages of Andrha Pradesh, India". *World Development* 34(2):271-88.

Krishna, Anirudh, Daniel Lumonya, Milissa Markiewicz, Firminus Mugumya, Agatha Kafuko y Jonah Wegoye. 2006. "Escaping Poverty and Becoming Poor in 36 Villages of Central and Western Uganda". *Journal of Development Studies* 42(2):346-70.

Krueger, Anne O., Maurice Schiff y Alberto Valdés, eds. 1991. *The Political Economy of Agricultural Pricing Policy*. Washington, DC: Banco Mundial.

Kung, James Kai-sing y Shouying Liu. 1997. "Farmers' Preference Regarding Ownership and Land Tenure in Post-Mao China: Unexpected Evidence from Eight Counties". *The China Journal* 38(Jul 1997):33-63.

Kuriakose, Anne, Indira Shluwalia, Smita Malpani, Kristine Hansen, Elija Pehu y Arunima Dhar. 2005. "Gender Mainstreaming in Water Resources Management". Washington, DC: Banco Mundial, Agriculture and Rural Development – documento interno No. 37945.

Kurukulasuriya, Pradeep, Robert Mendelsohn, Rashid Hassan, James Benhin, Temesgen Deressa, Mbaye Diop, Helmy Mohamed Eid, K. Yerfi Fosu, Glwadys Gbetibouo, Suman Jain, Ali Mahamadou, Renneth Mano, Jane Kabubo-Mariara, Samia El-Marsafawy, Ernest Molua, Samiha Ouda, Mathieu Ouedraogo, Isidor Séne, David Maddison, S. Niggol Seo y Ariel Dinar. 2006. "Will African Agriculture Survive Climate Change?" *World Bank Economic Review* 20(3):367-88.

La Ferrara, Eliana. 2003. "Kin Groups and Reciprocity: A Model of Credit Transactions in Ghana". *American Economic Review* 93(5):1730–51.

Laborde, Jean S. y William Martin. 2006. "Consequences of Alternative Formulas for Agricultural Tariff Cuts". En Kym Anderson and William Martin, (eds.), *Agricultural Trade Reform and the Doha Development Agenda*. Basingstoke y Washington, DC: Palgrave Macmillan y Banco Mundial.

Lanjouw, Peter. 2007. "Does the Rural Nonfarm Economy Contribute to Poverty Reduction?" En Steven Haggblade, Peter Hazell y Thomas Reardon (eds.) *Transforming the Rural Nonfarm Economy*. Baltimore, MD: Johns Hopkins University.

Lantican, M. A., P. L. Pingali y S. Rajaram. 2003. "Is Research on Marginal Lands Catching up? The Case of Unfavorable Wheat Growing Environments". *Agricultural Economics* 29(3):353-61.

Lanzona, Leonardo A. 1998. "Migration, Self-Selection and Earnings in Philippine Rural Communities". *Journal of Development Economics* 56(1):27-50.

Larwanou, M., M. Abdoulaye y C. Reij. 2006. *Etude de la Régénération Naturelle Assistée dans la Région de Zinder (Niger)*. Washington, DC: United States Agency for International Development and International Resources Group (Usaid).

Lastarria-Cornhiel, Susana. 2006. "Feminization of Agriculture: Trends and Driving Forces". Documento de antecedentes para el IDM 2008.

Laszlo, Sonia. 2004. "Education, Labor Supplyy Market Development in Rural Peru". McGill University. Montreal. Procesado.

Lederman, Daniel, Norman Loayza y Rodrigo Soares. 2006. "On the Political Nature of Corruption". En Rick Stapenhurst, Niall Johnston y Riccardo Pellizo, (eds.), *The Role of Parliament in Curbing Corruption*. Washington, DC: Banco Mundial.

Leibenstein, Harvey. 1986. "The Theory of Underemployment in Densely Populated Backward Areas". En George A. Akerlof y Janet L. Yellen (eds.), *Efficiency Wages Models of the Labor Market*. Nueva York: Cambridge University Press.

Leksmono, C., J. Young, N. Hooton, H. G. Muriuki y D. Romney. 2006. "Informal Trade Lock Horns with the Formal Milk Industry: The Role of Research in a Pro-poor Dairy Policy Shift in Kenya". Londres, R.U. y Nairobi, Kenia: Overseas Development Institute and International Livestock Research Institute (ILRI), documento de trabajo No. 266.

Lele, Uma y Christopher Gerrard. 2003. "Global Public Goods, Global Programsy Global Policies: Some Initial Findings from a World Bank Evaluation". *American Journal of Agricultural Economics* 85(3):686-91.

Lepers, E., E. F. Lambin, A. C. Janetos, R. DeFries, F. Achard, N. Ramankutty y R. J. Scholes. 2005. "A Synthesis of Information on Rapid Land-Cover Change for the Period 1981-2000". *BioScience* 55(2):115-24.

Lernoud, Alberto Pipo y María Fernanda Fonseca. 2004. "Workshop on Alternatives on Certifi cation for Organic Production". Documento presentado en el Workshop on Alternatives on Certifi cation for Organic Production. Abril 13. Torres, Brasil.

Levy, Santiago. 2007. "Can Social Programs Reduce Productivity and Growth? A Hypothesis for Mexico". Documento presentado en la Global Development Network Conference. Enero 12. Beijing.

Li, Haizhengy Steven Zahniser. 2002. "The Determinants of Temporary Rural-to-Urban Migration in China". *Urban Studies* 39(12):2218-36.

Ligon, Ethan y Elisabeth Sadoulet. 2007. "Estimating the Effects of Aggregate Agricultural Growth on the Distribution of Expenditures". Documento de antecedentes para el IDM 2008.

Limao, Nuno y Anthony J. Venables. 2001. "Infrastructure, Geographical Disadvantage, Transport Costsy Trade". *World Bank Economic Review* 15(3):451-79.

Lin, Justin Yifu. 1992. "Rural Reforms and Agricultural Growth in China". *American Economic Review* 82(1):34-51.

Lin, Justin Yifu, Ran Tao y Mingxing Liu. 2007. *Rural Taxation and Local Governance Reform in China's Economic Transition: Origins, Policy Responsesy Remaining Challenges*. Beijing: China Center for Economic Research, Peking University.

Lio, Monchi y Meng-Chun Liu. 2006. "ICT and Agricultural Productivity: Evidence from Cross-country Data". *Agricultural Economics* 34(3):221-28.

Lipton, Michael y Emanuel de Kadt. 1988. *Agriculture: Health Linkages*. Ginebra: Organización Mundial de la Salud (OMS).

Lobo, Albert y Suresh Balakrishnan. 2002. "Report Card on Service of Bhoomi Kiosks: An Assessment of Benefits by Users of the Computerized Land Records System in Karnataka". Public Affairs Centre. Bangalore. Procesado.

Lohmar, Bryan, Scott Rozelle y Changbao Zhao. 2001. "The Rise of Rural-to-Rural Labor Marekts in China". *Asian Geographer* 20pp. 101123.

Lokshin, Michael, Mikhail Bontch-Osmolovski y Elena Glinskaya. 2007. "Work Migration and Poverty Reduction in Nepal". Banco Mundial. Washington, DC. Procesado.

Long, D. L. y M. E. Hughes. 2001. "Small Grain Losses Due to Rust". University of Minnesota. Saint Paul, M.N. Procesado.

Long, Stephen P., Elisabeth A. Ainsworthyrew D. B. Leakey, Josef Nösberger y Donald R. Ort. 2007. "Food for Thought: Lower-than-expected Crop Yield Stimulation with Rising CO_2 Concentrations". *Science* 312(5782):1918-21.

López, Ramón y Gregmar I. Galinato. 2006. "Should Governments Stop Subsidies to Private Goods? Evidence from Rural Latin America". *Journal of Public Economics* 91(5-6):1071-94.

López-Calva, Luis Felipe. 2007. "Migration in Rural Mexico: From Tlapanalan to Manhatitlan". Documento de antecedentes para el IDM 2008.

Louwaars, Niels P. 2007. "International Policy: the Seeds of Confusion". Nota de antecedentes para el IDM 2008.

Lucas, Caroliney y Jonesy Colin Hines. 2006. *Fueling a Food Crisis: The Impact of Peak Oil on Food Security*. Brussels: The Greens, European Free Alliance in the European Parliament.

Lucas, Robert E. B. 1987. "Emigration to South Africa's Mines". *American Economic Review* 77(3):313-30.

Lusigi, Angela y Colin Thirtle. 1997. "Total Factor Productivity and the Effects of R&D in African Agriculture". *Journal of International Development* 9(4):528-38.

Lutz, Ernest J., John Heath y Hans Binswanger. 1996. "Natural Resource Degradation Effects of Poverty and Population Growth Are Largely Policy-Induced: The Case of Colombia". *Environment and Development Economics* 1(1):65-84.

Lybbert, Travis J., Christopher B. Barrett, Solomon Desta y D. Layne Coppock. 2004. "Stochastic Wealth Dynamics and Risk Management Among a Poor Population". *Economic Journal* 114(498):750-77.

Lyon, Sarah. 2006. "Fair Trade in Latin America". University of Kentucky, Department of Anthropology. Lexington, KY. Procesado.

M.S.Swaminathan Research Foundation (Mssrf). 2005. *Workshop Report of The Third Mssrf South-South Exchange*. Chennai, India: M.S.Swaminathan Research Foundation (Mssrf).

Mace, M. J. 2006. "Adaptation Under the UN Framework Convention on Climate Change: The International Legal Framework". En W. Neil Adger, Jouni Paavola, Saleemul Huq y M. J. Mace, (eds.), *Fairness in Adaptation to Climate Change*. Camgridge, Mass. and Londres, UK: MIT Press.

Macours, Karen, Alain de Janvry y Elisabeth Sadoulet. 2004. "Insecurity of Property Rights and Matching in the Tenancy Market". Berkeley, CA: University of California, Cudare - serie de documentos de trabajo 922.

Macours, Karen y Johan F. M. Swinnen. 2006. "Rural Poverty in Transition Countries". Leuven, Belgium: Centre for Transition Economics, Licos Documento para discusión, serie 16906.

Macours, Karen y Renos Vakis. 2006. "Seasonal Migration and Early Childhood Development in Nicaragua". Documento presentado en la UN World Institute for Development Economics Research (Wider) Conference. Septiembre 23. Río de Janeiro.

Maddison, David. 2006. "The Perception of and Adaptation to Climate Change in Africa". Pretoria: Centre for Environmental Economics and Policy in Africa (Ceepa), Documento para discusión, serie 10.

Maertens, Miet y Jo Swinnen. 2006. "Trade, Standardsy Poverty: Evidence from Senegal". Leuven: Centre for Transition Economics, Licos. Documento para discusión, serie 177/2006.

Malik, R. K., Ashok Yadav y Sher Singh. 2005. "Resource Conservation Technologies in Rice-wheat Cropping Systems Indo-Gangetic Plains". En I. P. Abrol, R. K. Guptay R. K. Malik, (eds.), *Conservation Agriculture: Status and Prospects*. Nueva Delhi: Centre for Advancement of Sustainable Agriculture.

Manalili, N. M. 2005. "The Changing Map of the Philippine Retail Food Sector: The Impact on Trade and the Structure of Agriculture and the Policy Response". Documento presentado en la Pacific Economic Cooperation Council's Pacific Food System Outlook 2005-6 Annual Meeting. Mayo 11. Kun Ming, China.

Manarungsan, Sompop, Jocelyn O. Naewbanij y Rerngjakrabhet. 2005. "Costs of Compliance to SPS Standards: Shrimp, Fresh Asparagus and Frozen Green Soybeans in Thailand". Washington, DC: Banco Mundial Agriculture and Rural Development – documento para discusión No. 16.

Mansuri, Ghazala. 2007a. "Migration, School Attainment and Child Labor: Evidence from Rural Pakistan". Washington, DC: World Bank Policy Research - serie de documentos de trabajo 3945.

———. 2007b. "Temporary Migration and Rural Development". Banco Mundial. Washington, DC. Procesado.

Maredia, Mywish K. y Derek Byerlee. 2000. "Efficiency of Research Investments in the Presence of International Spillovers: Wheat Research in Developing Countries". *Agricultural Economics* 22(1):1-16.

Mariner, Jeffrey, Peter Roeder y Berhanu Admassu. 2002. *Community Participation and the Global Eradication of Rinderpest*. Londres: International Institute for Environment and Development (IIED).

Martin, Will y Kym Anderson. 2006. "The Doha Agenda Negotiations on Agriculture: What Could They Deliver?" *American Journal of Agricultural Economics* 88(5):1211-8.

Martin, Will y Devashish Mitra. 2001. "Productivity Growth and Convergence in Agriculture versus Manufacturing". *Economic Development and Cultural Change* 49(2):403-22.

Martin, William y Francis Ng. 2004. *Sources of Tariff Reduction*. Washington, DC: Banco Mundial. Documento de antecedentes preparado para el 'Global Economic Prospects 2005: Trade, Regionalismy Development'.

Martínez Nogueira, Roberto. 2007. "New Roles of the Public Sector for an Agriculture for Development Agenda". Documento de antecedentes para el IDM 2008.

Masters, William A. 2005. "Research Prizes: A New Kind of Incentive for Innovation in African Agriculture". *International Journal of Biotechnology* 7(1/2/3):195-211.

Matsumoto, Tomoya, Yoko Kijima y Takashi Yamano. 2006. "The Role of Local Nonfarm Activities and Migration in Reducing Poverty: Evidence from Ethiopia, Kenya, and Uganda". *Agricultural Economics* 35(s3):448-58.

Mauget, René y Serge Koulytchizky. 2003. "Un Siècle de Développement des Coopératives Agricoles en France". En JM. Touzard and J-F. Draper (eds.), *Les Coopératives Entre Territoires et Mondialisation*. París: L'Harmattan.

Maxwell, Simon. 2005. "Six Characters (and a few more) in Search of an Author: How to Rescue Rural Development Before It's Too Late?" Documento presentado en la 25th International Conference of Agricultural Economists. Agosto 16. Durban, Sudáfrica.

Mayer, Jörg y Pilar Fajarnes. 2005. "Tripling Africa's Primary Commodity Exports: What? How? Where?" Ginebra: Conferencia de las N.U. sobre Comercio y Desarrollo (Unctad), Documento para discusión, serie 180.

McCarthy, Nancy. 2004. "The Relationship between Collective Action and Intensifi cation of Livestock Production: The Case of Northeastern Burkina Faso". Washington, DC: International Food Policy Research Institute, Capri, documento de trabajo No. 34.

McCarthy, Nancy, Gero Carletto, Benjamin Davis e Irini Maltsoglu. 2006. "Assessing the Impact of Massive Out-migration on Agriculture". Roma: FAO, Agricultural and Development Economics Division (ESA) - serie de documentos de trabajo 06-14.

McCord, Michael, Felipe Botero y Janet McCord. 2005. *CGAP Working Group on Microinsurance: Good and Bad Practices in Microinsurance, Case Study 9: Uganda*. Ginebra, Suiza: OIT.

McCulloch, Neil, Julian Weisbrod y C. Peter Timmer. 2007. "Pathways Out of Poverty During An Economic Crisis: An Empirical Assessment of Rural Indonesia". Banco Mundial. Washington, DC. Procesado.

McGaw, E. M., J. R. Witcombe y C. T. Hash. 1997. "Use of Molecular Markers for Pearl Millet Improvement in Developing Countries". Documento presentado en el DFID PSP-ICRISAT Meeting-cum-Training Course. Noviembre 18. Hyderabad, India.

McIntire, John, D. Bouzart y Prabhu Pingali. 1992. *Croplivestock Interactions in Sub-saharan Africa*. Washington, DC: Banco Mundial.

McKinsey, J. W. y Robert E. Evenson. 2003. "Crop Genetic Improvement Impacts on Indian Agriculture". En Robert E. Evenson and Douglas Gollin, (eds.), *Crop Variety Improvement and its Effect on Productivity: The Impact of International Agricultural Research*. Oxon, R.U.: CABI Publishing.

McMillan, John, John Waley y Lijing Zhu. 1989. "The Impact of China's Economic Reforms on Agricultural Productivity Growth". *Journal of Political Economy* 97(4):781-807.

McNeely, Jeffrey y Sara J. Scherr. 2003. *Strategies to Feed the World and Save Biodiversity*. Washington, DC: Island Press.

McPeak, John. 2004. "Contrasting Income Shocks with Asset Shocks: Livestock Sales in Northern Kenya". *Oxford Economic Papers* 56(2):263-84.

———. 2006. "Confronting The Risk of Asset Loss: What Role Do Livestock Transfers in Northern Kenya Play?" *Journal of Development Economics* 81(2):415-37.

McPeak, John y Cheryl Doss. 2006. "Are Household Production Decisions Cooperative? Evidence on Migration and Milk Sales in Northern Kenya". *American Journal of Agricultural Economics* 88(3):525-41.

Mellor, John W. 1999. *Faster, More Equitable Growth: The Relation Between Growth in Agriculture and Poverty Reduction*. Massachusetts: ABT Associates Inc.

Mendoza, René y Johan Bastiaensen. 2003. "Fair Trade and the Coffee Crisis in the Nicaraguan Segovias". *Small Enterprise Development* 14(2):36-46.

Mercier Querido Farina, Elizabeth Maria y Claudia Assuncao dos Santos Viegas. 2003. "Multinational Firms in the Brazilian Food Industry". Documento presentado en el 13th World Food and Agribusiness Forum and Symposium of the International Food and Agribusiness Management Association (IAMA). Junio 21. Cancún.

Mercoiret, Marie-Rose. 2005. "Les Organisations Paysannes et les Politiques Agricoles". *Afrique Contemporaine* 217(1):135-57.

Mercoiret, Marie-Rose, Denis Pesche y Pierre Marie Bosc. 2006. "Rural Producer Organizations (RPOs) for Pro-poor Sustainable Development". Banco Mundial. Washington, DC. Procesado.

Messer, Ellen, Mark J. Cohen y Thomas Marchione. 2001. "Conflict: A Cause and Effect of Hunger". Washington, DC: Woodrow Wilson Center, Environmental Change & Security Project –serie de informes No. 7.

Millennium Ecosystem Assessment. 2005. *Current State and Trends Assessment*. Washington, DC: Island Press.

Minot, Nicholas, Bob Baulch y Michael Epprecht. 2003. *Poverty and Inequality in Vietnam: Spatial Patterns and Geographic Determinants*. Washington, DC: International Food Policy Research Institute (Ifpri).

Minot, Nicholas y Francesco Goletti. 2000. *Rice Market Liberalization and Poverty in Vietnam*. Washington, DC: International Food Policy Research Institute (Ifpri), informe de investigación No. 114.

Minot, Nicholas, M. Smale, C. K. Eicher, T. S. Jayne y J. Kling. 2006. "Seed Development Programs in Sub-saharan Africa: A Review of the Evidence". Documento presentado en la International Food Policy Research Institute (Ifpri), Gates and Rockefeller Foundations Conference. Septiembre 28. Washington, DC.

Minten, Bart y Christopher B. Barrett. De próxima publicación. "Agricultural Technology, Productivityy Poverty in Madagascar". *World Development*.

Minten, Bart, Lalaina Randrianarison y Johan F. M. Swinnen. 2006. "Global Retail Chains and Poor Farmers: Evidence from Madagascar". Leuven: Centre for Transition Economics, Licos. Documento para discusión, serie 164.

Mirza, Ali. 2004. "Reconstruction of Iraq: Debt, Construction Boom and Economic Diversifi cation". *Middle East Economic Survey*. Julio 12, 2004.

Mitchell, Donald y Jean-Charles Le Vallee. 2005. "International Food Price Variability: The Implications of Recent Policy Changes". Documento presentado en el Managing Food Price Instability in Low Income Countries Workshop. Febrero 28. Washington, DC.

Moench, M., Ajaya Dixit, M. Janakarajan, S. Rathore y M S. Mudrakartha, eds. 2003. *The Fluid Mosaic: Water Governance in the Context of Variability, Uncertaintyy Change*. Katmandu and Colorado: Nepal Water Conservation Foundation and the Nepal Institute for Social and Environmental Transition.

Molle, François y Jeremy Berkoff. 2006. "Cities Versus Agriculture: Revisiting Intersectoral Water Transfers, Potential Gains and Conflicts". Colombo: International Water Management Institute (IWMI), informe de investigación No. 10.

Monasch, Roland y J. Ties Boerma. 2004. "Orphanhood and Childcare Patterns in Sub-saharan Africa: An Analysis of National Surveys from 40 Countries". *AIDS* 18(suppl. 2):55-65.

Moore, Keith M., Sarah Hamilton, Papa Sarr y Soukèye Thiongane. 2001. "Access to Technical Information and Gendered NRM Practices: Men and Women in Rural Senegal". *Agriculture and Human Values* 18(1):95-105.

Morisset, Jacques. 1998. "Unfair Trade? The Increasing Gap Between World and Domestic Prices in Commodity Markets During the Past 25 Years". *World Bank Economic Review* 12(3):503-26.

Morris, M. L. 1998. *Maize Seed Industries in Developing Countries*. Boulder, CO: Lynne Rienner Publishers Inc.

Morris, Michael, Valerie Kelly, Ron Kopicki y Derek Byerlee. 2007. *Promoting Increased Fertilizer Use in Africa*. Washington, DC: Banco Mundial, Directions in Development Series.

Morris, Michael L., Robert Tripp y A. A. Dankyi. 1999. *Adoption and Impacts of Improved Maize Production Technology: A Case Study of the Ghana Grains Development Project*. México, D.F.: Cimmyt, CRI, CIDA.

Morton, John, David Barton, Chris Collinson y Brian Heath. 2006. "Comparing Drought Mitigation Interventions in the Pastoral Livestock Sector". University of Greenwich, Natural Resource Institute. Chatham, R.U. Procesado.

Mosley, Paul. 2002. "The African Green Revolution as a Pro- Poor Policy Instrument". *Journal of International Development* 14(6):695-724.

Mosley, Paul y Abrar Suleiman. 2007. "Aid, Agriculture and Poverty in Developing Countries". *Review of Development Economics* 11(1):138-58.

Muir-Leresche, Kay. 2003. "Transforming African Agricultural Universities and Faculties: Examples of Good Practice". Documento presentado en el Sustainability, Educationy the Management of Change in the Tropics Seminar. Septiembre 3. Oslo.

Mukherjee, Arpita y Nitisha Patel. 2005. *FDI in Retail Sector India*. Nueva Delhi: Academic Foundation in Association with the Indian Council for Research on International Economic Relations (ICRIER) and Ministry of Consumer Affairs, Food and Public Distribution (Gov. of India).

Mundlak, Yair, Donald F. Larson y Rita Butzer. 2004. "Agricultural Dynamics in Thailand, Indonesia and the Philippines". *Australian Journal of Agricultural and Resource Economics* 48(1):95-126.

Munshi, Kaivan. 2003. "Networks in the Modern Economy: Mexican Migrants in the U.S. Labor Market". *Quarterly Journal of Economics* 118(2):548-99.

Murphy, Sophia. 2006. "Concentrated Market Power and Agricultural Trade". Washington, DC: Heinrich Böll Foundation - Documento para discusión, serie 1.

Murray, Douglas L., Laura T. Raynolds y Peter L. Taylor. 2006. "The Future of Fair Trade Coffee: Dilemmas Facing Latin America's Small-scale Producers". *Development in Practice* 16(2):172-92.

Murray, Sarah. 2007. "Planes, Trains, Automobiles". *Financial Times*, Abril 27.

Mutero, Clifford M., Felix Amerasinghe, Eline Boelee, Flemming Konradsen, Wim van der Hoek, Tendani Nevondo y Frank Rijsberman. 2005. "System-wide Initiative on Malaria and Agriculture: An Innovative Framework for Research and Capacity Building". *Ecohealth* 2(1):11-16.

Mutero, Clifford M., Matthew McCartney y Eline Boelee. 2006. "Agriculture, Malaria, and Water-associated Diseases". En Corinna Hawkes y Marie T. Ruel, (eds.), *Understanding the Links Between Agriculture and Health*. Washington, DC: International Food Policy Research Institute (Ifpri).

Muto, Megumi. 2006. "Impacts of Mobile Phone Coverage Expansion and Roads on Crop Marketing of Rural Farmers in Uganda". Japan Bank for International Cooperation. Tokyo. Procesado.

Mwabu, Germano y Erik Thorbecke. 2004. "Rural Development, Growthy Poverty in Africa". *Journal of African Economies* 13(1):16-65.

Myers, Robert J. 2006. "On The Costs of Food Price Fluctuations In Low-Income Countries". *Food Policy* 31(4):288-301.

Nagarajan, Hari K., Klaus Deininger y Songqing Jin. De próxima publicación. "Market vs. Non-Market Sales Transactions in India: Evidence Over a 20-Year Period". *Economic and Political Weekly*.

Nair, Ajai y Renate Kloeppinger-Todd. 2006. "Buffalo, Bakeriesy Tractors: Cases in Rural Leasing from Pakistan, Uganda, and Mexico". Washington,

DC: Banco Mundial, Agriculture and Rural Development - Documento para discusión, serie 28.

———. 2007. "Reaching Rural Areas with Financial Services: Lessons from Financial Cooperatives Networks in Brazil, Burkina Faso, Kenya and Sri Lanka". Banco Mundial. Washington, DC. Procesado.

Narender, Ahuja. 2006. "Commodity Derivatives Market in India: Development, Regulation and Future Prospects". *International Research Journal of Finance and Economics* 2(2006):153-62.

Nargis, Nigar y Mahabub Hossain. 2006. "Income Dynamics and Pathway out of Poverty in Bangladesh: 1988-2004". *Agricultural Economics* 35(S3):425-35.

Narrod, Clare y Carl Pray. 2001. "Technology Transfer, Policies, and the Global Livestock Revolution". Documento presentado en el International Agricultural Trade Research Consortium Symposium on 'Trade in Livestock Products'. Auckland, Nueva Zelanda.

Natawidjaja, Ronnie, Tomy Perdana, Elly Rasmikayati, Trisna Insan Noor, Sjaiful Bahri, Thomas Reardon y Ricardo Hernández. 2006. *The Effects of Retail and Wholesale Transformation on Horticulture Supply Chains in Indonesia: With Tomato Illustration from West Java*. Bahasa, Indonesia y East Lansing, MI: Center for Agricultural Policy and Agribusiness Studies (CAPAS) Padjadjaran University y Michigan State University.

Nayar, Mark y David Aughton. 2007. "Canal Automation and Cost Recovery: Australian Experience Using Rubicon Total Channel Control". Washington, DC: Banco Mundial, Agriculture and Rural Development Department, documento para discusión 33.

Ndulu, Benno J. 2007. *The Challenges of African Growth: Opportunities, Constraintsy Strategic Directions*. Washington, DC: Banco Mundial.

Nelson, Michael y Mywish K. Maredia. 2007. "International Agricultural Research as a Source of Environmental Impacts: Challenges and Possibilities". *Journal of Environmental Assessment Policy and Management* 9(1):103-19.

Neven, David, Michael Odera y Thomas Reardon. 2006. "Horticulture Farmers and Domestic Supermarkets in Kenya". Lansing, MI: Department of Agricultural Economics, Michigan State University 2006-06.

New Partnership for Africa's Development (Nepad). 2005. "Comprehensive Agricultural Development Programme: Country Level Implementation Process Concept Note". Documento presentado en el Nepad Implementation Retreat. Octubre 24. Pretoria.

New Partnership for Africa's Development (Nepad) Secretariat. 2006. *Progress Towards Food Security and Poverty Reduction in Africa Through the Comprehensive Africa Agricultural Program. Expanded Summary*. Pretoria: New Partnership for Africa's Development.

New Partnership for Africa's Development Secretariat. 2006. "Draft Report of the High-Level Biotechnology Panel". Documento presentado en la Conference of the African Ministers of Council on Science and Technology (Amcost). Cairo, Egipto.

Newman, Constance. 2001. "Gender, Time Use and Change: Impacts of Agricultural Export Employment in Ecuador". Washington, DC: World Bank Policy Research Report on Gender and Development - serie de documentos de trabajo 18.

Nicita, Alessandro. 2004. "Who Benefited from Trade Liberalization in Mexico? Measuring the Effects on Household Welfare". Washington, DC: World Bank Policy Research - serie de documentos de trabajo 3265.

Nielson, Chantal y Kym Anderson. 2001. "Global Market Effects of Alternative European Responses to GMOs". *Weltwirtschaftliches Archiv (Review of World Economies)* 137(2):320–46.

Nishimura, Mikiko, Takashi Yamano y Yuishi Sasaoka. De próxima publicación. "Impacts of the Universal Education Policy on Education Attainment and Private Costs in Rural Uganda". *Journal of Educational Development*.

Nkonya, Ephraim, Dayo Phillip, Adetunji Oredipe, Tewodaj Mogues, Muhammed Kuta Kahaya, Gbenga Adebowale, John Pender, Tunji Arokoyo, Frank Idehof y Edward Kato. 2007. "Beneficiary Assessment/impact Evaluation of the Secont Nadional Fadama Development Project". International Food Policy Research Institute (Ifpri). Washington, DC. Procesado.

Nugent, Jeffrey B. y James A. Robinson. 2002. "Are Endowments Fate?" Londres: Centre for Economic Policy Research (CEPR) - serie de documentos de trabajo 3206.

Nweke, Felix, Dunstan S. C. Spencer y John K. Lynman, eds. 2002. *The Cassava Transformation: Africa's Best Kept Secret*. East Lansing, MI: Michigan State University Press.

Oberthür, S. 2002. "Clustering of Multilateral Environmental Agreements: Potentials and Limitations". *International Environmental Agreements* 2(4):317-40.

OCDE. 2003. *Costs and Benefi ts of Food Safety Regulation*. París: Organización para la Cooperación y el Desarrollo Económicos, Directorate for Food, Agriculture and Fisheries.

———. 2004. *Learning for Tomorrow's World: First Results from PISA 2003*. París: Organización para la Cooperación y el Desarrollo Económicos (OCDE).

———. 2006a. *Credit Reporting System*. París: Organización para la Cooperación y el Desarrollo Económicos (OCDE).

———. 2006b. "Producer and Consumer Support Estimates, OCDE Database 1986-2005". París: Organización para la Cooperación y el Desarrollo Económicos (OCDE).

Olken, Benjamin. 2007. "Monitoring Corruption: Evidence from a Field Experiment in Indonesia". *Journal of Political Economy* 115(2):200–49.

Olney, Shauna, Elizabeth Goodson, Kathini Maloba-Caines y Faith O'Neill. 2002. *Gender Equality: A Guide to Collective Bargaining*. Ginebra: Oficina Internacional del Trabajo (OIT), in Social Dialogue and Bureau for Workers' Activities.

Opolot, Jacob y Rose Kuteesa. 2006. "Impact of Policy Reform on Agriculture and Poverty in Uganda". Dublin, Ireland: Institute of International Integration Studies, documento para discusión No. 158.

Orazem, Peter F. y Elizabeth King. De próxima publicación. "Schooling in Developing Countries: The Role of Supply, Demand and Government Policy". En T. P. Schultz and John Strauss (eds.) *Handbook of Development Economics Volume 4*. Amsterdam: Elsevier.

Organización de las Naciones Unidas para la Educación, la Ciencia y la Cultura (Unesco). 2006. *Global Education Digest 2006: Comparing Education Statistics Across the World*. Montreal, Quebec: Organización de las Naciones Unidas para la Educación, la Ciencia y la Cultura (Unesco).

Organización Mundial de la Salud (Oficina regional para África). 2006. *Water Related Diseases*. Ginebra: OMS.

Ostrom, Elinor. 1990. *Governing the Commons: The Evolution of Institutions for Collective Action*. Cambridge: Cambridge University Press.

Otsuka, Keijiro. 2007. "The Asian Farm Size Dilemma". Nota de antecedentes para el IDM 2008.

Otsuka, Keijiro y Cristina David. 1994. *Modern Rice Technology and Income Distribution in Asia*. Boulder, CO: Lynne Rienner Publishers.

Otsuka, Keijiro y Takashi Yamano. 2006. "The Role of Rural Labor Markets in Poverty Reduction: Evidence from Asia and East Africa". Documento de antecedentes para el IDM 2008.

Otsuki, Tsunehiro, John S. Wilson y Mirvat Sewadeh. 2001. "Saving Two in a Billion: Quantifying the Trade Effect of European Food Safety Standards on African Exports". *Food Policy* 26(5):495-514.

Overseas Cooperative Development Council. 2007. *Cooperatives: Pathways to Economic, Democratic and Social Development in the Global Economy*. Arlington, VA: Overseas Cooperative Development Council.

Owen, Wyn F. 1966. "The Double Developmental Squeeze on Agriculture". *American Economic Review* 56(1-2):43-70.

Oxfam International. 2007a. *Adapting to Climate Change. What's Needed in Poor Countriesy Who Should Pay*. Oxford, RU: Oxfam International.

———. 2007b. "Signing Away the Future: How Trade and Investment Agreements Between Rich and Poor Countries Undermine Development". Oxfam, documento de resumen. Oxford, RU. Procesado.

Pablico, S. 2006. "Seed Council Releases First Biotech Rice Variety in RP". *The Philippine STAR*. Feb. 6, 2006.

Paes de Barros, Ricardo. 2003. "Probreza Rural e Trabalho Agrícola no Brasil ao Longo da Década de Noventa". Instituto de Pesquisa Económica Aplicada (IPEA). Brasilia. Procesado.

Pagiola, S. 1994. "Soil Conservation in a Semi-Arid Region of Kenya: Rates of Return and Adoption by Farmers". In T. L. Napier, S. M. Camboniy S. A. El-Swaify, (eds.), *Adopting Conservation on the Farm*. Ankeny, Iowa: Soil and Water Conservation Society.

Pagiola, S. y G. Platais. (eds.) De próxima publicación. *Payments for Environmental Services: From Theory to Practice*. Washington, DC: Banco Mundial.

Pagiola, Stefano, Elías Ramírez, José Gobbi, Cees de Haan, Muhammad Ibrahim, Enrique Murgueitio y Juan Pablo Ruíz. De próxima publicación. "Paying for Environmental Services of Silvopastoral Practices in Nicaragua". *Ecological Economics*.

Pal, Suresh y Derek Byerlee. 2006. "The Funding and Organization of Agricultural Research in India: Evolution and Emerging Policy Issues". En Philip G. Pardey, Jubai M. Alstony Role y R. Piggott, (eds.), *Agricultural R&D Policy in the Developing World*. Washington, DC: The International Food Policy Research Institute (Ifpri).

Pala, C. 2006. "Once a Terminal Case, the North Aral Sea Shows New Signs of Life". *Science* 312(5771):183-183.

Palmieri, Alessandro, Farhed Shah, George Annandale y Ariel Dinar. 2003. *Reservoir Conservation–Economic and Engineering Evaluation of Alternative Strategies for Managing Sedimentation in Storage Reservoirs*. Washington, DC: Banco Mundial.

Panagariya, Arvind. 2005. "Agricultural Liberalization and the Least Developed Countries: Six Fallacies". *World Economy* 28(9):1277-99.

Pardey, Philip G., Julian Alston, Jenni James, Paul Glewwe, Eran Binenbaum, Terry Hurley y Stanley Wood. 2007. "Science, Technology and Skills". Documento de antecedentes para el IDM 2008.

Pardey, Philip G.y Nienke M. Beintema. 2001. *Slow Magic: Agricultural R&D a Century after Mendel*. Washington, DC: Agricultural Science and Technology Indicators Initiative and International Food Policy Research Institute (Ifpri).

Pardey, Philip G., Nienke M. Beintema, Steven Dehmer y Stanley Wood. 2006. *Agricultural Research: A Growing Global Divide?* Washington, DC: International Food Policy Research Institute (Ifpri), Food Policy Report 17.

Paris, T. 2003. "Gender Roles in Rice-Wheat Systems: A Case Study". En Rice-Wheat Consortium for the Indo-Gangetic Plains–International Maize and Wheat Improvement Center, (eds.), *Addressing Resource Conservation Issues in Rice-Wheat Systems of South Asia: A Resource Book*. Nueva Delhi, India: Rice-Wheat Consortium for the Indo-Gangetic Plains–International Maize and Wheat Improvement Center.

Parry, M. L., C. Rosenzweig, A. Iglesias, M. Livermore y G. Fischer. 2004. "Effects of Climate Change on Global Food Production under SRES Emissions and Socio-economic Scenarios". *Global Environmental Change* 14(1):53-67.

Parry, Martin, Cynthia Rosenzweig y Matthew Livermore. 2007. "Climate Change, Global Food Supply and Risk of Hunger". *Philosophical Transactions of the Royal Society* 360(1463):2125-36.

Pearce, Douglas, Myka Reinsch, Joao Pedro Azevedo y Amitabh Brar. 2005. "Caja Los Andes (Bolivia) Diversifies into Rural Lending". Washington, DC: Consultative Group to Assist the Poor (CGAP) Agricultural Microfi nance: Case Study 3.

Peck Christen, Robert y Douglas Pearce. 2005. "Managing Risks and Designing Products for Agricultural Finance: Features of an Emerging Model". Washington, DC: Consultative Group to Assist the Poor (CGAP) – serie de documentos ocasionales No. 11.

Pemsl, D., H. Waibel y A. P. Gutiérrez. 2005. "Why Do Some Bt-cotton Farmers in China Continue to Use High Levels of Pesticides?" *International Journal of Agricultural Sustainability* 3(1):44-56.

Pender, John y Ephraim Nkonya. 2007. *Impact Evaluation of the Second National Fadama Development Project in Nigeria*. Washington, DC: Banco Mundial.

Pender, John, Frank Place y Simeon Ehui, eds. 2006. *Strategies for Sustainable Land Management in the East Africa Highlands*. Washington, DC: International Food Policy Research Institute (Ifpri).

People's Republic of China. 2006. *China's Africa Policy*. Beijing: República Popular de China.

Perrings, Charles y Madhav Gadgil. 2006. *Conserving Biodiversity: Reconciling Local and Global Public Benefits*. Nueva York: Oxford Scholarship Online Monographs.

Perry, Brian, Thomas Randolph, John McDermott, Keith Stones y Philip Thornton. 2002. *Investing in Animal Health Research to Alleviate Poverty*. Nairobi, Kenya: International Livestock Research Institute (ILRI).

Peters, Pauline E. 2006. "Rural Income and Poverty in a Time of Radical Change in Malawi". *Journal of Development Studies* 42(2):322-45.

Phan, T. G. T. y Thomas Reardon. 2006. "Avian Influenza's Links with Poultry Market Transformation in Vietnam: Moving from Crisis to Development Strategies". Nong Lam University y Michigan State University. Ho Chi Minh City, Vietnam y East Lansing, MI. Procesado.

Pichon, F. 2007. "Peru-Rural Development Strategies for the Highlands". World Bank, Regional Office. Lima. Procesado.

Pingali, Prabhu. 2007. "Will the Gene Revolution Reach the Poor?: Lessons from the Green Revolution". Documento presentado en la Wageningen University, Mansholt Lecture. Enero 26. Wageningen, Países Bajos.

Pingali, Prabhu, Mahabub Hossain y R. V. Gerpacio. 1997. *Asian Rice Bowls: The Returning Crisis*. Wallingford, R.U.: CAB International/International Rice Research Institute.

Pingali, Prabhu, Cynthia B. Márquez y Florencia G. Palis. 1994. "Pesticides and Philippine Rice Farmer Health: A Medical and Economic Analysis". *American Journal of Agricultural Economics* 76(3):587-92.

Pingali, Prabhu y Mark W. Rosengrant. 1994. "Confronting the Environmental Consequences of the Rice Green Revolution in Asia". Washington, DC: International Food Policy Research Institute (Ifpri), Environment and Production Technology Division (EPTD) Documento para discusión, serie 2.

Pinstrup-Andersen, Per. 2006. "The Organization of International Agricultural Research". Nota de antecedentes para el IDM 2008.

Place, Frank y Keijiro Otsuka. 2002. "Land Tenure Systems and Their Impacts on Agricultural Investments and Productivity in Uganda". *Journal of Development Economics* 38(6):105-28.

Place, Frank, John Pender y Simeon Ehui. 2006. "Key Issues for the Sustainable Development of Smallholder Agriculture in the East African Highlands". En John Pender, Frank Place y Simeon Ehui, (eds.), *Strategies for Sustainable Land Management in the East African Highlands*. Washington, DC: International Food Policy Research Institute (Ifpri).

Pletcher, James. 2000. "The Politics of Liberalizing Zambia's Maize Markets". *World Development* 28(1):128-42.

Polaski, Sandra. 2006. *Winners and Losers: Impact of the Doha Round on Developing Countries*. Washington, DC: Carnegie Endowment for International Peace.

Polgreen, Lydia. 2007. "In Niger, Trees and Crops Turn Back the Desert". *The Nueva York Times*, febrero 11.

Pongkijvorasin, Sittidaji y James Roumasset. 2007. "Optimal Conjunctive Use of Surface and Groundwater with Recharge and Return Flows: Dynamic and Spatial Patterns". University of Hawaii. Manoa, Hawaii. Procesado.

Potts, Deborah. 2005. "Counter-urbanization on the Zambian Copperbelt? Interpretations and Implications". *Urban Studies* 42(4):583-609.

Poulton, Colin. 2007. "Bulk Export Commodities: Trends and Challenges". Documento de antecedentes para el IDM 2008.

Pray, Carl E., Jikun Huang, Ruifa Hu y Scott Rozelle. 2002. "Five Years of Bt Cotton in China: The Benefits Continue". *Plant Journal* 31(4):423-30.

Pray, Carl E., Bharat Ramaswami, Jikung Huang, Ruifa Hu, Prajakta Bengali y Huazho Zhang. 2006. "Cost and Enforcement of Biosafety Regulations in India and China". *International Journal for Technology and Globalization* 2(1-2):137-57.

Pretty, Jules. 2006. "Agroecological Approaches to Agricultural Development". Documento de antecedentes para el IDM 2008.

Programa de las Naciones Unidas para el Desarrollo. 2006. *Human Development Report 2006. Beyond Scarcity: Power, Poverty and the Global Water Crisis*. Nueva York: Naciones Unidas, Palgrave-McMillan.

Putnam, Robert D., Robert Leonardo y Raffaella Y. Nanetti. 1993. *Making Democracy Work: Civic Traditions in Modern Italy*. Princeton, NJ: Princeton University Press.

Qaim, Matin. 2003. "Bt Cotton in India: Field Trial Results and Economic Projections". *World Development* 31(12):2115-27.

———. 2005. "Agricultural Biotechnology Adoption in Developing Countries". *American Journal of Agricultural Economics* 87(5):1317-24.

Qaim, Matin, Arjunan Subramanian, Gopal Naik y David Zilberman. 2006. "Adoption of Bt Cotton and Impact Variability: Insights from India". *Review of Agricultural Economics* 28(1):48-58.

Qamar, Kalim M. 2002. *Global Trends in Agricultural Extension: Challenges Facing Asia and the Pacific Region*. Roma: FAO, Sustainable Development Department.

Qian, Yingyi y Barry R. Weingast. 1996. "China's Transition to Markets: Markets-preserving Federalism, Chinese Style". *Journal of Policy Reform* 1:148-86.

Quisumbing, Agnes R. 1996. "Male-Female Differences in Agricultural Productivity: Methodological Issues and Empirical Evidence". *World Development* 24(10):1578-95.

Quisumbing, Agnes R., Jonna P. Estudillo y Keijiro Otsuka. 2004. *Land and Schooling: Transferring Wealth across Generations*. Baltimore, MD: Johns Hopkins University Press for the International Food Policy Research Institute (Ifpri).

Quisumbing, Agnes R. y Scott McNiven. 2005. "Migration and the Rural-Urban Continuum: Evidence from the Rural Philippines". Washington, DC: International Food Policy Research Institute (Ifpri), FCND Documento para discusión, serie 197.

Quisumbing, Agnes R., Ellen Payongayong, J. B. Aidoo y Keijiro Otsuka. 2001. "Women's Land Rights in the Transition to Individualized Ownership: Implications for the Management of Tree Resources in Western Ghana". *Economic Development and Cultural Change* 50(1):157-81.

Raitzer, David. 2003. *Benefit-cost Meta-Analysis of Investment in the International Agricultural Research Centres of the Cgiar*. Roma: Cgiar Science Council Secretariat, Organización de las N.U. para la Agricultura y la Alimentación (FAO).

Raitzer, David y T. Kelley. De próxima publicación. "The Impact of Impact Assessment: Infl uence on Donor Decisions for International Agricultural Research". *American Journal of Evaluation*.

Raju, K., K. Akella y K. Deininger. 2006. "New Opportunities to Increase Land Access in India: The Example of Andhra Pradesh". Documento presentado en el Land Policies for Accelerated Growth and Poverty Reduction in India Workshop. Mayo 2. Nueva Delhi.

Rama, Martín y Raquel Artecona. 2002. "A Database of Labor Market Indicators across Countries". Washington, DC, Banco Mundial.

Ramachandran, Nira. 2006. "Women and Food Security in South Asia: Current Issues and Emerging Concerns". Helsinki: UN-Wider – serie de documentos de investigación 2006/131.

Ramaswami, Bharat, Pratap Singh Birthal y P. K. Joshi. 2006. "Efficiency and Distribution in Contract Farming: The Case of Poultry Growers". Washington, DC: International Food Policy Research Institute (Ifpri), Markets, Trade and Institutions Division (MTID) Documento para discusión, serie 91.

Rao, Vijayendra. 2007. "Culture is Changing in India's Villages". Nota de antecedentes para el IDM 2008.

Rao, Vijayendray Michael Walton. 2004. *Culture and Public Action*. Palo Alto, CA: Stanford University Press.

Rashid, S., M. Assefa y G. Ayele. 2006. "Distortions to Agricultural Incentives in Ethiopia," Washington DC, World Bank (borrador).

Rasmussen, Tobias N. 2004. "Macroeconomic Implications of Natural Disasters in the Caribbean". Washington, DC: Fondo Monetario Internacional - serie de documentos de trabajo 04/224.

Rass, Nikola. 2006. "Policies and Strategies to Address the Vulnerability of Pastoralist in Sub-Saharan Africa". Roma: FAO, Pro-poor Livestock Policy Initiative (PPLPI) - serie de documentos de trabajo 37.

Ratha, Dilip. 2005. "Workers' Remittances: An Important and Stable Source of External Development Finance". En Samuel Maimbo and Dilip Ratha, (eds.), *Remittances: Development Impact and Future Prospects*. Washington, DC: Banco Mundial.

Ratha, Dilip y William Shah. 2006. "South-South Migration and Remittances". Banco Mundial. Washington, DC. Procesado.

Ravallion, Martin. 1990. "Rural Welfare Effects of Food Price Changes under Induced Wage Responses: Theory and Evidence for Bangladesh". *Oxford Economic Papers* 42(3):574-85.

———. 2005. "Externalities in Rural Development: Evidence for China". En Kanbur Ravi and Anthony J. Venables, (eds.), *Spatial Inequality and Development*. Oxford: Oxford University Press.

Ravallion, Martin y Shaohua Chen. 2004. "How Have the World's Poorest Fared Since the Early 1980's?" *World Bank Research Observer* 19(2):141-70.

———. 2007. "China's (Uneven) Progress Against Poverty". *Journal of Development Economics* 82(1):1-42.

Ravallion, Martin, Shaohua Chen y Prem Sangraula. 2007. "New Evidence on the Urbanization of Global Poverty". Documento de antecedentes para el IDM 2008.

Ravallion, Martin y Gaurav Datt. 1996. "How Important to India's Poor is the Sectoral Composition of Economic Growth". *World Bank Economic Review* 10(1):1-26.

———. 2002. "Why Has Economic Growth Been More Pro-poor in some States of India than Others?" *Journal of Development Economics* 68(2):381-400.

Ravallion, Martin, Emanuela Galasso, Teodoro Lazo y Ernesto Philipp. 2005. "What Can Ex-participants Reveal about a Program's Impact?" *Journal of Human Resources* 40(1):208-30.

Ravallion, Martiny Michael Lokshin. 2004. "Gainers and Losers from Trade Reform in Morocco". Washington, DC: World Bank Policy Research - serie de documentos de trabajo 3368.

Ravallion, Martin y Dominique van de Walle. De próxima publicación. "Does Rising Landlessness Signal Success or Failure for Vietnam's Agrarian Transition?" *Journal of Development Economics*.

Ravallion, Martin y Quentin Wodon. 2000. "Does Child Labour Displace Schooling? Evidence from Behavioral Responses to an Enrollment Subsidy". *Economic Journal* 110(462):C158-C175.

Rawlings, Laura y Gloria Rubio. 2005. "Evaluating the Impact of Conditional Cash Transfer Programs". *World Bank Research Observer* 20(1):28-55.

Reardon, Thomas y Julio Berdegué. 2002. "The Rapid Rise of Supermarkets in Latin America: Challenges and Opportunities for Development". *Development Policy Review* 20(4):371-88.

———. 2006. "The Retail-Led Transformation of Agrifood Systems and its Implications for Development Policies". Documento de antecedentes para el IDM 2008.

Reardon, Thomas, Julio Berdegué, Christopher B. Barreto y Kostas Stamoulis. De próxima publicación. "Household Income Diversification". En Steven Haggblade, Peter Hazely Thomas Reardon (eds.) *Transforming the Rural Nonfarm Economy*. Baltimore, MD: Johns Hopkins University.

Reardon, Thomas, J-M. Codron, L. Busch, J. Bingen y C. Harris. 1999. "Global Change in Agrifood Grades and Standards: Agribusiness Strategic Responses in Developing Countries". *International Food and Agribusiness Management Review* 2(3):421-35.

Reardon, Thomas y Elizabeth Farina. 2002. "The Rise of Private Food Quality and Safety Standards: Illustrations from Brazil". *International Food and Agricultural Management Review* 4(4):413-21.

Reardon, Thomas, Spencer Henson y Julio Berdegué. De próxima publicación. "'Proactive Fast-Tracking' Diffusion of Supermarkets in Developing Countries: Implications for Market Institutions and Trade". *Journal of Economic Geography*.

Reardon, Thomas, Prabhu Pingali y Kostas Stamoulis. 2006. "Impacts of Agrifood Market Transformation during Globalization on the Poor's Rural Nonfarm Employment: Lessons for Rural Business Development Programs". Documento presentado en las 2006 Meetings of the International Association of Agricultural Economists. Agosto 12. Queensland, Australia.

Reardon, Thomas y C. Peter Timmer. 2006. "The Supermarket Revolution with Asian Characteristics". En A. Balisacan y N. Fuwa, (eds.), *Agricultural and Rural Development in Asia: Ideas, Paradigmsy Policies Three Decades Hence*. Singapur y Los Banos: Institute of Southeast Asian Studies (Iseas) and Southeast Asian Regional Center for Graduate Study and Research in Agriculture (Searca).

Regmi, Anita y Mark Gehlar. 2005. "Procesado Food Trade Pressured by Evolving Global Food Supply Chains". *Amber Waves* 3(1):1-10.

Reij, Chris y David Steeds. 2003. *Success Stories in Africa's Drylands: Supporting Advocates and Answering Skeptics*. Amsterdam: Centre for International Cooperation, Amsterdam.

Reilly, J., W. Baethgen, F. E. Chege, van de Geikn S.C., A. Iglesias, G. Kenny, D. Petterson, J. Rogasik, R. Rötter, C. Rosenzweig, W. Sombroek, J. Westbrook y L. Erda. 1996. "Agriculture in a Changing Climate: Impacts and Adaptation". En Intergovernmental Panel on Climate Change (IPCC), (eds.), *Climate Change 1995: Impacts, Adaptations and Mitigation of Climate Change: Scientifi c-Technical Analysis*. Cambridge: Cambridge University Press.

Renkow, Mitch. 2005. "Poverty, Productivity and Production Environment: A Review of the Evidence". *Food Policy* 25(4):463-78.

Resnick, D. 2006. "Sub-Regional and National Collaboration in Agriculture and Bio-safety in West Africa: Participation without Implementation". International Food Policy Research Institute (Ifpri). Washington, DC. Procesado.

Reynolds, M. P. y N. E. Borlaug. 2006. "Impacts of Breeding on International Collaborative Wheat Improvement". *Journal of Agricultural Science* 144:3-17.

Rinaudo, J. D. 2002. "Corruption and the Allocation of Water: The Case of Public Irrigation in Pakistan". *Water Policy* 4(5):405-22.

Robinson, Mark. 2005. *The Political Economy of Turnaround in Uganda*. Washington, DC: Banco Mundial. Paper Prepared for the Low Income Countries under Stress (Licus) Initiative.

Rockström, Johan y Jennie Barron. 2007. "Water Productivity in Rainfed Systems: Overview of Challenges and Analysis of Opportunities in Water Scarcity Prone Savannahs". *Irrigation Science* 25(3):298-311.

Rodríguez, Elsa, Miriam Berges, Karina Casellas, Rosangela Di Paola, Beatriz Lupin, Laura Garrido y Natacha Gentile.2002. "Consumer Behavior and Supermarkets in Argentina". *Development Policy Review* 20(4):428-39.

Rogaly, Ben y Abdur Rafique. 2003. "Struggling to Save Cash: Seasonal Migration and Vulnerability in West Bengal, India". *Development and Change* 34(4):658-81.

Rogg, Christian. 2006. "Asset Portfolios in Africa". Helsinki: UN World Institute for Development Economic Research (Wider), serie de documentos de investigación 2006/145.

Rola, Agenes C.y Prabhu L. Pingali. 1993. *Pesticides, Rice Productivityy Farmers' Health: An Economic Assessment*. Manila y Nueva York: International Rice Research Institute y World Resource Institute.

Rosegrant, Mark W.y Peter B. R. Hazell. 2001. *Transforming the Rural Asia Economy. The Unfi nished Revolution*. Hong Kong: Oxford University Press for the Asian Development Bank.

Rosegrant, Mark W., Siwa Msangi, Timoth y Sulsery Rowena Valmonte-Santos. 2006a. "Biofuels and the Global Food Balance". En Peter Hazell y R. K. Pachauri, (eds.), *Bioenergy and Agriculture: Promises and Challenges*. Washington, DC: International Food Policy Research Institute (Ifpri).

Rosegrant, Mark W., Siwa Msangui, Timothy Sulser y Claudia Ringler. 2006b. "Future Scenarios for Agriculture: Plausible Futures to 2030 and Key Trends in Agricultural Growth". Documento de antecedentes para el IDM 2008.

Rosenzweigyrés. 2003. "Changes in Mexican Agricultural Policies: 2001-2003". Agriculture and Trade Policy. Montreal. Procesado.

Rozelle, Scott. 1996. "Stagnation Without Equity: Changing Patterns of Income and Inequality in China's Post-Reform Rural Economy". *China Journal* 35(Jan 1996):63-96.

Rozelle, Scott, S. Jin, Jikun Huang y R. Hu. 2003. "The Impact of Investments in Agricultural Research on Total Factor Productivity in China". En Robert E. Evenson and Douglas Gollin, (eds.), *Crop Variety Improvement and its Effect on Productivity: The Impact of International Agricultural Research*. Oxon, R.U.: CABI Publishing.

Rozelle, Scott, J. Edward Taylor y Alan de Brauw. 1999. "Migration, Remittancesy Productivity in China". *American Economic Review* 89(2):287-91.

Ruben, Ruerd y John Pender. 2004. "Rural Diversity and Heterogeneity in Less-favored Areas: The Quest for Policy Targeting". *Food Policy* 29(4):303-20.

Rudel, Thomas. 2005. *Tropical Forests*. Nueva York: Columbia University Press.

Rugh, A. y H. Bossert. 1998. "Escuela Nueva in Colombia". En Usaid, (eds.), *Involving Communities: Participation in the Delivery of Education Programs*. Washington, DC: Creative Associates International.

Ruttan, Vernon W. 2002. "Productivity Growth in World Agriculture". *Journal of Economic Perspectives* 16(4):161-84.

Ryan, James G. 1999. "Assessing the Impact of Rice Policy Changes in Vietnam and the Contribution of Policy Research". Washington, DC: International Food Policy Research Institute (Ifpri), Documento de impacto para discusión, serie 8.

Sabatier, P. A.y H. C. Jenkins-Smith, eds. 1993. *Policy Change and Learning: An Advocacy Coalition Approach*. Boulder, CO: Westview Press.

Sachs, Jeffrey. 2003. "The Case for Fertilizer Subsidies for Subsistence Farmers". Columbia University. Nueva York. Procesado.

Sahadevan, K. G. 2005. *Derivatives and Price Risk Management: A Study of Agricultural Commodity Futures in India*. Lucknow: Indian Institute of Management.

Saint, William. 2007. "Growing the People Who Can Make African Agriculture Grow: Human Capital Development for African Agriculture". Nota de antecedentes para el IDM 2008.

Sakiko, F. P., eds. 2007. *The Gene Revolution: GM Crops and Unequal Development*. Londres: Earthscan.

Saleth, R. Maria y Ariel Dinar. 2005. "Water Institutional Reforms: Theory and Practice". *Water Policy* 7(2005):1-19.

Sánchez, P., M. S Swaminathan, P. Dobie y N. Yuksel. 2005. *Halving Hunger: It Can Be Done*. Nueva York, NY: Millennium Project.

Sánchez, Pedro A. 2002. "Soil Fertility and Hunger in Africa". *Science* 295(5562): 2018-20.

Santos, Paulo. 2006. "Variability in World Agricultural GDP". Cornell University. Ithaca, NY. Procesado.

Sanvido, Olivier, Michele Stark, Jörg Romeisy Franz Bigler. 2006. *Ecological Impacts of Genetically Modifi ed Crops: Experiences from Ten Years of Experimental Field Research and Commercial Cultivation*. Reckenholzstrasse, Suiza: Agroscope Reckenholz-Tänikon Research Station ART.

Sarris, Alexander, Panayotis Karfakis y Luc Christiaensen. 2006. "Producer Demand and Welfare Benefi ts of Rainfall Insurance in Tanzania". Roma: FAO Commodities and Trade Policy Research - serie de documentos de trabajo 18.

Sarris, Alexander, Sara Savastano y Christian Tritten. 2004. "Factor Market Imperfections and Polarization of Agrarian Structures in Central and Eastern Europe". En Martin Petrick and Peter Weingarten, (eds.), *The Role of Agriculture in Central and Eastern European Rural Development: Engine of Change or Social Buffer?* Saale: Institut für Agrarentwicklung In Mittel-Und Osteuropa (IAMO).

Sathaye, J., W. Makundi, L. Dale, P. Chan y K. Andrasko. De próxima publicación. "GHG Mitigation Potential, Costs and Benefits in Global Forests: A Dynamic Partial Equilibrium Approach". *Energy Journal*.

Satterthwaite, D.y C. Tacoli. 2003. "The Urban Part of Rural Development: The Role of Small and Intermediate Urban Centers in Rural and Regional Development and Poverty

Reduction". International Institute for Environment and Development: Rural-Urban Interactions and Livelihood Strategies, documento de trabajo No. 9.

Sauven, John. 2006. "The Odd Couple". *The Guardian*, agosto 2.

Schady, Norbert y Maria Caridad Araujo. 2006. "Cash Transfers, Conditions, School Enrollmenty Child Work: Evidence from a Randomized Experiment in Ecuador". Banco Mundial. Washington, DC. Procesado.

Scherr, Sara J.y Jeffrey McNeely. 2006. *Biodiveristy Conservation and Agricultural Sustainability: Towards a New Paradigm of 'Ecoagriculture' Landscapes*. Londres: Philosophical Transactions of the Royal Society.

Scherr, Sara J.y Satya Yadav. 1996. "Land Degradation in the Developing World: Implications for Food, Agriculturey the Environment to 2020". Washington, DC: International Food Policy Research Institute Discussion Paper 14.

Schiff, Maurice y Claudio E. Montenegro. 1997. "Aggregate Agricultural Supply Response in Developing Countries". *Economic Development and Cultural Change* 45(2):393-410.

Schiff, Maurice y Alberto Valdés. 1992. *The Plundering of Agriculture in Developing Countries*. Washington, DC: Banco Mundial.

Schlenker, Wolfram y Michael J. Roberts. 2006. "Estimating the Impact of Climate Change on Crop Yields: the Importance of Non-Linear Temperature

Effects". Washington, DC: U.S. Department of Agriculture (USDA)–Economic Research Service (ERS) septiembre, 2006.

Schmidhuber, Josef. 2007. *Impact of an Increased Biomass Use on Agricultural Markets, Prices and Food Security: A Longer-Term Perspective*. Roma: Organización de las N.U. para la Agricultura y la Alimentación (FAO).

Schmidhuber, Josef y Francesco N. Tubiello. De próxima publicación. "Climate Change and Global Food Security: Socio-Economic Dimensions of Vulnerability". *Proceedings of the National Academy of Sciences*.

Schneider, Stephen y Janica Lane. 2006. "Dangers and Thresholds in Climate Change and the Implications for Justice". En W. Neil Adger, Jouni Paavola, Saleemul Huq y M. J. Mace, (eds.), *Fairness in Adaptation to Climate Change*. Cambridge, Mass. y Londres, RU: MIT Press.

Schultz, T. Paul. 2001. "School Subsidies for the Poor: Evaluating the Mexican Progresa Poverty Program". Yale University: Economic Growth Center - Documento para discusión, serie 834.

Schultz, Theodore W. "The Value of the Ability to Deal with Disequilibria". *Journal of Economic Literature* 13(3): 827-46.

———. eds. 1978. *Distortions of Agricultural Incentives*. Bloomington, IN: Indiana University Press.

Schwentesius, Rita y Manuel A. Gómez. 2002. "The Rise of Supermarkets in Mexico: Impacts on Horticulture Chains". *Development Policy Review* 20(4):487-502.

Sebastian, Kate. 2007. "GIS/Spatial Analysis Contribution to 2008 WDR: Technical Notes on Data & Methodologies". Documento de antecedentes para el IDM 2008.

Sen, Amartya. 1981. "Ingredients of Famine Analysis: Availability and Entitlements". *Quarterly Journal of Economics* 96(3):433-64.

Sender, John, Carlos Oya y Christopher Cramer. De próxima publicación. "Women Working for Wages: Putting Some Flesh on the Bones of a Rural Labor Market Survey in Mozambique". *Journal of Southern African Studies*.

Seré, Carlos. 2006. "Livestock, the Neglected Instrument for Propoor Growth". Documento presentado en la World Development Report Consultation Meeting. Noviembre 13. Nairobi, Kenya.

Shah, Tushaar, Aditi Deb Roy, Asad. Qureshi y Jinxia Wang. 2003. "Sustaining Asia's Groundwater Boom: An Overview of Issues and Evidence". *Natural Resources Forum* 27(2):130-41.

Sharma, Ashok B. 2007. "Bt Cotton Crop Fails in Tamil Nadu". *The Financial Express*, enero 5, 2007.

Shepherdyrew W. 1997. *Market Information Services: Theory and Practice*. Roma: Organización de las N.U. para la Agricultura y la Alimentación (FAO).

Shepherdyrew W.y Stefano Farolfi . 1999. *Export Crop Liberalization in Africa: A Review*. Roma: Organización de las N.U. para la Agricultura y la Alimentación (FAO), Agricultural Services Bulletin.

Shetty, S. 2006. "Water, Food Security and Agricultural Policy in the Middle East and North Africa Region". World Bank: Middle East and North Africa – documento de trabajo No. 47.

Shilpi, Forhad y Dina Umali-Deininger. 2006. "Where to Sell? Market Facilities and Agricultural Marketing?" World Bank. Washington, DC. Procesado.

Shively, Gerald y Stefano Pagiola. 2004. "Agricultural Intensification, Local Labor Marketsy Deforestation in the Philippines". *Environment and Development Economics* 9(2):241-66.

Simmons, Phil, Paul Winters e Ian Patrick. 2005. "An Analysis of Contract Farming in East Java, Baliy Lombok, Indonesia". *Agricultural Economics* 33(S3):513-25.

Singh, Inderjit, Lyn Squire y John Strauss. 1986. *Agricultural Household Models*. Baltimore, MD: Johns Hopkins University Press.

Singh, K. M. 2007. "Public-private Partnership in Extension: The ATMA Experience". Documento presentado en la Agricultural Summit 2006. Octubre 18. Nueva Delhi.

Skees, Jerry y Barry Barnett. 2006. "Enhancing Microfi nance Using Index-based Risk Transfer Products". *Agricultural Finance Review* 66:235-50.

Smakhtin, Vladimir, Carmen Revenga y Petra Döll. 2004. "A Pilot Global Assessment of Environmental Water Requirements and Scarcity". *Water International* 29(3):307-17.

Smale, Melinda y Adam G. Drucker. De próxima publicación. "Agricultural Development and the Diversity of Crop and Livestock Genetic Resources: A Review of the Economics Literature". En A. Kontoleon, U. Pascualy T. Swanson (eds.) *Frontiers in Biodiversity Economics*. Cambridge: Cambridge University Press.

Smale, Melinda, Patricia Zambrano, José Falck-Zepeda y Guillaume Gruere. 2006. "Parables: Applied Economics Literature About the Impact of Genetically Engineered Crop Varieties in Developing Economies". Washington, DC: International Food Policy Research Institute (Ifpri), Environment and Production Technology Division (EPT) – documento para discusión No. 159.

Snowden, Frank M. 2006. *The Conquest of Malaria: Italy, 1900-1962*. New Haven, Conn.: Yale University Press.

Sobel, Dava. 1996. *Longitude*. Nueva York, NY: Penguin.

Society for Elimination of Rural Poverty (SERP). 2006. *Unleashing the Power of the Poor: Creating Wealth for the Poor from the Grassroots*. Hyderabad, India: SERP.

Spencer, Dunstan S. C. 1994. "Infrastructure and Technology Constraints to Agricultural Development in the Humid and Subhumid Tropics of Africa". Washington, DC: International Food Policy Research Institute (Ifpri), Envinronment and Production Technology Division (EPTD) – documento para discusión No. 3.

Sperling, L., M. E. Loevinsohn y B. Ntabomvura. 1993. "Rethinking the Farmers' Role in Plant-breeding: Local Bean Experts and On-station Selection in Rwanda". *Experimental Agriculture* 29(4):508-19.

Spielman, David J., Joel I Cohen y Patricia Zambrano. 2006. "Will Agbiotech Applications Reach Marginalized Farmers? Evidence from Developing Countries". *AgBioForum* 9(1):23-30.

Spielman, David J., Frank Hartwich y Klaus von Grebmer. 2006. "Building Bridges and Sharing Science: Public-Private Partnerships in the Cgiar". International Food Policy Research Institute. Washington, DC. Procesado.

Spielman, David J.y Klaus von Grebmer. 2004. "Public-private Partnerships in Agricultural Research: An Analysis of Challenges Facing Industry and the Consultative Group on International Agricultural Research". Washington, DC: International Food Policy Research Institute (Ifpri), Envinronment and Production Technology Division (EPTD) – documento para discusión No. 113.

Staatz, John y Niama Nango Dembele. 2007. "Agriculture for Development in Sub-Saharan Africa". Documento de antecedentes para el IDM 2008.

Stads, Gert-Jan y Nienke M. Beintema. 2006. *Women Scientists in Sub-saharan African Agricultural R & D*. Washington, DC: International Food Policy Research Institute (Ifpri).

Stark, Oded, Christian Helmenstein y Alexia Prskawetz. 1997. "A Brain Drain with a Brain Gain". *Economic Letters* 55(2):227-34.

Stein, Alexander J., H. P. S. Sachdev y Matin Qaim. 2006. "Potential Impact and Cost-effectiveness of Golden Rice". *Nature Biotechnology* 24(10):1200-1.

Steinfeld, Henning, Pierre Gerber, Tom Wassenaar, Vincent Castel, Mauricio Rosales y Cees de Haan. 2006. *Livestock's Long Shadow: Environmental Issues and Options*. Roma: FAO.

Stern, Nicholas. 2006. *Stern Review: Economic of Climate Change*. Londres, R.U.: United Kingdom's Treasury.

Stockbridge, Michael. 2003. *Farmer Organization for Market Access: Learning from Success. Literature Review*. Londres: Wye College.

Stokstad, Erik. 2007. "Deadly Wheat Fungus Threatens World's Breadbaskets". *Science* 315(5820):1786-87.

Stone, G. 2007. "Agricultural Deskilling and the Spread of Genetically Modifi ed Cotton in Warangal". *Current Anthropology* 48:67-103.

Subramaniam, C. 1995. *Hand of Destiny: Memoirs, Vol. 2. The Green Revolution*. Mumbai: Bharatiya Vidya Bhawan.

Sulaiman V., Rasheed y Andy Hall. 2002. "Beyond Technology Dissemination: Can Indian Agricultural Extension Reinvent Itself?" Nueva Delhi: National Centre for Agricultural Economics and Policy Research, resumen de políticas No. 16.

Sullivanyy. 2005. "$100 Laptop Bridges Digital Divide". *ABC News in Science*. Oct. 17, 2005.

Sundaram, K. y Suresh D. Tendulkar. 2007. "Recent Trends in Labor Supply and Employment in India's Employment Challenge: Some Fresh Results". Banco Mundial. Washington, DC. Procesado.

Suri, K. C. 2006. "Political Economy of Agrarian Distress". *Economic and Political Weekly*, abril 22, 2006.

Suryahadi, Asep, Daniel Suryadarma y Sudarno Sumarto. 2006. "Economic Growth and Poverty Reduction in Indonesia: The Effects of Location and Sectoral Components of Growth". Canberra: Smeru Research Institute, documento de trabajo No. 692.

Susmita, Dasgupta, Craig Meisner y David Wheeler. 2007. "Is Environmentally Friendly Agriculture Less Profi table for Farmers? Evidence on Integrated Pest Management in Bangladesh". *Review of Agricultural Economics* 29(1):103-18.

Swaminathan, M. S, eds. 1993. *Wheat Revolution: a Dialogue?* Madrás: MacMillian India Ltd.

Swinnen, Jo y Scott Rozelle. 2006. *From Marx and Mao to the Market: The Economics and Politics of Agrarian Transition*. Oxford, R.U.: Oxford University Press.

Swinnen, Johan F. M. y Miet Maertens. 2005. "Globalization, Privatization and Vertical Coordination in Food Value Chains in Developing and Transition Countries". Documento presentado en el Trade and Marketing of Agricultural Commodities in a Globalizing World Workshop. Agosto 12. Queensland, Australia.

Swinnen, Johan F. M.y L. Vranken. 2006. "Patterns of Land Market Development in Transition". Banco Mundial. Washington, DC. Procesado.

TAC's Standing Panel on Impact Assessment (SPIA). 1999. *An Evaluation of the Impact of Integrated Pest Management Research at International Agricultural Research Centres*. Washington, DC: Consultative Group on International Agricultural Research, Technical Advisory Committee (Cgiar-TAC).

Takahashi, K. 2006. "Determinants of Schooling, Occupational Choicesy Current Income: A Study of Children of Farm Households in the Philippines, 1979-2004". National Graduate Institute for Policy Studies. Tokyo. Procesado.

Tangerman, Stefan. 2005. "Organisation for Economic Cooperation and Development Area Agricultural Policies and the Interests of Developing Countries". *American Journal of Agricultural Economics* 87(5):1128-44.

Task Force of the International Life Science Institute (ILSI) International Food Biotechnology Committee. 2001. *Nutritional and Safety Assessments of Foods and Feeds Nutritionally Improved through Biotechnology*. Washington, DC: International Life Science Institute (ILSI).

Taylor, J. Edward y Jorge Mora. 2006. "Does Migration Reshape Expenditures in Rural Households? Evidence from Mexico". Washington, DC: World Bank Policy Research - serie de documentos de trabajo 3842.

Taylor, Louise, Sophia Latham y Mark Woolhouse. 2001. "Risk Factors for Human Disease Emergence". *Philosophical Transactions of the Royal Society* 356(1411):983-89.

Temuyrew E. y Elibariki E. Msuya. 2004. "Capacity Building in Information and Communication Management (ICM) Towards Food Security". Documento presentado en el Role of Information Tools in Food and Nutrition Security, CTA Seminar. Noviembre 8. Maputo, Mozambique.

Teranishi, Juro. 1997. "Sectoral Resource Transfer, Conflict and Macrostability in Economic Development: A Comparative Analysis". En M. Aoki, H. K. Kimy M. Okuno-Fujiwara, (eds.), *The Role of Government in East Asian Economic Development : Comparative Institutional Analysis*. Oxford, R.U.: Clarendon Press.

The Royal Society. 2002. *Genetically Modifi ed Plants for Food Use and Human Health: An Update*. Londres: The Royal Society.

Thibier, M.y H. G. Wagner. 2002. "World Statistics for Artificial Insemination in Cattle". *Livestock Production Science* 74(2):203-12.

Thirtle, Colin, David Hadley y Robert Towsend. 1995. "Policy-induced Innovation in Sub-Saharan African Agriculture: A Multilateral Malmquist Productivity Index Approach". *Development Policy Review* 13(4):323-42.

Thirumurthy, Harsha, Joshua Graff-Zivin y Markus Goldstein. 2005. "The Economic Impact of AIDS Treatment: Labor Supply in Western Kenya". Cambridge, Mass.: National Bureau of Economic Research , serie de documentos de trabajo No. 11871.

Thomas, Duncan, Kathleen Beegle, Elizabeth Frankenberg, Bondan Sikoki, John Strauss y Graciela Teruel. 2004. "Education in a Crisis". *Journal of Development Economics* 74(1):53-85.

Thorbecke, Erik y Henry Wan Jr. 2004. "Revisiting East (and South) Asia's Development Model". Documento presentado en la Seventy Five Years of Development Conference. Mayo 7. Ithaca, NY.

Thornton, P. K., R. L. Kruska, N. Henniger, R. S. Reid, F. Atieno, A. N. Odero, T. Ndegwa y P. M. Kristjanson. 2002. *Mapping Poverty and Livestock in the Developing World*. Nairobi, Kenia: ILRI.

Tiffen, Mary, Michael Mortimore y Francis Gichuki. 1994. *More People, Less Erosion: Environmental Recovery in Kenya*. Chichester, R.U.: John Wiley and Sons.

Timmer, C. Peter. 2002. "Agriculture and Economic Development". En Bruce Gardner y Gordon Rausser, (eds.), *Handbook of Agricultural Economics*. Amsterdam: Elsevier.

Tipper, Richard. 2004. "Helping Indigenous Farmers to Participate in the International Market for Carbon Services: The Case of Scolel Té". En Stefano Pagiola, Joshua Bishop y Natasha Landell-Mills, (eds.), *Selling Forest Environmental Services: Market-Based Mechanisms for Conservation and Development*. Londres: Earthscan.

Tirole, Jean. 1998. *The Theory of Industrial Organization*. Cambridge, Mass.: MIT Press.

Tollens, Eric F.y Christopher L. Gilbert. 2003. "Does Market Liberalization Jeopardize Export Quality? Cameroonian Cocoa, 1988-2000". *Journal of African Economies* 12(3):303-42.

Tomich, Thomas P., Andrea Cattaneo, Simon Chater, Helmut J. Geist, James Gockowski, David Kaimowitz, Eric Lambin, Jessa Lewis, Ousseynou Ndoye, Cheryl Palm, Fred Stolle, William Sunderlin, Judson Valentim, Meine Van Noordwijk y Stephen Vosti. 2005. "Balancing Agricultural Development and Environmental Objectives: Assessing Tradeoffs in the Humid Tropics". En Cheryl Palm, Stephen Vosti, Pedro Sánchez y Polly Ericksen, (eds.), *Slash-and-Burn Agriculture: The Search for Alternatives*. Nueva York, NY: Colombia University Press.

Topalova, Petia. 2005. "Trade Liberalization, Poverty and Inequality: Evidence from Indian Districts". Cambridge, Mass.: National Bureau of Economic Research, documento de trabajo No. 11614.

Townsend, Robert. 1999. "Agricultural Incentives in Sub-Saharan Africa: Policy Challenges". Washington, DC: Banco Mundial, documento técnico No. 444.

Townsend, Robert y Colin Thirtle. 2001. "Is Livestock Research Unproductive? Separating Health Maintenance from Improvement Research". *Agricultural Economics* 25(2-3):177-89.

Transparency International India. 2005. *India Corruption Study 2005*. Nueva Delhi: Transparency International.

Tripp, Robert. 2006. *Self-sufficient Agriculture: Labour and Knowledge in Small-Scale Farming*. Londres: Earthscan.

Tripp, Robert, Niels Louwaars y Derek Eaton. 2007. "Plant Variety Protection in Developing Countries. A Report from the Field". *Food Policy* 32(3):354-71.

Tripp, Robert, Mahinda Wijeratne y V. Hiroshini Piyadasa. 2005. "What Should We Expect from Farmer Field Schools? A Sri Lanka Case Study". *World Development* 33(10):1705-20.

Trivelli, Carolina. 2007. "Banca de Desarrollo para el Agro: lecciones desde las experiencias en curso en América Latina". Lima: Institute of Peruvian Studies

Tschirley, David, Ballard Zulu y James Shaffer. 2004. "Cotton in Zambia: An Assessment of Its Organization, Performance, Current Policy Initiatives, and Challenges For The Future". Lansing, MI: Department of Agricultural Economics, Michigan State University, International Development, documento de trabajo de colaboración No. 10.

Turner, Brian, Richard Plevin, Michael O'Hare y Alexander Farrell. 2007. "Creating Markets for Green Biofuels: Measuring and Improving Environmental Performance". University of California. Berkeley. Procesado.

U.S. Congressional Research Service. 2004. *Energy Use in Agriculture: Background and Issues*. Washington, DC: Library of Congress.

U.S. Department of Agriculture (USDA). 2006. *National Agricultural Statistics Farm Production Expenditures 2005 Summary*. Washington, DC: U.S. Department of Agriculture.

———. 2007. *USDA Agricultural Projections to 2016*. Washington, DC: U.S. Department of Agriculture.

U.S. Department of Agriculture: Economic Research Service. 2004. *Agriculture in Brazil and Argentina*. Washington, DC: U.S. Department of Agriculture.

Udry, Christopher. 1996. "Gender, Agricultural Production and the Theory of the Household". *Journal of Political Economy* 104(5):1010–46.

Udry, Christopher, John Hoddinott, Harold Alderman y Lawrence Haddad. 1995. "Gender Differentials in Farm Productivity: Implications for Household Effi ciency and Agricultural Policy". *Food Policy* 20(5):407-23.

Uliwa, Peniel y Dieter Fischer. 2004. *Assessment of Tanzania's Producer Organizations Experience and Environment*. Tanzania: US Agency for International Development (Usaid), Tanzania Economic Growth Office.

Umali-Deininger, Dina y Klaus W. Deininger. 2001. "Towards Greater Food Security for India's Poor: Balancing Government Intervention and Private Competition". *Agricultural Economics* 25(2-3):321-35.

Umali-Deininger, Dina y Mona Sur. 2006. "Food Safety in a Globalizing World: Opportunities and Challenges for India". Documento presentado en la 26th Conference of the International Association of Agricultural Economists Agosto 12. Queensland, Australia.

United Nations. 2007. *World Population Prospects: The 2006 Revision*. Population database. Nueva York: Naciones Unidas, Population Division of the Department of Economic and Social Affairs of the United Nations Secretariat.

United Nations Joint Programme on HIV/AIDS (Unaids). 2006. *Report on the Global AIDS Epidemic, Executive Summary: A Unaids 10th Anniversary Special Edition*. Ginebra: The Joint United Nations Programme on HIV/AIDS.

United Nations Systemwide Influenza Coordinatory World Bank. 2007. *Responses to Avian and Human Influenza Threats: July-December 2006: Progress, Analysis and Recommendations*. Washington, DC: Banco Mundial.

Unnevehr, Laurian J. 2003. "Food Safety in Food Security and Food Trade". Washington, DC: International Food Policy Research Institute (Ifpri), 2020 Focus 10.

———. 2004. "Mad Cows and Bt Potatoes: Global Public Goods in the Food System". *American Journal of Agricultural Economics* 86(5):1158-66.

Uphoff, Norman. 2001. "Balancing Development and Environmental Goals through Community-based Natural Resource Management". En David R. Lee and Christopher B. Barrett, (eds.), *Tradeoffs or Synergies? Agricultural Intensifi cation, Economic Development and the Environment*. Wallingford, R.U. y Nueva York, NY: CAB International.

Ureta, Manuelita. 2002. *Rural Labor Markets in Nicaragua*. Washington, D.C.: Banco Mundial, Documento de antecedentes para el Informe 25115-NI: "Nicaragua: Promoting Competitiveness and Stimulating Broad-based Growth in Agriculture".

Utting-Chamorro, Karla. 2005. "Does Fair Trade Make a Difference? The Case of Small Coffee Producers in Nicaragua". *Development in Practice* 15(3-4):584-99.

Valdés, Alberto y William Foster. 2006. "Making the Labor Market a Way Out of Rural Poverty. Rural and Agricultural Labor Markets in Latin America and the Caribbean". Documento de antecedentes para el IDM 2008.

Van de Walle, Dominique y Dorothjean Cratty. 2004. "Is the Emerging Onfarm Market Economy the Route out of Poverty in Vietnam?" *Economics of Transition* 12(2):237-74.

Van den Berg, Henk y Janice Jiggins. 2007. "The Impacts of Farmer Field Schools in Relation to Integrated Pest Management". *World Development* 35(4):663-86.

Van der Hoek, Wim. 2003. "How Can Better Methods Reduce Malaria?" *Acta Tropica* 89(2):95-7.

Van der Meer, Cornelius L. J. 2007. "Agricultural Development, Private Sector Development and Rural Livelihoods: About Synergies". Nota de antecedentes para el IDM 2008.

Van der Meer, Cornelius L. J y Marijn Noordam. 2004. "The Use of Grants to Address Market Failures: A Review of World Bank Rural Development Projects". Washington, DC: Banco Mundial, Agriculture and Rural Development, documento para discusión No. 27.

Van der Mensbrugghe, Dominique. 2006. "Estimating the Benefi ts of Trade Reform: Why Numbers Change". En Richard Newfarmer, (eds.), *Trade, Dohay Development: A Window into the Issues*. Washington, DC: Banco Mundial.

Van der Walle, Dominique. 2007. "Impacts of Road Infrastructure on Markets and Productivity". Nota de antecedentes para el IDM 2008.

Vergara, Walter. 2005. "Adapting to Climate Change. Lessons Learned, Work in Progressy Proposed Next Steps for the World Bank in Latin America". Washington, DC: Banco Mundial, Latin America and Caribbean Region, Environmentally and Socially Sustainable Development Department, documento de trabajo No. 25.

Vergara, Walter, Alejandro Deeb, Adriana Valencia, Raymond S. Bradley, Bernard Francou, Alonso Zarzar, Alfred Grünwaldt y Seraphine Haeussling. De próxima publicación. "Economic Consequences of Rapid Glacier Retreat in the Tropical Andes". *Journal of the American Geophysical Union*.

Visvanathan, S. 2003. "From the Green Revolution to the Evergreen Revolution: Studies in Discourse Analysis". Documento presentado en el IDS Seminar on Agriculture Biotechnology and the Developing World. Octubre 1. Nueva Delhi.

Vollrath, Dietrich. 2007. "Land Distribution and International Agricultural Productivity". *American Journal of Agricultural Economics* 89(1):202-16.

Von Braun, Joachim. 2003. "Agricultural Economics and Distributional Effects". *Agricultural Economics* 32(s1):1-20.

Von Braun, Joachim, Ashok Gulati y Shenggen Fan. 2005. *Agricultural and Economic Development Strategies and the Transformation of China and India*. Washington, DC: International Food Policy Research Institute (Ifpri).

Von Braun, Joachim, David Hotchkiss y Maarten Innmink. 1989. *Non-traditional Export Crops in Guatemala: Effects on Production, Income and Nutrition*. Washington, DC: International Food Policy Research Institute (Ifpri).

Von Braun, Joachim y Patrick Webb. 1989. "The Impact of New Crop Technology on the Agricultural Division of Labor in a West African Setting". *Economic Development and Cultural Change* 37(3):513-34.

Vorley, B. 2003. *Food Inc.: Corporate Concentration from Farm to Consumer*. Londres, R.U.: UK Food Group.

Vranken, Liesbet, Karen Macours, Nivelin Noev y Johan Swinnen. 2007. "Property Rights Imperfections, Asset Allocation, and Welfare: Co-ownership in Bulgaria". Leuven, Bélgica: Centre for Transition Economics, Licos - Documento para discusión, serie 180/2007.

Vyas, Vijay Shanker. 2007. "Marginalized Sections of Indian Agriculture: The Forgotten Millions". Institute of Development Studies. Jaipur. Procesado.

Wade, Robert. 1982. "The System of Administrative and Political Corruption: Canal Irrigation in South India". *Journal of Development Studies* 18(3):287-328.

———. 1984. "Irrigation Reform in Conditions of Populist Anarchy: An Indian Case". *Journal of Development Studies* 14(3):285-303.

Waibel, H.y D. Pemsl. 1999. *An Evaluation of the Impact of Integrated Pest Management Research at International Agricultural Research Centres*. Roma: Consultative Group on International Agricultural Research, Technical Advisory Committee (Cgiar-TAC).

Walker, Tom. 2007. "Participatory Varietal Selection, Participatory Plant Breedingy Varietal Change". Documento de antecedentes para el IDM 2008.

Wang, Honglin, Xiaoxia Dong, Scott Rozelle, Jikun Huang y Thomas Reardon. 2006. "Producing and Procuring Horticultural Crops with Chinese Characteristics:A Case Study in the Greater Beijing Area". Lansing, MI: Michigan University, Agricultural Economics Department, Documento del personal 2006-5.

Warner, James M.y D. A. Campbell. 2000. "Supply Response in an Agrarian Economy with Non-Symmetric Gender Relations". *World Development* 28(7):1327-40.

Warning, Matthew y Nigel Key. 2002. "The Social Performance and Distributional Consequences of Contract Farming: An Equilibrium Analysis of the Arachide de Bouche Program in Senegal". *World Development* 30(2):255-63.

Warr, Peter G. 2001. "Poverty Reduction and Sectoral Growth: Evidence from Southeast Asia". Documento presentado en la Wider Development Conference on Growth and Poverty. Mayo 25. Helsinki.

Warren, R. 2006. *Agriculture*. Londres, R.U.: United Kingdom's Treasury, Documento de antecedentes para la Stern Review.

Wassenich, P.y K. Whiteside. 2004. "CDD Impact Assessments Study: Optimizing Evaluation Design Under Constraints". Washington, DC: Banco Mundial, Social Development Papers, Community Driven Development 51.

Watson, Robert T., Ian R. Noble, Bert Bolin, N. H. Ravindranath, David J. Verardo y David J. Dokken. 2000. *IPCC Special Report on Land Use, Land-Use Change And Forestry*. Ginebra: Intergovernmental Panel on Climate Change (IPCC).

Weatherspoon, Dave D.y Thomas Reardon. 2003. "The Rise of Supermarkets in Africa: Implications for Agrifood Systems and the Rural Poor". *Development Policy Review* 21(5):333-55.

Weinberger, Kakinka Margit y Thomas A. Lumpkin. 2005. "Horticulture for Poverty Alleviation: The Unfunded Revolution". The World Vegetable Center: Avrdc - serie de documentos de trabajo 15.

Westermann, Olaf, Jacqueline Ashby y Jules Pretty. 2005. "Gender and Social Capital: The Importance of Gender Differences for the Maturity and Effectiveness of Natural Resource Management Groups". *World Development* 33(11):1783-99.

Wik, Mette, Prabhu Pingali y Sumiter Broca. 2007. "Global Agricultural Performance: Past Trends and Future Prospects". Documento de antecedentes para el IDM 2008.

Wilkinson, John y Rudi Rocha. 2006. "Agri-Processing and Developing Countries". Documento de antecedentes para el IDM 2008.

Wilson, John S.y Victor O. Abiola. 2003. *Standards and Global Trade: A Voice for Africa*. Washington, DC: Banco Mundial.

Winter-Nelson, Alex y Karl Rich. 2006. "What Internacional Response to Animal Diseases?" University of Illinois. Urbana, IL. Procesado.

Winter-Nelson, Alex y Anna Temu. 2002. "Institutional Adjustment and Transaction Costs: Product and Input Markets in the Tanzanian Coffee System". *World Development* 30(4):561-74.

Winters, L. Alan. 2002. "Trade Liberalization and Poverty: What are the Links?" *World Economy* 25(9):1338-67.

———. 2006. "International Trade and Poverty: Cause or Cure?" *Australian Economic Review* 39(4):347-58.

Wood, Adrian y Jörg Mayer. 2001. "Africa's Export Structure in a Comparative Perspective". *Canadian Journal of Economics* 25(3):368-94.

Work, Robertson. 2002. "Overview of Decentralization Worldwide: A Stepping Stone to Improved Governance and Human Development". Documento presentado en la 2nd International Conference on Decentralization Federalism: The Future of Decentralizing States? Julio 25. Manila, Filipinas.

World Health Organization (WHO). 2003. *The World Health Report 2003: Shaping the Future*. Geneva: Organización Mundial de la Salud .

Worldwatch Institute. 2006. *Biofuels for Transportation. Global Potential and Implications for Sustainable Agriculture and Energy in the 21st Century*. Washington, DC: Worldwatch Institute.

Wright, Brian D.y Philip G. Pardey. 2006. "Changing Intellectual Property Regimes: Implications for Developing Country Agriculture". *International Journal for Technology and Globalization* 2(1-2):93-114.

Xu, Kenong, Xia Xu, Takeshi Fukao, Patrick Canlas, Reycel Maghirang-Rodríguez, Sigrid Heuer, Abdelbagi M. Ismail, Julia Bailey-Serres, Pamela C. Ronald y David J. Mackill. 2006. "Sub1A Is An Ethylene-Response-Factor-Like Gene that Confers Submergence Tolerance to Rice". *Nature* 442(7103):705-8.

Yamano, Takashi y T. S. Jayne. 2004. "Measuring the Impacts of Working-Age Adult Mortality on Small-Scale Farm Households in Kenya". *World Development* 32(1):91-119.

Yang, Dali L. 1996. *Calamity and Reform in China: State, Rural Societyy Institutional Change Since the Great Leap Famine*. Stanford, CA: Stanford University Press.

Yang, Dean. 2006. "International Migration, Remittancesy Household Investment: Evidence from Philippine Migrants' Exchange Rate Shocks". *Economic Journal* De próxima publicación.

Yang, Dean y HwaJung Choi. De próxima publicación. "Are Remittances Insurance? Evidence from Rainfall Shocks in the Philippines". *World Bank Economic Review*.

Yang, Dennis Tao. 1999. "Urban-biased Policies and Rising Income Inequality in China". *American Economic Review* 89(2):306-10.

Yang, P. Y., M. Iles, S. Yan y F. Jollife. 2005. "Farmers' Knowledge, Perceptions and Practices in Transgenic Bt Cotton in Small Producer Systems in Northern China". *Crop Protection* 24(3):228-39.

Yanggen, David, Donald Cole, Charles Crissman y Steve Sherwood. 2003. "Human Health, Environmentaly Economic Effects of Pesticide Use in Potato Production in Ecuador". Lima, Perú: Centro Internacional de la Papa, resumen de investigación, mayo, 2003.

Yanggen, David, Valerie Kelly, Thomas Reardon y Anwar Naseem. 1998. "Incentives for Fertilizer Use in Sub-Saharan Africa: A Review of Empirical Evidence on Fertilizer Response and Profitability". East Lansing, MI: Department of Agricultural Economics, Michigan State University, MSU International Development, documento de trabajo No. 70.

Yap, Yoon-Tien, Guilherme Sedlacek y Peter F. Orazem. 2001. "Limiting Child Labor Through Behavior-Based Income Transfers: An Experimental Evaluation of the PETI Program in Rural Brazil". Banco Mundial. Washington, DC. Procesado.

Ykhanbai, H. y E. Bulgan. 2006. "Co-management of Pastureland in Mongolia". En Stephen Tyler, (eds.), *Communities, Livelihoods and Natural Resources. Action Research and Policy Change in Asia*. Ottawa: International Development Research Centre Publishing.

Yunez-Naude, Antonio y Fernando Barceinas Paredes. 2004. "The Agriculture of Mexico after Ten Years of Nafta Implementation". Santiago de Chile: Banco Central de Chile, documento de trabajo No. 277.

Zahinser, Steven. 2004. *Mexico Policy:* SAGA*RPA, Rural Finance*. Washington, DC: USDA ERS Briefing Room.

Zeddies, J., R. P. Schaab, P. Neuenschwandery H. R. Herren. 2001. "Economics of Biological Control of Cassava Mealybug in Africa". *Agricultural Economics* 24(2):208-19.

Zehner, David C. 2002. "An Economic Assessment of 'Fair Trade' in Coffee". *Chazen Web Journal of International Business*(Fall):1-24.

Zeller, Manfred. 2003. "Models of Rural Financial Institutions". Documento presentado en la Paving the Way Forward Conference. Junio 2. Washington, DC.

Zezza, Alberto, Paul Winters, Benjamin Davis, Gero Carletto, Katia Covarrubias, Esteban Quiñones, Kostas Stamoulis, Panayotis Karfakis, Luca Tasciotti, Stefania DiGiuseppe y Genny Bonomi. 2007. "Rural Household Access to Assets and Agrarian Institutions: A Cross Country Comparison". Documento de antecedentes para el IDM 2008.

Zhang, Linxiu, Scott Rozelle, Chengfang Liu, Susan Olivia, Alan de Brauw y Qiang Li. 2007. "Feminization of Agriculture in China: Debunking the Myth and Measuring the Consequence of Women Participation in Agriculture". Documento de antecedentes para el IDM 2008.

Zhao, Yaohui. 1999. "Leaving the Countryside: Rural-to-Urban Migration Decisions in China". *American Economic Review* 89(2):281-86.

Zimmerman, Fred y Michael R. Carter. 2003. "Asset Smoothing, Consumption Smoothing and Dynamic Persistence of Inequality under Risk and Subsistence Constraints". *Journal of Development Economics* 71(2):233-60.

Zinsstag, Jakob, Esther Schelling, Felix Roth, Bassirou Bonfoh, Don de Savigny y Marcel Tanner. 2007. "Human Benefits of Animal Interventions for Zoonosis Control". *Emerging Infectious Diseases* 13(4):527-31.

Zuhui, Huan, Liang Qiao y Song Yu. 2006. *Collective Actions of Small Farmers in Big Markets: A Case Study of the Ruoheng Farmer Watermelon Cooperative in China*. Hangzhou, China: Zhejiang University, Center for Agricultural and Rural Development (CARD).

Zwarteveen, Margreet Z. 1997. "Water: From Basic Need to Commodity: A Discussion on Gender and Water Rights in the Context of Irrigation". *World Development* 25(8):1335-49.

Zyl, Johan Van, Loretta Sonn y Alberto Costa. 2000. "Decentralized Rural Development, Enhanced Community Participationy Local Government Performance: Evidence from North-East Brazil". Washington, D.C. Banco Mundial. Procesado.

Indicadores seleccionados

Indicadores seleccionados agrícolas y rurales

Indicadores seleccionados del desarrollo mundial

Cuadro A1. Variables del sector agrícola y rural

	Población rural			Empleo y fuerza laboral agrícola			Valor agregado agrícola			
	Total, millones 2003-2005	Crecimiento promedio anual % 1990-2005	% de población total 2003-2005[a]	Total empleo agrícola total, miles 2002-2004[a]	Empleo agrícola % del total 2002-2004[a]	Proporción de mujeres en fuerza laboral agrícola, % 2003-2005	US$ millones 2003-2005	Crecimiento promedio anual, 1990-2005	US$ por % trabajador agrícola 2003-2005	% del PIB 2003-2005
Albania	1,7	–1,3	55,3	668	58,1	44,9	1.452	3,0	1.022	23,4
Alemania	20,5	–0,2	24,8	892	2,4	37,4	24.594	0,8	14.241	1,0
Angola	7,3	0,8	47,4	..	..	53,8	1.747	4,6	159	8,1
Arabia Saudita	4,3	0,9	19,2	304	4,7	8,9	9.819	1,6	5.523	4,2
Argelia	12,1	0,0	37,4	2.069	20,9	52,2	7.572	4,3	1.021	9,7
Argentina	3,9	–0,7	10,1	..	1,2	8,6	14.70	2,7	4.159	10,3
Armenia	1,1	–0,4	35,7	..	45,7	21,4	778	2,9	2.340	23,0
Australia	2,4	–0,3	12,0	383	4,1	40,5	18.704	2,9	21.919	3,4
Austria	2,8	0,4	34,0	204	5,4	43,3	4.554	1,1	12.865	1,8
Azerbaiyán	4,0	1,4	48,6	..	39,9	52,4	1.013	2,8	484	11,9
Banca Occidental y Franja de Gaza	1,0	3,3	28,4	77	15,5	70,5	..	..	..	..
Bangladesh	104,8	1,6	75,3	30.451	51,7	51,5	11.303	3,2	157	21,0
Bélgica	0,3	–1,3	2,8	75	1,8	28,2	3.253	1,5	19.753	1,1
Benin	4,9	2,7	60,2	..	..	46,2	1.274	5,5	311	32,1
Bielorrusia	2,8	–1,5	28,2	..	..	22,6	1.989	–0,9	1.797	10,0
Bolivia	3,3	0,7	36,3	..	..	35,4	1.132	2,9	300	15,2
Bosnia y Herzegovina	2,1	–1,4	54,8	..	..	52,3	748	0,1	5.098	10,3
Brasil	30,2	–1,6	16,4	16.627	20,8	19,1	39.213	4,1	1.489	6,6
Bulgaria	2,4	–1,5	30,2	284	9,9	35,7	2.140	2,6	4.693	10,7
Burkina Faso	10,5	2,6	82,1	..	..	46,9	1.296	3,6	110	31,0
Burundi	6,6	1,6	90,3	..	..	53,3	235	–1,7	36	38,3
Camboya	11,2	1,9	80,9	..	60,3	55,4	1.710	3,8	181	33,7
Camerún	7,4	0,5	46,3	..	..	45,1	2.966	5,1	386	20,9
Canadá	6,4	–0,1	20,0	476	2,7	45,9	14.687	0,6	20.082	2,2
Chad	7,1	2,8	75,1	..	..	51,8	1.042	3,9	155	26,1
Chile	2.1	–0.6	12,7	801	13,5	12,9	4.934	3,7	2.076	5,7
China	784.5	–0.4	60,5	..	44,1	47,7	246.982	3,7	292	12,7
Colombia	12.2	0.8	27,6	..	20,6	19,9	11.285	–0,7	1.346	12,5
Congo, Rep.	1.6	2.3	40,2	..	..	59,8	255	..	176	5,7
Congo, Rep. Dem.	38.2	2.4	68.4	..	..	53.1	3.018	–0,1	88	47,9
Corea, Rep. de	9.3	–1.3	19.4	1.982	8,7	45,6	22.416	1,0	6.922	3,7
Costa de Marfil	9.9	1.8	55,4	..	..	39,9	3.415	2,5	426	22,7
Costa Rica	1.7	0.6	38,8	262	15,3	10,1	1.473	3,2	1.833	8,7
Croacia	1.9	–0.9	43,7	270	16,1	33,4	2.024	–0,8	6.855	7,1
Dinamarca	0,8	0,0	14,5	85	3,1	24,5	3.895	3,0	22.260	1,9
Ecuador	4,9	0,4	37,7	..	9,0	15,9	2.26	1,1	699	7,0
Egipto, Rep. Árabe de	41,6	2,0	57,3	..	28,7	48,2	12.244	3,3	497	15,6
El Salvador	2,7	0,4	40,5	480	19,0	8,1	1.421	0,9	695	9,6
Eritrea	3,4	2,2	80,9	..	..	51,4	119	–1,7	37	17,1
Eslovenia	1,0	–0,1	49,0	84	9,2	46,2	711	0,0	29.206	2,6
España	10,0	0,4	23,4	1.005	5,7	33.2	31.709	2,4	12.372	3,5
Estados Unidos	57,4	–0,5	19,5	2.753	1,9	25,3	133.850	3,5	23.066	1,3
Etiopía	58,9	1,9	84,2	..	..	40,4	3.893	2,4	64	43,9
Federación Rusa	38,7	–0,1	26,9	..	10,8	27,7	27.578	–0,4	2.037	5,3
Filipinas	31,1	–0,1	38,1	11.544	37,2	24,5	12.949	2,4	429	14,7
Finlandia	2,0	0,4	38,9	121	5,1	35,4	4.863	1,5	18.515	3,1
Francia	14,2	–0,2	23,5	1.006	4,2	33,9	42.432	1,1	25.639	2,4
Georgia	2,2	–0,9	47,7	1.124	54,2	39,8	853	–6,1	1.061	18,4
Ghana	11,5	1,1	53,0	..	..	44,8	3.389	3,8	283	37,3
Grecia	4,5	0,6	41,0	649	14,5	49,2	10.482	–0,5	8.065	5,9
Guatemala	6,5	1,6	53,2	..	38,7	9,0	6.381	2,7	1.117	22,8
Guinea	6,0	2,2	67,4	..	..	48,6	666	4,4	88	19,5
Haití	5,2	0,5	61,8	..	..	34,3	720	..	143	27,9
Honduras	3,8	1,9	53,9	..	36,2	21,4	898	2,3	410	13,4
Hong Kong, China	0,0	..	0,0	9	0,3	..	109	..	..	0,1
Hungría	3,4	–0,3	34,0	226	5,7	24,5	3.802	0,3	3.588	4,5
India	771,9	1,4	71,5	..	..	37,5	123.324	2,5	219	19,3
Indonesia	115,6	–0,5	53,1	41.652	44,6	43,5	38.429	2,3	421	14,9
Irán, Rep. Islámica de	22,6	–0,3	33,6	..	..	43,2	17.892	3,2	1.058	11,2
Irlanda	1,6	0,6	39,8	120	6,6	6,3	3.820	..	10.582	2,5
Israel	0,6	1,7	8,4	46	2,0	20,3	..	..	..	..
Italia	18,9	0,0	32,5	1.087	5,0	41,8	36.477	1,2	14.38	2,4
Jamaica	1,2	0,2	47,2	..	19,7	29,5	461	–1,5	912	5,6
Japón	43,8	–0,3	34,3	2.927	4,6	42,7	74.849	–0,7	19.177	1,7
Jordania	1,0	0,6	18,1	59	3,8	69,1	284	0,1	505	2,8
Kazajstán	6,4	–0,7	42,9	2.465	34,8	26,2	3.036	–3,0	1.137	7,6
Kenya	26,6	2,3	79,5	..	..	49,0	4.166	2,6	169	28,2
Kuwait	0,0	0,1	1,7	..	..	0,0	221	6,1	8.078	0,5
Kirguizistán	3,3	1,2	64,3	982	52,7	36,1	669	3,0	549	34,1
Laos, PDR.	4,4	1,8	79,7	..	..	48,6	1.157	4,5	264	46,8
Letonia	0,7	–0,7	32,1	..	14,1	30,0	507	–1,2	2.046	4,2
Líbano	0,5	0,4	13,5	..	..	38,7	1.149	1,9	11.485	6,5
Lituania	1,1	–0,3	33,3	245	17,2	25,7	1.191	0,7	2.743	6,0
Macedonia, FYR	0,6	–1,6	31,9	117	20,9	38,4	589	–0,1	2.811	13,2

Cuadro A1. Variables del sector agrícola y rural (*Continuación*)

	Población rural			Empleo y fuerza laboral agrícola			Valor agregado agrícola			
	Total, millones 2003-2005	Crecimiento promedio anual % 1990-2005	% de población total 2003-2005[a]	Total empleo agrícola total, miles 2002-2004[a]	Empleo agrícola % del total 2002-2004[a]	Proporción de mujeres en fuerza laboral agrícola, % 2003-2005	US$ millones 2003-2005	Crecimiento promedio anual, 1990-2005	US$ por % trabajador agrícola 2003-2005	% del PIB 2003-2005
Madagascar	13,3	2,6	73,4	5.859	78,0	49,6	1.303	1,9	99	28,7
Malasia	8,4	−0,5	33,8	..	14,7	26,7	10.843	1,2	2.898	9,2
Malawi	10,5	1,6	83,2	..	..	56,3	627	6,2	66	37,8
Malí	9,2	2,1	70,0	..	..	46,3	1.658	2,9	161	37,2
Marruecos	12,5	0,0	42,0	4.048	44,8	57,4	7.515	1,3	719	15,6
Mauritania	1,8	2,7	59,7	..	..	52,8	357	−1,9	231	25,6
México	24,8	0,5	24,3	6.67	16,7	12,6	24.339	1,7	1.091	3,9
Moldavia	2,1	−0,8	53,4	869	44,4	30,4	417	−5,3	505	20,0
Mongolia	1,1	1,3	43,3	414	42,3	45,0	353	−3,4	626	24,3
Mozambique	12,9	1,3	66,3	..	..	59,5	1.22	5,2	83	23,1
Namibia	1,3	1,8	65,4	..	..	41,3	548	3,0	595	11,0
Nepal	22,5	1,8	84,7	..	..	44,1	2.458	2,9	99	38,6
Nicaragua	2,1	0,9	41,4	..	18,6	10,1	751	4,0	777	17,9
Níger	11,7	3,2	83,3	..	..	47,7	1.089	3,2	93	39,9
Nigeria	72,7	1,2	52,7	..		90,1	16.463	4,0	430	22,1
Noruega	1,0	−0,9	22,9	86	3,7	36,0	3.614	1,7	17.186	1,0
Nueva Zelanda	0,6	0,5	13,9	160	8,2	34,3	..	2,2	..	..
Omán	0,7	0,9	28,5	..	..	6,3	444	3,7	525	1,9
Países Bajos	3,3	−2,5	20,5	232	2,9	31,9	11.339	1,6	23.396	2,2
Pakistán	99,5	2,0	65,5	19.593	42,1	42,0	20.537	3,5	272	22,7
Panamá	1,0	−1,1	30,2	202	17,0	3,6	1.031	4,1	1.551	7,8
Papúa Nueva Guinea	5,0	2,4	86,6	..	..	49,3	1.539	3,2	355	41,9
Paraguay	2,4	0,8	42,1	..	32,3	4,8	1.352	3,4	584	21,3
Perú	7,6	0,8	27,6	..	0,8	20,5	4.738	4,9	610	7,4
Polonia	14,5	−0,1	38,0	2.597	18,6	40,0	10.760	1,3	1.627	4,7
Portugal	4,5	−0,9	43,0	635	12,5	58,7	4.714	−1,0	3.607	3,2
Reino Unido	6,2	−0,3	10,4	384	1,3	23,4	18.633	0,1	18.879	1,0
República Checa	2,7	0,4	26,4	215	4,5	28.8	3.004	0,8	4.045	3,1
República de África Central	2,5	1,9	62,1	..	..	51.1	723	3,9	262	55,2
República Dominicana	3,2	−0.3	34.1	..	15,9	18.5	2.544	4,1	1.934	11,8
República Eslovaca	2,4	0,2	43,8	125	5,7	27.5	1.620	4,1	3.700	4,0
Ruanda	7,3	0,6	81,8	..	..	53.9	785	4,8	98	41,6
Rumania	10,0	−0,4	46,1	3.287	34,6	45.6	8.445	0,2	3.404	12,5
Senegal	6,7	2,2	58,6	..	..	48.9	1.299	2,7	157	17,5
Serbia	3,9b	−2,0b	47,9b	..	..	40.1	3,270b	..	1,851b	17,1b
Sierra Leona	3,2	0,9	60,0	..	..	46,4	478	..	150	46,2
Singapur	0,0	..	0,0	5	0,3	0,0	93	−2,4	19.959	0,1
Siria, Rep. Árabe	9,2	2,4	49,5	1.813	30,3	65,2	5.827	5,6	1.196	25,8
Sri Lanka	16,5	1,1	84,8	2,54	34,7	35,1	3.276	1,4	353	17,9
Sudáfrica	19,1	0,8	41,2	..	11,3	25,5	5.565	1,3	947	3,1
Sudán	21,4	0,8	60,1	..	..	38,1	7.572	9,1	371	36,1
Suecia	1,4	−0,1	15,8	92	2,1	34,3	4.620	−0,1	16.6	1,6
Suiza	1,9	−0,9	25,2	162	4,1	38,1	4.029	−2,1	9.481	1,3
Tailandia	43,3	0,8	67,9	15.178	44,4	46,3	16.164	1,8	554	10,1
Tajikistán	4,9	2,0	75,1	..	..	52,2	422	−0,1	210	24,2
Tanzania	28,6	2,3	76,2	..	..	53,6	4.797	3,7	167	45,8
Togo	3,6	1,9	60,6	..	..	42,1	829	3,1	242	41,9
Túnez	3,5	0,4	35,1	..	..	41,7	3.310	2,4	1.432	12,1
Turkmenistán	2,6	1,7	54,0	..	..	51,9	1.204	−5,7	793	19,9
Turquía	23,7	0,2	33,2	7.509	34,3	64,2	31.585	1,1	1.545	12,7
Ucrania	15,3	−0,9	32,3	..	19,5	31,0	6.786	−2,1	1.035	11,7
Uganda	24,4	3,1	87,5	..	69,1	49,2	2.167	3,9	101	32,4
Uruguay	0,3	−1,7	8,1	..	4,4	12,9	1.528	1,9	4.156	11,0
Uzbekistán	16,3	2,0	63,2	..	..	45,4	3.188	2,6	486	30,7
Venezuela, RB	1,8	−3,9	7,1	990	10,3	5,5	3.583	2,1	1.678	4,5
Vietnam	60,7	1,0	74,0	24.721	59,9	49,0	9.936	4,2	182	21,7
Yemen, Rep.	14,9	3,1	73,1	..	..	44,0	1.578	5,0	168	14,3
Zambia	7,5	2,7	65,0	..	..	47,1	1.047	3,0	136	20,7
Zimbabue	8,3	0,7	64,5	..	..	53,7	744	0,6	95	17,6

a. Los datos se refieren al promedio del período presentado o a un período anterior, según la disponibilidad de los datos. b. Los datos se refieren a Serbia y Montenegro.

Cuadro A2. Variables de políticas agrícolas

	Gasto agrícola			Ayuda oficial para el desarrollo (AOD) en agricultura		Tasas nominales de ayuda, % de precios de frontera		Ayuda alimentaria	Infraestructura	
	Gasto del gobierno									
	2000 Internacional US$ millones 2004	% de valor agregado en agricultura 2004	Gasto público en I&D agrícola como % del valor agrícola agregado 2000	Precios de 2004 US$ milones 2003-2005[a]	% del total de AOD para el país 2003-2005[a]	1980-1984[a]	2000-2004[a]	En cereales por país receptor equivalente en 1.000 ton. 2003-2005[a]	Acceso de la población rural a vías, todo el año % 1993-2004[b]	Acceso de hogares rurales a electricidad % 1995-2003[b]
Albania	..	..	..	11,5	3,1	..	..	17,2	31	99,8
Alemania	..	..	..	..	..	..	..	..	..	..
Angola	..	..	..	7,1	1,0	..	..	153,1	..	..
Arabia Saudita	..	..	..	0,3	3,5	..	..	..	..	..
Argelia	..	..	..	11,5	2,6	..	..	34,8	..	..
Argentina	1.236	2,8	..	7,4	6,6	–19,2	–15,8	..	..	..
Armenia	..	..	..	13,4	4,5	..	..	25,4	..	98,6
Australia	..	..	3,38	..	..	..	..	..	..	..
Austria	..	..	..	..	..	..	..	..	..	..
Azerbaiyán	..	..	..	16,4	5,7	..	..	29,3	67	..
Banca Occidental y Franja de Gaza	..	..	..	..	..	..	..	116,3	..	..
Bangladesh	838	1,7	0,44	53,7	2,4	–3,8	3,9	326,0	37	18,7
Bélgica	..	..	..	..	..	..	..	..	..	..
Benin	..	..	0,40	36,8	7,0	..	..	18,6	32	5,5
Bielorrusia	..	..	..	0,5	1,0	..	..	..	64	..
Bolivia	202	6,8	..	81,3	8,4	..	..	93,0	..	29,0
Bosnia y Herzegovina	..	..	..	9,2	1,7	..	..	..	..	99,0
Brasil	15.304	36,6	..	18,0	5,0	–23,7	2,0	..	53	..
Bulgaria	..	..	..	..	..	..	3,1	98,0	..	..
Burkina Faso	294	6,9	0,71	64,5	8,6	..	..	00,1	25	0,2
Burundi	..	[illegible]	0,36	14,1	4,1	..	..	75,2	19	0,4
Camboya	..	..	..	62,0	10,9	..	..	27,1	81	9,0
Camerún	223	1,5	..	30,7	3,7	–17,8	–0,8	18,4	20	21,0
Canadá	..	..	..	..	..	..	..	..	..	..
Chad	..	..	..	19,8	5,4	..	..	46,6	5	0,1
Chile	422	7,5	..	4,9	5,1	4,2	6,7	..	..	..
China	114.948	11,3	0,43	199,3	8,5	–50,8	0,9	45,9	97	..
Colombia	644	2,1	..	48,5	5,7	3,9	28,6	12,1	..	..
Congo, Rep.	..	..	1,53	0,4	0,1	..	..	9,1	..	..
Congo, Rep. Dem.	..	..	..	18,6	0,5	..	..	92,9	26	..
Corea, Rep. de	23.089	76,8	1,73	..	..	..	..	..	..	..
Costa de Marfil	217	4,0	0,86	5,7	1,7	–57,3	–41,4	30,6	..	22,5
Costa Rica	165	5,5	..	11,2	14,5	..	..	..	..	..
Croacia	..	..	..	2,8	1,4	..	..	..	..	..
Dinamarca	..	..	3,14	..	..	..	..	..	..	..
Ecuador	295	8,2	..	21,8	8,6	9,9	12,2	23,3	..	..
Egipto, Rep. Árabe de	4.338	11,4	0,72	44,8	3,9	–13,3	–9,2	16,8	..	..
El Salvador	9	2,9	..	6,9	4,0	..	..	..	..	..
Eritrea	..	..	1,73	9,6	3,2	..	..	..	..	2,1
Eslovenia	..	..	..	..	..	..	72,3	..	..	..
España	..	..	1,63	..	..	..	..	..	..	..
Estados Unidos	..	..	2,65	..	..	..	..	..	..	..
Etiopía	930	4,3	0,38	129,4	6,4	–14,4	–8,2	1.288,0	32	0,4
Federación Rusa	..	..	..	..	..	..	6,2	47,4	81	..
Filipinas	2.395	5,0	0,41	38,8	7,1	0,8	27,0	80,2	..	..
Finlandia	..	..	..	..	..	..	..	..	..	..
Francia	..	..	..	..	..	..	..	..	..	..
Georgia	..	..	..	10,8	3,8	..	..	63,1	..	99,7
Ghana	127	0,7	0,47	57,0	3,3	–25,2	–2,4	74,1	61	20,9
Grecia	..	..	..	..	..	..	..	..	..	..
Guatemala	187	1,7	..	10,6	3,8	..	..	67,1	55	..
Guinea	..	..	0,46	13,5	6,0	..	..	36,7	22	1,5
Haití	..	..	..	44,8	7,7	..	..	106,9	..	5,2
Honduras	..	..	..	54,2	6,6	..	..	64,2	..	35,0
Hong Kong, China	..	..	..	..	..	..	..	..	..	..
Hungría	..	..	..	..	..	..	26,8	..	..	..
India	70.154	11,7	0,34	417,1	11,9	2,5	15,1	106,4	61	48,1
Indonesia	3.609	3,1	0,21	134,0	3,7	15,3	36,5	191,8	94	89,9
Irán, Rep. Islámica de	..	..	0,52	2,0	1,6	..	..	12,4	..	..
Irlanda	..	..	..	..	..	..	..	..	..	..
Israel	..	..	..	..	..	..	..	..	..	..
Italia	..	..	..	..	..	..	..	..	..	..
Jamaica	..	..	..	4,1	4,2	..	..	11,5	..	..
Japón	..	..	3,62	..	..	..	..	..	..	..
Jordania	..	..	2,05	2,7	0,3	..	..	98,3	..	..
Kazajstán	..	..	..	2,4	1,3	..	..	..	77	..
Kenya	396	4,1	2,68	112,4	10,4	–29,9	3,7	149,5	44	4,3
Kuwait	..	..	..	..	..	..	..	..	..	..
Kirguizistán	..	..	..	8,5	4,2	..	..	57,7	76	99,6
Laos, PDR.	..	..	..	39,3	13,0	..	..	21,7	64	..
Letonia	..	..	..	..	..	..	30,8	90,0	..	..

Cuadro A2. Variables de políticas agrícolas (*Continuación*)

	Gasto agrícola									
	Gasto del gobierno			Ayuda oficial para el desarrollo (AOD) en agricultura		Tasas nominales de ayuda, % de precios de frontera		Ayuda alimentaria	Infraestructura	
	2000 Internacional US$ millones 2004	% de valor agregado en agricultura 2004	Gasto público en I&D agrícola como % del valor agrícola agregado 2000	Precios de 2004 US$ milones 2003-2005[a]	% del total de AOD para el país 2003-2005[a]	1980-1984[a]	2000-2004[a]	En cereales por país receptor equivalente en 1.000 ton. 2003-2005[a]	Acceso de la población rural a vías, todo el año % 1993-2004[b]	Acceso de hogares rurales a electircidad % 1995-2003[b]
Líbano	..	..	..	5,6	3,0	..	..	11,0	..	..
Lituania	..	..	..	..	..	..	26,7	..	..	..
Macedonia, FYR	..	..	..	7,5	2,9	..	..	..	..	..
Madagascar	..	..	0,25	31,4	2,8	–51,4	0,7	49,2	25	5,2
Malasia	2.988	12,7	1,58	2,5	0,8	–5,7	2,3	..	..	..
Malawi	173	7,4	0,49	60,5	9,5	..	..	116,5	38	1,0
Malí	383	10,5	1,01	61,9	8,4	..	..	27,9	..	2,2
Marruecos	1.039	5,4	1,00	23,2	2,5	35,3	–2,6	..	..	..
Mauritania	..	..	0,99	43,9	15,5	..	..	75,5	..	2,5
México	5.893	17,0	..	6,5	2,8	..	..	..	..	..
Moldavia	..	..	..	13,6	7,2	..	..	20,2	..	98,9
Mongolia	..	..	..	6,5	4,0	..	..	37,6	36	27,8
Mozambique	..	..	..	58,7	4,7		..	171,5	..	2,1
Namibia	..	..	..	7,7	5,0	..	..	10,3	57	..
Nepal	259	2,1	0,27	45,3	7,5	..	..	46,6	17	17,4
Nicaragua	..	..	..	52,0	5,2	..	–9,9	47,9	28	41,3
Níger	..	..	0,20	26,4	4,6	..	..	66,3	37	0,2
Nigeria	1.560	7,1	0,38	17,5	0,6	13,5	–5,7	16,4	47c	27,9
Noruega	..	..	3,61	..	..	..	..	..	..	..
Nueva Zelanda	..	..	..	..	..	..	..	..	..	..
Omán	..	..	..	0,9	11,0	..	..	..	..	..
Países Bajos	..	..	..	..	..	..	..	..	..	..
Pakistán	..	..	0,24	102,4	2,6	–14,2	–2,7	45,8	61	69,0
Panamá	155	10,5	..	3,3	6,1	..	..	..	..	..
Papúa Nueva Guinea	..	..	0,78	10,4	3,1	..	..	..	68	2,9
Paraguay	363	5,0	..	6,7	10,8	..	..	..	..	..
Perú	..	..	..	47,1	10,1	..	..	59,7	43	..
Polonia	..	..	..	..	..	..	5,0	..	..	..
Portugal	..	..	3,05	..	..	..	..	..	..	..
Reino Unido	..	..	..	..	..	..	..	..	..	..
República Checa	..	..	..	..	..	..	21,9	..	..	..
República de África Central	..	..	..	8,8	8,1	..	..	5,5	..	0,3
República Dominicana	319	4,8	..	7,7	5,3	–30,7	2,5	5,2	..	..
República Eslovaca	..	..	..	..	..	..	25,4	..	..	..
Ruanda	..	..	..	31,7	5,9	..	..	43,8	..	0,9
Rumania	..	..	..	..	..	..	56,4	0,6	89	..
Senegal	..	..	1,02	61,8	7,1	–30,3	–12,1	29,1	..	6,0
Serbia	..	..	..	..	42,4	..	..	35,4	..	..
Sierra Leona	..	..	..	12,2	2,8	..	..	44,4	..	..
Singapur	..	..	..	..	..	..	..	..	..	..
Siria, Rep. Árabe	..	..	0,58	2,4	1,9	..	..	12,7	..	..
Sri Lanka	655	5,3	0,64	93,4	7,2	–7,5	–3,8	66,9	..	..
Sudáfrica	..	..	3,04	13,2	1,8	21,4	–1,5	..	21	..
Sudán	..	..	0,17	7,4	0,5	–18,8	–1,7	523,7	..	..
Suecia	..	..	..	..	..	..	..	..	..	..
Suiza	..	..	..	..	..	..	..	..	..	..
Tailandia	5.502	11,7	..	19,8	3,9	–0,1	7,6	0,7	..	..
Tajikistán	..	..	..	33,7	14,8	..	..	86,3	74	96,2
Tanzania	..	..	0,40	104,6	5,7	–59,1	–25,9	120,2	38	1,1
Togo	55	1,6	0,75	1,1	1,5	..	..	2,9	..	2,4
Túnez	1.387	15,7	0,70	3,2	0,7	..	..	..	..	..
Turkmenistán	..	..	..	0,4	2,6	..	..	..	..	..
Turquía	..	..	..	6,9	0,5	..	..	..	..	..
Ucrania	..	..	..	2,6	0,4	..	–12,7	104,6	..	..
Uganda	459	4,1	0,50	46,6	3,5	–16,7	1,0	245,4	..	2,4
Uruguay	103	3,0	..	1,2	3,3	..	..	..	..	..
Uzbekistán	..	..	..	11,3	5,4	..	..	..	57	99,3
Venezuela, RB	209	4,5	..	9,0	20,1	..	..	..	..	..
Vietnam	..	..	0,13	217,2	7,8	..	20,6	..	84	72,3
Yemen, Rep.	..	..	..	34,0	8,7	..	..	82,2	21	26,0
Zambia	66	3,8	0,62	41,4	3,0	–25,5	–30,5	129,7	..	2,9
Zimbabue	355	9,3	..	6,9	3,6	–46,7	–72,9	238,8	..	8,3

a. Los datos se refieren al promedio del período presentado o a un período anterior, según la disponibilidad de los datos. b. Datos del último año disponible del período presentado. c. Datos para ocho estados. d. Los datos se refieren a Serbia y Montenegro.

Cuadro A3. Los insumos agrícolas y el medio ambiente

	Tierra										
	Tierra cultivable permanente		Índice de Gini		Tierras irrigadas		Insumos agroquímicos		Medio ambiente		
	Miles de hectáreas 2003-2005[a]	Hectáreas per cápita (Pob. agrícola) 2003-2005[a]	Año	Índice	% de tierra cultivable permanente 2001-2003[a]	Crecimiento anual promedio % 1990-2003	Uso de fertilizantes kg de nutrientes por hectárea de tierra cultivable permanente 2003-2005[a]	Uso de pesticidas 100 gr por hectárea de tierra cultivable permanente 2000-2002[a]	Recursos internos de agua fresca renovable metros cúbicos per cápita 2005[b]	Evacuación anual de agua fresca para agricultura % del total 2002[c]	Promedio de deforestación anual en % 1990-2005[d]
Albania	699	0,5	1998	0,84	49,5	–0,9	76	..	8.595	62	0,0
Alemania	12.078	7,0	2000	0,63	4,0	0,0	217	21,3	1.297	20	–0,2
Angola	3.590	0,3	..	..	2,3	0,0	3e	..	9.284	60	0,2
Arabia Saudita	3.798	2,1	..	..	42,7	0,1	99e	..	104	89	0,0
Argelia	8.215	1,1	2001	0,65	6,9	1,1	13e	..	341	65	–1,8
Argentina	28.900	8,2	2002	0,85	5,4	0,0	47e	..	7.123	74	0,4
Armenia	555	1,7	..	..	51,2	0,0	21	..	3.017	66	1,2
Australia	48.799	57,2	..	..	5,2	2,0	47	..	24.202	75	0,2
Austria	1.454	4,1	2000	0,59	0,3	0,0	220	21,1	6.680	1	–0,2
Azerbaiyán	2.064	1,0	..	..	70,5	0,4	12	..	966	68	0,0
Banca Occidental y Franja de Gaza	222	0,6	..	..	..	..	..	..	..	..	..
Bangladesh	8.417	0,1	1996	0,48	54,3	3,8	198	3,7	740	96	0,1
Bélgica	863	5,2	2000	0,56	4,6	8,6	..	..	1.145	..	0,1
Benin	2.917	0,7	..	..	0,4	2,0	0e	..	1.221	45	1,9
Bielorrusia	5.636	5,1	..	..	2,3	0,0	185	..	3.805	30	–0,5
Bolivia	3.256	0,9	..	..	4,1	0,5	6e	..	33.054	81	0,4
Bosnia y Herzegovina	1.109	7,6	..	..	0,3	5,1	41	..	9.080	..	0,1
Brasil	66.600	2,5	1000	0,77	4,4	0,8	136e	10,5	29.066	62	0,5
Bulgaria	3.480	7,6	..	..	16,5	–6,4	145	..	2.713	19	–0,6
Burkina Faso	4.900	0,4	1993	0,42	0,5	1,5	7e	..	945	86	0,3
Burundi	1.355	0,2	..	..	1,6	2,6	1e	..	1.338	77	3,2
Camboya	3.852	0,4	2004	0,69	7,0	0,6	3	..	8.571	98	1,3
Camerún	7.160	0,9	..	..	0,4	1,1	8e	0,9	16.726	74	0,9
Canadá	52.115	72,9	1991	0,64	1,5	0,8	51e	..	88.238	12	0,0
Chad	3.630	0,5	..	..	0,8	5,3	..	..	1.539	83	0,6
Chile	2.307	1,0	1997	0,58	82,4	1,2	249e	..	54.249	64	–0,4
China	115.632	0,1	2004	0,41	47,5	1,2	395e	..	2.156	68	–1,7
Colombia	3.690	0,4	..	..	23,3	2,2	173	166,7	46.990	46	0,1
Congo. Rep.	547	0,4	..	..	0,4	3,7	..	..	55.515	9	0,1
Congo, Rep. Dem.	7.800	0,2	1990	0,37	0,1	0,7	..	..	15.639	31	0,3
Corea, Rep. de	1.839	0,6	1990	0,34	47,1	–1,0	389	120,5	1.344	48	0,1
Costa de Marfil	6.900	0,9	2001	0,65	1,1	0,5	10e	..	4.231	65	–0,1
Costa Rica	525	0,7	..	..	20,6	3,2	365e	225,3	25.975	53	0,4
Croacia	1.345	4,6	2003	0,67	0,4	12,4	122	..	8.485	..	–0,1
Dinamarca	2.265	12,9	2000	0,51	19,6	0,2	116	12,5	1.108	43	–0,8
Ecuador	2.524	0,8	2000	0,71	33,0	0,4	89	26,3	32.657	82	1,4
Egipto, Rep. Árabe de	3.469	0,1	2000	0,38	100,1	1,7	572	..	24	86	–3,5
El Salvador	910	0,4	..	..	4,9	0,9	66e	..	2.587	59	1,4
Eritrea	565	0,2	..	..	3,7	–0,6	1e	..	636	97	0,3
Eslovenia	203	8,3	1991	0,62	1,5	4,6	330	69,6	9.348	..	–0,4
España	18.614	7,3	..	..	20,7	0,9	108	17,4	2.562	68	–2,2
Estados Unidos	177.851	30,6	2002	0,78	12,5	0,6	114	..	9.446	41	–0,1
Etiopía	11.769	0,2	2002	0,47	2,6	4,3	3e	0,6	1.712	94	0,9
Federación Rusa	123.970	9,2	..	..	3,7	–1,8	13	..	30.135	18	0,0
Filipinas	10.700	0,4	2002	0,57	14,5	0,0	84e	..	5.767	74	2,2
Finlandia	2.228	8,5	..	..	2,9	0,0	128	5,6	20.396	3	–0,1
Francia	19.597	11,8	2000	0,58	13,3	1,9	204	45,5	2.932	10	–0,5
Georgia	1.066	1,3	2004	0,65	44,1	0,2	24	..	12.985	59	0,0
Ghana	6.385	0,5	..	..	0,5	0,3	4e	0,1	1.370	66	1,7
Grecia	3.800	2,9	2000	0,58	37,4	1,4	119	26,0	5.223	80	–0,9
Guatemala	2.050	0,4	..	..	6,4	0,6	90e	..	8.667	80	1,1
Guinea	1.750	0,2	1995	0,48	5,6	0,5	2e	..	25.104	90	0,6
Haití	1.100	0,2	..	..	8,4	0,4	..	..	1.524	94	0,6
Honduras	1.428	0,7	1993	0,66	5,6	1,2	41e	25,1	13.311	80	2,5
Hong Kong, China	..	..	..	..	..	..	..	..	..	..	..
Hungría	4.805	4,5	..	..	4,8	0,8	115	9,4	595	32	–0,6
India	169.583	0,3	1991	0,58	32,7	1,4	107	..	1.152	86	–0,4
Indonesia	36.500	0,4	1993	0,46	12,7	0,2	91	..	12.867	91	1,6
Irán, Rep, Islámica de	18.092	1,1	2003	0,75	42,7	0,7	51	..	1.883	91	0,0
Irlanda	1.203	3,3	2000	0,44	..	..	452	16,3	11.781	0	–3,4
Israel	402	2,7	1995	..	45,4	0,1	1.608	..	116	62	–0,7
Italia	10.525	4,1	2000	0,80	24,9	0,1	137	61,3	3.114	45	–1,3
Jamaica	284	0,6	1996	0,79	8,8	0,0	26e	..	3.541	49	0,1
Japón	4.714	1,2	1995	0,59	54,7	–0,7	364	..	3.365	62	0,0
Jordania	275	0,5	1997	0,78	27,3	1,2	498	17,0	129	75	0,0
Kazajstán	22.562	8,5	..	..	15,7	0,1	7	..	4.978	82	0,2
Kenya	5.212	0,2	..	..	1,8	4,1	44e	3,5	604	64	0,3
Kuwait	18	0,7	..	..	77,0	13,9	886	..	..	52	–6,7

Cuadro A3. Los insumos agrícolas y el medio ambiente (*Continuación*)

	Tierra										
	Tierra cultivable permanente		Índice de Gini		Tierras irrigadas		Insumos agroquímicos		Medio ambiente		
	Miles de hectáreas 2003-2005[a]	Hectáreas per cápita (Pob. agrícola) 2003-2005[a]	Año	Índice	% de tierra cultivable permanente 2001-2003[a]	Crecimiento anual promedio % 1990-2003	Uso de fertilizantes kg de nutrientes por hectárea de tierra cultivable permanente 2003-2005[a]	Uso de pesticidas 100 gr por hectárea de tierra cultivable permanente 2000-2002[a]	Recursos internos de agua fresca renovable metros cúbicos per cápita 2005[b]	Evacuación anual de agua fresca para agricultura % del total 2002[c]	Promedio de deforestación anual en % 1990-2005[d]
Kirguiztán	1.391	1,1	2002	0,90	76,0	0,2	14	..	9.041	94	−0,3
Laos, PDR,	1.074	0,2	1999	0,41	17,2	2,1	..	..	33.616	90	0,5
Letonia	1.032	4,2	2001	0,58	2,1	0,7	87	..	7.259	13	−0,4
Líbano	313	3,1	1999	0,69	33,2	1,7	96e	..	1.197	67	−0,8
Lituania	1.725	4,0	2003	0,62	0,4	−6,5	143	2,9	4.569	7	−0,5
Macedonia, FYR	612	2,9	..	..	9,0	−3,0	18	..	2.655	..	0,0
Madagascar	[illegible]	0,3	..	..	30,6	0,4	3e	0,3	18.113	96	0,4
Malasia	7.585	2,0	..	..	4,8	0,5	203e	..	22.882	62	0,4
Malawi	2.590	0,3	..	..	2,3	8,9	[illegible]	..	1.250	80	0,8
Malí	4.840	0,5	..	..	5,0	11,8	..	..	4.438	[illegible]	0,7
Marruecos	9.376	0,9	1996	0,62	15,5	1,3	52e	..	962	87	−0,1
Mauritania	500	0,3	..	..	9,8	0,2	..	..	130	88	2,4
México	27.300	1,2	..	..	23,2	0,7	67e	..	3.967	77	0,5
Moldavia	2.148	2,6	..	..	13,9	−0,4	10	..	258	33	−0,2
Mongolia	1.200	2,1	..	..	7,0	0,4	4e	..	13.626	52	0,7
Mozambique	4.580	0,3	..	..	2,7	1,0	5e	..	5.068	87	0,2
Namibia	820	0,9	1997	0,36	1,0	4,7	2e	..	3.052	71	0,8
Nepal	2.484	0,1	2002	0,49	47,2	1,0	12	..	7.305	96	1,6
Nicaragua	2.161	2,2	2001	0,72	2,8	0,2	28e	19,1	36.840	83	1,4
Níger	14.500	1,2	..	..	0,5	1,0	0e	..	251	95	2,3
Nigeria	33.400	0,9	..	..	0,8	1,2	6e	..	1.563	69	2,4
Noruega	..	..	..	..	..	2,5	..	..	82.625	11	−0,2
Nueva Zelanda	3.372	10,2	..	..	8,5	0,1	300e	9,8	79.778	42	−0,5
Omán	80	0,1	..	..	88,4	1,9	..	12,1	390	90	0,0
Países Bajos	940	1,9	2000	0,57	60,0	0,1	564	85,2	674	34	−0,4
Pakistán	22.110	0,3	2001	0,41	81,1	0,9	167	6,1	336	96	1,6
Panamá	695	1,0	2001	0,75	6,2	3,2	33e	..	45.613	28	0,1
Papúa Nueva Guinea	875	0,2	..	..	..	..	..	..	136.059	..	0,4
Paraguay	3.136	1,4	1991	0,93	2,1	0,3	75e	21,5	15.936	71	0,8
Perú	4.310	0,6	1994	0,86	27,9	0,1	73e	11,7	57.780	82	0,1
Polonia	12.794	1,9	2002	0,70	0,7	0,0	126	5,7	1.404	8	−0,2
Portugal	2.334	1,8	1999	0,75	27,2	0,3	113	55,9	3.602	78	−1,5
Reino Unido	5.784	5,9	2000	0,66	3,0	0,3	299	50,7	2.408	3	−0,6
República Checa	3.292	4,4	2000	0,92	0,7	0,0	130	11,4	1.290	2	0,0
República de África Central	2.024	0,7	..	..	0,1	5,9	..	..	34.920	4	0,1
República Dominicana	1.596	1,2	..	..	17,2	1,8	..	35,8	2.218	66	0,0
República Eslovaca	1.426	3,3	..	..	12,6	−3,6	95	20,3	2.339	..	0,0
Ruanda	1.470	0,2	..	..	0,7	8,3	..	0,9	1.051	68	−3,4
Rumania	9.845	4,0	..	..	31,2	−0,1	41	8,7	1.955	57	0,0
Senegal	2.507	0,3	1999	0,50	4,6	4,0	22e	1,6	2.213	93	0,5
Serbia	3.751	2,1	..	..	0,8	−10,9	..	8,0	5.456	..	−0,4
Sierra Leona	645	0,2	..	..	5,0	0,5	..	..	28.957	92	0,6
Singapur	1	0,2	..	..	..	..	..	..	138	..	0,0
Siria, Rep. Árabe	5.602	1,1	..	..	24,0	4,3	73	5,3	368	95	−1,6
Sri Lanka	1.916	0,2	..	..	34,4	2,2	137e	..	2.548	95	1,2
Sudáfrica	15.712	2,7	..	..	9,5	2,1	49e	15,6	955	63	0,0
Sudán	17.420	0,9	..	..	11,0	0,1	4e	..	828	97	0,8
Suecia	2.681	9,6	..	..	4,3	0,0	105	6,1	18.949	9	0,0
Suiza	433	1,0	1990	0,50	5,8	0,0	198	33,4	5.432	2	−0,4
Tailandia	17.687	0,6	1993	0,47	26,6	1,3	113e	10,1	3.269	95	0,6
Tajikistán	1.057	0,5	..	..	68,2	0,0	..	..	10.122	92	0,0
Tanzania	5.100	0,2	1996	0,38	3,5	1,8	13e	..	2.183	89	1,0
Togo	2.630	0,8	1996	0,42	0,3	0,0	6e	..	1.871	45	2,9
Túnez	4.930	2,1	..	..	8,0	1,1	26e	..	419	82	−4,3
Turkmenistán	2.266	1,5	..	..	89,1	1,2	..	..	290	98	0,0
Turquía	26.409	1,3	2001	0,58	19,5	2,0	75	9,8	3.150	74	−0,3
Ucrania	33.375	5,1	..	..	6,8	−1,5	15	..	1.128	52	−0,2
Uganda	7.350	0,3	1991	0,59	0,1	0,0	1e	..	1.353	40	1,8
Uruguay	1.412	3,8	2000	0,79	14,3	3,8	122e	25,3	17.848	96	−4,4
Uzbekistán	5.040	0,8	..	..	87,4	0,1	..	..	623	93	−0,5
Venezuela, RB	3.400	1,6	1997	0,88	16,9	1,5	135e	..	27.185	47	0,6
Vietnam	8.920	0,2	1998	0,50	33,9	0,2	245	20,8	4.410	68	−2,5
Yemen, Rep.	1.669	0,2	..	..	31,4	2,5	2e	..	195	95	0,0
Zambia	5.289	0,7	..	..	2,8	15,0	..	..	6.873	76	0,9
Zimbabue	3.350	0,4	..	..	5,2	4,7	30e	..	945	79	1,4

a. Los datos se refieren al promedio del período presentado o a un período anterior, según la disponibilidad de los datos. b. Los ríos de otros países no se incluyen. c. Los datos se refieren a los más recientes disponibles de 1987-2002. d. Los números negativos indican con crecimiento en el área forestal. e. Estimados el Banco Mundial para tierras de cultivos arables y permanentes para 2004-2005. f. Datos para Serbia y Montenegro.

Cuadro A4. Producto y comercio agrícolas

	Producción de cereales				Productos agrícolas de alto valor					Comercio			
	Producción		Rendimiento		Producción de carne		Producción de frutas y vegetales		Producción total de alimentos				
	Kilogramos per cápita 2003-2005[a]	Crecimiento anual promedio en % 1990-2005	Kilogramos por hectárea 2003-2005[a]	Crecimiento anual promedio en % 1990-2005	Kilogramos per cápita 2003-2005[a]	Crecimiento anual promedio en % 1990-2005	Kilogramos per cápita 2003-2005[a]	Crecimiento anual promedio en % 1990-2005	Crecimiento anual promedio per cápita, % 1990-2004	Importaciones netas de cereales US$ millones 2003-2005[a]	Importaciones agrícolas US$ millones 2003-2005[a]	Exportaciones agrícolas US$ millones 2003-2005[a]	% de exportaciones agrícolas del total de las exportaciones 2003-2005[a]
Albania	161	–1,5	3.371	2,7	26	2,9	281	3,4	3,2	104	351	41	9,9
Alemania	551	1,9	6.614	1,4	85	0,5	63	–1,4	0,1	–1.529	48.859	34.613	3,9
Angola	49	7,3	583	4,8	9	2,4	47	0,5	2,1	..	..	..	..
Arabia Saudita	135	–3,5	4.559	0,2	31	3,6	151	0,8	–1,3	1.573	6.689	954	0,7
Argelia	122	2,9	1.438	3,7	18	1,8	186	4,9	1,1	1.286	3.422	49	0,2
Argentina	941	4,0	3.85	2,9	105	0,4	283	1,6	1,8	–2.798	862	16.577	47,5
Armenia	127	3,2	1.936	1,4	18	0,2	342	2,3	1,8	69	221	18	2,8
Australia	1.925	3,9	1.946	0,5	206	2,0	269	2,8	1,7	–3.146	4.509	17.019	19,5
Austria	590	0,1	5.978	0,8	115	0,8	197	2,5	0,6	–9	6.577	4.639	4,5
Azerbaiyán	246	6,5	2.595	4,4	17	4,0	247	4,7	0,5	160	345	226	6,4
Banca Occ. y Franja de Gaza	..	..	..	..	..	..	222	0,5	..	..	..	..	..
Bangladesh	285	3,2	3.535	2,8	3	2,7	28	2,5	1,2	339	2.249	482	7,2
Bélgica	265	..	8.788	..	174	..	292	..	0,4	–447	21.442	24.556	8,2
Benin	135	5,1	1.144	1,8	6	1,3	76	3,2	2,6	75	217	220	82,5
Bielorrusia	604	–1,2	2.758	0,4	66	–2,1	239	4,0	–1,8	208	1.459	1.063	8,0
Bolivia	162	3,6	1.851	1,9	49	3,7	165	2,2	1,8	82	230	560	25,1
Bosnia y Herzegovina	303	2,6	3.627	–0,1	11	–3,1	251	3,1	–1,7	119	816	114	6,8
Brasil	339	3,4	3.133	3,6	106	5,7	249	1,7	2,7	817	3.545	26.656	27,7
Bulgaria	733	–1,9	3.279	–0,3	28	–6,6	184	–5,7	–1,4	–141	832	954	9,8
Burkina Faso	263	3,6	1.04	2,1	17	4,2	24	0,0	1,3	52	114	245	83,1
Burundi	38	–0,4	1.324	–0,3	3	–3,2	265	0,3	–2,0	11	18	38	43,4
Camboya	379	6,0	2.231	4,0	16	4,2	58	0,8	1,9	14	76	50	2,2
Camerún	102	4,3	1.532	3,4	14	1,8	229	2,8	0,7	216	432	604	25,2
Canadá	1.626	–0,7	3.018	0,8	166	4,4	99	1,0	0,3	–3.077	15.024	22.486	7,1
Chad	165	5,4	741	1,2	13	2,0	22	1,0	0,8	..	..	..	..
Chile	240	2,0	5.621	2,5	70	5,5	469	3,2	1,7	142	1.727	5.941	19,9
China	313	0,0	5.095	1,2	58	6,3	390	9,3	4,4	–520	26.232	22.968	3,8
Colombia	109	1,3	3.821	3,5	36	2,1	202	2,4	0,3	564	1.822	3.611	21,2
Congo. Rep,	3	3,1	790	0,9	8	2,8	82	3,2	–0,7	..	..	..	..
Congo, Rep. Dem.	27	0,1	772	–0,2	4	0,2	52	–2,7	–4,5	..	..	..	..
Corea, Rep. de	142	–0,8	6.238	0,6	36	3,5	296	1,4	0,7	1.992	12.317	2.697	1,1
Costa de Marfil	92	1,5	1.719	6,0	10	2,4	153	1,5	0,4	283	781	3.241	50,3
Costa Rica	47	–1,4	3.140	–0,1	47	2,1	1.066	4,2	0,6	148	603	2.108	33,5
Croacia	649	1,5	4.549	1,0	31	–0,1	183	0,3	0,5	73	1.372	658	8,6
Dinamarca	1.685	0,6	6.088	0,7	438	2,7	61	–1,5	–0,2	–162	7.695	14.589	19,7
Ecuador	185	2,6	2.695	2,9	45	6,2	611	3,0	1,4	170	699	2.893	36,9
Egipto, Rep, Árabe de	296	3,5	7.545	2,3	20	4,8	329	4,4	2,1	1.061	3.296	1.143	13,9
El Salvador	124	–0,2	2.530	2,4	20	3,8	77	1,2	–0,3	110	770	408	30,9
Eritrea	26	–2,6	297	–4,5	..	..	6	–2,8	–2,6	78	162	6	60,1
Eslovenia	262	1,2	5.282	2,4	90	0,6	167	–0,6	1,9	127	1.089	425	2,7
España	470	1,4	3.052	2,2	125	3,3	700	1,7	1,4	1.535	21.850	24.080	13,5
Estados Unidos	1.253	1,2	6.443	2,3	133	2,1	225	1,1	0,6	–9.847	57.568	61.974	8,5
Etiopía	157	5,8	1.213	0,9	8	2,8	27	6,7	1,8	248	339	377	85,0
Federación Rusa	506	–1,2	1.842	2,0	34	–3,7	131	2,9	–1,4	–598	12.426	2.798	1,5
Filipinas	236	2,3	2.916	2,5	28	5,6	217	2,6	0,9	794	3.073	2.342	6,0
Finlandia	731	0,9	3.187	–0,5	73	1,0	49	0,7	–0,4	71	2.670	1.416	2,4
Francia	1.045	1,1	6.893	0,8	115	0,8	317	0,4	–0,1	–4.814	33.167	35.395	8,8
Georgia	154	3,2	2.050	–0,3	24	–0,2	233	–2,3	1,3	103	306	85	13,8
Ghana	91	3,6	1.437	1,5	8	1,7	160	6,2	3,1	162	820	1.818	56,4
Grecia	449	–0,3	3.905	0,7	42	–0,9	673	–0,6	–0,6	331	5.360	3.390	22,0
Guatemala	95	–1,6	1.747	–0,6	20	4,2	241	4,2	0,6	204	981	1.515	41,5
Guinea	130	4,4	1.476	2,6	6	5,6	180	1,3	0,8	57	124	13	2,4
Haití	45	–0,6	824	–1,4	12	4,3	142	0,2	–1,1	..	..	..	..
Honduras	77	–2,1	1.475	0,2	29	5,7	305	1,2	–0,7	169	590	787	52,6
Hong Kong, China	..	..	..	..	..	..	..	..	..	450	8.912	189	0,9
Hungría	1.377	1,0	4.719	0,7	107	–1,9	327	–0,7	–0,4	–381	2.201	3.581	6,6
India	219	1,4	2.417	1,6	6	3,2	118	3,8	0,9	–1.797	5.117	8.867	10,8
Indonesia	298	1,5	4.278	0,8	12	2,6	97	4,3	0,8	1.003	4.923	10.606	15,1
Irán, Rep. Islámica de	321	2,2	2.407	3,3	24	2,7	398	4,0	2,1	827	2.776	1.701	3,7
Irlanda	539	1,2	7.442	1,1	253	0,6	59	–1,2	–0,8	352	4.262	7.505	7,3
Israel	43	–1,4	3.171	–0,2	86	7,4	454	0,7	–0,3	538	2.252	1.541	4,1
Italia	359	0,8	5.043	1,1	69	0,2	568	0,1	–0,1	–523	31.957	19.320	5,6
Jamaica	0	–8,8	1.162	–1,2	39	3,0	248	1,6	0,2	124	583	219	16,3
Japón	92	–1,2	5.849	0,5	24	–1,0	119	–1,6	–1,1	5.270	49.915	2.560	0,5
Jordania	15	–4,9	1.418	1,6	26	3,9	282	2,3	–0,7	326	1.194	410	13,3
Kazajstán	905	–2,4	1.048	1,3	49	–4,9	196	9,5	–2,5	–446	878	919	4,5
Kenya	101	0,9	1.682	–0,1	15	2,1	119	3,6	–0,6	132	429	1.077	54,0
Kuwait	1	14,9	2.578	1,0	..	..	92	11,1	10,7	174	1.152	51	0,3
Kirguizistán	325	2,4	2.776	2,3	37	–0,7	191	8,1	2,2	22	101	118	18,3
Laos, PDR.	490	5,6	3.648	3,5	17	5,4	176	13,0	3,8	..	..	..	..

Cuadro A4. Producto y comercio agrícolas (*Continuación*)

	Producción de cereales				Productos agrícolas de alto valor					Comercio			
	Producción		Rendimiento		Producción de carne		Producción de frutas y vegetales		Producción total de alimentos				
	Kilogramos per cápita 2003-2005[a]	Crecimiento anual promedio en % 1990-2005	Kilogramos por hectárea 2003-2005[a]	Crecimiento anual promedio en % 1990-2005	Kilogramos per cápita 2003-2005[a]	Crecimiento anual promedio en % 1990-2005	Kilogramos per cápita 2003-2005[a]	Crecimiento anual promedio en % 1990-2005	Crecimiento anual promedio per cápita, % 1990-2004	Importaciones netas de cereales US$ millones 2003-2005[a]	Importaciones agrícolas US$ millones 2003-2005[a]	Exportaciones agrícolas US$ millones 2003-2005[a]	% de exportaciones agrícolas del total de las exportaciones 2003-2005[a]
Letonia	476	0,5	2.436	3,1	32	−8,1	100	−3,5	−4,7	−1	681	342	8,2
Líbano	38	5,2	2.493	1,7	50	7,5	447	−2,1	−2,3	120	1.190	201	14,0
Lituania	806	1,5	3.083	4,1	60	−3,8	144	−0,2	−2,4	−72	1.042	1.087	11,4
Macedonia, FYR	295	−0,3	3.074	1,6	14	−2,4	447	0,8	−0,2	43	377	216	12,7
Madagascar	191	2,0	2.369	1,2	16	0,8	68	0,8	−1,9	90	182	387	74,0
Malasia	93	1,0	3.321	1,0	51	2,2	73	1,3	1,4	643	5.594	10.562	8,5
Malawi	141	2,6	1.149	1,8	5	2,5	90	3,3	3,7	41	167	413	85,0
Malí	245	3,2	979	1,4	20	3,5	72	2,6	−0,3	50	175	340	35,9
Marruecos	233	0,5	1.243	0,4	20	2,6	255	2,9	0,6	727	1.967	2.133	21,4
Mauritania	53	1,1	953	1,2	30	3,7	10	1,6	−0,6	41	112	84	25,6
México	299	1,4	[illegible]	1,1	52	3,6	253	3,7	1,1	2.158	13.251	8.400	4,4
Moldavia	620	0,5	2.592	−1,5	23	−6,6	380	−4,1	−2,4	0	[illegible]	274	32,4
Mongolia	50	−12,0	690	−2,8	73	−1,6	23	7,3	−0,7	48	120	91	10,8
Mozambique	99	10,5	925	7,7	5	1,1	23	−0,9	0,9	150	289	245	17,0
Namibia	54	2,7	441	2,0	..	..	20	7,0	−2,2	42	290	598	28,7
Nepal	288	2,7	2.286	1,8	10	2,4	97	4,0	0,8	12	343	139	21,2
Nicaragua	175	5,0	1.781	0,8	31	5,7	51	−1,7	3,3	65	289	567	77,4
Níger	246	3,3	409	2,1	7	−0,3	57	6,3	0,5	92	195	75	26,2
Nigeria	177	1,7	1.368	1,3	8	2,6	133	3,4	0,7	594	1.925	61	0,3
Noruega	298	−0,3	4.161	0,5	62	2,0	45	−1,3	−1,1	329	3.222	4.756	5,6
Nueva Zelanda	218	0,9	7.360	2,5	356	1,1	512	2,3	1,8	137	1.551	10.044	53,6
Omán	2	0,7	2.332	0,7	..	..	186	2,6	1,6	118	969	384	2,7
Países Bajos	111	2,3	8.308	0,8	188	−0,7	290	0,5	−1,5	872	25.562	43.339	15,5
Pakistán	203	2,8	2.456	2,4	13	2,0	68	2,5	0,9	−715	2.703	1.666	12,1
Panamá	114	0,3	1.851	0,1	54	4,0	284	−2,5	−1,5	77	462	739	83,6
Papúa Nueva Guinea	2	6,9	3.539	3,3	..	..	398	2,5	−0,1	84	199	324	17,1
Paraguay	300	4,9	2.236	0,9	65	−0,2	135	0,0	0,8	−66	200	1.233	81,2
Perú	139	6,8	3.426	2,5	37	5,3	210	6,1	4,1	415	1.321	2.461	19,3
Polonia	698	0,6	3.212	0,7	91	0,9	230	0,9	−0,4	−103	5.515	6.261	8,7
Portugal	106	−2,1	2.533	2,3	67	1,3	401	0,3	−0,2	717	6.415	1.859	5,3
Reino Unido	360	−0,1	7.085	0,8	56	−0,7	49	−2,6	−1,0	322	36.159	12.7	3,7
República Checa	725	1,0	4.716	1,4	83	−0,9	76	−3,1	−1,0	−95	3.460	2.212	3,4
República de África Central	49	6,5	1.046	1,5	32	4,0	77	1,5	1,6	9	24	1	1,6
República Dominicana	68	2,3	4.138	0,5	40	3,4	212	0,6	−1,7	156	640	289	35,5
República Eslovaca	611	26,7	4.099	3,8	72	−4,0	85	−4,9	..	−57	1.478	1	3,7
Ruanda	39	2,8	1.029	−1,3	6	4,0	319	0,1	−1,0	10	43	30	59,9
Rumania	872	0,3	3.288	0,8	46	−3,7	332	1,8	0,9	225	2.005	716	3,1
Senegal	115	1,6	1.089	1,6	11	2,0	65	6,4	−1,5	345	818	448	34,1
Serbia	1.030	0,4	4.194	2,4	102	−0,5	343	0,5	2,5	−100	767	814	19,7
Sierra Leona	58	−5,2	1.223	−0,1	..	..	79	1,4	−2,5	34	71	38	91,4
Singapur	..	..	..	..	..	..	5	9,3	−14,3	214	4.602	2.844	1,5
Siria, Rep. Árabe	307	2,6	1.786	4,2	23	5,3	236	2,6	1,3	185	1.163	967	16,5
Sri Lanka	155	1,5	3.438	1,3	7	5,2	72	0,5	−0,1	219	968	1.260	22,9
Sudáfrica	274	1,9	2.882	4,3	42	2,0	171	2,5	−0,2	235	2.278	3.198	8,1
Sudán	144	2,4	..	0,8	10	−0,5	92	3,4	1,9	288	635	469	13,8
Suecia	588	0,4	4.803	0,8	61	0,6	38	0,7	−0,2	−99	6.870	3.440	2,9
Suiza	135	−1,8	6.076	0,0	59	−0,7	109	−1,2	−1,0	243	5.912	2.707	2,3
Tailandia	527	3,0	3.044	2,4	31	1,8	178	1,5	0,9	−2.244	4.875	15.55	16,3
Tajikistán	136	10,7	2.24	6,8	..	..	155	1,1	−2,1	46	66	113	16,3
Tanzania	126	2,2	1.403	−0,1	10	1,9	69	0,4	−1,2	122	319	583	44,1
Togo	132	3,6	1.031	2,4	6	1,8	31	−1,0	−0,4	22	75	122	31,0
Túnez	222	−0,4	1.540	1,2	25	3,9	333	2,9	0,0	297	1.100	854	9,3
Turkmenistán	594	12,1	2.878	3,9	45	7,1	215	3,6	4,5	14	189	255	10,2
Turquía	465	0,7	2.397	0,7	22	2,2	516	2,2	−0,5	−105	4.615	6.197	10,1
Ucrania	688	−0,4	2.439	−1,1	35	−5,2	207	1,0	−2,0	−662	2.114	3.213	10,7
Uganda	87	3,0	1.559	0,6	9	1,9	384	1,4	−0,6	109	265	371	74,0
Uruguay	660	3,7	4.115	3,9	178	1,7	219	2,0	2,1	−220	332	1.674	58,9
Uzbekistán	237	8,6	3.627	7,4	23	1,6	206	1,0	−0,3	..	..	..	..
Venezuela, RB	132	3,8	3.310	1,8	52	4,6	147	1,6	0,7	407	1.800	208	0,5
Vietnam	475	5,0	4.641	3,1	32	7,0	162	5,6	3,8	−512	1.382	4.591	26,5
Yemen, Rep,	23	−2,6	740	−1,2	12	5,4	63	3,7	−0,2	347	1.045	194	4,5
Zambia	107	−0,6	1.732	1,3	..	..	32	0,0	−0,9	35	171	278	19,4
Zimbabue	85	−3,3	673	−3,7	16	3,4	30	1,5	0,0	217	426	813	42,2

a. Los datos se refieren al promedio del período presentado o a un período anterior, según la disponibilidad de los datos. b. Datos para Serbia y Montenegro.

Notas técnicas

Cuadro A1. Variables del sector agrícola y rural

La **población rural** se calcula como la diferencia entre la población total y la urbana. Se utiliza la definición específica de cada país de área urbana (Naciones Unidas, Urbanization Prospects y estimados del Banco Mundial).

El **empleo agrícola** se refiere al número de trabajadores en la agricultura, la mayoría de los cuales son autoempleados. Agricultura corresponde a la división 1 (revisión 2 de ISIC) o a las categorías de tabulación A y B (revisión 3 de ISIC) e incluye caza, silvicultura y pesca (Organización Internacional del Trabajo, Indicadores básicos de la base de datos del mercado laboral).

La **proporción de mujeres en la fuerza laboral agrícola** incluye las mujeres de 15 o más años de edad que cumplen con la definición de la OIT de población económicamente activa (empleados y desempleados) como porcentaje de la población económicamente activa total vinculada a, o que busca trabajo en, agricultura, caza, pesca o silvicultura (Organización de las Naciones Unidas para la Agricultura y la Alimentación y archivos de datos).

El **valor agregado agrícola corresponde** a la clasificación Internacional Standard Industrial Classification (ISIC), revisión 3, divisiones 1-5 e incluye silvicultura, caza y pesca como también cultivos y producción de ganado. El valor agregado es el producto neto de un sector después de haber agregado todos los productos y restado los insumos intermedios. Se calcula sin efectuar deducciones por depreciación de activos fijos o agotamiento y degradación de recursos naturales. Las tasas de crecimiento se calculan utilizando el método de cuadrados mínimos a partir de datos de precios constantes en la moneda local (datos de cuentas nacionales del Banco Mundial y archivos de datos de cuentas nacionales de la OCDE).

Cuadro A2. Variables de políticas agrícolas

El **gasto del gobierno en agricultura** incluye todos los pagos no reembolsables, sean corrientes o de capital, o si se obtuvo beneficio o servicio por los pagos. El gasto del gobierno en agricultura incluye: administración de procesos de conservación de tierras y servicios agrícolas; recuperación o expansión de tierras arables; construcción u operación de control de cauces; sistemas de irrigación y drenaje; investigación y desarrollo; administración de reforma agraria y colonización de tierras; administración de procesos y servicios diseñados para estabilizar o mejorar los precios de cultivos e ingresos de agricultores; recopilación de información pública y estadísticas; administración de procesos y servicios veterinarios; administración de procesos y servicios de silvicultura; gastos en forma de préstamos, transferencias y subsidios y todos los aspectos de la administración de bosques inclusive labores de operación, apoyo o reforestación, combate de incendios forestales y servicios de extensión a operadores de bosques; y administración de procesos y servicios de pesca y caza comercial y deportiva (*Government Finance Statistics Yearbook* del Fondo Monetario Internacional).

El **gasto público de I&D** en agricultura incluye los gastos del gobierno, entidades no lucrativas y universidades, sean financiados por fuentes fiscales o por contribuciones del sector privado y donaciones y préstamos internacionales. Se excluyen las actividades de I&D realizadas por entidades internacionales. Los datos de gastos de investigación incluyen todos los gastos (salarios, costos operativos y capital) en las siguientes áreas: cultivos, ganado, silvicultura, pesca, recursos naturales y uso de insumos agrícolas, como también los aspectos socioeconómicos de la producción agrícola primaria. También incluyen la investigación relacionada con el almacenaje y procesamiento de productos agrícolas en la granja. No incluyen las actividades de investigación para apoyo de las industrias agroquímica, maquinaria agrícola o de alimentos procesados, ni las actividades de investigación más básicas y orientadas a disciplinas realizadas por departamentos como los de microbiología y zoología. Sin embargo, no siempre han sido posibles los delineamientos estrictos Indicadores de ciencia y tecnología agrícola, Consultative Group on International Agricultural Research).

La **ayuda oficial para el desarrollo** (AOD) en agricultura comprende los flujos que cumplen con la definición de AOD del Development Assistance Comité (DAC) y se presta a países y territorios incluidos en la lista del DAC de receptores de ayuda. Los tres criterios son: 1) los aporta el sector público, 2) promueven el desarrollo económico y el bienestar como principal objetivo, y 3) se aportan en términos financieros concesionarios (si se trata de préstamo, tienen un elemento de subvención de por lo menos el 25%, calculado a la tasa de descuento del 10%). La AOD para agricultura incluye políticas del sector agrícola, desarrollo e insumos agrícolas, producción de cultivos y ganado y crédito, cooperativas e investigación agrícola.

La **tasa nominal de ayuda** (TNA) a los agricultores se define como el precio de su producto en el mercado interno (más cualquier subsidio directo en producto) menos su precio en la frontera, expresado como porcentaje del precio de frontera (con ajustes por costos de transporte y diferencias de calidad). Para capturar las distorsiones en los mercados de insumos en los países en los que son importantes, se ajusta la TNA (expresada como equivalente del precio del producto) para tener en cuenta subsidios directos de insumos y diferencias entre los precios internacionales de los insumos y los que pagan los agricultores por esos insumos. Si un país distorsiona su mercado de divisas, se realizan esfuerzos para tener en cuenta la diferencia entre la tasa de cambio utilizada por los importadores (asumida como la tasa de cambio paralela) y los exportadores (un promedio ponderado de las tasas paralela y oficial) y una tasa de cambio de equilibrio estimada (Vicepresidencia de Economía del Desarrollo del Banco Mundial y Anderson, de próxima publicación).

La **ayuda alimentaria en cereales** incluye tres categorías: 1) ayuda alimenticia de *emergencia* destinada a víctimas de desastres naturales o causados por el hombre; 2) ayuda alimentaria para *proyectos*, que apoya actividades de reducción de pobreza y prevención de desastres; y 3) ayuda alimentaria para *programas*, que se presta usualmente de gobierno a gobierno como transferencia de recursos para apoyo a la balanza de pagos o presupuestal. La prestación de ayuda alimentaria en cereales se refiere a las cantidades de cereales (expresadas en equivalentes de grano) que realmente recibe el país receptor (World Food Programme, 2007).

El **acceso de la población rural a vías durante todo el año** mide el número de pobladores rurales que viven en un radio de 2 km (equivalente típicamente a una marcha de 20 minutos) de una vía utilizable todo el año, como proporción de la población rural total. Una vía "de todo el año" es una vía transitable por vehículos de motor durante todo el año con los medios predominantes de transporte rural (con mucha frecuencia camionetas, o camiones sin tracción en las cuatro ruedas). Se aceptan interrupciones previsibles de corta duración durante inclemencias de tiempo (p. ej. lluvias intensas), en particular en vías de bajo volumen de tránsito (Banco Mundial).

El **acceso a la electricidad**, o tasa de electrificación, se define como el porcentaje de hogares rurales que cuenta con conexión eléctrica, lo cual es consistente con varias formulaciones de preguntas empleadas en las encuestas de hogares, como "¿cuenta su hogar con electricidad?", o "¿cuál es la principal fuente de alumbrado en su casa?" (Banco Mundial, con base en datos de varias encuestas de hogares, incluidas Demographic and Health Survey [DHS], Living Standards Measurement Study [LSMS] y otras).

Cuadro A3. Los insumos agrícolas y el medio ambiente

La **tierra cultivable permanente** incluye los terrenos cultivables definidos por la FAO como tierra bajo cultivos temporales (las áreas de doble cosecha se cuentan sólo una vez), los prados temporales para siega o pastaje, terrenos bajo jardines de mercado o cocina (Ander market or kitchen gardens) y tierra temporalmente sin cultivar. Se excluyen los terrenos abandonados como resultado de cambios de cultivos. La tierra cultivable permanente es la cultivada con cosechas que la ocupan durante períodos largos y no requiere ser replantada después de cada cosecha, como la de cacao, café y caucho. Esta categoría incluye las tierras bajo arbustos florales, árboles frutales y de nueces y viñedos, pero excluye la utilizada para árboles maderables (Organización de las Naciones Unidas para la Agricultura y la Alimentación y archivos de datos).

El **índice de Gini de tierra** mide el grado de desviación de la distribución de la tierra en las áreas rurales entre individuos u hogares, de una distribución perfectamente igual. Un índice de Gini de la tierra de 0 representa la equidad perfecta, mientras un índice de 1,0 implica desigualdad perfecta.

La FAO calculó índices de Gini para la ronda de censos agrícolas de 1990 (http://www.fao.org/ES/ess/census/gini/table1.asp) y para la de 2000 se calcularon Ginis a partir de tabulaciones de distribución de tierra en tamaños de clases 7 a 19 (http://www.fao.org/ES/ess/census/wcares/default.asp). Para Camboya, China y Vietnam, se calculó el índice de Gini a partir de fuentes nacionales de datos.

El **área irrigada** se refiere a áreas provistas de agua a propósito, incluida la tierra irrigada por inundaciones controladas (Organización de las Naciones Unidas para la Agricultura y la Alimentación, Production Yearbook y archivos de datos).

El **consumo de fertilizantes** mide la cantidad de nutrientes de plantas utilizada por unidad de tierra cultivable permanente. Los fertilizantes cubren nitrógeno, potasa y fosfatos fertilizantes (incluido el fosfato de roca de tierra). No se incluyen los nutrientes tradicionales (abonos de animales y plantas). La referencia de tiempo para el consumo de fertilizantes es el año de cosecha (de julio a junio) (Organización de las Naciones Unidas para la Agricultura y la Alimentación y archivos de datos).

El uso de **pesticidas** se refiere a insecticidas, fungicidas, herbicidas, desinfectantes y cualquier sustancia que se utilice para prevenir, destruir, atraer, repeler o controlar cualquier plaga, incluidas especies no deseadas de plantas o animales durante la producción, almacenaje, transporte, distribución y procesamiento de alimentos, bienes agrícolas o alimentos para animales, que puedan administrarse a animales para el control de ectoparásitos (Organización de las Naciones Unidas para la Agricultura y la Alimentación, *Summary of World Food and Agricultura Statistics*).

Recursos renovables internos de agua fresca per cápita se refiere a los recursos renovables internos (cauces de ríos internos y agua subterránea proveniente de lluvias) del país. Se calculan utilizando los estimados de población del Banco Mundial (World Resources Institute, complementado con los datos Aquastat de la FAO).

Evacuación anual de agua fresca para la agricultura (porcentaje de la evacuación total de agua) se refiere a la evacuación total de agua, sin contar las pérdidas por evaporación de cuencas de almacenaje. La evacuación también incluye agua de plantas de desalinización en los países donde representan una fuente significativa y puede sobrepasar el 100% de los recursos renovables totales donde la extracción de acuíferos no renovables o de plantas de desalinización es considerable, o donde existe una reutilización significativa del agua. La evacuación para agricultura es la evacuación total para irrigación y producción de ganado. Los datos se refieren al año más reciente disponible entre 1987 y 2002 (World Resources Institute, complementado con los datos Aquastat de la FAO).

Deforestación anual promedio se refiere a la conversión permanente del área de bosques naturales a otros usos, inclusive cambio de cultivos, agricultura permanente, trabajo de hacienda (*ranching*), colonizaciones y desarrollo de infraestructura. Las áreas deforestadas no incluyen las aserradas (desmontadas) pero con intención de regeneración ni las degradadas por la acumulación de combustible vegetal, precipitación ácida o incendios forestales. Cantidades negativas indican un aumento en el área de bosques (Organización de las Naciones Unidas para la Agricultura y la Alimentación, Global Forest Resources Assesment).

Cuadro A4. Producto y comercio agrícolas

Producción de cereales per cápita se refiere a cultivos sólo los de grano seco. Los cereales representan la suma de la producción de trigo, arroz, maíz, cebada, avena, centeno, millo, sorgo, trigo negro y granos mixtos. Se excluyen las cosechas de cereales para heno o forraje para alimento o ensilaje y los utilizados para apacentamiento. (Organización de las Naciones Unidas para la Agricultura y la Alimentación y archivos de datos).

Producción de carne es la suma de la carne de animales sacrificados en los países, sin importar su origen, y comprende la carne bovina, de cerdo, cordero y chivo, equina, de pollo, pavo, pato, ganso o gallina de Guinea, conejo y otras (inclusive de camello y animales de caza) (Organización de las Naciones Unidas para la Agricultura y la Alimentación y archivos de datos).

Frutas y vegetales representa la suma de la producción de los cultivos vegetales individuales y de frutas y bayas principalmente para el consumo humano. Los vegetales son cultivos temporales principalmente para el consumo humano tanto de campo como de jardín, a campo abierto y bajo protección. Se excluyen los vegetales cultivados principalmente para alimentación animal o los que se cultivan por su semilla. La mayor parte de los cultivos de frutas son permanentes: principalmente árboles, arbustos y matas, pero también se incluyen los viñedos y las palmas. Los datos de producción de los cultivos de frutas se relacionan a las frutas realmente cosechadas (Organización de las Naciones Unidas para la Agricultura y la Alimentación y archivos de datos).

La producción per cápita de alimentos cubre los cultivos de alimentos considerados comestibles y que contienen nutrientes. Para construir el índice, se ponderan con los precios internacionales las cantidades producidas de cada bien. Con este método se asigna un sólo precio a cada producto de tal modo que, por ejemplo, una tonelada métrica de trigo tiene el mismo precio, sin importar dónde se produce. Se excluyen el café y el té porque, aunque se trata de comestibles, no tienen valor nutritivo (Organización de las Naciones Unidas para la Agricultura y la Alimentación y archivos de datos).

Las **importaciones netas de cereales,** que se presentan en dólares de EUA, son las importaciones menos las exportaciones. Los cereales incluyen trigo, arroz, maíz, cebada, avena, centeno, millo, sorgo, trigo negro y granos mixtos (estimados del Banco Mundial de la base de datos Comtrade mantenida por la United Nations Statistics Division).

Las **exportaciones e importaciones agrícolas,** presentadas en dólares de EUA están definidas en el código de la Standard International Trade Classification (SITC), revisión 1, como sigue: SITC 0 (alientos y animales vivos), SITC 1 (sólo la división 121), SITC 2 (divisiones 211, 212, 222, 223, 231, 263, 264, 265, 268, 291, 292) y todas las divisiones de SITC 4. El valor de las importaciones se registra generalmente como el costo de los bienes para el importador más el costo de transporte y seguro hasta la frontera del país importador, es decir el valor de costos, seguro y fletes (CIF). El valor de las exportaciones se registra como el costo de los bienes puestos en la frontera del país exportador para su embarque, es decir el valor "libre a bordo" (FOB) (estimados del Banco Mundial de la base de datos Comtrade mantenida por la United Nations Statistics Division).

Indicadores del desarrollo mundial seleccionados

En la edición del presente año de los indicadores seleccionados del desarrollo mundial se presentan los datos sobre el desarrollo en seis cuadros que contienen datos socioeconómicos comparativos de más de 130 economías para el año más reciente con datos disponibles y, en relación con algunos indicadores, para un año anterior. En un cuadro adicional, se presentan indicadores básicos de 75 economías con datos escasos o con población inferior a 2 millones de habitantes.

Los indicadores aquí presentados se han seleccionado de entre más de 800 que se encuentran en *World Development Indicators 2007* (*Indicadores de Desarrollo Mundial 2007*), publicación anual que refleja una visión integral del proceso de desarrollo. En su capítulo inicial informa sobre los Objetivos de Desarrollo del Milenio, que surgieron de acuerdos y resoluciones de conferencias mundiales realizadas en los años noventa y fueron reconocidos de manera formal por la Asamblea General de las Naciones Unidas tras haber los Estados miembro adoptado en forma unánime la Millenium Declaration (Declaración del Milenio) en la Millenium Summit (Cumbre del Milenio) en septiembre de 2000. En septiembre de 2005, en la Cumbre Mundial de las Naciones Unidas se reafirmaron los principios de la Declaración de 2000 y se reconoció la necesidad de ambiciosas estrategias nacionales de desarrollo respaldadas por mayor soporte internacional. En las otras cinco secciones principales se reconocen los aportes de una amplia gama de factores, a saber: desarrollo de capital humano, sostenibilidad ambiental, desempeño macroeconómico, desarrollo del sector privado y clima de inversiones, y los vínculos globales que influyen en el ambiente externo para el desarrollo. La publicación de los indicadores se complementa con una base de datos publicada por separado que ofrece acceso a más de 1.000 cuadros de datos y 800 indicadores de series de tiempo de 222 economías y regiones, la cual se encuentra disponible mediante suscripción electrónica (WDI *Online*) o en CD-ROM.

Fuentes de datos y metodología

Los datos socioeconómicos y ambientales aquí presentados se han obtenido de varias fuentes, como sigue: datos primarios recopilados por el Banco Mundial, publicaciones estadísticas de los países miembros, institutos de investigación y organizaciones internacionales como las Naciones Unidas y sus organismos especializados, el Fondo Monetario Internacional (FMI) y la Organización para la Cooperación y el Desarrollo Económicos (OCDE) (*ver* en las *Fuentes de datos* después de las *Notas técnicas* una lista completa). Aunque los estándares internacionales de cobertura, definición y clasificación se aplican a la mayoría de las estadísticas recibidas de los países y agencias internacionales, existen inevitablemente diferencias con respecto a la actualidad y confiabilidad debidas a las capacidades y recursos dedicados a la recolección de los datos básicos y a su compilación. Sobre algunos temas, las fuentes de datos competitivas demandan revisión del personal del Banco Mundial con el fin de garantizar que se presenten los datos más confiables disponibles. En algunos casos se ha estimado que los datos disponibles son demasiado deficientes para proporcionar medidas confiables de niveles o tendencias, o que no se apegan en forma adecuada a los estándares internacionales y en consecuencia se optó por no presentarlos.

Los datos presentados son en general coherentes con los de los *World Development Indicators 2007*. Sin embargo, se han revisado y actualizado cuando quiera que se ha logrado obtener información más reciente y las diferencias pueden también reflejar revisiones a series históricas y a cambios metodológicos. Es así posible que puedan publicarse en distintas ediciones de las publicaciones del Banco Mundial datos de distintos períodos y se aconseja a los lectores no compilar series de datos de diferentes publicaciones o de distintas ediciones de la misma publicación. En el CD-ROM *World Development Indicators 2007* y en WDI *Online* están disponibles datos de series de tiempo consistentes.

Todas las cifras en dólares se refieren a dólares corrientes de EE. UU. a menos que se indique otra cosa, y los distintos métodos utilizados para conversiones de cantidades de monedas nacionales se describen en las *Notas técnicas*.

Dado que el principal negocio del Banco Mundial es ofrecer préstamos y asesoría en políticas a sus países miembros de bajos y medianos ingresos, los temas cubiertos en estos cuadros se concentran principalmente en esas economías, aunque también se proporciona información sobre las economías de altos ingresos cuando ha estado disponible. Los lectores pueden referirse a publicaciones estadísticas nacionales y a las de la OCDE y la Unión Europea para mayor información sobre las economías de altos ingresos.

Clasificación de economías y medidas de resumen

Las medidas de resumen que se presentan al final de cada cuadro se refieren a economías clasificadas por ingreso per cápita y por región. Se utiliza el INB per cápita en la determinación de las siguientes clasificaciones de ingreso: bajos ingresos, US$ 905 o menos en 2005.. medianos ingresos, de US$ 906 a US$ 11.115, y altos ingresos, US$ 11.116 y más. Se efectúa una división adicional en el INB per cápita de US$ 3.595 entre economías de ingresos medianos-bajos y de ingresos medianos-altos. La clasificación de economías basada en el ingreso per cápita se efectúa anualmente, de modo que la composición por países por grupos de ingreso puede variar cada año. Cuando estos cambios en la clasificación se efectúan con base en los estimados más recientes, se recalculan los agregados basados en las nuevas clasificaciones de ingresos para todos los períodos anteriores con el fin de asegurar que se mantenga consistente la serie de tiempo. *Véase* en el cuadro sobre la clasificación de economías al final del presente volumen la lista de economías correspondiente a cada grupo (incluidas las de población inferior a 2 millones de habitantes).

Las medidas de resumen pueden ser cifras totales (indicadas con *t* si se incluyen en los agregados estimados de datos faltantes y países no informantes, o con *s* para sumas simples de los datos disponibles), promedios ponderados (*w*) o valores de mediana (*m*) calculados para grupos de economías. Se han incluido en las medidas de resumen los datos de los países excluidos de los cuadros principales (los presentados en el cuadro 5), cuando han estado disponibles, o suponiendo que siguen la tendencia de los países informantes, lo que ofrece una medida agregada más coherente con lo que se estandariza la cobertura de países para cada período presentado. Sin embargo, cuando la información faltante es de un tercio o más del estimado general, se informa como no disponible la medida para el grupo. En la sección de *Métodos estadísticos* en las *Notas técnicas* se suministra información adicional sobre métodos de agregación y en las notas técnicas de cada cuadro se presentan las ponderaciones utilizadas en la construcción de los agregados.

Terminología y cobertura de países

La utilización del término *país* no implica independencia política sino que se refiere a cualquier territorio cuyas autoridades suministraron estadísticas sociales o económicas por separado. Se presentan datos para las economías según estaban constituidas en 2004, se revisaron los datos históricos con el fin de reflejar acuerdos políticos vigentes y se anotan las excepciones del caso en cada cuadro. A menos que se indique otra cosa, los datos de China no incluyen los de Hong Kong, China.. Macao, China o Taiwán, China. Los de Indonesia incluyen a Timor oriental hasta 1999 a menos que se indique otra cosa. Montenegro declaró su independencia de Serbia el 3 de junio de 2006, de manera que en esta edición se relacionan los datos para Serbia y se anotan las excepciones. Los datos desde 1999 en adelante para Serbia de la mayor parte de los indicadores excluyen los datos de Kosovo, un territorio dentro de Serbia en la actualidad bajo administración internacional conforme a la Resolución 1244 (1999) del Consejo de Seguridad de la ONU.. las excepciones se han anotado.

Notas técnicas

Dado que con frecuencia son problemáticas la calidad de los datos y las comparaciones entre países, se estimula a los lectores a que consulten las *Notas técnicas*, el cuadro sobre clasificación de economías por regiones e ingresos y las notas al pie de los cuadros. Si se desea información más completa, consúltense los *World Development Indicators 2007*.

Los lectores pueden hallar más información en los WDI *2007* y pueden hacer su pedido en línea, por teléfono, o vía fax como sigue:

Para mayor información y efectuar pedidos en línea:
http://www.worldbank.org/data/wdi2006/index.htm.

Para pedidos por teléfono o fax: 1-800-645-7247 o 1-703-661-1580.. fax 1-703-661-1501.

Para pedidos por correo, escribir a:
The World Bank
P.O.Box 960
Herndon, VA. 20172-0960
U.S.A.

Símbolos

..
significa que los datos no estuvieron disponibles o que no fue posible calcular totales por falta de datos en el año en cuestión.

0 o 0,0
significa cero o menos de la mitad de la unidad presentada.

Clasificación de las economías por regiones e ingresos. Año fiscal 2008

Asia oriental y el Pacífico

Samoa estadounidense	IMA
Camboya	IB
China	IMB
Islas Fidji	IMB
Indonesia	IMB
Kiribati	IMB
Corea Rep. Dem.	IB
RDP Laos	IB
Malasia	IMA
Islas Marshall	IMB
Micronesia, Est. Fed.	IMB
Mongolia	IB
Myanmar	IB
Islas Marianas Grupo Norte	IMA
Palau	IMA
Papúa Nueva Guinea	IB
Filipinas	IMB
Samoa	IMB
Islas Salomón	IB
Tailandia	IMB
Timor-oriental	IB
Tonga	IMB
Vanuatu	IMB
Vietnam	IB

Europa y Asia central

Albania	IMB
Armenia	IMB
Azerbaiyán	IMB
Bielorrusia	IMB
Bosnia y Herzegovina	IMB
Bulgaria	IMA
Croacia	IMA
Georgia	IMB
Hungría	IMA
Kasajstán	IMA
Kirguizistán	IB
Letonia	IMA
Lituania	IMA
Macedonia FYR	IMB
Moldavia	IMB
Montenegro	IMA
Polonia	IMA
Rumania	IMA
Federación Rusa	IMA
Serbia	IMA
República Eslovaca	IMA
Tayikistán	IB
Turquía	IMA
Turkmenistán	IMB
Ucrania	IMB
Uzbekistán	IB

América Latina y el Caribe

Argentina	IMA
Belice	IMA
Bolivia	IMB
Brasil	IMA
Chile	IMA
Colombia	IMB
Costa Rica	IMA
Cuba	IMB
Dominica	IMA
República Dominicana	IMB
Ecuador	IMB
El Salvador	IMB
Granada	IMA
Guatemala	IMB
Guyana	IMB
Haití	IB
Honduras	IMB
Jamaica	IMB
México	IMA
Nicaragua	IMB
Panamá	IMA
Paraguay	IMB
Perú	IMB
Saint Kitts y Nevis	IMA
Santa Lucía	IMA
San Vicente y Granadinas	IMA
Surinam	IMB
Uruguay	IMA
Venezuela, RB de	IMA

Medio Oriente y África septentrional

Argelia	IMB
Djibuti	IMB
Egipto, Rep. Árabe de	IMB
Irán, Rep. Islámica de	IMB
Iraq	IMB
Jordania	IMB
Líbano	IMA
Libia	IMA
Marruecos	IMB
Omán	IMA
Siria, Rep. Árabe de	IMB
Túnez	IMB
Banca Occidental y Franja de Gaza	IMB
Yemen, Rep. del	IB

Asia meridional

Afganistán	IB
Bangladesh	IB
Bután	IMB
India	IB
Islas Maldivas	IMB
Nepal	IB
Paquistán	IB
Sri Lanka	IMB

África subsahariana

Angola	IMB
Benin	IB
Botsuana	IMA
Burkina Faso	IMB
Burundi	IB
Camerún	IMB
Islas de Cabo Verde	IMB
República del África Central	IB
Chad	IB
Islas Comoros	IB
Congo, Rep. Dem. del	IB
Congo, Rep. del	IMB
Costa de Marfil	IB
Guinea Ecuatorial	IMA
Eritrea	IB
Etiopía	IB
Gabón	IMA
Gambia	IB
Ghana	IB
Guinea	IB
Guinea-Bissau	IB
Kenya	IB
Lesoto	IMB
Liberia	IB
Madagascar	IB
Malawi	IB
Malí	IB
Mauritania	IB
Islas Mauricio	IMA
Mayotte	IMA
Mozambique	IB
Namibia	IMB
Níger	IB
Nigeria	IB
Ruanda	IB
Santo Tomás y Príncipe	IB
Senegal	IB
Islas Sychelles	IMA
Sierra Leona	IB
Somalia	IB
Sudáfrica	IMA
Sudán	IB
Suazilandia	IMB
Tanzania	IB
Togo	IB
Uganda	IB
Zambia	IB
Zimbabue	IB

Altos ingresos OCDE

Australia
Austria
Bélgica
Canadá
República Checa
Dinamarca
Finlandia
Francia
Alemania
Grecia
Islandia
Irlanda
Italia
Japón
Corea, Rep. de
Luxemburgo
Países Bajos
Nueva Zelanda
Noruega
Portugal
España
Suecia
Suiza
Reino Unido
Estados Unidos

Otros de altos ingresos

Andorra
Antigua y Barbuda
Aruba
Islas Bahamas
Bahrein
Barbados
Bermuda
Borneo Darussalam
Islas Caimán
Islas Anglonormandas
Chipre
Estonia
Islas Feroe
Polinesia Francesa
Groenlandia
Guam
Hong Kong, China
Isla de Man
Israel
Kuwait
Liechtenstein
Macao, China
Malta
Mónaco
Antillas Holandesas
Nueva Caledonia
Puerto Rico
Qatar
San Marino
Arabia Saudita
Singapur
Eslovenia
Taiwán, China
Trinidad y Tobago
Emiratos Árabes Unidos
Islas Vírgenes (EE. UU.)

Fuente: Datos del Banco Mundial.
Nota: En el presente cuadro se clasifican las economías miembros del Banco Mundial y todas las demás con población mayor a 30.000 habitantes. Las economías se dividen según grupo de ingresos de acuerdo con el INB per cápita de 2006, calculado según el método del Atlas del Banco Mundial. Los grupos son: economías de ingresos bajos (IB): hasta US$905; de ingresos medianos bajos (IMB): US$906-US$3.595; de ingresos medianos altos (IMA): US$3.596-US$11.115 y de ingresos altos (IA):US$11.116 o más.

Cuadro 1. Indicadores básicos del desarrollo

	Población			Composición de la edad de la población	Ingreso nacional bruto (INB)[a]		Ingreso nacional bruto PPP (INB)[b]			Expectativa de vida al nacer			
	Millones en 2006	Crecimiento promedio anual % 2000-06	Densidad personas/ km^2 2006	% de 0 a 14 años 2006	US$ millardos 2006	US$ per cápita 2006	US$ millardos 2006	US$ per cápita 2006	% de crecimiento (PIB) per cápita 2005-06	Hombres años 2005	Mujeres años 2005	Índice de alfabetización % 15 años y más 2000-05	Emisiones de dióxido de carbono per cápita, toneladas métricas 2003
Albania	3	0,4	115	26	9,3	2.960	18	5.840	4,7	73	79	99	1,0
Alemania	82	0,0	236	14	3.018,0	36.620	2.623	31.830	2,9	76	82	..	9,8
Angola	16	2,8	13	46	32,4	1.980	39[d]	2.360[d]	11,4	40	43	67	0,6
Arabia Saudita	24	2,3	12	37	289,2	12.510	384[d]	16.620[d]	3,8	71	75	83	13,7
Argelia	33	1,5	14	29	101,2	3.030	230[d]	6.900[d]	1,5	70	73	70	5,1
Argentina	39	1,0	14	26	201,4	5.150	602	15.390	7,4	71	79	97	3,4
Armenia	3	–0,4	107	20	5,8	1.930	18	5.890	13,7	70	76	99	1,1
Australia	21	1,2	3	19	738,5	35.990	699	34.060	1,4	78	83	..	17,8
Austria	8	0,5	100	15	326,2	39.590	289	35.130	3,0	77	82	..	8,7
Azerbaiyán	8	0,9	103	25	15,7	1.850	51	5.960	33,1	70	75	..	3,5
Banca Occ, y Franja de Gaza	4	3,9	621	45	4,5	1.230	..	..	-1,7	71	76	92	..
Bangladesh	144	1,9	1.109	35	69,9	480	338	2.340	4,9	63	65	47	0,3
Bélgica	10	0,4	347	17	404,7	38.600	368	35.090	3,1	77	82	..	9,9
Benin	9	3,1	79	44	4,7	540	10	1.160	1,1	54	56	35	0,3
Bielorrusia	10	–0,5	47	15	32,8	3.380	86	8.810	10,8	63	74	..	6,3
Bolivia	9	1,9	9	38	10,3	1.10	27	2.890	2,8	63	67	87	0,9
Bosnia	4	0,3	76	16	11,7	2.980	..	..	5,7	72	77	97	4,9
Brasil	189	1,4	22	28	892,8	4.730	1.661	8.800	2,4	67	75	89	1,6
Bulgaria	8	–0,8	71	14	30,7	3.990	78	10.140	6,7	69	76	98	5,6
Burkina Faso	14	3,1	50	47	6,3	460	18[d]	1.330[d]	2,9	48	49	24	0,1
Burundi	8	3,1	305	45	0,8	100	6[d]	710[d]	1,3	44	46	59	0,0
Camboya	14	2,0	81	37	6,9	480	42[d]	2.920[d]	8,4	54	61	74	0,0
Camerún	17	1,9	36	41	18,1	1.080	40	2.370	1,6	46	47	68	0,2
Canadá	33	0,9	4	17	1.177,4	36.170	1.127	34.610	2,0	78	83	.	17,9
Chad	10	3,3	8	47	4,8	480	12[d]	1.230[d]	–1,1	43	45	26	0,0
Chile	16	1,1	22	24	114,9	6.980	185	11.270	3,0	75	81	96	3,7
China	1.312	0,6	141	21	2.641,6	2.010	10.153[e]	7.740[e]	10,1	70	74	91	3,2
Colombia	46	1,5	41	31	125,0	2.740	347[d]	7.620[d]	5,4	70	76	93	1,3
Congo, Rep,	4	3,0	12	47	3,8	950	4	940	3,7	52	54	85	0,4
Congo, Rep. Dem.	59	2,8	26	47	7,7	130	43[d]	720[d]	1,9	43	45	67	0,0
Corea, Rep. de	48	0,5	490	18	856,6	17.690	1.152	23.800	4,7	74	81	..	9,5
Costa de Marfil	18	1,6	58	42	16,0	870	29	1.550	2,3	45	47	49	0,3
Costa Rica	4	1,8	86	28	21,8	4.980	47[d]	10.770[d]	6,4	77	81	95	1,5
Croacia	4	–0,2	79	15	41,4	9.330	61	13.680	4,7	72	79	98	5,4
Dinamarca	5	0,3	128	19	280,7	51.700	198	36.460	3,0	76	80	..	10,1
Ecuador	13	1,4	48	32	38,1	2.840	59	4.400	3,1	72	78	91	1,8
Egipto, Rep. Árabe de	75	1,9	76	33	101,7	1.350	354	4.690	4,9	68	73	71	2,0
El Salvador	7	1,8	337	34	17,8	2.540	37[d]	5.340[d]	2,2	68	74	81	1,0
Eritrea	5	4,1	45	45	0,9	200	5[d]	1.090[d]	–4,0	53	57	..	0,2
Eslovenia	2	0,1	99	14	37,7	18.890	48	23.970	5,4	74	81	100	7,7
España	44	1,3	87	14	1.200,7	27.570	1.221	28.030	3,6	77	84	..	7,4
Estados Unidos	299	1,0	33	21	13.446,0	44.970	13.233	44.260	2,4	75	81	..	19,9
Etiopía	73	2,0	73	44	12,9	180	87[d]	1.190[d]	6,8	42	43	36	0,1
Federación Rusa	142	–0,5	9	15	822,4	5.780	1.656	11.630	7,3	59	72	99	10,3
Filipinas	85	1,8	284	35	120,2	1.420	506	5.980	3,5	69	73	93	1,0
Finlandia	5	0,3	17	17	213,6	40.650	185	35.150	5,3	76	82	..	13,0
Francia	61	0,6	111	18	2.297,8	36.550f	2.059	33.740	1,7	77	84	..	6,2
Georgia	4	–1,0	64	18	6,9	1.560	16	3.690	10,3	68	75	..	0,8
Ghana	23	2,1	99	39	11,8	520	59[d]	2.640[d]	4,2	57	58	58	0,4
Grecia	11	0,3	86	14	241,0	21.690	273	24.560	4,2	77	82	96	8,7
Guatemala	13	2,4	119	43	34,1	2.640	62[d]	4.800[d]	2,1	64	72	69	0,9
Guinea	9	1,9	37	44	3,7	410	22	2.410	0,8	54	54	29	0,2
Haití	9	1,4	314	37	4,1	480	13[d]	1.490[d]	0,9	52	53	..	0,2
Honduras	7	2,3	66	39	8,8	1.2	26[d]	3.540[d]	3,9	67	71	80	0,9
Hong Kong, China	7	0,8	6.728	14	199,5	28.460	268	38.200	5,9	79	85	..	5,6
Hungría	10	–0,3	112	15	110,1	10.950	184	18.290	4,2	69	77	..	5,8
India	1.110	1,5	373	32	906,5	820	4.217[d]	3.800[d]	7,7	63	64	61	1,2
Indonesia	223	1,3	123	28	315,8	1.420	881	3.950	4,3	66	70	90	1,4
Irán, Rep. Islámica de	69	1,4	42	28	207,6	3	587	8.490	4,4	70	73	82	5,7
Irlanda	4	1,7	61	20	191,9	45.580	151	35.900	4,7	77	82	..	10,4
Israel	7	1,9	325	28	128,7	18.580	176	25.480	3,4	78	82	..	10,2
Italia	59	0,5	199	14	1.875,6	32.020	1.789	30.550	2,0	78	83	98	7,7
Jamaica	3	0,5	246	31	9,3	3.480	11	4.030	2,3	69	73	..	4,1
Japón	128	0,1	350	14	4.900,0	38.410	4.229	33.150	2,4	79	86	..	9,6
Jordania	6	2,4	63	37	14,7	2.660	35	6.210	4,0	71	74	91	3,3
Kazajstán	15	0,5	6	23	58,0	3.790	119	7.780	9,4	61	72	..	10,7
Kenya	35	2,3	62	43	20,5	580	46	1.300	3,1	50	48	74	0,3
Kuwait	3	2,9	148	24	77,7	30.630	74[d]	29.200[d]	5,3	75	80	93	32,7
Kirguiztán	5	0,9	27	31	2,6	490	10	1.990	1,6	65	72	..	1,1
Laos PDR	6	1,6	25	40	2,9	500	12	2.050	5,8	62	65	69	0,2
Letonia	2	–0,6	37	14	18,5	8.100	35	15.350	12,6	66	77	100	2,9
Líbano	4	1,2	396	28	22,2	5.490	22	5.460	–1,1	70	75	..	4,8
Lituania	3	–0,5	54	16	26,7	7.870	51	14.930	8,1	65	77	100	3,7
Macedonia, FYR,	2	0,2	80	19	6,2	3.060	16	7.610	2,9	71	76	96	5,2
Madagascar	19	2,7	33	44	5,3	280	18	960	2,3	55	57	71	0,1
Malasia	26	1,9	78	32	141,4	5.490	291	11.300	4,2	71	76	89	6,4

(Continúa)

Cuadro 1. Indicadores básicos del desarrollo (*Continuación*)

	Población			Composición de la edad de la población	Ingreso nacional bruto (INB)[a]		Ingreso nacional bruto PPP (INB)[b]			Expectativa de vida al nacer		Índice	Emisiones de dióxido
	Millones en 2006	Crecimiento promedio anual % 2000-06	Densidad personas/km^2 2006	% de 0 a 14 años 2006	US$ millardos 2006	US$ per cápita 2006	US$ millardos 2006	US$ per cápita 2006	% de crecimiento (PIB) per cápita 2005-06	Hombres años 2005	Mujeres años 2005	de alfabetización % 15 años y más 2000-05	de carbono per cápita, toneladas métricas 2003
Malawi	13	2,2	140	47	2,3	170	9	720	6,2	41	40	..	0,1
Malí	14	3,0	11	48	6,1	440	16	1.130	2,5	48	49	24	0,0
Marruecos	30	1,1	68	31	58,0	1.900	152	5	6,0	68	73	52	1,3
Mauritania	3	2,9	3	43	2,3	740	8 [d]	2.600 [d]	8,7	52	55	51	0,9
México	104	1,0	55	30	820,3	7.870	1.189	11.41	3,6	73	78	92	4,1
Moldavia	4	–1,3	117	18	3,7	1.100g	11	2.880	5,2	65	72	99	1,8
Mongolia	3	1,2	2	30	2,3	880	6	2.280	7,1	65	68	98	3,2
Mozambique	20	2,0	26	44	6,9	340	25 [d]	1.220 [d]	6,6	41	42	..	0,1
Namibia	2	1,3	2	41	6,6	3.230	17 [d]	8.110 [d]	3,6	47	47	85	1,2
Nepal	28	2,1	193	39	8,1	290	45	1.630	–0,1	62	63	49	0,1
Nicaragua	5	1,1	43	38	5,2	1	21 [d]	4.010 [d]	1,7	68	73	77	0,8
Níger	14	3,4	11	49	3,7	260	12d	830d	0,1	45	46	29	0,1
Nigeria	145	2,5	159	44	92,4	640	152	1.050	3,4	46	47	69	0,4
Noruega	5	0,6	15	19	308,9	66.530	203	43.820	2,5	78	83	..	9,9
Nueva Zelanda	4	1,1	15	21	112,4	27.250	112	27.220	1,1	78	82	..	8,7
Omán	3	1,2	8	31	23,0	9.070	37	14.570	2,2	73	76	81	12,8
Países Bajos	16	0,5	483	18	698,5	42.670	615	37.580	2,0	77	82	..	8,7
Pakistán	159	2,4	206	38	122,3	770	398	2.500	4,1	64	65	50	0,8
Panamá	3	1,8	44	30	16,1	4.890	25	7,680	6,4	73	78	92	1,9
Papúa Nueva Guinea	6	2,1	13	40	4,6	770	14 [d]	2.410 [d]	1,8	56	57	57	0,4
Paraguay	6	2,0	15	37	8,4	1.400	31 [d]	5.070 [d]	1,9	69	74	93	0,7
Perú	28	1,5	22	32	82,7	2.920	172	6.080	6,5	68	73	88	1,0
Polonia	38	–0,1	124	16	312,2	8.190	565	14.830	5,9	71	79	..	8,0
Portugal	11	0,6	116	16	191,6	18.100	229	21.580	0,9	75	81	94	5,5
Reino Unido	60	0,2	249	18	2.425,2	40.180	2.148	35.580	2,6	77	81	..	9,4
República Checa	10	–0,1	132	14	129,5	12.680	219	21.470	6,2	73	79	..	11,4
República del África Central	4	1,3	7	43	1,5	360	5 [d]	1.280 [d]	2,1	39	40	49	0,1
República Dominicana	10	1,6	199	32	27,4	2.850	80	8.290	9,0	69	75	87	2,3
República Eslovaca	5	0,0	112	16	53,2	9.870	95	17.600	8,3	70	78	..	7,0
Ruanda	9	2,4	375	43	2,3	250	12 [d]	1.270 [d]	3,0	43	46	65	0,1
Rumania	22	–0,7	94	15	104,4	4.850	212	9.820	8,2	68	75	97	4,2
Senegal	12	2,4	62	42	8,9	750	22	1.840	1,0	55	58	39	0,4
Serbia	7	–0,2	84	..	29,0	3.910 [h]	..	..	6,0	70 [k]	76 [k]	96 [k]	..
Sierra Leona	6	3,7	79	43	1,4	240	5	850	4,9	40	43	35	0,1
Singapur	4	1,5	6.376	19	128,8	29.320	139	31.710	6,6	78	82	93	11,4
Siria, Rep, Árabe de	19	2,5	106	36	30,7	1.570	77	3.930	2,6	72	76	81	2,7
Sri Lanka	20	0,4	306	24	25,7	1.300	99	5.010	6,6	72	77	91	0,5
Sudáfrica	47	1,2	39	32	255,3	5.390	555 [d]	11.710 [d]	3,9	47	49	..	7,9
Sudán	37	2,0	16	39	29,9	810	80 [d]	2.160 [d]	10,7	55	58	61	0,3
Suecia	9	0,3	22	17	394,2	43.580	317	35.070	4,2	78	83	..	5,9
Suiza	7	0,6	186	16	425,9	57.230	305	40.930	2,6	79	84	..	5,5
Tailandia	65	0,9	127	23	193,7	2.990	592	9.140	4,2	68	74	93	3,9
Tanzania	39	2,6	45	42	13,4	350i	29	740	3,3	46	47	69	0,1
Tayikistán	7	1,2	47	38	2,6	390	9	1.410	5,6	61	67	99	0,7
Togo	6	2,7	116	43	2,2	350	9 [d]	1.490 [d]	·1,0	53	57	53	0,4
Túnez	10	1,0	65	25	30,1	2.970	86	8.490	4,1	72	76	74	2,1
Turkmenistán	5	1,4	10	31	..	.. [j]	..	.. ..	59	67	..	9,2	
Turquía	73	1,3	95	29	393,9	5.400	661	9.060	4,8	69	74	87	3,1
Ucrania	47	–0,9	80	14	90,6	1.950	350	7.520	8,3	62	74	99	6,6
Uganda	30	3,4	152	50	8,9	300	45 [d]	1.490 [d]	1,5	49	51	67	0,1
Uruguay	3	0,1	19	24	17,6	5.310	37	11,150	6,8	72	79	..	1,3
Uzbekistán	27	1,2	62	32	16,2	610	60	2.250	5,8	64	71	..	4,8
Venezuela, RB	27	1,8	31	31	164,0	6.070	201	7.440	8,5	71	77	93	5,6
Vietnam	84	1,3	271	29	58,1	690	278	3.300	6,9	68	73	..	0,9
Yemen, Rep,	22	3,1	41	46	16,4	760	20	920	0,2	60	63	54	0,9
Zambia	12	1,7	16	46	7,5	630	12	1	4,3	39	38	..	0,2
Zimbabue	13	0,6	34	39	4,5	340	25	1.950	-5,4	38	37	89	0,9
Mundo	6.518 [s]	1,2 [w]	50 [w]	28 [w]	48.481,8 [t]	7.439 [w]	66.596 [t]	10.218 [w]	2,8 [w]	66 [w]	70 [w]	82 [w]	4,0 [w]
De bajos ingresos	2.403	1,9	85	36	1.562,3	650	6.485	2.698	6,1	58	60	61	0,8
De medianos ingresos	3.086	0,9	45	25	9.415,4	3.051	24.613	7.976	6,3	68	73	90	3,5
De medianos bajos ingresos	2.276	0,9	81	25	4.635,2	2.037	15.977	7.020	7,9	69	73	89	2,9
De medianos altos ingresos	810	0,8	20	25	4.789,7	5.913	8.763	10.817	4,9	66	74	94	5,3
De bajos y medianos ingresos	5.489	1,3	57	30	10.977,7	2	31.089	5.664	6,0	64	67	79	2,4
Asia oriental y el Pacífico	1.900	0,9	120	23	3.539,1	1.863	12.958	6.821	8,6	69	73	91	2,8
Europa y Asia central	460	0,0	20	20	2.205,8	4.796	4.444	9.662	6,8	64	74	98	6,8
América Latina y el Caribe	556	1,3	28	30	2.650,3	4.767	4.891	8.798	4,2	69	76	90	2,4
Medio Oriente y África Sep.	311	1,8	35	33	771,2	2.481	2.005	6.447	3,6	68	72	73	3,4
Asia meridional	1.493	1,7	312	33	1.142,7	766	5.140	3.444	6,9	63	64	58	1,0
África subsahariana	770	2,3	33	43	648,3	842	1.565	2.032	3,2	47	48	59	0,7
De altos ingresos	1.029	0,7	31	18	37.528,9	36.487	35.692	34.701	2,6	76	82	99	12,8

a. Calculado utilizando el método del Atlas del Banco Mundial. B. PPP = paridad de poder de compra, *ver* las Notas técnicas. c. Los datos se refieren al año más reciente disponible.d. El estimado se basa en regresión(es), otros se extrapolan de los últimos estimados de puntos de referencia del International Comparison Programme. e. Basado en una comparación bilateral de 1986 de China y Estados Unidos (Rouen y Kai 1995), empleando una metodología distinta a la utilizada para otros países. Se revisará esta metodología temporal en los próximos años. f. Los estimados de INB e INB per cápita incluyen los departamentos franceses de Guyana Francesa, Guadalupe, Martinica y Réunon. g. Excluye datos de Transnistria. h. Excluye datos de Kosovo y Metahia. i. Los datos se refieren sólo a Tanzania continental. j. Estimado como el ingreso medio inferior (US$906-US$3.595). k. Datos conjuntos paraa Serbia y Montenegro. e. Los estimados de INB e INB per cápita incluyen los departamentos franceses en el exteior de Guyana francesa, Guadalupe, Martinica y Reunión. F. Excluye datos para Transnistria. G. Excluye datos para Kosovo. H. Los datos se refieren sólo a Tanzania continental. i. Estimado de bajos y medianos ingresos (US$876 - US$3.465).

Cuadro 2. Pobreza

	Línea de pobreza nacional								Línea de pobreza internacional				
	Población bajo la línea de pobreza				Población bajo la línea de pobreza								
	Año de la encuesta	Rural %	Urbana %	Nacional %	Año de la encuesta	Rural %	Urbana %	Nacional %	Año de la encuesta	Población con menos de US$1 por día %	Brecha de pobreza a US$1 por día %	Población con menos de US$2 por día %	Brecha de pobreza a US$2 por día %
Albania	2002	29,6	19,8	25,4	..	..	..	..	2004[a]	< 2	< 0,5	10,0	1,6
Alemania	..	..	..	..	..	..	..	..	..	..	..	..	..
Angola	..	..	..	..	..	..	..	..	..	..	..	..	..
Arabia Saudita	..	..	..	..	..	..	..	..	..	..	..	..	..
Argelia	1988	16,6	7,3	12,2	1995	30,3	14,7	22,6	1995[a]	< 2	< 0,5	15,1	3,8
Argentina	1995	..	28,4	..	1998	..	29,9	..	2004[b]	6,6	2,1	17,4	7,1
Armenia	1998-99	50,8	58,3	55,1	2001	48,7	51,9	50,9	2003[a]	< 2	< 0,5	31,1	7,1
Australia	..	..	..	..	..	..	..	..	..	..	..	..	..
Austria	..	..	..	..	..	..	..	..	..	..	..	..	..
Azerbaiyán	1995	..	..	68,1	2001	42,0	55,0	49,6	2001[a]	3,7	0,6	33,4	9,1
Banca Occ. y Franja de Gaza	1998	45,5	9,2	37,4	2002	35,6	6,6	28,9	..	..	..	..	..
Bangladesh	1995-96	55,2	29,4	51,0	2000	53,0	36,6	49,8	2000[a]	41,3	10,3	84,0	38,3
Bélgica	..	..	..	..	..	..	..	..	..	..	..	..	..
Benin	1995	25,2	28,5	26,5	1999	33,0	23,3	29,0	2003[a]	30,9	8,2	73,7	31,7
Bielorrusia	2000	..	..	41,9	..	..	..	..	2002[a]	< 2	< 0,5	< 2	< 0,5
Bolivia	1997	77,3	53,8	63,2	1999	81,7	50,6	62,7	2002[b]	23,2	13,6	42,2	23,2
Bosnia	2001-02	19,9	13,8	19,5	..	..	..	..	..	..	..	..	..
Brasil	1998	51,4	14,7	22,0	2002-03	41,0	17,5	21,5	2004[b]	7,5	3,4	21,2	8,5
Bulgaria	1997	..	..	36,0	2001	..	..	12,8	2003[a]	< 2	< 0,5	6,1	1,5
Burkina Faso	1998	61,1	22,4	54,6	2003	52,4	19,2	46,4	2003[a]	27,2	7,3	71,8	30,4
Burundi	1990	36,0	43,0	36,4	..	..	..	..	1998[a]	54,6	22,7	87,6	48,9
Camboya	1997	40,1	21,1	36,1	2004	38,0	18,0	35,0	2004[a]	66,0	27,2	89,8	54,2
Camerún	1996	59,6	41,4	53,3	2001	49,9	22,1	40,2	2001[a]	17,1	4,1	50,6	19,3
Canadá	..	..	..	..	..	..	..	..	..	..	..	..	..
Chad	1995-96	67,0	63,0	64,0	..	..	..	..	..	..	..	..	..
Chile	1996	..	..	19,9	1998	..	..	17,0	2003[b]	< 2	< 0,5	5,6	1,3
China	1996	7,9	< 2	6,0	1998	4,6	< 2	4,6	2004[a]	9,9	2,1	34,9	12,5
Colombia	1995	79,0	48,0	60,0	1999	79,0	55,0	64,0	2003[b]	7,0	3,1	17,8	7,7
Congo, Rep.	..	..	..	..	..	..	..	..	..	..	..	..	..
Congo, Rep. Dem.	..	..	..	..	..	..	..	..	..	..	..	..	..
Corea, Rep. de	..	..	..	..	..	..	..	..	1998[b]	< 2	< 0,5	< 2	< 0,5
Costa de Marfil	..	..	..	..	..	..	..	..	2002[a]	14,8	4,1	48,8	18,4
Costa Rica	1992	25,5	19,2	22,0	..	..	..	..	2003[b]	3,3	1,6	9,8	4,0
Croacia	..	..	..	..	..	..	..	..	2001[a]	< 2	< 0,5	< 2	< 0,5
Dinamarca	..	..	..	..	..	..	..	..	..	..	..	..	..
Ecuador	1995	56,0	19,0	34,0	1998	69,0	30,0	46,0	1998[b]	17,7	7,1	40,8	17,7
Egipto, Rep. Árabe de	1995-96	23,3	22,5	22,9	1999-00	..	..	16,7	1999-00[a]	3,1	< 0,5	43,9	11,3
El Salvador	1995	64,8	38,9	50,6	2002	49,8	28,5	37,2	2002[b]	19,0	9,3	40,6	17,7
Eritrea	1993-94	..	..	53,0	..	..	..	..	..	..	..	..	..
Eslovenia	..	..	..	..	..	..	..	..	1998[a]	< 2	< 0,5	< 2	< 0,5
España	..	..	..	..	..	..	..	..	..	..	..	..	..
Estados Unidos	..	..	..	..	..	..	..	..	..	..	..	..	..
Etiopía	1995-96	47,0	33,3	45,5	1999-00	45,0	37,0	44,2	1999-00[a]	23,0	4,8	77,8	29,6
Federación Rusa	1994	..	..	30,9	..	..	..	..	2002[a]	< 2	< 0,5	12,1	3,1
Filipinas	1994	53,1	28,0	40,6	1997	50,7	21,5	36,8	2003[a]	14,8	2,9	43,0	16,3
Finlandia	..	..	..	..	..	..	..	..	..	..	..	..	..
Francia	..	..	..	..	..	..	..	..	..	..	..	..	..
Georgia	2002	55,4	48,5	52,1	2003	52,7	56,2	54,5	2003[a]	6,5	2,1	25,3	8,6
Ghana	1992	..	..	50,0	1998-99	49,9	18,6	39,5	1998-99[a]	44,8	17,3	78,5	40,8
Grecia	..	..	..	..	..	..	..	..	..	..	..	..	..
Guatemala	1989	71,9	33,7	57,9	2000	74,5	27,1	56,2	2002[b]	13,5	5,5	31,9	13,8
Guinea	1994	..	..	40,0	..	..	..	..	..	..	..	..	..
Haití	1987	..	..	65,0	1995	66,0	..	..	2001[b]	53,9	26,6	78,0	47,4
Honduras	1998-99	71,2	28,6	52,5	2004	70,4	29,5	50,7	2003[b]	14,9	4,4	35,7	15,1
Hong Kong, China	..	..	..	..	..	..	..	..	..	..	..	..	..
Hungría	1993	..	..	14,5	1997	..	..	17,3	2002[a]	< 2	< 0,5	< 2	< 0,5
India	1993-94	37,3	32,4	36,0	1999-00	30,2	24,7	28,6	2004-05[a]	34,3	7,9	80,4	35,0
Indonesia	1996	..	..	15,7	1999	34,4	16,1	27,1	2002[a]	7,5	0,9	52,4	15,7
Irán, Rep. Islámica de	..	..	..	..	..	..	..	..	1998[a]	< 2	< 0,5	7,3	1,5
Irlanda	..	..	..	..	..	..	..	..	..	..	..	..	..
Israel	..	..	..	..	..	..	..	..	..	..	..	..	..
Italia	..	..	..	..	..	..	..	..	..	..	..	..	..
Jamaica	1995	37,0	18,7	27,5	2000	25,1	12,8	18,7	2004[a]	< 2	< 0,5	14,4	3,3
Japón	..	..	..	..	..	..	..	..	..	..	..	..	..
Jordania	1997	27,0	19,7	21,3	2002	18,7	12,9	14,2	2002-03[a]	< 2	< 0,5	7,0	1,5
Kazajstán	1996	39,0	30,0	34,6	..	..	..	..	2003[a]	< 2	< 0,5	16,0	3,8
Kenya	1994	47,0	29,0	40,0	1997	53,0	49,0	52,0	1997[a]	22,8	5,9	58,3	23,9
Kuwait	..	..	..	..	..	..	..	..	..	..	..	..	..
Kirguiztán	2001	51,0	41,2	47,6	2003	..	..	41,0	2003[a]	< 2	< 0,5	21,4	4,4
Laos PDR	1993	48,7	33,1	45,0	1997-98	41,0	26,9	38,6	2002[a]	27,0	6,1	74,1	30,2
Letonia	..	..	..	..	..	..	..	..	2003[a]	< 2	< 0,5	4,7	1,2
Líbano	..	..	..	..	..	..	..	..	..	..	..	..	..
Lituania	..	..	..	..	..	..	..	..	2003[a]	< 2	< 0,5	7,8	1,8
Macedonia, FYR,	2002	25,3	..	21,4	2003	22,3	..	21,7	2003[a]	< 2	< 0,5	< 2	< 0,5
Madagascar	1997	76,0	63,2	73,3	1999	76,7	52,1	71,3	2001[a]	61,0	27,9	85,1	51,8
Malasia	1989	..	..	15,5	..	..	..	..	1997[b]	< 2	< 0,5	9,3	2,0

Nota: Véanse las notas técnicas sobre la posibilidad de comparación y cobertura de los datos. Las cifras en cursiva se refieren a años distintos a los especificados.

(Continúa)

Cuadro 2. Pobreza (*Continuación*)

	Línea de pobreza nacional								Línea de pobreza internacional				
	Población bajo la línea de pobreza				Población bajo la línea de pobreza								
	Año de la encuesta	Rural %	Urbana %	Nacional %	Año de la encuesta	Rural %	Urbana %	Nacional %	Año de la encuesta	Población con menos de US$1 por día %	Brecha de pobreza a US$1 por día %	Población con menos de US$2 por día %	Brecha de pobreza a US$2 por día %
Malawi	1990-91	..	..	54,0	1997-98	66,5	54,9	65,3	2004-05[a]	20,8	4,7	62,9	24,3
Malí	1998	75,9	30,1	63,8	..	..	..	..	2001[a]	36,1	12,2	72,1	34,2
Marruecos	1990-91	18,0	7,6	13,1	1998-99	27,2	12,0	19,0	1998-99[a]	<2	<0,5	14,3	3,1
Mauritania	1996	65,5	30,1	50,0	2000	61,2	25,4	46,3	2000[a]	25,9	7,6	63,1	26,8
México	2000	42,4	12,6	24,2	2004	27,9	11,3	17,6	2004[a]	3,0	1,4	11,6	4,2
Moldavia	2001	64,1	58,0	62,4	2002	67,2	42,6	48,5	2003[a]	<2	<0,5	20,8	4,7
Mongolia	1998	32,6	39,4	35,6	2002	43,4	30,3	36,1	2002[a]	10,8	2,2	44,6	15,1
Mozambique	1996-97	71,3	62,0	69,4	..	..	..	..	2002-03[a]	36,2	11,6	74,1	34,9
Namibia	..	..	..	..	..	..	..	..	1993[b]	34,9	14,0	55,8	30,4
Nepal	1995-96	43,3	21,6	41,8	2003-04	34,6	9,6	30,9	2003-04[a]	24,1	5,4	68,5	26,8
Nicaragua	1993	76,1	31,9	50,3	1998	68,5	30,5	47,9	2001[a]	45,1	16,7	79,9	41,2
Níger	1989-93	66,0	52,0	63,0	..	..	..	..	1995[a]	60,6	34,0	85,8	54,6
Nigeria	1985	49,5	31,7	43,0	1992-93	36,4	30,4	34,1	2003[a]	70,8	34,5	92,4	59,5
Noruega	..	..	..	..	..	..	..		..	..	..	..	..
Nueva Zelanda	..	..	..	..	..	..	..	..	..	..	..	..	..
Omán	..	..	..	..	..	..	..	..	..	..	..	..	..
Países Bajos	..	..	..	..	..	..	..	..	..	..	..	..	..
Pakistán	1993	[illegible]	17,2	28,6	1998-99	35,9	24,2	32,6	2002[a]	17,0	3,1	73,6	26,1
Panamá	1997	64,9	15,3	37,3	..	..	..	..	2003[b]	7,4	2,1	18,0	7,5
Papúa Nueva Guinea	1996	41,3	16,1	37,5	..	..	..	..	..	..	..	..	..
Paraguay	1991	28,5	19,7	21,8	..	..	..	..	2003[b]	13,6	5,6	29,8	13,8
Perú	2001	77,1	42,0	54,3	2004	72,1	42,9	53,1	2003[b]	10,5	2,9	30,6	11,9
Polonia	1993	..	..	23,8	..	..	..	..	2002[a]	<2	<0,5	<2	<0,5
Portugal	..	..	..	..	..	..	..	..	..	..	..	..	..
Reino Unido	2000	34,9	..	31,5	2003	28,4	..	19,5	2003[b]	<2	<0,5	4,9	0,9
República Checa	..	..	..	..	..	..	..	..	1996[b]	<2	<0,5	<2	<0,5
República del África Central	..	..	..	..	..	..	..	..	1993[a]	66,6	38,1	84,0	58,4
República Dominicana	2000	45,3	18,2	27,7	2004	55,7	34,7	42,2	2004[b]	2,8	0,5	16,2	4,9
República Eslovaca	..	..	..	..	..	..	..	..	1996[b]	<2	<0,5	2,9	0,8
Ruanda	1993	..	..	51,2	1999-00	65,7	14,3	60,3	2000[a]	60,3	25,6	87,8	51,5
Rumania	1994	27,9	20,4	21,5	..	..	..	..	2003[a]	<2	0,5	12,9	3,0
Senegal	1992	40,4	23,7	33,4	..	..	..	..	2001[a]	17,0	3,6	56,2	20,9
Serbia	..	..	..	..	..	..	..	..	..	..	..	..	..
Sierra Leona	1989	..	..	82,8	2003-04	79,0	56,4	70,2	1989[a]	57,0	39,5	74,5	51,8
Singapur	..	..	..	..	..	..	..	..	..	..	..	..	..
Siria, Rep. Árabe de	..	..	..	..	..	..	..	..	..	..	..	..	..
Sri Lanka	1990-91	22,0	15,0	20,0	1995-96	27,0	15,0	25,0	2002[a]	5,6	0,8	41,6	11,9
Sudáfrica	..	..	..	..	..	..	..	..	2000[a]	10,7	1,7	34,1	12,6
Sudán	..	..	..	..	..	..	..	..	..	..	..	..	..
Suecia	..	..	..	..	..	..	..	..	..	..	..	..	..
Suiza	..	..	..	..	..	..	..	..	2001-01[a]	47,7	19,4	77,8	42,4
Tailandia	1994	..	..	9,8	1998	..	..	13,6	2002[a]	<2	<0,5	25,2	6,2
Tanzania	1991	40,8	31,2	38,6	2000-01	38,7	29,5	35,7	2000-01[a]	57,8	20,7	89,9	49,3
Tayikistán	..	..	..	..	..	..	..	..	2003[a]	7,4	1,3	42,8	13,0
Togo	1987-89	..	..	32,3	..	..	..	..	..	..	..	..	..
Túnez	1990	13,1	3,5	7,4	1995	13,9	3,6	7,6	2000[a]	<2	<0,5	6,6	1,3
Turkmenistán	..	..	..	..	..	..	..	..	..	..	..	..	..
Turquía	1994	..	..	28,3	2002	34,5	22,0	27,0	2003[a]	3,4	0,8	18,7	5,7
Ucrania	2000	34,9 ..	31,5	2003	28,4	..	19,5	2003[b]	<2	<0,5	4,9	0,9	
Uganda	1999-00	37,4	9,6	33,8	2002-03	41,7	12,2	37,7	..	..	..	..	..
Uruguay	1994	..	20,2	..	1998	..	24,7	..	2003[b]	<2	<0,5	5,7	1,6
Uzbekistán	2000	30,5	22,5	27,5	..	..	..	..	2003[a]	<2	<0,5	<2	0,6
Venezuela, RB	1989	..	..	31,3	..	..	..	..	2003[b]	18,5	8,9	40,1	19,2
Vietnam	1998	45,5	9,2	37,4	2002	35,6	6,6	28,9	..	..	..	..	..
Yemen, Rep.	1998	45,0	30,8	41,8	..	..	..	..	1998[a]	15,7	4,5	45,2	15,0
Zambia	1998	83,1	56,0	72,9	2004	78,0	53,0	68,0	2004[a]	63,8	32,6	87,2	55,2
Zimbabue	1990-91	35,8	3,4	25,8	1995-96	48,0	7,9	34,9	1995-96[a]	56,1	24,2	83,0	48,2

a. Base de gastos. b. Base de ingresos.

Cuadro 3. Objetivos de Desarrollo del Milenio: erradicar la pobreza y mejorar la vida de las personas

			Erradicar la pobreza extrema y el hambre		Lograr educación primaria universal		Promover la igualdad de géneros		Reducir la mortalidad infantil		Mejorar la salud materna			Combatir el VIH/SIDA y otras enfermedades
	Año de la encuesta	Participación porcentual del quintil más pobre en el consumo o ingreso nacional	Prevalencia de mal nutrición infantil % de niños menores de 5 años		Tasa de culminación de primaria %		Relación de paridad de géneros en escuela primaria y secundaria		Tasa de mortalidad por 1.000 de menores de 5 años		Relación de mortalidad materna por 100.000 nacimientos vivos estimados modelados	Nacimientos asistidos por personal calificado de salud % del total		Prevalencia de VIH % de población de edades de 15 a 49 años
			1990-95a	2000-06a	1991	2005	1991	2005	1990	2005	2000	1990-95a	2000-06a	2005
Albania	2004[b]	8,2	..	14	..	97	96	97	45	18	55	..	98	..
Alemania	2000[d]	8,5	..	..	100	94	99	99	9	5	8	..	..	0,1
Angola	..	..	..	31	35	..	..	..	260	260	1,7	..	45	3,7
Arabia Saudita	..	..	15	..	56	85	84	98	44	26	23	..	93	..
Argelia	1995[b]	7,0	13	10	79	96	83	99	69	39	140	77	96	0,1
Argentina	2004[c,d]	3,1	2	4	..	99	..	102	29	18	82	96	95	0,6
Armenia	2003[b]	8,5	..	3	90	91	..	103	54	29	55	..	98	0,1
Australia	1994[d]	5,9	..	..	..	..	101	97	10	6	8	100	99	0,1
Austria	2000[d]	8,6	..	..	..	104	95	97	10	5	4	100	..	0,3
Azerbaiyán	2001[b]	7,4	..	7	..	94	100	97	105	89	94	..	88	0,1
Banca Occidental y Franja de Gaza	..	..	..	5	..	98	..	104	40	23	..	..	97	..
Bangladesh	2000[b]	8,6	68	48	49	76	..	103	149	73	380	10	13	<0,1
Bélgica	2000[d]	8,5	..	..	79	..	101	98	10	5	10	..	..	0,3
Benin	2003[b]	7,4	..	30	21	65	49	73	185	150	850	..	75	1,8
Bielorrusia	2002[b]	8,5	..	..	95	100	..	100	19	12	35	..	100	0,3
Bolivia	2002[d]	1,5	15	8	..	101	..	98	125	65	420	47	67	0,1
Bosnia	2001[b]	9,5	..	4	..	..	..	..	22	15	31	97	100	<0,1
Brasil	2004[d]	2,8	..	..	93	106	..	102	60	33	260	72	97	0,5
Bulgaria	2003[b]	8,7	..	..	85	98	99	96	19	15	32	..	99	<0,1
Burkina Faso	2003[b]	6,9	33	38	21	31	62	78	210	191	1	42	38	1,8f
Burundi	1998[b]	5,1	..	45	46	36	82	84	190	190	1	..	25	3,3
Camboya	2004[b]	6,8	..	36	..	92	73	87	115	87	450	..	44	1,6
Camerún	2001[b]	5,6	15	18	56	62	83	84	139	149	730	58	62	5,5g
Canadá	2000[d]	7,2	..	..	..	..	99	98	8	6	6	98	98	0,3
Chad	..	..	..	37	18	32	41	60	201	208	1,1	..	14	3,5
Chile	2003[d]	3,8	1	1	..	123	100	98	21	10	31	100	100	0,3
China	2004[d]	4,3	13	8	103	98	87	99	49	27	56	..	97	0,1h
Colombia	2003[d]	2,5	8	7	70	97	107	104	35	21	130	86	96	0,6
Congo, Rep.	..	..	..	..	54	57	85	90	110	108	510	..	86	5,3
Congo, Rep. Dem.	..	..	34	31	46	39	..	73	205	205	990	..	61	3,2
Corea, Rep. de	1998[d]	7,9	..	..	98	101	99	100	9	5	20	98	100	<0,1
Costa de Marfil	2002[b]	5,2	24	17	43	..	65	68	157	195	690	45	68	7,1
Costa Rica	2003[d]	3,5	2	..	79	92	101	102	18	12	43	98	99	0,3
Croacia	2001[b]	8,3	1	..	85	91	102	101	12	7	8	100	100	<0,1
Dinamarca	1997[d]	8,3	..	..	98	99	101	102	9	5	5	..	..	0,2
Ecuador	1998[b]	3,3	..	12	91	101	..	100	57	25	130	..	75	0,3
Egipto, Rep. Árabe de	1999–2000[b]	8,6	17	9	..	98	81	93	104	33	84	46	74	<0,1
El Salvador	2002[d]	2,7	11	10	41	87	102	98	60	27	150	51	92	0,9
Eritrea	..	..	44	40	19	51	..	72	147	78	630	21	28	2,4
Eslovenia	1998[b]	9,1	..	..	95	102	..	99	10	4	17	100	100	<0,1
España	2000[d]	7,0	..	..	..	108	104	102	9	5	4	..	..	0,6
Estados Unidos	2000[d]	5,4	1	2	..	..	100	100	11	7	17	..	99	0,6
Etiopía	1999–2000[b]	9,1	48	38	26	58	68	81	204	127	850	..	6	1,4
Federación Rusa	2002[b]	6,1	3	6	93	94	104	99	27	18	67	..	99	1,1
Filipinas	2003[b]	5,4	30	28	86	97	100	103	62	33	200	53	60	<0,1
Finlandia	2000[d]	9,6	..	..	97	100	109	102	7	4	6	100	100	0,1
Francia	1995[d]	7,2	..	..	104	..	102	100	9	5	17	99	..	0,4
Georgia	2003[b]	5,6	..	..	..	87	98	101	47	45	32	..	92	0,2
Ghana	1998–99[b]	5,6	27	22	63	72	79	94	122	112	540	44	47	2,2f
Grecia	2000[d]	6,7	..	..	99	100	99	99	11	5	9	..	..	0,2
Guatemala	2002[d]	2,9	27	23	..	74	..	92	82	43	240	34	41	0,9
Guinea	2003[b]	7,0	27	33	17	55	46	75	234	160	740	31	56	1,5
Haití	2001[d]	2,4	28	17	27	..	95	..	150	120	680	20	24	3,8
Honduras	2003[d]	3,4	18	17	65	79	108	107	59	40	110	45	56	1,5
Hong Kong, China	1996[d]	5,3	..	..	102	110	103	95	..	..	..	..	100	..
Hungría	2002[b]	9,5	..	..	93	94	100	99	17	8	16	..	100	0,1
India	2004–05[b]	8,1	53	..	68	90	70	89	123	74	540	34	43	0,9
Indonesia	2002[b]	8,4	34	28	91	101	93	97	91	36	230	37	72	0,1
Irán, Rep, Islámica de	1998[b]	5,1	16	..	91	96	85	105	72	36	76	..	90	0,2
Irlanda	2000[d]	7,4	..	..	..	98	104	103	9	6	5	..	100	0,2
Israel	2001[d]	5,7	..	..	..	101	105	100	12	6	17	..	..	..
Italia	2000[d]	6,5	..	..	104	100	100	99	9	4	5	..	..	0,5
Jamaica	2004[b]	5,3	5	4	90	82	102	101	20	20	87	..	97	1,5
Japón	1993[d]	10,6	..	..	101	..	101	100	6	4	10	100	..	<0,1
Jordania	2002–03[b]	6,7	6	4	72	100	101	101	40	26	41	87	100	..
Kazajstán	2003[b]	7,4	8	..	..	114	102	98	63	73	210	100	..	0,1
Kenya	1997[b]	6,0	23	20	..	95	94	96	97	120	1	45	42	6,7
Kuwait	..	..	..	..	..	100	97	102	16	11	5	..	100	..
Kirguizistán	2003[b]	8,9	..	7	..	97	..	100	80	67	110	..	99	0,1
Laos PDR	2002[b]	8,1	40	40	46	76	75	84	163	79	650	..	19	0,1
Letonia	2003[b]	6,6	..	..	..	89	100	100	18	11	42	100	100	0,8
Líbano	..	..	..	4	..	90	..	102	37	30	150	..	93	0,1
Lituania	2003[b]	6,8	..	..	89	90	..	99	13	9	13	..	100	0,2
Macedonia, FYR.	2003[b]	6,1	..	..	98	97	99	99	38	17	23	..	99	<0,1

Nota: véanse las notas técnicas sobre la posibilidad de comparación y cobertura de los datos.

(Continúa)

Cuadro 3. Objetivos de Desarrollo del Milenio: erradicar la pobreza y mejorar la vida de las personas (*Continuación*)

			Erradicar la pobreza extrema y el hambre		Lograr educación primaria universal		Promover la igualdad de géneros		Reducir la mortalidad infantil		Mejorar la salud materna			Combatir el VIH/SIDA y otras enfermedades
	Año de la encuesta	Participación porcentual del quintil más pobre en el consumo o ingreso nacional	Prevalencia de mal nutrición infantil % de niños menores de 5 años		Tasa de culminación de primaria %		Relación de paridad de géneros en escuela primaria y secundaria		Tasa de mortalidad por 1.000 de menores de 5 años		Relación de mortalidad materna por 100.000 nacimientos vivos estimados modelados	Nacimientos asistidos por personal calificado de salud % del total		Prevalencia de VIH % de población de edades de 15 a 49 años
			1990-95a	2000-06a	1991	2005	1991	2005	1990	2005	2000	1990-95a	2000-06a	2005
Madagascar	2001[b]	4,9	34	42	33	58	98	..	168	119	550	57	51	0,5
Malasia	1997[d]	4,4	20	11	91	92	101	106	22	12	41	..	97	0,5
Malawi	2004–05[b]	7,0	30	22	28	57	81	99	221	125	1,8	55	56	14,1
Malí	2001[b]	6,1	..	33	11	38	59	75	250	218	1,2	..	41	1,8k
Marruecos	1998–99[b]	6,5	10	10	47	80	70	88	89	40	220	40	63	0,1
Mauritania	2000[b]	6,2	48	32	33	45	67	98	133	125	1	40	57	0,7
México	2004[b]	4,3	..	..	86	100	98	101	46	27	83	..	83	0,3
Moldavia	2003[b]	7,8	..	4	..	92	105	102	35	16	36	..	100	1,1
Mongolia	2002[b]	7,5	12	13	..	95	109	108	108	49	110	..	97	<0,1
Mozambique	2002–03[b]	5,4	27	24	27	41	72	83	235	145	1	..	48	16,1
Namibia	1993[d]	1,4	26	24	78	74	108	105	86	62	300	68	76	19,6
Nepal	2003–04[b]	6,0	49	45	51	76	59	93	145	74	740	7	19	0,5
Nicaragua	2001[b]	5,6	11	10	44	76	109	102	68	37	230	..	67	0,2
Níger	1995[b]	2,6	43	40	17	28	57	72	320	256	1,6	15	16	1,1
Nigeria	2003[b]	5,0	39	29	..	80	79	85	230	194	800	31	35	3,9
Noruega	2000[d]	9,6	..	..	100	99	102	100	9	4	16	..	..	0,1
Nueva Zelanda	1997[d]	6,4	..	..	100	..	100	104	11	6	7	100	..	0,1
Omán	..	..	23	..	65	93	89	98	32	12	87	91	95	..
Países Bajos	1999[d]	7,6	..	..	..	100	97	98	9	5	16	..	..	0,2
Pakistán	2002[b]	9,3	38	38	..	63	..	75	130	99	500	19	31	0,1
Panamá	2003[d]	2,5	6	..	86	97	..	101	34	24	160	86	93	0,9
Papúa Nueva Guinea	1996[b]	4,5	..	..	47	54	80	87	94	74	300	..	41	1,8
Paraguay	2003[d]	2,4	4	5	71	89	99	99	41	23	170	67	77	0,4
Perú	2003[d]	3,7	11	7	..	99	96	100	78	27	410	..	73	0,6
Polonia	2002[b]	7,5	..	..	98	97	101	99	18	7	13	..	100	0,1
Portugal	1997[d]	5,8	..	..	95	104	103	102	14	5	5	..	100	0,4
Reino Unido	1999[d]	6,1	..	..	..	..	98	102	10	6	13	..	..	..
República Checa	1996[d]	10,3	1	..	..	102	98	101	13	4	9	99	100	0,1
República del África Central	1993[b]	2,0	23	24	27	23	60	..	168	193	1,1	46	44	10,7
República Dominicana	2004[d]	4,0	10	5	61	92	..	105	65	31	150	93	99	1,0
República Eslovaca	1996[d]	8,8	..	..	96	94	..	100	14	8	3	..	99	<0,1
Ruanda	2000[b]	5,3	29	23	33	39	96	100	173	203	1,4	26	39	3,0
Rumania	2003[b]	8,1	6	3	96	99	99	100	31	19	49	99	99	<0,1
Senegal	2001[b]	6,6	22	23	42	50	69	91	149	119	690	47	58	0,9
Serbia	2003[b,e]	8,3	..	2e	..	..	..	..	28e	15e	11e	..	92e	0,2e
Sierra Leona	1989[b]	1,1	29	27	..	..	67	80	302	282	2	..	42	1,6
Singapur	1998[d]	5,0	..	3	..	..	95	..	8	3	30	..	100	0,3
Siria, Rep. Árabe de	..	..	13	7	89	111	85	94	39	15	160	77	70	
Sri Lanka	2002[b]	7,0	33	29	97	..	102	102	32	14	92	94	96	<0,1
Sudáfrica	2000[b]	3,5	9	..	75	99	104	101	60	68	230	82	92	15,6i
Sudán	.. ..	34	41	41	50	78	89	120	90	590	86	87	1,6	
Suecia	2000[d]	9,1	..	..	96	..	102	100	7	4	2	..	..	0,2
Suiza	2000[d]	7,6	..	..	53	95	97	96	9	5	7	..	..	0,4
Tailandia	2002[b]	6,3	18	..	..	82	95	100j	37	21	44	..	99	1,4
Tanzania	2000–01[b]	7,3	29	22	61	72j	97	..	161	122	1,5	44	43	7,0g
Tayikistán	2003[b]	7,9	..	..	..	102	..	88	115	71	100	..	71	0,1
Togo	..	..	..	..	35	65	59	73	152	139	570	..	61	3,2
Túnez	2000[b]	6,0	9	4	74	99	86	103	52	24	120	81	90	0,1
Turkmenistán	1998[b]	6,1	..	12	..	..	..	..	97	104	31	..	97	<0,1
Turquía	2003[b]	5,3	10	4	90	87	81	89	82	29	70	76	83	..
Ucrania	2003[b]	9,2	..	1	94	95	..	94	26	17	35	..	100	1,4
Uganda	2002[b]	5,7	26	23	..	56	82	98	160	136	880	38	39	6,4l
Uruguay	2003[c,d]	5,0	5	..	94	91	..	106	23	15	27	..	99	0,5
Uzbekistán	2003[b]	7,2	..	8	..	97	94	98	79	68	24	..	96	0,2
Venezuela, RB	2003[d]	3,3	5	4	43	92	105	103	33	21	96	..	95	0,7
Vietnam	2004[b]	7,1	45	28	..	94	..	96	53	19	130	..	90	0,5[m]
Yemen, Rep.	1998[b]	7,4	39	46	..	62	..	66	139	102	570	16	27	..
Zambia	2004[b]	3,6	25	23	..	78	..	93	180	182	750	51	43	15,6[n]
Zimbabue	1995–96[b]	4,6	16	..	99	80	92	96	80	132	1,1	69	..	20,1
Mundo			30[w]	..[w]	..[w]	88[w]	..[w]	94[w]	95[w]	75[w]	411[w]	..[w]	62[w]	0,9[w]
De bajos ingresos			46	..	59	76	..	88	147	115	684	33	41	1,7
De medianos ingresos			15	12	92	97	..	99	58	37	150	..	87	0,6
De medianos bajos ingresos			16	13	94	97	..	98	62	40	154	..	85	0,3
De medianos altos ingresos			..	..	88	98	99	100	46	30	139	..	93	1,6
De bajos y medianos ingresos			31	22	78	86	..	94	104	82	451	..	60	1,0
Asia oriental y el Pacífico			20	15	99	98	..	99	59	33	117	..	87	0,2
Europa y Asia central			..	5	93	95	98	96	49	33	60	..	94	0,6
América Latina y el Caribe			..	..	82	98	99	101	54	31	194	73	87	0,6
Medio Oriente y África septentrional			16	14	77	91	..	94	80	52	183	..	73	0,1
Asia meridional			53	..	65	84	69	88	129	83	564	30	37	0,7
África subsahariana			32	29	49	61	..	86	185	163	919	46	44	5,8
De altos ingresos			..	..	..	97	100	100	12	7	14	..	..	0,4

a. Datos para el año más reciente disponible. b. Se refiere a participación en el gasto por percentil de población, clasificadas por gasto per cápita. c. Datos urbanos. d. Se refiere a participación en el ingreso por percentil de población, clasificadas por ingreso per cápita. e. Datos conjuntos para Serbia y Montenegro. f. Datos de encuesta 2003. g. Datos de encuesta 2004. h. Incluye Hong Kong, China. i. Datos de encuesta 2002. j. Datos para 2006. k. Datos de encuesta 2001. l. Datos de encuesta 2004-2005. m. Datos de encuesta 2005. n. Datos de encuesta 2001/02.

Cuadro 4. Actividad económica

	Producto interno bruto		Productividad agrícola		Valor agregado como % del PIB			Gasto de hogares de consumo final	Gastos oficiales de consumo final	Formación bruta de capital	Balanza externa de bienes y servicios	Deflactor implícito del PIB
	Millones de dólares	Promedio de crecimiento % anual	Valor agregado por trabajador US$ de 2000		Agricultura	Industria	Servicios	% del PIB	% del PIB	% del PIB	% del PIB	Promedio de crecimiento % anual
	2006	2000–06	1990–92	2001–03	2006	2006	2006	2006	2006	2006	2006	2000–06
Albania	9.136	5,3	773	1.314	23	22	56	90	9	26	–24	3,8
Alemania	2.906.681	0,9	14.025	23.475	1	30	69	59	19	17	5	0,9
Angola	44.033	11,1	183	160	7	74	19	67	..a	8	25	68,2
Arabia Saudita	309.778	4,2	7.867	13.964	4	59	37	26	23	16	34	6,3
Argelia	114.727	5,0	1.911	2.067	8	61	30	33	12	30	24	8,1
Argentina	214.058	3,6	6.764	9.272	9	35	56	66	8	21	5	12,2
Armenia	6.406	12,6	1.428	2.645	19	47	34	71	11	30	–13	4,3
Australia	768.178	3,1	22.405	31.218	3	27	70	59	18	26	–3	3,6
Austria	322.444	1,7	12.048	20.587	2	31	68	56	18	21	5	1,6
Azerbaiyán	20.122	15,6	1.085	1.033	9	67	24	30	9	38	23	7,3
Banca Occidental y Franja de Gaza	4.059	0,2	..	..	..	..	..	95	32	27	–54	3,2
Bangladesh	61.961	5,6	246	308	20	28	52	76	6	25	–7	4,1
Bélgica	392.001	1,7	21.356	36.043	1	24	75	53	23	21	2	1,9
Benin	4.775	3,8	368	578	32	13	54	78	15	20	–13	3,3
Bielorrusia	36.945	8,1	1.977	2.513	9	43	47	51	19	30	0	31,1
Bolivia	11.163	3,3	670	746	14	26	60	61	13	13	13	6,0
Bosnia	11.296	5,1	..	5.696	10	25	64	99	26	19	–45	2,8
Brasil	1.067.962	3,0	1.507	2.79	5	31	64	60	20	17	3	9,3
Bulgaria	31.483	5,6	2.493	6.313	9	32	59	69	18	32	–19	4,4
Burkina Faso	6.205	5,7	143	163	..	..	..	..	..	..	..	4,0
Burundi	807	2,5	110	80	35	20	45	87	28	12	–28	7,0
Camboya	7.193	9,4	..	297	34	27	39	85	4	20	–9	3,3
Camerún	18.323	3,6	389	596	20	34	46	72	10	18	–1	2,4
Canadá	1.251.403	2,6	28.224	37.59	..	..	..	55	20	21	4	2,5
Chad	6.541	14,3	179	226	21	55	25	52	6	22	21	8,6
Chile	145.841	4,3	3.618	4.795	6	47	48	58	11	22	9	6,8
China	2.668.071	9,8	254	368	12	47	41	44	11	41	4	3,4
Colombia	135.836	3,9	3.406	2.951	12	34	54	72	8	19	1	6,7
Congo. Rep.	7.385	4,5	..	..	4	73	22	17	14	24	45	4,7
Congo. Rep. Dem.	8.543	4,7	186	154	46	28	27	88	7	16	–12	35,7
Corea. Rep. de	888.024	4,6	5.677	9.948	3	40	57	54	15	30	1	2,0
Costa de Marfil	17.484	0,1	601	761	21	24	55	65	8	12	16	2,9
Costa Rica	22.145	4,8	3.143	4.283	9	30	61	66	14	26	–5	9,8
Croacia	42.653	4,7	4.748	8.957	7	31	62	59	18	30	–8	3,7
Dinamarca	275.237	1,6	15.157	35.696	2	25	74	48	26	21	5	2,3
Ecuador	40.800	5,1	1.686	1.486	6	46	48	64	13	24	–1	10,4
Egipto. Rep. Árabe de	107.484	4,0	1.531	1.975	15	36	49	71	12	19	–2	6,4
El Salvador	18.306	2,4	1.633	1.616	10	30	60	93	11	16	–20	3,1
Eritrea	1.085	2,7	..	64	17	23	60	81	42	19	–42	15,4
Eslovenia	37.303	3,7	11.310	32.311	3	34	63	54	19	27	–1	4,8
España	1.223.988	3,2	9.515	18.691	3	29	67	58	18	30	–5	4,2
Estados Unidos	13.201.819	2,8	20.797	36.216	1	22	77	70	16	19	–5	2,4
Etiopía	13.315	5,7	..	149	48	13	39	94	12	20	–26	4,6
Federación Rusa	986.94	6,4	1.824	2.226	6	38	56	49	17	21	13	17,0
Filipinas	116.931	4,8	905	1.017	14	33	53	84	9	15	–7	5,2
Finlandia	209.445	2,8	15.425	29.735	3	30	68	54	23	20	4	1,0
Francia	2.230.721	1,5	22.234	39.22	2	21	77	57	24	20	–1	1,9
Georgia	7.550	7,8	2.388	1.404	13	26	61	79	9	29	–17	6,2
Ghana	12.906	5,3	302	331	38	21	41	78	14	32	–25	21,1
Grecia	244.951	4,4	7.563	9.114	5	21	74	67	16	24	–7	3,4
Guatemala	35.290	2,8	2.149	2.274	23	19	58	86	4	25	–16	7,1
Guinea	3.317	2,9	149	193	13	37	50	84	5	13	–3	17,2
Haití	4.961	–0,3	..	..	..	..	..	..	..	..	..	17,7
Honduras	9.235	4,0	976	1.11	13	30	56	77	18	30	–26	7,8
Hong Kong, China	189.798	5,0	..	..	0	9	91	58	8	22	12	–3,1
Hungría	112.899	4,3	4.134	5.080	4	31	65	66	10	23	1	5,2
India	906.268	7,4	332	381	18	28	55	58	11	33	–3	4,1
Indonesia	364.459	4,9	483	556	12	42	46	67	7	24	2	9,6
Iraán. Rep. Islámica de	222.889	5,7	1.953	2.330	10	45	45	46	12	33	9	17,4
Irlanda	222.650	5,3	..	..	2	37	60	44	16	25	15	3,4
Israel	123.434	1,9	..	..	..	..	..	59	28	18	–5	1,3
Italia	1.844.749	0,7	11.536	21.113	2	27	71	59	20	21	0	2,8
Jamaica	10.533	1,8	2.013	1.944	5	31	64	69	17	30	–16	10,6
Japón	4.340.133	1,6	20.196	33.546	2	30	68	57	18	23	2	–1,4
Jordania	14.176	6,3	1.892	1.099	3	32	66	102	16	26	–44	2,6
Kazajstán	77.237	10,1	1.745	1.389	7	39	54	49	13	25	13	12,9
Kenya	21.186	3,8	335	327	28	17	55	76	15	17	–9	4,6
Kuwait	80.781	7,3	..	13.048	..	..	..	28	15	20	37	8,3
Kirguizistán	2.695	3,8	676	929	33	20	47	101	19	17	–37	5,3
Laos PDR	3.404	6,4	360	458	45	29	26	72	..a	32	–4	10,3
Letonia	20.116	8,6	1.790	2.442	4	21	75	65	17	38	–20	6,1
Líbano	22.722	3,7	..	24.436	6	22	71	89	16	21	–25	1,7
Lituania	29.791	7,9	..	4.072	5	34	61	66	17	28	–11	2,1
Macedonia. FYR,	6.217	2,1	2.256	2.964	13	29	58	79	19	22	–20	2,3

Nota: Véanse las notas técnicas sobre la posibilidad de comparación y cobertura de los datos.

(Continúa)

Cuadro 4. Actividad económica (*Continuación*)

	Producto interno bruto		Productividad agrícola		Valor agregado como % del PIB			Gasto de hogares de consumo final	Gastos oficiales de consumo final	Formación bruta de capital	Balanza externa de bienes y servicios	Deflactor implícito del PIB
	Millones de dólares	Promedio de crecimiento % anual	Valor agregado por trabajador US$ de 2000		Agricultura	Industria	Servicios	% del PIB	% del PIB	% del PIB	% del PIB	Promedio de crecimiento % anual
	2006	2000-06	1990-92	2001-03	2006	2006	2006	2006	2006	2006	2006	2000-06
Madagascar	5.499	2,7	187	179	28	15	57	78	9	25	−11	11,5
Malasia	148.94	5,1	3.803	4.570	8	52	40	46	13	19	23	3,7
Malawi	2.232	4,1	72	130	36	20	45	92	17	16	−25	14,5
Malí	5.929	5,7	204	227	37	24	39	79	..a	24	−3	3,8
Marruecos	57.307	4,4	1.438	1.515	17	29	54	60	21	26	−7	1,1
Mauritania	2.663	5,0	574	385	17	44	39	62	19	23	−5	11,4
México	839.182	2,3	2.247	2.704	4	27	69	68	12	22	−1	6,7
Moldavia	3.266	6,8	1.286	725	17	21	62	104	17	31	−51	10,9
Mongolia	2.689	6,6	..	604	21	44	35	45	15	36	4	14,2
Mozambique	7.608	8,2	108	137	22	29	49	70	10	25	−5	11,0
Namibia	6.372	4,7	811	1.057	11	31	58	42	24	30	4	4,9
Nepal	8.052	2,7	196	208	39	21	39	79	10	30	−19	4,5
Nicaragua	5.369	3,2	..	1.901	19	29	51	91	8	30	−29	7,6
Níger	3.544	3,7	170	177	..	..		79	12	19	−9	2,1
Nigeria	114.686	5,9	592	843	23	58	19	39	22	21	18	11,7
Noruega	310.96	2,1	20.055	32.649	2	43	55	42	20	21	17	3,3
Nueva Zelanda	103.873	3,3	20.180	26.31	..	..	..	59	18	25	−1	2,2
Omán	24.284	3,0	1.005	1.128	2	56	42	45	23	18	14	1,8
Países Bajos	657.590	1,0	24.056	37.337	2	24	74	49	24	19	8	2,4
Pakistán	128.830	5,4	589	691	20	27	53	81	8	20	−9	6,8
Panamá	17.097	5,1	2.363	3.557	7	16	76	66	12	20	2	1,7
Papúa Nueva Guinea	5.654	2,0	390	473	42	39	19	..	..	..	..	7,8
Paraguay	9.110	2,9	1.596	1.939	21	19	60	87	9	21	−17	10,7
Perú	93.269	4,9	930	1.428	7	34	60	66	8	20	7	3,5
Polonia	338.733	3,6	1.502	1.967	5	32	64	62	19	20	−1	2,3
Portugal	192.572	0,6	4.640	5.925	3	25	72	65	21	22	−9	3,1
Reino Unido	2.345.015	2,4	22.506	25.876	1	26	73	65	22	17	−4	2,5
República Checa	141.801	4,0	..	4.564	3	39	58	49	22	27	2	2,3
República del África Central	1.486	−0,6	290	407	54	21	25	..	..	..	..	2,1
República Dominicana	30.581	3,9	2.254	4.108	12	26	61	75	7	24	−6	18,6
República Eslovaca	55.049	5,1	..	3.999	4	32	65	57	19	29	−5	4,4
Ruanda	2.494	5,1	192	222	41	21	38	85	13	21	−20	6,6
Rumania	121.609	6,0	2.196	3.477	11	38	52	73	13	24	−10	19,6
Senegal	8.936	4,5	249	249	18	18	64	77	14	24	−15	2,3
Serbia	31.808	5,3	..	..	13	26	62	78	21	21	−21	21,7
Sierra Leona	1.443	12,3	..	..	47	25	28	89	11	15	−15	8,3
Singapur	132.158	5,0	22.695	28.313	0	35	65	38	11	19	32	0,2
Siria. Rep, Árabe de	34.902	4,0	2.357	3.406	25	33	42	63	14	21	2	6,8
Sri Lanka	26.967	4,8	705	737	16	26	57	76	8	27	−11	8,8
Sudáfrica	254.992	4,1	1.796	2.391	3	30	67	64	20	20	−4	6,5
Sudán	37.565	6,9	346	707	31	35	34	70	16	25	−11	10,0
Suecia	384.927	2,6	21.463	30.116	1	28	71	48	27	17	8	1,5
Suiza	379.758	1,2	22.228	22.348	..	..	..	60	12	20	7	1,0
Tailandia	206.247	5,4	501	586	10	46	44	61	9	29	1	2,7
Tanzania	12.784	6,5	245	283	45	17	37	70	18	19	−7	7,3
Tayikistán	2.811	9,1	395	379	24	26	50	87	8	15	−9	20,3
Togo	2.206	2,3	354	404	44	24	32	85	10	18	−13	1,0
Túnez	30.298	4,6	2.431	2.431	11	28	60	62	14	24	0	2,4
Turkmenistán	10.496	..	1.222	..	20	40	40	46	13	23	18	..
Turquía	402.71	5,6	1.788	1.764	13	22	65	67	12	27	−6	21,8
Ucrania	106.111	7,7	1.194	1.433	10	33	57	71	14	17	−3	12,6
Uganda	9.322	5,6	187	230	32	25	44	78	14	25	−17	5,4
Uruguay	19.308	2,3	5.714	6.743	9	30	61	72	11	18	−1	10,1
Uzbekistán	17.178	5,7	1.274	1.524	28	29	42	47	15	26	11	27,7
Venezuela, RB	181.862	3,4	4.548	5.899	..	..	..	46	11	21	22	28,2
Vietnam	60.884	7,6	215	290	21	41	38	64	6	35	−5	6,3
Yemen. Rep.	19.057	3,9	273	348	..	..	..	..	..	..	..	13,0
Zambia	10.907	4,9	161	205	16	25	59	67	15	27	−9	19,6
Zimbabue	5.010	−5,6	244	266	22	27	51	64	26	14	−3	286,6
Mundo	48.244.879t	3,0[w]	753[w]	872[w]	3[w]	28[w]	69[w]	61[w]	17[w]	21[w]	0[w]	
De bajos ingresos	1.611.831	6,5	315	363	20	28	51	63	11	29	−4	
De medianos ingresos	10.049.512	5,6	530	708	9	36	55	59	13	26	2	
De medianos bajos ingresos	4.734.576	7,6	388	521	12	43	45	56	11	33	1	
De medianos altos ingresos	5.316.864	3,9	2.139	2.723	6	31	63	61	15	21	3	
De bajos y medianos ingresos	11.661.911	5,7	444	557	10	35	55	60	13	26	2	
Asia oriental y el Pacífico	3.636.593	8,6	303	412	12	46	42	50	11	36	4	
Europa y Asia central	2.493.602	5,7	1.844	1.938	9	30	61	60	15	24	1	
América Latina y el Caribe	2.945.193	3,1	2.152	2.856	6	30	63	64	14	20	2	
Medio Oriente y África septentrional	730.103	4,1	1.581	1.928	11	41	48	58	14	26	1	
Asia meridional	1.142.319	6,9	340	393	18	28	54	63	10	31	−4	
África subsahariana	709.500	4,7	304	325	15	32	52	67	17	21	−4	
De altos ingresos	36.583.031	2,3	14.997	24.438	2	26	72	62	18	20	0	

a. No están disponibles por separado los gastos oficiales generales en consumo final y se incluyen en el gasto de consumo final de los hogares.

b. Los datos se refieren soólo a Tanzania continental.

Cuadro 5. Comercio, ayuda y finanzas

	Comercio de bienes		Exportaciones de bienes manufacturados	Exportaciones de bienes de alta tecnología	Balanza de cuenta corriente	Inversión extranjera directa	Ayuda oficial para el desarrollo o ayuda oficial US$ per cápita	Deuda externa		Crédito interno otorgado por el sector bancario	Migración neta
	Export. US$ millones 2006	Import. US$ millones 2006	% de exportaciones totales de bienes 2005	% de las exportaciones de bienes manufacturados 2005	US$ millones 2006	US$ millones 2005	2005	Total US$ millones 2005	Valor actual % del PNB 2005	% del PIB 2006	en miles 2000-05
Albania	791	3.049	80	1	-671	262	102	1.839	19	49	-110
Alemania	1.112.320	910.160	83	17	146.874	32.034	..	..	..	132	1
Angola	35.100	11.600	..	..	5.138	-1.304	28	11.755	59	-4	175
Arabia Saudita	208.867	64.995	9	1	87.131	..	1	..	..	47	285
Argelia	52.822	21.005	2	1	..	1.081	11	16.879	21	4	-140
Argentina	46.569	34.159	31	7	8.053	4.730	3	114.335	73	31	-100
Armenia	1.004	2.194	71	1	-254	258	64	1.861	36	8	-100
Australia	123.280	139.585	25	13	-40.633	-34.420	..	..	..	117	593
Austria	138.423	139.012	80	13	10.259	9.057	..	..	..	128	180
Azerbaiyán	5.897	5.050	13	1	167	1.680	27	1.881	18	14	-100
Banca Occidental y Franja de Gaza	..	..	..	..	..	..	304	..	..	9	11
Bangladesh	12.050	16.100	90	0	-176	802	9	18.935	22	58	-500
Bélgica	371.953	355.919	79	9b	9.328	31.959	..	..	..	111	180
Benin	570	990	13	0	-288	21	41	1.855	23c	10	99
Bielorrusia	19.739	22.323	52	3	-1.512	305	6	4.734	20	27	0
Bolivia	3.863	2.819	11	9	498	-277	63	6.390	38c	39	-100
Bosnia	3.312	7.305	..	..	-1.261	299	140	5.564	52	52	115
Brasil	137.470	88.489	54	13	14.199	15.193	1	187.994	34	82	-229
Bulgaria	15.030	23.048	59	5	-5.010	2.614	80	16.786	68	43	-43
Burkina Faso	430	1.450	8	10	..	20	50	2.045	22c	14	100
Burundi	55	420	6	6	-256	1	48	1.322	131	50	192
Camboya	3.770	4.900	97	0	-356	379	38	3.515	58	6	10
Camerún	3.770	3.170	3	2	..	18	25	7.151	14c	8	6
Canadá	387.551	357.274	58	14	21.441	34.146	..	..	..	224	1.041
Chad	3.750	1.200	..	..	..	705	39	1.633	31c	5	219
Chile	58.996	38.490	14	6	5.256	6.667	0	45.154	52	83	30
China	909.073	791.614	92	31	160.818	79.127	1	281.612	14	138	-1.900
Colombia	24.391	26.162	36	5	-2.909	10.375	11	37.656	43	35	-120
Congo. Rep.	6.780	1.800	..	..	903	724	362	5.936	156	-9	-10
Congo. Rep. Dem.	2.300	2.800	..	..	..	402	32	10.600	123	3	-237
Corea. Rep. de	325.681	309.309	91	32	6.093	4.339	-1	..	..	107	-80
Costa de Marfil	8.715	5.300	20	8	-12	266	7	10.735	69	18	-339
Costa Rica	8.216	11.520	66	38	-959	861	7	6.223	36	45	84
Croacia	10.376	21.488	68	12	-3.175	1.761	28	30.169	89	81	100
Dinamarca	92.543	86.277	65	22	6.696	5.238	..	..	..	189	46
Ecuador	12.362	11.215	9	8	-59	1.646	16	17.129	60	18	-400
Egipto. Rep. Árabe de	13.702	20.595	31	1	2.103	5.376	13	34.114	36	105	-525
El Salvador	3.513	7.628	60	4	-786	517	29	7.088	48	47	-143
Eritrea	10	400	..	..	..	11	81	736	57	139	229
Eslovenia	23.208	24.039	88	5	-959	541	31	..	..	76	22
España	206.186	318.757	77	7	-106.344	22.789	..	..	..	178	2.846
Estados Unidos	1.037.320	1.919.574	82	32	-856.669	109.754	..	..	..	230	6.493
Etiopía	1.050	4.710	11	0	-1.786	265	27	6.259	21c	54	-140
Federación Rusa	304.52	163.867	19	8	94.467	15.151	9	229.042	40	21	917
Filipinas	47.028	51.98	89	71	2.338	1.132	7	61.527	67	49	-900
Finlandia	76.777	68.295	84	25	9.517	3.978	..	..	..	82	33
Francia	490.145	533.407	80	20	-27.667	70.686	..	..	..	116	722
Georgia	993	3.681	40	23	-1.162	450	69	1.911	28	25	-248
Ghana	3.55	5.94	12	9	-812	107	51	6.739	26c	32	12
Grecia	20.84	63.157	56	10	-29.565	640	..	..	..	114	154
Guatemala	6.025	11.92	57	3	-1.387	208	20	5.349	20	33	-300
Guinea	900	900	..	..	-162	102	20	3.247	35	16	-425
Haití	476	1.875	..	..	54	10	60	1.323	24	25	-140
Honduras	1.929	5.418	36	2	-86	464	95	5.242	37	41	-150
Hong Kong, China	322.664d	335.753	96d	34	20.575	35.897	1	..	..	135	300
Hungría	73.719	76.514	84	25	-6.212	6.436	30	66.119	69	68	65
India	120.168	174.376	70	5	..	6.598	2	123.123	16	64	-1.350
Indonesia	103.964	78.393	47	16	929	5.260	11	138.300	55	42	-1.000
Iraán. Rep. Islámica de	75.200	51.100	9	3	..	30	2	21.26	13	46	-1.250
Irlanda	112.882	72.347	86	..	-5.331	-29.730	..	..	..	180	188
Israel	46.449	49.985	83	14	6.841	5.585	70	..	..	85	115
Italia	409.572	436.083	85	8	-27.724	19.585	..	..	..	113	1.125
Jamaica	1.964	5.352	66	..	-1.079	682	13	6.511	93	61	-100
Japón	647.137	577.472	92	22	170.517	3.214	..	..	..	302	270
Jordania	5.144	11.475	72	5	-2.311	1.532	115	7.696	65	116	130
Kazajstán	37.986	23.224	16	2	-1.797	1.975	15	43.354	106	34	-200
Kenya	3.45	7.320	21	3	-495	21	22	6.169	29	40	25
Kuwait	54.496	16.314	..	..	32.634	250	1	..	..	72	264
Kyrgyz. Rep. de	780	1.694	27	2	-203	43	52	2.032	54	12	-75
Lao PDR	980	1.090	..	..	..	28	52	2.690	63	7	-115
Letonia	6.089	11.316	57	5	-4.280	730	70	14.283	104	89	-20
Líbano	2.814	9.647	70	2	-1.881	2.573	61	22.373	114	196	0
Lituania	14.067	19.215	56	6	-3.244	1.032	73	11.201	52	42	-30
Macedonia. FYR.	2.401	3.763	72	1	-81	100	113	2.243	40	24	-10
Madagascar	830	1.380	22	1	-554	29	50	3.465	37c	10	-5
Malasia	160.556	130.989	75	55	19.98	3.966	1	50.981	46	125	150
Malawi	620	1.020	16	7	..	3	45	3.155	58c	20	-30

Nota: Véanse las notas técnicas sobre la posibilidad de comparación y cobertura de los datos.

(Continúa)

	Comercio de bienes		Exportaciones de bienes manufacturados	Exportaciones de bienes de alta tecnología	Balanza de cuenta corriente	Inversión extranjera directa	Ayuda oficial para el desarrollo o ayuda oficial	Deuda externa		Crédito interno otorgado por el sector bancario	Migración neta
	Export.	Import.						Total	Valor actual		
	US$ millones 2006	US$ millones 2006	% de exportaciones totales de bienes 2005	% de las exportaciones de bienes manufacturados 2005	US$ millones 2006	US$ millones 2005	US$ per cápita 2005	US$ millones 2005	% del PNB 2005	% del PIB 2006	en miles 2000-05
Malí	1.350	1.600	..	..	–438	159	51	2.969	30c	14	–134
Marruecos	12.559	23.302	65	10	1.11	1.552	22	16.846	34	90	–550
Mauritania	1.270	700	..	..	..	115	62	2.281	117c	..	30
México	250.292	268.169	77	20	–1.475	18.772	2	167.228	26	40	–3.983
Moldavia	1.033	2.585	39	3	–399	199	49	2.053	70	35	–250
Mongolia	1.529	1.489	21	0	84	182	83	1.327	63	25	–50
Mozambique	2.420	2.970	7	8	–761	108	65	5.121	28c	8	–20
Namibia	2.720	2.730	41	3	634	..	61	..	..	66	–1
Nepal	760	2.100	74	0	153	2	16	3.285	34	..	–100
Nicaragua	1.035	2.977	11	5	–800	241	144	5.144	46	73	–210
Níger	540	800	8	3	–231	12	37	1.972	25c	8	–28
Nigeria	52	23	2	2	24.202	2.013	46	22.178	34	9	–170
Noruega	121.505	64.12	17	17	56.074	3.285	..	..	..	10	84
Nueva Zelanda	22.449	26.441	31	14	–9.373	1.979	..	..	..	145	102
Omán	22.34	10.73	6	2	4.717	715	12	3.472	14	35	–150
Países Bajos	462.083	416.121	68	30	57.448	40.416	..	..	..	188	110
Pakistán	16.917	29.825	82	2	–3.608	2.183	11	33.675	30	42	–1.239
Panamá	1.039	4.833	9	1	–378	1.027	6	9.765	90	91	8
Papúa Nueva Guinea	4.300	2.010	0	39	040	54	45	1.040	55	20	0
Paraguay	1.906	6.09	13	7	–22	64	9	3.12	54	18	–45
Perú	23.431	15.327	17	3	2.456	2.519	14	28.653	49	15	–510
Polonia	109.731	124.178	78	4	–7.925	9.602	40	98.821	39	33	–200
Portugal	43.255	66.538	75	9	–18.281	3.2	..	..	..	163	276
Reino Unido	443.358	600.833	77	28	–79.966	158.801	..	..	..	179	948
República Checa	95.106	93.198	88	13	–6.052	4.454	27	39.719	51	49	67
República del África Central	120	210	36	0	..	6	24	1.016	67	17	–45
República Dominicana	6.437	11.160	..	..	–500	1.023	8	7.398	37	49	–148
República Eslovaca	41.58	45.698	84	7	..	1.908	44	23.654	61	50	3
Ruanda	135	485	10	25	–52	8	64	1.518	18c	10	43
Rumania	32.458	51.160	80	3	–8.504	6.63	42	38.694	51	27	–270
Senegal	1.510	3.505	43	12	–513	54	59	3.793	34c	24	–100
Serbia	6.428	13.172	..	6	..	..	..	..	..	24	–339
Sierra Leona	220	390	..	..	–103	59	62	1.682	41c	11	472
Singapur	271.772d	238.652	81d	57	33.212	20.071	2	..	..	73	200
Siria. Rep. Árabe de	8.750	9.670	11	1	–1.061	427	4	6.508	27	32	200
Sri Lanka	6.860	10.226	70	1	–647	272	61	11.444	48	44	–442
Sudáfrica	58.412	77.28	57e	7	–16.276	6.257	15	30.632	14	83	75
Sudán	5.320	7.400	0	0	–2.768	2.305	50	18.455	88	19	–532
Suecia	147.266	126.301	79	17	23.643	10.679	..	..	..	125	152
Suiza	147.457	141.373	93	22	63.494	15.42	..	..	..	188	100
Tailandia	130.575	128.6	77	27	3.23	4.527	–3	52.266	32	101	231
Tanzania	1.687	3.97	14	1	–536	473	39	7.763	22c.f	11	–345
Tayikistán	1.401	1.68	..	..	–21	54	37	1.022	41	15	–345
Togo	630	1.200	58	0	–206	3	14	1.708	74	17	–4
Túnez	11.513	14.865	78	5	–303	723	38	17.789	69	73	–29
Turkmenistán	5.280	3.111	..	..	..	62	6	1.092	16	..	–10
Turquía	85.142	137.032	82	2	–23.155	9.805	6	171.059	59	59	–30
Ucrania	38.368	45.035	69	4	2.531	7.808	9	33.297	53	46	–173
Uganda	991	2.600	17	14	–131	257	42	4.463	29c	10	–5
Uruguay	4.106	4.775	32	2	–457	711	4	14.551	116	32	–104
Uzbekistán	5.365	3.915	..	..	..	45	7	4.226	34	..	–300
Venezuela, RB	63.25	29.800	9	3	27.167	2.957	2	44.201	48	13	40
Vietnam	39.605	44.410	53	6	217	1.954	23	19.287	38	75	–200
Yemen. Rep.	8.100	5.840	4	5	1.215	–266	16	5.363	32	5	–100
Zambia	3.689	2.920	9	1	..	259	81	5.668	29	16	–82
Zimbabue	1.920	2.100	28	1	..	103	28	4.257	85	93	–75
Mundo	12.063.483t	12.278.444t	75w	22w	974.283s	17w	..s	167w	..		
De bajos ingresos	323.706	388.830	50	4	20.522	17	379.239	55	–4.690		
De medianos ingresos	3.305.551	2.934.082	64	21	260.273	15	2.363.139	77	–14.021		
De medianos bajos ingresos	1.689.269	1.480.026	73	27	150.874	19	1.146.475	103	–9.750		
De medianos altos ingresos	1.615.598	1.450.813	57	16	109.399	3	1.216.664	53	–4.271		
De bajos y medianos ingresos	3.629.251	3.323.081	64	21	280.795	20	2.742.378	74	–18.711		
Asia oriental y Pacífico	1.468.437	1.243.894	81	34	96.898	5	621.223	121	–3.847		
Europa y Asia central	830.238	834.338	52	7	73.687	12	834.484	36	–1.730		
América Latina y el Caribe	661.934	601.583	54	15	70.017	11	727.628	57	–6.811		
Medio Oriente y África Septentrional	280.881	210.805	20	3	13.765	88	152.724	52	–2.768		
Asia meridional	157.727	236.737	72	4	9.869	6	191.479	61	–2.484		
África subsahariana	232.065	201.520	33	4	16.559	43	214.841	47	–1.070		
De altos ingresos	8.435.922	8.960.432	78	22	693.488	0	195	18.604			

a. Los agregados regionales incluyen datos de economías no especificadas en otro lugar. Los totales para el mundo y grupos de ingresos incluyen ayuda no asignada por país o región. b. Incluye a Luxemburgo. c. Los datos provienen de un análisis de sostenibilidad de la deuda realizado como parte de la iniciativa de Países Pobres Muy Endeudados (PPME). d. Incluidas reexportaciones.
e. Los datos sobre totales de exportaciones e importaciones se refieren sólo a Sudáfrica. Los de participaciones de exportaciones de bienes básicos se refieren a la Unión Aduanera Sudafricana (Botsuana. Lesoto, Namibia y Sudáfrica).
f. El INB se refiere sólo a Tanzania continental. g. La suma de los totales mundiales calculados por la ONU es cero, pero como los totales que aquí aparecen se refieren a definiciones del Banco Mundial, la suma de los totales regionales y grupos de ingreso no lo es.

Cuadro 6. Indicadores clave de otras economías

	Población			Composición de edad de población	Ingreso nacional bruto (INB) [a]		Ingreso nacional bruto a PPP (INB) [b]		Producto interno bruto	Expectativa de vida al nacer		Índice de alfabetismo de adultos	Emisiones dióxido de carbono
	Miles 2006	Promedio anual de crecimiento porcentual 2000–2006	Densidad en personas por km² 2006	% de 0 a 14 años de edad 2006	Millones de US$ 2006[b]	US$ per cápita 2006	Millones de US$ 2006	US$ per cápita 2006	crecimiento per cápita % 2005-2006	Hombres años 2005	Mujeres años 2005	% de 15 años o más 2000-2004	Toneladas métricas per cápita 2003
Afganistán	..	..	..	..	8.092	..d	..	..	..	..	..	28	..
Andorra	67	0,5e	143	..	..	..g	..	..	..	..	..	..	..
Antigua y Barbuda	84	1,5	190	..	937	11.210	1.129	13.500	6,9	..	..	..	5,0
Antillas Holandesas	184	0,7	230	22	..	..g	..	..	..	73	80	96	22,7
Aruba	101	0,7e	533	..	..	..g	..	..	..	..	..	97	21,8
Bahrein	740	1,6	1.042	27	10.288	14.370	13.436	18.770	5,3	73	76	87	31,0
Barbados	270	0,2	628	19	..	..g	..	..	..	73	78	..	4,4
Belice	297	2,9	13	36	1.084	3.650	1.977	6.650	2,1	69	74	..	2,9
Bermuda	64	0,4	1.276	..	..	..g	..	..	..	76	81	..	7,9
Borneo	381	2,2	72	29	..	..g	..	..	–0,5	75	79	93	12,7
Botsuana	1.758	0,0	3	37	10.380	5.900	21.534	12.250	4,0	35	34	81	2,3
Bután	647	2,4	14	38	915	1.410	3.681h	5.690h	5,8	63	65	..	0,6
Chipre	765	1,6	83	19	13.633	18.430	15.898	21.49	1,3	77	82	97	10,1
Comoros	614	2,1	275	42	406	660	1.233h	2.010h	–1,6	61	64	..	0,2
Corea. Rep. Dem.	22.569	0,5	187	25	..	..d	..	..	..	61	67	..	3,5
Cuba	11.286	0,2	103	19	..	..i	..	..	5,2	75	79	100	2,3
Djibuti	806	2,0	35	41	857	1.060	2.046h	2.540h	3,2	52	55	..	0,5
Dominica	72	0,2	97	..	287	3.960	470	6.490	3,5	..	..	..	2,0
Emiratos Árabes Unidos	4.636	5,9	55	22	103.46	23.950	103.637h	23.990h	3,4	77	82	89	33,4
Estonia	1.341	–0,4	32	15	15.307	11.410	23.522	17.540	11,8	67	78	100	13,5
Gabón	1.406	1,7	5	40	7.032	5	7.465	5.31	–0,4	53	54	84	0,9
Gambia	1.553	2,8	155	40	488	310	3.059h	1.970h	2,1	55	58	..	0,2
Granada	108	1,1	318	..	478	4.420	845	7.810	4,9	..	..	..	2,1
Groenlandia	57	0,2	0	..	..	..g	..	..	..	..	..	..	10,0
Guam	172	1,7	312	30	..	..g	..	..	..	73	78	..	24,9
Guinea Ecuatorial	515	2,3	18	45	4.246	8.250	5.226h	10.150h	–7,0	42	43	87	0,3
Guinea-Bissau	1.633	3,0	58	48	307	190	1.355h	830h	1,2	44	47	..	0,2
Guyana	751	0,2	4	29	849	1.130	3.515h	4.680h	4,8	61	67	..	2,2
Iraq	..	..	..	..	..	..i	..	..	..	74	..		
Isla de Man	77	0,9	134	..	..	..	..	..	..	..	..	..	..
Islandia	299	1,0	3	22	15.122	50.580	10.930	36.560	1,8	79	83	..	7,6
Islas Anglonormandas	150	0,4	..	16	..	..g	..	..	..	76	83	..	..
Islas Bahamas	327	1,4	33	28	..	..g	..	..	..	68	74	..	5,9
Islas Caimán	46	2,2e	177	..	..	..g	..	..	..	..	..	..	7,1
Islas de Cabo Verde	518	2,3	129	39	1.105	2.130	3.100h	5.980h	3,7	68	74	81	0,3
Islas Feroé	48	0,2e	35	..	..	..g	..	..	..	..	..	..	13,7
Islas Fidji	853	0,9	47	31	2.815	3.300	5.292	6.200	2,7	66	71	..	1,3
Islas Maldivas	337	2,5	1.123	40	902	2.680	..	..	16,0	68	67	96	1,4
Islas Marianas. Grupo Norte	82	2,6e	172	..	..	..f	..	..	..	..	..	..	..
Islas Marshall	65	3,6	363	..	196	3	..	..	0,6	..	..	..	..
Islas Mauricio	1.253	0,9	617	24	6.833	5.450	16.934	13.510	2,7	70	77	84	2,6
Islas Salomón	489	2,6	17	40	331	680	1.062h	2.170h	2,8	62	64	..	0,4
Islas Sychelles	86	0,9	186	..	741	8.650	1.420h	16.560h	3,0	..	..	92	6,6
Islas Vírgenes	109	0,0	310	24	..	..g	..	..	..	77	80	..	124,3
Kiribati	101	1,7	138	..	124	1.230	902h	8.970h	4,2	..	..	..	0,3
Lesoto	1.789	0,0	59	38	1.839	1.030	7.764h	4.340h	3,1	34	36	82	..
Liberia	3.380	1,6	35	47	469	140	..	..	4,7	42	43	52	0,1
Libia	5.965	2,0	3	30	44.011	7.380	..	..	3,6	72	77	84	8,9
Liechtenstein	35	0,8e	218	..	..	..g	..	..	..	..	..	..	..
Luxemburgo	462	0,9	178	19	35.133	76.040	27.519	59.560	5,0	76	82	..	22,1
Macao, China	463	0,7	16.422	15	..	..g	..	..	16,2	78	82	91	4,1
Malta	405	0,6	1.266	17	5.491	13.610	7.517	18.630	1,9	78	81	..	6,2
Mayotte	187	3,9e	499	..	..	..f	..	..	..	..	..	..	..
Micronesia. Est. Feds.	111	0,6	159	39	264	2.380	869h	7.830h	–1,2	67	69	..	..
Mónaco	33	0,3e	16.718	..	..	..g	..	..	..	..	..	..	..
Montenegro	606	–1,7	44	..	2.317	3.860	..	..	7,7	72	77	..	..
Myanmar	50.962	1,1	78	29	..	..d	..	..	3,9	58	64	90	0,2
Nueva Caledonia	238	1,9	13	28	..	..g	..	..	..	72	78	..	8,3
Palau	20	0,8e	44	..	162	7.990	..	..	5,2	..	..	..	12,3
Polinesia Francesa	260	1,6	71	27	..	..g	..	..	..	71	76	..	2,8
Puerto Rico	3.929	0,5	443	22	..	..g	..	..	..	74	82	90	0,5
Qatar	828	5,2	75	22	..	..g	..	..	1,4	72	77	89	63,0
Samoa	186	0,7	66	40	421	2.270	1.188h	6.400h	2,0	68	74	99	0,8
Samoa estadounidense	60	1,5e	298	..	..	..f	..	..	..	..	..	..	5,1
San Kitts y Nevis	48	1,5	134	..	428	8.840	614	12.690	3,8	..	..	..	2,7
San Marino	29	1,1j	477	..	..	..g	..	..	..	..	..	..	..
San Vicente y Granadinas	120	0,5	307	29	470	3.930	839	7.010	3,6	70	75	..	1,7
Santa Lucía	166	1,0	272	28	848	5.110	1.157	6.970	4,1	72	76	..	2,0
Santo Tomás y Príncipe	160	2,3	167	39	124	780	..	..	4,6	62	65	85	0,6
Somalia	8.485	3,2	14	44	..	..d	..	..	..	47	49	..	..
Surinam	452	0,7	3	30	1.446	3.200	3.667	8.120	5,3	67	73	90	5,0
Suazilandia	1.126	1,2	65	40	2.737	2.430	5.822	5.170	2,5	42	41	80	0,9
Timor Oriental	1.029	4,5	69	41	865	840	..	..	–6,7	56	58	..	0,2
Tonga	102	0,4	142	35	223	2.170	879h	8.580h	1,8	71	74	..	1,1
Trinidad y Tobago	1.309	0,3	255	21	17.461	13.340	21.281	16.260	12,2	67	73	98	22,1
Vanuatu	215	2,0	18	39	369	1.710	706h	3.280h	3,6	68	71	..	0,4

Nota: Véanse las notas técnicas sobre la posibilidad de comparación y cobertura de los datos.

a. Calculado según el método del Atlas del Banco Mundial. b. PPP = paridad de poder de compra. c. Datos para el año más reciente disponible. d. Estimado como ingreso bajo (US$905 o menos). e. Datos para 2003-2006. f. Estimado como ingreso mediano-alto (US$3.596-US$11.115). g. Estimado como ingreso alto (US$11.116 o más). h. Estimado con base en regresión. Otros se han extrapolado a partir de los últimos estimados de referencia del International Comparison Program (Programa de Comparación Internacional). i. Estimado como ingreso mediano-bajo (US$906-US$3.595). j. Datos para 2004-2006.

Notas técnicas

En estas notas técnicas se analizan las fuentes de datos y los métodos utilizados para compilar los indicadores incluidos en la presente edición de los Indicadores seleccionados del desarrollo mundial. En las notas se sigue el orden en el que aparecen los indicadores en los cuadros.

Fuentes

Los datos publicados en los Indicadores seleccionados del desarrollo mundial se han tomado de los *World Development Indicators 2007*. Sin embargo, en los casos en que ha sido posible, se han incorporado revisiones informadas desde la fecha de cierre de esa edición. Adicionalmente, se incluyeron en los cuadros 1 y 6 estimados recientemente publicados de población e ingreso nacional bruto (INB) per cápita para 2006.

El Banco Mundial hace uso de una variedad de fuentes para las estadísticas publicadas en los *Indicadores del Desarrollo Mundial*. Los datos de deuda externa de los países en desarrollo los informan directamente al Banco Mundial los países en desarrollo miembros a través del Debtor Reporting System (Sistema de Notificación de la Deuda). Otros datos se obtienen principalmente de las Naciones Unidas y sus organismos especializados, el FMI e informes de los países al Banco Mundial. También se utilizan los estimados del personal del Banco para mejorar su actualidad o consistencia. Los estimados de las cuentas nacionales de la mayoría de los países se obtienen de los gobiernos de los países miembros a través de las misiones económicas del Banco Mundial. El personal los ajusta en algunos casos para asegurar la conformidad con definiciones y conceptos internacionales y la mayor parte de los datos sociales de fuentes nacionales se extraen de archivos administrativos ordinarios, encuestas especiales o censos periódicos.

Remitimos al lector a los *World Development Indicators 2007* en cuanto a notas más detalladas sobre los datos.

Coherencia y confiabilidad de los datos

Se ha hecho un esfuerzo considerable para lograr la estandarización de los datos, pero no es posible asegurar una completa posibilidad de comparación y debe tenerse cautela en la interpretación de los indicadores. Hay muchos factores que afectan la disponibilidad de los datos, su posibilidad de comparación y su confiabilidad: los sistemas estadísticos de muchas economías en desarrollo carecen de suficiente solidez.. los métodos, la cobertura, las prácticas y las definiciones estadísticas presentan amplias variaciones.. las comparaciones entre países e intertemporales implican complejos problemas técnicos y conceptuales que no pueden resolverse en forma inequívoca. Cabe que la cobertura de los datos sea incompleta debido a circunstancias especiales o para economías que experimenten problemas (como los derivados de conflictos) que afecten su recolección y declaración. Dadas estas razones, aunque se obtengan los datos de fuentes consideradas como muy autorizadas, deben interpretarse nada más como indicadores de tendencias y de aclaración de las diferencias principales entre las economías y no como medidas cuantitativas precisas de esas diferencias. Las discrepancias en datos presentados en distintas ediciones reflejan actualizaciones por países y revisiones de series históricas y cambios de metodología. De modo que se aconseja a los lectores no comparar series de datos entre ediciones o entre distintas publicaciones del Banco Mundial. En el CD-ROM de *World Development Indicators 2007* y en WDI *Online* se encuentran disponibles series de tiempo consistentes.

Relaciones e índices de crecimiento

Para mayor facilidad en la referencia usualmente se presentan en los cuadros relaciones e índices de crecimiento en lugar de los simples valores en bruto. Estos últimos están disponibles en su forma original en el CD-ROM de *World Development Indicators 2007*. A menos que se indique de otro modo, los índices de crecimiento se computan utilizando el método de regresión de cuadrados mínimos (*ver* la sección Métodos estadísticos más adelante). Visto que con este método se tiene en cuenta el total de las observaciones disponibles en un período, los índices de crecimiento resultante reflejan tendencias sin influencia indebida provocada por valores excepcionales. Para excluir los efectos inflacionarios, se han utilizado indicadores económicos a precios constantes en el cálculo de dichos índices. Los datos en cursiva se refieren a un año o período distinto al especificado en el encabezamiento de la columna, hasta dos años antes o después en el caso de los indicadores económicos y hasta tres en el de los sociales, ya que se suelen recopilar estos últimos con menor regularidad y sus cambios son menos drásticos en períodos cortos.

Series a precios constantes

El crecimiento de la economía se mide por el aumento en el valor agregado producido por los individuos y empresas que operan en ella. Así, para medir el crecimiento real es necesario que los estimados del PIB y sus componentes se valoricen a precios constantes. El Banco Mundial recopila series de cuentas nacionales en monedas nacionales y registradas en el año base original en el país. Para obtener series comparables de datos a precios constantes, adapta el PIB y el valor agregado por origen industrial a un año común de referencia, que es el 2000 en la actual versión de los *World Development Indicators*. Este proceso ocasiona una discrepancia entre el PIB adaptado y la suma de los componentes adaptados, pero como asignar la discrepancia provocaría distorsiones en el índice de crecimiento, se deja ésta sin asignar.

Medidas de resumen

Las medidas de resumen para regiones y grupos de ingresos, que se presentan al final de la mayoría de los cuadros, se calculan como sumas simples cuando se expresan en niveles. Los índices y razones de crecimiento agregados se calculan normalmente como promedios ponderados. Las medidas de resumen para indicadores sociales se ponderan según la población o subgrupos de ella, excepto en el caso de mortalidad infantil, que se pondera según el número de nacimientos. Para mayor información *véanse* las notas sobre los indicadores específicos.

Para las medidas de resumen que abarcan varios años, se han basado los cálculos en un grupo uniforme de economías de modo que no cambie con el tiempo la composición del agregado. Sólo se compilan las medidas de grupo si los datos disponibles para un año dado representan al menos los dos tercios del grupo completo, según se ha definido para el año de referencia 2000. En tanto se satisfaga este criterio se supone que las economías para las que faltan datos se comportan en igual forma que las que proporcionan estimados. Los lectores deben tener en cuenta que las medidas de resumen son estimados de agregados representativos de cada ítem y que no es posible deducir algo significativo sobre el comportamiento a nivel de país partiendo de los indicadores de grupo. El proceso de estimación puede ocasionar discrepancias también entre totales de subgrupos y generales.

Cuadro 1. Indicadores básicos de desarrollo

El rubro **población** se basa en la definición de facto, que incluye a todos los residentes, con independencia de su condición legal o ciudadanía, con excepción de los refugiados no establecidos permanentemente en el país de asilo, que generalmente se consideran parte de la población de su país de origen.

Índice de crecimiento promedio anual de la población es la tasa de cambio exponencial para el período (*ver* la sección *Métodos estadísticos* adelante).

Densidad de población es la población que había a mitad de año dividida entre la superficie terrestre. Esta última es el área total de un país excluyendo áreas situadas bajo cuerpos de agua interiores y vías costeras. La densidad se calcula utilizando los últimos datos disponibles sobre superficie terrestre.

Composición de la edad de la población de 0 a 14 años se refiere al porcentaje de la población total que tiene de 0 a 14 años.

Ingreso Nacional Bruto (INB) es la medida más amplia del ingreso nacional y mide el valor agregado total de origen interno y extranjero que se atribuye a los residentes. El INB comprende el producto interno bruto (PIB) más la recepción neta de ingreso primario de fuentes extranjeras y los datos se convierten de moneda nacional a dólares corrientes de EE.UU. utilizando el método del Atlas del Banco Mundial, lo que implica usar un promedio de tres años de las tasas de cambio para suavizar los efectos de fluctuaciones transitorias de la tasa de cambios. (*Ver* más adelante la sección sobre métodos estadísticos en la que se detalla el método del Atlas).

INB per cápita es el INB dividido entre la población existente a mitad de año y se convierte a dólares corrientes de EE.UU. con el método del Atlas. El Banco Mundial utiliza este indicador en la clasificación de las economías para propósitos analíticos y para establecer la posibilidad de obtención de préstamos de los países.

Se incluye el **Ingreso Nacional Bruto PPP**, que es el INB convertido a dólares internacionales utilizando factores de conversión de paridad de poder de compra (PPP) pues las tasas de cambio nominales no siempre reflejan las diferencias internacionales en los precios relativos. A la tasa de PPP, un dólar internacional tiene el mismo poder de compra sobre el INB interno que tiene el dólar de EE.UU. sobre el INB de este país. Las tasas de PPP permiten una comparación estándar de los niveles de precios reales entre los países, de la misma manera que los índices de precios convencionales permiten comparaciones de valores reales en el tiempo. Los factores de conversión de PPP aquí utilizados se derivan de encuestas sobre precios que cubren 118 países realizadas por el International Comparison Program (Programa de Comparaciones Internacionales). Los datos de los países de la Organización para la Cooperación y el Desarrollo Económicos (OCDE) provienen de la ronda más reciente de las encuestas, finalizada en 1999 y los de los demás países encuestados provienen de las encuestas de 1996 o de las de 1993 o anteriores (extrapoladas al punto de referencia de 1996). Los estimados para los países no incluidos en las encuestas se derivan de modelos estadísticos utilizando datos disponibles.

INB PPP per cápita es el INB PPP dividido entre la población en mitad de año.

El **crecimiento del producto interno bruto** (PIB) **per cápita** se basa en el PIB medido a precios constantes y se considera una medida amplia del crecimiento de una economía. El PIB en precios constantes se puede estimar midiendo la cantidad total de bienes y servicios producidos en un período, valorizándolos a un conjunto acordado de precios de un año base y restando el costo de los insumos intermedios también en precios constantes. *Véanse* en la sección sobre métodos estadísticos detalles del índice de crecimiento según cuadrados mínimos.

La **expectativa de vida al nacer** es el número de años que un recién nacido viviría si se mantuvieran iguales durante toda su vida los patrones de mortalidad predominantes en el momento de su nacimiento. Se presentan los datos para hombres y mujeres por separado.

El **índice de alfabetización de adultos** es el porcentaje de personas de 15 años de edad o más capaces de leer, escribir y comprender una frase corta y simple sobre un tema cotidiano. En la práctica la alfabetización o alfabetismo es difícil de medir y su estimación basada en la definición expuesta requiere medidas de censos o encuestas en condiciones controladas. En muchos países se estima el número de personas alfabetizadas a partir de datos informados por los mismos individuos y en algunos se usan datos de logros educativos como variable de reemplazo pero aplicando distintas duraciones de asistencia escolar o nivel de culminación. Deben utilizarse con precaución estos datos al diferir la definición y metodologías de recopilación de datos.

Con el rubro **emisiones de dióxido de carbono** (CO_2) se miden las emisiones resultantes de la combustión de combustibles fósiles y de la fabricación de cemento, las cuales incluyen el dióxido de carbono producido durante el consumo de combustibles sólidos, líquidos y gaseosos y por las llamaradas de los gases. El dióxido de carbono per cápita es el CO_2 dividido entre la población en mitad de año.

El Carbon Dioxide Information Analysis Center (CDIAC) (Centro de Análisis de Información de Dióxido de Carbono), auspiciado por el Departamento de Energía de Estados Unidos, calcula las emisiones antropogénicas anuales de CO_2, derivando los cálculos de datos de consumo de combustibles fósiles con base en el Worl Energy Data Set (Grupo de Datos de Energía Mundial) que mantiene el UNSD y de datos sobre la fabricación mundial de cemento, con base en el Cement Manufacturing Data Set (Grupo de Datos sobre Fabricación de Cemento) que mantiene la Oficina de Minas de EE.UU. Cada año, el CDIAC recalcula la serie de tiempo completa desde 1950 hasta el presente, incorporando sus hallazgos más recientes y las últimas correcciones a su base de datos. En los estimados se excluyen los combustibles suministrados a barcos y aeroplanos de transporte internacional por la dificultad de distribuirlos entre los países beneficiarios de ese transporte.

Cuadro 2. Pobreza

El Banco Mundial produjo sus primeros estimativos de pobreza global para países en desarrollo para el *Informe sobre el Desarrollo Mundial 1990*, utilizando datos de encuestas de hogares para 22 países (Ravallion, Datt y Van de Walle, 1991). La base de datos se ha expandido considerablemente incorporando datos de encuestas durante los últimos 15 años e incluye en la actualidad 440 encuestas que representan a casi 100 países en desarrollo. En ellas se entrevistaron a las personas de aproximadamente un millón cien mil hogares aleatoriamente seleccionados para la muestra, que representaron el 93% de la población de los países en desarrollo. En las encuestas se incluyeron preguntas detalladas sobre fuentes de ingresos y destinos de gastos y otras características de los hogares como el número de personas que comparten el ingreso familiar. Funcionarios de los organismos oficiales de estadística realizaron la mayoría de las entrevistas y junto con las mejoras en la cobertura y calidad de los datos mejoró también la metodología subyacente, lo que ha ocasionado mejores estimados y más exhaustivos.

Disponibilidad de los datos

Desde 1979 el número de países en que se realizan las encuestas se ha expandido considerablemente y también la frecuencia de las encuestas y la calidad de sus datos. El número de conjuntos de datos aumentó en forma drástica desde un ínfimo 13 entre 1979 y 1981 hasta 100 entre 1997 y 1999. La caída a 41 encuestas disponibles después de 1999 refleja el retraso entre el momento en que se recopilan los datos y el momento en que se encuentran disponibles para su análisis y no una reducción en la recopilación. En todas las regiones mejora la cobertura de datos, pero el África subsahariana sigue rezagada y sólo 28 de sus 48 países tienen por lo menos un grupo de datos disponible. Puede conseguirse un panorama completo de la disponibilidad de datos por años y por países en http://iresearch.worldbank.org/povcalnet/.

Calidad de los datos

Pero los problemas de la estimación de la pobreza y de la comparación de índices de la misma no terminan con la disponibilidad de los datos. Aparecen también varios otros problemas, algunos relacionados con la calidad de los datos, en la medición de los estándares de vida de los hogares a partir de los datos de las encuestas y uno de ellos se relaciona con la elección del ingreso o del consumo como indicador de bienestar. El ingreso es en general más difícil de medir con precisión y el consumo se acerca más a la noción del estándar de vida. Además, el ingreso puede variar con el tiempo aun cuando el estándar de vida permanezca sin variación.. pero los datos sobre consumo no siempre están disponibles y otra dificultad es que las encuestas de hogares pueden ser bastante distintas, por ejemplo, en el número de bienes de consumo que se identifique en ellas. Es inclusive posible que encuestas similares no sean estrictamente comparables por las diferencias de tiempo o la calidad y el entrenamiento de los encuestadores.

Las comparaciones de países de distinto nivel de desarrollo plantean también un problema potencial por las diferencias en la importancia relativa del consumo de bienes no comerciados. El valor en el mercado local de todo el consumo en especies (incluida la producción propia, de particular importancia en economías rurales subdesarrolladas) debería incluirse en el gasto de consumo total y de la misma manera, el beneficio implícito de la producción de bienes no comerciados debería incluirse en el ingreso. Pero no siempre se hace así, aunque tales omisiones fueron un problema mucho mayor en las encuestas anteriores a los años ochenta. En la mayoría de los datos de las encuestas se incluyen ahora valoraciones del consumo o ingreso de la producción propia. No obstante, los métodos de valoración difieren y, por ejemplo, en algunas encuestas se utiliza el precio del mercado más cercano mientras en otras se utiliza el precio promedio de venta en la entrada de la granja.

Cuando ha sido posible se han utilizado en el cuadro datos de consumo para decidir quién es pobre y los de ingreso sólo cuando no están disponibles los de consumo. Se ha presentado un cambio en el uso de las encuestas de ingresos en las ediciones recientes de los *World Development Indicators*. En el pasado, se ajustaba el ingreso promedio de los hogares para que concordara con los datos de consumo e ingreso de las cuentas nacionales, pero al poner a prueba este enfoque utilizando datos de unos 20 países para los que habían datos de gastos de consumo de las mismas encuestas, se halló que el ingreso producía, no sólo un promedio mayor que el consumo sino también una mayor desigualdad. Al compararse medidas de pobreza basadas en el consumo con medidas basadas en ingreso, estos dos efectos prácticamente se cancelaban entre sí; es decir, estadísticamente no había diferencia significativa. En las ediciones recientes de los *World Development Indicators* se usan los datos de ingresos para estimar directamente la pobreza, sin ajustar medidas de ingreso promedio.

Líneas de pobreza internacional

Las comparaciones internacionales de estimativos de pobreza conllevan problemas tanto conceptuales como prácticos. Los países usan diferentes definiciones de pobreza y pueden ser difíciles las comparaciones consistentes entre países. Las líneas de pobreza locales suelen tener un mayor poder de compra en los países ricos, en los que se emplean estándares más generosos que los de los países pobres. ¿Sería razonable tratar a dos personas con igual estándar de vida –en términos de su poder sobre los bienes– en forma distinta por el hecho de que una de ellas viva en un país mejor?

Con las medidas basadas en una línea internacional de la pobreza se intenta mantener el valor real de la línea de pobreza constante entre los países, como se hace con las comparaciones en el tiempo. Para el *Informe sobre el Desarrollo Mundial 1990* se seleccionó el US$1 por día estándar utilizado comúnmente, medido en precios internacionales de 1985 y ajustado a la moneda local utilizando paridades de poder de compra (PPP), por ser típico de las líneas de pobreza en los países de bajos ingresos. Se utilizan tasas de cambio de PPP, como las de las Penn World Tables o las del Banco Mundial porque en ellas se tienen en cuenta precios locales de bienes y servicios no comerciados internacionalmente, pero las tasas de PPP se diseñaron para comparar datos agregados de cuentas nacionales y no para efectuar comparaciones de pobreza internacional. Como resultado, no hay certeza de que una línea internacional de la pobreza mida el mismo grado de necesidad o de privación entre los países.

En las primeras ediciones de los *World Development Indicators* se utilizaron PPP de las Penn World Tables y en las recientes se utilizan estimados de PPP de consumo de 1993 producidos por el Banco Mundial. Recalculado en términos de PPP de 1993, la línea internacional de la pobreza original de un US$1 por día en términos de PPP de 1985 es en la actualidad alrededor de US$1.08 por día. Cualquier revisión en la PPP de un país para incorporar mejores índices de precios puede producir líneas de pobreza drásticamente distintas en moneda local.

Surgen también dificultades cuando se comparan medidas de pobreza dentro de un país. Por ejemplo, el costo de vida es típicamente mayor en las áreas urbanas que en las rurales, siendo una de las razones que los alimentos básicos tienden a ser más costosos en las áreas urbanas. Así la línea de pobreza monetaria urbana debería ser mayor que la línea rural. Pero no siempre es claro que la diferencia entre líneas de pobreza urbana y rural que se encuentra en la práctica refleje sólo diferencias en el costo de vida. En algunos países la línea de pobreza urbana de uso común tiene un valor real mayor, lo que significa que permite más compra de bienes para consumo, que la rural. En ocasiones la diferencia ha sido tan grande como para implicar que la incidencia de pobreza es mayor en áreas urbanas que rurales, aunque se encuentre que sucede a la inversa cuando se efectúan los ajustes por diferencias en el costo de vida. Como sucede con las comparaciones internacionales, cuando el valor real de la línea de pobreza varía, no es claro cuán significativas sean esas comparaciones urbano-rurales.

Al combinar toda esta información, un equipo del Grupo de Investigación sobre el Desarrollo, del Banco Mundial, calcula el número de personas viviendo por debajo de varias líneas de pobreza internacionales como también otras medidas de pobreza y desigualdad que se publican en los *World Development Indicators*. La base de datos se actualiza anualmente cuando están disponibles los datos de nuevas encuestas y se efectúa una revaluación importante del progreso contra la pobreza más o menos cada tres años.

Hágalo usted mismo: PovcalNet

Recientemente, los investigadores de este equipo desarrollaron una herramienta computacional interactiva basada en la *web* –llamada PovcalNet– que permite a los usuarios reproducir los cálculos de los investigadores del Banco Mundial para la estimación del grado de pobreza en el mundo. PovcalNet es de contenido propio, accionada y alimentada por *software* incorporado confiable que realiza los cálculos pertinentes partiendo de una base de datos primaria. Puede también descargarse el *software* subyacente del sitio y utilizarse con datos de distribución de varios formatos. La base de datos primaria de PovcalNet consiste en datos de distribución calculados directamente a partir de los datos de las encuestas de hogares, y la información detallada de cada una de éstas también está disponible en el sitio *web*.

La estimación de datos de distribución requiere un método de interpolación y el seleccionado fue el de las curvas de Lorenz con formas funcionales flexibles, que han demostrado su confiabilidad en trabajos anteriores. La curva de Lorenz puede graficarse como los porcentajes acumulativos de consumo o ingreso contra el acumulado de personas, empezando con el individuo más pobre. Las curvas de Lorenz empíricas estimadas por PovcalNet se ponderan por el tamaño de los hogares, de manera que se basan en percentiles de población, no de hogares.

PovcalNet además permite a los usuarios calcular medidas de pobreza según distintas suposiciones. Por ejemplo, en lugar de US$1 por día, los usuarios pueden especificar una línea de pobreza diferente, digamos US$1.50 o US$3.. también pueden especificar distintas tasas de PPP y agregar los estimados utilizando agrupaciones alternativas de países (por ejemplo, los grupos de países de la ONU o grupos basados en ingresos promedio) o un conjunto seleccionado de países individuales. PovcalNet está disponible en línea en http: //iresearch.worldbank.org/povcalnet/.

Año de la encuesta es el año en que se recopilaron los datos de base.

Índice de pobreza rural es el porcentaje de la población rural que vive por debajo de la línea de pobreza rural nacional.

Índice de pobreza urbana es el porcentaje de la población urbana que vive por debajo de la línea de pobreza urbana nacional.

Índice de pobreza nacional es el porcentaje de la población que vive por debajo de la línea nacional de la pobreza. Los estimados nacionales se basan en estimados de subgrupos ponderados por población, de las encuestas de hogares.

Población con menos de US$1 por día y **población con menos de US$2 por día** son los porcentajes de la población que vive con menos de US$1.08 por día y con menos de US$2.15 por día a precios internacionales de 1993. Como resultado de revisiones de las tasas de cambio de PPP, los índices de pobreza para países individuales no pueden compararse con índices de pobreza presentados en ediciones anteriores de los *World Development Indicators*.

Brecha de pobreza es la diferencia promedio con la línea de pobreza (siendo la diferencia de los no pobres, cero), expresada como porcentaje de la línea de pobreza. Esta medida refleja tanto la profundidad de la pobreza como su incidencia.

Cuadro 3. Objetivos de Desarrollo del Milenio: erradicar la pobreza y mejorar la vida de las personas

Proporción de la población con menos de US$1 por día (PPP US$) es el porcentaje de la población que viven con menos de US$1.08 por día a precios internacionales de 1993. Como resultado de revisiones de las tasas de cambio de PPP, los índices de pobreza para países individuales no pueden compararse con índices de pobreza presentados en ediciones anteriores de los *World Development Indicators*.

Predominio de desnutrición infantil es el porcentaje de niños menores de cinco años cuyo peso para su edad es inferior a menos dos desviaciones estándar de la mediana de la población de referencia internacional de 0 a 59 meses de edad. La población de referencia adoptada por la OMS en 1983, se basa en niños de Estados Unidos, quienes se supone tienen una buena nutrición. Los estimados de desnutrición provienen de los datos de las encuestas nacionales. La proporción de niños de bajo peso es el indicador más común de la desnutrición y al estar en bajo peso, aunque sea en forma ligera, aumenta el riesgo de muerte y obstaculiza el desarrollo cognitivo de los niños. Además propaga el problema de una generación a otra, al tener las mujeres desnutridas mayor probabilidad de tener bebés con bajo peso al nacer.

Tasa de culminación de primaria es el porcentaje de estudiantes que terminan el último año de escuela primaria y se calcula tomando el número total de estudiantes de último grado de primaria menos el número de repitentes en ese grado dividido entre el número total de niños en edad de graduación oficial. La tasa de culminación de primaria refleja el ciclo primario según definición de la International Standard Classification of Education, Isced (Clasificación Internacional Estándar de la Educación), que va de tres a cuatro años de educación primaria (en muy pocos países) a cinco o seis años (en la mayoría) y hasta siete (en muy pocos también). Dado que los planes de estudio y los estándares de culminación sufren variaciones entre los países, una alta tasa de culminación de primaria no necesariamente significa altos niveles de aprendizaje estudiantil.

Relación de paridad de géneros en primaria y secundaria es la razón de la tasa bruta de inscripciones femeninas en primaria y secundaria a la misma tasa de inscripciones masculinas.

Eliminar las disparidades de género en la educación sería útil para mejorar la condición y capacidades de las mujeres. Este indicador es una medida imperfecta de la relativa accesibilidad de las niñas a la escolaridad y es el primer objetivo en el que se le vence el plazo pues la fecha objetivo señalada fue 2005. Las autoridades educativas nacionales informan los datos de inscripciones escolares al Instituto de Estadísticas de la Unesco. Con la educación primaria se proporciona a los niños destrezas de lectura, escritura y aritmética básicas junto con una elemental comprensión de asignaturas como historia, geografía, ciencias naturales, arte y música, y con la secundaria se completa la provisión de educación básica iniciada en la primaria y se persigue establecer los fundamentos para el aprendizaje permanente y el desarrollo humano, ofreciendo instrucción más orientada hacia las asignaturas o destrezas con ayuda de maestros más especializados.

La **tasa de mortalidad de menores de cinco años** es la probabilidad de que muera un recién nacido antes de alcanzar los cinco años de edad si se mantienen las tasas actuales de mortalidad específicas por edades, expresándose la probabilidad como una tasa por 1.000. Las principales fuentes de fechas de mortalidad son los sistemas de registros vitales y los estimados directos o indirectos basados en encuestas muestrales o censos. Para producir los estimados armonizados de tasas de mortalidad de menores de cinco años que utilicen toda la información disponible en forma transparente, la Unicef y el Banco Mundial desarrollaron una metodología mediante la cual se ajusta una línea de regresión a la relación entre tasas de mortalidad y sus fechas de referencia utilizando cuadrados mínimos ponderados.

La **relación de mortalidad materna** es el número de mujeres que mueren por causas relacionadas con el embarazo ya sea durante éste o en el momento del parto por cada 100.000 nacidos vivos. Los valores consisten en estimados modelados con base en un ejercicio realizado por la OMS y la Unicef, en el cual se estimó la mortalidad materna con un modelo de regresión usando información sobre fertilidad, asistentes a los partos y predominio de VIH. No puede asumirse que este indicador suministre un estimado preciso de la mortalidad materna en ninguno de los países del cuadro.

Nacimientos asistidos por personal de salud calificado es el porcentaje de partos asistidos por personal entrenado para aportar la supervisión, el cuidado y los consejos necesarios a las mujeres durante su embarazo, parto y período de posparto, atender nacimientos sin ayuda y cuidar a los recién nacidos. La proporción de nacimientos asistidos por personal calificado de salud es un indicador de la capacidad del sistema de salud para proveer cuidados adecuados a las mujeres embarazadas. Los buenos cuidados prenatales y posnatales mejoran la salud materna y reducen la mortalidad infantil, pero puede ser que los datos no reflejen dichas mejoras pues los sistemas de salud son con frecuencia deficientes, no se informan todas las muertes ocurridas y las tasas de mortalidad materna son difíciles de medir.

Predominio de VIH es el porcentaje de personas de 15 a 49 años de edad infectadas con el VIH. Las tasas de predominio de VIH en adultos reflejan la tasa de infección de la población de cada país, pero bajas tasas nacionales de predominio pueden ser engañosas pues con frecuencia disimulan diferencias serias que se concentran inicialmente en ciertas localidades o entre grupos específicos de población y amenazan con desbordarse al resto de la población. En muchas partes del mundo en desarrollo la mayoría de las infecciones nuevas se dan en los adultos, siendo las mujeres jóvenes vulnerables en forma especial. Los estimados de predominio de VIH se basan en extrapolaciones de datos recopilados por medio de encuestas y de supervisión de grupos pequeños y no representativos.

Cuadro 4. Actividad económica

Producto interno bruto es el valor bruto agregado a precios de compradores por todos los productores residentes de la economía más todos los impuestos y menos todos los subsidios no incluidos en el valor de los productos. Se calcula sin deducción de la depreciación de los activos fabricados o del agotamiento de los recursos naturales o su degradación. El valor agregado es el valor de la producción total neta de una industria después de agregar todos los productos y deducir los insumos intermedios. El origen industrial del valor agregado se determinó en la tercera revisión (revisión 3) de la ISIC (Clasificación Internacional Industrial Estándar). Por convención el Banco Mundial mide el PIB en dólares de EE.UU. y aplica la tasa promedio de cambio oficial que informa el FMI para el año mostrado en el cuadro. Se aplica un factor de conversión alternativo si se considera que la tasa de cambio oficial se desvía por un margen excepcionalmente grande de la efectivamente aplicada a las transacciones en monedas extranjeras y productos comerciados.

El índice de crecimiento anual promedio del producto interno bruto se calcula a partir de datos del PIB a precios constantes en moneda local.

Productividad agrícola se refiere a la razón entre el valor agregado agrícola, medido en dólares constantes de 1995 de EE.UU. y el número de trabajadores agrícolas.

Valor agregado es la producción neta de una industria después de sumar todos los productos y deducir los insumos intermedios. El origen industrial del valor agregado se determinó en la tercera revisión de la ISIC (revisión 3).

Valor agregado de la agricultura corresponde a las divisiones 1 a 5 de la ISIC e incluye la silvicultura y la pesca.

El **valor agregado de la industria** comprende la minería, manufactura, construcción, electricidad, agua y gas (las divisiones 10 a 45 de la ISIC).

Valor agregado de los servicios corresponde a las divisiones 50 a 99 de la ISIC.

Gastos de hogares de consumo final es el valor de mercado de todos los bienes y servicios, inclusive bienes durables (como autos, lavadoras y computadores personales) que han comprado las familias. Excluye las compras de viviendas pero incluye los alquileres implícitos de las viviendas ocupadas por los propietarios y también pagos y honorarios al gobierno para la obtención de permisos y licencias. Aquí, los gastos de consumo de los hogares incluyen los gastos de instituciones sin fines de lucro que sirven a los hogares aunque el país los informe por separado. En la práctica los gastos de consumo de los hogares pueden incluir cualquier discrepancia estadística en la utilización de recursos relativa a su oferta.

Gastos oficiales de consumo final incluye todos los gastos corrientes del gobierno para compras de bienes y servicios (incluida la remuneración de los empleados) y también la mayor parte de los gastos de defensa y seguridad nacionales, pero excluye los gastos oficiales militares que hacen parte de la formación de capital del gobierno.

Formación bruta de capital consiste en gastos de adiciones a los activos fijos de la economía más las variaciones netas en el nivel de inventarios y valores. Los activos fijos incluyen mejoras de terrenos (como vallados, zanjas, drenajes, etc.), adquisición de planta, maquinaria y equipo, construcción de edificios, carreteras, ferrovías y otros activos semejantes, incluidos edificios comerciales e industriales, oficinas, escuelas, hospitales y viviendas privadas. Los inventarios son existencias de bienes mantenidos por las empresas para cubrir las fluctuaciones temporales o inesperadas en la producción o ventas, junto con "obras en curso". De acuerdo con el Sistema de Cuentas Nacionales (SNA, por sus iniciales en inglés) de 1993, se consideran también como formación de capital las adquisiciones netas de valores.

La **balanza externa de bienes y servicios** son las exportaciones de bienes y servicios menos las importaciones de los mismos. Este comercio de bienes y servicios abarca todas las transacciones entre los residentes de un país y el resto del mundo que impliquen el cambio de la propiedad de las mercancías en general y de los bienes remitidos para procesamiento y reparación, oro no monetario y servicios.

El rubro **deflactor implícito del PIB** refleja los cambios de precios de todas las categorías de demanda final, como consumo oficial, formación de capital y comercio internacional, así como el principal componente, el consumo final privado. Se deriva como la razón entre el PIB corriente y el constante. Puede calcularse también en forma explícita este deflactor como un índice de precios de Paasche en el que las ponderaciones son las cantidades de producto del período actual.

En la mayoría de los países en desarrollo los indicadores de cuentas nacionales son recopilados por personal de misiones visitantes y residentes del Banco Mundial en los organismos nacionales de estadística y los bancos centrales. Los datos de las economías de altos ingresos provienen de la Organización para la Cooperación y el Desarrollo Económicos.

Cuadro 5. Comercio, ayuda y financiación

Las **exportaciones de bienes** presentan el valor f.o.b. (libre a bordo) de los bienes vendidos al resto del mundo, en dólares de EE.UU.

Las **importaciones de bienes** presentan el valor CIF (costo, seguro y fletes) de los bienes comprados al resto del mundo, en dólares de EE.UU. Los datos sobre comercio de bienes provienen del informe anual de la Organización Mundial del Comercio (OMC).

Exportaciones de bienes manufacturados comprende los bienes de las secciones 5 (químicos), 6 (manufacturas básicas), 7 (maquinaria y equipo de transporte) y 8 (bienes manufacturados misceláneos), excluida la división 68, de la Standard Industrial Trade Classification, SITC (Clasificación Estándar de Comercio Industrial).

Exportaciones de alta tecnología son los productos con alto contenido de I&D (investigación y desarrollo) e incluyen los de la industria aeroespacial, computadores, farmacéuticos, instrumentos científicos y maquinaria eléctrica.

La **balanza de cuenta corriente** es la suma de las exportaciones netas de bienes y servicios, ingresos netos y transferencias corrientes netas.

Inversión extranjera directa son los flujos netos de inversiones para adquisición de intereses administrativos duraderos (10% o más de las acciones con poder de voto) en empresas que operan en economías distintas a la del inversionista. Es la suma del capital en acciones, reinversión de utilidades y otros capitales a largo y corto plazo como aparecen en la balanza de pagos. Los datos sobre la balanza de cuenta corriente, los flujos de capital privado y la inversión extranjera directa se obtienen del *Balance of Payments Statistics Yearbook* (Anuario Estadístico de Balanzas de Pagos) y de las *International Financial Statistics* (Estadísticas Financieras Internacionales) del FMI.

La **ayuda oficial para el desarrollo o ayuda oficial** de los miembros de altos ingresos de la OCDE constituyen la principal fuente de financiación externa oficial para los países en desarrollo, pero la ayuda oficial para el desarrollo (ODA, por sus iniciales en inglés) la ofrecen también algunos países donantes importantes no miembros del Comité de Ayuda para el Desarrollo (DAC) de la OCDE. El DAC trabaja con base en tres criterios para la ODA: que la efectúe el sector oficial, que su objetivo principal sea la promoción del desarrollo económico o el bienestar y que se otorgue en términos de concesión, con una parte de subvención de por lo menos el 25% sobre los préstamos.

La ayuda oficial para el desarrollo comprende subvenciones y préstamos, netos de reembolsos, que cumplen con la definición del DAC de ODA y se otorga a países y territorios incluidos en la primera parte de la lista de receptores de ayuda del DAC. La ayuda oficial comprende subvenciones y préstamos de tipo ODA netos de reembolsos a países y territorios incluidos en la segunda parte de la lista de receptores de ayuda del DAC. Las subvenciones bilaterales son transferencias en dinero o en especie para las cuales no se exige el reembolso. Los préstamos bilaterales son préstamos extendidos por gobiernos o agencias oficiales que tienen una parte de subvención de por lo menos el 25% y para los cuales se exige el reembolso en divisas o en especie.

Deuda externa total es la deuda contraída con no residentes reembolsable en divisas, bienes o servicios. Es la suma de las deudas pública –garantizada oficialmente–, privada a largo plazo no garantizada, uso de créditos del FMI y deuda a corto plazo. La deuda a corto plazo incluye toda la deuda con vencimiento original de un año o menos y los intereses moratorios sobre la deuda a largo plazo.

Valor actual de la deuda es la suma de la deuda externa a corto plazo más la suma descontada de los pagos totales por servicio de deuda correspondientes a la deuda externa pública garantizada oficialmente y a la privada a largo plazo no garantizada en el plazo de los préstamos vigentes.

Las principales fuentes de información sobre deuda externa son los informes al Banco Mundial a través de su Sistema de Información de Deudores que remiten los países miembros que han recibido préstamos del Banco Mundial. Se ha conseguido información adicional en los archivos del Banco Mundial y del FMI y en *Global Development Finance* del Banco Mundial se publican anualmente cuadros de resumen de deuda externa de países en desarrollo.

El **crédito interno otorgado por el sector bancario** incluye el valor bruto de todos los créditos a varios sectores, exceptuando créditos al gobierno central que son netos. El sector bancario incluye a las autoridades monetarias, bancos de depósitos y otras instituciones bancarias para las que existen datos disponibles (incluidas las que no aceptan depósitos transferibles pero incurren en pasivos como depósitos a término y de ahorros). Ejemplos de otras instituciones bancarias son las instituciones de ahorros y préstamos hipotecarios y las asociaciones de construcción y préstamos. Los datos provienen de las *International Financial Statistics* (Estadísticas Financieras Internacionales) del FMI.

La **migración neta** es la cantidad anual neta promedio de migración en el período, es decir, la cantidad anual de inmigrantes menos la cantidad anual de emigrantes, incluidos ciudadanos y no ciudadanos. Los datos que aparecen en el cuadro son estimados de cinco años y provienen de *World Population Prospects: The 2006 Revision (Perspectivas de Población Mundial, Revisión de 2006)* de la División de Población de las Naciones Unidas.

Cuadro 6. Indicadores básicos de otras economías

Ver las notas técnicas del cuadro 1, Indicadores básicos del desarrollo.

Métodos estadísticos

En esta sección se describen el cálculo de la tasa de crecimiento por el método de los cuadrados mínimos, la tasa de crecimiento exponencial (puntos extremos) y el método del Atlas del Banco Mundial para calcular el factor de conversión utilizado para estimar el INB y el INB per cápita en dólares de EE.UU.

Tasa de crecimiento por cuadrados mínimos

Las tasas de crecimiento por el método de los cuadrados mínimos se utilizan cuando se tiene una serie de tiempo de suficiente longitud que permita un cálculo confiable. Si en un período faltan más de la mitad de las observaciones no se calcula la tasa de crecimiento.

La tasa de crecimiento por cuadrados mínimos, r, se estima ajustando una línea de tendencia de regresión lineal a los valores logarítmicos anuales de la variable en el período aplicable. La ecuación de regresión es de la forma

$$\ln X_t = a + bt,$$

que es equivalente a la transformación logarítmica de la ecuación de crecimiento compuesto,

$$X_t = X_0 (1 + r)^t.$$

En esta ecuación, X es la variable, t es el tiempo y $a = \log X_0$ y $b = ln\,(1 + r)$ son los parámetros que deben estimarse. Si b* es el estimado de cuadrados mínimos de b, se obtiene la tasa de crecimiento anual promedio, r, como $[\exp(b^*) - 1]$ y se multiplica por 100 para expresarla como porcentaje.

La tasa de crecimiento calculada es una tasa promedio representativa de las observaciones disponibles en todo el período y no concuerda necesariamente con la tasa de crecimiento real entre dos períodos cualesquiera.

Tasa de crecimiento exponencial

La tasa de crecimiento entre dos puntos en el tiempo para ciertos datos demográficos, notablemente la fuerza laboral y la población, se calcula a partir de la ecuación

$$r = \ln (p_n / p_1)/\text{n},$$

Donde p_n y p_1 son la última y la primera observaciones en el período, n es el número de años en el período y ln es el operador de logaritmo natural. Esta tasa de crecimiento se basa en un modelo de crecimiento continuo, exponencial entre dos puntos en el tiempo y no tiene en cuenta los valores intermedios de la serie. Nótese también que la tasa de crecimiento exponencial no corresponde a la tasa anual de cambio medida en un intervalo de un año, que está dada por

$$(p_n - p_{n-1})/p_{n-1}.$$

El método del Atlas del Banco Mundial

Al calcular el INB y el INB per cápita en dólares de EE.UU. para ciertos propósitos operativos, el Banco Mundial utiliza el factor de conversión del Atlas, cuyo propósito es reducir el impacto de las fluctuaciones de la tasa de cambio en la comparación de ingresos nacionales entre países. El factor de conversión del Atlas para cualquier año es el promedio de la tasa de cambio de un país (o factor de conversión alternativo) para ese año y sus tasas de cambio de los dos años anteriores, ajustadas por la diferencia entre la tasa de inflación del país y las de Japón, el Reino Unido, Estados Unidos y la Zona del Euro. La tasa de inflación de un país se mide por el cambio en su deflactor del PIB. La tasa de inflación para Japón, el Reino Unido, Estados Unidos y la Zona del Euro, que representa la inflación internacional se mide por el cambio en el deflactor de los SDR (Special Drawing Rights, los Derechos Especiales de Giro, que son la unidad de cuenta del FMI). Este deflactor se calcula como el promedio ponderado de los deflactores del PIB de estos países en términos de SDR, siendo las ponderaciones la cantidad de moneda de cada país por unidad de SDR. Las ponderaciones varían con el tiempo debido a la composición de los SDR y a las tasas de cambio relativas para cambio de moneda. El deflactor de los SDR se calcula primero en términos de SDR y luego se convierte a dólares de EE.UU. usando el factor de conversión de SDR a dólares del Atlas. Este factor de conversión se aplica entonces al INB de un país y el INB resultante en dólares se divide entre la población de mitad de año para derivar el INB per cápita.

Cuando se estima que las tasas de cambio oficiales no son confiables o no son representativas de la tasa de cambio efectiva en un período, se utiliza un estimado alternativo de la tasa de cambio en la fórmula del Atlas (*ver* adelante).

Las siguientes fórmulas describen el cálculo del factor de conversión del Atlas para el año t:

$$e_t^* = \frac{1}{3}\left[e_{t-2}\left(\frac{p_t}{p_{t-2}} \Big/ \frac{p_t^{S\$}}{p_{t-2}^{S\$}} \right) + e_{t-1}\left(\frac{p_t}{p_{t-1}} \Big/ \frac{p_t^{S\$}}{p_{t-1}^{S\$}} \right) + e_t \right]$$

y el cálculo del INB per cápita en dólares de EE.UU. para el año t:

$$Y_t^{\$} = (Y_t/N_t)/e_t^*,$$

Donde e_t^* es el factor de conversión del Atlas (de moneda nacional a dólares de EE.UU.) para el año t, e_t es la tasa de cambio anual promedio (de moneda nacional a dólares de EE.UU.) para el año t, p_t es el deflactor del PIB para el año t, $p_t^{s\$}$ es el deflactor de SDR en términos de dólares de EE.UU. para el año t, $Y_t^{\$}$ es el INB per cápita del Atlas en dólares de EE.UU. en el año t, Y_t es el INB corriente (en moneda local) para el año t, y N_t es la población en mitad de año para el año t.

Factores alternativos de conversión

El Banco Mundial evalúa sistemáticamente lo apropiado de las tasas de cambio oficiales como factores de conversión y se utiliza un factor alternativo de conversión cuando se considera que la tasa de cambio oficial se desvía por un margen excepcionalmente grande de la tasa efectivamente aplicada a las transacciones internas de monedas extranjeras y productos comerciados. Esto sólo se aplica a un pequeño número de países como se muestra en el cuadro de documentación de datos primarios en los *World Development Indicators 2006*. Los factores alternativos de conversión se utilizan en la metodología del Atlas y en otros lugares de los Indicadores seleccionados del desarrollo mundial como factores de conversión de un año individual.